DICTIONNAIRE UNIVERSEL

DES CONNAISSANCES HUMAINES

PARIS — TYPOGRAPHIE MORRIS ET COMPAGNIE

rue Amelot, 64.

DICTIONNAIRE

UNIVERSEL

DES CONNAISSANCES HUMAINES

avec la collaboration ou d'après les ouvrages de

MM. Adde-Margras (de Nancy), Azémard, Barbot (C.), Bécherand, Becquerel, Biot, Blanc,
Boitard, Bossu, Bouillet, Bourgain (E.), Bourdonnay, Brierre de Boismont,
Brongniart, Castaing, Cazeaux, Champollion, Charma, Chasles (Ph.), Chomel, Conte,
Cruveilhier, Delecour, Delahaye, Descoings (A.), Dubocage, Desparquets,
Dupasquier, Edwards (Milne), Elwart, Esquirol, Favre, Flourens, Gaillard (X.),
Garnier (Ch.), Geoffroy-Saint-Hilaire, Gossart, Heinriech, Hervé, Jemonville,
Joissel, Jomard, Kramer, Larivière, Lagarrigue, Le Roi, Lesson,
Lévy Alvarez, Louyet, Lunel mère (Mme), Menorval, Mercé, Montémont (A.),
Nodier (Ch.), Rédarez Saint-Remy, Orbigny (D'), Pariset, Payen, Pelouze,
Pétron, Piorry, Prodhomme, Richard (du Cantal), Rambosson, Roques (Paul),
Sirven (de Toulouse), Thénot, Valenciennes, Vallin, Yvon, etc.

ILLUSTRÉ D'UNE GRANDE QUANTITÉ DE DESSINS

SOUS LA DIRECTION DE

B. LUNEL

MEMBRE DE L'ACADÉMIE IMPÉRIALE DES SCIENCES DE CAEN,

Ancien Médecin commissionné par le Gouvernement pour l'épidémie cholérique de 1854; ex-vice-Président de la
classe des Sciences à l'Académie des Arts et Métiers, Industrie, Sciences et Belles-Lettres de Paris; ancien
Secrétaire général de l'Athénée des Arts; Membre honoraire et Secrétaire perpétuel de la Société des Sciences
industrielles, de la Société des Sciences et des Arts, etc.; Membre de la Société des Archivistes de France; de la Société
universelle des Sciences, des Lettres, des Beaux-Arts de Paris; Membre de la Société de Secours
des Amis des Sciences, fondée par le baron Thénard; Membre correspondant de l'Académie royale de
Chambéry; de la Société universelle de Londres pour l'encouragement des Arts
et de l'Industrie; de la Société d'Émulation littéraire de Joigny; de la Société de l'Union des Arts de Nancy, etc.

LAURÉAT DE PLUSIEURS ACADÉMIES ET SOCIÉTÉS SAVANTES.

Ouvrage honoré de 3 Médailles d'Or.

TOME SIXIÈME

PARIS

MAGIATY ET Cie, LIBRAIRES-ÉDITEURS

RUE CHRISTINE, 3

1859

DICTIONNAIRE

UNIVERSEL

DES CONNAISSANCES HUMAINES

IPÉCACUANHA (botanique et matière médicale) [mot du pays, qui veut dire *écorce odorante*]. — *Cephælis ipecacuanha*, espèce de plante de la famille des rubiacées; c'est un petit arbrisseau dont les caractères sont : « tige légèrement pubescente au sommet, à feuilles ovales oblongues, pubescentes en dessous, munies de stipules fendues en lanières ; à fleurs disposées en capitules terminaux accompagnés chacun de quatre bractées en cœur. Cette espèce croît dans les forêts et les vallées du Brésil. C'est du rhizome de la plante qu'on tire l'ipécacuanha gris, appelé aussi ipécacuanha annelé, parce qu'il se présente dans le commerce en morceaux allongés, de la grosseur d'une plume à écrire, entrecoupés d'anneaux et d'étranglements successifs. La saveur de cette racine est âcre et amère, son odeur, nauséabonde; c'est surtout dans son écorce que résident au plus haut degré les propriétés émétiques de l'ipécacuanha, propriétés qui sont dues à un principe végétal appelée émétine. L'ipécacuanha s'administre en poudre et quelquefois en pastilles à la place de l'émétique; ses effets sont moins violents. »

IRIS (botanique). — Genre de plantes de la famille des iridées, dont les racines de plusieurs espèces ont été employées en médecine, savoir : 1o La racine de l'iris germanique (iris d'Allemagne, flambe, glaïeul, *iris nostrás*), qui croît chez nous, sur les vieux murs, est horizontale, grasse, charnue, articulée, recouverte d'un épiderme gris, et blanche en dedans. Fraîche, elle a une odeur vireuse et une saveur âcre ; sèche, elle a une faible odeur de violette. Elle est diurétique et purgative, mais inusitée. 2o La racine de l'iris de Florence, *iris florentina*, nous est apportée sèche de la Provence et de l'Italie. Elle est grosse comme le pouce, genouillée, très-pesante et d'une belle couleur blanche ; elle a une saveur âcre et amère, et une odeur de violette très-prononcée. Récente, elle a été employée comme purgative hydragogue; et sèche, comme incisive, expectorante, etc. On ne s'en sert plus guère que pour faire les pois à cautère. 3o La racine de l'iris, faux acore ou glaïeul des marais, *acorus palustris* des pharmaciens, qui paraît avoir une propriété purgative plus forte que celle des autres iris. Sa graine torréfiée a été proposée par Guyton-de-Morveau comme succédanée du café. La racine de l'iris fétide ou glaïeul puant, *iris gigot*, *iris fœtidissima*, a été préconisée comme antispasmodique.

IRLANDE (géographie). — L'une des îles Britanniques, séparée de l'Angleterre par le canal Saint-Georges, et de l'Écosse par un canal de 20 kilom. ; elle a 1,600 kilom. sur 240 et 60. Superficie 28,000 milles. Territoire fertile et abondant en excellents pâturages. Productions : blé, miel, safran, laine, tourbe ; mines d'or très-riches, d'argent, carrières de marbre, côtes poissonneuses, point de vin. Bétail, principale richesse. Air doux, tempéré, mais fort humide. Forêts remplies de cerfs, sangliers et martres; les loups y ont été entièrement détruits. Nombreuses baies et ports favorisant son commerce, consistant en toiles, fer, soie, laine, bétail, porcs, cuirs, fourrures et poissons. Pêcheries abondantes de harengs; lacs, étangs nombreux. Le commerce y prend chaque jour de nouveaux accroissements. Les Irlandais sont bien faits, robustes, belliqueux, hospitaliers. Les riches diffèrent peu des Anglais; les pauvres sont ignorants; ils ont pour habitations de misérables huttes de terre, et ne vivent que de lait, de beurre et de pommes de terres. Femmes grandes, bien faites et très-fécondes. Religion dominante, anglicane, 4 archevêchés et 18 évêchés de cette communion. Un tiers des Irlandais est catholique; ils ont obtenu, en 1783, un libre exercice de leur religion. Ils ont, outre l'anglais, une langue particulière, dialecte de la celtique. La population de l'Irlande est de 7,500,000 habitants. Principales rivières : Shannon, Barow, Blackwater, Boyne, Liffey. Un canal ouvre une communication entre la mer du Nord et l'Océan. Lacs principaux : l'En et les Neaghs; ils sont l'un et l'autre parsemés d'îles. L'Irlande est divisée en quatre provinces : Ulster, Connaught, Leinster, Munster, qui sont subdivisées en trente-trois comtés : dans l'*Ulster* : Donegal, Fermagah, Tyrone, Londonderry, Antrim, Down, Armagh, Monaghan, Cavan; dans le *Leinster* : Lonford, West-Meath, East-Meath, Dublin, Wicklow, Louth, Kilkenni, Kildare, Kings-Country, Queens-Country, Castlreag, Wexford; dans le *Connaught* : Galloway, Roscommon, Mayo, Sligo, Leitrim; dans le *Munster* : Waterford, Corck, Kerry, Clare, Tipperary, Limerick. L'Irlande fut gouvernée par des rois particuliers jusqu'à 1171. Henri VIII fut le premier qui y prit le titre de roi. Ce pays eut son parlement particulier jusqu'en 1801. Il est, depuis cette époque, réuni à la Grande-Bretagne, auquel il envoie 100 députés.

(*Lallemant.*)

IRRIGATIONS (agriculture). — L'irrigation ou arrosage remédie à la sécherese des terres, comme le drainage à leur excès d'humidité. C'est surtout dans les contrées arides, où un soleil ardent dessèche les prairies et rend l'élevage du bétail difficile, que les irrigations peuvent apporter d'immenses services. Une partie du midi de la France est dans ce cas. Un bon système d'irrigation peut fertiliser toute vallée arrosée par un cours d'eau de quelque importance, et, en multipliant les têtes de bétail, tripler et quadrupler le revenu des terres. Nous avons déjà expliqué l'importance des prés en agriculture; l'importance des irrigations s'en déduit d'elle-même, puisque l'eau est le principal agent de fécondité des prairies. *Si tu veux du blé, fais des prés,* dit J. Bujault. La grande, disons même la seule difficulté agricole, est de bien employer les masses d'eau que Dieu déverse dans nos vallées par la voie des rivières et des ruisseaux.

Les irrigations ne sont pas seulement un élément de fertilité pour les prés, mais elles peuvent être pratiquées avec de grands avantages pour les champs et les terres arables.

Lorsqu'on ne répand pas l'eau à la main ou à l'aide de tonneaux traînés à main par des animaux, on se sert, comme pour les prairies, de canaux et de rigoles. Une irrigation ainsi faite à temps peut sauver ou doubler une récolte compromise par les sécheresses. Tout ce que nous avons à dire de l'irrigation des prés est donc applicable aux terres cultivées. Seulement il faut, en les labourant, avoir soin de ne pas toucher aux rigoles.

Avant d'essayer des irrigations il faut observer deux points essentiels : la nature du sol, la qualité de l'eau.

1° *Nature du sol.* Quelle que soit la fertilité du sol irrigable, il faut que sa nature et sa pente lui permettent de laisser couler l'eau qui ne lui est pas nécessaire. L'eau doit y pénétrer assez avant pour baigner quelque temps les racines; mais il ne faut pas que le sol ou le sous-sol l'y retienne, c'est-à-dire qu'elle sera épongée par le sous-sol s'il est perméable; on devra l'écouler à la surface si elle est suffisamment inclinée. De ce qui précède, il suit que les terres drainées ne retiennent jamais plus longtemps qu'il ne faut l'eau des irrigations. Enfin, c'est l'application du principe : toute eau dormante est nuisible; toute eau courante est féconde.

2° *Qualité de l'eau.* Il y a des eaux peu favorables, sinon même nuisibles à la végétation : ainsi celles où le savon ne se dissout pas ou dans lesquelles les légumes cuisent mal sont de ce nombre. Dans ce cas, il faut les améliorer et les faire séjourner dans un réservoir avant de les employer à l'irrigation. Là elles s'imprègnent d'air, et, en s'échauffant, leurs propriétés se modifient, surtout si dans le bassin qu'elles traversent lentement on a soin de placer du fumier, de la cendre, de la chaux, et de remuer ce dépôt de temps à autre. Ce procédé est excellent.

Procédés d'irrigation. Ce sujet demanderait tout un volume, tant il est compliqué. Notre cadre nous oblige à nous renfermer dans les points essentiels : les propriétaires qui comprennent le prix d'un bon système d'irrigation n'hésiteront pas d'ailleurs à consulter les ingénieurs pour enrichir leurs terres d'un aussi précieux moyen de fertilité, et à étudier la pratique des irrigations dans les traités spéciaux. En attendant, voici les points qui doivent fixer leur attention.

1° *Élévation de l'eau.* Presque toujours l'eau qu'on veut employer à irriguer est trop basse; il faut l'élever au-dessus du niveau des terres qui la réclament : on obtient ce résultat 1° par un barrage; 2° par un canal de dérivation; 3° enfin à l'aide de machines.

1° Le barrage est le moyen le plus économique : seulement les lois du voisinage ne le permettent pas souvent; 2° les canaux de dérivation sont plus avantageux, et sujets à moins de réclamations de la part des propriétaires voisins, mais l'établissement et l'entretien en sont coûteux; 3° les machines employées à l'irrigation réclament une grande attenlion; elles varient suivant la disposition et la configuration des terres. Mais il faut avant tout qu'elles soient simples, solides, et ne renferment que très-peu de joints mobiles, afin de se déranger rarement et de pouvoir être réparées sans peine par les ouvriers ruraux.

La *pompe* est l'instrument le plus communément employé dans les irrigations. Il y en a des centaines de modèles; les unes se manœuvrent à la main, par un, par deux, par quatre hommes; les autres par un manége à deux bœufs; leurs prix varient de 15 fr. jusqu'à 1,000 fr. On comprend que nous ne puissions entrer dans les détails qu'exigerait la description de ces machines. Nous nous contenons d'affirmer que les progrès qu'a faits la fabrication de ces instruments les met aujourd'hui à la portée de tous les cultivateurs. Dans la petite culture, une excellente mesure à prendre à ce sujet par les propriétaires riverains d'un même cours d'eau, ce serait de s'associer pour l'acquisition d'un de ces instruments et pour l'irrigation en commun de leurs terres. L'association, qu'on le sache bien, est le seul remède aux inconvénients de la division des propriétés, et partant de la petite culture. Si cette classe de cultivateurs laisse aux autres le monopole des ustensiles perfectionnés, elle ne pourra faire ses frais. C'est surtout en matière d'irrigation que cette vérité est palpable.

Outre les pompes mobiles qu'on transporte d'un lieu à un autre, et qui sont encore précieuses contre les incendies, on peut avoir des pompes à demeure qui élèvent l'eau à deux, trois, et jusqu'à six mètres, ce qui permet d'irriguer toute une vallée et de convertir en bons prés des terres maigres et arides. Il y a des pompes à turbine, à siphon, à palettes, à aubes; enfin les roues à godets, etc. Ces pompes sont quelquefois construites de manière à se mouvoir seules par le cours même de l'eau, comme les roues des moulins. La science moderne a mis sous ce rapport des ressources inconnues autrefois au service de l'agriculture; elle utilise les forces de la nature avec des effets d'une puissance incalculable; une turbine ou une machine à vapeur produit le travail que les anciens demandaient, le fouet à la main, à des centaines d'esclaves. L'eau est le moins coûteux de tous les moteurs, puisque la nature le donne pour rien; dans les irrigations, elle met elle-même en mouvement la machine qui la répand sur les terres. Le vent peut aussi être employé à mouvoir les pompes destinées à élever l'eau.

Dans quelques vallées arrosées par des rivières sujettes à des crues régulières, on utilise les inondations provenant de ces crues pour amender et fertiliser les prairies. Le limon, charrié par les eaux, est un précieux engrais pour les terres. Ici, la nature fait tout elle-même; il y a des travaux d'endiguement et des barrages nécessaires pour que les inondations y passent régulièrement, et que l'eau se répartisse suivant les besoins de chaque morceau de terre.

Les irrigations artificielles se font en automne, en hiver et au printemps, pour engraisser les terres des limons et vases charriés par les eaux; mais on peut y recourir dans les grandes sécheresses, et quand les prés ou les champs ont besoin d'eau. Alors que les foins ou les regains sèchent sur pied, une irrigation faite à propos, le soir, quelques jours avant la fauchaison, ranime la végétation, et peut améliorer notablement le produit.

Pour que l'irrigation produise partout un bon effet, il faut que la surface du sol soit assez unie et en pente douce; les rigoles pratiquées de distance en distance doivent passer sur les parties les plus élevées, pour se répartir partout également. Si la terre retient trop longtemps l'eau, il faut que des rigoles d'égouttement l'emmènent dans des fossés ou puisards situés à la partie la plus basse des prés ou champs; le nombre et la disposition de ces travaux sont trop variés, d'après la disposition du sol, pour tracer ici des règles sur ce sujet. Nous engageons les cultivateurs qui désirent recourir aux irrigations à consulter sur ce point des personnes expérimentées. Ajoutons qu'une loi récente a mis fin à toutes les difficultés que les propriétaires voisins opposeraient aux entreprises d'irrigation. Aux termes de cette loi, tout propriétaire qui veut irriguer son pré ou son champ, a le droit de faire passer l'eau par le fonds intermédiaire de son voisin, en l'indemnisant, suivant estimation du juge de paix. Aucun obstacle ne peut lui être suscité par le mauvais vouloir d'un voisin jaloux.

L'irrigation et le drainage sont les deux points capitaux de l'agriculture moderne. Mais nous tenons l'irrigation pour la plus importante des deux, parce qu'elle a pour effet, la fertilité et l'augmentation des prairies, et que la prairie est le fondement de la prospérité agricole; elle donne le produit le plus clair, le plus net, le moins chanceux, le plus régulier de tous les genres de propriété. Il n'y a pas d'essais d'amélioration d'un succès plus certain que celui-là. Enfin, l'irrigation permet à tout cultivateur de réaliser l'adage profondément sensé de J. Bujault : *Si tu veux du blé, fais des prés.*   H. HERVÉ.

IRRITABILITÉ (physiologie) [*irritabilitas*]. — Faculté de se mouvoir sous l'action d'un stimulant. — Ce mot signifie également : en pathologie, aptitude d'un tissu organique à une augmentation de sensibilité, de chaleur, d'afflux sanguin; en morale, prédisposition à une susceptibilité fâcheuse, à la colère. Dans ce dernier sens, il est mis à la place de *irascibilité*; dans les deux autres sens, il a pour synonymes : *Excitabilité, incitabilité.*

Cette multiplicité d'acceptions jette de l'obscurité dans le langage. Il serait avantageux de rendre par trois mots différents les trois degrés de stimulation vitale : *Incitabilité* exprimerait l'état d'équilibre, *excitabilité*, l'état d'exagération, de superstimulation, et *irritabilité*, l'état morbide. Les agents de stimulation seraient dits *incitants*, *excitants*, ou *irritants*, selon leur nature, leur quantité ou l'énergie de leur influence. Par exemple, le vin léger constituerait un incitant, le vin capiteux un excitant, et l'alcool un irritant. Cela serait précis et clair.

L'*irritabilité* est le raccourcissement de la fibre animée; elle se nomme alors *contractilité*. La contraction témoignant qu'un stimulant agit sur l'animal, prouve-t-elle qu'il a senti? Si l'être stimulé éprouve visiblement de la douleur ou du plaisir, évidemment il a perçu la stimulation; tous les physiologistes conviennent alors qu'il y a *sensibilité*. Mais, si l'être ne manifeste aucun sentiment, doit-on admettre que le tissu a senti la stimulation, indépendamment du *moi*, du centre nerveux? En un mot, y a t-il une *sensibilité organique* ou imperçue, et une *sensibilité de relation* ou perçue? Les uns prétendent que ces deux sensibilités existent, les autres soutiennent qu'il n'y a qu'une sensibilité, celle dont l'individu a conscience. Les uns et les autres, d'ailleurs, reconnaissent que la sensibilité réside dans la matière nerveuse, en est la *force insitive* (*vis insita*), soit que cette neurine se trouve disséminée ou à l'état chaosique, comme chez les zoophytes, soit qu'elle se montre sous forme ganglionnaire, comme chez les helminthes, soit enfin qu'elle ait atteint sa perfection, qu'elle possède un encéphale, comme les vertébrés.

Irritabilité hallérienne. On appelle ainsi la contractilité des muscles ou *myotilité*, laquelle persiste quelques instants après leur séparation du corps.

Irritabilité végétale. On a rapproché de la contraction animale la *motilité* des plantes, qui les porte à changer la direction de leurs racines selon les terrains, à froncer leurs feuilles, à incliner ou redresser le pétiole, à plisser leurs pétales, à fermer leur calice, à le faire virer du levant au couchant pour recevoir les rayons du soleil, à se rétracter au contact de l'homme, à rapprocher l'un de l'autre l'étamine et le pistil, etc. Les plantes sont mues, sans doute, par les agents physiques qui modifient la nature en général, par la lumière, l'électricité, l'air, les gaz, le calorique, les liquides chargés de substances utiles ou nuisibles à la végétation; mais leur contraction ou condensation est invisible, parce qu'elles manquent de matière nerveuse, de neurine. C'est d'après une analogie fictive que l'on étend à elles le don de sentir les stimulations et d'en désirer ou craindre le retour. Cette phénoménalité est l'apanage des êtres appartenant au règne organique animé. La plante se meut, l'animal s'émeut.

En résumé, l'être sensible est seul incitable, excitable, irritable; l'être végétant est simplement motile, et ce n'est qu'en vertu de la métaphore qu'on le qualifie de sensible, de sympathique, qu'on lui accorde le sommeil et l'amour. Le plus hideux acarus jouit d'une vie supérieure à celle du cèdre le plus magnifique. Établir entre eux une sorte de cognation, de parenté, c'est obscurcir l'histoire naturelle.

D^r FR. BROUSSAIS.

IRRITATION [*irritatio*]. — Exaltation morbide des phénomènes vitaux tels que la sensation, la contraction, la chaleur, l'afflux des humeurs. — On rend aussi par ce mot l'action exagérée des stimu-

lants, action qui serait mieux représentée par *irritement*.

Chez les Latins, *irritare* signifiait agiter, mettre en colère, ou provoquer un désir, une passion.

Avarum irritat, non satiat pecunia.

(PUBLIUS SYRUS.)

C'est au figuré que l'on disait *irritamento gulæ*, pour peindre l'effet des condiments, des mets épicés.

Les médecins s'emparèrent du vocable *irrito* et en usèrent d'une manière vague. Ils l'appliquèrent soit à l'archée, à l'âme qui se fâche, soit aux humeurs peccantes, soit aux fibres, au cœur qui se met en colère. Ce langage obscur prit fin sous François Glisson, médecin-anatomiste de Londres, qui donna une réalité à l'irritation. Celle-ci fut attribuée exclusivement aux muscles par Haller, l'illustre expérimentateur de Gottingue et de Berne. — Voyez *Irritabilité.*

De nombreux auteurs traitèrent de l'irritation, spécialement Winter et ses disciples. Préoccupés des expériences physiologiques, ils ne décrivirent pas l'état morbide que l'irritation devait représenter. Pierre-Antoine Fabre amenait à cette détermination par ses recherches sur la perturbation des fluides dans les vaisseaux capillaires, recherches qui demeurèrent stériles pour la pathologie aussi longtemps que la métaphysique y régna. Toutefois l'idée d'inflammation locale naquit. Pour arriver à une nosologie positive, il ne s'agissait que d'étendre cette idée, ce que ne permettait ni l'humorisme, ni le vitalisme, non plus que la doctrine des éléments ou celle de l'excitement brownien. Ces systèmes considéraient l'économie sous un point de vue trop général. Méconnaissant les fonctions différentes des tissus et la nature des altérations offertes par les autopsies, ils se perdaient dans une insaisissable symptomatologie et aboutissaient à une thérapeutique de syncrétisme, c'est-à-dire destituée de bases.

Pour que l'*irritation* constituât la science des phénomènes de la vie, il fallait deux conditions: 1° que les tissus, soumis à l'analyse, fussent coordonnés en systèmes, ayant leurs propriétés; 2° que les affections morbides fussent localisées, les essentialités détruites et qu'une seule loi régît le rapport des modificateurs avec les organes. — Bichat remplit la première condition en créant l'anatomie générale, et distinguant la vie organique de la vie de relation. Broussais remplit la seconde en détruisant l'ontologie, en rapportant les maladies à une exagération ou à une débilitation locale des actes vitaux.

Je vais reproduire des aphorismes de mon père, qui résument la *doctrine de l'irritation.*

Partie physiologique. — « La vie de l'animal ne s'entretient que par les stimulants extérieurs (Brown); et tout ce qui augmente les phénomènes vitaux est stimulant.

» La composition des organes et des fluides est une chimie particulière à l'être vivant. La puissance inconnue qui met cette chimie en action donne aux organes, en les composant, la faculté de se mouvoir en se contractant, et à leur ensemble la faculté de témoigner qu'il est sensible. Contractilité et sensibilité sont donc les témoignages et les preuves de l'état de vie : la contractilité appartient à toutes les fibres animales; la sensibilité est un des modes d'action de l'appareil encéphalo-nerveux.

» Le but complexe de la stimulation primitive, comme la stimulation secondaire, est toujours la nutrition, l'éloignement des causes destructives et la reproduction. Les mouvements qui exécutent tout cela sont partagés en plusieurs séries, dont chacune est composée d'un certain nombre d'organes, et porte le nom de fonction. Or, pour l'exercice des fonctions, il faut que les liquides concourent avec les solides : dans toute stimulation, il y a donc impulsion, appel ou attraction des fluides vers les solides.

» Toute stimulation assez intense pour parvenir au cerveau parcourt tout l'ensemble du système nerveux de relation. Elle se répète donc dans tous les viscères, ce qui fournit au cerveau de nouvelles causes de stimulation. Telle est l'origine des besoins qui déterminent l'animal à l'action. Celle-ci est exécutée tantôt sans conscience et tantôt avec conscience : dans le premier cas, elle est du plus bas instinct, et sans plaisir ni douleur; dans le second, elle est simultanément instinctive et intellectuelle, ou purement intellectuelle. Dans ces deux conditions, elle s'exécute en vertu du plaisir ou de la douleur que l'animal perçoit, et a toujours pour objet ou de faire répéter la stimulation, ou d'en écarter la cause, ou d'y soustraire l'organisme.

» Les nerfs ganglionnaires viscéraux font servir la force vitale de l'animal, c'est-à-dire l'action dont il est capable, à la chimie vivante, malgré l'influence de la volonté; et quand la somme de cette force ne peut plus suffire aux deux grands ordres de fonctions, ils la détournent de celles de relation pour la concentrer dans les fonctions nutritives. Ils opèrent cette diversion en cumulant l'innervation, et avec elle les fluides dans les capillaires des viscères, et surtout du cerveau. Le sommeil est probablement produit de cette manière.

» Toutes les fois qu'il est excité dans l'économie une stimulation capable d'ébranler un peu fortement les nerfs cérébraux, elle est transmise au centre de relation, et celui-ci fait exécuter des mouvements en conséquence, avec ou sans conscience, avec ou sans volonté de l'animal; mais les phénomènes de conscience que l'on désigne par le mot de *moi* ne sont pas continus, tandis que la stimulation et la réaction du centre de relation sont continues.

» Toutes les fois que le *moi* a une perception, il sent en même temps dans le cerveau et hors du cerveau. Or, les points extra-cérébraux où le *moi* peut sentir ne sont pas seulement les sens externes ou internes, ce sont encore les foyers accidentels de phlegmasie; car l'inflammation met les extrémités nerveuses de relation de la plupart des tissus dans un état à peu près analogue à celui des extrémités nerveuses qui font partie des surfaces sensitives normales. Ces

foyers de phlegmasie deviennent donc des sens accidentels, anormaux.

» Parmi les actes que le *moi* peut refuser d'exécuter, les uns sont sollicités par les besoins des viscères essentiels à la vie, mais ces besoins sont peu urgents : s'ils le deviennent beaucoup, ou le *moi* obéit, ou la raison s'aliène, ou la mort survient. Les autres actes ne sont relatifs qu'à l'exécution des fonctions qui ne sont pas nécessaires à la conservation de la vie, et le refus du *moi* peut encore produire la folie.

» L'instinct peut s'exercer avec ou sans facultés intellectuelles.

» Les facultés intellectuelles sont toujours avec un mélange d'instinct.

» L'excitation n'est jamais uniforme dans l'économie animale; elle est toujours en plus dans certaines parties, en moins dans plusieurs autres, et prédomine successivement dans diverses régions. Cette inégalité finit souvent par déranger l'équilibre des fonctions.

» La santé ne s'altère jamais spontanément, mais toujours parce que les stimulants extérieurs destinés à entretenir les fonctions ont cumulé l'excitation dans quelque partie, ou parce que l'économie a été stimulée d'une manière qui répugne à l'exercice des lois vitales; car il existe des rapports entre les modificateurs extérieurs et l'ensemble ou les différentes parties de l'organisme, tels que les uns favorisent, les autres entravent les lois vitales, et ces derniers sont les poisons.»

Partie pathologique. — « Il n'y a ni exaltation ni diminution générales et uniformes de la vitalité des organes.

» La nature de l'exaltation communiquée est la même que celle de l'exaltation primitive. C'est toujours l'augmentation de phénomènes qui attestent l'état de vie.

» L'irritation peut exister dans un système, sans qu'aucun autre y participe; mais cela n'a lieu que lorsqu'elle est peu considérable. Elle ne porte alors que sur les mouvements organiques, locaux et sur la nutrition de la partie; mais aussitôt que l'irritation locale s'élève à un certain degré, elle se répète dans d'autres systèmes ou d'autres appareil plus ou moins éloignés, et toujours sans changer de nature.

» Les irritations n'ont point de durée ni de marche fixes; l'une et l'autre sont déterminées par l'idiosyncrasie, et par l'influence des modificateurs qui agissent sur les malades.

» L'irritation tend à se propager par similitude de tissu et de système organique : c'est ce qui constitue les diathèses; cependant elle passe quelquefois dans des tissus tout différents de ceux où elle a pris naissance, et plus souvent dans les maladies aiguës que dans les chroniques.

» Lorsque l'irritation accumule le sang dans un tissu, avec tumeur, rougeur et chaleur extraordinaire, et capables de désorganiser la partie irritée, on lui donne le nom d'inflammation.

» Un commentaire est utile ici, je le prends dans le

Cours de Pathologie générale de mon père (*cinquième leçon*).

» J'ai dit que les phénomènes de la santé, comme ceux des maladies, ne nous apparaissent que par des changements dans le mouvement organique, et ces changements dépendaient de l'irritabilité ou contractilité ; que quand le changement consistait dans une action trop vive, il portait le nom d'*irritation* ; que quand, au contraire, il consistait dans une action au-dessous de l'état normal, il portait le nom de *abirritation*, et même il faudrait dire défaut de stimulation, ou astimulation, abexcitation ; que l'irritation se manifeste par une augmentation d'action dans les tissus, par un mouvement précipité dans les tissus mobiles, et par une perception plus vive de plaisir ou de douleur, mais le plus souvent de douleur dans les tissus nerveux ; que tous les phénomènes des maladies se réduisaient à trois : *exaltation* ou *diminution* du mouvement, exaltation ou diminution du sentiment ; *anomalies* des deux, qui seront plus tard appréciés ; que l'*irritation*, agissant sur le système sanguin, produisait l'*inflammation* — ou l'*hémorrhagie* ; qu'agissant sur le système nerveux, elle produisait la *névrose* ou l'exaltation de l'action nerveuse ; qu'agissant-d'une manière moins active que dans l'inflammation sur des tissus vasculaires non sanguins, elle produisait la *subinflammation*, etc. »

L'inflammation est donc l'*irritation sanguine fixe* ; l'hémorrhagie est l'*irritation sanguine avec efflux* ; la névrose est l'*irritation nerveuse* ; la subinflammation est l'*irritation des vaisseaux blancs*.

« L'irritation offre des intermittences naturelles dans l'état de santé.

» L'irritation morbide peut être intermittente dans presque tous les appareils et systèmes organiques où l'inflammation aiguë peut se développer.

» La débilité — abirritation — est le plus souvent le produit de l'irritation, et quelquefois constitue seule la maladie. »   D^r Fr. Broussais.

ISOMÉRIE (chimie) [du grec *isos*, égal, et *méros*, partie].—Phénomène que présentent certaines substances qui renferment les mêmes éléments combinés dans les mêmes proportions, et qui ont néanmoins des propriétés différentes. «Le sucre de raisin et l'acide acétique, par exemple, sont des corps *isomères* ; car, malgré la différence de leurs propriétés, ils contiennent exactement les mêmes proportions de carbone, d'hydrogène et d'oxygène. Les cas d'isomérie sont surtout nombreux en chimie organique. On les explique par la théorie anatomique, en attribuant la différence de propriété des corps isomères à la différence de disposition ou de groupement de leurs atomes.»

ISOMORPHISME ou **ISOMORPHIE** (chimie) [du grec *isos*, égal, et *morphé*, forme]. — Propriété que présentent des corps différents de cristalliser sous la même forme géométrique. « Les corps qui ont la même constitution chimique sont souvent isomorphes. On rencontre dans la nature une série de carbonates qui cristallisent tous sous des formes appar-

tenant à un rhomboèdre, dont les angles sont sensiblement les mêmes ; tels sont : le spath d'Islande, ou carbonate de chaux ; la dolomie, ou carbonate de chaux et de magnésie ; la gioberlite, ou carbonate de magnésie ; la sidérose, ou carbonate de fer ; la smithsonite, ou carbonate de zinc, etc. La similitude de forme y est si grande qu'il est souvent difficile de distinguer ces minéraux sans le secours de l'analyse. Les sels isomorphes ayant à peu près la même solubilité, cristallisent ensemble en toutes proportions.— Les corps isomorphes, observés pour la première fois par M. Gay-Lussac, ont été plus particulièrement étudiés par M. Mitscherlich, à qui l'on doit la plupart des séries isomorphes aujourd'hui connues.»

ITALIE (géographie). — Grande péninsule d'Europe ; les Alpes la séparent de la France, de la Suisse et de l'Allemagne. 1,000 kilom. sur 540 ; 22,000,000 d'habitants. L'air y est sain et pur, excepté dans l'État de l'Église et dans celui de Toscane, vers la mer. Climats très-variés. Bestiaux, vins, huiles, bois, herbages, fruits excellents dans la plus grande partie. Grand nombre de rivières. Les principales sont : Pô, Adige, Adda, Souso, Piave, Tagliamento, Tésin, Arno, Tibre, Trébia, Taro, Réno, Garigliano, Volture, Silaro et Offento. Beaucoup de lacs et de monts. Traversée par l'Apennin. La langue italienne, formée de la latine, a beaucoup de douceur, de délicatesse et de flexibilité. Les Italiens sont polis, prudents, rusés, spirituels, sobres, grands politiques, très-propres aux sciences et aux arts. L'Italie était divisée autrefois en plusieurs petits États : la république de Gênes, le Piémont, la Toscane, l'État de Parme, l'État de l'Église (qui furent réunis à la France), le Milanais, la république de Venise, les États de Mantoue, de Ferrare et de Modène, la Marche d'Ancône ; au sud, le royaume de Naples. On ajoute à l'Italie la Sicile, la Sardaigne, la Corse, l'île de Malte et les îles de la mer de Toscane et du golfe de Venise. Rome est la principale ville. La portion la plus septentrionale de l'Italie, conquise par les Français en 1796, porta d'abord le nom de république Cisalpine, qui fut changé en celui de république Italienne en 1801 ; elle fut érigée en royaume en 1805. Milan en était la capitale. Aujourd'hui cet État est remplacé par le royaume Lombard-Vénitien, qui comprend une partie des mêmes pays. Voici l'organisation actuelle de l'Italie :

	milles carr.	pop.
Royaume Lombard-Vénitien...	880	4,065,000
Duché de Lucques....	312	143,000
Duché de Modène........ ...	1,570	380,000
Duché de Massa......	58	6,500
Duché de Parme.............	1,660	440,000
États de l'Église.............	684	2,590,000
République de Saint-Marin....	17	4,500
États Sardes	21,000	4,300,000
Royaume des Deux-Siciles...	31,431	7,420,000
Grand-duché de Toscane....	6,324	1,275,000
Ile de Corse.................	2,723	291,000
Iles de Malte, Gore et Comino..	143	150,000
TOTAUX	**66,802**	**21,074,000**

IVOIRE. Substance osseuse qui constitue les défenses de l'éléphant.

« Le réseau de losanges ou d'alvéoles rhomboïdales que l'on observe dans la coupe transversale de ces défenses est un caractère qui les fait connaître facilement, et qui les distingue surtout des os ordinaires dans lesquels on n'aperçoit que les couches et des raies longitudinales. Cette substance a un tissu, une couleur, une finesse de grain et une dureté qui la rendent très-utile dans un grand nombre d'arts. On en fait des dents artificielles, des manches d'instrument, des éventails, des statuettes, et une foule de petits ouvrages d'une extrême délicatesse. Dans une des dernières expositions de l'industrie française, on a pu remarquer un petit vaisseau en ivoire avec ses agrès, ses voiles, ses cordages, digne d'admiration par le fini de son travail. »

Les principales espèces d'ivoire sont :

« 1° L'ivoire de Guinée, qui est le plus serré, le plus estimé de tous; il est légèrement blond, translucide et blanchit en vieillissant, tandis que tous les autres jaunissent;

» 2° L'ivoire du Cap, qui est blond, mat et parfois un peu jaune;

» 3° L'ivoire de Ceylan, qui est d'un blanc rose tendre et très-rare.

IVRAIE (agriculture).—Plante de la famille des graminées, nombreuses en espèces. Nous ne parlerons que de trois. La première est un fléau pour nos blés et un poison dans notre pain; les deux autres sont un bon fourrage dans nos prairies artificielles.

1° L'ivraie annuelle, ou ivraie proprement dite, est une plante haute de trente à quarante centimètres, à fleurs barbues et à feuilles longues engainées les unes dans les autres. On la trouve avec une désolante abondance dans les blés et les orges, qu'elle infeste de ses grains et auxquels elle dispute les sucs de la terre. Cette graine est une sorte de poison qui produit des vertiges, de l'assoupissement, des mouvements convulsifs, lorsqu'elle se mêle à la farine dont se fait notre pain. Le remède à employer dans ce cas, c'est de provoquer le vomissement et d'avaler de l'eau vinaigrée. Du reste, c'est la séve seule qui est un poison dans cette plante; car les graines séchées au four sont presque inoffensives. Quant au pain infesté d'ivraie, on peut le reconaître aisément à l'œil et au goût : il est d'une couleur noirâtre et a une saveur âcre et amère. Ajoutons qu'il est facile de séparer l'ivraie du blé par le criblage, la graine d'ivraie étant de beaucoup plus légère.

2° L'ivraie vivace, nommée ray grass par les Anglais est un fourrage très-répandu en Europe et qui vient dans tous les terrains. Elle a des racines traçantes et pousse des tiges d'un pied de haut et des fleurs sans barbes; elle pousse en abondance, et donne l'herbe dès le printemps.

Cependant cette plante n'est estimée en France que pour la pâture; comme fourrage elle est peu recherchée des bestiaux. En Angleterre, où l'humidité du climat lui donne plus de valeur, on la mêle au trèfle blanc ou rouge pour en former des prairies qui durent de deux à quatre ans.

3° L'ivraie d'Italie, quoique classée parmi les plantes vivaces, n'est guère que bisannuelle, et au bout de deux ans elle ne donne presque plus de fourrage, et même cette seconde année est presque stérile dans les terres maigres et arides. On la sème en automne ou au printemps. Comme plante de pâture, elle a surtout le mérite de se reproduire avec une étonnante rapidité à mesure qu'elle est broutée.

L. HERVÉ.

IVRESSE (hygiène, médecine). — Ébriété qui résulte de l'ingestion trop grande des boissons fermentées, et qui dure jusqu'à ce que les liquides ingérés aient été digérés, absorbés, puis rejetés de l'économie par ses divers émonctoires. C'est un défaut odieux, qui, en révélant la débilité des forces morales, abrutit l'homme le plus intelligent.

Le traitement de l'ivresse consiste à favoriser l'élimination des principes alcooliques, à calmer l'excitation cérébrale, ou à combattre la stupeur.

Dans le premier cas, diète, repos, boissons aqueuses légèrement excitantes et aromatiques, vomitifs; s'il y a stupeur; il faut réchauffer le sujet (sinapismes, lavements purgatifs); s'il y a congestion, on doit recourir à la saignée.

On a beaucoup vanté, contre l'ivresse, l'ammoniaque liquide à la dose de quinze à vingt gouttes dans un verre d'eau légèrement sucrée; mais ce moyen, que nous avons employé souvent, est loin de dissiper l'ivresse dans un temps aussi court qu'on le dit. Il n'agit d'une manière bien marquée que quand l'estomac est en grande partie débarrassé des matières solides ou liquides qui le surchargeaient; et l'on sait qu'une fois ce dernier effet obtenu, les suites de l'ivresse se dissipent généralement assez vite.

B. L.

FIN DE LA LETTRE I.

J, dixième lettre de l'alphabet français, que l'on a représentée longtemps par l'*i*; on la nomme *i* consonne pour la distinguer de l'*i* voyelle. C'est à Ramus, grammairien du seizième siècle, que l'on doit l'introduction dans notre écriture du *j*, qui n'est qu'un *i* allongé. Comme articulation, le *j*, qui n'est que le *g* doux, est une consonne palatale sifflante, qui n'existe que dans un très-petit nombre de langues.

JACHÈRES (agriculture). — Les jachères sont, comme on le sait, l'inactivité des terres pendant l'année qui précède les semailles du froment. Cette pratique, universelle autrefois, a cessé presque partout aujourd'hui. Deux causes motivaient les jachères: l'idée que la terre a besoin de repos pour ne pas s'épuiser, et le besoin de donner une pâture aux bestiaux. Peut-être faut-il y ajouter l'insuffisance des bras et des instruments de travail pour donner à toutes les terres les façons exigées par une bonne culture. Ajoutons enfin que nos ancêtres ignoraient les cultures fourragères, celle des pommes de terre et de tant d'autres végétaux précieux pour la nourriture de l'homme et des animaux. Aujourd'hui, il est reconnu que la terre ne peut produire avec abondance la même récolte deux années de suite, mais qu'il y a des plantes qui, loin de la fatiguer, la préparent à en produire d'autres. Les plantes dites épuisantes, comme le froment, etc., viennent mieux à la suite des plantes dites améliorantes, comme les plantes racines, qu'à la suite des jachères. C'est donc par la succession rationnelle des cultures, et non par les jachères, qu'il faut mettre en pratique le principe vrai en soi, que la terre a besoin de repos. Nous avons exposé ces idées au mot *assolement*.

Avec les plantes améliorantes, avec l'abondance d'engrais et les instruments perfectionnés, enfin avec tout les moyens de féconder sans cesse la terre sans l'épuiser, la pratique des jachères a donc fait son temps. Ceux qui s'y entêtent, propriétaires ou fermiers, sont condamnés à végéter, et l'avenir les forcera tôt ou tard à suivre les méthodes nouvelles, consacrées par une expérience décisive.

Néanmoins, Mathieu de Dombasle, le vénérable réformateur de l'agriculture française, pense qu'il y a des cas où une année de jachère est indispensable : c'est lorsque les terres sont tellement infestées d'herbes nuisibles et pivotantes, comme le chiendent, etc., qu'elles étoufferaient une partie de la récolte qu'on y hasarderait. Alors il conseille de laisser la terre une année en jachère, mais non en jachère inculte. Il veut qu'un ou deux labours profonds déracinent les plantes nuisibles et fassent pénétrer dans le sol l'air et la lumière, afin de le préparer convenablement à la récolte de l'année suivante. Cette récolte, dit M. de Dombasle, dédommage toujours amplement de celle qu'on a sacrifiée, et aucun moyen ne vaut celui-là pour extirper du sol un ennemi obstiné des végétaux utiles.

L. HERVE.

JACINTHE (botanique) [*hyacinthus*]. — Genre de plantes de la famille de liliacées, renfermant des plantes herbacées qui naissent d'une racine en forme d'oignon. « Feuilles longues et presque linéaires, sortant de terre sous la forme d'une gerbe au milieu de laquelle s'élève une hampe lisse, terminée par un joli panache de fleurs simples ou doubles, monopétales, limbe découpé en six parties frisées : le centre de ces corolles est occupé par six étamines attachées à la paroi et par un pistil. Ces plantes fleurissent en hiver. On en compte environ quinze espèces et plus de deux mille variétés. C'est la Hollande, et surtout Harlem, qui approvisonne de jacinthes les marchés de l'Europe. Des amateurs hollandais ont payé jusqu'à trois mille francs un seul oignon d'une variété nouvelle, surtout du dix-septième au dix-huitième siècle. Les jacinthes doubles et les jacinthes pleines sont les plus recherchées. »

« Les principales espèces qui composent ce genre,

sont : la *jacinthe d'Orient*, ou *des jardiniers*, à fleurs blanches ou bleues, à odeur suave; la variété la plus curieuse est celle que les Hollandais ont nommée *Diane d'Éphèse*, et dont les pédicules sont bitriflores; la *jacinthe des prés*, à fleurs bleues; la *jacinthe des bois*, ou *scille*; la *jacinthe de Rome*; la *jacinthe tardive*; la *jacinthe penchée*, à fleurs roses; la *jacinthe muguet*, à fleurs jaunes; et la *jacinthe à fleurs roulées*, à fleurs campanulées verdâtres. « Selon la Fable, le jeune Hyacinthe, qui était aimé d'Apollon, ayant été tué involontairement par ce dieu d'un coup de palet, fut changé par lui en jacinthe. Dans le langage des fleurs, la jacinthe est le symbole de la douleur et de la délicatesse. »

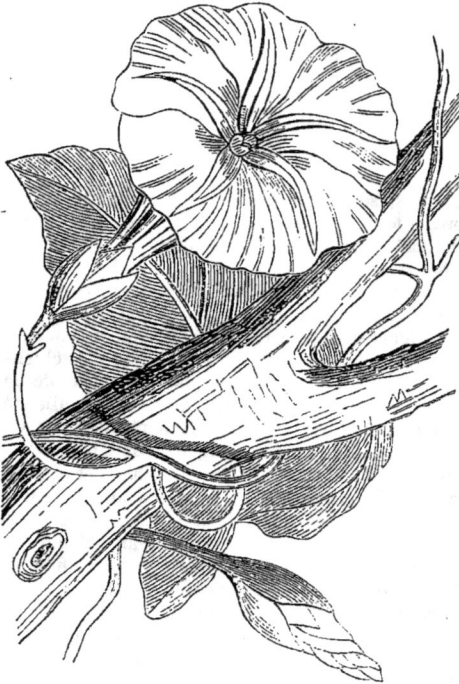

Fig. 1. — Jacinthe.

JADE (minéralogie). — Pierre précieuse, verdâtre ou olivâtre, quelquefois laiteuse, avec une nuance de bleu : elle est composée de silice, de chaux, de potasse et d'oxyde de fer. Cette pierre tient de l'agate, mais elle ne peut recevoir un beau poli. Elle est si dure, qu'on a peine à la travailler, même avec la poudre de diamant.

JAGUAR (zoologie). — Voy. *Chat*.

JAIS (minéralogie). — Variété de lignite. Matière fossile, d'un noir luisant, d'origine végétale, d'un aspect de poix ou de résine; cette substance se trouve en France, en Espagne et en Allemagne. Elle sert à faire différents objets d'ornement, comme des pendants d'oreilles, des colliers, des ajustements de deuil, des croix, des chapelets, etc.

JALAP (botanique et matière médicale). — Racine résineuse qui tire son nom de Xalapa, ville du *Mexique*, près de laquelle est cultivée la plante d'où elle provient. La racine de jalap, dit Nysten, apportée en Europe vers l'an 1610, a été longtemps attribuée à une bryone, à un méchoacan, à une rhubarbe, etc., mais il est reconnu qu'elle vient du *convolvulus jalapa*, plante vivace de la famille naturelle des liserons. Le jalap se trouve dans le commerce en grosses rouelles ou morceaux arrondis, marqués circulairement d'une forte incision faite pour en faciliter la dessiccation. Sa surface est très-rugueuse et d'un gris foncé veiné de noir; intérieurement, elle est d'un gris sale. Il a une odeur nauséabonde et une saveur âcre et suffocante qui le rend dangereux à piler. Le meilleur est sec, compacte, pesant, et présente une cassure nette, nullement celluleuse. Souvent il est sophistiqué avec la racine de belle de nuit, *mirabilis jalapa*, que l'on a nommée pour cette raison *faux jalap*, et que l'on reconnaît à ce qu'elle est moins ridée et moins résineuse; ou avec celle de bryone, qui est beaucoup plus blanche et plus légère, et qui a une saveur très-amère. Le jalap est un fort purgatif, fréquemment employé à cause de la modicité de son prix. On en prescrit ordinairement la racine en *poudre*.

JAMBE (anatomie). — Portion du membre abdominal comprise entre le genou et le pied. Elle est formée de deux os : l'un, plus gros, appelé *tibia*, l'autre, plus grêle, placé au côté externe du précédent et appelé *péroné*. Ces deux os, articulés ensemble à leurs extrémités, laissent entre eux, dans leur partie moyenne, un espace rempli par un *ligament interosseux*. La *rotule* est comptée par quelques auteurs au nombre des os de la jambe. Les muscles de la jambe sont : à la face antérieure, le jambier antérieur, l'extenseur propre du gros orteil, le long extenseur commun et le péronier antérieur; à la face externe, le long péronier latéral et le court péronier latéral; postérieurement, les jumeaux, le plantaire grêle, le soléaire, le poplité, le long fléchisseur commun, le long fléchisseur du gros orteil et le jambier postérieur.

JAPON (géographie). — Empire insulaire, célèbre et considérable, adjacent à la côte orientale de l'Asie. L'île de Niphon le forme en presque totalité. Les deux autres petites îles qu'il comprend encore sont celles de Kiusiu et de Xicoco, la première connue encore sous le nom de Ximo, de Bongo et de Saikokf; la seconde est dite encore Sikokf et Tonsa. Il s'étend depuis le 30e degré de latitude nord jusqu'au 41e, et, suivant les cartes modernes, depuis le 129e degré ordinaire jusqu'au 140e.

Le terroir en est montagneux, sec, pierreux et d'une médiocre qualité; mais l'estime accordée à l'agriculteur chez ce peuple, la certitude qu'il jouira du fruit de ses travaux domptent tous ces obstacles, rendent le sol du Japon très-productif, et mettent les Japonais, malgré l'excessive population du pays, en etat de se suffire et de se passer de ses voisins. Il s'y trouve des mines d'or, d'argent et de pierreries; il en est d'autres de cuivre, d'étain, de soufre, de charbon de pierre, quelques-unes de fer, mais en petite quantité. Indépendamment du blé, son sol donne du riz le plus fin et le meilleur de toute l'Asie. Il produit le cotonnier, le mûrier, le figuier, l'oranger, la canne à sucre, l'indigotier; les bords de ses rivières sont ombragés de superbes bambous, et ses coteaux offrent des sapins, des cèdres, des cyprès, des mélèzes, le saule pleureur, l'arbre à suif, le palmier, l'arbre dont on obtient le vernis, et le catalpa, qui y est commun.

Il s'y rencontre du jaspe, des agates, du corail, des cornalines, et on y ramasse de l'ambre gris sur les côtes. On en tire des perles, du thé, du soufre, du tabac, des drogues pour la médecine et pour la teinture, et quantité de soie de la meilleure qualité. Il en vient, d'ailleurs, de l'opium, du jalap, des plantes marines et de beaux coquillages de mer.

Aucune nation orientale ne fait de plus belles étoffes tant de soie que de coton; sa porcelaine est plus estimée que celle de la Chine, et on y excelle dans la fabrication des armes blanches. On n'y fait usage ni du vin, ni des liqueurs spiritueuses, et la bière faite avec le riz est la boisson des habitants. On n'y connaît ni les chaises, ni les tables; on s'y assied par terre. Les volcans n'y sont pas rares, et le Japon est sujet à de ruineux tremblements de terre. Aussi les maisons y sont-elles basses et sans mortier, lorsqu'elles sont construites en pierres. Yedo est aujourd'hui la capitale de l'empire et la résidence du souverain:

Pendant près de 2,500 ans, les chefs de la religion ont été les chefs de l'empire, sous le titre de Daïro ou Daïry. La succession des pontifes-rois et des pontifes-reines (car les femmes n'étaient point exclues du trône) y remonte à 660 ans avant l'ère chrétienne. Une série de 107 souverains compose cette dynastie, qui subsista jusqu'à l'an 1585. A cette époque, les gouverneurs des provinces, dont la gestion était héréditaire, s'étaient rendus en quelque sorte indépendants. Entre ceux-ci, un homme de condition infime, audacieux, mais combinant ses moyens avec la fin à obtenir.... audacieux, mais dont la prudence et une habileté consommée égalaient l'audace, renversa du trône l'empereur ecclésiastique et s'assit à sa place. Tout en s'emparant de la souveraineté, il ne détruisit ni le nom ni la lignée des pontifes, mais dès ce moment le Daïro ne fut qu'une idole révérée. Quoique moins brillante, il tient encore une cour qui n'est pas sans éclat.

L'habillement des grands et des nobles sont des robes traînantes de ces belles étoffes à fleurs d'or et d'argent qui se fabriquent chez eux et dont les manches sont larges et pendantes. Souvent la poignée de leur sabre ou de leur stylet est enrichie de perles ou de diamants. Le Japonais est brave et fier; chez lui, toutes les affections sont subordonnées à l'honneur. Il est droit, sincère, bon ami, fidèle à toute épreuve, et portant à un degré étonnant le mépris de la mort.

Ce qui est bien plus étonnant encore, c'est de rencontrer un tel caractère sous la hache du despote, sous le pouvoir absolu qui flétrit tout, qui dégrade tout, qui avilit tout, et qui éteint jusqu'au germe des vertus. C'est le seul exemple qu'en est jamais offert le burin de l'histoire.

La religion chrétienne, prêchée au Japon par saint François Xavier, au seizième siècle, y avait fait de rapides progrès; et en 1618, on y comptait déjà plus de 400,000 chrétiens. Mais dans la persécution de 1637, le fer, le feu et tous les genres de supplice y ont détruit sans retour le christianisme. Sans entrer dans aucun détail sur les causes de cette révolution, on prétend que les vues ambitieuses des Portugais y avaient été servies par les jésuites, qui ne s'y étaient point renfermés dans les bornes du ministère apostolique. Les Hollandais, qui ont dit n'être pas de religion romaine, sont, avec les Chinois, la seule nation qui ait la faculté d'aborder au Japon; mais il est faux qu'ils s'y soumettent à la profanation de fouler la croix.

Le polythéisme est la religion suivie au Japon, en reconnaissant toutefois une intelligence suprême créatrice. Les cérémonies religieuses y sont gaies; car les dieux y sont regardés comme des êtres qui aiment à répandre le bonheur.

Le prince a le titre de Kubo. Ses revenus proviennent de ses domaines, comme il en était chez nous au temps de la féodalité. Les grands vassaux, dont les commandements sont héréditaires, entretiennent, chacun dans leur gouvernement, une force militaire destinée à l'appui et à la défense du trône, et jouissent d'ailleurs, chez eux, du pouvoir absolu; mais leurs enfants, qui restent à la cour et dans la capitale comme otages, y sont les garants de leur soumission. La plupart des crimes sont punis de mort au Japon; mais une preuve que les lois y sont bonnes, c'est qu'ils y sont très-rares.

Proportion gardée de l'étendue, le Japon est aussi peuplé que la Chine, et sa population est de vingt-cinq millions d'habitants. La polygamie y est admise; on rase la tête aux femmes qui se seraient rendues infidèles. Chez les Japonais, on brûle après leur mort le corps des gens de distinction; on enterre les autres. Dans cette longue durée d'existence en corps de nation, qu'ils partagent avec les Chinois, remarquons enfin le principe qu'ils ont aussi de commun avec eux, d'écarter le contact des autres nations. (Robert.)

JANVIER (calendrier) [du latin januarius, dérivé de janus, divinité à laquelle les Romains dédièrent ce mois]. — Anciennement l'année commençait à Pâques; mais depuis 1564, elle commence au premier janvier, conformément à l'ordonnance de Charles IX.

JARDIN (horticulture) [de l'allemand garten, dont les Italiens ont fait giardino, les Espagnols jardino, les Anglais garden]. — Lieu fermé de haies ou de murs, pour l'utilité ou pour le plaisir; contenant, suivant son étendue, un potager, un verger, un bois, un fleuriste et un parterre. Sa destination le fait nommer légumier, fruitier, fleuriste, et jardin de propreté. Le fameux Lenostre est le premier qui ait donné sur l'art du jardinage des règles qui ont été adoptées par toute l'Europe. Sa théorie était une irrégularité agréablement variée. Dufresni crut devoir changer la méthode de *Lenostre*, et préféra une disposition bizarre et inégale. Kent est le premier Anglais qui, en suivant les principes de Dufresni, ait osé, en 1720, s'écarter des règles généralement adoptées dans son pays. Les dessins de Kent ayant eu un grand succès en Angleterre, sir Thomas Wathely réunit tous les principes de son compatriote dans ses *Observations sur les Jardins anglais*; enfin, Browne porta l'art à son comble.

JASMIN (botanique, genre type de la famille des *jasminées*). — Arbrisseau dont ont compte beaucoup d'espèces, qui se cultivent d'ordinaire en pleine terre. Ses fleurs étoilées, qui tranchent sur son feuillage vert et élégant, et leur délicieux parfum, les font rechercher dans les jardins d'agrément.

Le jasmin commun ou jasmin blanc fleurit l'été et s'élève à dix ou douze pieds. La flexibilité de ses branches permet de le disposer en guirlandes, en berceaux ou en palissades. Il est peu difficile sur la qualité de la terre, et il croît au nord, quoique l'exposition du midi lui soit plus favorable. Dans les forts hivers cependant les gelées attaquent ses rameaux et ses tiges, mais ses racines restent intactes, et il n'y paraît plus au bout de deux ans. Sa culture est facile : il suffit d'un ou deux binages par an et de l'enlèvement des branches mortes. On le multiplie de marcottes et de rejetons. Les racines prennent la même année si l'on fait les marcottes en hiver. La bouture est peu employée. Le jasmin jonquille, le jarmin sarmenteux, celui des Açores, du Cap, etc., sont ceux qu'on cultive en serre chaude. Le jasmin d'Italie vient en pleine terre.

La parfumerie recherche beaucoup la fleur du jasmin; mais il est indispensable d'y mêler de l'huile de ben, qui s'aromatise avec les fleurs.

JASPE (minéralogie) [du grec *iaspis*]. — Espèce d'agate opaque, colorée par différentes substances en rouge, jaune ou vert, tantôt uniformément, tantôt par bandes ou taches. On distingue le jaspe onyx, le jaspe sanguin, le panaché.

Cette pierre se trouve par masses détachées de différentes grandeurs; on l'emploie particulièrement à la fabrication de petits objets d'ameublement, comme socle, serre-papier, vases, cartels de pendule, etc. Leur dureté, infiniment plus grande que celle du marbre, et la difficulté que l'on éprouve à les polir, donnent un grand prix à ces petits ouvrages.

Le jaspe était la troisième pierre du rational du second ordre du grand prêtre, sur lequel était gravé le nom du sixième fils de Jacob.   J. RAMBOSSON.

JAUNISSE. — Voy. *Ictère*.

JET D'EAU (hydraulique). — Lame d'eau qui s'élève en l'air par un seul ajutage ou orifice qui en détermine la grosseur. Quand l'ajutage est horizontal, le jet monte verticalement; il s'élèverait jusqu'au niveau de la source qui le produit si plusieurs causes n'en empêchaient; ces causes sont : le frot-

tement contre les bords de l'orifice, la résistance de l'air et la chute de l'eau supérieure qui tombe sur celle qui la suit; aussi on observe qu'en l'inclinant un peu il monte plus haut.

JEU (philosophie, morale, récréation qui a le gain pour objet). — Lorsque le jeu cesse d'être simplement une récréation, il devient une passion excitée par le désir de gagner, que l'oisiveté rend, pour ainsi dire, nécessaire.

Aucune passion, dit un auteur, n'est plus effrayante, plus atroce, plus folle et plus fatale que celle du jeu qui a le gain pour objet. Elle n'attaque directement que les biens; mais elle les attaque si puissamment, qu'elle les annihile ou les fait changer de maître en un instant. Jamais joueur, à moins d'appeler la friponnerie à son secours, ne dut, en dernière analyse, la moindre augmentation de richesse à la table funeste sur laquelle il risqua ses biens. Les Romains avaient défendu les jeux de hasard, excepté pendant les saturnales : si cette loi n'eût rendu rares les victimes de cette passion, trop commune de nos jours, leurs poëtes auraient placé dans le Tartare, parmi les êtres les plus misérables, cet homme au teint hâve, aux joues caves, à l'œil hagard, aux paroles brèves, qui, à la lueur des lampes mourantes ou des bougies usées, risque sur une carte le pain du lendemain. Vrai Tantale, il voit rouler et bruire devant lui les flots dorés du Pactole, et il ne peut les atteindre. Que dis-je? il ne l'espère pas. Ce n'est plus l'illusion qui l'égare, c'est la fatalité qui l'entraîne : il voit l'abîme, et s'y précipite; l'écueil, et il s'y brise. La fortune le hait, il le sait, il la hait lui-même, et il veut l'avoir; aveugle, sourde, insaisissable, inflexible, il veut l'éclairer, la prêcher, l'arrêter, l'attendrir; semblable à l'homme en délire, qui, près de l'infidèle qu'il méprise et qu'il désire, qu'il injurie et qu'il implore, qu'il déteste et qu'il idolâtre, de celle qu'il n'espère pas voir dans ses bras, et obsède le cœur qu'il sait d'avance ne devoir jamais posséder.

JONC (botanique) [*juncus*]. — Genre type de la famille des joncacées, composé de plantes herbacées, annuelles ou vivaces, qui croissent dans les marais, sur le bord des ruisseaux, dans les terrains frais et humides; ils sont très-propres à exhausser les terrains marécageux et à fixer les terres d'alluvion. Les principales espèces sont le *jonc épars*, dont on emploie la tige à faire des paniers, des cordes, etc.; le *jonc glauque*, qui sert à attacher la vigne, les espaliers; le *jonc congloméré*, qui sert à faire de la litière; le *jonc flabellé*, dont les feuilles sont en éventail.

JONCACÉES (botanique). — Famille naturelle de plantes monocotylédones à étamines périgynes, ayant pour caractères : une tige ou chaume cylindrique, nu ou feuillé, simple; les feuilles engaînantes à leur base, à gaîne tantôt entière, tantôt fendue; des fleurs hermaphrodites, terminales, en panicules ou en cimes, renfermées avant leur épanouissement dans la gaîne de la dernière feuille, qui forme une sorte de spathe; calice à six sépales glumacés, sur

deux rangs; six étamines, insérées à la base des sépales internes, ou seulement trois correspondant
aux sépales extérieurs; ovaire uniloculaire; style
simple, surmonté de trois stigmates. Le fruit est une
capsule, à une ou trois loges incomplètes, s'ouvrant
en trois valves.

JOAILLERIE (technologie). — Genre de bijouterie garnie de pierres.

Cette spécialité, aujourd'hui assez distincte, représenta pendant longtemps la bijouterie actuelle; c'étaient alors, et surtout au moyen âge, les joyaux qui
étaient les ornements ou bijoux destinés à la parure.
L'orfévre était joaillier, la joaillerie comprenait
toute la *menuierie*, ou petits ouvrages, en dehors de
la *grosserie* et *vaissellement* (orfévrerie).

La joaillerie proprement dite est une bijouterie
d'argent et d'or, parée de diamants. Le métal employé est assez épais pour y placer la pierre de façon
à ce que la culasse (partie inférieure) ne dépasse
point la mise à jour, et ne soit pas ainsi susceptible
de s'accrocher, et par suite de se démonter.

L'argent, d'une si modique valeur, comparé à l'or
et eu égard à l'énorme prix du diamant qu'il reçoit
en pareil cas, a été choisi pour avantager et augmenter l'effet de ce dernier par le reflet vif et blanc,
qu'il lui communique; et l'on sait qu'une quantité
considérable de diamants est plus ou moins teintée,
que ceux d'une parfaite pureté sont rares, et qu'alors
on a dû chercher à modifier par la monture ce qui
leur manquait. Depuis quelques années, M. Barbot,
chimiste, met en usage un procédé qu'il a inventé
pour la décoloration du diamant. Ce défaut, que
nous pouvions regretter, sera désormais impossible,
et pourra modifier, dans certains cas, la manière de
monter les pierres.

On emploie le plus ordinairement la joaillerie en
coiffures de tête et broches de coïsage, parfois en
bracelets, puis en appliques rapportées sur toute espèce de bijouterie d'or.

La joaillerie se plie difficilement aux exigences du
goût et de l'art, la forme des pierreries commande
et assujettit l'artiste à se renfermer dans un galbe
duquel il ne peut que rarement s'éloigner; aussi,
les dessins de ce genre sont-ils peu variés; ce sont
toujours des fleurs ou des feuilles de fantaisie affectant les mêmes formes; l'ouvrier doué d'imagination concentre tout son art dans le fini et la délicatesse du travail, et sauve ainsi la monotonie des
lignes; aussi, sous ce rapport, la joaillerie moderne
a-t-elle dépassé de cent coudées la joaillerie ancienne.

Rien n'est plus intéressant et extraordinaire à
voir que ces ouvrages avant d'être livrés à celui
qui enchâsse les pierres, le sertisseur; tous ces petits emplacements, où une multitude de brillants de
toutes grosseurs s'ajustent séparément et forment
des cellules séparées par des cloisons d'une délicatesse remarquable, étonnent par le fini et la patience de ceux qui les produisent.

En somme, la beauté du travail consiste à réser

ver le moins de matière possible entre les pierres,
sans nuire à leur solidité.

La monture d'une pièce est aussi fort compliquée,
chaque feuille ou fleur se sertit et se rapporte sur
une armature appelée *carcasse*; cette carcasse, adroitement combinée et servant de tiges aux fleurs et
aux feuilles, est toujours en or, afin de donner à
l'ensemble plus de solidité et de richesse.

Quelques particuliers, préférant la valeur intrinsèque à l'effet, choisissent la joaillerie toute d'or,
dont la monture est presque la même, quant aux
moyens de fabrication, sauf la différence de la
nuance du métal, qui, cependant, n'est pas complétement nuisible pour l'effet des pierres qu'on y
monte, surtout celles de couleur.

Les chatons à panier, à griffes et arcades, sont
employés à profusion dans la joaillerie or; on doit
à M. Bouret, artiste en ce genre, la vulgarisation de
cette partie de la joaillerie, par la variété et la perfection qu'il y a apportées.

Comme la joaillerie n'est point accessible à tout
le monde, par le prix élevé des pierreries qu'elle
comporte, et que, par cela même, la plupart de
ceux qui en possèdent ne peuvent souvent la varier, il n'est pas rare de voir une œuvre de ce
genre se démonter en plusieurs pièces dont chacune
forme un bijou séparé; c'est ainsi qu'un diadème
peut se diviser en broches, épingles et boucles d'oreilles; on doit comprendre alors toute la complication qu'exige une pièce de cette nature pour que
chaque bijou, séparé, représente un dessin complet,
et que tous réunis forment encore une chose harmonieuse et motivée; la difficulté n'est pas seulement dans le dessin qui doit être combiné en conséquence, mais encore dans le travail du joaillier pour
assujettir tous ces morceaux d'une manière homogène quand ils doivent être rapprochés, et qu'ils
puissent être démontés facilement par ceux qui les
possèdent.

La joaillerie ne commença à se développer d'une
manière remarquable qu'au quinzième siècle; on
voit figurer dans les inventaires des princes et princesses de cette époque des joyaux d'une rare richesse, sous les formes d'anges, d'hommes, d'animaux, de feuillages, de fruits, de coquillages, etc.,
et formant le plus souvent des ceintures ou *demiceints*, dont la boucle, le passant et le mordant
étaient émaillés, niellés et incrustés de pierreries;
c'était alors la grande vogue des ceintures d'or ou
dorées, dont l'usage avait été défendu aux femmes
de la bourgeoisie, et, à plus forte raison, aux femmes
d'amour ou *folles de leur corps*.

Ce sont surtout les joailliers de la Belgique qui se
font remarquer dans ce siècle : « Leur art se plie à
tous les élégants caprices de la mode, qui avait tant
d'occasions de briller aux fêtes de la cour ducale;
ils ne dédaignent pas de faire des *vervelles* pour les
oiseaux de la fauconnerie du duc, des *sonnettes* ou
grelots pour les habits de ses *fols* et de ses *géants*,
des bordures à feuilles de houblon pour les *robes à
chevauchier* des écuyers, des *flocarts* (houppes) de fil

d'or pour les *chapels* des dames, des boucles et des fermails de ceintures, des estampages historiés pour les cottes d'armes et les *jaquettes de veluau* (velours), des selles de chevaux dorées et émaillées, des harnois et armes de toutes sortes, des trompettes en argent, des écussons *armoyés* à mettre sur toutes les pièces de l'habillement, etc. »

Le seizième siècle fit surgir Étienne Delaulne, dit *Stephanus*, né à Orléans. Établi d'abord à Strasbourg, il apporta à Paris les germes de l'art allemand qui avait fondé tant d'artistes à Nuremberg et à Augsbourg.

Il fut, pendant une vingtaine d'années environ, le guide et l'inspiration des orfèvres-joailliers de Paris; il emprunta aussi le crayon de Jean Cousin, auquel l'âge n'avait rien ôté de son grand talent de *dessigneur*.

Le dix-septième siècle n'est pas moins somptueux. L'orfèvrerie dite d'*accoutrement* dépasse toutes les merveilles qu'on peut imaginer : robes, pourpoints et manteaux, étincellent d'or et ruissellent de pierreries. En 1606, au baptême du Dauphin et de ses sœurs, la robe de la reine était couverte de 32,000 pierres précieuses et de 3,000 diamants; sa pesanteur empêcha, dit-on, la reine |de s'en vêtir; cette robe fut estimée 60,000 écus.

Le règne de Louis XIV ne fut pas moins progressif que ses devanciers dans cet art.

Les fêtes fastueuses de ce temps furent d'une grande influence.

Ainsi, à la fête que ce roi offrit à Versailles, en 1664, à sa maîtresse, madame de la Vallière, et qu'il appela *Plaisirs de l'Île enchantée*, il parut dans un ballet, portant une cuirasse de lames d'argent couverte d'une riche broderie d'or et de diamants, et monté sur un superbe cheval, dont le harnais, couleur de feu, éclatait d'or, d'argent et de pierreries.

Mais cette splendeur éblouissante était au comble quand il venait à représenter, dans un ballet, Apollon où le Soleil.

Enfin le dix-neuvième siècle paraît non pas avoir le dernier mot, mais apporter une assez grande perfection; on a pu remarquer d'excellents échantillons de la joaillerie à l'Exposition universelle de 1855. Les diamants de la couronne furent exposés au milieu du Panorama, montés de toutes façons, et offrant aux yeux une pyramide scintillante de joyaux dont nous ne verrons de longtemps l'aspect.

En outre, chaque vitrine des fabricants et marchands joailliers en était abondamment pourvue; et chacun avait lutté de grâce, de délicatesse et d'élégance en ce genre.   E. PAUL.

Statuaire-orfèvre-joaillier.

JOUBARBE (botanique). — Genre de plante de la famille des crassulacées. On distingue particulièrement la *grande joubarbe* ou *joubarbe des toits*, *sempervivum tectorum*, qui croît, comme son nom l'indique, sur les toits et sur les vieux murs, présente un grand nombre de feuilles radicales ovales-oblongues, succulentes, glabres, sessiles et comme imbriquées, formant une rosette arrondie, du milieu

de laquelle s'élève une tige cylindrique, épaisse, velue, rougeâtre, garnie de feuilles plus étroites et plus pointues. Le suc de ses feuilles contient abondamment de l'albumine et du malate acide de chaux, auxquels il doit sa propriété astringente.

JOUR (astronomie) [du latin *diurnum*].—Durée de la présence du soleil sur l'horizon. Dans la plupart des endroits de la terre, le soleil nous paraît faire sa révolution diurne en partie sur l'horizon et en partie dessous. Le temps qu'il demeure sur l'horizon s'appelle *jour artificiel*, et le temps qu'il demeure au-dessous la nuit.

Le *jour artificiel* n'est pas d'une égale durée partout ni dans tous les temps: cette durée varie suivant les différents climats et les différentes saisons.

Le *jour astronomique* est le temps pendant lequel le soleil paraît faire une révolution entière autour de la terre, d'orient en occident. Ce temps n'est pas tous les jours d'une égale durée; mais les astronomes le rappellent à l'égalité en divisant l'année entière, ou, ce qui est la même chose, la somme du temps pendant lequel le soleil nous paraît parcourir tout l'écliptique, en autant de parties égales, appelées *heures*, qu'il en faut pour assigner vingt-quatre heures à chaque jour. C'est là ce qu'ils appellent équation du temps. Au moyen de cette équation, on distingue deux sortes d'heures: les unes toujours égales entre elles, et qui sont celles dont on vient de parler; les autres, qui sont affectées des inégalités qui se trouvent dans l'apparence du mouvement diurne du soleil. On appelle *temps vrai* celui qui est composé de ces heures inégales, et *temps moyen* celui qui est composé d'heures parfaitement égales entre elles.

Le *jour astronomique* commence à midi du *temps vrai*, et finit au moment où le soleil, après une révolution entière, arrive au même méridien.

Le *jour civil* est la durée de vingt-quatre heures, qui est à peu près le temps que le soleil nous paraît employer à faire une révolution entière autour de la terre.

Toutes les nations n'ont pas placé le commencement de leur *jour* dans le même instant. Les Babyloniens commençaient à compter le leur du lever du soleil. Les Juifs et les Athéniens le comptaient du coucher du soleil, ce qui est encore aujourd'hui en usage parmi les Italiens. Tous les autres États catholiques commencent leur *jour* à minuit. Les astronomes le commencent à midi, et comptent les heures de suite jusqu'à vingt-quatre.

JOURNAL (commerce) [du latin *diurnalis*].— Livre ou registre dont les négociants ou banquiers se servent pour écrire toutes les affaires de leur commerce à mesure qu'elles se présentent.

On appelle *journal de navigation* ou *journal nautique* un compte détaillé et circonstancié, tenu jour par jour, de tout ce qui concerne la navigation d'un vaisseau, de tous les événements intéressants qui surviennent, et de toutes les remarques que l'on est dans le cas de faire. Ce journal doit être tenu par le capitaine et par chacun des officiers.

Un journal doit faire mention du vent qui a soufflé dans les différentes heures, entre chaque midi, de sa force, de ses changements; de la qualité du temps; de la situation de la mer; des courants observés; de la quantité du chemin et de la route que le vaisseau a tenue, et des changements qu'on y a faits; de la voiture que le vaisseau a portée; des mouvements et évolutions; des rencontres qu'on a faites; des vaisseaux, terres, brisans ou bas-fonds qu'on a aperçus; des sondes; des relevés qu'on a faits des points essentiels des côtes, si l'on en a vu; de la variation de la boussole; des observations astronomiques, et de leur résultat, pour fixer la longitude et la latitude actuelle du vaisseau, à chaque midi. On y parle des mouillages où le vaisseau s'est arrêté, de la nature et de la qualité du fond, et des remarques qui peuvent servir à trouver le bon mouillage; des marées et des courants, et des vents régnants ou dominants, ainsi que des erreurs que l'on croit apercevoir sur les cartes marines des divers lieux où l'on aborde.

JOURNAL, JOURNALISME (littérature).—Feuille publique qui se publie par numéros et qui contient, soit dans des articles raisonnés, soit dans de simples annonces, les nouvelles politiques, scientifiques et littéraires.

Les anciens, dit un auteur, n'ont point connu les journaux proprement dits; cependant ils avaient les *Acta populi et urbis*, les *Acta senatus*, et plus les *Acta diurna*, qui offraient une ressemblance avec les procès verbaux de nos chambres législatives et avec les nouvelles à la main. Les *Acta populi et urbis* remplacèrent les *Grandes Annales* ou *Annales des pontifes*; les *Acta senatus* commencèrent après le premier consulat de César (58 avant J. C.); Auguste, en supprimant ceux-ci, institua ou permit les *Acta diurna*.— Le moyen âge n'eut rien qui ressemblât à nos journaux; ils n'ont commencé à paraître qu'après la découverte de l'imprimerie. Dès 1457 et 1460, des imprimeurs de Mayence et de Strasbourg répandaient par feuilles volantes les nouvelles de quelque intérêt, surtout celles de la guerre avec les Turcs; il venait de ces feuilles jusque dans le Hainaut et à Paris. En 1563 commencèrent à Venise les *Notizie scritte*, qui étaient écrites à la main, comme l'indique leur nom, parce que le gouvernement vénitien en prohibait l'impression; on leur donnait aussi le nom de *Gazette*, parce que la lecture s'en payait une *gazetta*, petite pièce de monnaie; ce nom s'est depuis étendu à tout journal. Augsbourg, Nuremberg, Londres eurent des feuilles périodiques longtemps avant la France. Enfin fut fondée en 1631 la *Gazette de France* qui, tout de suite, eut un succès prodigieux, et qui aux nouvelles politiques joignit celles des sciences, des lettres et des arts. Toutefois le journalisme ne prit son essor en France qu'avec la révolution de 1789; il atteignit son apogée sous la République (on compta jusqu'à 900 journaux); il perdit considérablement de son importance sous le Consulat et sous l'Empire. Sous la monarchie constitutionnelle, les journaux n'ont cessé de

gagner pour le nombre, pour la variété des matières, pour l'habileté de la rédaction, pour la grandeur du format.

De nos jours, la presse périodique a reçu une impulsion extraordinaire.

La puissance à laquelle le journal parvenait lui imposait de grands sacrifices. Il eût été digne de lui, dit M. E. Duchanel, de n'employer son influence qu'à éclairer et à moraliser cette multitude de lecteurs nouveaux qu'il avait su conquérir. S'adressant à un auditoire illimité et à toutes sortes d'intelligences, le journal pouvait devenir, en quelque sorte, une des formes, et la plus active peut-être, de l'instruction et de l'éducation publiques, non de celle des enfants, mais de celle des adultes. Conçu d'une certaine façon, il devait être pour ceux-ci ce que les écoles primaires sont pour ceux-là. Malheureusement il arriva que le journal ne se sentit point obligé par sa prospérité croissante ni par ses brillantes destinées; qu'il se mit à la suite de son public au lieu de le diriger; qu'il développa l'esprit industriel, au lieu du sentiment moral; qu'il donna lui-même des exemples d'un mercantilisme encore inconnu. Ainsi, non-seulement le journal abdiqua son autorité naturelle et légitime, mais il corrompit le public autant qu'il s'en laissa corrompre. Les romanciers du feuilleton donnèrent le scandaleux spectacle de l'agiotage intellectuel.

Devenus tributaires de la foule, dit un des historiens du journal (M. Hatin), les journaux eurent plus le souci de l'amuser que de l'instruire. L'indifférence croissante du public pour des débats sans vigueur et sans portée, pour des luttes mesquines de portefeuilles, suscita et entretint la vogue des romans-feuilletons, et la presse, semblable à la sultane des *Mille et une Nuits*, ne prolongea plus sa vie qu'à la condition de satisfaire, chaque jour, sans l'épuiser, la curiosité d'un maître exigeant, par les fictions brillantes qui sont en possession de charmer son ennui. Tout ce qui jusque-là avait plus ou moins constitué, ce qui semblait devoir constituer l'essence du journal, la discussion des affaires publiques, le développement des principes qui servent de lien aux divers partis, l'appréciation politique des hommes, des choses et des faits, tout cela ne fut plus considéré, au point de vue du succès, que comme des éléments secondaires dont l'importance s'effaçait devant celle des œuvres de pure imagination. La critique littéraire elle-même dut se retirer devant le nouveau venu, consignée, d'ailleurs, qu'elle était à la porte du journal par le fermier de la quatrième page, qui n'autorisait pour les articles de librairie que la publicité qui lui rapportait quelque chose, la publicité à tant la ligne. Nous ne voudrions pas blâmer la presse d'avoir accru son domaine de ces nouvelles richesses, nous croyons qu'il est dans son rôle de ne négliger aucun moyen d'action sur les esprits; il faut pourtant convenir qu'il y avait bien quelque fondement dans le reproche qu'on lui adressait de changer en un trafic vulgaire ce qui était une magistrature, presque un sacerdoce; de livrer à la spéculation la place que réclamaient la philosophie, l'histoire, les arts, la littérature, tout ce qui élève, en le charmant, l'esprit des hommes. Si l'extension donnée au roman-feuilleton propageait dans toutes les classes et dans tous les esprits un besoin de lire qui devra, en fin de compte, tourner au profit de la littérature, son effet immédiat avait été de ruiner la librairie.

Toutefois, personne ne peut méconnaître la puissance incalculable du journal, puissance telle que tous les gouvernements ont soumis la presse périodique à une législation particulière.

C'est par le journal, dit M. T. Delord, qu'on défend, qu'on fait grandir, qu'on propage la liberté; c'est la force, c'est la lumière, c'est l'électricité qui communique l'idée. Les petits peuples de l'antiquité pouvaient être libres avec leur tribune aux harangues; on ne comprend pas comment trente-six millions d'individus parviendraient à pratiquer la liberté sans cet instrument qu'on nomme le journal. Sa force, c'est que les instincts, les besoins, les idées du moment y trouvent leur écho, que toutes les intelligences y passent, en un mot; mais il faut que quelques-unes y restent; leur nombre s'accroîtra chaque jour davantage. La loi sur les signatures a rendu presque impossible ce journalisme de passage qu'ont traversé presque tous les hommes d'État depuis la révolution; le journalisme est une carrière, une vocation, ou bien ce n'est rien. Quoi! le talent de passionner les masses, de se faire lire par cent mille individus ne serait pas un don comme l'éloquence? c'est peut-être le plus rare et le plus précieux de tous. Croyez bien que Camille Desmoulins avait été sacré journaliste par la muse, que c'était bien sa vocation d'écrire des articles, et non pas de faire des discours ou de diriger un ministère. On n'est pas propre à tout parce qu'on est journaliste, comme quelques-uns l'ont cru; le vrai journaliste, celui qui consacre tout son temps, toutes ses aptitudes à ce genre de travail n'est pas toujours propre à autre chose. Nous avons vu Armand Marrast, si brillant dans un journal, pâlir dans les affaires publiques; il en eût été peut-être de même d'Armand Carrel, M. Thiers, M. Guizot, Chateaubriand ont pu écrire d'excellents articles; ils se sont servis du journal, mais le journal n'a point fait leur réputation tout entière. La signature a changé les conditions du journalisme, la signature lui a donné toutes les émotions de la tribune et du théâtre; la gloire littéraire, que l'on cherchait ailleurs, on est obligé de la demander de plus en plus au journalisme, et par conséquent d'avoir la vocation, de compter davantage sur la muse, et de l'invoquer plus souvent.

JUBILÉ (culte catholique) [dérivé du latin *jubilare*, pousser des cris de joie, faire des acclamations. Le latin *jubilare* est lui-même formé de l'hébreu *jobel*; mais les interprètes ne sont pas d'accord sur la signification de ce mot; tout ce qu'on y a vu et ce qu'on y exprime par *jubilare*, c'est la proclamation avec éclat, qui se faisait de l'année heureuse]. — C'était chez les Juifs la cinquantième année qui sui-

vait la révolution de sept fois sept années, lors de laquelle la liberté était rendue aux esclaves, et les héritages à leurs premiers maîtres.

Parmi nous, le *jubilé* ne regarde que la rémission des fautes, et l'indulgence que l'Église accorde aux pécheurs. Le pape Boniface VIII introduisit l'usage de cette indulgence l'an 1300; mais elle n'a été nommée *jubilé* qu'en 1473, sous le pontificat de Sixte IV. Au commencement, les jubilés ne s'accordaient que tous les cent ans. Clément VI les rapprocha de cinquante, Grégoire XI à trente-trois, et Paul II à vingt-cinq. C'est le dernier état.

JUGEMENT. — Faculté donnée à l'homme pour lui servir à comparer et à établir un rapport entre plusieurs choses, afin de prononcer sur leur excellence.

Cette faculté s'exerce soit par l'intelligence et l'esprit, soit par les sentiments de l'âme.

Mais nous ne prétendons pas entrer dans le domaine de la métaphysique et ne voulons rien emprunter à la philosophie.

Nous nous contenterons de traiter notre sujet sous le rapport littéraire, et le champ qui s'offre à nous est encore assez vaste pour n'envisager la question que dans quelques-unes de ses parties, nous appuyant sur la raison et la conscience qui éclairent et apprécient, plutôt que sur le sentiment, trop sujet à toutes sortes d'illusions.

La manie de juger son semblable se manifeste chez la plupart des écrivains de notre siècle, soit pour louer s'ils y trouvent leur intérêt, soit pour critiquer par envie ou pour satisfaire leur humeur atrabilaire, ce qui est plus commun.

L'art leur est indifférent; la conscience leur est étrangère. Juger est chose sérieuse. Ce rôle, qui demande souverainement de la réflexion, laquelle ne s'acquiert que par l'expérience que donnent les années, est, pour l'ordinaire, rempli par des jeunes gens à peine échappés des bancs de l'école.

N'est-il pas douloureux de voir quelquefois un vétéran de la littérature être obligé de paraître devant un juge imberbe, et de se voir condamner avec une prestesse et une ignorance révoltantes.

Il existe chez certains écrivains une dose de vanité qui leur fait méconnaître toutes les règles de la bienséance, et les porte intrépidement à mettre leur jugement au-dessus de tous les autres. La sagesse voudrait qu'on ne jugeât jamais d'après soi, mais qu'on consultât avec prudence les décisions du public, qui, toujours, montre une aptitude intelligente à goûter ce qui est bon et à rejeter ce qui est mauvais. Le monde, comme dit un auteur, est plus habile que le plus habile homme, et personne n'a plus d'esprit que le public. Oser heurter son opinion et en appeler de son jugement est une présomption très-répréhensible.

Mais la bonne opinion qu'on a de soi aveugle, et l'on s'imagine qu'on est appelé à réformer la société et à former le goût.

C'est dans cette idée que ces écrivains poursuivent leur œuvre. Leur théâtre, communément, est une gazette qu'ils érigent en tribunal, à la barre duquel le monde littéraire doit comparaître et fléchir les genoux. Là, généralement, ils déposent des idées sans solidité, élucubrations fantastiques, des contes, des anecdotes de toutes couleurs, des critiques plates, sans raisonnement, effleurant tout et n'approfondissant rien.

Il ne suffit pas d'avoir la manie de juger comme Dandin, il faut posséder les qualités requises pour juger sainement. Le jugement, pour se manifester d'une manière claire et sage, exige un esprit droit, réfléchi, des études variées et souvent profondes.

On ne peut mieux apprécier toute l'importance du jugement que ne l'a fait Pascal :

« Le jugement, dit-il, est sans doute de toutes les qualités intellectuelles la plus estimable. On se trompe assurément lorsqu'on attribue à l'esprit les grandes choses; ce n'est point l'esprit, mais le jugement qui gouverne les États, qui discipline les armées, qui excelle dans les négociations, qui réussit dans les arts et dans les sciences; mais pour ne pas faire combattre deux qualités qui ne sont nullement opposées, il faut dire que l'esprit est la perfection du jugement, et le jugement, à son tour, la perfection de l'esprit; avec cette différence pourtant que le jugement sans l'esprit est quelque chose, au lieu que l'esprit sans le jugement vaut beaucoup moins que rien. »

Cette dernière pensée est on ne peut mieux applicable à notre sujet et va parfaitement à l'adresse de ceux dont il est ici question.

Il faut des conditions bien précieuses pour faire un homme judicieux.

Quelle méfiance ne faut-il pas avoir de soi lorsqu'on pense que les membres de l'aréopage d'Athènes, tous courbés sous le poids des ans, ne prononçaient leurs jugements que la nuit, au milieu des ténèbres, exigeant de l'orateur qu'il n'employât même pas les ornements du discours, afin de n'être séduits ni par la puissance du regard ni par le charme de la parole?

Qui ne sait que si l'imagination est vivement ébranlée par un événement imprévu, ou si la passion jette quelque trouble dans l'âme, qu'alors l'esprit inquiet, ému, n'a plus sa placidité, sa lucidité pour porter une attention soutenue à l'objet qui doit l'occuper.

La recherche de la vérité, la réflexion, toute opération intellectuelle demande de la réflexion.

L'imagination, cette folle du logis, où viennent se réfléter tant d'idées vagabondes, qui devrait être calme comme un lac en un jour pur, et ne présenter en son miroir qu'une surface unie, est souvent agitée et obscurcie par des nuages. Il faut être constamment sur ses gardes pour la contenir.

Trouvez-vous ces dispositions dans une jeunesse évaporée?

Ce n'est pas tout : si l'on veut s'éclairer sur une question qui nous est soumise, de combien de précautions ne faut-il pas s'entourer avant de porter son jugement, non-seulement pour ne rien hasarder de peur de blesser sans raison plausible, mais encore pour éviter la honte de passer pour s'être trompé?

Il y a encore pour le juge, transformé en critique, un écueil dans lequel, avec certaines habitudes qu'il a contractées, il lui est difficile de ne pas tomber : la camaraderie, trop complaisante, qui s'aveugle sur le mérite d'un ouvrage.

La camaraderie, qui se cimente et se réchauffe par un panier de vin de Champagne ou par un dîner, car ce dernier moyen ne perd jamais ses droits, et comme un poëte a dit :

L'auteur chez qui l'on dîne est sûr d'un beau succès.
Qui dîne avec son juge a gagné son procès;
Tout s'arrange en dînant dans le siècle où nous sommes,
Et c'est par des dîners qu'on gouverne les hommes.

Cette flatterie ne rend que ridicule; mais, dans certains cas, le juge devient blâmable.

Retiré dans sa forteresse, il y forge des armes et tire impitoyablement sur sa victime, qui se présente la poitrine nue et sans défense.

La porte de la citadelle ne s'ouvre pas toujours à un adversaire qui peut gêner.

Et les armes qu'il emploie sont loin d'être trempées comme celles d'Achille, dont la rouille guérissait les blessures qu'elles avaient faites.

Mais, dira-t-on, la démangeaison d'écrire est une maladie tout comme une autre, qui afflige l'humanité; il faut en supporter les conséquences. Nous ne prétendons pas arrêter certains élans généreux; mais nous voudrions que tout esprit, avant de se produire, essayât ses forces; comprît sa mission à laquelle il est appelé, balançât les différentes raisons qui se présentent à lui pour s'assurer s'il doit se consacrer à un sacerdoce, ou ne remplir qu'un rôle secondaire, facétieux, anecdotique, romantique et toujours spirituel, condition sans laquelle on ne peut tenir une plume avec succès; ou bien il faut prendre résolûment le mètre, le compas ou la charrue.

C'est l'oubli de ce jugement préalable et sévère sur soi-même qui nous conduit, par des raisonnements les plus saugrenus, les plus absurdes, qui n'ont, comme on dit, ni queue ni tête, à former des jugements les plus faux et les plus dépourvus de bon sens.

Cet aveuglement se traduit tous les jours par des idées les plus ridicules.

Pense-t-on que si de tels esprits, dont la médiocrité est palpable par leurs écrits mêmes, pense-t-on que s'ils se sentaient capables d'atteindre à la cheville du pied de Lamartine, de Casimir Delavigne, de Théophile Gautier, d'Arsène Houssaye et de tant d'autres, qu'ils s'époumoneraient à crier contre la poésie?

Pense-t-on que s'ils pouvaient, dans leur pauvreté, faire une comédie en cinq actes et en vers, ou une tragédie, qu'ils pousseraient des hurlements ou se livreraient journellement à des railleries indécentes, comme si de s'exercer dans le genre le plus élevé, le plus difficile, et de vouloir marcher sur les traces de Corneille, Racine, Voltaire, Molière et autres, tant anciens que modernes, était un cas pendable; comme si le bon goût était perdu; comme si, dans le monde, on ne comprenait plus ces choses-là; comme si, aujourd'hui, il n'y avait absolument que la prose qui allât à nos oreilles.

La prose! la prose! voilà le langage naturel! voilà le langage de tous! Quelle prose? la prose de Bossuet, de Fénelon? la prose de Marivaux, de tels et tels? le langage de tous!... la prose de Vadé, de nos vaudevillistes, vrai jargon qu'un arrêt vient d'interdire?

Que de jeunes gens se sont laissé prendre à ces criailleries, à ces moqueries, à ces sarcasmes de mauvais goût, et ont donné dans le panneau, sans s'apercevoir qu'ils étaient dupes du dépit, de la colère, de la rage, de l'impuissance!

En effet, à qui persuadera-t-on qu'il est préférable, pour la gloire, de faire un vaudeville, une parodie, un mélodrame, un roman, qu'une comédie en cinq actes, en vers, ou une tragédie, et qu'il est plus honorable, dans la république des lettres, de s'appeler X, Y, Z, que de s'appeler Ponsard, Saint-Ybars, Augier, etc., sur qui principalement aujourd'hui les traits les plus mordants sont dirigés?

N'est-ce pas ridicule et puéril, que de vouloir faire de la poésie, et d'imiter, de près ou de loin, J. B. Rousseau, Chaulieu, Béranger et autres?

Qui ne rougirait d'avoir fait un certain *Tartuffe?* Qui ne devrait se cacher de honte d'avoir fait une certaine *Phèdre!*

Soumettons-nous à ces aberrations, à ces folies, à ces jugements, et bientôt nous marcherons de pair avec les Osages.

La discussion pourrait ici prendre des proportions énormes. Mais sur la poésie il a été dit assez pour nous abstenir d'en prouver toute l'excellence.

Une nation sans poésie serait un jardin sans fleurs. Il y a place pour tout le monde au soleil de la république des lettres. Écrivez! écrivez! écrivez! choisissez votre genre et tâchez de vous y distinguer. Il y a des palmes pour tout le monde, pour tous! Mais, pour Dieu, ne cherchez point à dénigrer le genre pour lequel votre esprit n'a point d'aptitude, pour lequel vous n'êtes point né!

Les passions sont la source des jugements les plus faux, les plus injustes.

Et les exemples ne manquent pas! à commencer par Corneille: Qui ne sait avec quelle injustice la tragédie du *Cid* fut accueillie et que les jugements en furent portés, et quels hauts personnages on compte parmi ses détracteurs!

Racine ne fut pas mieux jugé, et la *Phèdre* de Pradon fut préférée à la *Phèdre* de Racine! Et de quelle douleur ne sommes-nous pas pénétrés lorsque nous voyons, parmi les antagonistes de ce grand homme, une femme charmante, sensible, aussi distinguée par les qualités du cœur que par celles de l'esprit!

Tels sont les fruits d'une passion aveugle.

Nous dirons, pour en finir, que certains barbons ne sont pas exempts des défauts et des ridicules que nous reprochons à la jeunesse.

Un jugement, sur quelque objet que ce soit, porte avec lui un caractère de grandeur et de sainteté.

En littérature, lorsqu'il s'agit surtout d'un ouvrage de valeur, il serait à souhaiter qu'un tribunal suprême se formât, composé de juges compétents, absolument comme cela se pratique lorsqu'un concours général de poésie est ouvert.

S'il s'agissait d'une œuvre dramatique considérable, nous voudrions que le même tribunal assistât au théâtre, à une place réservée, comme jadis, aux jeux Olympiques, les juges devant le peuple assemblé.

Nous tenons aussi au jugement du peuple assemblé.

Tous ces actes empreints de dignité, qui frappent l'imagination des peuples par un grand apparat, excitent l'émulation, pénètrent l'âme du citoyen, et le portent souvent à imiter ce qu'il admire.

C'est ainsi que le citoyen, reconnaissant des efforts qui sont faits pour le relever à ses yeux, s'attache, avec plus d'opiniâtreté, à tous les éléments qui font la prospérité et la gloire de sa patrie.

Beaucoup de ces institutions manquent pour affermir le moral d'une nation, ennoblir son caractère, et fixer sa mobilité dangereuse. Ses qualités natives, secondées par la solidité du jugement, ne peuvent qu'en faire, sans contredit, la première nation du monde!   Rédarez Saint-Remy.

JUILLET (calendrier) [de *julius*, nom de Jules César]. — Nom du septième mois de l'année. Il a été nommé *juillet* par Marc-Antoine, parce que Jules César est né dans ce mois. On l'appelait auparavant *quintilis*, parce qu'il était le cinquième mois de l'année romaine, qui commençait par le mois de mars.

JUIN [du latin *junius*, formé de *Juno*, Junon, suivant les uns, ou de *junioribus*, jeunes gens, comme le mois de mai était pour les vieillards]. — Nom du sixième mois de l'année. C'est dans ce mois que le printemps finit et que l'été commence, savoir le 21 ou le 22. Le moment où cela arrive s'appelle le *solstice d'été*. C'est alors que nous avons le plus long jour et la plus courte nuit.

JUJUBIER (botanique) [*zizyphus*]. — Genre de plantes de la famille des rhamnées, composé d'arbrisseaux et de petits arbres ayant pour caractères: rameaux grêles, feuilles alternes, fleurs formées d'un calice à cinq lobes et d'une corolle à cinq pétales; cinq étamines. Ovaire contenant deux ou trois loges monospermes, drupe dont le noyau présente le même nombre de loges que l'ovaire. L'espèce principale est le *jujubier commun*, arbrisseau de cinq à six mètres de hauteur. « Ses rameaux sont tortueux, armés de fortes épines, rapprochées deux à deux, l'une droite, l'autre courbée en crochet. Son fruit, *le jujube*, est semblable à une olive; il est de couleur rousse à l'extérieur, mais la chair en est verte. Cet arbrisseau est originaire de Syrie, et s'est naturalisé sur les bords de la Méditerranée: il était

autrefois si commun en Barbarie, surtout aux environs de Bone, que cette ville s'appelle encore aujourd'hui chez les Arabes *la Ville aux Jujubes*. Les jujubes frais ont un goût agréable, bien qu'un peu fade ; ils constituent un aliment très-nutritif et de facile digestion. En médecine, ils sont recommandés comme pectoraux, béchiques et adoucissants : on les prend en décoction, en sirop, en gargarismes, pour calmer les irritations de poitrine et les maux de gorge. Ils contiennent un mucilage avec lequel on prépare, en le mêlant à la gomme, la pâte et les pastilles dites *jujubes*, dont tout le monde connaît l'usage. »

JURANDE (ancienne jurisprudence).—Nom donné jadis à la charge de juré d'une communauté d'artisans et de marchands, ainsi qu'au temps pendant lequel on exerçait cette charge. Ces jurés furent établis par saint Louis pour avoir inspection sur les maîtres de chaque état. — Voy. *Corporations.*

JURISPRUDENCE (droit). — Science du droit. On désigne aujourd'hui particulièrement par ce mot *l'uniformité non interrompue de plusieurs arrêts sur des questions semblables.* C'est en ce sens qu'on dit : *La jurisprudence de la cour de cassation,* etc.

JURY (droit) [de l'anglais *jury,* même signification]. — « Réunion d'un certain nombre de citoyens nommés jurés, et chargés, dans les affaires portées devant les cours d'assises, de prononcer, suivant leur conscience, après avoir suivi les débats judiciaires, sur la culpabilité ou la non-culpabilité de l'accusé. » La mission du jury se borne à juger le fait : l'application de la loi est réservée aux magistrats. « Le jury délibère d'abord sur le fait principal, puis sur les circonstances du fait ; le vote a lieu par écrit et au scrutin secret. D'après l'article 347 du Code d'instruct. crimin. (modifié par la loi du 7 mai 1853), la décision du jury sur le fait principal et sur les circonstances se forme à la simple majorité des voix, sans que le nombre de voix puisse être énoncé, le tout à peine de nullité. Le chef du jury, en sortant de la salle des délibérations, répond aux questions qui ont été posées par le président : Oui, *à la majorité, l'accusé est coupable,* ou *Non, l'accusé n'est pas coupable.* Dans le cas où l'accusé est déclaré coupable, si la Cour pense que les jurés se sont trompés, elle renvoie l'affaire à la session suivante.

D'après la loi du 10 mai 1853, sur la composition du jury, tous les Français âgés de 30 ans, et jouissant de leurs droits civils et politiques, peuvent faire partie du jury. Ne peuvent être jurés, ceux qui ne savent pas lire et écrire en français, ni les domestiques et serviteurs à gages. Sont incapables : les faillis, les interdits, les prodigues, les accusés ou contumax, les individus qui ont été condamnés à des peines afflictives ou infamantes, et, en général, à plus d'un an de prison. Peuvent être dispensés : les septuagénaires et les citoyens vivant d'un travail journalier. Enfin, certaines fonctions, telles que celles de ministre, représentant ou député, préfet, magistrat, ministre du culte, militaire en activité de service, fonctionnaire public chargé d'un service

actif, sont incompatibles avec celle de juré. — La liste du jury est dressée tous les ans par les préfets, d'après les listes préparées par des commissions cantonales. A chaque session de cours d'assises, il est tiré, sur cette liste annuelle, les noms de 36 jurés, qui forment le jury de la session, et de 6 jurés supplémentaires. Chaque affaire exige la présence de 12 jurés dont les noms sont désignés par le sort : le ministère public et l'accusé ont droit de récusation. On ne peut être contraint à remplir les fonctions de juré plus d'une fois en trois ans. Quoique l'institution du jury soit toute moderne, on en trouve des traces chez les Hébreux, les Grecs. Le jury a subi de fréquentes modifications, notamment dans les constitutions de l'an III et de l'an VIII, par les sénatus-consultes du 16 thermidor an X et du 28 floréal an XII, par les lois du 5 février 1817, du 2 mai 1827, du 4 mars et du 19 avril 1831, du 9 septembre 1835, par les décrets des 7 août et 20 octobre 1849 ; enfin par les lois du 7 mai et 10 mai 1853, aujourd'hui en vigueur. » (*N. Bouillet.*)

JUSQUIAME (botanique) [*hyosciamus*]. — Genre de plantes de la famille des solanées, qui tire son

Fig. 2. — Jusquiame.

nom de deux mots grecs, qui signifient fève de porc, parce qu'il paraît que ce mammifère recherche les fruits de cette plante ; d'autres disent, au contraire, que c'est parce qu'il est pris de tremblements quand il en a mangé. Quoi qu'il en soit, dit Salacroux, c'est un végétal herbacé, dont toutes les parties sont dangereuses par le principe narcotique qu'elles contiennent, et dont la violence est telle, qu'il suffit de s'arrêter longtemps dans son voisinage, pour éprouver de la stupeur, des vertiges, du délire, etc. Mais c'est surtout quand on l'avale que les accidents sont terribles; la pupille se dilate, la face se tuméfie, le pouls devient dur, le sommeil profond, la déglutition difficile ou même impossible. Toutefois, malgré l'énergie de son poison, la médecine fait assez souvent usage de ce végétal dans les maladies nerveuses sur lesquelles il produit un bon effet. On en use surtout dans les affections des yeux. Nous avons vu que les cochons en mangent impunément, et les maquignons en mêlent la graine à l'avoine qu'ils donnent à leurs chevaux, parce qu'on prétend qu'elle excite leur appétit, les fait dormir plus longtemps, les engraisse et leur donne un plus beau poil. Mais elle est mortelle pour les poissons, les rats, les oiseaux et surtout les poules, et c'est pour cela qu'en certains pays on appelle la jusquiame *hanebane*, nom anglais qui veut dire tuepoule. On compte trois espèces principales de ce genre : la jusquiame blanche, la jusquiame noire et la jusquiame dorée.

JUSTICE (droit). — Pouvoir institué pour faire respecter les droits de chacun. L'ensemble du corps judiciaire comprend les tribunaux de toute espèce, les officiers et magistrats qui sont chargés de rendre la justice.

KALÉIDOSCOPE (optique) [de trois mots grecs : *kalos*, beau, *éidos* forme, et *skopéin*, voir; qui peuvent à peu près se traduire ainsi : *Voir de belles figures*]. — S'il était permis de disserter sur les jouets scientifiques, le petit instrument qu'on appelle kaléidoscope, et dans lequel l'œil découvre une variété infinie de dessins, serait classé à juste titre parmi les amusements les plus charmants et les plus durables du jeune âge.

La première idée de cet ingénieux appareil n'appartient pas, comme on l'avait pensé, à M. Brewster, savant physicien anglais. On en trouve dans un vieux livre latin, la *Magie naturelle*, de Porta, publiée à Naples, en 1558, une description très-claire dont nous donnons la traduction : « On forme un miroir nommé multiplicateur, qui fait voir, en s'ouvrant et se fermant, vingt images ou davantage d'un seul objet. Vous le construisez ainsi : Élevez perpendiculairement sur la même base deux miroirs rectangulaires de verre ou de métal, dont la longueur soit une fois et demie la largeur, ou dans une autre proportion quelconque; assemblez-les par un de leurs longs côtés, en sorte qu'on puisse les ouvrir ou les fermer comme un livre et faire varier leur angle, ainsi qu'on les construit ordinairement à Venise. Si vous présentez un objet à l'un d'eux, vous en verrez plusieurs, et d'autant plus que l'angle de ces miroirs sera plus petit. Mais leur nombre diminuera à mesure que vous ouvrirez les glaces et à proportion que vous rendrez leur angle plus obtus. »

Le père Kischer, qui donna les premières idées de la fantasmagorie, de la lanterne magique et d'autres amusements d'optique, développe aussi la théorie du kaléidoscope dans son *Ars magna lucis et umbræ*, imprimé à Rome en 1646, et fait remarquer, en outre, que l'on peut joindre un troisième miroir, ce qui forme un prisme triangulaire et multiplie de nouveau les images. Cette multiplication, ajoute-t-il, peut devenir encore plus considérable en formant un prisme à un plus grand nombre de faces.

Enfin, si nous feuilletons le singulier écrit du père Schott (*Magia universalis naturæ et artis* ; Wurtzbourg, 1657), nous voyons que l'auteur conseille de profiter de la vue des objets extérieurs; ce qui peut produire, avec les objets placés dans l'angle, de très-curieuses images.

Malgré cette parfaite connaissance du kaléidoscope aux seizième et dix-septième siècles, ce petit instrument ne se répandit que sous l'empire. Les perfectionnements qu'y apporta surtout le docteur Brewster le rendirent fort à la mode.

Est-il besoin de rappeler sa construction telle qu'elle existe de nos jours? Un cylindre creux, de carton ou de métal, dans lequel sont introduits des miroirs inclinés, destinés à multiplier des objets — tels que des cristaux de différentes couleurs, des brins de mousse, etc., placés entre deux verres à l'une des extrémités; à l'autre, un verre sur lequel on applique l'œil, et le kaléidoscope est complet.

De la plus ou moins grande inclinaison des miroirs dépend le nombre des objets réfléchis, comme l'a démontré Porta.   J. RAMBOSSON.

KANGUROO (zoologie). — Genre de mammifères marsupiaux à museau allongé, à longues oreilles et à membres postérieurs beaucoup plus longs que les antérieurs. Les kanguroos sont privés de canines et se distinguent encore par leurs deux incisives inférieures, qui sont dirigées en avant dans une position horizontale.

L'espèce principale est le *kanguroo géant*, originaire de la Nouvelle-Hollande et des îles environnantes. Il se fait remarquer par la petitesse de ses

Fig. 3. — Kanguroo.

pattes antérieures et par le volume extraordinaire de sa queue, qui, avec ses deux membres postérieurs, lui forme une sorte de trépied pour se tenir dans une station verticale.

Cet animal est de la taille d'un mouton; sa chair est fort bonne. Comme la sarigue, il a une poche où se cachent ses petits.

En 1857, la reine d'Espagne a envoyé à la société d'acclimatation une paire de kanguroos pour les acclimater en France. Ces animaux, originaires de l'Australie, réussissent parfaitement en Europe. Ils fournissent une viande excellente, un poil très-estimé pour faire des tissus, et une peau employée utilement pour la chamoiserie et la cordonnerie.

Les kanguroos se sont très-bien multipliés en Espagne, en Sicile, en France et en Angleterre. Le Muséum d'histoire naturelle en a élevé plusieurs; ils doivent donc augmenter chez nous le nombre des animaux alimentaires et industriels.

KAOLIN (minéralogie). — Voy. *Porcelaine.*

KERMÈS (kermès animal, graine de kermès, graine d'écarlate (zoologie) [*coccus ilicis*]. — Petite coque ronde et rouge que forme la femelle du *coccus ilicis* sur les feuilles, les tiges ou les branches d'une espèce de chêne vert nommé *chêne à l'écarlate*. Cet insecte, qui se fixe sur ce végétal, au moyen d'un suçoir dès qu'il est hors de l'œuf, vers le milieu de l'été, y vit aux dépens de la séve, et passe ainsi l'automne et l'hiver. Dans le courant d'avril, le mâle devient successivement chrysalide, puis insecte ailé, et féconde une ou plusieurs femelles. La femelle fécondée se développe en peu de temps, et l'intérieur de son corps n'est bientôt plus qu'une liqueur rougeâtre où nagent les ovules. A la fin de mai, ce n'est plus qu'une coque sphérique, luisante, glauque, de la grosseur d'un pois, contenant dix-huit cents ou deux mille grains, qui sont les œufs; c'est à cette époque qu'on récolte le kermès, dans les pays chauds de l'Europe et dans le nord de l'Afrique. Il donne, par expression, une matière colorante écarlate, analogue à la cochenille (voy. ce mot). Le kermès était autrefois employé en thérapeutique. En ajoutant du sucre au suc rouge et chargé d'une matière féculente, obtenu par expression, on faisait un sirop qu'on regardait autrefois comme stomachique et astringent, et qu'on donnait à la dose de 30 à 60 gr. dans une potion convenable.

Les coques de kermès, réduites en poudre et administrées sous forme de pilules, ont été longtemps préconisées contre l'avortement.   (*Nysten*).

KERMÈS MINÉRAL (minéralogie). — Substance d'un rouge brun, composée d'antimoine, de soufre et d'oxygène (oxysulfure d'antimoine, ou sous-sulfhydrate d'antimoine), qui entre dans la préparation de plusieurs produits pharmaceutiques. Le kermès se trouve à l'état natif en Bohême, en Saxe, en Angleterre, en Sibérie; il est souvent combiné avec l'arsenic. « On l'obtient soit en faisant bouillir du sulfure d'antimoine avec un alcali caustique ou carbonaté, soit en faisant fondre à la chaleur rouge, un mélange de sulfure d'antimoine et de carbonate alcalin, et en traitant la masse fondue par l'eau bouillante. Le kermès est employé en médecine comme diaphorétique et expectorant; à haute dose, il est purgatif et vomitif. On en doit la découverte à Glauber. »

KINO (gomme) (matière médicale). — Substance de couleur rouge brun, inodore, à saveur amère et astringente, très-fragile et se ramollissant par la chaleur des mains. Cette gomme est presque entièrement formée de tannin: on s'en sert pour tanner les peaux, les colorer en fauve. On l'emploie surtout en médecine sous forme de bols ou de pastilles, comme astringent et tonique, contre les diarrhées les dyssenteries, etc.

L. — Consonne linguale qui est la douzième lettre de l'alphabet français. C'est le *lambda* (Λ, λ) des Grecs. Comme chiffre, λ' valait chez les Grecs, 30; avec l'accent en bas (,λ) 30,000; chez les Romains, L vaut 50, et avec une barre dessus (L̄) 50,000. En français, L majuscule s'emploie pour les prénoms commençant par cette lettre; LL. AA., pour *Leurs Altesses*; LL. MM., pour *Leurs Majestés*. En Angleterre, L. se met pour lord; L. L. pour lord-lieutenant; LL. D., pour docteur ès lois civiles et ès lois ecclésiastiques. Comme signe monétaire, L était la marque de la monnaie frappée à Bayonne.

LABARUM (histoire ancienne). — Mot emprunté par les Romains des nations barbares, et dont on ignore l'origine; étendard qu'on portait devant les empereurs romains à la guerre. — Autrefois, il était composé d'une longue lance traversée par le haut d'un bâton, du haut duquel pendait un riche voile de couleur pourpre, orné de pierreries et de franges à l'entour. Jusqu'à Constantin il y avait une aigle peinte, ou tissue d'or, mais cet empereur y fit mettre une croix, avec un chiffre ou monogramme, qui marquait le nom de Jésus-Christ, et qui était accompagné de deux lettres grecques, Α et Ω, pour signifier que Jésus-Christ est le commencement et la fin de toutes choses.

LABIÉES (botanique). — Famille de plantes dicotylédones monopétales à étamines hypogynes, renfermant des plantes herbacées, ou quelquefois des arbustes à tige carrée, à feuilles simples et opposées, à fleurs groupées aux aisselles des feuilles, et formant par leur réunion des épis ou des grappes rameuses. Les labiées ont un calice monosépale tubuleux, à cinq dents inégales; une corolle monopétale, tubuleuse et irrégulière, partagée en deux lèvres; quatre étamines didynames, dont les deux plus courts avortent quelquefois. L'ovaire appliqué sur un disque hypogyne, est profondément quadrilobé et très-déprimé à son centre, d'où naît un style simple, surmonté d'un stigmate bifide. Le fruit est composé de quatre akènes monospermes renfermés dans l'intérieur du calice. Presque toutes les plantes de cette famille sont aromatiques, toniques et excitantes et d'un fréquent usage en médecine : tels sont la sauge, l'hyssope, le romarin, la menthe, la mélisse, etc. Elles doivent ces propriétés à deux principes combinés en proportion variable : l'un amer, gommo-résineux; l'autre aromatique, dû à une huile essentielle et à du camphre.

LABOUR (agriculture). — Labourer la terre, c'est en soulever la couche supérieure pour la diviser, l'ameublir et la mélanger avec les amendements et engrais, et pour que les racines des végétaux y pénètrent avec l'air et la chaleur qui les vivifient.

Lorsqu'un sol est bien défoncé et divisé, les racines s'y épanouissent sans obstacle et y trouvent leur nourriture, grâce à l'action de la chaleur et de l'humidité sur les engrais et les fluides de la terre. Le labour incorpore à la terre les amendements et les fumiers, ramène à la surface l'humus enfoui; enfin il nettoie et féconde le terrain en le débarrassant des herbes parasites.

La charrue est l'instrument le plus généralement employé au labourage. La bêche donne, il est vrai, un travail plus parfait, mais plus long et plus coûteux; on ne l'emploie que pour le jardinage et dans quelques petites cultures. Au reste, les perfectionnements qu'a reçus la charrue dans ces derniers temps, les autres instruments employés à remuer la terre, tels que *herse, scarificateur, brise-mottes, extirpateur, rouleau, houe à cheval,* etc., donnent au labourage toute la perfection désirable, avec économie et célérité.

Le terrain doit être labouré à la profondeur qu'atteignent les racines des plantes qu'on veut y cultiver. Les plantes à racines longues et grosses, comme la betterave, demandent une terre profondément ameublie et divisée. Il ne faut jamais redouter, du reste, de trop défoncer le terrain : il craint d'autant moins les excès de sécheresse et d'humidité.

Un labour profond, presque toujours au-dessus de vingt-huit centimètres, est celui qui convient aux terres argileuses et grasses; 16 centimètres suffisent aux terrains légers et sablonneux, surtout pour des plantes dont les racines entrent peu dans la terre, comme le seigle, le sarrasin, etc. En général, il est peu de végétaux qui aient besoin de plus de 16 centim. de terre labourée; et, quant à ceux-là, on y pourvoit par la buttage. Les plantes dont la racine pivote à plusieurs pieds dans le sous-sol, comme la luzerne et le sainfoin, s'y établissent quand même, lorsque le terrain leur convient.

La forme du labour dépend de l'exposition et de la nature du sol. On laboure un champ incliné en travers de sa pente; la couche de terre soulevée se renversant toujours du côté inférieur, descend d'un sillon à l'autre, et finit par dénuder le premier sillon du haut; on y remédie par les engrais.

En plaine, on laboure les terres argileuses en billons assez larges et élevés pour éviter les eaux stagnantes. En pente douce, on la répartit dans le même but en billons de quatre à six raies.

Dans les sols perméables, le labour à plat est le plus avantageux; les éminences se dessèchent trop vite sous l'influence du soleil et du vent. En plaine, on place les billons du nord au midi, autant qu'il se peut, pour qu'ils reçoivent également la lumière et la chaleur. Tout champ drainé se laboure à plat. — Voy. *Drainage.*

Deux labours et un hersage sont toujours indispensables pour préparer un champ et y incorporer les amendements et engrais. Il faut d'autres façons dans les terres compactes durcies par la sécheresse et infestées de mauvaises herbes.

Le moment le plus favorable pour le labour est celui où le sol n'est ni trop sec ni trop trempé. Il ne faut retourner le terre qu'une fois d'une même récolte à l'autre; autrement la même couche pourrait se trouver deux années de suite à la surface. On doit défoncer, autant qu'on le peut, le terrain en automne. La couche soulevée passe l'hiver à découvert, et les pluies, les neiges, les gelées et les dégels l'imprègnent de tous les principes fertilisants contenus dans l'atmosphère. On répand l'engrais au printemps, puis on l'enterre; alors le sol est dans les meilleures conditions pour recevoir les semailles. Un labour dans les sécheresses de l'été est d'une grande efficacité pour détruire les herbes nuisibles.

Les attelages varient en France suivant les contrées et les climats. Dans le midi, où les bœufs sont rares, on laboure avec des mulets; dans les départements de l'ouest, avec des bœufs, et parfois avec des chevaux. Dans le nord, on n'emploie guère que les chevaux seuls. Les agronomes ne sont pas d'accord partout sur le choix des animaux de labour.

LABRE (zoologie) [*labrus*]. — Genre de poissons dont le caractère consiste à avoir la lèvre supérieure extensible; point de dents incisives ni molaires; les opercules des branchies dénués de piquants et de

dentelures; une seule nageoire dorsale; cette nageoire est très-séparée de celle de la queue, ou très-éloignée de la nuque, ou composée de rayons, terminés par un filament.

Ce genre, extrêmement nombreux, renferme des espèces d'une forme élégante, d'une très-grande variété de couleurs et d'une agilité remarquable; mais aucune qui soit célèbre par son utilité pour l'homme, par la singularité de la forme ou ses mœurs extraordinaires. Peu sont connues dans les poissonneries, quoique plusieurs aient la chair agréable au goût, parce qu'elles sont trop dispersées dans l'immensité des mers pour tomber souvent dans les filets des pêcheurs.

LACQUE (botanique).—Gomme ou espèce de cire résineuse, déposée autour des branches de plusieurs arbres de l'Inde, entre autres de deux figuiers, *ficus religiosa* et *ficus indica*, et d'un arbuste de la famille des *euphorbiacées*, *craton lacciferum*, par un insecte nommé *coccus lacca*. Elle se trouve en grande abondance sur les montagnes incultes qui bordent les deux rives du Gange, ainsi que dans le royaume de Pégu. Cette substance, très-répandue dans le commerce par son fréquent usage dans les arts, nous vient de l'Asie, c'est-à-dire de l'Inde, du Japon et de la Chine, sous différentes formes.

LACTATION. — Voy. *Allaitement.*

LAGUNES (cosmographie). — Espace de mer qui a peu de profondeur, qui couvre un fond sablonneux, et qui, de distance en distance, est entrecoupé par des ilots presque à fleur d'eau.

On donne spécialement le nom de lagunes aux îles basses et nombreuses qui se trouvent au fond du golfe Adriatique, à l'embouchure de la Brenta, au nord de l'embouchure du *Pô* et de l'*Adige*, et qui ne sont séparées les unes des autres que par de petits bras de mer très-peu profonds. La ville de Venise est bâtie sur un grand nombre de ces petites îles, et les canaux qui les séparent forment en quelque sorte les rues de cette singulière cité.

Ces lagunes ont été formées non-seulement par les atterrissements de la Brenta, qui se jette immédiatement dans cette espèce de marais, mais encore par ceux de l'Adige et du Pô, qui y ont été poussés et accumulés par les courants de mer qui se portaient vers le fond du golfe.

Les lagunes proprement dites sont séparées de la mer par une langue de terre un peu plus élevée, qui s'étend du sud au nord l'espace d'environ douze lieues, depuis l'embouchure de l'Adige jusqu'à celle de la Sile. Cette langue de terre a été formée, de même que les îles des lagunes, par les atterrissements des rivières voisines; c'est une *barre*, comme celles qui se forment à l'embouchure de presque tous les fleuves, par l'accumulation des galets que leur courant pousse dans la mer, et que les vagues de la mer repoussent à leur tour le lit des rivières. Cette langue de terre est elle-même divisée en plusieurs îles, par des canaux qui donnent entrée aux navires dans l'intérieur des lagunes. (*Patin*).

LAINE (histoire naturelle appliquée). — Poil frisé

et plus ou moins long, que produisent les animaux du genre brebis, quoiqu'on nomme quelquefois ainsi, par analogie, les cheveux frisés du nègre, le poil des chiens dits caniches et barbets.

Les cheveux et le poil de la plupart des animaux sont longs et droits dans les climats froids, et deviennent plus crépus, pour l'ordinaire, ou plus hérissés et courts, ou plus rares dans les climats chauds. C'est le contraire pour les brebis, qui présentent une laine plus fine et plus soyeuse dans les contrées tempérées ou mêmes froides, que sous les cieux enflammés et sur le sol aride de l'Afrique ; là, leur laine devient une bourre rude et roide comme du crin ; mais les fins pâturages, les gramens délicats des régions plus tempérées, en Europe et en Asie, comme en Syrie, en Espagne, donnent la laine la plus douce, la plus soyeuse et la plus longue. De même la couleur fauve ou noire des brebis et béliers d'Afrique devient blanche dans presque toutes les bêtes à laine de nos climats. On sait, d'ailleurs, que l'humeur sécrétée par le réseau muqueux sous-cutané (dit réseau de Malpighi) est la source de cette coloration noire.

La laine est organisée de même que le poil et les cheveux. Elle est formée, selon son analyse chimique, d'une espèce du mucus durci. Proust y a remarqué du soufre et même de l'acide benzoïque. En les combinant avec des alcalis caustiques, Berthollet et Chaptal, en ont fabriqué du véritable savon, ou l'ont convertie en matière grasse.

L'Espagne, qui jouit longtemps du privilége presque exclusif de fournir au reste de l'Europe des laines superfines, n'a pas toujours été en possession de ce précieux avantage.

Ce n'est que vers le milieu du quatorzième siècle que don Pèdre, quatrième du nom, informé du profit que les brebis de Barbarie donnaient à leurs propriétaires, résolut d'en établir la race dans ses États, et fit venir un grand nombre de béliers et de brebis de la plus belle espèce. La négligence des Espagnols ayant contribué dans la suite à la dégénération de cette espèce, le cardinal Ximenès renouvela les opérations de don Pèdre ; et afin de prévenir les effets de la négligence des Espagnols, il excita leur émulation par des fêtes et des récompenses ; il accorda beaucoup d'immunités aux bergers, créa même un tribunal sous le titre de conseil du grand troupeau royal, et fit en sorte que le produit annuel des dépouilles de ces animaux fût regardé comme le joyau le plus précieux de la couronne.

Les avantages considérables que l'Espagne retirait des laines qui venaient de son crû, engagèrent toutes les nations voisines, excepté la France, à lui enlever une partie de ce commerce. Édouard IV, roi d'Angleterre, obtint du roi d'Espagne trois mille brebis ou béliers de la plus belle espèce. Henri VIII s'occupa de surveiller l'éducation des troupeaux, et la reine Élisabeth s'est couronnée de gloire en frayant à la nation anglaise le chemin qui conduit à la richesse dont elle jouit aujourd'hui.

La matière précieuse des laines avait fourni aux Espagnols l'idée de l'établissement de la Toison-d'Or ; elle suggéra même au Parlement d'Angleterre celle de composer les bancs des chanceliers et des juges qui siégent dans la chambre des lords, de balles de laine brute, pour faire constamment ressouvenir les premiers magistrats de ce pays, que la principale cause de la prospérité nationale ne provient que des ressources immenses que l'on tire du produit inestimable des troupeaux.

Les Hollandais et les Suédois crurent aussi devoir profiter des expériences des autres peuples. Les premiers firent venir des brebis et des béliers des Indes orientales ; et les autres transplantèrent chez eux ce qu'ils purent se procurer en Angleterre et en Espagne de meilleure espèce de bêtes à laine.

Comment est-il arrivé que la France, qui a eu l'avantage, pendant plus de six cents ans, de produire les laines les plus belles, et d'en fournir à tous les peuples de l'Europe, se soit trouvée dans le cas d'importer ce qu'elle exportait autrefois ? Mais, déjà le gouvernement s'occupe de propager la race des moutons espagnols, de multiplier la race hollandaise et anglaise, d'importer des béliers de Salonique, qui tiennent le premier rang pour la finesse de la laine, la longueur de son jet et le poids de la toison ; d'encourager la culture des fourrages propres à chaque espèce de bêtes à laine ; et, enfin, de vaincre des préjugés, de détruire des usages anciens, et surtout de faire disparaître certaines coutumes, restes de l'ancienne législation féodale, qui défendent d'introduire des bêtes à laine dans les pâturages communs, tels que les landes, marais et bruyères.

JULES DE MONTBRUN,
manufacturier.

LAIT (chimie, économie domestique). Cette bienfaisante liqueur, si analogue à la faiblesse des organes, si favorable aux développements des animaux mammifères, est, sans contredit, la meilleure nourriture que l'estomac des nouveaux-nés puisse digérer ; aussi voyons-nous l'homme, dans les différentes périodes de sa vie, admettre le lait au nombre des objets devenus pour lui d'un usage indispensablé, l'employer comme aliment ou comme médicament, en faire même d'heureuses applications aux arts les plus essentiellement liés avec ses premiers besoins.

Le lait, exposé au contact de l'air atmosphérique, et à une température où il puisse exister sans éprouver d'altération sensible dans ses parties constituantes, se recouvre peu à peu d'une matière épaisse, onctueuse, agréable au goût, quelquefois d'une couleur jaunâtre, mais plus souvent d'un blanc mat ; cette matière est la *crème*. Spécifiquement plus légère que le lait, et dont la densité, au moment où celui-ci sort des mamelles, est presque égale à celle du fluide dans lequel elle se trouve confondue, ce n'est que quand elle a acquis, par le refroidissement et par le repos, assez de consistance pour être distinguée de celle du fluide qu'elle recouvre à sa surface, qu'on parvient à la séparer. Or, cette séparation s'exécute avec d'autant plus de régularité et de promptitude, que le vase qui contient le lait est plus large que profond, et que le thermomètre centigrade indique dix à douze degrés : au delà ou en deçà de cette température, elle devient infiniment plus difficile ; on ne peut se flatter d'enlever la crème en totalité.

Mais le lait, séparé ainsi de la crème, n'a subi aucune décomposition. On sait que le beurre, la matière caséeuse et le sucre ou sel essentiel en forment les parties constituantes, et que rien n'est aussi variable que la proportion où elles se trouvent ; l'âge, la santé, la constitution et la nourriture de l'animal, les soins qu'on en prend, les endroits qu'il habite, ne sont pas les seules circonstances qui influent plus ou moins sur cette proportion ; il existe encore d'autres causes capables d'apporter au lait des modifications qui, sans toucher à ses caractères spécifiques, peuvent augmenter ou affaiblir sa qualité. Arrêtons-nous à quelques exemples.

L'expérience prouve que le lait est séreux et abondant à l'époque du part ; qu'il diminue de quantité et augmente de consistance à mesure qu'on s'en éloigne ; que dans une même traite le lait qui vient le premier n'est nullement semblable au dernier ; que celui-ci est infiniment plus riche en principes que l'autre ; qu'il faut à ce fluide un séjour de douze heures dans l'organe qui le secrète, pour acquérir toute sa perfection ; qu'enfin le lait trait le matin a constamment plus de qualité que le lait du soir, parce que vraisemblablement le sommeil donne à l'animal ce calme si nécessaire au perfectionnement de toutes les humeurs ; observations importantes qu'il ne faut jamais perdre de vue, quelle que soit la destinée qu'on donne aux laitages.

La nature plus ou moins succulente des herbages qui entrent dans la nourriture des animaux contribue à améliorer la qualité du lait ; cependant, il est de fait que du sel marin, ajouté à des fourrages insipides ou détériorés, concourt à rendre le lait plus épais et plus savoureux. Certes, il n'y a point, dans ce premier assaisonnement de nos mets, les éléments du beurre, du fromage et du sucre de lait. S'il opère un pareil effet, ce n'est qu'en soutenant le ton de l'estomac et en augmentant les forces vitales, que pourrait affaiblir l'usage d'une nourriture défectueuse.

Ces observations, qui réduisent à sa juste valeur l'influence des aliments sur la qualité du lait, nous paraissent suffisantes pour expliquer la cause qui fait que le lait provenant des troupeaux nourris dans les prairies composées de beaucoup de plantes fines et aromatiques, surtout de graminées, donnent des produits qui réunissent tant de qualités ; pourquoi, lorsque ces mêmes plantes n'ont perdu, par la dessiccation, que leur humidité superflue et une partie de leur odeur, elles n'en donnent pas moins aux femelles qui en sont nourries, un lait aussi abondant pour le moins en principes que si ces animaux étaient au vert ; pourquoi les femelles, qui paissent dans les lieux aquatiques et ombragés, fournissent communément un lait moins bon que celles

qui vivent dans les herbages gras, mais découverts, et sur des terrains qui leur sont propres ; pourquoi le lait des femelles qui sont nourries exclusivement de trèfle, de luzerne, de raves, et surtout de choux, éprouve une altération évidente dans sa saveur ; enfin, pourquoi la vache, qui a vêlé en juillet, donne en octobre un lait plus riche en crème, quoiqu'elle soit nourrie avec des fourrages secs.

En général, il paraît démontré que le lait est un de ces fluides dont la perfection est subordonnée à une foule de circonstances souvent si difficiles à réunir, qu'il n'est pas aussi commun qu'on le pense de trouver des femelles, toutes choses égales d'ailleurs, qui le donnent constamment bon, et dont les principes soient parvenus au même degré d'appropriation.

Les avantages que le lait procure sont immenses, surtout à la campagne. Il est, après le pain, l'article le plus essentiel d'une métairie, et ses produits donnent lieu à des fabriques plus ou moins considérables ; plusieurs sont même renommées pour la qualité du beurre et des fromages qu'elles préparent, qualité qu'elles doivent moins aux aliments dont on nourrit les animaux qu'à la manière dont on les gouverne, ainsi qu'aux manipulations employées. Car ici, comme en une infinité d'autres choses, c'est la façon d'opérer qui fait tout. Examinons maintenant le lait en nature.

Entre les boissons alimentaires les plus anciennement accréditées, le lait doit occuper une des premières places ; et, quoiqu'il semble n'avoir été préparé qu'en faveur des nouveau-nés, ce fluide sert beaucoup aussi aux adultes. On pourrait même présumer que, vu l'abondance et la facilité avec lesquelles les vaches, par exemple, donnent le leur, ces femelles ont été particulièrement destinées, par la nature, à procurer à l'espèce humaine cette ressource agréable et salutaire ; et, en effet, dans les endroits où l'on a adopté la méthode de les faire parquer, il est singulier de voir l'empressement avec lequel elles se présentent, chacune à leur tour, à la fille chargée de les traire, comme pour se débarrasser d'un poids qui les fatigue, et de payer en même temps le prix des soins qui leur sont prodigués. On ne peut se rappeler sans attendrissement le trait d'une chèvre qui quittait, à des heures réglées, le troupeau trois fois par jour, et accourait d'une lieue pour allaiter un enfant, qu'il suffisait de poser à terre dès qu'on la voyait paraître.

Le meilleur lait n'est ni trop clair ni trop épais ; il doit être d'un blanc mat, d'une saveur douce et agréable ; mais il n'a réellement toute sa perfection que quand la femelle a atteint l'âge convenable. Trop jeune, elle fournit un lait séreux ; trop vieille, il est sec. Celui qui provient d'une femelle en chaleur ou qui approche de l'époque du vêlage, ou qui a mis bas depuis peu de temps, est inférieur en qualité. On a remarqué encore qu'il fallait que la femelle ait eu trois portées pour que l'organe mammaire soit en état de préparer le meilleur lait, et continuer de le fournir de bonne qualité jusqu'au moment où la femelle, passant à la graisse, la lactation diminue et cesse entièrement.

Cependant, ces règles ne sont pas tellement générales, qu'elles ne soient soumises à quelques exceptions. On sait, par exemple, qu'il y a des vaches et des chèvres dont le lait est excellent pendant toute l'année, excepté les quatre ou cinq jours qui précèdent et qui suivent le part, tandis que d'autres, dans les mêmes circonstances, exigent l'intervalle de quatre à cinq semaines avant que leur lait réunisse les qualités qu'il doit avoir par rapport à l'emploi qu'on en veut faire; mais c'est ordinairement le troisième mois du vêlage que le lait est le plus riche en crème : aussi, dans les cantons où l'on fait des élèves, l'abandonne-t-on volontiers aux génisses, après toutefois en avoir retiré le beurre.

(*Parmentier*.)

Les principes constituants du lait normal sont les mêmes dans les diverses espèces d'animaux; ils varient seulement dans leurs proportions respectives, et de là les différences plus ou moins sensibles que ce liquide présente quant à sa saveur, sa couleur, sa consistance, etc. Les expériences récentes de MM. Chevallier et O. Henry ont donné les résultats suivants :

Lait de vache :

Caséum sec. . .	4,48
Beurre. . . .	3,10
Sucre de lait. .	4,27
Sels et acide. . .	0,46
Eau.	87,69

Lait d'ânesse :

Caséum sec. . .	1,82
Beurre.	0,13
Sucre de lait. . .	6,08
Sels.	0,34
Eau.	91,63

Le lait de femme, plus variable que les autres, donne :

Caséum sec. . .	1,75	Sels.	0,30
Beurre.	4,45	Eau.	88,06
Sucre de lait. .	5,44		

Il résulte des expériences microscopiques faites par le docteur Donné, dit Nysten, que le lait est composé de globules sphériques dont le volume varie depuis le point apercevable jusqu'à environ 0,01 de millimètre, et qui sont d'autant plus abondants que le lait est plus riche en parties solides; que ces globules, appartenant à la matière grasse et non au caséum, sont solubles dans l'éther, à peine solubles à froid dans la soude et l'ammoniaque; qu'ils sont distincts et isolés lorsque le lait est pur, mais qu'aussitôt qu'il est mélangé, comme dans les premiers temps de l'accouchement, avec du colostrum, ils sont réunis et agglomérés en masses épaisses, insolubles dans l'éther; agglomération qui donne au lait la propriété de devenir épais et visqueux par l'ammoniaque; que, s'il se trouve du sang dans le lait, le microscope fait apercevoir au milieu de ces globules granulés, les globules elliptiques ou arrondis de l'hématosine; enfin, que la présence du pus se reconnaît par la forme anguleuse et cannelée de globules mêlés à ceux du lait, et qui sont solubles dans la potasse et la soude. Cette faculté de découvrir, à l'aide du microscope, la présence, dans le lait, de substances qui échapperaient le plus souvent à l'analyse chimique, a conduit M. Donné à des considérations d'un haut intérêt pour l'allaitement des enfants. Nourriture naturelle des enfants nouveau-nés, le lait convient peu aux adultes; aussi n'en fait-on usage ordinairement qu'en l'associant à quelque substance qui en facilite la digestion, comme le thé, le café. Néanmoins, ceux qui le digèrent facilement, trouvent dans le lait un aliment adoucissant et salubre. La *diète lactée*, c'est-à-dire l'usage habituel et presque exclusif du lait pour aliment détermine bientôt un embonpoint général, et, par suite de la réaction du physique sur le moral, un caractère plus doux et plus calme. Le lait convient surtout aux individus atteints d'une affection chronique des organes digestifs ou pulmonaires. Plusieurs substances médicamenteuses, plusieurs sels, tels que les iodures, des carbonates alcalins, des sulfures, etc., passent dans le lait en petite quantité, comme l'a fait voir récemment M. Péligot, et comme MM. Chevallier et O. Henry l'ont reconnu depuis : aussi la thérapeutique peut-elle tirer parti de cette propriété du lait pour le traitement des maladies des enfants à la mamelle, en administrant à la nourrice des substances médicamenteuses. — M. Braconnot a mis à profit la solubilité du caséum dans les carbonates alcalins pour faire une sorte de *lait artificiel*. (Voy. *Caséum*.) — Le *lait* qu'on débite dans les grandes villes est souvent *étendu d'eau*, et les *galactomètres* (de *gala*, lait, et, *mètron*, mesure), construits sur les principes du pèse-liqueur, sont à peu près inutiles pour constater cette fraude, puisqu'elle n'est appréciable qu'autant que l'eau en forme un tiers ou au moins un quart en volume.

LAIT RÉPANDU. — C'est le nom que l'on donne à des affections bien différentes, telles que des rhumatismes chroniques, des névralgies, et même certaines affections organiques, pourvu qu'elles surviennent à la suite des couches et des sevrages, parce qu'alors on l'attribue à une rétrocession du lait; mais, sous cette dénomination, on comprend plus spécialement, parmi les personnes du monde, certaines taches à la peau, sortes d'éphélides ou de dartres que l'on attribue à la suppression du lait, quoique les femmes grosses et les nourrices n'en soient pas exemptes, et qui dépendent, il faut le dire, de causes fort souvent d'une nature qui n'a aucun rapport avec celle des circonstances auxquelles on les attribue.

LAITERIE (économie rurale et domestique). — Le lait trait réclame des soins tout spéciaux, quelle que soit sa destination.

Quand on n'a pas une laiterie à sa disposition, c'est-à-dire une pièce spéciale pour le lait, le meilleur parti à prendre pour y suppléer, c'est de se procurer une grande armoire fermée de deux côtés par des châssis de toile claire, comme un garde-manger.

C'est une coutume très-vicieuse de déposer le lait dans la cuisine ou dans une pièce où l'on couche. Une température inégale, élevée souvent, les odeurs et exhalaisons qui en émanent, nuisent à la qualité et à la conservation du lait. Le voisinage des fumiers surtout et de matières quelconques en fermentation, doit être évité à tout prix. La laiterie devrait occuper une pièce spéciale toujours fraîche et d'une température égale. Quand on porte le lait à la ville, on le passe dès qu'il est trait, et on part aussitôt, surtout dans les grandes chaleurs.

Quelques auteurs disent que le lait du soir vaut mieux, si on le laisse dans des terrines pendant la nuit pour le distribuer le matin. Nous savons par expérience que le lait traité de cette façon perd de sa richesse en crème.

Il faut éviter avec soin de mêler le lait de deux traites différentes. En outre, tous les vases et ustensiles en contact avec le lait doivent être tenus dans un état de parfaite propreté. Après qu'ils ont été lavés et essuyés, on les expose à l'air sec. La laitière elle-même doit être très-scrupuleuse sur ce point dans sa personne et ses vêtements.

La vente de la *crème fraîche* est une source de riches profits pour un laitier; il y a deux manières de la préparer:

1° Verser le lait fraîchement trait dans un vase en bois, placer ce vase dans un autre rempli d'eau chaude. La chaleur hâte l'ascension de la crème à la surface. On soutire le lait, et il reste d'excellente crème;

2° Laisser reposer vingt-quatre heures le lait dans un vase de métal, puis le faire chauffer légèrement sur un feu de bois, sans bouillir, le retirer au bout d'une heure et demie, puis le laisser reposer un jour; cette crème, à laquelle on mêle du sucre et du vin de Madère, est fort recherchée pour les soirées.

Quant au lait qu'on destine au *beurre*, il est soumis à d'autres soins pour lesquels nous renvoyons à ce mot.

Le lait de chèvre et celui de brebis est exclusivement consacré à la fabrication du *fromage*.

Le lait d'ânesse est considéré comme une boisson très-bienfaisante pour les poitrines malades. C'est celui qui se rapproche le plus du lait de femme par sa composition. Doué de la même consistance que celui de vache, on y trouve moins de beurre, mais beaucoup plus de sucre de lait, auquel sont dues ses propriétés thérapeutiques.

Le lait de chèvre s'emploie aussi comme boisson réparatrice pour les tempéraments faibles.

Il y a, à Paris et dans les grandes villes, des nourrisseurs qui élèvent des ânesses et des chèvres uniquement pour la vente de leur lait aux malades et aux valétudinaires.

Quelques médecins le préconisent comme très-efficace dans quelques cas de goutte et de rhumatisme. L. HERVÉ.

Lait de poule. — On nomme ainsi une émulsion qu'on prépare en battant un jaune d'œuf dans de l'eau bouillante, en y ajoutant du sucre et quelques gouttes d'eau de fleurs d'oranger. On l'administre très-chaud aux personnes qui souffrent d'une irritation de poitrine.

LAITON (technologie). — Alliage de cuivre et de zinc, qu'on obtient par la voie de la *cémentation*, c'est-à-dire en mettant dans un creuset des lames de cuivre avec un mélange de calamine ou oxyde natif de zinc et de poussière de charbon; ce mélange est fait en quantité égale, et l'on en met trois parties contre une partie de cuivre rouge. On fait chauffer le creuset jusqu'à ce que le cuivre soit fondu. Il est alors d'une belle couleur jaune, et son poids est augmenté d'un quart, et quelquefois d'un tiers.

Dans cette opération, le zinc passe à l'état de métal, se réduit en vapeur et pénètre le cuivre; et quoique le zinc ne soit pas ductile quand il est pur, il n'ôte rien néanmoins à la ductilité du cuivre, quand son alliage avec ce métal est opéré par la cémentation; mais s'il était fait d'une manière directe, en fondant ensemble les deux métaux, on obtiendrait, il est vrai, un alliage métallique d'une belle couleur d'or, et susceptible d'un beau poli, mais qui serait aigre et cassant: c'est ce qu'on nomme *métal de prince* ou *similor.*

Le *cuivre jaune* a plusieurs avantages sur le *cuivre pur*; sa couleur est plus agréable, et il est beaucoup moins sujet à l'espèce de rouille qu'on nomme *vert-de-gris*, propriété qui le rend infiniment utile dans l'usage domestique. Il est aussi d'un grand emploi dans les arts; la plupart des instruments de mathématiques, de physique et d'astronomie, sont en partie construits avec ce métal, de même que les pièces d'horlogerie et les épingles. C'est particulièrement dans les départements de l'Orne et de l'Eure qu'on fabrique presque toutes les épingles que l'on emploie en France.

Le savant physicien Brisson a observé que dans l'alliage du cuivre et du zinc, ces deux métaux se combinent d'une manière si intime, qu'ils semblent se pénétrer mutuellement; de sorte qu'ils occupent moins de volume dans cet état de combinaison que lorsqu'ils sont séparés. La pesanteur spécifique du laiton est d'un dixième plus considérable que celle du cuivre et du zinc, prises chacune à part.

Le laiton est une des substances métalliques qui donnent les plus belles cristallisations, par une fusion bien ménagée: ce sont des colonnes à quatre ou huit faces, symétriquement empilées les unes sur les autres, et terminées par des plans carrés ou octogones. (*Patin.*)

LAITUE (botanique) [*lactuca*]. — Genre de plantes de la famille des composées, tribu des chicoracées, renfermant des plantes herbacées, à feuilles glabres, à fleurs jaunes, bleues ou purpurines, croissant dans tout l'hémisphère septentrional. L'espèce principale, la *laitue cultivée (lactuca sativa)* fournit près de 200 variétés, qui paraissent provenir de trois races principales: 1° la *laitue pommée*, à feuilles concaves; 2° la *laitue frisée*, à feuilles crépues, découpées et dentées; 3° la *laitue romaine*, à feuilles allongées et plus étroites à leur base. Les laitues cultivées constituent un aliment sain et agréable. Les semences contiennent une émulsion rafraîchissante et calmante. Les pharmaciens préparent une eau distillée de laitue qui entre dans la composition d'un grand nombre de potions calmantes et rafraîchissantes. On tire de cette laitue un suc qui est connu sous le nom de *lactucarium*.

La laitue se mange en salade ou cuite, et forme un aliment agréable et sain, mais peu nourrissant; elle est rafraîchissante, diurétique et aide à rendre le sommeil aux personnes tourmentées d'insomnie.

On sème la laitue sous cloche dès l'automne, et on la repique en novembre pour en avoir de bonne heure au printemps. A cette époque, on continue d'en semer de quinzaine en quinzaine pour en avoir sans cesse dans tout le cours de l'année. Pour l'avoir tendre, on lie les pieds assez serrés avec des liens de paille quelque temps avant de la cueillir; cette compression fait blanchir les feuilles et leur donne un goût délicat. Elle veut une terre légère, bien fumée et en bonne exposition. On ne l'arrose que le matin, dans les premiers jours après la plantation. On l'enterre très-peu. Les basses feuilles et les tiges qu'on rejette de la salade se donnent aux bestiaux et même aux volailles, qui les mangent

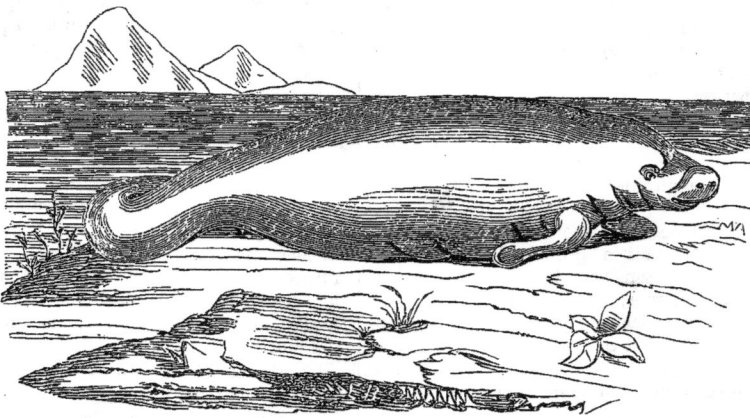

Fig. 4. — Lamantin.

avec avidité. On laisse monter un ou deux pieds par plant pour avoir des graines; on fait sécher celles-ci au soleil, puis on les conserve en un lieu sec et frais.   L. HERVÉ.

LAMA (zoologie). — Genre de mammifères ruminants, qui sont les chameaux de l'Amérique Méridionale; leur structure intérieure est la même que celle de ces derniers; ils ont jusqu'à ces amas de glandes qui garnissent la panse. Les seules différences qui distinguent ces deux sortes d'animaux, dit Salacroux, sont que les *lamas* manquent de bosses sur le dos et de callosités aux jambes et au poitrail. Leurs formes sont aussi mieux prises, leurs jambes plus droites, leur taille plus petite; en un mot, ils ressemblent à des chameaux pour la tête et le cou, et à des béliers pour le tronc et les membres, excepté que leurs sabots, d'ailleurs bien divisés, sont extrêmement courts et ne couvrent qu'une très-petite partie du doigt. A ces différences anatomiques, il faut joindre celles de leurs habitudes, qui sont aussi

considérables, et qui, du reste, sont en grande partie les conséquences des premières. Ainsi la forme des sabots des *lamas* ne leur permet pas de fréquenter les plaines sablonneuses; ils se tiennent continuellement sur les montagnes les plus élevées de l'Amérique Méridionale, et ne descendent que très-rarement dans la plaine. Ils se réunissent par troupes, moins pour se défendre que pour se rassurer par le nombre et pour se tenir compagnie. Leur nourriture est la même que celle des chameaux, et consiste en herbes et surtout en feuilles d'arbustes. Mais leur caractère est plus sauvage, car toutes les espèces ne sont pas encore domptées, et aucune d'elles ne l'est en totalité. Il n'y a que le *lama* proprement dit qui soit bien apprivoisé.

On distingue deux espèces de ce genre : le *guanaco* et la *vigogne*.

LAMANTIN (zoologie). — Genre de mammifères de l'ordre des cétacés herbivores, renfermant des animaux dont voici les caractères : corps pisciforme, terminé par une nageoire simple, ovale et horizontale; dents à couronne plate; nageoires antérieures, aplaties et membraneuses, se composant de cinq doigts qui forment sous la peau de véritables mains; dépourvus complétement de membres postérieurs. Les femelles portent sur la poitrine deux mamelles qui, saillantes et gonflées à l'époque de la gestation, ont fait aussi donner à ces animaux le nom vulgaire de *poissons femmes*. Les lamantins se trouvent dans les mers des pays chauds. Ils atteignent la taille de 6 mètres de longueur et peuvent peser jusqu'à 4,000 kilogrammes. Ils sont d'un naturel fort doux, vivent par troupes et remontent souvent les fleuves à une grande distance. Leur chair est excellente à manger.

On trouve en Europe des débris de lamantins fossiles.

LAMINOIR (métallurgie). — C'est un instrument qui sert à réduire en lames et en feuilles toute sorte de métaux. Le fer-blanc, la tôle, etc., sont des produits du laminage. Le laminoir se compose de deux cylindres posés parallèlement au-dessus l'un de l'autre sur un bâti très-solide, et qu'on écarte ou qu'on rapproche à volonté suivant l'épaisseur qu'on veut donner au morceau de métal soumis à leur action. On le met en mouvement soit par une manivelle tournée à bras d'homme, soit par un manége ou même par un moteur à vapeur lorsque le laminage exige un effort puissant. Le métaux ductiles et peu résistants, tels que le plomb, le cuivre, l'étain, l'argent, etc., se laminent à froid; les métaux durs (fer, acier) sont chauffés au rouge avant d'être soumis au laminoir.

Cet instrument, inventé, dit-on, par un Français nommé Bruckner, servit pour la première fois à la Monaie de Paris en 1553. C'est un des plus puissants et des plus utiles engins de l'industrie moderne. Grâce à lui, tous les ustensiles de tôle, de fer-blanc et les métaux en feuilles sont d'un bon marché qui en permet l'usage à toutes les classes de la société.

LAMPE [du grec *lampas* de *lampô*, briller, éclairer]. — On distingue: 1° les lampes *à réservoir avec le bec*, dans lesquelles la partie de la mèche enflammée doit toujours être à une très-grande distance de la surface de l'huile, qui monte alors jusqu'à la flamme par le seul effet de la capillarité;

2° Les lampes *à réservoir supérieur*; les plus communes en ce genre sont les quinquets proprement dits, usités jadis, et qui aujourd'hui ne s'emploient guère que comme *attache*, pour éclairer les corridors, les escaliers, etc.;

3° Les lampes *à réservoir inférieur*, dans lesquelles on fait, à l'aide d'une petite pompe foulante, monter l'huile renfermée dans le pied de lampe dans un autre réservoir placé à la hauteur de la mèche, quand le niveau de l'huile de ce dernier réservoir vient à baisser.

Dans les lampes dites mécaniques, ou *lampes Carcel*, du nom de leur inventeur, un mouvement d'horlogerie, adapté au piston de la lampe, rend permanente cette ascension de l'huile autour des parties de la mèche où s'opère la combustion.

Lampe philosophique. Que l'on mette un peu de limaille de fer dans un flacon, que l'on verse pardessus une certaine quantité d'acide sulfurique étendu d'eau, bientôt il se produit un bouillonnement intérieur : il y a formation de gaz.

Veut-on reconnaître sa nature? que l'on bouche le vase avec un bouchon traversé par un tube de verre effilé, et que l'on approche de son extrémité une allumette enflammée, aussitôt une flamme bleuâtre et pâle nous annoncera la présence de l'hydrogène.

Que l'on éteigne la flamme et que l'on attache une vessie à l'extrémité du tube, elle s'étend, se gonfle; et, si on lui rend la liberté, elle ira frapper le plafond du laboratoire, où elle restera comme collée; car l'hydrogène, pesant quatorze fois et demi moins que l'air, tend à s'élever jusque dans les régions raréfiées de l'atmosphère qui peuvent faire équilibre à sa légèreté.

Rallumons cette lampe, et présentons au-dessus de sa flamme une soucoupe de porcelaine, et on sera étonné de voir, au lieu de la fumée noire que pro-

duit la flamme d'une bougie, des gouttelettes claires et limpides que l'on ne tardera pas à reconnaître pour être de l'eau pure. En effet, l'hydrogène en brûlant donne de la vapeur d'eau, que le froid de la soucoupe condense.

Chose curieuse: on fait donc de l'eau avec de l'hydrogène brûlé. Jusqu'en 1781 on avait cru que l'eau était un élément; Cavendish, chimiste anglais, osa le premier soutenir publiquement que l'eau était un corps composé et heurter de front les vieilles opinions, après avoir soigneusement répété les expériences des chimistes français.

On traita de folie l'assertion de Cavendish; mais Watt en Angleterre et Lavoisier en France parvenaient, vers le même temps, aux mêmes conclusions en ne laissant rien à désirer à leurs démonstrations.

Lorsque l'hydrogène brûle dans l'air, il se combine avec l'un des deux éléments de ce fluide, qui ne peut-être que l'oxygène, car l'autre, qui est l'azote, n'est pas propre à la combustion.

Bientôt tous les chimistes s'occupèrent à faire des quantités plus ou moins grandes d'eau à l'aide de divers appareils dans lesquels il n'entrait que de l'oxygène et de l'hydrogène; il fut alors facile de constater qu'il fallait, pour faire de l'eau, deux volumes d'hydrogène contre un d'oxygène.

La plus belle expérience qui fut faite à ce sujet a eu lieu en 1790. Les chimistes qui la firent y employèrent cent quatre-vingt-cinq heures sans quitter le laboratoire; ils se reposaient alternativement sur un matelas jeté dans un coin de l'appartement. Ils obtinrent ainsi trois cent quatre-vingt-cinq grammes d'eau parfaitement pure, que l'on conserve encore au muséum d'histoire naturelle à Paris.

J. Rambosson.

LAMPE DE SURETÉ. — Instrument inventé par Davy en 1815, et propre à prévenir l'inflammation du gaz dans les mines. Elle se compose :

1° D'un réservoir de laiton contenant l'huile, percé près de son centre, pour recevoir un tube vertical étroit, que remplit presque un fil recourbé en haut, qui sert à ajuster, et à disposer la mèche convenablement sur le conduit où elle doit brûler;

3 Du bord métallique sur lequel le couvercle en toile métallique est fixé, et qui est adapté au réservoir au moyen d'une vis mobile;

3° D'une ouverture destinée à fournir le réservoir d'huile, ajustée avec une vis ou un bouchon de liége, en communication par un tube avec le fond du réservoir, et ayant une ouverture au centre pour la mèche;

4° D'un cylindre métallique, devant avoir environ 600 ouvertures par centimètre carré;

5° D'un second sommet à un centimètre environ au-dessus du premier, surmonté d'une plaque de laiton ou de cuivre, à laquelle est fixé l'anneau de suspension;

6° De quatre ou six fils épais, placés verticalement, joignant par-dessous le réservoir, et servant de défense aux colonnes ou piliers entourant la cage.

LAMPROIE (zoologie). — Genre de poissons condroptérygiens qui se reconnaissent en ce que l'anneau formé par leurs mâchoires est entier et armé partout de fortes dents, et en ce que leur langue, qui en a aussi plusieurs rangées, mais plus petites, peut se porter en avant et en arrière comme un piston. Cette disposition anatomique leur donne la facilité de faire avec la bouche un vide à peu près complet, et de se fixer très-solidement sur les corps à surface polie. Comme ces poissons manquent de nageoires pectorales et n'en ont que de très-petites sur le dos, à la queue et à l'anus, ils se meuvent par les ondulations de leur corps comme les serpents, auxquels ils ressemblent aussi par leur forme allongée et par l'habitude qu'ils ont de se nourrir de matières animales corrompues. Forcés de se tenir cachés pour ne pas s'exposer aux attaques de leurs nombreux ennemis, trop faibles et trop lents pour pouvoir parcourir sans danger la profondeur des eaux, ils ne peuvent pas toujours se procurer une proie vivante; mais lorsque, favorisés par le hasard, ils parviennent à s'attacher à quelques poissons, ils s'y tiennent fixés avec tant d'opiniâtreté, qu'ils finissent, malgré la petitesse de leurs dents, par lui percer la peau et lui donner la mort. On trouve les *lamproies* en assez grande abondance dans la plupart des mers et des eaux douces. L'espèce la plus longue, qui a trois pieds de long, est marbrée de noir sur un fond jaune; elle est assez commune dans l'Océan et la Méditerranée, d'où elle remonte dans les fleuves qui s'y jettent; c'est un poisson très-estimé.

LAMPYRE (zoologie). — Genre d'insectes coléoptères, connus de tout le monde sous le nom de *vers luisants*. Qui n'a rencontré, en se promenant le soir à la campagne, ces insectes brillants, si communs le long des chemins, sous les haies et dans les prairies? Ce sont les *lampyres* femelles, que l'on prendrait presque pour des chenilles, à cause de la mollesse de leur corps, si l'on ne savait que leurs mâles sont entièrement différents, et présentent tous les caractères de la tribu dont nous parlons. Ce qui les distingue des autres genres du même groupe, c'est qu'ils ont des palpes maxillaires renflés à leur extrémité, le corps droit et aplati, le corselet faisant saillie sur la tête, et les mandibules petites et terminées en pointe très-aiguë et unie. On trouve les *lampyres*, en été, après le coucher du soleil, dans les endroits un peu humides, où ils répandent une lumière légèrement verdâtre. Cette lumière devient plus vive quand on les inquiète; mais si on les prend à la main, ils ne jettent plus qu'une faible clarté ou même ne brillent plus. La cause de ce phénomène est peu connue; on sait seulement que l'appareil qui le produit réside dans les derniers anneaux de l'abdomen, et n'agit que par la volonté de l'animal.

(Salacroux)

LANCE (art militaire) [du latin *lancea*, d'origine celtique]. — Arme d'hast, ou à long bois, qui a un fer pointu et qui est fort grosse à la poignée. Cette arme offensive fut inventée, si l'on en croit Pline, par les Étésiens. Les chevaliers et les gendarmes portèrent longtemps des *lances* dans les combats; et lorsqu'ils les levaient en ces circonstances, c'était le signal d'une prochaine déroute.

On renonça parmi nous aux *lances* très-longtemps avant que les compagnies d'ordonnance fussent réduites en gendarmerie; et, sous Henri IV, il n'était déjà plus question des *lances*.

Du temps de l'ancienne chevalerie, le combat de la *lance* à course de cheval était fort en vogue. De là ces expressions si communes dans les livres de chevalerie, *faire un coup de lance, rompre des lances, briser la lance, baisser la lance*.

L'accident qui arriva à Henri II, et qui occasionna sa mort, fit défendre ce dangereux exercice.

LANDE. — Grande étendue de pays, dont les terres incultes ne produisent que du genêt, du jonc marin, de la bruyère, de la fougère, quelques genièvres, des ronces et autres broussailles. Il y a beaucoup de landes en France, dans les provinces de Bretagne, de Guyenne, du Dauphiné et de la Provence. Celles de ce dernier pays offrent peu de plantes épineuses; elles sont couvertes de lavandes, de mélisse, de bétoine, de marjolaine, de thym, de véronique, de sauge, etc.

Les principales causes de leur infertilité sont : 1° une espèce de tuf ferrugineux qu'on trouve à une très-petite profondeur, sous une couche de sable quartzeux plus ou moins épaisse; 2° à un défaut de pente qui rend les eaux stagnantes; 3° dans toutes le droit de communauté ou de parcours qui s'oppose au partage de ces terres. Si elles étaient partagées, il n'est pas douteux que chaque propriétaire ne cherchât à tirer le meilleur parti possible de son lot.

Les landes sont constamment couvertes d'eau en hiver, et extrêmement arides en été. C'est principalement à ces circonstances qu'elles doivent leur infertilité. On les tient le plus ordinairement en pâturages qui fournissent extrêmement peu de nourriture aux bestiaux, surtout quand ils sont en commun. Presque toutes donnent de loin en loin, lorsqu'on les cultive, deux ou trois faibles récoltes de céréales, après quoi on les met en pâturage.

Le meilleur moyen d'en tirer parti, c'est d'y cultiver les deux plantes qui s'y plaisent le mieux, savoir : l'ajonc et le genêt; le premier pour la nourriture des chevaux, tous deux pour le feu. On peut aussi les planter en bois, surtout en pin maritime dans le Midi, et en pin sylvestre dans le Nord. Les chênes, principalement le toza et le rouvre, y donnent des taillis passables.

Dans la plupart des landes, on prépare le sol à donner des récoltes de céréales en l'écobuant, c'est-à-dire en brûlant la croûte de sable qui le recouvre avec les plantes qu'il nourrit, et on s'en applaudit, parce que ces récoltes sont en effet meilleures; mais cette opération, détruisant les débris des végétaux et l'humus qui entre dans la composition de cette croûte, nuit nécessairement à ses produits futurs. Le véritable moyen de tirer un parti avantageux des landes est celui qu'on emploie le moins, mais dont j'ai vu cependant un grand nombre d'exemples dans celles de Bordeaux et de la Sologne. Il est fondé sur la nécessité de donner de l'écoulement aux eaux pendant l'hiver, et de diminuer leur évaporation pendant l'été, ce à quoi on parvient par des fossés nombreux, creusés dans la direction des pentes, et par la plantation de haies épaissses, garnies de grands arbres rapprochés, dans la direction du levant au couchant.

Il est difficile de trouver une explication géologique de la formation des landes en général ; mais il en est quelques-unes, comme celles de la Sologne, qui paraissent avoir servi de bassin à des lacs d'eau douce.   Bosc.

LANGOUSTE (zoologie) [*palinurus*]. — Genre de crustacés décapodes, voisin des homards et des écrevisses, qui atteint jusqu'à 50 centim., et peut peser jusqu'à 5 ou 6 kilog. quand elle porte ses œufs. Ce crustacé se tient dans les profondeurs de la mer, pendant l'hiver, et se rapproche du rivage, surtout des endroits rocailleux, en mai et en août, pour s'y accoupler et pondre. Sa chair est fort estimée, surtout celle de la femelle, avant et après la ponte. La langouste est très-commune sur les côtes méridionales et occidentales.

LAPIDAIRE (technologie). — On donne ce nom à l'artiste qui s'occupe exclusivement de la taille et du poli des pierres précieuses, et aussi quelquefois à ceux qui en font le commerce. Les lapidaires formaient à Paris une corporation dont les premiers statuts remontent jusqu'à saint Louis, quoique à cette époque l'art de tailler les pierres précieuses ne s'étendît qu'aux rubis, émeraudes, améthystes, grenats, saphirs, opales, et que la taille du diamant fût ignorée ou très-imparfaite ; c'est peut-être pour cette raison que les anciens ornements des châsses, des soleils, des couronnes, sont garnis de rubis, de saphirs, d'émeraudes, etc., et point de diamants, qui étaient alors fort rares.

LAPIN (zoologie). — Ce petit animal, du genre lièvre, paraît être originaire du nord de l'Afrique, ou peut-être de l'Espagne, où il est très-commun. On a appuyé cette supposition sur ce que la chaleur lui est très-favorable, dans le premier âge surtout. Mais on peut répondre que ce besoin lui est commun avec tous les jeunes animaux de nos basses-cours, ce qui ne les empêche pas de prospérer en France, en Angleterre, enfin partout où on leur donne les soins nécessaires.

Le lapin sauvage, type originaire du lapin domestique, est un peu plus petit que le lièvre ; il a le poil un peu moins fauve, les oreilles moins longues ; il en diffère encore par un instinct de conservation plus énergique. Il se creuse des terriers où il vit chaudement en hiver à l'abri de ses nombreux ennemis. Sa femelle s'en creuse un autre à côté pour elle-même et pour ses petits, qu'elle dérobe aux cruautés du mâle, jusqu'à ce qu'ils soient adultes ; car celui-ci est impitoyable pour sa progéniture, qui lui dérobe les tendresses de la mère. Aussi celle-ci a-t-elle soin de lui dérober sa retraite par des ruses admirables

pendant qu'elle allaite : elle exécute de fausses marches, elle cache l'entrée de son terrier en le piétinant et en déposant du crottin, de façon à dérouter l'égoïsme féroce du mauvais père. Enfin, au bout d'un mois, quand les petits sont assez forts pour se suffire, la nichée décampe, et les lapereaux se livrent au même genre de vie que les auteurs de leurs jours.

Le lapin, du reste, n'a d'instinct que pour fuir et se dérober. Dépourvu d'odorat, il a, en revanche, l'ouïe très-fine et des pattes d'une agilité rare, et il lui en faut pour se soustraire aux nombreux ennemis que la nature lui suscite, sans compter le chasseur et les chiens. Mais sa fécondité est extraordinaire et résiste à la destruction la plus active. Cette fécondité est précisément ce qui fait de l'élève du lapin domestique une des plus lucratives industries qu'on puisse proposer aux familles rurales. Nous n'en connaissons pas de plus propres à donner de l'aisance dans les petits ménages, par le peu de frais qu'elle exige et par la facilité de nourrir les nombreuses nichées de ces animaux utiles. Nous pourrions citer un grand nombre de familles que cette industrie a relevées de la détresse, et d'autres pour lesquelles elle a été le début d'un bien-être et d'une prospérité inattendus. La dépense est nulle pour le cultivateur possédant des champs et des jardins. Avec les regains, les branchages de haies, les débris de légumes et de fruits, les tiges de pommes de terre, de haricots, de pois, et quelques pincées de son, il peut nourrir toute une république de lapins. Quant au pauvre manouvrier, ses enfants ou sa femme trouveront dans le bois, le long des chemins ou sur les talus des fossés, des herbes en suffisante quantité, outre les débris de leur jardin et des légumes qu'ils consomment eux-mêmes.

Il ne faut pas s'effrayer des frais d'établissement : à peine est-il besoin d'en parler. Supposons pourtant qu'on commence avec six lapines, qui, à raison de six ou sept nichées, donneront environ trois cents à trois cent cinquante lapereaux dans l'année. Sur ce nombre, on ne doit en compter que deux cents à nourrir à la fois, le reste étant bon à vendre, et les autres tétant encore : il n'y a au total que cent rations à fournir par jour. Un enfant peut suffire à cette besogne. Les lapereaux peuvent être vendus 1 fr. à cinq mois, 1 fr. 25 c. à six mois, 1 fr. 50 c. à sept mois, et 2 fr., engraissés, à huit mois, ce qui peut produire en tout environ 350 fr. en faisant la part de la mortalité, car il en périt toujours quelques-uns. L'enfant aura donc gagné le salaire d'un journalier pendant son année, et cela sans être privé de l'école ni des autres occupations que ses parents lui confient, ce qui n'aura pas empêché la famille de se régaler de temps en temps d'une gibelotte, mets friand et vrai régal pour les pauvres gens qui ne mangent jamais de viande.

Un instituteur rural de Bretagne a organisé, en 1852, une garenne domestique avec le concours de ses élèves, qui lui apportaient leur contingent quotidien d'herbes et de feuilles. Aux vacances, chaque année, il rend ses comptes aux élèves, et accuse un bénéfice net de 4 à 500 fr., dont il s'adjuge la moitié, et consacre l'autre à donner à ses enfants des livres de prix, accompagnés d'un banquet de famille et d'une fête gratuite.

Si, au lieu de six lapines, vous pouvez en entretenir cinquante ou cent, le bénéfice croîtra dans des proportions équivalant au revenu d'une métairie. On voit donc qu'aux champs il n'y a pas de petits métiers pour l'homme industrieux et actif.

L. Hervé.

LAPIS-LAZULI (minéralogie) [composé du latin *lapis*, pierre, et de l'arabe *lazurd*, ou *azul*, bleu]. — Le lapis lazuli, ou *la lazulite*, est une pierre précieuse couleur bleue. Sa substance est opaque, sa cassure mate, et son grain serré ; elle vient de la Perse ou de la Natolie; elle est souvent parsemée de taches d'or, produites par des parcelles pyriteuses ; on en fait des ornements, des vases et des bijoux, des mosaïques pour les meubles et la décoration des autels. On en extrait la partie colorante, en la réduisant en poussière impalpable, après l'avoir calcinée; on mêle cette substance à de la cire, de l'huile de lin ou des matières résineuses; on en sépare, par le lavage, une poudre qui, étant desséchée, donne ce beau bleu appelé d'*outre-mer*, parce qu'on l'apportait du Levant. Ce bleu était autrefois très-recherché dans la peinture, parce qu'il est peu susceptible d'altération ; mais il détruit souvent l'harmonie des anciens tableaux, parce qu'il a persisté, tandis que les autres couleurs se sont altérées.

Les Perses gravaient le lapis lazuli; les artistes grecs et romains l'employaient peu, parce qu'il est trop tendre ; on l'imite grossièrement en jetant de la limaille de cuivre dans de l'émail bleu en fusion.

LAQUE. — Voy. *Lacque*.

LARVE (zoologie) [*larva*]. — Ce mot, qui signifie masque, désigne l'état d'un animal, dans lequel il diffère essentiellement de celui qu'il a étant adulte, soit par la forme générale de son corps, soit par les organes de la locomotion, dont les uns, comme les ailes, manquent toujours dans ceux qui doivent en être un jour pourvus, et dont les autres, comme les pieds, tantôt n'existent point, et tantôt sont en plus petit nombre : l'animal est, pour ainsi dire, masqué sous cette forme.

Cet état est propre aux animaux qui subissent des métamorphoses, et a lieu depuis leur sortie de l'œuf jusqu'à une époque plus ou moins reculée. Parmi les vertébrés, les reptiles batraciens sont les seuls qui soient sujets à de telles transformations. Les insectes, quelques arachnides et les crustacés branchiopodes, nous présentent exclusivement, dans la division des animaux invertébrés, les mêmes phénomèmes; mais fréquemment avec des changements plus extraordinaires. Le plus souvent, alors, l'animal ressemble à une espèce de ver; aussi, pendant longtemps, lui a-t-on donné, et même lui donne-t-on encore souvent ce nom : on appelle communément vers de mouches, les larves qui se trouvent dans la viande, vers de chair pourrie ou de bouse de vache, plusieurs larves qui donnent des insectes à

étuis. Mais comme le nom de ver doit appartenir exclusivement à une autre classe d'animaux qui restent toute leur vie sous la forme, même pour ne pas confondre des objets très-différents, il était nécessaire de donner un autre nom aux insectes, pendant ce premier état de leur vie.

Les larves des lépidoptères, c'est-à-dire des papillons et des phalènes, sont connues sous le nom particulier de chenilles.

C'est sous la forme de larve que l'insecte doit prendre tout son accroissement; c'est aussi alors qu'il a le plus besoin de manger. La larve est ordinairement très-vorace, et elle grossit d'autant plus promptement et passe d'autant plus tôt à l'état de nymphe, que sa nourriture est plus abondante. Mais avant de parvenir à ce second état, comme sa peau ne pouvait pas se prêter à un nouveau développement, la nature a enveloppé l'insecte de plusieurs peaux, couchées les unes sur les autres. Lorsque la larve a pris une certaine grosseur, elle quitte la peau extérieure et paraît avec celle qui était dessous, et qu'elle garde jusqu'à ce que l'accroissement de son corps la rende encore trop étroite. Ce sont ces changements de peau qu'on a désignés sous le nom de mue ; opération pénible, même dangereuse pour les larves, puisqu'elles y périssent quelquefois. Après avoir répété plus ou moins de fois cette opération, l'insecte parvenu à son dernier développement, doit passer à son second état, celui de nymphe.—Voy. ce mot.

Lorsque les larves sont prêtes à se transformer en nymphes, elles s'occupent du soin de se chercher ou de se bâtir une retraite assurée, pour le temps qu'elles doivent passer dans ce second état. Les unes se construisent des coques dans la terre, et les composent de terre même ; d'autres savent se filer des coques de soie. Les larves de quelques espèces s'attachent aux feuilles et aux tiges des arbres, par la partie postérieure du corps, pour se transformer dans cette attitude. D'autres espèces, qui vivent dans les tiges des plantes ou dans les bourgeons des arbres, s'y transforment sans filer de coque, etc.

LARYNX (anatomie). — Organe symétrique et régulier qui forme le commencement des voies aériennes, et dans lequel se produit la voix (voyez ce mot). Le larynx est une cavité ou une sorte de boîte ouverte en haut et en bas, et composée de pièces mobiles les unes sur les autres et tapissée par la membrane muqueuse qui se continue avec celle du pharynx. Il est situé à la partie antérieure et supérieure du cou, derrière les muscles de la région hyoïdienne inférieure et le corps thyroïde, au-devant du pharynx et de l'extrémité supérieure de l'œsophage, entre la base de la langue et la trachée-artère. Il est composé principalement de quatre cartilages : le *thyroïde*, qui en forme les parties supérieure-antérieure et latérales, le *cricoïde*, qui en fait, sous la forme d'un anneau, toute la partie inférieure, et les deux *aryténoïdes*, qui en occupent la partie postérieure-supérieure, au-dessus du cricoïde. Un fibro-cartilage, l'épiglotte, surmonte le bord supérieur du cartilage thyroïde. Plusieurs muscles (les crico-thyroïdiens, crico-arythénoïdiens latéral et postérieur, aryténoïdien et thyro-aryténoïdien) servent aux mouvements de ces cartilages, dont les articulations sont maintenues par des membranes fibreuses (membranes thyro-hyoïdienne et crico-thyroïdienne). Enfin, au-devant de la partie inférieure de la face linguale de l'épiglotte, derrière le cartilage thyroïde et la membrane hyoïdienne, se trouve la glande épiglotique; et dans les replis que forme la membrane muqueuse en se portant de l'épiglotte aux cartilages aryténoïdes, et de ces derniers aux thyroïdes, sont logées de chaque côté les glandes aryténoïdes. Considéré dans son ensemble, le larynx présente en devant la saillie verticale du cartilage thyroïde (vulgairement *pomme d'Adam*); intérieurement, la membrane muqueuse qui le tapisse forme, vers son milieu, deux grands replis latéraux dirigés d'avant en arrière et disposés à peu près comme les bords d'une boutonnière : ces replis sont les cordes vocales (ligaments inférieurs de la glotte), susceptibles de se tendre et de se rapprocher plus ou moins, de manière à agrandir ou à diminuer la fente (ouverture de la glotte) qui les sépare. Un peu au-dessus des cordes vocales, sont deux autres replis de la membrane muqueuse (ligaments supérieurs de la glotte). Les enfoncements latéraux qui se trouvent entre les replis ou ligaments supérieurs et inférieurs constituent les ventricules du larynx; et tout l'espace compris entre ces quatre replis est ce qu'on nomme la glotte, organe immédiat de la voix. Le larynx des mammifères est formé des mêmes pièces cartilagineuses que celui de l'homme; mais il présente, dans les diverses espèces, des différences plus ou moins essentielles quant aux dimensions respectives de chacune de ses parties, à la disposition de la glotte, etc. Chez le cheval, il n'y a pas de ligaments supérieurs ni de ventricules proprement dits; mais, de chaque côté, au-dessus des cordes vocales, on trouve une cavité oblongue, et en avant, un trou qui s'ouvre dans un troisième sinus pratiqué sous la voûte formée par le rebord antérieur du cartilage thyroïde. Chez l'âne, cette cavité forme une grande cellule arrondie, dont l'entrée est beaucoup plus étroite que chez le cheval, et cette disposition paraît en rapport avec le son de la voix de cet animal. Chez les oiseaux, il y a deux larynx, l'un au commencement, l'autre à la fin de la trachée-artère: le supérieur, situé à la base de la langue, sans ventricules, ni cordes vocales, ni épiglotte, consiste en une simple fente fermée par l'entrecroisement de petites pointes cartilagineuses, ne peut ni s'étendre ni se relâcher, et sert très-peu à la production des sons; l'autre, inférieur, séparé du premier par la trachée-artère, a une structure d'autant plus compliquée que l'oiseau module mieux son chant. C'est un petit appareil, composé d'une espèce de tambour osseux, divisé inférieurement par une traverse osseuse que surmonte une membrane semi-lunaire fort mince; ce tambour communique inférieurement avec deux glottes formées par la terminaison des

bronches, et pourvues chacune de deux cordes vocales. (*Nysten.*)

LARYNGITE (pathologie). — Inflammation de la membrane muqueuse du larynx, qui est aiguë ou chronique. La laryngite aiguë simple présente une foule de variétés, depuis l'enrouement léger jusqu'à l'inflammation la plus intense; de là des symptômes très-variés et la nécessité de recourir à un traitement antiphlogistique plus ou moins actif. La laryngite chronique peut être consécutive à une laryngite aiguë; mais elle se développe souvent à l'état chronique, à la suite de fatigues prolongées de l'organe de la voix. « Ordinairement la phthisie laryngée est symptomatique de tubercules pulmonaires. A l'altération de la voix, à la toux, à la fétidité de l'haleine et à la difficulté de la déglutition, se joignent une fièvre hectique, des sueurs nocturnes, enfin, le dévoiement colliquatif et tous les symptômes de la phthisie pulmonaire, et la maladie se termine ordinairement par la mort. Le silence absolu, un régime très-adoucissant, de petites saignées locales fréquemment répétées et alternant avec des vésicatoires volants, un séton ou de petit moxas, l'inspiration de vapeurs de goudron ou de vapeurs éthérées, sont les principaux moyens qu'on emploie contre cette redoutable maladie. »

LATITUDE (astronomie). — Distance qu'occupe un lieu sur le globe terrestre, relativement à sa distance de l'équateur, ce qui indique aussi son climat, attendu que les zones qui divisent le globe se partagent, suivant leur distance, soit du pôle, soit de l'équateur. On distingue deux latitudes : la latitude septentrionale, qui se prend depuis l'équateur en remontant vers le pôle Nord, et la latitude méridionale, qui se prend aussi depuis l'équateur en remontant vers le pôle Sud. On appelle degré de latitude l'espace compris entre deux parallèles de l'équateur. Il est de 25 lieues de 2,282 2/3 toises sur les cartes. Ces degrés sont marqués par des chiffres qui sont au côté gauche et au côté droit des cartes géographiques.

Un degré de latitude qui contient 20 lieues marines de France, d'Angleterre et de la plupart des autres États de l'Europe, a 22 lieues des Pays-Bas, 15 de Hollande et 15 milles géographiques d'Allemagne, 60 milles d'Italie, 50 milles de Piémont, 70 milles de Venise, 18 milles de Prusse, 14 milles de Hongrie, 69 1/3 d'Angleterre, suivant la fixation de Henri VII de 5,280 pieds anglais; 25 milles d'Écosse et d'Irlande, 104 1/2 verstes de Russie, 24 agacs ou lieues de Turquie et 95 milles grecs.

Les degrés de latitude avec ceux de longitude marquent la position exacte d'un lieu sur le globe et sur les cartes géographiques. Les degrés de longitude se prennent depuis le parallèle du méridien convenu. Par exemple, les Anglais le calculent depuis leur Observatoire de Greenwich; les Français, depuis leur Observatoire de Paris; les Espagnols, les Portugais et les Allemands, depuis l'île de Fer, l'une des Canaries, ce qui produit un chiffre ou un nombre différent dant la manière de compter les degrés de longitude chez ces divers peuples.

LAUDANUM (matière médicale). — Médicaments, liquides ou solides, dans lesquels l'opium se trouve associé à divers ingrédients. Le laudanum de Rousseau est préparé avec de l'opium, du miel, de la levûre de bière et de l'alcool ; le laudanum de Sydenham est composé d'opium, de safran, de cannelle et de girofle, qu'on fait macérer pendant quinze jours dans du vin de Malaga.

Pris à dose convenable, le laudanum est un médicament tonique et calmant : à forte dose, il occasionnerait l'empoisonnement.

LAURIER (botanique). — Arbre de la famille des laurinées, dont on compte cinquante-huit espèces, originaires des pays étrangers : presque toutes conservent leur feuillage toute l'année.

Le laurier commun ou laurier d'Apollon a une belle forme. Sa tige s'élève à vingt pieds environ. Dans nos climats, il vient en pleine terre, quoiqu'il craigne les fortes gelées d'hiver. Son feuillage, toujours vert, le fait rechercher pour la décoration des jardins. On retire des baies du laurier une huile qui sert à la médecine. Les feuilles sont aromatiques et employées comme assaisonnement culinaire. Quand on les brûle, elles répandent une bonne odeur qui purifie l'air. Le bois de ce laurier est souple : on en fait des cerceaux de petits barils.

Cet arbre était très-estimé des anciens. On en faisait des couronnes pour les vainqueurs ; on le plantait à la porte des césars, et il était consacré à Apollon, le dieu des arts. On prétendait même qu'il guérissait de la foudre. — Le laurier vient dans des terrains secs et à l'abri des vents du nord. On le propage de graines et de drageons.

Le laurier camphrier. On ne le cultive pas dans nos pays ; on prétend cependant qu'il peut venir en pleine terre dans nos provinces du Midi : c'est l'arbre qui procure le camphre. C'est au Japon qu'on recueille ce produit ; mais celui de Sumatra et de Bornéo est plus cher et plus recherché. On fait usage du camphre pour fondre les tumeurs, arrêter les ravages de la gangrène, calmer les inflammations, et pour adoucir les ardeurs que les cantharides causent à la vessie.

Les lauriers de Madère et des Indes se cultivent en orangerie. Le sassafras a une belle forme et résiste à nos hivers. Il croît dans nos forêts, à une exposition ombragée. Il lui faut des terrains argileux et sablonneux, et il aime le terrain de bruyère. En Amérique, on prend le sassafras en guise de thé. L'écorce de cet arbre est colorante et donne aux laines une solide couleur d'orange. Le bois en est léger et odorant, et il sert en médecine comme fébrifuge et sudorifique. La racine fournit une huile parfumée.

Le laurier cannellier, arbre précieux, que nous ne pouvons cultiver dans nos climats. Il s'élève à dix mètres de haut ; toutes ses parties répandent une odeur des plus agréables. La cannelle du commerce vient de son écorce. Tout le monde connaît son usage pour l'assaisonnement des mets, la fabrication des liqueurs, la composition des parfums et son usage en médecine. On le cultive aux Indes, à l'île de France,

dans nos colonies de l'Amérique méridionale. De l'écorce du cannelier on tire, par la distillation, une huile épaisse, pesante, noire, appelée essence de cannelle, d'un prix élevé et très-employée en médecine. On retire aussi une autre huile de sa racine. L'une et l'autre servent extérieurement contre les paralysies et les rhumatismes. Prises intérieurement, elles fortifient l'estomac, provoquent les urines et les sueurs, etc. Ses fleurs sont bonnes pour la cuisine, et un seul bouquet parfume le plus vaste appartement. On en fait des conserves et des liqueurs très-estimées.

Entre autres lauriers, nous citerons le laurier-cerise (voy. *Cerisier*), le laurier-tin, celui des Alpes, le laurier tulipier et le laurier-rose ou laurose. Ce dernier, de la famille des apocinées, est un bel arbrisseau d'ornement toujours vert. Il s'élève de quinze à dix-huit pieds. Ses fleurs, en forme de bouquets, sont belles et éclatantes. Il est prudent de l'abriter en hiver. Il croît volontiers le long des rivières, des ruisseaux. On le multiplie de drageons, de boutures et de graines. L'été, il faut l'arroser beaucoup. On prétend que son suc est vénéneux. Il y a aussi le laurier-rose de l'Inde, dont les fleurs sont roses également : celles-ci sont odorantes.

L. Hervé.

LAVANDE (*botanique*). — Genre de plantes de la famille des labiées, qui comprend des herbes et de petits arbustes, dont les feuilles sont opposées, et dont les fleurs naissent en épis à l'extrémité des rameaux. Chaque fleur est enfermée dans un calice persistant, strié, d'une forme ovale, cylindrique, ayant une bractée à sa base et cinq petites dents à son sommet. La corolle est monopétale et renversée ; son tube dépasse le calice, et son limbe présente deux lèvres formées par cinq lobes arrondis et inégaux ; les étamines, au nombre de quatre, dont deux plus longues, se trouvent insérées au tube de la corolle. Au centre est un germe divisé en quatre parties et surmonté d'un style de la même longueur que le tube. Il est remplacé par quatre petites semences ovoïdes, contenues dans le calice.

Ce genre ne renferme qu'une douzaine d'espèces, dont la plus intéressante, est :

LAVANDE COMMUNE (*lavandula spica.* Linn.). — Arbuste connu de tout le monde par l'odeur aromatique et agréable qu'exhalent ses fleurs, même desséchées. Il s'élève à la hauteur d'environ deux pieds, sur une souche ligneuse et courte, qui se divise en rameaux presque nus vers leur sommet, et garnis, à leur partie inférieure, de feuilles étroites, lancéolées, très-entières et à bords souvent repliés en dessous. Les fleurs, ordinairement bleues, sont disposées en épi. Cet arbuste croît naturellement dans le midi de la France et de l'Europe. On le cultive dans tous les jardins. Il fleurit au milieu de l'été. Il offre deux variétés, l'une à fleurs blanches, l'autre à feuilles larges ; celle-ci est l'aspic des Provençaux.

Les fleurs de lavande ont une odeur forte et agréable ; elles entrent dans les parfums. Le principe odorant qu'elles contiennent n'est point fugace ; elles le conservent très-longtemps. Aussi enferme-t-on ces fleurs sèches dans des sachets et dans les armoires et les gardes-robes, pour donner une bonne odeur au linge, et pour écarter les mites, les teignes et autres insectes nuisibles.

LAVE. — Voy. *Volcan.*

LAVEMENT (hygiène, thérapeutique) [du latin *lavare*, laver].—Injection d'un liquide dans le gros intestin au moyen de la seringue, du clysopompe, etc.

Un spirituel auteur nous a donné l'histoire de ce mot de la manière suivante : Dans le temps que la pudeur était plus dans les choses que dans les mots, on désignait l'injection pour laquelle la seringue est faite par le mot *clystère*. Des gens délicats y substituèrent longtemps après le mot *lavement*. On l'adopta, quoique vague, mais les ecclésiastiques s'en scandalisèrent, parce que ce substantif est employé dans les cérémonies de l'Église. — Alors grande rumeur à la cour et chez madame de Maintenon. Les jésuites gagnèrent l'abbé de Saint-Cyran, et employèrent leur crédit auprès de Louis XIV pour obtenir que le mot lavement fût mis au nombre des expressions déshonnêtes; en sorte que l'abbé de Saint-Cyran blâma publiquement le père Garasse, qui s'en servait aussi. — Mais, disait le père Garasse, je n'entends par *lavement* qu'un bain local, une ablution; ce sont les apothicaires qui l'ont profané en l'appliquant à un usage messéant. — Il fut décidé qu'on substituerait le mot *remède* à celui de *lavement*; *remède*, comme équivoque, parut plus honnête. Louis XIV accorda cette grâce au père Le Tellier. Ce prince ne demanda plus de lavements, il demanda son remède, et donna ordre à l'Académie française d'insérer ce mot dans son dictionnaire avec l'acception nouvelle. Ainsi, on substitua, pendant quelque temps *remède* à *lavement.*

Néanmoins, malgré cette défection, malgré Saint-Cyran, les jésuites, Le Tellier, et les dames de la cour, le mot *lavement* est resté dans la langue et a reparu dans le dictionnaire de l'Académie. Les médecins s'en servent exclusivement, et les dames qui, sans être malades, prennent chaque matin un lavement pour conserver la fraîcheur de leur teint, ne donnent plus le nom de *remède* à cette injection, qui ne remédie à rien.

LECTURE (belles-lettres). — Art de lire, soit des yeux, soit à haute voix. En France, dit un auteur, l'art de bien lire est très-rare. Il est étonnant que parmi les personnes qui ont reçu de l'éducation, il s'en trouve si peu qui sachent lire avec goût, avec sentiment. Est-ce à l'inattention ou à l'incapacité des maîtres? Est-ce à l'inapplication et à la légèreté des élèves ? Est-ce à l'incurie des parents? Nous ne saurions au juste affirmer à quelles causes on doit l'attribuer. Nous constatons seulement un fait, c'est qu'en France on lit fort mal; c'est que les lecteurs ne savent pas varier les intonations, leur donner de la justesse, de la force et du naturel. Cet art de bien lire, si connu des anciens, compose cependant une grande partie du talent de l'orateur et du poëte. Tout le monde sait que la plus belle scène mal déclamée

ne produit aucun effet, et cependant, on conserve dans l'habitude de la vie une prononciation monotone qui abrège tout, mange la moitié des mots, ne caractérise rien, donne à tout une physionomie uniforme, et prive ainsi la raison de sa force et l'esprit de sa grâce. Quelque chose qu'on lise, il faut à l'articulation nette et précise des mots joindre les inflexions et les variations de voix nécessaires pour éviter la monotonie, à côté de laquelle marche toujours l'ennui. La prononciation ne doit être ni rapide ni traînante, mais modérée, afin de prévenir ou le murmure ou l'impatience des auditeurs. Il est également essentiel de proportionner sa voix aux lieux où se fait la lecture. La diversité des sujets doit suggérer la variété de tons, qui, selon les occasions, doivent être graves ou légers, tristes ou enjoués, soutenus ou coupés, animés ou tempérés. La ponctuation doit être exactement observée; elle sert non-seulement à offrir des repos à l'oreille et à marquer les endroits où la voix doit tomber ou se relever, mais encore à la soutenir et à la fortifier. Depuis le commencement de la période jusqu'au milieu, il faut que la voix s'élève insensiblement par degrés, et qu'elle baisse dans la même proportion depuis le milieu jusqu'à la fin. Les points d'admiration, d'interrogation; les interjections qui désignent un sentiment, exigent un ton plus aigu et plus élevé. Les aspirations, les accents, la liaison des consonnes avec les voyelles, les élisions de l'*e* muet devant les autres voyelles, l'articulation des lettres nasales, l'observation des brèves et des longues, la prononciation nette des finales, sont encore autant de parties qui concourent à rendre la lecture agréable et sonore. Il n'est guère de compagnie, de société où l'on ne se trouve obligé de lire, soit des mémoires manuscrits, soit des imprimés, soit des ouvrages fugitifs, soit des journaux politiques. On ne saurait donc trop s'attacher à acquérir le talent de lire avec élégance et avec goût.

LÉGAT (histoire romaine) [du latin, *legatus*, formé du verbe *lego*, députer, envoyer en ambassade].—Le titre de légat vient du droit romain, suivant lequel on appelait légats les personnes que l'empereur ou les premiers magistrats envoyaient dans les provinces pour y exécuter en leur nom la juridiction.

Quand un homme considérable, citoyen romain, avait affaire dans les provinces, on lui donnait le titre de légat, c'est-à-dire, d'envoyé par le sénat, afin qu'il fût reçu avec honneur dans les provinces; cela s'appelait légation libre, parce qu'ils n'étaient chargés de rien, et qu'elle n'était que pour l'honneur et la sûreté de leur personne.

Histoire ecclésiastique. — Légat est, et en général, un ecclésiastique, ordinairement cardinal, qui fait les fonctions de vicaire du pape, pour exécuter la juridiction dans les lieux où le pape ne peut se trouver.

Il y a trois sortes de légats : des *légats à latere*, des *légats de latere*, et des *légats nés.*

Les légats *à latere* sont les plus considérables de

tous les légats; tels sont ceux à qui le pape donne la commission de tenir sa place dans un concile. Ce nom de légat *à latere*, emprunté de la cour des empereurs, vient de ce que le pape ne donne cet emploi qu'à des cardinaux qu'il envoie d'auprès de sa personne, c'est-à-dire qui sont tirés du sacré collége, qui est son conseil ordinaire.

Les légats *de latere* sont ceux qui sont honorés de la légation, sans être cardinaux, tels sont les nonces et internonces.

Les légats nés sont ceux à qui on ne donne aucune légation, mais qui, en vertu de leur dignité, et non pas à cause de leur personne, sont nés légats; tels étaient les archevêques de Reims et d'Arles, aux siéges desquels était attaché le titre de légat du Saint-Siége.

LÉGION (art militaire) [du latin *legio, legionis,* formé de *legere,* choisir]. — Corps de gens de guerre. Romulus institua les légions et les composa d'infanterie et de cavalerie : leur état a beaucoup varié. La légion, dans son origine, n'était que de trois mille hommes. Sous les consuls, elle fut longtemps de quatre mille deux cents fantassins et de trois cents chevaux. Vers l'an 412, elle était de cinq mille hommes. Auguste les porta à six mille cent fantassins et sept cent vingt-six chevaux.

Chaque légion avait pour enseigne générale un aigle les ailes déployées, tenant un foudre dans ses serres. Outre l'aigle, chaque cohorte avait ses propres enseignes, faites en forme de petites bannières, d'une étoffe de pourpre, où il y avait des dragons peints.

On distinguait chaque légion par l'ordre de leur levée, comme première, seconde, troisième; ou par les noms des empereurs auteurs de leur fondation, comme *legio Augusta, Claudia, Fausta, Trajana,* etc.; elles furent encore distinguées, dans la suite, par des épithètes qu'elles avaient méritées par quelque belle action, comme celle qui fit surnommer une légion *là Foudroyante,* une autre *la Victorieuse.* François Ier institua des légions, qu'il fixa au nombre de sept. Chacune était composée de six mille hommes et faisaient en tout quarante-deux mille hommes. Ces légions ne durèrent qu'un certain temps; elles firent place à des compagnies, sous le nom de *bandes,* auxquelles on substitua les régiments sous Henri II.

En temps de guerre, on forme encore des légions, composées de différentes armées, qu'on licencie ordinairement à la paix.

LÉGISLATION. — Voy. *Loi.*

LÉGUMINEUSES (botanique). — Famille naturelle de plantes qui constitue un ordre des dicotylédones polypétales à étamines périgynes. On en connaît plus de quatre mille espèces. Leurs caractères sont : « un calice monophylle, divisé plus ou moins profondément ; une corolle polypétale (rarement nulle ou monopétale), papilionacée dans le plus grand nombre; ordinairement dix étamines adhérentes à la base du calice, et ayant des filets distincts ou soudés ensemble en forme de gaîne (souvent le supérieur ne s'unit pas aux neuf autres); les anthères

petites, globuleuses ou distinctes ; l'ovaire supère, renfermé dans la gaîne des filets, surmonté d'un style, terminé par un stigmate; des gousses à une ou deux loges longitudinales, s'ouvrant en deux ou trois valves, ou ne s'ouvrant pas; les graines attachées le long d'une des sutures. Les graines des légumineuses papilionacées n'ont point d'endosperme, et leur radicule est courbée sur les lobes; dans les autres, la radicule est droite, et l'embryon est entouré d'une membrane épaisse. Les feuilles sont alternes, accompagnées de stipules souvent adhérentes au pétiole: les fleurs sont ordinairement hermaphrodites. La gousse de beaucoup de plantes légumineuses renferme des graines qui contiennent une grande quantité de fécule alimentaire, » tels sont les haricots, les pois, les lentilles, les fèves.

LEMURIENS (zoologie). — Famille de quadrumanes, renfermant des animaux à museau allongé et terminé par un mufle, appartenant tous à l'ancien continent, et n'ayant que des rapports éloignés avec les singes. Ce sont des animaux de taille moyenne, ou même petite, et qui se nourrissent d'insectes. — Voy. *Singes.*

LENTILLE (botanique). — Plante légumineuse dont la graine petite, ronde et plate, à pulpe farineuse comme celle du haricot, donne un mets sain et savoureux, mais lourd et indigeste, à moins qu'on ne la dépouille de son écorce pour la manger en purée. Chaque gousse en fournit trois ou quatre. En outre, les tiges de la lentille donnent un bon fourrage pour les bestiaux; les feuilles sont accouplées et réunies et se terminent par une vrille.

Cette plante aime les terrains secs et un peu maigres. On la sème en mars, après un fumage et un binage; on sépare les graines des tiges employées en fourrage pour nourrir les pigeons.

Le charançon et la calandre sont deux ennemis redoutables pour les lentilles. Pour prévenir leurs dégâts, on mêle les graines avec de la cendre ou de la chaux, et on les nettoye pour les employer. D'autres jettent les lentilles fraîchement récoltées dans de l'eau fraîche; puis les font sécher sur un drap au soleil, et enfin les serrent dans un endroit sec et frais.

LÉOPARD (zoologie). — Voy. *Chat.*

LÉPIDOPTÈRES (zoologie). — Ordre de la classe des insectes, ayant pour caractères : quatre ailes membraneuses, couvertes d'une poussière farineuse, formée de petites écailles; une trompe roulée en spirale à la bouche.

Cet ordre est si naturel que les premiers naturalistes le formèrent : ce sont leurs insectes *à ailes farineuses.* Les deux surfaces de ces organes sont, en effet, recouvertes de petites écailles colorées, semblables à une poussière farineuse et qui s'attache aux doigts par le toucher. Une trompe qu'on a nommée langue, *lingua,* roulée en spirale, dans l'inaction, et logée entre deux palpes hérissées d'écailles ou de poils, est la partie la plus importante de leur bouche, un instrument avec lequel ils soutirent, après l'avoir étendu, le miel des fleurs, qui est leur seul aliment.

LÉPISME (zoologie). Genre d'insectes aptères dont plusieurs espèces se cachent dans les fentes des boiseries, des châssis qui restent fermés, ou qu'on ouvre que rarement, ainsi que sous les planches un peu humides et dans les armoires; d'autres se tiennent sous les pierres. Ces insectes sont très-vifs et très-agiles; il est difficile de les saisir sans leur enlever une partie des écailles dont le corps est garni, ou sans les mutiler. Ils paraissent fuir la lumière. Linnée et Fabricius ont dit que l'espèce commune se nourrit de sucre et de bois pourri; elle ronge aussi, suivant le premier, les livres et les habits de laine. Geoffroy croit qu'elle mange encore ces insectes connus sous le nom de *poux de bois*, ou *psoque pulsateur*. La mollesse des organes masticateurs de ces insectes annonce qu'ils ne peuvent ronger des matières dures ou susceptibles de résistance. L'espèce la plus commune est le *lépisme saccharin*. Son corps a environ 14 millimètres de long; il est couvert d'écailles argentées, sans taches; lorsqu'on les enlève, le fond de la couleur est roussâtre. Cette espèce est très-commune dans nos habitations; mais on la croit originaire d'Amérique.

LÈPRE (pathologie) [du grec *léprose*, rude, calleux.] Maladie de peau caractérisée par des plaques arrondies, élevées sur les bords et déprimées au centre, recouvert de squames minces d'un blanc argenté, chatoyant, nacré. Cette affection n'est, à proprement parler, qu'une variété du psoriasis, dont elle ne diffère en quelque sorte que par la dépression centrale des plaques. L'acception vulgaire du mot *lèpre* s'applique à des affections dégoûtantes, hideuses, graves, mal définies d'ailleurs; mais la véritable est celle que nous indiquons. Il est certain, toutefois, que dans les temps et les pays où les préceptes de l'hygiène n'étaient ni connus ni suivis, cette affection régnait d'une manière endémique, se montrait contagieuse et sans doute bien différente de ce que nous la voyons aujourd'hui (Dr *Bossu*).

Des bains tièdes, des lotions avec l'eau alcoolisée ou une dissolution de sulfure de potassium, pour favoriser la chute des écailles; puis de légères couches d'onguent de goudron renouvelées matin et soir, en même temps que l'on donne à l'intérieur des arsénicaux, etc., sont les principaux moyens de traitement.

« Longtemps les lépreux furent un objet d'horreur et de dégoût. Chez les Juifs, la loi de Moïse les séparait du reste du monde et les reléguait hors des villes et des camps : il en était de même en Perse et dans toute l'Asie. Au moyen âge, les croisés, qui avaient contracté la lèpre en Orient, la rapportèrent en Europe, où elle se répandit d'une manière extraordinaire. On fonda de toutes parts pour les infortunés lépreux des hôpitaux spéciaux, dits *lazarets*, *ladreries* ou *léproseries*. Dès qu'un cas de lèpre était signalé, le malade était conduit à l'église; on chantait sur lui l'office des morts, puis on le conduisait à l'hôpital ou dans un lieu isolé. Si, pour un motif quelconque, un lépreux était

forcé d'entrer dans un lieu habité, il était obligé de porter un vêtement particulier, ainsi qu'une crécelle pour avertir les passants d'éviter son contact. Séparés du monde par la loi, les lépreux ne pouvaient rien aliéner ni donner; on leur laissait l'usufruit de leurs biens s'ils en possédaient, mais ils ne pouvaient ni tester ni hériter. »

LEST ou **LESTAGE** (marine).—Charge que prend un navire, soit en sable, pierre ou autres objets pour naviguer, de manière qu'il puisse soutenir l'effort des mâts et des voiles, en s'enfonçant plus ou moins dans l'eau par l'effet du lest ou lestage.

L'ancienne ordonnance de la marine contenait plusieurs dispositions sur le lestage ou délestage des navires pour la sûreté de la navigation et la garantie des propriétés des armateurs. En conséquence, tous capitaines ou maîtres de navires venant de la mer étaient obligés, dans leurs rapports, de déclarer la quantité de lest qu'ils avaient à bord.

Il est défendu de jeter le lest dans les ports, bassins et rades, sous peine de 500 fr. d'amende pour la première fois, et de saisie du bâtiment pour la récidive. Il est également défendu aux délesteurs de porter le lest ailleurs que dans les lieux à ce destinés.

LÉTHARGIE. — Sommeil profond et continuel dont il est difficile, mais non impossible de tirer le malade. On a rapporté bien souvent que des personnes inhumées dans un état de mort apparente, et exhumées quelque temps après, avaient été trouvées avec les doigts, les mains complétement rongés, et l'on conclut que ces êtres malheureux, après s'être réveillés, avaient eu connaissance de leur état, et avaient subi une longue agonie, puisqu'ils en étaient venus à se manger les membres par suite de la faim atroce qui les dévorait. Ces histoires de poignets en partie rongés, de doigts dépouillés, ont dû, sans aucun doute, jeter l'épouvante chez les personnes qui ne raisonnent pas. Il n'est que trop vrai que de funestes victimes sont descendues vivantes dans la tombe, et nous voudrions que la sollicitude des magistrats fût sérieusement éveillée à cet égard; mais, ce que nous pouvons affirmer, c'est que ceux qu'on ensevelit, qu'on dépose dans un cercueil recouvert de deux mètres de terre, ne *peuvent, dans ces conditions, nullement se mutiler*, et que la mort réelle succède bientôt à la mort apparente, soit par le défaut d'air, soit par sa viciation, soit enfin par la stagnation du sang veineux dans le cœur. Que ce peu de mots suffise donc pour bien convaincre de la fausseté de ces récits que la science ne peut accepter, et qu'elle démontre comme matériellement impossibles, et qui doivent seuls trouver accès dans ces pauvres chaumières où le défaut de lumières ne permet pas à la vérité de pénétrer.   B. L.

LETTRE DE CHANGE. — C'est une lettre revêtue des formes prescrites par la loi par laquelle une personne mande à son correspondant, dans un autre lieu, d'y compter à un tiers, ou à son ordre, une certaine somme d'argent en échange d'une autre somme, ou d'une valeur qu'elle a reçue de ce tiers dans l'endroit d'où la lettre est tirée, ou réellement, ou en compte.

Trois sortes de personnes interviennent dans la lettre de change : le *tireur*, qui est celui qui fournit et qui signe la lettre, en mandant à un tiers, domicilié dans une autre ville, d'en payer le montant ; le *preneur*, qui est celui au profit de qui la lettre de change est tirée, et qui en a donné la valeur au tireur ; l'*accepteur*, sur qui la lettre de change est tirée, et qui s'engage à l'acquitter. Tant qu'il n'a pas accepté, on le nomme seulement tiré. Deux autres personnes interviennent, s'il y a négociation. En effet, le preneur peut transmettre tous ses droits à un tiers par la voie de l'endossement : il devient dès lors *endosseur* à l'égard du tiers auquel il transmet ses droits, et qui s'appelle *porteur*. Ce dernier peut à son tour, devenir endosseur à l'égard d'un autre ; de telle sorte que ce nom de porteur appartient à la dernière personne à qui la lettre de change a été transmise. Chaque endosseur contracte vis-à-vis, du porteur, les mêmes obligations que le tireur avait contractées vis-à-vis du preneur.

LEVIER (mécanique) [du latin *leviarum*, de *levare*, lever], — Verge inflexible, soutenue par un seul point ou appui, et dont on se sert pour élever des poids ; laquelle est presque dépourvue de pesanteur, ou au moins n'en a qu'une qu'on peut négliger.

Le levier est la première des machines simples ; on s'en sert principalement pour élever des poids à de petites hauteurs.

Il y a, dans un levier, trois choses à considérer : le poids qu'il faut élever ou soutenir, la puissance par le moyen de laquelle on doit l'élever ou le soutenir, et l'appui.

Il y a des leviers de trois espèces, car l'appui est quelquefois placé entre le poids et la puissance, et c'est ce qu'on nomme levier de la première espèce. Quelquefois le poids est situé entre l'appui et la puissance, ce qu'on appelle levier de la seconde espèce ; et quelquefois, enfin, la puissance est appliquée entre le poids et l'appui, ce qui fait le levier de la troisième espèce.

La force du levier a pour fondement ce principe, que l'espace ou l'arc décrit par chaque point d'un levier est comme la distance de ce point à l'appui ; d'où il s'ensuit que l'action d'une puissance et la résistance du poids augmentent à proportion de leur distance de l'appui.

La force et l'action du levier se réduisent aux proportions suivantes :

1º La puissance appliquée à un levier, de quelque espèce qu'il soit (surtout un poids), doit être au poids en raison réciproque de leur distance de l'appui.

2º Étant donné le poids attaché à un levier de la première ou seconde espèce, la distance du poids à l'appui et la distance de la puissance au même appui, il est facile de trouver la puissance qui soutiendra le poids.

3º Si une puissance appliquée à un levier, de quelque espèce que ce soit, enlève un poids, l'espace parcouru par la puissance, dans ce mouvement, est à

celui que le poids parcourt dans le même temps comme le poids est à la puissance qui serait capable de le soutenir ; d'où il s'ensuit que le gain que l'on fait du côté de la force est toujours accompagné d'une perte du côté du temps, et réciproquement : car plus la puissance est petite, plus il faut qu'elle parcoure un grand espace pour en faire parcourir un fort petit au poids.   LARIVIÈRE.

LÉVIGATION (chimie pharmaceutique) [du latin *levigatio*, formé de *levigo*, pour *levem facio*, rendre poli, uni]. — L'action de réduire un médicament solide en poudre impalpable, en le broyant sur le porphyre comme on broie les couleurs.

LEVURE. — Substance qu'on extrait du moût de bière en fermentation et qui, mêlée aux pâtes et aux liquides, en active la fermentation. La levûre se produit d'elle-même dans la bière en fermentation et déborde par la bonde des barils. Les brasseurs la recueillent avec soin, la font sécher, puis la livrent au commerce par mottes arrondies d'un demi-kilog. ; les boulangers et les distillateurs en font une consommation importante ; mais il faut qu'ils la trouvent à leur portée, parce que cette substance supporte mal les longs transports. C'est une pâte d'un gris blanchâtre, non filante, fragile, n'ayant de goût ni aigre ni putride, et exhalant une légère odeur de houblon. Les boulangers la préfèrent au levain dans les localités pourvues de brasseries, telles que Paris et les villes du Nord.   L. HERVÉ.

LÉZARD (zoologie). — Genre de reptiles sauriens, qui a pour caractères : des os du bouclier formé par le prolongement des os du crâne, recouvrant la tête en dessus ; un collier ou repli transversal de la peau à la partie inférieure du cou, et une rangée de pores fémuraux ; quatre pattes et une queue généralement assez longue, composée d'anneaux flexibles qui se déboîtent par le plus petit effort, mais qui repoussent quelque temps après avec une couleur différente. »

Les lézards ont la vie très-dure et peuvent rester longtemps sans manger. Il paraît, par quelques observations, qu'ils vivent un grand nombre d'années ; mais comme ils sont soumis à beaucoup d'accidents, qu'ils sont la proie de beaucoup de mammifères, d'oiseaux, de serpents, etc., il est rare qu'ils parviennent à une vieillesse avancée.

On employait autrefois les lézards en médecine. On les ordonnait contre les maladies de la peau, les cancers, les autres maux qui demandent que le sang soit épuré, pour se servir des expressions de la vieille école. Aucune espèce de lézards n'est venimeuse ; mais plusieurs mordent avec fureur lorsqu'ils sont en colère.

Parmi les lézards, il faut principalement remarquer :

Le lézard gris (*lacerta agilis*), qui est cendré, taché de noir, avec des lignes de même couleur, et six rangs de plaques sous le ventre. Il se trouve presque dans toute l'Europe, une partie de l'Asie et de l'Afrique. C'est le plus commun et le plus connu de tous les lézards. Il varie beaucoup dans les nuances et la disposition de ses couleurs : il varie également par sa grandeur : mais son terme moyen est d'environ seize centimètres.

Cette espèce est presque domestique, et nous délivre d'une quantité d'insectes incommodes et nuisibles. On la trouve pendant tout l'été sur les murs des maisons, dans les jardins, au milieu des décombres. On peut la prendre et jouer avec elle sans crainte. Plus il fait chaud et plus ses mouvements sont rapides. Elle est rare dans les bois et dans les lieux déserts. « Lorsque, dans un beau jour de printemps, dit Lacépède, une lumière pure éclaire vivement un gazon en pente, ou une muraille qui augmente la chaleur en la réfléchissant, on voit le lézard gris s'étendre sur ce mur ou sur l'herbe nouvelle, avec une espèce de volupté. Il se pénètre avec délices de cette chaleur bienfaisante ; il marque son plaisir par les molles ondulations de sa queue déliée. Il se précipite comme un trait pour saisir une petite proie, ou pour trouver un abri plus commode. Bien loin de s'enfuir à l'approche de l'homme, il paraît le regarder avec complaisance ; mais au moindre bruit qui l'effraye, à la chute d'une feuille, il se roule, tombe et demeure, pendant quelques instants, comme étourdi par sa chute ; ou bien il s'élance, disparaît, se trouble, revient, se cache de nouveau, reparaît encore, et décrit en un instant plusieurs circuits tortueux que l'œil a de la peine à suivre, se replie plusieurs fois sur lui-même, et se retire enfin dans quelque asile jusqu'à ce que sa crainte soit dissipée. — Ce lézard se nourrit de mouches, de fourmis, et autres insectes, qu'il saisit avec sa langue qui est visqueuse et parsemée de petites aspérités. Ses œufs sont ronds, revêtus d'une enveloppe calcaire, et d'un diamètre de sept à neuf millimètres. Il les dépose au pied d'un mur exposé au soleil, où ils éclosent par le seul effet de la chaleur.

Le lézard vert (*lacerta viridis*), est d'un vert bleuâtre, picoté et finement marbré de noir, quelquefois ponctué de blanc, surtout à la tête ; il est jaunâtre en dessous, avec huit rangées de grandes plaques transversales ; ses cuisses postérieures ont une rangée de tubercules, au bout desquels on voit un mamelon. Il se trouve dans les contrées moyennes et méridionales de l'Europe, dans une partie de l'Afrique et de l'Inde. Il a quelquefois 60 centim. de long ; mais il varie également en grandeur et en couleur.　　　　L. HERVÉ.

LIBELLULE (zoologie) [dite aussi *Demoiselle*]. — Genre d'insectes névroptères, dont les femelles pondent dans l'eau des œufs d'où sortent de petites larves pourvues de longues pattes hérissées de soie, qui se meuvent avec agilité, et changent fréquemment de peau. Cet insecte subit les trois métamorphoses. « A l'état de nymphe, la libellule a la forme d'un insecte grisâtre, avec deux moignons d'ailes attachées au corselet ; elle s'attache aux feuilles des plantes aquatiques et y attend sa dernière métamorphose. A l'état d'insecte parfait, les libellules se font remarquer par leurs quatre ailes gazées, la grosseur de leurs yeux à facettes et par le développement de leurs mâchoires,

qui sont assez fortes pour déchirer les mouches qui voltigent comme elles à la surface des eaux. »

Les espèces les plus communes sont : la libellule aplatie, ou *Éléonore*, longue de 3 centim. environ : ailes transparentes, jaunes à leur base, avec un trait noir au bord externe ; la libellule à quatre taches, ou *Française* : ailes supérieures portant deux taches seulement à leur partie externe, et les inférieures deux autres taches à leur base ; la libellule bronzée, ou *Aminthe* : corps d'un vert doré et bronzé, ailes jaunâtres avec une tache brune ; la grande libellule, ou *Julie*, dont les ailes ont quelquefois 8 centim. d'une extrémité à l'autre : corselet jaune avec deux bandes noires, ailes légèrement jaunies avec une tache brune en dehors.

LIBER (botanique). — Mot latin qui désigne la substance formée de différentes couches, appelées corticales, et placées entre le tissu cellulaire et la surface intérieure de l'épiderme et l'aubier.

Le liber sert dans quelques espèces à faire des cordes. On a employé le liber du tilleul pour écrire, d'où le nom de *liber* a passé aux ouvrages écrits ou imprimés, et a formé le mot *livre*.

LIBERTÉ (politique). — La liberté est la faculté d'agir sans contrainte, sans obstacles, sans embarras ; le droit que la nature a donné à chaque individu de disposer de sa personne et de ses biens de la manière qu'il juge la plus convenable à son bonheur sans nuire aux autres hommes ; la puissance de nous déterminer à notre gré dans les divers actes de la vie ; enfin la faculté de satisfaire aux divers penchants de la nature ; c'est le plus beau don qu'elle nous ait accordé, et le bien le plus précieux pour les hommes. La liberté est un attribut physique de l'homme, parce que les hommes ayant des sens suffisants à leur conservation, nul n'ayant besoin de l'œil d'autrui pour voir, de son oreille pour entendre, de sa bouche pour manger, de son pied pour marcher, ils sont tous par ce même fait constitués indépendants, libres ; nul n'est nécessairement soumis à un autre, ni n'a le droit de le dominer. Tous les droits des citoyens peuvent se réduire à un seul, la liberté. En effet, la liberté consiste à pouvoir se transporter spontanément d'un lieu à un autre sans gêne ni contrainte ; à pouvoir disposer à son gré de sa personne, de son temps, de son travail ; à ne pouvoir être arrêté et détenu que sur un ordre du magistrat ; et si l'arrestation est injuste, l'État doit au citoyen arrêté une indemnité proportionnée au préjudice qu'il a souffert ; à ne pouvoir être exilé de son pays, et à ne subir aucune peine que par jugement et en vertu des lois de l'État ; à ne pouvoir être inquiété dans la propriété de ses biens, ni gêné lorsqu'il en veut disposer ; à pouvoir dire en public, imprimer et publier ses opinions et tout ce qu'il juge convenable, pourvu que ses paroles et ses écrits ne soient pas répréhensibles aux yeux de la loi.

LIBRAIRE (bibliologie) [du latin *librarius*, formé de *liber*, écorce intérieure des arbres, dont autrefois on faisait des livres].—Les anciens avaient des écrivains dont la profession consistait à copier des livres, et des libraires qui les vendaient. Ces livres étaient des rouleaux de liber ou de parchemin, et que l'on appelait à cause de cela *volumen*, volume, de *volvere*, rouler.

Avant l'invention de l'imprimerie, les libraires-jurés de l'Université de Paris faisaient transcrire les manuscrits, et en apportaient les copies aux députés des facultés, pour les revoir et les approuver, avant que d'en afficher la vente. Les libraires étaient lettrés, et portaient, en conséquence, le nom de clercs libraires.

Après la découverte de cet art, les clercs libraires ne s'amusèrent plus à transcrire ou faire transcrire des manuscrits. Les uns s'occupèrent à perfectionner cette nouvelle découverte, d'autres à se procurer des manuscrits ou des livres déjà imprimés en planches ou en caractères mobiles; d'autres, enfin, à empêcher que le temps ne détruisît ces nouvelles productions. Ces différentes occupations formèrent les fondeurs de caractères, les imprimeurs, les libraires et relieurs, aujourd'hui des professions différentes, mais qui, dans l'origine, étaient presque toujours réunies dans la même personne.

LICHEN (botanique). — Genre de plantes dites *cryptogames*, parce que leur mode de reproduction est invisible. Ces végétaux singuliers n'ont ni racines, ni tige, ni feuilles, ni fleurs; on les voit couvrir en forme de pellicules rondes les troncs des arbres, ou la surface des rochers et des vieux murs, surtout à l'exposition du nord, où l'humidité favorise leur végétation. Ils s'y incrustent au moyen de petites fibrilles placées sous chaque pellicule. Cette pellicule, tantôt noirâtre, tantôt d'un jaune vert, se nuance de couleurs très-variées et donne parfois à nos vieux édifices une coloration qui ne manque parfois ni de beauté ni de poésie. Malheureusement, on est obligé souvent de les dépouiller de cette parure, car le lichen se développe aux dépens des pierres, et ronge ainsi les œuvres les plus précieuses de nos artistes. Les beaux édifices de Paris sont rongés par des lichens qui les noircissent et en dégradent les sculptures en peu d'années.

Les lichens croissent aussi sur les rochers, sur les pierres dures, partout où l'absence de soleil y entretient l'humidité. Aussi les trouve-t-on en abondance dans les pays du nord, tandis qu'ils sont rares dans ceux du midi. C'est ce qui explique la belle conservation des monuments antiques dans ces derniers.

En Islande, on réduit le lichen en farine, dont on fait des potages très-nourrissants. La médecine emploie aussi le lichen comme pectoral; c'est un remède très-vanté contre les catarrhes de poitrine. On l'administre en tisane, en gelée ou en poudre mêlée au chocolat. Enfin la teinture s'en sert pour la coloration des étoffes en jaune.

Mais ces propriétés n'appartiennent qu'aux lichens des pays du nord. Chez nous, ces végétaux n'ont guère que celle de dégrader nos constructions; mais n'envions pas aux pays du Nord un végétal qui n'offre qu'une chétive compensation aux rigueurs de leur climat.

On donne encore le nom de lichen à une sorte de dartre qui se produit sur le corps humain, y végète et s'y développe sous les mêmes apparences que le lichen des végétaux. Cette dartre, très-opiniâtre, se termine par la chute des écailles qui la composent; mais la peau en garde longtemps les traces, et elle est souvent très-rebelle aux efforts de la médecine.

LICITATION (droit). — Vente aux enchères d'un ou de plusieurs immeubles indivis entre cohéritiers ou copropriétaire à tout autre titre.

La licitation se fait volontairement ou judiciairement.

Pour que la licitation puisse avoir lieu volontairement, il faut que tous les cohéritiers ou autres copropriétaires soient majeurs, présents et maîtres de leurs droits; il faut, en outre, que leur consentement à ce mode de licitation soit unanime : le refus d'un seul d'entre eux suffit pour que le partage ou la licitation ne puisse avoir lieu qu'en justice. (C. civ., art. 827 et 1686.)

La licitation volontaire se fait devant un notaire sur le choix duquel les parties s'accordent. Elle peut se faire entre les seuls cohéritiers ou autres copropriétaires, qui peuvent aussi, s'ils le jugent à propos, admettre les étrangers à enchérir. (*Ibid.*, art. 827 et 1686.)

LIE. — Partie impure et la plus épaisse des liqueurs, et à laquelle on donne aussi le nom de sédiment, qui se forme au fond des tonneaux, lorsque la liqueur s'est éclaircie par le repos.

On appelle lie d'huile la partie la moins pure de l'huile d'olive ou de graines oléagineuses. Cette lie se dépose au fond des tonnes d'huile, lorsqu'elles restent quelque temps en repos. Dans le commerce des huiles, on en fait une déduction. Cette matière peut se liquéfier par une douce température, et par le filtrage à travers une toile serrée de coton. On en fait aussi différents usages, en pharmacie, pour amollir et résoudre des tumeurs. On apelle lie de vin, le dépôt qui se fait dans les tonneaux remplis de vin qui a fermenté. Pour avoir le vin pur, c'est-à-dire sans mélange, les marchands de vins en gros font souvent venir le vin sur la lie, et l'en séparent eux-mêmes. Cette lie contient du tartre, une matière fibreuse et extractive du vin. C'est ordinairement après six mois de repos dans les tonneaux que l'on tire les vins au clair pour opérer la séparation de la lie, qui sert de ferment pour faire du vinaigre. On fait aussi dans certains pays, et particulièrement en Bourgogne, sécher la lie des vins pour en former de la cendre gravelée, et l'on en distille aussi des eaux-de-vie.

LIÉGE (botanique). — Écorce d'une espèce de chêne vert qui croît abondamment le long du littoral de la Méditerranée, en Italie, en Espagne et dans les Pyrénées. On en connaît en France de deux sortes : le liége blanc ou de France, et le liége noir ou d'Espagne. Le premier doit être choisi uni, léger, sans nœuds ni crevasses, et d'un gris jaunâtre dessus et dedans; le second doit avoir les mêmes qualités, à la réserve que le plus épais et le plus noir au dehors est le *plus* estimé. L'une et [l'autre qualité s'emploient, en plus grande partie, à faire des bouchons, et le commerce qui s'en fait est assez considérable. La Sicile (l'île) produit aussi une grande quantité de liége, et l'on peut y faire des achats à très-bon compte.

Les villes de France d'où l'on tire la plus grande quantité de liége sont Bayonne, Bordeaux, Marseille.

Le liége ne sert pas seulement à faire des bouchons, on en fait aussi usage pour soutenir les filets des pêcheurs, et, lorsqu'il est réduit en cendre, il en provient ce qu'on appelle le noir d'Espagne.

LIERRE (botanique). — Genre d'arbrisseau de la famille des arachnées, résineux et toujours vert, très-célèbre par les poëtes, et qui varie dans sa forme, dans son feuillage et dans sa grandeur, selon le lieu où il croît et selon son âge.

Son bois est poreux et tendre : sa racine est ligneuse et horizontale; ses tiges, qui s'élèvent quelquefois à une hauteur considérable, s'attachent communément aux arbres, aux rochers et aux vieilles murailles, par des vrilles rameuses qui s'y implantent comme des racines. Ses feuilles luisantes, épaisses et d'un vert obscur, sont placées alternativement sur les branches et soutenues par un pétiole assez long; la plupart sont très-angulaires ou à trois lobes; quelques-unes ovales et très-entières; celles-ci garnissent pour l'ordinaire l'extrémité des rameaux, où se trouvent les fleurs réunies en petite ombelle ou en grappe courte.

Chaque fleur a un calice supérieur très-petit, à cinq dents caduques; une corolle formée de cinq pétales oblongs et entièrement ouverts; cinq étamines alternes avec les pétales, et dont les filets, en alène, portent des anthères inclinées, mobiles, et divisées en deux parties à leur base; un style fort court à stigmate simple. Le fruit est une baie globuleuse, couronnée d'un rebord circulaire un peu au-dessous de son sommet : cette baie a cinq loges formées par des cloisons minces, qui s'oblitèrent et disparaissent quelquefois dans la maturité; chaque loge contient une semence convexe d'un côté et angulaire de l'autre.

On trouve cet arbrisseau en Asie et en Europe, dans les haies et les bois, sur les rochers, contre les masures ou les murs de jardins, etc. La Thrace en était autrefois couverte, voilà pourquoi les Bacchantes en ornaient leurs thyrses et leurs coiffures. Dans quelques pays, comme en Italie et dans le midi de la France, il devient quelquefois un petit arbre, surtout dans sa vieillesse; il se soutient alors sans appui, si on le taille et si on ne laisse point pendre ses rameaux. On a vu, dans le cabinet de Chantilly, une dalle d'un lierre en arbre, qui avait crû sur le plus haut du Titilberg, montagne du canton de Lucerne en Suisse : cette dalle avait dix-neuf centimètres de diamètre.

Le lierre fleurit communément à la fin de l'été, plus tôt ou plus tard suivant le climat. Ses fruits ne mûrissent qu'au commencement de l'année suivante; ce sont des baies rondes, grosses comme un pois, noires dans leur maturité, et peu succulentes. Il y en

a une variété qui a ses fruits jaunes et dorés : c'est le lierre de Bacchus, très-commun en Grèce, et connu des botanistes anciens sous les noms d'*hedera poetica* et de *dionysias*. Les autres variétés sont le lierre grimpant stérile, et les lierres à feuilles panachées de blanc ou de jaune. On les greffe sur les lierres ordinaires. Ceux-ci se greffent naturellement, par approche, les uns sur les autres, et forment une espèce de réseau qui enveloppe les arbres auxquels ils sont attachés. Quatre à cinq espèces exotiques peu connues se réunissent à celle-ci. DESMARETS.

LIÈVRE (zoologie). — Genre de mammifère rongeur, assez nombreux en espèces. On les trouve tant dans l'ancien que dans le nouveau continent. Trois d'entre elles, le lièvre, le lapin et le lièvre variable, habitent l'Europe; une autre, le tolai, est de la Sibérie; l'Égypte nous offre un lièvre différent du nôtre et qui a les plus grands rapports avec une espèce observée aux environs du cap de Bonne-Espérance. Enfin, l'Amérique méridionale a la plus petite espèce de toutes, le *tapiti*, et l'Amérique septentrionale une autre, fort voisine de la nôtre par les couleurs de son poil, mais qui en diffère par plusieurs caractères constants. En outre, plusieurs voyageurs ont fait mention de lièvres qui appartiennent vraisemblablement à des espèces distinctes, mais qu'ils n'ont pas assez caractérisées pour qu'on puisse encore les admettre dans les systèmes de classification; tels sont, par exemple, le lièvre d'Afrique, dont parlent Adanson, Sparrmann et Levaillant, et les deux espèces de l'île de France, dont Sonnerat fait mention : la première, petite, tenant autant du lapin que du lièvre, ayant les oreilles courtes, le corps allongé, la chair blanche; la seconde, plus grande que la première, mais moins que le lièvre d'Europe, ayant les oreilles moins longues, le poil lisse et court, et étant d'ailleurs caractérisée par une tache noire et triangulaire qu'elle porte derrière la tête.

LILAS (botanique). — Genre de plantes de la famille des lilacées, qui comprend de jolis arbrisseaux exotiques, dont les fleurs sont disposées en grappes droites ou lâches à l'extrémité des rameaux. Chaque fleur a un calice en tube à quatre dents et persistant, une corolle monopétale en entonnoir, à tube plus long que le calice, et à limbe partagé en quatre segments; deux étamines et un ovaire supérieur oblong portant un style dont le stigmate est divisé en deux parties. Le fruit est une capsule ovale, comprimée, à pointe aiguë, et à deux loges qui s'ouvrent en deux valves opposées à la cloison; chaque loge renferme une ou deux semences lancéolées et bordées d'une membrane.

On ne connaît que trois espèces de ce genre : le lilas des jardins, celui de Perse et celui du Japon; l'espèce la plus généralement répandue est le lilas commun ou des jardins (*Syringa vulgaris*, Linn.). C'est un arbrisseau originaire du Levant, cultivé depuis assez longtemps en Europe, dont le feuillage est d'un beau vert, qui s'élève à la hauteur de six à sept mètres, et qui se couvre, au retour de la belle saison, d'une grande quantité de bouquets de fleurs d'une odeur suave et très-agréable. Ces fleurs, par leur nombre et leur disposition, forment, au haut des branches, de petites pyramides charmantes, qui produisent le plus joli effet dans les grands jardins et dans les massifs des bosquets printaniers. Leur durée est courte; mais, comme elles s'épanouissent successivement, on peut en jouir pendant tout le premier mois du printemps. L'œil se repose avec plaisir sur ces fleurs d'une couleur tendre, et on aime à respirer leur doux parfum, qui n'est point entêtant comme celui de beaucoup d'autres fleurs.

La couleur la plus ordinaire des fleurs du lilas est celle dont l'arbrisseau porte le nom. Mais il y a des lilas à fleurs blanches, à fleurs pourpre, à fleurs panachées en blanc ou en jaune : ce sont des variétés de l'espèce commune.

LIMACE, LIMAÇON (zoologie). — On donne le nom de limace à un genre de mollusques gastéropodes, dont voici les caractères : Corps ovale, allongé, mou; tête munie de deux paires de tentacules; peau rugueuse, épaisse et couverte d'une humeur visqueuse dont ils enduisent tous les corps sur lesquels ils rampent. Pas de coquille extérieure; au-dessus de la tête une espèce de pièce membraneuse et épaisse, qui se soulève par les bords seulement. Les espèces les plus communes sont : la limace rouge, la limace grise, commune dans les celliers, les caves; la limace noire des jardins, etc. Les limaces habitent toutes les régions de l'Europe et de l'Amérique septentrionale; on les trouve surtout dans les lieux humides, vivant de jeunes végétaux, de fruits, de champignons, etc. Elles font de grands dégâts dans les jardins potagers; on les éloigne en entourant de suie ou de sel les carrés qu'on veut garantir. Ces mollusques s'enfoncent dans la terre pendant l'hiver. Ils sont hermaphrodites, avec accouplement réciproque, et d'une fécondité prodigieuse.

Le limaçon, en latin *helix*, ne diffère de la limace qu'en ce qu'il est renfermé dans une coquille en spirale, d'où il sort à volonté. Tout le monde connaît le limaçon des jardins et le limaçon des vignes ou escargot. Certaines espèces se mangent.

De la décollation chez les limaçons.

Les expériences sur les animaux ont en général le priviléged'intéresser, surtout lorsqu'on voit la vie continuer de se manifester après la section d'organes importants, et quelquefois même ces organes se régénérer complétement. Qui ne sait que les vers, les serpents, les lézards, vivent longtemps quoique coupés en deux parties ? que les fourmis auxquelles on enlève l'abdomen sans intéresser les pattes marchent, quêtent et se saisissent de leur proie comme si elles étaient entières? que les pattes antérieures des crustacés, les rayons des astéries ou étoiles marines, se reproduisent lorsqu'ils ont été coupés ou perdus? qu'enfin, chez certains reptiles (salamandres aquatiques), la tête même se régénère après la décollation? Tous ces faits, acquis à la science, sont bien de nature à nous frapper d'étonnement et à nous pénétrer d'admiration et de reconnaissance pour l'Auteur de tant de merveilles!

Vers le milieu du dernier siècle, un journal périodique annonçaque les limaçons de terre auxquels on pratiquait la décollation continuaient à vivre! Un fait aussi extraordinaire, publié d'après les expériences de l'abbé Spallanzani, naturaliste à Modène, détermina plusieurs savants à répéter cette expérience, qui a réussi à quelques-uns, mais fut contestée par un grand nombre d'autres. L'abbé Spallanzani dit qu'ayant coupé la tête à plusieurs limaçons du pays qu'il habite, non-seulement ces animaux n'en sont pas morts, mais qu'après s'être retirés dans leur coquille, ils en sont sortis de nouveau pour se promener sur les plantes qui leur servent de nourriture : il ajoute qu'il leur est venu une nouvelle tête organisée comme la première.

Voici comment le naturaliste Valmont de Bomare s'exprime à ce sujet : « J'avoue que, ne pouvant croire au prodige de cette reproduction, j'ai tenté, au château de Chantilly, durant l'automne de 1768, nombre d'expériences à ce sujet ; en voici le résul-tat : De cinquante-deux limaçons de terre et de canardière, auxquels j'avais coupé la tête, neuf rampèrent au bout de vingt-quatre heures, et c'étaient uniquement ceux que j'avais décapités en appuyant faiblement sur le cou entre les grandes cornes et les parties de la génération le tranchant d'un couteau mal aiguisé, de sorte que j'avais sensiblement vu toutes les cornes se retirer et rentrer dans l'intérieur de l'animal ; j'ai même observé que de cette manière je n'avais coupé que la peau et la mâchoire de ces limaçons, et qu'au bout de dix à douze jours, ils sortaient de leurs coquilles, et rampaient en portant des cornes mutilées. Les limaçons auxquels je n'avais coupé que la moitié diagonale de la tête rampaient avec deux seules cornes; mais ceux dont j'avais brusquement coupé la tête d'un seul coup, sans traîner l'instrument tranchant, au moment où ils étaient bien allongés (et c'était le plus grand nombre), sont tous morts au bout de quelques jours, excepté deux qui restèrent cinq mois fixés contre une muraille, pleins de vie, mais qui moururent au printemps sans aucune apparence de reproduction de tête. J'ai pris d'autres limaçons terrestres, ceux qu'on trouve facilement dans la campagne et dans les jardins après qu'il a plu, et je leur ai fait une incision longitudinale à la tête, entre les quatre cornes; il a fallu près d'un mois à la nature pour réunir les deux parties, encore ces animaux ont-ils paru fort languissants. J'ai répété ces expériences en 1769, 1777, et toutes ont été sans aucun succès; elles ne m'ont aucunement confirmé la régénération de la tête du limaçon. »

Cependant, les expériences du savant et judicieux Bonnet, consignées dans le *Journal de Physique* de l'abbé Rosier (septembre 1777), tendaient à confirmer le fait de la régénération de la tête des hélix. A combien de limaçons n'en a-t-il pas coûté la vie depuis la découverte du docteur Spallanzani! Toutefois, la science n'avait point encore dit son dernier mot sur cette question, lorsque nous entreprîmes, en 1839, de la résoudre. Nous avons répété les expériences du naturaliste de Modène et du savant Bonnet : à cet effet, nous avons coupé la tête à cinquante limaçons pris au cimetière du Père-Lachaise; nous avons déposé ces mollusques dans un bocal de verre; mais, à notre grand désappointement, tous moururent dans l'espace de vingt à vingt-cinq jours.

En 1841, nous défiant de nos premières expériences, voulant être plus exact et chercher la vérité pour elle-même, nous nous remîmes à l'œuvre. Cette fois, nous prîmes cent limaçons dans des jardins de Saint-Mandé : il y en avait de quatre ou cinq espèces différentes et de toute grosseur : nous leur fîmes subir une décollation rapide à l'aide de bistouris bien affilés, et, en moins de deux mois, nous vîmes dix-sept de ces limaçons ramper avec une nouvelle tête.

Cette fois, l'expérience était concluante : la tête s'était régénérée avec toutes ses parties : la bouche était garnie de cette dent tranchante et en forme de croissant dont l'animal se sert pour couper les herbes et les fruits nécessaires à sa nourriture; les quatre tentacules étaient complets; les deux postérieurs supportaient les yeux rétractiles.

Or, nous avons la certitude que les organes régénérés avaient été parfaitement enlevés à ces limaçons au moyen d'une section rapide : nous avions, d'ailleurs, rejeté tous les individus qui ne nous avaient pas offert la garantie de la décollation complète. Nous fîmes connaître ces faits à M. I. Geoffroy Saint-Hilaire; ce savant nous répondit qu'il avait été utile de répéter des expériences sur lesquelles jusqu'à ce jour les naturalistes n'étaient point fixés.

D'où vient donc ce conflit d'opinions et de résultats entre les expérimentateurs du dernier siècle? Les mollusques du Père-Lachaise et des jardins de Saint-Mandé ne sont pas différents, quant à l'organisation, de ceux de Modène et de Chantilly. Nous croyons tout simplement que la lenteur de l'opération est la cause de l'insuccès dans les essais. En effet, lorsqu'on pratique la décollation des limaçons avec la répugnance qu'inspire toujours l'idée de mutiler un être vivant, pour peu que la section ne soit pas rapide, voici ce qui se passe : aussitôt qu'ils se sentent atteints par l'instrument tranchant, les limaçons se contractent avec célérité et très-fortement; les tentacules se retirent, et l'on se coupe que la mâchoire de l'animal; la section achevée, la partie qui se retire précipitamment dans la coquille paraît plissée et en forme de cul de poule; dans ce cas, ou les limaçons continuent de vivre mutilés, ou, ce qui est le plus ordinaire, ils meurent en vingt à vingt-cinq jours. Lorsque, au contraire, la décollation est faite très-rapidement, l'animal n'a pas le temps de rentrer ses tentacules, ses mâchoires, etc., et ceux qui survivent à l'opération voient ces parties se régénérer. Il reste encore néanmoins deux grandes questions à résoudre : comment se fait-il que les hélix mutilées meurent pour la plupart, tandis que quelques-unes de celles auxquelles on enlève toute la tête voient cette partie du corps se régénérer?

Y aurait-il dans l'organisation de ces animaux une partie inconnue dont la section peut leur causer la mort? Il est difficile de le constater, puisque les mollusques n'ont pas de cerveau (1) ni de moelle épinière proprement dite. Il faut attendre, pour résoudre ces deux questions curieuses, que l'anatomie de ces animaux soit mieux connue, en supposant, toutefois, que de cette connaissance découle l'explication du fait bizarre de la régénération complète de la tête des limaçons.   B. LUNEL.

LIMONADE. — Boisson rafraîchissante faite avec le suc de citron étendu d'eau et convenablement édulcoré. On la prépare en exprimant dans 500 grammes d'eau le zeste d'un citron coupé en deux. En versant 500 grammes d'eau bouillante sur un ou deux citrons coupés par tranches minces, couvrant le vase, laissant infuser pendant une heure, et ajoutant 60 grammes de sucre, on a la limonade cuite, moins acide, mais aussi moins agréable et moins rafraîchissante que la limonade ordinaire.

LIN (agriculture). — Plante textile, famille des caryophyllées, cultivé dans le nord, l'ouest et le centre de la France. On en compte un grand nombre d'espèces; les cultivateurs connaissent les suivantes : lin froid ou grand lin; lin chaud ou tétard, et lin moyen. Le lin froid produit une filasse très-fine et très-longue; on le cultive beaucoup dans le nord de la France et en Belgique. Le lin moyen est la variété la plus commune. Enfin, il y a le lin d'été, dont le fil très-fin sert à faire la dentelle, et le lin d'hiver, plus gros et plus abondant, mais d'une qualité inférieure.

Le lin réussit mieux dans une terre vierge ou nouvelle que dans toute autre. Il réussit comme semence dans les sols gras, et dans les sols maigres il donne une filasse plus longue et plus fine. Mais, gras ou maigre, il faut que le sol soit bien labouré et surtout parfaitement divisé et aplani. On sème vers le milieu de mars, et la récolte a lieu fin août.

Si l'on cultive en vue du fil, on sèmera épais, et clair si c'est pour semence. Au printemps, il est important de sarcler le semis et de le purger des mauvaises herbes qui l'étoufferaient. Dès que les tiges commencent à brunir et à pencher leur cime vers la terre, il faut les cueillir sans délai, et ne pas les laisser mûrir tout à fait; il y aurait perte de graine et diminution de qualité. Si, au contraire, on le cueille en fleur, on perd la semence, mais l'écorce est plus blanche et plus forte.

Le lin amaigrit la terre et est sujet à verser; on remédie à cela en y semant, quelques jours après qu'il est en terre, des plantes améliorantes, telles que luzerne ou maïs, qui, en rendant des sucs à la terre, soutiennent les faibles tiges du lin et les préservent de la verse.

(1) L'organe auquel on donne le nom de cerveau chez les mollusques n'est point situé dans la tête, mais placé à peu de distance du canal digestif, sous l'œsophage, autour duquel il forme une espèce de collier.

Un semis épais de lin a le double avantage de donner des tiges plus longues, parce qu'elles s'ombragent les unes les autres.

Enfin, il faut remarquer que le lin est une plante qui dégénère très-promptement si on la sème dans le même climat.

LINIMENT (pharmacologie) [du latin *linire*, oindre]. — Remède huileux, destiné à être appliqué sur la peau en onctions ou en frictions, et dont les propriétés varient suivant la nature des substances ajoutées à l'excipient graisseux. Dans les douleurs rhumatismales chroniques, on se sert fréquemment d'un liniment volatil camphré, composé d'huile camphrée, à laquelle on ajoute 2 grammes d'ammoniaque liquide par 30 grammes. Le baume tranquille pur ou additionné de laudanum est encore un liniment fort usité dans tous les cas de douleurs nerveuses ou rhumatismales; il est purement calmant, aussi doit-il être employé en onctions faites avec la main ou un peu de coton, tandis que le précédent, destiné à rubéfier la peau, doit être appliqué en frictions un peu plus fortes, sans toutefois excorier les téguments. Ces deux exemples suffiront pour donner une idée de ce mode d'administration le plus ordinaire de ce genre de médicament.

LINGUISTIQUE [du latin *lingua*, langue]. — Science universelle du langage, ou plutôt histoire de la parole et de l'écriture depuis leur origine jusqu'à nos jours. Le *langage* embrasse tout ce qui peut faire connaître les pensées; *une langue* est l'ensemble des moyens propres à une nation pour exprimer ses pensées par la parole. On appelle *langue primitive* celle qu'on suppose avoir été parlée la première; *langue mère* (l'hébreu, le grec) celle qui n'est formée d'aucune autre; *langue dérivée* (le français, l'anglais, etc.) celle qui est formée d'une ou plusieurs autres langues; *les langues vivantes* ou *modernes* sont celles qui se parlent de nos jours; *les langues anciennes* ou *mortes* sont celles qui ne se parlent plus; *la langue nationale, naturelle* ou *maternelle* est celle du pays où l'on a pris le jour; *une langue étrangère* est celle qui est propre à une autre nation.

La linguistique est la science comparative des idiomes, puisqu'elle étudie leurs ressemblances et leurs différences, leur filiation, leur classification, etc. Elle a beaucoup de rapports avec la *grammaire générale*, à laquelle elle donne une base et qu'elle complète; elle est de la plus haute utilité pour l'ethnographie et pour l'histoire; elle fournit de précieux renseignements sur l'origine et les migrations des peuples.

L'expression de *linguistique* est très-moderne, dit M. Bouillet, mais dès le commencement du seizième siècle il y eut des linguistes et des travaux de linguistique. Toutefois, il n'existe pas encore de traité vraiment complet de cette science. Les savants auxquels la linguistique doit le plus sont Hervas, auteur d'un vaste *Vocabulaire polyglotte* (1787); Adelung, célèbre par son *Mithridates* (1806-1817); Vater, qui continua les travaux d'Adelung, et qui publia un *Index* de toutes les langues connues (*Linguarum*

totius orbis Index alphabeticus, 1815, réimprimé et complété depuis); Klaproth, auteur de l'*Asia polyglotta* (1823); Balbi, qui, sans être lui-même un linguiste, proprement dit, a dressé, d'après les travaux de ses prédécesseurs, un *Atlas ethnographique* fort estimé. On doit à M. Eichhoff un intéressant *Parallèle des langues de l'Europe et de l'Inde* (1836); à M. Fr. Bopp la *Grammaire comparative des langues indo-germaniques* (Berlin, 1833-53); à M. Renan une *Histoire comparée des langues sémitiques*. Volney a fondé un prix de linguistique, que l'Institut décerne tous les ans. Enfin, il a été créé, par décret du 25 novembre 1852, à la Faculté des lettres de Paris, une chaire de *Grammaire comparée*, qui n'est qu'une chaire de linguistique.

LION (zoologie). — Mammifère qui, avec le tigre et le jaguar, est le plus noble, le plus grand et le plus robuste des mammifères carnassiers qui composent le genre des Chats. Il est particulièrement caractérisé par son pelage fauve uniforme, la crinière qui couvre le dessus de son cou, et dont la femelle est dépourvue, la touffe de poils qui termine sa queue, etc. « Dans les pays chauds, dit Buffon, les animaux terrestres sont plus grands et plus forts que dans les pays froids ou tempérés; ils sont aussi plus hardis, plus féroces; toutes leurs qualités semblent tenir de l'ardeur du climat. Le lion, né sous le soleil brûlant de l'Afrique ou des Indes, est le plus fort, le plus fier, le plus terrible de tous. Nos loups, nos autres animaux carnassiers, loin d'être ses rivaux, seraient à peine dignes d'être ses pourvoyeurs. Les lions d'Amérique (*couguars*), s'ils méritent ce nom, sont, comme le climat, infiniment plus doux que ceux de l'Afrique; et, ce qui prouve évidemment que l'excès de leur férocité vient de l'excès de la chaleur, c'est que, dans le même pays, ceux qui habitent les hautes montagnes, où l'air est plus tempéré, sont d'un naturel différent de ceux qui demeurent dans les plaines, où la chaleur est extrême. Les lions du mont Atlas, dont la cime est quelquefois couverte de neige, n'ont ni la hardiesse ni la férocité des lions du Biledulgerid ou du Zaara, dont les plaines sont couvertes de sables brûlants. C'est surtout dans ces déserts ardents que se trouvent ces lions terribles qui sont l'effroi des voyageurs et le fléau des provinces voisines : heureusement l'espèce n'en est pas très-nombreuse; il paraît même qu'elle diminue tous les jours; car, de l'aveu de ceux qui ont parcouru cette partie de l'Afrique, il ne se trouve pas actuellement autant de lions qu'il y en avait autrefois. » « Les Romains, dit M. Shaw, tiraient de la Libye, pour l'usage des spectacles, cinquante fois plus de lions qu'on ne pourrait y en trouver aujourd'hui. On a remarqué de même qu'en Turquie (1), en Perse et dans l'Inde, les lions sont maintenant beaucoup moins communs qu'ils ne l'étaient anciennement; et comme ce puissant et courageux animal fait sa proie de tous les autres animaux, et n'est lui-même la proie d'aucun, on peut attribuer la diminution de quantité dans son

_____

(1) Actuellement il n'en existe plus du tout en Turquie.

espèce qu'à l'augmentation dans celle de l'homme; car il faut avouer que la force de ce roi des animaux ne tient pas contre l'adresse d'un Hottentot ou d'un Nègre, qui souvent ose l'attaquer tête à tête avec des armes assez légères. Le lion, n'ayant d'autre ennemi que l'homme, et son espèce se trouvant aujourd'hui réduite à la cinquantième ou, si l'on veut, à la dixième partie de ce qu'elle était autrefois, il en résulte que l'espèce humaine, au lieu d'avoir souffert une diminution considérable depuis le temps des Romains (comme bien des gens le prétendent), s'est, au contraire, augmentée, étendue, et plus nombreusement répandue, même dans des contrées comme la Libye, où la puissance de l'homme paraît avoir été plus grande dans ce temps, qui était à peu près le siècle de Carthage, qu'elle ne l'est dans le siècle présent de Tunis et d'Alger. »

Le lion était autrefois répandu dans tous les pays méridionaux de l'ancien continent; il paraît même, dit Salacroux, qu'il était assez commun, d'après la quantité que les proconsuls d'Asie et d'Afrique en envoyaient à Rome, pour les faire combattre dans l'arène. Maintenant on n'en trouve plus que dans les déserts sablonneux du centre de l'Afrique et dans quelques contrées sauvages de l'Asie. Cette diminution dans le nombre de ces animaux a pour cause principale la guerre acharnée que l'homme leur fait sans cesse, ensuite le peu de fécondité de la femelle, qui ne met bas que deux ou trois petits à la fois, et enfin l'habitude qu'a le mâle de dévorer sa progéniture toutes les fois qu'il la rencontre. — Les habitudes du lion sont celles des chats en général : il vit solitaire, se nourrissant de gazelles, buffles et autres quadrupèdes herbivores qui partagent le dangereux séjour qu'il habite. Quant à la générosité et à l'humanité dont on le gratifie ordinairement, elles n'ont jamais existé que dans l'imagination de l'homme : quand le lion a faim, il se jette sur tout ce qui se présente à lui, et le dévore pour apaiser ce besoin impérieux.

LIQUIDATION (droit). — Opération par laquelle on épure les comptes, on les règle ou les solde et l'on en détermine le montant d'une manière invariable.

Tout jugement qui prononce une séparation de corps ou un divorce entre mari et femme dont l'un serait commerçant, doit être soumis aux formalités prescrites par l'art. 872 du Code de procédure civile, à défaut de quoi les créanciers seront toujours admis à s'y opposer pour ce qui touche leurs intérêts, et à contredire toute la liquidation qui en aurait été la suite (art. 66).

Les syndics définitifs de la faillite poursuivent, en vertu du contrat d'union, la liquidation des dettes actives ou passives du failli (art. 528).

LIQUIDE (physique). — Corps dont les molécules se meuvent librement en tout sens, et cèdent à la plus légère pression, sans être sensiblement compressibles.

LIS (botanique). — Genre de la famille des liliacées. Qui ne connaît la belle fleur du lis, dont les boutons blanchissent et se développent dans les derniers jours de juin? Cette fleur est d'une courte durée; mais elle a beaucoup d'apparence, et un aspect imposant et majestueux. Elle efface en mérite et en beauté toutes les autres fleurs des parterres. La rose seule a le droit de briller à côté du lis, dont elle est la rivale, et la rivale toujours préférée. Ces deux fleurs semblent se disputer en cette saison l'empire de Flore; toutes deux exhalent un doux parfum; toutes deux se distinguent éminemment de leurs compagnes, l'une par son éclatante blancheur, l'autre par le vif incarnat de ses pétales nombreux. La première a plus de noblesse et de grandeur, la seconde plus de fraîcheur et de grâces. Le lis, par sa belle forme, a été jugé digne de figurer dans l'écusson des rois; mais la rose fut toujours la fleur favorite des belles qu'on lui compare; elle est l'image de la beauté comme le lis est le symbole de l'innocence. Si l'une et l'autre fleur fondent ensemble leurs couleurs pour composer le teint de la jeune vierge, c'est de la rose seule que celle-ci emprunte cette rougeur aimable dont son front se colore à la vue inattendue de son amant. — Dans les jardins et dans les vases, les lis ont besoin d'être mêlés à d'autres fleurs pour présenter un tableau qui ne soit pas insipide et froid. Rien, au contraire, de plus riant et de plus frais qu'une simple rose accompagnée de son feuillage, de ses nombreux boutons et de ses épines, qui semblent destinées à défendre sa beauté. Aussitôt que l'œuvre miraculeuse de la fécondation s'est opérée dans la fleur du lis, non-seulement cette fleur penche sa tête, se fane et tombe, mais les feuilles et la tige même de la plante jaunissent et se dessèchent au point d'être désagréables à voir. La rose, ou plutôt l'arbrisseau qui la porte, n'a point ce désavantage. Comme sa consistance est ligneuse, il survit aux fleurs qui naissent et meurent chaque jour sur ses tiges, et produit quelquefois en automne des roses nouvelles, qui rappellent ou font oublier celles du printemps.

Le bulbe du lis blanc, gros et composé d'écailles courtes, épaisses et peu serrées, est employé à l'extérieur, en médecine, comme maturatif. On retire de ses plantes une eau distillée très-odorante, que l'on prépare de même que celle de fleur d'oranger et qui est employée comme antispasmodique. Enfin, on fait une huile médicinale de lis en laissant macérer des fleurs fraîches de cette plante dans de l'huile d'olives; cette huile est adoucissante, propriété qu'elle doit à l'huile employée, et non aux fleurs de cette plante.　　　　　(Dutour.)

LISERON (botanique) [convolvulus]. — Genre de plantes de la famille des convolvulacées, et qui comprend plus de deux cents espèces, la plupart exotiques, dont les unes sont des herbes et les autres des arbrisseaux, communément à tiges grimpantes ou sarmenteuses. Dans ce genre, le calice de la fleur est persistant et divisé en cinq parties oblongues; la corolle est monopétale, régulière, en cloche ou en entonnoir; son limbe est à cinq plis et légèrement découpé en cinq lobes; elle renferme cinq étamines inégales, plus courtes qu'elle, et dont les filets en alène portent des anthères ovales et comprimées ; le germe, supérieur et arrondi, est entouré d'une glande à sa base, et soutient un style mince, terminé par deux stigmates. Le fruit est une capsule ronde, attachée au calice ; elle a communément trois valves et trois loges, quelquefois deux ou quatre ; chaque loge contient des semences convexes à l'extérieur et angulaires en dedans.

Nous citerons parmi les espèces de cette plante : le *liseron des champs*, le *liseron des haies*, le *liseron à grande fleur*, enfin le *liseron comestible*, dont les racines tuberculeuses, charnues, se mangent sous le nom de *patates*.

LIT. — Meuble destiné au repos de l'homme. Dans les temps anciens, les lits n'étaient que des litières de paille et d'herbes, des amas de jonc et de roseaux jetés sur le sol, ou des toiles suspendues aux arbres ou aux poutres comme nos *hamacs*; puis vinrent les peaux de bêtes. Enfin on imagina le bois de lit. « L'Orient connut de bonne heure les bons lits. L'ancienne Rome, qui avait des lits non-seulement pour le sommeil, mais pour la table, et qui déployait pour ces meubles un luxe excessif, en construisait avec les bois les plus rares, ornés de riches incrustations, et même en ivoire, en argent et en or. Le moyen âge en a eu de fort beaux, mais généralement massifs et sans élégance. Il en a été longtemps ainsi parmi les modernes : les lits étaient très-hauts, comme de nos jours encore chez les paysans : on y montait à l'aide de gradins et de tabourets ; de plus, ils étaient sur une estrade ; une balustrade les entourait au moins de trois côtés. Aujourd'hui les lits, même les plus riches, se distinguent avant tout par l'élégance et la solidité réunies. » — On distingue aussi les *lits mécaniques*, destinés à la guérison des maladies ou des difformités. On connaît en ce genre les lits mécaniques de Duval et Lafond, les deux espèces de lits inventées par Daujon il y a un demi-siècle, et surtout le *Nosophore Rabiot*.

Lorsque le médecin songe aux tortures des malheureux malades qui passent cinq à six semaines dans leur lit, au milieu d'atroces souffrances, lorsqu'il voit ces victimes de l'adversité se tordre dans les douleurs, passer de l'excitation à l'abattement,

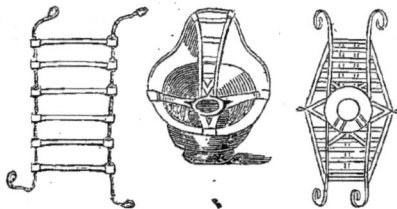

Fig. 5. — Accessoires du Nosophore.

inonder leur couche de déjections alvines, c'est alors qu'il bénit la main susceptible d'apporter quelque bien-être à cet état affreux, c'est alors qu'il est heureux de mettre en usage le lit mécanique de M. Rabiot, lit qui s'adapte à toute espèce de lit ordinaire,

et permet de donner aux malades toutes les positions possibles, de les soulever, pour leur passer des vases à déjections, pour les panser, les asseoir, les changer de draps, les mettre dans un bain, les replacer dans leur lit, et cela sans la moindre douleur, sans la moindre fatigue même.

Les principaux hôpitaux de Paris, des départements, et même de quelques nations étrangères, ont adopté le Nosophore, et des succès éclatants ob-

Fig. 6. — Nosophore Rabiot.

tenus dans certains cas de fièvres graves ont prouvé tout l'avantage de ce précieux appareil.

Pour notre part, nous sommes trouvé très-heureux de l'usage de ce lit dans une fièvre typhoïde qui avait amené des escarres, qui n'auraient certainement pas guéri sans le Nosophore de M. Rabiot.

Aussi faisons-nous des vœux sincères pour que cet

Fig. 7. — Démonstration des avantages du Nosophore.

appareil, qui a déjà rendu tant de services, soit ordonné dans tous les établissements hospitaliers de la France ; ce serait la récompense la plus douce que pût obtenir un homme dont le nom honore à la fois le pays et l'humanité.   Dr HEINRIECH.

LITHARGE (minéralogie) [du grec *lithos*, pierre, et *argyros*, argent, parce que la litharge se produit dans la coupellation de l'argent]. — Oxyde de plomb demi-vitreux, qui sert à la préparation des sels de plomb, notamment des sels de Saturne et de la céruse. Les potiers forment avec la litharge la couverte de leurs poteries, quand ils veulent leur donner la couleur du bronze. On s'en sert pour préparer les emplâtres et pour augmenter la propriété siccative des huiles.

LITHINE ou **OXYDE DE LITHIUM** [du grec *lithos*, pierre, parce que l'on ne la rencontre que dans certaines pierres].—Base minérale composée de lithium et d'oxygène (LIO), qu'on trouve en combinaison avec le silice dans plusieurs minéraux, la tourmaline verte, certains micas, etc. On l'a aussi trouvée dans quelques eaux minérales ; elle est blanche, très-caustique, et donne, avec les acides, des sels qu'on reconnaît à la coloration pourpre qu'ils communiquent à la flamme de l'alcool. La lithine a été découverte par M. Arfvedson en 1817.

LITHIUM. — Corps simple métallique, de couleur blanche, qu'on extrait de la lithine. Le lithium a été séparé de la lithine par Davy, au moyen de la pile galvanique.

LITHOGRAPHIE (beaux-arts).—Procédé inventé vers la fin du dix-huitième siècle, au moyen duquel on multiplie, par contre-épreuve, un dessin tracé sur la pierre au crayon, à la plume, au lavis, etc.

La manière dont la lithographie a été découverte est, en général, fort peu connue, et le nom de son ingénieux inventeur n'a pas acquis toute la célébrité qu'il mérite ; nous allons, d'après un auteur moderne, en tracer l'histoire.

« La lithographie diffère de l'art d'imprimer au moyen de la gravure sur cuivre ou de caractères en fonte, en ce que ce dernier procédé est purement mécanique, au lieu que la lithographie repose sur des principes entièrement chimiques, et elle a été, pour cette raison, appelée en Allemagne *imprimerie chimique*. Les principes sur lesquels cet art est fondé sont, en premier lieu, la propriété qu'a la pierre calcaire granulée et compacte de s'imbiber de graisse ou d'humidité, et, en second lieu, l'antipathie que la graisse et l'eau ont l'une pour l'autre. Voici le procédé et sa théorie : On trace un dessin sur la pierre, soit avec de l'encre, soit avec un crayon composé d'une matière grasse. On lave ensuite la pierre avec de l'eau, et le liquide pénètre dans tous les endroits auxquels le crayon ou l'encre n'a pas touché. On fait alors passer sur la pierre un rouleau cylindrique chargé d'encre à imprimer. Le dessin s'imbibe de cette encre, et le reste de la pierre demeure intact, au moyen de l'eau qui remplit ses pores et qui repousse la matière grasse dont l'encre est composée. Cette utile invention est en partie le produit du hasard. Aloïs Senefelder, fils d'un acteur du théâtre royal de Munich, et étudiant en droit à l'université d'Ingolstadt, s'était aussi consacré au théâtre après la mort de son père ; mais ayant eu peu de succès dans cette carrière, il l'abandonna pour embrasser celle des lettres : à cette occasion, la nécessité devint chez lui la mère de l'invention ; car, étant trop pauvre pour pouvoir faire imprimer ses écrits, il s'ingénia pour découvrir quelques moyens de les imprimer lui-même, et, dans ce but, il employa, au lieu de caractères en fonte, des planches de cuivre, sur lesquelles il traçait des lettres avec une substance

particulière de sa composition. Dans le cours de ses diverses expériences, il trouva qu'un composé de savon, de cire et de noir de fumée formait une encre excellente pour écrire sur le cuivre, par la raison que, lorsque cette matière était sèche, elle prenait une si grande consistance, que l'eau forte n'avait pas même de prise sur elle.

Cependant, pour remplir entièrement ce but, il lui manquait la faculté d'écrire à rebours sur la planche, et afin de l'acquérir, il se procura quelques carreaux de pierres de Killem, matière qui a fort peu de valeur dans le pays qu'il habitait, et sur laquelle il écrivait après avoir bien poli la surface. Ayant été chargé un jour, par sa mère, de faire une note du linge qu'elle voulait envoyer au blanchissage, et n'ayant point de papier sous la main, il écrivit la note sur un de ces morceaux de pierre avec le composé dont il a été parlé plus haut ; puis, lorsqu'il voulut effacer ce qu'il avait écrit, il réfléchit qu'il serait possible d'en retirer des empreintes. Il en fit aussitôt l'expérience après avoir légèrement diminué l'élévation de la pierre, au moyen d'un acide, tout autour des caractères qu'il avait tracés, et il trouva, comme il l'avait pressenti, qu'il lui serait facile de prendre des impressions successives de ce qui y était écrit. Il lui parut alors que ce nouveau mode d'impression pourrait avoir quelque importance, et il s'occupa, dès ce moment, de le perfectionner, et d'en faire des applications à divers objets. Il s'aperçut bientôt que, pour obtenir des impressions des caractères tracés sur la pierre, il n'était pas nécessaire que ces derniers s'élevassent au-dessus de la surface ; mais les propriétés chimiques qui appartiennent à l'eau et à la graisse et qui empêchent qu'elles ne se mêlent l'une à l'autre suffiraient seules pour obtenir ces impressions. Il se mit donc à organiser une presse, et à disposer tout l'appareil convenable pour faire ses lithographies. Son premier essai dans ce genre fut quelques morceaux de musique qui parurent en 1796. Il tenta ensuite de lithographier également des dessins et de l'écriture, et quant à la nécessité de tracer des caractères à rebours, il rendit cette opération facile en les transportant sur la pierre après les avoir calqués. Un savon sec, qui laissait sur cette pierre des traces permanentes, fut le crayon qu'il employait alors, soit pour dessiner, soit pour écrire. En 1799, Senefelder avait beaucoup perfectionné son invention. Il demanda et obtint un brevet pour exploiter sa nouvelle branche d'industrie ; puis, afin de donner plus d'extension à sa découverte, il associa à ses vues un capitaliste, et entreprit avec lui d'établir simultanément des imprimeries lithographiques à Paris, à Vienne et à Londres. Dans cette dernière capitale, il obtint un brevet d'invention ; mais, soit que son procédé ait été mal compris alors, soit que la rareté des pierres convenables pour ce mode d'imprimer en ait rendu l'exploitation difficile, les artistes anglais, après avoir fait quelques essais qui furent malheureux, se rebutèrent et abandonnèrent successivement la lithographie. En 1806, Senefelder était retourné à Munich. Ce fut dans cette ville que son invention prit un peu de vogue par suite du besoin qu'eut M. Mitterer, professeur de dessin à l'école publique, de multiplier des copies de ses dessins pour ses élèves. Ce professeur eut recours pour cela à la lithographie, et il s'occupa de perfectionner lui-même cet art. C'est à lui, dit-on, qu'on doit la composition ou du moins l'amélioration du crayon dont on se sert aujourd'hui. L'exemple une fois donné par cet artiste, l'usage de la lithographie devint général en Bavière, et se répandit bientôt dans toute l'Allemagne. On créa, en 1809, une lithographie royale; Senefelder en fut nommé directeur, et il s'occupa dès lors, à écrire l'histoire de son invention. Dans ces dernières années, la lithographie s'est généralement répandue en Europe. En Angleterre, elle ne fut jamais entièrement abandonnée, depuis son introduction en 1800; mais ce ne fut qu'en 1817 qu'il s'y forma de véritables établissements lithographiques. MM. André d'Offenbach essayèrent son importation en France en 1807; mais, à cette époque, les procédés relatifs à cet art étaient peu familiers à ceux-là même qui cherchaient à le propager : aussi les essais qui furent faits à Paris n'offrirent-ils que des résultats peu satisfaisants. Parmi les hommes qui se font un devoir d'être utiles à leur pays et de concourir aux progrès des lumières, M. de Lasteyrie fut le premier à comprendre toute l'importance d'un art que trois essais malheureux avaient fait mal accueillir de ses concitoyens; le premier, il entrevit les différentes applications auxquelles on pourrait le soumettre, et il entreprit, à ses frais, plusieurs voyages en Allemagne, dans le seul but de recueillir lui-même tous les renseignements nécessaires à la naturalisation de la lithographie en France; il poussa le zèle jusqu'à s'astreindre aux travaux d'un simple ouvrier; il sacrifia des sommes considérables pour perfectionner cette ingénieuse invention; et en quelques mois de soins pénibles et assidus, il parvint aux plus heureux résultats. A peine fondé en France, son établissement devint le rendez-vous de nos artistes célèbres, et ses presses ne tardèrent pas à multiplier les spirituelles et gracieuses compositions des Vernet, Bourgeois, Michalon, Isabey, Villeneuve, etc.

En 1815, M. Engelmann, qui avait à cette époque un établissement à Mulhausen, en transporta les éléments à Paris, et s'attacha à publier des collections assez intéressantes. Il est juste de le considérer comme ayant puissamment contribué aux progrès de la lithographie en France.

Depuis la formation des établissements de MM. de Lasteyrie et Engelmann, la lithographie a reçu une très-grande extension : maintenant elle rivalise pour un grand nombre de sujets avec la gravure sur cuivre, qu'elle surpasse même dans plusieurs cas.

LITHOTRITIE (pathologie) [du grec *lithos*, pierre, et *tritô*, broyer]. — Destruction des pierres dans la vessie ou l'urètre (sans opération sanglante), par des moyens mécaniques, à l'aide desquels les pierres peuvent être réduites en poussière, ou en fragments si petits, que leur expulsion par le canal de l'urètre devient facile.

Cette découverte appartient entièrement aux modernes. On n'en trouve pas de traces bien manifestes chez les anciens. Les premières tentatives qui démontrèrent la possibilité de broyer des calculs dans la vessie furent faites par des malades et non par des médecins. On raconte à ce sujet deux faits, dont le premier n'est pas bien avéré. Un moine de Citeaux, affecté de la pierre, avait imaginé d'introduire jusque dans sa vessie une sonde creuse et flexible, dans laquelle il faisait glisser une longue tige d'acier droite, de forme ronde, et terminée par un petit biseau, qu'il poussait contre le calcul; il frappait sur l'autre extrémité de la tige avec un marteau d'acier à petits coups secs et brusques; par ce moyen il détachait de la pierre quelques parcelles, quelques éclats que l'urine entraînait au dehors, et dont il avait rempli une petite boîte, qu'il montrait aux curieux. — Un colonel anglais, appelé Martin, employé dans l'Inde, et résidant à Lischnow, souffrait de la pierre; il crut pouvoir se délivrer lui-même de sa maladie sans opération. Il construisit un gros stylet d'acier, courbé en forme de mandrin, sur la convexité duquel il avait pratiqué une lime bien trempée, et qu'il faisait parvenir à la faveur d'une sonde creuse élastique dans la vessie. Là, à force de faire passer et repasser la lime sur la pierre, il avait fini par l'user et la réduire en poudre. Le professeur Monro d'Édimbourg cite ce fait dans ses leçons, et conserve même l'instrument dont se servit le colonel Martin.

Les médecins qui songèrent les premiers à broyer la pierre dans la vessie, furent Gruithuisen en Allemagne, Eidgeston en Ecosse. Ils imaginèrent des instruments grossiers, dont il n'était pas possible de faire l'application sur les vivants. C'est à des chirurgiens français qu'appartient l'honneur des premiers travaux raisonnés sur ce point. MM. Civiale et Leroy d'Étioles se partagent cet honneur. On créa alors l'expression de lithotritie, lithotritier. M. Leroy inventa des instruments lithotriteurs; M. Civiale opéra le premier sur le vivant.

L'état de l'urètre n'est pas sans influence sur l'opération. Ce canal doit être assez large pour permettre l'introduction des instruments; il est naturellement spacieux chez un petit nombre d'individus, alors la lithotritie peut être pratiquée immédiatement. Lorqu'il est rétréci ou naturellement étroit, il faut employer avant tout un traitement convenable afin de le dilater.

La position que l'on doit donner au malade, bien que d'une importance secondaire, n'est pas indifférente. La circonstance la plus minime en apparence peut devenir la cause d'un succès ou d'un insuccès. On a inventé les lits lithotriteurs dans le but de varier la position du malade à son gré, et en même temps de la rendre plus fixe. Cependant un sofa sans dossier, un lit ordinaire sont souvent employés.

La vessie doit se trouver dans un certain état de distension pour subir la lithotritie. A cet effet, on commence par injecter, dans la cavité vésicale, de l'eau tiède à la faveur d'une sonde particulière, qui a servi en même temps à constater la présence de la pierre. Cette sonde retirée, on procède à l'introduction du lithotriteur. Quelquefois cette introduction est douloureuse, soit à cause du grand volume des instruments comparativement à la capacité du canal, soit à cause de la susceptibilité du malade. Lorsque l'instrument est arrivé dans la vessie, on reconnaît, s'il est possible, la position du calcul, et, pour le saisir, on dilate et on ferme l'instrument lithotriteur à plusieurs reprises et sous différentes directions. On juge que le calcul est saisi lorsque l'instrument ne peut être fermé complétement. Alors il faut le fixer solidement entre les branches du lithotriteur et procéder à sa destruction.

On doit rapporter les moyens de destruction mis en usage aux trois divisions suivantes : 1° l'usure progressive ; 2° l'éclatement ; 3° l'écrasement.

L'usure progressive comprend tous les instruments à forets, l'évidement, dans lequel on creuse la pierre du centre à la circonférence, on la réduit à l'état de coque, le grugement ou écopement extérieur, où le calcul est détruit de la circonférence au centre. L'éclatement consiste à faire éclater la pierre que l'on a saisie et perforée par le moyen de forets à développement.

L'écrasement a pour but d'écraser la pierre entre les mors du lithotriteur qui l'a saisie. Différents instruments peuvent servir à la pratiquer : la pince à trois branches, à deux, l'instrument de Jacobson ; mais on donne généralement la préférence à l'instrument courbe à deux mors de M. Heurteloup. On peut écraser un calcul par frottement, par pression, par percussion, enfin par pression et percussion succédant l'une à l'autre.

Nous ne décrirons pas les instruments de lithotritie. Ces descriptions seraient fastidieuses et nous éloigneraient du but que nous nous sommes proposé dans la rédaction de cet article.

Lorsque le calcul a été écrasé ou réduit à l'état de coque que l'on a brisée, il faut, dans la même séance, ou, ce qui arrive plutôt, dans une séance plus éloignée, saisir les différents fragments du calcul et les diviser de nouveau pour rendre leur expulsion facile.

La séance terminée, l'instrument doit être fermé exactement et retiré avec lenteur et précaution. Le malade prend un bain, garde le lit. On a vu des malades supporter si facilement une séance de lithotritie qu'ils pouvaient venir chez leur médecin et s'en retourner chez eux après l'opération.

On renouvelle les séances un plus ou moins grand nombre de fois, à des époques variables suivant les sujets.

D'après cet exposé, on ne pourrait manquer de regarder la lithotritie comme une opération très-simple, de beaucoup préférable à la taille, mais les choses ne se passent pas toujours ainsi ; beaucoup de circonstances fâcheuses peuvent se rencontrer ; la dilatation préparatoire du canal de l'urètre exige un laps de temps variable ; quelquefois elle détermine des symptômes nerveux, qui forcent à y renoncer, ou bien elle

donne lieu à des accidents inflammatoires graves. D'autres accidents, plus sérieux encore, peuvent être la suite de l'action des instruments destinés à la lithotritie : nous n'avons pas à les indiquer ici.

Enfin, si, dans quelques circonstances, une séance de lithotritie est une opération à peine douloureuse, de courte durée, et tout à fait innocente, le plus ordinairement elle donne lieu à des douleurs assez vives pour arracher des cris au malade, et constitue une opération assez longue et assez pénible.

On reconnaît néanmoins que la lithotritie est une des plus belles conquêtes de la chirurgie moderne ; mais elle ne peut pas toujours remplacer la taille, surtout telle qu'on la pratique aujourd'hui. (Dr Lair.)

LITTÉRATURE, LETTRES, BELLES-LETTRES [du latin *littera*, lettre, écriture]. — Ces mots désignent : 1° l'art de produire les œuvres d'esprit, spécialement celles de l'éloquence et de la poésie ; 2° l'ensemble des productions littéraires d'une nation, d'une époque ; 3° la connaissance des règles qui doivent diriger ces productions, l'étude des matières et des œuvres littéraires. — Voy. *Belles-Lettres*.

La littérature comprend : 1° l'éloquence, sous quelque forme qu'elle se produise ; 2° la poésie et ses nombreux genres ; 3° l'histoire ; 4° les études qui s'occupent des langues, la grammaire, la philologie, la linguistique ; 5° enfin celles qui ont pour but d'imposer des règles aux œuvres de l'esprit et d'en apprécier la valeur : rhétorique, poétique, critique littéraire, critique historique. — Voy. ces mots.

LITURGIE (culte) [du grec *leitourgia*, formé de *leitos*, public, et d'*ergon*, courage, ministère]. — Ce mot signifie, en général, toutes les cérémonies qui concernent le service et l'office divin. Il y en a de différentes : la liturgie grecque, latine, arménienne, anglaise, etc.

Il se dit aussi, parmi les protestants, des différentes manières de célébrer plusieurs choses qui appartiennent au service public : la liturgie du baptême, la liturgie du mariage, etc.

LOCOMOTIVE. — Voy. *Machine*.

LOGARITHME (mathématiques) [du grec *logos*, dans le sens de proportion, et *arithmos*, nombre, compte de proportions]. — Nombres en proportion arithmétique qui répondent, terme pour terme, à des nombres en progression géométrique. Le logarithme d'un nombre est l'exposant de la puissance à laquelle il faut élever un certain nombre invariable pour produire le premier nombre. Par exemple, si 2 est le nombre invariable ou la base des logarithmes, l'exposant 3, qui exprime la puissance à laquelle il faut élever 2 pour obtenir 8, est le logarithme de 8. Le nombre invariable pris pour base est entièrement arbitraire. Le système dont on se sert habituellement, et d'après lequel ont été dressées les tables les plus usitées, a pour base le nombre 10. On se sert des logarithmes pour simplifier les calculs et rendre leurs résultats plus sûrs : ils substituent de simples additions ou de simples soustractions aux multiplications et aux divisions les plus compliquées. Ainsi, pour faire une multiplication, on fait la somme des loga-

rithmes du multiplicande et du multiplicateur, et l'on cherche, dans une table dressée à cet effet, le logarithme qui est égal à cette somme ; le nombre répondant à ce logarithme est le produit cherché. Pour faire une division, il faut retrancher le logarithme du diviseur de celui du dividende : le reste sera le logarithme du quotient. Pour extraire la racine d'un nombre, il faut diviser son logarithme par le nombre exprimant la puissance à laquelle il est élevé : le quotient sera le logarithme de la racine. — La découverte des logarithmes est due à J. Napier (dont on prononce le nom Néper), mathématicien écossais du dix-septième siècle ; il l'exposa en 1614, dans un livre intitulé : *Canon mirificus logarithmorum*. Ses travaux furent complétés par H. Briggs, qui publia, en 1624, la première table à base décimale. Depuis, Vlacq, Gardiner, Borda, ont dressé des tables de logarithmes de plus en plus complètes ; mais elles étaient d'un usage peu commode. Enfin, F. Callet publia, en 1795, des tables à sept figures ou décimales, qui renferment en un seul volume, d'un facile usage et d'une parfaite correction, tous les éléments nécessaires aux calculs les plus compliqués de l'astronomie. Les Tables de Lalande (1802), à cinq figures, suffisent pour les calculs ordinaires. M. Tarnier a donné la Théorie des logarithmes (1853). (*N. Bouillet*).

LOGIQUE (belles-lettres). — Science du raisonnement ; art de penser et de raisonner avec justesse. Considérée dans son ensemble, dit un auteur, cette science est une réunion de réflexions que l'on a faites sur ce qui se passe en nous, dans le but d'éclairer et de diriger notre esprit dans la recherche de la vérité. Elle est basée sur des principes certains, tirés selon les règles infaillibles du raisonnement, et diffère en cela de la dialectique, qui part de données incertaines pour atteindre au vraisemblable par des conclusions apparentes, déduites avec des raisonnements peut-être réguliers, mais hypothétiques. — La logique se divise en quatre parties : l'idée, le jugement, le raisonnement, la méthode. Dès que les premiers principes de la raison pénètrent dans notre âme, le jugement se forme et la conscience commence à se manifester. C'est le moment de l'expérience : les sens observent, l'âme s'ouvre à tous les sentiments, les exemples éclairent nos jugements, la mémoire se charge de faits et de connaissances ; et l'association des idées, cette propriété fondamentale de notre être moral et intellectuel, reçoit tour à tour les tributs de chacune de nos facultés : 1° des sens, par le rappel des perceptions acquises ; 2° de l'entendement, par l'union et la liaison des idées abstraites et générales ; 3° de l'imagination, par la combinaison des idées sensibles ou abstraites ; 4° du jugement, par la vérité ou la fausseté du rapport des idées, par la certitude ou la probabilité de leur objet ; 5° du raisonnement, par la relation des idées particulières aux idées générales, ou par l'analogie des idées particulières ou générales entre elles ; 6° du langage, par la facilité que nous donnent les signes de fixer les idées, de les rapprocher et de former des liaisons artificielles. De l'ordre et de la précision dans les idées, dans les jugements,

dans les raisonnements, résulte la méthode. L'idée est la représentation d'un objet dont l'esprit acquiert la notion. — Voy. *Idée.*

Le jugement est cette faculté de l'âme qui réunit des idées qui se conviennent, ou sépare celles qui ne se conviennent pas ; qui compare les idées entre elles, et qui détermine le rapport de cette comparaison.

Le raisonnement est un enchaînement de jugements qui dépendent les uns des autres, et qui servent à développer une raison.

La méthode est l'art de coordonner les idées, de bien disposer une suite de plusieurs pensées, pour découvrir la vérité quand nous l'ignorons, ou pour la prouver aux autres quand nous la connaissons déjà.

On admet communément deux espèces de méthodes : l'analyse et la synthèse. — Voy. ces mots.

Comme tout autre art, la méthode a ses règles dont la connaissance n'est pas moins nécessaire, pour bien disposer ses idées, que n'est nécessaire la connaissance des règles de la grammaire pour bien parler. Ces règles peuvent se réduire aux suivantes :

1° Concevoir nettement et distinctement la question ; c'est-à-dire saisir le point précis de la question, et ne pas confondre une question de mot avec une question de choses.

2° Éviter tout ce qui est inutile ou étranger à la question.

3° Définir tout ce qui est obscur ; c'est-à-dire d'une manière claire, courte et réciproque.

4° Diviser le sujet dont il s'agit en autant de parties que cela est nécessaire pour le bien traiter.

5° Aller toujours du connu à l'inconnu, afin de pouvoir établir une comparaison entre les choses que l'on connaît et celles dont on ne juge que par analogie.

6° Conduire par ordre ses pensées, en commençant par les objets les plus simples et les plus aisés, pour s'élever graduellement jusqu'à la connaissance des plus composés.

7° N'admettre pour vrai que ce qui est évidemment tel, après un examen impartial et réfléchi.

8° Envisager un sujet dans toutes ses parties et sous tous les aspects.

9° Éviter la prévention, qui peut nous égarer, et la précipitation, qui est presque toujours une source d'erreurs.

LOI. — Ce mot, qu'il ne faut pas confondre avec celui de législation, qui signifie le droit de faire les lois, désigne une constitution générale émanée d'une autorité souveraine, sagement investie du droit de soumettre à ses décisions les personnes qui lui doivent obéissance. Tel est l'empire de la raison de la loi, que celle-ci doit toujours savoir se concilier avec le droit de chaque particulier à la jouissance d'une sage liberté. Le caractère impératif de la loi étant la plus sûre sauvegarde de l'exercice de la liberté dont l'usage ne peut consister que dans le consentement, toujours supposé volontaire, à l'empire du droit qui consacre l'imprescriptible autorité de son origine, il en résulte que nul ne peut sagement espérer d'être libre qu'à la condition de consentir à devenir l'esclave de la loi, en se faisant la juste application de ce principe éternel du droit : *Servi enim legum sumus, ut magis simus liberi.*

Le grand art de la loi étant de réduire la justice en principes généraux, de telle sorte qu'elle devienne applicable à tous, elle ne saurait se contenter de la définition *privata lex simpliciter,* qui est celle du privilége ne concernant que des intérêts particuliers. Puisant toute sa force et toute sa puissance à la source des idées fondamentales du juste et de l'injuste sur l'universelle base desquels elle règle ses préceptes, elle a pour unique objet d'ordonner ce qui est juste, et de défendre ce qui ne l'est pas. Ainsi conçue, la loi a été définie par les Romains dans les termes suivants :

Lex est omnium divinarum et humanarum rerum regina, præceptrix faciendorum, prohibitrix autem non faciendorum (1).

L'art d'Hippocrate, a dit un de nos savants professeurs de droit français, conserve notre existence physique ; mais qu'est-ce que l'existence physique sans la vie morale?

Or, une des plus grandes manifestations de l'existence de la vie morale se trouve dans la jurisprudence qui était, aux yeux du vertueux professeur, la première de toutes les sciences, parce que, étant en effet la science de ce qui est juste et de ce qui ne l'est pas, elle est celle de la loi qui étant la régularisatrice des mœurs, fait de son observation la condition essentielle du jeu des ressorts de la vie morale.

Mais, pour que la loi soit ce qu'elle doit être, c'est-à-dire la véritable régularisatrice des mœurs, il faut qu'elle dérive, le plus qu'il est possible, de sa véritable source, c'est-à-dire de celle qui est la première de toutes, et n'est par conséquent, selon Cicéron, autre chose que la raison suprême de Dieu.

Toute loi positive, ou dérivant du fait de l'homme, sera donc d'autant meilleure, ou plus conforme au but que doit toujours se proposer son auteur, qu'elle se modèlera davantage sur les principes du droit supérieur au caprice des hommes, c'est-à-dire du droit naturel auquel l'homme, de quelque pays qu'il soit, doit de recevoir, en naissant, la règle du juste et de l'injuste.

Doué d'une âme capable de connaître et de sentir, l'homme a reçu de Dieu le bienfait de la raison, à l'aide de laquelle il est apte à juger de ce qu'il faut faire et de ce qu'il faut éviter pour vivre selon la justice ; mais, pour peu qu'on fasse attention à la multitude des penchants contraires à ses devoirs qu'il recèle en lui, on ne tarde pas à devoir à l'expérience d'en apprendre qu'il porte, dans une même âme, des notions de justice et des passions injustes. De cette faiblesse inhérente à l'homme, naît la nécessité des lois qui, seules, peuvent opposer le joug salutaire de leur frein à la violence des mé-

chants, et protéger l'innocence des justes par une autorité souveraine.

Toute loi ne devant, d'ailleurs, être que la réalisation de la mise en exercice des principes du droit naturel duquel est né, par suite du sacrifice qu'ont fait primitivement tous les membres de la société d'une partie de leur liberté, le pouvoir conventionnel social appelé *autorité civile,* il en résulte que les lois ne sont que des règlements faits par le législateur dépositaire de la puissance de Dieu et de celle que lui a confiée la société pour procurer l'exécution du droit naturel.

Ce que nous venons de dire du caractère essentiel de toute loi justifie suffisamment ce que nous avons à y ajouter, à savoir que, quelque souveraine et impérative qu'elle puisse être, elle ne saurait aller, dans ses prescriptions, au delà des limites du juste, et, par conséquent, rien ordonner qui ne soit honnête et possible. La loi étant, en effet, l'œuvre de Dieu lui-même qui nous ordonne d'obéir aux puissances, *imperatori et ipsius leges Deus subjicit,* ne saurait pouvoir se trouver en opposition avec sa justice, d'où la sagesse des paroles suivantes : *Impossibilium nulla obligatio ; et quæ bonos mores lædunt, viro probo impossibilia videntur.*

Dans tous les temps, même ceux de barbarie, où l'homme, ayant perdu le souvenir des traditions primitives, n'obéissait qu'à la loi du plus fort, il exista toujours une justice, et des magistrats pour la rendre et en ordonner l'exécution.

C'est ainsi qu'il existe dans la nature du monde physique, soumis à leur empire, des lois sans lesquelles il n'y aurait dans l'univers ni ordre, ni harmonie ; il en existe dans la destination de l'homme, sans laquelle les vues providentielles, concernant sa destinée future, ne sauraient s'accomplir. C'est par le sentiment du besoin de se soumettre à ces lois qu'il conserve l'impression qui, selon Montesquieu, lui rappelle incessamment l'idée d'un Créateur, et le porte vers lui.

La première chose qu'il doit savoir, avant toute autre, c'est qu'il y a un Dieu, qu'il est le créateur de l'univers, qu'il le gouverne et le conduit par une sage providence, qu'il n'y a qu'un seul Dieu, que ce Dieu est un être souverainement parfait (1).

Les décemvirs ont terminé leurs tables par le droit sacré, qu'ils regardaient comme le couronnement de leur édifice (2).

En témoignage du respect que le législateur lui-même doit porter à la loi, à la confection de laquelle il a dû apporter toute la sagesse d'un interprète de la volonté divine, nous rapporterons, dans l'embarras du choix, entre mille autres que nous pourrions citer (3), l'exemple suivant d'un ancien roi des Locriens.

---

(1) *Leg. II, § de Legib.* Legis enim virtus hoc est, imperare, vetare, permittere, punire. *Leg. VII, § de Legib.*

(1) Burlamaqui, *Élém.,* p. 47.
(2) Boulage, *Cours de Droit civil,* p. 137.
(3) Tels que celui de l'édit si mémorable de 1499, par lequel Louis XII ordonnait qu'on suivît toujours la loi, malgré les ordres contraires que l'importunité pourrait arracher au roi.

On rapporte que Zaleuque, dit Claude-Joseph De-ferrière, auquel nous l'empruntons, fît une loi qui ordonnait que celui qui serait convaincu d'adultère perdrait les deux yeux; et que son fils ayant été convaincu le premier d'avoir commis un adultère, Zaleuque, pour mettre la loi à exécution, se fit crever un œil et en fit crever un à son fils.

Le choix d'un pareil exemple trouve sa justification bien naturelle dans la particularité de la preuve qu'il fournit, du rigoureux scrupule avec lequel ce roi des Locriens prétendait que la loi fût observée.

Les chefs du gouvernement des États sont les premiers intéressés à respecter les lois qui régissent les peuples soumis à leur autorité, puisque leur puissance en dépend, et qu'ils ne règnent que par les lois.

La grandeur et la durée d'un empire ne relèvent que de l'influence qu'exercent sur ses peuples la sagesse de sa législation, et la solidité de l'édifice sur lequel elle repose.

Ce n'est pas dans l'histoire de ses conquêtes et de sa guerre, mais bien dans le code de ses institutions qu'un empire, quel qu'il soit, doit chercher les véritables causes de sa grandeur; c'est à cette dernière, surtout, qu'il doit s'efforcer de demander la garantie de sa prospérité, en leur donnant pour fondements les grands principes, à l'empire seul desquels peuvent être dues les réformes successives à opérer, suivant les circonstances et les temps, dans les mœurs nationales.

La preuve de cette assertion se déduirait facile-ment des leçons que nous offrirait l'examen des différentes époques de l'histoire des peuples et particulièrement, par exemple, de celles des grands changements survenus dans les mœurs nationales de notre pays.

En parcourant notre propre histoire, nous parviendrons sans peine à démontrer que l'oubli seul presque total des lois pendant les temps d'ignorance des premiers siècles de la monarchie jusqu'au temps de Charlemagne, où le génie de ce grand prince lui permit de puiser à la source même de ses inspirations, une sorte de divination des principaux fondements du droit méconnu jusqu'à lui, et dont la manifestation se révèle dans ses Capitulaires, comme beaucoup plus tard dans la haute sagesse des institutions du grand roi, qui fut à la fois législateur et magistrat; que ce déplorable oubli, disons-nous, fut la cause des désastres qui désolèrent si longtemps le sol aujourd'hui si brillant et si heureusement favorisé de l'empire français.

Cette vérification à laquelle nous sommes dispensé de nous livrer, doit faire place à ce que nous avons à dire ici de plus précisément relatif à ce qui fait le sujet principal de cet article, c'est-à-dire au résumé rapide, historique des diverses lois qui composent le droit envisagé d'une manière générale.

De la loi naturelle. — La loi naturelle est un rayon divin perçu par la droite raison, que Dieu lui-même a imprimée dans le cœur de tous les hommes, et qui leur apprend à distinguer le juste de l'injuste et l'é-quité de l'iniquité, la première des lois par son importance; elle est celle à laquelle l'homme de tous les temps a dû le sentiment intime d'une précieuse émanation de la raison souveraine. Elle est du nombre de celles qui sont dites immuables, comme le sont toutes les lois divines (1). — Voy. *Loi naturelle.*

Après avoir été longtemps soumise à des agitations inséparables d'une législation vicieuse qui, de bâtarde qu'elle fut d'abord, sous l'empire du droit coutumier, s'épura peu à peu jusqu'à l'établissement des parlements, dont les réformes, qu'ils subirent successivement, signalèrent d'une manière remarquable le règne glorieux de saint Louis, de Philippe le Bel, de Charles VII et de Louis XII. La France, fatiguée du joug d'une magistrature abaissée jusqu'à l'avilissement de la vénalité des charges, introduite par le chancelier Duprat, sous François Ier, le secoua, enfin, le 7 septembre 1790, conformément aux termes de l'article 14 de la loi de la même année, signée le 11 par le roi, pour passer sous l'empire de la loi monarchique instituée par un décret du 16 août 1790. Ce décret déclare, en effet, que la vénalité des offices de judicature est abolie pour toujours, et que les juges rendront la justice publiquement et gratuitement, et seront salariés par l'État.

On peut voir au mot *Droit* de cette Encyclopédie ce que nous avons dit de la grande fondation des lois de l'Empire, qui sont encore les principaux fondements de celles qui régissent aujourd'hui la France, et du glorieux et immortel créateur du Code, dont les dispositions sont venues réformer ou complétement remplacer les lois et la magistrature nouvelles introduites par le décret dont nous venons de parler.

Des lois civiles. — On donne le nom de lois civiles aux lois propres à chaque cité, en tant qu'elles sont écrites : on les appelle lois positives pour les distinguer des lois naturelles.

Loi romaine. — La loi romaine est celle qui a été faite par les rois et les empereurs de Rome, ou par le peuple romain lui-même, établi en République. Elle renferme tout le corps du droit civil romain, c'est-à-dire les Instituts, les Pandectes, le Code et les Novelles.

Des lois pénales. — Les lois pénales sont celles qui règlent la mesure des peines à infliger aux personnes qui s'écartent de la soumission aux lois. La loi, une fois promulguée, étant présumée connue de tout le monde, *nemo jus ignorare censetur*, doit nécessairement trouver sa sanction dans les peines qu'elle inflige aux contrevenants.

Des lois commerciales. — Les lois commerciales sont celles qui ont pour objet la détermination des règles à observer dans toute espèce d'engagements relatifs au commerce.

Des lois administratives. — Les lois administratives servent de fondement à l'exercice de l'administration publique.

(1) Naturalia quidem jura divina, utpotè providentia constituta semper firma atque immutabilia permanent. § 2. *Institut*, lib. I.

Des lois ecclésiastiques. — Les lois ecclésiastiques sont des règles, constitutions ou ordonnances, émanées de l'autorité souveraine ecclésiastique, dans les choses qui sont du ressort du gouvernement de l'Église; elles appartiennent au droit canonique.

Nous ne saurions mieux terminer cet article, d'une étendue nécessairement restreinte, que par la remarque que nous ne pouvons nous empêcher d'emprunter à un éminent jurisconsulte : « que tout l'abrégé de la doctrine des jurisconsultes et des moralistes consiste à enseigner qu'il faut éclairer son esprit, fortifier son âme, régler les mouvements de son cœur, et, par conséquent, veiller à sa conservation, au maintien de ses mœurs, et ne point, en cédant au désespoir, détruire l'ouvrage de Dieu, et s'affranchir ainsi de ses devoirs envers la société.

                                     J. Bécherand.

LOI NATURELLE. — C'est celle qui guide l'homme dans ses rapports avec l'ordre établi par la nature.

Les caractères de la loi naturelle sont:

1º D'être inhérente à l'existence des choses, par conséquent, d'être primitive et antérieure à toute autre loi ; en sorte que toutes celles qu'ont reçues les hommes n'en sont que des imitations, dont la perfection se mesure sur leur ressemblance avec ce modèle primordial ;

2º De venir immédiatement de l'auteur de toutes choses, qui en a gravé les principes dans le cœur de chaque homme, tandis que les autres lois ne nous viennent que des hommes, qui peuvent être trompés ou trompeurs;

3º D'être commune à tous les temps, à tous les pays, c'est-à-dire d'être une et universelle;

4º D'être uniforme et invariable;

5º D'être évidente et palpable, parce qu'elle consiste tout entière en faits sans cesse présents aux sens et à la démonstration ;

6º D'être raisonnable, parce que ses préceptes et toute sa doctrine sont conformes à la raison et à l'entendement humain;

7º D'être juste, parce que dans cette loi les peines sont proportionnées aux infractions ;

8º D'être pacifique et tolérante, parce que, dans la loi naturelle, tous les hommes étant frères et égaux en droits, elle ne leur conseille à tous que paix et tolérance, même pour leurs erreurs;

9º D'être également bienfaisante pour tous les hommes, en leur enseignant à tous les véritables moyens d'être meilleurs et plus heureux ;

10º De suffire seule à rendre les hommes plus heureux et meilleurs, parce qu'elle embrasse tout ce que les autres lois civiles ou religieuses ont de bon ou d'utile, c'est-à-dire qu'elle en est essentiellement la partie morale; de manière que, si les autres lois en étaient dépouillées, elles se trouveraient réduites à des opinions chimériques et imaginaires sans aucune utilité pratique.

LOI SALIQUE. — C'est à Pharamond qu'on attribue l'institution de cette loi, qui fut faite pour les terres saliques. C'étaient des fiefs nobles que nos premiers rois donnèrent aux *Saliens*, c'est-à-dire aux grands seigneurs de leur salle ou cour, à condition du service militaire, sans aucune autre servitude. C'est pour cette raison qu'il fut ordonné qu'elles ne passeraient point aux femmes, que la délicatesse de leur sexe dispense de porter les armes. Le préjugé vulgaire est que cette loi ne regarde que la succession à la couronne ou aux terres saliques. C'est une double erreur. Elle n'a été instituée ni pour la disposition du royaume, ni précisément pour déterminer les droits des particuliers aux biens féodaux. C'est un recueil des règlements sur toutes sortes de matières ; et de 71 articles dont elle est composée, il n'y en a qu'un seul qui ait rapport aux successions. Voici ce qu'il porte : *Dans la terre salique aucune partie de l'héritage ne doit venir aux femmes. Il appartient tout entier aux mâles...* Après la mort de Philippe le Bel on déclara, en faveur de Philippe de Valois, que l'article qui réglait le droit des particuliers aux terres saliques regardait également la succession à la couronne. Il devint une loi fondamentale de l'État.

LOMBRICS (zoologie) [*lombricus*].—Genre d'annélides qu'on nomme vulgairement *vers de terre*, parce qu'ils y font leur séjour habituel, tandis que toutes les annélides sont plus ou moins aquatiques, ont deux caractères qui empêcheront toujours de les confondre avec aucun autre animal de leur classe : des soies non rétractiles de chaque côté du corps, et une bouche placée sous une lèvre saillante et dépourvue de tentacules. On peut y ajouter la brièveté des soies qui garnissent les anneaux de leur corps et le défaut de branchies, si toutefois il est vrai, comme le prétendent certains naturalistes, que ces animaux respirent par toutes les parties de leur enveloppe extérieure.

La manière de vivre de l'espèce commune de ce genre est généralement connue; elle se tient habituellement au sein des terres humides et grasses, et surtout dans le fumier très-avancé, où elle pullule à foison. Elle ne se montre à la surface du sol qu'après la pluie, quand elle est sûre de trouver la terre humectée. Elle choisit de préférence ces endroits, d'abord parce qu'elle a plus de facilité à y creuser son habitation, et ensuite parce qu'elle y trouve en abondance les débris de matières animales dont elle fait sa principale nourriture. Pour se procurer plus aisément sa subsistance, cet animal fouille continuellement la terre à l'aide de sa mâchoire supérieure, et en rejette les déblais au dehors sous la forme de cordons entortillés, qui annoncent toujours sa présence à ceux qui le cherchent. Au reste, il n'est pas difficile à trouver; outre qu'il se montre fréquemment de lui-même à la surface du sol, lorsque le temps est favorable, on est toujours sûr de le faire sortir de sa retraite en enfonçant un pieu dans la terre et en lui imprimant de fortes secousses. Il paraît que le bruit ou le mouvement l'effraye ou le gêne, en lui faisant craindre l'approche de quelque taupe, sa mortelle ennemie, ou en resserrant trop le terrain (*Salacroux*). — Il y a plus de vingt espèces différentes de ce genre. L'espèce type, le *lombric com-*

mun, atteint quelquefois 30 centimètres de longueur ; il est d'une couleur de chair plus ou moins vive ; il est ordinairement formé d'une centaine d'anneaux et peut en avoir jusqu'à 240.

LONGCHAMP (Hist. de Paris). — Ce fut à deux lieues ouest de Paris, à l'extrémité du bois de Boulogne et près de la Seine, un monastère de religieuses de l'ordre de Sainte-Claire, où de jeunes pensionnaires, les mercredi, jeudi et vendredi de la semaine sainte, chantant en musique les leçons des ténèbres, y formaient un chœur d'anges et y attiraient une affluence immense d'équipages brillants, de cavaliers lestes et bien montés, de promeneurs enfin de toutes les classes. Les grands, les riches, les femmes galantes y déployaient un luxe insolite ; et de Paris à Longchamp, plusieurs files de voitures en couvraient sans interruption toutes les avenues. L'archevêque de Paris, ne jugeant pas cette célébrité très-édifiante, fit fermer au public l'église de Longchamp ; mais il ne put lui fermer les couverts et les belles avenues qui y conduisent, et la promenade aux jours accoutumés s'est perpétuée, comme par le passé, même depuis la suppression du monastère. Cette maison avait été fondée par sainte Élisabeth, sœur de saint Louis.

Le Longchamp de 1780 fut des plus brillants, en dépit de la vivacité du froid. « La file des voitures allait sans interruption depuis la place Louis XV jusqu'à la porte Maillot, entre deux haies de soldats du guet. Les voitures circulaient plus librement dans le bois, dont la garde avait été confiée à la maréchaussée. On signala comme des merveilles deux carrosses de porcelaine. L'un, occupé par la duchesse de Valentinois, avait pour attelage quatre chevaux gris-pommelé, dont les harnais étaient de soie cramoisie brodée en argent ; le second appartenait à *une impure*, mademoiselle Baupré. Il reparut l'année suivante avec un prince du sang, le duc de Chartres, pour écuyer cavalcadour.

La révolution suspendit Longchamp. Comment l'aurait-on solennisé ? Tous les chevaux avaient été accaparés pour le service des quatorze armées, et le sang coulait sur la place ci-devant Louis XV. Si quelques voitures avaient osé s'aventurer dans les Champs-Élysées, elles auraient rencontré chemin faisant les charrettes chargées de victimes. Longchamp exilé se réfugia dans les Galeries de bois. C'était au Palais-Égalité que l'on voyait les redingotes *à la Zulime* en *pékin velouté et tacté* ; les douillettes *à la laponne* en *florence unie* ; les habits *à la républicaine* ; les *caracos à la Nina* ; les robes *à la turque, à la persienne, à la Psyché, au lever de Vénus*, etc. — En l'an VIII, Longchamp reprit racine, et, depuis cette époque, il n'a plus été interrompu, même lorsque les chevaux des Cosaques rongeaient les arbres des Champs-Élysées, et que la hache des sapeurs ennemis décimait le bois de Boulogne.

C'est toujours le même programme, exécuté de la même manière.

LONGÉVITÉ [de *longus*, long, et *œvum*, âge]. — Prolongation de la vie au delà du terme ordinaire.

La durée ordinaire de la vie humaine varie entre soixante-quinze et quatre-vingt-cinq ans ; cependant il est un certain nombre d'individus qui poussent leur carrière bien au delà de ce terme, et qui vivent près d'un siècle, et quelques-uns même dépassent cette durée de plusieurs années : mais le nombre de ces individus est bien minime par rapport à la masse des populations. — Quelques écrivains, qui se sont occupés de statistique, d'après les tables de mortalité dressées pour la France, et entre autres M. Duvillard, ont trouvé que, sur un million d'individus, on en voit parvenir 34,700 à quatre-vingts ans ; 3,830 à quatre-vingt-dix-ans ; 207 à cent ans ; 135 à cent un an ; 84 à cent deux ans ; 51 à cent trois ans ; 29 à cent quatre ans ; 16 à cent cinq ans ; 8 à cent six ans ; 2 à cent huit ans et un seul à cent neuf ans. Il n'en est aucun en France qui, sur ce nombre, soit parvenu à cent dix ans. Ainsi, sur un million, on trouve 557 centenaires ; ce qui fait un centenaire sur 1876 individus.

D'après l'étude que nous avons faite des lois de la vie et des conditions de la santé, nous pouvons résumer en peu de mots les causes qui favorisent la longévité, et enseigner à l'homme les moyens de pousser aussi loin que possible la carrière qu'il est appelé à parcourir. Ainsi les conditions de la longévité chez l'homme sont les unes indépendantes de sa volonté, et les autres en dépendent absolument.

Les causes indépendantes sont :

1° *Une bonne constitution native et originelle*. — Elle est la base principale sur laquelle repose la longévité ; car c'est elle seule qui imprime à l'organisme cette force de résistance vitale qui s'oppose à l'usure des organes.

2° *L'harmonie entre toutes les fonctions organiques*. — Et principalement celles sur lesquelles repose la vie, c'est-à-dire l'innervation, la circulation et la respiration, ensuite l'accomplissement régulier des autres fonctions par le moyen desquelles la vie se conserve et se soutient, ce sont les fonctions nutritives (digestion et nutrition), enfin la régularité de celles qui entretiennent la santé, et que nous appelons fonctions dépuratrices.

3° *La lenteur de l'accroissement*. — Il est reconnu que les individus qui croissent lentement et d'une manière régulière, sans secousses, ni de trop grands dérangements pour la santé, surtout lorsque la taille n'est ni trop exiguë ni trop élevée, sont plus assurés de vivre longtemps, toutes choses égales d'ailleurs, que ceux dont l'accroissement est rapide et terminé de bonne heure, surtout s'il s'est effectué avec des secousses et de notables dérangements dans la santé, et qu'ils soient de petite taille ou qu'ils dépassent de beaucoup la moyenne.

4° *L'habitation d'un climat tempéré*. — Cette circonstance, qui dépend en bonne partie de la volonté de l'homme, est, en général, favorable à la longévité ; car l'homme n'y parvient pas dans les climats brûlants de la zone torride, ni sous les glaces des pôles ; cependant on trouve plus de centenaires en remontant vers le Nord que dans les pays méridionaux, l'Espagne et l'Italie. Ainsi, le nord de l'Angleterre, l'Écosse, la Suède et la Norvége, ont fourni des faits authentiques assez nombreux d'individus qui ont vécu depuis 110 jusqu'à 130 ans; un seul est parvenu à 169 ans, cinq ans de moins qu'Abraham.

Parmi les causes de longévité qui dépendent absolument de l'homme, nous avons :

1° *L'harmonie du physique et du moral.* — Elle résulte des principes d'une bonne éducation, à partir de l'enfance jusqu'après la puberté; ensuite, pendant la jeunesse et pendant l'âge viril, elle se rattache à l'usage régulier et convenable que l'homme fait de ses deux facultés essentielles, l'intelligence et le sens moral; car, lorsqu'il a appris de bonne heure à maîtriser et à diriger ses impulsions instinctives par la raison, il conserve alors cette harmonie du physique et du moral sur laquelle reposent pour lui la santé et une longue vie.

2° *Le calme de l'âme.* — Il est facile d'apprécier toute l'influence qu'exercent sur la durée de la vie de l'homme une conscience tranquille, des mœurs pures et les douces émotions de la famille; car, comme nous l'avons dit, elles ont pour effet de développer l'activité des fonctions vitales, et d'irradier dans tout l'organisme ce principe d'énergie et de force qui entretient la santé et affermit la vie; c'est pourquoi l'homme placé au sein de la famille, qui remplit les obligations qu'elle lui impose, coule des jours longs et paisibles.

3° *L'exercice régulier et convenable des forces et des facultés.* — C'est par l'exercice de ses fonctions organiques que l'homme dépense la somme de vitalité qu'il a reçue, et il est facile de prouver que ses organes s'usent d'autant plus vite qu'ils ont fonctionné avec une plus grande activité. C'est pourquoi l'exercice régulier et convenable de ses fonctions organiques lui assure non-seulement la santé, mais il devient pour lui le plus sûr garant d'une grande longévité; car alors ses organes s'usent plus lentement, et c'est au point qu'il traverse souvent la majeure partie de la vieillesse presque sans s'apercevoir qu'il y est arrivé. Ce n'est que peu à peu, et par le mouvement régulier et incessant de la vie, que la vitalité des organes finit par s'épuiser, que la résistance vitale dont ils sont doués vient à défaillir; alors seulement la vie s'abaisse lentement et graduellement, par le progrès de l'âge, jusqu'à ce que, la réaction venant à faire défaut complétement, le principe de la vie abandonne ce corps usé par les années qu'elle ne peut plus soutenir. Dr PÉTRON.

LONGITUDE [du latin *longitudo*, qui signifiait originairement longueur, longueur du temps.

La *longitude astronomique* est un arc de l'écliptique compris entre l'équinoxe ou le premier point d'*aries*, et l'endroit de l'écliptique auquel l'astre répond perpendiculairement.

La *longitude* est, par rapport à l'écliptique, ce que l'ascension droite est par rapport à l'équateur.

Longitude des planètes : elle est géocentrique ou héliocentrique.

La *longitude géocentrique* est le point de l'écliptique auquel répond perpendiculairement le centre d'une planète vue de la terre.

La *longitude héliocentrique* est le point de l'écliptique auquel répondrait perpendiculairement le centre d'une planète, si elle était vue du soleil.

Mais, comme c'est autour du soleil que tournent les planètes, ce sont leurs *longitudes*, vues du soleil, que l'on a surtout besoin de connaître, et on les trouve principalement par le moyen des conjonctions et des oppositions.

Longitude géographique. C'est la distance d'un lieu de la terre à un méridien qu'on regarde comme le premier méridien, ou un arc de l'équateur, compris entre le méridien du lieu et le premier méridien de la terre.

Le premier méridien des globes terrestres varie beaucoup, suivant les différents auteurs et les différents pays. Louis XIII fixa le premier méridien à l'île de Fer. Aujourd'hui on compte les *longitudes* du méridien de Paris, et les Anglais font la même chose par rapport au méridien de Londres : cela est assez indifférent en soi : il est pourtant vrai que si tous les astronomes convenaient d'un méridien commun, on ne serait pas obligé de faire des réductions qui sont nécessaires pour ne pas embrouiller la géographie moderne, et l'on n'aurait pas l'embarras, toutes les fois qu'on voit un carte géographique, de chercher le méridien que l'auteur a choisi.

Pour trouver les *longitudes géographiques* sur terre et sur mer, il s'agit de trouver quelle heure il est dans un pays lorsqu'il est midi dans un autre; le soleil faisant le tour du globe en 24 heures, ou 15 degrés par heure, il arrive, par exemple, à Vienne en Autriche, environ une heure avant que d'arriver au méridien de Paris. Si l'on a donc un moyen de savoir exactement qu'il est une heure à Vienne au moment où il est midi chez nous, on saura que Vienne a 15 degrés de longitude.

On a imaginé plusieurs moyens mécaniques de trouver la *longitude*; mais enfin on a compris que c'était dans les cieux qu'il fallait chercher les moyens de découvrir les *longitudes* sur terre : en effet, si l'on connaît pour deux différents endroits les temps exacts de quelque apparence céleste, la différence de ces deux temps donnera la différence des longitudes entre ces deux lieux.

Parmi les phénomènes ou apparences célestes, celles qui sont les plus propres à être observées sont les différentes phases des éclipses de soleil, de lune, des étoiles et des satellites de Jupiter; le lieu de la lune dans le zodiaque, sa distance aux étoiles fixes, etc.

Comme les éclipses de lune sont très-rares, les astronomes se sont attachés aux occultations des étoiles par la lune qui sont plus fréquentes, et depuis la découverte des satellites de Jupiter, leur observation a fourni des moyens encore plus aisés pour la recherche des *longitudes* sur terre; mais ces moyens ne sont pas praticables à la mer, à cause du mouvement du vaisseau, qui ne permet pas de conserver l'objet dans le champ des grandes lunettes, qui sont pourtant indispensables dans ces sortes d'observations.

Pendant longtemps les marins ont été réduits à des procédés très-imparfaits pour trouver la *longitude* en mer, quoique cette recherche ait incessamment attiré l'attention des puissances aussi bien que des savants. L'Espagne, la Hollande, la France et l'Angleterre, ont successivement promis de grandes récompenses à celui qui découvrirait les *longitudes*.

Deux moyens ont été présentés : le premier est une horloge ou montre capable de mesurer le temps avec une exactitude suffisante; et l'autre une méthode astronomique fondée sur les mouvements de la lune.

Sully, en France, et Harrisson, en Angleterre, construisirent à peu près dans le même temps des pendules et des montres marines; mais le second, plus heureux, obtint, en 1765, une somme de dix mille livres sterling, moitié de la récompense promise par l'acte du parlement de 1714, et l'autre moitié huit ans après. Depuis cette époque, les montres marines ont été perfectionnées en France par MM. Leroy et Ferdinand Berthoud, et, en Angleterre, par MM. Arnold et Kendal.

Les objets principaux de ces horloges ou montres marines consiste à corriger la dilatation que la chaleur produit dans le ressort spiral; à éviter, par un remontoir, les inégalités des engrenages; à diminuer les frottements par des rouleaux; à arrêter le ressort spiral par un point qui soit tel que les oscillations, grandes ou petites, soient toujours isochrones; à faire un échappement qui n'ait que très-peu de frottement.

Les horloges ou montres marines fournissent incontestablement la méthode la plus commode et la plus simple pour trouver les *longitudes*, puisqu'il suffit de mettre sa montre au soleil, au moment du départ, et lorsqu'on veut voir la *longitude* d'un lieu, d'examiner au ciel l'heure et la minute qu'il est; la différence entre le temps ainsi observé et celui de la montre, donne évidemment la *longitude*.

Mais comme on ne pouvait de longtemps espérer des montres d'une assez grande perfection, et de plus longtemps encore des montres parfaites, mais assez communes et d'un prix assez modique pour suffire aux besoins de la marine marchande et militaire, on a cherché à perfectionner les méthodes astronomiques, et l'on y est parvenu de manière à pouvoir trouver la *longitude* par le moyen de la lune, à un demi-degré près.

Appian passé pour être le premier qui ait parlé d'employer ainsi les observations de la lune à trouver les longitudes; Gemma Frisius en a dit ensuite quelque chose; Kepler et Longomontanus ont aussi fortement insisté sur cet avantage de la lune; mais Jean-Baptiste Morin, médecin et professeur de mathématiques, est véritablement le premier qui ait exécuté ce que les autres n'avaient fait qu'indiquer, et qui ait construit des tables lunaires. Les imperfections de ses tables, résultat inévitable des mauvais instruments dont on se servait alors, ont été relevées avec beaucoup d'affectation par quelques écrivains français, qui n'ont pu pardonner à M. Morin de s'être occupé d'astrologie, et qui, aujourd'hui ses censeurs, auraient été ses dupes s'ils avaient vécu dans le même temps; il était donc réservé à des étrangers, à ceux-là même qui ont perfectionné et étendu les premiers essais de cet illustre mathématicien, aux astronomes anglais, qui ont le plus contribué à avancer les progrès de l'astronomie nautique, d'assurer sa gloire, en avouant franchement qu'ils regardaient les tables de Morin comme le germe, non-seulement de leurs travaux, mais encore de tout ce qui a été fait depuis dans ce genre.

LUNIER.

LOTERIE. — Institution financière, basée sur le calcul des probabilités. Le gouvernement *jouait* avec le contribuable volontaire: 90 numéros étaient jetés dans une roue; un enfant en tirait cinq en présence des magistrats, et dans tout l'appareil d'une solennité qui garantit la probité du tirage. Si le contribuable avait déposé à l'avance, dans un lieu autorisé par la loi, une petite somme appelée *mise* sur un des 90 numéros, on dit qu'il avait joué *l'extrait*; et si ce numéro était l'un des sortants, le joueur gagnait quinze fois autant qu'il en avait donné. *L'ambe* ou la mise faite sur deux numéros, gagnait 270 pour un; le *terne* pour trois numéros, gagnait 5,500 fois pour un; et le *quaterne*, mise sur quatre numéros, 75,000. La loterie rapportait au fisc dix millions par an; M. de Villèle, ministre des finances, dit un jour à la tribune de la chambre des Députés que le gouvernement jouait à coup sûr.

Mais d'où venaient les dix millions de gain pour l'État? Ils sortaient des mains de servantes infidèles qui pillaient leur maître et lui faisaient payer une partie de la mise; des gens imbéciles qui se plongeaient dans des calculs cabalistiques; de pauvres vieilles femmes, sans pain, sans chaussures, s'échauffant l'imagination au point de voir des numéros en songe, elles les gardaient, en formaient des ternes, des quaternes qu'elles *nourrissaient*, métaphore affreuse! Les contribuables aux dix millions étaient encore de jeunes étudiants arrivant de province, et bientôt enlacés dans les séductions des escrocs autorisés.

Le 21 avril 1832 une loi enjoignit au ministre des finances de procéder graduellement à l'abolition de la loterie, de manière à ce qu'elle eût complètement cessé au 1er janvier 1836. A cette époque, tous les bureaux furent fermés, et une loi, du 21 mai 1836, prohiba les loteries de toute espèce, exceptant, toutefois, « les loteries d'objets mobiliers exclusivement destinés à des œuvres de bienfaisance ou à l'encouragement des arts. » C'est à cette disposition que sont dues les nombreuses loteries, dites de bienfaisance, qui se sont fondées: loterie de Monville, loterie des lingots d'or, etc. Car la loi a beau faire, dit un auteur, elle est impuissante à détruire l'amour du gain, l'espérance d'une fortune prompte et facile; aussi les loteries feront-elles toujours de bonnes affaires; et si l'on venait à les interdire absolument en France, l'argent des confiants spéculateurs irait en

Allemagne, la terre par excellence du jeu, le bienheureux pays où tout se met en loterie, où l'on vous offre la propriété d'un grand théâtre, comme celui de Vienne, ou la possession d'une ville tout entière avec vingt-neuf villages, un palais immense, décoré pour un roi, 30,000 arpents de bois, 2 manufactures, et 4,000 arpents de forêts, sans compter les paysans, et tout cela, toutes ces richesses à faire tourner la tête au plus sage, pour la misérable somme de 20 francs.

LOUP (zoologie).—Genre de mammifères carnassiers, qui se distingue du chien parce qu'il a la queue droite, tandis que celui-ci l'a retroussée. Sa taille et sa physionomie sont celles d'un mâtin qui aurait les oreilles dressées; son pelage est gris-fauve avec une raie noire sur les pattes de devant : c'est le carnassier le plus dangereux de nos pays ; il est, pour ainsi dire, infatigable ; on prétend qu'il peut marcher une journée entière sans s'arrêter. Il est si fort et si agile qu'il échappe souvent aux chiens, tout en portant un mouton sur ses épaules. Sans avoir la finesse du renard, il est si loin d'être sot et poltron, comme on le lui a reproché, qu'il attaque les plus gros quadrupèdes, tels que le bœuf, le cheval, le mulet, et quand il se sent trop faible pour faire une expédition tout seul, il a l'instinct d'aller demander des renforts à d'autres loups. Malgré l'assertion de Buffon, cet animal n'est pas intraitable. Pris jeune, il s'apprivoise sans peine, et devient même familier et caressant. On trouve le loup dans la plupart des contrées de l'Europe, depuis l'Égypte jusqu'à la mer Glaciale, par laquelle on soupçonne qu'il a passé en Amérique.

(*Salacroux.*)

LOUP GAROU. — Nos ancêtres appelaient loups garous, c'est-à-dire loups dont on doit se garer, ceux qui, accoutumés à la chair humaine, se jettent sur les hommes, attaquent le berger plutôt que le troupeau, emportent les enfants. — Dans certains pays, on donne encore le nom de loup garou à un homme qu'on suppose être sorcier et courir les rues et les champs transformé en loup. « Cette erreur, dit l'abbé Rozier, est très-ancienne et très-accréditée ; il n'est guère possible de remonter à la fable qui y a donné lieu. Sur la fin du seizième siècle, plusieurs tribunaux ne la regardaient pas comme telle. Laroche Flavia rapporte un arrêt du parlement de Franche-Comté, du 18 janvier 1574, qui condamne au feu Gilles Garnier, lequel, ayant renoncé à Dieu et s'étant obligé par serment de ne plus servir que le diable, avait été changé en loup garou. »

LOUPE (chirurgie). — Tumeur circonscrite, molle, sans douleur, sans chaleur, sans changement de couleur à la peau, plus ou moins volumineuse, de forme variable, et dont l'accroissement est moins rapide que celui d'un abcès froid. Les loupes son enkystées, ou non enkystées : les premières surviennent sans cause apparente ; les secondes, au contraire, sont fréquemment déterminées par une cause extrême comme un coup, une meurtrissure. Dans les loupes enkystées, il y a sécrétion d'une humeur nouvelle, qui a plus ou moins de consistance, tantôt celle du miel

(*melliacris*), tantôt celle du suif (*athérome*). Dans les loupes non enkystées, la tumeur est formée par le tissu adipeux, dans lequel la graisse est accumulée en plus grande quantité que dans l'état naturel ; c'est une sorte d'obésité circonscrite, ce qui lui a fait donner le nom de stéatome ou de lipome. Les tumeurs avec kyste présentent une fluctuation plus ou moins obscure, selon la nature de l'humeur qu'elles renferment ; elles sont plus ou moins élastiques, et ne parviennent jamais à la grosseur du stéatome : celui-ci est moins sous la peau, moins dur, doux au toucher ; la partie du tégument qui le couvre est un peu lâche, et sa surface est quelquefois inégale ; il est ordinairement plus gros que les loupes enkystées, et susceptible d'acquérir un volume énorme, lorsqu'il a son siége dans le tronc. — Il importe de saisir les différences de ces espèces de loupes, parce qu'elles influent assez souvent sur le choix des moyens curatifs. En général, les loupes sont des affections peu dangereuses ; on peut les porter durant un grand nombre d'années, et même pendant toute la vie : elles n'incommodent que par leur difformité lorsqu'elles sont au visage, par leur poids quand elles ont un volume considérable, ou par la gêne qu'elles peuvent apporter aux fonctions des organes sur lesquels elles sont situées.

Traitement. — L'art possède plusieurs moyens de guérison contre les loupes ; ces moyens sont : les résolutifs et la compression, la suppuration, l'incision, l'écrasement, l'injection, la cautérisation, la ligature, l'extirpation et l'amputation. Leur choix doit être relatif à la nature de la loupe, à son volume, à sa figure et à sa situation.   B. L.

LOUTRE (zoologie).—Genre de mammifères carnassiers digitigrades qui se rapprochent particulièrement des martres. Les *loutres*, comparées aux martres proprement dites, sont des animaux d'assez grande taille ; en général, elles sont moins allongées ; leur corps est plus trapu et leurs jambes sont encore plus courtes. Leur tête large et aplatie ; leurs oreilles très-courtes et arrondies ; leurs pieds palmés ; leur queue toujours moins longue que le corps, forte et déprimée, les caractérisent suffisamment pour qu'il ne soit pas possible de les confondre, non-seulement avec les martres, mais encore avec aucun des quadrupèdes admis, jusqu'à ce jour, dans les systèmes d'histoire naturelle.

Ces quadrupèdes se tiennent toujours au bord des eaux, où ils nagent et plongent avec la plus grande facilité, à l'aide de leurs quatre pieds palmés. Ils vivent solitaires, placent leurs réduits dans les anfractuosités des berges d'un difficile accès pour l'homme. C'est là qu'ils viennent dévorer leur proie, qui consiste principalement en poissons, et qu'ils font leurs petits, ordinairement au nombre de trois ou quatre. Les uns ne quittent pas le voisinage des fleuves ou des étangs, et les autres vivent de préférence sur le bord de la mer. Leurs espèces sont encore assez indécises, mais cependant on en distingue au moins trois. L'une appartient à l'Europe et est particulière aux eaux douces ; une seconde habite dans les fleuves des deux Amériques, et la troisième n'a été rencontrée que sur les rivages septentrionaux de la mer dite du Sud, c'est-à-dire sur la côte nord-ouest de l'Amérique septentrionale, dans les îles Aléoutianes, au Kamtschatka, etc.

La loutre d'Europe est regardée comme un animal nuisible, à cause du tort qu'elle fait aux étangs, en détruisant le poisson. Les deux autres espèces, surtout la dernière, donnent des fourrures très-estimées, et sont le principal objet d'un commerce très-actif des Russes et des Anglais dans le nord de l'océan Pacifique. (*Desmarets.*)

LUMIÈRE (physique). —Fluide subtil, impalpable et impondérable, dont la propriété carastéristique est de nous apporter l'image des corps qui la réfléchissent. « Lorsqu'un corps lumineux par lui-même, comme le soleil, une étoile ou un corps enflammé, est placé dans l'espace, notre œil le distingue de tous les points de cet espace et à des distances infinies; de même, si des corps non lumi-

pérature est au-dessus de 600 degrés deviennent lumineux. L'essence de la lumière se dérobe à toutes les investigations humaines. Nous ne la connaissons que par son mode d'agir sur les autres corps de la nature. Dans l'impossibilité où l'on est de définir son essence, on établit une hypothèse, c'est-à-dire que l'on suppose une cause primitive qui doit l'expliquer. Cette cause n'est pas sans doute la véritable, mais elle aide à l'intelligence des phénomènes; et si, par suite, un génie supérieur découvre ce qui nous échappe, la chaine qui unit ces phénomènes ne sera pas rompue, il suffira de remplacer l'hypothèse admise par la cause elle-même. Descartes, et après lui le célèbre Huygens, suppose que l'univers est rempli d'un fluide extrêmement subtil et élastique, désigné sous le nom d'éther; que les corps lumineux éprouvent, par une cause quelconque, des vibrations qui se propagent à travers l'éther comme les ondes sonores à travers l'air, et que les effets produits sur l'œil sont analogues à ceux que les ondes

Fig. 8. — Loutre vulgaire.

neux se trouvent dans le même espace qu'un corps lumineux, ils deviennent sensibles à nos yeux: c'est ainsi que le soleil levant rend tout à coup visibles tous les objets de la nature qui, dans son absence, étaient pour nous comme non existants. Cet effet produit sur notre œil directement par les corps non lumineux, non-seulement nous donne la conscience de leur existence, mais encore nous permet d'apprécier leurs formes, leurs couleurs, et, jusqu'à un certain point, leur situation dans l'espace. Ces rapports admirables, qui s'établissent entre un de nos sens et tous les objets extérieurs sans contact immédiat et même à d'immenses intervalles, supposent nécessairement l'existence d'un corps intermédiaire servant de moyen de communication, à peu près comme l'air est nécessaire à la transmission des sons; c'est à ce moyen qu'on a donné le nom de lumière. La lumière émane des corps lumineux, tels que le soleil, les étoiles fixes, les corps en ignition, etc. Tous les corps, dont la tem-

sonores produisent sur l'organe de l'ouïe. Newton admet, au contraire, que la lumière est due à une émission de particules que les corps lumineux lancent continuellement dans toutes les directions. La lumière se transmet en ligne droite. Elle s'échappe en rayonnant ainsi que le fait le calorique, des corps qui l'émettent. Chaque point éclairé, tel petit qu'on le suppose, lance une multitude de rayons qui, tous réunis à leur départ, s'écartent en s'éloignant, de manière à former une pyramide, dont le sommet est au point lumineux, et la base au corps diamétralement opposé. »

La lumière n'emploie que huit minutes et demie pour venir du soleil jusqu'à nous, ce qui lui suppose la vitesse d'environ 28,000 myriamètres par seconde. Pour comprendre l'énormité de cette vitesse, il faut la comparer à celle des corps que nous regardons comme très-grande : un boulet de canon emploierait plus de dix-sept ans pour atteindre le soleil, en lui supposant, pendant toute sa course, la vitesse dont il était animé au moment de la décharge.

Parmi les corps, « il en est qui sont totalement perméables aux rayons lumineux, et qui leur livrent entièrement passage, sans leur faire éprouver aucune déviation. C'est à l'aide de ces corps, dits transparents, que l'homme sait se garantir des injures de l'air, sans néanmoins se priver de l'influence salutaire de la lumière. On désigne en physique sous le nom de milieux les corps à travers lesquels passent les rayons lumineux. »

Propagation de la lumière. Dans le vide ou dans les milieux de nature ou de densité uniforme, la lumière se propage constamment en ligne droite, qu'elle émane d'un corps rayonnant lumineux par lui-même, ou d'un corps lumineux par réflexion. Mais son intensité éprouve une diminution considérable par l'absorption qu'en font tous les milieux, même les plus diaphanes, qu'elle traverse. Ainsi, le soleil à l'horizon paraît d'un éclat moins vif, parce que la lumère traverse des couches d'air plus étendues et plus denses.

Réflexion de la lumière. « Si l'on fait pénétrer un rayon solaire dans une chambre obscure, et si sur son trajet on place un corps poli, on voit le rayon solaire se briser sur la surface du miroir, et porter contre les parois de la chambre une image du soleil. Lorsqu'un rayon de lumière, arrivé sur la surface d'un corps, se replie ainsi vers le milieu qu'il avait pénétré d'abord, la déviation qu'il éprouve porte le nom de *réflexion*. On appelle *angle d'incidence* celui qui est formé par le rayon incident avec la normale (perpendiculaire à la face) au point d'incidence, et *angle de réflexion* celui que fait le rayon réfléchi avec cette même normale. Les réflecteurs les plus parfaits sont les liquides incolores, tels que l'eau, l'alcool, le mercure et la plupart des métaux polis, des verres et des cristaux. Les objets vus par réflexion dans un miroir plan, comme les glaces, conservent leurs formes, leurs dimensions, leurs couleurs, et paraissent derrière la glace aussi loin qu'ils en sont par devant. Les objets vus dans l'eau par réflexion paraissent renversés. Les objets placés en face d'un miroir concave se réfléchissent de manière à concourir en un même lieu qu'on appelle foyer, qui jouit de la propriété de réunir tous les rayons parallèles tombés sur le miroir, et, par conséquent, fournit une image du point lumineux beaucoup plus intense que par la vision directe. C'est en concentrant de la sorte les rayons solaires au foyer de vastes miroirs qu'on est parvenu à fondre les métaux les plus résistants; en un mot, à obtenir une température beaucoup plus élevée que par le moyen de nos fourneaux les plus énergiques. Quant aux miroirs convexes, ils dispersent les rayons au lieu de les concentrer. »

Réfraction de la lumière. Toutes les fois qu'un rayon de lumière passe obliquement d'un milieu dans un autre de nature ou de densité différente, il éprouve une déviation de la route en ligne droite qu'il parcourait; ce phénomène porte le nom de *ré-*

fraction. « Cette déviation ou réfraction de la lumière est établie par un grand nombre d'expériences irrécusables dont plusieurs peuvent se répéter journellement; ainsi, un bâton, plongé obliquement dans l'eau paraît brisé, parce que les rayons qui émanent de la partie immergée sont rapprochés de la perpendiculaire. C'est sur la réfraction qu'est basée la théorie des lentilles, des microscopes, des lunettes, etc. Tous les cristaux transparents, dont la forme primitive n'est ni un cube ni un octaèdre régulier, jouissent de la propriété de donner deux images des objets vus à travers leur épaisseur; ce phénomène, qui indique que les rayons en pénétrant leur substance se divisent en deux parties, porte le nom de double réfraction. De toutes les substances connues, le spath d'Islande (chaux carbonatée rhomboïdale) est celle qui produit ce phénomème avec le plus d'égergie. » — Voy. *Polarisation de la lumière.*

Diffraction de la lumière. Les modifications que la lumière éprouve en passant auprès des extrémités des corps. Lorsqu'on fait pénétrer des rayons solaires dans une chambre obscure, une ouverture d'un très-petit diamètre, et qu'après avoir formé un spectre solaire à l'aide d'un prisme, on laisse passer derrière l'écran et par un très-petit trou un rayon simple, on remarque que les ombres des corps placés dans le faisceau lumineux, au lieu d'être terminées d'une manière tranchée, comme cela devrait être si la lumière marchait toujours en ligne droite, sont fondues sur leurs coutours et bordées de franges colorées distinctes.

Coloration de la lumière. Quand on fait pénétrer les rayons solaires, par un petit trou, dans une chambre parfaitement obscure, et qu'on les reçoit sur un prisme de verre ou sur un verre taillé jugulairement, derrière lequel se trouve un papier blanc tendu à une certaine distance, on obtient une figure allongée, arrondie aux deux extrémités, et disposée de sept couleurs des plus belles, qui se fondent les unes dans les autres par des nuances insensibles. Cette image est le spectre solaire. Si l'on dirige un des angles du prisme en haut, le spectre offre successivement, de haut en bas, le rouge, l'orange, le jaune, le vert, le bleu, l'indigo et le violet.

D'après les expériences d'Herschell, le maximum de lumière existe dans les rayons jaunes et verts, et diminue insensiblement jusqu'au rouge et au violet. Newton avait déjà signalé des résultats peu différents.

Propriétés physiques et chimiques. La lumière peut produire un assez grand nombre de phénomènes chimiques, surtout sur les corps colorés. « Elle altère dans un espace de temps plus ou moins considérable, soit seule, soit avec le concours de l'air, plusieurs des couleurs minérales, et toutes les couleurs végétales et animales; il en est même qu'elle détruit en quelques heures : telle est la couleur rose du carthame, qu'on applique ordinairement sur la soie. Dans toutes ces circonstances, la couleur, ou plutôt le corps sur lequel la lumière agit, éprouve une véritable décomposition. Tantôt ce sont ses principes constituants qui se combinent dans un autre ordre, et qui donnent naissances à des corps nouveaux; tantôt c'est l'un de ses principes qui se dégage, ou l'un d'eux qui se combine avec un principe de l'air. Or, on produit absolument les mêmes effets en substituant à la lumière une quantité de calorique plus ou moins grande, qui doit égaler quelquefois la chaleur rouge : donc la lumière agit, comme la chaleur rouge, sur certains corps. La lumière para les corps des plus riches couleurs; on les voit se décolorer et périr dans les lieux dépourvus de ce principe fécondant. Cet effet est surtout sensible dans les végétaux; ils sont revêtus des couleurs les plus intenses lorsqu'ils sont exposés à l'insolation; ils s'étiolent lorsqu'on les prive de lumière. C'est à la lumière, autant qu'à la chaleur, que les plantes doivent leurs parfums et leurs saveurs. Les plantes que l'on fait croître dans les serres n'ont jamais l'arome ni la saveur de celles qui croissent à l'air libre, ce qu'on doit attribuer à ce qu'elles sont privées du bienfait de la lumière. Ce fluide n'exerce pas une influence moindre sur les animaux : ceux du Nord sont pâles, décolorés, bruns, fauves ou blancs; ceux des pays où la lumière abonde sont éclatants de pourpre, d'or et d'azur. Tels sont les beaux papillons et la plupart des oiseaux des régions intertropicales. Cette influence n'est pas moins sensible sur l'homme; il pâlit et s'étiole, se décolore comme les végétaux, lorsqu'il est privé des rayons du jour. La lumière et les rayons solaires exercent leur action sur l'œil et sur le reste de l'économie. La privation prolongée de la lumière a pour effet d'exalter la sensibilité visuelle : des personnes renfermées dans un lieu où la lumière est complétement interdite finissent par distinguer assez bien des objets placés dans une profonde obscurité; mais cette faculté devient dangereuse lors du passage subit d'un lieu obscur dans un lieu trop éclairé. L'influence d'une lumière trop vive a une action directe, immédiate, qui met en danger de perdre la vue. Un individu devint subitement aveugle par le seul fait d'un éclair qui, dans une nuit obscure, vint tout à coup éclairer son appartement. Un autre perdit à l'instant même la vue pour avoir, en se livrant à de profondes méditations, fixé pendant quelques minutes la lune dans son plein. Des personnes ont été privées, pendant un temps plus ou moins long, quelquefois pour toujours, de la faculté de voir, parce qu'elles avaient voulu regarder le soleil à l'œil nu au moment d'une éclipse. On assure même que des astronomes et des naturalistes sont devenus aveugles pour avoir fait un usage trop continuel de certains instruments d'optique, comme le télescope et le microscope. Les couleurs qui fatiguent le plus la vue sont dans l'ordre suivant : le noir, le blanc, celles qui participent de ces deux couleurs, et ensuite le rouge ; les couleurs qui causent le moins de fatigue à l'œil sont le jaune, le bleu et surtout le vert. »

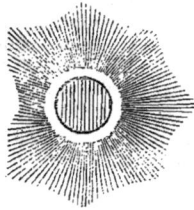

Lumière électrique. Lumière produite par une série d'étincelles qui jaillissent au point où un courant électrique passe entre deux corps conducteurs, séparés par un intervalle très-petit. Cette lumière est remarqua-

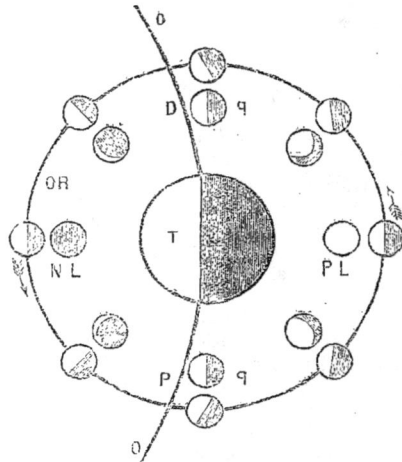

Fig 9. — Phases de la Lune. — T. Terre.—O. Orbite. — O. R. Orbite de la lune.—P. Q. Premier quartier. — D. Q. Dernier quartier. — N. L. Nouvelle lune. — P. L. Pleine lune.

ble par son éclat, qui devient presque comparable à celui du soleil lorsque le courant passe entre deux pointes de charbon convenablement rapprochées. « Le charbon qui se dépose aux parois supérieures des cornues servant à la préparation du gaz de l'éclairage est surtout propre à ce genre d'expériences ; on y a récemment substitué une espèce de verre et divers autres moyens. Depuis quelque temps, on fait usage de la lumière électrique pour produire, la nuit, de vifs effets d'éclairage, comme signaux, feux d'artifice, etc. » Les Français l'ont employée au siége de Rome (1849).

Lumière polarisée. — Voy. Polarisation.

LUNE (astronomie).—Planète secondaire, satellite de la terre, qui décrit autour de cet astre une orbite elliptique dans une durée de 27 jours 7 heures 43 minutes 11 secondes 5/10. Elle emploie le même temps à faire une révolution sur elle-même. La lune n'est lumineuse que par la réflexion des rayons du soleil ; c'est pourquoi nous n'apercevons que la partie éclairée par cet astre, et que, dans sa révolution, nous la voyons sous divers aspects ou phases. « La lune est nouvelle ou en conjonction, lorsqu'elle se trouve placée entre le soleil et la terre de manière qu'elle nous présente sa face obscure ; à ce moment, nous ne pouvons pas la voir ; en avançant, elle montre progressivement la partie qu'éclaire le soleil ; elle présente d'abord la forme d'un croissant ; parvenue au quart de sa révolution, elle présente celle d'un demi-cercle, et se trouve dans son premier quartier. Lorsqu'elle a accompli la moitié de sa course, elle paraît ronde ; elle est alors pleine ou en opposition. Elle décroît ensuite peu à peu, et atteint de nouveau la forme d'un demi-cercle : c'est le dernier quartier ; puis elle se place de nouveau entre le soleil et la terre ou en conjonction. Mais, comme la terre, pendant ce temps, s'est avancée aussi dans son orbite, cette révolution d'une nouvelle lune à une autre nouvelle lune exige plus de temps que sa révolution sidérale ; elle demande 29 jours 12 heures 44 minutes 2 secondes 8/10 ; c'est ce qu'on appelle révolution synodique de la lune, mois lunaire ou lunaison. » — Le point le plus éloigné de l'orbite de la lune s'appelle apogée ; le point le plus rapproché, périgée.

La lune est quarante-neuf fois plus petite que la terre. Elle en est éloignée de 85,000 lieues (340,000 kilom.). Elle n'a point d'atmosphère, car on n'y observe ni nuages ni rien qui mette obstacle au passage de la lumière : c'est cette absence d'atmosphère qui semble devoir la rendre inhabitable. — Le plan de l'orbite lunaire est incliné sur l'écliptique de 5 degrés 8 minutes 48 secondes. — Voy. *Éclipse.*

Les phases de la lune ont conduit la plupart des peuples de l'antiquité à prendre les lunaisons pour la base de leur calendrier. Les mahométans emploient encore aujourd'hui une année lunaire de 12 mois, alternativement composés de 30 et de 29 jours, et formant en tout 354 jours. — Voy. *Calendrier.*

L'action de cet astre sur l'homme a fort anciennement et beaucoup occupé les esprits. Cette influence sidérable, dit un auteur, vraie sous quelques rapports, mais généralement mal observée et tant soit peu merveilleuse, a été surtout aussi mal conçue qu'inexactement constatée. D'abord on a souvent cru voir des liaisons de causalité dans de simples coïncidences, et lorsque les phénomènes notés ici-bas se rattachaient réellement à l'influence lunaire, on a supposé des émanations secrètes de cet astre, des corrélations préétablies entre lui et notre organisation. Sans prétendre qu'on ne doive admettre de forces dans la nature que celles qui sont accessibles aux sens, nous pensons néanmoins qu'il eût été plus sage de chercher si l'action, reconnue par les physiciens, de la lune sur l'atmosphère, n'était pas la cause sensible et médiate des phénomènes qu'elle semblait opérer ici-bas. Chacun sait que les changements de temps influencent l'homme, et la lune ne paraît pas étrangère aux changements de temps. De

plus, sa lumière, affaiblissant l'obscurité des nuits, peut troubler le sommeil, surtout des personnes excitables et nerveuses. Quoi qu'il en soit, on a rapporté aux phases lunaires la périodicité, quoique très-irrégulière, des menstrues, le retour si vague des accès épileptiques, les variations si capricieuses de la folie, et beaucoup d'autres phénomènes physiologiques et pathologiques.

LUNETTE (optique) [de *luna*, *lunetta*, petite lune]. — Instrument composé d'un ou de plusieurs verres, et qui a la propriété de faire voir distinctement ce qu'on n'apercevrait que faiblement, ou point du tout, à la vue simple.

Il y a plusieurs espèces de lunettes : les plus simples sont les lunettes à mettre sur le nez, qu'on appelle autrement besicles, et qui sont composées d'un seul verre pour chaque œil. L'invention de ces lunettes passe pour être de la fin du treizième siècle. — Voy. *Conserves.*

Lunettes d'approche ; les lunettes d'approche s'appellent quelquefois en latin *telescopia* ; mais en français on réserve le nom de télescope aux instruments formés par des miroirs.

L'invention des lunettes d'approche fut faite vers l'an 1609, par hasard, en Hollande. Galilée, dans le *Nuncius sydereus*, publié en 1610, raconte qu'environ dix mois auparavant le bruit s'était répandu qu'un certain Hollandais avait fait une lunette, par le moyen de laquelle les objets éloignés paraissaient fort proches. Il en chercha la raison, et, méditant sur les moyens de faire un pareil instrument par le moyen des lois de la réfraction, il y parvint bientôt. Il mit aux deux extrémités d'un tube de plomb deux verres plans d'un côté et sphériques de l'autre, mais dont l'un avait un côté convexe et l'autre un côté concave : alors il vit les objets trois fois plus près qu'à la vue simple. Galilée continua à perfectionner cette invention, et les découvertes les plus curieuses dans le ciel en furent le résultat.

Les lunettes dont se servent aujourd'hui les astronomes sont formées de deux verres convexes, dont l'un, tourné du côté de l'objet, s'appelle l'objectif, et l'autre, vers lequel on place l'œil, s'appelle l'oculaire.

Dans les lunettes composées de deux verres, l'image est renversée ; ce qui est indifférent pour les objets célestes, mais très-incommode pour les objets terrestres ; c'est pourquoi on ajoute au moins deux autres verres convexes, entre lesquels vient se former une seconde image que l'œil aperçoit dans sa situation naturelle.

Lunette achromatique : c'est une lunette au travers de laquelle on n'aperçoit point les couleurs de l'iris.

Dans les lunettes ordinaires, on voit vers les bords de l'objectif des couleurs très-fortes, qui obligent de rétrécir beaucoup son ouverture, afin d'avoir l'image un peu nette. Depuis quelques années on a imaginé, pour corriger ce défaut, de composer de différentes substances les objectifs des lunettes. — Voy. *Achromatique.*

LUPIN (botanique). — Plante fourragère de la famille des légumineuses. Son fruit est une gousse allongée, qui contient des semences un peu dures et aplaties, et qui ont de l'analogie avec les pois et les lentilles.

Le lupin blanc, ainsi nommé à cause de la couleur de ses fleurs, est l'espèce la plus utile. Mais, comme il craint le froid et l'humidité, il ne réussit tout à fait, en France, que dans le Midi, où il croît rapidement. On se sert de cette plante pour engraisser un terrain en vert : sitôt après la récolte du grain, on le sème pour faire ce qu'on nomme un *renversement*; c'est-à-dire qu'au moyen d'un labour on retourne les plantes dans le sein de la terre, ainsi qu'on peut le faire des vesces, des fèves, etc.; ce qui améliore beaucoup un sol. On sème le lupin en automne, dans une terre légère et maigre.

Le lupin est amer; mais on lui fait perdre cette amertume soit en le dépouillant ou en le mettant dans de la lessive ou de l'eau salée, ou même de l'eau pure. Alors il sert pour la nourriture de l'homme comme légume. Cependant il est un peu indigeste. Cette graine sert aussi à nourrir les chevaux et les bœufs. Comme toutes les graines, elle leur profite beaucoup plus réduite en farine et concassée que si on la leur donnait entière ; mais les volailles n'en mangent pas. Autrefois, en Grèce et en Italie, on faisait une grande consommation de lupin, surtout les classes peu aisées. En Égypte, la farine de lupin est encore en usage pour adoucir la peau, ainsi que nous faisons de la pâte d'amandes. Chez nous, cette farine ne s'emploie guère que comme cataplasme.

LUXATION (chirurgie) [de *luxare*, déboîter]. — Sortie de la tête d'un ou de plusieurs os hors de la cavité avec laquelle ces os sont articulés : mais, comme il est des articulations qui ne présentent ni têtes osseuses ni cavités, cette définition est inexacte. La luxation est le déplacement de deux ou plusieurs pièces osseuses, dont les surfaces articulaires ont perdu en tout ou en partie leurs rapports naturels, soit par l'effet d'une violence extérieure (luxation accidentelle), soit par suite d'une altération de quelqu'une des parties qui concourent à l'articulation (luxation spontanée). La luxation est complète quand les os ont entièrement perdu leurs rapports articulaires; incomplète lorsqu'ils les conservent encore en partie. Le traitement des luxations accidentelles consiste à opérer la réduction des os déplacés, opération qui comprend trois temps principaux : l'extension, la contre-extension et la coaptation. L'extension consiste à faire, sur le membre luxé, une traction assez forte pour que la surface articulaire déplacée puisse être dégagée du lieu où elle s'est logée accidentellement, et qu'elle soit ramenée au niveau de sa place naturelle. On employait autrefois, à cet effet, des machines plus ou moins compliquées, des moufles, dont l'usage a été banni de la chirurgie moderne, mais qui, peut-être, n'ont pas toujours autant d'inconvénients qu'on l'a supposé. Quoi qu'il en soit, c'est ordinairement par des aides que le chirurgien appelé à réduire une fracture fait pratiquer l'extension. On entoure la partie inférieure du membre avec la partie moyenne d'une serviette, pliée dans sa longueur en plusieurs doubles, et que l'on fixe autour du bas du membre à l'aide d'une bande roulée : c'est au moyen des chefs de cette bande de linge, restés libres, que les aides tirent le membre dans la direction convenable. En même temps, d'autres serviettes ou même des draps sont placés de même autour de la partie supérieure du membre, ou quelquefois autour du tronc, pour pratiquer la contre-extension, c'est-à-dire pour résister aux efforts extensifs. Lorsque tout est ainsi disposé, le chirurgien, placé au côté externe du membre luxé, dirige les mouvements des aides, surveille les progrès de l'opération, et dès que les efforts d'extension sont parvenus à mettre de niveau les surfaces articulaires, il les pousse l'une vers l'autre, et rétablit leurs rapports naturels : il fait la coaptation. Après la réduction, il est indispensable d'appliquer un bandage qui maintienne les parties dans un repos absolu assez longtemps pour permettre aux ligaments et aux capsules articulaires de se consolider. (*Nysten*.)

LUXE (philosophie, morale). — Ce mot exprime en quatre lettres la source des misères et des ruines de ce temps. C'est le fléau des civilisations avancées telles que la nôtre. Tâchons de bien définir; ce point est important; car nous combattons une erreur sociale qui est défendue comme vérité par d'habiles écrivains, et il importe de bien préciser la question.

Le luxe, c'est tout ce que l'homme dépense en dehors de ses vrais besoins. Les besoins de l'homme sont la nourriture, le vêtement, l'habitation et les moyens de s'instruire et de développer ses facultés actives. Une fois reconnue la somme de ses besoins, d'après sa condition sociale et privée, tout le reste est nuisible. Pourquoi ? Parce d'abord toute jouissance attaque l'organe qui abuse, parce que toute consommation improductive détruit un agent qui eût servi à la production.

Un cultivateur qui emploie son épargne à embellir sa demeure et ses habits, au lieu d'améliorer sa terre, détruit du capital et appauvrit son pays.

Un rentier qui emploie tous ses revenus superflus en frivolités et en jouissances, au lieu d'augmenter la production de ses domaines en y créant du travail et du pain pour ceux qui en manquent, appauvrit son pays et travaille à la destruction de l'homme. Tout capital formé aux dépens des objets nécessaires est un attentat à la richesse publique et à la vie humaine. Or, le luxe ne fait pas autre chose parmi nous. Le luxe détruit à la fois l'homme qui y travaille et l'homme qui en jouit. Le premier est perdu pour le travail utile, et le second, esclave de besoins factices, est un agent de destruction de la vraie richesse.

Si le capital dépensé depuis trente ans en jouissances et en superfluités avait été économisé et mis à profit pour améliorer le sol, croyez-vous que le blé et la viande manqueraient aujourd'hui ? Croyez-vous que nos campagnes seraient désertées, et que nos villes regorgeraient d'ouvriers demandant à vivre en travaillant pour les plaisirs des riches?

Mais que dis-je, riches? Est-ce qu'il y a des riches parmi les esclaves du luxe? Je n'ai jamais connu que des pauvres parmi eux. Il n'est pas de passion aussi dévorante, et qui dise plus à l'homme : Apporte! apporte!

Si ce capital énorme, consacré aux spectacles, divertissements, voitures, bals, équipages, dentelles, bijoux était consacré à rendre à la terre ce qu'il lui a ôté, c'est-à-dire la valeur de la nourriture des ouvriers et des matières premières qu'elle a fournies, la France produirait aujourd'hui de quoi nourrir cinquante millions d'hommes; au lieu d'acheter à l'étranger quatre cents millions de matières premières, pareilles à celles que produit son sol, elle en revendrait à ses voisins; l'industrie pourrait produire à meilleur marché, parce que la vie serait moins chère pour l'ouvrier; elle écoulerait davantage, parce que le laboureur dans l'aisance pourrait en acheter les produits.

Quand le peuple s'imagine que le blé est suffisant en France pour le nourrir, il commet une grosse erreur; mais cette erreur serait une vérité sans le luxe qui stérilise chez nous la production et ruine à la fois le fonds et le revenu du pays.

Avec le travail et l'économie, la terre peut s'enrichir continuellement; la culture et l'engrais peuvent doubler, tripler, décupler le revenu du sol. La moindre famille, dont les quelques arpents valent 10,000 fr., peut leur donner en vingt ans une valeur de 20,000 à 30,000 fr. Cela se voit, cela pourrait se voir partout, si toutes les familles économisaient au profit de la terre et du travail le tribut payé à la vanité, aux jouissances et au luxe.

Le luxe est le produit du sensualisme et de la vanité. La religion et la vertu peuvent seules réprimer ces deux vices. En ce sens, il est parfaitement exact de dire que la religion est la mère de la richesse, et que l'irréligion est la ruine d'un pays. « Cherchez le règne de Dieu, dit l'Évangile, et le reste vous sera donné par surcroît. » Toute l'économie politique est dans ce mot. Hors de là il n'y a que mensonge et ruine.

Eh bien! il n'y a pas de mauvaise cause qu'on ait défendue avec autant d'acharnement que celle du luxe. Le sophisme favori de ses partisans peut se réduire à cet exemple : Voici pour 1 fr. de fil de lin; en passant par les mains de l'industrie, ce lin deviendra une dentelle qui pourra valoir 2,000 fr. N'est-ce pas créer la richesse que de transformer un objet de 1 fr. en un objet de 2,000? Et, là-dessus, nos économistes de s'extasier. — Très-bien, répondrons-nous, mais pendant que vos dentelières ont fait ce travail de 2,000 fr., ont-elles produit du pain? Non; il a fallu le produire pour elles, apparemment. Ces 2,000 fr., soustraits au travail et à la production du sol, n'ont-ils pas fait hausser le prix de ses produits? et la femme qui a orné ses épaules de cette dentelle n'a-t-elle pas détruit un capital qui, bien employé, aurait pu augmenter de 100 ou 200 fr. le

produit d'un hectare de terre. Cette femme a dévoré pour sa parure la nourriture de cinq familles à la campagne. Avec son colifichet, elle eût pu donner des vêtements et des chaussures à cinquante malheureux de ses semblables, et ces vêtements n'eussent-ils pas donné du travail aux ouvriers chargés de les faire?

Ainsi, on détruit 2,000 fr. de valeurs, on a anéanti positivement la matière d'un revenu de 200 fr. dans ce produit que vous estimez une création de richesse.

M. de Saint-Bonnet a dit un mot profond, le dernier mot sur le luxe, comme sur la plupart des erreurs de ce temps : « L'homme de luxe ne consomme pas, il consume. »

Encore s'il ne consumait que dans l'ordre matériel! Mais que dire des misères morales engendrées par le luxe! C'est par là que nous aurions dû commencer, comme chrétiens; mais nous tenions à terrasser cet ennemi de l'humanité sur le terrain économique, où il a la prétention de jouer un rôle utile et même honorable. Il ne fait illusion qu'à ceux qui ignorent ce que c'est que la *richesse*. — Voy. *Richesse.*

Quant à l'ordre moral, le luxe ne fait illusion qu'aux aveugles. La cupidité, l'égoïsme, une vanité féroce, sont son escorte obligée. Les familles qu'il ruine et déshonore tous les jours, les privations matérielles, les capitulations de conscience, les sacrifices de dignité qu'il inflige à ceux qui subissent sa tyrannie, de loin comme de près, nous dispensent de faire son procès. Ce vers de la comédie de *l'Honneur et l'Argent* :

Et je n'ai pas diné pour m'acheter des gants,

est plus ou moins l'histoire journalière de cinq cent mille Français par le temps qui court.

L'effet immédiat des industries de luxe est de placer un pays tout entier dans cette position : les objets de nécessité manquent; les objets de luxe abondent. Ceux-ci vont sans cesse en diminuant de prix, les autres deviennent inabordables.

On dit qu'à Bruxelles les dames des meilleures familles ont formé une association contre le luxe. Les sociétaires s'engagent à ne jamais dépasser un chiffre déterminé dans leur toilette, leur ameublement, leurs frais de réception; enfin de refuser toute alliance avec les familles où l'on suit les entraînements fastueux du jour.

Voilà un exemple à suivre. Les femmes, dit-on, font les mœurs. Puissent-elles refaire les nôtres sur ce point! elles nous doivent cela, d'autant plus qu'elles ne sont pas tout à fait innocentes du luxe qui nous ruine aujourd'hui.   L. Hervé.

LUZERNE (botanique). — Plante connue dès la plus haute antiquité, dont on compose ce qu'on appelle les prairies artificielles : elle est très-utile pour la nourriture des chevaux et du gros bétail. Il faut un terrain gras et léger pour semer la luzerne; au bout de trois années, elle est en plein rapport et abondante. On la renouvelle au bout de sept à huit ans. Elle donne deux à trois récoltes annuellement.

Il se fait en France un grand commerce de graines de luzerne; plusieurs départements, tels que ceux du Rhin, de la Moselle, etc., en exportent une grande quantité à l'étranger; on en envoie aussi dans l'intérieur, où il s'en consomme beaucoup pour en faire du fourrage excellent, qui se vend, comme le foin, au cent, et par bottes du poids de 12 livres chaque.

LYCOPODE (*lycopodium*) (botanique). — Poussière qui se trouve dans des capsules réniformes,

Fig. 10. — Lycopode.

s essiles, à deux valves, dont sont composés deux petits épis cylindriques, géminés, que produit le *lycopodium clavatum;* petite plante cryptogame, de la famille des lycopodiacées, intermédiaire entre celle des mousses et des fougères. Linnée regarde le lycopodium comme le pollen ou poudre fécondante de la plante qui le fournit. C'est une espèce de soufre végétal, ou poussière d'un jaune tendre, très-fine; elle nage à la surface de l'eau sans en être pénétrée; elle est sans odeur, et prend feu comme de la poudre lorsqu'on la présente à une flamme. Elle est employée dans les feux d'artifice. Elle vient de l'Allemagne et de la Suisse, en petits barils de sapin du poids d'environ 50 à 80 kil.

LYMPHE (physiologie). — Fluide incolore qui provient, selon quelques physiologistes, de toutes les matières que l'absorption interne recueille dans les diverses parties du corps : « elle est faite par le système lymphatique, au moment même où s'accomplit cette absorption; elle circule dans un ordre particulier de vaisseaux, reçoit, chemin faisant, le chyle, est versée avec lui dans les veines, et devient un des matériaux du sang. Selon d'autres, le sang, parvenu dans les radicules artérielles, est partagé en deux parties, l'une rouge, qui est rapportée au cœur, l'autre séreuse, qui est absorbée par les vaisseaux lymphatiques, et qui constitue la lymphe.—Voy. *Vaisseaux*.

LYNX (zoologie). —Mammifères carnassiers, du genre chat, qui se distinguent des chats par leur queue beaucoup plus courte que le train postérieur, et par leurs oreilles pointues et terminées par un bouquet de poils. Tels sont le loup cervier, le lynx du Canada, le chat cervier, qui font d'assez belles fourrures, le caracal, le lynx ou chat botté, etc.

LYRE. — Cet instrument de musique remonte à la plus haute antiquité. On l'attribue généralement à Apollon; mais une tradition grecque prétend que Mercure en fut l'inventeur, et qu'il en céda l'honneur à Apollon (dix-neuvième siècle avant J. C.). On cite encore Orphée, Linus et Amphion; le premier l'aurait composée de sept cordes (1360 avant J. C.), qu'Amphion aurait augmentées de trois autres; enfin, suivant d'autres, la lyre aurait été inventée par Therpandre et Olympe (645 avant J. C.). Celle-ci n'avait que trois cordes; on y en ajouta une quatrième qui rendit le tétracorde complet, et les différentes manières de les accorder constituèrent les trois genres, le diatonique, le chromatique et l'enharmonique. Les Scythes augmentèrent bientôt la lyre d'une cinquième corde qui forma le pentacorde; plus tard on joignit deux tétracordes pour former l'heptacorde ou lyre à sept cordes, que Simonides compléta par une huitième: enfin le Milésien Thimothée, contemporain de Philippe, roi de Macédoine, porta les cordes de la lyre jusqu'à douze, ce qui forma trois tétracordes. On jouait de cet instrument de deux manières: en frappant les cordes avec une baguette d'ivoire ou de bois poli, appelée *plectrum*, ou en les pinçant avec les doigts. Cette dernière manière fut longtemps regardée comme inconvenante; Épigone fut le premier qui osa s'affranchir du joug de ce préjugé.

FIN DE LA LETTRE **L.**

M, treizième lettre et dixième consonne de l'alphabet français. — En français, M. signifie Monsieur; MM. Messieurs, S. M. Sa Majesté. — Comme signe numérique, M vaut 1000 et M̄ 1,000,000; en grec, μ' vaut 40. — Sur les monnaies, M était la marque de la fabrique de Toulouse.—En chimie, Mg signifie Magnésium; Mn, Manganèse; Mo, Molybdène.

MACÉRATION (pharmaceutique). — Opération qui consiste à laisser séjourner quelque temps à froid un corps dans un liquide, dans le but de dissoudre quelques-uns de ses principes constituants, ou d'en extraire les principes solubles, ou enfin de les conserver ainsi.

MACHINE. — Voy. *Mécanique* et *Presses.*

MACROURES (zoologie).—Le nom de *macroures* a été donné aux crustacés de cette famille, à cause de la longueur de leur queue ou plutôt de leur abdomen, qui fait toujours au delà du thorax une saillie considérable, et se termine par une nageoire en forme d'éventail; tels sont le homard et l'écrevisse.

Leur *tête* est unie au thorax comme chez les brachyures; mais leurs *antennes* sont toujours très-développées; les internes ne peuvent pas se replier dans une fossette; leur *carapace* est presque toujours plus longue que large, et n'a pas ses côtés saillants

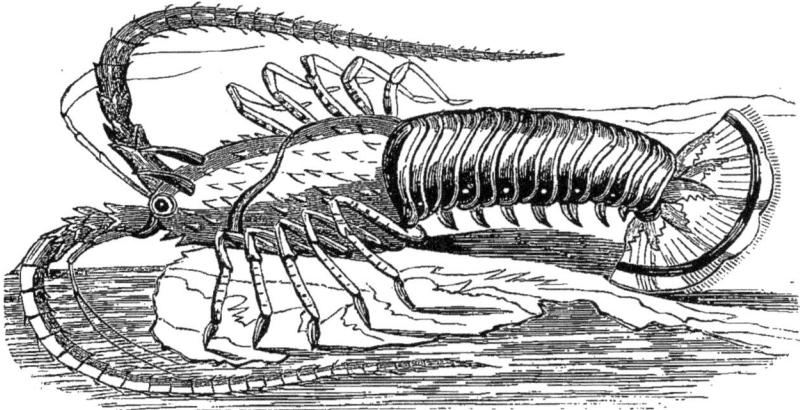

Fig. 11. — Macroures.

au-dessus de la base des pattes; celles-ci sont toujours au nombre de dix, et les premiers se terminent très-généralement en pince didactyle, tandis que les suivantes varient par leur forme comme par leur destination.

Les crustacés de cette famille sont essentiellement nageurs, quelle que soit la conformation de leurs pattes, la disposition de la queue étant suffisante pour leur rendre facile la locomotion dans l'eau. Mais il

faut observer que, la nageoire frappant le liquide d'arrière en avant, l'animal ne nage qu'à reculons. Du reste, de même que tous les autres crustacés, les macroures peuvent marcher au fond de l'eau soit en avant, soit sur les côtés.

On divise cette famille, comme celle des brachyures, en un grand nombre de genres, qu'on rapporte à différentes tribus. Les plus remarquables sont les *pagures*, les *écrevisses*, les *langoustes* et les *salicoques*. (Dr Salacroux.)

MADRÉPORE (zoologie). — Genre de polypiers, qui ont pour caractères d'être pierreux, fixés, simples ou branchus, avec une ou plusieurs cavités de formes variables, mais toujours garnies de lames radiées.

Les madrépores ont été connus de tout temps. On les trouve mentionnés dans Dioscoride, sous les noms de *lithophyton*, *lithodendron*; dans Pline, sous ceux de *gorgone* ou de *méduse*; dans les auteurs du moyen âge, sous ceux de *fungite*, *asroïte*, *pore*, *madrépore*, *millépore*, *porpite*, *réticulaire*, *coralloïde*, *anthophylle*, *acrophore*, *acabarium*, etc. Plusieurs de ces noms ont été consacrés par Linnæus, Lamarck et autres, pour désigner des genres voisins.

Les naturalistes modernes, depuis Césalpin jusqu'à Tournefort, ont regardé les madrépores comme des plantes; mais leur organisation s'éloignant beaucoup de celle des autres végétaux, ils les appelèrent des *plantes-pierres*, et les placèrent à l'extrémité de la chaîne, comme faisant réellement le passage des végétaux aux minéraux.

C'est à Peyssonnel, médecin de Marseille, qu'on doit les premières observations qui ont constaté que le corail, les madrépores et autres productions marines étaient de fabrication animale. Dans un mémoire qu'il envoya, en 1727, à l'Académie des Sciences de Paris, il prouva, par des expériences nombreuses et bien suivies, que ce que Marsigli avait pris pour des fleurs étaient de véritables animaux; que ces animaux formaient et augmentaient journellement leur habitation, etc. L'Académie, qui est comme tous les corps, ne jugeant vrai que ce qu'elle enseignait, ne fit d'abord aucune attention à ce mé-

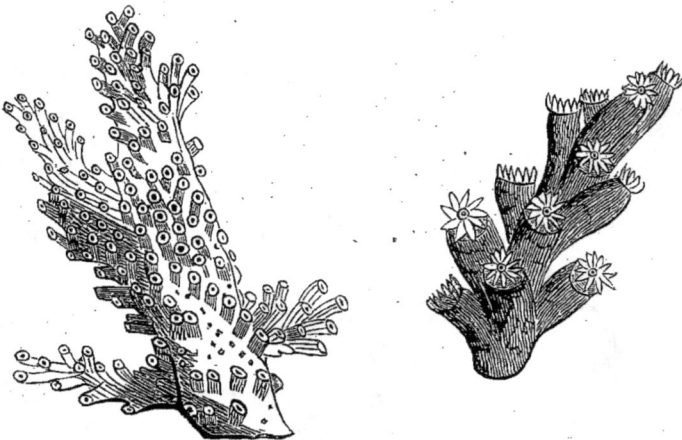

Fig. 12 et 13. — Madrépores.

moire, qui, bientôt, devait faire changer de face à une partie de l'histoire naturelle. Ce ne fut que quelques années après, lorsque Trembley eut publié ses découvertes sur les polypes d'eau douce, depuis appelés *hydres*, que quelques membres de l'Académie se rappelèrent le mémoire de Peyssonnel, firent voir sa concordance avec les observations de Trembley, et enfin que trois d'entre eux, Réaumur, Bernard de Jussieu et Guettard, se rendirent sur les bords de la mer pour vérifier ses expériences. Les résultats de ce voyage furent complétement en faveur de l'opinion de Peyssonnel, à qui personne n'a depuis disputé la gloire de cette mémorable correction en histoire naturelle.

La nature des madrépores est positivement la même que celle des coquilles. C'est une matière calcaire unie à une portion plus ou moins grande de substance animale ou de gélatine. Leur contexture varie beaucoup. Certaines espèces sont considérablement solides et dures, d'autres très-cellulaires et friables. Leur forme est dans le même cas. On en voit qui sont sphériques, d'autres demi-globuleuses, d'autres plates. Plusieurs sont branchues, et leurs branches sont tantôt unies, tantôt hérissées, colonnées, striées, etc. Leur couleur varie moins, le blanc jaunâtre y domine; cependant on en trouve de rouges, de brunes et de jaunes.

Mais, quelles que soient la contexture, la forme et la couleur des madrépores, ils possèdent tous le caractère principal du genre, c'est-à-dire une ou plusieurs étoiles, enfoncées et formées par des rayons en lames minces, perpendiculaires et souvent inégales. Ces étoiles sont tantôt solitaires et rondes, oblongues, prolifères, sur des polypiers libres, tantôt solitaires ou plus ou moins nombreuses, et rondes, oblongues, prolifères, etc.; sur des polypiers fixés; ces derniers sont de beaucoup plus abondants que les autres. Parmi eux, on en voit d'arborescents, où les étoiles sont fixées à l'extrémité des branches seulement; d'autres où elles garnissent toute la superficie. Il en est aussi de foliacés, qui ont des étoiles sur les deux superficies ou sur une seule.

MAGIE (science occulte) [du grec *magéia*, l'art

des mages]. — Le mot magie, dans son origine, signifiait l'étude de la sagesse; il était, par conséquent, synonyme de philosophie. Cette étude ayant conduit à celle de l'astrologie, de la physique et à quelques découvertes en chimie ét en histoire naturelle, on fit de la magie une science occulte, à l'aide de laquelle l'homme fut censé produire, contre l'ordre de la nature, des effets merveilleux, tels que commander aux éléments, évoquer les âmes, intervertir la marche des astres, se faire obéir du diable, et autres absurdités de ce genre. On distinguait avec grand soin la magie blanche et la magie noire. On rapportait la magie blanche aux bons anges, parce qu'on la croyait toujours secourable. La magie noire était imputée au pouvoir des démons, parce qu'elle opérait le mal.

MAGISTÈRE (chimie) [du latin *magisterium*, l'art d'un maître, état supérieur].—Les anciens chimistes paraissent n'avoir voulu signifier par ce terme que des préparations exquises et très-subtiles. Il y a autant de magistères qu'il y a de différents états et de différentes propriétés ou choses. Il y a magistère de poudre, magistère de volatilité, magistère de couleur, magistère d'odeur, etc. Le magistère de poudre est celui dont on entend le plus souvent parler en chimie : c'est une poudre parfaitement fine, précipitée de quelque dissolution saline, ou quelque autre fluide qui rompt la force du menstrue dans lequel on avait dissous un médicament, et qui l'oblige de la laisser tomber en poudre subtile au fond du vaisseau. Tels sont les magistères de perles, de corail, d'étain, de bismuth, etc.

MAGNÉSIE [de *magnès*, aimant, parce que, dit-on, on lui supposait la propriété d'attirer les humeurs du corps, comme l'aimant attire le fer].—Le nom de *magnésie* a été donné tantôt à l'*oxyde de magnesium*, appelé aussi *magnésie pure, magnésie calcinée, magnésie décarbonatée*, etc., et tantôt au *carbonate de magnésie*, nommé encore dans les officines, *magnésie blanche, magnésie anglaise*. C'est à l'oxyde de magnesium que cette dénomination doit être appliquée: c'est la *magnésie* proprement dite, substance légèrement alcaline, verdissant le sirop de violettes, blanche, pulvérulente, peu sapide, à peine soluble dans l'eau, susceptible pourtant de se combiner à ce liquide, à l'état d'hydrate, lorsqu'on la précipite d'une solution saline. A l'air, elle se transforme peu à peu en carbonate, ce qui oblige de la conserver dans des flacons bien bouchés, et lorsqu'on en prescrit aux malades pour plusieurs jours, de renfermer chaque dose dans de petites fioles. On obtient cet oxyde en calcinant le carbonate de magnésie du commerce (hydrocarbonate), jusqu'à ce qu'il cesse de faire effervescence avec l'acide hydrochlorique. En France, la magnésie n'est guère employée que comme absorbante, délayée dans de l'eau sucrée et souvent associée à d'autres poudres, dans les cas d'aigreurs de l'estomac, de flatulence, etc. On la préfère généralement à son carbonate, dans ce dernier cas surtout, quoique les usages en soient d'ailleurs les mêmes. Les Anglais, chez qui la magnésie est, à

ce qu'il paraît, calcinée plus fortement, obtiennent une magnésie plus douce au toucher, mais compacte, et par conséquent inférieure à la nôtre comme absorbante ; ils en font fréquemment usage comme laxative, soit seule, soit divisée dans un looch blanc; ils la regardent encore comme préservatif de la gravelle. La magnésie forme avec l'acide carbonique deux combinaisons, l'une avec excès d'acide (bicarbonate), toujours liquide et n'existant qu'en solution dans les eaux minérales, l'autre neutre et cristallisable dite *carbonate de magnésie*. Ce carbonate, combiné à de l'hydrate de magnésie, constitue le carbonate du commerce (magnésie anglaise), qui est un hydro-carbonate obtenu en décomposant une dissolution de sulfate de magnésie au moyen d'une solution de carbonate de potasse, recueillant et lavant le précipité. Plus les sels employés sont purs, les solutions étendues, les lavages faits avec soin, et la dessiccation rapide, plus le sel obtenu est blanc et a de la valeur dans le commerce.

MAGNÉTISME [de *magnetismus*, latin et allemand; *magnetism*, anglais; *magnetismo*, italien et espagnol]. — Cause qui donne à un aimant naturel ou artificiel la propriété de se diriger vers le nord.

Le *magnétisme terrestre* est l'action de la terre sur l'aiguille aimantée. — Voy. *Aimant.*

Zoo-magnétisme [de *zoos* animal, et *magnetismus,* magnétisme animal]. — Ce mot a une acception variable suivant les auteurs. C'est un principe spécial qu'on indique comme la source des actions organiques; principe qui siège particulièrement dans le système nerveux, qui se transmet d'un corps vivant à un autre, par le contact, le simple approchement ou l'effet d'une forte volonté (1).

Il signifie aussi l'application des propriétés de cet agent à l'art de guérir; c'est ainsi qu'on dit *magnétiser* et *magnétiseur*, pour désigner l'action d'appliquer ce fluide et celui qui l'applique.

Les phénomènes du magnétisme animal ont été popularisés par Mesmer, médecin allemand, de là le mot de *mesmérisme* qu'on donne quelquefois au *zoomagnétisme.*

Aujourd'hui le magnétisme animal est un fait, et son application, toute contestée qu'elle soit, est une science. Car on lit, dans le remarquable *Traité de la Science médicale*, du savant docteur Édouard Auber, quelques pages qui, sous la plume élégante et ferme de ce médecin philosophe, offrent un solide appui à ceux qui veulent, dédaignant le charlatanisme et le honteux mensonge, chercher la vérité et l'utilité du magnétisme pour le débarrasser des souillures de la spéculation et l'offrir à l'investigation des esprits solides et purs, désireux de tout étudier :

« Si les détracteurs du magnétisme, si certains
» *membres bornés des sociétés savantes, magnifique-*
» *ment* ignorants et pompeusement débiles, savaient
» mieux, ou même savaient un peu ce que c'est que
» le magnétisme, ils cesseraient de clabauder avec

(1) Pour ce mot *Magnétisme animal*, la Rédaction déclare laisser à l'auteur toute la responsabilité de ses idées.

» tant d'impertinence contre une *science* qu'ils ne
» comprennent pas, et qui finira par les écraser tôt
» ou tard sous le poids du ridicule qu'ils s'efforcent
» de soulever contre elle. »

Le magnétisme est donc accepté et traité de science par un des esprits les plus investigateurs et les plus sérieux de notre époque. Et j'ajoute modestement, mais avec la conviction profonde que donnent une longue étude et des expériences multipliées : Le magnétisme n'est pas seulement appelé, comme le croit encore aujourd'hui le vulgaire, à produire le somnambulisme, et, par là, être l'agent plus ou moins véritable à l'aide duquel on peut retrouver les objets perdus et les trésors cachés. Non, le magnétisme, véritable reflet de la puissance divine, a été donné à l'homme pour lui faire connaître et comprendre l'action intime et réciproque que les être animés exercent les uns sur les autres, et souvent nous éclairer sur nos facultés médicatrices, et les employer pour guérir ou soulager les maux de nos semblables, en dirigeant sur eux, par la volonté, le principe qui nous anime.

Incompris pendant des siècles, parce que ceux qui le possédaient avaient un puissant intérêt à le cacher, c'était le plus solide piédestal qui les élevait au-dessus de la foule ; et, quel que soit le pays ou l'époque, nul n'aime à descendre d'une position élevée pour se mettre au niveau du peuple qu'on a dominé.

Plus tard, le génie de Mesmer retrouva la parole perdue, et fit briller de nouveau cette lumière *oubliée*, mais non éteinte. L'œuvre de Dieu ne peut disparaître sans sa volonté. L'homme était là, par conséquent le magnétisme n'était pas loin : mais là aussi se retrouvait dans l'homme les imperfections inséparables de sa nature. Aussi les corps savants repoussèrent-ils le magnétisme, les uns en disant que c'était l'œuvre du démon, les autres en le niant tout à fait. Car, en l'acceptant, il fallait l'étudier, c'est-à-dire descendre de la chaire professorale et redevenir écolier. Il était plus facile de le *ridiculiser*, et le ridicule est une arme à double tranchant, qui fait de terribles blessures, et dont, quand on n'en meurt pas, on porte les traces longtemps.

Pourtant le magnétisme est un puissant moyen d'action sur nos organes, soit à l'état de santé, soit à l'état maladif. Pourquoi donc tant de médecins repoussent-ils le magnétisme ? Est-ce qu'ils ne connaîtraient pas les œuvres de Mesmer, de Puységur, de Deleuze, de l'abbé Faria, et, plus tard, les ouvrages de Du Potet, de Ricard, de Teste, d'Aubin Gauthier, de Charpignon, de Szapary, de Coguena, Orioli, Verati, Nani, Guidi, etc., etc., et beaucoup d'autres, qui ont apporté à l'étude du magnétisme leur part d'honorabilité et d'intelligence ? et avant tout cela, l'étude des anciens auteurs, tant par les écrits que par leurs monuments, où l'histoire du magnétisme est profondément burinée et vernie par le temps ?

Et pourquoi l'homme, ce roi de la création, pour lequel la création semble faite, qui tient à Dieu par l'esprit et à la matière par sa nature, serait-il privé, lui qui est un résumé de cette création, d'une des

facultés que quelques brutes possèdent, et qu'on retrouve dans les éléments de cette création pour laquelle il est fait, mais aussi dont il est le maître ?

Les mots qui servent à écrire l'histoire du magnétisme peuvent être encore obscurs, et quelques-unes des plumes qui la tracent peuvent être guidées par une vénalité regrettable : mais c'est le petit nombre ; mais ce n'est pas un motif suffisant pour repousser une science qui mérite le rang qu'elle doit occuper dans l'échelle des connaissances humaines ; surtout aujourd'hui, que l'impossible d'hier sera notre indispensable de demain, et qu'en fait de science, on ne peut plus nier sans craindre d'avoir à se déjuger.

Pour nous, qui aimons à rester entre les bornes étroites de la raison physiologique, nous pensons que le magnétisme animal est le résultat de l'électricité vitale qui est en nous, développée plus ou moins, selon les constitutions, et surtout selon l'exercice que nous donnons à nos organes.

En étudiant le cerveau, on y retrouve quelques-uns des éléments d'une pile voltaïque ; et la circulation sanguine de notre être, source de notre chaleur, peut être considérée comme une machine électrique rotatoire. Donc, pour nous, les phénomènes que ces deux électricités produisent sont du magnétisme animal : son action est variable comme l'homme qui le produit, et auquel on veut l'appliquer. Mais, plus il y a d'homogénéité morale entre eux, plus les phénomènes sont rapides, et quelquefois assez extraordinaires pour dépasser les limites du possible, si aujourd'hui nous les connaissons.

MARQUIS DU PLANTY, *docteur en médecine.*

MAGNOLIER (botanique) [du nom de *P. Magnol*, botaniste français]. — Genre type de la famille des magnoliacées du nord, renfermant des arbres et des arbrisseaux d'ornement, originaires de l'Amérique et de l'Asie orientale, et dont plusieurs sont naturalisés dans nos jardins. On en distingue quinze espèces, remarquables en général par un port élégant et majestueux, par des corolles solitaires à pétales tantôt pendants, tantôt redressés, et qui exhalent une odeur très-suave ; par de grandes feuilles luisantes du plus joli vert, qui persistent toute l'année chez quelques espèces, et tombent aux approches de l'hiver chez d'autres ; enfin, par la hauteur qu'ils atteignent dans leur pays. Nous devons citer le *magnolier à grandes fleurs*, originaire de la Caroline du Sud, qui acquiert la grandeur du noyer. L'odeur suave qui s'exhale de ses fleurs rappelle les parfums unis de la rose, de la jonquille et de l'oranger. L'*arbre parasol* est ainsi nommé de la disposition des grandes feuilles qui l'ornent, et qui sont étalées et ramassées cinq et six ensemble, à l'extrémité supérieure des rameaux. Transporté en France, en 1732, le magnolier n'a commencé à y être généralement connu et apprécié que vers la fin du siècle dernier. Le bois de toutes les espèces de magnolier est aromatique ; l'écorce de certaines espèces s'emploie contre les fièvres, et est connue sous le nom de *quinquina de Virginie*. »

MAI (chronologie) [du latin *maius*]. — Le cinquième mois de l'année grégorienne, et le troisième du calendrier de Romulus: il a 31 jours. Sous le rapport astronomique, mai occupe la troisième place dans l'écliptique, ainsi que le signe des gémeaux, signe dans lequel le soleil paraît entrer du 19 au 23 de ce mois, quoique réellement, par l'effet de la précession des équinoxes, il soit maintenant, en mai, dans celui du taureau.

Les Romains avaient consacré ce mois aux vieillards (*majores*), ou, selon d'autres, à *Maïa* mère de Mercure. Les catholiques le consacrent à la Vierge et l'appellent mois de Marie.

MAILLECHORT [de *Maillot* et *Charlier*, ouvriers lyonnais, qui ont inventé cet alliage]. — Composition de cuivre, de nickel et de zinc, avec un peu de fer et d'étain, et qui a à peu près le son et la couleur de l'argent. La composition la plus généralement adoptée contient sur 100 parties : cuivre, 55 ; nickel, 23 ; zinc, 17 ; fer, 3 ; étain, 2. Les Allemands lui donnent le nom d'*argentan*, les Anglais l'appellent *british silver* (argent britannique). Le maillechort est susceptible de recevoir un très-beau poli ; mais cet alliage peut être dangereux quand on l'emploie pour les vases destinés à conserver des aliments. On en fait aussi de la petite bijouterie.   LARIVIÈRE.

MAIN (anatomie). — Voy. *Anatomie*.

MAKIS (zoologie). — Genre de mammifères quadrumanes, de la famille des lémuriens, composé de petits animaux auxquels leur museau long et effilé a fait donner le nom de singe à museau de renard. On les reconnaît parmi tous les autres genres de la même famille à leurs formes élancées, à leur queue longue et touffue, à leurs yeux bien séparés et de moyenne grandeur, et à leurs membres bien proportionnés. « La beauté de leur pelage, la douceur de leur caractère, la gentillesse de leurs mouvements les font rechercher par tous les amateurs d'animaux domestiques, et leur tempérament robuste s'accoutume assez bien à toutes sortes de climats. On en voit fréquemment à Paris. Mais on remarque que dans les contrées plus septentrionales ils sont incommodés du froid, et qu'ils cherchent à s'en ga-

Fig. 14. — Maki.

rantir en s'approchant du foyer, ou en se roulant en boule. Dans le premier cas, ils s'asseyent sur leur derrière, et tiennent leurs mains étendues vers le feu, absolument comme nous faisons pour nous réchauffer. Dans le second cas, ils fléchissent la tête contre la poitrine, ramènent les membres sous le ventre et se couvrent sur le dos de la queue. Une de leurs habitudes les plus remarquables est celle de ne se jamais coucher sans avoir fait un grand nombre de sauts en ligne verticale, et de ne s'endormir que sur l'angle le plus saillant de quelque meuble élevé.

A l'état sauvage les makis vivent par troupes de trente à quarante individus, excepté dans la belle saison. A cette époque de leur reproduction, ils se séparent par paires, et restent ainsi isolés pendant environ six mois, temps durant lequel leurs petits ont besoin des secours de leurs parents. »

MAL DE MER. — L'effet le plus étonnant et le plus inévitable de la navigation, dit le docteur Bossu, est le *mal de mer*. Ce mal singulier, caractérisé par la céphalalgie, des haut-le-corps, des nausées, des vomissements avec sentiment d'angoisse inexprimable, collapsus physique et moral, qui rend inaccessible à toute espèce de sensation ; ce mal, sur les causes duquel on a émis tant d'opinions, établi tant de théories, mais qu'on n'explique pas bien encore dans son étiologie ; ce mal, pour la prophylaxie et la curation duquel on a inventé tant de remèdes, toujours infaillibles, au dire des inventeurs, mais toujours inefficaces, peut être prévenu, modéré, guéri quelquefois, par les précautions suivantes : « Avant de monter sur un bâtiment de mer, petit ou grand, à vapeur ou à voiles, on fera bien de lester l'estomac d'une nourriture saine, fortifiante et pas trop abondante. Une fois sur le bâtiment, on se promènera, on se distraira sur le pont en variant ses loisirs, ses stations, ses attitudes, ses regards. Ces moyens sont-ils sans avantages? des malaises, des nausées se font-ils sentir? on descend au fond du bâtiment, où les secousses sont presque nulles, on se couche sur le dos, la tête peu élevée, les pieds moins élevés encore, et l'on reste dans cette position tant que les symptômes précurseurs du *mal* sont sensibles. » Voy. *Nautiésie*.

MALACOPTÉRYGIENS (zoologie) [de *malacos*, mou, et *pteryx*, nageoire].— Grande division de la série des poissons osseux. Ils ont pour caractères d'avoir tous les rayons mous, et ils se subdivisent en *malacoptérygiens abdominaux*, *malacoptérygiens subranchiaux* et *malacoptérygiens apodes*, suivant qu'ils ont les nageoires ventrales en arrière de l'abdomen, ou qu'elles sont suspendues à l'appareil de l'épaule, ou bien que ces organes manquent entièrement.— Voy. *Poissons*.

MALADIE (pathologie, médecine légale). — État de souffrance particulier à l'organisme, résultant du désordre survenu dans l'accomplissement des fonctions des organes.

Lorsque ce dérangement consiste dans un simple trouble de la fonction, sans aucune lésion de l'organe souffrant, il constitue une *maladie* ou *lésion fonctionnelle* : telles sont les maladies nerveuses et les simples indispositions.

Lorsqu'il s'accompagne d'un commencement de trouble de l'organe souffrant, tel qu'un mouvement congestionnel du sang ou inflammation commençante, il y a alors *lésion fonctionnelle* et commencement de *lésion organique*.

La lésion organique peut *précéder* le désordre fonctionnel et en être la cause, comme dans les plaies et les blessures.

Enfin la *lésion organique* peut être *consécutive* et être le résultat de la lésion fonctionnelle, ayant agi pendant un certain temps, et, dans ce cas, elle peut être *fugace* et se dissiper complétement, ou bien elle peut *persister* et constituer à elle seule toute la maladie. Dans le premier cas rentrent la plupart des inflammations lorsque la cause a cessé d'agir. Dans le second rentrent les inflammations passées à l'état chronique (*ancien*).

On distingue encore les maladies en *aiguës* et en *chroniques* : les premières sont des maladies dont les *périodes* sont *courtes* et bien tranchées, et qui se terminent ordinairement par la guérison ou la mort, après un temps qui varie entre quelques heures et quelques semaines. Les secondes, au contraire, sont de très-longue durée. Elles ont aussi des périodes, mais elles sont longues et peu tranchées; elles se terminent rarement par la guérison, principalement à cause du peu de persévérance des malades à suivre le traitement qui leur est applicable : aussi elles s'accompagnent presque toujours de lésion organique.

MALADIES SIMULÉES. — Celles que l'on feint d'avoir. Nous réunirons dans cet article les *maladies simulées, dissimulées, prétextées et imputées*. Voici ce qu'en dit le docteur Sedillot dans sa *Médecine légale* :

Maladies simulées. Parmi leurs causes, la plus commune est le désir de se faire exempter de la conscription ou du service militaire. L'on voit aussi des accusés simuler la folie pour échapper à la peine qui les menace ; des mendiants se couvrir de plaies, tomber dans de fausses défaillances; pour exciter la commisération. Combien n'a-t-on pas observé de

prisonniers accuser des maux imaginaires, et supporter les traitements les plus longs et les plus rigoureux, pour échapper à une horrible détention !

M. Max a partagé ces maladies en deux classes : 1° celles par *imitation*, dans lesquelles l'affection est complétement feinte, comme l'épilepsie, les douleurs nerveuses, l'aphonie, etc.; 2° celles par *provocation*, où l'affection existe réellement, mais est due à des causes externes et volontaires dont on peut facilement suspendre l'action.

Il est rare qu'avec de la patience, de l'observation et un peu de finesse, l'on ne parvienne à découvrir la ruse; car il est un grand nombre de moyens capables de la faire reconnaître.

A. On s'informera quelles sont les circonstances dans lesquelles la personne se trouve placée, et quels sont les motifs qui peuvent l'engager à simuler la maladie qu'elle accuse.

B. On jugera si l'affection est en rapport avec l'âge, le tempérament et les causes assignées; si les symptômes sont vrais, il ne faut pas alors, en interrogeant le malade, énumérer les principaux signes, mais y substituer des phénomènes extraordinaires ou impossibles; car les prétendus malades, croyant qu'on leur parle d'observations réelles et communes, s'empressent de répondre affirmativement et se trahissent ainsi. « Sauvages, soupçonnant la bonne foi d'une petite fille de sept ans, qui imitait parfaitement les gestes et les mouvements de ceux qui tombent en épilepsie, lui demanda s'il ne passait pas un *air* de la main à l'humérus, et de là dans le dos et le fémur. Elle répondit que oui. Il ordonna alors qu'on lui donnât le fouet, et la recette fit tant d'effet, qu'elle se trouva parfaitement guérie. » (*Nosologie méthodique*.)

C. Si la maladie est intermittente et revient par accès, on attend ce moment pour l'observer et la soumettre aux épreuves convenables. On ne doit recourir aux médications énergiques, telles que la cautérisation, etc., que lorsqu'on aura la conviction que c'est le seul moyen de vaincre l'entêtement ridicule de celui qui persévère dans des allégations évidemment mensongères.

1° *Maladies simulées par imitation.* — *Amaurose.*—Quoique l'on observe, dans quelques cas d'amaurose, la persistance des mouvements de l'iris, ils sont toujours plus lents, et les contractions de cette membrane ne durent pas, quoique l'intensité de la lumière reste la même; tandis que dans les cas d'intégrité de la vision, les mouvements de l'iris sont très-rapides, et que sa dilatation est en rapport soutenu avec le degré d'obscurité, et son resserrement avec l'intensité du rayon lumineux. Quelques gouttes d'extrait de belladone ou de jusquiame, instillés entre les paupières, amènent la dilatation et l'immobilité de la pupille, mais ces effets ne se prolongent pas au delà de vingt-quatre heures pour la jusquiame, et de six ou sept heures pour la belladone : il suffira donc d'examiner plusieurs fois le malade, en empêchant qu'il ne puisse recourir à de nouvelles applications de ces substances.

Myopie. — MM. Percy et Laurent rapportent qu'ils ont vu des individus qui s'étaient habitués à lire avec toutes sortes de lunettes ; la rareté d'un pareil fait laisse subsister les règlements qui ne déclarent myopes que ceux qui lisent avec des verres n° 3, et à une distance d'un pied, et qui voient assez bien de loin avec un verre n° 5. On peut aussi les faire lire en plaçant le livre à quelques lignes seulement des yeux.

Surdité. — Rien n'est plus commun que les exemples de surdité simulée, que l'on ne pourrait jamais découvrir si l'attention et l'intelligence étaient assez grandes pour faire soutenir ce rôle. Mais de pareils exemples sont excessivement rares ; il faut donc observer longtemps, et avoir recours à toutes les épreuves possibles. Percy en a indiqué un assez grand nombre. Tantôt on baisse successivement la voix, et le faux sourd continue à répondre : « Un autre faux sourd, que des moyens analogues n'avaient pas démasqué, voit entrer dans la salle où il était détenu un gendarme qui s'annonce comme ayant ordre de l'arrêter, parce qu'il est prévenu de meurtre et de vol; aussitôt le faux sourd proteste contre cette mesure, et pleure parce qu'il est innocent. » (Orfila.) Quelquefois on trouve des pois, des boules de cire dans les oreilles : moyens qui ne pourraient abuser qu'un observateur peu attentif. Le *Moniteur* a raconté l'histoire d'un homme qui se faisait passer pour sourd-muet depuis plusieurs années ; M. Sicard fut conduit à découvrir sa ruse par sa manière d'orthographier; il écrivait *qu'honduit*, et les autres mots tels qu'on les prononce, ce qui prouvait qu'il les entendait, puisque les sourds et muets ne peuvent écrire que comme ils voient.

Ozène. — Comme l'ozène rend impropre au service ceux qui en sont attaqués (punais), quelques individus ont simulé cette affection en s'introduisant dans les narines des substances fétides; il faut alors avoir égard à la conformation du nez, qui est ordinairement écrasé, à l'existence de cicatrices ou des symptômes de syphilis, de dartres, de vice scorbutique ou cancéreux; maladies qui sont les causes ordinaires de l'ozène. On fait des injections dans les fosses nasales, et l'on reconnaît bientôt des lésions véritables, si la maladie n'est pas simulée.

Contracture. — Les militaires feignent assez souvent d'être affectés de contracture, soit des membres, soit du rachis, Percy, qui a eu l'occasion d'observer fréquemment de pareils exemples, indique plusieurs moyens pour s'assurer de la vérité; s'ils paraissent quelquefois cruels, il faut penser qu'il est extrêmement rare qu'ils soient appliqués à de véritables malades. J'ai souvent vu des soldats se plaindre du raccourcissement de l'un des membres inférieurs; lorsqu'ils marchaient, la claudication était très-prononcée; étendus en supination sur leur lit, on trouvait une différence de longueur de un à deux pouces; mais on s'apercevait aisément que le bassin n'était pas placé sur une même ligne; les deux épines iliaques n'étaient pas de niveau; les muscles de la cuisse étaient fortement contractés,

ainsi que ceux de la jambe, ce qui arrive également dans les flexions forcées du genou. Il suffit alors de frapper légèrement le membre, et d'ordonner au malade de le relâcher, de l'abandonner à son propre poids, pour que les articulations deviennent flexibles; on voit alors le membre reprendre sa longueur dès le moment que le bassin n'est plus dévié. Si ces moyens ne suffisent pas, on exerce une assez forte pression sur tout le membre, au moyen d'un bandage roulé, et on lui imprime mécaniquement des mouvements répétés; les muscles se fatiguent, et l'on découvre la fraude. Percy conseille de faire placer l'individu sur un pieu un peu élevé, et de le forcer à se tenir en équilibre sur sa bonne jambe; bientôt l'autre est prise de tremblement et s'allonge; il a vu cette épreuve réussir sur douze hommes qui avaient résisté à l'emploi de toutes les autres.

Quelquefois, en piquant à l'improviste des individus qui prétendaient être affectés de lumbago avec contracture du rachis, on les a vus se redresser subitement.

Épilepsie. — Dans les fausses attaques d'épilepsie, l'accès a presque toujours lieu dans les moments où des gens étrangers à la médecine peuvent seuls l'observer. En annonçant que l'on va faire de profondes brûlures, ou que l'on va recourir à des moyens extraordinaires, comme de larges incisions, la castration, le faux épileptique, qui n'a pas perdu connaissance, est épouvanté, termine son accès et n'y retombe plus. On cherche à découvrir des signes de sensibilité par l'emploi de l'ammoniaque mis sous les narines; on examine la pupille, qui est dilatée et insensible à la lumière; l'état du cœur, dont les battements sont forts et tumultueux; il doit y avoir de l'écume à la bouche; et M. Marc conseille d'étendre les pouces et les poignets, qui restent allongés si l'attaque est véritable; enfin, il est rare que la fin de l'accès puisse être simulée; le retour de l'intelligence, qui passe par des expressions d'hébétude et d'étonnement, est difficile à contrefaire, surtout aux yeux d'un médecin qui a vu souvent la maladie.

En outre, la plupart des véritables épileptiques ont quelque chose de particulier dans toute l'expression, qui ne trompe pas un œil exercé. La physionomie est triste et stupide; tous les muscles de la tête semblent affaiblis, la paupière supérieure est légèrement abaissée et tombante. La tête est penchée en avant, ou sur les côtés; le visage est terne, quelquefois affecté de mouvements convulsifs, rapides et partiels. Les dents incisives inférieures sont usées en biseau à leur face antérieure, chez les anciens épileptiques. Les pommettes sont colorées, et les jugulaires saillantes, ce qui annonce l'habitude et l'imminence de la congestion cérébrale.

Incontinence d'urine. — Le meilleur moyen de distinguer l'incontinence d'urine est d'essuyer le gland, et d'observer si l'urine suinte continuellement de l'urètre; quand l'orifice de ce canal reste sec; il est probable que cette affection n'existe pas; mais il pourrait arriver qu'elle fût arrêtée par l'état de veille et qu'elle n'eût lieu que la nuit; alors on surprend le malade au milieu de son sommeil, et on lui introduit une sonde dans la vessie : si on la trouve pleine, on est certain de l'imposture.

Il est encore une foule d'affections qui ont été simulées, mais il serait trop long de nous y arrêter, je me bornerai à citer quelques exemples des plus remarquables.

Une femme s'était introduit dans l'anus un boyau de bœuf, qu'elle laissait pendre de près de six pouces, pour faire croire à un renversement du rectum. Les hémorrhoïdes ont été imitées au moyen de vessies de poissons ou de rats, insufflées et teintes de sang, et soutenues par un ressort. Différentes hémorrhagies peuvent être simulées : l'hématurie, par une injection de sang dans la vessie ; l'hémoptysie, en se blessant les gencives, ou le fond de la bouche ; l'hématémèse, en avalant du sang de bœuf ou d'un autre animal, et en le vomissant ensuite. Les rhumatismes sont une des maladies le plus facilement simulées. Il suffit d'une observation soutenue et un peu attentive pour découvrir toutes ces supercheries.

2° *Maladies simulées par provocation.* — Des mendiants, pour exciter la pitié, s'insufflent de l'air dans le tissu cellulaire sous-cutané, et parviennent ainsi à se rendre monstrueux ; d'autres en avalent, ou s'en font pousser dans les intestins, pour simuler le ballonnement ; l'absence complète des symptômes qui accompagnent ces affections doit faire soupçonner la ruse.

Quelques-uns ont recours à l'action vésicante de certaines substances, telles que les cantharides, le garou, le suc de tithymale, de la clématite, pour simuler de larges ulcères, ou entretenir indéfiniment une plaie qui guérirait autrement très-vite. Il suffit d'observer la constitution de l'individu, qui n'est jamais sympathiquement altérée, et de placer un cachet sur le bandage, pour que l'on voie bientôt se cicatriser ces prétendues lésions incurables.

Des conscrits se donnent volontairement des ophthalmies, en exposant leurs yeux à un courant d'air, ou en se servant de poudres irritantes. On en a vu qui s'étaient arraché les cils, et avaient cautérisé le bord des paupières ; d'autres se sont fait arracher les dents ; quelques-uns se sont mutilés. Dans tous ces cas, l'affection existe, mais elle a été provoquée, et ce n'est que par une enquête que l'on peut arriver à la vérité. De telles questions sont quelquefois d'une extrême importance. A la suite des batailles de Lützen, Bautzen, et Würchen, près de trois mille soldats eurent les doigts tronqués ou les mains traversées par des balles. On les accusa de s'être mutilés volontairement, et ils eussent été décimés, si le baron Larrey, chirurgien en chef des armées impériales, n'eût démontré, dans un rapport remarquable, inséré dans les *Mémoires et Campagnes*, que ces blessures n'avaient nullement été volontaires.

Maladies dissimulées. — Il faut qu'il y ait atteinte à l'ordre légal pour qu'une maladie soit dissimulée. Celui qui se présente comme remplaçant en cachant des infirmités qui le rendent impropre au service ; la femme galante, qui cherche à tromper le médecin de visite sur la syphilis dont elle est atteinte : voilà des exemples de maladies dissimulées. Il en serait de même d'un individu qui aurait reçu une blessure légère, et qui tairait les circonstances particulières qui l'ont aggravée, afin d'obtenir des dommages-intérêts plus grands ou d'exercer une vengeance. Mais on ne peut dire, dans le sens légal, qu'une personne qui, par pudeur, n'ose avouer des affections que l'on regarde généralement comme honteuses, telles que les dartres, la gale, la syphilis ; une jeune femme qui cache une légère inflammation des organes génériteurs, dissimulent leur état, parce que, dans ces cas, il n'y a pas de déception, et que cette condition est décisive dans la question qui nous occupe. Nous ne pouvons tracer ici de règles particulières véritablement utiles, parce que la connaissance parfaite des maladies dissimulées peut seule les faire facilement découvrir. Cependant, dans l'examen d'un homme qui se présente comme remplaçant militaire, etc., il faut observer s'il n'existe pas de cicatrices adhérentes, de varices, de varicocèles, de chute ou relâchement du rectum, si les yeux sont bons, les dents intactes, si la poitrine résonne bien, etc.

Maladies prétextées. — Une maladie prétextée est celle qui, par sa nature, sa légèreté ou d'autres raisons, ne peut servir au but que l'on voudrait atteindre. C'est ainsi qu'un témoin ou un juré prétexte une simple incommodité pour s'exempter du devoir qui lui est imposé ; dans ce cas, un médecin nommé d'office est chargé d'examiner le malade, et il doit déclarer, dans son rapport, que l'affection est trop légère pour constituer une excuse.

Maladies imputées. — Rien de plus facile de reconnaître qu'une maladie est imputée, puisque ses symptômes n'existent pas ; et alors l'on découvre aisément les motifs de l'imputation. C'est la maladie syphilitique ou une grossesse qui sont le plus souvent imputées. (*Sédillot.*)

MALATE (chimie) [de *malum*, pomme]. — Nom générique des sels neutres formés par l'union de l'acide malique avec les bases. On en trouve plusieurs dans le règne végétal, tels que ceux de chaux, de magnésie, de potasse : mais peu sont usités. Leurs caractères généraux sont peu tranchés, mais on peut les reconnaître en les transformant en malate de plomb peu soluble à froid dans l'eau, mais susceptible de se cristalliser en aiguilles soyeuses lorsque ce liquide est bouillant. Le malate de fer est seul employé en médecine.

MALVACÉES (botanique) [de *malva*, mauve]. — Famille de plantes qui constitue un ordre de la méthode naturelle de Jussieu. Cette famille est une de celles que les botanistes modernes ont le plus dénombrées. Telle qu'elle a été constituée par M. le professeur Kunth, et telle que l'adopte M. A. Richard, elle comprend les trois premières sections de celle de Jussieu, et renferme des plantes herbacées, des arbustes et même des arbres à feuilles simples, alternes ou lobées, munies de deux stipules à leur base. Ces fleurs sont axillaires, solitaires ou diversement groupées, et forment des espèces d'épis. Le calice, souvent accompagné d'un calicule, est monosépale, à trois ou cinq divisions, rapprochées en forme de valves avant leur épanouissement; corolle à cinq pétales alternes avec les lobes du calice, contournés en spirale avant leur développement, souvent réunis par leur base au moyen de filets staminaux, de manière que la corolle tombe d'une seule pièce et simule une corolle monopétale; étamines très-nombreuses, à filets monadelphes et à anthères réniformes, constamment uniloculaires; pistil composé de plusieurs carpelles, tantôt verticillés autour d'un axe central, tantôt réunis en capitule; styles distincts ou plus ou moins soudés, portant chacun un stigmate simple à leur sommet; fruit disposé comme les carpelles autour d'un axe, ou en tête ou soudé en une capsule pluriloculaire s'ouvrant en autant de valves qu'il y a de loges. Les graines, dont le tégument propre est quelquefois chargé de poils cotonneux, se composent d'un embryon droit, généralement sans endosperme, ayant les cotylédons foliacés et repliés sur eux-mêmes. (*Nysten.*)

MAMELLE (anatomie). — Corps glanduleux hémisphériques situés sur les parties supérieures latérales et antérieures de la poitrine chez la femme, et servant à la sécrétion et à l'excrétion du lait. Du milieu de leur surface s'élève le *mamelon*, éminence conoïde susceptible d'érection, où viennent aboutir les vaisseaux lactifères excréteurs. Un tissu adipeux abondant, subjacent à la peau fine et délicate des mamelles, entoure de toutes parts la *glande mammaire*, formée de petits lobes blanchâtres, unis entre eux par un tissu cellulaire dense et non graisseux.

MAMMIFÈRES (histoire naturelle) [de *mamma*, mamelle, et *ferre*, porter]. — On comprend sous cette dénomination tous les animaux vivipares, à sang chaud et à mamelles; c'est la première classe du règne animal. A sa tête est l'*homme*, qui seul est *bimane*; ensuite viennent tous les animaux qui approchent le plus de l'homme par la complication de leur organisation et le haut degré de leur intelligence. Tous ont des mamelles, des poumons, un cerveau volumineux, un cœur à deux ventricules, un diaphragme musculaire entre la poitrine et le bas-ventre; presque tous ont les mâchoires garnies de dents; presque tous aussi ont un système pileux plus ou moins développé. — Voy. *Animal.*

MANCENILLIER (botanique) [*hippomane mancenilla*].—Genre de la famille des euphorbiacées. L'espèce type est un arbre de la grandeur d'un noyer, qui croît dans l'Amérique équatoriale et l'Arabie; il abonde surtout aux Antilles, où il forme de vastes forêts. Son nom lui vient de la ressemblance de son fruit avec une petite pomme appelée par les Espagnols *mancenilla*; feuillage semblable à celui du poirier; fleurs pourpre foncé; fruit charnu, laiteux, de la forme d'une pomme d'api; bois dur et d'un très-beau grain, servant dans l'ébénisterie. Lorsque l'on coupe les rameaux de cet arbre, il en découle un suc blanc, laiteux, âcre et brûlant, dans lequel les sauvages trempent leurs flèches pour les empoisonner.

Les voyageurs ont beaucoup exagéré les dangers des émanations du mancenillier; cependant son ombrage peut donner un peu de céphalalgie, et l'eau

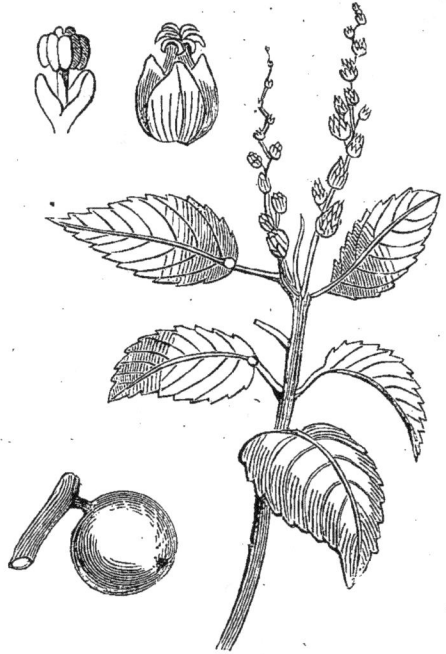

Fig. 15. — Mancenillier.

qui a coulé sur ses feuilles des irritations de la peau.

MANGANÈSE (minéralogie).—Métal découvert par Scheèle et Gahn, en 1774, d'un blanc brillant, pesant 6,85, d'une cassure raboteuse, très-dure, très-fragile, ne se fondant qu'à 160° du pyromètre de Wedgwood. On ne l'obtient que sous forme de grenailles, en traitant par le charbon, et au feu le plus violent, l'un de ses oxydes. Il est peu étudié et sans usages, tandis que son peroxyde ou oxyde noir, connu de toute antiquité, et désigné généralement sous le nom de *manganèse*, en a de très-importants. « Le manganèse se combine avec l'oxygène en six proportions : il forme avec lui deux bases salifiables, le *protoxyde* ou *oxyde manganeux* (MnO), et le *sesquioxyde* ou *oxyde manganique*, la *braunite* des minéralogistes, appelée aussi quelquefois *tritoxyde de manganèse* (Mn^2O^3); une combinaison de ces deux oxydes, l'*oxyde manganoso-manganique* ou *hauss-mannite* des minéralogistes (Mn^3O^4 ou MnO, Mn^3O^3); un *peroxyde*, la *pyrolusite* (MnO^3); et deux acides, l'*acide manganique* (MnO^3) et l'*acide permanganique* (Mn^2O^7). La présence du manganèse se reconnaît aisément dans un minéral à la coloration verte qu'il communique à la soude, lorsqu'on le fait fondre avec ce sel. »

MANIE — Délire général avec agitation, irascibilité, penchant à la fureur. « La physionomie des maniaques prend un caractère particulier, qui contraste avec la physionomie qu'ils avaient dans l'état de santé; la tête est ordinairement haute, les cheveux sont hérissés; tantôt la face est colorée, particulièrement les pommettes; les yeux alors sont rouges, étincelants, saillants, convulsifs, hagards, fixés au ciel, bravant l'éclat du soleil; tantôt la face est pâle, les traits sont crispés, souvent concentrés vers la racine du nez; le regard est vague, incertain, égaré. Dans le paroxysme de la fureur, tous les traits s'animent, le cou se gonfle, la face se colore, les yeux étincellent, tous les mouvements sont vifs et menaçants.

Les maniaques dorment peu ou ont un sommeil troublé par des rêvasseries, et sont quelquefois plus exaltés la nuit que le jour. Tous les médecins ont constaté le plaisir qu'ils éprouvent de se trouver à une température très-froide ; et le 15 décembre 1840 nous en avons eu un exemple frappant chez le nommé Jacques, ancien domestique de M. Anquetil, économe à la Salpêtrière : ce maniaque est resté dans une cour de cet hospice, pendant sept heures, assis par terre, par une température de 15 à 16 degrés au-dessous de zéro, n'ayant d'autre occupation que de compter et recompter une douzaine de sous qu'on lui avait donnés le matin.

La manie étant quelquefois simulée, on reconnaîtra parfaitement le faux maniaque à l'absence des signes indiqués par Esquirol, au manque ordinaire d'agitation pendant le sommeil, d'insensibilité au froid, etc. — Voy. *Aliénation.*

MANIPULATION [du latin *manipulus*, poignée d'herbes]. — Ce mot signifiait anciennement, chez les Romains, une poignée d'herbes, une botte de foin, autant qu'on en pouvait contenir dans la main. Tant que les Romains eurent pour enseigne une botte de foin, le mot manipule servait à désigner cette enseigne; mais lorsqu'à la botte de foin ils substituèrent l'aigle, manipule ne signifia plus que la section, le peloton, la poignée d'hommes qui était distinguée par une enseigne. Depuis, on a étendu la signification de manipule à tout ce qui peut se faire avec la main ; et manipulation signifie aujourd'hui, dans le langage des arts, manière adroite et facile d'opérer. Ce n'est pas assez de savoir les principes, il faut encore savoir manipuler.

MANNE (matière médicale) [de *manare*, couler]. — Suc concret qui nous vient, par Marseille, de la Sicile et de la Calabre, où on le récolte sur une espèce de frêne nommée *fraxinus ornus*, L. Quoique la manne en découle spontanément, on en augmente l'exsudation en pratiquant sur son écorce, au mois de juillet, des incisions d'un pouce de longueur, et d'un demi-pouce de profondeur. On en fait chaque jour de nouvelles, toujours du même côté de l'arbre, en remontant jusqu'aux branches; l'année d'après, on les fait sur un autre côté : ainsi de suite. La manne que l'on obtient est plus ou moins pure, selon l'époque à laquelle elle a été recueillie, et suivant que le temps a été plus ou moins pluvieux. 1° La manne en larmes (*manna lacrymata, manna in guttis, manna tabulata*) est celle qui, dans les mois de juillet et d'août, se dessèche promptement sur l'écorce de l'arbre ou sur de petites pailles disposées à cet effet dans les incisions; elle est en larmes blanches, douces, sucrées, plus ou moins sèches et volumineuses ; 2° La manne en sortes (*manna communis, manna vulgata, manna in sortis*) est celle qui, dans les mois de septembre et d'octobre, coule le long de l'arbre, et se dessèche moins vite et moins complétement; elle est en grumeaux irréguliers et un peu gras; 3° La manne grasse (*manna inferior, manna spissa, manna sordida, manna crassa*) coule jusqu'au pied de l'arbre, pendant le mois de novembre et le commencement de décembre, et est reçue sur une couche de feuilles du même arbre, dont on a eu soin de couvrir le sol. Ce n'est qu'une masse molle, gluante, chargée d'impuretés. La manne en sortes de Sicile est connue dans le commerce sous le

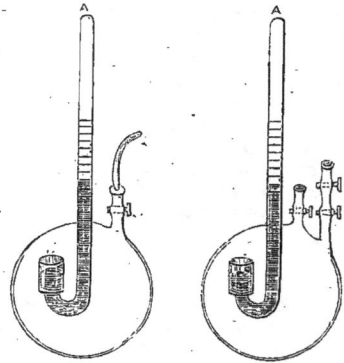

Fig. 16. — Manomètre.

nom de *manne Géracy*, et celle de Calabre sous celui de *manne Capacy*. Cette substance donne, à l'analyse : 1° du sucre, qui forme un dixième du poids total ; 2° un principe doux, solide, blanc, inodore, d'une saveur fraîche et sucrée, très-soluble dans l'eau, cristallisable en prismes triangulaires, que l'on a appelé *mannite* (voy. ce mot); 3° un principe nauséeux, incristallisable, d'autant plus abondant que la manne est moins pure ou plus détériorée. Selon M. Bouillon-la-Grange, c'est ce dernier principe qui est le principe actif. La manne est un laxatif très-employé, que l'on prescrit à la dose de 30 à 60 grammes en solution dans environ un verre d'un véhicule aqueux ou de lait. On l'associe quelquefois à des purgatifs plus énergiques, mais elle nuit à leur action, plutôt que de l'augmenter; plus la manne est vieille, plus son action purgative est marquée. (*Nysten.*)

MANOMÈTRE (physique).—Instrument en forme de baromètre raccourci, à l'aide duquel on mesure la force des fluides aériformes. C'est une espèce de baromètre dont la branche ouverte entre dans un vaisseau clos dans lequel se trouve le fluide dont on veut éprouver l'élasticité. On adapte des manomètres aux machines pneumatiques, ainsi qu'aux machines à vapeur.

MANULUVE (thérapeutique) [de *manus*, main, et *luo*, laver]. — Moyen thérapeutique qui consiste dans l'immersion plus ou moins prolongée des mains, et le plus souvent des avant-bras, dans un liquide chaud. On prescrit les *manuluves*, comme les *pédiluves*, pour produire une action dérivative, c'est-à-dire pour détourner une congestion des poumons, une hémorrhagie, etc. Quelquefois on les administre à titre d'émollients ou de narcotiques, pour calmer un panaris, un phlegmon, etc.

MANUFACTURE (jurisprudence). — La législation sur les *brevets d'invention* est destinée à encourager les découvertes dans le champ de l'industrie. Divers règlements ont été portés sur les *apprentissages* et les *livrets* des ouvriers. Une loi de 1841 a déterminé les conditions du travail des *enfants* et *ouvriers* dans les manufactures. Des règlements spéciaux ont aussi été conçus dans le dessein de prévenir les *coalitions* des maîtres et des ouvriers, d'ailleurs punies par le Code pénal, art. 415 ; de veiller à la police des ateliers *dangereux ou insalubres*. D'autres règlements se proposent de garantir la *contrefaçon*, l'emploi des marques de fabrique ou la confection de certains produits.

Relativement aux manufactures, le Code contient les dispositions suivantes :

Art. 413. Toute violation des règlements d'administration publique relatifs aux produits des manufactures françaises qui s'exporteront à l'étranger, et qui ont pour objet de garantir la bonne qualité, les dimensions et la nature de la fabrication, sera punie d'une amende de 200 fr. au moins, de 3,000 fr., au plus, et de la confiscation des marchandises. Ces deux peines pourront être prononcées cumulativement ou séparément, selon les circonstances.

Art. 417. Quiconque, dans la vue de nuire à l'industrie française, aura fait passer en pays étranger des directeurs, commis ou des ouvriers d'un établissement, sera puni d'un emprisonnement de six mois à deux ans, et d'une amende de 50 fr. à 300.

Art. 418. Tout directeur, commis, ouvrier de fabrique, qui aura communiqué à des étrangers ou à des Français résidant en pays étrangers des secrets de la fabrique où il est employé, sera puni de la réclusion et d'une amende de 500 fr. à 20,000 fr. — Si ces secrets ont été communiqués à des Français résidant en France, la peine sera d'un emprisonnement de trois mois à deux ans et d'une amende de 16 fr. à 200 fr.

MANUSCRIT [corruption du latin *manuscriptum*, écrit à la main].—Les manuscrits sont des ouvrages écrits à la main. Les anciens manuscrits sont les monuments littéraires les plus précieux, et font la principale richesse des grandes bibliothèques.

On doit considérer dans les manuscrits leur ancienneté, les différentes écritures nationales qui ont eu lieu pendant plusieurs siècles, et dont la naissance, les progrès et la décadence sont de la plus grande utilité pour déterminer l'âge des anciens manuscrits qui précèdent le treizième siècle ; les langues anciennes et modernes dans lesquelles ils sont écrits, leurs matières, les liqueurs métalliques et autres qu'on a employées, la beauté de l'écriture, les miniatures, les vignettes et les arabesques qui l'accompagnent, et jusqu'à la couverture, qui par la matière et les bas-reliefs, souvent antiques dont elle est ornée, intéressent également l'antiquaire et l'artiste. Pour la connaissance des anciennes écritures, consultez le *Nouveau Traité diplomatique* des Bénédictins, la *Diplomatique* de Mabillon, et la *Paléographie* de Montfaucon.

Manuscrits d'Herculanum. — Pour avoir une juste idée de ces manuscrits, il faut concevoir une bande de papier, plus ou moins longue, large d'environ un pied. On distribuait sur la longueur de cette bande plusieurs colonnes d'écriture, séparées entre elles, et allant de droite à gauche. On la roulait ensuite, mais de façon qu'en ouvrant le manuscrit, on avait sous les yeux la première colonne, et que la dernière se trouvait dans l'intérieur du rouleau.

Ces manuscrits furent trouvés dans la chambre d'un palais ; ils étaient rangés les uns sur les autres, dans une armoire en marqueterie. Lorsqu'on mit la main dessus, tous ceux qui n'avaient point été saisis par la chaleur des cendres étaient pourris par l'effet de l'humidité, et ils tombèrent comme des toiles d'araignée aussitôt qu'ils furent frappés de l'air. Ceux, au contraire, qui, par l'impression de la chaleur des cendres, s'étaient réduits en charbon, étaient les seuls qui fussent conservés.

Ces livres ne sont ni en parchemin ni en papyrus, comme on l'a cru ; ils sont écrits sur des feuilles de cannes de jonc, collées les unes à côté des autres, et roulées dans le sens opposé à celui où on lisait. Ils sont écrits d'un côté seulement, et disposés par petites colonnes qui ne sont guère plus hautes que les pages de nos in-douze.

Ces volumes, ou feuilles roulées et converties en charbon, ressemblent, pour la plupart, à un bâton brûlé, de deux pouces de diamètre, et d'un pied à peu près de longueur. Quand on veut le dérouler, ou enlever les couches de ce charbon, il se casse et se réduit en poussière ; mais en y mettant beaucoup de patience, on est parvenu à lever les lettres les unes après les autres.

On est venu à bout, par des procédés dont le père Antoine Peaggi est l'inventeur, de dérouler quatre manuscrits grecs, dont le premier traite de la philosophie d'Épicure ; le second est un ouvrage de morale ; le troisième un poëme sur ou contre la musique, et le quatrième un livre de rhétorique. Mais ce travail est excessivement long ; et il est à craindre que de longtemps on ne voie paraître les livres précieux qui peuvent se trouver dans ces manuscrits, au nombre de quinze à dix-huit cents, et parmi lesquels on ne doit pas désespérer de recouvrer quelques-uns de ceux qu'on croyait perdus.

Jusqu'à ces derniers temps, le roi de Naples s'était refusé à toutes les sollicitations de la part des puissances étrangères, jalouses de partager le soin de dérouler ces manuscrits; mais enfin, l'empereur des Français, Napoléon, et l'héritier de la couronne d'Angleterre, en ont obtenu un certain nombre, que des savants sont actuellement occupés à dérouler et à traduire, et dont le public pourra jouir dans quelques années.

MAPPEMONDE. — C'est une carte géographique représentant la surface des hémisphères qui composent le globe terrestre. Il y a plusieurs systèmes de projection adoptés pour les mappemondes: le plus généralement suivi représente un globe scié en deux à ses deux méridiens du 1er et 190e degré, et dont les deux demi-boules seraient placées à côté l'une de l'autre, occupées chacune par un des deux continents. L'équateur avec ses parallèles d'un côté, les méridiens de l'autre, donnent le moyen de vérifier la longitude et la latitude de tous les points de la terre et d'assigner leurs distances respectives. Les mappemondes facilitent l'intelligence de la géographie. Placez-en une sous les yeux des enfants, et faites-leur faire le tour du monde en marquant au passage les villes célèbres et les lieux illustrés par de grands faits historiques, vous les intéresserez toujours, et, au lieu de les rebuter, l'étude des sciences les passionnera et façonnera leur esprit aux habitudes sérieuses et au travail.

MAQUEREAU (zoologie). — Poisson de mer de la longueur d'une tanche, dont le corps est un peu plus arrondi, sans écailles apparentes; son dos est d'un bleu ardoisé et projette des bandes de la même couleur, moins foncée sur les côtes; le reste du corps est d'un blanc verdâtre. Sa chair est saine et nourrissante, mais un peu lourde de digestion. Il s'en fait une grande consommation à Paris et dans les villes voisines des côtes de la Manche et de l'Océan.

La pêche du maquereau est une industrie considérable sur tout le littoral de la Manche et de l'Océan, depuis Brest jusqu'à Dunkerque. Dieppe, le Havre et Boulogne sont les villes qui exploitent principalement cette pêche et la salaison du maquereau. La pêche a lieu sur les côtes de la Manche au printemps. Alors le maquereau, qui s'est reproduit sous les glaces des mers polaires, quitte ces parages pour émigrer vers le midi en longeant les côtes de France et d'Angleterre: on les voit s'avancer en masses énormes ou bancs, comme les harengs; lorsqu'il n'y en a plus au nord, on en trouve encore au sud, le long des côtes de Bretagne.

MARAÎCHER (jardinage). — La culture dite maraîchère, ainsi nommée parce que les terrains où elle se pratique étaient primitivement des marais, a pour objet d'approvisionner les marchés des villes de légumes et surtout de primeurs. Les faubourgs et la banlieue de Paris sont couverts de jardins maraîchers d'une merveilleuse fécondité. Dans un espace étroit un maraîcher obtient, à force de soins habiles, d'engrais et d'arrosages, cinq à six récoltes par an. Avec les asperges, qui se vendent de 75 centimes à 2 fr. la botte, avec les melons, les fraises, les petits pois et autres produits du même genre, les bons maraîchers deviennent tous aisés, sinon riches en peu d'années.

Avant les chemins de fer la culture maraîchère n'était praticable qu'aux abords des villes qu'elle approvisionnait de légumes; mais aujourd'hui la facilité et la promptitude des transports ont agrandi son domaine, et elle forme une branche chaque jour plus importante de la culture du sol. Outre la facilité des débouchés, les grandes villes lui fournissent des engrais abondants et d'une grande énergie; c'est ainsi que les poudrettes de Paris donnent à la culture des primeurs dans le département de la Seine, et à vingt lieues tout à l'entour, une impulsion merveilleuse.

Nous ne pouvons donner ici les règles de la culture maraîchère; il suffit de dire d'une manière générale que cette culture veut une terre fraîche et profonde, ni trop forte ni trop légère; en un mot, la terre à jardin. Il faut qu'elle soit bien exposée au soleil et à portée des eaux d'arrosage. Le maraîcher, de plus, doit avoir une ample réserve d'objets destinés à protéger ses plants contre les gelées: paillassons, bâches, fumiers pailleux, cloches, abris de toute sorte, et même serre froide, ou même serre chaude au besoin. Une grande activité, une surveillance de chaque instant sont les conditions du succès; déplanter, biner, sarcler, arroser, couvrir les plants le soir pour les abriter de la gelée, et les découvrir le matin pour leur rendre l'air et le soleil, sont ses occupations incessantes à l'égard des plantes et des semis en terre. Tout le monde, femme et enfants, domestiques, a son rôle utile dans cette culture; tous payent de leur personne; mais les succès couronnent les efforts habiles et soutenus. Cependant nous n'oserions conseiller à personne d'entreprendre la culture maraîchère sans y avoir été préparé par un stage chez un praticien entendu. Une année de séjour chez un bon maraîcher des environs de Paris en apprendra plus sur ce point que tous les manuels; ce qui n'empêchera pas de les consulter avec fruit. Voilà la voie la plus sûre à suivre; tout père de famille, possédant un terrain propre à cette culture, à portée d'une ville populeuse, ne saurait mieux faire pour l'établissement de ses fils.   L. HERVÉ.

MARAIS. — Terres couvertes d'eaux stagnantes, formées d'un limon argileux, mêlé de débris de substances végétales. Les marais sont produits par les eaux de pluie ou de source qui tombent sur une terre à sous-sol imperméable. Les plantes aquatiques seules, telles que les roseaux, joncs, carex, etc., s'y développent, et les grenouilles, salamandres, crapauds, etc.; peuplent leurs eaux. Les animaux et végétaux qui périssent dans ces eaux dormantes s'y putréfient, et à leur atmosphère de miasmes insalubres; de là les fièvres qui déciment les populations des contrées marécageuses. Telles sont en France la Sologne, une partie de la Bresse, les landes de Bordeaux, les environs de Marennes, dans la Saintonge, et le midi de la Vendée. Les dessèchements des marais sont non-seulement des entreprises utiles au point de vue agricole, mais surtout un important service rendu à la salubrité des contrées qui en sont couvertes. Mais ces grands travaux exigent des ressources et offrent des difficultés dont nous avons donné un aperçu au mot *Desséchement*. Nous avons, de plus, exposé au mot *Drainage* le moyen d'assainir certaines terres mouillées et presque marécageuses, nommées *marais verts*. C'est à tort que les cultivateurs se contentent du mauvais fourrage que produisent ces fondrières. Un bon drain pratiqué dans le sens de leur pente peut changer ces mauvais terrains en prairies de bonne qualité, et cela avec une dépense peu élevée, eu égard au haut prix des foins. — Voy. *Drainage*.

MARAIS SALANTS. — Ce sont les eaux de mer qui séjournent sur les plages basses, à fond argileux. L'évaporation de ces eaux laisse une couche de sel marin qu'on recueille pour les usages domestiques et pour les besoins de l'industrie et de l'agriculture. En général, il y a entre la mer et les marais salants un premier réservoir où l'eau séjourne au moins vingt-quatre heures pour déposer les matières étrangères dont elle est mêlée ; ensuite on la déverse en levant une vanne sur les marais, où l'eau laisse, en s'évaporant, un sel plus pur, moins mêlé de matières étrangères. Le marais salant est divisé en une multitude de petits carrés séparés par des chassées destinées à resserrer les flaques d'eau pour en activer l'évaporation ; ces carrés communiquent entre eux, mais de manière à ce que l'eau parcoure un long circuit pour aller de l'un à l'autre. C'est en mars que l'eau de mer est envoyée sur les marais salants. Lorsque cette eau commence à rougir, on estime que le sel est cristallisé, et dès lors elle se couvre d'une petite taie de sel qui coule au fond. On amène le sel sur les chaussées qui encadrent les carrés ; cette récolte a lieu tous les trois ou quatre jours, depuis le mois de mai jusqu'à octobre. Les principaux marais salants que possède la France sont sur les côtes de Provence, de Guienne, de Vendée et de Bretagne. Ils rendent, par an, plus de 3 millions de quintaux de sel ; mais il est à désirer que cette quantité augmente, et surtout que le prix en soit abaissé, pour pouvoir en assaisonner la nourriture des bestiaux.   L. HERVÉ.

MARASME (pathologie).—État de maigreur excessive qu'on observe aux dernières périodes des maladies de consomption, telles que la phthisie, les fièvres pernicieuses, etc. Le marasme provient d'un défaut de nutrition, lorsque les organes digestifs ne peuvent plus remplir leurs fonctions, qui est de nous assimiler les aliments. Le remède à ce grave symptôme ne peut être autre que celui de la maladie même dont il est le produit. Chez les vieillards, le marasme est souvent un symptôme de décrépitude, et n'a d'autre cause que le dépérissement des forces vitales. On cherche à les ranimer par des vins vieux et généreux ; mais on ne doit compter que sur un succès éphémère et insignifiant. C'est le signe certain d'une fin prochaine. Fontenelle se mourait sans

maladie à l'entrée de sa centième année. « Qu'éprouvez-vous ? lui demandait son médecin. — J'éprouve une difficulté de vivre, » répondait le spirituel vieillard. Le marasme sans douleur termina cette vie sage et bien réglée.

MARBRE (minéralogie). — Pierre calcaire très-dure, à grain fin et susceptible de recevoir un beau poli, ce qui en rend l'emploi très-fréquent comme ornement dans les édifices publics et même dans les habitations privées. Les marbres sont recherchés en raison de leurs couleurs vives et uniformes. On les polit avec des poudres dures, telles que le grès, le sable, la pierre ponce, l'émeri, etc. On fait des marbres artificiels en collant des fragments de marbre avec la gomme laque appliquée à chaud sur un autre marbre également chauffé.

Les marbres spécialement destinés à la statuaire sont d'un blanc pur, presque diaphanes et sans veines ; ce sont les plus chers de tous. Les plus renommés viennent de Carrare en Italie ; la France en possède des carrières dans les Pyrénées et dans le département de l'Isère. La Corse a fourni de beaux marbres pour le tombeau de Napoléon dans l'église des Invalides. Les autres départements où l'on exploite le marbre sont le Pas-de-Calais, l'Aube, la Mayenne, la Sarthe, le Maine-et-Loire et les environs de Marseille. Les marbres gris, dits de Sainte-Anne, dont on fait les dessus de meubles, proviennent des environs de Mons, en Belgique.

MARC. — Résidu des fruits qu'on a écrasés et dont on a exprimé le jus ou l'huile. Les marcs de raisin, de pommes, etc., servent à la nourriture des volailles. Quant à ceux des graines oléagineuses, telles que colza, navette, noix, etc., on en fait des tourteaux qui servent à l'engraissement des porcs et des volailles. Le marc de raisin et celui de betterave donnent de l'alcool par distillation.

MARCOTTE (jardinage). — C'est la manière la plus naturelle de multiplier une plante, puisqu'elle s'enracine d'elle-même par le moyen de ses coulants ou par ses rameaux qui rampent à terre.

Pour les rameaux dont la tige est rampante, on fait un léger trou dans la terre, et l'on y place une partie du coulant à l'endroit d'un nœud, sans le détacher du pied mère, et on le recouvre de 1 à 3 centimètres de terre. Pour les plantes délicates, on ne met qu'une poignée de terre sur le nœud. S'il s'agit d'arbrisseaux sarmenteux, on ouvre un petit sillon de 5 centimètres de profondeur, et l'on courbe le rameau en serpentant, l'y maintenant avec des petits crochets en bois. Pour les plantes herbacées, on sèvre les marcottes en septembre ou octobre, et en novembre et décembre pour les arbrisseaux. La marcotte se coupe au point où elle est enracinée.

Il y a différentes sortes de marcottage. Le marcottage en pots convient pour les arbrisseaux qui redoutent la transplantation à racines nues, tels que les jasmins, les chèvrefeuilles. L'opération se pratique en avril et en mai. — Le marcottage en pots suspendus a lieu pour les arbustes dont les rameaux sont trop élevés de terre. Pour cela, on pose le pot sur un pieu, ou bien on l'accroche entre deux tuteurs en fil de fer. Ces pots, faits exprès, sont fendus sur le côté pour faciliter l'introduction de la branche. Il faut arroser et couvrir le pot de mousse pour garantir la marcotte du soleil. Ceci se pratique en mars ou avril. — Le marcottage par éclats est en usage pour les rosiers greffés sur des tiges basses que l'on veut rendre franches de pied. Sans détacher les branches du pied mère, on les éclate et on les plante dans une tranchée. La terre de la tranchée sert à les butter. Ces marcottes ne se sèvrent pas avant deux ans. — *Marcottage avec torsion.* Cette manière convient aux arbustes qui ont des rameaux grêles et le bois dur. On la fait en tordant le rameau de droite à gauche, à l'endroit où il doit entrer en terre; puis on redresse le sommet. De ce bourrelet il sort de nouvelles racines; il faut avoir soin de recouvrir la marcotte de terre meuble ou de terre de bruyère. On la pratique en avril. — *Marcottage avec incision en dessous du corps du rameau.* Pour les plantes herbacées, telles que giroflées, rosiers, œillets, on retire les feuilles de la branche à l'endroit qu'on veut inciser. On courbe la branche et on la met en terre en la maintenant avec un petit crochet. Il est bon d'arroser les plantes pendant une huitaine de jours avant l'opération, pour que les tiges soient souples et ne risquent pas de se rompre. Les œillets se marcottent du 15 juillet au 15 août; et si les pieds sont assez enracinés, on peut les transporter en octobre, sinon on les butte avec du terreau mêlé à de la terre légère. — *Marcottage avec incision en dessus.* Celle-ci s'opère quand le bois est trop fragile pour qu'on puisse le courber. On fait une ouverture horizontale en entamant le tiers de la branche; puis une autre longitudinale longue de 2 à 3 centimètres à la partie supérieure des rameaux au-dessous de l'œil. On tord légèrement la partie incisée pour la faire toucher à terre. Il est rare que le rameau se brise. C'est une manière d'opérer expéditive. HERVÉ.

MARÉE (météréologie). — Voyez *Mer.*

MARIAGE (législation, philosophie). — C'est l'acte par lequel l'homme et la femme s'unissent pour former une nouvelle famille. Le mariage est un acte à la fois religieux et civil; il est religieux comme la famille et la société elles-mêmes, qui ont Dieu pour principe et pour fin; il est civil, en ce que la société y intervient par des lois qui règlent la condition des époux, leurs droits et leurs obligations, ainsi que les formalités nécessaires pour valider leur union.

La loi veut, en France, que le mariage civil précède le mariage religieux. Aucun ministre du culte ne peut célébrer ce dernier que sur le certificat du maire constatant l'existence du premier mariage. La loi exige, de plus, que le mari soit âgé au moins de dix-huit ans, et la femme de seize; qu'ils aient le consentement de leurs parents, et, à défaut, de leurs aïeuls. Ce n'est qu'à l'âge de vingt-cinq ans pour les hommes, et de vingt-un ans pour les femmes, que les époux peuvent se passer de ce consentement, mais en y suppléant par des significations dites actes respectueux.

Le mariage ne peut être célébré qu'après la publication des bans; si cette publication n'a soulevé aucune opposition, l'officier de l'état civil dresse l'acte en présence des époux, assistés de leurs parents ou munis de leur consentement notarié, et en présence de quatre témoins. L'acte est lu par le maire, qui interpelle les époux de déclarer s'ils se prennent et choisissent mutuellement en cette qualité. Sur la réponse affirmative faite par chacun d'eux à haute voix, le mariage est légalement consommé, et l'acte signé d'abord par les parties, et par le maire ou par l'adjoint qui en remplit les fonctions, et par les témoins.

L'Église, de son côté, assujettit le sacrement de mariage à certaines formalités réglées par les canons : ainsi la publication des bans, la demande de dispenses en cas de parenté entre les époux, etc. Elle ne reconnaît comme légitimes que les mariages qu'elle a bénis. Pour recevoir dignement le sacrement, les époux doivent être en état de grâce et professer sincèrement la foi chrétienne; ils déclarent devant Dieu et son ministre leur intention; alors le prêtre bénit l'anneau, symbole de leur union, puis le présente à l'époux, qui le passe au doigt de sa fiancée. Ensuite ils se donnent la main droite, et le prêtre appelle sur eux et leur descendance les grâces promises par Jésus-Christ aux époux qui s'unissent pour le servir et accroître son royaume dans la personne de leurs enfants.

Le sacrement de mariage, tel que l'a institué l'Église, est le fondement de la famille et la garantie de la dignité de la femme; l'unité et l'indissolubilité en sont les deux caractères essentiels. Partout où le catholicisme est inconnu, le divorce et la polygamie ont avili cette grande institution, et l'honneur des mères de familles a reçu une atteinte irrémédiable. La France a toujours repoussé, grâce à ses mœurs et à ses intérêts catholiques, les honteuses tentatives d'introduction du divorce dans nos lois. Cette plaie, qui ronge les États protestants, est un des plus sérieux sujets d'inquiétude pour leurs législateurs. Mais si le mariage doit être indissoluble pour être vraiment en harmonie avec les lois sociales, il est important, rappelons-le, de ne s'y engager qu'avec prudence et sagesse. Malheureusement, rien n'est plus rare chez nous. Les passions cupides et sensuelles, l'ambition, la vanité sont des mobiles déterminants d'un si grand nombre d'alliances, qu'il n'est pas étonnant de voir la discorde et la ruine au sein de tant de ménages les mieux faits, en apparence pour être heureux et unis. Nos aïeux avaient plus de sagesse que nous dans la formation des familles. Ils fiançaient leurs enfants dès le bas âge; ils les élevaient les uns pour les autres, et préparaient de longue main leur union par une éducation convenable, par une fréquentation décente et respectueuse; leurs soins et leurs exemples traçaient à l'inexpérience des futurs époux la voie où ils devaient marcher pour être heureux.

L'Église bénissait les fiançailles et sanctifiait l'attachement précoce des jeunes fiancés, qui mettaient sous sa sainte garde les prémices de leurs cœurs, dont les tendres et purs épanchements s'échangeaient sous le regard de Dieu et de leurs familles.

Beaux jours de nos aïeux, vous êtes loin de nous!

Aujourd'hui, on fait les choses plus rondement ; les époux sont mariés souvent sans se connaître, on fait du mariage un jeu de hasard, un marché aléatoire dont la fortune et les jouissances de vanité sont les enjeux. C'est une grave responsabilité pour les chefs de maison. L'entraînement est si général, qu'il a gagné jusqu'aux familles où l'on se pique de foi et même de piété. Les tristes suites de ces unions parlent pourtant assez haut. Pour ramener les parents aux traditions du bon sens et de la sagesse chrétienne, il ne suffit pas, pour être heureux, de se marier à l'église, il faut surtout se marier selon l'esprit de l'Église. HERVÉ.

MARINE [du latin *mare*]. — On entend par ce mot tout ce qui a rapport au service de la mer, soit pour la navigation, la construction des vaisseaux, leur armement et équipement, et le commerce maritime, soit relativement au corps des officiers civils et militaires, et à tous ceux qui sont employés pour le service des ports et arsenaux des armées navales.

On entend par *marine* l'ensemble de tous les vaisseaux et autres bâtiments, et des munitions navales appartenant à un État. C'est dans ce sens qu'on dit la *marine de France*, la *marine d'Angleterre* ; qu'on distingue la *marine militaire*, et la *marine marchande*.

On exprime également par le terme de *marine*, le recueil des connaissances et des arts nécessaires à la construction, à l'armement et équipement des vaisseaux, à leur navigation, etc. Cette science est très-étendue et en embrasse une multitude d'autres. Toutes les sciences mathématiques, la mécanique, l'hydraulique, l'hydrodynamique, la statique, l'astronomie, la physique, sont de son ressort, de même que la plupart des arts et métiers les plus recherchés.

MARMOTTE (zoologie) [*arctomys*]. — Genre de mammifères de l'ordre des rongeurs, comprenant des animaux de la taille d'un petit lapin ; elles ont vingt-deux dents, une tête grosse, un corps trapu, des membres excessivement courts ; ongles forts, tranchants, formes lourdes, queue médiocre, oreilles petites. Les marmottes mettent bas annuellement trois ou quatre petits. On croit qu'elles sont omnivores. Pendant l'hiver, les marmottes tombent en léthargie ; elles se creusent à l'avance de profonds terriers, dont elles garnissent l'intérieur avec du foin et dont elles bouchent l'orifice avec de la terre. Le type de genre est la marmotte des Alpes, commune en Savoie, en Suisse, ainsi que dans les Pyrénées. « Elle a de 30 à 40 centimètres de longueur ; son poil est gris jaunâtre, cendré vers la tête. C'est un animal timide et doux, qui, à l'état sauvage, vit en société, et qui, captif, s'apprivoise aisément : les montagnards des Alpes se nourrissent de sa chair et se servent de sa fourrure pour garnir leurs gants et leurs bonnets. » Les marmottes du nouveau monde sont plus garnies de poils et d'un plus beau gris que celles

Fig. 17. — Marmotte.

de l'Europe. La peau des marmottes est employée comme fourrure pour collets de manteau, manchons, etc.

MARNE (minéralogie). — Terre composée en proportions variables de craie et de calcaire, ou d'argile, ou, enfin, de silice. La marne est une substance précieuse pour amender les terres. On nomme marnage l'opération par laquelle on la répand sur la couche arable, pour la mélanger avec le sol.

Tout le monde connaît les bons effets de la marne en général ; mais on ne l'obtient pas toujours de la qualité que réclame chaque nature de terrain. Ainsi, il ne faut pas amender une terre argileuse avec de la marne siliceuse, une terre calcaire ou siliceuse avec de la marne argileuse ; il faut bien se garder de jeter dans la terre une substance qu'elle possède déjà en excès. Les marnes argileuses ou grasses conviennent aux terres maigres, et les marnes sèches et sableuses aux terres grasses. Toutes sont bonnes dans les terres sablonneuses.

Un mode excellent d'utiliser la marne, c'est de la mêler avec les engrais, surtout de l'imprégner d'engrais liquide. La marne ainsi employée opère à la fois avec une notable augmentation de puissance comme amendement et comme engrais. Ayez toujours une forte couche de marne sous votre tas de fumier; vous en doublerez la vertu en même temps que le poids ; puis, ajoutez-en dessus de plus légères couches, à mesure que le tas s'élève. Ne reculez pas devant les peines qu'exige cette préparation; vos récoltes vous les payeront bien.

Il est rare qu'un banc de marne soit le même dans toute sa profondeur. Il change de qualité à chaque couche. Voilà ce qu'il faut bien observer pour faire une distribution intelligente de cet amendement.

On répand la marne à raison de cent cinquante à deux cents charretées par hectare (environ 30,000 kilogrammes). La marne agit sur le sol pendant quinze ans, savoir : peu les trois premières années ; beaucoup les neuf années suivantes, et son effet décroît ensuite et disparaît.

Il suit de là qu'un fermier ne peut supporter toute la dépense de marnage à lui seul. C'est au propriétaire intelligent et qui a du cœur de lui venir en aide. Il en retirera le double avantage d'une bonne affaire en augmentant le revenu de la terre, et d'une bonne œuvre en augmentant en créant du travail pour les manouvriers du pays, surtout pendant l'hiver, saison de l'extraction de la marne.   HERVÉ.

MARQUETERIE [de *marquer*].—Ouvrage de pièces de rapport de diverses couleurs.

Art inventé en Orient et apporté en Occident par les Romains. Il fit des progrès en Italie vers le quinzième siècle, et a été porté en France, depuis environ cent soixante ans, à son plus haut point de perfection.

Le peintre Jean de Verme, contemporain de Raphaël, imagina le premier de teindre les bois avec divers ingrédients, et des huiles cuites qui les pénétraient, et il parvint à faire des perspectives en *marqueterie*. Ses successeurs ayant trouvé le moyen de rendre leurs teintures plus parfaites par l'usage des bois colorés d'Amérique ou de France, et, en outre, de faire brûler plus ou moins les bois sans les consumer, pour pouvoir imiter les ombres, sont venus à bout de faire des ouvrages de pièces de rapport qui imitent la peinture, et même sont regardés comme de véritables tableaux. Tels sont ceux de Boule, l'un des plus fameux ébénistes que la France ait produits.

MARQUIS [de l'allemand *marck*, frontière, marche, limite]. — Ce titre décorait autrefois les seigneurs à qui le souverain confiait la garde des frontières de ses États; lesquelles s'appelaient *marches*, d'où est venu d'abord *marchis*, et ensuite *marquis*. Il s'est donné ensuite à celui qui possédait une terre érigée en marquisat.

MARRUBE (botanique) [*marrubium*]. — Genre de plantes de la famille des labiées, dont une espèce, le marrube blanc, a une odeur forte et une saveur amère; il jouit, comme la plupart des amers

fétides, de propriétés toniques. Il agit surtout sur le système utérin : aussi est-il emménagogue et contre l'hystérie, la chlorose, etc.

MARRONNIER (botanique). — Variété du châtaignier. Tout ce que nous avons dit de ce dernier arbre lui est commun avec toutes les espèces de marronnier. Nous n'avons qu'à ajouter ici, au sujet du marronnier, la recommandation de s'assurer des bonnes espèces et de les greffer en écusson à œil poussant ou en flûte. Il importe aussi de choisir une terre franche, légère, ni trop grasse ni trop fraîche, pour les semis ou nos pépinières de marronniers. On doit aussi espacer les plants de manière à leur ménager à tous le soleil et l'air en suffisante quantité, et à ce qu'ils ne se nuisent point réciproquement. Pour le surplus, nous renvoyons à l'article *Châtaignier*.

Le marronnier dit d'*Inde* est plus recherché comme arbre d'agrément que le marronnier à fruits doux, à cause de la beauté de ses fleurs, de son feuillage épais, et de son port régulier et majestueux. Une autre raison encore, c'est la rapidité de sa croissance. Quant aux fruits, ils sont d'une amertume extrême; on en emploie la pulpe à divers usages industriels. Le bois est blanc, mou, filandreux, et d'une médiocre valeur en menuiserie. On en utilise l'écorce pour le tannage et la teinture en jaune.

MARS (calendrier). — Troisième mois de l'année civile. Il était le premier du calendrier de Romulus, qui le consacra au dieu *Mars*, son père. Il a trente-un jours. Les Romains célébraient autrefois dans ce mois la grande fête de Minerve et les *Hilaries*, espèce de carnaval.

MARSUPIAUX (zoologie) [du latin *marsupium*, bourse]. — Ordre de mammifères comprenant tous ceux dont les femelles possèdent une sorte de sac ou de poche formée par un repli de la peau du ventre, et où leurs petits restent abrités jusqu'à leur entier développement. M. de Blainville a proposé d'appeler *didelphes* cet ordre de mammifères. Chez ces singuliers animaux « la gestation est en partie interne et en partie externe : au bout de vingt à vingt-six jours environ de gestation utérine, ces animaux mettent au jour leurs petits à peine ébauchés, et ces embryons viennent, par un mécanisme particulier, se fixer aux mamelles au moyen de la bouche. Ces mamelles sont toujours abdominales, et le plus souvent placées dans une bourse située au bas de l'abdomen. Au bout d'un nouveau laps de temps, qui varie suivant les espèces, les petits, déjà développés, cessent d'adhérer aux mamelles; mais ils peuvent les reprendre momentanément comme les autres mammifères. Ils commencent alors à sortir de la poche de leur mère; mais, au moindre bruit, ils se hâtent d'y chercher un refuge. »

MARTINETS (zoologie) [*cypselus*]. — Genre de passereaux assez généralement confondus avec les hirondelles, quoiqu'il soit facile de les en distinguer. Les premiers ont leurs quatre doigts dirigés en avant, tandis que ces dernières en ont un en arrière, comme la plupart des autres oiseaux ; de plus, leurs tarses sont emplumés.

Quelque puissant que soit le vol chez les hirondelles, dit Salacroux, il l'est encore plus chez les martinets; leurs ailes sont plus étendues; elles sont si longues et leurs tarses si courts, que, lorsqu'ils tombent par accident à terre, ils ne peuvent plus prendre leur essor ; aussi passent-ils pour ainsi dire leur vie dans l'atmosphère, poursuivant les insectes en troupes et à grands cris, dans les plus hautes régions de l'air. Ils ne se reposent jamais sur un terrain uni ; s'ils s'arrêtent quelquefois, c'est toujours sur des éminences, d'où il leur est plus facile de s'élancer dans l'air. Tous ces oiseaux nichent dans les fentes des rochers ou dans des creux de murailles, composent leur nid de toutes sortes de matières molles, et l'enduisent à l'intérieur d'une liqueur visqueuse qui se durcit à l'air, et sur laquelle ils déposent trois ou quatre œufs d'un blanc pur. Du reste, ils sont voyageurs comme les hirondelles. Nous n'avons que deux espèces de ce genre en France ; ce sont le martinet de montagne et le martinet de muraille. Celui-ci est tout noir, excepté à la gorge, qui est blanche, tandis que celui-là est brun supérieurement, blanc en dessous avec un collier brun sous le cou.

MASQUE. — L'invention des masques paraît remonter à l'origine du théâtre grec. Les acteurs s'en couvraient le visage pour que les spectateurs pussent les reconnaître de tous les points d'un vaste amphithéâtre. L'ouverture de la bouche était très-grande, et garnie de lames d'airain pour renforcer la voix. Suidas et Athénée en attribuent l'invention au poëte Chœrille, contemporain de Thespis; Horace en fait honneur à Eschyle, qui passe aussi pour avoir imaginé les masques des Euménides; Phrynicus fut le premier qui montra au théâtre un masque de femme; Meson, de Mégare, passe pour l'inventeur des masques comiques; enfin Roscius Gallus porta le premier masque sur le théâtre de Rome. Chez les Romains, les soldats se masquaient dans les triomphes pour n'être pas reconnus du triomphateur, dont ils avaient le droit de critiquer les actions à haute voix. Enfin quelques masques de théâtre étaient gais d'un côté et tristes de l'autre, de sorte que l'acteur, vu seulement de profil, ne faisait voir que le côté du masque qui convenait

Fig. 18. — Martinet.

à la situation. Les dames romaines mettaient aussi des masques de pâte de froment pour se conserver le teint. On en attribue l'invention à l'impératrice Poppée. Sous François 1er on porta communément des masques appelés *loups*. Ils étaient encore de mode sous Louis XV.

MASSAGE (hygiène) [du grec *massein*, presser, pétrir]. —Action de presser, de pétrir pour ainsi dire avec les mains toutes les parties musculaires du corps, surtout au sortir d'un bain. Voici comment se pratique cette opération : « Un des serviteurs du bain vous étend sur une planche et vous arrose d'eau chaude; ensuite il vous presse tout le corps avec un art admirable; il fait craquer les jointures de tous les doigts, et même de tous les membres; il vous retourne et vous étend sur le ventre; il s'agenouille sur vos reins, vous saisit par les épaules, fait craquer l'épine du dos en agitant toutes les vertèbres; donne de grands coups sur les parties les plus charnues et les plus musculeuses; puis il revêt un gant de crin, et vous frotte tout le corps, au point de se mettre lui-même en sueur; il lime avec une pierre ponce la peau épaisse et dure des pieds ; il vous oint de savon; enfin , il vous rase et vous épile. » Cette opération a pour effet de donner aux membres de la souplesse, et d'exciter la vitalité de la peau et des tissus sous-jacents; elle peut être d'un usage fort utile contre les douleurs et les rhumatismes.

MATÉRIALISME. — Voy. *Ame.*

MATHÉMATIQUES [du grec *mathéma*, science, dérivé de *manthanô*, apprendre]. —C'est la science qui a pour objet les propriétés de la grandeur, en tant qu'elle est calculable ou mesurable.

Ces mathématiques se divisent en deux classes : la première, qu'on appelle mathématiques pures, considère les propriétés de la grandeur d'une manière abstraite ; or, la grandeur, sous ce point de vue est calculable ou mesurable : dans le premier cas, elle est représentée par des nombres, dans le second par l'étendue. Dans le premies cas, les mathématiques pures s'appellent arithmétique, dans le second, géométrie. La seconde classe s'appelle mathématiques mixtes : elle a pour objet les propriétés de la grandeur concrète, en tant qu'elle est mesurable.

MASTODONTE (zoologie). — Cuvier a donné ce nom à un genre d'animaux aujourd'hui perdus, qui, par leur structure, étaient pour la plupart fort voisins des éléphants, et qui, comme eux, doivent être rangés dans l'ordre des pachydermes, tribu des proboscidiens. « Ce genre se distingue par des dents molaires tuberculeuses, par l'absence de dents canines, et par la direction vers le bas des incisives supérieures qui, sortant de la bouche, constituent de véritables défenses. Il renferme une dizaine d'espèces, toutes caractérisées par des différences de formes et de proportion dans les dents molaires ; les principales sont : le grand mastodonte, le petit mastodonte, le mastodonte à larges dents, le mastodonte à dents étroites, le mastodonte à long museau, le mastodonte des Cordillères, le mastodonte de Humboldt. Le grand mastodonte, primitivement désigné sous la dénomination d'animal de l'Ohio, parce qu'on en a trouvé des débris dans la vallée de ce fleuve, avait d'abord été confondu avec l'éléphant fossile, le mammouth, que nons figurons ici. Les débris de ces animaux se rencontrent surtout dans les terrains d'alluvion. On en a trouvé des restes nombreux en France, dans le département du Gers. En 1850, quatre-vingt-un os de mastodonte ont été découverts dans les lagunes de la Nouvelle-Grenade. »

Fig. 19. — Mammouth.

MATIÈRE (physique) [du latin *materia*, formé de *mater*, mère, la matière étant ce dont toutes les choses sont faites]. — Substance impénétrable, divisible, étendue en longueur, largeur et profondeur.

A ces propriétés de la matière, connues par les anciens, Newton en a ajouté une nouvelle, celle de l'attraction (voy. ce mot). Nous connaissons ces propriétés; les phénomènes qui se passent sous nos yeux nous les font découvrir tous les jours. Mais, quelles en sont les causes? quelle en est l'essence? quel est le sujet où ces propriétés résident? C'est ce qui reste encore à découvrir.

MATRICE (anatomie) [de *mater*, mère]. — Organe destiné, dans l'appareil générateur de la femme, à contenir le produit de la conception, depuis la fécondation jusqu'à la naissance. Elle est placée dans la cavité du petit bassin, entre la vessie et le rectum, au-dessous des circonvolutions intestinales, et de manière que son fond est en haut et son ouverture en bas.

MAUVE (botanique). — Genre de plantes de la famille des malvacées, dont les espèces *malva rotundifolia*, petite mauve, mauve à feuilles rondes, et *malva sylvestris*, ou grande mauve, plantes indigènes vivaces, qui croissent partout, dans les champs, le long des chemins, sont l'une et l'autre émollientes et adoucissantes. « Leurs feuilles font partie des espèces émollientes; on en fait des décoctions mucilagineuses et des cataplasmes. Les fleurs, d'un bleu purpurin, sont une des quatre fleurs dites *pectorales*. Elles sont particulièrement employées en infusion dans le catarrhe pulmonaire.

L'infusion (surtout l'infusion alcoolique) des fleurs de *malva sylvestris* est employée comme réactif par les chimistes: elle rougit par les acides et verdit par les alcalis. »

MÉCANIQUE (physique). — Science qui a pour objet la détermination des *mouvements* que doivent prendre les corps en vertu des *forces* qui peuvent les solliciter. Son étude se divise en deux parties bien distinctes: la mécanique pratique ou industrielle, et la mécanique théorique ou rationnelle.

Nous dirons, en nous appuyant de l'autorité d'un grand géomètre, que celle-ci n'est, à proprement parler que le développement d'un seul principe (celui de la réaction, égale et contraire à l'action); la mécanique industrielle, au contraire, embrasse tous les autres phénomènes de l'action réciproque des corps, combinés avec cette loi fondamentale. Ainsi la mécanique rationnelle est générale dans le sens que la loi dont elle s'occupe s'accorde et se combine avec toutes les autres, mais non dans le sens qu'elle les renferme toutes; parmi les phénomènes innombrables de la nature, elle ne s'attache qu'à un seul, le plus simple de tous; elle l'examine sous tous ses rapports; elle lui donne toutes les formes imaginables; elle en tire toutes les conséquences possibles; mais les conséquences n'augmen-

v.   6

tent pas les masses des faits. Or, c'est la connaissance de ces faits et des résultats de leurs combinaisons qui constitue la mécanique industrielle.

Dans la mécanique rationnelle, la force ou les
causes motrices, ainsi que les effets, sont des quantités abstraites, auxquelles on attribue les qualités et
les valeurs qu'on veut. Dans la mécanique industrielle, au contraire, la force motrice est une réalité; c'est une sorte de matière première qu'on peut,
s'il est permis de parler ainsi, emmagasiner, qu'on
doit économiser, qu'on achète toujours et qu'on paye
souvent fort cher, parce que les machines qui l'ont
reçue pour la transmettre ne rendent pas la plus
grande somme possible de cette force à l'effet; c'est
le travail mécanique même, avec toutes ses modifications matérielles.

C'est une erreur très-commune et très-préjudicia-
ble au progrès des arts, de regarder la mécanique
industrielle comme une simple application de la mécanique rationnelle; comme si par des opérations
purement mathématiques, on pouvait faire sortir
d'un principe ce qui n'y est pas renfermé, et qu'on
pût suppléer par des calculs à ce qui ne peut être
connu que par l'expérience.

En regardant la mécanique industrielle comme
une simple application de la mécanique rationnelle,
il semble que, pour passer de celle-ci à l'autre, il n'y
ait à faire que quelques substitutions de nombres
connus à des lettres dans les formules algébriques
déjà toutes trouvées; mais il n'en est pas ainsi: ces
nombres, supposés connus, sont précisément ce qu'il
y a de plus difficile à trouver, et la difficulté de les
avoir surpasse de beaucoup celle de découvrir les
formules algébriques dans lesquelles il faudrait les
substituer.

La mécanique rationnelle et la mécanique industrielle ont des objets bien différents, et ne sont, il
faut le dire, presque d'aucun secours l'une à l'autre:
l'une roule totalement sur un seul fait, l'autre sur
une multitude de faits combinés, parmi lesquels un
seul lui est commun avec la première.

La mécanique rationnelle ne peut s'occuper avec
succès que de questions dont tous les éléments sont
renfermés dans le seul principe de la réaction: pour
peu que le principe se complique avec les phénomènes
de la physique particulière, les moyens deviennent
insuffisants; ce n'est plus qu'en multipliant des hypothèses hasardées, en négligeant une foule de circonstances, regardées comme accessoires, et qui, souvent,
jouent le rôle principal, qu'on parvient à quelque
résultat théorique, presque toujours très-compli-
qué, et très-peu d'accord avec ceux de l'expérience.

Aussi la plupart des industriels ont-ils une grande
prévention contre les résultats purement scientifiques. Cette prévention est absurde en elle-même,
puisque c'est par la mécanique rationnelle qu'on s'é-
lève jusqu'à la région des astres, et qu'on en calcule
tous les mouvements avec une admirable précision.

Mais on est obligé de convenir que le moindre phénomène sublunaire est mille fois plus compliqué que
tout le système astronomique.

La mécanique rationnelle et la mécanique industrielle diffèrent donc essentiellement. Cette dernière,
cependant, ne doit pas rejeter les traits de lumière
qu'elle peut recevoir de l'autre; il est des cas où elle
peut s'en aider avec succès: ce sont ceux où l'influence des causes physiques peut être négligée.

Mais il faut en user avec la plus grande circonspection, et l'expérience ne doit jamais cesser d'être
la véritable boussole de la mécanique pratique ou industrielle.

La mécanique pratique était seule connue des anciens; et il est très-remarquable qu'ils aient souvent
porté la construction des machines à un haut degré
de perfection sans en bien connaître les principes
théoriques. Les Égyptiens, par exemple, ont dû employer des machines d'un effet prodigieux pour
tailler, transporter et élever les blocs énormes de
pierre dont se composent leurs pyramides et leurs
obélisques; cependant les écrits d'Aristote et de Platon (quatrième siècle avant Jésus-Christ) nous prouvent que, de leur temps, on n'avait encore que des
idées confuses ou erronées de l'équilibre et du mouvement des corps. C'est à cette époque que remonte
l'invention de la vis et de la poulie, par Archytus;
Archimède ne vint qu'environ un siècle plus tard:
plus de quarante inventions différentes, toutes d'une
haute importance, lui sont attribuées. On peut le
considérer comme le créateur de la mécanique rationnelle.

Cependant sa mécanique, comme l'a très-judi-
cieusement fait remarquer un de nos savants collè-
gues (M. Jaquet), ne s'appuyait que sur des considérations statiques, c'est-à-dire qu'elle ne considérait
encore que le mouvement uniforme, et qu'elle se
bornait à la recherche du rapport nécessaire entre
la puissance et la résistance pour produire l'équilibre. Il s'est écoulé près de vingt siècles avant que
Galilée ne fît la découverte des lois du mouvement
varié. Les belles applications qu'il en fit à la chute
des corps, au mouvement oscillatoire du pendule, et
à la démonstration du système de Copernic sur le
mouvement de la terre donnèrent l'élan. Ses disciples firent plus en un siècle qu'on n'avait fait dans
les vingt qui l'avaient précédé.

La mécanique rationnelle se compose de deux parties: la statique et la dynamique.

La statique est la partie de la mécanique où l'on
considère seulement les conditions d'équilibre des
forces, c'est-à-dire les conditions nécessaires pour
que les forces sollicitées des forces restent en repos (Voy. Statique). La dynamique est la science des
forces qui meuvent les corps. La matière est, de sa
nature, morte, c'est-à-dire qu'elle est impropre à se
donner à elle-même aucun mouvement si elle est en
repos, ou à modifier le mouvement qu'elle peut avoir,
tant qu'elle n'est pas sollicitée par quelque force. Un
point matériel qui a reçu une impulsion unique doit
donc se mouvoir indéfiniment en ligne droite, d'une
manière uniforme. Cette tendance de la matière à
persévérer dans son état de mouvement ou de repos
constitue la loi d'inertie, la première de la dynami-

que établie par Newton dans son livre immortel des *Principes* : elle est, d'ailleurs, confirmée par l'expérience. En effet, nous observons sur la terre que les mouvements se perpétuent plus longtemps à mesure que les obstacles qui s'y opposent viennent à diminuer ; ce qui doit nous porter à croire que sans ces obstacles ils dureraient toujours.

Les principales questions dont la dynamique donne la solution sont les suivantes :

Proportionnalité des forces aux vitesses et composition des mouvements.

Forces accélératrices et mouvement varié.

La loi du pendule ; centres d'oscillation et de percussion.

Mouvement curviligne, principe de la moindre action, conservation du mouvement du centre de gravité, tc., etc.   Victor Dennié.

MÉCONIUM (médecine) [du grec *mékôn*, pavot]. —Suc tiré du pavot par expression et desséché. C'est par analogie de couleur et de consistance que les médecins ont donné ce nom aux excréments qui s'amassent dans les gros intestins des enfants, pendant la grossesse de leur mère, et qu'ils rendent aussitôt qu'ils sont nés.

MÉDAILLE (numismatique) [de *metallum*, métal]. — On appelle médaille toute pièce de métal portant sur chaque face une empreinte destinée à perpétuer la mémoire d'un grand homme, d'un souverain, ou d'un événement remarquable. On ne peut guère fixer l'époque à laquelle la première médaille a été frappée. Tout fait même présumer que la plupart des médailles ont été des monnaies. On les distingue en anciennes et en modernes. Les premières ne vont que jusqu'au milieu du troisième siècle, ou même jusqu'au neuvième. Quant aux modernes, elles ne remontent pas au delà de celle qui fut frappée par Jean Hus, en 1415. L'étude des médailles a jeté un grand jour sur l'histoire de l'antiquité.

L'art numismatique a, comme les autres arts, ses termes d'usage, dont voici les principaux :

Buste d'une médaille. — C'est un portrait à mi-corps, qui ne présente que la tête, le cou, les épaules, une partie de la poitrine, et quelquefois les deux bras.

Champ d'une médaille. — C'est le fond de la pièce qui est vide, et sur lequel on n'a rien gravé.

Coin d'une médaille. — C'est la même chose que le carré ou la matrice.

Corps d'une médaille. — Ce sont toutes les figures qui sont gravées sur la médaille.

Exergue d'une médaille. —C'est un mot, des chiffres marqués dans les médailles, au-dessous des têtes qui y sont représentées, soit sur le revers, ce qui est plus ordinaire, soit sur la tête.

Inscription d'une médaille. — Ce sont les paroles qui tiennent lieu de revers, et qui chargent le champ de la médaille au lieu de figure.

Légende de la médaille. — Ce sont les lettres qui sont autour de la médaille, et qui servent à expliquer les figures gravées dans le champ.

Module d'une médaille. — C'est une grandeur dé-

terminée des médailles, d'après laquelle on compose les différentes suites.

Monogramme d'une médaille. — Ce sont des lettres entrelacées qui dénotent, ou le prix de la monnaie, ou une époque, ou un nom de ville, etc.

Nimbe d'une médaille. — C'est un cercle rayonnant qu'on remarque principalement sur les médailles du Bas-Empire.

Ordres des médailles. — Ce sont des classes générales sous lesquelles on distribue les suites. Ces ordres sont ordinairement au nombre de cinq : le premier contient la suite des rois ; le second la suite des villes ; le troisième la suite des consulaires ; le quatrième la suite des impériales ; et le cinquième toutes les divinités, les héros, les hommes célèbres de l'antiquité.

Panthées dans les médailles. — Ce sont des têtes ornées de symboles de plusieurs divinités.

Parazonium dans une médaille. — C'est une sorte de poignard, de courte épée, de bâton, de sceptre, tantôt attaché à la ceinture, tantôt appuyé par un bout sur le genou, et tantôt placé d'une autre manière.

Médaille quinaire. — C'est une médaille du plus petit volume, en tout métal.

Relief d'une médaille. — C'est la saillie des figures et des types.

Revers d'une médaille. — C'est le côté d'une médaille opposé à la tête.

Suite de médailles. — C'est l'arrangement qu'on donne aux médailles dans un cabinet, soit d'après leur différente grandeur, soit d'après les têtes ou les revers.

Symbole où type des médailles. — C'est un terme générique qui désigne l'empreinte de tout ce qui est marqué dans le champ des médailles.

Tête de médaille. — C'est le côté de la médaille opposé au revers.

Volume d'une médaille. — C'est l'épaisseur, l'étendue, le relief d'une médaille, et la grosseur de la tête.

Médailles contrefaites. — Celles qui sont fausses et imitées.

Médailles dentelées ou crénelées. — Celles en argent, dont les bords font une dentelure ; elles sont communes parmi les médailles consulaires jusqu'au temps d'Auguste, depuis lequel il n'y en a peut-être pas une.

Médailles éclatées ou fendues. — Celles dont les bords sont éclatés ou fendus par la force du coin.

Médailles fausses. — Celles qui, faites à plaisir, n'ont jamais existé chez les anciens.

Médailles fourrées. — Celles de bas aloi, avec un faux revers ; celles de l'antiquité qui sont couvertes d'une petite feuille d'argent sur le cuivre ou sur le fer, battues ensemble avec tant d'adresse qu'on ne les reconnaît qu'à la coupure.

Médailles non frappées. — Pièces de métal d'un certain poids, qui servaient à faire des échanges contre des marchandises et des denrées, avant qu'on eût trouvé l'art d'y imprimer des figures ou des caractères par le moyen des coins ou du marteau.

Médailles frustes. — Celles qui sont défectueuses dans la forme, et qui péchent, soit en ce que le métal est rogné, le grenetis effleuré, la légende effacée, les figures biffées, ou la tête méconnaissable, etc.

Médailles inanimées.—Celles qui sont sans légende, la légende étant regardée comme l'âme de la médaille.

Médailles incertaines. — Celles dont on ne peut déterminer ni le temps, ni l'occasion pour laquelle on les a fait frapper.

Médailles incuses. — Celles qui ne sont frappées que d'un côté; ce défaut, qui provient de l'oubli ou de la précipitation du monnayeur, est commun dans les monnaies modernes, depuis Othon jusqu'à Henri l'Oiseleur. On en trouve aussi dans les consulaires et dans les impériales de bronze et d'argent.

Médailles martelées. — Celles dont on a fait une médaille rare d'une commune, en se servant du marteau.

Médailles moulées. — Ce sont des médailles antiques qui n'ont point été frappées, mais qui ont été jetées en sable dans des moules et ensuite réparées.

Médailles réparées. — Ce sont des médailles antiques qui étaient frustes, endommagées, et qu'on a rendues, par artifice, entières, nettes et lisibles.

Médailles saucées. — Celles qui sont battues sur le seul cuivre, et ensuite couvertes d'une feuille d'étain.

Médailles sans tête. — Celles qui n'ont que des légendes et point de tête.

Médailles contorniotes.—Celles en bronze, qui ont une certaine enfonçure tout autour qui laisse un rond des deux côtés, et avec des figures qui n'ont presque point de relief en comparaison des vraies méd-illes.

Médailles contre-marquées.—Ce sont des médaill grecques ou latines, sur lesquelles se trouvent empreintes, par autorité publique, différentes figures, types, symboles, lettres, après qu'elles ont eu cours dans le commerce.

Médailles rares — Celles qui ne se trouvent que dans les cabinets de quelques curieux ; par exemple, l'*Othon* est rare dans tout s les suites de bronzes, surtout celui de grand bronze, qui n'aurait pas de prix.

Médailles restituées. — Ce sont des médailles, soit consulaires, soit impériales, sur lesquelles, outre le type et la légende qu'elles ont eus dans la première fabrication, on voit de plus le nom de l'empereur qui les a fait frapper une seconde fois, suivi du mot *restituit*, quelquefois abrégé.

Médailles uniques. — Celles que les antiquaires n'ont jamais vues dans les cabinets de renom, et dont on présume qu'il n'existe qu'une seule de cette forme et de ce métal. Ainsi, l'*Othon* de véritable grand bronze est unique, de même que le médaillon grec de Piscennius, en argent. L'*annia fausta* d'argent est unique.

Médailles votives. — Celles où l'on inscrivait des vœux publics que l'on faisait pour la santé des empereurs , de cinq ans en cinq ans, de dix ans en

dix ans, et quelquefois de vingt ans en vingt ans.

Médailles sur les allocutions. — Ce sont certaines médailles, de plusieurs empereurs romains, sur lesquelles ils sont représentés haranguant des troupes, et la légende de ces sortes de médailles est *allocutio*.

Médailles de consécration. — Ce sont celles frappées en l'honneur des empereurs, après leur mort, lorsqu'on les plaçait au rang des dieux.

Médailles cistophores. — Ce sont celles qu'on frappait par autorité publique, au sujet des orgies ou fêtes de Bacchus.

Médailles bractéates. — Ce sont des pièces ou plutôt de simples feuilles de métal, chargées d'une empreinte grossière. La Suède a donné naissance aux monuments de cette espèce, sur la fin du huitième siècle.

Médailles d'or. — L'or des anciennes médailles grecques est extrêmement pur. Les Romains ne commencèrent à se servir de monnaie d'or que l'an 547 de Rome. L'or de leurs médailles impériales est de même aloi que celui des Grecs.

Médailles d'argent. — L'usage des médailles d'argent commença, chez les Romains, l'an 487 de Rome; mais l'argent le plus fin de leurs médailles est d'un sixième plus bas que nos monnaies de France, tandis que leur or est plus pur que le nôtre.

Médailles de billon. — C'est ainsi qu'on nomme toute médaille d'or ou d'argent mêlée de beaucoup d'alliage. Depuis le règne de Gallien, on ne trouve presque que d s médailles de pur billon, dont les unes sont battues sur le seul cuivre et couvertes d'une feuille d'étain (*saucées*), et les autres n'ont qu'une euille d'argent battue fort adroitement sur le cuivre (*fourrées*).

Médailles de bronze. — On donne ce nom à toute médaille de cuivre que les médaillistes ont cru ennoblir en leur donnant le nom de bronze. Les médailles en bronze sont si nombreuses qu'on a été obligé de les diviser en trois classes : le grand, le petit et le moyen bronze. On juge du rang de chaque bronze par son volume, qui comprend en même temps l'étendue et l'épaisseur de la médaille, la grosseur et le relief de la tête; ainsi, telle médaille aura l'épaisseur du grand bronze, et cependant sera classée dans le moyen, si elle n'a qu'une tête du moyen; et telle autre, qui aura peu d'épaisseur, sera classée dans le grand bronze, à cause de la grosseur de la tête. Au reste, cela dépend beaucoup de l'arbitraire des curieux.

Médailles anciennes. — Les antiquaires ne sont pas d'accord sur l'époque à laquelle on doit faire descendre les médailles anciennes : les uns s'arrêtent au règne de Posthume ou de Constantin, les autres font descendre l'âge de l'antique jusqu'à la ruine de l'empire de Constantinople, en 1453.

Médailles égyptiennes. — Ou elles ont été frappées en l'honneur des rois d'Egypte, et alors elles sont très-précieuses pour l'histoire de ces rois, ou elles l'ont été en l'honneur des empereurs romains, et elles servent à l'éclaircissement de l'histoire des empereurs.

Médailles grecques. — Les Grecs commencèrent à battre monnaie longtemps avant la fondation de Rome; mais il ne reste aucune monnaie de ce temps-là. On croit généralement qu'une des plus anciennes monnaies grecques qui nous reste est une petite médaille d'or de Cyrène. Les Grecs se perfectionnèrent promptement dans l'art de battre monnaie. On en peut juger par les médailles de Gelon, d'Agatoclès, de Philippe, d'Alexandre, de Lysimachus, de Cassandre, etc.

Médailles consulaires. — On n'entend point par ce mot des médailles frappées par ordre des consuls, dans le temps où ils gouvernaient Rome. Il est certain qu'on n'a frappé des médailles, à Rome, que sur la fin du cinquième siècle de sa fondation. Ce ne fut que vers le temps de Marius, de Sylla, de Jules César, et surtout du triumvirat, que les monétaires romains, prenant un peu plus d'essor, commencèrent à rappeler sur les monnaies les actions mémorables de leurs ancêtres. Ces sortes de médailles, qui presque toutes ont été frappées dans le même siècle, portent encore le nom de *familles romaines.*

Médailles impériales. — Ce sont celles qui représentent les têtes des empereurs romains régnant, ainsi que celles de quelques impératrices. On divise ordinairement les médailles impériales en deux classes : celles du haut empire et celles du bas empire. Les curieux estiment davantage les médailles du haut empire, parce qu'elles sont infiniment mieux frappées que les autres.

Médailles étrusques. — Il n'y a pas très-longtemps que l'on s'occupe à recueillir les médailles étrusques; elles peuvent jeter un grand jour sur cette partie si obscure de l'histoire ancienne, mais on désespère d'en pouvoir jamais faire une suite.

Médailles gothiques. — Ces médailles, frappées par quelques Goths, sont communément en bronze; mais, en général, on appelle médailles gothiques celles qui, ayant été frappées dans des siècles barbares, sont si mal faites, qu'à peine on peut distinguer les figures.

Viennent ensuite les médailles hébraïques, phéniciennes ou puniques, samaritaines; celles des villes, telles qu'Athènes, Lacédémone, Crotone, Olba, etc.

Médailles modernes. — On appelle ainsi les médailles qui ont été frappées depuis environ trois cent cinquante ans, c'est-à-dire depuis la prise de Constantinople par les Turcs.   Lunier.

MÉDAILLER (numismatique) [de *médaille*]. — Espèce de meuble, composé de plusieurs planchettes à tiroir, dans lesquelles il y a de petites enfonçures de forme ronde et de différentes grandeurs, propres à recevoir toutes sortes de médailles suivant l'ordre, les suites auxquelles elles appartiennent.

MÉDECINE. — Art de connaître et de traiter les maladies. Les Assyriens, les Égyptiens et les Phéniciens sont considérés comme les premiers qui aient fait une étude approfondie de cette science, qui ne peut ne peut avoir d'inventeur, puisqu'elle n'a pu s'établir que sur une longue suite d'observations. La diététique est probablement la première branche de la médecine dont on ait fait usage. Toutefois, nous dirons que les traditions égyptiennes en attribuaient l'invention à Mercure, vers l'an 1846 avant Jésus-Christ. Les Grecs en faisaient honneur à Apollon. Le renseignement le moins contesté sur l'antiquité de la médecine remonte à l'an 1797 avant Jésus-Christ, époque à laquelle Joseph ordonna aux médecins d'Égypte d'embaumer son père Jacob. Indépendamment d'Apollon, les Grecs considérèrent Esculape comme l'inventeur de la médecine, bien qu'il l'eût apprise de son maître Chiron. Mais ses cures furent tellement brillantes, qu'on le mit au rang des dieux (quatorzième et treizième siècle avant Jésus-Christ).

Néanmoins, c'est à dater d'Hippocrate que la médecine commença à être réduite en corps de doctrine. Ses ouvrages lui ont acquis et mérité le titre de père de la médecine; et l'on peut dire que les erreurs dans lesquelles il tomba furent plutôt celles de son siècle que les siennes : sa doctrine sur la crudité et la coction des humeurs entre dans cette catégorie, ainsi que la trop grande part qu'il fit à l'expectation (cinquième siècle avant Jésus-Christ).

La médecine paraît être restée stationnaire jusqu'au commencement de l'ère chrétienne. Vers l'an 30 de Jésus-Christ se forma l'école méthodique, à laquelle succéda la doctrine des pneumatiques, qui doit son existence à Athénée. Il prétendait que les maladies ne sont causées que par une aberration de l'esprit : parut ensuite la secte des éclectiques, fondée par Archigènes d'Apamée en Syrie. Il n'adoptait aucun système spécial, mais choisissait dans tous ce qui lui paraissait le plus raisonnable (101). Enfin s'éleva l'école de Galien, qui devint à Rome ce qu'Hippocrate avait été en Grèce. Il se montra plus humoriste que ce dernier. La théorie des quatre tempéraments, auxquels correspondaient les quatre éléments et les quatre saisons, n'est qu'un jeu de l'esprit. Il faut cependant remarquer que la prétendue fétidité des humeurs ne l'empêchait pas de reconnaître que la diminution de la masse du sang est souvent un moyen utile, et qu'en dépit d'une fausse application, il employait quelquefois une thérapeutique assez rationnelle (164). Après Galien, la médecine resta à peu près stationnaire jusqu'à l'invasion des Barbares, et ce sont encore les Arabes qui nous en rendirent les débris, échappés aux ténèbres du moyen âge et à la destruction de la bibliothèque d'Alexandrie. La polypharmacie domina alors la médecine; on ne connut plus que les drogues de tout genre, les panacées, etc., etc., résultat des doctrines alchimiques de Paracelse, dont l'école fut renversée par celle de Boerhaave, qui ne donnait d'importance qu'aux fonctions mécaniques (1700). Jusqu'à Boerhaave, la médecine n'avait guère eu d'autre base qu'une pratique ignorante et routinière, que Molière flétrit avec raison des stigmates du ridicule; mais l'impulsion que Boerhaave donna à la science lui fit faire des progrès considérables. Toutefois ce ne fut pas sans quelques erreurs qui furent presque toujours causées par les systèmes exclusifs adoptés par une époque ou par une secte.

Vers 1798 s'établit la doctrine du principe vital,

fondée par l'école de Montpellier. Elle s'éleva à la place de la doctrine des humeurs et des pléthores de toute espèce, à laquelle le traitement des maladies fut soumis pendant vingt siècles. On essaya toutefois, mais sans beaucoup de succès, de concilier les deux systèmes qui divisèrent le monde médical entre la pathologie humorale et la pathologie nerveuse. L'année suivante, l'Écossais Brown établit une nouvelle doctrine, dans laquelle il divise les maladies en deux classes : celles qui doivent être traitées par les débilitants, et celles qui réclament les toniques.

Une interruption de quelques années, résultat des troubles politiques de l'Europe, eut lieu dans les progrès de la médecine, bien que d'autres sciences eussent continué à marcher.

Bichat, néanmoins, avait paru, mais Bichat n'avait pas été compris. Il était réservé au docteur Broussais de faire faire un pas immense au diagnostic et au traitement des phlegmasies, par son *Traité des inflammations chroniques*, son *Examen des doctrines*, etc., etc. (1817).

MÉDECINE LÉGALE. — C'est l'application des sciences physiques, chimiques et médicales à l'administration de la justice civile et de la justice criminelle. Dans le premier cas, le médecin légiste doit résoudre les questions relatives à l'identité des individus, à la filiation, a la paternité, à l'état d'incapacité des personnes relativement à certains actes de la vie civile; dans le second, il est appelé à se prononcer dans les cas d'attentat à la pudeur, d'avortement, d'infanticide, de suicide, d'homicide par blessures, empoisonnement ou asphyxie, et dans les questions de survie.

Comme on le voit, nous éloignons de notre définition ce que presque tous les auteurs comprennent dans la médecine légale ; *l'application des connaissances médicales à la confection des lois*, parce que la science n'est pas assez souvent consultée par les législateurs. — Nous ne comprenons pas non plus dans cette définition *l'hygiène publique et privée*, ni la *législation médicale*.

Si nous avons parlé, dans ce Dictionnaire, de ces branches accessoires de la médecine légale, c'était uniquement pour nous conformer à l'usage qu'ont adopté les auteurs de médecine légale.

Historique de la médecine légale en France (1). — La médecine légale ne devait être que la conséquence des législations diverses, et ne pouvait se développer qu'avec les progrès des sciences physiques, chimiques et médicales dont elle est l'application. Ce ne fut qu'au seizième siècle, en 1575, que le célèbre Ambroise Paré publia le premier ouvrage de médecine légale. Vincent Tagereau, Pigray et Pineau s'en occupèrent aussi ; mais, après ces auteurs, la médecine légale resta stationnaire. C'est que l'expertise, dédaignée par les docteurs, était abandonnée aux chirurgiens ; il fallait que ceux-ci devinssent plus instruits que des médecins pour relever les fonctions qui leur étaient confiées. Cet exemple d'émulation leur fut donné par trois confrères, qui publièrent des traités

(1) D'après Eusèbe de Salles.

sur l'art de rapporter en justice ; Gendry d'Angers publia le sien en 1650, Nicolas Blegni, de Lyon, en 1664, Deveaux, de Paris, en 1693 et 1701. Tous les trois calquent encore leur travail sur celui d'Ambroise Paré : ils se bornent aux cas de compétence chirurgicale; toutefois, le diagnostic et le pronostic des plaies et blessures est remarquable dans Deveaux, et donne à son travail une supériorité marquée sur tout ce qui s'est fait de son temps. — Nous sommes arrivés à ce dix-huitième siècle, qui mit la France à la tête du mouvement intellectuel, pour la faire marcher ensuite à la tête de la réforme sociale. La chirurgie avait été reconnue pour une science égale en mérite à la médecine, sa sœur aînée. Constituée en académie royale, elle était possédée de la plus vive, de la plus noble émulation en présence de la Société royale de médecine. Les goûts positifs du siècle, son estime pour la certitude matérielle, les progrès rapides de l'anatomie, donnèrent à la chirurgie française un lustre jusqu'alors inconnu. Alors on vit Lecat constater le premier la possibilité d'une combustion humaine spontanée; Brechin et Winslow montrent le danger des inhumations précipitées en prouvant l'incertitude des signes de la mort. Ces travaux rendirent, s'il est possible, des services encore plus grands : ils préparèrent ceux de Louis. Ce fut cet illustre chirurgien qui fit comprendre le premier toute l'importance de la médecine légale. Le premier il montra combien ses applications sont étendues, combien ses éléments sont nombreux, quelle variété et quelle précision de connaissances ils exigent. Louis publia successivement ses *Lettres sur la certitude des signes de la mort*, ses *Mémoires sur les noyés*, ses *Moyens de distinguer sur un corps pendu les signes du suicide d'avec ceux de l'assassinat*, sur *les Naissances tardives*, etc. Mais ce furent ses consultations dans les affaires Calas, Sirven, Cassagneux, Baronet, qui mirent le sceau à sa réputation, et, si j'ose m'exprimer ainsi, donnèrent la vogue à la médecine légale. Le dix-huitième siècle avait vu naître une puissance toute nouvelle ; même dans son berceau elle donnait déjà des preuves de sa nature herculéenne : c'était l'opinion publique. Son attention se portait partout où il y avait un préjugé à combattre, une injustice à réparer. Elle avait déjà mille têtes en attendant ses mille bras. Dans l'édifice gothique et incohérent de la législation, les abus étaient encore innombrables; bien plus, la superstition, le fanatisme, la barbarie y trouvaient des places tenables : la ville de Glaris, en Suisse, brûlait publiquement une sorcière en 1765; Toulouse pouvait bien condamner un protestant à la roue en l'accusant de l'assassinat de son fils; si l'opinion ne pouvait encore prévenir le méfait, elle surgissait bien vite pour le dénoncer, pour empêcher qu'il ne se renouvelât, et, s'il était possible, pour en obtenir la réparation. Elle trouvait un écho en faisant vibrer les sentiments de la tolérance et de l'humanité, en plaidant la cause du faible; le langage était digne du procès : il sortait de la plume de Voltaire. Qu'on juge donc de l'effet produit par des Mémoires où Voltaire allait puiser ses meilleurs arguments. Rien ne manqua au triomphe de Louis, ni la sanction des tribunaux, ni les applaudissements et la reconnaissance publique, ni les contradictions amères de quelques confrères jaloux, tels que Petit et Bouvart.

Petit fut plus heureux dans ses *Mémoires sur les effets de la suspension et sur les signes de la mort à la suite d'une abstinence complète.* Vers la même époque, Lorry traitait d'une manière supérieure une question de survie ; Salin faisait les premiers travaux de toxicologie ; Lafosse faisait remarquer les phénomènes produits par la mort sur les cadavres, pour qu'on ne les confondît point avec des traces de violences exercées pendant la vie. Il développait avec une certitude nouvelle les signes de la grossesse et de l'accouchement ; Chaussier démontrait, devant l'Académie de Dijon (1789), la nécessité de créer un enseignement régulier de la médecine légale. Sept ans après, Fodéré fit paraître la première édition de son grand ouvrage, qui portait le titre suivant : *les Lois éclairées par les sciences physiques,* ou *Traité de méde-cine légale et d'hygiè-ne publi-que.* Depuis long-temps les vœux de Chaussier étaient ex-aucés, des chaires de médecine légale a-vaient été créées dans les trois Fa-cultés de la France ; une seule,

Fig. 26. — Mégathérium.

celle de Paris, fut d'abord occupée. On la donna à Mahon, qui avait fait, dans l'*Encyclopédie,* tous les articles relatifs à la médecine légale. Les chaires de Montpellier et de Strasbourg n'ont été remplies que beaucoup plus tard, l'une par Prunelle, l'autre par Fodéré.

Parmi les médecins qui ont contribué aux progrès de la médecine légale, nous devons mentionner, outre les auteurs déjà cités, Royer-Collard, Marc, Eusèbe de Salles, Sediliot, Chevallier, Devergie, Orfila, Ollivier (d'Angers), H. Bayard.

MÉDICAMENTS (matière médicale).—Substances employées dans un but curatif. On les divise, suivant leur mode d'application, en *médicaments externes* et *internes* ; suivant les effets qu'ils doivent produire, en *évacuants, vermifuges, diurétiques, antispasmodiques, fébrifuges, toniques, antiscorbutiques, antiphlogistiques,* etc.

MÉDICAMENTS HOMOEOPATHIQUES — Les médecins homœopathes prétendent avoir des spécifiques pour chaque maladie. (Voy. au mot *Homœopathie* ce que nous disons de cette prétention ridicule). — Les principaux médicaments que les homœopathes emploient sont l'aconit, l'arnica, l'arsenic, la belladone, la bryone, le mercure, la noix vomique, la pulsatille, le soufre, etc. Ils ne les donnent qu'à des doses infinitésimales, assurant que, loin de s'affaiblir en se divisant, ces médicaments, longtemps triturés et secoués, ne font qu'acquérir une plus grande puissance médicatrice ; c'est ce fait que contestent les allopathes, qui nous semblent pourtant avoir aussi bonne vue que leurs dignes confrères.

MÉDUSE (zoologie) [nom de *Méduse,* une des gorgones, dont l'aspect était effrayant]. — Groupe de zoophytes constituant presque à lui seul la première division des acalèphes (voy. ce mot). Ce sont des animaux marins dont le corps, semblable à une masse de gelée, est phosphorescent pendant la nuit, et cause souvent à celui qui le touche des démangeaisons et des inflammations érysipélateuses : ce qui les fait appeler vulgairement orties de mer.

MÉGALANTHROPOGÉNÉSIE [de *mégas,* grand, *anthrópos,* homme, et *génésis,* génération.] Mot créé par le docteur Robert pour désigner l'art de procréer *des grands hommes, des hommes d'esprit, de talent, de génie;* art mensonger qui n'existait que dans l'imagination de son inventeur, et qui est resté sans objet, à moins que des esprits amis du merveilleux en aient voulu trouver un dans un livre prétentieux, inutile, bon tout au plus à distraire les oisifs.

MÉGALOSAURE (zoologie) [du grec *mégas,* grand, et *sauros,* lézard]. — Grande espèce de reptiles fossiles, découverte à Stonesfield, à 12 milles d'Oxford. Cuvier l'a regardé comme un animal marin, grand comme la baleine.

MÉGATHÉRIUM (zoologie) [du grec *mégas,* grand, et *thér,* bête féroce].—Genre de mammifères fossiles, découvert en 1789, renferma des animaux de la taille des grands rhinocéros, dont on a trouvé des débris dans les couches superficielles des terrains d'alluvion de l'Amérique méridionale (Paraguay). Cet animal avait la taille de l'éléphant. Il appartient à l'ordre des édentés, et paraît, selon Cuvier, intermédiaire entre les tatous et l'espèce de fourmiliers dite tamanoirs.

MÉLANCOLIE (du grec *mêlas*, noir, et *kolê*, bile).
— Altération des facultés intellectuelles caractérisée par un délire qui roule exclusivement sur des idées tristes : c'est la *lypémanie* d'Esquirol. Les anciens médecins nommaient *mélancolie* cette forme de délire parce qu'ils attribuaient les affections morales tristes à une altération de la bile, qui, selon eux, devenait alors fort noire.

MÉLANOSE (pathologie) [du grec *melanosis*, formé de *mêlas* et de *nosos*, malade]. — Matière noire, d'un tissu homogène, un peu humide, opaque, qui, dans son état de crudité, a une consistance analogue à celle des glandes lymphatiques, et qui laisse suinter par la pression, lorsqu'elle tend à se ramollir, un liquide roussâtre et ténu, mêlé de grumeaux noirâtres, fermes ou friables, se convertissant enfin en une bouillie noire. Les mélanoses sont, suivant Laënnec, du nombre de ces productions accidentelles que l'on a longtemps confondues sous les noms de *squirrhe*, de *cancer*, de *carcinôme*. On en distingue quatre formes différentes : 1° les mélanoses en masses enkystées ; 2° en masses non enkystées ; 3° infiltrées dans le tissu d'un organe ; 4° déposées à la surface d'un organe. Il ajoutait que, lorsqu'elles sont infiltrées dans le tissu d'un organe, il est difficile de les distinguer d'abord de la matière noire pulmonaire ; que, cependant, ces deux matières, les mélanoses et la matière noire pulmonaire, diffèrent essentiellement, et par la nature de leur principe colorant, et par leur composition chimique. Les analyses faites d'abord par Barruel, puis par MM. Lassaigne et Foy, ont à peu près démontré que les principes constituants des mélanoses diffèrent peu du sang ; que, seulement, le carbone y domine notablement, et que, par conséquent, il n'y a point, comme dit Laënnec, de différences chimiques essentielles entre les mélanoses et les ganglions bronchiques devenus noirs. Aussi ne voit-on plus aujourd'hui dans les mélanoses une production accidentelle, dans le sens attaché par Laënnec à cette expression, mais une sorte d'imprégnation d'un tissu par une matière colorante particulière ; et la seule différence entre la matière noire pulmonaire et les mélanoses proprement dites, c'est que, dans le premier cas, la matière colorante est déposée dans un tissu sain tandis que, dans le second, elle imprègne un tissu malade ou un tissu accidentel : on doit, par conséquent aussi, ne voir dans le ramollissement des mélanoses, qu'un ramollissement de tissus avec lesquels la matière colorante mélanique est combinée. Du reste, la matière mélanique se sépare-t-elle du sang encore contenu dans ses vaisseaux, ou est-elle le résultat d'une résorption incomplète de ce liquide préalablement épanché dans les tissus vivants? On peut admettre qu'elle se produit de l'une et de l'autre manière (*Mériad.*)

MÉLASSE. — Substance douceâtre, épaisse, non cristallisable, qui reste après le raffinage du sucre et qui contient elle-même du sucre qu'on ne peut en extraire. On applique la mélasse à la confection du rhum et de la bière ; celle qui provient du sucre de canne est généralement supérieure en qualité à celle du sucre de betterave; on l'emploie, la première, dans l'eau-de-vie, dans le pain d'épices, dans les oublies ; enfin on l'utilise en guise de sucre lui-même par économie. La mélasse de betterave est utilisée par les brasseurs.

MÉLÈZE (botanique). — Arbre résineux de la famille des conifères, presque aussi élevé que le sapin ; il a, comme lui, la forme pyramidale, ses feuilles sont menues, étroites et disposées en petites rosettes ; les fleurs des chatons, écailleuses, sont colorées et membraneuses sur les côtés. Ce bel arbre croît sur les sommets des Alpes, non en massifs, mais isolé, et son feuillage vert, mêlé à la blancheur des glaciers, complète l'aspect de ces hauteurs majestueuses et pittoresques. On le cultive avec succès dans les jardins d'agrément situés dans des positions escarpées exposées au nord. Il découle de sa sève une résine fine connue sous le nom de *térébenthine de Venise.* Les feuilles produisent, aux mois de mai et juin, des petites larmes gluantes formant une sorte de manne employée comme purgatif. Le bois de mélèze est supérieur comme finesse et comme durée aux autres conifères ; il entre dans la construction des petits navires et dans les cadres de tableaux. Enfin, l'écorce est propre au tannage des cuirs. On voit par là que le mélèze n'est pas qu'un arbre d'agrément ; il peut donner des produits d'une certaine valeur à qui sait le cultiver.

MÉLILOT (botanique). — Genre de plantes de la famille des légumineuses qui croît dans les prés et dans les bois, et attire les abeilles par son odeur miellée. Le mélilot officinal a des fleurs jaunes, petites, un peu amères, surtout quand elles sont sèches. Le mélilot fleurit en juin. La médecine l'emploie en infusion à la dose de 15 à 30 grammes pour les coliques venteuses, les flueurs blanches, et à l'extérieur pour les inflammations, les ophthalmies légères. Le mélilot commun, qu'on cultive dans les jardins, a des fleurs d'un beau bleu et un parfum aromatique. Le mélilot blanc, qui s'élève assez haut, est bon, vert comme sec, pour la nourriture des bestiaux. Si on le sème avec la vesce de Sibérie, il lui sert de tuteur, produit beaucoup, et les cochons et les volailles le trouvent à leur goût.

MÉLISSE (botanique). — Genre de plantes de la famille des labiées fort recherchée des abeilles, aimant les lieux secs et arides. La mélisse officinale, qu'on cultive dans les jardins, a une odeur de citron qui lui a fait donner le nom de citronnelle. La médecine en fait usage pour les catarrhes chroniques, pour les suppressions, pour les palpitations. Elle a été vantée pour guérir l'hypocondrie, la tristesse. Quelques personnes la prennent après le repas en guise de thé ou le matin à jeun. Elle est bonne dans les affections pituiteuses, la débilité d'estomac, les langueurs. On la conseille aux vieillards apathiques menacés d'apoplexie. La dose en infusion est de une à deux pincées pour un litre d'eau. C'est avec la mélisse officinale qu'on fait l'eau de mélisse, cet excellent stomachique. Les autres espèces ne sont pas employées.

On fait usage à petite dose de la liqueur de mélisse pour les maux d'estomac. Voici une manière de la faire : Après avoir mis dans une bouteille les tiges de feuilles séchées, on la remplit de bonne eau-de-vie où on les laisse infuser pendant dix jours. Au bout de ce temps, l'eau-de-vie est passée à travers un linge, et la plante jetée dans un demi-litre d'eau en ébulition, que l'on retire du feu pour laisser infuser dix minutes. Cette seconde infusion est passée et sert à faire le sirop en y ajoutant 500 grammes de sucre. On laisse refroidir, on opère à froid le mélange des deux liqueurs et l'on bouche hermétique-pour s'en servir au besoin.

MELON (botanique). — Genre de plantes de la famille des cucurbitacées, d'origine asiatique suivant quelques-uns et africaine suivant d'autres. Le melon offre beaucoup de variétés, qui se rapportent toutes à trois races principales : melon cantaloup à écorce saillante, melon commun ou brodé et melon à écorce unie. On cite surtout comme très-bons le cantaloup orange, très-précoce, le noir de carme, le gros et le petit prescot, le hâtif ; puis les melons sucrins de Tours, ronds et brodés, à la chair d'un jaune foncé tirant sur le rouge ; les langeais, les ananas, les melons des carmes, ceux de Coulommiers, dont la chair est un peu moins estimée que les sucrins dè Tours ; le melon maraîcher ou de Honfleur presque sans côtes, et couvert d'une broderie grise qui s'efface vers la queue ; sa chair est parfumée et juteuse, mais sur la fin de la saison on prétend qu'elle est fiévreuse : aussi préfère-t-on les cantaloups. Dans ceux à peau lisse, on compte les melons du Pérou, ceux de Morée, de Malte, et de Perse, d'Odessa, excellentes espèces, qui ne viennent guère qu'au Levant et dans la Provence.

Pour la culture ordinaire, les melons se sèment fin de mars ou aux premiers jours d'avril, à une bonne exposition ; on fait des trous de cinquante centimètres de diamètre, qu'on remplit de fumier bien consommé et qu'on recouvre de terre meuble ; on y met cinq ou six grains, qu'on a eu la précaution de faire tremper avant dans de l'eau ou du vinaigre mêlé de suie. Quant aux melons de primeurs, on peut suivre les indications données pour les plantes élevées sur couche : seulement, si on chauffe la serre, il ne faut pas pousser trop haut la chaleur. Les graines se sèment en pots ou sous châssis à la fin de janvier. La plante montre-t-elle quatre feuilles sans compter les cotylédons, on pince la petite tige qui est dessus, afin qu'il y vienne des branches latérales. Peu après, on transplante le sujet à une exposition inclinant vers le midi, sur une couche de bon terrain qu'on couvre d'un châssis. On ne le met en pleine terre que quand il a acquis un certain développement et en le couvrant d'une cloche en verre. Il lui faut beaucoup de soins, des arrosages au besoin et une bonne taille. Se défier des limaces.

On reconnaît que le melon a atteint sa maturité quand il se détache du pédoncule. On en consomme

beaucoup dans toute l'Europe, surtout dans les pays chauds. Il est nourrissant et rafraîchissant ; cependant les estomacs délicats auraient tort d'en manger beaucoup, car il contient un principe indigeste. Les graines de melon qu'on fait sécher donnent une tisane calmante, rafraîchissante et froide, bonne, pour les maladies de la vessie   Hervé.

MELLIFÈRES (zoologie) [du latin *mel*, miel, et *fero*, porter]. — Latreille a donné ce nom à l'une des plus grandes familles de l'ordre des hyménoptères, comprenant tous les insectes qui produisent du miel ou une substance analogue. — Voy. *Abeille*.

MÉLODIE. — Voy. *Musique.*

MÉLOÉ (zoologie) [du grec *méli*, miel, à cause de la consistance mielleuse de l'humeur que secrète l'insecte dans le danger]. — Genre de coléoptères de la tribu des cantharides. Voici les principaux caractères de ces insectes : aptères ; corps gros, tête méplate, triangulaire, verticale, yeux situés près des angles de la bouche ; antennes insérées entre les yeux, plus longues que la tête et le corselet ; ce dernier plus étroit et carré ; écusson inapparent ; abdomen presque toujours développé. Les méloés sont répandus sur toute la surface du globe, mais particulièrement en Europe. On les reconnaît à leur démarche lente et lourde ; ils sont noirs, bleus, cuivrés et quelquefois rayés de rouge. Ils se nourrissent d'herbes et sont très-voraces. Ces insectes ont toutes les propriétés des cantharides. On a cru retrouver en eux le *qupreste* des anciens, qui faisait périr les bœufs quand ils en avalaient en paissant l'herbe. — Voy. *Bupreste*.

MEMBRANES (physiologie). — Organes souples, très-aplatis, et représentant des espèces de toile, dont les usages sont, en général, d'une part, de préparer, de déposer et de pomper dans les diverses parties du corps les fluides nécessaires à l'exercice des fonctions, et, de l'autre, de séparer, d'envelopper et de former d'autres organes. Les membranes sont *muqueuses, séreuses* ou *fibreuses.*

Les membranes muqueuses existent dans toutes les parties creuses du corps destinées à communiquer au dehors par les différentes ouvertures dont la peau est percée. Elles sont parsemées d'une foule de petites glandes, dites muqueuses, lesquelles préparent le liquide onctueux et blanchâtre dont elles sont continuellement arrosées.

Les membranes séreuses (ainsi appelées à cause du liquide demi-limpide qu'elles sont destinées à préparer pour favoriser les mouvements des organes qu'elles entourent), se rencontrent dans les grandes cavités ainsi que dans les articulations. Elles présentent deux surfaces, dont l'une est adhérente aux parties voisines, et l'autre, très-lisse et très-polie, est dirigée vers les organes qu'elles entourent.

Les membranes fibreuses consistent en des espèces de toiles fermes, peu élastiques, d'une couleur blanchâtre ou nacrée. On les observe : 1° autour des articulations mobiles, qu'elles concourent à maintenir de la même manière que les ligaments ; 2° autour des os, dont elles tapissent la périphérie dans presque toute leur étendue, sous le nom de périoste; 3° autour des muscles, qu'elles maintiennent en place sous le nom d'aponévroses; 4° dans un grand nombre d'autres parties à la formation desquelles elles concourent, telles que les veines, les fibro-cartilages, etc.

MÉMOIRE (psychologie).—La faculté de se représenter les objets absents et les faits passés est l'attribut essentiel de notre âme; c'est elle qui constitue, à proprement parler, son identité. Si nous pouvions oublier ce que nous avons senti, vu, pensé, fait, en un mot ce qui constitue notre passé; enfin si nous ne sentions plus la continuité de notre personne, nous ne serions plus des hommes; car l'homme vit de son passé, et sa vie n'est que l'édifice de ses souvenirs. La mémoire est donc l'âme même de la vie. Ce a est vrai des peuples comme des individus. L'histoire, qui est la mémoire des peuples, est aussi leur véritable constitution, c'est-à-dire ce qui fait leur suite, leur continuité. Leur personnalité est toujours en proportion de la mémoire. Quand on nomme le peuple français, on énonce quatorze siècles de luttes, de travaux, de gloire et de revers; enfin, on évoque tous les événements qui ont fait, d'une horde de barbares francs, la nation qu'on nomme aujourd'hui la France. Voilà ce que c'est que la mémoire prise dans sa plus haute acception. Dieu a attaché notre responsabilité à cette grande faculté; le souvenir du bien qu'on a fait est une récompense, et le souvenir du mal un châtiment. Quand l'âme, séparée du corps, apparaît devant Dieu et se voit telle qu'elle est, à la lumière de la justice éternelle, tout son passé lui est présent, pour son bonheur ou son opprobre éternel. C'est une chose sérieuse que le passé, ses fruits sont éternels.

Considérée dans les individus, la mémoire varie à l'infini en intensité et dans ses applications. L'un est doué de la mémoire des mots; l'autre, de celle des idées; l'un retient tout pendant une ou deux heures, puis oublie tout; un autre retient peu, mais garde toute sa vie ce qu'il a retenu. L'enfance est l'âge d'or de la mémoire; la vivacité des impressions, leur nouveauté et leur imprévu, les gravent plus fortement dans l'esprit; et l'imagination, malgré sa mobilité, revient souvent sur les choses qui l'ont frappée. Enfin la mémoire dépend beaucoup de de l'exercice qu'on lui donne; les maladies cérébrales peuvent l'altérer et même la faire perdre totalement. Les matérialistes se sont trop prévalus de ce fait pour nier la spiritualité de l'âme. Il en résulte seulement ceci: que l'âme et le corps qui composent notre personne sont si intimement unis, que tout ce qui affecte l'un est sensible à l'autre, et que les fonctions de l'âme ont leur siège dans le cerveau; mais confondre le siège d'une faculté avec cette faculté même, c'est faire peu d'honneur à son propre individu, sans entamer la dignité et la spiritualité de l'espèce.

La mémoire est la faculté de l'âme qui perpétue les produits de l'attention, et conserve le précieux dépôt de l'imagination et de la réflexion. L'attention et l'association des idées, dit un auteur, sont les principales causes du rappel de la mémoire. Parmi les classes secondaires, la classification de nos idées, l'ordre que nous y mettons, facilitent l'opération de notre mémoire et lui donnent des forces, tandis que le désordre la trouble et paralyse tous ses moyens. L'écriture est aussi un moyen d'augmenter la mémoire, et parce qu'elle attache un signe permanent à la pensée, qui est invisible et fugitive, et parce qu'elle permet d'ordonner à loisir et méthodiquement les fruits de la lecture et de la méditation; mais il faut prendre garde que par l'habitude d'écrire on ne rende son esprit paresseux à retenir, s'il vient à être privé d'un tel secours. Enfin, c'est un fait bien constaté par l'expérience, que, si l'on veut retenir ce que l'on sait, le retenir d'une manière distincte et permanente, il faut le rappeler souvent à son souvenir: c'est donc en exerçant la mémoire qu'on la fortifie. Les qualités principales de la mémoire locale sont: l'étendue, la sûreté, la fidélité et la promptitude. Or, la manière d'acquérir ces qualités doit être analogue à la nature des idées et des conceptions qu'elle doit rappeler. Un peintre, un musicien, un poète, un physicien, un philosophe, un naturaliste, un historien, ont des faits à puiser dans la nature extérieure; ils ont donc besoin de la mémoire locale. Mais, comme ils ont aussi des conceptions, des jugements à puiser dans la nature intérieure, et que leurs ouvrages dépendent plus spécialement de la forme que l'imagination et la réflexion donnent aux objets de leur conception, la mémoire locale sera subordonnée à la mémoire intellectuelle, et son étendue n'aura de valeur qu'autant qu'elle en donnera à celle-ci. Une heureuse mémoire est un don de la nature, don qui se manifeste dans l'homme dès ses premières années, et qui s'étend à mesure qu'on sait mieux en faire usage. Aussi doit-on cultiver avec le plus grand soin cette faculté précieuse.   **Hervé.**

MENDICITÉ (morale publique). — La mendicité, généralement expulsée des grands centres de population, a cherché un refuge dans les villages, dans les hameaux, auprès des fermes, où, dégagée de la crainte salutaire de l'autorité, elle fait souvent entendre une voix menaçante; car c'est avec la menace que certains mendiants battent monnaie, et bien souvent l'arrogance obtient le morceau de pain qu'une pitié clairvoyante refusait à bon droit. C'est quelque chose de hideux, à notre époque de civilisation et de travail, que l'on auteur, que de voir des bandes de quinze à vingt individus sillonner les routes et se repaître, dans une honteuse et criminelle oisiveté, du pain qu'ils ont arraché au cultivateur, souvent plus par la crainte que par l'importunité, car il ne faut pas s'imaginer que la plupart des mendiants nomades d'aujourd'hui soient des vieillards impotents, de malheureux estropiés, des enfants débiles: on trouve au contraire parmi eux, et en grand nombre, des hommes robustes et auxquels il pourrait être dangereux de refuser l'aumône qu'ils réclament plutôt qu'ils ne la sollicitent. Il est tel de ces fainéants, encore dans la force de l'âge, qui gagne plus à parcourir les chemins en psalmodiant des complaintes, que trois journaliers travaillant du lever au coucher du soleil pour nourrir leur famille. Dernièrement un de ces vagabonds a poussé l'effronterie jusqu'à déclarer en plein tribunal correctionnel qu'il ne changerait pas de position avec un fermier, même aisé, attendu, ajouta-t-il, qu'un bâton bien mené rend toujours de mille à douze cents francs par an! Comptez maintenant le nombre de mendiants valides, supposez que chacun d'eux se procure un revenu moitié seulement de celui énoncé par ce vagabond, et jugez de quelle contribution, non portée au budget, le pays se trouve frappé. Ce sont le fermier, le laboureur, le petit et le moyen propriétaire, qui, toujours aux champs, sont les contribuables de ces percepteurs de nouvelle espèce; ce sont ceux qui nourrissent cette ignoble population qui va colportant dans les campagnes le contagieux exemple de son oisiveté et de ses vices. Les grands propriétaires, quand ils sont dans leurs terres, sont protégés contre cette tourbe insolente par des murs élevés, par de nombreux serviteurs ; les mendiants nomades n'oseraient pas, d'ailleurs, aborder ces hommes, dans lesquels ils seraient exposés à rencontrer des magistrats, des fonctionnaires qui auraient bientôt mis sur leurs traces les individus qu'ils redoutent le plus; c'est toujours à ceux à qui ils peuvent inspirer quelque crainte qu'ils s'adressent, et il se trouve à la campagne beaucoup de personnes qui aiment mieux faire l'aumône que de vivre dans la perpétuelle inquiétude de voir leurs granges incendiées et leurs bestiaux détruits. Nous ne craignons pas d'être taxé d'exagération en disant qu'il n'y a pas de si petit hameau, de si mince bourgade, qui n'ait à héberger, chaque soir, une vingtaine de vagabonds de ce genre; heureux encore si le lendemain la disparition de quelque outil ou de quelque vêtement ne vient pas attester le passage de ces individus!

La législation actuelle donne les moyens de réprimer cette mendicité qui afflige nos campagnes. Les maires peuvent faire arrêter tout individu mendiant sur le territoire de leur commune, et à plus forte raison les vagabonds étrangers au pays. Les mendiants valides sont punis (1) d'un mois à trois mois

(1) *Code pénal.* — 274. Toute personne qui aura été trouvée mendiant dans un lieu pour lequel il existera un établissement public, organisé afin d'obvier à la mendicité, sera punie de trois à six mois d'emprisonnement, et sera, après l'expiration de sa peine, conduite au dépôt de mendicité.

275. Dans les lieux où il n'existe point encore de tels établissements, les mendiants d'habitude, valides, seront punis d'un mois à trois mois d'emprisonnement.

S'ils ont été arrêtés hors du canton de leur résidence, ils seront punis d'un emprisonnement de six mois à deux ans.

Tous mendiants, même invalides, qui auront usé de menaces ou seront entrés sans permission du propriétaire ou de personnes de sa maison, soit dans un habitation, soit dans un enclos en dependant,

Ou qui feindront des plaies ou infirmités,

d'emprisonnement, dans les localités où il n'existe pas d'établissement public organisé afin d'obvier à la mendicité. Dans les lieux où de tels établissements existent, la peine est doublée quant au maximum, et triplée pour le minimum. La mendicité avec menaces est punie d'un emprisonnement de six mois à deux ans. La mendicité en réunion est atteinte d'une pénalité semblable.

Ces moyens sont rigoureux et ils demandent à être appliqués avec discernement, à être combinés avec les principes d'une pure et saine philanthropie. Il faut donc chercher des mesures qui concilient, autant que possible, les intérêts des habitants et les devoirs d'une sage commisération. Nous croyons qu'il suffirait à la sécurité des habitations rurales de repousser inflexiblement du territoire des communes les mendiants qui leur sont étrangers : cette simple mesure ne tarderait pas à considérablement restreindre le nombre des individus qui spéculent sur la pitié des cultivateurs. Et cela se conçoit : forcés de restreindre leurs excursions à la commune qu'ils habitent, les mendiants valides ne pourront plus simuler des infirmités, ils ne pourront plus prétexter des malheurs tels que des incendies, des inondations, etc., qui les auraient réduits à la misère. Connus de tous, chacun saura à quoi s'en tenir sur la réalité et les causes de son infortune, et y proportionnera sa commisération. Cette notoriété suffirait, nous n'en doutons pas, à diminuer assez les revenus de la besace et du bâton pour écarter de cette misérable industrie la plupart de ceux qui l'exercent aujourd'hui de préférence aux professions laborieuses qui ne nourrissent l'homme qu'à la sueur de son front.

Que partout, le mendiant valide, le mendiant aux formes athlétiques, à la voix sonore, soit donc impitoyablement traqué. 100,000 de ces misérables, et on peut compter sur ce nombre, appauvrissent journellement le pays de 100,000 francs, qu'ils extorquent en argent ou en denrées, à la crédulité ou à la crainte, et, en outre, de 100,000 autres francs, valeur représentative de ce que produirait leur travail : c'est ainsi un impôt de 13 millions qu'une lâche fainéantise lève annuellement sur la France. C'est aux maires des communes rurales à nous en affranchir, et il ne leur faut pour cela qu'une volonté ferme et persévérante.

Restent donc à la charge des communes les pauvres que l'âge ou les infirmités obligent à recourir à l'aumône; le nombre de ceux-là n'est jamais si considérable que l'on ne puisse subvenir à leurs besoins. Pas un paysan ne refuse son denier du pauvre à la collecte qui a pour objet de fournir un peu de pain et un peu de bois aux familles nécessiteuses de la commune. Quelques bons curés ont fait mieux en-

Ou qui mendieront en réunion, à moins que ce ne soit le mari et la femme, le père ou la mère de leurs jeunes enfants, l'aveugle et son conducteur,

Seront punis d'un emprisonnement de six mois à deux ans.

core, et nous recommandons ce louable exemple à leurs confrères : ils ont organisé des souscriptions en argent, denrées, bois de chauffage, linge, etc. Ce fonds de secours, augmenté quelquefois d'une allocation votée à cet effet par le conseil municipal, suffit aux besoins les plus pressants et contribue à rendre supportables les privations des malheureux.

MÉNINGES [du grec *menigx*, membrane].—Nom donné aux trois membranes qui enveloppent tout l'appareil nerveux cérébro-spinal (la dure-mère, l'arachnoïde et la pie-mère). Sœmmering appelait la dure-mère *meninx exterior*, l'arachnoï le *meninx media*, et la pie-mère *meninx interior*. Chaussier donnait à la dure-mère le nom de *méninge*, et, considérant l'arachnoïde et la pie-mère comme une membrane unique formée de deux feuillets, il les désignait collectivement sous le nom de *méningine*. — Voy. *Cerveau*.

MÉNINGITE (fièvre cérébrale des anciens). — Inflammation des méninges ou enveloppes du cerveau. « Les symptômes de cette grave affection sont pour la première période : une violente céphalalgie, un état de somnolence en même temps d'insomnie; la rougeur des conjonctives, la chaleur du front, des tintements d'oreilles; des frissons irréguliers suivis de chaleur. Plus tard, le délire, des convulsions, une somnolence plus grande, avec paralysie des yeux et difficulté de la déglutition, enfin le coma, caractérisent la deuxième période (dite comateuse). La durée de cette affection est de quinze jours à trois semaines; son pronostic est des plus sérieux. Parmi ceux qui n'y succombent pas, plusieurs gardent des infirmités incurables ; les uns restent sourds, les autres aveugles; d'autres enfin ne retrouvent jamais, ou du moins qu'incomplétement, l'usage de leurs facultés intellectuelles.

Traitement. —Saignées générales, nombreuses applications de sangsues aux tempes, derrière les oreilles; applications froides maintenues sur la tête, révulsifs appliqués sur les extrémités; plus tard, purgatifs, etc.

MENSTRUATION, MENSTRUES, RÈGLES.—Évacuation sanguine et périodique de l'utérus chez la femme pubère, c'est-à-dire âgée de treize à quinze ans; cette éruption mensuelle cesse ordinairement vers l'âge de quarante-cinq ans.

L'apparition des règles peut être retardée pour deux causes : « parce que l'économie manque du degré de vitalité, d'énergie, nécessaire à l'accomplissement de cette fonction, qui est généralement le thermomètre de la santé des femmes, ou bien parce qu'il y a excès de cette vitalité, et que, trop disséminée, elle ne se concentre pas suffisamment sur les organes voulus. » Le premier état constitue la chlorose, ou les pâles couleurs, que l'on combat par les toniques, les préparations ferrugineuses, les bains frais, les lavements laudanisés, s'il y a prédominance nerveuse, et que l'on seconde par quelques excitants, et même par quelques sangsues placées au haut des cuisses. Le second état, qui se reconnaît à la coloration de la face, à un sentiment d'étouffement ou

de gêne dans la respiration, à des coliques intenses, à de fréquents maux de tête, à des saignements de nez, ne cède qu'aux saignées générales; aux bains tièdes, à une nourriture lactée ou végétale, aux sangsues appliquées aux cuisses, bains de pieds sinapisés, etc.

L'absence des règles chez une femme en âge de les avoir a reçu, en médecine, le nom d'*aménorrhée*. Leur difficulté, celui de *dysménorrhée*.

Une fois bien établies, dit le Dr Aubert, les règles sont sujettes à se supprimer, ou à couler trop abondamment. Leur suppression tient-elle à la grossesse, on se gardera de rien faire ; mais tient-elle à une cause accidentelle, on combattra cette cause ou par des toniques, des antispasmodiques, si l'économie porte l'empreinte d'une grande faiblesse, ou par des sangsues, mais mieux par une saignée générale, des bains tièdes, comme nous l'avons déjà dit, s'il y a des signes de pléthore, que la plus légère cause transformerait en inflammation. Quant à l'écoulement immodéré des règles, il peut tenir aussi ou à une détérioration de toute l'économie, ou à un excès de vitalité générale. Dans le premier cas, qui rentre dans de que l'on appelle *pertes passives* (voy. *Hémorrhagie*), on ranime toute l'économie par des toniques, auxquels on joint les astringents à l'intérieur, comme la décoction de ratanhia, de grande consoude, sucrée avec du sirop de cachou ou de coing, et les injections de décoction soit d'écorce de chêne, soit de quinquina ou de grenadier. Dans le second cas, les saignées faites au bras, mais par une petite ouverture, l'immersion des bras dans l'eau chaude, des ventouses appliquées sur les reins, des injections d'eau froide, des boissons acides, sont les moyens que la prudence conseille d'employer ; mais ce genre d'écoulement immodéré des règles tient très-souvent à une maladie des parties qui en sont le siége, et de l'existence de laquelle il est toujours bon de s'assurer. — Voy. *Aménorrhée*.

MENTAGRE [du latin *sycosis menti*]. —Affection caractérisée par l'éruption successive de très-petites pustules pointues, avec tension, chaleur prurigineuse, quelquefois gonflement de la peau et des ganglions sous-jacents, et légère exfoliation de l'épiderme. Un poil de barbe traverse ordinairement chaque bouton. Cette maladie, qui paraît tenir à la constitution de l'individu, est de longue durée et se montre très-rebelle. Le traitement est celui de l'acné induré. — Voy. ce mot.

MENTHE (botanique) [du latin *mentha*]. — Genre de plantes de la famille des labiées ; c'est un de ceux où les propriétés aromatiques de la famille se trouvent le plus développées. Les menthes sont des herbes vivaces très-odorantes, à fleurs disposées en faisceaux à l'aisselle des feuilles, ou terminales. Elles croissent en général sur le bord des ruisseaux, ou dans des localités humides et fraîches. Toutes les espèces européennes ont les mêmes propriétés; seulement elles sont plus développées dans les unes que dans les autres. L'odeur et le goût sont, à cet égard, des indices infaillibles. La menthe la plus odorante sera toujours la plus active. Passons rapidement en revue les principales espèces.

MENTHE POIVRÉE, MENTHE ANGLAISE (*mentha piperita*). — Cette espèce paraît originaire de l'Angleterre; on la cultive fréquemment dans les jardins, où elle dégénère, suivant M. Nus d'Esenbeck, et prend alors le nom de *mentha viridis*. Elle a une saveur poivrée et camphrée, qui laisse une sensation de froid dans la bouche; son odeur est forte de balsamique; elle ne disparaît que par la dessiccation.

A la distillation, cette plante fournit une huile essentielle, qui contient du camphre ou du moins une substance fort analogue. L'action de la menthe poivrée sur l'économie mérite d'être étudiée; donnée en poudre ou en infusion, elle est très-stimulante, provoque la transpiration, et active toutes les fonctions; elle conviendra donc dans des cas de rhumatisme par refroidissement, d'atonie, de faiblesse de l'estomac, d'expectoration difficile. En poudre, on l'administre à la dose de 3 grammes; en infusion, on met le double pour trois verres d'eau.

L'action de l'huile essentielle de menthe diffère de celle de la plante. M. Merat a constaté qu'elle était antispasmodique à la dose de 6 à 12 gouttes dans une potion; on peut en dire autant de son eau distillée; souvent des tremblements nerveux ont été calmés à l'instant. Cette eau distillée, mêlée avec une grande quantité de sirop, sert à fabriquer des pastilles de menthe, qu'on obtient en laissant tomber le mélange goutte par goutte sur une plaque de cuivre chaude; c'est ainsi qu'elles prennent, en se séchant rapidement, la forme qu'on leur connaît.

MENTHE POULIOT (*mentha pulegium*). — On se figurait, autrefois, que cette plante chassait les puces; de là son nom qui vient du latin *pulex*. Elle ne possède pas cette propriété, et ses usages en médecine sont très-bornés; elle entre seulement dans la composition de plusieurs médicaments oubliés aujourd'hui.

MENTHE SIMPLE (*Mentha rotundifoia*). — C'est la plus commune de toutes; elle a les propriétés de la menthe poivrée, sauf qu'elle ne laisse pas dans la bouche une sensation de fraîcheur. On a dit qu'elle empêchait la coagulation du t. Leroi assure qu'elle la retarde seulement : ce fait est à vérifier.

(*Ch. Martins*).

On emploie la menthe contre les vomissements nerveux, les coliques venteuses, les douleurs névralgiques, les maux d'estomac. On la prescrit à la dose d'une ou deux pincées dans un litre d'eau, en infusion; et en poudre, à la dose de 20 à 40 centigrammes.—La menthe verte, à odeur balsamique, est moins forte que la précédente.—La menthe à feuilles rondes, ou baume sauvage, croît dans les lieux incultes. On s'en sert comme sudorifique. — La menthe crêpue, variété de la menthe verte, remplace souvent la menthe poivrée. — La menthe pouliot, qui croît dans les lieux humides, a des fleurs purpurines. On la donne pour la toux, l'asthme, l'enrouement.

MER. — On appelle ainsi l'immense amas d'eau salée qui baigne les bords de la partie solide du globe.

Elle couvre près des trois quarts de la surface de la terre.

La marée est le mouvement alternatif et journalier de l'Océan, couvrant et abandonnant successivement le rivage. Dans l'espace de vingt-quatre heures quarante-neuf minutes, ses eaux se portent et se reportent deux fois de l'équateur vers les pôles et des pôles vers l'équateur. Les eaux montent d'abord pendant environ six heures; elles inondent alors les rivages et se précipitent dans l'intérieur des fleuves, jusqu'à de grandes distances de leurs embouchures.

Après être parvenues à leur plus grande hauteur, elles restent quelques instants en repos, un quart d'heure environ; peu à peu elles descendent et se retirent des terres qu'elles avaient envahies; ce second mouvement dure aussi à peu près six heures; lorsqu'elles sont arrivées à leur plus basse dépression, elles restent quelques instants en repos, puis recommencent leur mouvement alternatif.

Le flux, que l'on appelle aussi haute marée, est le mouvement des eaux vers les pôles; le reflux, que l'on appelle aussi basse marée, est le retour des eaux vers l'équateur.

Le premier des Grecs qui fit attention à la cause des marées fut Pythéas de Marseille, qui vivait environ trois cent vingt ans avant notre ère. Il disait que la pleine lune cause le flux, et son décours le reflux. Il ne se trompait pas en les attribuant à la lune, mais il était loin d'en connaître la véritable cause. Newton le premier démontra les relations des marées avec les autres phénomènes de la gravitation universelle. M. Babinet fait remarquer que Lucain dans sa *Pharsale*, parlant des côtes maritimes de la France, signale ces plages incertaines, qui tantôt appartiennent à la terre, et tantôt à la mer; que le vaste Océan envahit et abandonne tour à tour.

Il indique pour cause l'action des vents, du soleil et de la lune. « Cherchez, dit-il, ô vous qui faites souci de pénétrer le mécanisme du monde; cherchez d'où naissent ces alternatives si fréquentes. Pour moi, je me résigne à l'ignorance que les dieux ont voulu ici imposer aux hommes. »

Newton et Laplace ont cherché, ajoute le spirituel savant, et, au grand honneur de l'esprit humain, ils ont trouvé. La lune, passant successivement au-dessus de chaque point de l'Océan, en vertu des lois de l'attraction en attire les eaux, qui sont d'une mobilité extrême. On ne peut plus méconnaître maintenant l'action que cet astre exerce, en vertu des lois de l'attraction, sur ce grand et majestueux phénomène de la nature. Un poëte inconnu a délicieusement exprimé cette influence :

« Astre solitaire, aérien, paisible astre d'argent: ô lune! comme une blanche voile, tu navigues à travers ce firmament, et comme une douce amie, dans ta course antique, tu suis au ciel la marche de la terre.

» La terre, si ton disque limpide se rapproche d'elle, la terre te sent venir, palpite et gonfle ses mers; peut-être est-ce une noble émotion, telle que l'aspect d'un ami en éveille dans un cœur mortel. »

On a reconnu :

1° Que les eaux de l'Océan s'élèvent successivement dans chaque endroit où la lune passe;

2° Que la Méditerranée n'a pas d'autre marée que celle qui lui est communiquée par l'Océan, au détroit de Gibraltar, parce que la lune ne passe jamais perpendiculairement sur elle;

3° Que le flux et le reflux retardent, comme la lune, de trois quarts d'heure chaque jour;

4° Que les marées ne reviennent à la même heure, qu'au bout d'environ trente jours, ce qui est précisément le temps qui s'écoule d'une nouvelle lune à l'autre ;

5° Que les marées sont beaucoup plus hautes lorsque la lune est à sa moindre distance de la terre ;

6° Qu'aux pleines et aux nouvelles lunes, les marées sont plus grandes, parce qu'alors le soleil joignant son attraction à celle de la lune, les eaux de la mer se trouvent plus fortement attirées; tandis qu'à l'époque des quadratures ou quartiers, les marées sont plus faibles, parce qu'alors le soleil, joignant son attraction par sa position, détruit environ un tiers de l'effet et de l'attraction de la lune.

Lorsque la lune passe d'aplomb sur une partie de l'Océan, les eaux de cette partie, attirées par l'attraction de cet astre, s'élèvent; et comme cette attraction agit en sens contraire de celle de la terre, les eaux situées de chaque côté du globe, éprouvant une action oblique de la part de la lune, augmentent de pesanteur et tendent plus fortement vers le centre de la terre. En même temps, les parties de la mer diamétralement opposées au point attiré par la lune sont moins attirées par cet astre que le centre de la terre, ce qui permet à la mer de s'élever aussi du côté opposé à la lune, et à l'Océan de présenter le phénomène des marées dans deux hémisphères opposés; la force attractive qu'exerce le soleil sur la terre, quoique trois fois moindre que celle de la lune, suffit cependant pour produire un flux et un reflux. On peut donc distinguer deux sortes de marées : l'une solaire et l'autre lunaire. L'astre du jour élève les mers à midi et à minuit, heure de son passage au méridien, et les laisse, au contraire, s'abaisser à dix heures du matin et du soir.

Deux fois le mois, aux syzygies, ces deux sortes de marées s'accordent dans leurs directions et se réduisent à une seule, parce qu'alors le soleil attire les eaux du même côté, dans le même sens que la lune, et produit un effet commun avec elle; tandis qu'aux quadratures, comme nous l'avons fait remarquer, le soleil, par sa position perpendiculaire à celle de la lune, contrarie l'action de cet astre, en sorte que les marées sont plus petites aux premiers et aux dernier quartiers, et plus grandes aux pleines et aux nouvelles lunes.

Le point le plus élevé de la marée ne se trouve pas précisément au-dessous de la lune, mais toujours à quelque distance vers l'orient, et cette distance n'excède jamais 15 degrés.

Les eaux de l'Océan n'obéissent pas tout à coup à l'attraction qui les soulève; leur état d'inertie s'y oppose, et les empêche de suivre subitement la marche de l'astre qui agit sur elles. C'est pour cette raison qu'elles n'atteignent pas leur plus haut point d'élévation au moment même où l'attraction lunaire est parvenue à sa plus grande force, mais seulement quelque temps après.

Non-seulement l'attraction solaire contrarie celle de la lune, mais la résistance et le balancement des eaux, le frottement des côtes et les anfractuosités du rivage sont autant d'obstacles qui retardent la haute marée.

MERCURE (minéralogie) [synonymes: *vif argent*, *hydrargyre*]. — Le mercure est le seul métal qui soit liquide à la température ordinaire. Il est d'un blanc d'argent très-pur. Versé sur une surface solide, il coule en globules arrondies et bien nettes, s'il est pur. Si le mercure est impur, et qu'il contienne des traces d'oxyde, les globules, au lieu d'être nets et arrondis, sont allongés; ils forment queue, comme on dit vulgairement. A l'état pulvérulent, ou de division extrême, le mercure est gris. Il est insipide et inodore. A —40° il se solidifie, et il bout à 360°. Sa densité est 13,599 à 0°. Il pèse environ 10,000 fois plus que l'air. A l'état solide, il a la malléabilité, la ductilité et la ténacité du plomb. Comme les autres métaux, il conduit bien la chaleur, pour laquelle il a peu de capacité. Le mercure est le plus dilatable des métaux, sa dilatation est régulière. De 0° à 100°, il se dilate de 0,0181018 de son volume. Quoique liquide, il mouille un très-petit nombre de corps, comme l'or, le cuivre, l'étain; car amalgamer est en quelque sorte synonyme de mouiller. Comme tous les liquides, le mercure donne déjà des vapeurs à 0° et même au-dessous; une lame d'or suspendue sur une cuve à mercure blanchit à une température très-basse (*Faraday*). Le mercure n'existe que sous un très-petit nombre de formes dans la nature : on le connaît à l'état de liberté (mercure natif), et en combinaison avec le chlore (mercure corné), avec l'argent (arquérite), et le soufre (cinabre); cette dernière forme est la plus abondante et la seule exploitée.

Les mines de mercure en exploitation sont peu nombreuses : « les plus productives sont celles d'Idria, en Carinthie, d'Almaden en Espagne, et des environs de Kussel dans la Bavière rhénane. Il y en a aussi, mais de moins importantes, en Hongrie, en Transylvanie, en Bohême. Le Mexique en possède trente-deux; on en a récemment découvert en Californie; la Chine et le Japon en renferment beaucoup, mais on n'a sur elles aucun renseignement certain. L'extraction du mercure est très-simple à cause de sa volatilité : on grille le cinabre dans un four dont la sole est criblée de trous pour le passage de l'air; le soufre est ainsi converti en acide sulfureux, et le mercure, devenu libre, forme des vapeurs qui, au moyen de conduits en terre appelés *aludels*, arrivent dans une grande chambre où elles se condensent. On renferme le mercure ainsi obtenu dans de grandes bouteilles en fer, fermées par un bouchon à vis de même métal. » — Le mercure s'allie facilement avec un grand nombre de métaux, et forme avec eux des combinaisons liquides (amalgames). Il est très-précieux pour la construction des instruments de physique et de chimie (thermomètre, baromètre, manomètre, cuve pour recueillir les gaz). Un amalgame d'étain sert à mettre les glaces au tain. Les amalgames d'or et d'argent sont employés pour dorer et argenter les autres métaux. C'est au moyen du mercure que l'on extrait l'argent de ses minerais.

Le mercure forme plusieurs combinaisons chimiques importantes : tel est le vermillon ou cinabre (sulfure de mercure); le calomel ou mercure doux (protochlorure de mercure); et le sublimé corrosif (deuto-chlorure).

Lorsqu'on maintient ce métal longtemps en ébullition à l'air, il se convertit en un oxyde rouge (deutoxyde, bioxyde ou oxyde mercurique) : celui-ci donne, avec les acides, les sels mercuriques; il existe encore un autre oxyde de mercure, qui est noir (Hg^2O, protoxyde ou oxyde mercureux), et qui forme, avec les acides, des sels mercureux. Les sels de mercure sont très-vénéneux; l'albumine ou blanc d'œuf en est le meilleur contre-poison. On reconnaît ces sels en plongeant dans leur solution une lame d'or ou de cuivre, qui prend alors une couleur grise en s'amalgamant avec le mercure.

Statistique et exploitation des mines de mercure. — Le mercure est de tous les métaux, celui dont on a le plus négligé l'exploitation, et l'on ne peut s'expliquer cette indifférence à l'égard d'un produit recherché et toujours maintenu à un prix élevé. Les gisements mercuriels sont loin d'être rares; on en connaît en Portugal, en Toscane, en Autriche, en Espagne, au Mexique, au Pérou, dans la Californie et la Chine; mais on ne tire parti que de quelques-uns. Il n'y en a ni en Afrique, ni en Océanie, ni en Asie, y compris la Sibérie. La Chine consomme ce qu'elle exploite, et jusqu'en 1850, époque à laquelle on commença à recueillir ce métal en Californie, presque toute la quantité de mercure employée dans toutes les parties du monde a été tirée d'Europe, et seulement de l'Espagne et de l'Autriche. Les usines d'Almaden, situées en Andalousie, sur la frontière de l'Estramadure, dans les ramifications de la sierra Morena, sont encore les plus riches de l'univers; bien qu'exploitées depuis l'antiquité, l'abondance de ces mines ne semble pas devoir s'épuiser, et elles continuent à donner la moitié de leur poids en mercure pur.

Le minerai des mines d'Almaden se compose principalement de cinabre, se présentant sous la forme de filons. La quantité de mercure qu'on exploite dans ces mines va toujours croissant; elles ont fourni, en 1850, 1,227,750 kilogrammes, et il est probable qu'elles auront au moins donné 1,964,470 kilogrammes en 1855.

Les mines de mercure que possède l'Autriche se trouvent dans le district d'Idria. Ces mines sont connues depuis fort longtemps. On assure qu'elles furent découvertes dans le quinzième siècle, et qu'elles ont été exploitées sans interruption depuis cette époque. De 1823 à 1848, leur production a augmenté dans l'énorme proportion de 65 pour 100. Elles fournissent aujourd'hui jusqu'à 162,093 kilogrammes de mercure; le minerai qu'on en extrait est du cinabre contenant moitié de son poids de métal; on n'y exploite chaque année que 2,455 kilogrammes de mercure vierge. Bien qu'il n'y ait point de mine de mercure en Hongrie, cette contrée en fournit annuellement 118 kilogrammes. On le rencontre par hasard en exploitant d'autres mines, et on l'accumule pendant quatre ans, au bout desquels on dépouille en une seule fois le minerai obtenu : il produit jusqu'à 3,274 kilogrammes. La Transylvanie en donne 4,583 kilogrammes pour 1855.

Les quantités de mercure exploitées dans les autres parties de l'Europe sont peu considérables; il n'y a que la Bavière rhénane qui en produise 4,911 kilogrammes environ par année.

Il est certain que les gisements mercuriels sont nombreux en Amérique, du moins dans les contrées que les Espagnols ont possédées autrefois. Les mines de Huancavélia, découvertes au Pérou, en sont une preuve : elles s'écroulèrent en 1770 par suite de l'imprévoyance et du zèle mal entendu du commissaire du gouvernement. Elles rapportaient jusqu'à 336,436 kilogrammes de mercure par année. En 1850, on a découvert en Californie, à 26 kilomètres de San-Francisco, et presque à fleur de terre, un riche gisement de mercure, que l'on a appelé *Nouvelle-Almaden*; il a donné 130,960 kilogrammes en 1852, et l'exploitation annuelle peut s'évaluer, pour 1855, à 980,800 kilogrammes. Les ouvriers mineurs, pour la plupart Mexicains ou Indiens du Mexique, reçoivent 40 fr. par jour, et cela à la condition de ne travailler que huit heures. Presque tout le mercure exploité dans ces mines s'expédie au Mexique, dont les usines d'argent absorbent 916,720 kilogrammes de mercure par an. En se basant sur les données précédentes, on trouve que la production totale du mercure a été, en 1855, dans le monde entier de 3,489,590 kilogrammes, qui se répartissent comme suit :

Espagne.........	1 964 400 kil.
Autriche........	245 550
Bavière rhénane.	4 910
Pérou, à Huancavélia.....	294 600
Californie	986 000
Total.......	3 489 350 kil.

Le mercure, tour à tour vanté, décrié, puis remis en honneur, est de nouveau anathématisé de nos jours. Des auteurs, qui restent, il est vrai, en grande minorité, non contents de nier les vertus antisyphilitiques du mercure, l'accusent encore de produire des symptômes dus évidemment à la syphilis. Pour nous, qui pensons que rien n'est mieux prouvé que l'efficacité du mercure dans le plus grand nombre des cas vénériens, nous ne croyons pouvoir le défendre assez contre les modernes attaques. Si les préparations mercurielles ont produit sur l'économie des désordres qu'on ne saurait nier, c'est que ces médicaments énergiques ont été administrés sans règle ni mesure ; mais l'abus ne saurait contre-indiquer l'usage.

Le seul accident qu'on puisse attribuer à l'abus du mercure est la *salivation*; mais, outre que cet état est sans gravité réelle, est-il un praticien qui ne sache dans l'occasion prévenir, ou arrêter au début, un accident plus gênant cent fois qu'il n'est redoutable ?

Parmi les composés mercuriels, les plus généralement estimés sont l'onguent mercuriel double, le deutochlorure de mercure ou sublimé corrosif, le proto-iodure de mercure, qu'on administre intérieurement et à l'extérieur. Le précipité blanc, le mercure doux, le précipité rouge, sont aussi, mais moins généralement employés.

Au reste, nous nous garderons bien d'être exclusifs, car nous reconnaissons qu'il se présente telle circonstance qui peut influencer notre choix, ou commander notre préférence.

Enfin nous proclamons héroïques les préparations mercurielles employées contre la syphilis. Nous ne disconvenons pas qu'on ait abusé du mercure, que les empiriques et les ignorants ne puissent en abuser encore, mais toujours est-il que le mercure entre des mains habiles, doit mériter toute confiance, et qu'à notre avis, enfin, il est le plus précieux et le plus sûr remède contre les affections syphilitiques.

Aussi bon nombre de charlatans, tout en affichant le *sans mercure* de rigueur, ont bien soin d'ajouter à leur *rob* préteudu végétal, à leur *vin de salsepareille*, à leurs *pilules*, etc., une certaine quantité de sublimé corrosif qui fait, le plus souvent, toute la vertu du remède.

Quant aux terreurs répandues dans le vulgaire, sur la prétendue pénétration du mercure dans tous les tissus de l'économie, et notamment dans les nerfs et dans les os, d'où les douleurs, les caries, l'impotence, la paralysie, la folie même... jamais un traitement mercuriel, dirigé par un médecin sage, n'a pu avoir de résultat pareil; il n'est même pas bien prouvé qu'on ait jamais observé quelque chose de semblable dans les cas où il y a eu réellement abus de mercure. Une discussion académique récente est venue mettre en lumière tout ce qu'il y avait de faux et d'exagéré dans l'opinion populaire, relative aux prétendus ravages du mercure.

Ce n'est guère que dans les arts qui nécessitent une exposition intime et prolongée aux émanations mercurielles, comme chez les doreurs, les étameurs de glaces, etc., que l'on voit survenir quelquefois des tremblements paralytiques qui peuvent être attribués à l'action délétère du mercure. La suspension du travail et l'usage des bains de vapeurs sont jusqu'ici les meilleurs remèdes que l'on connaisse contre ce genre d'affection (Dr *Gibert*).

MERCURIALES. — Cours journalier du prix des marchandises et denrées vendues dans les marchés. Les maires des communes dans lesquelles se tiennent les marchés sont tenus d'incrire sur des registres spéciaux le cours de toutes les marchandises qui y

sont vendues. Cette rédaction a été prescrite pour la première fois par l'ordonnance de 1667.

La rédaction des mercuriales se fait d'après la déclaration des marchands et de leurs facteurs ; le maire en constate le résultat. Elles doivent être arrêtées immédiatement après la clôture des ventes. Les résultats en sont adressés le 15 et 30 de chaque mois au sous-préfet, qui les transmet avec son visa au préfet.

Il est souvent nécessaire, dans les contestations judiciaires, de recourir aux mercuriales. Elles servent aussi de base à l'autorité municipale pour régler le prix des subsistances aux termes de l'art. 30 de la loi des 19-22 juillet 1791.

Les mercuriales sont ordinairement consultées pour fixer le prix des fruits dont la restitution est ordonnée. (L. du 20 avril 1810, art. 8.)

MERCURIALE (botanique) [de *Mercure*, parce que, selon Pline, on devait à ce dieu la découverte des propriétés merveilleuses que les anciens attribuaient à cette plante]. Genre de la famille des euphorbiacées, renferme des plantes annuelles ou vivaces, à fleurs dioïques, en épis grêles, axillaires, dressés; périanthe simple ; les fleurs mâles portent de 12 à 15 étamines, les fleurs femelles produisent une capsule à 2 coques monospermes. L'espèce la plus commune est la mercuriale annuelle, qui se trouve abondamment dans les jardins et les lieux cultivées, et qui sert à faire une préparation laxative appelée *miel mercurial*. Ce miel est composé de parties égales de suc de mercuriale non dépuré, et de 'miel choisi, que l'on fait cuire en consistance de sirop, et que l'on passe. Il ne s'emploie que dans les lavements.

MÉRIDIEN (astronomie). — Un des grands cercles de la sphère. Il est vertical, et passe par les pôles du monde. Il s'appelle méridien, parce qu'il indique le milieu du jour au moment où le centre du soleil s'y trouve. Le méridien divise le ciel en deux hémisphères, l'un oriental et l'autre occidental.

On donne le nom de *méridien magnétique* au plan qui passe par le centre de la terre et par la direction de l'aiguille horizontale. Le méridien magnétique et le méridien astronomique sont donc deux plans verticaux; car ils passent par la verticale du lieu pour lequel on les considère.

MÉRINOS [mot espagnol qui signifie *d'outre-mer*, les premiers moutons de ce genre étant le produit des béliers venus d'Afrique et croisés avec des brebis espagnoles]. — Race de moutons dont on fait remonter l'origine au quatorzième siècle, mais qui ne fut bien connue en France qu'à la fin du dix-huitième siècle (1786). On doit son introduction chez nous à M. d'Angivilliers, surintendant des bâtiments de Louis XVI. Installés d'abord dans la célèbre bergerie de Rambouillet, ce ne fut que lentement, et grâce surtout aux efforts de M. de Lasteyrie, qu'ils furent convenablement appréciés. Outre leur mérite propre, les mérinos ont contribué à améliorer nos races : mêlés aux races indigènes, ces animaux d'élite donnent plus de finesse, de tassement et de poids aux toisons.

On appelle aussi mérinos une étoffe de laine à tissu croisé, faite avec la laine du mérinos, dont on fait des robes, des châles, des draps légers, etc. La fabrication de ces tissus date, en France, de 1803.

MERLE (zoologie) [*merula*].—Genre de passereaux, type de la famille des merles, renfermant des oiseaux très-connus, d'un plumage généralement sombre, mais presque tous remarquables sous le rapport de leur chant.

Le merle commun ou merle noir a tout le plumage noir avec le bec jaune; la femelle est brune avec le bec noirâtre; cette espèce qui habite toute l'Europe, se plaît aux environs des lieux habités et niche dans les haies ou sur les arbres de hauteur moyenne; la femelle fait plusieurs couvées dans le courant de l'été; ses œufs sont d'un vert bleuâtre, tacheté de brun. Ces oiseaux se nourrissent de fruits, de graines, de vers et d'insectes; ils n'émigrent point l'hiver. Au printemps et en automne, le merle mâle remplit la campagne de l'éclat de sa voix; captif, il apprend à siffler et à chanter des airs. La chair du merle de nos contrées ne se mange guère. On cite proverbialement le merle blanc comme chose rare ou impossible à trouver. Il existe néanmoins des variétés blanches du merle commun; mais c'est l'effet d'une espèce d'albinisme.

MERLUCHE (zoologie).—Poisson de mer de la famille des gades, ayant le corps long de près d'un mètre, étroit vers la queue, arrondi en avant; ses écailles, très-petites, sont grises sur le dos et blanches en dessous. Ce sont des poissons voraces et qui vivent en troupes; on en pêche d'énormes quantités le long des côtes de l'Océan et de la Méditerranée. Leur chair blanche et feuilletée est assez estimée, même salée, pourvu qu'on ne la laisse pas trop durcir. Quelques personnes la préfèrent à celle de la morue, qui se sale et s'apprête de la même manière. Ces deux poissons sont justement nommés la viande de carême. C'est à cette époque qu'il s'en consomme le plus dans les pays catholiques.

MÉSANGE (zoologie).—Genre type de la famille des paridées, joli oiseau, au plumage mêlé de jaune, de noir et de blanc, et qui est pourvu d'ongles robustes. Très-courageux, on le voit attaquer des oiseaux beaucoup plus gros et plus forts que lui en poussant de grands cris. La mésange est un modèle d'activité et de courage, mais elle est si vive qu'elle tombe souvent dans l'étourderie et à son détriment. Toujours en mouvement, elle est infatigable, soit quand elle s'occupe à construire son nid qu'elle cache ou dans de vieux murs ou dans des troncs d'arbre, soit pour se pourvoir de nourriture elle et ses petits. Malheur aux insectes qu'elle rencontre, elle ne les respecte pas plus que les bourgeons de nos arbres. Aussi les mésanges sont-elles l'objet d'une rude guerre de la part des jardiniers.

MESURES (système des poids et).—Ensemble des mesures d'une nation. En France, avant l'établissement du *système métrique*, le plus grand arbitraire régnait parmi les mesures: elles variaient d'une province à l'autre, et souvent le même nom représentait des mesures différentes. Par exemple, c'était, pour les longueurs, le *pied de roi* (0ᵐ325), divisé en 12 *pouces*, subdivisés eux-mêmes en 12 *lignes*; la *toise*, qui valait 6 pieds, et l'*aune*, 3 pieds 7 pouces; pour l'arpentage, la *perche*, qui variait de 8 à 28 pieds; l'*arpent*, 100 perches carrées; l'*acre*, le *journal*, la *septrée*, etc.; pour les bois de chauffage, la *corde*, 4 stères, la *voie*, ou *demi-corde*; pour les grains, le *muid*, dont les subdivisions étaient le *setier*, la *mine* ou *minot*, le *boisseau* et le *litron*; pour les vins, le *muid*, qui se subdivisait, à Paris, en 36 *veltes*, la *velte* en 8 *pintes*, la pinte en 2 *chopines*, et celle-ci en 2 *demi-setiers* ou 4 *poissons*.

Aujourd'hui, un système uniforme a remplacé toutes ces mesures. Il a pour base le mètre.

Le mot *mètre*, en grec *metron*, signifie *mesure*.

On a divisé le mètre en dix parties égales appelées *décimètres*; chaque décimètre a été divisé en dix parties égales appelées *centimètres*; enfin chaque centimètre est divisé en dix parties égales appelées *millimètres*. Le mètre entier se trouve donc divisé en mille parties égales, divisions suffisantes pour les besoins ordinaires.

Pour multiplier le mètre de dix fois en dix fois, on a dit pour dix fois *décamètre*; pour cent fois *hectomètre*; pour mille fois *kilomètre*; pour dix mille fois *myriamètre*. Après ce terme, on compte par deux, trois myriamètres, dix myriamètres, cent myriamètres, etc. Ces mots *déca*, *hecto*, *kilo*, *myria*, sont empruntés du grec pour signifier *dix fois*, *cent fois*, *mille fois*, *dix mille fois*; comme les mots *déci*, *centi*, *milli*, sont empruntés du latin pour signifier la *dixième* partie, la *centième*, la *millième*. Ces noms peuvent donc être compris et adoptés par tous les peuples chez lesquels les langues anciennes sont cultivées.

Toutes les mesures sont dérivées du mètre, ainsi on a dit:

Mètre. — Mesure pour les longueurs.

Are. — Mesure pour les surfaces, pour exprimer la longueur et la largeur d'un champ, d'un bois, d'un pré, etc. L'are est un carré dont chaque côté a dix mètres de longueur.

Litre. — Mesure de contenance ou de capacité, pour mesurer les liquides, le grain. Il contient un décimètre cube.

Stère. — Mesure pour les solides, c'est-à-dire pour les corps qui ont les trois dimensions: étendue, longueur, largeur (profondeur ou épaisseur), comme le bois, les pierres, etc. Le stère est un mètre cube.

Gramme. — Mesure pour les poids, pour la pesanteur. C'est le poids d'un centimètre cube d'eau distillée. Le kilogramme, qui représente environ deux des anciennes livres, avec ses subdivisions en hectogrammes, en décagrammes et en grammes, sert le plus communément pour les mesures habituelles de pesanteur.

Franc. — Unité de la monnaie d'argent, du poids de cinq grammes, composée de neuf parties d'argent pur et d'une partie d'alliage.

Nous allons réunir dans un même tableau les noms et la valeur de toutes les nouvelles mesures.

TABLEAU DES MESURES LÉGALES.

NOMS SYSTÉMATIQUES.	VALEUR.
MESURES DE LONGUEUR.	
Myriamètre.........	Dix mille mètres.
Kilomètre...........	Mille mètres.
Hectomètre..........	Cent mètres.
Décamètre... ,.....	Dix mètres.
MÈTRE..............	Unité fondamentale des poids et mesures. Dix-millionième partie du quart du méridien terrestre.
Décimètre..........	Dixième du mètre.
Centimètre.........	Centième du mètre.
Millimètre..........	Millième du mètre.
MESURES AGRAIRES.	
Hectare.............	Cent ares ou dix mille mètres carrés.
ARE................	Cent mètres carrés, carré de dix mètres de chaque côté.
Centiare........,....	Centième de l'are, un mètre carré.
MESURES DE CAPACITÉ *pour les liquides et les matières sèches.*	
Kilolitre............	Mille litres.
Hectolitre...........	Cent litres.
Décalitre.,..........	Dix litres.
LITRE...............	Décimètre cube.
Décilitre...........	Dixième du litre.
Centilitre...........	Centième du litre.
MESURES DE SOLIDITÉ.	
Décastère...........	Dix stères.
STÈRE..............	Mètre cube.
Décistère...........	Dixième du stère.
POIDS.	
.....•.............	Mille kilogrammes, poids du mètre cube d'eau et du tonneau de mer.
....	Cent kilog., quintal métrique.
KILOGRAMME.........	Mille grammes. Poids d'un décimètre cube d'eau distillée.
Hectogramme.......	Cent grammes.
Décagramme........	Dix grammes.
GRAMME.............	Poids d'un centimètre cube d'eau distillée.
Décigramme........	Dixième du gramme.
Centigramme..,.....	Centième du gramme.
Milligramme........	Millième du gramme.
MONNAIE.	
FRANC.....•......	Cinq grammes d'argent, au titre de neuf dixièmes de fin.
Décime............	Dixième du franc.
Centime...........	Centième du franc.

Conformément à la disposition de la loi du 18 germinal an III, concernant les poids et les mesures de capacité, chacune des mesures décimales de ces deux genres a son double et sa moitié.

Réduction des anciennes mesures en mesures nouvelles et des mesures nouvelles en mesures anciennes. Dans l'approximation du rapport entre les nouvelles et les anciennes mesures, nous ne porterons pas les fractions au delà de deux décimales. Il est très-rare que dans la pratique et l'usage habituel on ait besoin d'une plus grande précision.

MESURES DE LONGUEUR.

Lieues converties en mètres, décamètres, hectomètres, kilomètres et myriamètres.

Nombre de lieues.	lieues de poste. myriam.	lieues de 25 au degré. myriam.	lieues de 20 au degré. myriam.	milles marins. myriam.
1 vaut..	0.3898	0 4444	0.5556	0.1852
2......	0.7796	0.8889	1.1111	0.3704
3......	1 1694	1.3333	1.6667	0.5557
4......	1.5592	1 7778	2.2222	0.7407
5......	1.9490	2.2222	2.7778	0 9259
6......	2 3388	2 6667	3 3333	1.1111
7......	2.7287	3 1111	3 8889	1.2963
8......	3.1185	3 5556	4.4444	1.4815
9......	3 5083	4.0000	5 0000	1.6667
10	3 8981	4.4444	5.5556	1.8519

Myriamètres convertis en lieues.

Nombre de myr.	lieues de poste.	lieues de 25 au degré.	lieues de 20 au degré.	milles marins.
1 vaut	2.565	2 25	1.8	5.4
2... .	5.131	4 50	3 6	10 8
3.... .	7 696	6 75	5.4	16.2
4....	10.261	9.00	7.2	21.6
5....	12.827	11.25	9.0	27.0
6....	15 392	13.50	10 8	32.4
7....	17 958	15 75	12.6	37.8
8... .	20 523	18.00	14.4	43 2
9... .	23 088	20 25	16 2	48.6
10	25.654	22.50	18.0	54.0
1000 ...	2565.370	2250 00	1800.0	5400.0
4000...	10261.481	9000 00	7200 0	21600.0

Réduction des toises, pieds, pouces en mètres et décimales du mètre.

Toises.	Mètres.	Pieds.	Mètres.	Pouces.	Mètres.
1	1,94	1	0,32	1	0,02
2	3,89	2	0,64	2	0.05
3	5,84	3	0,97	3	0,08
4	7,79	4	1,29	4	0,10
5	9,74	5	1.62	5	0,13
6	11,69	6	1,94	6	0,16
7	13.64	7	2,27	7	0,18
8	15,59	8	2,59	8	0,21
9	17,54	9	2,92	9	0,24
10	19,49	10	3,24	10	0,27
100	194.90	100	32.48	90	0,54
1000	1949,03	1000	324,839	100	2,70
10000	19490,36	10000	3248,391	1000	27,06

Réduction des lignes en millimètres.		Réduction des millimètres en lignes.	
Lignes.	Millimètres.	Millimètres.	Lignes.
1	2,25	1	0,44
2	4,51	2	0.88
3	6,76	3	1,33
4	9,02	4	1,77
5	11,27	5	2,21
6	13,53	6	2,66
7	15,79	7	3,10
8	18,04	8	3,54
9	20,30	9	3,99
10	22,55	10	4,43
100	225,58	100	44,33

SUITE DES MESURES DE LONGUEUR.

Réduction des centimètres et des décimètres en pieds, pouces et lignes.

Centim.	Pieds.	pouces.	lignes.	Décim.	Pieds.	pouces.	ligues.
1	0.	0.	4,43	1	0.	3.	8,33
2	0	0.	8.86	2	0.	7.	4,65
3	0.	1.	1,29	3	0.	11.	0,98
4	0.	1.	5,73	4	1.	2.	9,31
5	0.	1.	10,16	5	1.	6.	5,64
6	0.	2.	2,59	6	1.	10.	1,97
7	0.	2.	7,03	7	2.	1.	10,30
8	0.	2.	11,46	8	2.	5.	6.63
9	0.	3.	3,89	9	2.	9.	2.96
10	0	3.	8.33	10	3.	0.	11,29

Réduction des mètres en toises, et en toises, pieds, pouces et lignes.

Mètres	Toises.	mètres.	Toises.	Pieds.	Pouces.	Ligues.
1	0,51	1	0	3.	0.	11.29
2	1,02	2	1	0.	1.	10,59
3	1,53	3	1	3.	2.	9,88
4	2,05	4	2	0.	3.	9,18
5	2,56	5	2	3.	4.	8,48
6	3,07	6	3	0.	5.	7,77
7	3,59	7	3	3.	5.	7,07
8	4,10	8	4	0.	7.	6,36
9	4,61	9	4	3.	8.	5,66
10	5,13	10	5	0.	9.	4,96

Réduction des mètres en pieds, pouces, lignes, et décimales de la ligne.

mètres.	Pieds.	Pouces.	Lignes.
1	3.	0	11,2
2	6.	1	10,5
3	9.	2	9,8
4	12.	3	9,1
5	15.	4	8,4
6	18.	5	7,7
7	21.	6	7,0
8	24.	7	6,3
9	27.	8	5,6
10	30.	9	4,9

Réduction des toises carrées et cubes en mètres carrés et cubes. — *Réduction des mètres carrés et cubes en toises carrées et cubes.*

Tois. carr.	mètres carrés.	Tois. cub.	mètres cubes.	mèt. carr.	Toises carrées.	mèt. cub.	Toises cubes.
1	3,79	1	7.40	1	0,26	1	0.13
2	7,59	2	14.80	2	0,52	2	0,27
3	11,39	3	22,21	3	0,78	3	0,40
4	15,19	4	29,61	4	1,05	4	0,54
5	18,99	5	37,01	5	1,31	5	0.67
6	22 79	6	44,42	6	1,57	6	0,81
7	26,59	7	51,82	7	1,84	7	0.94
8	30,38	8	59,23	8	2.10	8	1,08
9	34,18	9	66,63	9	2,36	9	1,21
10	37,96	10	74,03	10	2,63	10	1,35

Réduction des pieds carrés et cubes en mètres carrés et cubes. — *Réduction des mètres carrés et cubes en pieds carrés et cubes.*

Pieds carr.	mètres cubes.	Pieds cubes	mètres cubes.	mèt. carr.	Pieds carrés.	mèt cub.	Pieds cubes.
1	0,1055	1	0,03428	1	9,48	1	29,17
2	0,2110	2	0,06855	2	18,95	2	58,35
3	0,3166	3	0,10283	3	28,43	3	87,52
4	0,4221	4	0,13711	4	37,91	4	116 70
5	0,5276	5	0,17139	5	47,38	5	145,87
6	0,6331	6	0,20566	6	56,86	6	175,04
7	0,7386	7	0,23994	7	66,34	7	204,22
8	0,8442	8	0,27422	8	75,81	8	233,39
9	0,9497	9	0,30850	9	85,29	9	262,56
10	1,0552	10	0,34277	10	94,77	10	291,74

MESURES AGRAIRES.

Réduction des arpents en hectares et des hectares en arpents.

Arp. de 100 perch. carrées, la perche de 18 pieds lin.		Arp. de 100 perch. carrées, la perche de 22 pieds lin.	
Arpents	Hectares.	Arpents.	Hectares.
1	0,34	1	0,51
2	0,68	2	1,02
3	1,02	3	1,53
4	1,36	4	2.04
5	1,70	5	2,55
6	2,05	6	3,06
7	2,39	7	3,57
8	2,73	8	4,08
9	3,07	9	4,59
10	3,41	10	5,10
100	34,18	100	51,07
1000	341,88	1000	510,71

Réduction des hectares en arp. de 18 pieds la perche. — *Réduction des hectares en arp. de 22 pieds la perche.*

Hectares	Arpents.	Hectares.	Arpents.
1	2,92	1	1,95
2	5,84	2	3,91
3	8,77	3	5,87
4	11,69	4	7,83
5	14 62	5	9,79
6	17,54	6	11,74
7	20,47	7	13.70
8	23,39	8	15,66
9	26,32	9	17,62
10	29,24	10	19,58
100	262,49	100	195,80
1000	2924,94	1000	1958,02

MESURES DE CAPACITÉ.

Réduction des hectolitres en setiers, et des setiers en hectolitres, le setier étant de 12 boisseaux anciens et le boisseau de 13 litres.

Hectolitres.	Setiers.	Setiers.	Hectolitres.
1	0,64	1	1,56
2	1,28	2	3,12
3	1,92	3	4,68
4	2,56	4	6,24
5	3,20	5	7,80
6	3,84	6	9,36
7	4,48	7	10,92
8	5,12	8	12,48
9	5,76	9	14,04
10	6,41	10	15,61

Le poi's moyen de l'hectolitre de froment est de 75 kilogrammes.

MESURES DE PESANTEUR.

Conversion des anciens poids en nouveaux.

Grains.	Grammes.	Livres.	Kilogrammes.
10	0,53	1	0,48
20	1,06	2	0,97
30	1.59	3	1,46
Gros.		4	1,95
1	3,82	5	2,44
2	7,65	6	2,93
3	11,47	7	3,42
4	15,30	8	3,91
Onces.		9	4,40
1	30,59	10	4,49
2	61,19	100	48,9506
3	91,78	1000	489,5058
4	122,38		

SUITE DES MESURES DE PESANTEUR.

Conversion des nouveaux poids en anciens.

Gram.	Liv.	Onc.	Gr.	Gr.	Kil.	Liv.	Onc.	Gr.	Grai.
1	0.	0.	0.	19	1	2.	0.	5.	35 15
2	0.	0.	0.	38	2	4.	1.	2.	70
3	0.	0.	0	56	3	6.	2.	0.	33
4	0.	0.	1.	3	4	8.	2.	5.	69
5	0.	0.	1.	22	5	10.	3.	3.	32
6	0.	0	1.	41	6	12.	4.	0.	67
7	0.	0.	1	60	7	14.	4.	6.	30
8	0.	0.	2.	7	8	16.	5.	3.	65
9	0.	0.	2.	25	9	18.	6.	1.	28
10	0.	0.	2.	44	10	20.	6.	6.	64
100	0.	3.	2.	11	100	204.	4.	4.	59
1000	2.	0.	5.	35					

Multipliez le prix du kilog. par 0,4895, vous aurez celui de la livre.
Multipliez le prix de la livre par 2,0429, vous aurez celui du kilog.

Réduction des kilogr. en livres et décimales de la livre.		Réduction des grammes en grains et décimales de grains.	
Kilogrammes.	Livres.	Grammes.	Grains.
1	2,04	1	18,8
2	4,08	10	188,3
3	6,12	100	1882,7
4	8,17		
5	10,21	Réduction des décigrammes en grains et décimales de grains.	
6	12,25		
7	14,30		
8	16,34	Décigrammes.	Grains.
9	19,38	1	1,9
10	20,42	10	18,8
100	204,28		
1000	2042,87		

Caïn, si l'on en croit l'historien Josèphe, fut l'inventeur des poids et mesures, environ 3600 ans avant J. C. Les Chinois en font honneur à leur empereur Hoang-Ti (2601 ans avant J. C.); et c'est l'empereur Chun, qui, 2282 ans avant J. C., en établit l'uniformité dans tout l'empire. Les Grecs attribuent cette gloire à Palamède, disciple de Chiron (1240 ans avant J. C.). D'autres citent Phéidon, tyran d'Argos, qui fit frapper en Grèce les premières monnaies d'or et d'argent (894 ans avant J. C.). Cette dernière version est peu probable, Phéidon étant postérieur à Homère, qui parle souvent de balance dans ses poëmes. Charlemagne établit, en 800, l'uniformité des poids et mesures dans ses vastes États; mais le système féodal et le caprice ou l'intérêt des nobles détruisirent peu à peu cette utile uniformité, que Philippe le Long tenta, mais vainement, de rétablir en 1321, ainsi que celle des monnaies. Plus sages, les Anglais l'avaient vue s'établir, en 1110, sous le règne de Henri Ier. Enfin l'Assemblée Constituante l'établit en 1790, et choisit, d'après l'avis de l'Académie des sciences, une base qui pût être adoptée par tous les peuples, puisqu'elle est la dix-millionième partie du quart du méridien terrestre. C'est cette mesure que nous nommons mètre.

DUROZIER.

MÉTAL, MÉTAUX (minéralogie).—Corps simples, combustibles, généralement solides, brillant en masse et même en poussière, susceptibles d'acquérir un beau poli et un éclat très-vif. Ils sont très-bons conducteurs du calorique et du fluide électrique; beaucoup plus pesants que l'eau, à l'exception du potassium et du sodium; susceptibles de se combiner avec l'oxygène pour former les oxydes qui, par leur réunion avec les acides, forment des sels. Les métaux se trouvent dans la nature quelquefois à l'état natif, c'est-à-dire purs et non mêlés à d'autres substances; le plus souvent ils sont unis à d'autres minéraux, dont on les isole par des moyens mécaniques et par l'action d'une chaleur violente. Les métaux et les minerais métallifères se trouvent à différents endroits sous l'eau, dans les lits des rivières, au fond des lacs, des mers : tels sont les sables aurifères et ferrugineux, les grains d'or natif, les ocres et les fragments de minerais. Ils existent aussi à l'état de sels et en dissolution dans l'eau; telles sont les eaux vitrioliques, qui contiennent du fer, du cuivre ou du zinc. Dans la terre, les métaux sont communément disposés en filons; plus rarement ils forment des couches et des amas; quelquefois ils entrent comme partie constituante dans la composition de certaines roches, auxquelles ils donnent leur couleur, leur densité, etc., etc.

On obtient les métaux, en général, en traitant les minerais par le bocardage, le lavage, le grillage et la fusion. La première et la seconde de ces opérations les réduisent en poudre, et les séparent des sels et autres matières plus légères ou plus solubles dans l'eau. Le grillage et la fusion les isolent entre eux, volatilisent l'arsenic, le soufre et les autres substances susceptibles de se sublimer, avec lesquelles ils sont combinés. Ces diverses opérations amènent en général les métaux à l'état d'oxyde : on les unit alors à des substances qui facilitent la fusion des minerais, auxquelles on donne le nom de flux noirs et de flux blancs. Les métaux forment la classe la plus importante des corps, puisqu'on les emploie dans presque tous les arts nécessaires à la vie; ils servent à fabriquer les instruments employés dans nos travaux, et nous rendent ces travaux plus faciles; sans eux, même dans les climats les plus favorables, les hommes auraient de la peine à s'élever au-dessus de l'état sauvage. Ils fournissent au médecin plusieurs remèdes héroïques. La chimie nous enseigne les moyens de les séparer des matières terreuses auxquelles ils sont mêlés dans la nature, de les purifier, de les employer seuls ou combinés entre eux.

Les métaux sont au nombre de 47, savoir : or, argent, fer, cuivre, mercure, plomb, étain, zinc, bismuth, antimoine, cobalt, platine, nickel, manganèse, titane, tungstène, molybdène, chrôme, columbium ou tantale, osmium, palladium, rhodium, iridium, cérium, potassium, sodium, baryum, strontium, calcium, cadmium, lithium, aluminium, yttrium, glucinium, magnésium, vanadium, thorium, lanthane, didyme, uranium, erbium, terbium; niobium, norium, pelopium, ilmenium, ruthenium.

On y joint souvent l'arsenic, le zirconium et le tellure, que les chimistes rapportent plutôt aujourd'hui à la classe des métalloïdes. — Voy. chacun de ces mots.

Les chimistes partagent les métaux en six sections, suivant leur plus ou moins grande affinité pour l'oxygène :

La première comprend ceux qui décomposent l'eau à la température ordinaire (*potassium, sodium, lithium, baryum, strontium* et *calcium*);

La deuxième, ceux qui décomposent l'eau à 100° et au-dessus (*aluminium, glucinium, yttrium, zirconium, cérium, et magnésium*);

La troisième, ceux qui décomposent l'eau à la chaleur rouge ou à froid avec un acide (*fer, manganèse, nickel, cobalt, zinc, étain, cadmium, chrôme et vanadium*);

La quatrième, ceux qui ne décomposent l'eau qu'à la chaleur rouge (*tungstène, molybdène, osmium, tantale, colombium, titane, antimoine* et *urane*);

La cinquième ceux qui décomposent l'eau au rouge blanc (*cuivre, plomb, bismuth, argent*);

La sixième, ceux qui ne décomposent l'eau à aucune température (*mercure, platine, or, palladium, et iridium rhodium*).   LARIVIÈRE.

MÉTALLOÏDES (chimie) [du grec *métallon*, métal, et *eidos*, forme, apparence]. — Nom donné d'abord à certains corps simples qui, sans être métaux, avaient une apparence métallique (l'arsenic, l'iode, le silicium). Berzélius a étendu ce mot à tous les corps simples *non-métalliques*. Les métalloïdes ont pour caractères d'être mauvais conducteurs de la chaleur et de l'électricité, et de donner, en se combinant avec l'oxygène, des corps indifférents ou des acides. On en compte 16, savoir :

4 gazeux (oxygène, hydrogène, azote et chlore);

1 liquide (brôme);

10 solides (soufre, phosphore, arsenic, iode, bore, silicium, sélénium, tellure, carbone, zirconium), et enfin le fluor, dont l'état n'est pas encore certain.

MÉTALLURGIE (chimie). — Art de purifier les minerais, et d'en obtenir les métaux dans l'état de ductilité, de malléabilité, d'élasticité qui leur est propre, et qui les a rendus d'un usage indispensable à l'homme. — Voyez *Métaux*.

La découverte des métaux, suivant Goguet, est due au hasard, et la métallurgie aux besoins et à l'industrie des peuples. Les écrivains de l'antiquité s'accordent généralement à dire que cette découverte fut due à l'embrasement des forêts plantées sur des terres qui recélaient des métaux. Plusieurs faits modernes rendent cette opinion assez vraisemblable. Toutefois, la Bible en fait remonter l'origine à Tubal-Caïn, fils de Lamech, qui mit en œuvre le fer et l'airain, vers l'an 3100 avant J. C. Les Égyptiens en faisaient honneur à leur premier souverain, que les Grecs désignaient sous le nom de Hélios, et et les Latins sous celui de Sol. Ces peuples le divinisèrent, pour leur avoir appris l'art de travailler l'or, le premier métal dont on ait fait usage. Cet art fut apporté aux Grecs par les Titans. Les mêmes traditions attribuent à Érichtonius la découverte de l'argent : il était fils de Vulcain, divinisé par les Grecs pour les services qu'il avait rendus à la métallurgie (dix-neuvième siècle avant J. C.). Les mêmes motifs firent placer Prométhée au rang des demi-dieux. Bien que l'or et l'argent fussent les métaux les plus anciennement connus, ils cédèrent enfin le pas au cuivre, employé généralement à tous les usages de la vie ; car le fer ne fut connu que très-tard, à cause de la difficulté de le travailler. On reporte cette dernière origine au temps de Minos (1431 ans avant J. C.). Les modernes considérèrent Agricola comme le créateur de la métallurgie (seizième siècle). Plus tard, Beccher, et enfin Stahl, ont fait faire à cette science les plus grands progrès. Nous ne terminerons pas sans faire remarquer que, dès l'origine, et d'un consentement qui paraît unanime, les métaux furent employés comme signes représentatifs de tous les objets commerciables.

MÉTAPHYSIQUE (philosophie) [du grec *méta ta physika*, ce qui vient après la physique]. — La science des causes premières, des choses abstraites et purement intellectuelles. « Les philosophes ont beaucoup varié dans leurs opinions sur l'objet, les limites, la méthode de cette science, et sur le rang qu'elle doit occuper dans l'ordre des études philosophiques. On l'a divisée le plus souvent en métaphysique générale ou ontologie, et en métaphysique particulière ou pneumatologie. Dans la première, on comprenait les questions de l'être en général et des essences, des substances et des modes, du non-être et du néant, du possible et de l'impossible, du nécessaire et du contingent, de la durée et du temps, de la cause et de l'effet, etc. Dans la seconde, on distinguait l'étude de Dieu considéré dans sa nature et dans ses attributs, c'est-à-dire la théologie naturelle ou théodicée, et l'étude de l'âme considérée dans sa nature, dans ses facultés et dans ses rapports avec le corps, c'est-à-dire la psychologie. L'école donnait à la métaphysique la seconde place dans l'enseignement de la phisolophie, entre la logique et la morale.

C'est d'Aristote que date le nom de métaphysique et l'existence même de cette science, quoique les questions qu'elle renferme eussent été pour la plupart agitées avant lui, notamment dans les dialogues de Platon. On ne sait si c'est Aristote qui a donné le titre de métaphysique à l'ouvrage où il traite de ce qu'il appelle « philosophie première, ou science des premiers principes. » On conjecture que les premiers éditeurs, rencontrant cet ouvrage, qui était inédit ou peu connu jusque-là, et n'en connaissant ni le titre ni la place parmi les autres écrits de l'auteur, ont imaginé de le mettre après la physique en l'intitulant *ta méta ta physika*, c'est-à-dire les livres qui viennent après les traités de physique. On a aussi supposé que ces mots voulaient dire au delà de la physique, parce que, en effet, Aristote traite, dans les livres réunis sous ce titre de métaphysique, de ce qui est au-dessus des données des sens.

La métaphysique d'Aristote a eu d'innombrables commentateurs dans l'antiquité et au moyen âge. Parmi les plus célèbres, on peut citer, chez les Grecs, Alexandre d'Aphrodise, Thémistius, Jean Philopon ;

parmi les Arabes, Avicenne et Averroës, qui la firent connaître à l'Europe ; parmi les scolastiques, Alexandre de Halles, Albert le Grand, saint Thomas d'Aquin, qui, les premiers, au treizième siècle, établirent dans les écoles l'établissement de la métaphysique. Tant que dura la domination d'Aristote, on suivit ses idées en métaphysique, notamment sa célèbre division des premiers principes des choses en quatre principes : l'essence, la matière, la cause motrice et la fin ou cause finale. A l'époque de la Renaissance et surtout au dix-septième siècle, la direction des esprits changea : la métaphysique, l'ontologie surtout, fut alors négligée ; elle fut même proscrite comme une science ambitieuse et chimérique. Descartes, sans repousser la métaphysique, plaça sous ce mot d'autres solutions et même d'autres questions que celles d'Aristote. (Voyez ses *Méditations métaphysiques*, ou *Méditations touchant la philosophie première*, 1641) ; il fut suivi dans cette voie par Malebranche. Locke, Hume, Condillac et leurs disciples réduisirent la métaphysique à l'analyse de l'entendement, à l'idéologie. Toutefois, la partie ontologique de la métaphysique reparut sous d'autres noms dans les écrits de Leibnitz, et dans les questions que les Allemands n'ont cessé d'agiter depuis le commencement du siècle sur la raison pure, sur la réalité objective, sur la philosophie de la nature : Kant, Fichte, Schelling. Hégel, se sont surtout signalés dans cet ordre de recherches dites transcendantes. » (*N. Bouillet. Dict. univ. des Sc.*) .

MÉTAIRIE, MÉTAYAGE (agriculture). —La métairie n'est autre que la ferme ; mais le métayage n'est pas la même chose que le fermage. Le fermage est une rente fixe que paye annuellement le cultivateur au propriétaire, tandis que le métayage consiste dans le partage des denrées et produits de l'exploitaton. On a constaté que les pays à métayage étaient généralement peu avancés en agriculture. Nous ne pensons pas que ce soit une raison d'accuser ce système. Le fermier à redevance fixe est beaucoup plus indépendant du propriétaire que le métayer ; par conséquent, s'il est imhabile et routinier, il est difficile de l'amener à perfectionner sa culture ; d'ailleurs, le propriétaire lui-même n'a pas d'intérêt immédiat et direct à l'amélioration de sa terre. Le métayer, au contraire, a sans cesse à compter avec son propriétaire. Ce sont deux associés qui courent les mêmes chances ; le propriétaire est donc intéressé à tou les les améliorations qui peuvent accroître son revenu. Il peut exiger du métayer tous les changements utiles de pratique et d'assolements ; il est même naturellement disposé à faire des sacrifices pour les obtenir. Le propriétaire aimant l'agriculture, et ayant la facilité de surveiller et de diriger l'exploitation de ses biens préférera le métayage au fermage. Le progrès agricole, aussi bien que son intérêt propre, trouvera son compte à cet état de choses. HERVÉ.

MÉTASTASE [du grec *metastasis*, changement]. — Déplacement d'une maladie et son transport sur

un autre organe. C'est une des terminaisons de l'*inflammation.* — Voyez ce mot.

MÉTEMPSYCOSE (philosophie). — Système religieux, qui suppose que l'âme ne se sépare de la matière que pour la vivifier encore sous une forme différente, c'est-à-dire que l'âme de tout animal qui meurt passe dans le corps d'un autre. Les Orientaux et la plupart des Grecs croyaient que les âmes séjournaient tour à tour dans les corps des différents animaux, passaient des plus nobles aux plus vils, des plus raisonnables aux plus stupides, suivant les vertus qu'elles avaient pratiquées, ou les vices dont elles s'étaient souillées pendant leur vie. D'autres ont fait passer aussi les âmes jusque dans les plantes ; quelques-uns, enfin, ont borné ces transmigrations à des corps d'hommes. Le système de la transmigration des âmes est depuis des siècles un des points fondamentaux de la religion de l'Inde. C'est aussi un des points fondamentaux de la religion des Japonais, des Chinois, des Siamois, des Kirghis, des Turcomans, des Mongols, des Kalmoucks, et d'une grande partie des diverses tribus des Nègres de l'Afrique.

MÉTÉOROLOGIE. On appelle ainsi la partie de la physique qui traite des phénomènes qui apparaissent dans l'atmosphère, ainsi que des questions qui s'y rattachent. Elle a pour objet l'étude de la pluie, de la neige des vents, des trombes, des aérolithes, du tonnerre, des aurores boréales, etc. —Voir les articles spéciaux.

MÉTHODE. — Voyez *Logique.*

MÈTRE. — Voyez *Mesures.*

MÉTRONOME (musique) [en grec *métron*, mesure, et *nomos*, loi, règle, règle mesure]. — Instrument destiné à indiquer les divers degrés de vitesse du mouvement musical. « Il se compose essentiellement d'un pendule ou balancier enfermé dans une petite boîte pyramydale, et qui, par le plus ou moins de lenteur et de vitesse de ses oscillations, toutes sensibles à l'oreille, marque les temps de la mesure. Les oscillations peuvent êtres ralenties ou accélérées en allongeant ou en raccourcissant le pendule, ou bien en déplaçant un poids mobile porté sur une tige adaptée au pendule. Pour compter entre eux les divers mouvements, on prend le nombre des oscillations qu'exécute le balancier dans une minute ; ce nombre est indiqué par les numéros d'une échelle. »

MEULE. Ce mot désigne trois sortes d'objets également utiles, les deux premiers en industrie, le troisième en agriculture.

Meules de moulin. — Ce sont des cylindres en pierre meulière de 1m,50 de diamètre et épais de 30 à 40 centimètres, tantôt d'un seul bloc, tantôt composés de morceaux réunis par un fort ciment, ou reliés par un cercle de fer. Ces meules, posées l'une sur l'autre, broient les grains et les réduisent en farine par leur mouvement inverse.

Nos meilleures meules viennent des carrières de la Ferté-sous-Jouarre (Seine-et-Marne).

Un des caractères les plus remarquables des gisements de la Ferté-sous-Jouarre réside dans la dureté et l'infusibilité de la silice, qui tire son nom de *silex*, dont elle forme en effet la base. Elle raye le verre et fait feu sous le choc du briquet; elle est inattaquable par les réactifs les plus énergiques; les acides azotique, sulfurique, etc., n'exercent aucune action sur elle; le feu de forge le plus actif ne peut la fondre lorsqu'elle est pure; pour en obtenir la fusion, il faut la mélanger avec de la soude ou de la potasse, et alors elle se transforme en verre.

Le plateau de la Ferté-sous-Jouarre est renommé depuis longtemps, dit le naturaliste Lucas, par ses exploitations de p erres meulières.

Il s'étend jusqu'à Épernay et Montmirail. La meulerie de ce plateau repose sur le calcaire grossier marin, qui est recouvert, dans quelques points, par des marnes gypseuses et par des bancs de gypse.

Le milieu du plateau est composé d'un banc de sable ferrugineux d'une extrême puissance : c'est dans cet amas qu'on trouve les meulières sans rivales en Europe.

Dans ses *Essais minéralogiques*, Brongniard décrit avec plaisir les riantes collines de la vallée de la Marne, qui produit les meulières par excellence. Il indique les procédés d'exploitation, de construction des meules de moulins, et déclare que l'Angleterre et l'Amérique même seront longtemps encore tributaires des gisements de la Ferté-sous-Jouarre.

Si les établissements des environs de la capitale du monde civilisé l'emportent sur tous les autres par la beauté et la finesse de leurs farines, ils le doivent à l'emploi exclusif des meules du plateau de la Ferté-sous-Jouarre, et en particulier des carrières du Bois des Chénaux, de la Justice du Bois de la Barre, de la Plaine, de Villiers-aux-Pierres, de Domptin, de Charlèves, d'Orbais, de Margny, des Souvriens, toutes dans le bassin de la Marne; de Saint-Lucien et des Roches, à Épernon. — Toutes ces localités sont exploitées sur une grande échelle par un établissement célèbre (la maison Roger fils et comp.), fondé il y a plus d'un demi-siècle. Les exportations que fait cet établissement dans toutes les parties du monde sont considérables.

Meules à repasser. — Ce sont des cylindres faits d'un grès dur et à grain plus ou moins fin. Les plus fines servent à aiguiser les rasoirs, les canifs, etc. Les meules d'un grain plus gros servent aux outils moins délicats. Les environs de Saint-Étienne et de Langres fournissent beaucoup de meules à repasser.

Les meules, en agriculture, sont des gros tas de blé ou de foin qu'on élève dans les champs au moment de la récolte. Il faut de l'habitude et du coup d'œil au cultivateur pour faire une meule élevée, solide, régulière, résistant bien au vent et imperméable aux pluies. On les dresse sur un plancher en bois ou sur une couche de paille, afin que le blé qui est dessous se conserve intact, et soit à l'abri de l'humidité du sol.

L'avantage des meules sur l'engrangement immédiat des céréales, c'est de donner plus de volume au grain : aussi sont-elles en usage dans tous les pays

de culture avancée. On ne rentre le blé qu'à la fin de l'automne, pour le battre en grange.

Le foin en meules est également supérieur en qualité à celui des fenils ; mais il faut prendre garde qu'il ne soit par trop humide. La fermentation pourrait lui faire prendre feu.

Dans le département de la Seine-Inférieure, on a une méthode facile et très-avantageuse d'entasser le blé après la récolte : c'est d'en faire non des meules, mais des moyettes. Les moyettes sont impénétrables aux pluies, et conservent le blé en très-bon état jusqu'à l'époque de la rentrée et de l'égrenage.   L. HERVÉ.

MEXIQUE (géographie).—Vaste et fameuse contrée de l'Amérique septentrionale, découverte par les Espagnols en 1518. Lorsqu'ils y abordèrent, elle était soumise aux rois du Mexique, et cet empire était au plus haut point de sa grandeur. Toutes les provinces en étaient gouvernées par les ministres du prince ou par des caciques qui lui payaient tribut. Le pays était partout fort peuplé, riche et abondant; tout cela était l'ouvrage de deux siècles. Les Mexicains, qui vécurent d'abord en république, déférèrent ensuite l'autorité souveraine à un chef électif. Des armées nombreuses couvraient ses frontières ; les mines d'or et d'argent, les salines et divers droits lui formaient des revenus immenses. Un grand ordre, un ordre sévère dans les finances maintenait la prospérité de l'empire. Il y avait différents tribunaux pour la justice distributive et des juges pour les affaires commerciales. La police était sage et humaine, excepté dans la coutume barbare, et autrefois répandue chez tant de peuples, d'immoler les prisonniers à leurs idoles ; et encore dans l'usage où ils étaient, à la mort d'un chef, de sacrifier un grand nombre de personnes pour l'accompagner dans l'autre monde. L'éducation de la jeunesse formait un des principaux objets du gouvernement. Nous admirons encore les anciens Égyptiens d'avoir connu que l'année est d'environ 365 jours, et les Mexicains avaient poussé jusque-là leur astronomie. Ils reconnaissaient un Être-Suprême, admettaient une vie à venir avec ses peines et ses récompenses, et ils invoquaient des puissances subalternes qui avaient leurs temples, leurs images, et faisant des miracles. Ils avaient une eau sacrée dont ils faisaient des aspersions. Les pèlerinages, les processions, les dons faits aux prêtres étaient de bonnes œuvres. Ils avaient des expiations, des pénitences, des macérations, des jeûnes. Les prêtres pétrissaient une figure de pâte qu'ils faisaient cuire, pour la placer sur l'autel, la découper ensuite et la distribuer aux assistants, qui la mangeaient comme acte religieux et méritoire.

Tel était l'état du Mexique lorsque l'Espagnol Fernand Cortez y aborda avec 7 ou 800 hommes, presque tous fantassins, et quelques pièces de canon. La république de Tlascala, qu'il subjugua après plusieurs combats, entra dans son alliance et lui donna 600 hommes de ses troupes; il pénétra dans l'empire du Mexique, malgré les défenses du souverain, qui avait le nom de Montézuma. Mais ces animaux guerriers que montaient les principaux des Espagnols, ces bouches à feu qui vomissaient la foudre èt la mort de toutes parts et moissonnaient les rangs ennemis, le firent prendre pour le dieu du tonnerre! A la vue de ces châteaux flottants qui apportaient les Espagnols sur leurs rives, à la vue du fer, dont ils étincelaient et du concours enfin des prestiges qui les environnaient, Montézuma et son peuple, pétrifiés comme par la tête de Méduse, n'opposèrent à Cortez que des efforts impuissants, et Mexico, l'empire et son chef, tombèrent au pouvoir d'un aventurier audacieux. Cependant la cour de Montézuma, revenue de son premier étonnement, commença à ne plus regarder ces conquérants que comme des hommes. L'empereur, ayant appris qu'il leur arrivait un renfort, les fit attaquer en secret par un de ses généraux qui par malheur fut battu. Alors Cortez, suivi d'une escorte espagnole, se rend au palais du roi, emploie en même temps la persuasion et la menace, emmène à son quartier l'empereur prisonnier et l'engage à se reconnaître publiquement vassal de Charles-Quint. Montézuma et les principaux de sa nation accompagnent leur hommage d'un tribut de six cent mille marcs d'or pur, avec une innombrable quantité de pierreries, d'ouvrages d'or, et tout ce que l'industrie de plusieurs siècles avait produit de plus rare dans le nouveau monde. Vélasquez, offensé de la gloire de Cortez, envoie un corps de 1,000 Espagnols, avec deux pièces de canon, pour le faire prisonnier et poursuivre le cours de ses victoires. Cortez laisse un petit corps de troupes pour garder l'empereur dans sa capitale et marche contre Velasquez. Il défait les premiers qui l'attaquent et gagne les autres, qui, sous ses étendards, retournent avec lui dans la ville de Mexico. Mais, sous le prétexte d'une conspiration, les Espagnols ayant choisi le temps d'une fête pour égorger 2,000 des principaux seigneurs du pays plongés dans l'ivresse des liqueurs fortes qu'ils leur avaient apportées, et pour les dépouiller de tous les ornements en or et en pierreries dont ils étaient ornés, les Indiens exaspérés se précipitèrent contre ces mêmes hommes qu'ils n'osaient auparavant regarder qu'à genoux, les chassèrent de la capitale, et, dans leur fuite, ils se ressaisirent des trésors immenses qu'ils leur avaient ravis. Montézuma était mort dans cette conjoncture et les combats qu'ils livrèrent aux Mexicains. Les Espagnols prirent son successeur, Gatimozin, qu'ils firent périr au milieu des plus cruels supplices, pour savoir en quel endroit du lac il avait jeté ses richesses. Cortez se vit donc de nouveau maître de la ville de Mexico avec laquelle le reste de l'empire tomba sous la domination espagnole.

Ce fut l'Espagnol Jean Grijalva qui découvrit le Mexique, et il l'appela Nouvelle-Espagne, mais ce fut Fernand Cortez qui en fit la conquête pour le roi d'Espagne. Cette belle contrée a d'abondantes mines d'argent. Elle a aussi des mines d'or, quoique bien moins abondantes. Elle en a de pierres précieuses de plusieurs sortes. Ses mines de métaux précieux

produisent annuellement 15 millions de piastres, ou près de 75 millions de notre monnaie. Les montagnes qui les recèlent sont entre les parallèles 21-24 demi degré de latitude septentrionale. Le Mexique fournit en outre de la cochenille, de l'indigo, de la vanille, du cacao. On en tire du sucre, du coton, du tabac, du bois de campêche pour la teinture, du jalap, de la canelle, des baumes, des plantes médicales. Il fournit au commerce de la soie, de l'alun, du vitriol, du cristal de roche, et c'est entre les rochers de ses côtes que l'on pêche le poisson à écaille (murex), duquel on obtient la couleur de pourpre.

La terre y est fertile en blé, riz, maïs ou blé de Turquie, et en toutes sortes de légumes; elle donne en abondance des ananas, des mangues, limons, cédrats, citrons, grenades, figues, melons; et tous les fruits y sont d'une qualité exquise. Il y a d'ailleurs de bons pâturages qui nourrissent beaucoup de bétail. En vertu des traités existants les Anglais ont la faculté d'y couper des bois de teinture. Quoique presque en entier sous la zone torride, l'air du Mexique n'est pas embrasé, parce que le plateau mexicain est d'environ 2,000 mètres perpendiculaires au-dessus du niveau de la mer. L'air y est éminemment salubre, et les pics volcaniques, répandus sur ce plateau, resplendissent de l'éclat des neiges dans tous les temps de l'année.

Le Mexique est entre les 83e degrés 20 minutes et les 112e degrés 20 minutes de longitude occidentale, et 3e et 30e degrés de latitude septentrionale. Il a 660 lieues de longueur sur 250 de largeur moyenne, et ne contient cependant pas plus de 6,600,000 habitants. Il comprend les douze provinces de Mexico, Mehoacan, Tlascala, Acapulco, Guaxaca, la Vera-Cruz, Tabasco, Yucatan, Guatimala, Nicaragua, Costa-Rica, Veragua. Toutes ressortissent au vice-roi du Mexique, dont la résidence est à Mexico, et qui a cent mille ducats de traitement, outre le casuel qui ne lui est pas inférieur. Il est ordinairement nommé pour cinq ans. ROBERT.

MIASMES [du grec *miasma*, de *miainô*, souiller]. — Émanations volatiles provenant des substances animales ou végétales en décomposition, et qui, respirées par des sujets sains, développent chez eux des maladies plus ou moins graves. Les miasmes propagateurs des maladies contagieuses sont portés par l'atmosphère et les vents dans les pays où règne la salubrité; ils se communiquent le plus souvent par la respiration, par la peau et par le canal alimentaire. On n'a encore pu déterminer la nature des miasmes de la peste et de la petite vérole, qui se propagent de cette manière. La gale, la syphilis et les dartres ne se gagnent que par le contact de la peau avec les miasmes délétères de ces différentes maladies. D'après cela, on comprend combien il est nécessaire de s'éloigner des lieux où les épidémies commencent, et où elles sont fréquentes, de fuir les personnes infectées des maladies dont nous venons de parler, de prendre garde de ne point toucher au linge des inconnus, de ne point boire dans leurs verres, etc.

MICA (minéralogie).—Matière minérale blanche, jaune, rougeâtre, verdâtre, etc., transparente, translucide ou opaque, élastique, se déchirant plutôt qu'elle ne se brise; le mica se compose de silice 48; d'alumine 21; de fer 16; de potasse 15; la pesanteur spécifique varie de 2 à 3.

Le mica se trouve partout; celui qui est blanc et jaune est employé sous le nom de sable d'or et d'argent; il forme des feuilles qui ont quelquefois plusieurs pieds de surface; on les sépare facilement avec une lame de fer; on peut les faire servir en forme de vitre.

MICROCOSME (philosophie) [du grec *mikros*, petit, et *kosmos*, monde, c'est-à-dire monde en abrégé]. — Nom que quelques philosophes mystiques ont donné à l'*homme*, parce qu'ils le considéraient comme l'abrégé de tout ce qu'il y a d'admirable dans le *monde*.

MICROSCOPE (dioptrique) [du grec *mikros*, petit, et de *skopeô*, regarder, considérer]. — Instrument qui sert à grossir les petits objets.

Il y a deux espèces de *microscopes*, le simple et le composé.

Microscope simple. — C'est celui qui est formé d'une seule et unique lentille, ou loupe très-convexe.

Microscopes composés. — Ce sont ceux qui sont formés d'un verre objectif d'un foyer très-court, et d'un oculaire d'un foyer plus long. Au lieu d'un oculaire, on en met quelquefois plusieurs; et ce sont même les microscopes les plus en usage aujourd'hui.

Plusieurs physiciens s'attribuent l'honneur d'avoir inventé les microscopes composés; on l'attribue assez généralement à Drebel.

Microscope solaire. — Ce n'est autre chose qu'une lanterne magique éclairée par la lumière du soleil, et dans laquelle le porte-objet, au lieu d'être peint, n'est qu'un petit morceau de verre blanc sur lequel on met les objets qu'on veut examiner. Il y a encore cette différence, qu'au lieu de deux verres lenticulaires placés au delà du porte-objet dans la lanterne magique; il n'y en a qu'un dans le microscope solaire.

Cet instrument, qui nous est venu de Londres, en 1743, a été inventé par Lieberkuhn. On place le tuyau du microscope solaire dans le trou d'un volet d'une chambre obscure bien fermée, et on fait tomber la lumière du soleil sur les verres du microscope par le moyen d'un miroir placé au dehors de la fenêtre. Alors les objets placés sur le porte-objet paraissent prodigieusement grossis sur la muraille de la chambre obscure.

Microscope des objets opaques. — Ce microscope, dont on doit l'invention au même docteur Leibrekuhn, est aussi curieux qu'avantageux. Il remédie à l'inconvénient d'avoir le côté obscur d'un objet terminé du côté de l'œil, au moyen d'un miroir concave d'argent extrêmement poli, qui réfléchit sur l'objet une lumière si directe et si forte qu'on peut l'examiner avec toute la facilité et tout le plaisir

imaginables. On emploie quatre miroirs concaves de cette espèce, et de différentes profondeurs, destinés à quatre lentilles de différentes forces, pour s'en servir à observer les différents objets.

Microscope à réflexion. — Cet instrument consiste en un miroir concave de métal; en un autre plus petit, dont la cavité soit opposée à celle du grand miroir; en une ouverture pratiquée au milieu de ce même miroir; en une lentille plus convexe, placée au-dessus de l'ouverture; enfin, en une lentille et un verre oculaire.

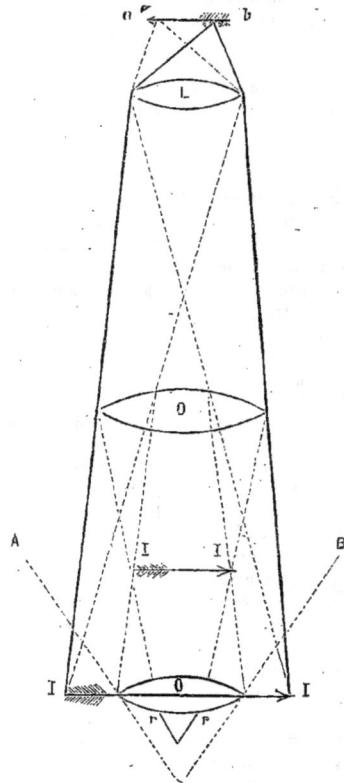

Fig. 21.—MICROSCOPE.—L, objectif; O O, oculaires; *ab*, objet; II, image amplifiée.

- Les avantages du microscope à réflexion sont : 1° de pouvoir exposer l'objet à tel degré de lumière qu'il plait à l'observateur; 2° de pouvoir observer tous les objets visibles les plus diaphanes, parce qu'étant vus par la lumière réfléchie de leurs surfaces, ils seront vus distinctement : les opaques, parce qu'ils recevront et renverront librement la lumière; les plus fluides, parce que, demeurant hors du microscope, et le microscope étant mobile, on pourra les placer de la manière qui leur conviendra le mieux, ou les prendre dans la place où ils se seront arrêtés d'eux-mêmes 3° de n'être plus obligé de détacher les parties de leur tout, lorsque le tout est d'une certaine grandeur, et de pouvoir observer la liaison des parties, les considérer dans leur union, et voir exactement dans les animaux les mouvements du sang, etc.

Le microscope à réflexion a d'ailleurs le double avantage de pouvoir servir comme *télescope grégorien.*

Il suffit pour cela de faire glisser le petit miroir dans sa coulisse, vers laquelle il est situé à l'opposite du grand miroir fixé au fond du même tube; de tourner la vis qui sert à faire avancer ou reculer le petit miroir, jusqu'à ce que l'alidade coupe un des nombres; d'éloigner ensuite de l'objet l'embouchure du grand tube, et l'éloigner d'autant de parties qu'en indiquera le nombre coupé par l'alidade; puis détacher le petit tube qui contient le verre plan-convexe et la lentille oculaire; moyennant quoi l'on pourra diriger le grand tube vers l'objet, en le cherchant de l'œil à travers l'ouverture pratiquée dans le grand miroir.   LUNIER.

MIEL. — Substance végétale mucoso-sucrée que les abeilles préparent en introduisant dans leur estomac le suc visqueux et sucré qu'elles recueillent dans les nectaires et sur les feuilles de certaines plantes, et en le dégorgeant ensuite dans les alvéoles de leurs gâteaux. On ignore encore si le miel existe tout formé dans les plantes, ou s'il est le produit d'une élaboration particulière. Pour extraire le miel, on enlève les petites lames de cire qui forment les alvéoles, et on expose les gâteaux sur des claies à une douce chaleur. Le *miel vierge*, ou *miel blanc*, le plus pur, s'écoule alors naturellement. On brise ensuite les gâteaux, on les fait égoutter de nouveau, et, à l'aide d'une chaleur plus forte, on obtient le *miel jaune.* Enfin, le résidu, exprimé plus ou moins fortement, puis écumé et décanté, après avoir reposé, donne le *miel commun*, qui est d'un rouge brunâtre et toujours fort impur. La qualité du miel varie à l'infini, selon l'état de l'atmosphère et selon les plantes sur lesquelles il a été recueilli : le meilleur provient des plantes labiées. Les miels de Mahon, du mont Hymette, de l'Ida, de Cuba, sont les plus renommés : ils sont liquides, blancs, transparents. Après eux, viennent les miels de Narbonne et du Gâtinais, qui sont blancs et grenus. Les moins estimés sont ceux de Bretagne, qui sont toujours d'un rouge-brun et qui ont une saveur âcre et une odeur désagréable. Tous les miels contiennent deux matières sucrées, semblables, l'une au sucre de raisin et l'autre au sucre incristallisable de la canne.

MIGRAINE (médecine). — Mal de tête caractérisé par des douleurs lancinantes, vives, superficielles ou profondes, n'occupant le plus souvent qu'un côté de la tête, sujet à des retours périodiques réguliers, et souvent sympathique d'un embarras des voies digestives.

Le tempérament nerveux, les affections tristes, l'application profonde ou prématurée à l'étude, les veilles, l'action du grand air chez les personnes qui n'y sont point habituées, le retour périodique chez les femmes, l'hérédité, en sont les causes les plus

ordinaires. Tissot l'attribuait à des lésions de l'estomac; Hoffmann, à un vice de la circulation; d'autres médecins à une affection rhumatismale : c'est simplement une névralgie. Les femmes y sont beaucoup plus sujettes que les hommes.

Le début de la migraine est souvent brusque : la douleur commence à se faire sentir au front, vers l'angle interne des yeux, et de là envahit une partie du crâne (hémicranie); chez d'autres sujets, le début est précédé de courbatures, de bâillements, quelques-uns de nausées, de vomissements même. Bientôt les douleurs deviennent vives, lancinantes, gravatives, les malades éprouvent un malaise extrême; leurs idées sont confuses, leur mémoire presque nulle; enfin, ils ne peuvent se livrer à aucune occupation; après huit à vingt heures, ces symptômes disparaissent ordinairement. Le repos et le silence sont les indications principales de traitement.

MIGRATIONS. — Ce sont les voyages que font certains animaux, à des époques déterminées de l'année, pour changer de climat. Les oiseaux voyageurs que l'hiver amène chez nous des contrées du nord sont les oies et les canards sauvages. En revanche, nos hirondelles, nos cailles, nos hérons quittent nos climats pour chercher une température plus douce dans les contrées méridionales. Tous retournent au pays natal à la fin de l'hiver. La sensation du froid et la rareté des vivres sont la cause présumée de ces migrations; mais nous pensons que l'instinct voyageur de ces oiseaux a une cause plus profonde.

Parmi les poissons voyageurs, les uns passent des fleuves dans la mer, comme l'anguille; d'autres, comme l'esturgeon et le saumon, passent de la mer dans les fleuves; les harengs, maquereaux, etc., viennent frayer le long des plages, où on les pêche en masses compactes appelées *bancs.*

Enfin quelques insectes, tels que les mouches et surtout les sauterelles, émigrent aussi, mais moins régulièrement que les oiseaux. Les invasions de chenilles, de sauterelles, etc., sont des fléaux redoutables pour les récoltes d'une contrée. En Afrique surtout, les ravages des sauterelles sont la terreur des campagnes.

MILICE (art militaire) [du latin *militia*, formé de *miles*, soldat, et *miles*, de *mille*, ou *mile*, *mille*; comme à Rome chaque tribu fournissait mille hommes, quiconque était de ce nombre s'appelait *miles*]. — Ce terme a plusieurs acceptions : tous militaires composent des milices, ce qui forme la milice générale d'un État. Chaque classe militaire forme une milice particulière. Sous l'ancien gouvernement, on appelait miliciens les paysans et les bourgeois à qui l'on faisait prendre les armes en certaines occasions : alors le mot milice était opposé à troupes réglées.

MIME (art dramatique) [du grec *mimos*, dérivé de *miméomoi*, contrefaire, imiter]. — Les anciens appelaient ainsi une certaine espèce de poésie dramatique, les auteurs qui la composaient et les acteurs qui la jouaient.

Plutarque distingue deux sortes de mimes : les

uns, dont le sujet était honnête, aussi bien que la manière, approchaient assez de la comédie ; les autres n'étaient que des bouffonneries, et les obscénités en faisaient le caractère. Sophion de Syracuse a écrit le premier des mimes, et Platon les lisait avec plaisir.

Les Romains eurent aussi des mimes. Les acteurs qui représentaient ces pièces avaient les pieds nus, la tête rasée, et, au lieu de masque, ils se barbouillaient le visage de lie. Ils se couvraient en outre d'habits grotesques.

Les Romains, non contents d'applaudir aux acteurs mimes dans les spectacles, les attirèrent dans leurs parties de plaisir, dans leurs festins. Ce personnage fut même employé dans les funérailles, et c'est ce qu'on appela *archimime* (Voy. ce mot). Il devançait le cercueil, et représentait par des gestes les actions et les mœurs du défunt. — Voy. *Pantomime.*

MINE. — C'est une excavation creusée en terre pour en extraire des métaux ou des minéraux. On appelle carrières celles dont on tire de la houille, du marbre ou des pierres ; minières celles dont les minéraux s'exploitent à ciel ouvert. Il y a des mines dont la profondeur a plus de mille mètres : on y descend par des puits au fond desquels on perce des galeries horizontales dans le sens des gîtes métallifères. Des treuils, placés à l'orifice du puits, servent à monter ou descendre dans des caisses les mineurs et le minerai.

L'exploitation des mines profondes offre deux principales difficultés : la première, c'est d'aérer le fond pour que les mineurs puissent y respirer un air sain : on y pourvoit en forant deux puits qui communiquent de distance en distance, ou en faisant deux compartiments du puits unique au moyen d'une cloison. On rompt ainsi l'équilibre qui empêchait l'air de circuler, et l'air extérieur vient continuellement remplacer celui des mines qui est impropre à la respiration et même à la combustion des lampes de mineurs.

Les mines de houille sont souvent exposées à un fléau redoutable, nommé feu grisou. C'est l'explosion de gaz hydrogène déterminée par la flamme des lampes qui éclairent les mineurs. Le célèbre chimiste Davy a inventé une lampe, dite *de sûreté*, pour garantir les mineurs de ces explosions terribles, qui ont quelquefois tué de nombreux ouvriers d'un seul coup.

Aux termes de nos lois, l'exploitation d'une mine ne peut être entreprise qu'avec l'autorisation de l'État, et du consentement du propriétaire du fonds qui la couvre, et moyennant une redevance annuelle à l'un, et une indemnité à l'autre. L'exploitation est soumise à la surveillance des ingénieurs des mines, qui s'assurent que l'exploitant observe tous les règlements établis dans l'intérêt de l'ordre public, de la sûreté de la circulation et de la santé des ouvriers. Ces règlements sont établis par l'État, sur l'avis du conseil général des mines. L'École impériale des mines, composée d'élèves sortant de l'École polytechnique, est chargée de recruter le corps des ingénieurs

des mines, dans lequel les membres du conseil général des mines sont choisis par le gouvernement. L'École admet en outre, comme externes, des élèves destinés à l'exploitation des mines. Pour cette exploitation, le gouvernement a fondé une école spéciale de mineurs à Saint-Étienne, et une de maîtres ouvriers mineurs à Alais (Gard).

Dans l'art militaire, les mines sont des travaux souterrains pratiqués par l'assiégeant, et qu'il conduit jusque sous un bastion, un rempart ou autre travail de défense, pour le faire sauter par la poudre à canon. — L'assiégé miné se défend par des contre-mines, qu'il pousse vers la mine de l'ennemi afin de la faire sauter, ou d'y étouffer les mineurs avec de la fumée de soufre. Cette opération se nomme camouflet.

Le siége de Sébastopol sera célèbre dans l'histoire de la guerre par les travaux immenses de mines et de contre-mines qui ont été pratiqués. Les annales de la guerre n'offrent pas de siége qui approche de cette gigantesque lutte souterraine.

J. RAMBOSSON.

MINÉRALOGIE, MINÉRAUX. — La minéralogie, ou science des minéraux, prise dans son acception la plus étendue, est la partie de l'histoire naturelle qui a pour objet de faire connaître tous les corps de nature inorganique du globe terrestre, tels que les terres, les pierres, les cristallisations, etc., qui se trouvent dans le sein de la terre ou à sa surface.

On la divise en 1° en oryctognosie, justement appelée l'alphabet de la géologie, à laquelle appartient la connaissance des minéraux par leurs caractères extérieurs ;

2° En minéralogie chimique, qui apprend à distinguer les minéraux par les éléments qui les composent ;

3° En géognosie, partie de la géologie dont le but est la connaissance exacte des substances minérales accessibles à nos recherches, et dont se compose ce que nous appelons la croûte de la terre. C'est la géologie positive ; tandis que la géogénie ou géologie conjecturale s'occupe des conséquences, plus ou moins probables, tirées des faits déjà observés, et relatives, soit à l'origine de la terre, soit à la formation de l'enveloppe extérieure du globe.

La minéralogie renferme encore la métallurgie, qui a pour objet l'exploitation des mines. On conçoit, en effet, qu'il serait impossible au métallurgiste d'acquérir une connaissance suffisante de son art, s'il se privait des ressources et des lumières que lui offre l'étude de la minéralogie.

La minéralogie, science très-vaste quant à son objet, et en raison du nombre et de l'étendue des branches dont elle est composée, s'occupe du mode de formation et des caractères distinctifs des différentes substances minérales du globe que nous habitons. Le minéralogiste doit à une étude approfondie de ses caractères, l'appréciation des causes du bouleversement qui ont converti en minéraux des corps du règne animal et du règne végétal. Il lui doit encore de parvenir à se rendre compte de celles qui ont présidé à la génération des roches, des pierres précieuses, des métaux, etc.

Le mot de minéral s'emploie, en général, pour désigner tons les corps inorganiques qui se trouvent dans l'intérieur de la terre et à sa surface, tels que les pierres, les terres, les métaux, les substances inflammables (1), les sels et les pétrifications.

Tandis que, suivant Linnée, *vegetalia vivunt et crescunt, animalia vivunt, crescunt et sentiunt*, les végétaux vivent et croissent, les animaux vivent, croissent et sentent, *mineralia, solum modo crescunt*, les minéraux ne font que croître.

Bien que, ce qui a lieu dans toutes les autres sciences, les opinions des savants minéralogistes ne soient pas unanimes sur le fait de la croissance des minéraux, l'opinion la plus générale et la seule, par conséquent, admissible, consiste à dire que les minéraux croissent par le fait d'une agglomération de molécules qui s'unissent par juxtaposition. Tous les minéraux étant, en effet, les résultats d'une combinaison de molécules homogènes par l'attraction qui les rapproche et les unit, sont dérivés, même les plus complexes, de solides géométriques simples, dits primitifs.

C'est comme conséquence de cette loi de la formation des cristaux et des minéraux, en général, qu'un morceau de carbonate de chaux, dont la forme primitive est un rhomboïde, étant fondu ou réduit en poussière, donnera pour fragments des prismes ou des lames de formes rhomboïdales.

Il résulte de là que le minéral continue d'exister, malgré la séparation de ses parties. Si, en effet, on le coupe régulièrement en deux, on a deux minéraux de même forme, au lieu d'un seul.

On peut, en quelque sorte, dire des minéraux qu'ils sont comme le Protée de la fable, qui avait le pouvoir de changer de corps et de prendre toutes les formes qu'il voulait.

Une des propriétés communes à un grand nombre de minéraux est la transparence, qui n'appartient cependant pas à tous ; quelques-uns, tels que la cornaline, et quelques espèces d'obsidienne, sont dits demi-transparents ; d'autres sont seulement translucides, c'est-à-dire approchant de l'opacité. Il en est un petit nombre comme l'opale, appelée, pour cette raison, *hydrophane*, qui acquiert plus de transparence étant plongée dans l'eau.

Le nombre infini de variétés de formes et de couleurs qu'affectent les minéraux n'est pas moins curieux et intéressant que celui que présentent les divers degrés de leur éclat, dit éclat de diamant, éclat vitreux, perlé, etc., splendescent, qui est le terme du plus haut degré de brillant.

La propriété qui appartient à plusieurs substances minérales se détermine par le frottement. Ce qu'on

(1) Et non pas seulement combustibles, deux termes qu'il ne faut pas confondre. Tout corps susceptible de s'unir avec l'oxygène est dit combustible ; on ne donne le nom d'inflammables qu'à ceux qui brûlent dans l'air atmosphérique.

appelle l'électricité polaire offre cette particularité remarquable qu'elle a servi à mettre sur la voie de l'appréciation des lois de la cristallisation des minéraux.

Les lois de la cristallisation présentent, en effet, dans leur accomplissement, un phénomène de variation dépendant de la différence de nature des minéraux, dont les uns s'échauffent par le frottement, et les autres par la chaleur. Le caractère de symétrie qu'offre ordinairement la cristallisation dans le premier cas semble disparaître dans le second.

Ce n'est que fort rarement que l'on rencontre les minéraux dans leur état de pureté ou d'isolement ; ils sont le plus souvent adhérents les uns aux autres, et forment ces accouplements qui les présentent comme enchatonnés les uns dans les autres, d'où ces variétés d'aspects sous lesquels ils se présentent à l'œil de l'observateur et du naturaliste.

Les minéralogistes divisent, communément, les uns, les minéraux en quatre classes, savoir : les minéraux terreux, salins, métalliques et inflammables ; les autres, en terreux et minéraux terreux acidifères, ou, enfin, en substances atmosphériques et substances terrestres, ou minéraux proprement dits.

Les substances atmosphériques sont gazeuses : on les appelle gazolithes.

Les substances terrestres se présentent sous la forme solide ou liquide : ce sont les minéraux proprement dits, tels que le fer, l'argent, etc.

Les minéraux se partagent en trois classes : la classe des substances inflammables, la classe des substances métalliques, la classe des substances pierreuses.

Une des classifications qui paraît être la plus naturelle est celle de M. Delafosse, professeur de minéralogie à la Faculté des sciences.

En voici le résumé :

Ire classe : MINÉRAUX INFLAMMABLES OU COMBUSTIBLES, renfermant : 1° les *corps sulfureux* (soufre natif, sulfure de sélénium) ; — 2° les *corps charbonneux*, formant 4 ordres : 1. *Charbons proprement dits*, subdivisés, selon leur mode de cristallisation, en *cubiques* (diamant), *rhomboédriques* (graphites) ; *amorphes* (anthracite, houille, lignite, tourbe) ; 2. *Bitumes* (naphte, pétrole, malthe, asphalte) ; 3. *Résines* (succin, élatérite, rétinasphalte) ; 4. *Sels organiques* (mellite, humboldtite).

IIe classe : MINÉRAUX MÉTALLIQUES OU MÉTAUX, renfermant 8 ordres : 1. *Métaux natifs*, qui sont ou *rhomboédriques* (tellure, arsenic, antimoine), ou *cubiques* (bismuth, mercure, argent, cuivre, fer, or, platine, palladium, iridium) ; — 2. *Osmiures* ; — 3. *Antimoniures* ; — 4. *Arséniures* ; — 5. *Tellurures* ; — 6. *Séléniures* ; — 7. *Sulfures*, subdivisés en deux sous-ordres : *Sulfures simples* (sulfure de zinc ou blende, de plomb ou galène, d'argent ou argyrose, de cobalt, de nickel ; sulfure jaune de fer ou pyrite ; sulfure blanc de fer, arseni-sulfure de fer ou mispickel ; sulfure de cuivre, d'antimoine ou stibine ; sulfure jaune d'arsenic ou orpiment ; sulfure rouge d'arsenic ou réalgar; sulfure de mercure ou cinabre; sulfure de molybdène); *sulfures multiples* (sulfure d'étain, cuivre et fer; sulfure de cuivre et fer; sulfure du cuivre, fer, antimoine et arsenic; sulfure d'antimoine et plomb; sulfure d'antimoine, plomb et cuivre; sulfure noir d'argent et antimoine; sulfure rouge d'argent et antimoine; sulfure d'argent et arsenic); — 8. *Oxydes métalliques* (oxyde rouge de cuivre; oxyde de fer; oxyde ferroso-ferrique ou aimant; oxyde de fer titané, de fer chromé, de titane, d'étain, de manganèse).

IIIe classe: MINÉRAUX LITHOÏDES OU PIERRES renfermant 24 ordres: 1. *Oxydes non métalliques* (magnésie, alumine ou corindon, silice ou quartz, eau à l'état de glace); — 2 *Chlorures* (chlorure de sodium ou sel marin; chlorure d'argent; chlorure ammonique ou sel ammoniac; chlorure de mercure ou calomel; oxychlorure de cuivre, de plomb); —3. *Fluorures* (fluorure de calcium, de sodium et d'aluminium); — 4 *Iodures* (iodure d'argent, de zinc, de mercure); —5. *Bromures* (bromure d'argent, de zinc); — 6. *Aluminates* (aluminate de magnésie ou spinelle, de zinc, de fer et magnésie, de glucine); — 7. *Silicates alumineux* (analcime, amphigène, grenat, idocrase, gehlenite, wernérite, faujasite, sarcolite, pennine, mica à un axe ou à deux axes, néphéline, émeraude, staurotide, macle, cordiérite, pinite, stilbite, laumonite, mésotype, épidote, euclase, feldspath, orthose, albite, labrador, anorthite, pétalite, triphane, disthène); — 8. *Silicates non alumineux* (zircon, apophyllite, dioptase, cronstedtite, cérite, phénakite, willémite, calamine, serpentine, péridot, talc, gadolinite, wollastonite, pyroxène, amphibole); — 9. *Silicates unis à d'autres composés*: silicate phosphorifère (eulytine), silicate sulfurifère (helvine, hauyne, lapis, spineline), silicate chlorifère (sodalite, eudialyte), pyrosmalite), silicate borifère (tourmaline, axinite), silicate fluorifère (topaze); — 10. *Borates* (borate de magnésie, de chaux, de soude); 11. *Carbonates* (de zinc, de manganèse, de fer, de magnésie, de chaux, de strontiane, de baryte, de plomb, de cuivre); — 12. *Carbonates unis à d'autres sels*, divisés en silico-carbonates, chloro-carbonates, sulfo-carbonates; — 13. *Nitrates* (nitrate de soude ou natronitre, nitrate de potasse ou salpêtre); 14. *Phosphates* (d'yttria, d'urane, d'alumine, de fer, de cuivre, de chaux, de cérium); — 15. *Phosphates chlorifères et fluorifères* (apatite, pyromorphite, wavellite, wagnérite); — 16. *Arséniates* (de fer, de cuivre, de chaux, de cobalt); — 17. *Arséniates chlorifères* (mimétèse); — 18 *Sulfates* (sulfate d'alumine et de potasse ou alun et alunite, de magnésie, de zinc, de plomb, de baryte, de strontiane, de chaux ou gypse, de cobalt, de fer, de cuivre); — 19. *Chromates* (de plomb, de plomb et cuivre); — 20. *Vanadates* (de plomb, de cuivre); — 21. *Molybdates* (de plomb, ou plomb jaune); 22, *Tugstates* (de chaux, de plomb, de fer et manganèse); 23 *Tantalates* (de chaux, d'yttria, de fer, d'urane, de cérium); — 24. *Titanates* (de chaux, de zircone, d'yttria, de chaux et fer, de chaux et manganèse).

Selon leurs divers modes de cristallisation, tous ces ordres minéraux sont subdivisés en tribus, en genres etc.   J. BÉCHERAND.

MINIATURE (peinture) [de *minium*, oxyde de plomb, coloré en rouge par le fer].—Genre de peinture dans lequel on emploie des couleurs délayées à l'eau gommée. Cette peinture est ainsi nommée parce que le minium est la couleur qu'on y emploie le plus ordinairement.

Le peintre en miniature se contente ordinairement de pointiller les chairs; il peint à gouache les fonds et les draperies. On connaît cependant des miniatures où tout le travail est pointillé. On peint en miniature sur ivoire et sur vélin. Dans l'un et l'autre genre, le mérite consiste à épargner savamment le travail, et à laisser travailler l'ivoire ou le vélin qui lui sert de fond.

La miniature ne fut d'abord que l'art de peindre en petit sur une matière quelconque naturellement blanche, tels que le marbre, l'albâtre, l'ivoire, les pierres et les os blanchis au soleil. On n'y employait que très-peu de couleurs, parce qu'on ne savait pas les rendre légères; mais quand on eut fait quelques progrès dans la peinture, on vit que le seul moyen d'avoir des teintes de dégradation était de faire entrer le blanc dans les couleurs; et des artistes intelligents en admirent le mélange dans toutes les couleurs de fond, de draperies, etc., qui en ont besoin, à l'exception des chairs et d'autres parties délicates, dans lesquelles l'emploi du blanc dans les mélanges ferait perdre à l'objet sa touche caractéristique.

La miniature se faisait admirer en Hollande qu'elle n'était encore en France qu'une froide enluminure; on n'y voyait que des portraits entièrement à l'épargne ou à gouache et pointillés; mais les Caméra, les Harlo et les Macé ayant abandonné la peinture à l'épargne, firent sentir que la miniature était susceptible de rendre en petit les plus grandes choses, de briller par la belle composition, par un coloris frais et vigoureux et par un bon goût de dessin.

MIRAGE (physique). —Phénomène d'optique qui fait paraître au-dessus de l'horizon les objets qui sont au-dessous. « Quelquefois il arrive qu'en regardant un objet éloigné, au lieu de l'apercevoir simple, on en voit distinctement deux images, l'une à droite et l'autre renversée; l'impression que l'on éprouve ressemble à celle qui a lieu, lorsqu'étant placé sur le bord d'une eau stagnante, on distingue dans la profondeur de ce liquide une représentation des arbres ou autres corps placés dans le voisinage. Ce phénomène, que l'on a désigné sous le nom de mirage, ne se fait habituellement remarquer qu'à la surface de la mer ou des lacs, et dans les plaines arides et sablonneuses des pays où la température est très-élevée. Dans ces plaines, on voit, à une distance d'environ trois quarts de lieue, tous les objets que porte la surface du sol apparaître en même temps droits et renversés; le sol lui-même prend l'aspect d'une immense nappe d'eau; la voûte du ciel ne semble qu'une surface d'eau réfléchissante, et en même temps on l'aperçoit comme si on l'apercevait dans un lac. Comme ces plaines sont ordinairement nues, rien ne vient interrompre l'aspect uniforme du lac qu'on croit avoir devant les yeux ; mais s'il se trouve des objets massifs, des arbres, un roc, une colline, ils ne rompent point l'illusion ; ils apparaissent renversés dans tout ce qu'on croit le miroir des eaux, et ressemblent à autant d'îlots de verdure jetés au milieu d'un large cours d'eau ou d'une petite mer. A mesure que l'on approche, l'inondation apparente recule, et bientôt même finit par s'évanouir complétement pour se reproduire à l'égard d'autres objets placés à une distance convenable. Pour qu'il y ait mirage, il faut que la température soit très-élevée et que le vent ne souffle pas. Ce phénomène est devenu principalement célèbre depuis l'expédition française en Égypte. Harassés de fatigue et brûlant de soif, nos soldats voyaient avec délices les palmiers, les maisons, se peindre à l'envi dans une immense masse d'eau qui semblait là placée pour étancher leur soif : quel désappointement lorsqu'en avançant ils voyaient le lac fuir devant eux et les plaines brûlantes s'étendre sans fin sous leurs pas ! Monge, qui voyageait avec l'armée, et qui un instant avait partagé les illusions des soldats, s'aperçut bientôt que c'était un effet d'optique et en donna la théorie. »

MIROIRS (physique). — Corps dont la surface est assez bien polie pour réfléchir avec régularité la plus grande partie des rayons de lumière qu'elle reçoit, et pour représenter les images des objets qu'on met au-devant. En catoptrique, corps poli qui ne donne point passage aux rayons de lumière, et qui par conséquent les réfléchit.

On peut diviser les miroirs en miroirs plans, miroirs convexes, miroirs concaves et miroirs mixtes. Parmi les miroirs plans, on peut placer les miroirs prismatiques et les miroirs pyramidaux ; parmi les miroirs concaves, on peut placer les miroirs paraboliques et les miroirs elliptiques ; et parmi les miroirs mixtes, les miroirs cylindriques et les miroirs coniques. Les plus usités sont ceux qui présentent une portion de sphère ou qui suivent une courbe parabolique. Les premiers servent à concentrer les rayons dans un foyer, ou à les rendre divergents, suivant qu'ils sont concaves ou convexes ; les seconds servent à rendre parallèles les rayons qui partent de leur foyer pour transmettre au loin la lumière dans les phares : on s'en sert en chimie et en physique pour démontrer les propriétés du calorique rayonnant.

On appelle miroir ardent, une sorte de miroir, soit de verre, soit de métal, qui exposé au soleil, en rassemble tellement les rayons à son foyer, qu'il brûle presque en un moment tout ce qui lui est présenté. Le miroir prismatique est un miroir composé de surfaces planes, inclinées les unes aux autres, et qui ont chacune la figure d'un parallélogramme. Le miroir pyramidal est un miroir composé de surfaces planes, triangulaires, inclinées les unes aux autres, de manière que les sommets de tous les triangles ont un point commun de réunion, lequel forme le sommet de la pyramide. Le miroir elliptique est un miroir réfléchissant dont la surface réfléchissante est celle d'un sphéroïde elliptique. Le miroir parabolique est un miroir dont la surface réfléchissante est composée de lignes droites dans un sens et courbées dans l'autre. Le miroir cylindrique est un miroir dont la surface réfléchissante est cylindrique. »

MISANTHROPIE (philosophie, morale).—Dégoût profond de la société des hommes, sentiment outré, qui procède du jugement toujours rigoureux qu'on porte sur les imperfections humaines. «La misanthropie est une maladie de l'âme, qui fait que nous avons du dégoût pour les hommes et de l'aversion pour leur commerce. La misanthropie est un symptôme de mélancolie ; car, dans cette maladie, il est ordinaire d'aimer les endroits écartés, le silence et la solitude. Le misanthrope est mécontent de tous les hommes, et peu satisfait de lui-même. Il fait continuellement des réflexions sur les misères de l'humanité, sur les désagréments de la société ; et ces réflexions sont autant d'obstacles à sa guérison. »

MNÉMONIQUE (psychologie). — Art d'exercer la mémoire, de se former, en quelque sorte, une mémoire artificielle. Cet art, dit un orateur, est fondé sur le pouvoir qu'ont les objets sensibles de rappeler à l'esprit les idées qui l'ont occupé au moment où ces objets le frappaient. Les moyens que l'on emploie le plus ordinairement consistent à connaître d'avance un certain nombre d'images ou de figures que l'on s'est rendues familières, que l'on peut se représenter par ordre et sans embarras. Cela posé, on joint à une de ces images, par la pensée, chaque mot ou chaque idée qu'ils font retenir ; et par l'effet de l'association des idées, aussitôt qu'on se rappelle l'image, on se rappelle le mot ou l'idée qui lui est jointe. On a reconnu que ces moyens sont d'un grand secours dans les arts et les sciences naturelles, et qu'ils peuvent s'appliquer d'une manière plus ou moins ingénieuse à quelques objets particuliers, comme les dates, les faits, la succession des noms propres, les détails de chronologie, de botanique, d'histoire, de géographie, etc. ; mais dans les sciences abstraites et de raisonnement, où il s'agit moins d'objets et de faits positifs que de faits spéculatifs et d'idées générales, la mnémonique, loin de servir la mémoire, peut la troubler par de fausses analogies.

MOBILITÉ (physique).—Propriété qu'ont les corps d'être mis en mouvement ; faculté dont jouissent toutes les particules de la matière, de pouvoir être transportées d'un lieu dans un autre, toutes les fois qu'une cause ou force vient modifier leur état de repos. Ce déplacement porte le nom de mouvement. « Si la mobilité appartient à la matière, il n'en est pas de même du mouvement. Ainsi, la matière est susceptible d'être mue, sans pourtant se mouvoir par elle-même. Les causes qui déterminent le mouvement portent le nom de forces ou de puissances. Le mouvement n'existe jamais sans force qui le détermine ; mais ces forces peuvent exister et agir sans que le mouvement ait lieu ; car deux forces opposées peuvent se faire équilibre ou se compenser mutuellement, en sorte que la matière reste en repos, quoique sollicitée par ces deux forces. On distingue un grand nombre d'espèces de mouvements ; mais ce qu'il y a de commun à tout déplacement de la matière, c'est ce qu'on nomme vitesse et ce qu'on nomme inertie.

MODE (grammaire) [du latin *modus*, manière, parce que, comme dans le langage vulgaire, la mode est la manière de se vêtir, dans le langage grammatical, le mode est la manière d'employer, d'habiller en quelque sorte le verbe selon l'idée que l'on veut ajouter à la signification principale.] — Le mode, appelé autrefois *mœuf*, est la forme du verbe par laquelle on exprime les divers états, soit de certitude, soit de doute, soit de désir, où se trouve l'esprit quand il porte un jugement.

Le nombre des modes n'est pas le même dans toutes les langues.

En français, on en reconnaît généralement cinq : l'*indicatif* ou *affirmatif*, qui ne fait qu'annoncer le fait comme positif : *je parle, je parlai, je parlerai* ; le *conditionnel*, qui affirme avec une condition : *je me* PROMÈNERAIS, *s'il faisait beau* ; *je me* FUSSE PROMENÉ, *s'il eût fait beau* ; l'*impératif*, qui affirme avec commandement : *fais* BIEN, *tu seras récompensé* ; le *subjonctif*, qui présente le fait comme dépendant d'un autre, et, par conséquent, avec un certain degré de doute : *je veux que vous* M'OBÉISSIEZ ; l'*infinitif* exprime l'idée du verbe d'une manière générale, sans nombre ni personnes : TRAVAILLER, *c'est* OBÉIR *à la loi de Dieu*.

Plusieurs grammairiens admettent un sixième mode, le *participe*, qui n'admet pas de personnes, mais qui est susceptible de genre et de nombre ; d'autres en font une des parties du discours.

On a voulu aussi admettre le mode *interrogatif*, mais cette opinion a eu peu de partisans ; l'immense majorité des grammairiens trouvant que l'inversion du pronom n'était pas suffisante pour constituer un mode.

Les Latins remplacent le conditionnel qui leur manque par l'imparfait et le plus-que-parfait du subjonctif.

Les Grecs ont pour exprimer le souhait l'optatif, que nous remplaçons par le subjonctif et le conditionnel.

A chaque mode appartient un nombre de temps plus ou moins grands. Ainsi, l'indicatif a le présent, le passé, le futur, l'imparfait, le plus-que-parfait, et le conditionnel a le présent et le passé.

Outre sa signification particulière, chaque mode a souvent des caractères distinctifs : l'infinitif n'a ni nombres ni personnes ; le participe, privé de personnes, est susceptible de genre et de nombre ; le conditionnel est terminé en *rais*, etc. Les modes des autres langues ont des caractères analogues.

Beauzée admet deux espèces générales de modes : *les modes personnels* et les *modes impersonnels*.

Il range dans la première classe tous les modes où le verbe reçoit des terminaisons par lesquelles il se met en concordance de personnes avec le nom ou le pronom, qui en exprime le sujet. Cette classe renferme tous les modes, excepté l'infinitif et le participe.

La deuxième classe comprend les modes où le verbe ne reçoit aucune terminaison pour être en concordance de sujet avec une personne ; l'infinitif et le participe sont seuls dans ce cas.

Considérés sous un autre point de vue, les modes sont *directs* et *indirects* ou *obliques*.

Les *modes directs* sont ceux dans lesquels, seul, le verbe sert à constituer la proposition principale : *je* FAIS *de mon mieux. Je* FERAIS *mieux si je pouvais* FAIRE *mieux*.

Les *modes indirects* ou *obliques* sont ceux qui ne composent qu'une proposition incidente, subordonnée à un antécédent, qui n'est pas de la proposition principale : *il est nécessaire* QUE JE FASSE *mieux*.

Enfin, Beauzée appelle *modes purs* ceux qui, comme l'indicatif, l'infinitif et le participe, n'expriment pas d'idée accessoire, et *modes mixtes* ceux qui, comme l'impératif, le conditionnel, le subjonctif et l'optatif ajoutent à la signification primitive d'autres idées accessoires.

Quelques grammairiens ont prétendu que la distinction des modes n'est nullement nécessaire, que que leur nombre en est arbitraire. Beauzée a réfuté leurs raisonnements peu solides, et son opinion a prévalu.   J. B. PRODHOMME,

Correcteur à l'imprimerie Impériale.

MOELLE (du latin *medulla*). — Substance plus ou moins molle, douce et grasse, renfermée dans l'intérieur des os longs. Elle paraît formée de l'agglomération de petites vésicules membraneuses enveloppant un liquide huileux dont la consistance varie suivant les animaux.

On appelle *Moelle*, en botanique, cette substance spongieuse, légère et humide, qui se trouve au centre des plantes dicotylédonées et dans toute la tige des monocotylédonées. Elle existe en grande abondance chez les jeunes plantes, surtout dans certaines espèces (sureau), disparaît peu à peu, puis semble se convertir en bois.

MOINEAU (type de la famille des fringilles). — C'est de tous les oiseaux de cette famille, celui qui s'apprivoise le plus facilement. Son chant est monotone et ennuyeux ; mais il est espiègle, hardi, familier, et s'attache à la personne qui le soigne. Le moineau domestique ou franc-moineau, réside presque toujours aux environs de nos habitations. Son robuste appétit lui fait consommer une grande quantité de grains et de fruits ; aussi est-il peu aimé des cultivateurs et des jardiniers, qui en détruisent le plus qu'ils peuvent, sans réfléchir qu'en revanche ces petits animaux les débarrassent d'une quantité de chenilles et autres insectes nuisibles. La femelle, plus petite que le mâle, fait trois ou quatre couvées par an. Le moineau est querelleur par nature ; aussi entend-on au printemps, sur les toits des maisons ou dans les arbres, des disputes tapageuses de moineaux qui dégénèrent souvent en combats sanglants. Le moineau des bois est moins familier que l'autre. Il a un côté de la tête blanc, avec une tache noire et deux bandes blanches sur les ailes. Il est commun aux environs de Hambourg.

MOISSON (agriculture). — Ce mot s'applique spécialement à la récolte des blés. C'est un grand travail auquel le personnel de la ferme ne suffit jamais, et pour lequel on se fait aider par des journaliers, nommés *moissonneurs*.

Une erreur trop généralement répandue sur le moment de la moisson, c'est d'attendre que les blés soient entièrement jaunis. Le grain se dessèche, se durcit au soleil, et il s'en perd beaucoup dans les travaux de la récolte. Dès que la tige commence à jaunir, le blé est bon à couper; la séve cesse dès lors de nourrir le grain; la chaleur et l'air seuls achèvent de le mûrir. La plupart de nos petits cultivateurs coupent leurs blés huit jours trop tard; leur grain non-seulement est diminué par l'égrenage, mais il perd en qualité et en grosseur, par l'excès de sécheresse.

Les machines à moissonner ou moissonneuses, de récente invention, offrent au cultivateur une grande économie de temps et de main-d'œuvre; elles lui offrent surtout l'avantage de pouvoir couper les blés au moment convenable, chose difficile dans les campagnes, où souvent les bras sont insuffisants pour la moisson. Malheureusement, le prix de ces machines est encore trop élevé; mais il diminuera avec le temps et par un usage plus général. Le meilleur moyen de les utiliser dans la petite culture est de s'associer pour les acheter; on peut encore en propager l'usage en les louant aux cultivateurs comme on loue les tarares, moulins à vanner et autres machines, ou en prenant à sa charge leur moisson, que ces machines peuvent exécuter à prix très-réduits. Avec une moissonneuse et une machine à battre, un ouvrier intelligent peut faire à lui seul, dans son année, le travail de quarante journaliers. L'exploitation de ces deux machines suffit à un établissement dans les campagnes.

MOIS (astronomie). — Temps qui s'écoule pendant que le soleil nous paraît parcourir la douzième partie du zodiaque; c'est ce qu'on appelle le mois solaire. On appelle mois *lunaire synodique*, l'espace de temps compris entre deux conjonctions de la lune avec le soleil, qui est, terme moyen, de 29 jours, 12 heures, 44 minutes, 2 secondes, 8 tierces; et mois *lunaire périodique*, l'espace de temps dans lequel la lune fait son tour dans le zodiaque, c'est-à-dire le temps qu'elle emploie à revenir au même point d'où elle est partie. Ce mois est de 27 jours, 7 heures, 45 minutes, 4 secondes.

Le *mois astronomique* ou naturel, est mesuré par quelque intervalle exact, correspondant au mouvement apparent du soleil ou à celui de la lune. C'est le mois solaire et non pas moyen. Le *mois civil* ou commun commence et finit à un jour marqué; il est composé d'un nombre déterminé de jours en-

tiers, qui approche de la quantité de quelques mois astronomiques, soit lunaires, soit solaires.

MOLÉCULE (du latin *molecula*), la plus petite partie accessible à nos sens d'un corps quelconque. — Les molécules intégrantes ou particules d'un corps, sont celles qui forment, par leur rapprochement, la masse de ce corps soit simple, soit composé. Les molécules constituantes, au contraire, ne se trouvent que dans les corps composés : autant ceux-ci admettent d'éléments dans leur composition, autant il y a d'espèces de molécules constituantes qui concourent à former des molécules intégrantes. Ainsi, chaque particule ou chaque molécule intégrante d'un fragment de sulfure de mercure, est formée de deux molécules constituantes, une de soufre et une de mercure.

MOLLUSQUES (zoologie). — Animaux dépourvus de ce squelette intérieur qui caractérise les vertébrés, et de ces anneaux extérieurs dont l'ensemble constitue le corps des articulés, et qui diffèrent des rayonnés par la présence de nerfs et de vaisseaux bien distincts, ainsi que par leur forme généralement paire et symétrique. Ajoutez à cela qu'ils n'ont jamais de membres articulés. On a donné à ces animaux le nom de *mollusques*, qui signifie mous, parce que leur corps, privé de pièces solides qui pourraient le soutenir, manque de consistance, et ne se trouve protégé que par une peau molle et muqueuse, qui souvent le déborde, et dans laquelle il est enveloppé comme dans un manteau. C'est dans l'épaisseur ou à la surface de cette membrane que se développe la matière calcaire ou cornée qui constitue la coquille de la plupart de ces animaux. Toute coquille est produite par une humeur particulière qui tient en dissolution une grande quantité de matière calcaire, et qui, se déposant par couches successives, forme, par suite de l'évaporation de la partie liquide, une série de lames ou feuillets solides, dont l'ensemble constitue un tout d'aspect variable, mais le plus souvent agréable à l'œil. Les couches les plus intérieures et par conséquent les plus nouvelles, débordent toujours un peu les plus extérieures et les plus anciennes; ce qui fait qu'avec le temps, la coquille s'accroît en longueur et en largeur, aussi bien qu'en épaisseur.

La forme de la coquille présente, avons-nous dit, de grandes différences; les principales et les plus importantes se tirent du nombre des valves ou pièces qui la constituent. Elle est univalve, quand elle n'est formée que d'une seule pièce, comme dans le colimaçon, le buccin, etc.; bivalve, quand elle se compose de deux, comme dans l'huître, la moule, etc.; multivalve, lorsqu'elle en offre davantage, comme celle de certains mollusques peu importants, tels que l'anatife, le balane, etc. Dans beaucoup de cas, elle est recouverte d'un épiderme fin, qu'on appelle communément *drap-marin*.

L'étude des mollusques s'est longtemps bornée à la connaissance de cette coquille, et la science de ces animaux avait même pris de cette circonstance le nom de *conchyliologie*; mais l'observation de cette enveloppe ayant attiré l'attention sur l'être vivant qui l'a formée, on a changé cette dénomination en celle de *malacologie,* qui veut dire *traité des mollusques.*

Cette seconde étude, beaucoup plus importante que la première, quoique celle-ci soit d'un grand intérêt, a révélé une multitude de faits curieux, et a fait connaître l'organisation de ces animaux singuliers.

La forme des mollusques n'est jamais bien déterminée, d'abord parce que leur corps n'est point soutenu par une charpente solide, et ensuite parce que leur peau est garnie intérieurement de muscles, qui la contractent dans tous les sens, et changent continuellement les rapports mutuels des différents organes. Un grand nombre de ces animaux n'a point de tête; quand elle existe, elle est souvent peu distincte, et, lors même qu'elle l'est, on n'y trouve jamais les quatre organes des sens spéciaux. Leur tronc, qui, dans la plupart des cas, constitue la totalité du corps de l'animal, n'est point divisé en deux parties, et n'offre presque jamais d'appendices latéraux qu'on puisse comparer aux membres des vertébrés et des articulés.

Quoique plusieurs mollusques aient une tête distincte, avec une bouche et quelques-uns des organes des sens, aucun n'a de cerveau dans cette partie de leur corps; l'organe auquel on donne ce nom est placé chez ces animaux à peu de distance de l'entrée du canal digestif, sur l'œsophage, autour duquel il forme une espèce de collier; jamais ils n'ont de moelle épinière; celle-ci est remplacée par de petites masses de matière nerveuse, éparses dans les différentes parties du corps de l'animal. Leurs sens ne sont jamais au nombre de cinq; l'oreille ne se trouve que dans une petite classe de cet embranchement; l'œil existe chez un plus grand nombre, mais la majorité en est dépourvue. Quant aux sens du goût et de l'odorat, on en ignore le siége. Le toucher seul peut avoir quelque délicatesse, à cause de la mollesse extrême de la peau qui enveloppe l'animal.

La disposition du système nerveux, et l'imperfection des organes des sens, ne permettent pas aux mollusques d'avoir une intelligence bien étendue; mais cette faculté est abondamment suppléée en eux par le développement de l'instinct, qui leur suggère à tous mille moyens pour se procurer leur nourriture et pour échapper à leurs ennemis. Les seiches poursuivent leur proie à la nage; les poulpes l'atteignent avec de longs bras; ceux qui ne peuvent se déplacer forment, avec certains appendices mobiles, une espèce de tournant d'eau qui aboutit à leur bouche, et leur apporte continuellement les parcelles de matière nutritive qui nage dans ce fluide.

Pour se soustraire aux atteintes de leurs ennemis, les mollusques n'ont pas moins de ressources; là plupart se renferment dans leur coquille, qui est excessivement dure, et qu'un petit nombre d'animaux peuvent seuls écraser; d'autres écartent leurs agresseurs en répandant autour d'eux une liqueur d'une odeur repoussante ou même dangereuse pour tout autre que

pour eux; quelques-uns enfin se dérobent aux regards de leurs ennemis en colorant, au moyen d'un liquide qu'ils produisent, l'eau dans laquelle ils sont plongés, de manière à se rendre invisibles aux regards des animaux qui les poursuivent.

Sans ces petites ruses et autres analogues, les mollusques n'auraient pu éviter leur destruction totale. Privés de membres articulés et de ces parties osseuses ou cornées qui constituent la charpente du corps des autres animaux, et qui donnent à leurs mouvements leur force, leur étendue et leur précision, ils ne se déplacent, pour la plupart, qu'avec une extrême lenteur, et ne sauraient, par conséquent, poursuivre une proie fugitive, ni échapper, par la fuite, à un ennemi qui les menacerait. Un grand nombre même, réduits à quelques mouvements partiels de certaines parties de leur corps, restent fixés pendant toute leur vie à la place où ils sont nés, sans pouvoir en changer.

Cependant, quelque bornée que soit la locomotion de ces animaux, les organes qui l'exécutent n'en sont pas moins remarquables. Dans tous les cas, c'est l'enveloppe extérieure ou manteau qui est le seul agent du déplacement du corps entier. A cet effet, il est garni intérieurement d'un grand nombre de muscles et prend des formes très-variables. mais toujours appropriées à la locomotion. Tantôt il s'étend en longs tentacules, qui servent au mollusque pour nager ou pour se fixer aux corps sous-marins, tantôt il forme des espèces d'ailes, placées de chaque côté du corps, que l'animal emploie pour se soutenir dans l'eau; d'autres fois il s'élargit sous le ventre en une espèce de pied charnu, à l'aide duquel l'animal rampe, soit sur la terre, soit au fond de l'eau; c'est la disposition que nous présentent la limace et le colimaçon. Quelquefois même il se contourne en un long tube contractile qui, en se resserrant et en se dilatant alternativement, se remplit et se vide continuellement d'eau, et produit un petit courant qui fait avancer l'animal.

Nous avons parlé des stratagèmes divers que les mollusques emploient pour attirer leur nourriture à eux. Quant aux organes qui doivent lui faire subir les changements nécessaires à son assimilation, ils offrent des rapports assez frappants avec ceux des animaux vertébrés; et c'est même à cause de cette ressemblance que Cuvier a placé le mollusques immédiatement après le premier embranchement, et avant celui des articulés, quoique ces derniers l'emportent de beaucoup sur eux par le reste de leur organisation.

Relativement à la digestion, les mollusques ont une bouche, qui n'est le plus souvent qu'un simple orifice sans appendices particuliers, mais qui est quelquefois garnie de corps durs qui leur servent soit à couper, soit à broyer leurs aliments. Vient ensuite un estomac, tantôt simple, tantôt multiple, après lequel on trouve des intestins plus ou moins longs et contournés sur eux-mêmes. Du reste, tous ces animaux ont un foie, souvent même très-volumineux.

Pour la circulation, on remarque que leur sang

est aqueux, incolore ou peu coloré en blanc ou en bleu; mais ils ont un système complet de veines et d'artères, et un cœur tantôt simple et faisant l'office du cœur gauche des mammifères et des oiseaux, tantôt double et analogue à celui des vertébrés, excepté que les deux parties qui le composent sont séparées et non adossées l'une à l'autre.

Quant à la respiration, l'animal a tantôt un poumon, tantôt des branchies, selon qu'il respire le fluide atmosphérique en nature, ou que, vivant dans l'eau, il retire de ce liquide l'air qu'il tient en dissolution. La position de ces organes est tantôt extérieure et tantôt intérieure; dans ce dernier cas, on trouve à la surface du corps un orifice qui y conduit l'air ou l'eau nécessaire à cette fonction. La grande majorité des espèces connues fréquentent les eaux de la mer, et se tiennent tantôt près du rivage, tantôt dans les endroits les plus profonds. On distingue les espèces riveraines, en ce qu'elles ont un pied pour marcher, ou plutôt pour ramper, tandis que les pélagiennes sont pourvues d'ailes ou nageoires pour nager; les premières ont la coquille généralement forte et épaisse, parce que, se trouvant exposées à être lancées contre les rochers qui forment les côtes, elles auraient été infailliblement brisées; tandis que les secondes, n'ayant rien à craindre de semblable au milieu de leurs eaux profondes, peuvent n'avoir qu'une coquille légère ou simplement cornée. (Dr Salacroux.)

Cuvier divise la classe des mollusques en six ordres: les céphalopodes, à tête développée; les ptéropodes, qui ont aux deux côtés du cou deux espèces d'ailes ou nageoires membraneuses servant au mouvement; les gastéropodes, qui rampent sur le ventre; les acéphales, sans tête distincte; les brachiopodes, qui ont des bras charnus et membraneux; les cirrhopodes, qui ont des membres nombreux, articulés, etc., appelés cirrhes.

MOLYBDÈNE (minéralogie) [du grec *molibdos*, plomb, parce qu'on a pris, pendant longtemps, cette substance pour une mine de plomb]. — Substance métallique qui ne s'est jamais présentée dans la nature à l'état de métal pur, qui est combinée avec le soufre dans le minerai connu sous le nom de potelot ou sulfure de molybdène natif.

Comme ce minéral a des caractères extérieurs assez semblables à ceux de la plombagine, ou carbure de fer, dont on fait les crayons, on les a longtemps confondus sous le nom de mine de plomb, et on les regardait comme une simple variété l'un de l'autre; mais Scheele et Haüy ont fait connaître les différents caractères distinctifs de ces deux substances, et ont démontré qu'elles sont composées d'éléments différents. Le premier, surtout, a fait voir que le molybdène, tel que la nature le présente, est un composé de soufre commun uni à un acide, principe d'un métal particulier. Il a donné le détail des propriétés des acides; mais, malgré tous ses efforts, il n'a pu parvenir à le réduire à l'état métallique, ni avec le flux noir, ni avec le borax et le charbon, ni avec l'huile.

MONADE [du grec *monos, monados*, unité]. — Nom que Leibnitz donnait à des êtres simples ou à des parties non étendues dont il supposait que les corps sont composés.

En histoire naturelle, on a donné le nom de monades à des animaux infusoires tellement petits qu'au plus fort microscope ils ne paraissent que comme un point. On ne trouve chez eux aucune trace d'organes, et on les regarde comme des êtres réduits à leur plus simple composition.

MONARCHIE (politique). — Forme de gouvernement dans lequel la souveraineté réside indivisément dans un seul homme, appelé *roi* ou *empereur*, et toujours monarque, c'est-à-dire qu'il gouverne seul. Quand le pouvoir passe des mains de ce seul homme à ses héritiers, c'est une monarchie héréditaire; s'il lui est confié seulement pendant sa vie, et à condition qu'après sa mort le pouvoir retourne à ceux qui l'ont donné, et qui nommeront un successeur, c'est une monarchie élective. L'écueil de la monarchie est le despotisme. On a cherché à parer à cet inconvénient au moyen des chartes et des constitutions, qui ont été, tantôt imposées au souverain par les sujets, tantôt octroyées par le souverain, tantôt librement débattues : de là les monarchies constitutionnelles.

MONNAIE (économie sociale). — Signe représentatif de tout ce qui a du prix, de tout ce qui peut être vendu, et qui est donné comme le prix de toute chose. « La monnaie est l'instrument des échanges; c'est une véritable marchandise, généralement d'or, d'argent ou de cuivre, au moyen de laquelle on peut se procurer les choses dont on a besoin, sans recourir à d'autres échanges; c'est un produit de travail préféré à tout autre, que tout le monde reçoit en échange de ce qu'il veut ou ne veut pas consommer, et dont on ne se défait que quand on ne peut plus le garder. La monnaie n'est point susceptible de consommation comme les marchandises ordinaires; le temps seul et le frottement agissent sur elle, mais insensiblement. On la préfère à tout autre produit sans exception, parce qu'elle est moins périssable que les autres produits du travail, parce qu'elle peut plus facilement être divisée et réunie, parce que sa garde est moins dispendieuse, parce qu'on peut la soustraire plus facilement aux déprédations quelconques, enfin parce que sa valeur est moins variable. »

Le titre d'une monnaie est la quantité de métal fin qui y existe : la monnaie française est au titre de 9 dixièmes, c'est-à-dire qu'elle contient 9 dixièmes d'argent ou d'or pur et un dixième de cuivre. Dans toute pièce de monnaie on remarque : le côté de la tête, *avers*, *droit* ou *face*, et le côté opposé, *revers*; la *légende*, écriture gravée autour de la figure ou dans le champ de la pièce; l'*exergue*, espace réservé du côté du revers pour quelque inscription; le *cordon*, tour de la pièce sur son épaisseur; le *millésime*, date de la fabrication. Le lieu où la pièce a été frappée est désigné par une lettre ou par une marque quelconque, dite *point secret*; on appelle *déférent* la marque du graveur.

D'après Alexandre de Humboldt et Michel Chevalier, l'Europe ne possédait, lors de la découverte de l'Amérique, que 300 millions d'or et .700 millions d'argent, soit un milliard de francs.

De 1492 à 1803, l'Amérique, l'Europe et le nord de l'Afrique nous ont fourni 9 milliards 275 millions d'or et 22 milliards 275 millions d'argent ; mais l'exportation en Asie et des pertes de diverse nature ont réduit ces chiffres de 725 millions d'or et de 7 milliards d'argent ; de sorte qu'au commencement de ce siècle, l'Europe disposait de près de 9 milliards d'or et de 16 milliards d'argent, soit un total d'environ 25 milliards de francs.

De 1803 à 1848, la valeur des métaux précieux en Europe s'est accrue d'environ 3 milliards d'or et 2 milliards et demi d'argent.

De 1848 à 1856, la Californie et l'Australie nous ont fourni les quantités d'or suivantes :

En 1849. . . . . 135,500,000 fr.
1850. 222,250,000
1851. 338,000,000
1852. 675,750,000
1853. 702,000,000
1854. 707,000,000
1855. 756,000,000
1856. 806,250,000

Total. . . . . 4,342,750,000 fr.

Quant à l'argent, nous n'en avons reçu, pendant ces huit années, que pour 1 milliard environ.

A côté des importations, il est indispensable de mettre le chiffre des exportations, autant, du moins, qu'il est possible de l'évaluer.

Nos envois d'or vers l'Orient se sont élevés, de 1853 à 1856, à 96 millions, et nos envois d'argent à 800 millions.

L'Europe possède donc aujourd'hui, en métaux précieux, environ 16 milliards d'or et 18 milliards et demi d'argent, soit ensemble près de 35 milliards de francs.

La monnaie, ou, pour mieux dire, l'échange au moyen des métaux, était connue au temps d'Abraham. On ne peut guère ajouter foi à l'assertion de l'historien Josèphe, qui attribue la monnaie à Caïn, fils d'Adam, qui aurait aussi inventé les poids et mesures et bâti plusieurs villes. D'après cet historien, l'invention de la monnaie remonterait à l'an 3600 avant J. C. La première mention qu'en fait la Bible remonte à 1875 ans avant J. C. Les Chinois en font honneur à leur empereur Hoang-Ti, l'an 2602 avant J. C. Sans discuter toutes les conjectures que ces traditions offrent à cet égard, nous allons les rapporter dans leur ordre chronologique.

Suivant Hérodote, les Lydiens furent les premiers qui eurent une véritable monnaie, c'est-à-dire fabriquée par l'État et ayant cours légal (1500 avant J. C.). Hyginus, Pline et Pollux l'attribuent à Erichtonius, quatrième roi d'Athènes (1313 avant J. C.), et Plutarque à Thésée : Strabon et Élien prétendent que Phœdon, roi des Éginètes, eut l'honneur de cette invention (890 avant J. C.). On sait que la monnaie de Sparte, établie par Lycurgue, était d'un très-mauvais

fer, et si pesante, que la moindre somme exigeait le concours de plusieurs bœufs pour la transporter. Elle n'avait point cours chez les autres peuples de la Grèce, qui en faisaient des railleries.

Servius Tullius fit frapper la première monnaie des Romains (sixième siècle avant J. C.). Elle était de cuivre, et marquée d'un bœuf ou d'une brebis, d'où est venu le mot pecunia. On la divisait en as, qui pesait une livre ; en semis ou semisis, qui faisait la moitié de l'as ; en triens, qui en formait le tiers ; en quadrans, pour le quart, et en sextans pour le sixième. La monnaie d'argent ne commença à être en usage à Rome que 258 ans et celle de l'or que 206 ans avant J. C. Hiéron, tyran de Syracuse, est le premier souverain qui ait fait mettre son effigie sur les monnaies (troisième siècle avant J. C.). Jules César l'imita, ainsi que Constantin, qui, après sa conversion, y substitua une croix. Henri II, d'autres disent Charles VII, est le premier roi qui ait suivi cet exemple, en y joignant le millésime (quinzième siècle). On ne connut, en Angleterre, les monnaies de cuivre et de fer que l'an 59 avant J. C. Les monnaies d'or et d'argent n'eurent cours en Écosse qu'en 210. La monnaie française fut d'abord imitée de celle des Romains, et n'eut une véritable existence qu'en 537, époque à laquelle Théodebert, roi de Metz, fit frapper la première monnaie d'or. Les monnaies d'or et d'argent ne furent connues des Arabes et des Sarrasins qu'en 695, sous le règne d'Abdel-Mélec. En 753, Charlemagne fit partager la livre d'argent en 22 sous, ce qui donnait au sou la valeur de 3 fr. 30 cent., le denier était la douzième partie du sou, et l'obole la moitié du denier. La livre d'or se partageait en 72 sous d'or dont chacun vaudrait aujourd'hui 15 fr.; il valait alors 40 deniers d'argent. La valeur de ces monnaies s'altéra de règne en règne, depuis Philippe 1er. Au dixième siècle, Jean Zimiscès, empereur d'Orient, fit graver sur les monnaies l'image de Jésus-Christ, avec cette inscription : Jésus-Christ, roi des rois. Canut le Grand les fit connaître dans le Nord, en 1023. Philippe le Long tenta, mais vainement, d'introduire en France l'uniformité des monnaies et des poids et mesures. A cette époque, la plupart des seigneurs avaient droit de battre monnaie. Sous saint Louis on en comptait plus de 80. Enfin, c'est en 1791 qu'eut lieu en France la première émission de la monnaie fabriquée avec le métal de cloche.

Nous avons indiqué, dans l'ordre alphabétique, les noms des différentes espèces de monnaie qui ont eu cours en France depuis l'établissement de la monarchie. Nous y renverrons le lecteur.

De toutes ces monnaies, il ne nous reste que le franc, de la valeur de 20 sous. Les premiers francs furent frappés sous le roi Jean, au quinzième siècle.

MONNAYAGE. — Les premières pièces de monnaie furent coulées. On attribue à Démodice, femme de Midas, roi de Phrygie, l'art de les frapper : jusqu'au règne de Henri II, les monnaies françaises furent frappées au marteau. En 1553, Aubry Olivier, d'autres disent Antoine Brulier, invente le monnayage au moulin, dont Henri III restreignit l'usage aux jetons et aux médailles. Plus tard, Briot, tailleur général des monnaies, sous Louis XIII, inventa le balancier, dont les Anglais firent aussitôt usage, tandis qu'on persévérait en France à employer le marteau, procédé long et dispendieux, et surtout très-favorable aux faux monnayeurs. Ce ne fut qu'en 1645 que l'autorité de Séguier triompha des obstacles que la mauvaise foi mettait à l'emploi du balancier. La machine à marquer sur tranche pour former le cordon des monnaies est due à l'ingénieur français Castaing (1680). M. Montu est l'inventeur d'une machine qui, dans une seule opération, coupe, frappe et cordonne les pièces de monnaie (1799). Enfin, en 1802, M. Berte, de Toulouse, inventa un balancier auquel il donna un mouvement uniforme de rotation.

MONOCOTYLÉDONES (botanique) [*monos*, seul, et *cotuledon*, cotylédon]. — Nom des plantes dont les grains n'ont qu'un seul cotylédon : elles forment une des trois grandes divisions (la seconde) du règne végétal, dans la méthode de Jussieu. Les monocotylédones se divisent en trois classes basées sur l'insertion des étamines, qui sont hypogynes dans la première (les graminées, les palmiers), périgynes dans la seconde (le lis, le narcisse), et épigynes dans la troisième (le balisier, l'orchis). Elles diffèrent essentiellement des dicotylédones par leur structure : leur accroissement se fait seulement par le centre, leur texture est lâche et flexible, et leurs vaisseaux, disposés longitudinalement, ne forment point de couches concentriques. Leurs tiges sont simples, pourvues d'une moelle abondante, mais disséminée, ce qui fait qu'elles n'ont jamais un véritable bois.

MONOMANIE [du grec *monos*, seul, *mania*, manie, folie]. — Folie ou délire portant sur un seul objet. «Les idées exclusivement dominantes du monomaniaque sont l'effet d'un désordre des passions ou des affections plutôt que des facultés intellectuelles ; au lieu que chez le maniaque le désordre primitif est dans l'intelligence. La perversion des penchants, des affections, des sentiments naturels du monomane finit par entraîner le désordre de l'intelligence ; mais elle peut exister pendant longtemps sans trouble apparent de cette dernière faculté. De là, deux formes différentes de monomanie : tantôt le monomaniaque agit avec une conviction intime, mais délirante ; sa folie est évidente, mais il obéit à une impulsion réfléchie ; tantôt il ne présente aucun désordre des facultés intellectuelles, et cependant il cède à un penchant insurmontable. »

La monomanie présente des variétés nombreuses que nous allons esquisser :

1° *Mélancolie* (lypémanie d'Esquirol).—Voy. ce mot.

2° *Monomanie homicide.* — Le malade est entraîné par un instinct aveugle qui le pousse au meurtre : privé de la liberté morale, il tue même ceux qui lui sont le plus chers.

Esquirol, après avoir cité un grand nombre de faits particuliers de monomanie homicide, en tire les conclusions suivantes :

Ces faits peuvent se grouper en trois séries qui caractérisent les trois degrés de la maladie : dans la première, les individus qui ont le désir de tuer sont mus par des motifs plus ou moins chimériques, plus ou moins contraires à la raison ; ils sont reconnus fous par tout le monde ; dans la seconde série, il n'y a point de motifs connus, on ne peut en supposer ni d'imaginaires ni de réels, et les malheureux qui font le sujet de ces observations ont résisté ou échappé à leurs funestes impulsions. Les faits qui entrent dans la troisième série sont plus graves, l'impulsion a été plus forte que la volonté, quoiqu'elle fût sans motif ; le meurtre a été commis. Quelque différence que l'accomplissement du meurtre établisse entre les faits de cette dernière série et ceux qui appartiennent aux deux premières, nous allons voir qu'ils n'expriment que le plus haut degré d'une même affection ; qu'ils ont les uns et les autres des traits frappants de ressemblance, plusieurs signes communs, et qu'ils ne diffèrent que par la violence de l'impression ; de même qu'une inflammation n'en est pas moins la même maladie, qu'elle se termine par induration ou par suppuration, qu'elle tue ou ne tue pas le malade.

Les observations en question offrent la plus grande analogie avec ce qu'on observe dans les folies partielles ou les monomanies.

Enfin, on ne peut confondre les individus qui font l'objet de ces observations avec les criminels. L'homicide, lorsqu'ils ont eu le malheur de le commettre, ne ressemble nullement à un crime, car l'acte seul de tuer ne constitue pas une action criminelle. Tous ou presque tous les individus étaient d'une constitution nerveuse, d'une grande susceptibilité ; plusieurs avaient quelque chose de singulier, de bizarre dans le caractère. Tous, avant la manifestation du désir de tuer, étaient incapables de nuire : ils étaient doux, bons, honnêtes gens ; quelques-uns étaient religieux. Chez tous, comme chez les aliénés, on a remarqué un changement de la sensibilité physique et morale, de caractère, de manière de vivre, à moins que l'acte ait été accompli presque immédiatement après l'impulsion. Chez tous, il est facile de fixer l'époque du changement dont nous venons de parler, celle de l'explosion du mal, celle de la cessation. Des causes physiques ou morales assignables ont presque toujours déterminé cette affection. Dans deux cas, elle était l'effet des efforts de la puberté. Dans quatre, le désir de tuer s'est manifesté après avoir entendu l'histoire d'une femme qui avait égorgé un enfant et séparé la tête du tronc (Henriette Cornier). Cette puissance de l'imitation est une cause fréquente de folie. Quelques individus, dit de Laplace dans son livre *sur les Probabilités*, tiennent de leur organisation ou de pernicieux exemples des penchants funestes qu'excite vivement le récit d'une action criminelle devenue l'objet de l'attention publique ; sous ce rapport la publicité des crimes n'est pas sans danger.

Lorsque cet état a persisté assez longtemps, et que les individus dominés par l'impulsion au meurtre ont pu être observés, on a constaté que cet état, comme le délire chez les fous, était précédé et accompagné de maux d'estomac, de douleurs abdominales ; que ces symptômes précédaient l'impulsion au meurtre, et qu'ils s'exaspéraient lorsque cette funeste impulsion était plus énergique. La présence des objets choisis pour victimes, la vue des instruments propres à accomplir cet horrible désir, réveillaient et augmentaient l'impulsion à l'homicide. Presque tous ont fait des tentatives de suicide, tous ont invoqué la mort, quelques-uns ont réclamé le supplice des criminels ; aucun des sujets de ces observations n'avait de motifs quelconques pour vouloir la mort de ses victimes, ils les choisissaient ordinairement parmi les objets de leurs plus chères affections. Pendant l'intermittence ou lorsque le désir du meurtre a cessé, ces malheureux rendent compte des plus petits détails. Nul motif ne les excitait, ils étaient entraînés, disent-ils, emportés, poussés par une idée, par quelque chose, par une voix intérieure. Plusieurs disent n'avoir pas succombé parce que leur raison a triomphé ou parce qu'ils ont fui ou éloigné les instru-

Fig. 22. — Monstruosités diverses.

ments et les objets du meurtre. Chez ces individus, l'idée de tuer est une idée exclusive dont ils ne peuvent pas plus se débarrasser que les aliénés ne peuvent se défaire des idées qui les dominent. —V. Homicide.

3° Monomanie suicide. — Le malade entend continuellement une voix qui lui dit : Tue-toi ! Un autre se donne la mort pour échapper à ses prétendus ennemis. — Voy. Suicide.

4° Monomanie religieuse. — Les individus, assez nombreux, atteints de cette monomanie, se croient en communication directe avec Dieu, avec le Saint-Esprit, avec les anges, etc. Nous avons vu, en 1842, un démonomaniaque qui croyait avoir le diable dans le corps, et qui prétendait le sentir lui serrer la gorge avec ses griffes. Cet homme était musicien au théâtre de la Porte-Saint-Martin.

5° Monomanie érotique.— Le malade est en proie à un amour violent, romanesque, s'adressant le plus souvent à un être qui ne peut ou ne veut le partager.

6° Monomanie Narcisse. — Le malade s'aime et s'admire lui-même.

Enfin on distingue encore la monomanie ambitieuse ou d'orgueil, la monomanie furieuse, la monomanie du vol ou pleptomanie, etc., toutes formes de l'aliénation qui n'ont pas besoin d'être définies.   B. L.

MONSTRE (tératologie). — On appelle monstre, ou bien, pour adopter le langage actuellement reçu, on appelle être anormal tout être qui s'éloigne, par son organisation, de la grande majorité des êtres auxquels il doit être comparé, c'est-à-dire de la grande majorité des individus de son espèce, de son sexe, de son âge. Ainsi, depuis le nain ou le géant jusqu'à cette jeune fille à deux têtes que toute la France a connue sous le nom de Ritta-Christina, et même jusqu'à la môle informe qui renferme à peine quelques débris d'un être imparfait, il existe une chaîne immense où la nature créatrice paraît à des esprits superficiels se jouer de son propre ouvrage. Anomalies et monstruosités sont donc des termes essentiellement généraux qui doivent comprendre toutes les sortes de déviations organiques. Telle est l'opinion de M. Isidore Geoffroy-Saint-Hilaire.

L'étude des monstruosités a pour base indispensable la connaissance approfondie des évolutions organiques diverses subies par les fœtus dans le sein de leur mère.

Sans m'arrêter à exposer les systèmes des physiologistes les plus célèbres, je signalerai un fait qui ressort de toutes les observations, et qui est acquis désormais à la science : ce fait est le rapport intime de telle ou telle forme de monstruosité avec l'époque durant laquelle la déviation organique constatée s'est produite. On n'a pas oublié avec quelle remarquable précision, avec quelle rigueur de logique M. Coste a déterminé l'époque de la vie intra-utérine pendant laquelle les deux jumeaux siamois s'étaient soudés.

D'après la définition générale des mots anomalie et monstruosité, que nous avons empruntés au savant ouvrage de M. Isidore Geoffroy-Saint-Hilaire, on entrevoit combien de faits curieux se rattachent à la science des déviations organiques.

Je n'en citerai qu'un petit nombre.

Malgré les assertions de plusieurs anatomistes distingués, on ne croit guère à l'existence des monstres multiples. Ainsi le chien à trois têtes, véritable cerbère, dont parle Borelli, est relégué parmi les fables scientifiques et restitué à la mythologie.

Il n'en est pas de même des monstres doubles; l'existence réelle de ceux-ci est depuis longtemps constatée. Le mode suivant, dans lequel les deux fœtus sont réunis, est très-variable. Tantôt ils sont placés l'un à côté de l'autre, joints par une portion plus ou moins grande de leur surface, comme les deux jumeaux siamois; tantôt ils sont confondus par le sommet de la tête seulement; plus rarement la confusion est plus intime, et par exemple l'illustre Sœmmering raconte le fait d'un monstre à deux visages qui avait un seul corps, une seule tête.

Les monstres par inclusion sont des monstres doubles, sur lesquels deux fœtus sont réunis de manière à ce que l'un d'eux serve de réceptacle à l'autre. Le jeune Bissieu, dont l'observation remarquable est due au célèbre Dupuytren, fournit un exemple d'anomalie par inclusion. Cet enfant avait apporté en naissant une tumeur assez volumineuse, située profondément dans la cavité abdominale. Après avoir rendu par les selles, à plusieurs reprises, des poils rudes et feutrés, le développement de la tumeur s'arrêta. Mais bientôt les fonctions respiratrices s'embarrassèrent, et Bissieu, alors âgé de quinze à seize ans, mourut. Dupuytren fit l'ouverture du corps, et trouva une poche adhérente aux intestins, qui renfermait un fœtus dont les mâchoires, armées de dents, étaient en partie développées.

Les monstruosités par inclusion sont assez communes dans les végétaux. On trouve assez fréquemment des citrons et des oranges qui renferment de jeunes fruits arrêtés dans leur développement.

Il ne faut pas confondre les véritables monstruosités par inclusion avec certaines réunions extraordinaires des fœtus. Ainsi les œufs à deux jaunes ne sont pas des monstruosités par inclusion : la circonstance de deux vitellus compris dans une même coque est une occasion de monstruosité plutôt qu'une anomalie de la nature de celle que je viens de citer. Il en était de même de cet œuf de limace que le professeur Laurent a eu la bienveillance de me faire voir un jour : la membrane externe de cet œuf extraordinaire contenait sept vitellus distincts. Que serait-il arrivé dans le cas où ces fœtus se fussent développés jusqu'à éclore?

Les hermaphrodites sont aussi des monstres doubles. Leur existence ne peut être contestée, mais leur histoire, extrêmement complexe, est encore environnée d'épaisses ténèbres. Non-seulement, en effet, il est difficile de marquer les limites des deux sexes réunis, mais encore souvent il est impossible, ou du moins presque impossible, en cas de faux hermaphrodisme, de reconnaître exactement à quel sexe, mâle ou femelle, l'embryon problématique doit être rapporté. La seule chose intéressante que l'on ne doive pas ignorer, c'est que les monstres hermaphrodites, proprement dits, sont toujours inféconds, soit concentrés dans eux-mêmes, soit réunis à d'autres hermaphrodites; je fais cette distinction pour montrer qu'un hermaphrodite dont l'appareil sexuel serait bien conformé pourrait, comme un faux hermaphrodite, féconder ou concevoir. Je ne raconterai pas les méprises nombreuses auxquelles a pu donner lieu l'ignorance, dans plusieurs cas de faux hermaphrodisme : la justice, appelée à décider ces questions, doit toujours s'éclairer des lumières des gens de l'art, et les personnes du monde implorer les mêmes sources de renseignements.

On serait tenté, au premier abord, de rapporter au groupe des monstres doubles ces anomalies consistant dans la présence de doigts surnuméraires, de doubles rangées de dents, mais elles appartiennent, ainsi que le pense, avec raison, M. Isidore Geoffroy-Saint-Hilaire, au groupe des monstres simples dont je vais m'occuper actuellement.

Les monstres simples sont plus fréquemment observés que les monstres doubles. Pour s'en former une idée superficielle, on peut les diviser en monstres simples par excès, et en monstres simples par défaut. Cette manière de les considérer est, comme on le voit, calquée sur la classification générale des monstres, telle que l'a proposée Buffon.

Les anomalies consistant dans la présence de doigts ou de dents surnuméraires sont des monstruosités simples par excès. La présence des doigts surnuméraires offre cela de remarquable, qu'elle se répète souvent chez plusieurs membres de la même famille, et qu'elle paraît être, en conséquence, dans certaines limites toutefois, transmissible par voie de génération.

Les monstres simples par défaut sont très-nombreux; c'est parmi eux que l'on range les monstres acéphales ou sans tête, les monstres anencéphales ou sans cerveau, et beaucoup d'autres sortes d'anomalies. Les cyclopes, chez lesquels, les os des fosses nasales étant développés incomplétement, les deux cavités orbitaires se confondent ainsi que les yeux; les personnes affectées de bec de lièvre, simple ou double, avec scissure ou bien avec intégrité du palais, sont des monstres simples par défaut.

Il y a quelques années, qu'en brisant un œuf de poule domestique, une femme employée dans la maison que j'habite vit tomber de la coque, en même temps que le jaune et l'albumine, un corps rougeâtre extraordinaire. J'analysai cette production paradoxale, et j'acquis la conviction d'avoir rencontré un cœur de poulet, solitairement développé. Toutes les parties organiques de l'embryon avaient disparu, sauf le cœur, ou plutôt le cœur seul avait envahi tous les matériaux de formation destinés primitivement à l'ensemble de l'organisme. Plusieurs membres de l'Académie des sciences ont vu la pièce anatomique que je me contente de signaler ici.

Quelques anomalies simples méritent de former un groupe spécial. Les nains, les géants sont de ce nombre : il en est de même des crétins, ces êtres physiquement et moralement dégradés, qui végètent dans les gorges humides des Pyrénées et des Alpes ; il en est de même des albinos, ou nègres blancs, désignés en Amérique sous le nom de *cancrelats*. Ceux-ci sont rangés, par les auteurs, dans le même groupe que les lapins blancs et les merles blancs, dont l'existence, très-rare sans doute, est néanmoins véritable. — Voy. *Albinisme*.

Si l'albinisme est commun à l'homme et aux animaux, il n'en est pas de même du mélanisme. Cette anomalie consiste dans le passage au noir, ou plutôt dans la noirceur de toutes les autres couleurs d'un animal. On a observé le mélanisme chez les moineaux, les bouvreuils, et chez quelques autres espèces d'oiseaux : on a, jusqu'à présent, attribué la production de cette anomalie à l'usage immodéré des graines de chènevis.

Quant aux monstres issus de la bestialité, et résultant de l'accouplement immonde de l'homme et des animaux, ou de l'accouplement réciproque d'animaux très-différents les uns des autres par leur organisation, il faut les reléguer parmi les songes d'une imagination déréglée, qui aime outre mesure le merveilleux, si voisin de l'absurde. Lisez, méditez le savant ouvrage de tératologie de M. Isidore Geoffroy-Saint-Hilaire, et vous verrez la science enregistrer, discuter et classer jusqu'aux écarts de la nature, comme on étudie ses œuvres les plus régulières, et, pour ainsi dire, les plus lucides. Vous reconnaîtrez que ces anomalies, que l'on attribuait et que l'on attribue même quelquefois encore à des pouvoirs surnaturels, acharnés à la persécution des hommes, ou bien à des maléfices lancés par un pâtre, par une sorcière, envieux ou vendus, s'expliquent aisément par de simples adhérences accidentelles et morbides survenues entre la fœtus et ses membranes : vous admettrez que des maladies ont empêché l'évolution normale du fœtus, et détruit quelques-uns de ses organes à peine ébauchés : vous apprendrez, enfin, et c'est principalement pour obtenir ce résultat que j'ai composé cet article, vous apprendrez combien il est nécessaire, combien il est rigoureusement imposé, au nom des devoirs maternels et de l'humanité elle-même, de respecter le travail de la nature, et d'entourer les femmes enceintes de toutes les influences capables de favoriser l'évolution régulière du fruit qu'elles portent dans leur sein. (*Bayle et Gibert*.)

MONTAGNES (géologie). — Inégalités de la surface de la terre, qui sont, en général, plus nombreuses dans les régions tempérées et brûlantes que dans le Nord. Les montagnes paraissent avoir été produites par les feux souterrains, par l'affaissement de cavernes énormes, et par le mouvement rapide des eaux dans des temps fort éloignés de notre époque. Les pics ou pointes de roc qu'on voit dans beaucoup d'endroits ne sont que des prolongements de roches intérieures, restées debout lorsque les matières qui les environnaient se sont affaissées ou se sont trouvées entraînées par des courants très-forts.

Dans les continents, les hautes montagnes forment ordinairement des chaînes très-longues, et sur lesquelles se trouvent quelquefois de vastes plateaux, tels que ceux du Thibet. Sur ces élévations spacieuses existent des plaines qui sont très-fertiles lorsqu'elles sont encore couronnées par d'autres montagnes. Dans les îles, au contraire, les montagnes sont plus interrompues, plus isolées ; elles se terminent souvent en forme de cônes, qu'on nomme *pics*. A la base de ces pointes et au milieu des hautes montagnes, on observe souvent des enfoncements et des vallons, dans lesquels les eaux, les neiges et les glaces s'arrêtent, y forment des étangs et même des lacs, d'où les fontaines et les rivières tirent leur origine. On voit, par là, qu'il y a deux sortes de plaines : les unes en pays bas et plats, les autres sur de larges montagnes. Sous la zone torride, les vapeurs aqueuses se glacent à la hauteur de 4,800 mètres, mais en France elles se congèlent à 3,000 mètres.

Les plus hautes montagnes de la terre sont celles qui s'élèvent beaucoup au-dessus des nuages et dont le sommet est presque toujours couvert de neige. Les plus élevées de l'Europe sont : 1º toutes les Alpes, qui bordent la France, l'Italie, le Piémont et la Savoie : elles ont plus de 4,700 mètres dans leur plus grande élévation ; 2º les Pyrénées, qui séparent la France de l'Espagne, et qui ont plus de 3,400 mètres au-dessus du niveau de la mer ; 3º l'Etna, en Sicile, qui a 3,000 mètres ; 4º les Appennins, qui divisent l'Italie dans sa longueur, et qui en ont 2,400 ; 5º les monts Crapatz, en Autriche, qui ont la même élévation ; 6º les Cévennes, en France, dans les départements du Gard, de la Lozère et de l'Ardèche : elles ont plus de 2,000 mètres ; 7º le Puy-de-Dôme et le Cantal, dans les départements du même nom : ils ont environ 1,800 mètres ; 8º les monts Urals, en Russie, qui ont la même élévation que celle du Cantal.

Les montagnes du Thibet, en Asie, ont plus de 8,000 mètres. L'Hymalaya, qui est la plus haute montagne de la terre, en a davantage. Le Liban, sur les confins de la Syrie, en a 2,900 ; l'Ophyr, dans l'île de Sumatra, en a 4,000 ; le Caucase, entre la mer Noire et la mer Caspienne, en a plus de 2,000. On trouve aussi de hautes montagnes dans l'Afrique, vers les sources du Nil et du Niger ; ce dernier fleuve traverse le centre du pays, et va se rendre du côté du Sénégal et de la Gambie. Le pic de Ténériffe, dans l'île de ce nom, sur la côte atlantique, présente une élévation de 3,710 mètres. L'Atlas, près de Gibraltar, est moitié moins élevé, quoique les Grecs l'aient nommé les Colonnes d'Hercule.

On voit aussi de très-hautes montagnes en Amérique. Les plus remarquables sont le Chimborazo, au Mexique, et les Andes ou Cordillières, au Pérou. Ces dernières ont une longueur de 4 à 500 lieues, et présentent souvent une élévation de plus de 6,400 mètres.

Pour bien concevoir la formation de ces hautes montagnes, il faut se faire une idée très-grande des immenses cavernes qui ont existé autrefois dans les entrailles de la terre, et qui, par leurs affaissements successifs, ont produit les élévations et les vallées prodigieuses qui sont à la surface du globe. Mais pour comprendre ces grands bouleversements, il faut étendre son imagination, et la reporter, vers le passé, à plusieurs millions de siècles. Il faut, par conséquent, sortir des bornes étroites de l'histoire des Juifs, et de la tradition de quelques peuples plus anciens ; car le court espace de cinq à six mille ans n'est pas même une heure par rapport à l'antiquité des révolutions terrestres qui ont formé ces prodigieuses élévations.

Toutes les fois que la voûte d'une caverne intérieure du globe est minée par des courants, ou ébranlée par des feux souterrains, elle s'écroule et produit par sa chute un tremblement de terre plus ou moins fort. Si les matières enflammées et resserrées dans le sein du globe sont très-considérables, elles soulèvent la voûte terrestre, ravagent et bouleversent tout sur leur passage ; si elles s'ouvrent une petite issue à l'extérieur, leur éruption porte le nom de *volcan*, et l'ouverture se nomme *cratère*. Le plus ordinairement, les volcans vomissent par intervalle de la fumée et des flammes ; souvent il en sort des fleuves de lave, de bitume, de soufre, et de métaux fondus. Quelquefois les volcans lancent, dans les campagnes voisines, d'énormes quantités de cendres et de pierres.

La surface des montagnes volcaniques change quelquefois : elle s'abaisse ou s'élève en différents endroits. Souvent une nouvelle éruption produit un nouveau cratère. Le plus grand nombre des volcans est situé dans le voisinage de la mer. Ceux d'Europe sont : l'Etna, en Sicile ; le Vésuve, près de Naples, et les volcans d'Islande. Il en existe beaucoup dans l'Océan et l'Asie ; les plus remarquables sont ceux du Japon, de Java, de Bornéo, des Moluques et des Philippines. On en voit plusieurs sur les Cordillières, dans l'Amérique australe. Dans toutes les parties de la terre, on découvre un grand nombre de volcans éteints depuis des milliers de siècles : tels sont ceux que présentent les Cévennes, dans le bas Languedoc, etc.

On compte jusqu'à présent près de deux cents volcans dans les îles et les continents. Les voyageurs pensent qu'il y en a plus de vingt sur les montagnes glacées du Kamchatka, et plus de quarante dans les îles de la mer Pacifique. Celui du Cotopaxi, dans les Cordillières, élève ses flammes à plus de 3,000 pieds dans l'air, et fait quelquefois un bruit si grand qu'on l'entend à une distance de cent lieues.

Pline assure que douze villes de l'Asie Mineure furent englouties, en une nuit, par un tremblement de terre. La ville d'Antioche a été deux fois détruite par la même cause ; cinquante à soixante mille habitants y périrent en 475 de notre ère ; cinquante-quatre villes et villages de la Sicile furent détruits en 1693. Lisbonne, pour la troisième fois, fut renversée en 1755, et cinquante-deux mille personnes périrent par l'effet de ce volcan. Dʳ LEMERCIER DE MANNEVILLE.

MORALE [du latin *moralis*]. — Doctrine qui nous enseigne à diriger nos actions conformément aux principes de la loi naturelle, de la religion et de la société. Dans l'étude de la morale, notre conscience doit être notre premier guide : toutes les fois que nous l'interrogeons et la consultons de bonne foi, elle nous éclaire et nous avertit sur la distinction du bien et du mal ; elle hésite sur ce qu'elle ignore, et nous prescrit ainsi, par son incertitude, l'obligation de chercher nous-même l'instruction dans ses sources. Par les seules lumières de la conscience, nous sommes guidés au culte tendre et profond de l'Auteur de la nature, et nous discernons la vérité et la majesté de la loi qu'il a donnée aux hommes : c'est la méditation de cette loi qui élève et purifie notre âme, qui seule peut lui offrir des consolations réelles et ce degré de sécurité qu'on ne rencontre dans aucun des systèmes imaginés par l'esprit humain.

« Les anciens distribuaient la morale en autant de parties qu'ils reconnaissaient de vertus différentes : ils la divisaient généralement en quatre sections qui traitaient de la prudence, de la tempérance, de la justice et de la force. Dans les temps modernes, on l'a ordinairement partagée en morale générale et morale particulière ou spéciale : dans la première, on pose les principes qui servent de fondement à la morale et de règle à la conduite de la vie, c'est-à-dire les idées de bien et de mal, celles de devoir et de droit, de mérite et de démérite ; et l'on traite des sanctions que la morale trouve dans la croyance en Dieu, dans l'attente d'une autre vie, et dans la législation humaine. Dans la seconde, on applique aux différentes situations de la vie les règles établies par la morale générale, et comme l'homme peut être considéré dans ses rapports : 1° avec lui-même ; 2° avec ses semblables ; 3° avec Dieu. On subdivise la morale particulière en morale individuelle, morale sociale ou droit naturel, et morale religieuse. Le droit positif et la politique peuvent être considérés comme des dépendances et des applications de la morale. »

Tout en étant d'accord le plus souvent sur les préceptes à prescrire dans la pratique, dit M. Bouillet, les philosophes et les moralistes se sont partagés d'opinion sur la plupart des questions spéculatives de la morale, notamment sur la définition du bien, et par conséquent du principe qui doit régler notre conduite. Les uns ont fait consister le bien dans la satisfaction des penchants de la sensibilité : pour Aristippe, cette satisfaction se trouvait dans le plaisir des sens ; pour Cumberland et Shaftesbury, dans la bienveillance ; pour Adam Smith, dans la sympathie. D'autres ont identifié le bien avec l'intérêt bien entendu, et les uns, comme Épicure, Hobbes, La Rochefoucauld, Bentham, etc., ont placé cet intérêt sur la terre ; les autres, comme certains théologiens, l'ont placé dans le ciel, faisant surtout envisager à l'homme les récompenses et les peines de la vie future. D'autres enfin ont cherché le bien, qui doit être la règle de nos actions, dans les notions fournies par la raison : les stoïciens croient le trouver dans l'idée de l'ordre universel de la nature ; Leibnitz et Wolf, dans l'idée de perfection ; Wollaston, dans la conformité de nos actes à la vérité ; Kant, dans la notion absolue d'obligation morale. De ces trois principes sur lesquels on peut asseoir la morale, savoir, le sentiment, l'intérêt, les conceptions rationnelles, le dernier seul est le vrai; seul il donne une règle véritablement absolue; mais on peut les concilier entre eux ou du moins les faire concorder, en ce sens que, dans une multitude de cas, ils nous conseillent les mêmes actes; seulement la raison doit dominer le sentiment et l'intérêt, et leur servir de guide.

MORÉE (géographie, histoire, mythologie). — C'est l'ancien Péloponèse, une presqu'île formant la partie la plus méridionale de la Grèce. Elle doit son nom actuel à l'immense quantité de mûriers (en latin *morus*, en grec *morea*), dont le sixième siècle vint couvrir son fertile sol.

Cette belle contrée, située par 18° 43'—21° 12' longitude-est, et par 36° 30'—38° 18' latitude-nord, compte (octobre 1858) près de 600,000 habitants. Elle est liée à l'Hellade par l'isthme de Corinthe. Ses bornes sont: à l'ouest, la mer Ionienne; à l'est, l'Archipel; au sud, la Méditerranée; au nord, le golfe de Corinthe.

La Morée n'est, sans doute, qu'une grande portion de la Grèce, mais, on ne l'a pas oublié, de 1821 à 1830, pendant la glorieuse guerre des Hellènes contre leurs farouches oppresseurs, son nom a eu un tel retentissement que cette péninsule était alors prise pour la Grèce tout entière. Qu'il nous soit donc permis, à l'occasion de la Morée, de faire une rapide excursion sur les principales contrées de la Grèce et sur son ensemble géographique, historique et mythologique.

I. Qu'est-ce que la Grèce sous le rapport géographique? — Un pays admirablement situé entre l'Asie et l'Italie, en face de l'Égypte, dont il est séparé par la Méditerranée, et vers laquelle ses principaux promontoires allongent fièrement leurs bras. Ses contours sinueux, entrecoupés par des baies, par des golfes, par des caps nombreux, lui donnent une ligne de frontières maritimes supérieures en longueur à celles de chacune des monarchies du continent, sans en excepter notre France ni la péninsule Ibérique. Et cependant, sa superficie, y compris celle de ses îles, le cède en étendue aux plus petits royaumes, à la Sardaigne, à la Belgique, au Portugal.

Qu'est-ce que la Grèce au point de vue de l'histoire? — La terre privilégiée du génie. — Si le sol des Hellènes a toujours été faible en étendue, en population, ce sol qui, comparé à la Perse, était à peine un point dans l'espace, a vaincu la Perse et ses millions de soldats. De ce même sol ont surgi, dans la première moitié de notre dix-neuvième siècle, des guerriers pareils à leurs aïeux et qui ont, comme eux, écrasé d'innombrables ennemis pour conquérir leur indépendance, pour la conserver. La Grèce a le droit de porter haut la tête, de se croire, de se dire grande par le cœur comme les plus grandes nations. N'est-ce pas l'éclat incomparable, dans la sphère de l'intelligence, de ce monde grec si brave, si poli, si chevaleresque, qui a rayonné sur le monde entier? — qui lui a donné les principes de ses plus belles connaissances? — qui, sur tous les points du globe,

a, dans l'antiquité, déchiré les voiles de l'ignorance et forcé la barbarie de tomber aux genoux de la civilisation?

Divine magie de l'histoire des Hellènes! Qui jamais put se soustraire à son incompréhensible influence? D'où vient, comme l'a si bien dit un sublime orateur, d'où vient que la Grèce est pour nous comme une patrie qui ne meurt pas? D'où vient qu'avec ses guerres, avec la majestueuse tribune de Démosthène, elle nous poursuit encore de son invincible image, et domine de ses grandeurs une postérité qui n'est pas la sienne? Pourquoi ces noms de Miltiade, de Thémistocle, pourquoi ces champs de Marathon et de Salamine, au lieu d'être des tombeaux oubliés, sont-ils des choses de notre âge, des couronnes tressées hier, des acclamations qui retentissent et s'attachent à nos entrailles pour les ébranler? Aucun effort ne peut nous dérober à leur puissance; nous sommes Athéniens; nous habitons au pied du Parthénon. Nous écoutons Périclès qui nous parle, qui nous émeut, qui nous ravit. C'est l'histoire qui fait cela. Une page, écrite il y a deux mille ans, a vaincu ces deux mille ans; elle en vaincra deux mille encore, et ainsi toujours, jusqu'à ce que l'éternité remplace le temps, et que Dieu, qui est tout l'avenir, soit aussi pour nous tout le passé. Mais cet empire de la mémoire des hommes n'appartient pas à la première page venue, écrite par le premier scribe venu sur n'importe quels gestes de ses contemporains. Non, l'histoire est un privilége, un don fait au génie en faveur des grands peuples et des grandes choses. Il n'y a pas d'histoire du Bas-Empire; il n'y en aura jamais. C'est Rome qui a fait Tite-Live avant de mourir, et c'est elle encore qui inspirait Tacite en lui ramenant, sous Néron, l'âme de ses consuls.

II. Les limites de la Grèce ancienne n'ont jamais été déterminées d'une manière précise par aucun auteur de l'antiquité. On la divisait communément en trois grandes régions: le Péloponèse au sud, l'Hellade ou Grèce proprement dite au centre, la Thessalie et l'Épire au nord. On étendait, en outre, le nom de Grèce à l'Illyrie méridionale, à la Macédoine, à la Thrace, aux îles Ioniennes.

La Grèce était divisée en une quantité, sans cesse variable, de petits États les uns isolés, les autres réunis par les liens, souvent brisés, de la fédération. Tous, ou presque tous, furent d'abord gouvernés par des rois; puis ils adoptèrent des institutions républicaines où l'élément aristocratique dominait, absorbait l'élément démocratique. Les citoyens de nos monarchies constitutionnelles du dix-neuvième siècle crieraient à bon droit au privilége, à la tyrannie, à l'oppression, s'ils ne jouissaient pas d'une somme de liberté et d'égalité bien supérieure à celle qui fut départie aux républiques les plus libéralement organisées de l'antiquité, s'il nous en excepter Sparte, dont les souvenirs de collége nous retracent les miracles de patriotisme, l'austère moralité, sans nous rappeler toujours, pour correctif, le déplorable sort de ses Hilotes, les plus malheureux des hommes. Jamais, dans un pays civilisé, on ne porta plus loin le mépris de l'humanité. Aucune cité grecque ne traita ses esclaves avec autant de cruauté ; aucune n'en compta un aussi grand nombre.

Les Hilotes, dix fois plus nombreux que les citoyens, appartenaient à la fois à l'État, à Sparte, qui disposait de leur volonté et de leur vie, et aux maîtres dont ils cultivaient les champs, mais qui n'avaient pas le droit de les tuer, ni de les vendre hors du pays. Ces esclaves étaient ainsi attachés à la glèbe comme les serfs du moyen âge. On leur affectait un costume spécial, afin de pouvoir les reconnaître en tout lieu. Il ne leur était permis ni de se réunir, ni de chanter les hymnes guerriers de la nation. On en forçait parfois plusieurs à s'enivrer, dans le but de se jouer d'eux, de les faire servir de leçon aux enfants auxquels on voulait inspirer, par le dégoûtant spectacle d'un tel abrutissement, une profonde horreur pour l'ivrognerie.

La dure oppression sous laquelle on tenait les Hilotes pouvant les pousser à s'insurger contre leurs bourreaux, on les affaiblissait en leur tirant du sang ! Chaque année, la jeunesse de Sparte se ruait, armée de poignards, sur ces malheureux et les couvrait de blessures, qu'elle s'attachait seulement à ne pas rendre mortelles. De plus, il était de règle d'égorger tout esclave qui, passé une certaine heure, était trouvé sur les routes. Cette affreuse chasse aux hommes avait le nom officiel de *Cryptie*. Ce n'est pas tout : quand on craignait une révolte, on la prévenait par des exécutions en masse. C'étaient toujours les plus vigoureux, les plus intelligents que frappait le poignard. Écoutons le célèbre historien Thucydide, qui jamais ne fut hostile à Lacédémone :

« Sparte, dit-il, ayant quelque raison de redouter une insurrection des Hilotes, invita par déclaration publique tous ceux qui, par leurs services passés, croyaient avoir mérité d'être affranchis, de venir réclamer la récompense à laquelle ils croyaient avoir droit. Les plus braves et les plus ambitieux de liberté se présentèrent. Sur le nombre total, deux mille furent choisis comme les plus dignes. Dans leur joie ils se réunirent, la tête couronnée de fleurs, autour des temples, afin de remercier les dieux. Mais peu après, les Lacédémoniens les firent disparaître. On ne sait point quel avait été leur sort ; mais on ne les revit jamais. »

Comme presque tout le reste de l'ancien monde, la Grèce fut incorporée à l'empire romain. Elle fit ensuite partie de l'empire d'Orient. Au commencement du treizième siècle, elle tomba, comme Constantinople, au pouvoir des croisés. On la partagea alors en un grand nombre de fiefs. Rétablis sur leur trône, en 1260, les empereurs de Constantinople ne tardèrent pas à faire rentrer sous leur domination plusieurs provinces de la Grèce, qui, après la chute de la capitale de l'empire d'Orient, finit par devenir la proie de hordes innombrables d'Ottomans tombés comme des avalanches sur un pays affaibli, ruiné par de longues et cruelles guerres. Le despotisme le plus cruel s'appesantit dès lors sur cette infortunée nation. En 1821, un soulèvement général

éclate. Après neuf ans d'énergiques efforts, de combats meurtriers, la Grèce est libre. Son indépendance est reconnue par l'Europe, le 3 février 1830, et le même jour elle forme une monarchie. Le 7 mai 1832, le prince Othon, né le 1er juin 1815, second fils du roi de Bavière, est appelé par élection au nouveau trône, sur lequel il s'assied, avec une régence, le 25 janvier 1833. Majeur le 1er juin 1835, il prend seul, aussitôt, les rênes du gouvernement. Le 22 novembre 1836, il épouse la jeune princesse Amélie d'Oldenbourg, belle d'une beauté grecque, forte comme une Grecque de Sparte.

III. Royaume indépendant, monarchie constitutionnelle et héréditaire, la Grèce moderne est située au sud-est de l'Europe. Elle comprend la Grèce propre ou Hellade, la presqu'île de Morée ou le Péloponèse et les îles voisines. Elle s'étend de l'ouest à l'est, depuis le golfe d'Arta jusqu'au golfe de Volo, entre 18° 20' et 40° de latitude nord. Ses bornes sont : au nord, la Turquie d'Europe ; au nord-est et à l'est, l'Archipel ; au sud, la Méditerranée, et à l'ouest, la mer Ionienne. Elle est ainsi baignée par trois mers.

La Grèce continentale a 520 kilomètres de long sur 200 de large, et (octobre 1858) près de 1,100,000 habitants. Avant son indépendance, elle formait le pachalik de Morée, le sandjakat de Livadie, la plus forte partie de ceux de Carélie et de Lépante, et une partie de l'eyalet des îles.

En 1833, la Grèce, indépendante et libre, fut divisée en dix *nomes*, subdivisés eux-mêmes en 54 éparchies. Au mois de juin 1836, cette première division fut remplacée par 30 gouvernements, réduits, au mois de juillet 1838, à 24, dont voici les noms avec ceux des chefs-lieux :

MORÉE.

Gouvernements.	Chefs-lieux.
ARGOLIDE	*Nauplie.*
HYDRA	*Hydra.*
CORINTHE	*Corinthe.*
ACHAIE	*Patras.*
KYMOETHE	*Calavitra.*
ÉLIDE	*Pyrgos.*
TRIPHILIE	*Kyparissia.*
MESSÉNIE	*Calamata.*
MANTINÉE	*Tripolitza.*
GORTYNIA	*Caritena.*
LACÉDÉMONE	*Sparte.*
LACONIE OU MAINA	*Ariopolis.*

HELLADE.

ÉTOLIE	*Missolonghi.*
ACARNANIE	*Amphilochion.*
EURYTANIA	*Sichalia.*
PHOCIDE	*Amphissa.*
PHTHIOTIDE	*Lamia.*
ATTIQUE	*Athènes.*
BÉOTIE	*Livadia.*

LES ILES.

EUBÉE	*Chalcis.*
TINOS et ANDROS	*Tinos.*

SYRA	Hermopoli.
NAXOS et PAROS	Naxos.
THERA	Thera.

La Grèce est traversée au nord, au centre et au sud par plusieurs chaînes de montagnes très-élevées, entrecoupées de vallées fertiles, et dont plusieurs sont surtout célèbres par les souvenirs qu'elles rappellent et par leur rôle dans la mythologie ou l'histoire ; telles sont : l'Agrapha (le Pinde), les monts Kumayta (l'Œtha), Zapara (le Parnasse), Palaio-Youmi (l'Hélicon), Cithéron, Maina (le Taygète), Trello (l'Hymette), etc. Il en est de même des rivières, toutes peu remarquables par la longueur de leur cours ou le volume de leurs eaux, mais généralement célèbres, telles que l'Aspropotamo (l'ancien Achéloüs), le Rouphia ou Corbon (l'Alphée), le Selimbria (le Pénée), l'Iri ou Vasili-Potamo (l'Eurotas), la Spirnatza (le Pamisos), le Mavro-Potamo (le Céphise), etc. Les principaux lacs sont ceux d'Avyro-Castro et de Topolias (l'ancien Copaïs).

Le climat de la Grèce est délicieux, surtout dans l'Attique. Les montagnes couvrent les neuf dixièmes du sol ; mais ce sol n'en est pas moins fertile : il produit en abondance de l'huile, des fruits, d'excellents vins, et nourrit de nombreux troupeaux. Les raisins de Corinthe, les cuirs, les laines et les bestiaux sont l'objet d'un grand commerce avec l'extérieur.

Les Grecs professent le christianisme ; mais depuis 858, ils ne reconnaissent pas le pape pour chef spirituel. Ils forment une église dite église grecque, dont une partie relève d'un patriarche résidant à Constantinople. Leur langue dérive du grec classique et porte le nom de grec moderne ou romaïque, qui est une langue riche, flexible et des plus harmonieuses de l'Europe. Il y a moins de différence entre elle et le grec du Nouveau Testament qu'entre ce dernier et le grec d'Homère. A l'époque de Lucien, la prononciation devait différer très-peu de la prononciation actuelle. Le grec d'aujourd'hui n'a plus dans la poésie d'autre quantité que celle qui est marquée par l'accent.

IV. Nous allons décrire sommairement les principales parties de la Grèce, en suivant l'ordre de division en dix nomes ou départements, tracé en 1831. Nous donnerons donc une idée rapide des contrées ci-après, qui ont l'avantage de rappeler leurs antiques et glorieux noms : 1° l'ARGOLIDE ; 2° l'ACHAÏE et l'ÉLIDE ; 3° la MESSÉNIE ; 4° l'ARCADIE ; 5° la LACONIE ; 6° l'ACARNANIE et l'ÉTOLIE ; 7° la LOCRIDE et la PHOCIDE ; 8° l'ATTIQUE et la BÉOTIE ; 9° l'EUBÉE ; 10° les CYCLADES.

1°

L'ARGOLIDE.

Entre la Laconie, la Corinthie, la Sicyonie et les golfes d'Égine et de Nauplie.

Sa ville principale, Nauplie, où séjourna le roi Othon avant de fixer sa résidence à Athènes, a un excellent port, 15,000 habitants, un muséum, des écoles bien fréquentées. C'est une des places les plus fortes, les plus importantes du royaume. C'est le Gibraltar de la Grèce.

Granidi, Castri, Tyros, Petrina, Dydimo, Piada, Damala et Trézène, sont d'autres villes dont l'importance ne cesse de s'accroître.

La ville et le pays d'Argos formèrent jadis un des plus puissants États de la Grèce. Aussi les écrivains anciens désignent-ils souvent les Grecs en général sous le nom d'Argiens ou d'Argoliens.

Entrecoupée de montagnes et de collines, l'Argolide a des plaines d'un riant aspect, d'une rare fertilité.

Elle forma, — il y a de cela bien des siècles, — les petits royaumes de Mycènes, de Tyrinthe, de Trézène, d'Hermione, d'Épidaure (aujourd'hui Pidauro), célèbre par un temple consacré au fils d'Apollon et de Coronis, au dieu de la médecine, à Esculape adoré sous la forme d'un serpent.

L'Argolide a fourni de nombreux fleurons à la riche couronne de la mythologie. Là étaient la forêt de Némée, où Hercule étouffa le redoutable lion, et le marais de Lerne, où il tua la terrible hydre aux sept têtes qui renaissaient à mesure qu'on les coupait.

Là régnèrent successivement :

— Le vieil Inachus, père de l'infortunée Io, cette amante de Jupiter, qui la métamorphosa en vache.

— Adraste, qui dirigea contre Thèbes, dont les murs se relevèrent plus tard au son harmonieux de la lyre d'Amphion, une armée où combattirent sous ses ordres Polynice, Tydée, Amphiaraüs, Capanée, Parthénopée, Hyppomédon.

— Eurystée, frère aîné d'Hercule, à qui il fit exécuter les douze fameux travaux.

— Pélops, dont le père dénaturé, Tantale, ayant à traiter les dieux dans son palais, leur servit le corps de son fils. Seule, l'affamée Cérès ne recula pas devant ce mets affreux, et dévora une épaule entière que Jupiter remplaça par une blanche épaule d'ivoire, après avoir réuni les membres épars de Pélops et leur avoir rendu la vie. Si le maître des dieux n'avait daigné le ressusciter, jamais Pélops n'eût épousé la belle Hippodamie, ni donné son nom au Péloponèse.

— Atrée, fils de Pélops, et meurtrier de son propre fils, qu'il fit manger dans un festin, — quel régal! — à son frère Thyeste.

— Agamemnon, chef de l'armée des Grecs, au siége de Troie, assassiné, à son retour des champs de la Troade, par Égysthe, l'adultère ami de l'adultère Clytemnestre.

— Diomède qui, au siége, de Troie, blessa Mars et Vénus. C'était le plus vaillant des capitaines grecs après Achille et Ajax.

Au nord de l'Argolide est la Corinthie, dont la capitale, Corinthe, donna son nom à l'isthme qui, resserré entre le golfe d'Égine et le golfe de Lépante (1), a presque partout environ huit kilomètres d'une mer à l'autre. Il est même un point où cette largeur ne dépasse pas de quatre à cinq kilomètres : c'est l'espace qui se trouve entre les anciens ports de Corinthe, Léchéon, sur le golfe de Lépante, et Schœnous, sur celui d'Égine. Une aussi courte distance déterminait fréquemment les navigateurs à transporter, par terre, leurs vaisseaux d'un port à l'autre, pour éviter les longueurs et les dangers d'une navigation autour du Péloponèse. Démétrius Poliocerte, César et Néron tentèrent de faire communiquer les deux golfes par un canal ; cette tentative n'eut pas le succès qu'on s'en était promis.

C'était dans la partie la plus étroite de l'isthme que se célébraient les jeux isthmiques, en l'honneur de Neptune et de Palémon, qui présidait aux ports, d'où ces jeux étaient aussi nommés *portunalia*.

Près du golfe de Lépante, vers l'extrémité sud-est de l'isthme, est située Corinthe, l'une des plus riches, des plus belles, des plus peuplées de toute la Grèce, avant sa destruction par le consul Mummius. La peinture et la sculpture y avaient accumulé leurs plus précieux trésors. C'était là le rendez-vous des beaux-arts et de tous les plaisirs. Mais le séjour de cette opulente cité était des plus dispendieux ; de là le proverbe : *Non datur omnibus adire Corinthum (Il n'est pas permis à tout le monde d'aller à Corinthe)*.

Les flammes auxquelles Mummius livra Corinthe, après l'avoir pillée, y fondirent une quantité innombrable de vases et d'autres objets de luxe qui ornaient les édifices publics et particuliers. De la fusion et du mélange des métaux dont étaient faits tous ces objets, il se forma un nouveau métal, connu sous le nom d'or de Corinthe, dont furent, dit-on, fondus les quatre chevaux de Venise, qui, sous le premier empire, ont, pendant plusieurs années, orné l'arc de triomphe du Carrousel, où les victoires de la France les avaient conduits, que la défaite les fit malheureusement descendre en 1815, et où les ont remplacés, en 1828, ceux qu'on y voit encore. L'artiste, M. Bosio, a cherché à les faire absolument semblables à leurs devanciers, dont il n'a pu, malgré sa rare habileté, reproduire parfaitement les élégantes formes.

Si, comme des preuves matérielles paraissent l'attester, l'incendie de Corinthe produisit, en effet, le métal dont nous venons de parler, rien, dans le

---

(1) Autrefois golfe de Corinthe.
Voici les autres principaux golfes, etc., dont les noms modernes diffèrent totalement des anciens :

Le golfe d'Arta s'appelait autrefois golfe d'Ambracie ;

de Coron	—	de Messénie ;
de Kolokythia	—	de Laconie ;
de Nauplie	—	Argolique ;
d'Égine	—	de Saronique ;
Le cap Colonni	—	Sunion.

Dans l'usage habituel on emploie presque toujours les anciens noms des villes, des fleuves, des montagnes, des mers, des golfes, des promontoires, etc. Il semblerait à désirer que le gouvernement grec rétablit tous ces noms, à l'exclusion définitive des nouveaux, créés presque tous par la barbarie, et qui sont assez peu connus.

---

monde, n'a, depuis, égalé l'inconcevable magnificence de cette ville.

Corinthe avait une citadelle très-forte, bâtie sur un rocher, et appelée *Acrocorinthe*. Elle existe encore, flanquée de trente-six tours, et regardée comme la clef de la presqu'île de Morée. La Corinthe moderne occupe l'emplacement de l'ancienne, et a plus de six mille habitants. On y remarque les restes d'un théâtre et de plusieurs autres monuments de son ancienne splendeur.

Rebâtie, cent deux ans après sa destruction, par Jules César, Corinthe était redevenue une ville des plus importantes. Elle fut une des premières de l'Europe à recevoir les bienfaits de la doctrine chrétienne, de la bouche même de l'apôtre saint Paul, qui y prêcha et écrivit deux épîtres à ses habitants. Alaric la ruina environ cinq cents ans après Jésus-Christ.

Au sud, et tout près de l'Argolide, sont les îles de :

Poros, qui doit à la beauté et à la commodité de son port d'avoir été choisie pour l'établissement des remarquables chantiers de la marine royale ;

Hydra, dont les habitants, au nombre de plus de vingt-huit mille, passent pour les plus habiles marins de l'Archipel. Dans la guerre de l'indépendance grecque, ils se sont montrés les ennemis les plus redoutables des Turcs. Ils ont une marine de près de trois cents navires. Leur capitale, qui porte le nom de l'île, est l'une des villes les plus jolies et les plus peuplées de la Grèce ; elle possède de magnifiques chantiers de construction.

Spetzia, à l'entrée du golfe de Nauplie, avec une capitale du même nom, dont la marine marchande est très-importante.

2°

1° L'ACHAÏE,

Entre l'Argolide, l'Arcadie, l'Élide et le golfe de Lépante.

2° L'ÉLIDE,

Entre la mer Ionienne, l'Achaïe, l'Arcadie et la Messénie.

1° L'Achaïe, anciennement Égialée, touche au golfe de Lépante par la Sicyonie, petit canton, dont la capitale, Sicyone, passait pour être, avec Argos, le plus ancien royaume de la Grèce, et joua un rôle très-important.

L'Achaïe, dont la principale ville est Patras, port très-commerçant sur le golfe auquel il donne son nom, occupe le nord de la Morée. Les autres villes sont Vostizza et Kaminitza. Malgré le peu d'étendue de leur pays, les habitants de l'Achaïe acquirent de bonne heure assez d'importance pour avoir mérité des poètes, surtout d'Homère et de Virgile, de donner, par métonymie, leur nom (Achaoi, Achæi) à la nation des Grecs en général. Elle s'appela aussi de leur nom, cette ligue achéenne, qui d'abord formée dans les temps anciens, de douze villes, finit par englober sous ses lois les peuples de la Grèce au nombre de vingt-cinq, à l'exception des Spartiates, des Étoliens et d'une partie des Arcadiens.

2° L'Élide, une des plus fertiles contrées de la Morée, était divisée en trois petits États : l'Élide proprement dite, la Triphylie, la Pisatide, où se trouvait, sur la rive droite de l'Alphée, Olympie, près de laquelle se célébraient, tous les quatre ans, les jeux olympiques en l'honneur de Jupiter Olympien. Les principales villes de l'Élide sont Chiarenza, Paléopoli, Strobitza et Miraka, sur la rive droite de l'Alphée, près des ruines d'Olympie.

Le patriotique trône de Grèce vient encore (septembre 1858) de produire un acte essentiellement national. Un décret royal a rétabli les anciens jeux olympiques, dont l'interruption remonte à près de quinze cents ans. Ils seront célébrés à Athènes, dans l'ancien Stade, qui est toujours dans un état de parfaite conservation; on n'aura qu'à y exécuter certains travaux d'appropriation. Ces jeux doivent avoir lieu pendant les trois premiers dimanches d'octobre, tout les quatre ans, à partir de 1859. Ils comprendront le chant, la musique, la danse, des courses de chevaux, la lutte, le jet des disques et d'autres exercices athlétiques. Il y aura, en outre, une exhibition de fleurs, de fruits, de bestiaux, des produits naturels et industriels de la Grèce. Cette idée est due à un Péloponésien, M. Evangelos Zappas, résidant à Jassy (Moldavie), qui a libéralement doté les jeux en mettant à la disposition du gouvernement hellénique quatre cents actions de la Compagnie grecque de la navigation à vapeur, plus une somme de 3,000 ducats de Hollande, soit 35,340 francs. Les prix seront décernés par une commission nommée, à chaque olympiade, par le gouvernement grec; ils consisteront en médailles d'or et d'argent, et en couronnes de feuilles et de fleurs en argent. Les médailles porteront l'effigie du roi, et sur le revers sera gravé le nom du fondateur « Zappas », avec la date ou plutôt le nombre de l'olympiade. Les vainqueurs qui auront obtenu des médailles pourront les porter à la boutonnière, suspendues à un ruban de soie moirée bleu et blanc.

En Élide a régné un des fameux rois de la mythologie, Augias, tué par Hercule, sur son refus de lui donner le dixième de son bétail. C'était le salaire qu'Augias lui avait promis pour nettoyer ses étables, dont le fumier infectait l'air, et dans lesquelles Hercule, détournant le cours de l'Alphée, fit passer les eaux de ce fleuve.

3°
LA MESSÉNIE.
Entre l'Élide, l'Arcadie, la Laconie et a mer.

La Messénie, baignée par le limpide Pamisos, et entrecoupée d'agréables collines, a toujours produit d'abondants pâturages. Elle comptait douze villes, dont neuf maritimes, parmi lesquelles Pylos, capitale du tout petit royaume du vieux Nestor, et dont le nom actuel est Navarin, où fut détruite la flotte turque en 1827, par les puissances alliées de la Grèce. La marine française y joua un rôle des plus brillants.

La capitale de la Messénie était jadis Messène, bâtie par Épaminondas, et située au pied du mont Ithôme, sur lequel était sa citadelle, dont il reste de belles ruines à Mauro-Matia, bâti presque au centre de l'emplacement de cette ville célèbre.

Coron (ancienne Coronée), port de mer sur le golfe de ce nom, est célèbre par la bataille de Coronée, gagnée par Agésilas.

Modon est un autre port de mer au sud de Navarin.

Kalamata, port de mer, est une ville très-commerçante sur le golfe de Coron. Il en est de même d'Arcadia, sur le golfe de ce nom.

Neo-Castro et Nisi sont d'autres villes assez importantes de la Messénie.

4°
L'ARCADIE.
Entre la Laconie, la Messénie, l'Élide, l'Achaïe et l'Argolide.

Enveloppée d'un cercle de montagnes, d'où se détachent, vers le sud, le Taygète et le Parnon, qui se prolongent, l'un jusqu'au cap Ténare (aujourd'hui Matapan), l'autre jusqu'au cap Malée (aujourd'hui Malio), l'Arcadie est située dans la partie centrale de la Morée. Ses monts, tant chantés par les poëtes, sont Zyria (autrefois Cyllène), Chelmo (autrefois Érimanthe), le Ménale, consacré au dieu Pan, dont les amoureux exploits sont si connus. Ses fleuves (1) sont l'Eurotas, l'Alphée, l'Érimanthe, le terrible Styx, aux eaux glacées et malfaisantes, le Stymphale, qui était aussi le nom d'un lac d'une puanteur horrible, situé dans la même région, et sur lequel Hercule tua, à coups de flèches, une quantité prodigieuse d'oiseaux sales, dont les environs étaient incommodés. Ces fleuves ont tous sous terre une bonne partie de leurs eaux.

Les principales villes de l'Arcadie sont :

Tripolitza, qui a été fréquemment témoin des hauts faits des Hellènes pendant la guerre de l'indépendance, et a beaucoup souffert de la sauvage cruauté de leurs féroces ennemis. Tout près était Tégée, qui eut de longues guerres à soutenir contre Sparte, et fut longtemps le théâtre de luttes sanglantes.

Mantinée, sur l'Ophis, est célèbre par la victoire d'Épaminondas.

Kalpaki et Naucria, petites villes.

(1) En parlant des cours d'eau de la Grèce, qui sont de peu d'étendue à cause de la proximité où se trouvent de la mer les montagnes d'où ils tirent leur source, nous leur avons donné le nom de fleuve, mot consacré dans l'histoire grecque, mais auquel il faut bien se garder d'attacher l'idée que réveillent en nous le Rhône, la Seine ou le Rhin. Presque tous les fleuves de la Grèce revêtent le caractère capricieux des torrents. En hiver, en automne, les pluies, descendant avec rapidité des montagnes dénudées, inondent les vallées; mais avec l'été arrive la sécheresse. Le calcaire des montagnes ayant peu absorbé d'eau ne saurait en rendre; aussi les sources tarissent-elles : le torrent impétueux n'est plus alors qu'un Mançanarès, cette superbe rivière qui, en hiver, baigne Madrid de ses belles eaux, mais qui est à peu près à sec en été.

Le cours d'eau le plus considérable de la Grèce est l'Achéloüs (Aspropotamo), qui a cent soixante-quinze kilomètres de longueur.

C'est dans cette contrée qu'étaient Orchomène, près du mont Trachis, Phénée, Psaphis, Mégalopolis (la grande ville), bâtie sur un large plan par Épaminondas sur les bords d'un affluent de l'Alphée, dans une vaste plaine, non loin des frontières de la Messénie, tout près de l'un des passages conduisant dans la vallée de l'Eurotas. Son théâtre fut le plus vaste de la Grèce.

5°

LA LACONIE.

Dans la partie la plus méridionale de la Morée, entre l'Argolide, l'Arcadie, la Messénie et la mer.

La Laconie fut célèbre dans l'antiquité par l'indomptable énergie de ses habitants, également habiles à manier la charrue et la lance. Là se trouvait, se trouve encore Sparte, élevée sur les ruines de l'antique Lacédémone, et habitée, comme jadis, par des hommes vigoureusement trempés. Cette ville est bâtie sur la rive droite de l'Iri (l'Eurotas), près du lieu où ce fleuve reçoit le Misitra, au pied du Taygète, sur un sol accidenté, qui rend sa position très-forte. Son circuit était de 48 stades (environ 9 kilomètres). Non loin de l'autre rive de l'Iri est le mont Parnon.

Les autres villes importantes de la Laconie sont Pyrgas et Tigani, sur le golfe de Coron; Kravada, Colochina, port de mer, et Marathonisi, sur le golfe de Kolokythia.

La Laconie n'a qu'une plaine, mais une plaine magnifique. C'est une vallée traversée par l'Iri, entre les versants abrupts de deux montagnes, et semée de collines et de rochers. En été, on y éprouve une très-forte chaleur, que les brises de la mer ne sauraient tempérer, tandis que l'on aperçoit souvent, en levant la tête, une neige épaisse blanchir les cinq pics du Taygète. La vigne pousse jusqu'aux sommets de cette montagne, au milieu de forêts de vigoureux platanes.

La mythologie a fait roi de Sparte Ménélas, dont la volage moitié, attirée d'abord dans les filets de Thésée, puis dans ceux du beau Pâris, alluma une guerre de dix ans entre la Grèce et Troie.

Pour être admirée dans un pays où les femmes atteignent par milliers à l'idéal de la beauté, pour être distinguée de ses belles compagnes, il fallait qu'Hélène fût belle entre toutes les plus belles! Qui ne sait que le célèbre peintre byzantin Timomachos contemplait, deux heures par jour, le portrait — qu'eût-il fait en présence de l'original? — le portrait de cette Hélène peint par l'Éphésien Parrhasios, dont les Grâces conduisaient la main?

Ah! quand la beauté fourmille sur les plages de Grèce, faut-il s'étonner que la mythologie y envoie si souvent ses plus illustres dieux soupirer l'amour auprès de tant de divines mortelles?

L'idéale beauté de la femme grecque a-t-elle disparu de la scène du monde avec les siècles de l'antiquité? Lord Byron nous répond : Non! — Ce favori des Muses, grand par une grande âme de poëte, veut être grand aussi par un grand cœur de soldat. Au pacifique héroïsme de la pensée, il veut ajouter l'é-

mouvant héroïsme de l'épée du guerrier. En 1823, il court en Grèce. Un corps d'intrépides Hellènes l'a aussitôt pour chef. Dans vingt combats, Byron brave à leur tête vingt fois la mort. Et avant de trouver cette mort que les hasards, que les fatigues de la guerre lui envoient, au milieu de ses braves, le 17 avril 1826, dans les murs de Missolonghi, voici ce qu'il avait dit des dames grecques :

« J'ai trouvé, en Albanie, les femmes les plus belles que j'aie jamais vues pour la taille et pour la tournure. Elles étaient occupées à réparer un chemin dégradé par les torrents. Leur démarche est tout à fait théâtrale; cela vient, sans doute, de leur manteau, qu'elles portent attaché sur une épaule. Leur longue chevelure fait penser aux Spartiates, et l'on ne peut se faire une idée du courage qu'elles déploient dans les guerres de partisans. »

La fière Albanie n'appartient pas à la Grèce moderne! La généreuse Europe la laissera-t-elle pour toujours à des Turcs, avec ses braves habitants, avec ses adorables héroïnes? Impossible!

6°

1° L'ACARNANIE.

Entre la mer Ionienne, le golfe d'Arta, l'Épire et l'Étolie.

2° L'ÉTOLIE.

Entre l'Acarnanie, l'Épire, la Thessalie, la Doride et la Locride.

1° L'Acarnanie, région montagneuse, avec quelques lacs et de vastes pâturages, est séparée de l'Étolie par l'Achéloüs, qui prend sa source au Pinde, montagne de la Thessalie, et qui arrose l'Acarnanie, dans son cours tortueux, en mugissant, en franchissant souvent ses bords; d'où son nom actuel Aspropotamo. Ce fleuve se précipite dans la mer Ionienne, au sud-ouest de l'Étolie.

Au nord de l'Acarnanie, sur le golfe d'Arta, est le promontoire d'Actium (aujourd'hui cap Punta), près duquel Auguste fonda, en mémoire de la victoire de ce nom, la ville d'Actium, aujourd'hui Punta de la Civolo.

2° L'Étolie, où s'élève le Bomia, extrémité occidentale de l'OEtha, est arrosée par l'Aspropotamo, qui la sépare de l'Acarnanie, et par le Phidari, qui prend sa source au Pinde, et va se jeter dans le golfe de Lépante.

Les principales villes de l'Étolie sont : Galata, Cortaga, Doritza; Missolonghi, au point le plus avancé d'une langue de terre, vers l'extrémité ouest du golfe de Lépante, à jamais célèbre par l'admirable défense des Hellènes pendant la guerre de l'indépendance.

Ibrahim-Pacha, fils de Méhémet-Ali, ayant, à la tête d'une armée égyptienne, ravagé la Morée, marche sur Missolonghi, s'empare des fortifications qui couvrent la place. Après avoir opposé la plus vigoureuse résistance à un ennemi vingt fois supérieur en nombre, après s'être défendus avec le courage du désespoir, les Grecs sortent, le 23 avril 1826, s'ouvrent un passage, les armes à la main, à travers les lignes ennemies, tandis que le reste des habitants, les vieillards, femmes, enfants, soldats blessés ou malades, aiment mieux s'ensevelir sous les ruines de la ville que de subir le joug des Ottomans.

C'est en Étolie que se trouvait, dans l'antiquité la plus reculée, Calydon, qui, du temps d'Homère, devait être considérable, puisque le divin auteur de l'Iliade désigne l'Étolie sous ce nom.

Ce fut près de Calydon, dans une forêt du même nom, que, d'après les *Métamorphoses* d'Ovide, Méléagre tua le fameux sanglier qui, par ordre de Diane, ravageait la contrée, et dont il offrit la hure, comme la meilleure dépouille du terrible animal, à la jeune Atalante, qu'il épousa.

Le promontoire d'Anthirrhion, où se trouve la ville de Castello di Romelia, forme avec celui de Rhion, situé en face dans l'Achaïe, les Dardanelles de Lépante. C'est à l'entrée de ce golfe que Don Juan d'Autriche remporta, en 1571, la fameuse victoire navale qui mit un terme au progrès des Turcs en Europe.

7°

1° LA LOCRIDE.

Entre l'Étolie, la Doride, la Phocide, qui la divise en deux parties, la Béotie et la mer Égée (l'Archipel).

2° LA PHOCIDE.

Entre la Locride, la Doride, le golfe de Lépante et la Béotie.

1° Dans l'antiquité, la Locride était séparée par la Phocide en deux parties, dont l'une, sur le golfe de Corinthe, formait le territoire des Locriens-Ozoles, qui habitaient au sud du mont Parnasse; l'autre, sur la mer Égée, au nord de la Béotie, était habitée par les Locriens-Épicnémédiens, ainsi nommés parce qu'ils occupaient le pied du mont situé près du détroit qui sépare le continent de l'Eubée. Là se trouve, entre l'extrémité orientale du mont Œtha et la mer, le défilé des Thermopyles, si célèbre dans l'histoire par la résistance, le dévouement et la mort héroïque de Léonidas et de ses trois cents Spartiates, aimant mieux mourir que de mettre bas les armes devant les innombrables soldats de Xerxès. Ce défilé sépare la Thessalie de la Locride.

Les villes de la Locride sont Katamolo, Pontonitza, Chilikous, Galaxidi, Lépante, autrefois Naupacte, capitale des Locriens Ozoles, siége d'un archevêché, sur le golfe du même nom, avec de hautes murailles et une forte citadelle.

Dans cette seconde partie de la Locride étaient aussi les Locriens-Opuntiens, ainsi nommés de la ville d'Opus ou Opunte, leur capitale, située à l'extrémité d'un golfe, en face de l'île d'Eubée, et formant le haut du détroit d'Euripe.

Au siége de Troie, les Locriens avaient pour chef Ajax, fils d'Oïlée.

2° La Phocide renferme, entre autres montagnes, le Parnasse et l'Hélicon.

Le Parnasse (Zapara) s'élève à environ vingt kilomètres au nord du golfe de Lépante. Ses deux plus hautes cimes s'appelaient, l'une Lycoréia (au-

jourd'hui Liakura) ou Yampeia, consacrée aux Muses; et l'autre Tithoréa, consacrée à Bacchus. C'est entre ces deux pics que naît et coule la fontaine Castalie, célèbre, d'après la fable, par sa vertu d'inspirer l'enthousiasme poétique. Ce fut sur le Parnasse que s'arrêta l'arche qui, suivant la mythologie, sauva Deucalion et Pyrrha du déluge. Cette montagne tient à une chaîne assez étendue, où l'on admire des vallons agréables, couverts de jolis bois, et des sources d'une belle limpidité.

Sur la pente septentrionale du Parnasse était autrefois la ville de Delphes, dont les ruines portent aujourd'hui le nom de Castri. Cette cité, d'un assez faible circuit, n'était pas entourée de murailles. Elle était assez défendue, de tous côtés, par des précipices. On y voyait une foule de temples, dont le principal était celui d'Apollon. En abordant à Delphes du côté du midi, la vue se portait sur ce magnifique temple, et sur la prodigieuse quantité de statues que l'or, dont elles étaient pour la plupart couvertes, faisait briller dans le lointain, surtout quand elles étaient frappées par les rayons du soleil. Les offrandes faites au dieu étaient riches et nombreuses. On peut en juger par les 10,000 talents (54 millions de notre monnaie) que les Phocéens enlevèrent en s'emparant du temple d'Apollon. C'était près de Delphes, sur le territoire de Cirrha, d'où le regard embrasse la ville sacrée, bâtie en amphithéâtre et dominée par le double sommet du Parnasse, c'était dans cette riante plaine que se célébraient les jeux pythiques, institués pour perpétuer le souvenir de la victoire d'Apollon sur le serpent Python, né de la fange des eaux du déluge. C'était aussi de ce serpent, dont la peau couvrait le trépied, que la fameuse Pythie prenait son nom.

Les autres villes de la Phocide sont : Élatée (aujourd'hui Élata), sur le Céphise; Salona, assez près du golfe de ce nom, au pied du mont Parnasse, à douze kilomètres de Delphes, siége d'un évêché; Distomo; Aspropiti, à l'embouchure du Pleistos, qui reçoit la fontaine de Castalie; Amphiclée (aujourd'hui Dadi), avec une population de onze mille habitants, au pied du mont Œtha. Anticyre (près d'Aspropriti) était renommée dans l'antiquité pour son ellébore.

8°

1° L'ATTIQUE.

Entre la mer, la Mégaride et la Béotie.

2° LA BÉOTIE.

Entre la Mégaride, l'Attique, l'Euripe, la Locride Opuntienne, la Phocide et le golfe de Lépante.

1° L'Attique, dont le nom lui vient, dit-on, d'Athis, fille de Cranaüs, l'un de ses anciens rois, si l'on n'aime mieux le faire dériver du mot grec *akté* (*rivage*), est séparée du golfe de Lépante par la Mégaride, très-étroite région située entre les golfes de Lépante et de Nauplie, et dont la capitale Mégare, autrefois ville considérable, est la patrie du philoso-

phe socratique Euclide, fondateur de la secte méga-
rienne, et vrai père de la géométrie.

L'Attique a tout au plus le quart d'un département
français; mais que de glorieux souvenirs elle réveille!
Que de services rendus par elle au genre humain tout
entier! C'est de là que se sont propagées jusqu'à nous
la plus grande partie des connaissances dont nous
sommes fiers à bon droit.

Ses principales montagnes sont: le Parnès, aujour-
d'hui Noséa, branche du Cithéron; le Pentélique, aujourd'hui Mendeli, continuation du Parnès, célèbre
par ses marbres; l'Hymette, aujourd'hui Trello, si renommé pour son miel.

Son principal promontoire est Sunion, aujourd'hui
Cap Colonni, site le plus intéressant de l'Attique
après Athènes et Marathon. Seize colonnes offrent
une source inépuisable d'études à l'antiquaire, à l'artiste. C'est là qu'enseignait ses profondes doctrines,
en conversant avec ses élèves, le plus grand des disciples de Socrate, Platon, maître lui-même d'Aristote, l'illustre précepteur du premier des héros de
l'antiquité, Alexandre le Grand.

Les fleuves de l'Attique sont : le Céphise, l'Ilissus,
l'Asope, qui, après avoir arrosé la fertile plaine de
Tanagra et d'Oropos, n'arrive pas toujours à la mer.
Elle n'a qu'une ville importante, mais cette ville, la
plus considérable de la Grèce, est Athènes, capitale du royaume, à seize kilomètres de la mer, au
confluent de l'Ilissus et du Céphise, qu'il ne faut pas
confondre avec le fleuve de ce nom qui, en Béotie,
se jette dans le lac Copaïs. Sa population, qui, en
1830, ne s'élevait pas à douze mille âmes, en a plus
de trente-deux mille en 1858. son nom lui vient de
Minerve, en grec *Athéné*. Elle était jointe à ses trois
ports, le Pirée, Munychie et Phalère, par des murailles d'une solidité et d'une étendue remarquables :
deux chars pouvaient y rouler de front. Le Pirée a
toujours continué d'être un excellent port.

Athènes qui, dès le principe, située sur le sommet d'un rocher, au milieu d'une belle plaine, que
l'accroissement progressif de sa population fit bientôt couvrir de maisons. De là sa division en deux parties : l'Acropolis, ou ville haute, et la Kotopolis, ou
ville basse. L'Acropolis, où se trouvaient de nombreux monuments d'une imposante grandeur, formait une véritable forteresse, dont la circonférence
n'avait pas moins de soixantes stades (plus de onze
kilomètres).

Il serait trop long de décrire et même de nommer
tous les monuments qui embellissaient Athènes, et
dont cette métropole du génie offre encore tant d'admirables ruines. Nous citererons seulement le Parthénon ou temple de Minerve, et ses Propylées; l'E-
rechthéum, bâti, comme les Propylées, en marbre
blanc; le théâtre de Bacchus; l'Odéon, sur le devant
de l'Acropolis; le Pécile, dans la ville basse; le
temple de Thésée, le plus anciennement achevé et
le mieux conservé de tous les monuments de la
Grèce; le Panthéon, et surtout le temple de Jupiter
Olympien, entrepris sur des proportions si colossales
qu'il fallut sept cents ans pour le construire; nul

temple dans l'univers n'égalait l'étendue de son enceinte.

Sont dans l'Attique : Marathon, célèbre par la
brillante victoire de ce nom, Rasea, Phalère, Ropo,
Phoron, Lessina, l'ancienne Éleusis, dont les mystères avaient dégagé, réuni et développé tous les
éléments spiritualistes des vieux cultes, et tendaient
à faire dominer l'idée d'un Dieu unique, sans, toutefois, briser le polythéisme.

Sur les côtes occidentales de cette contrée sont,
dans le golfe d'Égine, les importantes îles de Salamine et d'Égine.

Salamine, à vingt kilomètres d'Athènes, à quatre
kilomètres du continent, est la patrie de Télamon,
père d'Ajax, et du poëte tragique Euripide. Ce fut
près de cette île que la flotte des Grecs, forte de trois
cent quatre-vingts vaisseaux, commandée par Eury-
biade et Thémistocle, défit celle des Perses, qui en
avaient douze cents.

Égine est à quarante kilomètres environ d'Athènes. Ses habitants se sont distingués dans la guerre
de l'indépendance. Là, selon les poëtes, régna jadis
Éaque, l'un des juges des Enfers. Ce fut, d'après les
auteurs anciens, le premier séjour des Myrmidons,
qui y vivaient dans des demeures souterraines, et y
cachaient leurs provisions comme les fourmis, dont
leur est venu leur nom.

2° La Béotie tire son nom de l'ancien mot *boos*,
qui signifie bœuf, ou plutôt un lieu humide, gras et
propre à nourrir des bœufs.

Les montagnes dont elle est entourée en font
comme un bassin, dont les eaux se réunissent au
fond de la plaine. Ces montagnes sont : le Cnémis,
l'Oncheste, le Cithéron, qui va se rattacher au mont
Ptôon, le Parnasse et l'Hélicon (Palaio-Vouni). Ses
fleuves sont : l'Ismène, l'Asope et le Céphise (Mavro-
potamo), qui tombe dans le Copaïs (aujourd'hui Topolias), dont les eaux se rendent dans la mer par
des canaux souterrains, très-anciennement creusés à
travers le mont Ptôon.

Cette contrée forme un vallon des plus fertiles,
dont les pâturages sont des plus abondants. L'air y
est souvent humide, noyé de vapeurs, stagnant, ce
qui y rend, dit-on, les corps des hommes et des animaux lourds et flasques. La paresse d'esprit des habitants, adonnés aux plaisirs sensuels, devint proverbiale dans l'antiquité. Toutefois, les souvenirs
poétiques et historiques abondent dans ce pays. Là
coulaient les fontaines de Dircé, d'Aganippe, d'Hyp-
pocrène. Là naquirent le poëte Pindare, l'historien
Hésiode, Épaminondas, Pélopidas et Philopémen, trois
héros illustrés par la gloire des champs de bataille,
et le judicieux Plutarque, le premier des biographes
connus.

Fondée par Cadmus, l'an 1419 avant Jésus-Christ,
près du fleuve Ismène, sur une éminence, avec une
citadelle nommée Cadmée, du nom du fondateur,
Thèbes, aujourd'hui Thiva, siège d'un évêché, a été
associée à d'innombrables récits tragiques et à une
foule de fictions poétiques. Les amours de Jupiter et
de Sémélé, mère de Bacchus, Amphion, Laïus,

Œdipe, Jocaste, Étéocle, Polynice, Antigone, la guerre des sept chefs, cette longue suite de malheurs accumulés par la fatalité sur la dynastie des premiers rois de Thèbes, tout cela a exercé la verve des poëtes et retenti sur la scène tragique des anciens et des modernes.

L'antiquité compta quatre autres villes du nom de Thèbes : la grande Thèbes d'Égypte, Thèbes dans la Phthiotide en Thessalie, Thèbes dans la Mysie en Asie Mineure, patrie d'Andromaque, épouse d'Hector; enfin Thèbes en Palestine, dans la Samarie.

En Béotie se trouvent : Livadia, ville très-commerçante, avec une population de plus de douze mille habitants; près de cette ville était l'antre de Trophonios, où, d'après Plutarque (*Du Génie de Socrate*), se passaient de si étranges choses; les villes de Cheronée (aujourd'hui Kapourna), d'Haliarte (aujourd'hui Mazi), Oncheste, Thespis, où l'exercice d'un métier était regardé comme chose dégradante pour un homme libre; Créusis, qui lui servait de port; Platées (aujourd'hui Palæo-Castro), sur un plateau du Cithéron, célèbre par la victoire remportée sur les Perses, 479 ans avant Jésus-Christ, par les Grecs commandés par Pausanias; Leuctres, où, 371 ans avant l'ère chrétienne, Épaminondas, secondé par Pélopidas, un de ses lieutenants, vainquit les Lacédémoniens; Tanagra, où Périclès se distingua par la plus brillante valeur, 456 ans avant l'ère chrétienne, contre les Spartiates, à qui resta, toutefois, la victoire.

9°

L'EUBÉE,

dans l'Archipel, s'étend du sud-est au nord-ouest, vis-à-vis des côtes de l'Attique et de la Béotie, dont elle est séparée par un étroit canal, l'ancienne Euripe, qui, à l'est de la ville de Chalcis ou Négrepont, porte maintenant le nom de canal de Négrepont, et, à l'ouest, celui de canal de Talenta.

Cette île, très-belle, est, après Candie, la plus importante des îles de l'Archipel; elle s'appelle aujourd'hui Négrepont. Son sol est montagneux mais fertile. Négrepont ou Chalcis, sa ville la plus considérable, est située dans l'endroit le plus resserré de l'Euripe; sa population est de vingt mille habitants. Elle a un port spacieux. Un pont de deux arches la fait communiquer à la terre ferme. Aux nouvelles lunes, le flux et le reflux du détroit se font sentir jusqu'à douze fois par jour.

Les autres villes de l'Eubée sont :

Érétrie, autrefois florissante; elle porte aujourd'hui le nom de Palæo-Castro;

Oréos ou Oréo, dont Homère vante les riches vignobles;

Carystum, aujourd'hui Caristo ou Castel-Rossa, était célèbre par ses marbres si connus sous le nom de marbres de Caryste, qu'on tirait du mont Ocha, où l'on trouvait également beaucoup d'amiante, appelée aussi *asbeste, bissus minéral, lin incombustible*, dont on faisait, dit-on, des tissus que l'on blanchissait en les jetant au feu, et des tuniques dans lesquelles on brûlait les morts pour recueillir leurs cendres.

Parmi plusieurs petites îles situées au nord-est de l'Eubée, on distingue Skiato, qui possède une bonne rade; Scopélo et Sarakino, dont les vins sont très-estimés; Skiro, riche en beau marbre; Chelidromia et Pelagnisi.

10°

LES CYCLADES.

Ce nom, qui vient de *kuclos* (*cercle*), s'applique à plusieurs îles de l'Archipel situées, comme en cercle, autour de l'île de Délos, aujourd'hui Dili, la plus petite des Cyclades, presque inhabitée et couverte de ruines de temples, de chapiteaux, de frises et d'autres monuments de son antique splendeur.

Les principales de ces îles sont :

TÉNOS, aujourd'hui TINOS, TINO ou TINE, au sud d'Andros, dont elle est séparée par un étroit canal, était autrefois remarquable par un beau temple consacré à Neptune, et par de superbes fontaines. Elle a de fertiles vignobles.

ANDROS, aujourd'hui ANDRO, avec une population de près de vingt mille habitants, produit du blé, du vin, des oranges, des citrons et des figues. Elle avait un temple consacré à Bacchus, et une fontaine d'où, un certain jour de l'année, l'adresse des prêtres de ce dieu faisait couler le vin.

SYROS, aujourd'hui SYRA, à l'ouest de Délos. En 1830, cette île n'avait pas même cent cinquante habitants. Sa population s'est accrue, s'accroît d'une manière extraordinaire. Hermopoli, sa capitale, dont le port vaste, sûr et profond, peut abriter plusieurs centaines de navires du plus haut tonnage, a plus de vingt mille âmes, et des établissements publics très-remarquables. La culture est bien entendue dans cette île, et le commerce des plus florissants.

C'est à Syra, d'après les poëtes, que Thétis, sachant que les destins menaçaient son fils d'une mort prématurée au siége de Troie, alla le cacher à la cour de Lycomède, où le jeune demi-dieu, déguisé en fille sous le nom de Pyrrha, épousa en secret Déidamie, fille du roi son hôte, et en eut un fils qui reçut le nom de Pyrrhus.

NAXOS, la plus grande, la plus belle, la véritable reine des Cyclades, en tout temps renommée pour ses vins, était consacrée à Bacchus, qui y fut élevé, et qui, un jour, y consola la fille de Minos, la belle Ariane, de l'abandon de l'ingrat Thésée, cet impitoyable ravisseur de tant de cœurs de princesses.

Montagneuse en certains endroits, cette île a de magnifiques plaines couvertes de mûriers, de figuiers, d'orangers, de citronniers, d'oliviers, de grenadiers, de cèdres. Elle renferme des mines d'émeri, des carrières de beau granit et de marbre serpentin. Elle est arrosée par de nombreux cours d'eau. C'est un pays des plus giboyeux.

PAROS, à l'est de Naxos, fut autrefois riche et puissante. Elle nourrit beaucoup de bétail et produit du froment, des vins, des légumes et des fruits. Les Pariens, renommés pour leur bon sens, étaient pris pour arbitres dans les différends que les Grecs avaient entre eux. C'était des carrières de Paros, et surtout de celles du mont Marpésus, que les plus habiles sculpteurs de la Grèce tiraient leurs plus beaux marbres blancs; et ce fut de ces blocs que sortirent l'Apollon du Belvédère, la Vénus de Médicis et ces tables célèbres, monument historique unique en son genre, où l'antiquité a gravé sa plus authentique chronique, la série des principaux événements de l'histoire grecque, depuis Cécrops jusqu'à l'archonte Diogénète, c'est-à-dire d'une longue période de treize cent dix-huit ans. Ces tables sont connues sous le nom de Marbres de Paros, ou sous celui de Marbres d'Arondel, nom du savant Anglais qui les acheta au commencement du dix-neuvième siècle, et les légua à l'université d'Oxford, où elles se trouvent encore, ce qui les fait appeler aussi Marbres d'Oxford.

L'antique Parium, aujourd'hui Parechio ou Paros, est située sur la côte occidentale de l'île dont elle est la ville la plus importante; elle a plus de trois mille habitants. C'est là que résident les consuls étrangers.

Vis-à-vis, à l'ouest, et tout près de Paros, est une petite île, OLIAROS, connue aussi sous le nom d'ANTIPAROS. Elle renferme un des jeux les plus étonnants de la nature : c'est une grotte souterraine, à une profondeur de plus de vingt-six mètres, ornée partout de cristallisations et de stalactites, les plus belles du monde, dans une étendue prodigieuse, suspendues à la voûte, ou couvrant les parois de cette merveilleuse cavité. Au fond est un autel orné de pilastres. En 1673, dans la nuit du 24 au 25 décembre, un ambassadeur français, qui se rendait à Constantinople, y fit célébrer l'office divin, à la lueur de milliers de flambeaux, dont l'éclat se reflétant sur des millions de gigantesques et fantastiques cristallisations, produisait un effet des plus admirables, des plus magiques.

THÉRA, appelée aussi Santorin, la plus méridionale des Cyclades, a la forme d'un croissant. Très-aride, couverte de pierres ponces et de cendres, elle paraît être le produit d'une éruption volcanique. Ses habitants, au nombre de plus de 15,000, sont parvenus, à force d'intelligence, d'industrie et de travail, à lui faire produire des céréales, du coton, des figues et du vin, qui ne le cède pas en qualité aux meilleurs crus du Rhin. Le tiers, au moins, de la population, est catholique et a un évêque de sa communion.

DÉLOS (Dili), au sud-est de Ténos, est la plus triste des Cyclades, après en avoir été la plus brillante. Jadis errante sur les flots, Neptune la rendit stable, et, grâce à cette galanterie du Dieu des mers, Latone y trouva un asile contre les persécutions de la jalouse, de l'implacable Junon, et y donna le jour à Apollon et à Diane. Aussi cette bienheureuse île fut-elle consacrée au dieu de la lumière, à qui on éleva un temple des plus magnifiques, dont les fêtes et l'oracle, vénéré presque à l'égal de celui de Delphes, y attiraient un immense concours d'adorateurs de tous les points de la Grèce et de l'Asie hellénique. La capitale de Délos était bâtie au pied du mont Cynthius, d'où Apollon était surnommé Cynthius ou Cynthien.

L'an 425 avant notre ère, la peste ayant fait d'innombrables victimes dans l'Attique, les Athéniens résolurent, d'ailleurs sur la demande d'un oracle, d'apaiser Apollon en purifiant son île. On en exhuma tous les restes de morts, et on les transporta à Rhénée, connue aussi sous le nom de Dili, qui lui est commun avec Délos, les deux îles étant, aujourd'hui, considérées comme une seule. C'est à Rhénée, où les malades étaient évacués, que les Déliens enterrèrent ou brûlèrent leurs morts : défense expresse de naître ou de mourir à Délos : s'il n'était pas possible aux malades d'y terminer leur vie, il n'était pas permis non plus aux futures mères d'y faire commencer celle de leurs enfants.

Beaucoup moins stérile que Délos, Rhénée a de gras pâturages et de beaux troupeaux.

SYPHNOS, aujourd'hui SIFANO, très-petite île, avait autrefois de riches mines d'or dont il ne reste aucun vestige. S'il fallait en croire la mythologie, Apollon les aurait détruites par un déluge, parce que les habitants auraient négligé d'en consacrer la dîme dans son temple.

SÉRIPHOS, aujourd'hui SERPHANTO, n'est qu'un rocher dont les Romains avaient fait un lieu d'exil. D'après la fable, Persée pétrifia les habitants de cette île en leur montrant la tête de Méduse.

CYTHNOS, aujourd'hui THERMIA, doit son nom moderne à ses sources d'eau chaude. Elle était renommée dans l'antiquité pour ses fromages.

CÉOS, aujourd'hui ZIA, patrie de Simonide, philosophe et poëte, qui, comme son neveu Bacchylide, excella dans l'élégie, a 26 kilomètres de long sur 14 de large, avec une population d'environ 10,000 âmes. Elle est fertile en blé, en vin, en coton, en figues; mais le principal revenu de ses habitants consiste dans une espèce de gland, qu'on nomme velani, et que l'on emploie pour la teinture et pour la tannerie. Zia a un évêque dont la résidence est à Carthée, principale ville de l'île. L'une des anciennes villes de Céos, Julis, qui en fut la capitale, était située sur une montagne à cinq kilomètres de la mer; il en reste encore de fort belles ruines.

Dans les temps antiques, une loi de cette île obligeait, dit-on, toute personne parvenue à l'âge de 60 ans de se donner la mort. Si cette loi barbare a réellement existé, elle aurait de l'analogie avec une coutume non moins atroce des Massagètes, nation scythe, où les vieillards étaient égorgés dès que leurs infirmités les rendaient incapables de se rendre utiles.

MYCONOS, aujourd'hui MICONESO, aride et montagneuse, mais fertile en vins, servit, selon les poëtes, de tombeau aux Centaures défaits par Hercule.

MÉLOS, aujourd'hui MILO, possède un des meilleurs ports de la Méditerranée. A Mélos était le trésor commun des Grecs, où Périclès sut puiser à pleines mains pour embellir Athènes de ces magnifiques monuments qui ont imprimé à son nom et à son siècle une gloire dont l'éclat dure encore.

V. Les belles régions dont nous venons de donner rapidement une idée, sont loin de constituer toute l'ancienne Grèce; il en est d'autres qui lui appartenaient, et qui devraient bien aussi appartenir à la Grèce régénérée de nos jours; par exemple :

L'ÉPIRE (Albanie), où se trouve, avec le Cocyte et

l'Achéron, si souvent chantés par les poëtes, la Molosside, célèbre par la valeur de ses habitants, par un temple de Jupiter, et par sa forêt de Dodone, dont les chênes rendaient des oracles, et qui sert, encore aujourd'hui, de retraite contre les vexations des Ottomans à ces braves Albanais qui, après avoir vaillamment combattu pour l'indépendance de la commune patrie, n'ont pas le bonheur de jouir de la liberté.

LA MACÉDOINE, qui implanta dans la haute Asie, dans l'Égypte, dans la Syrie, la langue, la littérature, la philosophie et les arts de la Grèce; — la Macédoine, où l'on voit, au fond du golfe de Salonique, la grande et riche ville de ce nom (autrefois Thessalonique), avec une population de 70,000 âmes, où le christianisme pénétra dès sa naissance, ainsi que le prouvent les deux épîtres de saint Paul à ses habitants.

En Macédoine est aussi le fameux mont Athos, formant un cap quelquefois dangereux pour les vaisseaux. Trente monastères le couvrent, bâtis en forme de forts et habités par de valeureux caloyers ou moines grecs habiles à la fois à lire leur bréviaire et à se défendre avec vigueur, avec énergie, le sabre ou le fusil à la main, contre les attaques ou les vexations des Turcs; c'est la raison pour laquelle l'Athos a pris son nom actuel de Monte-Santo.

La Macédoine est la patrie d'Aristote, né à Stagire.

LA THESSALIE, où sont les monts Olympe, Pinde, Ossa, Pélion, Œtha; — Pharsale, où César, à la tête de vingt-deux mille légionnaires et de mille cavaliers, défit Pompée, dont l'infanterie était double en nombre et la cavalerie sextuple : défaite terrible, à laquelle contribua pour sa bonne part cette foule de sénateurs bons seulement à gêner leur chef, quoiqu'on lui eût donné pouvoir de décider de tout en maître. «Puisque l'on combattait pour la république, il fallait bien, disait-on, que le généralissime montrât de la déférence pour les pères conscrits, constitués en conseil à Thessalonique.» Cette déférence, qui ne pouvait s'accorder avec les exigences de la guerre, devait coûter cher à Pompée et à ses imprudents conseillers; — le fleuve Pénée, dont les eaux, après avoir baigné Larisse, traversent la belle vallée de Tempé, entre l'Olympe et l'Ossa.

A l'exception d'une partie de la Thessalie (la Phthiotide, patrie d'Achille, né à Phthia), ces trois provinces, qui ont lutté avec tant d'énergie contre la domination ottomane, sont encore sous le joug des Turcs, de même que la république des Sept-Iles est toujours sous le protectorat anglais. Nous allons consacrer une courte notice à ces îles, qui ont appartenu à l'ancienne Grèce. Elles sont toutes situées sur la côte occidentale de la Morée, à l'exception de Cérigo, qui se trouve à l'entrée du golfe de Kolokythia.

La Grande-Bretagne a voulu, en 1857, annexer ces îles à sa couronne; mais ses efforts ont échoué contre la résistance du pays.

CORFOU (ancienne Corcyre), la plus belle et la plus importante de toutes les îles Ioniennes, a environ 200 kilomètres de circuit. C'était l'île des Phéaciens, fameuse par les récits d'Homère, par les délicieux jardins du roi Alcinoüs, par l'accueil qu'y reçut Ulysse après son naufrage.

Corfou a près de 70,000 habitants; sa capitale, qui en a 25,000, et qui est en même temps la capitale de la république, est bien fortifiée et très-commerçante. C'est le siége d'un archevêque catholique et d'un métropolitain grec. Cette île est la clef de la mer Adriatique ou golfe de Venise. Quoique montagneux, son sol est très-fertile en vins, en olives, en limons.

PAXO, à douze kilomètres de Corfou, a 24 kilomètres de circuit. Ses productions consistent en vins, en olives, en amandes. Elle a 7,000 habitants. Sa capitale est Porto-Gaï.

Les six autres îles ont des capitales portant le même nom.

SAINTE-MAURE (ancienne Leucas ou Leucadia), entre Corfou et Ithaque, ne fut pas toujours une île. C'était une presqu'île, jointe par un isthme à l'Acarnanie. Une colonie de Corinthiens y ayant été conduite, coupa l'isthme par un canal d'environ 70 mètres, sur lequel fut construit un pont.

Montagneuse au centre, cette île a, sur le bord de la mer, des plaines d'une rare fertilité. On y trouve en abondance toutes les productions de Corfou. Sa superficie est d'environ 200 kilomètres, sa population de 20,000 âmes.

Quand Sainte-Maure n'était pas séparée du continent, le rocher ou promontoire qui domine sur les flots, et qu'on appelait saut de Leucade, était célèbre par un temple d'Apollon et par la réputation de guérir de leurs tourments les amants malheureux qui, du haut de ce rocher, se précipitaient dans la mer. La belle et trop sensible Sapho, désespérée de ne pouvoir cesser d'aimer son infidèle Phaon, le plus beau des hommes, grâce à un vase plein de parfums dont Vénus lui avait fait présent, en fit, dit-on, le périlleux essai, et y perdit à la fois sa passion et la vie.

THIAKI, l'ancienne Ithaque, a 29 kilomètres de long sur 9 de large. Ce n'est guère qu'un aride rocher qui produit beaucoup de groseilles, un peu de vin et quelques légumes. Sa population est d'environ 6,000 habitants, presque tous pêcheurs ou pilotes côtiers.

L'île d'Ithaque ne présente aucun vestige d'antiquités. Qu'est devenu le superbe palais où l'épouse modèle, la sage Pénélope, ourdissait sa toile mystérieuse? Nul ne le sait.

De toutes les îles Ioniennes, Ithaque est la plus pauvre, la seule stérile; c'est pourtant celle que nous connaissons le mieux, grâce aux sublimes chants d'Homère et à la poétique prose de Fénelon.

CÉRIGO, l'ancienne Cythère, à l'extrémité méridionale de la Morée, tout près de la pointe de la Laconie ou du cap Malio, était célèbre par le culte qu'on y rendait à Vénus, connue aussi sous le nom de Cythérée. La déesse des grâces et de la beauté avait choisi un assez mauvais gîte en fixant son séjour dans cette île, qui a sans doute été toujours, comme aujourd'hui, pierreuse, peu ombragée, peu abritée contre l'ardeur du soleil. Les habitants, au nombre d'environ 10,000, savent, par un travail opiniâtre, faire produire, à un sol ingrat, du blé, du vin, de l'huile, du coton et même des pâturages pour nourrir d'assez nombreux troupeaux de moutons et de chèvres.

Le gibier abonde à Cérigo, surtout les tourterelles jadis consacrées à Vénus. On extrait de ses montagnes du beau porphyre. On y voit des restes d'antiquités et des amas d'ossements dont on ignore la provenance. La ville de Kupsuli a un château et un port sur la côte méridionale.

CÉPHALONIE, autrefois Céphalénie, située au nord de Zacynthe, à l'entrée du golfe de Lépante, portait, du temps de la guerre de Troie, le nom de Samé ou de Samos, et faisait partie du royaume d'Ulysse. Sa capitale, qui, autrefois, était Samé, située au fond d'un golfe, est aujourd'hui Céphalonie, assise sur une éminence et siége d'un évêché.

La belle île de Céphalonie renferme, dans une circonférence d'environ 240 kilomètres, 3 villes, 13 villages et 60,000 habitants. Elle produit de l'huile, du vin rouge renommé, de l'excellent muscat. Quand elle fut subjuguée par les Romains, le consul Fulvius en fit vendre les habitants comme esclaves.

ZANTE, autrefois Zacynthe, est surnommée la fleur du Levant. Sa longueur est de 25 kilomètres, sa largeur de 21. Quoique montagneuse, cette île est d'une extrême fertilité. Elle faisait partie du royaume d'Ulysse. Elle a 45,000 habitants, dont 20,000 pour Zante, sa capitale; le reste se répartit entre 50 villages. Elle porte de nombreux indices de feux souterrains; aussi, comme presque toutes les îles Ioniennes, est-elle exposée à de fréquents tremblements de terre. Elle n'a pas de rivières, mais beaucoup de sources, dont une de poix noire fournit abondamment du goudron pour les navires.

Cette île, si aimée des marins, produit beaucoup de raisins de Corinthe, qui font sa principale richesse. Ses autres productions consistent en vins, en figues, en oranges, en citrons, en grenades, en huile, en coton.

Les îles Ioniennes furent incorporées au vaste empire romain, en même temps que le reste de la Grèce. La conquête de Byzance par les Croisés les donna aux Vénitiens, auxquels les Turcs les enlevèrent un peu plus tard, mais qui, bientôt, surent les leur reprendre.

La conquête de Venise par les armes de la France fut suivie de près de celle des îles Ioniennes, qui, après les désastres de l'armée d'Italie, furent occupées par les Russes jusqu'en 1815, époque où, constituées en république, avec un sénat de six membres et un corps législatif de quarante-cinq, elles durent subir le patronage anglais.

Favorisées d'un printemps perpétuel et grâce au travail opiniâtre de leurs énergiques habitants, les Sept-Iles voient sortir d'un sol rocailleux de riches et nombreuses productions, surtout de beaux vignobles, dont certaines années permettent à l'heureux vendangeur de faire jusqu'à trois ou quatre fois la récolte. Céphalonie est la plus grande, Paxo la plus petite, et Zante la plus fertile des Sept-Iles.

VI. Si l'antique Grèce a captivé l'admiration de tous les peuples, la Grèce de nos jours a su, elle aussi, conquérir d'incontestables droits à toutes nos sympathies. Un joug de fer pesait sur elle, comme il pèse encore sur tant de peuples jadis forts, jadis libres d'une partie de l'Europe, et surtout des riches contrées de l'Asie, premier berceau de tous les développements de l'industrie humaine. Les abondantes sources de sa prospérité sont taries; mais les principes de sa vie intellectuelle ne se laissent ni flétrir ni atteindre. Ses aspirations vers l'indépendance sont toujours ardentes, toujours soutenues par une foi vive dans la sainteté de sa cause. Un cri général s'élève, un cri de liberté! On court sus aux tyrans, on les pousse, on les traque comme un vil troupeau de bêtes fauves! Bravoure, abnégation, dévouement, tous les prodiges de l'audace, de l'amour de la patrie prouvent au monde que la Grèce n'a pas oublié l'art de vaincre! L'Europe applaudit à tant d'héroïsme.

Oui, pendant que les Hellènes étalaient les splendeurs de leur indomptable courage, tous les vœux étaient pour leur triomphe. Qui n'a tressailli de joie au bruit de leurs exploits? Qui n'a suivi avec sollicitude, avec anxiété, les innombrables, les émouvantes péripéties du siége de Missolonghi? Qui n'a battu des mains à la foudroyante intrépidité d'Odyssée, de ce moderne Ajax, qui, se mettant à la tête de ses compatriotes, descend du mont Parnasse, proclame le règne de la croix, attaque et défait un pacha? La Renommée publie au loin, avec la rapidité de l'éclair, le récit de ses hauts faits. Le même jour, les peuplades du mont Œtha s'ébranlent; les Doriens, les Locriens, les Étoliens se lèvent comme un seul homme, foulent aux pieds l'odieux bonnet de rajah, secouent, brisent le joug des tyrans. Des éphores sont créés. Odyssée marche sur Athènes, s'en empare. L'ennemi, harcelé, réunit ses plus fortes colonnes à Platées, et Platées est de nouveau illustrée par une victoire de la Grèce.

L'intrépide Odyssée n'est pas seul à guider le patriotique élan d'un peuple de héros, Marcos Botzaris étonne aussi par son audace. Missolonghi est serré de près par les Ottomans; il lui faut des vivres, des munitions. Botzaris sort à la tête de six cents Hellènes, les conduit vers les lieux où les rangs ennemis sont les plus serrés, dispose habilement sa troupe, et, dans la nuit du 4 au 5 novembre 1822, il s'élance avec elle sur les Turcs, dont il fait un horrible carnage. La victoire lui reste; mais cinq cent soixante-dix-huit des siens sont tombés; les vingt-deux survivants, il les ramène à Missolonghi, que le président du gouvernement, Mavrocordato, a pu approvisionner à la faveur de cet héroïque combat, et d'où il a en même temps fait embarquer pour le Péloponèse la plupart des vieillards, des femmes, des enfants.

A la bataille de Carpenitzé, gagnée par les Hellènes, Marcos Botzaris, surnommé l'Épaminondas de la Grèce moderne, combat avec sa bravoure habituelle, et reçoit une blessure mortelle. Le 5 août 1823, il succombe à Missolonghi.

Si la victoire favorise sur terre les courageux Hellènes, elle leur prodigue aussi sur mer ses plus éclatantes faveurs. Constantin Kanaris, le Thémistocle de la Grèce insurgée contre la tyrannie, fait une rude guerre aux vaisseaux de l'Islamisme.

La flotte ottomane est réunie à l'île de Ténédos, située à l'entrée du détroit des Dardanelles. L'amirauté d'Ipsara l'apprend, et décide aussitôt la destruction de cette flotte. Kanaris, le héros de l'Archipel et de la Méditerranée, sollicite l'honneur de conduire encore une fois ses compagnons au combat. Sa demande est accueillie. Deux brûlots, dix-sept hommes d'équipage habillés à la turque, c'est tout ce qu'il veut. Il part, arbore le pavillon turc, arrive à Ténédos le lendemain, au moment où le jour finit, où la nuit commence ; il pénètre dans le port, cherche, au milieu d'une forêt de mâts, le vaisseau amiral, le reconnaît à sa colossale stature, l'aborde, y met le feu. L'énorme citadelle flottante s'embrase ; plus de deux mille hommes la montaient ; trente à peine parviennent, avec leur capitan-pacha, à se sauver juste à l'instant où les flots engloutissent avec fracas le géant des mers.

L'autre brûlot lance en même temps le feu à un second vaisseau, qui, bientôt, s'abîme avec seize cents hommes, dont deux seulement, s'accrochant à des débris, s'échappent des étreintes de la mort, et sont jetés par la vague écumante au rivage, où gisent, brisées, deux frégates naguère superbes.

Le désordre, la confusion, l'incendie se propageant partout, les navires s'entre-choquant, le bruit des vagues, les cris des mourants, le pétillement des flammes, tout fait croire à l'irruption de milliers de Grecs dans le port. Du haut de leur citadelle, les Turcs canonnent leurs propres vaisseaux, dont plusieurs périssent corps et biens ; d'autres sortent et bientôt s'échouent. Douze bricks font côte sur les plages de la Troade. Deux frégates et une corvette, privées, on ne sait comment, de leurs équipages, sont emportées par le courant jusqu'à Paros.

Kanaris, avec ses deux brûlots, avec ses dix-sept braves, assiste, à une certaine distance du port, à ce grandiose spectacle de destruction, puis quitte les parages où il vient de porter la terreur, la défaite, la mort ; il rentre à Ipsara. A sa vue, au simple récit de son étonnante expédition, la joie éclate en inexprimables transports. On dépose une couronne de laurier sur sa tête, on le porte en triomphe. Grand dans sa modestie, le sublime vainqueur de Ténédos se dérobe au plus tôt aux ovations, court à l'église, se prosterne devant la sainte image de la Vierge, de la mère du Christ, confesse tout haut que Dieu seul donne la victoire, se jette aux pieds d'un ministre du Très-Haut, reçoit le pain céleste à la table des fidèles, et rentre au sein de sa famille.

VII. Quand, sous le cimeterre turc, sous ce despotisme oriental, qui, semblable au simoun, flétrit tout et ne laisse rien se reproduire, tant de vaillants peuples ont été retranchés à jamais du livre des nations, les Grecs seuls ont su reconquérir, avec le nom de leurs aïeux, une patrie, une entière indépendance. A

leur appel, les Français d'accourir, de mêler leurs légions, leurs drapeaux et leur sang aux légions, aux drapeaux, au sang des Hellènes ! Le Croissant fuit, disparaît pour toujours de la terre des braves. A la fraternité du champ de bataille, Français et Grecs font succéder une intime alliance. Rien de plus naturel. N'étions-nous pas unis déjà par les liens d'une étroite parenté ? Ne sommes-nous pas les fils de ces fiers Gaulois auxquels, 600 ans avant Jésus-Christ, la noble Phocée envoya ses enfants, ses arts, son commerce, sa civilisation (1) ?

(1) Le jeune et bel Euxenos, citoyen de Phocée, vaste cité de la Grèce asiatique, en Ionie, sur la mer Égée, parcourant la Méditerranée avec ses vaisseaux, aborde sur les côtes de la Gaule, à l'est des bouches du grand fleuve du Rhône, sur le territoire fertile des Segobriges, dont le roi, le vénérable Nann, l'accueille avec la plus affectueuse cordialité, et l'invite à un festin préparé, ce jour-là même, pour le mariage de sa fille. On se met à table. Une brillante jeunesse forme la majorité des convives. A la fin du repas, la vierge royale paraît tenant une coupe, et va, selon l'antique usage de la nation, choisir son époux : ce sera l'heureux mortel à qui sera présentée la coupe. Tous les yeux, tous les cœurs sont suspendus aux yeux de la fille de Nann, qui va droit à l'étranger et lui tend la coupe. Dès ce moment, Euxenos est uni à la séduisante princesse. Pour dot, il reçoit de Nann le lieu où ses navires sont amarrés. Là, il fonde une colonie, ou plutôt un État fameux dans l'histoire des Gaules. Là, il apporte le génie de l'indépendance, si naturel aux peuples du nom Grec. Là, s'élève l'orgueilleuse Marseille, vite peuplée d'industrieux habitants accourus de divers points de la Grèce, surtout de l'Ionie, dont le tyran Harpagus fait abhorrer le séjour.

Nos mères plurent, paraît-il, beaucoup aux jeunes Grecs, qui, à leur tour, captivèrent promptement le cœur de nos mères. Grâce à la prodigieuse fécondité de tant de solides et vigoureuses unions, Marseille, aujourd'hui la plus belle, la plus riche des colonies survivantes de l'ancienne Grèce, prend dès son début la plus étonnante extension. Elle arrive rapidement au faîte de la prospérité. Plusieurs colonies, sorties de son sein, vont bientôt porter en diverses régions leur fortune, leur industrie, leur action civilisatrice. Jusqu'où s'étendit chez nos ancêtres cette vivifiante action, on l'ignore : c'est une question encore très-controversée parmi les érudits ; mais son influence extraordinaire ne saurait être mise en doute. Elle a été nécessairement large, rapide, subie avec empressement, avec bonheur, puisque l'on voit Marseille, secondée par l'inaltérable amitié des Romains, étendre ses possessions jusqu'à Lyon, même jusqu'aux montagnes des Arvernes. — « Les Gaulois, dit le grec Strabon, se laissent persuader de l'utilité des études et y appliquent leur esprit. » — « La nation gauloise, dit Caton l'Ancien, aime passionnément deux choses : bien combattre et finement parler. » — Braves, spirituels, nos pères devaient forcément sympathiser avec le peuple le plus brave, le plus spirituel de la terre, un peuple déjà grand, alors que Rome, la future maîtresse du monde, était encore au berceau.

D'après les commentaires de César (liv. VI, c. 14.), les Gaulois se servaient de caractères grecs. De toutes parts, sur notre sol, une foule de médailles et d'inscriptions viennent attester le même fait. — La langue grecque fut parlée dans tout le midi de la France jusqu'à l'invasion des Barbares.

Après avoir épuisé la gloire des combats, après s'être montrés, les armes à la main, grands comme le furent leurs pères, les Hellènes jouissent d'une paix profonde sous le sceptre tutélaire d'un roi digne de sa haute destinée, d'Othon 1er. Ce prince, chéri d'un peuple célèbre par son courage comme par son génie, a mis toute la puissance de ses intelligents efforts au service de la complète régénération de son royaume. Sous sa vigoureuse impulsion, sa capitale, Athènes, a été reconstruite sur un large plan. On a déblayé les précieux monuments; on les a restaurés et rendus, pour ainsi dire, à la lumière, à l'admiration des visiteurs. On s'est attaché à remédier au double vandalisme des Barbares et de certains Européens, des Anglais surtout. On n'a pas oublié la juste violence avec laquelle un de leurs compatriotes, un des premiers poëtes de l'univers, Byron, a jeté l'anathème à lord Elgin pour avoir sacrilégement volé les reliefs du Parthénon! — Vol cent fois inutile pour la sombre région des épais brouillards! Tous les trésors artistiques de la Grèce pourraient-ils inspirer un seul des *Yankees* d'outre-Manche ? — Malgré ces ravages impies, malgré ces nombreuses profanations, les restes de l'artistique opulence des Grecs sont encore assez nombreux pour captiver l'admiration : l'archéologue, le touriste, quiconque possède le sentiment du beau, éprouve mille délices à les visiter, surtout s'il s'adresse, pour les étudier, au meilleur des guides, aux *Antiquités helléniques*, œuvre remarquable due à la plume exercée d'un écrivain des plus distingués, d'un savant de premier ordre, S. E. M. Rizo-Rangabé, ministre des affaires étrangères de S. M. Othon 1er. Cet homme d'État éminent, dont le génie dirige si habilement les relations extérieures de son pays, aime notre France, qui a aussi un ami dévoué dans un autre Hellène d'un caractère élevé, M. Phocion Roque, ministre de Grèce à Paris.

L'Athènes d'aujourd'hui n'est sans doute plus la magnifique Athènes d'autrefois, l'Athènes de « ce siècle de Périclès, l'âge d'or de l'esprit humain; » mais c'est toujours l'impérissable Athènes, comme un héros mutilé sur le champ de bataille est toujours un héros. C'est toujours la ville aux grandes pensées, aux immortelles inspirations, aux enthousiastes souvenirs. Là, presque tous les grands citoyens savaient manier à la fois l'épée, la parole et la plume. Eschyle, le plus ancien et peut-être le premier en mérite des trois incomparables tragiques grecs; Eschyle, qui fit admirer sa bouillante ardeur à Salamine, à Marathon, dont son généreux sang arrosa le champ de bataille, ne soulevait-il pas au théâtre d'Athènes les plus frénétiques transports par des vers brûlants comme son cœur de guerrier (1) ?

(1) Voici l'épitaphe que se fit le sublime poëte des guerres médiques :
« Ce monument couvre Eschyle, fils d'Euphorion. Né Athénien, il mourut dans les plaines fécondes de Géla. Le bois tant renommé de Marathon et le Mède à la longue chevelure diront s'il fut brave : ils l'ont bien vu!... »

ESCHYLE, né dans l'Attique, à Éleusis, 525 ans avant

Périclès, qui gouverna pendant trente ans son pays, n'était-il pas grand sur le champ de bataille comme à la tribune ? Socrate, qui brilla de tout l'éclat d'une vertu sans tache, Socrate, que, d'une voix unanime,

Jésus-Christ, frère de Cynégire et d'Aminias, qui se firent un grand nom dans les guerres médiques, mourut à l'âge de 69 ans, 456 ans avant notre ère.

PÉRICLÈS, né 494 ans avant Jésus-Christ, fils de Xantippe, le vainqueur de Mycale, eut pour maîtres les philosophes Zénon et Anaxagore. « Jamais, selon Plutarque, il ne monta à la tribune sans prier les dieux de ne laisser échapper de sa bouche aucun mot qui ne fût utile à la question qu'il allait traiter. » La souveraine autorité de sa parole faisait comparer son éloquence aux éclairs qui éblouissent, à la foudre qui frappe. Quand il prononça l'éloge funèbre des guerriers morts pendant la guerre de Samos, les mères et les veuves, qui fondaient en larmes, se relevèrent à la fin de son discours, coururent l'embrasser, et le reconduisirent en chantant, en le couronnant de fleurs. Ses contemporains lui donnèrent, comme à Jupiter, le surnom d'Olympien. — Ce grand homme mourut à l'âge de 65 ans, 429 ans avant notre ère.

SOCRATE, né à Athènes, 470 ou 469 ans avant Jésus-Christ, se proposa de bonne heure à lui-même l'idée sublime d'un sage dont la vie entière, et comme homme et comme citoyen, offrit sous tous les rapports un modèle de ce que l'humanité peut devenir. Les intrigues de ses ennemis le firent condamner à boire la ciguë, 400 ans avant notre ère. Sa mort fut admirable de courage et de résignation, comme sa vie entière.

SOPHOCLE, né à Colone, village situé sur la rive gauche du Céphise, près d'Athènes, 498 ans selon les uns, et, suivant les autres, 495 ans avant notre ère, mourut à Athènes, en 406, âgé de 92 ans, ou, tout au moins, de 89, dans toute la plénitude de son génie. S'il fut un grand poëte, il fut aussi un vaillant soldat. Brave comme Périclès, comme lui remarquable par sa beauté, — la beauté physique était considérée chez les Grecs comme un don des dieux, — il fit avec lui et comme lui, en qualité de stratége ou général, la brillante expédition de Samos, où il déploya une bouillante valeur.

EURIPIDE, né à Salamine, 486 ans avant notre ère, ou, selon une tradition plus accréditée, 6 ans plus tard, c'est-à-dire l'an 480, mourut en 407 ou en 406, en Macédoine, à la cour du roi Archélaüs. Élevé d'abord pour devenir athlète, il réussit dans les exercices du corps. Il s'adonna ensuite à la peinture, puis à l'art oratoire et à la poésie. Il plaça, dans la tragédie, son nom à côté de ceux d'Eschyle et de Sophocle.

LYSIAS, un des plus célèbres orateurs judiciaires d'Athènes, né dans cette ville en 459, y mourut en 379 avant notre ère, à quatre-vingts ans; c'était un ami de Socrate.

HÉRODOTE, justement surnommé *l'Homère de l'histoire*, naquit à Halicarnasse, ville de Carie (Asie), 484 ans avant notre ère, 4 ans avant la descente de Xerxès en Grèce; il mourut vers l'an 406 avant Jésus-Christ, à Thurium, en Italie. Il choisit le moment où les Grecs étaient rassemblés aux jeux olympiques pour y lire son histoire, qui fut accueillie par des applaudissements extraordinaires. Les neuf livres dont elle se compose reçurent le nom des neuf Muses. « Hérodote, suivant l'*Anthologie*, reçu chez lui les neuf Muses; chacune d'elles l'a récompensé de son hospitalité en lui donnant un livre. »

MÉTON, astronome, avec Euctémon, observa le solstice d'été 432 ans avant notre ère. Cette observation, celle que fit avec un gnomon le Marseillais Pythéas, vers le temps d'Alexandre le Grand, et celles faites en Chine l'antiquité païenne proclama le plus sage des hommes, n'était pas seulement le premier philosophe de l'univers, c'était aussi un intrépide soldat, quand son patriotisme lui mettait le fer à la main pour la défense de son pays. Pas un ne le surpassait en courage. A Potidée, il enlève au milieu d'une grêle de traits, Alcibiade blessé et près de tomber aux mains de l'ennemi. A Amphipolis, comme ailleurs, il se bat avec un élan que rien n'arrête. A Délion où les Athéniens sont forcés de céder au choc d'un ennemi

avec le même instrument, 1100 ans avant Jésus-Christ, par Tcheou-Kong, prouvent la diminution de l'écliptique.

HIPPOCRATE, né 460 ans avant notre ère dans l'île de Cos, mourut près de Larisse, dans la Thessalie, à l'âge de 85 ans selon les uns, de 90 selon les autres; il aurait même vécu, selon certains historiens, 104 ou même 109 ans. — Les peuples de l'antiquité professaient pour les médecins une profonde vénération : « Un médecin, dit Homère, équivaut à un grand nombre d'hommes. » Ainsi s'explique la gloire dont jouit à juste titre, dès son vivant, l'illustre fondateur de la médecine scientifique; Hippocrate fut à la fois un savant médecin, un vigoureux esprit, un écrivain nerveux, un grand philosophe. Son principe fondamental était celui-ci : « C'est la nature qui guérit le malade. »

ARISTOPHANE, le premier des poëtes comiques de la Grèce. On ne connaît ni le lieu ni l'année précise de sa naissance, ni celle de sa mort. On croit qu'il naquit à Athènes vers 420 avant notre ère.

ANAXAGORE, né à Clazomènes, en Ionie, vers 500 avant Jésus-Christ, s'éleva à la doctrine d'un esprit, *noûs*, créateur, ordonnateur du monde, et en qui seul résidaient l'omniscience, la grandeur, la puissance, l'énergie libre et spontanée.

APOLLODORE, né à Athènes, se fit remarquer par la correction du dessin, par la distribution des ombres, de la lumière, du clair-obscur, et par la magie de son coloris.

ZEUXIS, élève d'Apollodore, né vers 400 avant notre ère, fut un des plus grands peintres de la Grèce; il se distingua surtout par la recherche du beau idéal. Appelé en Sicile, à Agrigente, où s'éleva un temple de Jupiter, le plus colossal édifice que les Grecs aient jamais élevé, on fit poser devant lui les plus belles filles de l'île, et de leur beauté réunie son pinceau composa la beauté divine de Junon. — C'est à Zeuxis que les Crotoniates, dont la ville était, comme la fameuse Sybaris, située dans la Grande-Grèce, aujourd'hui royaume de Naples, durent un célèbre portrait d'*Hélène*, dans lequel l'artiste sut, dit-on, combiner toutes les perfections de cinq jeunes filles d'une admirable beauté.

POLYGNOTE, de Thasos, excella aussi dans la peinture.

PARRHASIOS, d'Éphèse, fut, en philosophie, le disciple de Socrate, et, en peinture, le rival de Zeuxis. Un de ses tableaux les plus admirés était son allégorie : *Le Peuple d'Athènes*. On appela Parrhasios le législateur de la peinture; mais il déshonora son pinceau par la représentation d'objets infames.

THUCIDYDE, auteur de l'*Histoire du Péloponèse*, né à Halimonte, village des environs d'Athènes, 471 ans avant Jésus-Christ, mourut dans cette ville l'an 395, c'est-à-dire à l'âge de 76 ans. Sa mère était petite-fille de Miltiade, le vainqueur de Marathon. — Démosthène faisait un si grand cas de l'éloquente histoire de Thucidyde, qu'il la copia huit fois et l'apprit enfin par cœur.

XÉNOPHON, né à Erchie, bourg de l'Attique, vers l'an 445 avant Jésus-Christ, moins d'un siècle avant Alexandre le Grand, mourut à Corinthe en 355 ou 354 avant notre ère, c'est-à-dire à l'âge de 90 ou 91 ans. — Dès l'âge de 18 ans, il fut, durant de longues années, un des auditeurs les plus assidus de Socrate, dont il fit l'apologie, grâce à laquelle les accusateurs de son maître sont à jamais plongés dans l'infamie. — Xénophon fut philosophe, historien, capitaine, Spartiate par la vertu, Athénien par la grâce et le

goût, enfin le plus illustre disciple de Socrate après Platon. Il composa une foule d'ouvrages. On le surnomma *l'Abeille attique*, à cause de la douceur de son style. C'est lui qui, après la bataille de Cunaxa, ramena d'Asie l'armée des Dix-Mille, dont les principaux chefs avaient péri. Le livre qui a fait sa réputation comme historien, et qui est, sans contredit, son chef-d'œuvre, c'est l'*Anabase*, ou le récit de la retraite de cette petite armée, précédé de celui de l'expédition de Cyrus le Jeune dans la haute Asie.

PLATON, né à Athènes en 430 ou 429, y mourut, dans tout l'éclat de son vaste génie, à l'âge de plus de 80 ans, l'an 348 avant notre ère, au milieu de ses immortels travaux. La mort le surprit mettant la dernière main à l'un de ses chefs-d'œuvre, les *Dialogues des Lois*. Il avait enseigné pendant 40 ans. Il voulut, dans ses profondes recherches, embrasser la théorie et la pratique, et rapprocher les branches divisées du socratisme. — Il a été regardé par les anciens comme le premier des prosateurs. Cicéron disait que si les dieux voulaient parler la langue des hommes ils parleraient celle de Platon.

ARISTOTE, né à Stagire, en 384, mourut à Chalcis, en Eubée, l'an 323 avant notre ère, âgé de moins de 62 ans. Il avait suivi, avec une foule d'autres disciples, les leçons de Platon jusqu'à la mort de ce philosophe; il devint ensuite précepteur d'Alexandre le Grand; puis il ouvrit une école de philosophie à Athènes, qu'il fut obligé de quitter en 323, pour échapper à une accusation d'impiété. Peu de temps après il mourut de maladie.

Le génie d'Aristote a quelque chose de phénoménal : il a immensément produit. Quel homme que celui dont un philosophe illustre a pu dire : « Depuis Aristote, la science de la pensée n'a fait ni un pas en avant ni un pas en arrière ! »

PHIDIAS, né en 498 et mort, selon toute probabilité, en 431 avant notre ère, fut investi par Périclès de la suprême direction des travaux dont Athènes fut embellie. Cet artiste immortel chercha et sut trouver la beauté idéale. Toutes ses œuvres portent le cachet de la suprême grandeur. A propos de son Jupiter Olympien, l'*Anthologie* lui dit : « Ou Jupiter est descendu du ciel pour poser devant toi, ou bien, toi-même, ô Phidias! tu es monté dans l'Olympe pour contempler le dieu. »

Notre cadre ne nous permet pas de parler de tant d'autres grands hommes qui ont aussi excellé soit dans l'architecture, soit dans la sculpture et les autres arts, soit dans les lettres ou les sciences. Nous ne saurions toutefois résister au désir de terminer notre note par le nom du prince des orateurs, DÉMOSTHÈNE, né, en 385 avant notre ère, à Péanie en Attique. Ce fier génie, ne respirant que l'amour de la gloire, de la liberté de sa patrie, ne cesse de lancer les foudres de sa parole aux ennemis de son pays. Pour échapper à la tyrannie enfin victorieuse, il se réfugie, vers 323 avant notre ère, dans les bras de la mort. Sa vie entière fut, comme sa mort, un des plus sublimes spectacles que l'histoire puisse offrir à l'admiration des siècles. — Eschine, qui fut aussi un orateur des plus éminents, et que, par la toute-puissance de l'éloquence de son discours *de la Couronne*, Démosthène avait fait bannir d'Athènes, lisant un jour à ses élèves ce fameux discours de son rival, et de bruyants applaudissements venant tout à coup à couvrir sa voix : « Que serait-ce donc, s'écria-t-il si vous eussiez entendu le monstre rugir ? »

supérieur en nombre, il dégage le jeune Xénophon, grièvement blessé, et, avec quelques braves, entre autres son ami Lachès, il tient en échec toute la cavalerie thébaine et se retire pas à pas devant elle. Si chacun eût fait comme Socrate, — généraux et soldats le dirent, — la bataille eût été gagnée.

Les contemporains de Périclès et de Socrate étaient Sophocle et Euripide, Lysias et Hérodote, Méton et Hippocrate, Aristophane et Anaxagore, Apollodore et Zeuxis, Polygnote et Parrhasios. Eschyle mourait, mais Thucydide et Xénophon, Platon et Aristote allaient entrer en scène.

Au milieu de ces grands hommes vivait Phidias. Faut-il donc s'étonner des prodiges de son ciseau?

« L'artiste, en travaillant, a toujours ses juges présents à la pensée, et toute œuvre d'art est un résultat combiné du génie de l'auteur et des lumières, des passions, du goût de son pays et de son temps. Voilà surtout en quel sens il est vrai de dire que l'art est l'expression de la société, et son histoire l'histoire de la civilisation.

» Les arts étant de la même famille que la poésie, on conçoit qu'un rapport intime, qu'un lien de ressemblance fraternelle doit exister entre tous les chefs-d'œuvre d'un même siècle, de même que, dans tous les pays du monde, on voit chaque art réaliser, sous une forme différente, le même sentiment religieux, la même pensée générale que la poésie. »—« La grande sculpture grecque, dit M. Ampère, telle qu'elle se montre dans la *Niobé* de Florence, dans les statues du Parthénon, est de la poésie homérique en marbre. Le Dante dessine ses figures à la manière rude, hardie et grandiose de Michel-Ange ; et la fresque du *Jugement dernier* est un chant du Dante. »

La nature offrait à l'art grec des modèles parfaits à imiter.

Les jeux olympiques et pythiques attiraient à des époques, à des lieux fixes, une immense affluence de tous les points de la Grèce. Pour disputer le prix de l'agilité, les concurrents se dépouillaient de toute espèce de vêtement. Ils étalaient ces belles et mâles proportions du corps humain, cette souplesse gracieuse, cette pose énergique, cette attitude virile de membres brillants de l'huile des athlètes, qui offraient mille sujets d'études à l'artiste. Comme ces œuvres devaient s'en inspirer! On s'explique pourquoi Michel-Ange aveugle allait toucher le *torse* du Belvédère pour jouir encore des belles formes de l'antique (1).

La beauté physique est regardée comme l'élément

(1) « La sculpture et la peinture avaient là sous les yeux la plus belle race du monde, et des encouragements tels que nul peuple ne leur en a jamais donnés; car on ne venait pas seulement pour assister aux luttes, mais aussi pour admirer les productions des artistes. Si la force et l'agilité, qualités essentielles d'un peuple militaire, y recevaient des couronnes, la beauté dans toutes ses manifestations, qu'elle vienne du corps et de l'âme, du travail des mains ou des efforts de l'intelligence, y obtenait un souverain empire. Pour la Grèce, « le beau était la splen-

essentiel de l'art grec; tout y fut, dit-on, subordonné dans le choix comme dans l'exécution du sujet. Dans un pays où tant d'individus atteignaient au degré de perfection le plus élevé, ce que nous appelons maintenant avec raison l'*idéal* dans les chefs-d'œuvre de l'art grec, était, en tout genre, la *réalité* même dans sa plus haute expression.

La Grèce moderne présente, avons-nous dit, de magnifiques restes de ses artistiques trésors; le savant ouvrage de M. Rizo-Rangabé les a tous décrits de manière à en faire sentir et comprendre la beauté, même à ceux qui n'ont pas été à même de les visiter.

Si Athènes a, pour ainsi dire, été ressuscitée par Othon Ier et ses ministres, plusieurs autres villes sont, à leur voix, sorties de leurs ruines.

L'agriculture, l'industrie, les belles-lettres et les arts ont fait et font de rapides progrès.

Comparée aux grandes monarchies de l'Europe, la Grèce n'est sans doute pas encore, sous le rapport matériel, une puissante nation; mais les éléments ne lui manquent pas pour le devenir; elle le deviendra si les gouvernements chrétiens — celui de notre France surtout — continuent, comme il y a lieu de l'espérer, de favoriser le développement de sa prospérité. On n'aura pas affaire à une ingrate : elle sait qu'elle porte un illustre nom et que noblesse oblige.

Rien n'indique mieux la prospérité ou la décadence d'un État que l'accroissement ou la diminution de ses habitants : eh bien! la Grèce, qui, en 1821, avait moins de 668,000 habitants, en a, en 1858, près de 1,100,000! C'est donc, en 37 ans, une augmentation de près de 64 pour cent ! Pas une nation de l'Europe ne présente une progression aussi forte.

A ceux qui contestent systématiquement ses incontestables progrès, la Grèce, sûre d'elle-même, sûre de son avenir, répond à la manière du philosophe ancien, devant qui on niait le mouvement : *elle marche.*

VIII. 273 ans avant notre ère, Sparte, assiégée par l'indomptable Pyrrhus, naguère la terreur des Romains, parle d'envoyer ses femmes en lieu de sûreté. L'une d'elles, Archidamie, la plus riche héritière de Lacédémone, s'élançant tout à coup, une épée à la main, au milieu du sénat, déclare que les femmes veulent, sauront défendre la cité. En effet, elles courent aussitôt du côté où la ville manque de murs, y creusent un fossé, marchent à l'ennemi, rivalisent d'élan avec les plus braves soldats. Pyrrhus, désespérant de vaincre, lève le

» deur du vrai. » Et elle honorait la beauté presque à l'égal de la vertu.

» A Sparte, à Lesbos, chez les Pharrasiens, les femmes se disputaient le prix de la beauté dans un concours public. Un semblable concours fut établi en Élide pour les hommes. Les Égestains élevèrent un temple à Philippe de Crotone à cause de sa beauté. Simonide, enfin, faisait de la beauté la seconde des quatre conditions nécessaires au bonheur. »

siége, disparaît avec sa nombreuse armée. Sparte est libre.

« Vous autres, Lacédémoniennes, vous êtes les seules femmes qui commandiez aux hommes, disait un jour une étrangère à la femme de Léonidas. — C'est que nous sommes les seules, répondit-elle, qui mettions au monde des hommes. »

Dans l'antique Grèce, on pouvait dire : *telle mère, tel fils.* Les hommes devaient leur mâle vigueur à des mères au cœur fort et dont le corps n'avait pas été amolli par le vice.

Dans les divertisssements publics, rien d'efféminé, mais aussi rien de cruel. Des flots de sang humain coulant dans l'amphitéâtre sous l'épée du gladiateur ou sous la dent du tigre, pouvaient amuser les matrones de Rome ; un tel spectacle eût fait bondir de dégoût le cœur des vierges grecques. Ce que prisaient celles-ci dans les hommes, c'était, après la vertu, le courage, l'esprit, la force, la souplesse, l'adresse. Aussi, aux jeux de l'Élide et de l'isthme de Corinthe, prodiguaient-elles les murmures flatteurs, les applaudissements, les acclamations aux vainqueurs enivrés des plus douces émotions du plaisir, de la gloire.

Les filles de Sparte et d'Athènes ont-elles dégénéré ? L'histoire contemporaine va nous répondre.

Un combat des plus meurtriers s'engage entre une poignée de Grecs et des milliers de Turcs, un combat à mort, comme il s'en est tant livré sur la terre des Pélasges, pour arracher une patrie à d'affreux tyrans. La victoire paraît, cette fois, à la veille d'abandonner la cause du droit. Des dames grecques le voient avec horreur ; — déjà elles entendent les cris des vainqueurs ; que feront-elles pour échapper à leur brutalité ? — Elles mourront ! C'est ce que nous apprend le dramatique récit que nous allons emprunter aux *Chants populaires de la Grèce moderne,* traduits et publiés par C. Fauriel :

« Le combat de la première journée ne fut pas décisif. Le second, celui du lendemain, fut terrible ; il était encore un peu incertain, lorsque soixante femmes, voyant qu'il allait finir par l'extermination des leurs, se rassemblèrent sur une éminence escarpée, qui avait un de ses flancs taillé à pic sur un abîme, au fond duquel un gros torrent se brisait entre mille pointes de roc, dont son lit et ses bords étaient partout hérissés. Là, elles délibérèrent sur ce qu'elles avaient à faire pour ne pas tomber au pouvoir des Turcs, qu'elles s'imaginaient voir déjà à leur poursuite. Cette délibération du désespoir fut courte, et la résolution qui suivit unanime. Ces soixante femmes étaient, pour la plupart, des mères plus ou moins jeunes, ayant avec elles leurs enfants, que les unes portaient à la mamelle ou dans leurs bras, que les autres tenaient par la main. Chacune prend le sien ; lui donne le dernier baiser, et le lance ou le pousse, en détournant la tête, dans le précipice voisin. Quand il n'y a plus d'enfants à précipiter, elles se prennent l'une l'autre par la main, commencent une danse en rond, aussi près que possible du bord du précipice, et la première d'elles qui, le

premier tour fait, arrive sur le bord, s'en élance et roule de roche en roche jusqu'au fond de l'horrible abîme. Cependant le cercle où le chœur continue à tourner, et, à chaque tour, une danseuse s'en détache de la même manière jusqu'à la soixantième. On dit que, par une sorte de prodige, il y eut une de ces femmes qui ne se tua pas dans sa chute. »

Dans le dernier chant du *Pèlerinage d'Harold,* c. XXV et XXVI, la majestueuse muse de Lamartine fait ainsi parler, sur ce lugubre fait, l'infortunée femme miraculeusement sauvée :

Sur les sommets glacés du sauvage Érymanthe,
Des bords délicieux où le Laos serpente,
Fuyant les fers sanglants d'un vainqueur inhumain,
De rochers en rochers nous gravissons en vain ;
Le féroce Dethys, que son vizir excite,
Nous suivant jusqu'aux lieux que le tonnerre habite,
Comme un troupeau de daims forcé par les chasseurs,
Fait tomber sous ses coups nos derniers défenseurs.
Déjà du haut des monts sur nos camps decendue,
Notre dernière nuit nous dérobe à sa vue :
Nuit courte ! nuit suprême, hélas ! dont le matin
Doit éclairer l'horreur de notre affreux destin !
Le sommeil ne vint pas effleurer nos paupières :
Les prêtres, vers le ciel élevant nos prières,
En mots mystérieux que nous n'entendions pas,
Bénissaient sous nos pieds la terre du trépas.
Sur le granit tranchant des roches escarpées,
Les guerriers aiguisaient le fil de leurs épées,
Et, les voyant briller, les pressaient sur leur cœur,
Comme un frère mourant embrasse son vengeur !
Assises à leurs pieds, les mères, les épouses,
De ces heures de mort, hélas ! encor jalouses,
D'une invincible étreinte enlaçaient leurs époux,
Ou, posant tristement leurs fils sur leurs genoux,
Dans un amer baiser qu'interrompaient leurs larmes,
Pour la dernière fois s'enivraient de leurs charmes,
Et leur faisaient couler, avant que de périr,
Les gouttes de ce lait que la mort va tarir.

Mais à peine dorant les sommets du Ménale,
L'aurore suit au ciel l'étoile matinale,
La terre retentit du cri d'*Allah !* Des pas
Dans l'ombre des vallons roulent avec fracas ;
De menaçantes voix s'appellent, se répondent ;
Sur nos fronts, sous nos pieds le fer luit, les feux grondent,
Et du rapide obus les livides clartés
Nous montrent nos bourreaux fondant de tous côtés.
Déjà, sous le tranchant du sanglant cimetre,
Nos premiers rangs atteints roulent, jonchent la terre ;
Par un étroit sentier, de noirs rochers couvert,
Un seul passage encore à la fuite est ouvert ;
Les vierges, les vieillards à la hâte s'y glissent ;
Leurs enfants dans les bras, les mères y gravissent ;
Et tandis que nos fils, nos frères, nos époux,
En disputent l'entrée en périssant pour nous,
D'un sommet escarpé qui pend sur un abîme,
Pour attendre la mort, nous atteignons la cime.

C'était un tertre vert sur un pic suspendu :
L'Érymanthe, à nos pieds, par un torrent fendu,
Découvrait tout à coup un gouffre vaste et sombre,
Dont l'œil épouvanté n'osait mesurer l'ombre ;
Des rochers s'y dressaient, sur leur base tremblants ;
Des troncs déracinés en hérissaient les flancs ;
Des vautours tournoyants, plongeant dans les ténèbres,

En frappaient les parois de leurs ailes funèbres,
Et dans le fond voilé du gouffre sans repos,
On entendait, sans voir, mugir, hurler des flots,
Dont les vents engouffrés dans l'abîme qui fume
Sur ses bords déchirés roulaient, brisaient l'écume,
Et, du noir précipice épaississant la nuit,
D'une foudre éternelle y redoublaient le bruit.
De ce sublime écueil environné d'orage,
Nos yeux plongeaient aussi sur le lieu du carnage.
Ils voyaient, sous le fer des cruels Musulmans,
Tomber l'un après l'autre amis, frères, amants,
Et, par leur nombre, hélas ! que le glaive dévore,
Comptaient combien d'instants il nous restait encore!
Déjà, sur les débris d'un peuple tout entier,
Le féroce Ottoman s'ouvre un sanglant sentier.
Une femme, une mère, ô désespoir sublime !
« Il ne nous reste plus qu'un vengeur... C'est l'abîme ! »
Dit-elle ; et, vers le bord précipitant ses pas,
Elle montre l'enfant qui sourit dans ses bras,
De sa bouche entr'ouverte arrache la mamelle,
L'élève dans ses mains, tremble, hésite, chancelle,
Et, s'animant aux cris d'un vainqueur furieux,
Le lance dans l'abîme en détournant les yeux...
Le gouffre retentit en dévorant sa proie ;
Elle sourit au bruit que l'écho lui renvoie,
Et se tournant vers nous : « Vous frémissez ; pourquoi ?
» Il est libre, dit-elle ; et vous, imitez-moi,
» Mères, qui nourrissant vos fils du lait des braves,
» N'avez pas dans vos flancs porté de vils esclaves ! »
Chaque mère, à ces mots, dans l'abîme sans fond
Jette un poids à son tour, et l'abîme répond ;
Puis, formant tout à coup une funèbre danse,
Entrelaçant nos mains et tournant en cadence,
Aux accents de ce chœur qu'aux rives de l'Ysmen
Les vierges vont chanter aux fêtes de l'hymen,
Notre foule en s'ouvrant forme une ronde immense,
Et, chaque fois que l'air finit et recommence,
Celle qu'au bord fatal a ramené le sort,
Comme un anneau brisé d'une chaîne de mort,
S'en détache et d'un saut s'élance dans l'abîme :
Le bruit sourd de son corps roulant de cime en cime,
Du gouffre insatiable ébranlant les échos,
Accompagnait le chœur qui chantait en ces mots :
Contraste déchirant, air gracieux et tendre,
Qu'en des jours plus heureux nos cœurs faisaient entendre,
Et dont le doux refrain et l'amoureux accord
Doublaient en cet instant les horreurs de la mort :

Semez, semez de narcisse et de rose,
Semez la couche où la beauté repose !

Pourquoi pleurer ? C'est ton jour le plus beau !
Vierge aux yeux noirs, pourquoi pencher la tête
Comme un beau lis courbé par la tempête,
Que son doux poids fait incliner sur l'eau ?

Semez, semez de narcisse et de rose,
Semez la couche où la beauté repose !

C'est ton amant ! il vient ; j'entends ses pas ;
Que cet anneau soit le sceau de ta flamme !
Si ton amour est entré dans son âme,
Sans la briser il n'en sortira pas !

Semez, semez de narcisse et de rose,
Semez la couche où la beauté repose !

Entre tes mains prends ce sacré flambeau,
Vois comme il jette une flamme embaumée !
Que d'un feu pur votre âme consumée
Parfume ainsi la route du tombeau !

Semez, semez de narcisse et de rose,
Semez la couche où la beauté repose !

Vois-tu jouer ces chevreaux couronnés,
Que sur ton seuil ont laissés tes compagnes ?
Ainsi bientôt l'émail de nos campagnes
Verra bondir tes heureux enfants-nés !

Semez, semez de narcisse et de rose,
Semez la couche où la beauté repose !

Vole au vallon, courbe un myrte en cerceau
Pour ombrager ton enfant qui sommeille ;
Le moissonneur prépare sa corbeille,
La jeune mère arrondit son berceau !

Semez, semez de narcisse et de rose,
Semez la couche où la beauté repose !

Sais-tu les airs qu'il faut pour assoupir
Le jeune enfant qui pend à la mamelle ?
Entends, entends gémir la tourterelle ;
D'une eau qui coule imite le soupir !

Semez, semez de narcisse et de rose,
Semez la couche où la beauté repose !

Ainsi, guidant nos pas aux accents du plaisir,
Ces chants faits pour l'amour nous servaient à mourir !
Telle aux champs des combats la musique guerrière,
Ouvrant aux combattants la sanglante carrière,
Jusqu'aux bouches du bronze accompagne leurs pas,
Et mêle un air de fête aux horreurs du trépas !
Mais d'instants en instants, hélas ! tournant plus vite,
Le chœur se rétrécit, le chant se précipite,
Et le bruit de nos voix que retranche le sort,
Décroît avec le nombre et meurt avec la mort !
A coups plus répétés déjà l'abîme gronde,
Le cœur bat, le sol fuit ! nos pas pressent la ronde ;
Chaque tour emportait une femme, une voix....
Et le cercle fatal tourna soixante fois !
Moi-même... mais sans doute, en cet instant terrible,
Un ange me soutint sur son aile invisible,
Pour raconter au monde un sublime trépas
Qu'a vu ce siècle impie... et qu'il ne croira pas ! »

Dans ses héroïques fastes, le monde de l'antiquité a-t-il jamais vu rien de plus prodigieusement patriotique, rien de plus épouvantablement grand?

Quand un pays produit de telles femmes, peut-il sortir de leurs généreux flancs autre chose que des Achilles de la plus vigoureuse trempe, comme les Kolocotroni, les Odyssée, les Marco Botzaris, les Miaulis, les Mavrocordato, les Mavromichalis, les Constantin Kanaris, les Capo-d'Istrias, et tant d'autres braves qui ont illustré les champs de bataille de la Grèce moderne ?

Les mères des Hellènes du dix-neuvième siècle ne le cèdent en rien aux nobles femmes de l'antique Lacédémone, et la gloire de leurs fils a tout l'éclat de celle de leurs immortels aïeux.

PAUL ROQUES.
Officier supérieur en retraite.

MORILLE. — Champignon comestible dont le chapeau n'est pas perforé au sommet, et n'étant pas couvert d'une coiffe, est troué d'une multitude d'alvéoles. L'espèce la plus commune, ou *morille comestible*, est ovale ; ses alvéoles sont presque carrées, et sa couleur est brun foncé lorsqu'elle atteint toute sa croissance. Son volume varie depuis celui d'une noisette jusqu'à la grosseur d'une orange. On la trouve dans les bois au printemps, après les premièʳes pluies. Une nuit suffit quelquefois pour son apparition. son goût délicat et savoureux la fait rechercher : fraîche, on la mange grillée ou bouillie avec du beurre ; sèche, on l'emploie comme assaisonnement dans les viandes.

Nous ignorons si la culture de la morille en champignonière est pratiquée quelque part. Pourquoi les bons horticulteurs n'en feraient-ils pas l'essai? Par son bon goût et sa rapidité de végétation, ce champignon mérite qu'on le produise plus souvent sur nos tables.

MORPHINE [de *Morphée*, dieu du sommeil].
—Alcali végétal, auquel l'opium doit en grande partie ses propriétés narcotiques; il est composé de carbone, d'hydrogène, d'azote et d'oxygène. On l'obtient en précipitant par l'ammoniaque la dissolution aqueuse de l'opium et par d'autres moyens. Combinée avec les acides, elle forme plusieurs sels, notamment l'acétate de morphine, qui sont très-vénéneux et qui laissent peu de traces. A dose modérée, cette substance est employée comme calmant du système nerveux.

MORSE [nom russe, *trichechus*]. — Genre de mammifères marins, de la famille des carnivores, formant avec les phoques la tribu des amphibies. Ces animaux sont vulgairement connus sous le nom de *vaches marines*, quoiqu'ils n'aient de ces

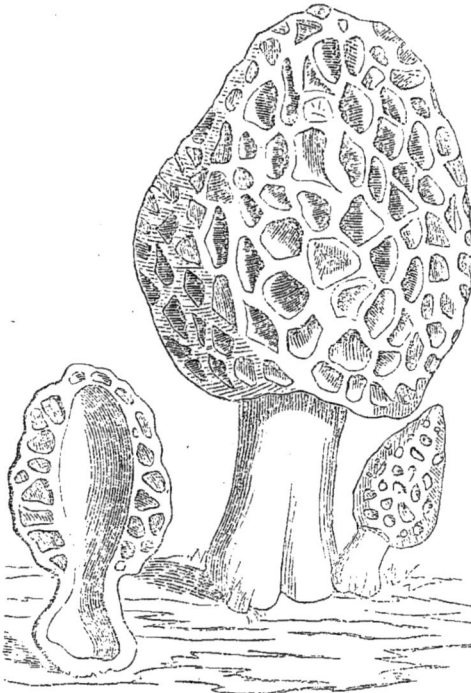
Fig. 23. — Morille.

ruminants aucun caractère extérieur qui puisse justifier cette dénomination. Tout leur corps ressemble à celui du phoque : gros antérieurement, il diminue insensiblement jusqu'à la queue, où il se termine par deux pattes larges, minces, dirigées en arrière, et tellement rapprochées qu'elles semblent former une queue horizontale. Leurs membres antérieurs, conformés en nageoires, ne diffèrent de ceux des phoques que parce qu'ils ont les doigts moins libres et les ongles plus faibles et plus petits.

Il est cependant une différence importante, dit Salacroux, qui distingue au premier coup d'œil ces deux sortes d'amphibies : le morse offre à sa mâchoire supérieure deux fortes canines, qui font hors de sa gueule une saillie de plus de deux pieds; le phoque, au contraire, a toutes les siennes cachées par ses lèvres. On sent que la largeur et la profondeur des alvéoles, nécessaires pour loger les racines de ces deux dents énormes, doivent altérer considérablement la forme de la tête du morse. En effet, le museau, repoussé par ces os, se relève à tel point, que l'ouverture des narines est tournée presque directement vers le ciel. En outre, le peu d'intervalle qui existe entre ces deux espè-

Fig. 24. — Morses.

ces de défenses, s'opposant au développement de la mâchoire inférieure, celle-ci reste extrêmemen étroite, et manque même absolument de dents canines et incisives. De cette différence du système dentaire, il en résulte une autre dans le régime de ces amphibies : les phoques ayant toutes leurs mâchoires bien armées, se nourrissent exclusivement de chair ou de poisson ; les morses, au contraire, dépourvus, à la mâchoire inférieure, des dents qui leur permettent de saisir et de déchirer facilement leur proie, unissent l'usage de certaines plantes aquatiques à celui des substances animales. Quant aux autres habitudes, elles sont essentiellement les mêmes dans les deux genres. Les uns et les autres se réunissent également en troupes nombreuses, dont tous les membres se prêtent un secours mutuel en cas de danger; ils se tiennent principalement dans l'eau, et ne vont à terre que pour se reposer et dormir, ou pour mettre bas et allaiter leurs petits. La seule différence qu'ils présentent, sous ce rapport, c'est que les morses ne se trouvent que dans les contrées septentrionales, et se rendent encore plus rarement à terre que les phoques, à cause de l'extrême difficulté qu'ils ont à s'y mouvoir, faute d'ongles assez forts aux membres antérieurs. On leur fait à tous la chasse de la même manière et pour les même motifs : l'huile et la peau sont les deux objets que les chasseurs recherchent ; dans le morse, on trouve de plus les défenses, dont l'ivoire, quoique grenu, est cependant employé dans les arts. Les morses étaient autrefois beaucoup plus communs qu'aujourd'hui : on en trouvait des troupes innombrables sur les rivages de toutes les mers du nord. Maintenant, ils sont relégués sur les côtes glaciales du Spitzberg, du Groënland et de quelques autres contrées très-rapprochées du pôle nord. On ne connaît, de ce genre, qu'une seule espèce bien authentique, qui est longue de sept à huit mètres, et recouverte d'un pelage jaunâtre. On l'appelle indistinctement *vache marine*, *cheval marin*, *bête à la grosse dent*, *walrus*, etc.

MORT [physiologie]. — Cessation définitive des fonctions de la vie. « Les belles pages où Buffon a tracé la dégradation successive que la vieillesse imprime à l'organisation humaine sont connues de tous les médecins; Cabanis, les reprenant en sous-œuvre, y a ajouté des considérations savantes et ingénieuses, pour expliquer l'altération particulière que présente l'intelligence des vieillards : les acquisitions de l'âge mûr s'effacent rapidement, et celles de l'enfance et de la puberté reparaissent en proportions correspondantes, ou plutôt celles-ci ont toujours régné et n'ont été que recouvertes par les autres. Elles étaient le produit des sens doués de toute leur vigueur ; elles s'écrivaient sur une table rase. Tout ce qui est venu quand les sens ont été affaiblis, ou quand la table était couverte, a dû produire des impressions molles et confuses, qui ont été les premières enlevées quand est venu cet âge de destruction, si justement nommé seconde enfance. On comprend comment le vieillard proteste contre le présent pour donner la préférence aux idées du passé : ces idées portent avec elles un souvenir enchanteur, celui de la jeunesse, et de plus elles furent élaborées à une

époque où l'individu était plein de foi en lui-même. La paresse et l'engourdissement l'empêcheraient de juger convenablement les idées nouvelles, quand même sa conscience ne lui assurerait pas que ce passé qu'on ose attaquer fut infaillible. Avec l'affaiblissement de la vie animale, c'est-à-dire des sens extérieurs et de leur intelligence, arrive bientôt celui de la vie organique en commençant par la force musculaire et la force digestive. Enfin, la mort elle-même s'ensuit. »

Winslow, Louis, Bruhier, Nysten, etc., ont fourni des documents importants pour l'histoire des signes de la mort.

Malgré la réunion des signes suivants de la mort : absence de circulation et de respiration, raideur du corps; front ridé et aride, yeux caves, nez pointu, bordé d'un cercle violet ou noirâtre : tempes affaissées, creuses et retirées; oreilles redressées, lèvres pendantes; pommettes saillantes; menton ridé et racorni, couleur plombée ou violette de la peau; poils des narines ou des cils parsemés d'une espèce de poussière d'un blanc jaunâtre; malgré la mollesse, l'affaissement, la flaccidité et l'obscurcissement des yeux, le froid glacial de toutes les parties du corps, et l'insensibilité aux incisions, aux brûlures, aux cautérisations, la putréfaction, qu'il faut distinguer avec soin de la gangrène, l'expert ne pouvait se prononcer qu'avec réserve, lorsqu'il s'agissait de déclarer qu'un homme était bien mort. Cette question importante des signes certains de la mort a fait un pas important depuis la publication du beau rapport de M. Rayer, sur un mémoire du docteur Bouchut. Voici l'analyse des conclusions de ce rapport :

1° La cessation définitive des battements du cœur, indiquée par la cessation des bruits cardiaques, est un signe immédiat et certain de la mort.

2° La rigidité cadavérique est aussi un signe certain de la mort.

3° *Le défaut de contractilité musculaire, sous l'influence de l'électricité ou du galvanisme, est le troisième signe certain de la mort.*

C'est à la réunion de ces signes, et surtout au dernier, que nous attachons une immense importance, lorsqu'il s'agit de constater la mort, car :

1° *L'absence de circulation*, prise isolément, n'indique nullement que la vie soit éteinte. Qu'on explore les artères sous la partie interne des bras, dans le creux de l'aisselle, sur les côtés du cou, etc., sans pouvoir apprécier les phénomènes de la circulation, on ne peut pourtant point déclarer la mort réelle, puisque les médecins savent parfaitement qu'on peut vivre plusieurs heures, sans que les bruits circulatoires aient pu se manifester à nos moyens d'investigation;

2° *L'absence de respiration* n'indique pas non plus qu'un individu a succombé, puisqu'il est prouvé que cette respiration peut se rétablir, après un temps plus ou moins long, bien qu'elle n'ait pu être constatée par les moyens ordinaires, c'est-à-dire l'*agitation* de la flamme d'une bougie ou de corps légers devant les narines; l'obscurcissement d'un miroir placé devant la bouche ou les ouvertures du nez, etc.;

3° La *raideur du corps*, indiquée comme un des signes les plus certains de la mort, peut être due à la congélation, aux convulsions, à certaines syncopes et à l'asphyxie. Mais, dit le docteur Foy, si l'on se rappelle que chez les personnes qui ont été gelées et qui peuvent être ramenées à la vie, la dureté des organes est égale à celle des muscles (dans la raideur cadavérique, les muscles seuls présentent de la résistance); que dans la roideur *convulsive*, les membres ne peuvent être changés de position qu'avec la plus grande difficulté; qu'ils ne peuvent rester fixes lorsqu'on est parvenu à les déplacer (le contraire a lieu dans la raideur cadavérique); que dans la syncope, la raideur est instantanée et la chaleur encore sensible au ventre et à la poitrine (c'est le contraire dans la raideur cadavérique); enfin, que chez les asphyxiés, la raideur est toujours un signe certain de la mort, car, chez ces derniers, la mort est prompte, et la rigidité ne se manifeste qu'après dix ou douze heures, laps de temps au bout duquel un asphyxié ne peut être rappelé à la vie; il ne sera pas difficile de prononcer sur la valeur de la raideur cadavérique ;

4° L'*aspect cadavéreux de la face*, si bien décrit par le père de la médecine, peut manquer chez les personnes qui meurent subitement; et dans les maladies, il précède la mort de un ou deux jours;

5° L'*insensibilité aux incisions, aux brûlures, aux cautérisations*, ne se manifeste nullement dans certaines maladies;

6° La *putréfaction* seule, que le médecin devrait distinguer des taches livides, des ecchymoses, de l'odeur d'un organe gangrené pouvait donc être regardée comme le signe certain de la mort. Néanmoins, et malgré de nombreuses recherches faites sur ce sujet, l'incertitude des signes de la mort était encore la cause de méprises les plus funestes. Combien n'a-t-on pas vu se ranimer d'individus qui étaient déjà dans la tombe! L'épreuve de l'électricité ou du galvanisme doit donc être mise en usage toutes les fois que cela est possible, puisqu'elle offre non-seulement le moyen de s'assurer si la mort est réelle, mais encore celui de pouvoir rappeler à la vie dans le cas de mort apparente, et de réveiller à l'instant même les personnes endormies par l'éther ou par le chloroforme.   B. LUNEL.

MORUE (zoologie). — Genre de poissons malacoptérygiens, qui ont trois dorsales et des barbillons ; telle est la *morue ordinaire* ou *cabeliau*, si célèbre par la grande consommation qui s'en fait dans toutes les parties du monde et par sa prodigieuse abondance. Sa taille se balance ordinairement entre 60 centimètres et un mètre, mais peut aller quelquefois jusqu'à deux : elle a le dos varié de jaune et de brun et le ventre blanchâtre. L'Angleterre seule emploie à la pêche de ce poisson jusqu'à vingt mille matelots, et la France, la Hollande, les États-Unis, etc., rivalisent avec elle pour partager les bénéfices qu'elle en retire. On dirait que toutes les nations de l'univers ont conjuré la destruction de l'espèce entière; mais -

quelle influence pourraient avoir leurs captures, même les plus considérables, sur la quantité de ces poissons, dont une seule femelle pond jusqu'à neuf millions d'œufs? Aussi, malgré le nombre qu'on en prend tous les ans, les *morues* forment à Terre-Neuve, au nord de l'Amérique, un banc de plus de cent vingt lieues de long sur cinquante de large, où l'on va toujours puiser comme à une source intarissable. Ces poissons sont d'une telle voracité qu'il suffit d'amorcer les lignes avec un morceau de drap rouge pour les attraper, et avec un appât si grossier, un seul pêcheur en prend jusqu'à six cents par jour. Aussi la pêche difficile n'est-il pas de les prendre : il faut les vider, leur ôter la langue, les désosser, leur couper la tête, les saler, etc. ; mais si leur préparation coûte du travail, on en est bien dédommagé par le prix qu'on retire de leur vente. Tout est utile dans les morues : leur corps est la partie dont on fait le plus grand commerce, ils os servent à engraisser les vaches, leur foie fournit une huile excellente pour la tannerie et l'éclairage, leur vessie natatoire forme une bonne colle, leur langue est un des mets les plus délicats.

L'*égrefin* ou *églefin* est une autre espèce du même genre, qui a comme la morue un barbillon et trois nageoires dorsales; mais il est beaucoup plus petit, et porte sur les côtés une ligne noire qui l'en distingue au premier coup d'œil. Son dos est d'un brun uniforme et son ventre argenté. Quand il est salé, on le nomme *hadou* ou *hadok*. Les phoques et les isatis sont très-friands de ce poisson, et vont jusqu'à fendre la glace pour l'attirer à la surface de l'eau.

Le *dorsch* ou *petite morue* appartient aussi au même sous-genre, il est comme le cabeliau, tacheté sur les parties supérieures et blanc sous le ventre. C'est l'espèce la mieux estimée à l'état frais. On la pêche surtout sur les côtes de la mer Baltique.

MOSAIQUE (peinture) [du lat. *musivum*, ouvrage fait par compartiments, dont on a fait par corruption, *musaicum*, et ensuite *mosaicum*]. —

Ouvrage de rapport, qui est une espèce de peinture qu'on exécute avec de petits morceaux de pierres taillées, ou de prismes d'émail diversement colorés, qu'on place les uns à côté des autres sur un fond solide et uni, enduit d'un mastic.

On copie par ce moyen, soit divers objets naturels, soit même les tableaux des grands maîtres, qu'on parvient ainsi à rendre en quelque sorte inaltérables.

Il y a deux espèces de mosaïques, celle de Rome et celle de Florence.

Dans la *mosaïque de Rome*, on se sert de petits cubes en argent, de toutes couleurs, qui n'ont pas plus de deux lignes de diamètre, et que l'artiste divise d'un coup de marteau tranchant, en prismes aussi minces que l'exigent les détails qu'il doit rendre. On peut avec cette mosaïque imiter les tableaux les plus précieux. Saint-Pierre de Rome offre beaucoup de chefs-d'œuvre en ce genre.

Dans la *mosaïque de Florence*, on n'emploie que des pierres naturelles qui sont ornées de belles couleurs et qui sont susceptibles d'un beau poli. Ce sont principalement les jaspes et les agates; on choisit celles dont la couleur convient à l'objet qu'on veut imiter, et on les taille suivant la forme de cet objet. On voit au Musée des Arts et Métiers, à Paris, des tableaux en ce genre qui sont d'un prix inestimable et d'une beauté que rien n'égale. Le fond est d'un porphyre rouge, et les objets représentés sont des vases de toutes sortes de formes et de couleurs, des coquillages marins de toute espèce, etc., etc. Le gouvernement français a établi une manufacture de mosaïqué de cette espèce à Paris.

Pline dit que les pavés peints et travaillés avec art sont venus des Grecs; qu'entre autres celui de Pergame, qui était un bâtiment appelé *asapotus*, travaillé par Sosus, était le plus curieux. Ce mot d'*asapotus* veut dire : *qui n'a pas été balayé*; et on lui donnait ce nom, parce qu'on voyait si industrieusement représentées sur ce pavé les miettes et les saletés qui tombent de la table, qu'il semblait que ces objets fussent réels, et que les valets n'avaient pas eu le soin de balayer les chambres. Ce pavé était fait de petits coquillages peints de diverses couleurs, l'on y admirait une colombe qui buvait, dont la tête portait ombre sur l'eau.

Ensuite parurent les mosaïques, que les Grecs nommaient *listhrotratota*; elles commencèrent à Rome, sous Sylla, qui en fit faire un pavé à Preneste, dans le temple de la Fortune, environ soixante-dix ans avant notre ère. Ce pavé, qui est une géographie d'Égypte, fait aujourd'hui le principal ornement d'une espèce de niche, dont la voûte soutient les deux rampes par lesquelles on monte au principal appartement du palais que les Barberins ont fait construire dans la ville de Palestrine.

Dans la suite, on ne se contenta pas d'en faire pour des cours, et pour des salles basses, mais on s'en servit dans les chambres; et enfin, on en lambrissa les murailles des palais et des temples.

Le goût de la *mosaïque* se conserva même après la ruine de l'empire romain. Au commencement du treizième siècle, les Vénitiens firent venir plusieurs peintres grecs, entre autres Apollonius, qui enseigna son art à Taffi, de Florence, et fit avec lui divers ouvrages qui furent placés dans l'église de Saint-Jean de cette ville. Gaddo-Gaddi ne tarda pas à s'exercer dans ce genre de peinture. Ensuite Giotto, né en 1276, fit la magnifique barque de Saint-Pierre, battue par les vents, que l'on voit sur la porte de l'église de cet apôtre à Rome. Environ deux cents ans après, Dominique Beccafumi se rendit célèbre par la belle exécution du pavé de l'église de Siennes, qui représentait le sacrifice d'Abraham. Joseph d'Arpinas, surnommé le Josepin, et Jean Lanfranc, de Parme, qui vinrent ensuite, l'emportèrent encore sur leurs prédécesseurs.

Lors de la découverte du nouveau monde, les Mexicains et les Péruviens savaient peindre en mosaïque avec les plumes des oiseaux assemblées par filets, ce qui demandait une adresse et une patience peu communes.

MOT (grammaire) [l'étymologie de ce mot est fort incertaine : Ménage le tire de l'italien *motto*, fait du latin *mutire*, parler bas; d'autres le font venir du bas latin *mutum*, venant du même mot latin]. — Une ou plusieurs syllabes réunies qui expriment une idée.

Les mots se divisent en diverses classes, suivant le point de vue sous lequel on les considère.

Les grammairiens les divisent d'abord en deux grandes classes, les *mots variables* et les *mots invariables*.

Les *mots variables* sont : le substantif, l'adjectif, l'article, le participe, le pronom et le verbe.

Les cinq premières espèces de mots se déclinent, dans les langues à déclinaisons, ou varient seulement pour le genre et le nombre dans celles qui n'ont pas de cas; en anglais, il n'y a que le substantif et le pronom qui varient.

Les verbes se conjuguent.

Les *mots invariables* sont ceux qui ne se déclinent ni ne se conjuguent; il y en a quatre espèces : l'adverbe, la préposition, la conjonction et l'interjection.

Les grammairiens sont bien loin d'être d'accord sur le nombre des espèces de mots, qui forment ce qu'on appelle les *parties du discours*. On en admet généralement dix; mais quelques-uns n'en admettent que neuf. Ces derniers réunissent le substantif et l'adjectif, quoique ces deux espèces de mots présentent des différences assez caractéristiques pour être séparées; d'autres réunissent le participe au verbe, et il en est qui réunissent les articles aux adjectifs déterminatifs. Enfin il s'en trouve qui, en admettant dix parties du discours, s'écartent de la division généralement adoptée, car ils séparent les adjetifs déterminatifs de la classe des adjectifs pour les réunir aux articles. Beaucoup d'autres différences existent dans la classification; il est impossible de les signaler toutes.

Les Latins et quelques autres peuples n'ont pas d'articles; il se trouve probablement d'autres langues privées de quelqu'une des parties du discours d'une utilité secondaire.

Pour juger de quelle espèce est un mot, il ne faut pas, s'en rapporter uniquement au matériel de ce mot. On trouve des homonymes qui sont tantôt d'une espèce et tantôt d'une autre, selon les différentes significations dont ils se revêtent dans les diverses occurrences. Par exemple, *si* est une conjonction dans *si vous voulez*; il est adverbe quand on dit: *vous parlez* SI *bien!* il est substantif en musique: *un* SI. *La* est article quand il précède un substantif, LA *mère*; il est pronom, quand il accompagne le verbe, *je* LA *connais*; il est substantif, quand il désigne une note de musique, *le* LA; il est adverbe, quand il marque le lieu, *allez* LA.

Quelquefois dans une même phrase, un mot peut être employé de plusieurs manières différentes. *Un* PÈRE *est toujours* PÈRE.

Les *bêtes* ne sont pas si *bêtes* qu'on le pense.

Une semblable homonymie existe plus ou moins dans les autres langues. En voici quelques exemples latins. *Eò eo,* j'y vais. *Ave, ave, avesne esse aves?* Bonjour, mon grand-père, voulez-vous manger des petits oiseaux?

Un écueil qu'il faut éviter dans la classification, c'est de tenir trop de compte de l'étymologie; ainsi, pour certains grammairiens, un *récépissé,* un *débet,* un *accessit,* etc., ne sont pas des substantifs, mais des verbes, quoiqu'en français on ne les emploie jamais que comme substantifs; c'est une erreur: ce n'est pas l'origine d'un mot qui le fait appartenir à telle ou telle classe, c'est l'usage qu'on en fait.

La nouvelle école grammaticale me paraît avoir commis une erreur analogue, quand, sous prétexte de réformer le vice des anciennes classifications, elle a compris sous le même nom des mots d'une nature toute différente. Ainsi elle appelle *modatif actif* le verbe, et *modatif inerte* l'adjectif, malgré la grande différence qui les sépare. Il y en a même qui confondent ensemble le verbe *être* et la conjonction, parce que, disent-ils, ces deux mots servent également de lien dans le discours. Si de telles classifications peuvent être admises dans l'analyse logique, où l'on n'a d'autre but que de trouver dans chaque proposition le sujet, le verbe et l'attribut, elles doivent être rejetées de la grammaire proprement dite, où les mots doivent être rangés d'après leur nature et les variations qu'ils éprouvent. C'est l'opinion de l'immense majorité des grammairiens; aussi la nouvelle école, malgré tout le bruit qu'elle a fait il y a quelques années, n'a-t-elle pu réussir à faire admettre ces divisions.

Beauzée classe aussi les mots en *affectifs,* comprenant les interjections, parce qu'elles expriment les affections du cœur, et en *énonciatifs,* qui renferment ceux qui appartiennent au langage: ce sont toutes les autres parties du discours.

Il subdivise ensuite les énonciatifs en mots *déclinables,* partagés en deux classes: les *déterminatifs,* composés des *noms* et des *pronoms,* et les *indéterminatifs,* composés des adjectifs et des verbes.

Les mots indéclinables se subdivisent en *supplétifs,* partagés en *prépositions* et *adverbes,* et en *discursifs* ou *conjonctions.*

On a aussi divisé les mots en *substantifs* ou *objectifs* et en *adjectifs* ou *modificatifs;* mais ces dernières divisions et dénominations sont fort peu usitées.

Outre ces divisions générales, les grammairiens ont encore créé des dénominations pour signaler certains mots sur lesquels ils voulaient appeler l'attention. En voici quelques-uns.

Les *mots synonymes* sont des mots qui désignent une même idée objective principale et qui, sous ce rapport, ont la même signification, mais qui en diffèrent quand on fait attention aux idées accessoires, tels sont les maux *courage* et *valeur.*

Les *mots homonymes* se ressemblent par le son et diffèrent par le sens, tels sont les mots *saint, sain, sein, cinq; son,* bruit, *son,* adjectif possessif; *violent, ils violent.*

Mot propre, mot qui exprime avec plus de justesse et d'exactitude que tout autre l'idée qu'on veut faire entendre.

Mot impropre, celui qui exprime mal l'idée.

Mot faible, celui qui ne l'exprime qu'imparfaitement.

Mot équivoque, mot qui a deux sens, qui est susceptible de deux interprétations, ce sont ces mots qui donnent lieu aux calembours.

Mot obscène, mot qui blesse la pudeur, et dont les personnes bien élevées évitent de se servir.

Mot factice, mot qui est dérivé d'un autre mot, suivant l'analogie ordinaire, mais dont l'usage n'est pas établi.

Mot nouveau, mot récemment mis en usage, et que l'on stigmatise comme un *néologisme;* c'est un tort, on ne doit nullement craindre d'en faire usage, quand il est nécessaire, formé suivant les lois de l'analogie, et qu'il n'a pas d'équivalent dans la langue.

Mot forgé, mot créé par plaisanterie, et formé d'une manière bizarre, tels sont, dans Molière, *désamphitryonner, tartufié.*

Mot hybride, mot composé d'autres mots, qui appartiennent à des langues différentes, tel est *choléra-morbus,* formé d'un mot latin et d'un mot grec. On doit le proscrire du langage, tant qu'un usage général ne l'a pas sanctionné. Le langage scientifique contient un grand nombre de mots de cette espèce.

Mot artificiel, mot dont on se sert pour aider la mémoire par l'arrangement des lettres, comme *barbara, celarent, baralipton,* dans l'ancienne logique.

Mot primitif, celui qui n'est tiré d'aucun autre mot de la langue dans laquelle il est en usage.

Mot dérivé, celui qui est formé d'un autre mot, comme *sainteté,* de *saint.*

Mot simple, celui qui n'est formé d'aucun autre mot de la langue, comme *ciel, roi, bon.*

Mot composé, celui qui est formé de plusieurs mots, comme *bonheur,* fait de *bon* et de *heur.*

Mot consacré, celui qui est tellement propre et usité pour signifier certaines choses, qu'on ne peut se servir d'un autre mot sans parler improprement, comme en théologie les mots *consubstantiel, transsubstantiation.*

Mot technique, mot dont l'usage est spécial aux sciences ou aux arts. Chaque profession a les siens.

Mot sacramentel, mot qui appartient à un sacrement, et, par extension, mot essentiel à la validité d'un acte, d'une convention.

Mot heureux, mot remarquable que l'on a eu le bonheur de trouver.

Beau mot, mot plein de sens et de raison.

Mot profond, mot qui, sous l'apparence d'un mot ordinaire, renferme un sens plus important.

Mot fin, expression qui, sous une apparence de simplicité, offre une idée délicate et spirituelle.

Bon mot, sentiment vivement et finement exprimé.

Gros mots, jurements ou menaces.

Mot d'une énigme, d'un logographe, d'une charade, mot qu'on propose à deviner dans une énigme, dans un logographe, dans une charade.

En blason, on appelle *mot*, une sorte de devise consistant en une phrase courte, ordinairement sentencieuse, écrite sur un rouleau figuré, que l'on place au-dessus ou au-dessous de l'écusson.

Dans l'art militaire, on appelle *mot d'ordre*, le mot que le chef d'une patrouille donne au chef d'un poste lorsqu'il se fait reconnaître, et *mot de ralliement*, le mot que le chef d'un poste donne au chef d'une patrouille, en échange du mot d'ordre ; souvent on confond ces mots sous la dénomination de *mot d'ordre*. On l'appelait autrefois *mot du guet*.

J.-B. Prodhomme,
Correcteur à l'Imprimerie impériale.

MOUCHE (zoologie) [*musca*]. — Genre d'insectes diptères de la tribu des muscides, connues de tout le monde. Les larves de ces insectes sont cylindriques, molles et blanchâtres. Les mouches abondent pendant l'été : quelques espèces sucent le miel des fleurs ; mais le plus grand nombre s'attaque aux matières animales ou végétales en décomposition.

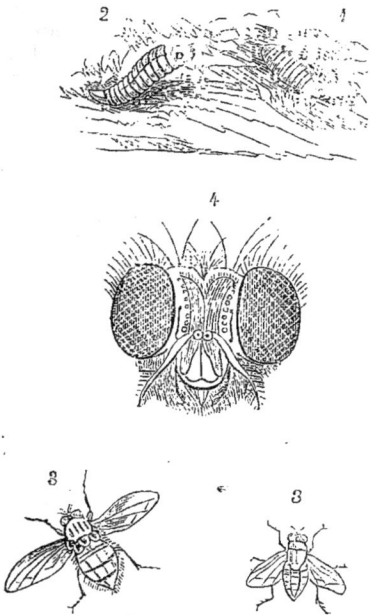

Fig. 25.—Mouche. — Nᵒˢ 1, Chrysalide ; 2, Larve ; 3, Insecte parfait ; 4, Tête grossie.

Il existe un nombre infini d'espèces de mouches. L'espèce type est la mouche domestique (*musca domestica*), commune partout, et surtout dans les appartements, où elle est très-importune. Parmi les autres espèces on remarque : la mouche à viande, mouche bleue ou vomisseuse (*musca calliphora*), longue de près d'un centimètre ; elle a le thorax noir et l'abdomen d'un bleu métallique. Tout le corps est couvert de longs poils noirs, roides. Cette espèce bourdonne l'été dans les appartements, et elle dépose dans les viandes ses œufs qui y éclosent promptement ; la mouche des bœufs (*musca bovina*), qui se distingue de la mouche domestique par les côtés de la face et du front, qui sont blancs, et par son abdomen à bande dorsale noire : elle est très-commune en France, et se jette sur les narines et les plaies des bestiaux ; la mouche des cadavres, dont le ventre est vert doré, tandis que la tête et le corselet sont bleus ; la mouche bourreau, qui tourmente beaucoup les bestiaux.

MOUFLE (mécanique) [de l'allemand *moffel*]. — Machine qui consiste en un assemblage de plusieurs poulies dont on se sert pour élever des poids énormes en peu de temps.

La multiplication des poulies, dans le *moufle*, est fort bien imaginée ; car l'on démontre en mécanique que la force nécessaire pour soutenir un poids par le moyen d'un *moufle*, est au poids lui-même, comme l'unité est au nombre des poulies, en supposant que les cordes soient parallèles entre elles.

D'où il suit que le nombre des poulies et la puissance étant données, on trouve aisément le poids

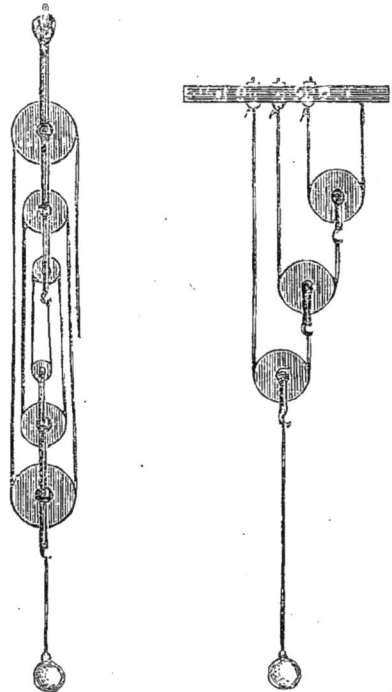

Fig. 26. — Moufle.

qu'elles peuvent soutenir, en multipliant la puissance par le nombre des poulies.

Si un homme ordinaire peut élever avec sa seule

force 75 kilogr., il pourra soutenir avec un *moufle* à six poulies un poids de 450 kilogr.

MOUILLAGE (marine) [de *mullare* pour *laxare* (sous-entendu *anchoram*), lâcher l'ancre]. — Endroit de la mer propre à jeter l'ancre : tous les mouillages ne sont pas également bons et sûrs. Il faut que la profondeur d'eau ne soit pas trop grande, afin qu'il ne faille pas une trop grande longueur de câble; que le câble étant filé, approche davantage de la direction horizontale, et que rampant sur le fond, il contribue par son frottement à retenir le vaisseau, et aussi afin qu'il faille moins de temps et moins d'effort pour enlever l'ancre.

Il y a des fonds remplis de roches, qui coupent, raguent ou rongent les câbles; dans ce cas on met des *flottes* sur le câble.

Il y a des endroits de la mer où le fond est si dur que les ancres n'y peuvent mordre; d'autres, enfin, où le fond est si mou que les ancres n'y tiennent pas solidement, et dérapent ou labourent au moindre effort de vent. Ces sortes d'endroits sont de mauvais *mouillages*. Il en est de même de ceux dont la pente est trop rapide.

MOULE (zoologie) [*mytilus*]. — Mollusque acéphale, à coquille bivalve, allongée, noirâtre à l'intérieur, et ordinairement feuilletée. Elle a un manteau ouvert inférieurement, et un pied dont elle se sert pour ramper ou pour fixer le byssus qui s'insère à sa base.

La moule sert de type à la famille des *mytilacés*, qui comprend :

1° La *moule proprement dite*, qui se trouve dans la plupart des mers, le long des côtes : l'espèce la plus répandue est la *moule commune* (*mytilus edulis*), dont la chair est assez agréable au goût, surtout pendant l'hiver;

2° La *moule d'étang* ou *anodonte*, qui existe dans les eaux douces, rampe à l'aide d'un pied, mais ne se fixe pas comme la moule proprement dite;

3° La *moule des peintres* ou *mulette* (*unio*), que l'on confond souvent avec la moule commune, mais qui en diffère en ce qu'elle a le pied gros et manque de byssus. Elle vit aussi dans les eaux douces et ne se fixe pas. C'est dans les valves de l'espèce la plus connue, la mulette des peintres, que les peintres mettent leurs couleurs d'or et d'argent.

On a beaucoup discuté sur la possibilité ou l'impossibilité dans laquelle se trouvaient les moules de changer de place, soit lorsqu'elles étaient fixées, soit lorsqu'elles avaient été détachées de leur rocher par quelque force supérieure. Réaumur, dans un mémoire consacré à cet examen, a prouvé, par des expériences directes et positives, qu'elles filaient pour remplacer les fils cassés, et qu'elles pouvaient les renouveler tous, s'il était nécessaire, à quelque époque de leur vie qu'elles fussent arrivées.

Comme la moule fait en Europe l'objet d'une consommation très-considérable, on a cherché à l'améliorer, ainsi que l'*huître*, en la déposant, au sortir de la mer, dans des étangs ou fosses dans lesquelles l'eau de la mer reste stagnante, ou dans lesquelles on peut introduire plus ou moins d'eau douce. On appelle ces endroits *bouchots*, sur les côtes de la mer voisine de la Rochelle. Les moules s'y multiplient sur le pied de dix pour une dans le courant d'une année.

Les moules, comme les autres coquillages, frayent au commencement du printemps. Il y a tout lieu de penser qu'elles sont hermaphrodites, et qu'elles n'ont pas besoin du concours d'un autre animal de leur espèce pour engendrer. Leur frai ressemble à une goutte de gelée; vu au microscope, il montre une grande quantité de petites moules toutes formées.

La plupart des côtes de France qui ont des rochers fournissent une grande quantité de moules. On les pêche pendant toute l'année, les grandes chaleurs et le temps du frai exceptés. Ce sont les femmes et les enfants qui se chargent ordinairement seuls de cette besogne, à laquelle ils procèdent aux basses marées avec un crochet de fer capable de rompre le byssus des moules.

Au commencement de mars, on enfonce dans la vase du port de Tarente de longues perches sur lesquelles se fixe le frai des moules. Au mois d'août, époque où les moules sont déjà grosses comme des amandes, on retire les perches, et on les transporte à l'embouchure des ruisseaux qui tombent dans la baie. En octobre, on les entre dans le port. Ces moules se mangent au printemps suivant, quoiqu'elles ne soient pas encore alors arrivées à toute leur croissance.

En procédant avec lenteur, Beudant est parvenu à faire vivre la moule dans l'eau douce. La chair des moules est jaunâtre. Elle est meilleure en automne qu'en aucun autre temps de l'année. On la confit dans du vinaigre, pour l'envoyer au loin. Elle passe pour être indigeste, et elle est peu recherchée sur les tables délicates.

I

Recherches sur les causes de l'Empoisonnement par les moules.

Il est de ces questions en pathologie qui ont une importance telle, que l'on ne comprend pas comment elles sont restées jusqu'à ce jour sans solution : celle des causes de l'empoisonnement par les moules est de ce nombre, et nous devons avouer que depuis l'année 1850, que cette question a fixé notre attention, nous n'avons laissé échapper aucune occasion d'arriver à sa solution.

De tout temps on a observé des maladies causées par l'usage des moules dans certains temps. Werlhoff dit qu'un homme robuste, immédiatement après avoir mangé des moules, fut attaqué d'une cardialgie, de vomissements et d'une fièvre pourpre, et qu'il en mourut le troisième jour. Une dame de Mecklembourg ayant mangé des moules regardées comme venimeuses, éprouva, outre les symptômes ordinaires, une très-forte hémorrhagie utérine. Mentzel ajoute à ces symptômes des convulsions continuelles, et Meibonius parle de passions iliaques causées par les moules venimeuses.

Le docteur Mæhring, dans le septième volume *des Éphémérides d'Allemagne*, rapporte plusieurs observations qui tendraient à prouver que les moules sont sujettes à devenir venimeuses par des maladies qui leur surviennent et qui en rendent l'usage très-dangereux. Les maladies de la moule sont la *mousse* et la *gale*. Certains petits crabes, qui se logent quelquefois dans les moules, les rendent aussi malsaines. Quelques personnes ayant mangé de ces moules ont éprouvé des convulsions accompagnées d'éruptions cutanées.

La nature du venin des moules, dit Bomare, a été inconnue jusqu'à nos jours : des observations réitérées ont seulement donné lieu au proverbe suivant : *Les moules sont malsaines dans les mois où la lettre R n'entre point* ; ce qui se confirme régulièrement tous les ans; c'est-à-dire pendant les mois de mai, juin, juillet et août. Le hasard aurait fait connaître à M. J. B. de Beunie la cause prétendue des accidents occasionnés par les moules. « Un vomitif ordonné à un homme qui se croyait près de périr pour avoir mangé des moules venimeuses, lui fit rendre une *étoile marine* de la grandeur de huit millimètres, et d'abord les symptômes affreux disparurent; c'était au mois d'août 1769 : M. de Beunie, d'après ce fait, se transporta sur les bancs ou lieux d'où l'on tire les moules; quelle fut sa surprise d'y remarquer autant de petites étoiles marines que de moules! Il en ramassa une grande quantité pour faire les expériences qu'il projetait. Des bateliers lui assurèrent qu'avant le mois d'août l'on ne trouve que de grandes étoiles de mer, et que dans le courant du même mois on en rencontre de petites qui parviennent à leur grandeur naturelle en octobre, et qu'en hiver leur nombre diminue considérablement; mais qu'alors, par la construction de leurs rayons, elles ont une figure presque sphérique. En maniant ces échinodermes, M. de Beunie eut les mains enflées, engourdies et enflammées. De retour chez lui, il fit avaler à un chien de taille médiocre trois de ces petites étoiles marines, crues et enveloppées d'un morceau de viande; le chien en mourut dix heures après. Un autre chien, qui fut soumis à la même épreuve, en fut très-malade; on le guérit promptement en lui faisant avaler beaucoup de vinaigre; des étoiles marines cuites ou ayant simplement bouilli, quoique données en plus grande quantité à des chiens, ne produisirent pas d'effet dangereux. »

Depuis les expériences de M. de Beunie, quelques recherches sur les causes de l'empoisonnement par les moules ont été entreprises, et l'on peut rapporter aujourd'hui à cinq le nombre des opinions émises à ce sujet, savoir :

1° *Maladie de la moule*;

2° *Petits crustacés* (crabes) *qui s'introduisent dans les moules*;

3° *Frai d'étoiles marines* (qual);

4° *Cuivre provenant des vaisseaux auxquels s'attachent les moules*;

5° *Dispositions particulières des individus qui éprouvent des accidents par l'usage des moules*.

Nous allons examiner la valeur de chacune de ces opinions, et nous donnerons notre sentiment sur cette question, en nous étayant des observations que nous avons recueillies.

II

1° *Maladies de la moule*. — Selon le docteur Mæhring, la mousse et la gale seraient les deux maladies de la moule. Les racines de la mousse, d'après Mæhring, s'introduiraient dans la coquille, et l'eau, pénétrant par les ouvertures, dissoudrait cette plante cryptogame. La gale serait formée par des espèces de tubercules qui naîtraient de la dissolution de la coquille.

Nous avons examiné avec le plus grand soin les moules affectées de la mousse, c'est-à-dire qui paraissaient plus ternes que d'ordinaire et semblaient nager dans une eau crasseuse, et nous avons pu les manger impunément crues ou cuites. C'est au mois d'août 1850, pendant notre voyage au Havre, que nous fîmes cette expérience. Quant à la gale dont parle Mæhring, nous l'avons cherchée vainement, même à la loupe : du reste, le docteur allemand n'indique pas lui-même le siége des tubercules dont il a parlé.

2° *Petits crustacés qui s'introduisent dans les moules*. — Il est bien vrai que de petits crustacés décapodes, semblables aux crabes, se retirent pendant l'automne dans les moules; mais c'est une erreur, selon nous, d'attribuer à la présence de ces animaux les accidents qu'éprouvent quelquefois les personnes qui mangent des moules. Le 22 septembre 1850, nous avons fait manger vingt à vingt-cinq de ces crustacés crus à un chien, sans qu'il soit résulté pour l'animal le moindre inconvénient.

3° *Frai d'étoiles marines*. — Au mois d'août 1850, nous avons répété les expériences de M. de Beunie sur les astéries, ou étoiles marines; du 17 au 21 dudit mois, nous avons recueilli environ cent astéries. M. de Beunie dit qu'en maniant ces échinodermes, il eut les mains enflées, engourdies et enflammées; nous avons aussi manié ces petites étoiles de mer, et c'est à peine si des traces de rougeur se sont manifestées sur nos mains : encouragé par cet essai, nous avons écrasé entre le pouce et l'index quelques-unes de ces astéries vivantes, et nous avons en effet éprouvé un petit sentiment de cuisson; mais un de ces échinodermes, porté sur la muqueuse de la lèvre inférieure et écrasé avec le doigt, nous fit éprouver la sensation d'une goutte d'alcool portée sur la langue. Enfin nous avons fait avaler à un jeune chien d'abord trois de ces étoiles marines, crues et enveloppées d'un morceau de viande, puis, en une seule fois, trente de ces astéries, également crues, et non-seulement le chien n'en est pas mort, mais même il n'a pas paru en éprouver la moindre indisposition. Je n'ai pas pensé devoir répéter l'expérience avec des étoiles marines cuites.

A quoi peut tenir cette différence de résultats entre mes expériences et celles de M. de Beunie? — Aurais-je expérimenté sur une espèce d'astérie autre que celle dont parle M. de Beunie? C'était l'astérie rougeâtre que j'avais trouvée au Havre, c'est-à-dire, en examinant les grands individus qui se voyaient sur la berge, celle qui a les rayons simples et marqués en dessous d'un sillon longitudinal, au côté duquel sont percés les trous destinés à livrer passage aux pieds. — M. de Beunie n'ayant pas décrit l'espèce sur laquelle il a expérimenté, il est difficile de se prononcer absolument sur la valeur de mes essais; néanmoins, il est probable qu'en expérimentant sur l'espèce la plus commune, j'ai dû me rencontrer avec mon prédécesseur; et, jusqu'à ce que de nouveaux faits viennent éclairer cette question, je me crois porté à considérer le résultat que j'ai obtenu comme positif, concluant, et à ne regarder nullement le frai d'étoiles marines comme susceptible de produire des accidents chez les personnes qui auraient mangé des moules qui en contenaient.

4° *Cuivre provenant des vaisseaux auxquels s'attachent les moules.* — Les moules qui pourraient s'attacher aux parties des navires recouvertes de cuivre ne constitueraient qu'une fraction minime, incroyable, relativement au nombre immense de celles qui existent sur les bancs. Et puis, est-il bien prouvé que ces moules puissent se nourrir de cuivre comme elles se nourrissent, dans la mer et dans les eaux douces, de substances qui servent à leur nutrition? Et si ce cuivre, en se combinant avec leur sang aqueux et incolore, ne produit pas, chez ces mollusques, d'accidents toxiques, pourrait-il constituer un sel métallique dangereux pour l'homme? C'est donc ici encore une opinion qui ne repose sur aucun fait, sur aucune preuve, sur aucune démonstration évidente.

5° *Dispositions particulières des individus qui éprouvent des accidents par l'usage des moules.* — Voici cinq observations recueillies depuis 1850, qui prouveraient que c'est, en effet, à l'idiosyncrasie, ou tempérament propre à certains sujets, que l'on doit la cause de l'empoisonnement par les moules :

1° Au mois d'août 1850, je logeais au Havre, à l'hôtel d'Europe, rue de Paris. Une dame italienne, qui prenait ses repas dans une table d'hôte, avait mangé, ainsi qu'une dame de ses amies et un petit garçon de onze ans, des moules à son dîner. Vers huit heures du soir, cette dame, qui occupait une chambre voisine de la mienne, est atteinte de spasmes, de convulsions; elle jette des cris, a le délire, etc. On m'appelle, je me renseigne sur la cause des accidents; je prescris un vomitif qui suffit pour entraîner toutes les moules au dehors; j'ordonne ensuite une potion éthérée et laudanisée, et vingt-quatre heures après tout accident avait cessé. J'appris par cette dame qu'elle n'avait jamais mangé de moules. L'enfant de onze ans, son petit-neveu, qui en mangeait également pour la première fois, n'en fut pas incommodé, ni l'amie de cette dame, qui avait fait usage des moules contenues dans le même plat.

2° En 1851, au mois de février, M. Lofgnez, demeurant à Paris, rue Culture-Sainte-Catherine,

éprouva, mais dans un degré moindre, des accidents du même genre. Cet homme, âgé de vingt-trois ans, n'avait jamais mangé de moules, pour lesquelles, me dit-il, il avait toujours eu un peu de répugnance. Cependant, s'il n'y avait eu que du dégoût, il n'aurait éprouvé au plus qu'une indigestion.

3° Mademoiselle H. Blin, âgée de vingt-sept ans, demeurant rue Saint-Antoine, se rend à Bercy, le dimanche 19 juin 1853; elle fait un repas avec du poisson et des moules; rentrée chez elle, elle éprouve, le soir, des accidents sérieux : pesanteur d'estomac, spasmes, convulsions, délire, éruption scarlatine; je croyais presque reconnaître une scarlatine maligne. On me raconte la promenade à Bercy, et l'on me dit que la malade avait mangé beaucoup de moules. J'agis en conséquence; et lorsque tous les accidents furent dissipés, j'appris par mademoiselle H. Blin que c'était la seconde fois qu'elle avait mangé des moules, car elle se rappelait que, dès l'âge de onze à douze ans, elle en avait été *affreusement incommodée* (sic). Cependant les parents de cette jeune personne avaient fait usage des moules du même plat sans le moindre inconvénient.

4° M. Percheron, commis droguiste à Paris, rue des Lombards, mange des moules, le 3 novembre 1855, dans un restaurant du Carré Saint-Martin. Ces moules, préparées à la poulette, lui occasionnent une fièvre intense, du délire, des soubresauts, à tel point qu'on croit à un véritable empoisonnement. M. Percheron avait déjeuné à une heure, et les accidents se manifestèrent vers quatre à cinq heures. Sous l'influence de la médication, tous ces accidents sont conjurés en moins de vingt-quatre heures, et cette personne, qui n'accuse nullement les moules de sa maladie, me déclara qu'elle ne se rappelait pas en avoir mangé. Du reste, dit-elle, depuis treize ans que je suis à Paris, je garantis n'avoir jamais eu l'envie d'en manger.

5° Enfin, le 16 janvier 1856, madame Thouveret, âgée de cinquante-huit ans, demeurant rue du Roule, est prise d'accidents tout à fait identiques à ceux éprouvés par la dame italienne du Havre (première observation), et débarrassée de même en vingt-quatre heures. Elle avait mangé deux fois des moules qui lui avaient été envoyées le jour même du Calvados; mais, chose étonnante, les moules du déjeuner ne lui avaient pas fait mal, tandis que celles du dîner l'avaient gravement incommodée; il est vrai qu'il n'y avait eu que quatre à cinq heures entre les deux repas. Cette dame n'avait mangé des moules qu'une ou deux fois dans sa vie, encore était-ce dans les premières années de sa jeunesse. Le mari de cette dame, qui avait mangé des mêmes moules, n'en éprouva pas la moindre indisposition.

III

Conclusion.

Nous remarquerons, d'abord, qu'aucun des accidents rapportés dans ces observations n'a eu lieu dans le même mois. Et quand l'on invoque les mois dans lesquels la lettre R n'entre point, pour rejeter sur le frai des astéries la cause de ces accidents, on se méprend singulièrement, du moins si l'on en juge par les deuxième, quatrième et cinquième observations que nous venons de rapporter. Si l'on voulait chercher dans ces mois la véritable cause des accidents produits alors par les moules, il faudrait invoquer l'insalubrité de ces mollusques sous l'influence des chaleurs de l'été, ou l'époque de leur frai, époque pendant laquelle (de juin à août) tout le monde sait que leur chair est dure, coriace et sans saveur.

Il est difficile ensuite, d'après les cinq observations citées plus haut, d'attribuer aux eaux croupies, par exemple, les qualités malfaisantes des moules, puisque d'autres personnes que celles qui en ont été incommodées gravement ont mangé impunément des moules du même plat. On doit donc admettre ici l'influence de l'idiosyncrasie, c'est-à-dire de cette disposition particulière qui résulte du plus ou moins d'énergie vitale départie à tel ou tel organe chez certains individus, et qui fait que ceux-ci présentent, soit dans les actions de ces organes, soit dans la manière dont eux-mêmes sont affectés par les agents du dehors, des phénomènes plus ou moins différents de ceux qu'on observe, en pareille circonstance, chez la plupart des autres hommes. Peut-on expliquer autrement que par l'idiosyncrasie ces phénomènes bizarres qui viennent frapper d'étonnement l'esprit observateur des hommes de science? Qui ne sait, par exemple, que le vin le plus exquis provoque des vomissements chez certaines personnes; que les odeurs les plus suaves déterminent des convulsions et même des attaques de nerfs chez certaines autres; que telle personne se trouve très-mal d'un médicament qui, dans la même maladie contre laquelle on l'emploie, obtient des succès certains chez le plus grand nombre des individus, etc.? On peut encore rapporter à cette disposition le fait de certains individus qui ne sont point atteints de maladies contagieuses, quoiqu'ils soient, et même plus que les autres, exposés aux circonstances qui favorisent la contagion. Ces diverses propriétés innées ou acquises de l'économie animale dépendent, sans nul doute, d'une organisation particulière; mais, dans l'état actuel de la science, il est impossible d'en spécifier la nature; il est même douteux qu'on puisse jamais la déterminer.

B. Lunel.

MOULIN. — La nécessité de broyer les céréales pour les réduire en farine fut la première cause de l'invention des moulins, dont l'origine se perd dans la plus haute antiquité, bien que, longtemps avant, on ait employé le pilon pour obtenir le même résultat. Les premiers moulins étaient à bras, et les Grecs en attribuaient l'invention, suivant Pausanias, à Milet, natif de Palesia. Les peuples d'Italie en faisaient honneur à Pilumnus, frère de Picumnus, roi des Rutules, qui inventa la manière de fumer les terres (1350 avant Jésus-Christ). Nous allons parler, suivant l'ordre alphabétique, des principales espèces de moulins dont les hommes aient fait usage.

Moulin à eau. — Ce moulin fut inventé à Rome du temps de Jules-César; mais on ne commença à s'en servir que sous Auguste, et il ne devint commun qu'à la fin du quatrième siecle. Les moulins à eau furent d'abord établis sur des fontaines. Le premier moulin que l'on vit sur une rivière fut construit sur le Tibre, par ordre de Bélisaire.

Moulin de famille. — Ce moulin économique moud quatre cent vingt-six livres de blé à l'heure; il est mis en mouvement par un seul homme. M. Desquinemare en est l'inventeur.

Moulin à feu. — Cette espèce de moulin, dans lequel le feu est employé comme moteur, fut inventé, en 1792, par Darnal.

Moulin de ménage. — On doit à M. Durand ce moulin, au moyen duquel un seul homme peut moudre cinq cents livres de blé en vingt-quatre heures. La mouture est semblable à celle des grands moulins ordinaires.

Moulin sans roue. — Cette machine hydraulique fut inventée en 1802.

Moulin à tan. — Les premiers moulins à tan furent construits par Jabac de Cologne.

Moulin à vent. — On attribue généralement les moulins à vent aux Arabes, vers 650. Ils furent introduits en Europe, vers 1040, au retour des croisades; mais ils ne furent adoptés en France qu'en 1250.

MOUSQUET. — Quelques auteurs prétendent que cette arme fut inventée à Moscou, d'où elle a tiré son nom. Le mousquet a succédé, en France, à l'arquebuse. Les mousquets espagnols, sous Philippe II, étaient d'abord si gros qu'on ne pouvait s'en servir qu'en les plaçant sur un bâton planté en terre. Vauban imagina les mousquets-fusils, qui avaient une batterie comme les fusils.

Suivant d'autres, cette arme fut inventée par un Allemand, et l'on s'en serait servi, pour la première fois, en 1380, dans la guerre entre les Vénitiens et les Génois.

MOUSSES (botanique) [du latin, *musci*]. — Vaste groupe naturel de plantes cryptogames et acotylédones, composé de petites plantes annuelles ou vivaces, qui aiment les lieux humides et ombragés; elles se plaisent aussi quelquefois dans l'eau; elles bravent les plus grands froids. Quelques-unes (les gymnostomes) ne dépassent pas un millimètre de hauteur; d'autres (les fontinales et certaines hypnum) atteignent cinquante ou soixante centimètres.

On compte environ dix-huit cents espèces de mousses, constituant cent trente genres, répartis dans trois grandes tribus.

MOUSSE DE CORSE (botanique). — On trouve sur tous les rochers qui sont baignés par les eaux de la Méditerranée de petites végétations qui ressemblent beaucoup aux mousses de nos bois; ce sont des algues marines; on les ramasse, et comme elles conservent leur ressemblance avec la mousse terrestre, on les désigne sous le nom de *mousse de Corse*; c'est un mélange de plus de vingt espèces de fucus, de conferves, d'ulves, et la véritable mousse de Corse, *gi-*

gantina helminthocorton, y entre à peine pour la moitié. Il serait à désirer que l'on séparât cette algue des autres, parce que ses propriétés sont plus énergiques. De temps immémorial on emploie la mousse de Corse comme vermifuge dans les îles de la Grèce, et elle mérite cette préférence surtout pour les enfants affectés de lombrics ; il suffit de laisser infuser 2 à 4 gros dans une livre d'eau ; on filtre ensuite, puis on donne l'infusion par verre d'heure en heure ; les pharmaciens en préparent un sirop dont on prend une once, ou une gelée. Napoléon, pendant son séjour à Sainte-Hélène, assura à ses médecins que cette mousse était, en Corse, d'un usage populaire contre le cancer non ulcéré. Un praticien anglais, William Farr, s'empara de cette indication, et il assure avoir obtenu des succès. Ce fucus contient, comme tous les autres, un principe très-actif, l'iode, dissolvant puissant, qui s'y trouve à l'état d'hydriodate de potasse, avec des sels de chaux, de soude et de magnésie, et une quantité énorme de gélatine. C'est à cette dernière substance que quelques médecins attribuent plus spécialement les propriétés vermifuges. (*Ch. Martins.*)

MOUTARDE (sénevé, moutarde noire) [*sinapis nigra,* de la famille des crucifères]. — Le nom de moutarde, dont l'origine est fort ancienne, paraît venir de *mustum ardens,* moût ardent.

La moutarde qu'on sert sur les tables est de la graine broyée avec du vinaigre et quelquefois avec du moût de vin. Beaucoup de fabricants font entrer dans la fabrication de la moutarde d'autres ingrédients, ou l'aromatisent avec le raifort, l'estragon, le piment, etc. Quelques personnes préfèrent délayer, au moment de s'en servir, la graine de moutarde qu'ils se procurent à cet effet réduite en poudre. Toutes ces moutardes prises en petite quantité ne produisent aucun effet funeste ; elles peuvent même stimuler les estomacs paresseux, et relever au besoin le goût et même les forces digestives ; mais l'abus de ce condiment irrite l'estomac, y entretient une irritation permanente, et peut déterminer, comme nous en pourrions citer des exemples, des inflammations intenses et quelquefois mortelles. La moutarde enfin ne convient pas aux enfants, aux personnes nerveuses, et surtout à celles qui ont, je ne dis pas seulement de l'irritation, mais même de la susceptibilité gastro-intestinale.

L'emploi de la graine de moutarde à l'intérieur, remonte à la plus haute antiquité, et il nous semble que ce n'est pas sans raison qu'on y a renoncé. Nous ne saurions donc encourager les efforts que le charlatanisme affiche de nos jours pour remettre à la mode l'emploi de cette semence. Les médecins ne se sont point associés à cette tentative, et l'industriel, qui s'est d'abord assez bien trouvé du débit de sa marchandise, est à peu près le seul qui vante les succès merveilleux de la graine de moutarde blanche (*sinapis alba*).

La graine de moutarde noire entre dans la composition du vin antiscorbutique.

Réduite en poudre, cette graine constitue ce qu'on appelle la farine de moutarde, médicament excellent, d'un usage journalier et d'une efficacité incontestable ; on s'en sert pour saupoudrer des cataplasmes, qu'on rend, par cette addition, irritants, et qu'on appelle cataplasmes sinapisés. Si l'on veut obtenir un topique plus irritant, déterminer une dérivation plus énergique, on emploie la farine de moutarde pure, et, suivant les indications pour la rendre plus active, on y ajoute du vinaigre et quelquefois de l'ail pilé. Les sinapismes ainsi faits s'appliquent le plus souvent aux extrémités inférieures ; ils y attirent le sang, y déterminent de la rubéfaction et même de la vésication ; c'est, entre les mains d'un médecin expérimenté, un puissant moyen dans les affections comateuses, cérébrales et gastro-intestinales. Appliqués sur le siége d'une goutte, d'un rhumatisme ou d'une affection dartreuse répercutée, les sinapismes rétablissent l'affection dans son siége et détournent ainsi le danger qui menaçait un organe important.

Les bains de pieds auxquels on ajoute de la farine de moutarde et quelquefois aussi du vinaigre, agissent comme dérivatifs contre les maux de tête, les congestions, les inflammations auriculaires, les maux d'yeux, les angines, etc. (*Idem.*)

MOUVEMENT (mécanique) [de *mouvoir,* dérivé du latin *moveo*]. — Le transport d'un corps d'un lieu dans un autre. Les anciens n'ont rien écrit sur le mouvement, si l'on en excepte le peu que l'on trouve dans les livres d'Archimède, de *œquiponderantibus.* On doit en grande partie la science du mouvement à Galilée. C'est lui qui a découvert les règles générales du mouvement, et particulièrement celle de la descente des graves qui tombent verticalement, ou sur des plans inclinés ; celle du mouvement des projectiles, des vibrations, des pendules, objet dont les anciens n'avaient que fort peu de connaissance.

Toricelli, son disciple, a perfectionné et augmenté les découvertes de son maître, et y a ajouté diverses expériences sur la force de percussion et l'équilibre des fluides. M. Huyghens a beaucoup perfectionné de son côté la science des pendules et la théorie de la percussion. Enfin Newton, Leibnitz, Mariotte, etc., ont de plus en plus agrandi la science du mouvement.

Le mouvement peut être regardé comme uniforme et comme varié, c'est-à-dire, accéléré ou retardé ; de plus, le mouvement uniforme peut être considéré comme simple ou comme composé ; le composé comme rectiligne, ou comme curviligne.

On peut encore considérer tous ces mouvements ou en eux-mêmes, ou eu égard à leur production et à leur communication par le choc.

Mouvement uniforme, celui par lequel le corps se meut continuellement avec une vitesse invariable.

Mouvement accéléré, celui qui reçoit continuellement de nouveaux accroissements de vitesse. Il est dit uniformément accéléré quand ces accroissements de vitesse sont égaux en temps égaux.

Mouvement retardé, celui dont la vitesse diminue continuellement. Il est dit uniformément retardé, lorsque la vitesse décroît proportionnellement aux temps.

Mouvement simple, celui qui est produit par une seule force ou puissance.

Mouvement composé, celui qui est produit par plusieurs forces ou puissances qui conspirent à un même effet.

Tout mouvement curviligne est composé, comme réciproquement tout mouvement simple est rectiligne.

Mouvement perpétuel: ce serait un mouvement qui, une fois imprimé, persévérerait toujours le même, sans augmentation ni diminution.

Trouver le mouvement perpétuel consiste donc à construire une machine tellement composée qu'une fois qu'elle a été mise en mouvement elle y persévère pendant l'éternité, en supposant que la matière dont elle est construite ne souffre aucune altération. Pour peu qu'on soit instruit, il est aisé de voir que tous les corps que l'on met en mouvement sont nécessairement plongés dans un fluide ou milieu, ne fût-ce que l'air qui résiste à leur mouvement : qu'ils sont pesants, et qu'ils ne peuvent se mouvoir hors de la direction de leur pesanteur qu'ils ne soient portés sur un plan, ou un point de suspension, contre lequel ils frottent continuellement ; or la résistance des milieux, et celle des frottements, sont des causes qui exigent à chaque instant que le corps emploie pour les vaincre une partie de son mouvement ; et comme ce mouvement doit toujours aller en diminuant, il arrivera un instant où il n'en restera plus.

MOUVEMENT INTESTIN (physique). — C'est l'agitation intérieure des parties dont un corps est composé.

MOUVEMENT (astronomie).—En astronomie, ce mot s'entend du cours régulier des corps célestes.

Le *mouvement diurne* est le premier qu'on ait observé.

Le *mouvement de la terre d'occident en orient* est une chose démontrée. — Voy. *Système de Copernic*.

Le *mouvement propre* est celui par lequel une planète avance chaque jour d'occident en orient d'une certaine quantité.

Le *mouvement moyen* se distingue du mouvement vrai en ce que l'un est supposé dégagé de toutes les inégalités, et l'autre affecté de celles qui ont lieu dans le ciel.

Le *mouvement apparent* se dit aussi en opposition au mouvement vrai lorsqu'il est affecté par la réfraction et la parallaxe.

Le mouvement est *géocentrique* ou *héliocentrique*, suivant qu'il est vu de la terre, ou considéré comme s'il était vu du soleil.

MOXA (thérapeutique). — Mode de cautérisation généralement employé pour exciter fortement le système nerveux, changer le siége d'une irritation, produire une dérivation, principalement dans les maladies chroniques, dans la phthisie, la sciatique, la carie des vertèbres, etc.

MUET [du latin *mutus* ou *mutetus*, qui ne parle pas, qui ne peut parler par quelque empêchement naturel, ou par quelque accident].

Art de faire parler les muets. C'est l'art de suppléer au sens de l'ouïe, par le sens de la vue, dans l'usage de la parole.

La mutité est une suite de la surdité. Le sourd de naissance reste muet parce que la nature lui a refusé le sens de l'ouïe, qui, dans les autres hommes, sert à développer les organes de la parole et à les diriger. Le sourd par accident devient muet parce que, privé de ce sens régulateur, il est bientôt forcé d'abandonner l'exercice d'un organe qui ne produit plus que des sons vagues, incertains, et enfin inintelligibles pour ceux qui l'écoutent.

Mais le sens de l'ouïe est-il le seul qui puisse opérer le développement des organes de la parole? et lorsqu'il manque ou qu'il se perd, ne peut-il être suppléé par le sens de la vue? Telle est la question que se sont faite ceux qui les premiers ont médité sur l'art de faire parler les muets.

Il n'est personne qui n'ait pu remarquer que, chez les sourds-muets, le sens de la vue est plus actif et plus pénétrant que dans les autres hommes ; que, plaçant, pour ainsi dire, leurs oreilles dans leurs yeux, ils cherchent et réussissent souvent à démêler le sens d'un discours dans les traits du visage de celui qui parle, et que la parole, qui pour les autres est un son modifié, est pour eux une écriture dont, avec un peu d'application et d'intelligence, ils aperçoivent les caractères tracés dans la position des organes, l'ouverture de la bouche, la disposition de la langue, des dents et des lèvres, et peut-être plus encore dans les diverses contractions des muscles du visage, occasionnées par le jeu varié de toutes les parties qui concourent à l'articulation des sons. C'est cette observation, jusque-là demeurée stérile, qui est devenue pour ces savants le germe d'une découverte qui a le plus honoré la philosophie et l'humanité.

Si les sourds-muets, se sont-ils dit, apprennent sans secours et d'eux-mêmes à lire la parole, pourquoi, avec le talent d'imitation si naturel à l'homme, ne parviendraient-ils pas à exécuter ces mêmes mouvements physiques, qu'ils savent si bien suivre et distinguer dans les autres? Pourquoi n'accoutumeraient-ils pas leurs organes, tandis qu'ils sont encore flexibles, à former des caractères dont ils connaissent si bien la forme et la valeur? Tel est le problème qu'ils se sont proposé et dont ils ont si heureusement trouvé la solution.

Il ne paraît pas que les anciens aient même soupçonné qu'on pût, par aucun moyen, soulager l'infortune des sourds-muets de naissance : ils les regardaient, au contraire, comme des victimes marquées par le destin, et ils se hâtaient de les sacrifier dès qu'ils avaient atteint l'âge où il n'était plus possible de douter de leur infirmité. Les premiers chrétiens eux-mêmes, s'attachant plus à la lettre qu'à l'esprit de quelques passages de l'Écriture, ne se croyaient pas autorisés à les admettre dans leur communion, et leur refusaient jusqu'au baptême. Ainsi, depuis un temps dont on ne saurait déterminer la durée, les sourds-muets de naissance ont constamment été rejetés du sein de la société, et ce n'est que vers la fin du seizième siècle que l'on commença à apercevoir quelques traces d'un sentiment plus juste et plus humain à leur égard.

Paul Zacchias, savant médecin italien, parle dans ses questions médico-légales, d'après Vallésius, d'un moine qui enseignait à parler aux muets; mais Zacchias se contente de rapporter le fait sans y rien ajouter. Il en est de même du père Poncé, Espagnol, mort en 1584, qui s'était également occupé de cet art, mais qui n'a rien publié de sa méthode.

Le premier ouvrage écrit sur cette matière porte la date de 1606, et est attribué à un Italien nommé Affinate; mais tout le monde connaît le livre de don Juan Paolo Bonnet, publié en 1620, et intitulé la *Réduction des Lettres, et l'art de faire parler les muets.* Bonnet décrit, dans son ouvrage, la méthode qu'il a suivie et les principes qui l'ont dirigé dans l'éducation du frère du connétable de Castille, jeune homme devenu sourd à l'âge de quatre ans, et qui est parvenu par les soins de son instituteur, à prononcer distinctement la langue espagnole, à lire la parole sur les traits du visage de ceux qui lui parlaient, et à converser facilement avec eux.

La réputation de don Bonnet se répandit bientôt dans les autres États de l'Europe; un ambassadeur d'Angleterre à la cour de Madrid, qui avait été témoin de ses succès, se chargea de les publier, à son retour dans sa patrie, peu d'années après, c'est-à-dire de 1654 à 1662, on vit paraître plusieurs ouvrages dans lesquels Wailly, Digby, Wallis et Burnet se montraient les dignes émules de Bonnet, rendaient compte au public de leurs essais et de leurs méthodes, et proclamaient les noms des sourds-muets auxquels ils avaient donné ou rendu l'usage de la parole.

Vers le même temps, un même sentiment d'émulation s'emparait de quelques savants d'Allemagne, de Hollande et d'Italie. Emmanuel Ramirez, de Cortone, instruisait à parler une jeune fille muette, de Vergaua, en Biscaye; Pierre de Castro, premier médecin du duc de Mantoue, opérait le même prodige sur le fils du prince Thomas de Savoie; Conrad Amman, médecin suisse, mais qui pratiquait à Amsterdam, publiait son *Sourd parlant* ou *Dissertation sur la parole,* ouvrage très-savant, que ses successeurs se sont contentés de copier sans pouvoir y rien ajouter, et dont il démontra lui-même l'excellence en produisant une jeune personne de Harlem, sourde et muette de naissance, qui parlait couramment le latin et le hollandais, et soutenait des thèses dans ces deux langues.

Mais de tous les émules de don Bonnet, celui qui s'est le plus distingué dans la carrière et qui a fait faire les plus grands pas à la science, c'est un philosophe allemand, appelé en français Mercure Van Helmont. L'ouvrage dans lequel ce savant rend compte de ses principes et de sa méthode a pour titre : *Description abrégée de l'Alphabet vraiment naturel de la langue hébraïque, ou Méthode au moyen de laquelle les sourds-muets peuvent non-seulement comprendre ce que l'on dit, mais acquérir eux-mêmes l'usage de la parole. Sulzbac, 1672, in-12.*

Dans cet ouvrage, l'auteur ne se propose pas seulement de fournir aux sourds-muets les moyens de recouvrer l'usage de la parole, son projet ne tend à rien moins qu'à fixer pour toujours la prononciation d'une langue, et par conséquent son orthographe, en sorte qu'elle pourrait traverser tous les siècles, parcourir tous les pays, être parlée par tous les peuples, sans jamais éprouver la moindre altération dans cette partie.

Van Helmont pensait que, pour obtenir quelques succès dans l'art de faire parler les muets, il fallait leur figurer la parole; et son ouvrage renferme trente-six gravures, chacune représentant une tête dont les joues découpées mettent à découvert tout l'intérieur de la bouche, et laissent apercevoir le jeu de la glotte, du larynx, de la langue, des dents et des lèvres, dans l'articulation des lettres et des syllabes simples et composées. C'est avec ces tableaux, exécutés en relief, et un miroir, que ses élèves s'exerçaient eux-mêmes à articuler des sons en plaçant leurs organes dans la position qu'ils avaient sous les yeux.

Mais, pour un essai de ce genre, Van Helmont croyait avoir besoin d'une langue dont la prononciation n'exigeât que des mouvements faciles à exécuter; c'est pourquoi il avait choisi la langue hébraïque, comme celle qui lui avait paru la plus naturelle, et la plus propre à expliquer les divers mouvements des organes de la parole, et comme ayant été formée dans un temps où les hommes, ignorant absolument toute espèce de langage, et pressés par le besoin de découvrir les pensées des autres et de manifester leurs propres idées, donnèrent à leur voix des inflexions simples, à leurs organes des mouvements faciles, capables de former des sons distincts, mais susceptibles, quoique en petit nombre, d'une infinité de combinaisons.

L'idée de Van Helmont était grande et sublime, et elle aurait mérité qu'on en eût fait l'application aux langues modernes; mais son exécution aurait exigé la réunion des talents de l'anatomiste, du peintre, du sculpteur, du grammairien, et, ce qui est plus rare encore, un zèle soutenu, une patience à toute épreuve, et un amour ardent et désintéressé de l'humanité: voilà pourquoi son ouvrage est resté dans le plus profond oubli.

Si les Athéniens, qui étaient si délicats et si difficiles sur la prononciation de leur langue, avaient pu prévoir qu'un jour les plus savants hellénistes de l'Europe se tourmenteraient et se querelleraient pour un sujet sur lequel la marchande d'herbes de Démosthène aurait pu les mettre aisément d'accord, et leur donner de plus des leçons de politesse, il n'y a pas de doute qu'il ne se fût trouvé parmi eux dix Van Helmont pour un, et que les talents et les lumières des Hippocrate, des Phidias, des Zeuxis, des Platon n'eussent été mis à contribution pour composer une optolalie, ou miroir de la prononciation de la langue grecque, qui l'aurait à jamais garantie des insultes des Barbares, et l'aurait transmise pure et inaltérable aux nations qui devaient un jour remplacer ce peuple aimable dans la culture des arts et des sciences.

Depuis un siècle et demi, l'art de faire parler les muets était connu et pratiqué dans presque toute l'Europe, et cependant la France ignorait encore jusqu'à son nom : ce fut un étranger qui eut l'honneur de le faire connaître dans ce pays.

Vers 1735, dom Antonio Pareirès, Portugais de nation, mais qui, dans un voyage qu'il avait fait en Italie, avait eu occasion de voir instruire des sourds-muets, profitant de l'ignorance où l'on était à cet égard, se donna pour l'inventeur de l'art, et afin de donner encore une plus haute idée de son mérite, il fit un mystère de ses procédés. L'Académie des sciences, à laquelle il présenta un de ses élèves, M. Saboureau de Fontenay, reconnut son titre d'inventeur, et approuva une méthode dont elle avait été contrainte de deviner les éléments.

Quelques années après parut M. Ernaud, également accompagné d'un de ses élèves, M. le chevalier d'Arcy ; comme il publia ses procédés, il crut qu'on ne pouvait lui contester le titre d'inventeur, et l'Académie en jugea de même.

Cependant les deux inventeurs ne purent rester longtemps sur la même ligne sans se choquer, sans se dire quelques injures, sans exciter l'envie, enfin, qui déterra les noms de Bonnet, de Wallis, de Conrad-Aman, etc., et les fit retentir à leurs oreilles, ainsi qu'à celles de leurs savants approbateurs.

Mais, si l'on est obligé de refuser à M. Pareirès et à M. Ernaud le titre d'inventeurs, on ne peut leur disputer la gloire d'avoir introduit et fait connaître en France l'art de faire parler les muets, d'avoir fait tous leurs efforts pour lui donner une existence solide et durable, d'avoir suggéré l'idée d'en faire un établissement national ; et ce n'est pas leur faute si cet établissement qu'ils ont sollicité, a reçu une autre destination ; si le mode d'instruction qu'on y pratique n'est pas celui des premiers maîtres de l'art ; si, au lieu de recouvrer l'usage de la parole, les sourds-muets sont réduits à apprendre le langage des signes.

Il existe à Paris un établissement connu sous le nom d'Institut des Sourds-Muets, fondé par M. l'abbé de l'Épée, et dans lequel les élèves sont instruits, non pas à parler, mais à faire des signes.

Cet art, pratiqué dans tous les collèges, que les sourds-muets apprennent d'eux-mêmes, et qui avait été regardé jusqu'à ces derniers temps comme un moyen de communication auxiliaire pour les jeunes élèves, et une dernière ressource pour ceux dont les organes ont perdu leur première flexibilité ; cet art, en un mot, si simple, si facile aux yeux du vulgaire, est devenu entre les mains de M. l'abbé de l'Épée et de M. l'abbé Sicard, un chef-d'œuvre de métaphysique, une science profonde, une langue universelle, dont les éléments, puisés dans la nature, révèlent la substance des choses, en même temps qu'ils indiquent les caractères qui servent à les faire reconnaître.

L'art des signes méthodiques (c'est le nom de cette science) a donc été substitué, dans l'instruction des sourds-muets, à la méthode de la parole ; car ce serait tromper le vœu des nouveaux instituteurs que de leur tenir compte de quelques faibles essais, pratiqués de loin en loin sur un ou deux individus, et poussés justement assez loin pour donner de l'art de faire parler les muets une idée défavorable, et faire triompher leur système chéri. La méthode des signes est donc aujourd'hui la base de l'instruction des sourds-muets, et ce qui était l'accessoire est devenu le principal.

Mais il ne faut pas croire que ce changement se soit opéré sans réclamation, ni même qu'il ait été adopté unanimement par les autres établissements du même genre qui existent en Europe. Lorsque M. l'abbé de l'Épée publia, en 1776, son *Institution des Sourds-Muets par l'usage des signes méthodiques*, plusieurs instituteurs se présentèrent pour combattre son nouveau système, et relever la méthode de la parole de l'état d'abaissement et d'ignominie auquel il s'était efforcé de la réduire.

M. l'abbé Deschamps, chapelain de l'église d'Orléans, qui, sans bruit comme sans prétention, instruisait à parler quelques sourds-muets de son voisinage, fit paraître, en 1780, un ouvrage où l'on retrouve la méthode et les connaissances profondes de Conrad-Amman, et où il démontre victorieusement que la méthode de la parole, quoique plus difficile et plus longue pour les élèves, quoique moins brillante et plus pénible pour l'instituteur que la méthode des signes, est pourtant la seule qui puisse atteindre le but que l'on doit se proposer dans l'instruction des sourds-muets : celui de les mettre en état de communiquer facilement et promptement avec les personnes qui doivent avoir des relations avec eux.

Tous les journaux retentirent de la dispute qui s'éleva entre M. l'abbé de l'Épée et M. Heinecke, directeur de l'établissement des sourds-muets de Leipzig, et dans laquelle les principes de sagesse et de modération ne furent pas toujours respectés.

Quant à l'opinion que les étrangers ont du système de l'abbé de l'Épée, il ne paraît pas que sa méthode fasse autant de sensation au dehors qu'elle en fait à Paris ; du moins est-il certain, quelle que soit l'opinion particulière de ceux qui dirigent actuellement les établissements des sourds-muets qui existaient avant ou qui se sont formés depuis la création du nouveau système, qu'il n'en est presque aucun qui ne considère l'usage de la parole comme la base principale de l'instruction des sourds-muets.

On compte actuellement, en Europe, un bon nombre d'établissements de cette nature ; les uns sont encore d'une date trop récente pour qu'on puisse en porter un jugement ; mais on en cite cinq ou six dans lesquels l'art de faire parler les muets est poussé à un très-haut degré de perfection.

L'institut de Vienne est composé de plus de soixante élèves, qui tous sont instruits à parler, et dont le plus grand nombre parle d'une manière très-distincte.

L'école de Prague, fondée par M. Stœhr, n'est composée que de quelques élèves; mais ils parlent presque tous.

L'établissement de Leipzig, l'un des plus anciens de l'Europe, ne comptait que dix-sept élèves parlant assez bien.

L'institut de Kiel, en Holstein, ne renferme qu'un petit nombre d'élèves, mais qui parlent tous distinctement, et sa réputation bien méritée lui en attire du fond des États-Unis de l'Amérique.

L'école de Berlin, fondée par M. Eschke, contient un assez grand nombre d'élèves, tous instruits à parler.

Tel est l'état actuel de l'art de faire parler les muets. L'Espagne a été son berceau; l'Angleterre, la Hollande et l'Italie ont été le théâtre de ses progrès; la France paraissait destinée à être le trône de sa perfection. C'est en Allemagne qu'il est maintenant cultivé avec le plus de succès; les savants et les instituteurs de ce pays s'entendent et réunissent leurs talents et leurs lumières pour avancer ses progrès; tous les jours les papiers publics renferment d'excellentes observations sur l'instruction des sourds-muets. Kempelé a fait paraître un ouvrage sur le *Mécanisme de la voix humaine*; et l'on a publié dans ce pays un *Traité encyclopédique sur l'éducation physique, morale et civile des sourds-muets*.

(*Lunier*).

MUGUET (médecine) [dit aussi *millet, blanchet, stomatite crémeuse*]. — Inflammation de la muqueuse de la bouche, avec exsudation de concrétions blanches sur la langue, les gencives, la face interne des joues, la muqueuse du pharynx ou du larynx. Cette affection peut être causée par les efforts inutiles de l'enfant pour téter lorsque la nourrice n'a plus de lait, ou bien par un lait trop ancien; d'autres fois, elle paraît dépendre d'une nourriture trop substantielle pour l'âge de l'enfant, de la malpropreté, ou accompagner un état plus grave (*inflammation du canal intestinal*). Assez fréquent chez les nouveau-nés, le muguet attaque surtout les enfants faibles. Si le mal est peu intense (*muguet bénin*), il cède à l'emploi de boissons mucilagineuses et d'aphthes; mais lorsque les aphthes sont nombreux (*confluents*), qu'ils s'accompagnent de fièvre, de diarrhée (*muguet grave*), l'enfant meurt le plus souvent. On prescrit encore des bains, des fomentations émollientes sur le ventre, de petits lavements, en même temps qu'on promène plusieurs fois par jour, dans l'intérieur de la bouche, un petit pinceau trempé dans du vinaigre ou du jus de citron étendus d'eau, édulcorés avec du sirop de mûres ou du miel rosat.

MULET (zoologie) [*mulus*]. — Quadrupède produit par l'accouplement de l'âne avec la jument, ou du cheval avec l'ânesse; il prend aussi, dans ce dernier cas, le nom de *bardot* ou *bardeau*. La femelle s'appelle *mule*.

MULTIPLICATION (arithmétique). — Opération par laquelle on répète un nombre appelé *multiplicande* autant de fois qu'il y a d'unités dans un autre nombre appelé *multiplicateur*.

Le résultat de cette opération se nomme *produit*.

Le nombre à multiplier est le multiplicande.

Et le nombre par lequel on le multiplie est le multiplicateur. Ce dernier est toujours un nombre abstrait, qui indique combien de fois on doit répéter le multiplicande pour avoir le produit.

Le multiplicande et le multiplicateur sont nommés *facteurs* du produit, parce qu'ils concourent tous deux à sa formation.

La multiplication des nombres entiers est une espèce d'addition, car multiplier 4 par 3, c'est répéter le nombre 4 trois fois, et l'on pourrait, au lieu de dire 3 fois 4 font 12, écrire trois fois le nombre 4; le résultat par l'addition serait le même. Exemple :

$$
\begin{array}{r}
4 \\
4 \\
4 \\
\hline
12
\end{array}
$$

Mais on conçoit que pour des nombres un peu considérables, le calcul serait impraticable, et qu'il a fallu chercher un moyen d'abréger cette opération.

Pour faire la multiplication, il faut savoir par cœur les produits des neuf premiers nombres combinés deux par deux. C'est ce qu'on appelle *table de multiplication*.

Table de Multiplication.

2	fois	2	font	4	5	fois	5	font	25
2	fois	3	font	6	5	fois	6	font	30
2	fois	4	font	8	5	fois	7	font	35
2	fois	5	font	10	5	fois	8	font	40
2	fois	6	font	12	5	fois	9	font	45
2	fois	7	font	14	5	fois	10	font	50
2	fois	8	font	16				
2	fois	9	font	18	6	fois	6	font	36
2	fois	10	font	20	6	fois	7	font	42
					6	fois	8	font	48
					6	fois	9	font	54
3	fois	3	font	9	6	fois	10	font	60
3	fois	4	font	12				
3	fois	5	font	15				
3	fois	6	font	18	7	fois	7	font	49
3	fois	7	font	21	7	fois	8	font	56
3	fois	8	font	24	7	fois	9	font	63
3	fois	9	font	27	7	fois	10	font	70
3	fois	10	font	30				
					8	fois	8	font	64
					8	fois	9	font	72
4	fois	4	font	16	8	fois	10	font	80
4	fois	5	font	20				
4	fois	6	font	24				
4	fois	7	font	28	9	fois	9	font	81
4	fois	8	font	32	9	fois	10	font	90
4	fois	9	font	36				
4	fois	10	font	40	10	fois	10	font	100

Les élèves devront supprimer le mot *font* et dire simplement 2 fois 2, 4 ; 2 fois 3, 6, etc., etc.

Pour multiplier un nombre de plusieurs chiffres par un nombre d'un seul chiffre, on place le multiplicateur sous le chiffre des unités du multiplicande (1), et l'on souligne le tout; commençant ensuite par la droite, on multiplie successivement chacun des chiffres du multiplicande par le chiffre du multiplicateur; lorsque chaque produit partiel ne surpasse pas 9, on l'écrit en entier; mais si l'un des produits contient des dizaines, on ne pose que les unités et l'on retient les dizaines pour les ajouter au produit suivant. Le produit du dernier chiffre du multiplicande s'écrit tel qu'il se trouve; enfin si un produit partiel est un nombre exact de dizaines, on pose zéro et l'on retient les dizaines.

EXEMPLE : Soit à multiplier 24,575 par 6.

Je dispose ainsi l'opération, et je dis :

$$
\begin{array}{r}
24{,}595 \\
6 \\
\hline
147{,}570
\end{array}
$$

6 fois 5 unités font 30 unités; je pose 0 sous le chiffres des unités du multiplicande, et je retiens trois dizaines pour les ajouter au produit suivant : 6 fois 9 dizaines font 54 dizaines, et 3 de retenue font 57; je pose 7 dizaines et je retiens 5 centaines. 6 fois 5 centaines font 30 centaines, et 5 de retenue font 35; je pose 5 centaines et je retiens 3 mille. 6 fois 4 mille font 24 mille, et 3 de retenue font 27; je pose 7 mille et je retiens 2 dizaines de mille. 6 fois 2 dizaines de mille font 12 dizaines de mille, et 2 de retenue font 14, que j'écris au produit.

147,570 est donc le produit de 24,595 répété 6 fois.

Dans la pratique, on ne nomme ni l'ordre des unités, ni la place des produits partiels; on dit simplement pour l'exemple ci-dessus : 6 fois 5 font 30, je pose 0 et je retiens 3; 6 fois 9 54 et 3 de retenue 57, je pose 7 et je retiens 5, etc.

Pour multiplier un nombre quelconque par un nombre de plusieurs chiffres, on multiplie le multiplicande successivement par chaque chiffre du multiplicateur, et l'on place les produits partiels de manière que le premier chiffre à droite de chacun d'eux soit placé sous le chiffre du multiplicateur qui a servi à la multiplication partielle. On souligne le dernier produit; on fait l'addition des produits partiels, et la somme est le produit total que l'on cherche.

EXEMPLE : Soit à multiplier 2,472 par 127.

Multiplicande...	2472
Multiplicateur...	127
Premier produit partiel .	17304
Deuxième produit partiel.	4944
Troisième produit partiel.	2472
Produit total............	313944

(1) Rien n'empêcherait de placer arbitrairement les chiffres du multiplicateur.

Les unités du produit sont toujours de même nature que celles du multiplicande.

Le produit des deux facteurs reste le même quand on change l'ordre des facteurs. Ainsi le produit de 4 par 5 est égal à celui de 5 par 4; on le prouve en décomposant chaque nombre en ses unités et les écrivant, les unes au-dessous des autres, de cette manière :

$$
\begin{array}{ccccc}
1 & 1 & 1 & 1 & 1 \\
1 & 1 & 1 & 1 & 1 \\
1 & 1 & 1 & 1 & 1 \\
1 & 1 & 1 & 1 & 1
\end{array}
$$

De quelque manière que l'on fasse la somme de ces unités, on trouve toujours le nombre 20 : or, procéder par les colonnes verticales, c'est multiplier 4 par 5; procéder par les lignes horizontales, c'est multiplier 5 par 4. Donc, puisque le produit est invariable, le principe est vrai.

Multiplier un nombre par deux autres nombres, c'est le multiplier par le produit de ces deux nombres.

En effet :

$$4 \times 5 \times 8 = 4 \times 40 \text{ produit de 5 par 8.}$$

Et réciproquement à multiplier un nombre par le produit de deux nombres, c'est le multiplier par ces deux nombres.

En effet :

$$4 \times 40 = 4 \times 5 \times 8.$$

Quand l'un des facteurs, ou tous deux ensemble, sont suivis de zéro, on les néglige d'abord, et on les ajoute ensuite sans exception à droite du produit.

Pour multiplier un nombre par l'unité suivie de 1, 2, 3 zéros, c'est-à-dire 10, 100, 1,000, il suffit d'ajouter à la droite du multiplicande autant de zéros qu'en a le multiplicateur.

EXEMPLE.

$$33 \times 10 = 330; \quad 33 \times 100 = 3{,}300;$$
$$33 \times 1{,}000 = 33{,}000.$$

On commence la multiplication par la droite du multiplicande, parce que la multiplication n'est qu'une addition abrégée.

Pour faire la preuve de la multiplication, on renverse l'ordre des facteurs. On doit trouver le même résultat si l'opération a été faite exactement.

EXEMPLE.

27 à multiplier par 12.

Opération.		Preuve.
27		12
12		27
54		84
27		24
324		324

Usage de la multiplication. — La multiplication sert : 1° à faire connaître le produit de deux nombres; 2° à trouver le prix total de plusieurs objets de même nature, lorsque le prix d'un seul objet est connu; 3° à convertir des unités composées en des unités simples, comme des jours en des heures, etc.

Multiplication des nombres décimaux. — La multiplication des nombres décimaux se fait comme celle des nombres entiers; seulement on sépare au produit autant de décimales qu'il y en a dans les deux facteurs réunis.

EXEMPLE.

$$243,25$$
$$5,6$$
$$145950$$
$$121625$$
$$1362,200$$

J'ai fait la multiplication sans avoir égard à la virgule; mais j'ai séparé 3 décimales au produit, parce qu'il y en a trois dans les deux facteurs.

La preuve de la multiplication des nombres décimaux se fait comme celle des nombres entiers.

KRAMER.

MURÈNE (zoologie) [du latin *muræna*]. — Genre de poissons molacoptérygiens, de la famille des anguilliformes; a pour caractères: absence complète de nageoires pectorales, opercules presque invisibles, estomac en forme de sac court. La murène commune *muræna helena*) est très-répandue dans la Méditerranée; sa chair est fort estimée; c'est un poisson rusé, carnassier et vorace, qui ne porte qu'une seule rangée de dents aiguës à chaque mâchoire, et dont le corps, long d'un mètre et plus, est marbré de brun sur un fond jaunâtre. Sa chair est blanche, grasse et tendre. Les Romains élevaient les murènes en grand nombre dans des viviers creusés près de la mer : on connaît la cruauté de Védius Pollion, qui nourrissait des murènes avec les corps des esclaves qu'il faisait mourir pour avoir cassé un vase ou pour toute autre peccadille.

MURIER (botanique). — Genre de plantes de la famille des urticées. Le mûrier a les fleurs unisexuelles et monoïques, rarement dioïques. Les fleurs mâles et les femelles viennent communément sur le même individu. Elles sont portées sur des chatons oblongs ou ovoïdes, mais séparés. Les unes et les autres, privées de corolle, ont un calice découpé en quatre segments, ovales concaves dans les mâles, arrondis au sommet et persistants dans les femelles; les premières renferment quatre étamines, dont les filets en alène et courbés avant le développement de la fleur, se redressent ensuite et dépassent le calice. Les secondes contiennent un ovaire en cœur, surmonté de deux longs styles un peu rudes, réfléchis et à stigmates simples. Le calice de celles-ci, après leur fécondation, devient une petite baie charnue, succulente et monosperme; et c'est la réunion, en assez grand nombre, de ces baies groupées, qui forme le fruit connu sous le nom de mûre, lequel est globu-

leux ou ovale, plus ou moins gros, et assez semblable à celui de la ronce.

Tels sont les caractères génériques des mûriers. Ces arbres sont lactescents, à feuilles simples, alternes quelquefois opposées et toujours accompagnées des stipules. Leurs chatons sont solitaires et axillaires, et leurs fruits communément bons à manger.

On en compte quinze à seize espèces, dont quelques-unes sont mal déterminées et d'autres peu connues. Toutes ont une origine étrangère ; plusieurs ont été depuis longtemps naturalisées en Europe. Celles-ci ont donné naissance à beaucoup de variétés, qui portent différents noms, suivant les pays, ce qui en rend la connaissance un peu embarrassante.

« En réunissant, dit Duvaure (*Mémoires divers d'Agriculture*), tout ce que les auteurs anciens et modernes ont transmis sur l'origine du mûrier, il paraît incontestable que les Chinois sont le premier peuple qui ait cultivé ce beau végétal et élevé les vers à soie. De chez eux, la culture de cet arbre a passé en Perse, et de là dans les îles de l'Archipel, sous l'empereur Justinien. Des moines portèrent dans la Grèce les semences du mûrier, et successivement les œufs de l'insecte qu'il nourrit. Environ vers l'an 1440, on commença à cultiver cet arbre en Sicile et en Italie; et sous Charles VII, quelques pieds seulement en furent apportés en France. Plusieurs seigneurs qui avaient suivi Charles VIII dans les guerres d'Italie, en 1494, transportèrent de Sicile plusieurs pieds en Provence, et surtout dans le voisinage de Montélimart. Charles VIII créa des pépinières; il en fit distribuer les arbres dans les provinces, et accorda une faveur et une protection distinguée aux manufactures de soieries de Lyon et de Tours. Henri IV s'occupa également à multiplier les mûriers; il établit aussi des pépinières. »

« Sous Louis XIII, continue Duvaure, cette partie d'agriculture fut négligée : sous Louis XIV, Colbert, qui pensait que la prospérité d'un État était dans le commerce, comprit tout l'avantage qu'on pouvait retirer du mûrier; il établit les pépinières; il distribua les pieds qu'on en retirait, ou les fit planter aux frais de l'État sur les berges des chemins. Ce procédé, aussi généreux que violent, ne plut pas aux habitants de la campagne, parce qu'il allait contre les lois de la propriété: de sorte que ces plantations périssaient annuellement. On fut donc forcé d'avoir recours à un moyen plus efficace, et surtout moins arbitraire : on promit, et on paya exactement, vingt-quatre sous par pied d'arbre qui subsisterait trois ans après la plantation, et ce moyen réussit. Ce fut ainsi que le Languedoc, la Provence, le Dauphiné, le Vivarais, le Lyonnais, la Gascogne, la Saintonge et la Touraine furent plantés de mûriers. Enfin, Colbert, après avoir porté la culture du mûrier au plus haut degré, tourna ses soins du côté de la fabrication des soies; il fit venir le sieur Benais, de Bologne, pour établir un tirage de soie et des moulins. Benais remplit parfaitement les vues du ministre; les soies de son tirage furent bientôt au pair avec celles de sa patrie. Le roi lui accorda des gratifications considérables, avec un titre de noblesse; il accorda également, par un arrêt du conseil, du 30 septembre 1670, des priviléges considérables aux entrepreneurs de la fabrique des soies et organsins, façon de Bologne.

Louis XV ne perdit point de vue l'objet important qui avait occupé son prédécesseur; il rendit plusieurs arrêts pour favoriser l'établissement des manufactures de soie. Des pépinières furent également établies dans plusieurs provinces, particulièrement en 1745, sous M. le Nain, intendant du Poitou; en 1756, en Gascogne, sous M. de Ligny, intendant. Ceux de Tours, de Montauban et de Grenoble imitèrent les premiers: les arbres de ces pépinières furent gratuitement distribués. Telle a été en général la progression de la culture du mûrier.

Les feuilles de mûrier servent, comme on sait, à nourrir les vers à soie, il est donc bien intéressant de connaître la culture de cet arbre. Le point essentiel dans cette culture est de faire produire au mûrier beaucoup de feuilles et de bonnes feuilles. Par bonnes feuilles on n'entend pas les plus larges ni les plus succulentes, mais celles dont les sucs nourriciers ont les qualités convenables à l'éducation du ver et à la beauté de la soie. Ces sucs doivent être en général et sont en effet plus

Fig. 27. — Musaraigne.

raffinés et plus abondants dans les climats chauds que dans les pays tempérés ou froids. Ainsi, qu'on puisse en Europe élever le mûrier depuis les bords de la Méditerranée jusqu'en Prusse, la feuille des mûriers du Nord n'égalera jamais celle des mûriers du Midi, et par conséquent la soie qu'on en retirera sera toujours inférieure en qualité relativement à l'autre.

Les mûriers doivent être plantés de préférence dans des endroits élevés et bien abrités, à l'exposition du midi ou du soleil levant. Si l'on n'a pour but que la vigueur de la végétation de l'arbre, la grande abondance de belles et larges feuilles, on peut choisir les meilleurs fonds. Mais ces feuilles ont peu de suc et sont peu nourrissantes; elles le sont beaucoup moins encore lorsque l'arbre qui les donne a crû sur un sol aquatique, marécageux ou humide. Par cette raison, les sols crayeux et argileux, qui retiennent l'eau, ne conviennent point aux mûriers. Les terrains âpres, ferrugineux, et tous ceux qui s'opposent à l'extension des racines, ne leur sont pas propres non plus; ce-

pendant la feuille en serait très-bonne, mais en trop petite quantité. Si le sol est graveleux, sablonneux et mêlé d'une certaine quantité de bonne terre, le mûrier y prospérera, et sa feuille sera excellente. Dans un pareil terrain, les racines s'étendront au loin au grand avantage de l'arbre. Il serait pourtant plus convenable que le sol eût beaucoup de fond, et que les racines s'étendissent moins en surface, et plus en profondeur, parce qu'elles ne dévoreraient pas les récoltes voisines, qu'on doit compter pour quelque chose, puisque celle du mûrier ne doit être qu'une récolte accessoire, à moins que la nature du terrain se refuse à toute autre production, ce qui est rare.

MUSARAIGNE (zoologie) [du latin *musaranea*, formé de *mus*, rat, souris, et d'*aranea*, araignée]. — Genre de carnassiers insectivores, composé de très-petits animaux nocturnes, assez semblables aux souris et presque aveugles, qui vivent solitaires dans les trous des vieux murs. Il y a en France plusieurs espèces de musaraignes; on distingue: la musaraigne commune ou musette, longue de 8 à 9 centim., non compris la queue: elle est d'un gris brunâtre en dessus, blanche en dessous; elle vit surtout dans les prairies; la musaraigne d'eau, de la même grosseur que la précédente, mais dont les couleurs sont plus vives: elle a une petite tache blanche derrière l'œil et le pelage brun.

MUSC [*moschus*]. — Substance que l'on trouve dans une poche située entre l'ombilic et les parties de la génération d'un quadrupède (*moschus moschiferus*) du genre des chevrotins. Demi-fluide dans l'animal vivant, le musc se dessèche après sa mort, et prend une consistance solide et grumeleuse; il est d'un brun foncé, d'une saveur amère, d'une odeur très-forte et très-expansible, d'une grande volatilité. D'après l'analyse de MM. Guibourt et Blondeau, il contient: eau, ammoniaque, stéarine, élaïne, cholestérine, acide combiné à l'ammoniaque, huile volatile particulière, hydrochlorates de chaux, de potasse, d'ammoniaque, carbonate de chaux, gélatine, albumine, fibrine, phosphate calcaire, poils, sable, sel de chaux, acide organique, etc. Le musc qui vient du Tonquin est enfermé dans des poches dont le poil tire sur le roux. Celui du Bengale ou plutôt du Thibet, que l'on appelle aussi musc kabardin, est dans des poches d'un poil blanchâtre et comme argenté:

il est plus sec, d'une odeur moins forte et moins tenace, aussi est-il moins estimé. Le musc est un des meilleurs antispasmodiques, et un très-bon stimulant diffusible.

MUSCADE [*nux moschata*, noix du muscadier, arbre des Moluques]. — De la famille des laurinées; le fruit du muscadier est un drupe pyriforme de la grosseur d'une pêche, marqué d'un sillon longitudinal, dont le brou est charnu, d'un blanc rosé, filandreux, mais peu succulent. Sous ce brou se trouve une enveloppe partielle, laciniée, épaisse, d'un beau rouge lorsqu'elle est récente, mais devenant jaune par la dessiccation : c'est ce qu'on appelle l'arille ou macis, espèce de cupule qui entoure complétement l'amande à sa base, où elle pénètre dans la semence : c'est la substance la plus aromatique de tout le fruit; sa saveur est chaude, très-expansive, comparable à celle de la cannelle. Pour conserver le macis, on le sépare de la semence et on le fait sécher après l'avoir trempé dans l'eau de mer. Sous le macis est une troisième enveloppe, ferme, sèche et cassante, qui recouvre immédiatement l'amande. C'est cette amande, dépouillée de ses différentes enveloppes, qui nous est envoyée sous le nom de muscade. On la désigne dans le commerce sous le nom de muscade femelle, ou muscade cultivée, pour la distinguer de la muscade mâle ou muscade sauvage, qui est plus grosse, mais moins odorante et moins estimée. La muscade femelle est de la grosseur d'une petite noix, ridée et sillonnée en tous sens; elle doit être pesante et non piquée. La muscade et le macis contiennent une huile volatile qu'on peut en extraire par la distillation, et une huile fixe qu'on en retire par l'expression à chaud, mais toujours mêlée à l'huile volatile, qui lui communique son odeur et sa couleur. Cette huile mixte, souvent désignée sous le nom de baume ou beurre de muscade, nous vient toute préparée, en briques carrées, solides, d'un jaune rougeâtre marbré, d'une odeur de muscade : elle entre dans le baume nerval. La muscade et le macis sont de bons stimulants. (*Nysten*.)

MUSCLE [*musculus, muón*; de *mus*, rat, parce que, disent quelques étymologistes, les anciens comparaient les muscles à des rats écorchés]. — Selon Diemerbroeck, Douglas et Chaussier, le mot *muscle, muón*, vient plutôt de *muein*, fermer, mouvoir, etc., fonctions propres aux muscles. Les muscles sont des organes plus ou moins rouges, charnus, fibreux, éminemment contractiles, s'implantant sur les os au moyens de tendons ou d'aponévroses, et servant à l'exécution des mouvements. Les auteurs ne sont point d'accord sur leur nombre : Chaussier n'en admet que trois cent soixante-huit, tandis que d'autres anatomistes en comptent plus de quatre cents. On appelle muscles simples ceux qui n'ont qu'un seul corps et dont toutes les fibres suivent une même direction; muscles composés, ceux qui n'ont qu'un seul ventre et se divisent à l'une de leurs extrémités en plusieurs tendons (comme les fléchisseurs des doigts), ceux qui ont plusieurs ventres et plusieurs tendons (comme le biceps brachial), ou ceux qui sont rayonnés, c'est-à-dire dont les fibres partent d'un centre commun (diaphragme). Les muscles sont formés d'une fibre particulière appelée fibre musculaire, associée le plus souvent aux fibres aponévrotique et tendineuse (voyez *Fibre*). On y trouve du tissu cellulaire, des artères, des veines, des nerfs et des vaisseaux lymphatiques (voyez *Musculaire*, système). La plupart des anatomistes ont dénommé les muscles d'après leur usage, leur position, leur figure, leurs dimensions, leur direction, leur composition : de là les noms d'extenseurs, d'iliaque, de dentelé, de grand, petit et moyen fessiers, etc. Chaussier leur a, au contraire, assigné des noms qui ont l'avantage d'indiquer leurs attaches, et par conséquent leur origine et leur terminaison. (*Nysten*.)

MUSÉE ou **MUSÉUM** [du grec *mouseion*, en latin *museum*, lieu consacré aux muses]. — Lieu destiné soit à l'étude des beaux-arts, des sciences et des lettres, soit à rassembler des monuments relatifs aux arts, aux sciences et aux lettres.

Le musée le plus célèbre de l'antiquité, ou, pour mieux dire, la seule académie qui ait porté ce nom, est le musée d'Alexandrie, qui était situé dans un vaste bâtiment sur le port de la ville, près du palais, autour duquel régnaient des galeries où se promenaient les philosophes. C'est dans ce musée que les rois d'Alexandrie, et depuis la conquête d'Égypte les empereurs romains, entretenaient avec une magnificence vraiment royale un grand nombre de savants, dont toute l'occupation était de s'adonner aux lettres. Plutarque en attribue l'établissement à Ptolémée, que l'on croit être Ptolémée Philadelphe, amateur des sciences et des lettres, qui s'appliqua pendant tout son règne à en étendre l'empire en Égypte. Les empereurs romains se piquèrent de la même émulation, et l'empereur Claude ajouta un nouveau musée à l'ancien.

A Athènes on donnait le nom de Musée à une petite colline, située dans l'ancienne enceinte, vis-à-vis de la citadelle.

Elle était ainsi appelée parce qu'il y avait un temple consacré aux muses.

En France, on donne le nom de Muséum à un établissement qui se trouve à Paris, et qui est destiné à l'enseignement des diverses branches de l'histoire naturelle. Il est intitulé Muséum national d'histoire naturelle.

On a encore établi deux musées très-curieux à Paris depuis la révolution. L'un, qui a commencé en 1791, sous le nom de Musée national des monuments français, est une réunion, par ordre chronologique, de tous les objets précieux d'architecture et de sculpture qui, étant à la disposition du gouvernement, ont échappé à la fureur destructive du vandalisme.

L'autre, connu ci-devant sous le nom de Musée central des arts, et actuellement sous celui de Musée Napoléon, tire son plus bel éclat du fruit de la valeur des armées françaises en Italie.

A Londres, on voit le Musée britannique; il est situé dans un hôtel spacieux, divisé en trois départements: le premier contient les manuscrits et les médailles; le second les antiquités et les objets d'histoire naturelle, et le troisième les livres imprimés.

MUSIQUE [du latin *musica*]. — Art de combiner les sons d'une manière agréable à l'oreille. Son but est d'émouvoir par le concours de la mélodie, de l'harmonie et du rhythme. Sa puissance est considérable; elle console le cœur attristé, adoucit les natures rebelles. De tous les beaux-arts, a dit Mme de Staël, c'est celui qui agit le plus immédiatement sur l'âme. Castil-Blaze va plus loin : il la regarde comme la compagne fidèle de l'homme, exprimant, dit-il, tour à tour ses désirs, son ivresse ou sa reconnaissance; elle entretient dans le cœur de l'homme le feu sacré de la sensibilité, l'entraîne aux combats, anime son courage par des sons belliqueux, et c'est elle encore qui préside aux fêtes triomphales et porte aux cieux l'hommage des vainqueurs !

La musique comprend :

1° La *mélodie*, ou suite de sons qui impressionne agréablement l'organe de l'ouïe. Elle appartient au *chant* pris seul, indépendamment de tout accompagnement. Le chant est donc cette modification de la voix qui permet de produire des sons variés et appréciables. Il semble aussi naturel à l'homme que la parole; on le retrouve plus ou moins perfectionné chez tous les peuples, à quelque degré de civilisation qu'ils soient parvenus.

2° L'*harmonie*, ou science des *accords*. — Voyez *Accords*.

3° Le *rhythme*, ou différence qui résulte dans les mouvements de la vitesse ou de la lenteur, de la longueur ou de la brièveté du temps mis à les accomplir. On marque le rhythme d'un air quand on se borne à en battre la mesure, en le dépouillant de l'intonation et de la mélodie.

La musique, soit vocale, soit instrumentale, se divise en trois grands genres :

1° La *musique sacrée*, qui se chante dans les églises, les temples, les concerts spirituels : le plain-chant, les chorals, les cantiques, qui n'admettent guère que l'accompagnement de l'orgue, les messes, les motets, les oratorios, etc., qui emploient toutes les ressources de la science musicale, la constituent.

2° La *musique dramatique*, qui comprend l'opéra, l'opéra comique et le ballet : on y distingue les ouvertures, les récitatifs, les airs et cavatines; les duos, trios, quatuors, morceaux d'ensemble, chœurs, finales.

3° La *musique de concert et de chambre*, à laquelle appartiennent les symphonies, les quatuor, quintetti, sonates, concertos, airs variés, fantaisies, caprices.

L'invention de la musique a été attribuée, dans l'antiquité, à une foule de personnages. « Chez les Égyptiens, à Hermès ou à Osiris; dans l'Inde, à Brahma; chez les Chinois, à Fo-hi; chez les Hébreux, à Jubal; chez les Grecs, à Apollon, à Cadmus, à Amphion : on racontait, en outre, les fables les plus merveilleuses des musiciens antiques, d'Orphée, de Linus, d'Amphion, etc. La musique vocale précéda, sans doute, la musique instrumentale; parmi les instruments, les premiers connus furent les instruments à vent, notamment la flûte de Pan. Thalès et Tamyris passent, chez les Grecs, pour les inventeurs de la musique instrumentale; Phémius inventa les modes; Terpandre, contemporain de Lycurgue, donna le premier des règles à la musique; enfin Lasus, qui vivait du temps de Darius le Mède, écrivit le premier sur cet art. Les Grecs (Pythagore, Platon, etc.) donnaient au mot *Musique* une acception beaucoup plus étendue que celle que nous lui donnons de nos jours. Ils distinguaient une musique théorique ou contemplative, et une musique active ou pratique : à la première ils rapportaient l'astronomie, ou harmonie du monde; l'arithmétique, ou harmonie des nombres; l'harmonique, qui traitait des sons, des intervalles, des systèmes, etc.; la rhythmique, qui traitait des mouvements; et la métrique, ou prosodie. La deuxième comprenait la mélopée, art de créer des mélodies; la rhythmopée, art de la mesure; et la poésie. Les Romains ne commencèrent à s'occuper de la composition musicale que sous le règne d'Auguste; auparavant ils ne connaissaient guère que la flûte (*tibia fistula*), la trompette guerrière (*buccina, cornu, tuba, lituus*), et les instruments de percussion (*tympanum, cymbalum, tintinnabulum*), etc. Les Hébreux, au contraire, cultivèrent de bonne heure la musique et le chant, témoin les cantiques de Moïse, les trompettes de Jéricho, la harpe de David, etc. La musique était intimement liée à toutes leurs cérémonies religieuses. Les premiers chrétiens imitèrent les Juifs sous ce rapport ; de là l'origine du plain-chant, créé au quatrième siècle par saint Ambroise, et qui est comme un reflet de la musique des anciens. Jusqu'au onzième siècle, il n'y eut guère d'autre musique que les chants de l'Église; mais, à cette époque, l'invention de la *gamme*, ou échelle musicale, due au bénédictin Gui d'Arezzo, et celle du *contre-point*, donnèrent naissance à la musique moderne. La France et la Belgique se signalèrent les premières dans cette régénération de la science musicale : elle est due surtout aux travaux de G. Dufay (vers 1432), J. Okenheim (1460), Josquin Duprez ou Desprez (1500), Costanzo Festa (1530), et Cl. Goudimel, qui fut le maître de Palestrina. L'Italie, formée par les leçons de nos maîtres, ne tarda pas à nous surpasser : elle produisit entre autres grands compositeurs : J. Zarlino, Tartini, Durante, A. Scarlatti; vers 1590, Claude de Monteverde découvrit la dissonance et fixa d'une manière immuable la tonalité. A partir du dix-septième siècle, le nombre des musiciens célèbres devient de plus en plus considérable. Nous nous bornerons à citer, en France : Lulli, Rameau, Gluck et Piccini, avec lesquels commença la lutte de la musique française et de la musique italienne, qui remplit la seconde moitié du dix-huitième siècle; Sacchini, Monsigny, Grétry; en Italie : Porpora, Pergolèse, Paësiello, Cimarosa; en Allemagne : Reynhard, Keiser, J. Séb. Bach, Haydn, Mozart; en Angleterre: Haëndel. Le dix-neuvième siècle n'a pas été moins fécond en grands maîtres que le précédent. L'Italie a produit : Cherubini, Spontini, Bellini, Mercadente, Rossini, Verdi ; l'Allemagne : Beethoven, Weber, Meyerbeer ; la France : Lesueur, Méhul, Boïeldieu, Hérold, Berton, Auber, Adam, Halévy, etc., noms auxquels il faut joindre ceux des savants théoriciens Catel, Reicha, Choron et Fétis. (*N. Bouillet*.)

Nouveau système de notation musicale. (Suppression des dièses, des bémols, des bécarres et des clefs.

Les praticiens savent combien l'étude de la musique est longue et difficile pour les commençants. Ce qui rebute surtout les élèves, ce sont les dièses et les bémols qu'il faut mettre à la clef dans tous les tons autres que celui de *do*. On a une peine infinie à leur expliquer l'usage de ces signes, et ils ne les comprennent qu'après bien du temps. Ces dièses et ces bémols rendent l'exécution difficile et obligent la mémoire à être continuellement tendue sur le ton dans lequel on joue.

Après avoir réfléchi longtemps sur cette difficulté, j'ai reconnu qu'elle n'est que fictive, qu'elle n'est nullement dans la nature, et qu'elle n'a d'autre origine que dans le mode de notation proposé par Gui d'Arezzo.

En effet, l'octave se compose de douze sons, tous distants d'un demi-ton, et on a fait les remarques suivantes :

1° Le son qui revient après ces douze demi-tons a la plus grande similitude avec le premier ; on l'a appelé *octave*.

2° Dans l'étendue de cette octave, le 1er, le 5e et le 8e son forment une mélodie agréable à laquelle on a donné le nom *d'accord parfait* : le 5e son s'appelle *tierce* et le 8e *quinte*.

3° Dans la succession des sons d'une octave, le 1er, le 3e, le 5e, le 6e, le 8e, le 10e et le 12e produisent une suite harmonieuse à laquelle on a donné la désignation de *gamme diatonique*.

4° Enfin, les douze sons, articulés l'un après l'autre, forment la *gamme chromatique*.

On devait donc partir de ces douze sons pour noter la musique, et c'est ce qu'on n'a pas fait : on a pris les sept tons de la gamme diatonique et on leur a donné des noms particuliers et invariables que voici :

ut, ré, mi, fa, sol, la, si.

en mettant l'intervalle d'un demi-ton entre le *mi* et le *fa*, et en reprenant la tonique *ut* à un demi-ton après le *si*.

On avait, par ce moyen, le 1er accord à la 3e note, et le second à la 5e, d'où sont venus les noms de *tierce* et de *quinte*.

Cette méthode était bonne tant que l'*ut* était le point de départ du chant ; mais pour un autre ton, cette gamme ne valait plus rien. Car, en *re*, par exemple, on avait :

ré, mi, fa, sol, la, si, ut,

où la 3e note, au lieu d'arriver au 5e son, ne produit que la 4e, et la dernière ne fournit que le 11e au lieu du 12e.

Il a donc fallu élever les deux notes *fa, ut,* d'un demi-ton pour donner à cette gamme en *re* les intervalles harmoniques.

Ce qui a rendu indispensable la création des dièses.

Voyons maintenant une autre gamme, celle de *fa,* elle donne :

fa, sol, la, si, ut, ré, mi, fa,

où l'intervalle de la troisième à la quatrième note est de deux demi-tons, tandis qu'il n'en doit avoir qu'un. On a, par conséquent, baissé le *si* d'un demi-ton en le faisant *bémol*.

Mais on aurait obtenu le même résultat en élevant les autres notes d'un demi-ton, c'est-à-dire en diésant *fa, sol, la, ut, ré, mi*. Pourquoi donc créer de nouveaux signes ?

Il est bien évident qu'on a eu tort d'imaginer les bémols, et je n'aurai pas de peine à prouver que les dièses n'étaient pas plus nécessaires.

Ce sont justement ces dièses et ces bémols, placés à la clef, qui ont hérissé de difficultés presque insurmontables l'étude de la musique, qui l'ont rendue si pénible à apprendre, à lire et à comprendre, pour les commençants et même pour les élèves déjà exercés.

En remontant au point de départ, on voit que l'octave se compose de douze demi-tons, ou six tons : il n'était donc pas besoin de sept notes pour les indiquer, il n'en fallait que six. On peut adopter les suivantes :

do, ré, mi, fa, sol, la.

Ces notes seraient toutes distancées d'un ton, et auraient, par conséquent, chacune deux sons à un demi-ton d'intervalle.

Il y a alors nécessité d'indiquer lequel des deux sons de chaque note doit être exécuté. Il faut, pour cela, distinguer le premier son du second ; quoi de plus simple que de figurer le premier par un point blanc et le second par un point noir ?

La gamme chromatique deviendra, par ce moyen, *do blanc, do noir, ré blanc, ré noir, mi blanc, mi noir*, etc. ; pour simplifier on pourra appeler *dob, don, reb, ren, mil, min,* etc., en ne conservant que la lettre initiale des mots blanc noir. Exemple :

do		ré		mi		fa		sol		la	
o	●	o	●	o	●	o	●	o	●	o	●

Le tableau suivant fera comprendre facilement la composition de la gamme ancienne et son rapport avec la nouvelle.

GAMME ANCIENNE.

Fig. 28.

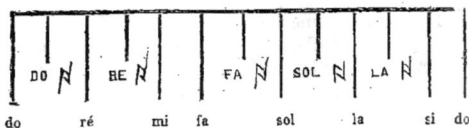

GAMME NOUVELLE.

Fig. 29.

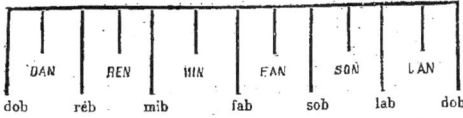

S'agit-il maintenant de former une gamme diatonique? rien n'est plus aisé; il suffit de se rappeler que le troisième intervalle doit être d'un demi-ton et que la note sensible donne toujours le dernier son de la gamme.

On aura donc, en partant de *do blanc* :

Fig. 30.

et en partant de *ré blanc* :

Fig. 31.

Ainsi de suite. On voit qu'il faut trois notes *blanches*; que la troisième est reprise en *noir*, et que la gamme se continue en noir jusqu'à la note sensible.

Si l'on commence par *do noir*, on a :

Fig. 32.

c'est-à-dire les trois premières notes noires et les quatre suivantes blanches.

Toutes les gammes diatoniques des tons majeurs auront donc les trois premières notes d'une couleur et les quatre dernières d'une autre couleur.

Il sera tout aussi facile de connaître la disposition de la gamme dans les tons mineurs.

On n'a besoin, pour cela, que de se rappeler que la tierce est mineure.

Ainsi le ton de *la blanc mineur* se compose de

Fig. 33.

la do do ré mi fa sol la   la sol fa mi ré do   do la

Et l'on s'aperçoit tout de suite que dans les modes mineurs, *en montant*, les deux premières notes étant d'une couleur, toutes les suivantes sont d'une autre couleur, et qu'en *descendant*, la couleur change à la quatrième note et à la septième.

Au moyen de cette succession de notes blanches et noires, ou reconnaîtra facilement dans quel ton un morceau de musique est écrit, et s'il est à un mode majeur ou mineur.

Ainsi voilà toutes les difficultés de la musique résolues, et il n'a fallu que quelques lignes pour expliquer ce qui exige de gros volumes dans la notation ordinaire. — Voy. *Notation musicale.*

Il faut maintenant exprimer la valeur des notes par des signes faciles; les anciens sont ci-après; on peut adopter pour les nouveaux ceux de la deuxième et de la troisième ligne, qui doivent être blancs ou noirs, selon le cas.

Fig. 34.

ANCIENS.

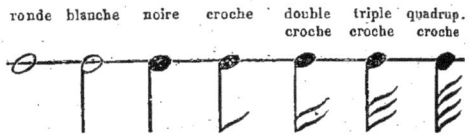

| ronde | blanche | noire | croche | double croche | triple croche | quadrup. croche |

Fig. 35.

NOUVEAUX.

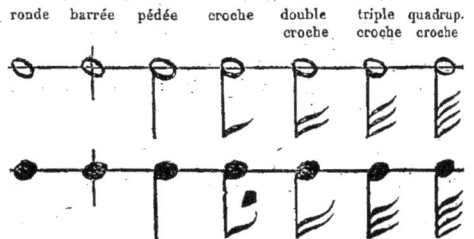

| ronde | barrée | pédée | croche | double croche | triple croche | quadrup. croche |

Les silences ne changent pas.

Cette manière d'écrire la musique présente plusieurs avantages remarquables sur l'autre :

1° Le plus important, c'est, comme on vient de le voir, de ramener tous les tons à deux formes seulement, une pour les modes majeurs, l'autre pour les modes mineurs.

2° La lecture de la musique sera beaucoup plus facile.

3° L'écriture est simplifiée par la suppression absolue des dièses, des bémols et des bécarres.

4° Chaque son est représenté par un signe invariable, ce qui n'avait pas lieu précédemment, puisque le *fa dièse*, par exemple, se figure quelquefois au moyen du *sol bémol*, qui a la même valeur euphonique.

Je sais que quelques musiciens ont fait une distinction entre les demi-tons, en appelant les uns *majeurs*, composés de cinq *commas*, et les autres *mineurs*, qui n'en valent que quatre, de sorte qu'il y aurait un comma de différence entre le *fa* dièse et

le sol bémol ; mais cette observation est purement théorique, car c'est la même touche qui, sur le piano, sert à faire ces deux notes, et elles s'exécutent aussi par le même doigté dans les instruments à trous.

Au surplus, ce n'est pas dans la manière actuelle d'écrire la musique que l'artiste cherche la véritable intonation des notes, c'est dans son oreille qui, pour lui, est un guide unique et infaillible. Cela est si vrai, que des praticiens d'une grande délicatesse d'organe trouvent que les intervalles varient pour presque tous les demi-tons de la gamme.

En définitive, *il n'est rien changé aux principes de l'harmonie*, on les envisage toujours sous le même point de vue, et les modifications proposées ne doivent être regardées que comme une nouvelle méthode d'écriture musicale.

Le clavier du piano, comme celui de tous les instruments qui en ont un, pourrait-être modifié avantageusement et mis en rapport exact avec la nouvelle disposition des notes; on lui donnerait la forme ci-après (1).

Fig. 36.

L'échelle diatonique est marquée par les chiffres 1, 2, 3, 4, 5, 6, 7, 8, 9, 10, 11, 12.

L'accord parfait se trouve dans les chiffres 1, 3, 5, 8.

Veut-on maintenant se rendre compte des conséquences de la nouvelle écriture musicale, on remarque que la gamme diatonique, base principale du chant, se trouve réduite à deux formes au lieu de trente qu'elle avait précédemment, savoir : pour les modes majeurs, celle de *do*, où les notes gardent leur son naturel, sept avec des dièses et sept avec des bémols; pour les modes mineurs, celle de *la*, où il n'y a rien à la clef, sept avec des dièses et sept encore avec des bémols.

Par ce seul fait, l'étude devient quinze fois plus facile.

Mais il ne faut pas perdre de vue que l'exécution avec quatre ou cinq dièses comme avec quatre ou cinq bémols est excessivement compliquée, et sous ce rapport, on obtiendra encore un avantage très-important.

Cette difficulté, qui résulte du grand nombre de

(1) Depuis que j'ai fait ce travail, j'ai vu à l'exposition de l'Industrie française des instruments de la manufacture de M. Blondel, de 1855, appelés *pianos géométriques*, dont le clavier est établi sur ce principe. Les touches y sont alternativement blanches et noires; les trois premières touches noires sont recouvertes d'une lame d'ivoire, les trois suivantes restent entièrement noires, et ainsi de suite.

dièses ou de bémols, a fait en quelque sorte renoncer à l'usage des tons *mi dièse* où il y a six dièses à la clé; *do dièse*, où il en faut sept; *sol bémol*, dans lequel on a six bémols et *do bémol* qui en demande sept.

Mais puisque la notation proposée anéantit la difficulté dont il s'agit, on pourra se servir de ces quatre tons, et l'on y trouvera de nouvelles sources d'harmonie qui enrichiront la musique.

Suppression des clefs. — Je ne quitterai pas ce sujet sans faire voir la possibilité de supprimer les clefs, qui sont encore une source de difficultés pour les élèves.

J'ai indiqué comment l'octave pouvait se figurer par six notes seulement au lieu de sept. Je montrerai en outre, qu'au moyen de ces six notes et d'une modification dans la disposition des lignes de la portée, il est possible d'obtenir une notation dans laquelle on distingue au premier coup d'œil tous les accords de la musique, c'est-à-dire les *tierces*, les *quintes*, les *octaves*, qui forment l'essence de ce bel art. On sentira la haute importance de ces résultats remarquables.

Par la notation ordinaire on a le premier *ré* au-dessous de la portée, le deuxième sur la quatrième ligne.

Le premier *mi* sur la première ligne, le second dans le quatrième espace.

En un mot, toutes les notes à l'octave (pour ne parler que de cet accord) prennent des positions différentes.

Si l'on faisait la portée de six lignes, un peu séparées par le milieu, on aurait toutes les notes à l'octave placées sur les lignes inférieures de la même manière que sur les lignes supérieures.

Exemple :

Fig. 37.

CONVERSION DES NOTES ANCIENNES EN NOTES NOUVELLES.

Ici le premier *ré* est au-dessous des trois lignes inférieures; le second *ré* est également au-dessous des trois lignes supérieures.

Le premier *mi* est sur la première ligne inférieure, le deuxième *mi* est aussi sur la première des lignes supérieures.

Et il en est de même pour toutes les notes.

Pour appliquer aux instruments la nouvelle notation, il suffit de remplacer chaque note de la gamme par celle qui lui correspond dans le tableau qui précède, en montant ou en descendant, pour une clef comme pour une autre.

On opérerait de la même manière s'il s'agissait de transcrire en nouvelle écriture musicale les airs copiés suivant le mode actuel.

La lecture, dans cette manière d'écrire, doit donc être infiniment plus facile que dans l'autre.

1° Parce que l'œil n'a à voir que trois lignes à la fois au lieu de cinq;

2° Parce que les notes de même nom occupent toujours une place similaire.

Mais quel avantage immense le compositeur ne trouverait-il pas dans cette disposition pour établir la partition d'un opéra, par exemple? Tout le monde le comprendra à la seule inspection de la figure précédente.

Remarquons maintenant qu'un instrument de musique ne s'étend jamais au delà de quatre octaves, et qu'on ajoute habituellement à la portée ordinaire trois ou quatre lignes, tant au-dessous qu'au-dessus.

Le piano n'est pas excepté de cette observation, puisque la musique de cet instrument s'écrit sur deux portées.

Il suffira donc d'ajouter à la nouvelle portée trois lignes au-dessous et un pareil nombre au-dessus pour que cette portée embrasse tout le doigté d'un instrument quelconque.

Ou plutôt : *la portée se trouve réduite à trois lignes, qui correspondent à une octave, de sorte que, pour chaque instrument, on emploie autant* e *ces portées qu'il sera nécessaire*, et comme les notes vont de l'une à l'autre en prenant les mêmes noms pour des places semblables, *on obtient ainsi des portées continues*, qui peuvent s'étendre autant qu'on veut, et qui permettent de supprimer les clefs.

On disposerait du papier de la manière suivante, pour la musique de piano. Les deux portées d'en haut serviraient pour la main droite, celles d'en bas pour la main gauche.

Fig. 38.

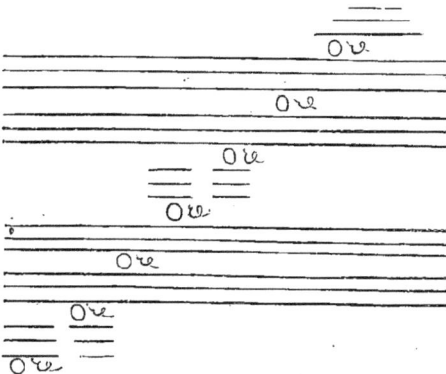

Dans la nouvelle gamme, le *la* du diapason est représenté par le *la blanc* dans le second espace. Il

suffit que cette même note ait une disposition semblable pour tous les instruments, et la clef devient inutile, puisqu'on peut placer au-dessus de la portée dans laquelle il se trouve, autant de nouvelles portées qu'on voudra.

De la transposition. — La nouvelle notation donnant une forme unique à toutes les gammes des tons majeurs, et une seule forme également aux gammes des modes mineurs, il est évident que toute transposition d'un ton dans un autre ne présente aucune difficulté; car il suffit d'élever ou d'abaisser chaque note du même nombre de degrés, sans s'inquiéter, comme dans la notation actuelle, de ce qu'il faut mettre à la clef.

CONCLUSION.

On a pu remarquer que les changements apportés à la notation actuelle de la musique sont peu nombreux et faciles à saisir, en ce qu'ils sont fondés sur des principes déjà connus.

La disposition proposée, tant pour les notes que pour la portée, loin de s'écarter des règles de la musique, est, en quelque sorte, identifiée avec ces règles. La suppression des dièses et des bémols, ainsi que celle des clefs, coïncide tellement avec les lois de l'harmonie, qu'un musicien n'aurait besoin de lire cet essai qu'une seule fois pour en connaître parfaitement le but et pour pouvoir l'appliquer; il paraît évident aussi qu'un élève apprendrait plus en trois mois par ce système qu'en un an par celui dont on se sert maintenant.

GOSSART.

MYÉLITE (pathologie) [du grec *myélos*, moelle]. — Inflammation de la moelle épinière, qui présente pour symptôme une douleur peu vive, qui n'est souvent accusée par le malade que lorsqu'on presse avec deux doigts sur les apophyses épineuses correspondant au lieu enflammé; des troubles dans la sensibilité et la motilité du tronc et des membres, consistant presque toujours dans l'affaiblissement ou l'abolition complète de ces facultés; il y a quelquefois aussi de la contracture et des convulsions. Si l'inflammation a son siège dans la portion cervicale, l'engourdissement ou la paralysie peut n'occuper qu'un seul côté du corps ou frapper les quatre membres presque en même temps. Si la maladie affecte la portion dorsale, il y a paralysie des membres supérieurs et inférieurs, gêne de la respiration, palpitations et paralysie de la vessie et du rectum. Enfin, lorsque l'inflammation occupe la région lombaire, il y a paraplégie et rétention ou incontinence de l'urine et des matières fécales.

MYGALE [*mygale*, nom grec de la *musaraigne*]. — Genre d'arachnides, de l'ordre des aranéides, composé des plus grosses araignées; ces insectes se trouvent dans toutes les parties du globe : elles vivent dans le creux des arbres et des rochers, et se nourrissent d'insectes, qu'elles poursuivent sur les branches des arbres. Parmi les espèces les plus remarquables, on cite la *mygale maçonne* (*mygale cœmentaria*), commune aux environs de Montpellier.

On rapporte aussi à ce genre d'énormes araignées d'Amérique, dont les proportions lui permettent d'occu-

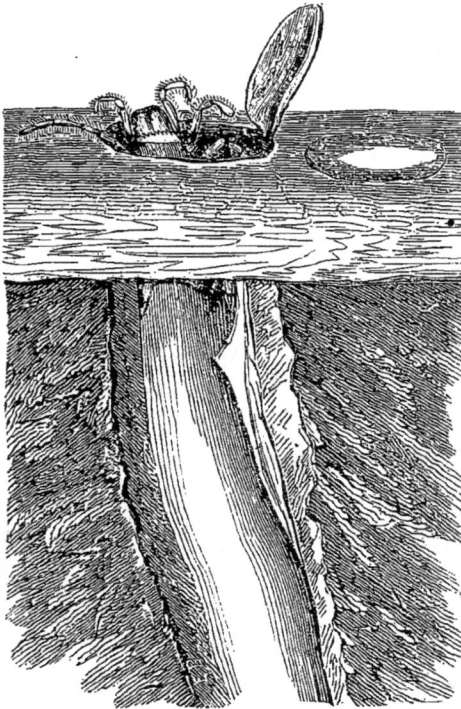

Fig. 39. — Nid de Mygale.

per un espace circulaire de 25 centim. et à qui leur forme a valu le nom vulgaire d'a-raignées crabes. Une espèce, la mygale aviculaire, s'attaque même aux petits oiseaux (colibris, oiseaux-mouches).

MYOPIE (mé-decine). — État de celui qui a la vue courte. La cause de cette affection est la trop grande convexité du glo-be oculaire ; la surabondance des humeurs de l'œil, et, en général, tout vice de con-formation qui fait converger les rayons lumineux de manière qu'ils se réunissent avant d'arriver à la rétine.

La myopie peut être aussi le résultat de l'habi-tude. — Dans tous les cas, elle disparaît avec les années, le temps diminuant peu à peu la courbure du globe oculaire.

Si la myopie est le résultat de l'habitude, on doit chercher à la corriger, en éloignant graduellement les objets que l'on fixe. — Si elle résulte de la trop grande convexité de l'œil, on y remédie par l'usage de lunettes à verres concaves, qui diminuent plus ou moins cette convexité, selon leur foyer.

MYOSOTIS [du grec mys, souris, et ous, ôtos, oreille, par allusion à la forme des feuilles]. — Genre de la famille des borraginées, renfermant des plantes herbacées de petite taille, à fleurs extrême-ment petites, mais élégantes, tantôt d'un bleu pâle, tantôt roses ou blanches. Les deux principales es-pèces sont : le myosotis des marais, commun dans les prairies et les lieux humides de l'Europe ; le myo-sotis des champs, dont les fleurs se montrent dès le printemps et se succèdent pendant tout l'été.

On trouve ces plantes dans presque toutes les con trées de l'Europe ; dans les pâturages, les plaines, les marais, sur les montagnes, les collines, dans les champs, les bois. On peut en orner les endroits frais et humides des jardins, ainsi que le bord des pièces d'eau et des ruisseaux ; elles produisent un effet très-agréable au milieu de la verdure des gazons.

MYRIAPODES ou **MILLE-PIEDS** [du grec my-rias, dix mille, sans nombre, et pous, podos, pied]. — Classe d'animaux articulés terrestres, sans ailes, ayant le corps composé de segments nombreux, dont chacun a le plus souvent une paire de pattes. Les myriapodes ont de douze paires de pattes à plu-sieurs centaines : la scolopendre offre un exemple de cette classe d'insectes.

MYRRHE. — Gomme-résine qu'on emploie sous la forme de larmes ou en grains rougeâtres ou jaunes, et qui possède une odeur aromatique très-agréable. Ti-rée d'Arabie, où vient l'arbre qui la porte, son goût est un peu amer, et cependant les Arabes en ont presque toujours dans leur bouche, convaincus que cet usage les pré-serve de beaucoup de maladies. La myrrhe est con-nue de toute an-tiquité. Considé-rée comme un de

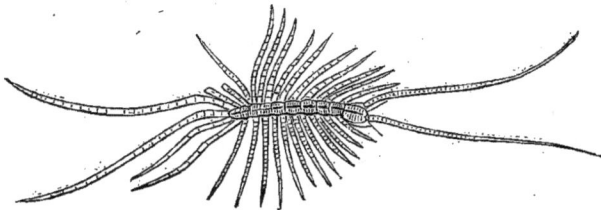

Fig. 40. — Myriapodes.

nos plus doux parfums, les Juifs la brûlaient en l'honneur de Dieu et on l'employait pour les embaumenmens. Ce fut un des présents que les trois rois mages apportèrent au divin enfant à Bethléem. Dans nos pays, la myrrhe, regardée comme tonique et excitante, sert en fumigations. On la substitue quelquefois à l'encens, étant d'un prix moins élevé; mais son odeur lui est inférieure.

MYRTE (botanique).—Type de la famille des myrtacées. Arbrisseau toujours vert, qui croît naturellement dans les contrées méridionales et s'élève à la hauteur d'un arbre. Mais, dans nos climats, c'est un petit arbuste au port élégant dont les fleurs et même les feuilles, si on les froisse, répandent un parfum plein de suavité. Il peut vivre très-longtemps. Dans le Midi on l'associe aux grenadiers pour former des buissons et des clôtures d'un charmant effet. On connaît peut-être plus de deux cents espèces de myrte qui sont répandues dans tous les pays. Mais le plus connu est le myrte commun. On cultive, comme plante d'agrément, le myrte à petites feuilles, le myrte à feuilles d'oranger, celui de Belgique, celui de Portugal et celui de Rome.

Le myrte était très-recherché des anciens. Ils en ornaient leurs temples, et aux jours de fêtes en couronnaient les statues de leurs ancêtres. Les Hébreux, dans la fête des tabernacles, se servaient du myrte, qu'ils mélangeaient de feuilles d'olivier et de dattier.

On distille l'eau de myrte, qu'on emploie comme cosmétique sous le nom d'eau d'ange. Son bois, qui est dur, sert aux tourneurs pour divers usages; et dans l'Orient, ses feuilles et son écorce sont employées pour tanner les cuirs.

MYSTICISME (philosophie).—Doctrine des mystiques, qui consiste à substituer l'inspiration à la raison, et à chercher la connaissance de la vérité dans la pure contemplation ou dans la communication avec les intelligences supérieures.

« Chez les païens, on trouve le germe du mysticisme dans certaines doctrines de Platon et dans les doctrines orientales ou gnostiques; mais il ne commença à être réduit en système qu'à Alexandrie, dans les premiers siècles de notre ère: Philon, Plotin, Porphyre, Jamblique, Proclus, en sont les premiers et les plus illustres interprètes. Dans le christianisme, le mysticisme compte aussi de nombreux représentants: dans les premiers siècles, saint Denis l'Aréopagite; au moyen âge, saint Bonaventure, A'Kempis, auteur de l'Imitation de Jésus-Christ, Gerson, Marcile Ficin, les Pic, Reuchlin, Agrippa, R. Fludd, Bœhme, les Rose-Croix; et, aux dix-septième et dix-huitième siècles, Pordage, Poiret, Van Helmont, Swedenborg, Martinez-Pasqualis, Saint-Martin. On compte aussi, parmi les mystiques, Catherine de Sienne, sainte Thérèse, Marie Alacoque, Mme Bourignon, Mme Guyon et plusieurs autres personnes d'une piété exaltée.

MYTHOLOGIE. — Histoire fabuleuse des dieux, des demi-dieux et des héros de l'antiquité. On comprend sous le nom de mythologie tout ce qui a rapport aux divers systèmes et dogmes de théologie, qui se sont établis successivement dans les différents

âges du paganisme; les mystères et les cérémonies du culte des divinités, les oracles, les sorts, les augures, les auspices et les aruspices, et tous les genres de divinations qui ont été en usage; les pratiques et les fonctions des prêtres, des devins et des sibylles, des vestales; les fêtes et jeux, les sacrifices et les victimes; les temples, les autels, les statues et généralement tous les symboles sous lesquels l'idolâtrie s'est perpétuée parmi les hommes durant un grand nombre de siècles.

La mythologie, envisagée de cette manière, constitue la branche la plus grande de l'étude des belles-lettres.

Sa connaissance est une des plus nécessaires et des plus agréables, et en même temps des plus utiles pour un esprit cultivé, qui veut jouir pleinement de toutes les beautés qu'offrent les ouvrages d'imagination, de tous les chefs-d'œuvre enfantés par les poètes et par les artistes. Elle ne se compose que de fables; mais ces fables sont toutes ingénieuses et piquantes, réveillent de grandes idées, nous attachent par la sublimité des images ou la fraîcheur des descriptions; c'est la source féconde de l'allégorie, qui, elle-même, anime la poésie et la peinture.

La mythologie nous donne la connaissance d'une foule de singularités historiques sur les mœurs, les usages et la religion des anciens, sans laquelle les plus beaux passages des poètes, les plus belles représentations des artistes seraient inintelligibles.

L'étude de la mythologie est indispensable aux peintres, aux sculpteurs, surtout aux poètes et généralement à tous ceux dont l'objet est d'embellir la nature et de plaire à l'imagination. C'est la mythologie qui fait le fonds de leurs productions et dont ils tirent leurs principaux ornements. Elle décore nos palais, nos galeries, nos plafonds et nos jardins. La fable est le patrimoine des arts; c'est une source inépuisable d'idées ingénieuses, d'images riantes, de sujets intéressants, d'allégories, d'emblèmes, dont l'usage plus ou moins heureux dépend du goût et du génie. Les gens du monde ne doivent pas ignorer les premiers éléments de cette science, sans quoi ils passeraient pour être dépourvus des connaissances les plus ordinaires à une éducation commune.

C'est surtout dans le domaine de l'antiquité que l'art et la science se prêtent un mutuel secours; et si l'étude de la mythologie dans les écrivains et les poètes anciens, est nécessaire à l'interprétation des monuments, la connaissance de ces monuments est indispensable à l'homme qui s'occupe de la lecture des chefs-d'œuvre de l'antiquité, et non-seulement de celle des poètes, mais encore des géographes et des historiens: car l'histoire des dieux est intimement liée, chez les anciens, à toutes les traditions, à toutes les localités, à tous les événements. Monuments d'architecture, pierres gravées, médailles, tout est empreint d'un souvenir mythologique, tout l'ensemble des religions de la Grèce et de l'Italie s'y retrouve; dieux, héros, leurs actions, leurs attributs, leurs cultes, leurs surnoms, les jeux en leur honneur forment les types et remplissent les inscriptions des médailles, et servent à interpréter les passages des auteurs anciens.

On regarde l'Égypte et la Phénicie comme le berceau de la mythologie. Des colonies de cette dernière l'ayant portée en Grèce, elle y fut bientôt embellie par l'imagination riante d'Homère et d'Hésiode : on y éleva même des temples, et on offrit des victimes à des dieux dont il est présumable que la plupart devaient l'existence à ces deux poëtes. Des Grecs la mythologie passa aux Romains, qui la portèrent avec leur puissance jusqu'aux extrémités du monde.

Les anciens distinguaient quatre ordres de dieux. Ceux du premier ordre étaient appelés dieux suprêmes; on en comptait vingt, qui étaient connus et révérés de toutes les nations. Ils formaient deux classes: la première, celle des divinités du ciel; la seconde, celle des divinités infernales. Ceux du second ordre habitaient la terre, la mer et les enfers. Ceux du troisième ordre étaient les demi-dieux, ainsi appelés parce qu'ils tiraient leur origine d'un dieu et d'une mortelle, ou d'un mortel et d'une déesse. De ce nombre étaient encore les héros à qui de grandes actions avaient mérité les honneurs de l'apothéose. Enfin, ceux du quatrième ordre, qui comprenait les vertus et les vices.

Pour faciliter l'étude de la mythologie, les modernes ont établi six grandes classes ou divisions, savoir :

Première division. — Les dieux du ciel. Ce sont ceux qui n'ont pas, comme Neptune, Pluton ou Cérès, sur la terre ou dans les eaux, des attributions particulières, et à la tête desquels était Jupiter.

Deuxième division. — Les dieux de la terre. Ce sont ceux qui ont les principales productions de la terre sous leur protection spéciale. Cérès et Bacchus étaient les plus grands de ces dieux. .

Troisième division. — Les dieux des eaux. La mer, les fleuves, les rivières, les ruisseaux, les fontaines ont eu leurs dieux particuliers, et les poëtes les ont peuplés de tritons, de néréides et de naïades. Neptune était le premier de ces dieux.

Quatrième division. — Les dieux du feu, à la tête desquels était Vulcain.

Cinquième division. — Les dieux des enfers, dont le roi était Pluton.

Sixième division. — Les divinités allégoriques. Les anciens avaient divinisé les vertus, les qualités et les affections de l'âme, et ils les ont représentées par divers attributs sur les monuments, principalement sur les médailles.

La seconde partie de la mythologie est l'histoire héroïque, c'est-à-dire celle des héros ou des hommes que leurs grandes actions et les services qu'ils ont rendus ont fait regarder comme des êtres supérieurs à la nature humaine. On divise leur histoire en fables helléniques, arcadiennes, argiennes, corinthiennes, attiques et thébaines.

Ce plan, qui est celui de la galerie mythologique de Millin, est généralement adopté pour le classement des cabinets, des galeries, des portefeuilles d'estampes, et des collections d'empreintes formées pour étudier la mythologie.

FIN DE LA LETTRE M.

N. — Quatorzième lettre de l'alphabet français et la onzième des consonnes. N. (abréviation du latin *nomen*, nom) indique un nom propre qu'on ignore. En géographie, N. se met pour *nord*, N. E. pour *nord-est*, N. O. pour *nord-ouest*, N. N. E. pour *nord-nord-est*, etc. N. ou N. B., pour *nota* ou *nota bene*, en tête d'une remarque, d'une note; N⁰ signifie *numéro*, et se place devant un numéro d'ordre. Comme lettre numérale ν′ chez les Grecs valait 50, et, ͵ν 50,000; chez les Romains, N valait 900, et N̄ 900,000. Sur les monnaies, cette lettre était la marque de Montpellier. En chimie, N désigne l'azote ou nitrogène; Na, le sodium (natrium); Ni, le nickel.

NACRE [de l'arabe *nakar*, coquille]. —Substance dure, éclatante, blanche ou argentée, qu'offre l'intérieur d'un grand nombre de coquilles. Cette substance doit son brillant éclat à de petites couches d'air qui restent enfermées entre les couches calcaires et transparentes dont elle est composée, et qui sont sécrétées par le collier et le bord du manteau de certains mollusques.

On fait un grand usage de nacre de perle dans les ouvrages de marqueterie, de bijouterie, entre autres dans de très-belles tabatières, des étuis, des dés, etc. Les nacres s'apportent brutes en Europe par les vaisseaux qui font le commerce des Indes orientales. Elles se vendent au poids, dont le prix varie suivant leur beauté et leur grandeur.

NAGEOIRES (zoologie). — Organes locomoteurs des poissons formés d'un nombre variable d'os, appelés rayons. Les rayons forment comme une large rame susceptible de se rétrécir au gré de l'animal. On appelle nageoires pectorales celles qui sont situées en avant, près des branchies; ventrales, les deux de derrière, situées tantôt vers la queue (poissons abdominaux), tantôt près des pectorales (subbrachiens ou thoraciques), quelquefois même en avant de celles-ci (et elles sont alors dites jugulaires); dorsale, anale, caudale, celles qui se trouvent sur le dos, à l'anus, à la queue. Le nombre, la forme, la disposition des nageoires varient beaucoup chez les poissons et fournissent un moyen facile de les distinguer. — Voy. *Poissons.*

NAISSANCE (droit). — C'est la naissance qui assure à l'homme les droits dont il jouit dans la société et dans la famille: aussi la loi a-t-elle voulu tracer des règles pour constater, par des actes certains, un fait auquel sont attachés les plus grands intérêts.

Les déclarations de naissance doivent être faites, dans les trois jours de l'accouchement, à l'officier de l'état civil du lieu. L'enfant lui est présenté. (C. civ., art. 55.)

Lorsque le cadavre d'un enfant, dont la naissance n'a pas été enregistrée, sera présenté à l'officier de l'état civil, cet officier n'exprimera pas qu'un tel enfant est décédé, mais seulement qu'il lui a été présenté sans vie. Il recevra de plus la déclaration des témoins touchant les noms, prénoms, qualités et demeures des père et mère de l'enfant, et la désignation des an, jour et heure auxquels l'enfant est sorti du sein de sa mère. (Déc. du 4 juil. 1806, art. 1er.) L'article 2 de ce même décret prescrit l'inscription à sa date sur les registres des décès, sans qu'il en résulte aucun préjugé sur la question de savoir si l'enfant a eu vie ou non. Les personnes qui ont assisté à un accouchement, et qui font la déclaration de naissance de l'enfant, peuvent refuser de faire connaître le nom de la mère; elles le peuvent, à plus forte raison, lorsque leur profession exige qu'elles gardent le secret. (C. cass. 1er août 1845; S., 45, 1, 840.) V., en sens contraire, un arrêt de la Cour de Dijon du 14 août 1840, et un arrêt de la Cour de Paris, du 20 avril 1843. (S. 40, 11, 447, et 44, 11, 210.)

L'omission de faire la déclaration de la naissance d'un enfant constitue un véritable délit, qui est réprimé par le Code pénal. L'article 346 de ce code porte que, toute personne qui, ayant assisté à un accouchement, n'aura pas fait la déclaration à elle prescrite par l'article 56 du même code, sera punie d'un emprisonnement de six jours à six mois, et d'une amende de 16 fr à 300 fr.

L'acte de naissance doit être rédigé, aussitôt après la déclaration faite d'après l'article 36 du Code civil, en présence de deux témoins. Il doit énoncer le jour, l'heure et le lieu de la naissance, le sexe de l'enfant et les prénoms qui lui sont donnés, les prénoms, noms, profession et domicile des père et mère, et ceux des témoins. (C. civ., art. 56 et 57.)

Toute personne qui aura trouvé un enfant nouveau-né sera tenue de le remettre à l'officier de l'état civil, ainsi que les vêtements et autres effets trouvés avec l'enfant, et de déclarer toutes les circonstances du temps et du lieu où il aura été trouvé.

Il en sera dressé un procès verbal détaillé, qui énoncera en outre l'âge apparent de l'enfant, son sexe, les noms qui lui seront donnés, l'autorité civile à laquelle il sera remis. Ce procès-verbal sera inscrit sur les registres. (C. civ., art. 58.) L'art. 347 du Code pénal punit d'un emprisonnement de six jours à six mois, et d'une amende de 16 fr. à 300 fr., toute personne qui, ayant trouvé un nouveau-né, ne l'aura pas remis à l'officier de l'état civil, ainsi qu'il est prescrit par l'article 58 du Code civil. Il n'y a d'exception que pour celui qui a consenti à se charger de l'enfant, et qui en fait sa déclaration au maire du lieu où l'enfant a été trouvé. Il suffit, dans ce cas, que l'officier de l'état civil soit, dans les trois jours, mis à même de rédiger le procès verbal et l'acte de naissance dont on vient de parler.

S'il naît un enfant pendant un voyage de mer, l'acte de naissance est dressé dans les vingt-quatre heures, en présence du père, s'il est présent, et de deux témoins pris parmi les officiers du bâtiment, ou, à leur défaut, parmi les hommes de l'équipage. Cet acte sera rédigé, savoir: sur les bâtiments de l'État, par l'officier d'administration de la marine; et sur les bâtiments appartenant à un armateur ou négociant, par le capitaine, maître ou patron du navire. L'acte de naissance est inscrit à la suite du rôle de l'équipage. (C. civ., art. 59.)

Au premier port où le bâtiment aborde, soit de relâche, soit pour toute autre cause que celle de son désarmement, les officiers de l'administration de la marine, capitaine, maître ou patron, sont tenus de déposer deux expéditions authentiques des actes de naissance qu'ils auront rédigés, savoir: dans un port français, au bureau du préposé à l'inscription maritime, et, dans un port étranger, entre les mains du consul. L'une de ces expéditions reste déposée au bureau de l'inscription maritime ou à la chancellerie du consulat; l'autre est envoyée au ministre de la marine, qui fait parvenir une copie, de lui certifiée, de chacun desdits actes, à l'officier de l'état civil du domicile du père de l'enfant ou de la mère, si le père est inconnu. Cette copie est inscrite de suite sur les registres. (C. civ., art. 60.)

A l'arrivée du bâtiment dans le port du désarme-ment, le rôle d'équipage est déposé au bureau du préposé à l'inscription maritime, qui envoie une expédition de l'acte de naissance, de lui signée, à l'officier de l'état civil du domicile du père de l'enfant ou de la mère, si le père est inconnu. Cette expédition est inscrite de suite sur les registres. (C. civ., article 61.)

Dans chaque corps de troupe, il est tenu un registre destiné à l'état civil; ce registre est tenu, coté et paraphé, ainsi que le prescrivent les articles 90 et 91 du Code civil. Les fonctions d'officier de l'état civil sont remplies par le quartier-maître dans chaque corps d'un ou plusieurs bataillons ou escadrons, et par le capitaine commandant dans les autres corps.

Ces mêmes fonctions sont remplies pour les officiers sans troupe et pour les employés de l'armée par l'inspecteur aux revues attaché à l'armée ou au corps d'armée. (C. civ., article 89.)

Mais, d'après un arrêté du 1er vendémiaire an XII, c'est le major qui remplit ces fonctions.

Les déclarations de naissance à l'armée doivent être faites dans les dix jours qui suivent l'accouchement. (C. civ., art. 92.)

L'officier chargé de la tenue des registres de l'état civil doit, dans les dix jours qui suivent l'inscription d'un acte de naissance au registre dont il vient d'être parlé, en adresser un extrait à l'officier de l'état civil du dernier domicile du père de l'enfant ou de la mère, si le père est inconnu. (C. civ., art. 93.)

L'officier de l'état civil du domicile auquel il a été envoyé de l'armée l'extrait de l'acte de naissance, doit l'inscrire de suite sur les registres. (C. civ., art. 98.)

Lorsqu'un enfant naît en pays étranger, deux modes sont admis pour constater sa naissance: 1° si le lieu de la naissance n'est point habité par un consul de France, l'acte peut être fait suivant les lois et usages du pays; 2° il peut être fait par les agents diplomatiques ou les consuls qui se trouvent sur les lieux; mais alors il doit être conforme aux lois françaises, c'est-à-dire qu'il doit être fait dans la forme des actes de l'officier de l'état civil.

NAISSANCES PRÉCOCES ET TARDIVES.—A part ces exemples trop contraires aux lois de la physiologie, tel que celui rapporté par Baillet, qui fait naître Fortuné Licetti à quatre mois et demi de gestation et le fait vivre jusqu'à quatre-vingts ans, il est certain que des enfants sont nés vivants et viables à sept mois, et même un peu plus tôt; de même que quelques cas de grossesses ont dépassé de plusieurs mois le terme fixé ordinairement par la nature à deux cent soixante-dix jours. On sait d'après Fœderé, lui-même, que sa propre épouse accoucha deux fois à dix mois et demi.

Art. 312. L'enfant conçu pendant le mariage a pour père le mari. Néanmoins, celui-ci pourra désavouer l'enfant s'il prouve que, pendant le temps qui a couru depuis le trois-centième jour jusqu'au cent-quatre-vingtième jour avant la naissance de cet enfant, il était, soit par cause d'éloignement, soit par l'effet de quelque accident, dans l'impossibilité physique de cohabiter avec sa femme.

Art. 314. L'enfant né avant le cent-quatre-vingtième jour du mariage ne pourra être désavoué par le mari dans les cas suivants : 1° s'il a eu connaissance de la grossesse avant le mariage ; 2° s'il a assisté à l'acte de naissance, et si cet acte est signé de lui, ou contient sa déclaration qu'il ne sait signer; 3° si l'enfant n'est pas déclaré viable.

Art 315. La légitimité de l'enfant né trois cents jours après la dissolution du mariage pourra être contestée.

En adoptant une règle prise dans la marche la plus ordinaire de la nature, dit le jurisconsulte Toullier, les législateurs n'ont pas entendu énoncer une vérité absolue, ni décider en physiologistes une question sur laquelle sont partagées les opinions des plus savants médecins. Ils ont tait ce qui était propre à la législation : ils ont tari la source de ces procès difficiles et scandaleux qu'occasionnaient les naissances tardives et prématurées, en traçant aux juges une règle positive pour fixer leur incertitude et prévenir désormais l'arbitraire des décisions et la contrariété des jugements.

NAISSANCE DE L'ENFANT (erreurs et préjugés). — Il est beaucoup de personnes qui croient fermement que l'enfant s'aide lui-même au moment de l'accouchement. La preuve que cette idée n'est pas fondée, c'est que l'expulsion d'un enfant mort hors du sein de la mère se fait presque aussi bien que celle d'un enfant vivant.

Une autre question s'engage aussi très-souvent : *sera-ce un fils ou une fille qu'aura madame telle ou telle ?*

Sur une telle alternative, des paris peuvent être engagés, mais des conjectures raisonnables sont impossibles. Nous n'ignorons pas cependant que beaucoup de personnes se croient, en cette matière, infiniment plus instruites que les médecins, et que cette prétention à deviner le sexe de l'enfant qui doit naître se rencontre surtout dans un monde tout à fait étranger aux études médicales. C'est sans doute parce que nous sommes dans une condition différente que nous nous montrons beaucoup plus réservé, et que nous déclarons formellement que nul signe physique ne peut laisser supposer le sexe de l'enfant que la mère porte dans son sein.   B. L.

NAPHTE [en grec *naphta*]. — Substance liquide, diaphane, incolore ou légèrement ambrée, d'une odeur excessivement pénétrante, très-inflammable et brûlant avec une belle flamme qui ne laisse aucun résidu ; elle est plus légère que l'eau, et se compose de carbone et d'hydrogène. Le naphte est une espèce de bitume qui est rare dans la nature à l'état de pureté. Les principales sources connues se trouvent sur les bords du Tigre et de la mer Caspienne, et en Italie, au village d'Ammiano (Parmesan).

Le naphte pur s'obtient quelquefois du pétrole par la distillation ; mais, quelle que soit son origine, lorsqu'il est purifié, ses propriétés sont les suivantes : il est incolore, d'une odeur faible ; sa pesanteur spécifique est de 0,758, à la température de 19° centigrades. Il se met en ébullition à 85° ; il est insoluble dans l'eau, mais il se dissout en toutes proportions dans l'alcool absolu, l'éther, les huiles volatiles et les huiles grasses. Le soufre et le phosphore se dissolvent à chaud, en faible quantité, dans le naphte. Plusieurs résines, au nombre desquelles on peut placer la colophane, sont solubles dans cette huile ; néanmoins, la gomme laque, le copal et le succin, ne s'y dissolvent pas en quantité appréciable. Le caoutchouc mis dans le naphte, se gonfle considérablement sans se dissoudre.

D'après les expériences de Saussure, le naphte serait composé de 88 de carbone et de 12 d'hydrogène. Saussure a essayé de purifier le pétrole de Travers, près de Neufchâtel, au moyen de l'acide sulfurique, afin de le rendre propre à l'éclairage. Il parvint, en effet, en faisant subir au naphte un traitement analogue à celui auquel on soumet l'huile de colza, à lui donner toutes les propriétés du naphte le plus pur. Le naphte et le pétrole sont employés, dans certains endroits, à l'éclairage des rues. On assure que, dans l'Inde, ces huiles servent dans la préparation de certains vernis. Le naphte sert, dans les laboratoires, pour conserver les métaux très-oxydables.

LARIVIÈRE.

NARCISSE (botanique). — Genre de la famille des amaryllidées, renfermant des plantes herbacées à racine bulbeuse, à feuilles partant de cette racine, et à fleurs portées sur une hampe plus ou moins longue, d'où elles pendent d'un côté seulement. On connaît plus de soixante espèces de genre, dont le plus grand nombre existe à l'état de sauvage. Les principales espèces sont : 1° le narcisse des bois ou des prés, dont la variété la plus commune est jaune ; c'est une des premières fleurs qui paraissent après les gelées : on la trouve en abondance sur les coteaux et dans les bois ; elle a des propriétés antispasmodiques et fébrifuges ; 2° le narcisse à bouquet (*narcisse tazetta*), espèce très-commune et très-recherchée dans le midi de la France.

NARCOTIQUES (matière médicale) [du grec *narkoô*, engourdir]. — Substances qui ont la propriété d'assoupir, en exerçant particulièrement leur influence sur le cerveau, et suscitent souvent des phénomènes singuliers, qui donnent à la médication narcotique une sorte de caractère ataxique. Ils prennent le nom de sédatifs ou de calmants quand ils servent à modérer une excitation pathologique, à ralentir le cours trop rapide de la circulation et les mouvements trop vifs des organes ; d'anodins, quand ils font cesser la douleur ; et celui d'hypnotiques, quand ils déterminent le sommeil. Les principales substances narcotiques sont : l'opium, la belladone, la jusquiame, etc.

NARVAL (zoologie). — Genre de cétacé qui n'a pas moins de six à huit mètres de long quand il a pris tout son accroissement. Il a le museau des marsoins et manque de dorsale comme les delphinaptères. Son caractère le plus apparent consiste dans son système dentaire ; il n'a pas de véritables dents : ces organes sont remplacés par une espèce de défense qui fait hors de sa gueule une saillie de deux à trois mètres de long. Cette défense, presque toujours unique par l'avortement de sa congénère, est une arme terrible, avec laquelle le narval repousse les violences de tous ses ennemis, et qui lui permet d'attaquer les animaux les plus redoutables, sans en excepter la baleine. Elle est assez forte, non-seulement pour percer le corps de tous les habitants des eaux, mais encore pour pénétrer profondément dans les bâtiments les plus solides. Ces cétacés habitent les mers du Nord, entre le Groënland et l'Islande. On les pêche surtout pour leur dent, qui fournit un bel ivoire. On attribuait autrefois à la dent de narval de grandes vertus médicales : elle n'est plus aujourd'hui qu'un objet de curiosité. Les Groënlandais mangent la chair du narval crue ou salée. On dit que l'huile de narval est préférable à celle de baleine.

NATATION (physique, gymnastique). — Action par laquelle un homme ou un animal se soutient sur l'eau ; mouvement progressif dont sont susceptibles un grand nombre d'animaux qui s'en servent pour transporter leur corps d'un lieu à un autre, sur la surface ou au travers des eaux. Un corps plus pesant qu'un volume d'eau égal au sien, et qui y est plongé va au fond par sa pesanteur respective seulement : pour vaincre cette pesanteur respective, qui est peu de chose dans les hommes et les animaux, il suffit de dilater sa poitrine, et de se donner quelques mouvements des bras et des jambes dans une direction opposée à celle de la pesanteur ; c'est ce que font les hommes et les animaux qui nagent. Mais les animaux ont, à produire ces mouvements, beaucoup plus de facilité que n'en a l'homme, parce que leur poids et leur manière d'être en nageant ne changent rien à leur situation naturelle ; le centre de gravité étant chez eux au milieu du bas ventre, ils tiennent aisément leur tête hors de l'eau. Il n'en est pas de même par rapport à l'homme, dont le centre de gravité est vers la poitrine ; sa tête étant plus pesante que celle d'aucun animal, plongerait la première s'il ne multipliait les efforts pour la soutenir, ce qu'il ne peut faire que par l'action de ses bras et de ses jambes, qui, en pressant par reprises l'eau de haut en bas, en imitant, en quelque sorte, l'effet des rames, font faire à son corps, incliné de la tête aux pieds, comme des élancements, des sauts du dedans au dehors de l'eau, qui se répètent avec assez de promptitude pour tenir toujours la tête au-dessus de ce fluide ; ce qui se fait sans aucune peine à l'égard des quadrupèdes laissés à eux-mêmes, et sans presque aucun mouvement de leur part. Ainsi, l'on voit pourquoi les animaux nagent comme par instinct, tandis que c'est un art dans l'homme que de pouvoir nager ; cet art, qui ne s'acquiert que par l'expérience et par l'exercice, consiste principalement dans l'adresse de se tenir la tête hors de l'eau, de sorte que le nez et la bouche étant en liberté, l'homme respire à son aise ; le mouvement et l'extension de ses pieds et de ses mains lui suffisent pour le soutenir vers la surface de l'eau, et il s'en sert comme de rames pour soutenir son corps. Il suffit même qu'il fasse le plus petit mouvement, car le corps de l'homme est à peu près de la même

pesanteur qu'un égal volume d'eau ; d'où il s'ensuit, par les principes de l'hydrostatique, que le corps de l'homme est déjà presque lui-même en équilibre, et qu'il ne faut que peu de force pour le soutenir. »

NATURALISATION (droit). — Acte par lequel on devient citoyen d'un pays autre que le sien, et où l'on jouit des mêmes droits, en étant assujetti aux mêmes obligations que les naturels. J'aimerais mieux pour moi le mot *nationalisation*, c'est-à-dire admission parmi les nationaux, changement de nation.

En France, la naturalisation est de deux degrés. Celle du premier degré donne tous les droits de citoyen, sauf celui de siéger dans les assemblées législatives ; pour obtenir celle du deuxième degré, ou grande naturalisation, il faut de nouvelles lettres confirmées par un décret du souverain.

La naturalisation d'une femme étrangère a lieu de plein droit par son mariage avec un Français. Le Français perd cette qualité en se faisant naturaliser à l'étranger. — Il y perd, de plus, ses droits de propriété et de succession, s'il le fait sans y avoir été autorisé par le gouvernement. Une loi de février 1851 a fixé la position des individus nés en France d'étrangers, soit qu'ils veuillent y jouir des droits de citoyen, soit qu'ils veuillent rester étrangers.

NATURE. — Ce mot a plusieurs significations, qu'on peut ramener à deux : 1° l'ensemble des êtres qui composent l'univers ; 2° les lois qui régissent la vie et la reproduction, tant des êtres en général que de chaque être en particulier. Dans le même sens, la nature est tout à fait la même chose que la création ou le monde.

La nature est le point de départ et le but de tout le savoir, de tout le travail humain. La première comme la plus haute question qu'elle soulève dans notre esprit, c'est de savoir si elle existe par elle-même ou si elle est l'œuvre d'un Dieu tout-puissant et distinct d'elle-même. La première donnée s'appelle le *naturalisme* ; les philosophes de l'antiquité s'épuisèrent en vains efforts pour le constituer à l'état de doctrine, mais leurs rêves se dissipèrent à la lumière du christianisme comme une veilleuse devant le soleil. Les philosophes du dix-huitième siècle voulurent reprendre cette absurde prétention ; et leurs héritiers d'aujourd'hui en sont venus à toutes les grossières utopies que nous avons vues successivement naître et mourir sous les noms de saint-simonisme, fouriérisme, etc. Le moindre défaut de cette conception, c'est d'abolir d'emblée la morale et la liberté, et, partant, la conscience du bien et du mal : rien que cela... En effet, si la nature est tout, ou si Dieu est la nature même, tout ce que notre nature nous suggère est divin ; et s'il me plaît de vous assassiner, je ne vois pas ce qui m'en empêchera. Les partisans du naturalisme ont beau faire ; qu'ils déguisent ou détournent tant qu'ils voudront les conséquences obligées de leur principe, bon gré mal gré ils aboutissent à cette absurdité. Le proudhenisme est la seule variété de cette espèce qui mérite la peine d'être prise en considération, parce que cette école seule a le courage de marcher droit devant elle jusqu'au bout, et de ne pas dévier de la route où l'engage le faux principe qu'elle a accepté.

Le naturalisme est donc contraire à la nature même, qui nous dit que nous sommes des êtres libres, moraux, ayant conscience du bien et du mal, et faits pour un être supérieur à elle et à nous, auteur de notre vie et de nos attributs moraux. Ainsi la nature nous met sur la voie des vérités chrétiennes, mais trop ignorants et trop faibles pour nous y élever tout à fait, par suite de notre chute, nous avions besoin du secours qui nous a été apporté dans la personne de l'Homme-Dieu. En ce sens, on peut dire que la religion chrétienne est la seule religion naturelle. Car elle seule donne satisfaction aux besoins moraux et intellectuels que nous tenons de notre nature, mais que notre nature ne peut satisfaire par elle-même.

Si l'homme interroge la nature à la lueur de la raison et de la foi, elle lui répond qu'elle est en lutte avec lui, mais que sa mission est de la vaincre par le travail et par la science, et que la nature, à ces deux conditions, lui donnera tout ce que réclament ses besoins corporels : un abri et des vêtements contre les rigueurs de l'atmosphère, et des aliments pour sustenter sa vie.

La condition de l'homme vis-à-vis de la nature est bien différente de celle des autres êtres vivants. Ceux-ci sont pourvus, en naissant, des organes, des instincts nécessaires à leur conservation ; la nature fait tous les frais de leur éducation et de leur subsistance. L'homme seul, abandonné à lui-même, est privé de toutes ces ressources ; mais la Providence lui en donne plus que l'équivalent dans l'intelligence et la raison, c'est-à-dire dans la faculté de savoir, de comprendre, de raisonner, de déduire et je dirais même de créer, si toutes nos inventions étaient autre chose que des applications ingénieuses de faits bien observés. L'observation des faits dont nous déduisons la loi qui les produit, est la source de toutes nos découvertes, de nos progrès dans la science ; les lois et les faits naturels sont l'objet des études qui nous aident à étendre chaque jour la puissance productrice de notre travail et à rendre la vie matérielle moins difficile. Ainsi, par exemple, la vapeur seule produit aujourd'hui une somme de forces que dix, vingt millions d'hommes, peut-être, ne pourraient remplacer.

Voilà dans quel sens Dieu a livré la nature à l'homme : la conquérir pour la gouverner, la travailler, mais non pour s'y asservir ; car il est plus grand qu'elle par son âme. « Je ne suis qu'un roseau pensant, disait Pascal ; mais je suis plus grand que l'univers, car j'ai conscience de moi-même, tandis qu'il ne l'a pas. L'univers périrait sans savoir qu'il a existé. » En un mot, l'homme est plus grand que la nature en qualité d'être intelligent et moral ; mais il lui appartient par son corps et ses sens, et c'est par les efforts de son esprit et de son corps qu'il dompte les éléments et en fait les instruments de ses besoins.

L'étude de la nature se partage en deux branches de sciences : celles qui ont pour objet les forces inanimées, telles que les gaz, l'air, l'électricité, l'eau, la vapeur, etc.; c'est l'objet de la physique, de la chimie, de la mécanique, etc.; enfin, les sciences qui s'occupent des lois de la vie dans les êtres vivants, végétaux et animaux, telles que la botanique, la zoologie, etc.

L'astronomie appartient aux sciences naturelles par son objet même, qui est la voûte céleste et la nature des corps dont elle est peuplée ; mais l'étude de leurs mouvements étant basée sur les lois mathématiques, elle appartient, sous ce rapport, à la catégorie des sciences mathématiques.

Enfin, l'étude de la nature, comme moyen d'étendre sur elle le pouvoir de l'homme, n'est pas le seul objet qui doive nous y attacher. Si elle offre au savant un champ immense de brillantes et utiles conquêtes, elle offre au poëte d'ineffables harmonies ; à l'artiste des spectacles grandioses et émouvants, une source intarissable d'inspirations. L'homme en qui luit cette flamme sacrée de la poésie et de l'art n'est jamais seul dans la vie ; la nature entière lui parle ; chaque être, grand ou petit, converse avec lui dans un langage vivant que le cœur entend et qui ravit l'imagination. Heureux celui qui fait remonter à Dieu l'hymne sublime qui s'exhale de toutes les voix de la nature ! Celui-là seul boit la poésie à sa vraie source. La nature est pour l'âme du poëte chrétien un orchestre immense qui accompagne ses chants d'amour et d'admiration et les porte jusqu'au trône de Dieu.   L. HERVÉ.

NAUTIÉSIE ou **MAL DE MER** (pathologie) [de *nautia* avoir des nausées, dont le radical est *naus* navire].— Cette affection, que l'on éprouve en naviguant, se caractérise par les phénomènes suivants : céphalalgie, nausées, vomissements, paralysie du goût, sensibilité épigastrique, prostration, indifférence aux relations extérieures. Les physiologistes expliquent différemment cette imminence morbide, qui cesse ordinairement avec sa cause, mais qui entraîne les plus graves désordres par sa prolongation, car elle trouble la fonction digestive, la locomotion et l'action de tout le système nerveux.

Darwin explique les symptômes gastriques par la sympathie du cerveau, et le trouble du cerveau par le trouble de la vue. Certes, le centre nerveux de relation est péniblement impressionné par la mobilité des objets ; mais la nautiésie est indépendante de cette sensation. Ce qui le prouve, c'est qu'elle a lieu chez les animaux, qui voient à peine cette mobilité, ainsi que chez les personnes qui tiennent les paupières closes.

Wollaston (l'inventeur du goniomètre et de la chambre claire), admettait le trouble primitif de l'encéphale, et l'expliquait par les lois physiques, objet constant de son étude. Comme le mercure s'élève dans le tube du baromètre lorsque l'on abaisse l'instrument avec rapidité, de même, lorsque le navire s'abaisse avec la lame, il y a pression plus particulière du sang sur le cerveau. — Mais y a-t-il similarité entre le mercure, fluide sans vie, et le sang, fluide animé ? entre le tube inflexible de verre et les artères, les veines, qui se dilatent et se contractent pour annihiler les lois de la pesanteur? Non, assurément. Et que devient, dans cette assimilation, le cœur, qui a pour fonction d'empêcher l'élévation dont parle le physicien de Londres? Qui ne sait que dans plusieurs exercices gymnastiques, l'abaissement rapide du corps s'opère sans qu'on éprouve ni fluxion sanguine vers la tête, ni envies de vomir? Le contraire est assez ordinaire, lorsqu'on se jette de haut pour tomber verticalement, soit dans l'eau, soit sur une surface élastique, soit même sur un plan qui résiste; une constriction interne a lieu, qui occasionne la stagnation du sang dans les gros vaisseaux et la diminution de celui qui est lancé vers l'encéphale; d'où naissent la pâleur et le sentiment de faiblesse que l'on observe. Si Wollaston avait imaginé vrai, la nautiésie serait d'autant plus grave qu'il y aurait plus de sang dans l'économie. Conséquemment, les hommes seraient plus affectés que les femmes; les constitutions fortes le seraient plus que les faibles; les sujets en pleine santé plus que les convalescents; les pléthoriques plus que les bilieux et les nerveux; l'endormi plus que celui qui est dans l'état de veille. Or, c'est l'inverse que l'observation donne pour résultat.

Le savant Kéraudren attribue le mal de mer aux frottements et aux collisions qu'éprouvent les viscères épigastriques et abdominaux. « Le seul ébranlement des nerfs phréniques, dit-il, suffirait pour décider le diaphragme à se contracter et à comprimer l'estomac de manière à provoquer le vomissement. Mais les ramifications du pneumo-gastrique, du trisplanchnique, et surtout les deux ganglions opisto-gastriques placés au centre de tous ces mouvements perturbateurs, ne réagiront-ils pas aussi sur l'estomac, les intestins, et, pour le dire en un mot, sur tout l'organisme animal? » Il conseille, en conséquence, pour empêcher le ballottement des viscères, une ceinture qui tienne l'abdomen comprimé.

Si cette prétendue succussion viscérale causait les vomissements, ils se multiplieraient lorsque, par l'incubation horizontale, les organes de l'abdomen se trouvent comme flottants par le relâchement des muscles tégumentaires de cette cavité; or, c'est la cessation des contractions antipéristaltiques qu'il est facile de constater. Aussi les marins conseillent-ils de ne pas se raidir contre le balancement du navire. Plus les appareils organiques sont abandonnés à leur propre poids, à l'instar des corps inertes, moins il y a de nausées : comment donc admettre des froissements qui irritent le système nerveux? Et si la nautiésie en dépendait, pourquoi les symptômes ne s'en montreraient-ils pas quand l'abdomen est violemment secoué par la course, les sauts, la danse, l'escrime, la lutte, le pancrace (exercice composé de la lutte et du pugilat)? Dans ces exercices, il y a des commotions répétées, et cependant absence de nausées, à moins de violences extrêmes. La nautiésie n'a donc pas pour raison une collision mécanique entre les viscères.

L'illustre Larrey s'exprime comme il suit, dans ses *Mémoires et Campagnes*, à l'occasion de son voyage à Terre-Neuve, en 1788 :

« Tant que le vaisseau conserve son équilibre, et que sa marche est ferme et régulière, quelque rapide qu'elle soit, l'homme embarqué n'éprouve aucune indisposition; mais si les vents contrarient la marche du vaisseau et que, par suite d'un coup de vent, il soit livré au gré des flots, le marin reçoit les effets des deux principaux mouvements auxquels le navire est alors soumis... L'imagination est d'abord frappée de ces mouvements désordonnés; à cette première cause morale, qui n'a pas lieu chez les vieux marins, s'en joint une physique. Ces mouvements contre nature impriment des secousses dont les effets se concentrent au cerveau, la partie du corps la plus impressionnable par sa masse, sa mollesse et son peu d'élasticité. »

Ce dernier auteur, dont j'ai eu l'honneur d'être disciple, me semble approcher le plus de la vérité pour le siége du mal de mer, mais non pour le mode d'agir de la cause. Je nie toujours qu'il y ait secousse transmise à l'encéphale.

Afin que l'on saisisse bien ma théorie, j'ai besoin de rendre compte des sensations que j'ai éprouvées en mer :

A ma première traversée, en août 1833, sur le pyroscaphe *le Nageur*, j'étais dans les meilleures dispositions pour échapper à la nautiésie. Né au bord de l'Océan, fils d'un chirurgien de corsaire, fils d'une mère qui n'avait jamais été malade sur un navire, jouissant d'une bonne santé, désireux de voguer au loin, je me supposais une immunité héréditaire. Aussi, au sortir du port de Toulon, n'hésitai-je pas à me promener sur le tillac, malgré la houle, afin de prendre le pied marin. Déjà je me félicitais de mon invulnérabilité, lorsque plusieurs coups de tangage me causèrent de l'éblouissement et de fortes nausées. Je gagnai vite ma cabine, où j'eus des vomissements accompagnés de céphalalgie, de répugnance à la locomotion et d'une complète indifférence à toute relation extérieure n'ayant pas pour objet mon soulagement. Les émanations du goudron ne tardèrent pas à me dessécher la gorge et les fosses nasales, et à compliquer mon malaise, qui devint un tourment par sa prolongation.

Je fus soulagé par l'eau vinaigrée en boisson et en application sur la tête. Incommodé par le mauvais air de ma cellule, je fis placer mon matelas sur le gaillard d'arrière, et j'y passai la nuit, exposé à l'air humide de la mer. Le sommeil suspendit mes douleurs. Le lendemain, je m'efforçai de manger, par le conseil du capitaine; mais je dus quitter presque aussitôt la table, où je ne me remis plus. Après avoir essayé plusieurs moyens thérapeutiques, je revins à l'oxycrat, auquel je me tins, ainsi qu'à la diète et à la position horizontale, les yeux fermés. Lorsque je débarquai, le quatrième jour, je me trouvai bien, et goûtai les aliments avec plaisir; mais il me resta du trouble dans la tête pendant une couple de jours. Je me rappellerai toujours qu'une seule chose me distrayait pendant la traversée : c'était d'entendre un jeune officier de marine chanter des romances en s'accompagnant de la guitare.

Le mois suivant, je me rendis d'Alger à Oran, sur le brick *le Hussard*. L'onde était calme, et la brise d'est nous poussait si faiblement que nous employâmes sept jours à faire la traversée, nous tenant près de la côte, qui est rocheuse, abrupte, et de l'aspect le plus sauvage. Continuellement sur le pont ou dans un canot suspendu, je me plaisais à contempler les ondulations de la mer, les accidents de lumière produits par le lever et le coucher du soleil, par le clair de lune et par la percussion de la carène soulevant des bouillons lumineux autour du navire. J'écoutais les chants en chœur de l'équipage, qui se groupait, chaque soir, sur l'avant du brick. Eh bien! dans cette situation agréable sous tant de rapports, je ne cessai d'éprouver une céphalalgie qui me rendait pénible tout exercice d'esprit, celui même de la lecture, et me privait du sens du goût.

Après ce voyage, je me croyais amariné : il n'en était rien. Réembarqué en mars 1834, je fus de nouveau malade, de la tête principalement, car l'estomac ne rejeta que deux ou trois fois les ingesta.

En avril 1834, je fis une traversée, qui dura cinq jours, sur un petit bateau à vapeur. Mon estomac s'irrita, et je fus réduit à me nourrir de laitues et d'oranges pendant une vingtaine de jours.

Je fus encore malade dans des voyages subséquents, surtout au mois de janvier 1835, sur la gabarre *la Durance*, qui comptait trente-trois ans de service. Un gros temps nous attaqua à la hauteur des îles Baléares, et nous fûmes battus d'un mistral violent trois nuits et trois jours consécutifs. Couché à l'entrée de la Sainte-Barbe, dans un cadre, je ne pris que de la limonade et ne mangeai pas une seule fois. Le sommeil encore apportait du relâche à mon malaise, dont le degré répondait exactement à celui d'inclinaison du navire. Les grosses lames qui soulevaient celui-ci amenaient le vomissement d'une manière infaillible, au dernier comme au premier jour.

La Durance transportait deux cents militaires d'Oran à Marseille. La première nuit du grain, lorsque plusieurs voiles eurent été arrachées par le vent et que l'eau eut pénétré dans l'entre-pont, à travers les jointures des sabords, la terreur se répandit parmi les passagers. Le lendemain, on vit deux hommes atteints d'aliénation mentale : l'un d'eux, par une soirée ténébreuse, monta sur le pont, gagna le bastingage, d'où il se précipita dans les flots; l'autre fut arrêté, sous mes yeux, au moment où il quittait le grand panneau pour aller sur le tillac, ne sachant ce qu'il faisait. La raison revint à ce dernier aussitôt que la mer se calma. Je le questionnai; il prétendit n'avoir point senti de frayeur : cependant on avait été obligé de l'attacher dans son lit.

Ce fut en août 1852 que la mer m'éprouva pour la dernière fois, dix-neuf ans, mois pour mois, après la première. J'eus les mêmes souffrances. Muni d'un vermicelle au lait, pris à huit heures du matin, je m'étais embarqué à dix, quittant Belle-Isle-en-Mer pour monter à Nantes. L'atmosphère était nébuleuse

quoique sans orage, et la houle se prononçait modérément. Pendant près de trois heures, je résistai à la nautiésie; mais, à la fin, je dus céder à l'horrible malaise. Je vomis le bol alimentaire, déjà passé dans les intestins, et qui franchit le pylore pour rentrer dans l'estomac et être rejeté par la bouche. Je le rendais par portions successives affectant cette forme oblongue qu'offre le résidu en s'échappant du rectum.

Voici comment j'explique le mal de mer :

Le cerveau, habitué à l'impression d'un point d'appui fixe du corps sur le sol, est troublé par le soulèvement et l'abaissement qui alternent avec une lente monotonie. L'instinct de conservation et d'équilibre, inquiété dans ces deux sens inverses, produit dans l'encéphale une concentration nerveuse, dont les symptômes sont : une perturbation de la vue, de l'ouïe, de l'odorat, du goût, puis des nausées et des vomissements. Ces deux derniers phénomènes augmentent ou diminuent selon l'inclinaison du navire. J'ai observé, chez moi, que le soulèvement provoquait plus de malaise que l'abaissement, soit pendant le roulis, soit pendant le tangage.

C'est au centre cérébro-spinal que réside le principe de la nautiésie. L'excitation de ce centre existe avant, après le vomissement, souvent seule, tandis que l'excitation gastrique n'est jamais indépendante du cerveau. C'est donc au cerveau qu'il faut adresser le traitement, lequel, d'ailleurs, n'est qu'une palliation.

On ne réussit qu'en mettant cet organe tout-puissant dans des conditions de relâche et de calme. En effet, l'inoccupation, la position horizontale du corps, l'occlusion des paupières, sont les moyens les plus efficaces; tandis que la station verticale, le spectacle des objets environnants qui se meuvent, la lecture, les actes cérébraux qui comportent de l'attention, tous les excitants du système nerveux causent un accroissement de souffrance.

Le sommeil agit dans le même sens; car il peut seul suspendre la nautiésie la plus douloureuse, en interrompant les fonctions de relation. Durant cet état, comme le naviguant ne perçoit pas l'impression faite sur les extrémités périphériques du système nerveux, il n'éprouve aucun malaise, conséquemment aucune nausée. Mais si le balancement du véhicule devient très-considérable, le réveil s'opère, et les nausées paraissent, pour être suivies de vomissements. Ceux-ci ne proviennent pas de la présence d'un corps extérieur; ils sont commandés par l'encéphale, qui les multiplie, dans certaines circonstances, jusqu'à faire exsuder le sang des capillaires de l'estomac contracté d'une manière persistante. C'est ce que je crois avoir reconnu sur moi-même. Je sentais que la tunique villeuse de l'estomac était douloureusement plissée, et qu'il était nécessaire d'ingérer un corps doux, comme un lait de poule, pour donner une surface de pression à l'organe convulsé. Cette ingestion cause un soulagement que ne procure nullement la compression extérieure, laquelle offense la sensibilité de la région épigastrique, et ne remédie ni à la cause du mal, ni à ses effets.

Existe-t-il un spécifique contre le mal de mer? Non. Les prétendus remèdes tels que la compression abdominale, l'ingestion de liquides excitants, antispasmodiques, les dragées de composition secrète, qui agissent immédiatement sur l'estomac, ne jouissent presque d'aucune efficacité. C'est l'état de l'encéphale qu'il s'agit de modifier ; et, jusqu'ici, aucune médication n'y est parvenue. Il faut que l'économie s'accoutume à cette sensation de soulèvement et d'abaissement alternatifs. Certains sujets doivent à leur idiosyncrasie d'en souffrir à chaque traversée, et de tomber parfois gravement malades. On rapporte même des cas de mort par la nautiésie. Il est prudent, en conséquence, d'expérimenter la navigation avant d'entreprendre un voyage de long cours.

Docteur F. BROUSSAIS.

NAUTILES (zoologie).—Genre de mollusques peu nombreux en espèces vivantes, et dont la coquille est la seule partie bien connue. Extérieurement cette coquille ressemble un peu à celle de l'argonaute, et, dans le commerce, on désigne cette dernière sous le nom de *nautile*. L'une et l'autre semblent en effet avoir été formées par un cône ou cornet contourné plusieurs fois sur lui-même; mais dans l'argonaute, l'intérieur du cône est sans cloisons, et ses tours sont cannelés en travers, tandis que dans les nautiles, l'intérieur du cône est divisé en plusieurs compartiments par des cloisons transversales, et ses tours ont leur surface extérieure entièrement unie.

Quant à l'animal, il est encore très-peu connu; mais on sait qu'il a beaucoup de rapport avec celui des seiches; seulement, comme le nautile vit enfoncé dans une coquille, il lui faut un siphon ou canal pour lui amener l'eau dont il a besoin pour respirer. D'ailleurs, le nombre et la disposition des tentacules sont tout à fait différents.

On ne compte que deux espèces de nautiles; ce sont le nautile flambé, qu'on appelle ainsi pour le distinguer du nautile papyracé, qui appartient à l'argonaute, et le nautile ombiliqué, qui est beaucoup plus rare. Ils vivent l'un et l'autre dans la mer des Indes. On trouve aussi des nautiles fossiles, dont les formes et la taille sont extrêmement variées : ils paraissent avoir été contemporains des ammonites.

(Salacroux.)

NAVET (botanique). — Plante racine du genre chou de la famille des crucifères. Le navet le plus anciennement cultivé est celui de forme ronde, nommé en Angleterre *turneps*. Les variétés les plus estimées sont : 1° le navet de Hollande hâtif, à racines très-grosses, à chair blanche et à collet vert ; 2° le navet long, rouge ou blanc, qui a le dessus violet et le dedans blanc, productif en racines; 3° le navet d'Alsace, à tête verte, racine grosse, sortant un peu de terre, verte en haut et blanche en bas; 4° le navet de Norfolk, racine volumineuse et savoureuse, chair blanche; 5° le navet rouge d'Auvergne, racine aplatie, globuleuse, à collet rouge, vient dans les terrains calcaires : c'est un des plus hâtifs avec celui de Hollande; 6° le navet jaune à tête pourpre, chair jaune, collet violet : il lui faut aussi des terrains calcaires ;

7° le navet jaune d'Écosse, entièrement jaune : il résiste bien aux froids; 8° le navet blanc, dit navet de Vertus, très-aimé en Flandre, presque aussi gros du haut que du bas; 9° le navet hybride jaune d'Angleterre, racine très-grosse et consistante; c'est le meilleur pour les semis effectués de bonne heure, ainsi que le blanc de Norfolk. — Les navets sont un des aliments les plus répandus et une des plantes les moins coûteuses. Ils servent à la nourriture de l'homme et à celle des bestiaux. Relativement à leur volume, ils ne sont pas très-nourrissants; mais les bêtes à cornes à laine y trouvent un manger très-agréable et bienfaisant. On prétend que le navet communique un mauvais goût au lait des vaches; mais cela peut provenir de ce qu'on le leur donne en trop grande quantité.

H.

NAVIGATION (marine). — Art de diriger un vaisseau d'un lieu à un autre au travers des mers, d'éviter les écueils, de tirer le meilleur parti possible des vents, de déterminer la distance que l'on a parcourue dans un certain temps, et d'employer à propos les secours de l'art dans les moments dangereux : ce qui se fait par le secours de cartes marines, de la boussole, des voiles, du gouvernail, de la rame, etc. On entend aussi par navigation le transport par mer des produits du travail dans tous les pays maritimes. Cette espèce de transport a d'inappréciables avantages; il économise des frais infiniment onéreux au commerce, nuisibles à la consommation, qu'ils limitent, et funestes à la production, qu'ils arrêtent. Mais ce qui donne une plus haute importance à la navigation, c'est qu'elle porte les produits du travail à toute leur valeur vénale, et que cette valeur est aussi la plus modérée pour le consommateur. En effet, la navigation élève le prix vénal des produits du travail en leur facilitant l'accès dans tous les marchés, en les approchant de tous ceux qui veulent les acheter et peuvent les payer, et en les faisant participer à tous les bienfaits de la concurrence universelle, seule règle, véritable mesure de la valeur vénale. D'un autre côté, la navigation tire de la valeur vénale le bon marché des produits pour le consommateur. Ainsi la navigation concilie les intérêts du producteur et du consommateur, de telle sorte que le producteur est encouragé à produire par la certitude du bon prix de ses produits, et le consommateur excité à consommer par le bon marché des objets de consommation. Quand on considère que cette vibration de la production et de la consommation s'opère dans le monde entier par la navigation, il est difficile de ne pas la regarder comme le plus puissant mobile de progrès du travail, de l'industrie, du commerce, de la richesse et de la civilisation; et ce qui donne un plus grand poids à cette opinion, c'est qu'elle est également fondée sur les lumières de la théorie et les leçons de l'expérience. — Voy. *Commerce*.

Une grande diversité d'opinions règne, parmi les auteurs anciens, sur l'invention de cette science. Selon Clément d'Alexandrie, Atlas, roi de Mauritanie, aurait inventé l'art de construire les vaisseaux. Hérodote en fait honneur à Neptune, qui l'aurait apporté de Libye en Grèce. Agatharchides, Strabon et Pomponius-Méla s'accordent à regarder Érithras, dont ils fixent la résidence sur les bords de la mer Rouge, comme l'inventeur de la navigation; mais ils ne fixent aucune date. Tout ce qu'on sait, c'est que cette science était déjà pratiquée du temps de Job. Si l'on en croit Sanchoniaton, Osoüs, l'un des plus anciens héros de la Phénicie, ayant trouvé un arbre à demi brûlé, en coupa les branches, et eut la hardiesse de s'exposer le premier sur les eaux. Le même auteur attribue aux Cabires l'invention des vaisseaux, et la gloire d'avoir, les premiers, entrepris des voyages maritimes. L'ancienne tradition des Phéniciens faisait les Cabires contemporains des Titans. On a quelque chose de plus positifs sur les Sidoniens, qui commencèrent à se livrer à leurs courses aventureuses, vers l'an 2700 avant J. C. Il paraît toutefois que la navigation n'était alors qu'un art bien borné dans ses moyens et dans ses résultats. Elle prit un plus grand essor lorsque Dédale eut inventé les voiles et les mâts; car, selon Polydore Virgile, la tradition fabuleuse qui le faisait s'échapper du labyrinthe, au moyen d'ailes artificielles, n'était autre chose que le récit poétique de l'invention des voiles (1304 ans avant J. C.).

La plus ancienne navigation de long cours dont l'histoire fasse mention est celle d'une flotte tyrienne et égyptienne, qui, par ordre de Néchao, roi d'Égypte, fit voile de la mer Rouge, par le détroit de Babel-Mandeb, suivit les bords orientaux de l'Afrique, doubla le cap de Bonne-Espérance, et revint, par le détroit de Gibraltar, dans la Méditerranée, au bout de trois ans (619 ans avant J. C.). Quinze ans plus tard, les Carthaginois visitèrent les Hespérides, et autres îles de l'Atlantique. On prétend même qu'ils poussèrent leurs découvertes jusqu'en Amérique, mais que le gouvernement de Carthage, craignant les émigrations, cacha cette circonstance.

NAVIRE (Marine). — Nous comprendrons sous cette dénomination toute construction susceptible d'être dirigée sur l'eau. Si l'on en croit Diodore, Jason est l'inventeur du premier grand navire, et les Érithréens imaginèrent les galères à deux rangs de rames. Selon Thucydide, le Corinthien Amoclès y en ajouta un troisième, et, suivant Anatole, les Carthaginois eurent des galères à quatre rangs de rames. Nesichton, de Salamine, les porta à cinq; Nesigiton doubla ce nombre; Alexandre le porta à douze; Ptolomée Lagus à quinze; Démétrius Polyorcète à trente; Ptolomée Philadelphe à quarante, et Ptolomée Philopator à cinquante. Hippias de Tyr inventa le vaisseau de charge. On doit aux Tyrénéens les frégates; aux Phéniciens les canots; aux Rhodiens les brigantins; aux Germains du Danube les chaloupes; et aux Illyriens les esquifs.

NÉBULEUSES (astronomie) [du latin nebulosus, nébuleux]. — Taches blanchâtres que l'on aperçoit dans le ciel; quelques-unes font l'effet de petits nuages lumineux et ronds; d'autres, sans forme précise, occupent de grands espaces. La voie lactée peut être considérée comme une nébuleuse d'une étendue immense. W. Herschell et quelques autres astronomes pensaient que les nébuleuses étaient composées de matière disséminée dans l'espace, que l'attraction moléculaire rassemblait, dans la suite des siècles, pour former des étoiles; mais les derniers perfectionnements apportés aux instruments d'optique ont fait connaître que certaines nébuleuses consistent en un amas d'étoiles assez rapprochées à nos yeux pour que leur lumière semble ne former qu'une masse, et on est porté à croire que toutes se réduiraient ainsi avec des instruments assez puissants.

Avant W. Herschell on comptait 120 nébuleuses dans les deux hémisphères; cet observateur en a porté le nombre à 1,800, et aujourd'hui on en connaît environ 3,600. Il en existe dont la lumière est si faible que si l'on attribuait à leur éloignement le peu de clarté qu'elles jettent, il faudrait deux millions d'années pour qu'elle vînt jusqu'à nous. Or, la lumière parcourt 310,000 kilomètres par seconde, ce qui porterait la distance de ces nébuleuses à 20 quintillions de kilomètres : ce dernier chiffre est le rayon de la sphère dans l'étendue de laquelle les atmosphères projettent leurs regards investigateurs, sphère dont la capacité est, en mètres cubes, de

33,510,000,000,000,000,000,000,000,000,000.

Les nébuleuses se présentent sous différents aspects, et W. Herschell les avait divisées en huit catégories; mais ses distinctions ne sont pas assez certaines, car la forme des nébuleuses change avec le pouvoir amplifiant des objectifs; il semble même que dans le télescope de lord Ross, elles se montrent toutes en anneaux ou en spirales. On a donné notamment le nom de nébuleuses planétaires à celles que le télescope réduit en astres distincts ayant l'apparence de planètes : c'est dans l'hémisphère du nord qu'on en voit le plus. On distingue dans l'hémisphère austral les nuées de Magellan, appelées aussi le grand et petit nuage.

Le tableau ci-après indique la position des principales nébuleuses; elles sont rangées suivant l'ordre de leur déclinaison, en partant du pôle nord et en suivant jusqu'au pôle sud.

ascension droite.	déclinaison.	
212°	88°	Dans la Petite Ourse.
260	38	*Idem.*
322	81	Près de Céphée.
198	72	A la Queue du Dragon.
193	69	Dans la Grande Ourse.
32	62	Dans Cassiopée.
158	60	Planétaire.
279	57	Dans le Cygne.
246	56	Dans Hercule.
160	56	Dans la Grande Ourse.
205	54	Spirale brillante, espèce de limaçon.
13	54	En forme de navette : visible à l'œil nu.
249	49	Visible à l'œil nu.
348	38	Planétaire.
248	38	Dans Hercule.

187	38	Planétaire. Dans les Lévriers.
283	37	Dans la Lyre.
40	36	Dans Persée.
201	33	Dans les Lévriers.
25	35	Planétaire.
185	32	Dans la Chevelure de Bérénice.
58	27	Visible à l'œil nu, près des Pléiades.
298	22	Forme régulière : se résout en un grand nombre d'étoiles.
131	22	Visible à l'œil nu.
110	21	Idem.
192	18	Dans la Vierge.
288	4	Déclinaison boréale. Planétaire.
320	1	Déclinaison australe.
82	7	Visible à l'œil nu. De forme irrégulière.
317	12	Planétaire.
272	13	Dans Ophinchus.
269	15	Dans Ophinchus.
268	16	Idem.
293	16	Planétaire, près d'Antinoüs.
113	18	Idem, dans la Licorne.
263	18	Dans le Serpent.
148	20	Planétaire.
268	24	Nébuleuse très-étendue, formée de 4 masses.
7	27	Près de la Baleine.
202	36	Dans le Centaure.
232	38	Près du Loup.
260	40	Dans la voie lactée.
215	46	Près du Centaure.
262	52	Dans l'Autel.
118	56	Planétaire.
140	57	Partagée en plusieurs masses irrégulières.
200	62	Planétaire, de couleur indigo.
135	64	Dans le Navire.
90	70	Grand nuage, comprenant : 582 étoiles, 291 nébuleuses, et 46 amas stellaires, dans un espace de 42 degrés carrés.
15	75	Petit nuage ; a une étendue de 10 degrés en carré : se compose de 200 étoiles, 37 nébuleuses et 7 amas stellaires.
210	80	Près du triangle austral. GOSSART.

NÉCROMANCIE [du grec *nékros*, mort, et *mantéia*, divination].—Art prétendu d'évoquer les mânes des morts pour en obtenir la connaissance de l'avenir ou de quelque chose de caché. On sait que pendant tout le moyen âge, les nécromanciens ont joué un grand rôle. — Voyez *Divination et Magie.*

NÉCROSE. — Mort : état d'un os ou d'une portion d'os privé de la vie. La nécrose peut avoir lieu sans que les parties molles environnantes soient frappées de gangrène. La partie d'os nécrosée devient un corps étranger analogue à l'escharre gangréneuse, et dont la séparation, devenue nécessaire, est opérée par les efforts de la nature ou par l'art. Si la portion nécrosée est volumineuse, on lui donne le nom de séquestre; si la nécrose est bornée à quelques lames osseuses superficielles, l'opération de la nature par laquelle se séparent ces lames nécrosées est appelée exfoliation.—Voyez *Carie.*

NÉFLIER (botanique) [*mespilus*]. — Genre de la famille des pomacées, composé d'arbres de petite taille, indigènes de l'Europe moyenne et septentrionale, dont les fleurs donnent naissance à des fruits renfermant des graines en forme d'osselets durs. L'espèce type du genre est le néflier commun (*mespilus germanica*), qui croît naturellement dans les bois de l'Europe. Ses fruits, connus sous le nom de nèfles, sont velus à leur base, arrondis, aplatis en dessus, et garnis de cinq petites lanières contournées, qui sont les divisions de l'ancien calice. Le bois du néflier est très-dur.

NEIGE (physique). — Vapeurs prises par la gelée dans le nuage même qu'elles composent, et qui tombent ensuite en flocons très-légers.

Il arrive quelquefois que la région des nuages est assez froide pour geler les vapeurs dont ils sont composés. Si le froid est assez vif pour saisir ces vapeurs avant qu'elles aient eu le temps de se réunir en gouttes, les petits glaçons qui en proviennent se réunissant plusieurs ensemble, et ne se touchant que par quelques points de leur surface, ne composent que des flocons très-légers; c'est à ces flocons que l'on a donné le nom de neige. La figure de ces flocons est susceptible d'un grand nombre de variétés ; elle est régulière ou irrégulière. Quelquefois les flocons ont la forme de petites aiguilles ; d'autres fois ce sont de petites étoiles hexagonales, qui finissent en pointes fort aiguës, et qui forment ensemble des angles de soixante degrés, imitant les barbes d'une plume. Sous notre latitude et dans nos plaines, il est rare que la neige présente ces cristaux en tombant de l'atmosphère; ils se fondent et se déforment en traversant les couches les plus basses. Ce n'est qu'après plusieurs jours d'un froid continu de 7 à 10 degrés de R. et par un vent du nord-est, que l'on observe à Paris ce phénomène de cristallisation ; mais il est constant sur les Alpes à la hauteur de 1,000 à 1,200 toises. Au-dessus de la température que nous venons d'indiquer, les flocons sont ordinairement de figure irrégulière et de grandeur inégale. La neige tombe toujours lentement et sans accélération, parce que, avec très-peu de masse, elle présente à l'air qu'elle traverse une grande quantité de surfaces : ce fluide, par sa résistance, l'empêche de recevoir l'augmentation de vitesse que lui aurait donnée sans cela l'accélération de sa chute. La neige, en couvrant la terre, maintient la chaleur et la végétation. Dans les climats froids, où elle est si abondante et habituelle, du moins pendant une grande partie de l'année, sa faculté réfléchissante s'oppose au rayonnement calorifique de la terre, et la préserve du refroidissement qu'elle éprouverait durant les longs hivers de ces tristes régions: aussi est-elle, pour les productions végétales de ces pays, un préservatif qui les met à l'abri de la gelée. En effet, lorsque le temps est très-froid, si l'on enfonce profondément dans la neige un thermomètre, il indique une température plus élevée que celle qu'il marquerait s'il était simplement appliqué à sa surface. Un grand nombre de plantes se conservent ensevelies sous la neige pendant l'hiver, et on les voit pousser au printemps avec rapidité, pourvu que la neige qui les couvrait se soit fondue lentement et peu à peu ; car, en fondant subitement, elle pourrait détruire l'organisation et le tissu des végétaux.

La neige entretient le ton de l'économie de l'homme et des animaux ; elle les affermit, les fortifie, et développe leurs forces musculaires. Appliquée sur la peau, et surtout en frictions, elle l'enflamme et la lubréfie ; elle favorise la circulation de ses vaisseaux capillaires et celle de ses vaisseaux lymphatiques. On fait avec succès usage de ces frictions dans le traitement des engelures.

NÉNUPHAR (botanique) [*nymphœa*]. — Genre de plantes de la famille des renonculacées. Les espèces *nymphœa alba* (nénuphar blanc) et *nymphœa lutea* (nénuphar jaune) ont été employées en médecine. Le nénuphar croît dans les étangs (de là son nom de lis des étangs), et ses grandes feuilles presque orbiculaires flottent à la surface de l'eau, ainsi que ses belles fleurs blanches ou jaunes (selon l'espèce). Ces fleurs sont réputées anodines et hypnotiques ; on fait avec les pétales un sirop (sirop de *nymphœa*) qui passait pour anti-aphrodisiaque, propriété que l'on attribuait également à toutes les parties de la plante, et notamment à la racine. Il est aujourd'hui reconnu que les propriétés des fleurs sont nulles, et que la racine, loin d'avoir la vertu qu'on lui supposait, produirait plutôt un effet tout opposé. L'analyse vient à l'appui de cette assertion : cette racine contient une fécule très-abondante ; elle est, par conséquent, très-nutritive. On y trouve aussi du tannin combiné à l'acide gallique, de la résine, une matière végéto-animale, des acides et des sels. (*Nysten.*)

NÉOGRAPHIE, NÉOGRAPHISME. — Voy. *Orthographe.*

NÉOLOGIE, NÉOLOGISME (grammaire) [du grec *neos*, nouveau, *logos*, discours]. — On appelle *néologie* l'introduction des termes nouveaux, ce qui est souvent une nécessité, et ce qui enrichit une langue quand les mots sont formés suivant l'analogie ; et *néologisme*, l'affectation à se servir d'expressions et de mots nouveaux et bizarres. La néologie est un art et le néologisme un abus. Un traité de néologie bien fait serait un ouvrage excellent, et qui nous manque. La néologie, qui demande beaucoup de jugement et de goût, a ses règles, et le néologisme n'a pour guide que le caprice. La première enrichit la langue, l'autre la surcharge sans répondre à ses besoins, et l'affuble d'ornements inutiles ou ridicules. On doit dire avec Horace qu'il sera toujours permis d'introduire un terme nouveau, pourvu qu'il soit conforme à l'étymologie, à l'analogie ; qu'il ne blesse ni l'oreille, ni la pureté du langage ; qu'il soit nécessaire pour exprimer une idée ou lui donner plus de force par une nouvelle expression, et, enfin, qu'il n'ait pas l'équivalent exact dans la langue.

« Si l'expression nouvelle ou rajeunie, dit Marmontel, est douce à l'oreille, claire à l'esprit, sensible à l'imagination ; si la pensée la sollicite et si le besoin l'autorise ; si le tour est animé, précis, naturel, énergique ; si l'expression est conforme à la syntaxe et au génie de la langue ; si elle ajoute à sa richesse ; si par là on évite une périphrase traînante, une épithète lâche ou diffuse ; si elle n'a point d'équivalent pour exprimer une nuance intéressante, ou dans le sentiment, ou dans l'idée, ou dans l'image, où est la raison de ne pas l'employer ?. »

« Il n'est jamais possible, dit du Mersan, de dire qu'une langue est fixée ; tant que les idées, la philosophie et les sciences feront des progrès, la langue devra suivre leurs pas ; si elle restait stationnaire, elle cesserait de pouvoir exprimer ce que l'esprit peut innover. Quelle que soit la richesse d'une langue, cette richesse peut s'augmenter. Puisque l'esprit est progressif, le langage doit l'être ; l'un ne doit pas rester plus que l'autre enfermé dans d'étroites barrières ; donner des chaînes au langage, c'est en donner à la pensée. »

« Prétendre, dit Laveaux, qu'on ne doit point créer de mots nouveaux, c'est donc s'opposer aux progrès et à la perfection de la langue ; c'est mettre des bornes à l'avancement des sciences, des arts et de la philosophie ; c'est entraver le génie.

» La néologie consiste non-seulement à se servir d'expressions nouvelles, mais encore de tours nouveaux ; c'est surtout dans le sens figuré qu'on peut quelquefois introduire avec succès dans le langage un tour extraordinaire ou une association de termes dont on n'a pas encore fait usage. Pourquoi m'empêcheriez-vous de créer un mot nouveau si j'ai une idée nouvelle à exprimer ; un tour nouveau s'il rend mieux ma pensée que le tour ordinaire ? »

S'il est permis de faire usage de mots nouveaux, il ne faut pas en abuser. Rien n'est plus ridicule qu'un ouvrage où l'auteur affecte d'en mettre dans presque toutes ses phrases. Un auteur qui connaît les droits et les décisions de l'usage ne se sert que des mots reçus, ou ne se résout à en introduire de nouveaux que quand il y est forcé par une disette absolue et un besoin indispensable. Simple et sans affectation dans ses tours, il ne rejette point les expressions figurées qui s'adaptent naturellement à un sujet, mais il ne les recherche point.

« C'est, dit Voltaire, l'envie de briller et de dire d'une manière nouvelle ce que les autres ont dit, qui est la source des expressions nouvelles, comme des pensées recherchées. Qui ne peut briller par une pensée, veut se faire remarquer par un mot... Pourquoi éviter une expression qui est d'usage pour en introduire une qui dit précisément la même chose? Un mot nouveau n'est pardonnable que quand il est absolument nécessaire, intelligible et sonore. On est obligé d'en créer en physique : une nouvelle découverte, une nouvelle machine exigent un nouveau mot. Mais fait-on de nouvelles découvertes dans le cœur humain? Y a-t-il une autre grandeur que celle de Corneille et de Bossuet? Y a-t-il d'autres passions que celles qui ont été maniées par Racine, effleurées par Quinault? Y a-t-il une autre morale évangélique que celle du P. Bourdaloue? »

Le français, comme toutes les langues, ne s'est enrichi que par l'introduction de mots nouveaux, nécessités par le changement des mœurs, des usages, par les inventions et les découvertes. Le latin vint d'abord enrichir notre langue barbare à son origine comme tous les idiomes; plus tard, le grec lui offrit ses trésors. Montaigne, Amyot, Rabelais, les écrivains du siècle de Louis XIV y ont introduit successivement de nouvelles richesses, et ces grands écrivains furent sans doute taxés de néologisme par les écrivains routiniers de leur temps, car c'est là le reproche que l'on a toujours fait aux écrivains qui s'écartent des sentiers battus.

L'abbé Desfontaines a publié un dictionnaire néologique dans lequel il critiquait les expressions nouvelles employées de son temps. La presque totalité des expressions qu'il a blâmées se sont naturalisées dans le langage. La même chose a eu lieu pour les expressions critiquées par le P. Bouhours, autre ennemi de la néologie.

C'est une prétention ridicule de vouloir s'opposer aux nouveautés en fait de langage. Je me suis déjà élevé, au mot *Dictionnaire*, contre le rigorisme outré de l'Académie, qui proscrit de son dictionnaire les trois quarts des mots de la langue, sans en donner de motifs.

> *Sic volo, sic jubeo, sit pro ratione voluntas,*

voilà sa devise.

Mais la poésie et la littérature se sont révoltées avec la raison contre la rigueur des lois académiques, et plusieurs écrivains ont ressuscité de vieilles expressions pour donner à leur style une couleur nouvelle. Il est, en effet, une foule de mots anciens qui étaient perdus, oubliés, dédaignés, et qu'ils ont eu le bon esprit de restituer à la langue. Mais si ces mots anciens ne suffisent pas, pourquoi ne serait-il pas permis d'en fabriquer de nouveaux? La nécessité fait créer des mots qu'il est impossible à la raison de ne pas adopter.

> Le besoin fait les mots, le goût les sanctionne.

Mercier a créé un grand nombre de mots nouveaux, qu'il a publiés dans sa *Néologie*; il a été de beaucoup dépassé, de nos jours, par M. Richard, de Radomilliers, qui a recueilli dans son Dictionnaire, parvenu à la deuxième édition, vingt et un mille mots qu'il a fabriqués. Dans le nombre, il y en a beaucoup d'utiles, mais il s'en trouve un assez grand nombre de bizarres et de ridicules.

Le peuple est essentiellement néologue, et beaucoup de mots qu'il forge passent insensiblement dans le langage de la bonne société, qui les accueille d'abord avec une sorte d'ironie, mais qui les conserve pour ainsi dire par l'usage, et ces mots finissent par s'implanter tellement dans la langue, qu'ils y demeurent avec ou sans l'approbation académique, dont dont ils se soucient peu.

Les révolutions politiques et religieuses donnent naissance à un grand nombre d'expressions. Notre grande révolution de 1789 devait imprimer à notre langue un cachet de néologie que la force et la rapidité des événements, la nouveauté des idées, le conflit des opinions, l'improvisation passionnée des orateurs politiques renouvelaient chaque jour, et presque à chaque moment. De nouvelles institutions consacrèrent des mots nouveaux, et la plupart de ces mots ont pris droit de bourgeoisie.

Il n'est pas jusqu'aux précieuses et aux romantiques, qui ont été l'objet de tant de critiques, qui n'aient laissé quelques mots et quelques expressions heureuses.

Ce n'est donc pas parce qu'un mot est nouveau qu'il faut le condamner, mais parce qu'il est mal fait, obscur, affecté, contraire au génie de la langue. Il n'est pas non plus nécessaire que son auteur ait un brevet de grand écrivain; si le mot dont il est l'inventeur est conforme aux saines lois de la néologie, il ne faut pas craindre d'en faire usage. Si les lexicographes se conformaient à cette règle, quand ils recueillent dans leurs nomenclatures des mots nouveaux, au lieu de les stigmatiser simplement comme des néologismes, ils rendraient de vrais services au public, et lui feraient connaître, insensiblement les lois qui doivent présider à la formation des mots.

Après ces observations générales, il ne sera peut-être pas hors de propos de donner quelques exemples de néologismes ridicules. On en trouve facilement des exemples dans toutes les langues et à toutes les époques. J'en ai déjà donné quelques-uns au mot *Barbarisme*. Les précieuses appelaient le miroir le *conseiller des grâces*; un verre d'eau, un *bain intérieur*, etc.

Le *Spectateur* s'amuse beaucoup des métaphores suivantes : un *tonnerre de parchemin* pour un tambour; une *voie lactée de chandelles* pour une illumination; le *style du cadran* pour le nez. Un écrivain religieux a appelé le déluge la *lessive du genre humain*.

« *Petit—maître*, dit Charles Nodier, était un franc et naïf gallicisme dont on se servait pour désigner un homme soumis à l'empire de la mode, avantageux auprès des femmes, et un peu trop prévenu en faveur de son mérite. La race des petits-maîtres a subitement disparu en France; mais en revanche nous avons gagné le *fashionable*, c'est-à-dire l'homme qui suit la *fashion*, néologisme-énigme, dont le moindre inconvénient est de reposer sur une articulation inarticulable d'ici à Douvres ou à Brighton. Nous avons le *dandy*, qui vient de nous donner le *dandysme*, lequel nous donnera *dandyser* quand on voudra. Je crois, Dieu me pardonne, que nous avons déjà de la littérature *dandyque* ou *dandystique*, et des poëtes, d'ailleurs, pleins de grâce et d'esprit, qui composent *dandyquement* ou *dandystiquement*, je ne saurais lequel parce que je suis peu versé dans ces mystères. Nous sommes tout au plus en mesure pour protester à temps contre *dandyfier, dandyfica-*

tion et *dandystification,* qui viendront nécessairement à leur tour. »

Le mot *polémique* avait été inventé pour caractériser certains écrits de controverse *militante,* et on en avait fait le nom substantif d'un genre de critique belliqueuse qui s'exerce le plus souvent à visière baissée. « Il n'est question aujourd'hui dans les journaux, dit Charles Nodier, que des *combats polémiques* de la presse, qui est réellement assez riche en combats pour se permettre ce pléonasme pittoresque. Écrivez *combats combattants,* et vous aurez du français moderne. »

Néologie se dit quelquefois de l'emploi des mots usuels dans un sens nouveau ou différent de la signification ordinaire.

Néologisme, outre la signification d'abus de l'emploi de mots nouveaux, s'étend aussi à la manière d'arranger et de couper les phrases, de joindre les mots ensemble, ou même la manière d'entasser des figures bizarres. Il se dit aussi d'un mot détourné de sa signification.

Quelquefois même il se prend en bonne part dans le sens du mot nouveau.

De même qu'on distingue la *néologie* du *néologisme,* de même on devrait désigner par le nom de *néologiste* celui qui fait des mots nouveaux sans nécessité, ou qui les fait contre les règles reçues ; et *néologue,* celui qui écrit des mots d'après les principes de la néologie. Cependant on trouve souvent *néologue* employé en mauvaise part. « Un terme hasardé est peu de chose, dit l'abbé Desfontaines : c'est le ton affecté des phrases, c'est la jonction téméraire des mots, c'est la bizarrerie, la fadeur, la petitesse des figures qui caractérisent surtout le *néologue,* et lui donnent un faux air d'esprit auprès de ceux qui n'en ont pas.

Madame de Genlis peint fort bien le néologisme. « Monsieur est beaucoup trop merveilleux pour moi ; son esprit est si fort au-dessus du mien, que je ne comprends pas plus ses longs discours que s'il parlait allemand ; son langage est composé d'une quantité de mots qui me sont absolument inconnus, et il place ceux que je connais de manière à me dérouter totalement sur leur signification. »

Le *néophobe* est l'ennemi de toute espèce de nouveauté, des mots nouveaux comme des idées nouvelles. Son horreur pour le changement est désignée sous le nom de néophobie, du grec *neos,* nouveau, et *phobos,* crainte.   J. B. PRUDHOMME,

Correcteur à l'Imprimerie Impériale.

NÉPHRITE (pathologie) [de *nephros,* rein]. — L'inflammation du rein. Elle occupe une seule ou les deux glandes. Ses causes sont de plusieurs sortes : sans doute, elle peut succéder à des violences extérieures, à la suppression de la transpiration, mais c'est surtout à la présence de graviers dans le bassinet ou dans les calices, aux affections chroniques des voies urinaires, aux rétentions d'urine qu'il faut la rattacher. — Elle se montre aiguë ou chronique.

La néphrite *aiguë* débute quelquefois par un fris-

son, bientôt suivi d'une douleur profonde dans la région lombaire. Cette douleur est augmentée par la pression et s'étend par irradiation du côté des uretères, de la vessie, des testicules, en suivant le trajet du plexus spermatique (87, D). Les mouvements du tronc, la secousse de la toux l'augmentent souvent, mais pas autant que celle qui dépend du lumbago, avec laquelle on pourrait la confondre. La sécrétion urinaire est toujours plus ou moins troublée ; elle est diminuée, supprimée même quand les deux reins sont enflammés. L'urine présente une couleur foncée, due sans doute à son mélange avec un peu de sang ; elle est moins acide qu'à l'état normal, souvent même elle est alcaline. On y rencontre aussi des dépôts muqueux ou purulents, ce qui, d'après M. Rayer, indique bien moins une phlegmasie des substances corticale et tubuleuse que des calices, du bassinet ou des uretères. Une réaction fébrile proportionnée au degré de l'inflammation, quelquefois des nausées et des vomissements accompagnent ces symptômes. La maladie se termine par résolution, suppuration ou l'état chronique.

La néphrite *chronique* débute fréquemment sous cette forme, naissant ordinairement à la suite d'un rétrécissement de l'urètre, d'un engorgement de la prostate, de la gravelle et de toutes les rétentions d'urine. Dans ces diverses affections, en effet, le liquide urinaire, gêné dans son excrétion et séjournant trop longtemps dans son réservoir, irrite, enflamme la muqueuse vésicale, et, par continuité de tissu, celle des uretères et des reins eux-mêmes, qui à la longue s'indurent, s'atrophient en quelque sorte, ou s'infiltrent de pus. — Les symptômes principaux de la néphrite chronique consistent dans des douleurs sourdes qui se font sentir dans la région rénale correspondante à la glande malade, dans un sentiment d'engourdissement s'étendant à la cuisse, dans des troubles des digestions, de la faiblesse dans les extrémités inférieures, surtout dans des altérations de l'urine, ce produit de sécrétion se montrant purulent et neutre ou alcalin, au lieu d'être acide. Ces symptômes peuvent s'observer dans la gravelle, mais ils s'y montrent passagers comme le calcul lui-même, à moins que l'affection calculeuse ne soit permanente, et ils ne s'accompagnent pas d'un malaise aussi grand ni aussi profond.

La néphrite aiguë se termine par résolution, suppuration, ou l'état subaigu. Souvent elle cause des accidents typhoïdes, tels que coma, prostration, fuliginosités des dents et de la langue, subdélirum, redoublements de fièvre, etc. Ces accidents sont la conséquence d'une résorption purulente ou urinaire. Ce sont eux, c'est cette résorption qui détermine la mort dans les trois quarts des cas de lithotrities et d'opérations de taille suivies d'insuccès. Ils n'ont pas toujours leur point de départ dans une néphrite ni dans les opérations susdites, car on a vu le simple cathétérisme, employé chez des sujets jusque-là bien portants, en provoquer de semblables : comment se les expliquer alors ? Sans doute par de petites fissures, des excoriations faites par la sonde à la muqueuse de l'urètre ou de la vessie, fissures qui ont en quelque sorte ouvert une porte à l'urine et favorisé la résorption de ce liquide, si dangereux quand il circule en nature avec le sang.

Traitement. — A la néphrite aiguë il faut opposer la saignée du bras, les sangsues et les ventouses sur la région lombaire, les cataplasmes émollients, les bains tièdes, les boissons douces et mucilagineuses, la diète. On combat la constipation par quelque laxatif doux, comme l'huile de ricin.

Contre la néphrite chronique, après les sangsues ou les ventouses (celles-ci sont préférables), ce sont principalement les révulsifs externes qu'il faut mettre en usage : ainsi vésicatoires volants, cautères, moxas sur la région rénale. Le malade sera couvert de flanelle, évitera les refroidissements, aura soin de ne pas garder trop longtemps l'urine dans sa vessie.

S'il y avait un rétrécissement de l'urètre, il faudrait employer le cathétérisme autant de fois que cela serait nécessaire, plutôt que de laisser trop longtemps l'urine dans son réservoir, où elle acquiert des propriétés irritantes. — Tel est en résumé le traitement qui doit être employé avec plus ou moins de vigueur et d'insistance contre l'inflammation des reins, maladie toujours sérieuse.

Dr Bossu.

NÉPHRITE ALBUMINEUSE. — Voy. *Albuminurie.*

NERFS [de *neuros*, force]. — Organes conducteurs du sentiment et du mouvement. Ce sont des cordons blanchâtres, cylindriques, formés d'un plus ou moins grand nombre de filets juxtaposés ou entrelacés, se divisant en branches et en rameaux pour se distribuer aux diverses parties du corps, où ils finissent soit en s'anastomosant avec d'autres nerfs, soit en se perdant dans les organes par des ramuscules si ténus qu'on ignore leur mode de terminaison. Ces filets ou filaments nerveux, plus ou moins déliés, sont de la même nature que les fibres ou filets médullaires de l'axe cérébro-spinal; mais ils en diffèrent en ce qu'ils sont enveloppés chacun d'une membrane propre, ainsi que le nerf lui-même qu'ils forment par leur réunion. Cette enveloppe celluleuse, appelée *névrilème*, présente, dans un nerf dont on a exprimé toute la substance médullaire, un assemblage de petits canaux qui s'unissent entre eux et s'abouchent de distance en distance. Quelques auteurs ont supposé que dans chacun de ces canaux névrilématiques, au centre de la pulpe nerveuse, « il existe un canal destiné à la circulation d'un fluide particulier, principe du sentiment et du mouvement, fluide dont la nature nous serait encore inconnue, et dont il nous serait seulement donné de connaître les voies. » Mais les expériences d'où Bogros tirait ces conséquences en 1815, répétées par lui-même en présence des commissaires nommés par l'Académie des sciences, n'ont point confirmé les résultats de ses précédentes recherches. Les physiologistes qui ont admis l'existence de ce *fluide nerveux* le supposaient soumis à deux mouvements : l'un continuel, se faisant du centre à la circonférence, selon les lois de la circulation, et ayant pour principe le mouvement du cœur; l'autre, infiniment plus rapide, imprimé instantanément, soit par l'action des objets extérieurs (et se dirigeant alors des extrémités des nerfs vers leur origine), soit par les affections de l'âme, et se portant de l'origine des nerfs vers leurs extrémités. D'autres ont regardé les nerfs comme des cordes élastiques, dont les vibrations, déterminées par les impressions des objets extérieurs, se propagent depuis les extrémités jusqu'à l'encéphale. L'*origine* des nerfs, c'est-à-dire leur liaison plus ou moins intime, leur connexion matérielle avec le centre cérébro-spinal, est elle-même encore un sujet de controverse. L'existence de deux systèmes nerveux qui auraient pour centre l'un le cerveau et l'autre les ganglions, est plus que jamais mise en doute aujourd'hui (voy. *Système nerveux*) : et rien n'empêche en effet de regarder comme des points d'origine, dans le nerf grand sympathique, les points de communication de ce nerf avec la moelle et le cerveau. Les auteurs ne s'accordent même pas sur la partie du centre cérébro-spinal qui donne naissance à certains nerfs : ainsi, Bichat considérait comme tirant leur origine du cerveau proprement dit les nerf olfactifs et optiques; et aujourd'hui que l'on regarde comme faisant partie de la moelle allongée non-seulement les pédoncules cérébraux, mais encore leur épanouissement vers les couches optiques et les corps striés, on regarde comme la terminaison antérieure ou ethmoïdale de la moelle ce que Bichat appelait le *tronc* du nerf olfactif. Dans cette manière de voir, il est évident que les nerfs olfactifs et optiques ne naissent point du cerveau, que tous les nerfs tiennent à la moelle épinière et à la moelle allongée, que le cerveau et le cervelet n'ont point réellement avec eux de connexion. D'ailleurs, les parties de la moelle avec lesquelles les nerfs communiquent (desquelles ils tirent leur *origine*, selon l'expression vulgaire) sont souvent situées assez profondément; de sorte que le point d'où l'on voit les nerfs se détacher n'indique nullement leur connexion véritable. Ch. Bell, se fondant sur la disposition symétrique des nerfs, implantés par paires sur les côtés de l'axe cérébro-spinal, et sur les différences anatomiques que présente cette connexion (abstraction faite du grand sympathique), a divisé les nerfs en *réguliers* et *irréguliers*. Les premiers ont deux racines, et communiquent par l'une avec la partie antérieure, et par l'autre avec la partie postérieure de l'axe nerveux : ce sont le trijumeau, le sous-occipital et les nerfs rachidiens, ce qui forme trente-deux paires de nerfs réguliers à double racine, agents de la sensibilité générale, du mouvement, des actes volontaires, et se rendant latéralement aux parties régulières du corps. Les autres, dits *irréguliers*, sont simples dans leur origine, irréguliers dans leur distribution et non symétriques comme les précédents : ce sont les moteurs communs des yeux, la septième paire, l'hypoglosse, le glosso-pharyngien, le pneumo-gastrite, le phrénique, le spinal et le thoracique interne. Malgré les modifications que les travaux de Ch. Bell, de Shaw, de Magendie, de Legallois, etc., doivent apporter dans la manière de considérer le système nerveux en général et certains nerfs en particulier, nous croyons devoir exposer ici les divisions adoptées par Bichat. L'immortel auteur de l'*Anatomie générale* divise les nerfs en *nerfs cérébraux* ou *de la vie animale,* et en *nerfs des ganglions* ou *de la vie organique.*

I. *Nerfs de la vie animale.* D'une part, ils sont les agents qui transmettent au cerveau les impressions extérieures destinées à produire les sensations; et de l'autre, ils servent de conducteurs aux volitions de cet organe, qui sont exécutées par les muscles volontaires auxquels ils se distribuent. Les nerfs de la vie animale sont symétriques et disposés par paires. Ils sont divisés (selon ce célèbre anatomiste) en *nerfs du cerveau,* qui sont l'olfactif et l'optique; en *nerfs de la protubérance cérébrale,* qui sont les moteurs oculaires communs, les pathétiques, les trijumeaux, les moteurs oculaires externes, les faciaux, les auditifs; enfin, en *nerfs de la moelle vertébrale,* qui sont le glosso-pharyngien, le nerf vague, le nerf spinal, l'hypoglosse, le sous-occipital, les sept nerfs cervicaux (dont les trois premiers forment le plexus cervical, et dont les quatre derniers forment, avec la branche antérieure du premier nerf dorsal, le plexus brachial), les nerfs dorsaux au nombre de douze, les nerfs lombaires au nombre de cinq (dont les branches abdominales forment le plexus lombo-abdominal), les nerfs sacrés, au nombre de six et souvent de cinq seulement (dont les quatre premiers forment le plexus sacré).

II. *Nerfs de la vie organique.* Ils se distribuent spécialement aux organes de la digestion, de la circulation, de la respiration, des sécrétions : ils ne sont ni symétriques, ni disposés par paires; ils ont autant de petits centres particuliers qu'il y a de ganglions; ils communiquent avec les nerfs de la moelle vertébrale, et s'anastomosent avec des filets nerveux de la vie animale. Ils constituent ce que la plupart des anatomistes ont désigné sous le nom de *nerf grand sympathique* (trisplanchnique, Ch.). Bichat les divise de la manière suivante: 1° *ceux de la tête,* qui comprennent le ganglion ophthalmique et les filets qui en partent ; 2° *ceux du cou,* qui présentent trois ganglions distingués par un cervical supérieur, cervical moyen et cervical inférieur, et qui fournissent les nerfs cardiaques; 3° *ceux de la poitrine,* où l'on distingue douze ganglions thoraciques, d'où partent des rameaux nombreux qui concourent à former le plexus solaire, et dont deux sont appelés *splanchiques* et distingués en *grand* et *petit;* 4° *ceux de l'abdomen,* comprenant trois à cinq ganglions et beaucoup de rameaux qui se distribuent aux artères abdominales, aux intestins, etc.; 5° *ceux du bassin,* qui présentent quelques ganglions appelés *ganglions sacrés,* et beaucoup de filets qui se distribuent aux organes contenus dans le bassin, etc. (*Nysten.*)

NÉVRALGIE (médecine). — Nom générique d'un certain nombre de maladies qui se reconnaissent aux symptômes suivants : douleur vive, déchirante, quelquefois et surtout dans le commencement avec engourdissement, plus souvent avec pulsations, élancements et tiraillements successifs, sans rougeur, sans chaleur, sans tension ni gonflement apparent de la partie : cette douleur, qui revient par accès plus ou moins rapprochés, est souvent irrégulière et fixée sur un tronc ou une branche de nerf : dans le temps du paroxisme, elle se propage et s'élance du point primitivement affecté sur toutes les ramifications, les parcourt jusque dans leurs dernières extrémités, et les suit dans leurs diverses connexions; elle les affecte toutes ensemble, ou successivement; d'autres fois elle se borne plus particulièrement à un ou deux filaments nerveux.

Parmi les moyens employés pour combattre les névralgies, les principaux sont : « les saignées, sangsues, ventouses appliquées sur le lieu de la douleur, cataplasmes émollients et narcotiques, flanelle recouverte d'un taffetas gommé, frictions avec des liniments, tantôt calmants et tantôt excitants, notamment avec la solution aqueuse de belladone, avec l'huile essentielle de térébenthine; application d'emplâtres ou de mouches enduites de mêmes substances; électricité, acupuncture, vésicatoires volants, simples ou saupoudrés de morphine ou de chloroforme. A l'intérieur on administre les antispasmodiques et les narcotiques sous toutes les formes, le sous-carbonate de fer, le sulfate de quinine (quand la névralgie est franchement intermittente). On fait choix de tel ou tel de ces moyens, suivant les divers cas. M. le docteur Jobert de Lamballe a récemment proposé la *cautérisation transcurrente* et l'a appliquée avec succès. »

NÉVROPTÈRES (zoologie) [du grec *névron,* nerf, nervure, et *ptéron,* aile]. — Ordre de la classe des insectes ailés, ayant pour caractères « quatre ailes nues ou transparentes, réticulées ou à nervures, ordinairement de même grandeur; bouche offrant des mandibules, des mâchoires et deux lèvres propres à la mastication; tarses à articles entiers et variant par le nombre; pas d'aiguillon à l'anus; larves hexapodes. »

NÉVROSES (pathologie). — Nom générique des *maladies nerveuses* dont les caractères les plus ordinaires sont d'être de longue durée, intermittentes, sans fièvre, sans lésion appréciable, et de ne laisser aucune trace après la mort. A cette classe appartiennent la chorée, les convulsions, l'épilepsie, l'hystérie, etc. — Les névroses se manifestent, en général, par des troubles graves, effrayants même, qui peuvent atteindre *séparément, simultanément* ou *successivement,* les parties du système nerveux affectées au sentiment, à l'intelligence et au mouvement, mais qui ne sont le plus souvent que peu dangereux.

Le traitement des névroses ne peut qu'être indiqué ici en général. Il faut modifier l'action du système nerveux, tantôt par les antiphlogistiques et les émollients, tantôt par les calmants et les antispasmodiques, dans d'autres cas par les révulsifs et les dérivatifs, ou enfin par une médication perturbatrice et purement empirique. Les moyens hygiéniques et moraux (régime régulier, exercices, distractions, conseils, consolations) ne devront pas être négligés.

NICKEL (minéralogie). — Corps simple, blanc, légèrement grisâtre, dur et aussi ductile que l'argent. Il est malléable, et susceptible de prendre le poli. Sa cassure est crochue. La densité du nickel fondu est 4,46 ; celle du nickel écroui est 8,882. Le nickel est un peu plus difficile à fondre que le fer. Après le fer, c'est le métal le plus magnétique. La puissance magnétique du nickel est à celle du fer comme 35 est à 55 (*Lampadius*).

Le nickel ne s'altère pas à l'air, et conserve son poli à la température ordinaire. Il mérite, sous ce rapport, d'être placé à côté de l'argent, du platine et de l'or. Porté à la chaleur rouge, il se recouvre peu à peu d'une légère pellicule grisâtre, attirable par l'aimant. Cette pellicule paraît être un mélange d'oxyde et de métal. Chauffé au rouge, il décompose l'eau, mais moins rapidement que le fer. Il se dissout très-bien dans les acides qui l'oxydent, soit à leurs dépens, soit aux dépens de l'eau décomposée. Il se combine avec le carbone à une température élevée. Il se combine directement à froid avec le chlore gazeux, et à chaud avec le soufre, le sélénium, l'arsenic et le phosphore. Il peut s'allier avec la plupart des métaux, et produire des alliages ductiles. Du reste, il partage beaucoup de ses propriétés avec le cobalt.

Le nickel se rencontre dans la nature en assez petite quantité ; il est le plus souvent accompagné de cobalt, de fer, de cuivre, d'arsenic et de soufre. Les aérolithes, le chrysopras, le cobaltspeis, contiennent des quantités notables de nickel. (*Hœfer*.)

NICOTIANE. — Voy. *Tabac.*

NICOTINE (chimie).—Alcaloïde du *nicotiana tabacum*, découvert par Reimann et Posselt. On l'obtient en distillant les feuilles de tabac sèches avec 1/12e de potasse caustique et de l'eau. Le produit de la distillation est saturé par l'acide sulfurique, évaporé presque à siccité, épuisé par l'alcool absolu, et évaporé de nouveau. Enfin le résidu est saturé par une solution étendue de potasse et soumis à la distillation : le liquide oléagineux, incolore, qui passe, c'est la nicotine. Cet alcaloïde est très-vénéneux ; il a une odeur de tabac très-prononcée ; il distille à 246°, et brûle avec une flamme très-fuligineuse. Il est soluble dans l'alcool et dans l'éther. Il donne avec les acides des sels parfaitement neutres. Formule $C^{10} H^5 N$.

NITRE, NITRATES (chimie). — Nom donné en chimie au salpêtre. C'est un sel composé d'acide nitrique et de potasse, se décomposant par la chaleur, sans couleur, d'une saveur fraîche, piquante, amère, et activant la combustion du charbon auquel on le mêle. Le nitre se forme continuellement dans les lieux exposés aux émanations des animaux et dont les murs sont revêtus de substances salifiables, telles que la chaux, la soude, la potasse, et la magnésie ; ainsi les écuries, étables, caves, les habitations humides et sombres, etc. On le trouve encore dans la tige de certaines plantes qui croissent

près des habitations ou dans les champs fumés, telles que la pariétaire, la mercuriale, la buglosse, la ciguë, le grand soleil, etc. On extrait le nitre par le lessivage des substances auxquelles il est mêlé et par la concentration des lessives, où il se cristallise. On l'emploie principalement à fabriquer la poudre de guerre et la poudre des feux d'artifice. L'eau-forte n'est que de l'acide nitrique.

Les nitrates sont des sels formés par la combinaison de l'acide nitrique avec diverses substances. Les plus employés sont : 1° le nitrate d'argent, composé d'acide nitrique et d'oxyde d'argent, ou d'argent dissous dans l'acide nitrique ; fondu et coulé en petits bâtons, il constitue la pierre infernale, avec laquelle les chirurgiens cautérisent les plaies et rongent les chairs baveuses et sanguinolentes ; la médecine l'emploie aussi comme remède contre l'épilepsie ; 2° le nitrate de mercure, produit par la dissolution du mercure dans l'acide nitrique ; les chapeliers l'emploient pour nettoyer les poils de lapin et de lièvre qui entrent dans le feutre de leurs chapeaux ; 3° le nitrate de plomb, produit du plomb dissous dans l'acide nitrique, est un sel blanc, opaque, employé à la coloration en jaune des indiennes par les fabricants et les teinturiers ; 4° enfin le nitrate de potasse ou salpêtre. Il y a encore les nitrates de baryte, d'ammoniaque, de bismuth, de chaux, de cobalt, etc. Tous ces sels servent comme réactifs dans les laboratoires de chimie, mais sont sans usage dans la médecine et l'industrie.

Quant à l'acide nitrique lui-même, c'est une combinaison d'azote et d'oxygène contenue dans le nitre et formant un liquide blanc, d'une odeur désagréable, très-corrosif ; il brûle les tissus organiques et les colore en jaune. Étendu d'eau il forme l'eau-forte du commerce, et plus étendu encore l'eau seconde des peintres. On l'emploie à dissoudre les métaux, essayer les monnaies, séparer l'or, graver sur cuivre, dorer le laiton ; les médecins s'en servent pour détruire les verrues et végétations charnues qui couvrent la peau, pour cautériser les plaies et les ulcères. Comme c'est un violent poison, il est important de ne pas le laisser sous la main des enfants. Hervé.

NIVEAU, NIVELLEMENT (arpentage). — Instrument employé par les arpenteurs, les architectes et constructeurs pour s'assurer qu'un plan est parfaitement horizontal. Il y a le niveau d'eau et le niveau à bulle d'air. Le niveau d'eau, à l'usage des arpenteurs, est un tube de verre long d'un mètre, posé horizontalement sur un pied. Le tube est recourbé à angle droit à ses deux extrémités. On y verse assez d'eau pour qu'elle s'étende dans tout le tube des deux côtés. La ligne formée par la surface de l'eau est toujours horizontale. Le niveau à bulle d'air est un tube de verre bien droit et partout d'égale épaisseur, dans lequel on verse de l'alcool sans le remplir entièrement ; puis on le ferme hermétiquement après y avoir emprisonné une petite quantité d'air. On est assuré que cet instrument est parallèle à l'horizon toutes les fois que la bulle d'air s'arrête au milieu. Tous les niveaux composés, dits à lunette, à pente, etc., sont des composés de celui-là ; ils servent au nivellement.

NOBLESSE. — Qu'est-ce que la noblesse, la noblesse de France, s'entend ? Nous le demandons à la dernière édition du Dictionnaire de l'Académie et à celui de Bescherelle, qui nous répondent chacun dans les mêmes termes : la Noblesse est « la qualité par laquelle un homme est noble. » — Et qu'est-ce qu'un noble ? — C'est celui « qui, par droit de naissance ou par lettres du prince, fait partie d'une classe distinguée dans l'État. » — Une classe distinguée dans l'État !... Sous quel rapport ? — Laissons là cette vague définition. Voyons Napoléon Landais, ce volumineux lexique sorti des mains de son créateur plusieurs années après la révolution de Juillet. — Qu'est-ce que le noble, monsieur Landais ? — C'est, dites-vous, celui « qui, par sa naissance ou une concession du souverain, est d'un rang au-dessus des autres citoyens. » A la bonne heure, ceci est plus explicite ; mais est-ce vrai ? — Qui donc, dans notre démocratique France, qui de nos trente-six millions de braves roturiers ne rirait au nez du marquis façon Louis XV, qui, sortant du tombeau de l'oubli, viendrait, de par son titre, élever n'importe où la prétention d'avoir le pas sur les *vilains* ? Le bonhomme serait hué ; on le persifflerait en chantant avec notre poëte national, avec Béranger :

> Voyez ce vieux marquis
> Nous traiter en peuple conquis, etc.

La définition donnée par nos trois meilleurs dictionnaires est un anachronisme. Elle a cessé d'être exacte depuis la nuit du 4 août 1789, nuit à jamais mémorable où, sur la motion du vicomte de Noailles, qui devait, quinze ans plus tard, le 9 janvier 1804, trouver une mort glorieuse, à Saint-Domingue, sur un de nos champs de bataille, la noblesse française, entraînée par le pathétique discours de ce député, sacrifia elle-même tous ses priviléges sur l'autel de la patrie. A partir de ce jour, le noble de *nom* n'est ni au-dessus ni au-dessous du plébéien. Le privilége n'est plus ; le titre honorifique reste seul debout. Malgré le maintien du titre, tout Français a le droit de dire avec le patriarche de Ferney :

> Les mortels sont égaux : ce n'est pas la naissance,
> C'est la seule vertu qui fait la différence.
> (VOLTAIRE, *Mahomet.*)

Que sont donc les titres de noblesse ? — Ce sont des distinctions nominales qui, pour toutes celles concédées sous l'Empire et pour la plus grande partie des autres, ont récompensé des services rendus au pays, mais qui ne constituent aucune distinction sociale, et n'ont, en définitive, d'autre valeur que celle de l'opinion. De droit comme de fait, il n'y a d'autres hommes supérieurs que ceux proclamés tels par la société, par la clameur publique.

> Pour grands que soient les rois, ils sont ce que nous sommes ;
> Ils peuvent se tromper comme les autres hommes.
> (P. CORNEILLE, *le Cid.*)

Et les rois se sont, en effet, souvent et volontairement trompés dans la concession de titres nobiliaires qui furent fréquemment l'objet du plus honteux trafic. Que de *savonnettes à vilains*, comme on disait jadis, que de titres honteusement accordés à l'argent de gens sans honneur, sous la monarchie de Capet, sans en excepter le grand règne de Louis XIV, qui, en 1696, voulant, selon la pittoresque expression de Saint-Simon, battre monnaie avec de la cire et du parchemin, conféra, moyennant finance, la noblesse à une fournée de cinq cents drôles, dont l'unique mérite était de posséder des écus plus ou moins bien acquis !

Si, peu de mois après l'abolition des priviléges broyés sous l'inexorable pilon de l'égalité, les titres nobiliaires tombèrent, le 19 juin 1790, dans l'affreux cataclysme qui engloutit plus tard le trône et jusqu'à la divine religion de nos pères, ils en surgirent avec éclat quand un génie prodigieux fit succéder l'ordre au désordre, quand Napoléon Iᵉʳ, fondant ses grandioses créations, non plus sur la logique comme l'Assemblée nationale, mais sur l'expérience du passé, mais sur un admirable sentiment des instincts nationaux, des vœux, des aspirations de notre grande révolution, établit la Légion d'honneur, constitua une brillante noblesse, réconcilia l'ancienne France et la France nouvelle.

Avant de relater les principales dispositions législatives et réglementaires qui, en ce moment (4 novembre 1858), régissent les titres de noblesse, il convient d'en rechercher l'origine. Il faudra donc jeter un coup d'œil rétrospectif sur la féodalité et sa chute, chute inévitable parce qu'elle était juste, juste parce que le peuple la voulait, inévitable parce que rien ne résiste à la volonté du peuple. Cette chute, hâtée par les fautes, les excès, les crimes des gouvernants, fut admirablement préparée par d'éminents publicistes, entre autres le célèbre Sieyès, et définitivement décidée par la Providence le 23 juin 1789, jour où le dernier héritier des conquérants germains, aux prises avec les députés du Tiers-État sommés de se séparer, recula devant cette audacieuse apostrophe lancée par Mirabeau à l'envoyé du faible Louis XVI, au marquis de Brézé :

« Allez dire à votre maître que nous sommes ici par la puissance du peuple et qu'on ne nous en arrachera que par la force des baïonnettes. »

La vie du comte de Mirabeau avait été — on le sait — longtemps traînée dans la fange du vice où se vautrait une notable partie de l'aristocratie, qui, malgré sa dégénérescence, malgré sa décrépitude, avait la ridicule prétention de se perpétuer dans sa tyrannie. Mirabeau, longtemps méprisable, du reste, malgré l'élévation de son génie, venait enfin de secouer ses souillures avec une superbe insolence : il avait écrit sur son enseigne, à Marseille : *Mirabeau, marchand de drap.* Ce fut le lion de la démocratie française, naissante à peine, mais déjà forte, formidable, invincible. Mal inspirée, la noblesse avait repoussé Mirabeau de ses rangs, en lui infligeant l'offensante épithète de transfuge. Lui de s'écrier alors :

« Ainsi périt le dernier des Gracques (1); mais avant d'expirer, il lança de la poussière vers le ciel en attestant les dieux vengeurs, et de cette poussière naquit Marius, Marius moins grand pour avoir exterminé les Cimbres et les Teutons que pour avoir abattu dans Rome l'aristocratie de la noblesse. »

Le déserteur de la tradition aristocratique accomplit sa vengeance, et de sa foudroyante voix, comme d'une massue, l'Hercule de tribune abattit, écrasa les têtes multiples de l'hydre du despotisme, les jeta, les brûla au feu de la démocratie.

I

Envahissement des Gaules par les Barbares, qui forment la première noblesse française.

Le cinquième siècle commence. Rome a perdu son antique prestige de force et de gloire. Démembrement caduc de sa puissance, l'empire d'Occident, attaqué de tous côtés par d'innombrables populations jusquelà cachées dans les profondeurs du Nord, du Sud et de l'Est, n'oppose plus qu'une stérile résistance. Pendant trois quarts de siècle, il se débat dans une fiévreuse agonie et meurt. Ce grand corps abattu couvre l'antiquité de ses ruines. La scène où s'efface le monde ancien reçoit un monde nouveau : d'où vient-il? Ses nouveaux hôtes surgissent surtout des régions hyperboréennes. Après, sauvages comme elles, ils sont jeunes de force matérielle, de vigueur, d'énergie, d'élan, mais sombres d'ignorance, mais hérissés de barbarie, mais uniquement poussés par leurs sanguinaires instincts à la guerre, à la destruction, sans autre tactique qu'une irrésistible impétuosité. Parmi

(1) ... « L'histoire, observait Napoléon Ier (*Mémorial de Sainte-Hélène*, par le comte de Las-Cases, 1823, vol. II, p. 405), des révolutionnaires, des scélérats; et, dans les détails, elle laisse échapper qu'ils avaient des vertus, qu'ils étaient doux, désintéressés, de bonnes mœurs; et puis ils étaient les fils de l'illustre Cornélie: ce qui, pour les grands cœurs, doit être d'abord une forte présomption en leur faveur. D'où pourrait donc venir un tel contraste? Le voici, disait l'Empereur : c'est que les Gracques s'étaient généreusement dévoués pour les droits du peuple opprimé, contre un sénat oppresseur, et que leur grand talent, leur beau caractère, mirent en péril une aristocratie féroce, qui triompha, les égorgea et les flétrit. Les historiens de parti les ont transmis avec cet esprit. Sous les empereurs il fallut continuer; le seul mot de droits du peuple, sous un maître despotique, était un blasphème, un vrai crime. Plus tard, il en a été de même sous la féodalité, fou milière de petits despotes. Voilà la fatalité sans doute de la mémoire des Gracques : leurs vertus n'ont donc jamais cessé, dans la suite des siècles, d'être des crimes; mais aujourd'hui qu'avec nos lumières nous nous sommes avisés de raisonner, les Gracques peuvent et doivent trouver grâce à nos yeux.

» Dans cette lutte terrible de l'aristocratie et de la démocratie, qui vient de se renouveler de nos jours, dans cette exaspération d'un vieux terrain contre l'industrie nouvelle qui fermente dans toute l'Europe, nul doute que, si l'aristocratie triomphait par la force, elle ne montrât beaucoup de Gracques, et ne les traitât à l'avenant tout aussi bénignement que l'ont fait leurs devanciers. »

ces durs et capricieux enfants du Nord, à la fois destructeurs et fondateurs, apparaissent en première ligne les Francs (de *frech, hardi, courageux*), nos ancêtres, ou, plutôt, les ancêtres d'une petite partie de ce grand peuple qui, formé de la fusion du sang gaulois, romain, bourguignon, franc, visigoth, normand, etc., a hérité de la bouillante intrépidité de toutes ces belliqueuses races. C'en est fait des institutions du monde romain; la conquête en impose d'autres, capricieuses comme les aventuriers qui les apportent, dures, oppressives comme le fer qui a cimenté la servitude.

Nous touchons à l'an 420. La Gaule du nord est envahie par les Francs Saliens, conduits, dit-on, par Pharamond, leur chef. Grégoire de Tours ne parle ni de cet événement ni de ce personnage. La monarchie française ne semble apparaître qu'en 428, année où Clodion le Chevelu est élevé sur le pavois. Après lui, en 448, vient Mérovée, qui combat vaillamment à la bataille de Châlons: de lui sort la dynastie mérovingienne. En 481, il a pour successeur son fils Childéric; à qui succède le fils de ce dernier, l'immortel Hlodovigh ou Clovis, considéré comme le vrai fondateur de la première monarchie barbare, qui sut briser tous les obstacles et s'assurer une durée de longs siècles.

Nous, citoyens du dix-neuvième siècle, qui voguons à pleines voiles dans les eaux de la civilisation la plus avancée, quelle influence pouvons-nous attribuer à l'élément germanique sur les progrès de cette civilisation ? Bien des opinions ont été émises à cet égard. Les publicistes féodaux, entre autres le comte de Boulainvilliers, font à ce sujet une part immense à la barbarie; les publicistes bourgeois, au contraire, ont réduit cette part aux plus minces proportions. Dans son *Cours d'Histoire moderne*, septième leçon, M. Guizot s'est à peu près rangé à l'avis de ces derniers.

Si J. J. Rousseau prêcha la vie sauvage en face d'une aristocratie perdue de mœurs, de dignité, Tacite avait, bien des siècles avant le tribun de Genève, dépeint, sous le charme de l'idéal, le bonheur de la vie barbare, afin de faire rougir des excès Rome plongée dans la corruption. Ce tableau du prince des historiens a électrisé le cerveau des bons Allemands de notre siècle. A les entendre, l'antique Germanie était un véritable Éden : innocence, vertu pastorale, ruisseaux de lait et de miel, nectar des immortels, divine ambroisie, tout cela abondait dans le pays de ces Barbares, dont l'unique métier fut si longtemps de brûler, de tuer! Malheur aux vaincus qui, sur le champ de bataille, tombaient vivants dans leurs mains ! ils étaient impitoyablement scalpés! Réfuter sérieusement ces idylles serait chose oiseuse. Dans son *Histoire du Sexe féminin*, un Allemand pur sang, Meiners ne va-t-il pas jusqu'à dire que, dans aucun pays du monde, les femmes n'ont été vertueuses ni heureuses comme dans l'ancienne Germanie ? N'ose-t-il pas insinuer qu'avant l'arrivée des Francs dans les Gaules, les Gaulois ne savaient ni respecter ni aimer les femmes ? Si les Francs ont, en effet, donné des leçons de galanterie aux Gaulois, les élèves ont vite laissé leurs maîtres loin derrière eux. La preuve n'en a-t-elle pas été fournie pour la centième fois par ces témoignages, si souvent répétés, d'ineffable tendresse prodigués à la fin du dix-huitième siècle et dans les quatorze premières années du dix-neuvième, par des milliers de vigoureux fils de Gaulois à des milliers de jeunes Allemandes de tout rang? Ne savaient-ils pas s'emparer du cœur de ces délicieuses blondines avec la rapidité que, dans un autre genre de combats, ils avaient coutume de vaincre leurs valeureux frères, leurs phlegmatiques pères, leurs confiants époux? La supériorité du Gaulois sur le Franc, dans l'art d'aimer et de plaire, n'est-elle pas vertement attestée par un noble écrivain, le duc de Saint-Simon (1), témoin des messaliniques exploits de certaines belles de sa caste, et proclamant que nombre de marquises, de duchesses, c'est-à-dire des *Franques*, des *Germaines* de haut lignage, trouvaient l'idéal du bonheur, non dans l'élite gauloise, — cela eût expliqué, cela eût excusé leurs écarts, — mais dans la grotesque tendresse de vilains du plus bas étage, de cochers, de valets, d'où ces grandes dames, folles de la livrée, méritèrent le plaisant sobriquet de *valétudinaires?* C'est Saint-Simon qui le dit.

Ne voyait-on pas alors des fils de laquais porter fièrement le titre de duc, par la grâce de la duchesse leur mère? D'un autre côté, que de vils accouplements recherchés pour de l'or, sous le nom profané de mariage, par de grands seigneurs, vendant ainsi leur titre à des coquines issues de coquins enrichis! On en fit de gaies chansons recueillies par le dernier siècle :

> O temps, ô mœurs, ô siècle déréglé,
> Où l'on voit déroger les plus nobles familles!
> Lamoignon, Mirepoix, Molé,
> De Bernard épousent les filles
> Et sont les recéleurs du bien qu'il a volé.

Il s'agit ici du fameux Samuel Bernard, dont les filles furent, en effet, admises à partager l'aristocratique couche des seigneurs cités par l'avocat Barbier. Un favori de Louis XIV, un des plus illustres hôtes de la cour du grand roi, parle ainsi de quantité de nobles de son temps, qui, disons-le en passant, étaient loin, très-loin de former la majorité de la noblesse française :

> . . . .
> Bientôt, pour subsister, la noblesse sans bien
> Trouva l'art d'emprunter et de ne rendre rien,
> Et bravant des sergents la timide cohorte,
> Laissa le créancier se morfondre à sa porte.
> Mais, pour comble, à la fin, le marquis en prison
> Sous le faix des procès vit tomber sa maison.
> Alors le noble altier, pressé de l'indigence,
> Humblement du faquin rechercha l'alliance;
> Avec lui trafiquant d'un nom si précieux,
> Par un lâche contrat vendit tous ses aïeux,
> Et corrigeant ainsi la fortune ennemie,
> Rétablit son honneur à force d'infamie.
>
> (BOILEAU. — *Satire V.*)

Notre génération a-t-elle hérité, comme on le dit parfois, de l'immoralité du dix-huitième siècle, ou, du moins, est-elle uniquement vouée, comme on l'affirme, au culte des intérêts matériels? Non: la corruption, la cupidité, l'égoïsme et l'insensibilité ne sont pas le caractère distinctif de notre époque essentiellement morale. Ces vices sont le partage presque exclusif de certaines individualités au cœur métallique et vil; ils se résument surtout dans ces êtres naguère si humbles, si petits, si bas, sous les haillons d'une fétide misère; — dans ces vautours transformés en financiers par la concussion, le tripotage et la rapine; — dans ces millionnaires voleurs rapidement conduits par leurs méfaits des fanges de l'égout à la splendeur d'orgueilleux palais assis sur la ruine, les larmes, quelquefois le sang de milliers de dupes tombées sous leurs griffes.

Ces turcarets qu'il faut se garder de confondre avec nos véritables financiers, entourés, à bon droit, de la considération publique, de même qu'il faut savoir distinguer le véritable noble, digne des respects de tous, du noble qui ne l'est que de nom ; ces turcarets, disons-nous, sont les intimes du marquis de mauvais aloi. « Le marquis, a dit dans un feuilleton du *Constitutionnel* un de nos plus spirituels critiques, à propos d'une œuvre dramatique d'Alexandre Dumas, le marquis se garderait bien d'insulter l'homme d'argent ; il l'accable, au contraire, de caresses et de compliments ; il est de toutes ses affaires, il se fait nommer membre du conseil d'administration, présente Turcaret dans le monde et lui demande la main de sa fille. »

> Autres temps, autres mœurs. Les maisons renommées
> Briguaient jadis leur place en tête des armées ;
> Le nom, changeant d'époque, a changé de vertus,
> Et place un gentilhomme au haut des prospectus.
>
> (ÉMILE AUGIER. — *La Bourse.*)

Dans la belle comédie, d'où nous venons d'extraire les quatre vers qui précèdent, un roué paysan devient, sous le nom de Dubois, valet d'un agent de change, puis flibustier de bourse, millionnaire, comte du Bois, de par sa volonté. Que de gens dont les titres nobiliaires ne sont pas mieux assis que ceux de M. le comte du Bois !

---

(1) Saint-Simon, né en 1675 à Paris, où il mourut, en 1755, a laissé des mémoires du plus grand intérêt, qu'il avait commencés dès l'âge de dix-neuf ans, et où il se montre le défenseur outré, mais éloquent, de l'aristocratie et de ses priviléges. Il était mestre de camp (colonel) à vingt ans. Louvois n'avait pas encore alors établi dans l'armée l'*ordre du tableau*, d'après lequel il ne suffit plus, pour mériter un grade, d'avoir des aïeux, il fallait avoir des services : l'avancement devient le prix de l'ancienneté, d'une vie passée dans les camps. Saint-Simon se fait dans ses *Mémoires* (chapitre CDX) l'écho de l'implacable haine dont la noblesse poursuivit le ministre, qui rabaissait « les gens nés pour commander aux autres, et qui les forçait de persévérer dans le service et d'y être un vil peuple en toute égalité. »

II

Origine des Francs.—Chute de la civilisation romaine dans la Gaule.

Les Francs *Saliens*, avons-nous dit, envahirent la Gaule vers l'an 420. Qu'était-ce que ce peuple ? La tribu la plus considérable des Francs, habitant primitivement au centre de l'Allemagne, entre un affluent de l'Elbe, la Sala, d'où elle a tiré son nom, le Mein, le Rhin et le Weser. Le pays signalé comme leur patrie primitive a conservé, pendant tout le temps du moyen âge et presque jusqu'à nos jours, le nom de *Franconie*, ou pays des Francs. Leur caractère nous est tracé par la *loi salique*, qui a régi nos ancêtres. Cette loi fut-elle apportée dans la Gaule par les conquérants, ou instituée par eux après l'*invasion*? Les savants ne sont pas d'accord sur ces deux questions : le plus grand nombre, toutefois, est porté à se prononcer pour l'affirmative en faveur de la seconde.

La loi salique ne traite du droit politique que d'une manière très-indirecte. On a beaucoup disserté pour savoir quel sens on devait attacher à ces mots *terre salique*. Ils désignent vraisemblablement la terre de conquête, la terre possédée en toute souveraineté. En premier lieu, la terre salique ne devait passer qu'aux enfants mâles. Une disposition formelle de la loi salique en excluait les femmes, et ce fut sur ce texte que l'on se fonda pour exclure les femmes de la couronne. Mais bientôt cette disposition fut modifiée, et dès le temps même des Mérovingiens, la terre salique put être transmise à une femme.

La loi salique consacre 343 articles à la pénalité, et seulement 65 aux autres matières. Les divers genres de délits que présuppose cette loi annoncent une société encore sauvage à moitié, une société brutale, où l'excès de la liberté ou plutôt de la licence individuelle met à chaque instant tout en danger pour la sûreté et la propriété de chacun.

La *loi ripuaire* ou des Francs *Ripuaires*, ainsi nommés du mot latin *ripa* (rive, bords du fleuve), parce qu'ils habitaient primitivement les bords du Rhin, diffère très-peu de la loi salique, et décèle un état de mœurs à peu près semblable. Elle est attribuée à Théodoric, fils de Clovis, et roi de Metz.

Ces lois barbares étaient personnelles et non territoriales, c'est-à-dire que chaque Barbare était jugé d'après sa loi partout où il se trouvait; par exemple, chez les Visigoths, le Franc Salien était jugé d'après la loi salique, et non d'après celle des Visigoths. Il y avait de graves différences dans la procédure et la pénalité des diverses lois. Ainsi, dans les moins barbares, c'était d'abord aux preuves écrites qu'on recourait; dans celles qui l'étaient davantage, ce genre de preuves ne venait qu'après tous les autres. Ces autres genres de preuves étaient les témoins qui avaient des notions sur les faits imputés au prévenu, les *conjurateurs*, qui affirmaient par serment *à priori* l'innocence de l'accusé, enfin les épreuves judiciaires ou *ordéales*, et parmi celles-ci l'épreuve du feu,

de l'eau, de la croix, le combat judiciaire, qui, du reste, n'est pas dans la loi salique, et au moyen duquel l'offensé obtenait toujours justice, pourvu qu'il fût le plus fort ou le plus adroit, la *composition* (*wehrgeld*), payée à l'offensé ou à sa famille, et le *fred* (*friede*), amende pour avoir troublé la paix publique.

Quelques exemples du prix du sang mettront en relief la hiérarchie sociale de l'époque barbare. Voici ce tarif :

Pour le meurtre du barbare libre, compagnon ou leude du roi, tué dans une maison par une bande armée, chez les Saliens.	1,800 sols.
Le duc chez les Bavarois, l'évêque chez les Alamans,	960
L'évêque chez les Ripuaires, le Romain, leude du roi, chez les Saliens.	900
Les parents du duc chez les Bavarois.	640
Tout leude du roi, un comte, un prêtre né libre, un juge libre.	600
Un diacre chez les Ripuaires, 500; chez les Alamans et les Saliens.	400
Le Salien ou le Ripuaire libre.	200
Le Barbare libre des autres tribus.	160
L'esclave bon ouvrier en or.	150
L'homme de condition moyenne, le colon, l'esclave ouvrier en argent.	100
L'affranchi.	80
L'esclave barbare.	55
L'esclave forgeron.	50
Le serf de l'église du roi.	45
Le gardien de porcs.	30
L'esclave chez les Bavarois.	20

C'est à la loi salique que la France a dû la longue durée de la dynastie capétienne, et, par suite, le développement de l'unité et de la grandeur nationale.

Au-dessus des lois salique et ripuaire s'élève vite et domine la loi évangélique, qui réunit dans une même communauté le Franc et le Goth, et le Germain et le Bourguignon, dominateurs et vaincus, maîtres et serfs, chefs et vassaux, bourgeois, manants, vilains; le même temple les reçoit tous, la même voix les appelle tous, la même doctrine les instruit tous, la même charité les unit ou cherche à les unir tous, le même Dieu, la même morale consolent tous ceux d'entre eux qui sont opprimés ou malheureux. Les pasteurs sont déjà partout entourés de troupeaux, les évêques deviennent des autorités, et le pontife de Rome est déjà une puissance. Il y a oppression pour les faibles; mais la sainte doctrine du Christ allège le joug, en attendant qu'elle le rompe. La grande société chrétienne est formée.

La barbarie ne cesse, toutefois, de marcher de progrès en progrès, escortée par la servitude et l'ignorance. Dès la fin du sixième siècle, tout change dans la Gaule : les grandes écoles municipales ne sont plus; seules les écoles ecclésiastiques subsistent. Mais là on ne forme que des clercs. La nuit de la barbarie devient de plus en plus profonde et générale. L'Église elle-même semble en danger de périr avec la civilisation romaine, dont le prestige et la nouveauté avaient fait longtemps une grande partie de la puissance du clergé sur les Germains. Pour donner une idée du degré de grossièreté et de corruption où elle était descendue au huitème siècle, il suffit de citer un fait. La célèbre abbaye de Lérins, où, dans l'âge précédent, la culture intellectuelle avait été si florissante, était alors en pleine décadence. Saint Aigulfe veut la réformer, les moines l'embarquent, le conduisent dans une île déserte, et l'y abandonnent après lui avoir coupé la langue!

Mais l'Église se relèvera, et avec elle la civilisation. Nous ne sommes pas encore à la fin du huitième siècle, et déjà des dispositions des lois romaines s'introduisent de plus en plus dans les codes venus des régions boréales ou des forêts de l'âpre Germanie. A qui l'honneur de ce commencement de rénovation sociale? A Charlemagne, qui tient le sceptre d'une main vigoureuse, et qui apparaît comme un héros prodigieux et prédestiné, converti à la civilisation romaine, dont il s'efforce de relever les ruines heureusement transformées par la religion du Christ. C'est Charlemagne qui arrête la limite où s'arrête la dissolution de la société antique et des mœurs barbares, et où commence la formation de l'Europe moderne. Ce sera son éternelle gloire d'avoir compris, lui Germain et à demi barbare, que le droit et l'avenir appartenaient à la civilisation romaine. Empereur d'Occident, il réforme l'Église que le Pape était impuissant à gouverner. Il porte la guerre de tous côtés, triomphe partout, et partout il s'efforce de faire pénétrer le christianisme, qui est, en quelque sorte, la civilisation elle-même. Barbare de race et Germain de caractère, de langue et de mœurs, ce grand prince se passionne comme malgré lui pour la culture latine. Cet homme à hautes pensées prescrit par une circulaire à tous les évêques et abbés d'établir, dans leurs églises et dans leurs monastères, des écoles publiques, et de ses ordres ponctuellement exécutés, date l'élan imprimé à l'instruction, dont la marche à travers les siècles a toujours été, jusqu'ici, ascendante. Toutefois, jusqu'à la Révolution, le développement des lumières se concentre presque partout dans les villes, sans que le peuple des campagnes, qui constitue au moins les quatre cinquièmes de la population, en vît arriver à lui le moindre reflet. Aussi, dans une commune ou paroisse de mille habitants, était-il rare de trouver plus de cinq à six cultivateurs sachant lire et écrire, et c'étaient des enfants de chœur, de jeunes acolytes ou des chantres instruits par le bon curé, qui, dans ces temps d'oppression, ne cessa de se montrer le soutien, le défenseur, la providence des malheureux campagnards.

III

La féodalité. — Ses actes. — Sa décadence. — Sa fin.

D'où vient la féodalité? Les historiens s'accordent peu sur son origine. Montesquieu et l'abbé de Mably présentent sur ce point des systèmes diamétralement opposés. D'après une opinion longtemps admise, et qui est très-contestable, toute l'ancienne population fut, après la conquête, dépossédée et réduite en servitude. Les vainqueurs se partagèrent tout le territoire, tous les habitants, et demeurèrent seuls propriétaires et libres. Chacun d'eux s'établit dans ses domaines, au milieu de ses nouveaux sujets, et ils se lièrent les uns envers les autres par un système de relations militaires, judiciaires et politiques, qui prit le nom de régime féodal.

Selon M. Guizot, la féodalité a une origine autrement probable; la voici:

La conquête, les longs désordres qui la suivirent, la lutte des diverses tendances politiques, avaient amené ce résultat qu'un certain nombre d'hommes, sous le nom de seigneurs et de vassaux, établis chacun dans ses domaines, et liés entre eux par les relations féodales, étaient maîtres de la population et du sol. Il en résultait une confédération de petits despotes, inégaux entre eux et ayant les uns envers les autres des devoirs et des droits, mais investis dans leurs propres domaines, sur leurs sujets personnels et directs, d'un pouvoir arbitraire et absolu.

Les origines de la féodalité se trouvent dans les antiquités germaniques, principalement dans le système des *comites* décrit par Tacite. Chaque guerrier s'efforçait d'avoir un grand nombre de *compagnons*, dont il était le chef et le modèle. Se signaler par sa bravoure et sa loyauté était pour lui un devoir; ses compagnons se dévouaient à sa défense. Ce dévouement de l'homme à l'homme est le principe de la féodalité; le vassal est l'homme, le fidèle du seigneur. Le chef de bande germanique récompensait son compagnon par le don d'un cheval de bataille ou d'une framée sanglante (*hache à deux tranchants*).

Après la conquête de la Gaule par les Francs, la bande germanique se dispersa sur le sol; mais elle conserva une partie des anciennes mœurs. Au lieu de la framée et du cheval de bataille, on donna des terres sous le nom de bénéfices. Peu à peu ces terres devinrent inamovibles et héréditaires par les usurpations progressives des leudes ou compagnons d'armes sur la royauté mérovingienne. Cependant, il y eut toujours une grande différence entre le bénéfice et le fief. Les propriétaires de bénéfices n'avaient pas les droits de souveraineté, au moins légalement reconnus. Les Capitulaires de Charlemagne attestent quels efforts fit la royauté pour s'opposer aux droits de guerre, de justice, d'impôt, de monnaie qu'usurpaient les seigneurs. Mais à une époque où il n'y avait plus d'intérêts généraux, où chaque localité formait un État séparé, l'action du pouvoir central ne pouvait s'exercer qu'à la condition d'une activité et d'une force matérielle dont ne disposaient plus les successeurs de Charlemagne. Ils laissèrent les grands propriétaires usurper peu à peu les droits souverains; et les délégués des rois, comme les comtes et les ducs, se perpétuer dans leurs fonctions. Le capitulaire de Kiersy-sur-Oise (877) sanctionna enfin, et la féodalité fut constituée en droit comme en fait.

Nulle forme de société n'a engendré plus de haine que le monde féodal, n'a suscité plus de rancune dans le peuple. Peut-être cet état de choses venait-il encore moins des obligations qu'elle imposait que de l'insolence, de la morgue et du dédain de ses formes.

Quelque petit qu'il fût, tout membre de la société féodale constituait un propriétaire souverain.

Dans ce système, la terre était tout; l'homme y était attaché; aussi nulle terre sans seigneur, nul seigneur sans terre. L'homme est classé et qualifié par sa terre; il en suit le rang et en porte le nom.

« Le seigneur enferme les manants sous portes et gonds, du ciel à la terre, dit le droit féodal. Le seigneur est seigneur dans tout le ressort, sur tête et cou, vent et prairie... Tout est à lui, forêt chenue, oiseau dans l'air, poisson dans l'eau, bête au buisson, cloche qui roule, onde qui coule. »

Ainsi donc, le gouvernement féodal, fondé sur l'abus de la force, est contraire au droit de nature et des vrais principes d'association et de protection réciproque.

Pendant longtemps il y eut, dans notre patrie, trois nations non mêlées : les Francs, vainqueurs et maîtres, les Romains et les Gaulois, vaincus et asservis. Les Francs étaient à coup sûr les moins nombreux, car, sous les Mérovingiens et les Carlovingiens, plus des trois quarts des habitants de la Gaule étaient serfs.

Les principes du système féodal existaient dans les mœurs des anciens Germains. Les Gallo-Romains n'étaient guère mieux traités par les Francs que jadis les Hilotes par les Spartiates.

Ce régime a eu toutefois pour effet de reconstituer la société qui, avant lui, avait cessé d'exister, ainsi que le fait remarquer M. Guizot, dans ses *Essais sur l'histoire de France*. Cette période a eu son éclat; elle a brillé par de grandes choses et de grands hommes; elle a eu la Chevalerie (1), les croisades, la naissance

(1) La Chevalerie n'ayant pas eu son article dans ce Dictionnaire, consacrons-lui quelques mots, pour combler cette lacune.

La chevalerie semble avoir existé dans la Germanie, et s'être ainsi perpétuée chez les Francs. Tacite nous montre, en effet, les compagnons d'armes unis sous un chef, et luttant de valeur et d'héroïsme. On en observe les faits dès le temps de Charlemagne. Ce grand monarque donna solennellement l'épée et tout l'équipage d'un homme de guerre au prince Louis, son fils, qu'il avait fait venir d'Aquitaine. Vers le onzième siècle, la Chevalerie devint, en quelque sorte, une foi, presque une religion. Il y avait de la poésie homérique dans les actes de ces braves qui vouaient un culte à l'honneur et à la beauté, qui allaient brandir les lances pour défier, pour punir la félonie et cette infâme calomnie qui se déverse quelquefois si légèrement sur le sexe aimable que la perversité n'a pu séduire. Quoi de plus poétique que ces tournois où les preux étalaient les devises galantes de leurs dames, combattant à grands coups de lances, transportés, enlevés par la double inspiration de la gloire, de l'amour, puis allant recevoir respectueusement le prix de la victoire des mains de la haute dame chargée de récompenser la bravoure? N'était-ce pas aussi de la poésie en action, comme en faisaient les héros d'Homère, cette ardeur qui cherchait les périlleuses aventures? Il n'y avait là ni froide raison, ni calcul : c'était de l'enthousiasme, de l'enivrement, sublimes inspirations qui ne raisonnent pas, mais qui agissent, mais qui se dévouent.

des langues et des littératures populaires. Blâmons, si nous voulons, ce qu'ont fait, ce qu'ont laissé faire nos ancêtres; mais aurions-nous fait mieux qu'eux,

L'âme du philanthrope gémit pourtant, à la pensée que toute la loyauté, tout le zèle de ces intrépides défenseurs du faible, de ces ardents redresseurs des torts, ne s'exerçaient pas hors du cercle de la classe privilégiée où ils étaient nés : le vilain, le manant, le prolétaire avaient peu d'appui à espérer de la vaillance du chevalier; à la guerre, il laissait piller le laboureur par ses hommes d'armes; il laissait outrager ses filles.

La chevalerie s'emparait de l'enfance et de la jeunesse par l'éducation, de l'homme par les devoirs qu'elle lui imposait et par les généreux sentiments dont elle ne manquait de le pénétrer. Avant d'être reçu chevalier, il fallait avoir passé par les degrés inférieurs de *page* et d'*écuyer*.

A l'âge de sept ans, on entrait, même sans fortune, au service d'un prince ou d'un chevalier illustre de la province, parent ou ami, en qualité de *page*, *varlet* ou *damoiseau*. Ce page recevait dans la maison de son seigneur et maître une éducation mâle, qui le préparait aux travaux de la guerre. Les premiers préceptes étaient : *l'amour de Dieu, amour, respect et protection aux dames.*

Il apprenait à monter à cheval avec grâce, à dompter un coursier, à manier la lance, à combattre dans les joûtes, dans les tournois, enfin, il étudiait l'art de la galanterie.

A l'âge de quatorze ans, il devenait *écuyer*.

Les écuyers se divisaient en plusieurs classes; savoir : L'*écuyer du corps*, c'est-à-dire de la personne, soit de la dame, soit du seigneur; le premier de ces deux services était un degré pour parvenir au second. Cet emploi, réputé le plus honorable, prenait aussi les noms d'*écuyer d'honneur*; d'*écuyer de la chambre* ou de *chambellan*; d'*écuyer tranchant*; d'*écuyer d'écurie*; d'*écuyer d'échansonnerie* et d'*écuyer de panneterie*.

Dans la maison d'un seigneur peu riche, un seul écuyer cumulait plusieurs de ces emplois.

L'écuyer portait l'*écu* du chevalier dans les tournois. De là, sans doute, l'étymologie de ce nom. Il aidait le chevalier à monter à cheval, portait les différentes pièces de son armure, son pennon, sa lance et son épée.

Dans les combats, il fournissait à son maître de quoi remplacer les armes rompues dans le choc des batailles; il remplaçait aussi son cheval mis hors de combat; il défendait surtout sa personne contre les attaques de l'ennemi.

Après avoir passé par tous ces genres de services pendant sept ans, l'écuyer était apte à devenir chevalier.

On distinguait cinq classes de chevaliers, toujours pris dans la noblesse : 1° les chevaliers militaires obligés de suivre leurs seigneurs à la guerre; ils étaient d'institution plus ancienne que les autres; 2° les chevaliers bannerets : cette classe exigeait du récipiendaire, qui devait avoir été d'abord reconnu bachelier (ou bas chevalier), la preuve de quatre quartiers de noblesse, et la possession d'au moins vingt-cinq villages, lui permettait de lever une bannière sous laquelle il conduisait une compagnie de combattants; 3° les *chevaliers bacheliers*, dont les filles furent appelées *bachelettes* : pour arriver à ce grade, il fallait posséder quatre domaines de chacun douze acres (environ neuf hectares); — 4° les *chevaliers d'honneur*, dont le devoir était de ne point quitter la personne élevée à laquelle ils appartenaient;—5° enfin, il existait une *chevalerie* sociale, formée dans le but de protéger les seigneurs faibles contre les seigneurs puissants, ou de se prêter des secours mutuels, même contre la couronne, ce qui arriva en diverses occasions.

Dieu, l'honneur et les dames, telle était la devise du

si nous eussions existé de leur temps et à leur place?
Il est au moins permis d'en douter.

Qu'était-ce qu'un fief? Ce mot, employé sous Charles-le-Gros, en 888, désignait une circonscription ter-

chevalier. La religion, la guerre et l'amour exalté se partageaient sa vie. Dieu et sa dame remplissaient sa pensée. Tel était du moins l'idéal de la chevalerie.

On ne pouvait pas être reçu chevalier avant l'âge de vingt-un ans. Le récipiendaire se préparait à son initiation par des prières; la confession, souvent à haute voix, la communion, précédaient sa réception. Couvert de vêtements de lin blanc, symbole de pureté morale, il était conduit à l'autel par deux chevaliers éprouvés, qui étaient ses parrains d'armes. Un prêtre disait la messe et bénissait l'épée. Le seigneur qui devait armer le nouveau chevalier le frappait de l'épée, en lui disant : « Je te fais chevalier au nom du Père, du Fils et du Saint-Esprit. » Il lui faisait jurer de se consacrer à la défense des faibles et des opprimés. Puis il lui donnait l'accolade et lui ceignait l'épée.

Souvent l'ordre de chevalerie était conféré sur le champ de bataille. C'est ainsi que François Ier fut armé chevalier par Bayard, dans les plaines de Marignan, en 1515.

Lorsqu'un chevalier était reçu à l'armée, avant une bataille, avant ou après un assaut, les grandes cérémonies n'étaient pas observées. Le prince ou le général lui donnait trois coups de plat d'épée nue sur le cou, en prononçant ces mots : « Au nom (ou en l'honneur) du Père et du Fils et de monseigneur saint Georges (ou du benoist Saint-Esprit), je vous (ou je te) fais chevalier.

Les promotions faites sur le champ de bataille étaient beaucoup plus considérables que les autres. On fit quatre cent soixante-sept chevaliers à la bataille de Rosebeck, en 1382, et cinq cents à celle d'Azincourt, en 1415.

Les rois et les princes étaient nés chevaliers; leur naissance leur donnait le titre de chef de la chevalerie ; ils recevaient, dès le berceau, l'épée qui devait en être la marque. Nous avons vu que François Ier ne se contenta pas de ce privilège attaché à la naissance.

De plus en plus discréditée par les extravagances de certains de ses membres, la chevalerie finit par cesser d'être. La triste fin d'une institution longtemps célèbre ne doit faire oublier ni ses brillants services, ni l'heureuse influence qu'elle a exercée sur les sociétés modernes.

Il faut dire aussi que ce qui contribua le plus à la décadence d'abord, et puis à la chute de la chevalerie, ce fut la création, par François Ier, d'un ordre composé de magistrats et de gens de lettres qu'on appela chevaliers ès-lois, ou chevaliers lettrés. «Alors les chevaliers créés pour les services militaires, ou issus des premiers défenseurs de la patrie, aimèrent mieux laisser déchoir la dignité de chevalier que d'en partager l'honneur avec ceux qu'ils jugeaient peu dignes de ce titre.» Ce dédain était des plus injustes.

Si la chevalerie n'est plus une institution, son esprit n'a jamais cessé d'animer les guerriers. Qui ne se rappelle les Français et les Anglais en présence dans les plaines de Fontenoy, voulant laisser à leurs ennemis l'avantage de l'attaque? Le mot célèbre : « Messieurs, tirez les premiers,» est comme un écho prolongé de la courtoisie des chevaliers du moyen âge.

On ne saurait nier l'heureuse influence que la chevalerie a exercée sur les relations entre les deux sexes. C'est là que nous trouvons le principe de la galanterie moderne inconnue à l'antiquité, et citée avec raison comme une des traits les plus caractéristiques de la société actuelle. «La galanterie, dit Montesquieu, n'est point l'amour; mais elle est le délicat, le léger, le perpétuel mensonge de l'amour.»

ritoriale, appartenant à un Franc conquérant ou issu des conquérants. Les possesseurs des grands fiefs n'étaient tenus envers le roi qu'à joindre leurs troupes aux siennes, à la guerre; encore s'y refusaient-ils souvent, ou ils tournaient même leurs armes contre lui.

Les grands vassaux de la couronne, voulant avoir aussi des vassaux à leur disposition, firent des concessions à des gentilshommes d'un rang inférieur : ceux-ci à d'autres : de là les arrière-fiefs. Il s'échelonna ainsi une hiérarchie d'oppression, qui pesait de tout son poids sur la masse agricole et laborieuse; et comme chaque tenant fief voulait être maître chez lui, s'y défendre, attaquer même ses voisins, on vit s'élever ces forteresses féodales, avec leurs remparts, leurs créneaux, leurs ponts-levis, leurs donjons, leurs herses, leurs prisons souterraines, leurs oubliettes, tout l'attirail enfin d'une tyrannie toujours belliqueuse, souvent brutale. — Les roturiers ou vilains étaient obligés de marcher à la guerre, à la réquisition et sous la bannière du seigneur.

La féodalité forma donc une longue chaîne qui, descendant du roi jusqu'au dernier prolétaire, enveloppa toute la nation. Le roi n'avait d'autorité immédiate que sur ses vassaux directs, et cela moins en vertu de la dignité royale qu'en vertu de la suzeraineté féodale. Ces vassaux du roi avaient, au même titre de suzeraineté, une autorité pareille sur tous ceux qui tenaient fief d'eux, et étaient par là leurs vassaux. Enfin, tout possesseur de fief avait autorité sur tous les roturiers ou vilains de la circonscription territoriale de ce même fief; il les appelait ses sujets ou ses serfs.

Sous les faibles successeurs de Charlemagne, les seigneurs, ne craignant aucun pouvoir, pas même celui du monarque ou indolent ou incapable, et pour cela méprisé par eux, se permirent tous les excès. Ils faisaient la guerre au roi, et se la faisaient entre eux.

Les seigneurs subalternes pillaient impunément les paysans, rançonnaient, détroussaient les voyageurs qui naviguaient sur les fleuves ou passaient sur les voies publiques; leurs orgueilleux châteaux étaient ainsi des repaires infâmes d'horribles brigandages. De cette toute-puissance du noble sur le vilain surgit une multitude de prétendus droits bizarres ou dégradants pour l'espèce humaine, qui survécurent en partie à ces siècles d'ignorance et de barbarie.

Avec les privilèges exhorbitants dont jouissait la noblesse, pas de royauté, pas de gouvernement possible. Les rois le sentirent, et, pour saper le pouvoir des grands vassaux, ils cherchèrent et réussirent à concentrer les intérêts populaires autour du trône. Ils s'attribuèrent peu à peu la puissance législative. Philippe-Auguste, Louis VIII, Louis IX surent donner une attitude imposante à la majesté royale. Philippe le Bel, ayant le premier introduit la représentation des villes aux états généraux, commença à faire comprendre aux citoyens qu'ils avaient droit de compter pour quelque chose. Vinrent ensuite les parlements, la réunion successive des grands fiefs à la couronne par l'extinction des familles qui en étaient titulaires, puis la terrible mais efficace politique de Louis XI, enfin la puissance redoutable, exterminatrice de Richelieu; la féodalité disparut, à quelques restes près, que la grande révolution pulvérisa. La féodalité détruite, la royauté est absolue sous Louis XIV, puis déconsidérée sous l'immoral Louis XV, et tombe avec l'infortuné Louis XVI.

Les redevances et obligations féodales furent trèsnombreuses, vexatoires toujours, ridicules quelquefois. Citons-en quelques-unes.

La justice — et quelle justice! — était rendue par les seigneurs féodaux; ils prononçaient toute espèce de peines, amendes, confiscations, punitions corporelles et même la mort. Les fourches patibulaires étaient dressées à l'entrée de la seigneurie.

Le vassal devait le service militaire appelé l'*host*. Il était tenu de se rendre en personne à l'appel de son suzerain, avec un nombre d'hommes d'armes déterminé, tous munis de vivres pour quarante ou soixante jours.

Le *droit de bris* livrait au seigneur les débris du naufrage, et souvent même la personne des naufragés. Il enrichissait surtout les seigneurs des côtes de Bretagne, si fécondes en naufrages. En parlant d'un écueil dont ses domaines étaient hérissés, le vicomte de Léon disait : « J'ai là une pierre plus précieuse que celles qui ornent la couronne des rois. » Cet infâme *droit de bris* ne fut définitivement supprimé qu'en 1681.

La vassale noble n'était pas toujours libre de se marier à son gré, au gré de sa famille; à plus forte raison la femme serve. Les serfs et serves devaient, pour se marier, payer au seigneur une redevance appelée *droit de mariage* ou de *marquette*. Cette redevance donna trop souvent lieu à des usages odieux, criminels, dont le moins coupable était celui de *mets de mariage*. — Dans une seigneurie d'Anjou, le sergent ou huissier du seigneur avait droit d'assister, pendant huit jours, aux repas de mariage, avec deux chiens courants et un lévrier. En d'autres lieux, la mariée était tenue de porter elle-même le *mets de mariage au château*. En 1615, le seigneur de la Boulaie avait encore droit au *mets de mariage*; mais ici ce n'était pas la mariée, c'était le marié qui devait le lui apporter; accompagné de joueurs d'instruments, il offrait, le jour des noces, deux brocs de vin, deux pains et une épaule de mouton. Avant de se retirer, il devait sauter et danser.

Louis IX, grand roi pendant sa vie, grand saint après sa mort, exempta les jongleurs qui arrivaient à Paris du droit de péage, à condition qu'ils chanteraient une chanson et que le singe, s'ils en avaient un, ferait un certain nombre de cabrioles devant le péager. De là l'expression proverbiale *payer en monnaie de singe*.

Lorsque l'abbé de Luxeuil séjournait dans sa seigneurie, les paysans battaient l'étang en chantant :

Pâ, pâ, renotte. pâ *(paix, grenouille, paix)*
Veci M. l'abbé que Dieu gâ *(garde)*.

Ce chant ne devait-il pas être plus imsupportable que le coassement des grenouilles? M. l'abbé devait, sans nul doute, en dispenser ses vassaux.

La souveraineté féodale disparut grâce aux efforts réunis de la royauté et du peuple affranchi peu à peu; mais la féodalité elle-même ne tomba pas avec son souverain pouvoir. Jusqu'à la révolution de 1789, elle tint la France chargée d'entraves. Son action se faisait sentir partout, dans les tribunaux, dans les armées, dans les campagnes et jusqu'aux pieds des autels. Les seigneurs, possesseurs des plus riches propriétés, étaient exempts des tailles et des autres impôts qui pesaient exclusivement sur les roturiers. Dans les campagnes ils levaient la dîme, imposaient des corvées aux paysans, entretenaient des colombiers et des garennes qui dévastaient les champs. Les malheureux fermiers voyaient, sans pouvoir y porter remède, les cerfs, les chevreuils, les daims détruire une partie de leurs récoltes. Le droit de chasse ruinait la terre du pauvre pour le plaisir du noble. Saint-Simon lui-même, le grand admirateur de la féodalité, le défenseur opiniâtre des abus de la noblesse, ne peut s'empêcher de signaler les inconvénients de ce privilège. Il en cite une preuve entre mille dans ses *Mémoires*. « La terre d'Oiron, dit-il, relevait de celle de Thouars avec une telle dépendance que, toutes les fois qu'il plaisait au seigneur de Thouars, il mandait à celui d'Oiron qu'il chasserait un tel jour dans son voisinage, et qu'il eût à abbatre une certaine quantité de toises des murs de son parc pour ne point trouver d'obstacles, au cas que la chasse s'adonnât à y entrer. On comprend que c'est un droit si dur qu'on ne s'avise pas de l'exercer; mais on comprend aussi qu'il se trouve des occasions où on s'en sert dans toute son étendue, et alors que peut devenir le seigneur d'Oiron? »

IV

Origine des titres de noblesse.

Avant de se décomposer, le monde romain prenait de nouvelles formes : de là de nouvelles dénominations pour désigner les grands officiers de la couronne des Césars.

A la tête de ces dignitaires on comptait les ducs, qui, d'abord, généraux d'armée, *duces*, sous les enfants de Constantin, devinrent des gouverneurs de provinces, nommés auparavant proconsuls ou préteurs. Les Francs et les autres peuples conquérants conservèrent cette dignité dans les monarchies fondées par leurs armes. Une circonscription territoriale s'appelait diocèse. Un duc en avait sous son commandement plusieurs administrées par des subordonnés, appelés comtes. C'était dans l'ordre civil quelque chose d'analogue à la division actuelle de la France militaire en cinq grands commandements confiés chacun à un maréchal de France, et partagés en divisions militaires, formées elles-mêmes de subdivisions comprenant chacune un département.

Dès lors se formèrent des duchés, des comtés dont les possesseurs surent transmettre les titres et les bénéfices à leurs descendants, au moyen d'une véritable usurpation commencée sous les rois francs de la seconde race, et continuée longtemps encore sous ceux de la troisième.

Charles IX, dans la seconde moitié du seizième siècle, met un terme à l'hérédité des duchés qui, à défaut d'héritiers mâles, font retour à la couronne.

Dans le moyen âge, plusieurs duchés, comme ceux de Bretagne, de Bourgogne, acquièrent une haute puissance, au point de lutter contre le roi lui-même.

Bien que les comtes fussent, dans l'ordre hiérarchique, au-dessous des ducs, ils les primaient par l'ancienneté de leur institution, qui paraît remonter au règne d'Adrien, même à celui d'Auguste. On les appelait *comites* (du latin, *comes, compagnon*), parce qu'ils accompagnaient l'empereur dans ses expéditions ou dans ses voyages. Sous le Bas-Empire, l'intendant de la maison de l'empereur, qui était un de ses grands officiers les plus élevés en dignité, avait le titre de comte des domestiques.

Telles furent les institutions du moyen âge : presque toutes eurent pour objet les avantages des grands; mais rien pour le peuple ; si l'on daigne lui donner quelques légères marques de protection, c'est uniquement par égoïsme, c'est parce que l'on a besoin de lui ; c'est que sans lui, sans son travail, on ne saurait subsister.

Les deux titres dont nous venons de dire un mot, nous viennent des Romains. Celui de marquis, beaucoup plus nouveau, nous vient des Allemands. Il a été formé du mot *mark* ou *marche* (frontière) ; il désignait primitivement les seigneurs gouverneurs des marches ou frontières. Il fut créé par Louis XII en faveur d'un seigneur *de Trans*. D'où nous vient le titre de *baron* ? Nous l'ignorons; rien n'a pu nous l'indiquer d'une manière précise. Les Romains ne le connaissaient pas. Si, depuis plusieurs siècles, il occupe l'avant-dernier échelon de l'échelle descendante des titres nobiliaires, il a été beaucoup mieux placé autrefois. Ce terme dériverait, suivant certains auteurs, de *viro*, ablatif de *vir* (homme), dont on aurait fait *baro* dans la basse latinité. C'est, selon nous, une étymologie passablement forcée. Quoi qu'il en soit, d'après Grégoire de Tours et Frédégaire, les grands du royaume de France auraient été, chez les Bourguignons, appelés barons ou farons, dès le sixième siècle. Trois siècles plus tard, cette dénomination s'applique généralement aux grands de l'État, sans que l'on y attache un certain ordre de noblesse ou une dignité particulière. L'expression *baron du roi* ou *de l'empereur* était commune aux grands de la cour. Dans les onzième, douzième et treizième siècles, ce titre fut des plus relevées. Le mot baron devait être synonyme à la fois de prince, de saint, de divin. En assignant des apanages aux membres de leur famille, les rois exprimaient que ces terres devaient être tenues *in comitatum et baroniam* (au double titre de comté et de baronie). Plusieurs historiens du moyen âge, entre autres Barbazan et Froissard, disaient *le baron Jésus, le baron Antoine, le baron Georges*, pour le divin Jésus, saint Antoine, saint Georges.

Après le règne de saint Louis, le titre de baron perdit peu à peu de son prestige, comme le prouve

ce passage de Laurière : « Duc est la première dignité, puis comte, puis vicomte, puis barons et puis châtelains, et puis vavasseurs, puis citaen (citoyen) et puis vilains. » Ce peu de mots résume toute l'échelle sociale du moyen âge. Sous Louis XI, les barons étaient nobiliairement, non féodalement au-dessous des comtes; au-dessous des barons, il n'y avait que les chevaliers.

Le titre de vicomte désignait primitivement le lieutenant ou remplaçant du comte; il ne commença à être en usage que sous le règne de Louis le Débonnaire.

Avant 1789, la noblesse de France (1) formait huit catégories, savoir: 1° le roi ; 2° la noblesse *couronnée*, celle des princes du sang; 3° la noblesse *de race, d'épée* ou de *parage*; 4° la noblesse *par lettres* conférée par le roi, pour services rendus à l'État (les premières *lettres d'anoblissement* datent de la dernière moitié du treizième siècle) ; 5° la noblesse d'office, que conférait la possession de certains offices de judicature (on lui donnait aussi le nom de noblesse *de robe*, par opposition à la noblesse *de race*, qu'on nommait alors noblesse *d'épée*, parce qu'elle dérivait de la conquête, et qu'elle se consacrait spécialement au métier des armes); 6° la noblesse de *cloche* qui, dans les provinces, provenait du titre de maire ou d'échevin ; 7° la noblesse *de coutume* ou *par les mères*, privilège de naissance qui passait de la mère noble en la personne de ses enfants, quoique le père fût roturier; 8° la noblesse *bâtarde*. On appelait encore noblesse *de finance*, celle qui s'acquérait à prix d'argent.

Recrutement de la noblesse sous l'ancien régime. — Anoblissement.

Après la chute de l'empire romain, et jusqu'au treizième siècle, la noblesse fut attachée à la propriété territoriale. L'idée de la souveraineté ayant repris tout son empire, les rois de France crurent

(1) Tous les États monarchiques ont une noblesse. La noblesse anglaise forme deux catégories bien distinctes: 1° la haute noblesse (nobility), c'est celle des lords; 2° la basse noblesse, dont font partie les esquires et les baronnets.

En Espagne, la grande noblesse porte le nom de *grandesse*, et les nobles celui d'*hidalgos*.

La Pologne et la Hongrie ont leurs magnats.

En Russie, en Valachie, etc., il y a des boyards, des kniaz. Indépendamment d'une noblesse territoriale et héréditaire, la Russie a sa nombreuse noblesse *de service* ou des tchinnovnicks, subdivisée en quatorze degrés.

Si les chiffres posés dans un livre intitulé : *La France et l'Angleterre*, par le chevalier de Tapies, sont exacts, la Russie a cinq cent mille nobles.

L'Autriche, deux cent trente mille.

L'Espagne trois cent soixante mille, dont quatre cent vingt seulement de l'ancienne noblesse;

L'Angleterre, seize cent trente-un possédant des titres transmissibles ; et, cependant, il y a près de trois cent mille personnes qui, à les entendre, sont nobles, très-nobles.

La France paraît en avoir à peu près autant.

pouvoir s'attribuer exclusivement le droit de conférer la noblesse comme une émanation de la souveraineté. Les premières lettres de noblesse sont du
règne de Philippe III le Hardi, et furent accordées à
son argentier Raoul l'orfèvre. Les anoblissements se
multiplièrent peu à peu, mais à l'infini, trop souvent à prix d'argent; les nouveaux nobles étant
exempts de la taille comme les anciens, on aggra-
vait ainsi le lourd fardeau qui pesait sur les vilains.

Les lettres de noblesse étaient expédiées en grande
chancellerie et scellées du grand sceau de cire verte,
en lacs de soie verte et rouge.

Les services militaires devinrent un titre de noblesse. Un édit de Henri III, du mois de mars 1583,
déclara que « dix années consécutives du service
militaire suffiraient pour faire jouir les *non-nobles*
des exemptions accordées aux nobles. » Henri IV,
dans un édit du mois de mars 1600 (art. 17), modifia
l'édit de Henri III, tout en maintenant et consacrant
cette *noblesse militaire* ; il déclara «que ceux-là seuls
qui justifieraient de vingt années de services militaires, soit dans le grade de capitaine, soit dans celui
de lieutenant et d'enseigne, jouiraient des exemptions des nobles, tant qu'ils resteraient sous les drapeaux, et qu'après ces vingt années ils pourraient,
par lettres vérifiées à la cour des aides, être dispensés
du service militaire, et jouir des mêmes exemptions
leur vie durant, en signe de reconnaissance de leur
vertu et de leur mérite. » Cette noblesse militaire
était, on le voit, toute personnelle; elle devint héréditaire dans les familles de ceux qui, pendant trois
générations consécutives, avaient porté les armes de
père en fils. Enfin, Louis XV, par un édit du mois de
novembre 1750, fixa d'une manière invariable le
sort des plébéiens qui avaient versé leur sang pour
le service de l'État. Tous les officiers étaient
exempts de la taille pendant la durée de leur service
militaire ; tous les officiers généraux, qui n'étaient
pas *nobles*, étaient anoblis ainsi que leur postérité
née et à naître en légitime mariage : les officiers non
nobles, d'un grade inférieur à celui de maréchal de
camp, qui avaient été nommés chevaliers de Saint-
Louis, jouissaient, après trente ans de service non
interrompu, de l'exemption de la taille pour le reste
de la vie. Le même privilége était assuré aux capitaines qui quittaient le service pour cause de blessures. Le nombre des années exigées était d'autant
moins considérable que le grade était plus élevé :
ainsi l'édit exigeait vingt ans pour les capitaines, dix-
huit pour les lieutenants-colonels, seize pour les co-
lonels et quatorze pour les brigadiers (généraux de
brigade). Une déclaration du 22 janvier 1752, étendit encore les priviléges de la *noblesse militaire*.
« L'intention de Sa Majesté, y est-il dit, a été que
la profession des armes pût anoblir de droit, à l'a-
venir, ceux de ses officiers qui auront rempli les
conditions prescrites, sans qu'ils eussent besoin de
recourir aux formalités des lettres particulières d'a-
noblissement. Elle a cru devoir épargner à des officiers parvenus aux premiers grades de l'armée, et
qui ont toujours vécu avec distinction, la peine d'a-

voir un défaut de naissance souvent ignoré ; et il lui
a paru juste que les services de plusieurs générations, dans une profession aussi noble que celle des
armes, pussent par eux-mêmes conférer la noblesse. »

La *noblesse de robe* se forma surtout dans le cours
des seizième et dix-septième siècles. Par un édit du
mois de juillet 1644, Louis XIV déclare que « les pré-
sidents, conseillers, avocats et procureur général,
greffier en chef et quatre notaires et secrétaires du
parlement de Paris, pourvus desdits offices, et qui le
seraient par la suite, sont déclarés *nobles* et tenus pour
tels par Sa Majesté, ainsi que leurs veuves et leur postérité en ligne masculine et féminine, née et à naître. » Ils devaient jouir de toutes les pérogatives accordées aux barons et aux gentilhommes du royaume,
pourvu que ces magistrats eussent servi pendant
vingt années, ou qu'ils fussent morts dans l'exercice
de leurs fonctions. Cet édit fut confirmé par deux
autres, rendus en 1657 et 1659.

Le dernier portait que « Sa Majesté confirmait aux
officiers de la cour du parlement et celle des aides de
Paris le privilége de *noblesse* transmissible au premier
degré, qui leur était attribué. » L'avocat du roi aux
requêtes du palais, le greffier en chef criminel et le
premier huissier au parlement de Paris, furent appelés à jouir des priviléges de la noblesse, de même
que les autres officiers de cette cour, par déclaration
du 2 janvier 1691. Les substituts du procureur général du parlement de Paris obtinrent le même privilége, le 29 juin 1704, pourvu qu'ils eussent servi pendant vingt ans. S'ils mouraient dans l'exercice de leur
charge, la noblesse passait à leur famille. Enfin, un
édit du mois d'octobre 1704, étendit à tous les parlements et autres cours supérieures du royaume les
priviléges de la noblesse héréditaire.

La noblesse *municipale* ou de *cloche* était attachée
aux charges de maires et d'échevins dans certaines
villes de France. Le président Hénault a dit, et on a
souvent répété après lui, que Charles V accorda la
noblesse à tous les bourgeois de Paris. C'est une erreur. L'ordonnance de ce prince, à laquelle on fait
allusion, est du 9 août 1371. Elle se borne à confirmer aux bourgeois de Paris l'autorisation d'acquérir des fiefs et d'*acheter des titres de noblesse* ;
mais le titre seul de bourgeois de Paris n'a jamais
conféré la noblesse.

Entre autres magistrats municipaux qui obtenaient
la noblesse, on cite les capitouls de Toulouse, ainsi
nommés du Capitole (hôtel de ville) où ils se réunissaient. Ils avaient droit d'image, c'est-à-dire que,
l'année de leur administration écoulée, leur portrait
était placé dans la maison de ville, coutume qui
rappelait leur origine romaine ; le *jus imaginum*
(droit des images) était, on le sait, une prérogative
du droit romain.

Les docteurs, régents et professeurs en droit obtenaient, après vingt ans d'exercice, la *noblesse comi-
tive*, c'est-à-dire que ceux qui la recevaient, pouvaient
prendre le titre de comte. Dans la suite, cette noblesse ne fut, comme celle des avocats et des méde-

cins, qu'un titre honorifique, ainsi que le décida un arrêt du conseil d'État du 22 janvier 1771.

On l'a vu, la première noblesse fut la noblesse de la féodalité, la noblesse des Francs, une noblesse essentiellement guerrière. Elle possédait au plus haut degré deux qualités qui effacent bien des fautes : elle avait le sentiment de l'honneur national, et une bravoure à toute épreuve. Elle a rendu, à plusieurs époques, de grands services à la France, alors, surtout, que la puissance des rois était des plus bornées. Les croisades et une foule d'autres guerres meurtrières produisirent d'irréparables vides dans ses rangs, que la hache de la Révolution, conduite par la main de brigands érigés en juges, eût voulu anéantir. Ceux des membres de cette vigoureuse noblesse qui furent assez heureux pour échapper aux coups des assassins officiels, combattirent pour la plupart sous le tricolore drapeau de nos pères, et surent prouver que les fils des croisés n'avaient point dégénéré.

Alors aussi, et quand, aux acclamations de la France reconnaissante, Napoléon rouvrit les églises fermées par un monstrueux athéisme, on vit accourir à son poste sacré la sainte milice des autels; l'échafaud avait pu la décimer; mais jamais il n'eut le pouvoir d'ébranler son indomptable courage, ni d'altérer son dévouement absolu à la cause de la religion, qui est celle de l'humanité tout entière. C'est en présence des premiers traits lancés par la persécution contre des hommes de cœur, contre ces intrépides défenseurs de la foi, que le comte de Montlosier avait, plusieurs années auparavant, poussé, à la tribune de l'Assemblée constituante, ce cri d'enthousiasme, qui fut répété par l'Europe catholique : « Vous voulez les chasser de leurs palais; eh bien! ils se réfugieront dans la cabane du pauvre, qu'ils ont si souvent nourri et consolé. Vous voulez leur arracher leur croix d'or; eh bien! ils prendront une croix de bois, et c'est une croix de bois qui a sauvé le monde!»

Sans parler des militaires qui, après avoir rempli les conditions exigées, pouvaient arriver à la noblesse, 4,100 charges donnaient, d'après un relevé fait en 1788, la noblesse au premier degré, savoir :

Maîtres de requêtes............................	80
Parlement........................environ	1000
Chambres des comptes et Cours des aides........	900
Grand conseil...................................	70
Cour des monnaies..............................	30
Conseil provincial d'Artois.......................	20
Châtelet de Paris...............................	80
Bureaux des finances...........................	740
Grands baillifs, sénéchaux, gouvernements et lieutenants-généraux d'épée.....................	80
Secrétaires du roi..............................	900
Officiers en commissions au parlement de Nanci et au conseil souverain d'Alsace, etc., etc...environ	200
Ensemble......	4100

V

Louis XIV (1) choisissait systématiquement ses

(1) Sa devise était un soleil avec ces mots : *Nec pluri-*

conseillers et ses ministres dans le Tiers-État. Était-ce par amour pour le peuple? Non. « Il n'était pas de mon intérêt, dit-il dans ses mémoires (t. I, p. 36), de prendre des hommes d'une qualité éminente. Il fallait, avant toutes choses, faire connaître au public, par le rang même où je les prenais, que mon dessein n'était pas de partager mon autorité avec eux. Il m'importait qu'ils ne conçussent pas d'eux-mêmes de plus hautes espérances que celles qu'il me plairait de leur donner. Ce qui est difficile aux gens d'une grande naissance. » Ainsi parlait un roi, qui sut mériter le surnom de Grand, mais dont l'incommensurable orgueil sera toujours flétri, comme son hypocrisie, comme son dédain de la morale. Ce prince qui, suivant Saint-Simon, « n'aimait de grandeur que la sienne, » divinisait ses qualités comme ses défauts, au point de trouver, par exemple, qu'*il est honorable pour Dieu d'être adoré par Louis*. C'est lui-même qui a écrit ce blasphème dans un manuscrit authentique qu'il destinait à l'instruction de son fils, et qui fut déposé à la Bibliothèque jadis royale par le maréchal de Noailles. On en a extrait un volume de *Pensées ou Maximes de gouvernement et Réflexions sur le métier de roi.*

Dans un récit spirituel, Saint-Simon nous montre un noble, Charnacé, faisant démolir pièce à pièce la maison d'un roturier qui nuisait à la symétrie de son parc, et la faisant transporter à quelque distance, pendant qu'il retenait le propriétaire en charte privée. Louis XIV et sa cour ne firent que rire de cet attentat à la propriété. Le célèbre édit de ce prince sur les duels (août 1679), parle avec un révoltant mépris des gens de *naissance ignoble*, qui osaient imiter les vices de la noblesse, et il les condamne à être pendus et étranglés. L'épithète d'*ignoble* s'appliquait à tout ce qui n'était pas noble de naissance.

Si le peuple avait tant à se plaindre de la vieille monarchie, la noblesse, nous voulons dire la noblesse vraie, avait-elle beaucoup à s'en louer? Pas toujours. Louis XIV ne se borna pas à éloigner la noblesse des affaires, il livra les titres aristocratiques aux traits satiriques des poëtes qu'il protégeait et encourageait. L'inimitable Molière les couvrit d'un ridicule ineffaçable. La royauté les avilit en les prodiguant; on rougit bientôt de les porter. « Les titres de comte et de marquis, dit Saint-Simon, sont tombés dans la poussière par la quantité de gens de rien, et même sans terre, qui les usurpent, et, par là, tombés dans le néant, si bien même que les gens de qualité qui sont *marquis* ou *comtes*, ont le ridicule d'être blessés qu'on leur donne ce titre en parlant d'eux. » Le gentilhomme campagnard ne fut pas même épargné. On se moqua de sa morgue, de ses préjugés, de son arrogance indigente. Un écrivain tout dévoué à la royauté, La Bruyère, parle ainsi du hobereau : « Le noble de province, inutile à sa patrie, à sa famille et à lui-même, souvent sans toit, sans habit et sans aucun mérite, répète dix fois par jour qu'il est gentilhomme, traite les fourrures et les mortiers de *bus impar*, que l'on traduit ainsi : *Je suffis à plusieurs mondes*; ou mieux encore : *Il éclipse tous les astres.*

bourgeoisie, occupé toute sa vie de ses parchemins et de ses titres, qu'il ne changerait pas contre les masses de chancelier. »

Pendant que la royauté humilie l'aristocratie et croit attirer à la couronne tout ce qu'elle ôte à la noblesse de pouvoir, de considération; pendant que l'aristocratie s'indigne de se voir amoindrie, le peuple continue de souffrir.

Nous marchons à grands pas vers 1789. La royauté, pour laquelle le peuple a tant fait depuis des siècles, va-t-elle abaisser un peu la barrière qui le sépare de la classe privilégiée? Pas le moins du monde. Au lieu de marcher dans la voie tracée par Henri III, Henri IV, Louis XIV, Louis XV; au lieu d'étendre la noblesse aux enfants du peuple qui pouvaient s'en rendre dignes par l'éclat de leurs services militaires, Louis XVI, qui, selon Napoléon Ier (1), « eût été le plus exemplaire des particuliers et fut un fort pauvre roi, » annule tout ce que ses prédécesseurs avaient fait pour les militaires roturiers. D'après ses déclarations des 22 mai et 10 août 1781 et du 1er janvier 1786, « Tous les sujets qui seront proposés pour être nommés à des sous-lieutenances dans les régiments d'infanterie française, de cavalerie, de chevau-légers, de dragons et de chasseurs à cheval, seront tenus de faire les mêmes preuves que ceux qui seront présentés à Sa Majesté pour être admis et élevés à son École Royale Militaire, et Sa Majesté ne les agréera que sur le certificat du sieur Chérin, généalogiste de ses ordres (2). »

Et — peut-on le concevoir? — c'est Louis XVI qui, pour complaire à l'orgueil d'une caste, ose, lui si bon, donner un tel soufflet à ses soldats. Cet inqualifiable affront, l'armée s'en souvint : le 14 juillet 1789, les gardes-françaises portèrent les premiers coups à la Bastille, à cet horrible amas de hideux cachots de la vieille monarchie !

Et pourtant, rien ne manqua au pouvoir pour s'éclairer, pour ne pas tomber dans le gouffre vers lequel il courait les yeux fermés. Les philosophes, les publicistes lui mettaient à nu la plaie sociale. Les ministres du Ciel (3) ne cessaient de lui démontrer la

sauvage injustice d'institutions oppressives, humiliantes, antichrétiennes. Ils élevaient plus que jamais leur voix en faveur de l'humanité foulée aux pieds, et tonnaient de toutes leurs forces contre la tyrannie. En présence des maux accumulés par le despotisme sur tant de millions de malheureux, un orateur sacré, l'abbé Dutemps, fit entendre, le 25 août 1780, du haut de la chaire de la chapelle du Louvre, où il prononçait le panégyrique de saint Louis, ces mots si énergiques, si français, si chrétiens :

« Jour qui éclairas le premier tyran, jour à jamais déplorable, que ne puis-je effacer jusqu'à la trace des malheurs que tu as vu naître ! Que ne puis-je oublier pour toujours les paroles que le premier oppresseur a fait entendre à son esclave : Tiens, lui a-t-il dit, voilà des fers pour toi, pour ta postérité; courbe la tête sous le joug que j'impose à ta faiblesse; je sais qu'un guide intérieur te dirige; mais je te défends de penser et de sentir. Je connais la noblesse de ton origine; mais, au nom de l'orgueil, je te dégrade. Je n'ignore pas que tu es libre par essence; mais, au nom de la force, je t'asservis; si je te permets d'avoir une compagne, elle partagera ton infortune et tes fers; si le ciel te donne des rejetons, héritiers de la servitude ils seront ma proie; si un téméraire ose approcher de ces lieux pour te donner un égal, je l'enchaîne au sol où tu respires. Va, arrose cette terre de tes sueurs; mon mépris sera la récompense de tes travaux. Fais-moi vivre au sein de la volupté, je te ferai mourir au sein de la peine et de l'avilissement; et lorsque ton corps épuisé descendra dans la poussière, on m'apportera ta main sanglante pour qu'elle serve de trophée à ma puissance ! » — Par ces derniers mots, le prédicateur faisait allusion au droit de main-morte. Les gens de condition servile étaient appelés main-mortables, parce qu'on les regardait comme morts quant aux fonctions civiles et politiques. Cette étymologie n'est pas généralement admise. Suivant Laurière, « le nom de main-morte vient de ce qu'après la mort d'un chef de famille, sujet à ce droit, le seigneur venait prendre le plus beau meuble de sa maison, ou, s'il n'y en avait pas, on lui offrait la main droite du mort, en signe qu'il ne le servirait plus. » D'après une chronique de Flandre, Adalbéron, évêque de Liége, mort en 1142, abolit une ancienne coutume du pays de Liége, qui était de couper la main droite à chaque paysan décédé, et de la présenter au seigneur envers lequel il était main-mortable, comme signe qu'il ne serait plus sujet à la servitude. Les main-mortables ne pouvaient pas tester, et les seigneurs s'emparaient de droit de leur héritage. Par un édit du mois d'août 1779, Louis XVI abolit, dans toute l'étendue de ses domaines, la main-morte et la condition servile; mais elles continuèrent de subsister, avec tous leurs droits, dans plusieurs provinces, notamment en Franche-Comté, jusqu'à la nuit du 4 août 1789.

(1) *Mémoires de Sainte-Hélène,* par le comte de Las-Cases; 1823; V, p. 113.

(2) L'École Militaire fut fondée par édit de Louis XV du mois de janvier 1751, dans le but de procurer une éducation militaire gratuite aux enfants de la noblesse française dont les pères avaient consacré leurs biens et leur existence au service de la patrie. Elle devait recevoir 500 jeunes gentilshommes pris préférablement parmi ceux qui avaient perdu leur père à la guerre.

(3) Dans aucune circonstance le clergé français, sans en excepter le clergé de la cour, ne manqua de courage pour attaquer les institutions contraires à l'esprit de l'Évangile, à sa divine morale. Louis XIV est forcé, malgré tout son orgueil, de subir l'ascendant de la religion s'exprimant par la bouche de Bourdaloue qui, loin d'acheter par de lâches complaisances la faveur de prêcher devant le Grand Roi, parlait avec la liberté d'un apôtre, avec le sentiment d'un populaire réformateur. « Il était d'une force à faire trembler les courtisans, » dit Mme de Sévigné. Il prêcha sur l'*Impureté* devant le plus impur des hommes, devant l'a-

dultère amant de Mme de Montespan, « frappant comme un sourd, ajoute-t-elle, disant des vérités à bride abattue; parlant à tort et à travers contre l'adultère; sauve qui peut, il va toujours son chemin! »

VI

Noblesse actuelle.

L'abolition des priviléges, des droits féodaux, des justices seigneuriales et de la vénalité des charges, prononcée, le 4 août 1789, par l'Assemblée nationale, éleva la France de l'inégalité créée par la conquête à cette égalité raisonnable, qui, imposant à tous les citoyens les mêmes devoirs, leur garantit les mêmes droits.

Le 19 juin 1790, la fièvre révolutionnaire, se précipitant déjà vers l'abîme où devait périr la royauté, dévora les titres et les distinctions qui étaient, pour la plupart, le prix d'éminents services rendus au pays. Ce fut un acte souverainement injuste. Un seul jour suffit pour détruire l'œuvre de treize siècles d'illustration. Rien ne fut épargné, pas même cette croix de Saint-Louis qui brillait sur le sein des héros de Fontenoy, de Rocoux, de Lawfeld, de Joanesberg et d'Ouessant; un décret du 15 octobre 1792 arracha ce signe de gloire de la noble poitrine de nombreux vétérans blanchis dans les combats. Quand la nation eut rétabli le gouvernement monarchique et se fut donné un empereur, Napoléon, qui avait de grands actes de patriotique dévouement à récompenser, fit revivre, selon les vœux de la France, les titres nobiliaires, mais des titres sans privilége aucun; des titres de duc, de comte, de baron, de chevalier, qui tombèrent, sans distinction de naissance, sur tous les genres de haut mérite civil ou militaire, surtout sur la valeur de nos plus illustres guerriers, presque tous enfants du peuple; — des titres qui, récompensant de grands services sans blesser les lois sacrées de la sainte, de l'évangélique ÉGALITÉ, firent résonner la fibre nationale des plus sonores, des plus patriotiques vibrations. Un décret du 30 mars 1806 réunit les États Vénitiens au royaume d'Italie et érige en duchés grands fiefs de l'Empire les provinces ci-après : 1° la Dalmatie; 2° l'Istrie; 3° le Frioul; 4° Cadore; 5° Bellune; 6° Conegliano; 7° Trévise; 8° Feltre; 9° Bassano; 10° Vicence; 11° Padoue; 12° Rovigo, dont Napoléon se réserve de donner l'investiture pour être transmise héréditairement par ordre de primogéniture aux descendants mâles, légitimes et naturels, de ceux en faveur de qui il en aura disposé.

Un autre décret du 1er mars 1808 institue des majorats en faveur de la noblesse impériale, dont les titres sont, dans l'ordre ascendant : *chevalier, baron, comte, duc, prince.*

L'objet et le but de ces décrets se trouvent énoncés dans les motifs qui les précèdent. Une autre raison rappelée dans le passage suivant d'un rapport fait à la Chambre des Pairs par M. le duc de Bassano, le 11 mars 1834, porta l'Empereur à créer l'institution des majorats : « Une nécessité, de l'Empire, disait M. de Bassano, naissait de notre état intérieur. Les grandes familles appartenant à l'ancien régime se tenaient à l'écart du nouveau gouvernement. Si la

plupart n'étaient pas évidemment hostiles, beaucoup d'entre elles usaient de l'opulence qu'elles avaient conservée pour exercer une influence ennemie. Napoléon voulut opposer à ces familles puissantes des familles qui seraient aussi puissantes qu'elles; à des fortunes dont l'emploi inquiétait son gouvernement, des fortunes, qui lui devant leur origine, auraient les mêmes intérêts que lui. Ce qui ne se fait qu'à l'aide des siècles, il pouvait le faire en un seul jour, et il le fit. »

La charte de 1814 ayant rétabli l'ancienne noblesse, sans toucher à l'existence ni à la composition de la nouvelle, les titres de vicomte et de marquis reparurent, et l'échelle héraldique se trouva ainsi formée : *chevalier, baron, vicomte, comte, marquis, duc, prince.* Il n'y a eu depuis aucune modification dans l'ordre et la dénomination des titres nobiliaires, dont le caractère a toujours été purement honorifique.

Dans les Codes de la Législation française, annotés par M. Bacqua, avocat à la Cour d'appel de Paris, nous lisons à la suite de l'art. 259 du CODE PÉNAL :

« L'ancien article étendait la même peine (*six mois à deux ans d'emprisonnement*) à quiconque s'était attribué des titres de noblesse qui ne lui auraient pas été légalement conférés. La loi du 28 avril 1832, en retranchant cette disposition, a permis à chacun de prendre aujourd'hui les qualifications de *duc, comte, marquis,* etc., qui étaient autrefois exclusivement réservés à la noblesse. »

L'art. 896 du Code Napoléon est ainsi conçu :

« Les substitutions sont prohibées.

» Toute disposition par laquelle le donataire, l'héritier institué ou le légataire sera chargé de conserver et de rendre à un tiers, sera nulle, même à l'égard du donataire, de l'héritier institué ou du légataire.

» Néanmoins, les biens libres formant la dotation d'un titre héréditaire que l'Empereur aurait érigé en faveur d'un prince ou d'un chef de famille, pourront être transmis héréditairement, ainsi qu'il est réglé par l'acte du 30 mars 1806 et par celui du 14 août suivant. »

Les dispositions du dernier paragraphe ont été ajoutés à l'article 896, lors de la révision du Code Napoléon, en 1807; elles avaient pour objet de maintenir la législation exceptionnelle relative aux majorats; la loi du 12 mai 1835 abroge cette législation dans les termes suivants :

« Art. 1er. Toute institution de majorats est interdite à l'avenir.

Art. 2. Les majorats fondés jusqu'à ce jour en biens particuliers ne pourront s'étendre au delà de deux degrés, l'institution non comprise.

Art. 3. Le fondateur d'un majorat pourra le révoquer en tout ou en partie ou en modifier les conditions.

Néanmoins il ne pourra exercer cette faculté s'il existe un appelé qui ait contracté, antérieurement à la présente loi, un mariage non dissous ou dont il soit resté des enfants. En ce cas, le majorat aura son effet restreint à deux degrés, ainsi qu'il est dit dans l'article précédent.

Art. 4. Les donations ou portions de donations consistant en bien soumis au droit de retour en faveur de l'État, continueront à être possédées ou transmises conformément aux actes d'investiture, et sans préjudice des droits d'expectative ouverts par la loi du 5 décembre 1814. »

Le gouvernement provisoire avait aboli les titres de noblesse, par un décret du 29 février 1848; ils ont été rétablis le 24 janvier 1852.

Pour mettre un terme, ou du moins, un frein, à l'inqualifiable dévergondage qui, en l'absence de toute pénalité, donnait librement carrière à ses mauvais instincts, soit pour satisfaire une sotte vanité, soit même pour commettre des escroqueries, sous le prestige dont les distinctions honorifiques sont entourées, la loi du 28 mai 1858 a modifié l'article 259 du code pénal ainsi qu'il suit :

« Art. 259. Toute personne qui aura publiquement porté un costume, un uniforme ou une décoration qui ne lui appartiendrait pas, sera puni d'un emprisonnement de six mois à deux ans (1).

» Sera puni d'une amende de 500 fr. à 10,000 fr., quiconque, sans droit, et en vue de s'attribuer une distinction honorifique, aura publiquement pris un titre, changé, altéré ou modifié le nom que lui assignent les actes de l'état civil.

» Le tribunal ordonnera la mention du jugement en marge des actes authentiques ou des actes de l'état civil dans lesquels le titre aura été pris indûment ou le nom altéré.

» Dans tous les cas prévus par le présent article, le tribunal pourra ordonner l'insertion intégrale, ou par extrait, du jugement dans les journaux qu'il désignera.

» Le tout aux frais du condamné. »

Cette loi sera pour les faux nobles ce que fut pour les vrais la révolution de 89.

Nous devons avoir, en France, des centaines de mille de noms altérés, modifiés, et surtout précédés sans droit de la particule de, parce que l'on n'a presque jamais rien fait pour enchaîner cette vieille manie d'afficher des prétentions nobiliaires.

Molière s'en est moqué dans l'École des Femmes :

« Quel abus de quitter le vrai nom de ses pères
Pour en vouloir prendre un bâti sur des chimères !
De la plupart des gens c'est la démangeaison;
Et, sans vous embrasser dans la comparaison,

(1) Avant 1789, celui qui était convaincu d'avoir porté, sans droit, la croix de Saint-Louis, était puni bien plus sévèrement.

Le 1er octobre 1785, un conseil de guerre s'assembla sous la présidence du lieutenant général comte de Guibert, gouverneur de l'Hôtel des Invalides, pour juger le lieutenant Stanislas de Pierre de Viantaix, qui, ayant été convaincu du crime de s'être décoré indûment de la croix de l'ordre royal et militaire de Saint-Louis, fut condamné, par application de l'art. 1er de l'ordonnance du 11 juillet 1749, à être dégradé des armes et de noblesse, et à subir vingt ans de prison, après lesquels il ne pourra exercer aucun emploi militaire.

Je sais un paysan qu'on appelait Gros-Pierre,
Qui, n'ayant pour tout bien qu'un seul quartier de terre,
Y fit tout à l'entour faire un fossé bourbeux,
Et de Monsieur de l'Isle en prit le nom pompeux. »

La Bruyère s'est aussi moqué de l'usage de changer son nom par vanité :

« Certaines gens, dit-il, portent trois noms de peur d'en manquer; ils en ont pour la campagne et pour la ville, pour les lieux de leur service ou de leur emploi. D'autres ont un seul nom dissyllabe qu'ils anoblissent par des particules, dès que leur fortune devient meilleure. Celui-ci, par la suppression d'une syllabe, fait de son nom obscur un nom illustre; celui-là, par le changement d'une lettre en une autre, se travestit, et de Syrus devient Cyrus. »

Quant aux titres de noblesse, on a dû en accaparer par milliers. Nos anciens rois furent souvent obligés de poursuivre des usurpations de cette nature. On se livrait pour cela à des vérifications habilement conduites, et dont la dernière, ordonnée par Colbert, en 1666, fit rentrer dans la roture QUARANTE MILLE PRÉTENDUS NOBLES. Le nombre en serait autrement considérable aujourd'hui, si tous les titres étaient soumis à une juste et rigoureuse vérification, sous le contrôle d'une Commission de Sceau. Un registre devrait, ce nous semble, recevoir les noms des membres de la noblesse reconnus tels. Chaque postulant serait tenu de produire, avec la copie dûment légalisée des lettres patentes qui ont conféré un titre de noblesse à l'un de ses ancêtres, un acte de notoriété prouvant sa qualité de successeur légal au titre concédé. Toutefois, en raison de la perturbation que les événements de la révolution ont apportée dans tout ce qui a rapport à l'état nobiliaire des familles, à défaut de titres de concession primitive, que la plupart des réclamants ne pourraient produire, la réclamation serait appuyée d'une série d'actes de l'état civil établissant de la manière la plus claire, la plus positive que le titre de noblesse a été attribué de père en fils depuis plusieurs générations; il faudrait, en outre, un acte de notoriété, comme il a été déjà dit. La série des pièces probantes ne devrait-elle pas remonter à la razzia de 1666?

Quand il y aurait extinction d'une branche et que le droit de transmission serait bien constaté, un nouvel acte de notoriété devrait attester l'extinction de cette branche et le droit de succession du réclamant.

Les lignes collatérales ne seraient admises à succéder aux titres que par une nouvelle commission de l'Empereur.

En résumé, la vraie noblesse a toujours eu un rôle glorieux; celle de l'ancienne monarchie s'est montrée sur tous nos champs de bataille avant, pendant et après la révolution, forte, héroïque comme ces preux de l'épopée impériale, qui surent conquérir leurs titres à la pointe de leur épée.

Où trouvons-nous aujourd'hui la grande, la véritable noblesse? Elle est dans les divers ministères, au Sénat, au Conseil d'État, au Corps législatif, dans la magistrature, à l'armée, dans le clergé, dans la diplomatie, dans l'administration, à l'Institut, dans le corps enseignant, dans les municipalités, dans le corps médical, dans le barreau, dans le monde des lettres, des sciences, des arts, de l'industrie, en un mot, dans toutes les positions où l'activité de l'intelligence, de l'esprit humain a des services à rendre à la France, au Trône Impérial, qui en est la plus sublime personnification. Hors de là, si des gens, se drapant dans les plis honteux du manteau de l'égoïsme, ou ne rougissant pas de croupir dans la boue de l'oisiveté, ne payent pas, n'ont jamais payé leur dette à la patrie, et vous disent, toutefois, qu'ils sont nobles, oh! gardez-vous de les croire sur parole, et souvenez-vous de la charge à fond de Colbert sur les quarante mille usurpateurs de titres.

Rappelons, pour terminer, le serment que prêtait la noblesse, en conformité du décret du 1er mars 1808 :

« Je jure d'être fidèle à l'Empereur et à sa dynastie, d'obéir aux constitutions, lois et règlements de l'empire, de servir Sa Majesté en bon, loyal et fidèle sujet, et d'élever mes enfants dans les mêmes sentiments de fidélité et d'obéissance, et de marcher à la défense de la patrie toutes les fois que le territoire sera menacé, ou que Sa Majesté irait à l'armée. (1) »

LE MAJOR PAUL ROQUES.

NOIX. — Voy. *Noyer.*

NOIX DE GALLE (botanique).—Galle de chêne.— On appelle de ce nom une excroissance ronde qui se forme sur le pétiole des feuilles d'une espèce de chêne nommé *quercus infectoria*, de la famille des amentacées, par la piqûre d'un insecte hyménoptère appelé *diplolepis gallæ tinctoriæ*. C'est la femelle de l'insecte qui perce l'écorce du pétiole, et bientôt il se développe une excroissance où elle dépose ses yeux. Ces œufs, sous la protection de cet abri, éclosent, passent par toutes leurs métamorphoses, jusqu'à ce qu'étant devenus insectes parfaits, ils s'échappent enfin de leur prison après l'avoir percée.

La noix de galle la plus estimée vient de l'Asie Mineure. On distingue dans le commerce plusieurs sortes de noix de galle. La plus estimée, qu'on nomme *galle noire* ou *galle verte d'Alep*, est brune ou verdâtre extérieurement, bosselée, compacte, lourde et très-astringente. On récolte la noix de galle avant la sortie de l'insecte, plus tard les noix blanchissent, perdent de leur poids et de leur qualité astringente, et sont percées d'un trou rond pratiqué par l'insecte. C'est cette galle percée, plus légère, moins astringente, beaucoup moins estimée, qu'on désigne dans le commerce sous le nom de *galle blanche.*

Il y a enfin une troisième sorte de galle de chêne qui vient en France; elle est ronde, lisse, polie, couleur feuille morte; elle est à peu près estimée comme la précédente.

La galle de chêne est un puissant astringent; elle doit ses propriétés à la présence de l'acide gallique. Les anciens en faisaient un bon et fréquent usage. Il nous semble qu'on l'a bien à tort négligée de nos jours; elle serait d'un puissant effet à l'intérieur contre les relâchements muqueux, les diarrhées séreuses, etc.; à l'extérieur c'est un puissant résolutif des engorgements lymphatiques, des tumeurs indolentes, etc., etc. En ce moment des expériences tentées à l'hôpital de Lourcine, dans le service de M. Gibert, donnent lieu d'espérer de très-bons résultats de l'emploi des injections de noix de galle contre plusieurs affections du sexe, et notamment contre la leucorrhée (ou fleurs blanches) et certaines ulcérations de la matrice. On en fait en chimie une teinture fort estimée comme réactif pour découvrir les moindres traces de fer ou de sel de fer. Il s'en fait aussi un emploi considérable dans les arts et pour la teinture en noir en particulier; la noix de galle entre enfin dans la composition de l'encre.

(Ch. Martins.)

NOIX VOMIQUE (botanique, matière médicale). — C'est la semence d'un arbre appelé vomiquier, *strychnos nux vomica*, de la famille des apocynées; cet arbre croît dans l'Inde, au Malabar, à Ceylan et à la Cochinchine.

La noix vomique est une semence ronde, aplatie comme les boutons, d'une couleur grisâtre, d'un aspect velouté, d'un tissu comme corné, d'une saveur âcre et d'une amertume considérable.

La noix vomique est un poison narcotico-âcre des plus énergiques et qu'on emploie particulièrement pour la destruction des animaux nuisibles.

On prépare en pharmacie un extrait de noix vomique qu'on administre avec succès, à dose minime, contre la paralysie.

Enfin Pelletier et Caventou, dans leur belle analyse de la noix vomique, en ont isolé le principe vénéneux, qu'ils ont reconnu identique avec celui de la fève de Saint-Ignace. C'est à ce principe alcalin qu'ils avaient donné d'abord le nom de *vauqueline*, en l'honneur du célèbre chimiste de ce nom ; mais l'Académie des sciences réclama contre cette application, ne voulant pas qu'un de ses membres, renommé autant par sa douceur et sa modestie que par ses grands talents, portât le nom d'une substance aussi délétère. Ce poison alcalin reçut alors le nom très-convenable de *strychnine.*

La strychnine est sans usage en médecine, à cause de sa terrible intensité vénéneuse.

Le fameux poison connu sous le nom d'*upas* est fourni par une plante d'une espèce voisine de la noix vomique, le *strychnos tieuté.* *(Lemaire.)*

NOM (grammaire). — Voy. *Substantif.*

NOMBRE (arithmétique) [du latin *numerus*].—Résultat de la comparaison d'une grandeur à son unité. Les nombres sont *concrets* s'ils désignent l'espèce d'unité (5 francs), et *abstraits* dans le cas contraire (5); *entiers*, si les unités qu'ils représentent ne sont pas divisées; *fractionnaires*, dans le cas contraire; *commensurables* s'ils ont une mesure commune; *incommensurables*, dans le cas contraire ; ils sont *pairs* s'ils sont

---

(1) *Nota.*—Page 184, 2e colonne, à la suite de la citation de quatre vers extraits de la comédie *La Bourse*, le nom de M. Émile AUGIER a été substitué par erreur à celui de M. François PONSARD.

divisibles par deux, et *impairs* s'ils ne le sont pas; ils sont *complexes* quand ils renferment des unités d'une certaine nature unies à une ou plusieurs subdivisions de cette unité (12 livres, 5 onces, 8 gros), etc. Certains nombres étant vénérés par les anciens Gallois; *trois* avait donné lieu dans leur pays à une multitude de remarques et d'observations de toute espèce. Les lois galloises conservaient dans *trois cas* la dot aux femmes qui abandonnaient leurs maris : *lèpre, impuissance, respiration effrayante*; ils avaient *trois armes* légales et autorisées : *l'épée, la lance, l'arc et douze flèches*; on ne pouvait mettre publiquement en vente *trois espèces d'animaux*, s'ils étaient boiteux : *le cheval, l'epervier le lévrier*; il n'était permis au monarque de s'entretenir hors de la présence du juge du palais qu'avec *trois personnes* seulement, savoir : sa *femme*, son *confesseur*, son *médecin*. La rougeur éclate sur le visage d'une fille dans *trois occasions* principalement, dit un vieux proverbe du pays de Galles : quand elle apprend que son mariage est résolu ; au moment d'entrer dans le lit nuptial; et lorsque, après ses noces, elle paraît pour la première fois en public. On reconnaît à *trois principaux indices*, disaient encore les Gallois, qu'un territoire est cultivé et habité : si l'on rencontre des *enfants*, des *chiens* et des *poules*. — Selon le juif Philon, les propriétés qui sont attachées à certains nombres maintiendraient l'harmonie du monde, présideraient aux mouvements de la terre, auraient une influence immédiate sur les dispositions et sur les actions des hommes : on reconnaîtrait encore les effets de ces nombres dans les choses dont nos sens sont particulièrement frappés, telles que les corps, la distance, la figure, la grandeur, la couleur, le mouvement et le repos. *Quatre* est un nombre sacré, disait Pythagore, *parce que le carré est une figure égale et parfaite*. Les mahométans ont une grande vénération pour le nombre *sept*; les *cieux* sont au nombre de *sept*; il y a également *sept terres*; entre chaque ciel et chaque terre sont des distances immenses. Un prêtre des mosquées doit avoir *sept qualités* pour remplir dignement son ministère. Cette vénération pour le nombre *sept* est partagée par les Japonais, qui reconnaissent *sept esprits purs* dont toute leur nation est sortie, par diverses hordes tartares. Aucun nombre ne fixa plus souvent l'attention des Grecs et des Romains; ils comptaient *sept cieux, sept planètes, sept métaux* précieux, *sept couleurs* primitives, *sept tons* dans la musique, etc. Le retour de chaque *septième* année produisait, selon eux, des changements très-importants dans la conformation de l'homme, dans son tempérament, dans sa santé. Les rabbins n'ont pas moins disserté sur ce nombre merveilleux. *Dix* était, aux yeux des disciples de Pythagore, *le tableau des merveilles de l'univers*, puisqu'il contenait toutes les propriétés des nombres précédents.

NOSTALGIE [du grec *nostos*, retour, et *algos*, douleur], dit aussi *mal du pays*. — État moral caractérisé par la tristesse que causent l'éloignement du pays natal et le désir d'y revenir. La nostalgie est classée parmi les névroses cérébrales. Le docteur Morin la définit avec plus de justesse : « Regret du sol, ou regret des mœurs, des usages, des lois, des institutions, du ciel même, mais le plus souvent regret de la famille absente. » La nostalgie est rare dans l'enfance et chez le vieillard, et peu commune chez l'adulte doué d'une certaine force morale; l'adolescence, impressionnable aux émotions de tout genre, est facilement victime de cette affection au sortir du toit paternel. Les distractions, les voyages et surtout le retour dans le pays où résident nos affections sont le remède le plus sûr contre la nostalgie.

NOTAIRE (droit). — Les notaires sont des fonctionnaires publics établis pour recevoir tous les actes et contrats auxquels les parties doivent ou veulent faire donner le caractère d'authenticité attaché aux actes de l'autorité publique, et pour en assurer la date, en conserver le dépôt, en délivrer des grosses et expéditions. (L. du 25 ventôse an XI.)

Le nom d'officiers ministériels ne peut être donné aux notaires (Bioche, *Dictionnaire de procédure civile*, V. *Officiers ministériels*, n° 1).

Le gouvernement a le droit de déterminer le nombre des notaires. (L. du 25 ventôse, art. 31.)

Les notaires sont institués à vie. (*Ibid.*, art. 2.)

Ils sont nommés par l'Empereur, et ont le droit de présenter leur successeur à son agrément, excepté dans le cas de destitution.

On distingue les notaires en trois classes, suivant qu'ils sont établis auprès d'une cour d'appel, d'un tribunal de première instance ou d'un tribunal de paix. (*Ibid.*, art. 3.)

Admission aux fonctions de notaire. — Pour être admis aux fonctions de notaire, il faut : 1° jouir de l'exercice des droits de citoyen; 2° avoir satisfait aux lois sur la conscription militaire; 3° être âgé de vingt-cinq ans accomplis; 4° justifier du temps de travail prescrit par les art. 36 et suiv. de la loi du 25 ventôse an XI. (Art. 35 de cette même loi.)

Le temps de travail ou stage doit être, sauf les exceptions ci-après, de six années entières et non interrompues, dont une des deux dernières au moins, en qualité de premier clerc chez un notaire d'une classe égale à celle où se trouvera la place à remplir. (*Ibid.*, art. 36.)

Le temps de travail pourra n'être que de quatre années, lorsqu'il en aura été employé trois dans l'étude d'un notaire d'une classe supérieure à la place qui devra être remplie, et lorsque, pendant la quatrième, l'aspirant aura travaillé en qualité de premier clerc chez un notaire d'une classe supérieure ou égale à celle où se trouvera la place pour laquelle il se présentera. (*Ibid.*, art. 37.)

Le notaire déjà reçu, et exerçant depuis un an dans une classe inférieure, sera dispensé de toute justification de stage, pour être admis à une place de notaire vacante dans une place immédiatement supérieure. (*Ibid.*, art. 38.)

L'aspirant qui aura travaillé pendant quatre ans sans sans interruption chez un notaire de première ou de seconde classe, et qui aura été, pendant deux ans au moins, défenseur ou avoué près d'un tribunal civil, pourra être admis dans une des classes où il aura fait son stage, pourvu que pendant l'une des deux dernières années de son stage il ait travaillé, en qualité de premier clerc, chez un notaire d'une classe égale à celle où se trouvera la place à remplir. (*Ibid.*, art. 39.)

Le temps de travail exigé par les articles précédents devra être d'un tiers en sus toutes les fois que l'aspirant, ayant travaillé chez un notaire d'une classe inférieure, se présentera pour remplir une place d'une classe immédiatement supérieure. (*Ibid.*, art. 40.)

Pour être admis à exercer dans la troisième classe de notaire, il suffira que l'aspirant ait travaillé, pendant trois années, chez un notaire de première ou seconde classe, ou qu'il ait exercé, comme défenseur ou avoué, pendant l'espace de deux années, auprès du tribunal d'appel ou de première instance, et qu'en outre il ait travaillé, pendant un an, chez un notaire. (*Ibid.*, art. 41.)

Le gouvernement peut dispenser de la justification du temps d'étude les individus qui ont exercé des fonctions administratives ou judiciaires. (*Ibid.*, art. 42.)

L'aspirant au notariat doit demander à la chambre de discipline du ressort dans lequel il a l'intention d'exercer, un certificat de moralité et de capacité. Ce certificat ne peut être délivré qu'après que la chambre a fait parvenir au procureur impérial du tribunal de première instance l'expédition de la délibération qui l'a accordé. (*Ibid.*, art. 43.)

En cas de refus, la chambre doit donner un avis motivé et le communiquer au procureur impérial qui l'adresse au ministère de la justice avec ses observations. (*Ibid.*, art. 44.)

Indépendamment des conditions exigées par la loi du 25 ventôse an XI, pour être admis aux fonctions de notaire, il y a celle de la présentation du candidat, dans les cas prévus par l'article 91 de la loi du 28 avril 1816. Cet article donne aux notaires la faculté de présenter un successeur, pourvu qu'il réunisse toutes les qualités exigées par les lois, faculté qui a été étendue à leurs héritiers ou ayants cause.

NOURRICE. — Nom donné à la femme qui allaite un enfant étranger, c'est-à-dire dont elle n'est pas la mère. La nourrice doit être fraîche, saine et forte; sa poitrine doit être large, ses reins médiocrement fermes et charnus; les bouts de seins ne seront pas calleux, durs et enfoncés, mais d'une grosseur et d'une fermeté médiocres, bien percés, pour que la succion de l'enfant soit facile. L'âge le plus convenable est de trente à quarante ans.

Il ne faut pas employer de nourrices qui auraient des maladies susceptibles de se communiquer avec le lait. Si on les garde à la ville, il faut faire en sorte qu'elles se nourrissent aussi frugalement qu'au village, qu'elles fassent de l'exercice, lorsqu'elles ne donnent pas à téter, et qu'elles promènent l'enfant à l'air libre, même quand il fait froid. — Voy. *Allaitement.*

NOVEMBRE [en latin *november*]. — Onzième mois de l'année grégorienne, est ainsi nommé parce qu'il était le neuvième de l'année de Romulus. Il a trente jours. Les Romains l'avaient mis sous la protection de Diane. L'Église célèbre le 1er novembre la fête de la Toussaint et le 2 celle des trépassés.

NOYER (botanique). — Grand et bel arbre de la famille des juglandées, originaire de Perse et de l'Amérique du Nord, à fleurs monoïques, à sexes séparés, dont les mâles sont en chatons.

Cet arbre est fort utile. Toutes les parties servent à quelque chose. Le bois, qui est très-dur, s'emploie pour les parquets et pour toutes sortes de meubles. Doux, flexible, susceptible d'un poli très-fin, il a des veines d'un aspect élégant; aussi les ébénistes, les tourneurs, les sculpteurs, les carrossiers, les armuriers en font un fréquent usage. Son fruit (la noix), appelé cerneau à l'état vert, est également bon tout à fait mûr. L'extrait de la noix fournit une liqueur qu'on estime, et une huile grasse dont se servent les peintres; mais comme elle rancit vite, il ne faut en préparer qu'en petite quantité. Dans plusieurs de nos provinces, elle remplace l'huile d'olive. L'écorce et la partie appelée brou servent pour la teinture en noir. Ce brou, qui a une saveur piquante et amère, en le laissant macérer dans l'alcool, donne une liqueur de table excellente pour l'estomac. Comme les feuilles du noyer ont une odeur forte, il est prudent de ne pas se reposer trop longtemps sous son ombre. Quoiqu'on en ait exagéré le danger, cette odeur est très-propre à causer des maux de tête.

L'espèce de noyer la plus connue est le noyer commun, qui réunit plusieurs variétés : le mésange tardif, le noyer à gros fruits, ou noyer jaune, à fruits longs, à noix anguleuses, à grappes, etc. Toutes ces variétés se greffent en écusson. Cet arbre est peu difficile pour le terrain. Cependant il réussit mieux sur une terre sablonneuse et pierreuse. Pour le multiplier, on fait des semis dans une cave en laissant germer les noix, et au printemps on les plante en pleine terre, sans fumure, mais profondément, car la racine du noyer est vigoureuse et s'enfonce beaucoup.

Il y a aussi le noyer noir, dont le cœur est viole et qui noircit en vieillissant. Pour la solidité du bois il est supérieur à l'autre. Les vers ne l'attaquent pas. Son fruit a aussi une saveur agréable. Originaire de l'Amérique du Nord, il réussit très-bien en France. On en connaît plusieurs variétés : le cendré, le pacanier, le noyer blanc.   H.

NUAGE (météorologie) [du latin, *nubes*]. — Amas de brouillards plus ou moins épais, flottant dans l'atmosphère, à diverses hauteurs. C'est la place seule que les vapeurs occupent qui en change la dénomination; car ce qui est un nuage pour le spectateur placé dans la plaine, n'est qu'un brouillard pour celui qui se trouve sur le sommet d'une montagne. Les nuages paraissent quelquefois immobiles; mais le plus souvent ils sont transportés par les vents à de grandes distances. Tous les brouillards qui se forment à la surface de la terre, des rivières et des mers deviennent des nuages lorsqu'ils sont entraînés par les vents ou enlevés par des courants d'air. Les nuages se forment aussi dans les régions élevées de l'atmosphère par la rencontre de deux vents humides, de température différente. On pense que les nuages se composent de petites bulles vésiculaires, semblables à celles que l'on fait avec de l'eau de savon. Les nuages réfléchissent la lumière et nous les voyons blancs, rouges, bleus, verts, etc., suivant leur position relative avec le soleil et avec l'observateur : ils nous paraissent rouges le soir et le matin, après le coucher du soleil, où avant son lever, parce que nous ne voyons alors que le bord rouge d'un grand spectre, dont l'arc-en-ciel est un spécimen. Selon Saussure, la vapeur existe dans l'air sous deux formes différentes, en dissolution transparente et en petites vésicules creuses : c'est dans ce dernier état qu'elle constitue les nuages. Cet habile physicien a reconnu la forme sphérique des globules d'eau dans les nuages, en les observant avec de fortes lentilles, et il a cru devoir conclure qu'ils étaient creux, de la grande facilité et de la légèreté avec lesquelles ils se meuvent dans l'air. Cette constitution des globules de vapeurs n'est cependant pas suffisante pour expliquer la suspension des nuages dans l'atmosphère, car le fluide qu'ils renferment ne peut être que de l'air ou de la vapeur d'eau, ou tous les deux ; mais, dans le cas le plus favorable, le fluide intérieur doit avoir la même élasticité que l'air extérieur, et la différence de densité de ce fluide avec l'air ne peut pas compenser le poids de l'enveloppe. Fresnel a donné une explication de la suspension des nuages qui paraît très-probable, et qui est applicable aux globules vésiculaires, à des globules pleins, et même à des globules solides ; elle est fondée sur ce que l'air se laisse facilement traverser par le calorique rayonnant, et ne s'échauffe que quand il est en contact avec des substances solides ou liquides qui l'absorbent rapidement. Il résulte de là que les globules d'eau, vides ou pleins, liquides ou solides, qui composent un nuage, en s'échauffant par l'action du soleil et de la terre, échauffent les couches d'air qui les environnent et forment un tout plus léger que l'air : à la vérité, l'air interposé entre les globules pourra communiquer une partie de sa chaleur à l'air extérieur et même se dégager ; mais cet effet sera très-lent, à cause de la capillarité des espaces qui séparent les globules. On concevrait aisément, d'après cela, l'abaissement des nuages pendant la nuit et leur ascension par l'action du soleil.

On a donné le nom *cirrhus* à des nuages blancs, fort élevées, composés de filaments ténus, ressemblant à des plumes légères : ceux-ci précèdent souvent la pluie.

Les gros nuages d'été, toujours plus ou moins arrondis, simulant des montagnes, s'appellent des *cumulus*.

Les couches de nuages limitées par deux plans horizontaux ont reçu le nom de *stratus*.

On sait très-peu de chose sur la distance ordinaire des nuages qui se trouvent au-dessus des continents et loin des montagnes ; mais des mesures prises dans l'océan Antlantique et au milieu de la mer du Sud ont toujours donné des hauteurs comprises entre 900 et 1,400 mètres.   Gossart.

NUIT (astronomie). — Obscurité qui règne sur la partie de la terre que nous habitons, pendant que le soleil est pour nous au-dessous de l'horizon.

Les nuits ne sont pas d'une égale durée partout, ni dans tous les temps : cette durée varie suivant les différents climats et les différentes saisons, allant toujours en augmentant à mesure que les jours décroissent, et en diminuant pendant que les jours croissent. « La durée de la nuit, ou celle pendant laquelle le soleil est au-dessous de l'horizon, est toujours exactement de douze heures pour ceux qui habitent précisément sous l'équateur, et qui sont dits avoir la sphère droite ; parce que, dans cette position, l'équateur et tous ses parallèles, qui sont des cercles que le soleil paraît décrire, sont coupés par l'horizon en deux parties égales. Sous les pôles, la nuit dure à peu près la moitié de l'année, et dans les climats intermédiaires, la longueur des nuits est en raison de l'éloignement de l'équateur. »

Le passage de la lumière aux ténèbres n'est pas instantané ; le matin, l'aurore dissipe peu à peu l'obscurité de la nuit et précède le lever du soleil, de même que le crépuscule suit le soir le coucher de cet astre, et prépare graduellement à voir disparaître sa lumière ; toutefois, cette privation n'est jamais complète, puisque l'éclat des étoiles, et périodiquement celui de la lune, dédommagent en partie de son absence. Le temps de la nuit est particulièrement destiné au sommeil : le calme qui règne dans la nature, les ténèbres qui l'enveloppent, indiquent naturellement que cet intervalle est destiné au plus profond repos. — Voyez Jour.

NUMÉRATION (arithmétique). — Art de former les nombres, de les énoncer et de les représenter avec une quantité limitée de mots ou de caractères appelés chiffres.

De là, deux sortes de numérations : la numération parlée et la numération écrite.

La numération parlée est l'art de former et d'énoncer les nombres.

Pour former les nombres ont part de l'unité *un* ; ajoutant l'unité à *un*, on a le nombre *deux*, etc. ; on continue ainsi en ajoutant toujours l'unité au nombre obtenu.

Les neuf premiers nombres sont *un, deux, trois, quatre, cinq, six, sept, huit, neuf.*

Neuf, plus un, égale dix ou une dixaine ; cent est la collection de dix dixaines ; mille, de dix centaines ; million, de mille mille ; billion, de mille millions ; trillion, de mille billions, etc.

La réunion de deux dixaines s'appelle vingt ; de trois, trente ; de quatre, quarante ; de cinq, cinquante ; de six, soixante ; de sept, soixante-dix ; de huit, quatre-vingt ; de neuf, quatre-vingt-dix. Les mots septante, octante, nonante, remplaçaient autrefois soixante-dix, quatre-vingt et quatre-vingt-dix.

Les nombres compris entre les dixaines se nomment, en ajoutant à dix, vingt, trente, etc., les noms des neuf premiers nombres. Exemple: vingt-un, vingt-deux, trente-un, trente-quatre, etc.

On compte par centaines comme par unités, par mille, dixaines de mille, etc., comme par unités, dixaines d'unités; on fait de même pour les millions, pour les billions et les trillions.

En s'arrêtant aux billions ou milliards, il y a dix ordres d'unités : *l'unité primitive* (1er ordre), dixaines (2e ordre), centaines (3e ordre), mille (4e ordre), dixaines de mille (5e ordre), etc.

La base fondamentale de cette *numération parlée*, c'est que *dix unités d'un ordre quelconque forment une unité de l'ordre immédiatement supérieur.*

La *numération écrite* est l'art de représenter les nombres avec les dix caractères suivants: 1, 2, 3, 4, 5, 6, 7, 8, 9 et 0, d'après cette convention que *tout chiffre placé* à la gauche d'un autre représente des unités dix fois plus grandes que celles de ce chiffre.

D'après cela mille huit cent soixante s'écrit 1860. Il résulte de ce qui précède, que les chiffres ont deux valeurs, l'une *absolue*, c'est-à-dire celle qu'il a considéré isolément; l'autre *relative*, dépendant du rang qu'il occupe. Quant au 0, qui n'a aucune valeur par lui-même, il sert à faire occuper aux autres chiffres la place qui leur convient; c'est ainsi qu'on rend un nombre dix fois, cent fois, mille fois plus grand, en ajoutant à sa droite un, deux ou trois zéros, et réciproquement, on rend un nombre entier dix fois, cent fois, mille fois plus petit, en supprimant, à la droite de ce nombre, un, deux ou trois zéros.

Pour lire un nombre écrit, on le partage en tranches de trois chiffres à partir de la droite, sauf à ne laisser dans la dernière tranche à gauche qu'un ou deux chiffres; on énonce ensuite chaque tranche successivement, à partir de la gauche, en donnant à chacun le nom de la classe d'unité qu'elle représente; ainsi, le nombre 3,546,237, s'énonce: trois millions, cinq cent quarante-six mille, deux cent trente-sept unités.

Pour écrire en chiffres un nombre dicté, on écrit d'abord les unités de l'ordre le plus élevé, à la droite les unités de l'ordre immédiatement inférieur, et ainsi jusqu'aux unités simples, en ayant soin de remplacer par un zéro les unités qui pourraient manquer.

Soit à écrire le nombre cinq millions deux cent quinze mille: on commencera par écrire le chiffre des millions, 5, puis la tranche des mille, 215 ; enfin, on remplacera la tranche des unités par trois zéros: on aura ainsi, 5,215,000.

NUMÉRATION DES NOMBRES DÉCIMAUX.—Le principe de la numération des nombres décimaux est fondé sur le principe même de la numération des nombres entiers. En effet, dans la numération des nombres entiers tout chiffre placé à la gauche d'un autre vaut dix fois plus que s'il était à la place de cet aure; de même dans la numération des nombres décimaux, tout chiffre placé à la droite d'un autre vaut dix fois moins que s'il était à la place de cet autre.

Les parties décimales contenues 10 fois dans l'unité se nomment dixièmes; celles qui y sont contenues 100 fois, centièmes, et celles qui y sont contenues 1,000 fois, millièmes, etc.

Un dixième étant dix fois plus petit que l'unité, on doit écrire les dixièmes à la droite des unités simples, ayant soin de séparer les entiers des décimales par une virgule.

EXEMPLE : 45 entiers 3 dixièmes s'écrivent ainsi: 45,3.

D'après le même principe, les centièmes étant dix fois plus petits que les dixièmes, s'écriront à leur droite.

EXEMPLE : 45,33 s'énonce quarante-cinq entiers, trente-trois centièmes.

Les millièmes s'écrivent à la droite des centièmes.

EXEMPLE : 45,654 s'énonce quarante-cinq entiers, six cent cinquante-quatre millièmes.

Les dix-millièmes s'écrivent à la droite des millièmes.

EXEMPLE : 45,6248 s'énonce quarante-cinq entiers, six mille deux cent quarante-huit dix-millièmes.

Les autres décimales s'écrivent toujours d'après le même principe; ainsi les cent-millièmes à la droite des dix-millièmes, les millionièmes à la droite des cent-millièmes, etc.

Les zéros placés à la droite des décimales n'en changent pas la valeur. Si à la droite de 5,48 on met deux zéros, on obtient 5,4800, nombre égal à 5,48; en effet, la partie entière est restée la même; 48 centièmes valent dix fois plus de millièmes ou 480 millièmes, et 480 millièmes valent dix fois plus de dix-millièmes ou 4800 dix-millièmes; en d'autres termes il y a cent fois plus de parties, mais elles sont cent fois plus petites : donc le nombre décimal n'a pas changé de valeur.

Pour lire un nombre décimal, on énonce d'abord la partie entière placée à la gauche de la virgule, ensuite le nombre décimal qui est à sa droite, en ajoutant le mot dixième, s'il n'y a qu'un chiffre décimal; le mot centième, s'il y en a deux; le mot millième, s'il y en a trois, etc.

EXEMPLE : 4,2267 s'énonce quatre entiers, deux mille deux cent soixante-sept dix-millièmes. S'il n'y n'y avait pas d'entiers, on énoncerait seulement les décimales.

EXEMPLE : 0,2267 s'énonce deux mille deux cent soixante-sept dix-millièmes.

Pour écrire un nombre décimal, on pose d'abord la partie entière; mettant ensuite une virgule, on écrit successivement à la droite de cette virgule les dixièmes, les centièmes, etc., en ayant soin de remplacer par des zéros les différents ordres d'unités qui peuvent manquer.

Le déplacement de la virgule dans un nombre de décimales en change la valeur. En reculant la virgule de un, de deux ou de trois rangs vers la gauche, on rend le nombre 10, 100, 1000 fois plus petit; si on l'avance de un, de deux ou de trois rangs vers la droite, on rend le nombre 10, 100, 1000 fois plus grand. En effet, si dans le nombre 634,97 on met la virgule après le 9, on aura 6349,7, et tous les chiffres auront changé de valeur; les centaines seront devenues des mille, les dizaines des centaines, etc. Enfin, si l'on transporte la virgule entre le 3 et le 4, on aura un résultat analogue en sens inverse. En effet, le nombre 63,497 est dix fois plus petit que le nombre primitif 634,97.

Il ne faut pas oublier qu'un nombre décimal ne change pas de valeur quand on ajoute ou quand on supprime plusieurs zéros à sa droite.

D'après cela, pour réduire des décimales à la même espèce, il suffit d'ajouter à chacune d'elles autant de zéros qu'il en faut pour qu'elles aient toutes le même nombre de décimales.

Exemple : Réduire à la même espèce 5,4 et 33,6288.

J'ajoute trois zéros au premier nombre qui représente alors des dix-millièmes.

Exemple : 5,4000.

Le nombre 5,4000 n'a pas changé de valeur, les parties en sont seulement mille fois plus petites.

Kramer.

NUMISMATIQUE (beaux-arts). — Science qui a pour objet l'étude des monnaies, principalement de celles frappées par les anciens Grecs et par les Romains. L'étude des médailles, a dit un savant numismate, est d'une nécessité indispensable, non-seulement à l'archéologue, mais à tout homme qui veut avoir une connaissance parfaite des beaux-arts. Elles indiquent le nom de provinces, de villes, de municipes, dont sans elles on ignorerait l'existence; elles servent à déterminer leur position, elles nous retracent les images de plusieurs lieux célèbres. On y trouve, non-seulement les représentations réelles ou allégoriques des événements, mais elles en fixent l'époque d'une manière certaine; par elles nous suivons dans une série non interrompue l'histoire de plusieurs rois qui n'ont point eu d'historiens. Nous y voyons les différentes divinités avec des attributs et des surnoms singuliers; les ustensiles et les cérémonies de leur culte; le costume des prêtres; enfin, tout ce qui a rapport aux usages civils, religieux et militaires. Les médailles peuvent également servir spécialement à l'histoire de l'art. On y trouve la représentation de plusieurs monuments célèbres, tels que l'Hercule Farnèse, la Vénus de Gnide, etc. On y peut suivre, comme sur les pierres gravées et les statues, les époques des différents styles, prendre une idée des progrès de l'art chez les peuples les plus civilisés, et de son état chez les peuples barbares. Enfin, les médailles sont d'un grand secours pour la philologie et pour l'explication des auteurs anciens.

NUTRITION (physiologie). — Fonction par laquelle les êtres organisés entretiennent, réparent et augmentent leurs parties. — Voy. *Digestion.*

L'infinie variété de substances que l'homme et les animaux emploient comme aliments ne sont nutritives qu'autant qu'elles contiennent les divers principes dont il a été parlé, ou du moins quelques-uns d'entre eux. « En analysant chacune des productions que nous présente la nature, on peut déterminer *à priori*, tout aussi exactement que par l'expérience, jusqu'à quel point elle est alibile, et quel est son degré de digestibilité relativement à l'individu bien portant. Un fait fort curieux, qui a été constaté par de nombreux expérimentateurs à l'occasion des discussions auxquelles a donné lieu la gélatine, c'est que si l'on nourrit exclusivement un animal avec une seule espèce d'aliment, cet animal périt nécessairement au bout d'un certain laps de temps. Mais ce phénomène est aujourd'hui facile à expliquer. En effet, lorsqu'on expérimente avec une substance complétement dépourvue d'azote, il est évident que les déperditions éprouvées par les tissus (nous savons que l'azote entre dans la composition de tous) ne sauraient être réparées : l'animal ne tardera donc pas à périr. Ainsi des oies nourries uniquement avec de la gomme moururent le seizième jour : celles auxquelles on donna des blancs d'œuf pour toute nourriture vécurent plus longtemps ; elles ne périrent que le quarante-sixième jour. Le blanc d'œuf cependant contient une forte proportion d'azote. Dans ce cas, ce n'est donc pas l'absence de l'azote qui détermine la mort, c'est l'insuffisance du carbone, l'albumine de l'œuf n'en renfermant pas assez pour fournir à la consommation de l'oxygène. Chez un animal adulte, il faut, pour que la vie persiste et que la santé se maintienne, que l'assimilation des aliments, la mutation des tissus et la consommation de l'oxygène soient entre elles dans un rapport défini. Le carbone, l'azote et l'hydrogène rejetés au dehors sous forme d'acide carbonique, d'ammoniaque et d'eau, doivent, pris ensemble, peser précisément autant que le carbone, l'azote et l'hydrogène rejetés au dehors sous diverses formes, soit par la voie respiratoire, soit par les différentes voies excrétoires. Si donc il existait pour chaque animal une matière nutritive contenant du carbone, de l'azote et de l'hydrogène en proportions relatives telles qu'elles fournissent exactement à la consommation de l'oxygène et à la réparation des tissus métamorphosés, cet aliment unique suffirait à l'entretien de la vie et de la santé de l'organisme animal. La nécessité pour l'homme et pour une foule d'animaux de varier l'alimentation dépend de ce que les proportions de carbone, d'azote et d'hydrogène voulues ne se trouvent pas dans une substance unique. Il faut nécessairement compenser, en prenant divers aliments, ce qui manque soit aux uns, soit aux autres. »

NYMPHE (zoologie). — État particulier des insectes pendant leurs métamorphoses et qui est intermédiaire entre l'état de larve et celui d'insecte parfait. — Voy. *Insectes.*

NYMPHOMANIE, ou *fureur utérine.* — Penchant irrésistible et insatiable à l'acte vénérien chez les femmes. Elle est aux femmes ce qu'est le *satyriasis* chez les hommes. — Voy. *Satyriasis.*

O. — Quinzième lettre de l'alphabet français, et la quatrième des voyelles. Comme lettre numérale, o' valait 70 chez les Grecs; ,o, 70,000. La lettre O s'employait quelquefois, chez les Romains, pour exprimer le nombre 11; avec une ligne au-dessus, Ō, il valait 11,000. En géographie, O. est l'abréviation d'ouest; S.-O., de sud-ouest. En chimie, O signifie oxygène.

OBÉDIENCE (histoire ecclés.) [du latin *obedientia*, obéissance]. — Ce mot, dans sa signification primitive, est la même chose qu'obéissance. On l'a employé ensuite pour exprimer la soumission que les religieux devaient à leur supérieur. — Dans le temps du grand schisme, on disait se ranger sous l'obédience (sous l'obéissance) d'Urbain VI, ou de Clément VII; et on appelait États d'obédience les États qui reconnaissaient l'un ou l'autre pape, selon le parti qu'on avait embrassé.

On appelle encore aujourd'hui pays d'obédience les pays où le pape nomme aux bénéfices, ou dans lesquels il exerce une juridiction plus étendue que dans les autres. Dans cette acception, on dit que l'Allemagne est un pays d'obédience.

OBÉLISQUES [du grec *obéliskos*, fait d'*obélos*, aiguille]. — Monuments d'origine égyptienne : ce sont des pyramides quadrangulaires, en forme d'aiguille, dont les pans sont couverts d'hiéroglyphes.

Tous les obélisques se ressemblent si bien, dit un auteur, que, lorsqu'il n'y a point de caractères, il est assez difficile de les distinguer les uns des autres. Il paraît qu'on aurait dû une fois se lasser d'élever des monuments si ressemblants; cependant on ne s'en lassa jamais : les derniers rois, Amasis et Nectanède, en faisaient sculpter encore, comme on l'avait pratiqué plusieurs milliers d'années avant leur naissance. Les obélisques égyptiens sont ordinairement de granit rose; on en connaît qui ont jusqu'à 35 mètres de longueur. Chaque face est ornée d'inscriptions hiéroglyphiques en creux, et le sommet se termine en pyramide, dont les quatre côtés représentent des scènes religieuses, accompagnées aussi d'inscriptions. Les arêtes des obélisques sont fort vives et bien dressées ; mais leurs faces ne sont pas parfaitement planes, et leur légère [convexité est une preuve de l'attention que les Égyptiens apportaient à la construction de ces monuments. Si les faces étaient planes, elles paraîtraient concaves à l'œil : la convexité compense cette illusion d'optique. Les inscriptions hiéroglyphiques sont en ligne perpendiculaire; quelquefois il n'y en a qu'une au milieu de la largeur de la face, et souvent il y en a trois. La découverte de l'alphabet des hiéroglyphes, par M. Champollion, a permis enfin de connaître la véritable nature et la destination des obélisques égyptiens, sur lesquels on a tant écrit et débité tant de fausses suppositions. L'inscription n'est qu'une commémoration du roi qui a fait construire le temple ou le palais duquel l'obélisque dépendait; on y indiquait encore si ce prince y avait ajouté des allées de sphinx ou de béliers, enfin l'érection des obélisques eux-mêmes. Tel est le sujet de l'inscription qui est au milieu de chaque face de l'obélisque; et quoique le nom du même roi et les mêmes circonstances soient répétés sur les quatre côtés, il existe dans les quatre textes comparés quelques différences, ou dans l'invocation des divinités particulières, ou dans les titres du prince, ou dans l'indication des ouvrages qu'il a consacrés aux dieux. Tout obélisque n'avait, dans sa première forme, qu'une seule inscription sur chaque face, et de l'époque même du roi qui l'avait érigé; mais un prince qui venait après celui-ci, et qui ajoutait une cour, un portique, une colonnade au temple ou au palais, faisait graver sur l'obélisque primitif, avec son nom, une autre inscription relative à ces accroissements; ainsi, tout obélisque orné de plusieurs inscriptions est de plusieurs époques. Le pyramidion qui les termine représente ordinairement, par ses sculptures, le roi qui a érigé l'obélisque, faisant diverses offrandes au dieu principal du temple et à d'autres divinités; quelquefois aussi l'offrande même de l'obélisque. Les courtes inscriptions des pyramidions portent le nom du roi, celui du dieu, les paroles et la réponse des deux personnages. On sait donc, par ces noms, ceux des rois qui érigèrent les obélisques subsistant encore, soit en Égypte, soit ailleurs. Le plus ancien est celui de Saint-Jean de Latran à Rome; il porte le nom du roi Mœris, cinquième roi de la dix-huitième dynastie égyptienne, et qui régna vers l'an 1736 avant l'ère chrétienne. Les deux obélisques de Louqsor, dont un est à Paris, ont été élevés par le roi Ramsès III, quinzième roi de la même dynastie, vers 1561 ; on en connaît de plusieurs autres pharaons, et rien n'égale l'effet grandiose de ce genre de monument, qui témoigne si positivement de la puissance des arts en Égypte.

OBSERVATOIRE (astronomie). — Lieu ou édifice où se font d'ordinaire les observations célestes. Un observatoire doit être placé dans un lieu tel que l'on puisse découvrir l'horizon en entier, afin de mettre l'astronome à portée de faire toutes les observations possibles. Tel est l'Observatoire de Paris, l'un des monuments les plus remarquables qui aient jamais été consacrés à l'astronomie.

OCÉAN (géologie). — Immense étendue de mer qui recouvre une grande partie de notre globe. La dénomination de *mer* (voyez ce mot) se prend dans la même acception, avec cette différence qu'elle s'applique encore à des divisions ou portions de l'Océan comprises entre certains espaces de terre, qui prennent leur nom soit des contrées qu'elles baignent, ou de quelque autre circonstance. C'est ainsi qu'on dit la mer d'Allemagne, la mer Méditerranée, la mer Baltique, la mer des Indes, la mer Pacifique. Il est rare que l'Océan ait 4 à 5 mille mètres de profondeur.

Les observations qui ont été faites en divers endroits prouvent que la profondeur de la mer équivaut à peu près à la hauteur des montagnes et des lieux méditerranéens, c'est-à-dire qu'autant les unes sont élevées, autant l'autre est déprimée, et que, comme la hauteur augmente à mesure qu'on s'éloigne des côtes, de même la mer devient de plus en plus profonde en avançant vers son milieu, où communément sa profondeur est plus grande. Quant au niveau de la mer, les observations, d'accord avec la théorie, nous démontrent qu'il varie sans cesse.

Vidi ego quod fuerat quondam solidissima tellus
Esse fretum, vidi factas ex æquore terras :
Et procul à Pelago conchæ jacuere marinæ.
                              Ov., *Métam.* 4.

Si, comme on ne peut en douter, les montagnes ont été sous les eaux; si elles furent élaborées par l'élément liquide; si les lits horizontaux n'en sont que les sédiments successifs; si, dans les vallées, la correspondance des angles saillants et des angles rentrants, si, à hauteurs égales, l'identité des couches, bancs ou assises en sont un argument invincible; si les dépouilles des testacées répandues dans nos plaines, répandues à la superficie et dans l'intérieur de toutes les montagnes, dans les Alpes, dans le Jura, dans les Pyrénées, etc., l'attestent aux moins attentifs : quelle cause extraordinaire put jamais élever les eaux à la hauteur des montagnes du second ordre? Est-il dans la possibilité qu'elles s'y élèvent, ou qu'elles s'y soient jamais élevées sur toute la superficie du globe? car, d'après les lois de l'hydrostatique, si dans nos régions elles ont atteint à la hauteur de 2,400 à 2,600 mètres, au-dessus du niveau des mers, il a fallu qu'elles se soient élevées à pareille hauteur dans les régions antipodes, et sur toute la superficie du globe. Or, où prendre une quantité d'eau assez grande pour remplir un pareil bassin, pour former un pareil volume? Il faut convenir que si jamais, dans la haute physique, il y eût un problème qui ait pu se regarder comme insoluble, assurément c'est celui-ci; les principes et la théorie en offrent cependant la solution.

La superficie de notre globe n'est point dans un état stable, fixe et permanent : elle est sujette à des altérations, des décompositions, des déplacements. Certaines parties de sa surface perdent, d'autres acquièrent. Ces accroissements et décroissements se font, à la vérité, par quantités insensibles; mais, répétés dans la durée et la profondeur des siècles, ils produisent des effets très-marqués. Les sables, les terres et les pierres, délayés par les pluies, sont charriés par les torrents, les ruisseaux, les rivières, et déposés dans la mer, où ils forment des atterrissements. Ces dépôts ajoutent à l'étendue du continent. Quelquefois ils forment des îles. Les terres des montagnes, ravalées dans les plaines, laissent à nu le vif de la montagne qui ne présente plus que le roc. Ces terres s'abaissent insensiblement par les parties qui sont entraînées dans le lit de la mer ; mais en s'y précipitant en forme de sédiment, elles déplacent une quantité d'eau égale à leur propre volume, et cette quantité d'eau déplacée s'étend sur toute la superficie des mers, en forme de lame sphérique très-mince, et ajoutant à l'hémisphère antipode. Si, par tout le globe, les terres étaient opposées aux terres, et si les mers étaient en opposition avec d'autres mers, il y aurait compensation; mais c'est ce qui n'est point. Les vagues frappent continuellement contre les rivages, elles en détachent les parties qui sont de nature à céder, et les déposent ailleurs, corrodées, dissoutes et emportées par l'élément. En s'avançant dans les terres, elles y creusent des golfes plus ou moins grands. Les parties qui résistent à leurs chocs continuels, à raison de leur rigidité, deviennent des presqu'îles attachées à d'autres presqu'îles plus étendues, tandis que la vase, les sables et les cailloux sont emmenés par les courants. Le courant des mers de l'est à l'ouest, détourné vers le sud par les côtes du Brésil et du Paraguay, entretient les courants magelaniques, par lesquels l'Océan Éthiopien verse dans la mer du Sud. Ces courants heurtent continuellement contre leurs bords, corrodent sans cesse leurs lits, les élargissent, les creusent, et vont déposer les débris dans la mer du Sud. Les eaux de la mer tiennent en dissolution beaucoup plus de sel dans la torride que vers les zones glaciales. Le courant général qui les pousse des Indes vers les détroits Magellaniques, les oblige donc à déposer dans la mer Pacifique les sels qu'elles ne peuvent soutenir.

Dans ces transports continuels de matière, le globe fait des pertes en quelques endroits de sa superficie ; en d'autres, il acquiert. Concluons-en que son centre de gravité est continuellement déplacé, en se portant vers la plage où il s'est fait une addition de poids, par addition de substance. Or, le niveau des mers suit toutes les variations du centre, car les lois invariables de l'hydrostatique veulent que tous les points de leur surface soient à égale distance du centre : l'hémisphère qui aura reçu une augmentation de matière verra donc s'élever la surface de ses mers, et telles parties terrestres qui, en cette hypothèse, se trouvaient à niveau, ou même au-dessus de leurs eaux, se trouveront au-dessous, et seront, par conséquent, submergées. Dans l'hémisphère opposé, des parties terrestres, placées au-dessous du niveau de la mer, commenceront à dominer les eaux, et porteront, pour marque de leur ancien état, des bancs de coquillages, des dépouilles marines de différentes espèces, des terres disposées par lits parallèles à l'horizon, des sinuosités creusées par les courants, ce que l'on reconnaîtra à la correspondance des angles saillants et rentrants.

Le centre de gravité de la terre, transporté, change donc le niveau des mers ; le centre ne peut se déplacer sans que les parties fluides du globe ne se prêtent à ce mouvement. Tout point de notre planète qui perd ou acquiert de la masse, occasionne un ébranlement général au système des mers. Une armée en marche influe sur la masse des fluides qui enveloppent le globe. Une masse quelconque qui se meut, fût-elle imperceptible, entraîne ou tend à entraîner le centre de gravité dans sa direction. Les mers sont le dépôt des dépouilles des testacées, d'une prodigieuse quantité de madrépores et d'ossements qui ajoutent à l'hémisphère où se trouvent ces mers, et ne sont point compensés par les débris des animaux terrestres, qui multiplient infiniment moins. Par certains accidents, l'Océan pénètre sur des terres plus basses que son niveau; on croit que ce vaste bassin qu'occupe la Méditerranée fut habité et couvert de villes nombreuses. Le fond de la mer de Zuyderzée, celui de la mer de Harlem, le Biesbos, furent des pays chargés de bourgs, de villages et d'habitations : des tremblements de terre, des exondations de l'Océan, ou l'action continuelle de ses vagues, brisèrent ses barrières, et mirent ces contrées sous les eaux ; tout y fut englouti, et les îles indiquèrent les parties les plus élevées des pays submergés. La digue de Gibraltar rompue, l'immense quantité et le poids des eaux qui formèrent la Méditerranée accrurent de toute leur masse celle de la partie du globe qui y correspond; le centre en fut déplacé, et se porta

dans la direction du bassin où s'était faite l'augmentation de poids. Le niveau des mers le suivit : elles s'enflèrent sur les côtes occidentales de l'Europe et de l'Afrique, ainsi que dans le golfe Arabique, et submergèrent vraisemblablement l'ancienne Atlantide, qui a disparu. La même catastrophe put séparer la France de l'Angleterre, en couvrant le pays qui est sous les eaux du détroit du Pas-de-Calais, et forma peut-être la mer Baltique, la mer Rouge et le golfe Persique.

Notre planète peut avoir dans ses entrailles des cavités plus ou moins grandes, plus ou moins nombreuses. Les eaux viennent-elles à y pénétrer, il se fait une addition au poids du globe, dans l'hémisphère où cette intromission arrive : le centre s'y porte ; il s'y fait une ascension du niveau, et une dépression des mers à l'hémisphère antipode. Le mouvement diurne de la terre se faisant dans un milieu résistant, doit perdre graduellement de sa vitesse. Il fut un temps où elle dut en avoir un beaucoup plus rapide, qui, par l'effet de la force centrifuge, dut tenir la surface des mers beaucoup plus élevée dans les régions équinoxiales, où la vitesse est plus grande. Par le ralentissement du mouvement diurne et de la force centrifuge, les eaux accumulées sous l'équateur ont dû refluer vers les régions polaires. Le niveau seul eût varié sans déplacement du centre, si les plages équinoxiales eussent toutes été des plages maritimes, parce que, dans cette hypothèse, elles eussent perdu également ; mais attendu que dans les mêmes régions, il y a de vastes espaces dépourvus d'eaux, qui n'ont souffert aucune perte qui compense la perte antipode, ils ont dû attirer à eux le centre, et y diminuer l'abaissement des eaux.

Notre continent se trouvant presque tout entier antipode à la grande mer, le centre s'éloigne sans cesse de nous par l'effet des courants et des dépôts des substances marines, et il se reporte vers cette mer. Il y soulève le niveau ; il le déprime autour de nous, et la progression du centre de la terre doit être vers le point antipode de Casan. Il put donc exister un temps où le centre de notre planète, plus voisin de nous, tint les eaux de la mer à la hauteur de nos montagnes de seconde formation, à la hauteur où les dépouilles marines et les bancs horizontaux attestent qu'elles sont parvenues.

ROBERT, *géographe.*

OCÉANIE (géographie). — Cinquième partie du monde, selon les géographes modernes, et la plus grande de toutes ; formée des îles et archipels situés entre l'Asie et l'Amérique ; s'étendant du 91° longitude E. au 111° longitude O., et du 35° latitude N. au 56 latitude S. Superficie totale des terres et des mers, environ 500,000 lieues carrés. Sol d'origine volcanique, marqué par de nombreux cratères éteints ou en activité ; montagnes de hauteur variée, s'élevant jusqu'à 2,400 toises, dirigées en général du nord au sud. Climat assez doux, chaleur tempérée par les brises et par les vents périodiques. Végétation riche et variée ; métaux précieux dans quelques îles;

races nombreuses de quadrupèdes et surtout d'oiseaux. — Se divise géographiquement en trois parties principales, savoir : *Malaisie* ou *Notasie*, comprenant Bornéo, Célèbes, Philippines, Moluques, Sumatra, Java, etc. ; *Australie* ou *Australasie*, comprenant Nouvelle-Hollande, Nouvelle-Guinée, Nouvelle-Zélande, Louisiade, Salomon, etc., etc. ; *Polynésie*, comprenant une multitude d'îles disséminées dans l'Océan, entre autres les Carolines, les Mariannes, Sandwich, Fidgi, etc. — Population : 25,000,000 d'habitans, distingués en races *malaise*, la plus nombreuse, la plus intelligente et la plus civilisée; *polynésique*, aux mœurs simples, hospitalières, souvent très-douces, mais barbares dans quelques îles; *endamène* et *papoue*, races nègres, brutes. Religions : mahométisme, bramahnisme et bouddhisme; on compte un assez grand nombre de chrétiens. Industrie avancée chez les Javanais, les Carolins et quelques îles polynésiques ; commerce très-actif chez les Malais. Places et ports principaux: Batavia, Manille, Amboise, Singapoura, Achin, Sidney, etc. — Possessions européennes : les Hollandais, à Sumatra, Java, Bornéo, les Célèbes, etc ; les Portugais, à Timor, Solor et Sabrao; l'Espagne, aux Philippines; l'Angleterre, à la Nouvelle-Hollande, Singapoura, Poulo-Pinang, etc. La France possède, entre autres îles, la Nouvelle-Calédonie.

(Lallement.)

OCTAVE (musique). — Intervalle comprenant cinq tons entiers et deux demi-tons. Les nombres des vibrations des cordes donnant les octaves sont dans les rapports très-simples de 1, 2, 3, 4, etc., depuis le grave jusqu'à l'aigu. Une corde produisant, par exemple, trente-deux vibrations par seconde, donnera l'octave au-dessus, si l'on fait exécuter à cette même corde soixante-quatre vibrations dans le même espace de temps; et ainsi de suite pour les autres octaves.

C'est un bien ancien axiome, dit Hoefer, que tout ce qui est simple est vrai, et plaît le plus à l'âme. Depuis que la musique existe, l'octave a été considérée comme l'accord le plus simple et le plus agréable à l'oreille; et, chose remarquable, cette harmonie repose sur la simplicité des nombres : les sons dont les vibrations ne sont plus divisibles par des nombres entiers, et donnent des rapports fractionnaires, constituent aussi, non plus des accords prafaits, mais des dissonances. Ce fait, extrêmement curieux, vient à l'appui du système de Pythagore.

OCTOBRE [du latin *october*]. — Dixième mois de l'année dans le calendrier grégorien et le huitième de Romulus. Il a trente-un jours. Il correspond au huitième signe du zodiaque, le Scorpion. Chez les Romains, ce mois était consacré à Mars : le 15, on immolait un cheval à ce dieu.

ODEUR (physique).—Sensation que produisent sur l'odorat les émanations des corps. Avant Fourcroy et Bertholet, «on pensait que les odeurs existaient indépendantes de toutes les substances qui entrent dans la composition des corps. Ces deux physiciens ont démontré d'une manière péremptoire que les odeurs ne sont autre chose que les molécules elles-mêmes des corps odorants, qui sont dissoutes et suspendues dans l'air, après avoir été volatilisées par le calorique. L'air est donc le véhicule des corpuscules odorants qui s'y soutiennent par leur moindre pesanteur spécifique. D'après les expériences de Huyghens et de Papin, une rose placée sous le récipient d'une machine pneumatique privée d'air, a conservé son odeur pendant quinze jours.

» Les philosophes de l'antiquité, qui étaient en même temps physiciens et littérateurs, n'avaient pas oublié de faire l'analyse de la sensation de l'odorat. Aristote distinguait dans les odeurs le doux, le gras, l'acide, l'austère, l'acerbe et le fétide. Longtemps cette division imparfaite fut celle adoptée par tous les physiciens; mais le célèbre Linné ayant remarqué que les émanations des corps étaient difficiles à classer d'après cette division d'Aristote, distingua les odeurs en ambrosiaques, odoriférantes, aromatiques, fortes (ail et bouc), vénéneuses et nauséabondes : Saussure a ajouté l'odeur piquante. Lorry s'est aussi occupé des odeurs, qu'il a divisées en cinq classes : camphrées, éthérées, vireuses ou narcotiques, acides et alcalines. Le célèbre Fourcroy, qui a fait un travail particulier sur les odeurs, les a divisées en cinq genres, mais d'après des principes différents : l'odeur extractive ou muqueuse, l'huileuse fixe, l'huileuse volatile ou aromatique, les aromatiques et acides, les hydro-sulfureuses. Virey a établi de son côté trois classes d'odeurs : les médicamenteuses, les alimentaires et les odeurs d'agrément.» Après ces auteurs, Desvaux a donné, dans un mémoire présenté à l'Institut, des vues nouvelles sur les odeurs; nous présentons ici l'extrait de ce mémoire contenant la classification suivante des odeurs :

PREMIER GENRE.

ODEUR INERTE.

Ligneuse.	Féviaire.
Herbacée.	Oléracée.
Farineuse.	Oléanaire.
Mucilagineuse.	Fongacée.
Crue.	Mellacée.

DEUXIÈME GENRE.

ODEUR ANAROMATIQUE.

Acerbe.	Spermatique.
Vineuse.	Nucléacée.

TROISIÈME GENRE.

ODEUR SUAVE.

Anisée.	Orangée.
Musquée.	Pamacée.
Rosacée.	Violacée.
Vanillée.	Agréable.

QUATRIÉME GENRE.

ODEUR AROMATIQUE.

Caryophyllacée.	Épicée.
Épicéo-aromatique.	

CINQUIÈME GENRE.

ODEUR BALSAMIQUE.

Balsamoïde.   Myrrhique.
Balsamique.

SIXIÈME GENRE.

ODEUR FORTE.

Mélilotique.	Acide.
Bitumineuse.	Piquante.
Citronée.	Alliacée.
Camphrée.	Acre.
Ambrosiaque.	Forte.
Résineuse.	

SEPTIÈME GENRE.

ODEUR FÉTIDE.

Cimicine.	Alliacéo-fétide.
Hircine.	Muriatique.
Stercoraire.	Vermifuge.
Urinaire.	Vireuse.
Putride.	Nauséabonde.

ODORAT (physiologie). — Sens destiné par la nature à recevoir et à discerner les odeurs. « Les corps odorants exhalent sans cesse des molécules de leur propre substance, jouissant d'une telle ténuité, que le poids des plantes n'en souffre aucune altération sensible. Ces molécules se répandent uniformément dans un grand espace, soit par l'effet de la chaleur, qui a la propriété de faire évaporer les émanations des corps odorants, soit par la simple action de l'air, qui les tient dans l'état de suspension, peut-être même dans l'état de dissolution, et leur sert aussi de véhicule pour parvenir jusqu'à l'odorat. Cet organe est affecté ou même sensiblement ébranlé par leur présence, et l'ébranlement se transmet avec rapidité jusqu'au siége de l'âme, pour faire connaître la sensation de l'odeur. »

OECUMÉNIQUE (concile) (histoire ecclésiastique) [du grec *oikoumené*, formé d'*oikeo*, habiter; tout ce qui est habitable : habitable, universel, général]. — Concile général auquel ont assisté tous les évêques de l'Église catholique. *Patriarches œcuméniques*, titres d'honneur qui ont été accordés, ou que se sont arrogés plusieurs patriarches de Constantinople : voulant dire par là qu'ils avaient la primauté sur toute l'Église. — Voy. *Concile*.

OEDÈME (pathologie). — Tumeur diffuse, sans rougeur, ni tension, ni douleur; cédant à l'impression du doigt, et la conservant pendant quelque temps; formée par la sérosité infiltrée dans le tissu cellulaire. L'absence des symptômes inflammatoires distingue l'œdème du phlegmon. Lorsque le gonflement œdémateux est général, il constitue l'*anasarque* (voy. ce mot).— Laënnec, dans son *Traité de l'Auscultation médiate*, a décrit, sous le nom d'*œdème du poumon*, « l'infiltration de sérosité dans le tissu de cet organe, portée à un degré tel qu'elle diminue sa perméabilité à l'air. Cette infiltration survient fréquemment chez les sujets cachectiques, vers l'époque de la ter-

minaison fâcheuse des fièvres de long cours ou des affections organiques. L'orthopnée suffocante qui emporte quelquefois les enfants à la suite de la rougeole, est probablement, selon ce professeur, un œdème idiopathique du poumon. »

Œdème de la glotte. — Gonflement œdémateux de la membrane muqueuse qui circonscrit l'ouverture supérieure du larynx. (Voy. *Laryngite*.) La respiration devient bruyante; après quelques jours, le malade est pris tout à coup de suffocations, qui deviennent de plus en plus violentes, plus répétées, et souvent mortelles. Les moyens thérapeutiques consistent dans l'emploi des révulsifs, tels que les vésicatoires ou les sinapismes aux membres inférieurs, et les lavements purgatifs; on emploie aussi les vomitifs, les gargarismes astringents, les saignées locales à la partie antérieure du cou ; quelquefois il faut en venir à l'introduction d'une sonde dans le larynx, ou bien à la trachéotomie.

OEIL (anatomie) [du latin *oculus*, du grec *ôps*, *ophthalmos*]. — Organe immédiat de la vision, logé à la partie supérieure et latérale de la face, dans une cavité appelée *orbite*. L'*œil* proprement dit, ou le *globe* de l'œil, est une sphère creuse, un peu renflée en avant, qui contient des humeurs plus ou moins fluides, et dont les parois sont formées par deux membranes bien distinctes : l'une blanche, opaque et fibreuse, nommée *sclérotique*, l'autre transparente, semblable à une lame de corne, et qu'on appelle, par cette raison, la *cornée*. Celle-ci occupe le devant de l'œil et se trouve comme enchâssée dans une ouverture circulaire de la sclérotique, qui enveloppe les deux tiers postérieurs du globe. A peu de distance derrière la cornée, dans l'œil, est l'*iris*, cloison membraneuse, tendue transversalement et fixée au bord antérieur de la sclérotique, tout autour de la cornée. La *pupille* est l'ouverture circulaire percée au milieu de cette espèce de diaphragme; l'espace compris entre la cornée et l'iris, constitue la *chambre antérieure* de l'œil, et l'on appelle *chambre postérieure*, l'espace situé derrière l'iris, entre cette membrane et la face antérieure du *cristallin*. Ces deux chambres sont occupées par l'*humeur aqueuse*, liquide composé d'eau tenant en dissolution un peu d'albumine et une petite quantité des sels qu'on rencontre dans toutes les sécrétions de l'économie animale. On croit cette humeur fournie par une membrane placée derrière l'iris et qui présente un grand nombre de plis rayonnants nommés *procès ciliaires*. Sous le nom de *cristallin*, on désigne un corps lenticulaire, transparent, convexe sur ses deux faces, et particulièrement sur la postérieure, logé derrière la pupille dans une capsule ou poche membraneuse et diaphane (*capsule du cristallin*) par laquelle sans doute il est sécrété. Derrière le cristallin est une masse gélatineuse et diaphane (*humeur vitrée*), semblable à du blanc d'œuf et enveloppée par une membrane très-ténue (*membrane hyaloïde*) dont un grand nombre de lamelles se distribuent dans l'intérieur de l'humeur, de manière à y former des cloisons ou cellules. Partout, excepté en avant, où se trouvent le cristallin et l'iris l'humeur vitrée est entourée par une membrane molle et blanchâtre (*la rétine*), et entre cette membrane et la sclérotique est une troisième membrane également mince, formée par un lacis de vaisseaux sanguins (*la choroïde*), et imprégnée d'une matière noire (*pigmentum*) qui donne au fond de l'œil la couleur foncée qu'on voit à travers la pupille. Un nerf volumineux, dont la rétine n'est sans doute que l'épanouissement, arrive dans l'œil par l'extrémité postérieure de la voûte orbitaire, et en traversant la sclérotique (Voy. *Vision*); et six muscles fixés à la sclérotique par leur extrémité antérieure, et insérés derrière le globe de l'œil par leur extrémité opposée, font exécuter à cet organe des mouvements en tous sens pour étendre le champ de la vision. (*Nysten.*)

Chez les mammifères, les yeux sont au nombre de deux comme chez l'homme, généralement sphériques, de couleur jaune, verte ou brune; « dans beaucoup d'espèces, la *conjonctive*, membrane muqueuse qui tapisse l'intérieur de l'orbite, prend un développement assez considérable pour former une troisième paupière; quant à la pupille, elle est ronde chez les singes, les chauves-souris et les rongeurs; transversalement ovale chez les solipèdes, les ruminants, les baleines et les dauphins, ovale de haut en bas chez les chats. — Chez les oiseaux, les yeux sont énormes relativement à la grosseur de la tête; ils ont trois paupières, les deux paupières ordinaires, qui se meuvent de haut en bas, et une troisième paupière, dite *membrane clignotante* ou *nyctitante*, qui sort horizontalement de l'angle intérieur de l'œil, et qui est formée par un repli de la conjonctive. Quant aux deux paupières ordinaires, l'inférieure est généralement plus mobile que la supérieure; la pupille est généralement ronde, l'iris plus large et plus contractile que chez les mammifères. — Chez les reptiles, l'organe de la vision décroît d'une façon manifeste : tantôt la peau recouvre les yeux; tantôt les paupières semblent manquer (serpents) ou être remplacées par des bourrelets (salamandre); l'iris est argentin chez beaucoup de reptiles, verdâtre dans les crocodiles, brun doré dans la grenouille, quelquefois tacheté chez les serpents. — Chez les poissons, les yeux sont très-gros, à l'exception des espèces vermiformes; ils sont arrondis en arrière, aplatis en avant; ils n'ont point de paupières ni d'appareil lacrymal; l'iris est étroit, immobile, d'un éclat métallique, la pupille ronde et grande. — Parmi les animaux articulés, les uns sont dépourvus d'yeux (acarides, etc.), les autres en ont 1, 2, 3, ou même davantage : la scolopendre en a 24. Ces yeux sont ou *simples*, et on les appelle alors *stemmates, yeux lisses*; ou *composés*, c'est-à-dire formés par l'agrégation de segments de sphère plus ou moins grands, qui peuvent être immobiles (insectes), ou mobiles sur des pédicules (crustacés décapodes). Le nombre de ces facettes est souvent considérable; on en a compté 50 dans les fourmis, 2,500 dans le homard, 11,300 dans le phalæna cossus, 12,544 dans les demoiselles, 25,088 dans les mordelles : chez les insectes, leur masse est énorme, proportionnellement à la grandeur du corps. — Les

mollusques et les ordres inférieurs manquent d'yeux (acalèphes, polypes, échinodermes, entozoaires, infusoires) : ce n'est que chez les gastéropodes, les céphalopodes et les ptéropodes qu'on en trouve de plus ou moins parfaits. »

OEILLET (botanique) [*dianthus*]. — Genre de la famille des caryophyllées, renfermant des plantes herbacées, ordinairement vivaces, à feuilles opposées, linéaires; à tige d'un vert glauque, articulée, et se brisant facilement, surtout aux nœuds, se terminant par des fleurs isolées, ou par des bouquets plus ou moins volumineux : calice à 5 dents; 5 pétales étalés, 10 étamines, 2 styles; une capsule uniloculaire oblongue, polysperme, s'ouvrant au sommet.

Ce genre renferme environ une cinquantaine d'espèces, dont plusieurs se cultivent comme plantes de parterre. Nous citerons seulement l'œillet proprement dit, nommé aussi œillet-giroflée ou des fleuristes : c'est l'espèce la plus répandue dans nos jardins. Tout le monde connaît la forme élégante de ses fleurs, les belles nuances de leurs couleurs, et le parfum délicieux qu'elles exhalent. Parmi les nombreuses variétés de cette espèce, on cite surtout : l'œillet rouge; l'œillet blanc pur; le blanc tiqueté ou jaspé de rose, de lilas, de violet, de pourpre ou de brun; le jaune sanguin, etc.

Les œillets se multiplient par graines, par marcottes et par boutures.

C'est au roi Réné que l'on doit, en grande partie, les règles de la culture de l'œillet.   H.

OENANTHE (botanique) [du grec *oinos*, vin, et *anthos*, fleur, parce que cette plante produit des effets analogues à l'ivresse]. — Genre de la famille des ombellifères, renfermant des herbes aquatiques, à ombelles composées, à fleurs blanches fixées sur de longues pédicelles : calice à limbe, quinquédenté. Ces plantes croissent dans les lieux humides de l'hémisphère boréal : elles sont vénéneuses.

OESOPHAGE (anatomie) [du grec *oisô*, futur d'*oïô*, porter, et *phagein*, manger]. — Conduit musculomembraneux, de forme cylindrique, qui s'étend de l'extrémité inférieure du pharynx ou gosier, à l'orifice supérieur de l'estomac. Il sert à porter la nourriture à l'estomac. La sensibilité y est peu développée, si ce n'est dans les cas fort rares d'inflammation (œsophagite). Cependant il peut être affecté de cancer, de squirrhe et de paralysie.

OESTRE (zoologie) [du grec *oistros*]. — Genre d'insectes diptères, ressemblant à de grosses mouches, mais beaucoup plus velus. Les œstres n'ont pas plutôt subi leur dernière métamorphose qu'ils cherchent à s'accoupler. « Chaque espèce d'œstre dépose ses œufs sur une espèce particulière d'animal : le bœuf, l'âne, le cheval, le renne, le cerf, l'antilope, le chameau, le mouton et le lièvre sont jusqu'ici les seuls quadrupèdes connus qui soient sujets à recevoir des larves d'œstres. » L'espèce la plus commune est l'œstre du cheval, long de douze millimètres, de couleur fauve et ferrugineuse. La femelle dépose ses œufs sur les jambes et les épaules des chevaux, qui, en se léchant, transportent les larves dans leur estomac où elles se développent; ces larves descendent ensuite jusqu'à l'anus, et tombent à terre pour subir leur transformation en chrysalides, puis devenir insectes.

OEUF (zoologie) [du latin *ovum*, en grec *ôon*]. — Corps plus ou moins arrondi, qui se forme dans les ovaires des femelles des mammifères, des oiseaux, des reptiles, des poissons, des insectes, etc., qui contient le germe d'un nouvel individu, et qui le nourrit pendant quelque temps lorsqu'il a été fécondé.

L'œuf des gallinacés, que l'on désigne communément sous la simple dénomination d'œuf, est formé de plusieurs parties distinctes : 1° la coquille, coque ellipsoïde inorganique, qui est à l'œuf de ces oiseaux ce que la membrane caduque est à l'œuf humain, et qui est composée, d'après l'analyse faite par Vauquelin, de carbonate de chaux, qui en constitue la plus grande partie, d'un peu de carbonate de magnésie, de phosphate de chaux, d'oxyde de fer, de soufre, et d'une matière animale qui sert à lier ces diverses substances; 2° la membrane de la coque, pellicule mince, d'un blanc semi-opaque, qui revêt la surface interne de la coquille, qui est formée d'une substance albumineuse, soluble dans les alcalis, et d'un atome de soufre, et qui représente dans l'œuf des oiseaux la membrane chorion de l'œuf des mammifères; 3° les ligaments glaireux appelés *chalazes*, moyen d'adhérence entre la membrane de la coque et les parties qu'elle contient; 4° le blanc ou l'albumen, matière visqueuse, celluleuse et organisée, qui entoure le jaune, et qui est formée presque en totalité d'eau et d'albumine, avec quelques sels de soude, de chaux et de soufre; 5° le jaune ou le *vitellus*, masse globuleuse, jaune, opaque et molle, enveloppée d'une membrane propre, et suspendue au milieu du blanc, formée d'eau, d'une huile douce jaune, de gélatine, d'une quantité assez considérable d'albumine modifiée, qui lui donne la propriété de se durcir, comme le blanc, par la chaleur, mais moins facilement; enfin, de soufre, d'un atome d'acide libre (qui est peut-être de l'acide phosphorique), d'un peu de cholestérine, et d'une matière particulière brune rougeâtre, soluble dans l'éther et dans l'alcool; 6° la cicatricule, qui est le rudiment ou l'embryon de l'oiseau, petit corps blanc adhérant à l'un des points du jaune, et qui, pendant l'incubation, se développe aux dépens du jaune et du blanc. — Une matière jaune, sécrétée dans l'ovaire unique placé chez les oiseaux dans la cavité abdominale, au-devant de la colonne vertébrale, et enveloppée d'une membrane très-mince, constitue d'abord l'ovule. Lorsque cet ovule a acquis le volume que doit avoir le jaune de l'œuf parfait, le petit sac ou la petite vésicule de l'ovaire dans laquelle il est contenu se rompt et le laisse échapper dans la cavité du pavillon, qui le transmet à l'oviducte, par lequel il est porté jusque dans le cloaque. Vers le milieu de l'oviducte, l'ovule s'enveloppe d'une matière épaisse et glaireuse, qui est le blanc de l'œuf; et un peu plus loin, il se forme autour de cette nouvelle couche une membrane épaisse dont le feuillet externe finit par s'encroûter d'un dépôt ter-

reux qui constitue la coquille. C'est dans cet état que l'œuf est pondu. Lorsqu'il n'a pas été préalablement fécondé, il serait en vain soumis à l'incubation; mais, dans le cas contraire, il devient le siége d'un travail de développement dès que la température est suffisamment élevée. — Les œufs sont de toutes les substances alimentaires la plus salubre, et celle qui subit les préparations les plus variées : toute préparation où l'albumine est totalement concrétée (œufs durs), les rend d'une digestion difficile; toute préparation qui a pour effet de mélanger le blanc et le jaune mérite à beaucoup près la préférence. C'est au soufre qu'il contient que l'œuf doit la propriété de former, à la surface des vases d'argent dans lesquels on les fait cuire, une couche noire, qui est du sulfure d'argent. En pharmacie, les blancs d'œufs servent à clarifier les sirops et le petit-lait. Interposés dans certaines pâtes, telles que celle de guimauve, ils leur donnent de la blancheur et de la légèreté. Ils sont employés fréquemment, à raison de la grande proportion d'albumine qu'ils contiennent, comme réactifs, ou pour neutraliser des sels vénéneux dans certains empoisonnements. Le jaune d'œuf, battu avec de l'eau chaude et du sucre, et aromatisé avec de l'eau de fleurs d'oranger, forme une émulsion animale très-adoucissante, connue sous le nom de *lait de poule*. A raison de la propriété qu'a le jaune d'œuf de se saturer d'une nouvelle quantité d'huile, on s'en sert pour suspendre dans l'eau des huiles ou des résines liquides, telles que le baume de copahu, ou même certaines substances solides, telles que le camphre. On extrait l'huile de jaunes d'œufs, employée comme adoucissante, en faisant réduire des jaunes de moitié dans une bassine, les mettant ensuite dans un sac de toile très-serrée, et les soumettant à la presse entre deux plaques de fer chauffées préalablement dans l'eau bouillante. L'huile ainsi exprimée est passée au travers d'un papier joseph, à la chaleur du bain-marie; et on la conserve ensuite dans des flacons bien bouchés. On la prépare aussi, comme l'indique le *Codex*, au moyen de l'éther sulfurique : on chauffe les jaunes d'œufs dans une bassine au bain-marie, en remuant continuellement jusqu'à ce que, l'humidité étant évaporée, la matière forme une bouillie demi-liquide; on laisse refroidir; on met la matière dans un flacon avec de l'éther, et après vingt-quatre heures, on verse le tout dans une alonge en verre fermée à sa partie supérieure par un bouchon à l'émeril et posée sur une carafe; on laisse écouler la dissolution éthérée, et l'on continue à faire passer de l'éther jusqu'à ce que celui-ci ne se colore plus que faiblement; on chasse alors par de l'eau la liqueur éthérée restée dans la masse; on réunit tous les produits, et l'on distille au bain-marie. On a pour résidu de l'huile mélangée d'une matière visqueuse: on la tient exposée pendant quelque temps à la chaleur du bain-marie, pour coaguler cette matière, et on la filtre ensuite à travers une étamine. — L'huile d'œuf et d'un jaune citrin, d'une odeur de jaune d'œuf, d'une saveur très-douce et agréable; elle est en partie liquide et en partie solide, à la température moyenne de l'air, peu soluble dans l'alcool froid, beaucoup plus dans l'alcool bouillant, soluble en toute proportion dans l'éther.   (*Nysten.*)

ŒUF HUMAIN. — L'œuf humain, produit de la conception, est une vésicule membraneuse sphéroïdale, formée de trois couches concentriques, remplie de fluides, au milieu desquels l'embryon se développe : la description de l'œuf humain comprend donc l'histoire de l'embryon et de ses membranes. Chez la femme, comme chez toutes les femelles d'animaux adultes, aptes à la fécondation, les ovaires contiennent des vésicules, d'abord extrêmement petites, qui finissent par acquérir le volume d'un grain de chenevis, et dont une ou deux l'emportent ordinairement sur les autres et arrivent les premières à l'état de maturité. A cette période de leur évolution, elles sont composées de deux petites poches : l'une externe, la plus grande, est adhérente au tissu de l'ovaire ; l'autre interne, plus petite, constitue plus particulièrement le germe ou l'ovule. Après un coït fécondant, l'une de ces vésicules contenues dans l'ovaire grossit rapidement, proémine à la surface de cet organe, en amincit la coque, qui finit par se déchirer ; la vésicule elle-même se rompt, l'ovule s'en échappe et s'engage aussitôt dans la trompe, qu'il parcourt pour arriver à l'utérus. En même temps, l'imprégnation a déterminé dans l'utérus une excitation spécifique, promptement suivie d'exhalation d'une matière coagulable, qui se concrète et se transforme en une espèce d'ampoule sans ouverture, en contact avec toute l'étendue des parois de la matrice. Cette ampoule constitue la membrane caduque, que l'ovule déprime nécessairement pour se glisser entre elle et l'utérus, et qui paraît n'avoir d'autre fonction que de maintenir appliquée contre un point quelconque de la cavité utérine la vésicule fécondée. Au dedans de cette première membrane fœtale, qui paraît n'être qu'une concrétion inorganique et spongieuse, est le chorion, première tunique organisée de l'ovule, dont elle fait déjà partie au moment de la fécondation, et qui supporte le placenta. Enfin, au dedans du chorion, est la troisième membrane, la membrane la plus intérieure de l'œuf, appelée *amnios*, qui n'adhère intimement à la précédente que sur le cordon ombilical, et qui contient dans sa cavité le liquide amnionique au milieu duquel est plongé l'embryon. Indépendamment de ces trois membranes, on trouve dans l'œuf deux vésicules qui, selon M. Velpeau, jouent l'une et l'autre un rôle important dans la nutrition : ce sont l'allantoïde et la vésicule ombilicale. Cette fonction ne peut, du moins, être mise en doute pour la vésicule ombilicale, qui, logée entre le chorion et l'amnios, et contenant dans son intérieur un liquide analogue au fluide vitellin, se continue par une sorte de pédicule avec le canal intestinal de l'embryon, et ne s'efface que vers la quatrième ou la cinquième semaine. D'où il résulte que, depuis le moment de la fécondation jusqu'au temps où l'ovule se trouve en contact immédiat avec la face interne de l'utérus, le produit de la conception humaine est presque en tout semblable à l'œuf des oiseaux ; qu'il

contient en lui-même de quoi fournir au développement des premiers linéaments du fœtus, jusqu'à ce que la nature ait établi, entre la mère et le nouvel être qu'elle porte dans son sein, d'autres voies de nutrition. — Voy. *Fœtus.*   (*Idem.*)

OIE (zoologie). — Genre d'oiseaux palmipèdes, qui se distinguent des canards par le volume du corps et la forme du bec, qui est plus court que la tête, plus étroit en avant qu'en arrière, plus haut que large à sa base. Ces oiseaux font leur nid à terre, et y pondent de six à huit œufs, dont l'incubation dure un peu plus d'un mois. Aussitôt sorti de sa coquille, le petit, vulgairement appelé *oison*, marche et pourvoit à sa nourriture. Les oies ont les sens bien développés, la vue bonne, l'ouïe fine, et une vigilance remarquable : tout le monde connaît l'histoire des *oies du Capitole*, qui sauvèrent Rome au temps de Manlius ; leur réputation de stupidité n'est donc point méritée. Les oies vivent très-longtemps, se nourrissent de graines et de plantes aquatiques, et fournissent un mets recherché. On les engraisse spécialement pour leur foie, avec lequel on fait, surtout à Strasbourg et à Toulouse, des pâtés excellents. Leur peau, leurs plumes ont divers usages ; les grosses sont employées pour écrire.

OIGNON ou OGNON (botanique) [du latin *unio*, non donné par Columelle à une sorte d'oignon]. — Espèce du genre ail. — Voy. ce mot.

OISEAUX (zoologie). — C'est la 2e classe de vertébrés, respirant l'air par des poumons, dont les germes naissent toujours non développés et renfermés dans une coquille, et dont le corps est toujours couvert de plumes.

Voici les considérations générales sur l'organisation des oiseaux, présentées par le professeur Salacroux dans son *Histoire naturelle*.

Des quatres classes qui composent l'embranchement des animaux vertébrés, dit-il, celle des oiseaux est la plus naturelle et la plus facile à caractériser. Leur génération ovipare, leur sang chaud, leur respiration pulmonaire et double, leurs mâchoires garnies d'un bec corné au lieu de dents, leurs membres antérieurs transformés en ailes et organisés pour le vol ; tels sont les principaux caractères distinctifs qui empêcheront toujours de les confondre avec les autres animaux du même embranchement ; d'ailleurs, la nature des plumes qui recouvrent leur corps suffirait seule pour les faire reconnaître parmi tous les êtres organisés.

Ces organes se composent de trois parties ; le tube ou tuyau, qui est creux, implanté dans la peau et percé à sa base d'un trou, par lequel arrivent les vaisseaux et les nerfs nécessaires au développement de l'organe : la tige, qui est la continuation du tube, mais qui au lieu d'être vide, est remplie d'une matière spongieuse ; et les barbes, qui sont de petites lames élastiques, placées sur deux rangs de chaque côté de la tige, et presque toujours garnies de crochets qui servent à les lier ensemble, de manière qu'elles forment un tissu ferme et imperméable à l'air.

VI.   14

Ces organes sont produits par sécrétion dans une capsule, espèce d'ampoule, logée dans l'épaisseur de la peau, et dont la grandeur est en rapport avec celle de la plume qu'elle produit. Celle-ci se montre constamment couverte d'une coiffe cornée, qui se déchire et laisse voir l'organe avec les barbes roulées contre la tige. Mais celles-ci ne tardent pas à se délopper, et la plume se montre avec la forme que nous lui connaissons.

Les plumes recouvrent toutes les parties du corps de l'animal, excepté le bec, les doigts et quelquefois les tarses ou pattes; elles prennent des noms différents, selon la destination spéciale que la nature leur a assignée. Les unes, qui servent particulièrement au vol, portent le nom de pennes; ce sont les grandes plumes qui garnissent les ailes et la queue; mais comme, tout en concourant au même but, les pennes n'agissent pas de la même manière, et que celles de l'aile font l'office d'une rame, dont l'oiseau se sert pour se soutenir dans l'atmosphère, tandis que celles de la queue ne sont propres qu'à le diriger, on a appelé les premières rémiges et les secondes rectrices.

La différence de destination des pennes en entraîne une autre dans la manière dont ces organes sont implantés dans la peau. Les rémiges sont fixées d'une manière immobile, afin qu'elles aient la force nécessaire pour supporter le poids de l'oiseau ; tandis que les rectrices ont une grande mobilité, qui rend très-faciles les changements de direction que l'animal a besoin de leur imprimer.

Parmi les rémiges, on appelle primaires celles qui s'attachent à la main et qui sont constamment au nombre de dix; secondaires, celles qui naissent de l'avant-bras; scapulaires, celles qui tiennent au bras ; et bâtardes, celles qui partent du pouce.

La longueur relative des primaires doit être notée avec soin, car c'est d'elle que dépend la forme de l'aile et la puissance du vol. En général, le vol est d'autant plus fort que l'aile est plus aiguë; c'est ce qu'on observe chez l'hirondelle, le martinet, le colibri, etc.

Toutes les pennes, les rectrices comme les rémiges, sont recouvertes à leur base de plumes plus petites que l'on appelle tectrices ou couvertures, d'après l'usage auquel elles sont destinées.

Les autres plumes, celles auxquelles on réserve particulièrement ce nom, semblent avoir été données spécialement à l'oiseau pour garantir son corps des atteintes du froid et de l'humidité. Dans ce double but, la nature a placé au-dessous d'elles un duvet fin et moelleux, éminemment propre à concentrer la chaleur, et a donné à l'oiseau les deux glandes uropygiennes, qui sont situées de chaque côté de la queue, et qui produisent une humeur grasse et onctueuse, dont il se sert pour enduire avec son bec la surface extérieure de ses plumes, et les rendre ainsi imperméables à l'eau. De plus, les plumes forment autour de l'oiseau une couche épaisse qui, sans augmenter sensiblement le poids du corps, le rend beaucoup plus gros et par conséquent plus léger.

Quelque favorable au vol que soit la légéreté des téguments dont les oiseaux sont pourvus, elle n'aurait pas suffi pour le leur rendre possible, si le reste de leur organisation n'avait été approprié à ce même but. Leurs os sont d'un tissu plus compacte que ceux des mammifères, et ont leurs cavités intérieures plus grandes et complétement vides ; de sorte que leur squelette est beaucoup plus léger que celui des autres vertébrés, sans être moins solide que le leur. Leurs poumons occupent non-seulement toute la capacité de la poitrine, mais encore une partie de celle de l'abdomen; en outre, comme ils ne sont pas enveloppés dans la plèvre et qu'ils adhèrent aux parois thoraciques, ils communiquent, au moyen de trous dont ils sont percés, avec diverses cavités du corps et en particulier avec celles des os, de manière que l'air se trouve continuellement en contact avec la plupart de leurs organes, tandis que dans les autres animaux ce fluide ne pénètre que dans les organes respiratoires. Cette disposition rend la respiration des oiseaux double et incomparablement plus active que celle des mammifères, des reptiles et des poissons. De cette énergie de la respiration résultent pour eux une température plus élevée, une activité plus grande, une sensibilité plus exquise, une vigueur et une puissance de mouvements supérieures à celles des autres animaux. Enfin, leurs ailes étant très-étendues en longueur et en largeur, deviennent, quand elles sont déployées, un vaste parachute, capable de soutenir un poids beaucoup plus considérable que celui de leur corps.

Cette destination des ailes exigeait que ces organes fussent mus par des muscles très-vigoureux et très-solidement fixés. Aussi, dans la plupart des oiseaux, les muscles pectoraux qui les font agir, pèsent-ils seuls plus que tous les autres muscles du corps réunis ; et c'est pour leur fournir une surface assez étendue et assez solide, que leur sternum est plus large et plus long que chez aucun autre animal, et présente dans son milieu une crête saillante ou bréchet, sur laquelle s'implantent les fibres de ces muscles. Aussi peut-on juger de l'aptitude d'un oiseau pour le vol, d'après l'étendue superficielle de cet os. Mais en évaluant cette superficie, il faut avoir égard aux vides ou lacunes qu'elle présente, surtout à sa partie postérieure ; plus ces lacunes sont grandes, moins la surface du sternum est étendue et moins l'oiseau a d'aptitude pour voler. En outre, leurs côtes sont toutes soudées avec le sternum et avec la colonne vertébrale, et de plus unies ensemble par des os particuliers, qui se portent obliquement de l'une à l'autre ; en sorte que la poitrine entière n'est, pour ainsi dire, formée que d'un seul os, et fournit un point d'attache extrêmement solide aux ailes. Enfin, l'articulation de l'épaule est rendue aussi solide que possible par la présence de deux clavicules. L'antérieure s'unit avec celle du côté opposé pour former la fourchette, dont l'écartement plus ou moins long annonce le plus ou moins d'aptitude que l'animal a pour le vol ; quant à la seconde (l'os *coracoïde*), elle est beaucoup plus forte et peut être regardée comme l'os le plus résistant de tout le squelette; aussi, malgré les efforts énormes que le vol nécessite, il n'arrive jamais que l'articulation des ailes soit dérangée.

Si le vol exigeait dans les membres de l'oiseau un mode d'articulation plus solide que celui des autres animaux, une conformation différente des parties osseuses qui en font la charpente n'était pas moins indispensable. Le bras et l'avant-bras ont seuls les mêmes os que chez les mammifères, dont ils ne diffèrent que par le défaut de mobilité du radius sur le cubitus; mobilité qui d'ailleurs eût été incompatible avec l'action de voler. Leur carpe, leur métacarpe et leurs doigts se réduisent à quatre ou cinq os, dans lesquels on a cru trouver des rudiments de phalanges.

La conformation des ailes les rendant tout à fait impropres à porter les aliments à la bouche et à soutenir le corps sur un plan solide, il fallait à l'oiseau des organes pour la préhension et pour la marche. Ces organes, il les a dans le bec et dans les pattes.

Quelque différent que paraisse le premier de ces organes, comparé avec la bouche d'un quadrupède, d'un lézard, etc.; il ne s'en distingue essentiellement que par la longueur des mâchoires et le défaut des dents, qui sont remplacées par la corne dont elles sont revêtues; et, pour que cet organe ait toute la mobilité nécessaire à la préhension, il se trouve placé à l'extrémité d'un cou long et flexible, qui, étant composé d'un grand nombre de vertèbres très-mobiles (13 ou 14 ordinairement), se porte avec facilité dans toutes les directions. Du reste, la forme du bec varie beaucoup, selon le genre de nourriture de l'animal, et les différences qu'il offre, sous ce rapport, fournissent aux naturalistes le moyen de diviser l'ornithologie en ordres, familles, genres, etc.

Quant aux pattes, elles sont formées des mêmes parties essentielles que les membres postérieurs des animaux marcheurs. Seulement la cuisse reste toujours cachée sous la peau, et les sept os qui composent ordinairement le tarse sont réunis en un seul, qui est de forme allongée et à l'extrémité duquel se trouvent articulés les doigts. Ceux-ci sont composés de phalanges dont le nombre va en augmentant d'une à chaque doigt, à partir du pouce qui n'en a que deux, jusqu'à l'externe, qui en a cinq. Du reste, ces organes ne sont jamais qu'au nombre de quatre, trois en avant et un arrière, excepté dans quelques espèces, chez lesquelles il y en a deux dans chaque direction. Dans tous les cas, ces organes sont pourvus de tendons qui, par une disposition particulière, les fléchissent par le seul poids du corps, sans l'influence de la volonté de l'animal; c'est pour cela que les oiseaux peuvent dormir perchés sur un ou sur deux pieds sans aucune fatigue.

Comme les pattes sont destinées à supporter tout le poids du corps, lorsque l'oiseau est sur la terre, il est nécessaire qu'elles soient plus solidement attachées au tronc que celles des mammifères. A cet effet, leurs os pelviens sont plus longs et plus forts, et, au lieu de n'adhérer qu'au sacrum, ils s'attachent en même temps aux vertèbres lombaires, qui

sont elles-mêmes toutes soudées ensemble et avec le sacrum, de manière à ne former qu'un seul os, le sacro-lombaire.

Pour compléter la description du squelette de l'oiseau, nous devons dire quelque chose sur la tête. Cette partie s'articule avec l'atlas par un condyle hémisphérique, qui lui permet les mouvements les plus variés. Le crâne se compose des mêmes os que celui des mammifères; mais ils se soudent tous ensemble de très-bonne heure, à l'exception d'une portion du temporal qu'on appelle os carré ou tympanique, qui sert à l'articulation des mâchoires: de cette manière la boîte crânienne ne semble formée que d'une seule pièce. La face est extrêmement peu développée. Elle n'est formée que des mâchoires; on n'y trouve ni intermaxillaires, ni palatins, ni nasaux, ni jugaux.

Telles sont les modifications les plus remarquables que le vol a nécessitées dans l'organisation des oiseaux; examinons maintenant les autres organes, pour connaître les particularités principales qu'ils présentent dans leur structure. Leur digestion s'opère de la même manière que chez les mammifères, à quelques exceptions près. Ils n'ont presque pas de salive, et leur langue, généralement cartilagineuse, au lieu d'être musculaire, n'est presque pas propre à l'exercice du goût; c'est pour cela que ces animaux ne mâchent pas leurs aliments et qu'ils les avalent tout d'un coup. Comme d'ailleurs ils manquent de voile du palais et d'épiglotte, les aliments auraient pu, s'ils avaient été mâchés dans la bouche, s'introduire dans les narines et le larynx, et causer de graves accidents. Pour suppléer à ce défaut de mastication, les oiseaux ont avant l'estomac, qui chez eux porte le nom de gésier, deux cavités particulières, le jabot et le ventricule, dans lesquelles la nourriture s'imbibe de divers sucs qui la ramollissent et la rendent plus facile à être digérée. Ce n'est qu'après avoir été convenablement préparés dans ces deux organes, que les aliments passent dans le gésier.

La structure de cette cavité varie considérablement, selon le régime de l'oiseau. Dans ceux qui se nourrissent de graines, le gésier est armé de deux muscles vigoureux et tapissé en dedans d'un cartilage solide, d'autant plus propre à broyer les aliments, que l'animal a soin d'avaler, en même temps que sa nourriture, de petites pierres pour faciliter la trituration. Dans les espèces qui vivent de chair et de poissons, les muscles sont extrêmement faibles, et le gésier semble ne faire qu'un seul sac avec le ventricule.

Le reste de la digestion s'opère chez eux à peu près de même que chez les mammifères. Ils ont tous un foie très-développé; leur rate, leur pancréas et leurs reins sont dans la même position relative que chez les mammifères. Leurs intestins se divisent en grêles et en gros, dont le calibre est peu différent, mais qui se distinguent pourtant avec facilité, d'abord par la valvule cœcale et ensuite par deux cœcums ou appendices borgnes qui se trouvent à leur point de jonction. Enfin le tube intestinal a cela de remarquable, qu'au lieu d'aboutir directement à l'anus, il se termine dans une poche appelée cloaque, dans laquelle se rendent aussi les oviductes et les uretères. Par conséquent, les urines se mêlent avec le résidu de la digestion, ce qui fait que les oiseaux ont leurs excréments généralement liquides et manquent de vessie.

Ils ont tous des vaisseaux chylifères qui se réunissent en deux canaux thoraciques égaux, et versent par eux le chyle dans la veine carotide ou jugulaire. Mais, de même que tous les autres animaux qui suivent, ils manquent constamment d'épiploons.

La circulation des oiseaux ne présente rien de bien remarquable. Leur cœur est le même que celui des mammifères : la seule différence qu'ils présentent, c'est que leurs artères carotides naissent immédiatement de cet organe avec l'aorte. Leur sang est aussi plus chaud, plus riche en globules, et partant plus coagulable.

Leur respiration offre des différences assez remarquables. Comme ils manquent de diaphragme et que les côtes sont immobiles et soudées ensemble, c'est par l'action des muscles abdominaux que s'opèrent l'inspiration et l'expiration. Cette fonction est plus active chez eux que chez aucun autre animal. On a calculé qu'un cochon d'Inde ne consomme pas plus d'oxygène que deux moineaux.

De tous les sens de l'oiseau, celui de la vue est le plus développé. Leur œil est grand, pourvu de trois paupières, dont la troisième, demi-transparente, est placée au grand angle, et peut s'étendre comme un rideau au-devant de la cornée. Celle-ci est plus ronde que celle des mammifères, et le cristallin paraît au contraire plus aplati; leur vitré est aussi plus petit; en un mot l'organe de la vision des oiseaux est disposé de manière à distinguer également bien les objets de loin et de près; mais on ignore entièrement la cause de ce fait, quoique certains physiologistes l'attribuent à un appendice, nommé peigne ou bourse conique, qui se porte de la rétine au cristallin. Quant aux autres sens, le toucher est presque nul, puisque tout le corps de ces animaux est couvert de plumes, excepté au bec, aux doigts et aux jambes, parties dépourvues de toute sensibilité par la matière cornée qui les enveloppe de toutes parts. Nous avons vu que leur goût est très-peu délicat, puisque leur langue est dure et cartilagineuse. Leur odorat est aussi très-faible, excepté peut-être chez quelques espèces, tels que le vautour, le corbeau, les mouettes, etc. Il n'en est pas de même de leur ouïe : quoique leur oreille manque de pavillon extérieur et n'ait qu'un seul osselet dans la caisse du tympan, elle est douée d'une grande finesse, ainsi que le prouvent la variété du chant d'un grand nombre d'entre eux, la facilité avec laquelle ils retiennent les airs qu'on leur apprend, et la promptitude avec laquelle ils s'éveillent tous lorsqu'on les approche, même avec les plus grandes précautions. Il est probable que la délicatesse de ce sens tient à ce que la caisse du tympan

communique chez eux avec diverses cavités ouvertes dans l'épaisseur des os du crâne.

Quant à l'encéphale, il se distingue de celui des mammifères par son moindre développement, et surtout par sa conformation. Dans le cerveau, ce sont les hémisphères qui sont encore les parties les plus développées; mais les lobes optiques, qui, chez les vivipares, demeurent cachés sous les lobes précédents, font ici une saillie considérable de chaque côté : le cervelet volumineux est marqué de sillons transversaux. Enfin la moelle épinière présente deux renflements : l'un plus grand correspondant aux ailes, l'autre plus petit correspondant aux pattes.

Les mœurs des oiseaux sont extrêmement curieuses : il est surtout dans leur vie plusieurs phénomènes importants qui la rendent très-intéressante : ce sont leurs migrations ou voyages, leur mue ou renouvellement des plumes, leur voix et leur nidification ou construction du nid.

Certains oiseaux exécutent périodiquement, tantôt seuls, tantôt par troupes, des voyages annuels d'un pays dans un autre; voyages déterminés soit par la rigueur de l'hiver, soit par le défaut de nourriture. C'est ainsi que tous les ans nous voyons arriver en France à diverses époques, et mues par des besoins différents, les oies, les hirondelles, les bécasses, etc. Les premières nous viennent au commencement de l'hiver et nous quittent avec la mauvaise saison. Pour les hirondelles, c'est l'inverse, le printemps nous les amène et les premiers froids les mettent en fuite. Les bécasses font de moindres voyages que les précédentes : leurs migrations se bornent à passer des pays de montagnes dans ceux de plaines, et vice versâ. La différence de régime explique celle de l'époque de l'arrivée de ces oiseaux voyageurs. Les oies, qui vivent de mollusques, de poissons et surtout d'herbages, quittent le Nord, lorsque les froids de l'hiver, glaçant les eaux et couvrant la terre de neige, les empêchent de se procurer leur subsistance. Les hirondelles partent lorsque la mauvaise saison fait périr les insectes dont elles se nourrissent. Quant aux bécasses, comme les vers font la base de leur nourriture, il faut toujours à ces oiseaux une terre humide où ils puissent facilement chercher leur proie; c'est pour cela que nous les avons en automne à l'époque des pluies. L'hiver ils se tiennent près des eaux courantes qui ne gèlent pas, et l'été sur les hautes montagnes et toujours près des sources.

Le plumage des oiseaux présente des différences assez marquées, non-seulement selon les différences d'âge et de sexe, mais encore selon celles des saisons. En général la femelle diffère du mâle par des teintes moins vives, et alors les petits des deux sexes ressemblent à la mère. Quand les deux sexes ont le même plumage à l'état adulte, les petits ont une livrée qui leur est propre : enfin, il est un certain nombre d'oiseaux qui ont un plumage d'hiver et un plumage d'été.

On conçoit que, pour que ces changements s'opèrent, il faut que les plumes tombent et soient remplacées par d'autres; c'est cette chute périodique qu'on désigne sous le nom de mue. Ce phénomène a ordinairement lieu une fois par an, durant le cours de la belle saison et peu de temps après la ponte; mais les espèces qui vivent en domesticité ou en esclavage n'y sont pas soumises avec la même régularité, et passent quelquefois plusieurs années sans éprouver de mue; quelques oiseaux, au contraire, en subissent deux, l'une au commencement du printemps, et l'autre avant l'hiver. De là la diversité du plumage que nous offrent ces vertébrés selon l'époque de l'année où nous les examinons. Dans tous les cas une indisposition plus ou moins forte accompagne ce changement ; tant qu'il dure, l'oiseau est triste, silencieux, apathique; il mange peu et se tient caché, comme s'il craignait d'être vu; presque toujours immobile à la même place, on dirait qu'il redoute la fatigue, tandis que, lorsqu'il est bien portant, le repos semble lui être pénible. Cet état de maladie dure jusqu'à ce que les nouvelles plumes s'étant développées, l'oiseau ait repris, avec sa livrée, l'activité qui forme le fond de son naturel. Ce temps est assez long, attendu que les plumes tombent ordinairement les unes après les autres, afin que l'animal ne se trouve jamais trop exposé aux injures de l'air : toutefois il dépasse rarement un mois.

Tout le monde sait que la voix des oiseaux est extrêmement forte, eu égard à leur taille. Cette propriété est due d'une part à la grande quantité d'air contenu dans le corps de l'animal, et de l'autre à la disposition de l'appareil vocal. Cet appareil se compose de la trachée-artère qui est plus longue que chez les mammifères, d'abord parce que les oiseaux ont le cou plus long que ces derniers, et ensuite, parce que ce canal, au lieu de se rendre directement au poumon, fait souvent dans l'intérieur de la poitrine plusieurs détours plus ou moins considérables. De plus la trachée-artère offre deux larynx: l'un supérieur, qui s'ouvre dans la bouche, l'autre inférieur, qui est placé à la bifurcation des bronches. Le premier est fort simple et ne paraît pas concourir à la production de la voix ; mais l'inférieur est d'autant plus compliqué que l'oiseau chante mieux.

La génération des oiseaux présente plusieurs particularités importantes. Les mâles ont deux testicules situées à l'intérieur au-dessus des reins et près du poumon ; mais chez les femelles, on ne trouve qu'un seul oviducte et un seul ovaire bien conformés; ceux du côté opposé avortent constamment ou s'arrêtent dans leur développement. En général l'accouplement se fait par simple juxtaposition ; le mâle manquant de verge, il ne peut y avoir d'intromission ; l'autruche et quelques palmipèdes ont seuls cet organe assez volumineux pour produire une véritable copulation. Au reste, le résultat de l'accouplement est le même, c'est la fécondation de l'œuf. Celui-ci détaché de l'ovaire, où l'on n'y aperçoit que le jaune, s'imbibe dans le haut de l'oviducte, de cette liqueur extérieure que l'on nomme le blanc, et s'encroûte de la matière calcaire qui constitue sa coque dans la partie inférieure de ce canal.

C'est à l'époque de la reproduction, que la vie de l'oiseau offre le plus d'intérêt. C'est alors qu'il fait entendre ces chants harmonieux, dont la force nous étonne; c'est alors aussi que se manifestent cette adresse admirable dont la nature les a doués pour construire leur nid, cette patience vraiment merveilleuse que montrent ces petits animaux, d'ordinaire si inconstants et si légers, et cette tendresse maternelle qui fait tout oublier à la femelle, jusqu'au soin de sa conservation.

Dès les premiers jours du printemps, on voit la plupart des oiseaux se hâter de préparer un lit pour recevoir leur postérité. Les uns le placent sur les arbres, dans l'herbe ou dans les buissons ; les autres parmi les rochers, à terre, sur les vieilles tours, dans le creux des murailles. Ceux-ci le construisent avec un art admirable ; ceux-là se contentent d'entasser au hasard quelques matières mollettes; un très-petit nombre ne font aucun préparatif et prennent pour nid le premier trou venu. L'habitation étant apprêtée ou trouvée, la femelle y dépose un certain nombre d'œufs en général d'autant plus considérable que sa taille est plus petite; ensuite elle se pose sur eux pour les réchauffer et les faire éclore. Ce but est d'autant plus facilement atteint, qu'à cette époque les vaisseaux qui tapissent la peau du ventre de la femelle prennent un très-grand développement, et y apportent un surcroît de sang artériel, qui produit une élévation considérable dans la température de cette partie du corps. Du reste l'incubation a une durée qui varie de dix jours à deux mois. Le moment de l'éclosion ou sortie de l'œuf, est hâté par les efforts du petit, qui fend la coque de sa prison à l'aide d'une pointe cornée dont son bec est armé, et qui tombe quelques jours après sa naissance. Durant cet intervalle le mâle, pour calmer les ennuis de la couveuse, lui répète ordinairement ses airs favoris, ou partage avec elle le soin de cette pénible fonction. Les petits éclos, ce sont d'autres fatigues; il faut leur procurer des aliments appropriés à leur faiblesse. Le père et la mère, ou celle-ci seulement, vont de tous côtés chercher la pâture pour la rapporter à leur famille, qui grandit rapidement et se trouve en peu de temps capable de pourvoir elle-même à sa sûreté et à sa subsistance.

Les soins maternels sont nécessaires aux petits jusqu'à l'époque où leur corps se trouve couvert de plumes; car les jeunes oiseaux, en rompant leur coquille, ne sont vêtus que d'un simple duvet; ce n'est que plus tard que leurs corps se couvre de téguments de la nature de ceux de leurs parents; et l'on remarque que ce changement se fait beaucoup plus vite pour les oiseaux carnassiers que pour ceux qui se nourrissent d'insectes ou de végétaux.

La classe des oiseaux étant une des mieux circonscrites, est aussi une de celles dont l'étude est le plus difficile. Pour y établir des divisions, et pour caractériser les ordres, les familles, etc., il a fallu recourir aux moindres différences que le bec présente dans sa forme, sa structure, etc. ; à celles des pieds et des doigts ; à la conformation de leurs ailes, etc. D'après ces considérations, Cuvier a partagé ces animaux en six ordres : les rapaces, les passereaux, les grimpeurs, les gallinacés, les échassiers et les palmipèdes.

Les premiers, qu'on appelle aussi oiseaux de proie, ont les tarses courts, trois doigts en avant et un en arrière, tous libres et armés d'ongles forts et crochus ; enfin le bec recourbé et très-robuste : tels sont l'aigle, l'autour, etc.

Les passereaux ou oiseaux chanteurs, ont aussi quatre doigts libres, trois en avant et un en arrière, les tarses faibles ou médiocres, le bas de la jambe emplumé et le bec variable pour la forme, mais sans être jamais crochu comme celui des rapaces. Le merle, le moineau, etc., sont dans ce cas.

Les grimpeurs se reconnaissent très-aisément à leurs doigts dirigés deux en avant et deux en arrière (le pic, le perroquet, etc.).

Les gallinacés ou oiseaux de basse-cour, ont trois doigts devant et un en arrière, tous armés d'ongles forts et obtus, le bec voûté supérieurement et à pointe émoussée, les narines en partie percées dans un espace membraneux de la base du bec, et recouvertes par une écaille molle en renflée, le corps lourd et trapu, le vol pesant et difficile (le coq, la perdrix, etc.).

Ces quatre ordres ne renferment que des oiseaux terrestres ; les deux suivants sont aquatiques.

Les échassiers ou oiseaux de rivage, ont les tarses généralement longs, les jambes dénuées de plumes à leur partie inférieure, et les doigts extérieur et médian garnis d'une petite membrane à leur base (la bécasse, le héron, etc.).

Les palmipèdes ou oiseaux aquatiques, ont le plumage lisse et serré, les pattes placées à l'arrière du corps, les tarses courts et les doigts réunis par des membranes larges (le canard, la mouette, etc.). (Dr Salacroux.)

Les autres classifications des oiseaux les plus connues sont celles de Linné, de de Blainville et de Vieillot.

Linné divisait les oiseaux en six ordres fondés sur la réunion des caractères génériques : 1° accipitres ou oiseaux de proie ; 2° pics, divisés en promeneurs, grimpeurs et marcheurs ; 3° palmipèdes ; 4° échassiers ; 5° gallinacés ; 6° passereaux.

On a pu voir que Cuvier conserva cette classification en donnant au second ordre le nom de grimpeurs, en fondant sa distribution sur le bec et les pieds, et en divisant les ordres en un certain nombre de familles.

De Blainville, fondant sa classification sur la variation du sternum, divise les oiseaux en neuf ordres : 1° préhenseurs ; 2° ravisseurs ou oiseaux de proie ; 3° grimpeurs ; 4° passereaux ; 5° pigeons ; 9° gallinacés ; 7° curseurs ; 8° échassiers ; 9° palmipèdes.

Vieillot n'admet que cinq des six ordres de Linné,

en confondant celui des pics avec les passereaux, dont il fait un seul ordre sous le nom de silvains. Temminck, Lesson et Ch. Bonaparte sont auteurs de travaux estimés sur la classification des oiseaux.

OLÉINE (chimie) (Synonyme : *Oléate d'oxyde de glycéryle*). — Partie constituante des huiles grasses et des graisses solides. C'est la combinaison naturelle de l'acide oléique avec la glycérine (oxyde de glycéryle). Elle est presque toujours mêlée de stéarate ou de margarate de glycérine. Soumises à l'action du froid, les huiles grasses cèdent le margarate et le stéarate à l'état solide et souillés d'oléine ; on enlève l'oléine par la pression. Suivant MM. Pelouze et Boudet, l'oléine des huiles non siccatives diffère de l'oléine des huiles siccatives. En effet, l'oléine des premières se convertit, par l'action de l'acide hyponitrique, en *élaïdine* et en *acide élaïdique*, tandis que l'oléine des dernières n'est pas sensiblement altérée de la part de cet agent. L'oléine s'obtient très-difficilement à l'état de pureté. Elle est incolore, insipide et inodore. Sa densité est d'environ 0,90. Elle se solidifie par l'action d'un froid intense, surtout lorsqu'elle est mêlée de stéarine et de margarine. Elle se change, par l'action des alcalis, en oléate et en glycérine. Sa composition est incertaine.

OLIVIER (botanique) [*olea*]. — Genre de plantes de la famille des oléacées, qui constitue un des arbres les plus utiles. Originaire des pays chauds de l'Asie, l'olivier a été introduit en Europe depuis un temps si reculé, qu'on en attribue la découverte à Minerve. C'est pour cela qu'il fut consacré à cette déesse, et qu'il devint l'emblème de la paix chez presque tous les peuples de l'antiquité. La Grèce est le premier pays de l'Europe où on le cultiva, et ce fut de là que les Phocéens l'apportèrent en France en venant fonder Marseille. Quoi qu'il en soit de cette origine un peu fabuleuse, l'olivier est si ancien dans nos pays, qu'il porte le nom spécifique d'olivier d'Europe. Il y croît, en effet, avec facilité, et y porte des fruits en abondance. Ces fruits, qui sont généralement connus sous le nom d'olives, se mangent confits ; mais leur principal mérite est de fournir l'huile qui porte leur nom. La meilleure est celle qu'on obtient sans pression du brou qu'on a préalablement fendu. Celle qu'on en retire en le soumettant au pressoir est encore excellente : c'est l'huile vierge. Les qualités inférieures s'obtiennent en mêlant le brou déjà pressé avec une certaine quantité d'eau bouillante, avant de le soumettre de nouveau au pressoir.

C'est au mois de novembre que se fait la récolte des olives, tantôt en les abattant avec de longues gaules, tantôt en les ramassant une à une à la main. Ce dernier procédé est bien supérieur au premier, mais il est peu usité à cause du temps qu'il exige. (S.)

OLYMPIADE (chronologie) [du grec *olimpias*, dérivé de la ville d'Olympie.] — Révolution de quatre ans, qui servait aux Grecs à compter leurs années. Cette manière de supputer le temps tirait son origine de l'institution des jeux olympiques, que les Grecs célébraient tous les quatre ans, pendant cinq jours, vers le solstice d'été, sur les bords du fleuve Alphée auprès d'Olympie, ville d'Élide, où était le fameux temple de Jupiter Olympien.

La première olympiade commença au mois de juillet de l'année 3938 de la période julienne, 776 ans avant Jésus-Christ.

OMBELLIFÈRES (botanique) [du latin *umbella*, ombelle, et *ferre*, porter]. — Classe de plantes dicotylédones polypétales à étamines épigynes, divisée en deux ordres : 1º celui des araliacées ou aralies; 2º celui des ombellifères proprement dites, qui ont les semences nues, au lieu d'être enfermées dans un péricarpe comme celles des aralies. Quelques auteurs ont formé, de ces deux ordres, deux familles distinctes. « Les véritables ombellifères sont des végétaux herbacés; rarement sous-frutescents, à tige creuse intérieurement, à feuilles alternes engaînantes à leur base, et généralement décomposées en un très-grand nombre de folioles. Les fleurs, toujours fort petites, blanches ou jaunes, sont disposées en ombelle, ayant quelquefois à sa base un involucre; d'autres fois il n'existe pas d'involucre, mais il y a une involucelle à la base de chaque ombellule, ou bien il n'y a ni involucre ni involucelle. Chaque fleur se compose d'un calice adhérent avec l'ovaire infère, et dont le limbe est entier ou à peine denté; d'une corolle à cinq pétales; de cinq étamines épigynes, alternes avec les pétales; d'un ovaire à deux loges contenant chacune un ovule renversé, couronné à son sommet par un disque épigyne et bilobé; et de deux styles terminés chacun par un petit stigmate simple. Le fruit est un diakène de forme très-variée, se séparant à sa maturité en deux akènes monospermes réunis par une columelle filiforme. La graine est renversée, et contient, dans un endosperme assez gros, un très-petit embryon axile. »

OMNIBUS [à tous, pour tous]. — Voitures de transport en commun, établies à Paris, pour la première fois, en 1828, bien qu'un service de voitures en commun ait été organisé, d'après l'idée de Pascal, en 1672. Les voitures dites omnibus sont établies aujourd'hui sur la plus grande échelle. Vingt-quatre lignes sillonnent la ville dans tous les sens et correspondent entre elles. De plus, toutes les lignes ont des impériales à moitié prix des places d'intérieur, c'est-à-dire à 15 centimes. Seulement, nous dirons que la police devrait exiger que les bancs de ces impériales fussent en tringles de fer ou en treillage, afin qu'ils ne soient pas constamment humides pendant les pluies, et par cela même, fort dangereux pour la santé de ceux qui s'y placent.

ONANISME [d'*Onan*, qui, selon l'Écriture, répandait sa semence par terre pour ne point avoir d'enfants.] — MASTURBATION, abus de soi-même.

S'il est une habitude funeste pour la santé, habitude réprouvée par la médecine et flétrie par la morale et la religion, c'est bien celle qui consiste à chercher solitairement des plaisirs que la nature n'a dû attacher qu'à la reproduction de l'espèce. L'observation démontre cependant que l'onanisme existe chez les plus jeunes enfants des deux sexes, soit que cette pratique dangereuse leur ait été révélée par d'autres

enfants, soit qu'un malheureux hasard les ait conduits sur une voie glissante où il leur sera difficile de s'arrêter.

Une fois prise, l'habitude de l'onanisme devient impérieuse et tyrannique : elle exerce son influence sur le corps, sur l'esprit et sur le cœur. Il n'est malheureusement pas rare de la voir, continuant pendant la vie entière, pénétrer dans le lit conjugal, qu'elle frappe de stérilité, et déshonorer jusqu'aux cheveux blancs d'une vieillesse presque toujours anticipée.

Tous les médecins s'accordent à regarder le développement du système nerveux, la prédominance de son action sur celle des autres parties de l'organisme, comme les causes les plus puissantes du malheureux défaut qui nous occupe. En effet, cette habitude désastreuse est rarement contractée par des sujets doués d'une bonne constitution. Mais ici, ne nous méprenons pas sur le sens réel des mots. Nous n'entendons pas par bonne constitution cette vigueur, cette force herculéenne, ces appareils musculaires très-développés qui sont le partage de quelques individus. Pour nous, comme pour toutes les personnes familiarisées avec les principes de la physiologie, l'individu d'une bonne constitution est celui qui résiste le plus à la fatigue, aux veilles, aux excès, sans que sa santé s'en trouve notablement dérangée.

C'est principalement dans les établissements publics, où se trouvent réunis un grand nombre d'enfants, que se développe avec facilité l'habitude que nous flétrissons de toutes nos forces. Pendant huit années que nous avons professé, nous avons connu cinq maisons d'éducation : eh bien! quatre d'entre elles étaient infectées de ce vice honteux. Avant de parler des moyens que nous avons mis en usage pour corriger cette déplorable habitude, parlons des moyens généraux à mettre en œuvre.

Une fois l'existence de l'onanisme reconnue, il faut procéder hardiment à la réforme de cette désastreuse habitude : pour la combattre, les instituteurs ou les parents devront avoir recours à l'hygiène et à la morale. Une nourriture lactée, végétale, sera préférable à une nourriture animale et excitante; on empêchera les réunions, les jeux entre sexes opposés. Un exercice actif, des occupations variées seront d'un précieux avantage. Si le raisonnement peut être entendu, il sera bon d'en faire usage pour tracer le tableau des maux physiques et moraux que doivent nécessairement encourir les enfants adonnés à d'odieuses pratiques : néanmoins, il faut bien se garder d'exagérer, afin de ne pas donner à ceux qui auraient jusque-là échappé à ces maux la certitude de cette exagération.

Un lit de crin ou des matelas peu moelleux produiront de bons effets. Nous rejetons les camisoles, les caleçons, les ceintures, qui, selon nous, ne protégent pas les enfants contre eux-mêmes.

Pour notre part, voici comment nous sommes parvenu à extirper ce vice des institutions de jeunes gens auxquelles nous avons été attaché. Consulté par les directeurs de ces établissements, nous avons cherché à justifier la confiance qu'ils nous témoignaient en essayánt de combiner un système de punitions qui n'eut aucun résultat. Nous allâmes même jusqu'à faire renvoyer plusieurs élèves; mais nous vîmes bientôt qu'il eût fallu, pour faire disparaître de ces maisons des habitudes désolantes, renvoyer tous les élèves. Nous cherchâmes donc, dans les exercices physiques, auxquels nous donnâmes une large place, la solution de notre problème : nous réussîmes complétement.

La gymnastique, en développant le corps, influe d'une manière directe sur le moral. Nous fîmes donc placer un gymnase dans l'intérieur de l'établissement, gymnase couvert, qui permît les exercices par tous les temps. Mais là ne se bornèrent pas nos moyens. Toutes les fois que le temps le permettait, nous faisions faire aux élèves une promenade immédiatement avant le coucher, promenade qui ne durait pas moins de deux à trois heures; les enfants, rentrant harassés de fatigue, ne songeaient plus, en se livrant au repos, qu'à trouver dans le sommeil de nouvelles forces pour des études qui recommençaient huit heures après l'heure du coucher : maîtres et élèves étaient fatigués, mais la déplorable habitude fut radicalement corrigée en moins de quatre mois. Je dois dire que sur huit professeurs, deux étaient constamment de garde pendant la nuit, et se promenaient en pantoufles et à la lueur d'une faible lumière, pour s'assurer que tous les élèves dormaient; jamais leur espérance n'était déçue; s'il en eût été du contraire, une morale douce et insinuante eût bientôt anéanti un défaut dont les suites sont toujours mortelles.

Nous nous résumons donc, en disant que l'éducation morale et l'éducation physique bien dirigées sont le plus sûr moyen de faire disparaître des écoles un fléau qui n'est malheureusement que trop commun.

L'enfant dont le corps a été en mouvement une partie de la journée, celui dont l'esprit a été continuellement tendu sur des objets agréables, l'adolescent que la vue de la campagne et la jouissance des plaisirs qu'elle présente ont entretenu dans un état permanent d'activité, arrivera à l'état d'homme dans un âge où d'autres ont leurs facultés tellement atrophiées, qu'ils donnent des regrets à de longues années passées dans le vice et dans l'oisiveté, et ne voient plus devant eux que des années vouées à un état de langueur qui fait leur désespoir !   B. LUNEL.

ONGLES [du latin *ungues*]. — On comprend sous cette dénomination générale : les ongles plats de l'homme et de certains singes; les griffes ou ongles rétractiles des carnassiers; les serres des oiseaux de proie; les sabots des pachydermes et des ruminants, et même les crochets dont est muni le dernier article des tarses des insectes.

On distingue dans l'ongle trois parties : « son extrémité, qui est libre au bout du doigt; son corps ou sa portion moyenne, adhérente par sa face interne, et sa racine. Celle-ci offre deux parties distinctes : l'une, terminée par un bord mince et den-

telé, s'enfonce dans un repli de la peau; l'autre, appelée lunule, blanchâtre et semi-lunaire, est située immédiatement au-dessus de l'endroit où semble finir l'épiderme. Les ongles sont formés d'un tissu corné de même nature que celui qui constitue les sabots, les cornes, les écailles des divers animaux. Ils ont beaucoup d'analogie avec l'épiderme, puisqu'ils sont, comme lui, essentiellement formés de mucus desséché ; mais ils prennent naissance plus profondément que l'épiderme, puisqu'on y trouve réunies les couches albides superficielle et profonde du corps muqueux et la couche du pigmentum, parties qui n'entrent pas dans la composition de l'épiderme. Quand l'ongle vient à être arraché, le corps capillaire, véritable matrice de cette lame cornée, est à nu; bientôt une matière muqueuse, sécrétée par les papilles, se durcit à leur surface, et forme une lame mince, transparente, recourbée légèrement près de l'extrémité terminale du doigt, comme la matrice sur laquelle elle est moulée ; mais bientôt une seconde, une troisième, une quatrième lames sont sécrétées successivement sous la première; elles la soulèvent, et, en s'emboîtant dans son extrémité antérieure recourbée, elles la poussent successivement en avant, et en même temps font sortir son extrémité opposée de l'espèce de sinus cutané qui la recevait d'abord ; ce qui explique comment l'ongle est formé de couches d'autant plus nombreuses qu'on l'examine plus en avant. Les lames ont toujours les mêmes dimensions, puisque toutes sont formées sur le même moule par une même matrice; et la substance cornée étant versée continuellement à l'extrémité de chacune de ces lames, la totalité de l'ongle est continuellement poussée en devant, et il croîtrait indéfiniment s'il n'était coupé ou usé par les frottements. »

ONGLE INCARNÉ, *Onyxis, incarnation de l'ongle.* — Disposition de l'ongle des gros orteils qui, en entrant trop avant dans les chairs, sur les côtés, produit une inflammation. L'habitude de porter des chaussures étroites ou de couper en rond les ongles du pied, sont les causes ordinaires de cette affection.

Symptômes. — Les chairs collatérales et surtout celles qui se trouvent au côté interne de l'ongle, sont rabattues sur lui, et tendent à le recouvrir, tandis que son bord interne s'enfonce dans leur épaisseur, les entame et détermine une suppuration opiniâtre, avec douleur et gonflement de tout le pied lorsque le malade se livre à quelque exercice fatigant.

Traitement. — Pendant longtemps, l'arrachement de l'ongle a été le seul remède employé dans ce cas; mais aujourd'hui on évite cette opération douloureuse en refoulant lentement les chairs au moyen de petits rouleaux de charpie et à l'aide de cautérisations méthodiques.

ONGUENTS (pharmacologie). — Médicaments externes, généralement composés de corps gras (graisse, cire, etc.), unis à différents principes (sels, extraits, huiles essentielles, etc.), et qu'on emploie particulièrement dans le pansement des plaies, ulcères, etc.

Les principaux onguents qu'on trouve tout préparés chez les pharmaciens sont ceux d'*althea* (détersif, siccatif), *basilicum* (maturatif), *citrin* (contre la gale), *digestif* (pour favoriser la suppuration), *mercuriel*, *simple* ou *double*, *populeum* (hémorrhoïdes, gerçures), de *styrax* (excitant, dans le pansement des plaies).

ONOMATOPÉE (grammaire)[du grec *onoma*, nom, *poieô*, faire]. — Formation d'un mot dont le son est imitatif de la chose qu'il signifie. *Trictrac, glouglou, cliquetis, scie, scier, bombe, bombarder, rouler, frire, éclater, claquer, fracasser, siffler*, etc., sont des mots formés par onomatopée. L'onomatopée n'est pas, comme le prétendent quelques écrivains, un trope ou même une figure ; c'est la peinture des objets par les sons, c'est la partie la plus variée des mots primitifs, c'est la source la plus féconde des racines dans toutes les langues du monde. « L'onomatopée, dit Ch. Nodier, est l'écho de la nature, elle est le type des langues prononcées, comme l'hiéroglyphe est le type des langues écrites. » Il était tout naturel d'exprimer par une imitation du son l'idée que nous avions acquise au moyen de l'organe auditif. Des enfants nous en donnent l'exemple ; ils appellent *pam-pan* ce que nous appelons tambour ; nous appelons *crincrin* un mauvais violon.

C'est dans le genre animal qu'on a le plus de mots imitatifs du son, soit qu'on veuille caractériser l'animal par l'imitation de sa voix, soit qu'on veuille désigner la voix même.

Le *coucou* est un oiseau qui prononce exactement ce nom même ; les Grecs l'appelaient *kokkux* ; les Latins, *cuculus*, qu'ils prononçaient *coucoulous* ; les Allemands le nomment *guguck*, en prononçant *gou-gouck* ; les Anglais, *cuokoo*. C'est partout le cri de l'animal qui sert à le désigner.

Les Grecs appellent *kikkos*, les Celtes et nous, nous appelons *coq* cet oiseau domestique qui prononce distinctement cette syllabe même au commencement de son chant.

Le *cricri*, le *pitpit*, l'*ara* doivent leur nom à leur cri habituel.

Cet oiseau nocturne dont le cri lugubre est moins un chant qu'un gémissement, dit Pline, nous le nommons *hibou* ; les Allemands, *uhu* (ouhou) ; les Anglais, *owle* (oule) ; les Latins, *upupa* (oupoupa) ou *bubo* (boubo) ; les Grecs *buas* ; les Espagnols *buho* ; les Polonais, *puhacz*. C'est dans toutes ces langues le cri de l'oiseau, marqué principalement par la voix sourde u ou bien *ou*, et encore par l'articulation labiale *boup* ; le reste est terminaison, et c'est comme le sceau particulier de chaque idiome.

Les différents langages des animaux sont à peu près imités dans les verbes et les noms qui les expriment chez la plupart des peuples ; ainsi, pour les brebis, les Grecs disent *bléchaomai* ; les Allemands, *bleken* ; les Anglais, *bleat* ; les Latins, *balare* ; les Français, *béler*. Pour les chiens et les loups, les

Grecs disent *olohuzein* ; les Allemands, *heulen* ; les Anglais, *howl* ; les Latins, *ululare* ; les Français, *hurler*. Pour les poules, les mêmes nations disent *klôzein, gluken, cluck, glocire, glousser*.

La plupart de ces choses ont des noms radicalement semblables dans les langues les plus éloignées les unes des autres, soit par les temps ou les lieux, soit par le génie caractéristique.

Malgré le caractère naturel de l'onomatopée, ce procédé de création des mots peut, chez deux peuples différents, donner lieu à deux racines diverses, qui, dans l'usage, cependant, répondent à la même idée, quoique chacune de ces racines ait tiré son origine d'une particularité différente. C'est ainsi que le radical de notre mot *cracher* est emprunté aux contractions qui ont lieu dans le gosier lorsque l'on va expectorer, tandis que celui du mot anglais *spit* est emprunté à la part que prennent à l'acte définitif de l'expectoration la langue et les lèvres.

Ce n'est que par des onomatopées accompagnées de gestes que s'exprime l'enfant qui, au sortir des langes, commence à balbutier, et l'usage de cette figure, aussi expressive que naturelle, est continuelle dans les langues des peuples voisins de leur enfance. S'il est moins fréquent et surtout moins apparent dans les langues qui ont été longtemps maniées, il s'en faut qu'il ait complètement disparu. Chez nous, par exemple, quand nous parlons du *cliquetis* des armes, du *tintement* de la cloche, du *glouglou* de la bouteille, du *brouhaha*, des actions de *siffler*, de *gronder*, de *cracher*, de *happer*, ne prononçons-nous pas autant de termes d'une harmonie parfaitement imitative ? N'est-il pas frappant encore, comme un étymologiste l'a remarqué, que les noms de chacun des principaux organes de la parole commencent en français par une articulation qui met en jeu l'organe même que ce nom désigne ? En effet, *gosier* commence par une gutturale, *langue* par une linguale, *dent* par une dentale, *nez* par une nasale.

« C'est la nature, dit Denys d'Halicarnasse, qui nous met en état d'imiter et de composer des mots propres à peindre les choses mêmes avec succès, au moyen de certaines images conformes à la vérité et à nos pensées ; c'est d'après ces images que nous avons appris à dire des taureaux qu'ils *mugissent* ; des chevaux qu'ils *hennissent*. Nous en tirons, d'ailleurs, des mots pour exprimer le *frémissement* et le *sifflement* des vents, le *bruissement* des cordages, et une infinité d'autres qui imitent la voix, la forme, une action, une manière d'être, un mouvement, le repos même ou toute autre chose. »

Ainsi l'onomatopée ne se borne pas à créer des mots imitatifs du son, elle s'étend à toutes les qualités sensibles qui peuvent être imitées, en proportionnant, pour ainsi dire, les éléments du mot à la nature de l'idée qu'on a besoin d'exprimer.

Wallis, grammairien anglais, prétend que, parmi les mots qui sont anglais d'origine, plusieurs sont composés de lettres dont le son convient aux choses qu'ils signifient ; que, par exemple, les mots qui commencent par *str* marquent le plus grand effort de la chose qu'ils signifient, comme ceux qui commencent par *st* un moindre effort; que ceux qui commencent par *thr* indiquent un violent mouvement; par *wr*, une action oblique, qui n'est pas droite; par *cl*, une liaison, une adhérence. Il fait voir de même que le son des noms s'accorde avec ce qu'ils signifient. Chacun peut faire de semblables remarques sur les langues qui lui sont connues; et il les faut faire quand on veut s'en rendre maître, qu'on veut les apprendre et s'en servir.

Personne n'a mieux senti que le président de Brosses l'importance des remarques de ce genre; dans son *Traité de la Formation mécanique des langues*, il a porté ses vues jusqu'à la cause première, qui a destiné certaines consonnes ou certains assemblages de consonnes à peindre, dans toutes les langues, et indépendamment de tout emprunt, certaines qualités sensibles.

« Parmi les sensations de l'homme, dit Nodier, il n'y en a qu'un certain nombre qui soient propres au sens de l'ouïe. Toutefois, comme c'est à ce sens que s'adresse la parole, et que c'est par lui qu'elle transmet le signe de l'objet qui nous frappe, toutes les expressions paraissent formées pour lui. Des sons ne peuvent exprimer par eux-mêmes les sensations de la vue, du goût, du tact et de l'odorat; mais ces sensations peuvent se comparer jusqu'à un certain point avec celle de l'ouïe, et se rendre manifestes par leur secours. Ces comparaisons n'ont rien d'ailleurs qui ne soit naturel et facile. C'est à elles que toutes les langues doivent les figures, et tout concourt à prouver que le langage primitif de l'homme était très-figuré.

» Quand on dit qu'une couleur est *éclatante*, par exemple on n'entend point dire qu'une couleur puisse produire sur l'organe auditif la sensation d'un bruit violent, comme celui dont la racine du mot *éclatant* est l'expression, mais bien que cette couleur produit sur l'organe visuel une sensation vive et forte comme celle à laquelle on la compare. L'impression que font éprouver à l'organe du goût les substances âcres, âpres ou aigres, n'est accompagnée d'aucun bruit qui reproduise à l'oreille la racine de ces mots qualificatifs; mais elle rappelle à l'organe de l'ouïe les impressions qui ont agi sur lui d'une manière analogue. Si l'on était porté à croire que ces idées sont forcées, et que l'esprit ne fait pas aisément les comparaisons de sensations, il suffirait de jeter un coup d'œil sur les poésies primitives, qui en sont remplies, ou de donner un instant à la conversation d'un homme ingénieux et simple. Le langage des enfants abonde en figures de cette espèce; et, au défaut du terme, ils emploient souvent le signe d'une sensation étrangère pour représenter la leur. »

Ch. Nodier, dans son savant *Dictionnaire des Onomatopées françaises*, a traité à fond, et d'une manière supérieure, la question des onomatopées.

L'onomatopée est d'un grand secours aux poètes, puisqu'elle est comme l'âme de l'harmonie pittoresque et de la poésie imitative. On obtient ce résultat par le choix et le mélange des sons, par leurs destinations, etc. En voici quelques exemples:

J'entends l'airain sonnant de ce peuple barbare,
Dans un chemin montant, sablonneux, malaisé
Et de tous les côtés au soleil exposé.
(VOLTAIRE.)

Six forts chevaux traînaient un coche,
L'équipage suait, soufflait, était rendu.
(LA FONTAINE.)

Pour qui sont ces serpents qui sifflent sur vos têtes?
(RACINE.)

Le mot *onomatopée* se dit des mots eux-mêmes. Malgré les services que les onomatopées rendent à une langue, Ch. Nodier fait remarquer que si l'on abusait de ce genre de mots, la langue serait bientôt inondée d'*onomatopées* barbares, et n'offrirait plus qu'une suite de cacophonies intolérables.

J. B. PRODHOMME,
correcteur à l'Imprimerie Impériale.

ONYXIS. — Voyez *Ongle incarné.*

OPÉRA (art dramatique) [terme emprunté de l'italien *opera* ou *opra*, ouvrage, composition]. — Spectacle dramatique et lyrique où l'on s'efforce de réunir tous les charmes des beaux-arts dans la représentation d'une action passionnée, pour exciter, à l'aide de sensations agréables, l'intérêt et l'illusion.

L'opéra était depuis longtemps connu à Venise, lorsque Baltazarini, surnommé le Beau-Joyeux, valet de chambre de Catherine de Médicis, donna en France quelques idées des représentations de musique, et dans lesquelles il se fit aider, pour la musique, par Beaulieu et Salomon; pour les paroles par Lachenaye, aumônier du prince, et pour les décorations par le peintre Patin.

A la naissance de l'opéra, les inventeurs s'avisèrent de transporter la scène aux cieux et dans les enfers, et faute de savoir faire parler les hommes, dit Rousseau, ils aimèrent mieux faire chanter les dieux et les diables. Ce spectacle fit longtemps l'admiration des contemporains; mais dès que la musique eut appris à peindre et à parler, elle fut purgé du jargon de la mythologie, et l'intérêt fut substitué au merveilleux. Apostolo Zeno et Métastase firent parler les héros; et Cyrus, César, Caton même, parurent sur la scène avec succès; Vinci, Leo, Pergolèse se chargèrent d'exprimer en musique les accents de la colère, de la douleur, des menaces, au lieu des cris des bacchantes, des conspirations de sorciers et de tout le fracas barbare que faisaient entendre auparavant de mauvais musiciens qui n'avaient que la mécanique de leur art, et qui étaient privés du feu de l'invention et du don de l'imitation. Mais la perfection est un point où il est difficile de se maintenir; la musique, après avoir essayé et senti ses forces, s'est crue en état de marcher seule, et elle a dédaigné la poésie, qu'elle devait accompagner.

Tel est l'état de l'opéra en Italie. En France, Quinault et Lully s'écartèrent, dès le principe, et du goût et de la forme ordinaire des opéras italiens, et en créèrent un d'un nouveau genre. Quinault, surtout, imagina des actions tragiques, liées à des danses, au mouvement des machines et aux changements de décorations.

Lamotte enrichit l'opéra du ballet et de la pastorale ; et depuis cette époque jusqu'à ce jour, la danse a été la partie la plus brillante de ce spectacle.

OPHICLÉIDE (musique) [du grec *ophis*, serpent, et *kléis*, *kléidos*, clef]. — Instrument à vent en cuivre qui se joue avec une embouchure ouverte ou bocal. L'ophicléide ténor est le plus usité ; l'ophicléide basse ou monstre atteint presque quatre mètres de longueur. L'étendue de ces divers instruments est à peu près celle des voix auxquelles ils correspondent. Les morceaux se notent le plus ordinairement sur la clef de *fa* ou d'*ut* pour l'ophicléide basse, et sur les clefs de *fa*, d'*ut* ou de *sol* pour les autres.

Cet instrument est d'origine hanovrienne et n'est guère connu en France que depuis 1820 : on le doit aux facteurs Labbaye et Halary ; il a été récemment perfectionné par Sax.

OPHIDIENS (zoologie) [du grec *ophis*, génitif *ophidos*, serpent]. — Reptiles qui sont vulgairement connus sous le nom de serpents, et qui ont le corps allongé, dépourvu de membres ou d'appendices. — Voy. *Serpents*.

OPHTHALMIE (chirurgie). — Terme générique par lequel on désigne toutes les affections inflammatoires du globe de l'œil.

Les causes des ophthalmies peuvent être externes ou internes. « Parmi les premières, on trouve l'action d'un vent froid ou chargé de poussière ou de sable ; l'exposition à une lumière trop vive, directe, ou réfléchie par des matières blanches et polies, telles que la neige dans les pays septentrionaux, le sable dans les pays chauds (en Égypte surtout) ; l'application de substances très-chaudes ou très-froides sur l'œil, celle de matières acides, alcalines ou stimulantes, l'exposition à la fumée ou à des vapeurs irritantes, les contusions, la présence de corps étrangers, etc. Les causes internes sont la suppression de la transpiration, d'une hémorrhagie habituelle, des hémorrhoïdes, d'une évacuation ancienne, naturelle ou artificielle, la répercussion d'un exanthème, etc.; souvent aussi l'ophthalmie se lie à une diathèse scrofuleuse, scorbutique ou dartreuse, qui en est la véritable cause. On voit quelquefois l'ophthalmie régner épidémiquement ; c'est probablement la constitution froide et humide de l'air qui en est alors la cause. On a pensé enfin qu'en certains cas elle pouvait être contagieuse. »

Les principales inflammations de l'œil sont :

I. La CONJONCTIVITE, inflammation de la muqueuse du globe oculaire. L'œil est rouge ; les vaisseaux injectés de sang produisent la *sensation de grains de sable* dans l'œil ; l'organe est sensible à la lumière (photophobie) ; il a du larmoiement (épiphora). La membrane muqueuse malade répand un pus clair, âcre, puis épais, jaunâtre, collant les paupières pendant la nuit. Quelquefois l'inflammation de l'œil fait élever le blanc au-dessus du noir (chémosis). Ce n'est encore que la conjonctivite *simple* ou *catar-*

rhale, mais elle peut être *purulente* ; alors sa marche est très-rapide et des symptômes locaux et généraux graves l'accompagnent ; elle peut obscurcir, ramollir et perforer la cornée en peu de temps. — On reconnaît trois espèces, toutes contagieuses, de conjonctivite purulente.

1° L'*ophthalmie des nouveau-nés* : c'est la moins grave ; elle atteint les enfants à la mamelle placés dans des conditions hygiéniques défavorables (encombrement, action du froid).

2° L'*ophthalmie blennorrhagique*, due au contact du pus blennorrhagique, porté involontairement par les doigts sur la muqueuse de l'œil ; c'est l'espèce la plus grave de l'ophthalmie purulente.

3° L'*ophthalmie d'Égypte*, qui règne accidentellement dans certaines contrées de l'Orient, sous l'influence de conditions météorologiques mal connues : elle sévit quelquefois sur les armées.

II. L'IRITIS, ou inflammation de la membrane iris ; le symptôme principal est la *déformation de la pupille*, qui peut se remplir de dépôts opaques et s'oblitérer (fausse cataracte) ; il y a en même temps douleurs orbitaires profondes, impression pénible de la lumière, larmoiement et réaction fébrile.

III. La KÉRATITE, ou inflammation de la cornée ; son caractère spécial est le dépoli, l'opacité de cette membrane transparente.

Le traitement des ophthalmies demande impérieusement la présence de l'homme de l'art ; on en jugera par le simple énoncé des moyens employés pour combattre ces affections. « Dès le début, le traitement antiphlogistique (saignées, sangsues, etc.) est généralement nécessaire ; on passe ensuite aux applications réfrigérantes et astringentes : on emploie à cet effet des collyres, dont la base est ordinairement le sulfate de zinc ; on détermine en même temps une dérivation sur le canal intestinal, et l'on prescrit des boissons toniques et amères et un bon régime. Un autre mode de traitement consiste à appliquer immédiatement le nitrate d'argent, soit en dissolution, soit à l'état solide. Dans les ophthalmies violentes, il est souvent utile d'appliquer un vésicatoire à la nuque. Enfin, on laisse graduellement arriver la lumière dans la chambre du malade, pour l'accoutumer peu à peu à la clarté du jour ; rien ne serait plus propre à retarder l'époque à laquelle l'œil peut être rendu à ses fonctions que de le soustraire à la lumière lorsque cette précaution n'est plus nécessaire. »   B. L.

OPIUM (matière médicale). — Suc épaissi des capsules du pavot somnifère, *papaver somniferum*, qui nous vient de la Turquie et de la Perse, enveloppé dans des débris de végétaux, et à la surface duquel on trouve fréquemment des semences d'un *rumex*. (Voy. *Pavot*.) Cette substance est solide, d'un brun noirâtre, d'une odeur nauséabonde et saveur très-amère. On en connaît trois espèces : la première en *larmes*, qu'on retire, par incision, des capsules de pavots ; la seconde, ou l'*opium thébaïque*, qu'on prépare en évaporant le suc de ces capsules jusqu'à consistance solide ou de rob ; enfin la troisième, ou le *méconium*, qu'on extrait de ces mêmes capsules, peut-être même du marc, après en avoir retiré le suc. L'opium du commerce est un mélange du premier et du dernier, et peut-être des trois. Il en arrive aussi des Indes et de Smyrne, mais il est presque toujours d'une qualité inférieure.

OPTIQUE (physique) [du grec *optikos*, visuel]. — Traité de la vision, comprenant la catoptrique (réflexion de la lumière), la dioptrique (réfraction) et la perspective (apparence du rayon direct).

Pythagore paraît être le premier qui, chez les anciens, se soit occupé de l'optique d'une manière approfondie : au milieu d'une foule d'erreurs, il découvrit cependant d'importantes vérités. Il reconnut que les couleurs ne sont autre chose que la réflexion de la lumière, modifiée de différentes manières; que la vision résulte de l'action de quelques rayons solaires qui, tombant sur un corps, sont réfléchis vers l'œil. Il rendit enfin raison de la différence des couleurs, en les faisant résulter d'un mélange des éléments de la lumière (sixième siècle avant J. C.). Les anciens connaissaient aussi les propriétés des verres ardents. Aristophane, dans *les Nuées*, fait dire à Strepsiade qu'il s'en servira pour fondre la cire des tablettes sur lesquelles on doit écrire une assignation contre lui. Plus tard, Archimède inventa les miroirs ardents avec lesquels il détruisit la flotte romaine (troisième siècle avant J. C.). Possidonius découvrit la réfraction de la lumière, qui peu après fut démontrée par Cléomène; ce dernier s'en servit pour prouver que les astres n'occupent pas dans le ciel la place où nous croyons les voir, parce que l'air brise leurs rayons lumineux et leur donne une nouvelle direction (premier siècle avant J. C.). Pline reconnut la propriété qu'a le prisme de décomposer la lumière, et celle qu'ont les verres convexes de grossir les objets (premier siècle). Les connaissances acquises jusqu'alors se perdirent bientôt dans les siècles de barbarie qui suivirent, et c'est encore aux Arabes que nous devons la conservation des découvertes que les anciens avaient faites sur l'optique. Alhasent est le premier qui les ait réunies en un corps d'ouvrage (1033). L'optique fit peu de progrès jusqu'au treizième siècle, dans lequel les lunettes furent inventées par Salvino Degli Armati. Au seizième siècle, Maurocolico, de Messine, fit des découvertes intéressantes, et reconnut principalement les propriétés du cristallin. Umpen et Roger Bacon en ont étudié la vraie théorie.

Plus tard, Porta inventa la chambre obscure, et, suivant quelques-uns, les télescopes, ou, du moins, il commença à combiner les différentes espèces de verres pour faciliter la vision. Vers la même époque, Antonio de Dominis créait la vraie théorie de l'arc-en-ciel. Au dix-septième siècle, Descartes essaya de donner une explication mécanique des phénomènes lumineux; mais Newton détruisit plus tard la plus grande partie de ses hypothèses. Vers le même temps, Snellius développait sa théorie des rapports de l'angle d'incidence avec l'angle de réfraction, dans le verre et dans l'air. On fixe généralement à cette époque l'invention du télescope, que Descartes

attribue à Métius; d'autres en font honneur à Zacharie Jansens, de Middlebourg, ou à Jean Lapprey, de la même ville. Le microscope ne tarda pas à paraître; on le doit encore à un physicien hollandais nommé Drebbel, d'autres disent à Zacharie Jansens; Galilée le perfectionna au commencement du dix-septième siècle. Gassendi créa une nouvelle théorie de la lumière, et Grimaldi observa le phénomène de la diffraction, dont il ne put toutefois donner une explication satisfaisante. Plus tard, Kircher inventa la lanterne magique; Hévélius et Huyghens perfectionnèrent le télescope; ce dernier inventa le micromètre, qui permet d'apprécier la distance des étoiles invisibles à l'œil nu : il découvrit l'analogie qui existe entre la propagation de la lumière et celle du son. A la même époque, Robert Hook perfectionna le microscope, et Roemer découvrit que la lumière n'est pas instantanée, mais qu'elle met un certain temps pour venir des astres jusqu'à nous. Enfin parut Newton, dont le génie fit faire à l'optique d'immenses progrès.

Ce fut dans ses ouvrages qu'on trouva les découvertes de la décomposition de la lumière en sept rayons primitifs. D'après les principes de ce grand homme, d'habiles géomètres développèrent et soumirent au calcul des lois de réfraction et de réflexion de la lumière. Plus tard, Euler chercha à faire prévaloir la théorie des ondulations sur celle de l'émission. T. Young et Fresnel se sont illustrés par leurs travaux sur les interférences. Huyghens découvrit la loi de la double réfraction, que Malus et Wollaston démontrèrent exacte, et que confirmèrent les belles expériences d'Arago, de Biot, de Brewster et de Fresnel. — Plus tard, Malus et d'autres physiciens publièrent d'excellents travaux sur la polarisation et appliquèrent à l'analyse chimique la connaissance de ces phénomènes.

L'optique est une branche considérable de la physique et de l'astronomie, tant parce qu'elle explique les lois de la vision que parce qu'elle rend raison d'une infinité de phénomènes physiques, qui seraient inexplicables sans son secours. En effet, c'est par les principes de l'optique qu'on rend compte d'une infinité d'illusions et d'erreurs de la vue, d'une grande quantité de phénomènes curieux, comme l'arc-en-ciel, les parélies, l'augmentation des objets dans le microscope et dans les lunettes. Sans cette science, que pourrait-on dire de satisfaisant sur les mouvements apparents des planètes, et en particulier sur leurs stations et leurs rétrogradations, sur les éclipses, etc.?

Voici les principaux faits que la science admet dans l'optique :

L'œil a extérieurement la forme de deux segments sphériques de rayons différents, réunis par leur base : le plus petit est la portion saillante de l'œil; la membrane enveloppante porte le nom de sclérotique ou cornée transparente dans la partie antérieure, et cornée opaque pour le surplus. Au-dessous de la cornée transparente se trouve l'iris, au centre de laquelle est la pupille. Derrière l'iris est le cristallin, renfermé dans une capsule attachée à la cornée et formant une cloison qui sépare l'œil en deux chambres, dont la première est remplie par l'humeur aqueuse et la seconde par l'humeur vitrée. Cette dernière est contenue dans une membrane appelée hyaloïde. Entre l'hyaloïde et la sclérotique, il existe encore deux autres membranes, savoir : la rétine, formée par l'épanouissement du nerf optique, et la choroïde, qui revêt la face interne de la sclérotique.

Lorsqu'un point lumineux est placé au-devant de l'œil, un faisceau de rayons traverse la pupille, se réfracte dans l'humeur aqueuse, dans le cristallin et dans l'humeur vitrée, puis il forme son image au fond de l'œil, sur la rétine ou sur la choroïde. (La réfraction est une propriété de la lumière de changer de direction en passant d'un milieu dans un autre dont la densité n'est pas la même.) L'œil est conformé de manière à ce que la vision soit distincte à toutes les distances, où il se modifie suivant la nécessité. Cependant il y a des exceptions à cette règle générale, car les myopes sont obligés d'approcher les objets qu'ils veulent voir distinctement, et les presbytes les éloignent au contraire : la distance de la vision distincte, pour une vue moyenne, est de 30 centimètres.

La myopie provient de ce que les rayons lumineux éprouvent une réfraction trop grande en traversant l'œil ; ce défaut se corrige au moyen de lunettes concaves, qui font diverger les rayons de lumière avant qu'ils n'arrivent à l'œil : les presbytes se servent de besicles dans lesquelles sont des lentilles convergentes, afin de voir de plus près.

Une lentille convergente d'un très-court foyer prend le nom de loupe. On s'en sert pour voir de très-petits objets, qu'il serait impossible de distinguer à la vue simple.

La lumière ne se propage en ligne droite que dans un milieu homogène : elle suit une ligne courbe quand elle traverse des corps de densité différente ; par exemple, quand elle passe de l'air dans l'eau ou de l'eau dans l'air, ce qu'on peut vérifier facilement en plongeant en partie obliquement un bâton dans un bassin : le bâton semble brisé au point de séparation de l'air et de l'eau, parce que les rayons qui arrivent à l'œil ont éprouvé une plus forte réfraction en traversant le liquide que dans l'atmosphère. La différence de densité des couches d'air que traverse la lumière des astres nous les fait voir, quoiqu'ils soient au-dessous de l'horizon.

La lumière, en se réfractant, éprouve toujours une décomposition et une recomposition.

Les corps nous présentent généralement des couleurs composées.

La diffraction de la lumière est une déviation qu'elle éprouve en passant près d'un corps opaque ; il en résulte que l'ombre n'a pas exactement la forme qu'elle aurait si les rayons lumineux suivaient une ligne droite : la diffraction donne lieu, par conséquent, à une pénombre, c'est-à-dire à une surface éclairée en partie et en partie dans l'ombre.

On a constaté, par l'observation des éclipses des satellites de Jupiter, que la lumière se propage avec une vitesse de 318,288 kilomètres par seconde.

Les corps *diaphanes* laissent passer la lumière au travers de leur substance, ce qui permet de distinguer les corps placés derrière eux par rapport à l'observateur.

Les corps *translucides* sont traversés par une partie de la lumière qu'ils reçoivent ; mais ils ne laissent pas distinguer les objets devant lesquels ils sont interposés.

Les corps *opaques* ne transmettent point la lumière au travers de leur masse ; ils la réfléchissent, et l'on constate que l'angle de réflexion est égal à l'angle d'incidence. Mais, située de l'autre côté de la perpendiculaire, une image réfléchie par deux miroirs plans parallèles se reflète à l'infini ; mais si les miroirs sont inclinés, le nombre des images est déterminé par l'angle que font entre elles les surfaces réfléchissantes : si cet angle est de 60°, le corps est répété six fois ; on en verrait douze avec une ouverture de 30°, et ainsi de suite.

Dans un miroir sphérique concave, tous les rayons de lumière sont réfléchis suivant des directions qui se croisent à un point nommé foyer.

L'héliostat est un instrument destiné à réfléchir les rayons du soleil dans une direction invariable : Gambey et Silbermann l'ont perfectionné.

Le prisme consiste (en optique) en un corps diaphane limité par deux surfaces planes inclinées : la jonction des deux plans est le sommet du prisme. Le sommet étant en haut, si l'on regarde à travers le prisme, les objets paraissent plus élevés qu'ils ne sont, et les bords ont toutes les couleurs de l'arc-en-ciel. Quand le sommet est en bas, on a les mêmes apparences, mais dans le sens inverse. En plaçant le prisme au-devant d'un trou percé dans un volet d'une chambre noire (fermée de manière à ce que la lumière n'y pénètre que par le trou du volet), le rayon lumineux se décompose ; et, en le recevant sur un écran convenablement disposé, il s'y peint avec toutes les couleurs de l'iris : c'est ce qu'on appelle le spectre solaire.

La production de ces couleurs provient de ce que la lumière blanche se compose de sept couleurs simples, inégalement réfrangibles : le rouge, qui se réfracte le moins, occupe la partie supérieure du spectre quand le prisme est droit, c'est-à-dire que le sommet est en haut. Viennent ensuite l'orangé, le jaune, le vert, le bleu, l'indigo et le violet ; par conséquent, cette dernière teinte est celle qui éprouve la plus grande réfraction.

Si l'on fait passer toutes ces couleurs dans un second prisme pareil à celui qui les a produites, mais tourné dans le sens inverse, le faisceau redevient blanc comme avant de pénétrer dans le premier prisme. On peut encore recomposer la lumière blanche en recevant le spectre sur une lentille convergente : l'image que l'on voit au foyer de la lentille est blanche, parce que les couleurs s'y trouvent réunies, tandis que si l'on place l'écran au delà du foyer, le spectre se montre de nouveau, mais renversé, attendu que les rayons se sont croisés au foyer. Enfin, on reproduit le blanc en peignant sur un disque rond (un cercle de carton, par exemple, percé à son centre) les couleurs du spectre dans l'ordre où elles y sont, et en donnant à chacune un secteur proportionné à l'espace qu'elle occupe dans le spectre, savoir:

Pour le rouge	60°	45'	34"
— l'orangé	34	10	38
— le jaune	54	41	1
— le vert	60	45	34
— le bleu	54	41	1
— l'indigo	34	10	38
— le violet	60	45	34

Ce cercle paraît blanc lorsqu'on le fait tourner rapidement sur son centre. On obtiendrait le même résultat en ne donnant à chaque secteur que la moitié ou le tiers de ces dimensions, et en reproduisant deux ou trois fois la même couleur dans l'ordre indiqué ci-dessus. Il convient de tracer une bande noire au bord du cercle pour éviter le reflet des objets environnants.

Deux couleurs mêlées produisent une couleur intermédiaire.

Le rouge et le jaune donnent l'orangé,
L'orangé et le vert   — le jaune,
Le jaune et le bleu   — le vert,
Le vert et l'indigo   — le bleu,
Le bleu et le violet   — l'indigo.

On appelle couleur complémentaire celle qui, mêlée avec une autre, forme le blanc.

Indépendamment des couleurs, on aperçoit, dans le spectre, des changements brusques d'intensité, qui ont tantôt l'apparence de lignes noires, tantôt celle de lignes brillantes, et qu'on appelle les raies du spectre; les unes sont fines, espacées ou serrées, d'autres sont plus apparentes; elles ne présentent aucun caractère de régularité; le nombre de ces raies est évalué à près de sept cents; mais il existe des différences à cet égard, et relativement à l'apparence des raies entre la lumière du soleil et celle des planètes, des étoiles, de l'huile, de l'électricité, etc.

La dispersion de la lumière ou la différence des indices de réfraction entre les couleurs extrêmes des spectres n'est pas la même pour toutes les substances, et c'est au moyen de cette propriété qu'on est parvenu à construire les prismes et les lentilles achromatiques.

La chambre claire de Wollaston sert à tracer l'image exacte d'un objet: elle se compose d'un prisme quadrangulaire en cristal, ayant un angle droit et un angle opposé de 135°.

La chambre noire, dont il a déjà été question au commencement de cet article, consiste essentiellement en un verre convergent placé dans l'ouverture du volet d'une pièce complétement fermée; les images qu'elle donne sont renversées, mais on peut les redresser au moyen d'un miroir placé dehors en avant de la lentille.

Un des effets les plus curieux de l'optique, c'est

celui du microscope solaire. Cet instrument se compose d'un système de verres pour éclairer l'objet et d'un système de lentilles d'un court foyer pour en donner une image réelle, qui peut être amplifiée dans des proportions énormes, et qui permet d'observer les globules du sang, les infusoires, les cristallisations: M. Bersch, qui, au moyen de cet instrument, est parvenu à photographier de très-petits objets avec une grande netteté et à un grossissement considérable, vient d'obtenir la décoration de la Légion d'honneur pour cet utile perfectionnement.

La lanterne magique repose sur les mêmes principes que le microscope solaire; mais elle ne grossit que vingt fois.

Le mégascope donne des copies réduites ou amplifiées de bas-reliefs, de gravures, de tableaux. Il diffère du microscope solaire par la nature des objets soumis à l'observation.

Le microscope composé est destiné à faire voir les détails des objets très-petits; on l'appelle microscope dioptrique quand il agit par réfraction, catoptrique lorsqu'il réfléchit seulement, et catadioptrique quand il réunit la réflexion et la réfraction. On peut obtenir, dans ces instruments, des grossissements en diamètre de 1,000 et même de 4,000 en diamètre, correspondant à 1 million et à 16 millions en surface.

Les télescopes consistent principalement en un grand miroir concave, tourné vers l'objet, et qui en donne une image renversée.

Dans le télescope de Grégory, ce miroir est percé au centre d'un trou par où passe l'image, après qu'elle a été réfléchie par un autre petit miroir concave, placé à une distance un peu plus grande que la moitié du rayon, et on la voit au moyen d'un oculaire.

Dans le télescope de Cassegrain, le petit miroir concave est remplacé par un petit miroir convexe.

Dans le télescope de Newton, le petit miroir est plan et incliné de 45°. L'image tombe ainsi sur l'oculaire placé dans une ouverture latérale.

M. Foucault a, tout récemment, apporté un grand perfectionnement au télescope, en le construisant avec un verre concave argenté, dont il a modifié la forme de manière à utiliser tous les rayons incidents; ce qui lui a permis d'obtenir un grossissement considérable dans un miroir de petite dimension.

Les lunettes se composent d'un objectif et d'un oculaire : ce dernier est divergent dans la lunette de Galilée ; convergent, formé d'une ou de deux lentilles, dans la lunette astronomique, et convergent au moyen de quatre lentilles dans la lunette terrestre.

Lorsqu'on dirige, sur deux miroirs plans formant entre eux un angle obtus, un faisceau de lumière après qu'il a traversé une lentille cylindrique d'un court foyer, les rayons réfléchis par ces miroirs se concentrent dans l'espace et forment des franges, c'est-à-dire des bandes alternativement brillantes et sombres. Ces dernières se produisent quand un rayon de lumière rencontre, par exemple, en rencontre un autre, et que la différence des chemins parcourus est de 319 millionièmes de millimètre, multipliés par un nombre impair. Pour les rayons violets, la différence dé chemin qui produit l'interférence (extinction de la lumière) est de 242 millionièmes de millimètre ou un multiple impair de ce nombre.

Certains cristaux, par exemple le sulfate de fer, le carbonate de potasse, le sucre, le mica, le borax, ont la propriété de faire voir les objets doubles quand on les regarde au travers de leur substance. On dit que la lumière, en pénétrant dans ces corps, éprouve une double réfraction.   GOSSART.

OR (minéralogie) [du latin *aurum*].—Corps simple métallique d'une couleur jaune et brillante, qui est le plus malléable et le plus ductile des métaux : on peut le réduire en feuilles d'un neuf-cent-millième de mètre d'épaisseur ; avec 65 milligrammes d'or, on pourrait couvrir une surface de 368 mètres carrés ; 2 grammes suffisent pour couvrir un fil d'argent de 200 myriamètres de longueur. La ténacité de ce métal n'est pas très-grande ; un fil de 2 millimètres de diamètre rompt sous un poids de 68 kilogr. Le poids spécifique de l'or est de 19,257. L'or est inaltérable à l'air. Il est moins fusible que l'argent et le cuivre : on évalue à 1200 degrés la température où il entre en fusion. Il a la plus grande affinité pour le mercure, avec lequel il forme un amalgame, d'où on le sépare facilement. Il est dissous par l'eau régale.

« L'or ne se trouve dans la nature qu'à l'état natif ou allié à d'autres métaux, notamment à l'argent, au palladium, au rhodium et au tellure. L'or natif se rencontre quelquefois dans des filons de quartz, comme au mont Rose, en Piémont, dans le pays de Salzbourg, dans quelques provinces du Brésil, du Mexique, du Pérou, à la Gardette, dans la vallée d'Oisans, en Dauphiné, etc. ; plus fréquemment l'or existe d'une manière accidentelle, comme dans les mines d'argent de la Hongrie, du Pérou, de la Nouvelle-Grenade, du Mexique, dans les mines de cuivre du Hartz et de la Suède ; mais c'est surtout dans les terrains d'alluvion de l'Amérique, de l'Asie centrale et de l'Océanie, que se trouve la plus grande partie de l'or qui existe à la surface de la terre ; il s'y montre en paillettes, en grains ou en pépites. On exploite ce métal au Brésil, au Chili, en Colombie, au Mexique, en Sibérie, dans l'Oural, et surtout, depuis peu d'années, en Californie et en Australie. Plusieurs rivières, comme l'Ariége, le Gardon, le Rhin, près de Strasbourg, charrient des paillettes d'or dans leurs sables, mais en quantité minime. Pour séparer l'or des métaux qui l'accompagnent, on le soumet aux opérations de l'affinage. » — Voy. ce mot.

M. Alfred Darimon a présenté, en 1857, des considérations fort intéressantes et un tableau très-curieux sur l'or et l'argent.

« Quand on voit, dit-il, quelles quantités d'or et d'argent sont répandues sur la surface du globe terrestre ; quand, ensuite, on se dit que nous entrons dans une période scientifique où tout paraît devoir céder aux efforts de la chimie et de la métallurgie, il est impossible de ne pas prévoir le moment où, l'activité humaine se portant de plus en plus vers l'exploitation des gîtes aurifères et argentifères, nous aurons à subir une véritable inondation de métaux

précieux. Les périodes marquant les époques où le découvertes de mines se sont produites répondent à autant de crises métalliques. Mais l'événement dont nous sommes menacés, et qui déjà s'annonce, ce n'est pas une simple crise se manifestant par une baisse plus ou moins sensible dans la valeur de l'or et de l'argent, ce sont des oscillations énormes qui, amenant une baisse continue, doivent enfin aboutir à l'avilissement des métaux précieux. L'humanité, comme le héros de la fable, verra se transformer en or tout ce qu'elle touchera du pic ou de la pioche ; mais, comme Midas, elle n'en sera pas plus riche ; en augmentant en abondance, les métaux précieux perdront tout leur prix. Ils perdront encore autre chose : ce qui les a fait rechercher si longtemps comme instrument des échanges, c'est que la quantité de travail qu'il fallait pour les produire était à peu près fixe, et qu'à cause de cela ils étaient plus propres que d'autres produits à figurer la valeur.

» Que va devenir cette fixité quand des procédés plus scientifiques et plus économiques diminueront de plus en plus et d'une façon continue les frais de production ? Il faudra songer à les remplacer, non-seulement comme signes de la richesse, mais encore comme mesure de la valeur. Ils seront propres aux usages domestiques. Ils ne pourront plus servir de monnaie. C'est le travail, disait Adam Smith, qui est la monnaie véritable ; c'est le travail que le système des échanges prendra pour base, quand la révolution que nous annonçons sera en train de s'accomplir. Le travail, c'est encore la richesse véritable. Pour en juger, il suffit de voir ce que fait en somme cette production des métaux précieux qui paraît colossale. Depuis l'antiquité la plus éloignée jusqu'à l'année 1855, l'exploitation de l'or a porté sur 15 millions de kil., valant 50 milliards 822 millions de francs, et celle de l'argent sur une masse de 245 millions, valant 51 milliards 302 millions, c'est-à-dire que ces travaux gigantesques de mines, qui ont coûté tant de sang, qui ont amené le massacre de tout un peuple, qui ont ressuscité, au seizième siècle, l'esclavage, qui entraînent au delà des mers tant de populations, et qui, depuis soixante ans, empêchent le progrès d'aboutir et la liberté de s'épanouir, n'ont produit que 102 milliards 684 millions de francs. En mettant à 12 milliards la production annuelle de la France et à 18 milliards celle de l'Angleterre, il se trouve qu'en quatre ans deux nations européennes produisent, en travaux de toute espèce, plus que les chercheurs d'or et d'argent n'ont produit en trois mille ans.

» Que serait-ce si nous placions ce chiffre de 102 milliards 684 millions de francs en regard de la production totale de l'humanité pendant cette même période ! »

L'idée avantageuse que nous avons de l'or est fondée sur une excellence réelle. En effet, ses différentes qualités concourent, avec sa rareté, à relever le prix que les hommes, réunis en société, y ont toujours attaché ; aussi est-il, de tous les métaux usuels, celui qui a la plus grande valeur, et est le signe commun des autres richesses.

Nous voyons dans Pline, qui a rapporté en détail ce que l'on savait de son temps sur les propriétés de ce métal, sur son emploi et ses usages, ainsi que sur son exploitation, nous voyons, dis-je, que celles de ses propriétés qui le font rechercher étaient connues très-anciennement, et qu'en outre on lui avait attribué la puissance de guérir certaines maladies, et de rendre les maléfices sans effet, quoique lui-même, dans certains cas, pût être malfaisant ; mais on n'avait pas encore alors essayé de créer de l'or.

Les alchimistes, après avoir, pour ainsi dire, tourmenté cette substance de toutes les manières, afin d'en connaître la composition, l'ayant constamment trouvé le plus inaltérable des métaux, l'en ont nommé le roi, et l'ont comparé au soleil, dont ils lui ont appliqué l'emblème ; un cercle était le signe de sa perfection et de son immutabilité. L'or était pour eux, dit Fourcroy, l'extrême, le *summum* de la métallisation, l'œuvre le plus accompli parmi les fossiles ; et peu s'en est fallu que, dans leur délire, ils ne l'aient placé à la tête de la création. Non-seulement, suivant eux, il ne contenait rien d'âcre, rien d'étranger à la nature métallique, mais il était le produit d'une maturation accomplie, d'une incubation perfectionné : de là les lentes expériences auxquelles ils soumettaient les autres métaux pour les mûrir et les perfectionner ; de là l'infatigable patience qu'ils apportaient dans leurs recherches, et les formes bizarres qu'ils donnaient à leurs instruments. L'argent, le plus voisin d'état d'or, n'avait, dans leurs hypothétiques opinions, qu'un dernier degré d'amélioration à subir, qu'une teinture à acquérir, qu'une sorte d'affinage et de fixité à éprouver. Malheureux artisans d'un métier qui n'a jamais existé, ajoute le même savant, et dont il est douteux que l'objet soit jamais déterminé, quoiqu'on ne puisse pas assurer qu'il y ait une impossibilité absolue de découvrir sa nature et sa composition intime, plus les alchimistes ont travaillé à ce qu'ils appelaient le grand œuvre, plus ils semblent s'être écartés du but qu'ils voulaient atteindre. Tout a prouvé jusqu'ici que l'or, comme les autres métaux, est un corps indestructible dont on ne peut séparer aucun principe, et qui se comporte, dans toutes les circonstances des opérations chimiques, comme une matière simple et indécomposable.

Non contents de jouir des qualités réelles de ce précieux métal, les adeptes lui en ont encore cherché d'imaginaires, en se flattant de trouver en lui une panacée ou remède universel ; mais tous leurs efforts n'ont abouti qu'à démontrer l'inutilité d'une semblable recherche. Les travaux des alchimistes, quoique infructueux pour le but que leurs auteurs se proposaient d'atteindre, ont cependant fourni les premiers faits chimiques relatifs à l'histoire des combinaisons de l'or, et ouvert la carrière aux physiciens qui sont venus ensuite.

Plusieurs combinaisons de l'or ont leur importance en médecine, entre autres le chlorure d'or, qu'on

obtient en dissolvant l'or dans l'eau régale et qu'on utilise avec succès dans le traitement de plusieurs maladies, telles que scrofules, goîtres, dartres, squirrhes. M. le docteur Legrand s'est livré à des recherches approfondies sur ce sujet.

ORDINAIRE (armée). — Dans le langage de l'armée, le mot ORDINAIRE s'applique exclusivement à l'alimentation des caporaux et soldats, chargés de choisir, d'acheter, de préparer eux-mêmes leurs mets, à l'exception du pain de munition, qui leur est fourni par l'État, à raison de 750 grammes par homme et par jour. Le pain de soupe est acheté des deniers de l'ordinaire. Il en est attribué environ 125 grammes par repas à chaque homme, avec un litre de bouillon, des légumes, et de 140 à 160 grammes de bœuf ou d'autre viande.

La nourriture du soldat est toujours saine ; on s'attache à la varier, à la rendre abondante, sans franchir la limite d'un mince budget. On y parvient. Pour s'en convaincre, il suffit de comparer la figure pleine, fraîche, réjouie de nos troupiers, vivant à trois sous par repas, avec le *facies* creux, terne, ennuyé des prétendus heureux du siècle, vivant à vingt francs par repas.

L'autorité supérieure de l'armée a prévu le cas, très-rare, où il faudrait satisfaire aux besoins extraordinaires des hommes dits GROS MANGEURS, pour lesquels la ration individuelle de 750 grammes de pain serait insuffisante. Une décision du Ministre de la guerre, en date du 26 avril 1821 (*Journal Militaire*, premier semestre, 1821, p. 348), a déterminé le mode de procéder pour satisfaire aux exigences d'un appétit anormal. Le supplément de pain nécessaire à des militaires faméliques leur est fourni par les soins de leur capitaine, qui pourvoit à l'achat de cette fourniture, soit en faisant travailler ces hommes, soit en leur faisant faire un service extraordinaire, qui puisse ajouter à leur solde, soit en imputant cette dépense sur les fonds de l'ordinaire, et même, au besoin, en y affectant une portion de l'excédant de masse qui pourrait revenir, chaque trimestre, aux Gros Mangeurs.

Si vous entrez dans une cuisine de caserne au moment où de jeunes guerriers, un instant convertis en habiles Vatel (1), manœuvrent la cuillère à pot, versent, sur un pain blanc de première qualité, un bouillon préférable en saveur, en arome, à celui des meilleurs restaurants du Palais-Royal, vous vous sentez instinctivement attiré vers ces délicieux potages ; vous éprouvez pour eux une irrésistible sympathie, malgré la légère couche de poivre qui surnage sur le bouillon, et dont le soldat est très-friand.

Chaque homme de l'ordinaire est servi avec une extrême propreté et à part, dans une gamelle en fer battu et étamé.

Avant de pénétrer dans les détails de gestion des

(1) Vatel, « le grand Vatel, » maître d'hôtel du grand Condé, se poignarda, le 24 avril 1671, à Chantilly, où se trouvait alors Louis XIV ; et cela, parce que la marée n'étant pas arrivée en quantité suffisante à l'heure où il l'attendait, il s'était cru perdu d'honneur.

ordinaires des caporaux et soldats, disons un mot des tables de MM. les officiers et de celles de MM. les sous-officiers, régies, comme les ordinaires, par l'ordonnance du 2 novembre 1833, dont nous aurons à relater les sages dispositions.

Tables des officiers. Le lieutenant-colonel est spécialement chargé de la surveillance de ces tables; il règle, dans un esprit de rigoureuse économie, le prix des pensions, et s'assure que le payement a régulièrement lieu tous les mois.

Les officiers supérieurs vivent ensemble.

Les capitaines forment une ou plusieurs tables; les lieutenants et les sous-lieutenants en forment plusieurs autres.

Pendant la saison des semestres, ainsi qu'en route et dans les détachements, les officiers supérieurs peuvent manger avec les capitaines.

Les officiers mariés, dont la famille est au corps, sont autorisés à manger chez eux.

Lorsque le régiment est divisé, ou lorsque, pour tout autre motif, des officiers de différents grades vivent ensemble, les dépenses sont toujours réglées sur les appointements de l'officier le moins élevé en grade.

Tables des Sous-Officiers. — Les adjudants vivent ensemble; il en est de même des sergents-majors. Les sergents et les fourriers vivent ensemble par bataillon ou par demi-bataillon.

Le prix des pensions de sous-officiers est proportionné à leur solde et réglé par le lieutenant-colonel.

En détachement, quand les sous-officiers ne peuvent vivre séparément, ils tirent leur subsistance de l'ordinaire des soldats, en y versant par jour cinq centimes de plus qu'eux.

Les adjudants surveillent et dirigent, sous les adjudants-majors, tout ce qui regarde les tables des sous-officiers; ils exigent que les dépenses en soient régulièrement payées. A cet effet, il est placé dans les pensions un cahier servant à recevoir, chaque jour de prêt, les quittances de ceux qui tiennent ces pensions.

ORDINAIRE DE LA TROUPE. — *Devoirs des chefs de bataillon.* — Ces officiers supérieurs s'assurent fréquemment si les livrets d'ordinaire sont tenus avec soin; si tous les articles de recettes et de dépenses y sont inscrits; si les retenues faites aux travailleurs, ou provenant des punitions, y sont versées régulièrement; si la nourriture est saine; si les centimes de poche sont payés exactement; enfin, si les capitaines apportent à la surveillance de cette partie importante du service toute la sollicitude qu'elle réclame. Ils s'assurent, en outre, que les capitaines provoquent de tout leur pouvoir la concurrence entre les bouchers, boulangers et autres fournisseurs, afin d'obtenir les denrées de la première qualité et au plus bas prix possible; que ces officiers empêchent, par de fréquentes investigations, qu'aucune remise, qu'aucun arrangement illicite n'ait lieu entre ces fournisseurs et les chefs d'ordinaire; qu'ils les fassent cesser, lorsqu'ils en découvrent; qu'ils exigent alors que le fournisseur soit changé; qu'ils punissent sévèrement le chef d'ordinaire, et demandent toujours la suspension, et, au besoin, la cassation du caporal coupable; et qu'enfin ils donnent connaissance aux fournisseurs de ces dispositions, ainsi que de l'obligation imposée aux chefs d'ordinaire de payer comptant.

Devoirs des capitaines. — Le prêt (*solde de la troupe touchée tous les cinq jours chez le trésorier du corps*) se divise en deux parties : la première est destinée aux dépenses de l'ordinaire; la seconde est payée, comme centimes de poche, aux hommes qui vivent à l'ordinaire.

Chaque caporal ou soldat doit verser à l'ordinaire dix-huit centimes par jour avec les vivres de campagne, trente-trois centimes avec le pain en garnison et quarante-trois centimes avec le pain en marche. Lorsque dans quelques localités le prix des comestibles sort des proportions communes, le colonel peut, avec l'approbation du général de brigade, faire verser temporairement à l'ordinaire une plus forte partie du prêt. Dans aucun cas, le soldat ne peut recevoir moins de cinq centimes de poche.

Le capitaine charge le sergent-major de donner chaque jour au chef d'ordinaire l'argent nécessaire pour les dépenses du lendemain.

Il ne remet le sous-officier; celui-ci ne paye que le premier jour du prêt suivant, la solde des sous-officiers, celle des hommes qui ne vivent pas à l'ordinaire, celle des enfants de troupe, les centimes de poche et les hautes-payes.

Il veille à ce qu'il ne soit fait sur l'argent de poche d'autre retenue que celle qui est prescrite pour les hommes punis de la prison ou du cachot.

Les centimes de poche des hommes irrégulièrement absents le dernier jour du prêt, sont versés à l'ordinaire.

Les hommes qui s'absentent avec permission sont payés des centimes de poche et des hautes-payes jusqu'au jour de leur départ exclusivement.

En temps de paix, lorsque la compagnie est réunie dans le même quartier, elle ne forme qu'un ordinaire. Le capitaine désigne alternativement, pour tenir l'ordinaire, un des caporaux les plus aptes à cette fonction.

Le capitaine surveille avec une attention soutenue la gestion de l'ordinaire; il empêche, par tous les moyens qui sont en son pouvoir, les abus qui pourraient s'y introduire; il s'assure fréquemment par lui-même que les comestibles sont de bonne qualité et en quantité suffisante; que le prêt est employé à sa destination; que les bouchers, les boulangers et les épiciers sont régulièrement payés, et qu'ils inscrivent chaque jour leur quittance sur le cahier destiné à cet usage (1).

Direction de l'ordinaire. — Le lieutenant a la direction de l'ordinaire lorsque la compagnie n'en forme qu'un seul; en l'absence du lieutenant, ou lorsqu'il commande la compagnie, cette direction est

_____

(1) Avec le modèle de livret d'ordinaire ci-après, le cahier des quittances n'aurait plus raison d'être.

exercée par le sous-lieutenant. Lorsque la compagnie forme plusieurs ordinaires, chaque officier dirige les ordinaires de sa section.

L'officier chargé de la surveillance de l'ordinaire s'assure que l'inscription du prêt et des divers produits qui augmentent la recette est faite régulièrement sur le livret d'ordinaire, et que cette recette, à l'exception des centimes de poche, est employée uniquement à la nourriture et aux dépenses de propreté. Il exige que les fournisseurs soient payés tous les jours, et que le boucher, le boulanger et l'épicier donnent quittance sur le cahier (1) joint au livret d'ordinaire. Il arrête ce cahier à la fin de chaque prêt. Il arrête en même temps et signe le compte de l'ordinaire ; il fait porter au nouveau prêt l'excédant de la recette ou de la dépense. Il n'est pas fait de décompte de l'excédant de recette, qui est destiné aux dépenses imprévues et à l'amélioration de l'ordinaire.

Le jour du prêt, avant l'appel de onze heures, il fait payer en sa présence, par le sergent-major aux chefs d'escouade, et par ceux-ci aux soldats, les centimes de poche du prêt échu.

Le sergent-major paye en même temps aux sous-officiers le prêt échu.

Le sergent de semaine veille à l'emploi que le caporal fait du prêt, et vérifie souvent les prix et la qualité des achats de toute espèce. Il s'informe souvent chez les marchands s'il ne leur est rien dû.

Caporal, chef d'ordinaire. La veille du prêt, il présente, à la vérification de l'officier chargé de la surveillance de l'ordinaire, le livret servant à l'inscription des recettes et des dépenses (2).

Chaque jour, il porte le livret d'ordinaire au sergent-major, qui y inscrit la somme revenant à l'ordinaire, en raison du nombre d'hommes qui y mangent ce jour-là, et l'à-compte remis par le capitaine pour les dépenses du lendemain.

A l'expiration du prêt, les autres articles de recette provenant des punitions, des services payés, des travailleurs, etc., sont inscrits au livret d'ordinaire par le sergent-major, et le compte des recettes et dépenses est réglé entre lui et le caporal.

Il n'est jamais fait de décompte sur l'argent de l'ordinaire : ce qui n'a pas été consommé dans un prêt est reporté au prêt suivant.

Toutes les subsistances, excepté le pain de munition, sont en commun ; il en est de même des ingrédients pour l'entretien de la propreté des armes, de la coiffure et de l'équipement, et pour le cirage de la chaussure, soit qu'on emploie ces ingrédients en commun, soit qu'on les distribue à chaque homme.

Police des repas. Aucun caporal ou soldat ne peut

(1) Comme nous l'avons déjà dit, ce cahier serait supprimé par l'adoption du modèle ci-après.

(2) Le modèle de livret que nous donnons à la suite de notre article, est d'accord avec celui annexé à l'ordonnance du 2 novembre 1833 ; on y a seulement introduit plusieurs modifications conseillées par l'expérience, et qui en rendraient la vérification plus prompte et plus rigoureuse. L'instruction qui le précède facilite le moyen de procéder à cette vérification.

être dispensé de manger habituellement à l'ordinaire, qu'en vertu d'une permission du capitaine, qui en rend compte au rapport. Cette permission ne peut être refusée à l'homme marié, dont la femme a obtenu l'autorisation de rester au régiment.

Le caporal d'ordinaire veille à ce que la distribution des aliments se fasse avec une exacte justice. Il commande, à tour de rôle, les soldats pour faire la soupe. Les cuisiniers sont toujours en blouse ou sarrau et en pantalon de cuisine.

Le caporal fait porter la soupe aux hommes de garde ; il fait conserver chaude celle des hommes de service, lorsqu'ils ne peuvent la manger qu'à leur retour.

Il fait mettre de côté les subsistances des détenus.

Il n'est pas conservé de soupe pour les hommes qui ne sont pas présents à l'heure prescrite.

Achats. Le chef d'ordinaire achète des denrées saines et nourrissantes, et dont les prix sont des moins élevés ; la viande de bœuf, réunissant ces conditions, est habituellement la seule en usage.

Lorsque le caporal va faire les achats, il est en tenue du jour ; il est accompagné par un ou plusieurs soldats en tenue de corvée, qui ont la faculté de débattre les prix et d'aller à d'autres marchands, et qui rapportent les provisions. A son retour, le caporal inscrit les dépenses sur le livret d'ordinaire, en présence des soldats, dont il mentionne les noms (1).

Les fournisseurs doivent être payés comptant et en présence des hommes de corvée ; il est défendu au chef d'ordinaire d'acheter à crédit ; le cahier des quittances doit chaque jour justifier des payements faits aux bouchers, boulangers et épiciers. Toute remise, tout arrangement illicite entre les fournisseurs et le chef d'ordinaire, sont absolument interdits ; ils entraînent le changement immédiat du premier et la punition sévère du second ; le caporal encourt toujours la suspension et, au besoin, la cassation ; si son nom figure au tableau d'avancement, il est rayé.

Lorsque le chef d'ordinaire est de service, il est remplacé par un caporal de l'ordinaire, désigné à l'avance par le capitaine.

En route, les ordinaires se font dans les logements des caporaux ; ceux-ci sont responsables du bon ordre, de la tranquillité, du respect pour les propriétés et de la déférence que les militaires doivent aux habitants. Les hôtes ne sont tenus de fournir pour les ordinaires que la place au feu et à la chandelle, et les ustensiles nécessaires pour faire manger la soupe.

Lorsque la soupe ne peut se faire par ordinaire, et il en est ainsi à peu près toujours, elle se fait dans chaque logement. Les officiers y veillent ; le chef de bataillon s'en fait rendre compte journellement.

(1) C'est ainsi que l'on opère aujourd'hui ; mais d'après notre projet de modèle, l'inscription serait faite sur le livret, au moment de l'achat, par le fournisseur lui-même, qui signerait à l'instant, pour quittance.

Des devoirs des officiers généraux.

1° *Ordinaire du soldat.* Les officiers généraux, lorsqu'ils visitent les quartiers, portent leur sollicitude sur l'ordinaire du soldat. Ils s'assurent que les denrées sont saines et aussi abondantes que possible; que le prêt et les divers produits qui ajoutent à la recette sont versés régulièrement; que l'ordinaire est administré avec économie et qu'il n'y a aucun sujet de plainte. Ils rappellent aux officiers que la surveillance que le règlement leur impose sur cette partie du service, constitue un de leurs devoirs les plus importants.

Lorsqu'une circonstance particulière, la cherté des vivres ou l'intérêt de l'ordinaire le font juger avantageux, les généraux de brigade peuvent autoriser les capitaines à passer des marchés avec les bouchers, les boulangers et les autres fournisseurs. Les capitaines délèguent, à cet effet, quelques-uns d'entre eux, qui se réunissent sous la présidence d'un chef de bataillon. Une copie des marchés passés est affichée dans les chambres des chefs d'ordinaire.

2° *Distributions.* Les généraux de division doivent s'assurer que les ordonnances et les règlements relatifs aux allocations et prestations de toute espèce attribuées aux troupes, reçoivent leur entière exécution. Ils exigent, en conséquence, que les généraux de brigade fassent souvent, et particulièrement aux heures des distributions, la visite des magasins; qu'ils examinent la qualité et le poids des denrées : lorsque les distributions donnent lieu à des contestations, ils font appeler le sous-intendant militaire pour les terminer.

L'alinéa qui précède, ne concerne pas les achats faits par les caporaux d'ordinaire : il s'applique uniquement aux fournitures en nature tirées des magasins de l'État, entre autres le pain de munition, dont la qualité semble avoir atteint, sous le gouvernement de Napoléon III, la limite du possible. Jamais, à aucune époque, le soldat ne fut aussi bien nourri.

CONSIGNE POUR LE SERVICE DES CUISINES

Instruction du 30 juin 1840.

(*Journal militaire*, 2e semestre 1840, page 45.)

PREMIÈRE PARTIE.

CHAUFFAGE AU BOIS.

Art. 1er. Chaque ordinaire sera muni d'une scie et d'une hache, dont l'achat et le renouvellement seront au compte de la masse générale d'entretien, et d'un chevalet fourni par les soins du génie. Ces ustensiles seront tenus constamment en bon état.

Art. 2. Le bois employé pour la cuisson des aliments sera coupé, dans sa longueur, en trois parties égales (deux traits de scie), afin qu'il entre facilement dans le fourneau, et que la porte du fourneau puisse se fermer sans aucun effort. S'il est trop gros, il sera fendu pour être ramené à une dimension plus commode.

Art. 3. Le bois étant une fois introduit et convenablement rangé sous les marmites, on aura soin, avant de l'allumer, d'ouvrir entièrement le registre, dit clef, placé dans le tuyau de la cheminée; on fermera la porte du foyer, celle du cendrier, et on ne laissera de passage à l'air que par le petit guichet.

Le feu sera conduit d'abord avec vivacité, et de manière à obtenir une flamme brillante. L'ébullition du liquide aura bientôt lieu; lorsqu'elle aura duré pendant quelque temps, l'écume commençant à monter à la surface, le registre, dit clef, sera fermé à moitié, afin de diminuer l'ardeur du feu; il pourra même être fermé tout à fait lorsque le bois sera entièrement réduit en braise, et cela dans le but d'entretenir une très-légère ébullition. L'expérience a démontré qu'on obtenait plutôt une bonne soupe en modérant ainsi le feu, qu'en le poussant outre mesure, comme le soldat le fait souvent, dans l'idée qu'il accélère la cuisson, lorsque, par le fait, il n'obtient d'autres résultats qu'une consommation inutile de combustible. On pourra, dans certains cas, modérer l'ardeur du feu en le couvrant avec de la cendre ou des résidus.

Si, dans le cours de la cuisson, on est obligé d'alimenter le feu de nouveau, il faudra, après l'addition du bois, ne pas oublier d'ouvrir le registre pour faciliter l'action du tirage et la combustion, sauf à le refermer ensuite, et à modérer le feu, conformément aux indications qui précèdent.

Art. 4. Comme il est important d'avoir toujours l'eau la plus chaude possible au moment où l'on commence à faire la soupe, aussitôt que la soupe du soir sera terminée, le registre restant fermé, on nettoiera complétement le fourneau, on placera et l'on rangera, pour le lendemain, dans le foyer, le bois fendu et scié de la longueur indiquée à l'article 2, et l'on remplira d'eau les marmites jusqu'à cinq centimètres au plus du bord, en ayant soin de poser dessus leurs couvercles.

Les mêmes précautions seront prises après le repas du matin, à moins que le repas du soir ne se compose d'un ragoût; il n'y aurait pas lieu, dans ce cas, de remplir d'eau les marmites.

Il peut cependant devenir nécessaire de faire chauffer de l'eau dans les marmites pour nettoyer les gamelles; les précautions indiquées ci-dessus ne seront prises alors qu'après cette dernière opération.

Art. 5. Il est expressément défendu de traîner les marmites sur le sol des cuisines : elles doivent toujours être portées à bras par deux hommes.

Art. 6. Les corps sont responsables des dégradations survenues aux fourneaux, lorsqu'il est reconnu qu'elles proviennent du fait des cuisiniers ou de la troupe. Celles qui résultent d'événements de force majeure sont constatées dans les vingt-quatre heures par procès-verbal du sous-intendant militaire ou de son suppléant.

Art. 7. Les officiers, les sous-officiers et les caporaux chargés de la surveillance de l'ordinaire, ainsi que les concierges des casernes (en ce qui regarde la conservation des fourneaux et des marmites), devront veiller à la conservation de la présente consigne.

DEUXIÈME PARTIE.

CHAUFFAGE AU CHARBON DE TERRE.

Art. 1er. Une fois que le charbon et le bois d'allumage (qu'on devra ménager) auront été introduits et rangés convenablement sous les marmites, on aura soin, avant d'allumer le feu, d'ouvrir entièrement le registre dit *clef*, placé dans le tuyau de la cheminée ; on fermera la porte du foyer, ainsi que celle du cendrier, et on ne laissera de passage à l'air que par le petit guichet.

Le feu sera conduit d'abord avec vivacité, puis modérément, afin que le liquide bouille à peine pendant tout le temps de l'opération. Dans ce but, on fermera le registre à moitié, et même tout à fait, selon que le charbon est plus ou moins rouge ; on pourra, au besoin couvrir le feu avec de la cendre mouillée et mise en pâte assez épaisse pour qu'elle ne puisse pas s'écouler au dehors. De cette manière, la chaleur se concentrera, et l'on consommera toutes les parties de la houille qui seront susceptibles de l'être. A défaut de cendre, on pourra se servir, pour couvrir le feu, des balayures de la cuisine ou de toute autre poussière. L'expérience a démontré, en effet, qu'on obtenait plutôt une bonne soupe en modérant ainsi le feu, qu'en le poussant outre mesure, comme le soldat le fait le plus souvent dans l'idée qu'il accélère la cuisson, lorsque, par le fait, il n'obtient d'autre résultat qu'une consommation inutile de combustible.

Le feu étant bien conduit, un fourneau Choumara, chargé d'abord de 4 à 5 kilogrammes de charbon pour le repas du matin, et de 3 à 4 kilogrammes pour le repas du soir, ne doit exiger qu'un seul rechargement de combustible. Dirigé avec les mêmes précautions que le feu primitif, ce rechargement peut être fait de 3 à 4 kilogrammes pour le repas du matin, et de 2 à 3 kilogrammes pour le repas du soir.

L'emploi de la portion de charbon délivrée en poussier sera facilité en formant une pâte, ainsi qu'il est dit pour les cendres.

Art. 2. Comme il est important d'avoir toujours de l'eau la plus chaude possible au moment où l'on commence à faire la soupe, aussitôt que la soupe du soir sera terminée, le registre restant fermé, on nettoiera complètement le fourneau ; on placera et l'on rangera, pour le lendemain, dans le foyer, le charbon et le bois d'allumage : on remplira d'eau les marmites jusqu'à 5 centimètres au plus du bord, en ayant soin de poser dessus leurs couvercles.

Les mêmes précautions seront prises après le repas du matin, à moins que le repas du soir ne se compose d'un ragoût : il n'y aurait pas lieu, dans ce cas, de remplir d'eau les marmites.

Il peut cependant devenir nécessaire de faire chauffer de l'eau dans les marmites, après que la soupe est faite, pour nettoyer les gamelles, et les précautions indiquées ci-dessus ne seront prises alors qu'après cette dernière opération.

Art. 3, 4 et 5. Comme les articles 5, 6 et 7 de la première partie concernant le chauffage en bois.

CIRCULAIRE MINISTÉRIELLE MANUSCRITE

Du 20 novembre 1850,

SUR LA MANIÈRE DE SE SERVIR DES MARMITES POUR LA PRÉPARATION DU RAGOUT.

A Messieurs les Intendants militaires et Directeurs des fortifications.

Messieurs, depuis quelque temps, j'ai eu à me prononcer sur plusieurs réclamations qui m'ont été adressées par différents conseils d'administration, contre l'imputation qui leur avait été faite des frais de remplacement des marmites cassées dans les cuisines des corps. Toutes ces réclamations sont basées sur l'opinion que les marmites actuelles ne sauraient être employées, sans la nécessité de les briser en peu de temps, à la préparation du ragoût qui peut remplacer quelquefois la soupe du soir.

C'est là une erreur qu'il importe de ne pas laisser accréditer. Pour éviter de faire éclater la marmite en préparant le ragoût, il suffit d'observer quelques précautions qui vont être rappelées en peu de mots :

Commencer par faire fondre à petit feu la graisse dans les marmites. Mettre la viande dans la graisse fondue et la retirer après la cuisson ; quand la viande est retirée, ajouter un peu de farine à la graisse et verser l'eau.

La petite marmite du fourneau donnera une certaine quantité d'eau chaude qu'on versera d'abord ; on complétera la quantité nécessaire en versant de l'eau froide, mais peu à peu, de manière à refroidir graduellement la masse du liquide, et, par suite, les parois de fonte de la marmite qui le contient.

Si on ne dispose que d'eau froide pour ajouter à la graisse fondue, il faut commencer par verser cette eau avec la cuiller à pot, et sans aucune précipitation. Quand la marmite est suffisamment refroidie, on peut, sans danger, verser l'eau froide en plus grande quantité ; mais, si on commence par verser l'eau froide en abondance sur la graisse fondue, il y a beaucoup à craindre de casser la marmite.

Telles sont les précautions qui, d'après les renseignements que j'ai fait prendre, suffisent pour éviter toute rupture de marmite dans la préparation du ragoût. Ce n'est qu'en négligeant d'observer ces précautions que les cuisiniers pourront encore en casser quelques-unes, et, dans ce cas, les frais de remplacement seront toujours mis à la charge des corps.

Les dispositions de la présente circulaire seront portées à la connaissance des divers corps de l'armée par les soins de messieurs les Intendants militaires.

Recevez, messieurs, l'assurance de ma considération distinguée.

Le Ministre de la guerre,

DE SCHRAMM.

INSTRUCTION

A L'EFFET DE GUIDER LES TROUPES DANS LA COMPOSITION DE LEUR RÉGIME ALIMENTAIRE.

ART. 1er. — COMPOSITION DU RÉGIME.

Le régime alimentaire se compose des aliments solides et des boissons.

§ 1. — ALIMENTS SOLIDES.

Les substances animales (viande et poisson), le pain, les végétaux mucilagineux ou féculents et les fruits sont les aliments solides dont le soldat doit faire habituellement usage.

L'expérience a démontré irréfragablement : 1° qu'aucune substance alimentaire prise seule, pendant un temps prolongé, ne suffit à la nourriture complète de l'homme, ni quelquefois même à l'entretien de la vie. Ainsi la viande, le pain, les légumes, le riz, etc., ne peuvent, chacun isolément, fournir une alimentation suffisante ;

2° Que l'usage persistant et invariable des mêmes préparations alimentaires amène graduellement, dans les organes digestifs, un état ou de langueur, ou d'irritation, et toujours de satiété, si ce n'est de dégoût, qui nuit à la bonne élaboration des aliments, et par suite à la nutrition et à l'entretien des forces.

De ces faits, appuyés sur les données les plus positives de la science, découle le double principe : 1° de composer, autant que possible, chaque repas d'aliments divers, en proportions convenables, comme viande, pain, légumes, poisson, etc.; 2° de varier le régime, de telle sorte que chaque jour ne ramène pas les mêmes aliments.

Il est démontré encore que, pour être bien digérées et fournir au corps de l'homme tous les éléments de réparation matérielle et d'énergie dynamique dont il a besoin, les substances alimentaires doivent être accompagnées de substances seulement stimulantes, qui constituent des assaisonnements. Le sel, le poivre, le girofle, l'oignon, l'ail, les principes aromatiques de quelques autres végétaux, comme le persil, le cerfeuil, le thym, etc., constituent ces assaisonnements qui excitent les surfaces muqueuses, provoquent des élaborations plus complètes et, peut-être, entrant en combinaison avec les sucs nutritifs, ou passant en nature dans le sang, vont porter dans tout le corps une stimulation favorable à l'entretien de la vitalité.

1° Proportion des divers aliments solides.

La proportion de ces divers aliments exerce une grande influence sur la santé des hommes.

La viande, par les matériaux abondants qu'elle fournit aux organes, presque immédiatement, sous un petit volume, et sans grands efforts de la part de l'estomac, doit prendre le premier rang dans le régime du soldat. L'expérience a prouvé la supériorité de l'alimentation animale, pour l'entretien des forces et leur augmentation progressive, sur celle dont la base est formée de végétaux.

Il conviendrait, en conséquence, que le soldat pût disposer de 300 à 350 grammes de viande par jour. C'est de ces termes qu'il importe de se rapprocher toutes les fois que les circonstances le permettent, et, pour y arriver, des économies peuvent être faites sur les autres parties de l'ordinaire.

Le pain peut n'être considéré que comme la seconde des parties fondamentales du régime.

800 à 875 grammes de pain suffisent, en général, à l'alimentation journalière du soldat. Lorsque le pain est bien préparé et de bonne qualité, il peut être employé en même temps pour la soupe et pour être mangé à la main; le pain spécialement destiné à la soupe peut ainsi être supprimé avec avantage au profit de la viande. Si, au contraire, on continuait à faire usage d'un pain particulier, pour la soupe, il est bien entendu que celui-ci serait prélevé sur le poids total indiqué plus haut.

Les légumes, enfin, ne doivent former que la troisième et la plus faible partie des éléments du régime des soldats. Ils sont, en général, peu nourrissants. Mais leur usage, en certaines proportions, est indispensable à une alimentation complète, et à l'entretien de la santé.

2° Qualités que doivent avoir les divers aliments solides.

Les viandes doivent être fraîches, bien saignées, provenant d'animaux sains et adultes. Les parties composées de chairs musculaires, épaisses et massées, sont plus nutritives que celles qui ne forment que les lames minces, entremêlées de lames blanches et filamenteuses, qui constituent le tissu cellulaire et les aponévroses. Ces parties celluleuses, tendineuses et aponévrotiques ne nourrissent que peu.

Les viandes provenant d'animaux gras et vigoureux sont plus alibiles et plus salubres que celles fournies par des animaux maigres et languissants. Celle de bœuf est préférable à celle de taureau ou de vache.

La graisse, dans la viande, nourrit peu, mais elle fournit à l'homme un principe dont il a besoin. Les viandes accompagnées d'une médiocre quantité de graisse sont donc préférables à celles qui sont exclusivement compactes et sèches.

Bien qu'il paraisse que les viandes provenant d'animaux malades, même de ceux frappés par les épizooties, ne soient pas immédiatement malfaisantes, il est cependant prudent de les éviter. Il n'est permis d'en faire usage qu'en cas de nécessité absolue, urgente, et jamais cet usage ne doit être prolongé, car il entraînerait inévitablement le développement de maladies très-graves parmi les troupes.

Les viandes conservées, séchées, fumées, salées, nourrissent moins bien que les viandes fraîches. Si leur usage prolongé et constant ne soutient pas convenablement les forces, excite la répugnance et dispose aux maladies, comme la stomatite (inflammation de la bouche), le scorbut, etc., cependant son introduction, en certaines proportions, dans le ré-

gime est non-seulement sans inconvénient, mais salutaire, en augmentant la variété.

Les poissons, et plus particulièrement les poissons
salés, comme les morues, les harengs, les saumons,
sont dans le même cas que les viandes salées. Les
poissons frais de rivière ne nourrissent pas assez pour
pouvoir constituer la base des repas habituels du
soldat. Parmi les poissons de mer, frais ou salés, les
plus gros, ceux dont la chair est le plus ferme et le
plus colorée, nourrissent mieux que ceux qui sont
plus petits, mous et blancs. On préférera donc les
morues, les raies, les maquereaux, les saumons, les
thons, les esturgeons, etc.

Le pain très-épuré et très-blanc nourrit moins
que le pain de seconde qualité. Bien que les parties
corticales du grain, ou le son, n'ajoutent pas sensiblement, pour l'homme, aux éléments nutritifs du
pain, et soient, sous ce rapport, bien inférieures à
la fécule ou amidon, cependant elles communiquent
au pain une substance aromatique, un goût spécial,
et surtout une résistance à une dissolution digestive
trop prompte, qui favorisent manifestement l'action
physiologique, et la rendent indirectement plus réparatrice.

Il faut que le pain soit bien levé, c'est-à-dire
pourvu d'yeux assez grands dans toutes ses parties;
qu'il exhale l'odeur agréable qui lui est spéciale ;
que la mie soit homogène, élastique, et que les yeux
y reparaissent quand on l'a modérément pressée;
enfin, que la croûte soit dorée, sonore, et partout
attachée à la mie. Le pain est de mauvaise qualité,
mal préparé ou mal cuit, quand il a une odeur fade
ou de moisi ; qand sa teinte est trop foncée et inégale ; quand il contient des grumeaux de farine;
quand la mie se pelotonne en masse compacte ne
revenant pas sur elle-même après la pression, ou est
diffluente et grasse; enfin quand la croûte est molle,
blanche, ou brûlée et séparée en dessus de la mie.

Il importe de se tenir en garde contre l'addition,
dans le pain, de substances étrangères à la farine de
froment, et contre la diminution, dans celle-ci, de
la quantité proportionnelle et nécessaire de gluten.
On y parvient par l'examen des farines et par celui
du pain, à l'aide de procédés et d'instruments qui
sont à la disposition des officiers de santé, et qui ont
déjà fait l'objet d'une instruction insérée au *Journal
militaire officiel*, 2e semestre 1847, page 397.

Les légumes frais sont, en général, préférables
aux légumes conservés et secs. Les légumes farineux, comme la pomme de terre, les haricots, les
lentilles, les pois, nourrissent plus que les racines
et les légumes herbacés, tels que les choux, les épi-
nards, l'oseille, etc.; cependant il y a de l'inconvénient à s'en nourrir d'une manière trop continue,
trop exclusive. De temps à autre, en de certaines
proportions, les choux, les navets, les carottes, constituent des aliments très-salubres, qu'il ne faut point
négliger. On peut ranger, sous le rapport de l'alimentation, à côté des végétaux précédents, certains pro-
duitsdes céréales, savoir le gruau, le riz, le millet, etc.
Ils se rapprochent des légumes féculents secs.

3o Préparation des aliments.

La meilleure préparation de la viande, comme base
du régime, est celle qui consiste à la faire bouillir et
à obtenir de la soupe. Les ragoûts et les rôtis ne
conviennent qu'à titre d'addition à la base fondamentale du régime : mais cette addition sera d'une
grande utilité et ne doit jamais être négligée, lorsque
les circonstances le permettent.

Pour la préparation de la soupe, il convient que la
viande soit mise dans l'eau froide, et le feu poussé
de manière à ce que la marmite entre aussi vite que
possible en ébullition. Alors on enlève avec l'écu-
moire ce qui arrive à la surface de l'eau. Après cette
opération, il faut ajouter le sel, et le feu doit être
ralenti, de manière à ne plus produire qu'un léger
frémissement dans le liquide.

C'est une très-grande erreur que de penser obtenir
une cuisson plus rapide en faisant bouillir promptement une marmite. L'eau n'élève jamais, à l'air
libre, sa température au delà de cent degrés : c'est
à ce degré que la cuisson s'opère ; quand on fait
bouillir fortement la marmite, l'eau, sans devenir
plus chaude, s'évapore plus vite, et entraîne avec
elle les éléments aromatiques du bouillon, c'est-à-
dire ce qui lui donne la sapidité qui constitue une de
ses principales conditions.

Quatre ou cinq heures sont nécessaires pour faire
une bonne soupe. Après la première heure ou plus
tard, selon leur nature, on ajoute les légumes à la marmite. De ces légumes, les uns ont pour objet d'aro-
matiser, de colorer le bouillon, de le rendre plus
sapide et plus agréable; les autres, d'augmenter la
quantité de substance nutritive destinée au repas.
Des oignons et des carottes brûlés ou séchés au four,
une poignée de persil; quelques clous de girofle et
un peu d'ail, plusieurs panais, des poireaux et des
carottes fraîches constituent les végétaux aromati-
sants. Nous le répétons, ils sont nécessaires, non-
seulement comme assaisonnement agréable, mais
comme excitateurs du travail de la digestion.

Parmi les végétaux nourrissants se trouvent les
pommes de terre, les choux, les haricots, les pois,
les lentilles et quelques produits de céréales comme
le gruau et le riz. Jamais les légumes ne doivent
être mis en telles proportions qu'ils altèrent profondément le bouillon, et lui fassent perdre son goût
spécial. Les légumes frais sont préférables aux légumes secs; les farineux à écorces, comme les haricots, les pois et les lentilles, doivent, autant que
possible, être alternés avec le gruau, le riz et surtout
les herbacés associés aux racines, comme les choux,
les pommes de terre, les carottes, etc. Les légumes
farineux, et plus particulièrement les pois et les
haricots doivent être cuits de manière à ce que les
enveloppes soient crevées et leur intérieur accessible au bouillon. Les légumes herbacés et les racines doivent être devenus fondants, sans dureté, et ne
pas croquer sous la dent. Il ne faut pas cependant
qu'ils aient perdu leur forme et une certaine fer-

meté. Le gruau est dans le même cas. Le riz ne doit jamais être assez cuit pour perdre sa forme et pour se fondre dans la bouche : arrivé à cet état, il ne constitue plus qu'un corps diffluent, sans goût et sans faculté nutritive, la fécule étant presque entièrement décomposée.

La proportion d'eau à mettre à la marmite est telle que, pendant la cuisson, la réduction soit de un tiers, et laisse à l'homme une quantité raisonnable de bouillon pour tremper sa soupe. Jamais il ne faut ajouter, après la cuisson, de l'eau à la marmite pour augmenter la quantité de bouillon. Cette pratique nuisible fait perdre à l'aliment ses meilleures qualités.

La soupe ne doit être ni trop épaisse ni trop claire. Le bouillon versé bouillant sur le pain, doit l'avoir pénétré et ramolli dans toutes ses parties, sans lui avoir fait perdre sa forme et toute sa consistance. C'est à l'instant où l'on va tremper la soupe que le poivre doit être jeté sur le pain en proportion telle que le goût s'en fasse sentir, mais sans âcreté et sans échauffer la bouche et le gosier.

Les ragoûts qui peuvent être faits avec le bœuf, frais ou déjà bouilli, le mouton, le porc, frais ou salé, substances auxquelles on ajoutera toujours des légumes nourrissants et des assaisonnements convenable, ces ragoûts doivent être préparés de telle sorte que les viandes, divisées par morceaux, y soient parfaitement cuites, et que les légumes y aient été bien pénétrés des sucs et des principes aromatiques de ces viandes. Il en sera de même des poissons et des ragoûts composés avec eux.

Les rôtis au four ou à vase clos conviennent mieux, pour l'alimentation du soldat, que les rôtis à feu nu, difficiles à surveiller et qui perdent, par l'évaporation, une partie considérable de leurs éléments liquides et aromatiques. Autour des rôtis du four, on peut placer des légumes tels que pommes de terre, carottes, etc., qui ajoutent à leur goût, et augmentent avec avantage la quantité de l'aliment.

Des légumes seuls peuvent être préparés, à certains jours, lorsque leur abondance le permet, soit au lard soit à la graisse; dans des conditions de bonne cuisson, ils fourniront une ressource très-utile dans le régime du soldat.

Cette observation s'applique parfaitement à certains fromages fermes, qui contiennent tous les éléments du lait, sans avoir subi d'altération profonde par la fermentation, tels que les fromages de Gruyère et de Hollande. Dans les contrées abondantes en laitage, et dans des circonstances que les officiers de santé détermineront, les fromages frais et le lait caillé, avec du pain ou des pommes de terre, pourront être employés, avec réserve, à la nourriture du soldat.

Les fruits bien mûrs et de bonne qualité, pris en petite quantité, à la fin des repas, ne peuvent qu'être utiles, en ajoutant à la variété de l'alimentation et en excitant agréablement le goût, ce qui est toujours un condition favorable à la digestion; mais ils ne conviennent point entre les repas, surtout si l'on

prend en même temps des boissons aqueuses, et de très-graves maladies, ainsi que le constatent des expériences trop nombreuses, peuvent résulter de leur abus.

§ 2. Boissons.

L'eau, les liquides fermentés et les liqueurs alcooliques provenant de la distillation, sont les boissons dont l'homme fait généralement usage. Les boissons sont des aliments liquides qui fournissent à l'homme non-seulement l'eau nécessaire pour diviser, suspendre et dissoudre les matériaux solides, mais encore des éléments qui, par leur combinaison, augmentent la masse de ces matériaux. Plusieurs boissons contiennent de plus en solution des éléments nutritifs ou stimulants et aromatiques; telles sont la bière, le cidre, le vin.

L'eau est la boisson la plus naturelle à l'homme et aux animaux. Elle doit être liquide légère, dissolvant le savon sans former de grumeaux, et cuire bien les légumes secs. Il est utile, lorsqu'on doit faire long-temps usage de la même eau, de s'assurer de ses effets et de sa composition, en prenant des renseignements auprès des habitants qui se trouvent à proximité, et au moyen de l'examen que tous les officiers de santé sont à même de faire. Certaines eaux de source et de puits, les eaux provenant de neiges fondues à peu de distance dans les montagnes ou artificiellement, ne contiennent pas d'air et sont pesantes à l'estomac : il faut les agiter ou les transvaser plusieurs fois, en les versant de haut, pour leur faire absorber le principe qui leur manque, et qui est indispensable pour les rendre faciles à digérer. Les eaux stagnantes, qui exhalent une odeur de marais ou de putridité, doivent être bouillies, ou mieux encore filtrées au charbon; dans le premier cas, il faut leur restituer, par l'agitation, l'air que l'ébullition leur a fait perdre. Enfin, on débarrasse les eaux des matières boueuses qui les troublent, en les faisant filtrer sur du sable ou du gravier.

Il est de la plus grande importance, pour la conservation de la santé, d'éviter l'usage trop abondant de l'eau, surtout entre les repas. La présence d'une grande quantité de ce liquide dans l'estomac le fatigue, lui fait perdre de son énergie et rend les digestions subséquentes plus pénibles. Les aliments, mal élaborés ensuite, fournissent des sucs imparfaits. Des diarrhées et d'autres affections abdominales se développent et la vie peut être très-gravement compromise.

Toutes les fois que les circonstances et les ressources de l'ordinaire le permettront, il sera utile à la santé du soldat de boire, indépendamment de l'eau, une certaine quantité de liquide fermenté. A défaut de vin rouge, qui est préférable sous tous les rapports, la bière, le cidre, le poiré pourront être employés. Tous ces liquides doivent être francs, sans mélange, sans sophistication. Coupé avec de l'eau, le vin rouge forme, pendant les chaleurs de l'été, la meilleure boisson désaltérante pour le soldat. Les vins blancs, plus excitants, sont moins salutaires.

A défaut des liquides fermentés, généralement employés parmi les populations, le soldat peut préparer des bières légères, telles que celle de M. Durand, dont la formule a été publiée, et dont l'essai, fait dans plusieurs garnisons, a été très-satisfaisant. Dans les pays chauds, l'infusion de café est une boisson excellente.

L'eau-de-vie, même la meilleure, prise habituellement, est peu favorable. Prise à jeun, le matin, elle est pernicieuse, et doit être généralement interdite. L'eau-de-vie ne peut être employée qu'à défaut de vin ou d'autre liquide fermenté, et étendue d'eau dans les proportions règlementaires. Il faut alors faire le mélange instantanément, dans des vases en grès revêtus intérieurement d'une bonne couverte vernissée. On peut y ajouter avec avantage de la réglisse, afin de la rendre plus agréable.

L'absinthe et les liqueurs analogues nuisent à la santé et déterminent d'autant plus promptement et plus sûrement des irritations des organes digestifs et du cerveau, qu'elles sont prises plus habituellement, plus fortes, à plus hautes doses et à des intervalles plus rapprochés.

ART. II. — COMPOSITION DES REPAS.

En général, on observe que deux repas seulement pour vingt-quatre heures ne suffisent pas à la bonne alimentation et à l'entretien convenable des fonctions digestives chez le soldat. Entre le repas du soir, de la veille, et celui du matin, le lendemain, l'intervalle de seize à dix-sept heures est trop prolongé ; l'estomac accuse son malaise par des tiraillements douloureux, et des hommes, en assez grand nombre, ou ne suffisent qu'à peine aux exercices ou même tombent en défaillance.

Il serait donc utile de faire prendre au soldat, le matin, avant les travaux de la journée, un premier repas, léger, composé, ou d'une partie de la viande bouillie de la veille, ou d'un potage, facilement et instantanément préparé comme la soupe aux poireaux, aux oignons, etc., ou enfin du fromage. Cette mesure doit être d'autant plus recommandée qu'elle pourra contribuer puissamment à détruire la pernicieuse habitude qu'ont trop de militaires de prendre de l'eau-de-vie à jeun.

Le second repas est le repas principal : il doit, en station, se composer invariablement de la soupe, du bœuf et des légumes qui ont formé la marmite.

Le troisième repas, celui du soir, peut encore, à certains jours, se composer de la soupe et du bœuf ; mais, le plus ordinairement, ce repas doit être fait avec une autre préparation, déterminée d'après les circonstances de la saison et les ressources du pays.

Il est à désirer que le régime soit assez bien préparé, assez abondant et assez varié, pour que le soldat n'ait que le moins de propension possible à aller dans les cabarets et les cantines, chercher à y apporter des suppléments presque toujours de mauvaise qualité et nuisibles à la santé. Sous tous les rapports, il serait nécessaire que la vie de l'ordinaire et les re-

pas pris en commun lui devinssent assez agréables pour l'éloigner des autres lieux de réunion.

Les membres du conseil de santé,
ALQUIÉ, L. VAILLANT, BÉGIN, A. PASQUIER, BRAULT.

APPROUVÉ : Le ministre de la guerre,
D'HAUTPOUL.

COLLATIONNÉ :
Le chef du bureau des Lois
et Archives,
MORAUX.

CERTIFIÉ CONFORME :
Paris, le 13 mars 1850.
Le secrétaire général,
BOURJADE.

La comptabilité de l'ordinaire est tenue au moyen d'un livret dont la longueur est de 34 centimètres et la largeur de 23. Sa couverture porte les indications suivantes :

« TRIMESTRE 185

« RÉGIMENT D'INFANTERIE DE LIGNE

« BATAILLON. « COMPAGNIE.

LIVRET D'ORDINAIRE

Commencé le
Fini le

INSTRUCTION

POUR LA TENUE DU LIVRET D'ORDINAIRE.

Le premier jour de chaque prêt, on portera en dépense les épices, les chandelles, les balais, la graisse et l'huile pour les armes, et le cirage nécessaires pour le nombre de jours dont le prêt se compose. — Le dernier jour de chaque mois, on paye le frater. On détermine ses droits en additionnant les journées des six prêts du mois ; on en divise le total par le nombre des jours du mois. Le quotient désigne le nombre des hommes pour chacun desquels dix centimes sont dus au perruquier. De ce nombre sont déduits les hommes que le frater ne rase pas, et qui sont payés, en même temps que lui, des dix centimes que le règlement leur attribue.

Les sommes versées par les travailleurs sont inscrites aux produits additionnels du dernier prêt de chaque mois ; mais si les hommes cessent de travailler avant la fin du mois, ce versement est effectué le lendemain du jour de la cessation du travail ; ce produit est acquis à l'ordinaire où mange le travailleur, même quand il y vivrait comme subsistant.

En conformité des circulaires ministérielles des 8 mars 1842 et 6 mai 1843, chaque ordinaire doit être pourvu de deux passoires en fer blanc de 10 centimètres de hauteur, et dont le diamètre est de 14 centimètres à la partie inférieure, et de 20 centimètres à la partie supérieure. Chaque trou a de 3 à 4 millimètres de diamètre. Ces passoires sont munies d'un manche en fer.

L'excédant de recette ne doit pas dépasser 40 francs. (Décision ministérielle du 9 septembre 1840.)

Le tableau ci-après résume :

1° Toutes les recettes qui, sous la dénomination ·

de produits additionnels, viennent augmenter les ressources de l'ordinaire ;

2° Toutes les dépenses étrangères à l'alimentation, qui doivent seules incomber à l'ordinaire.

RECETTES.	DÉPENSES.
1° **Indemnité en remplacement d'eau-de-vie.** — La quotité en est déterminée suivant les localités où les corps sont stationnés. (Art. 290 de l'ordonnance du 25 déc. 1837.) 2° **Indemnité extraordinaire en rassemblement.** (Art. 211 de l'ordonnance du 25 décembre 1837.) 3° **Ouvrier externe :** cinq francs par mois, plus cinq centimes par jour si la compagnie fait son service; cinq centimes par jour seulement, si ce service est fait par un homme de la compagnie. (Art. 239 de l'ordonnance du 2 novembre 1833.) — Les ouvriers des ateliers du corps ne versent rien. 4° **Sous-officiers mangeant à l'ordinaire :** cinq centimes par jour. (Art. 327 de l'ordonnance du 2 novembre 1833.) 5° **Officiers aux arrêts de rigueur ou en prison,** avec une sentinelle à leur porte : le cinquième de leur solde est versé à l'ordinaire des hommes qui fournissent les sentinelles. (Art. 270 de l'ordonnance du 2 novembre 1833.) 6° **Caporaux et soldats punis de prison ou de cachot;**	1° **Frater :** 10 centimes par homme et par mois. Les hommes qui se rasent eux-mêmes sont payés de ces 10 centimes; 2° **Ingrédients de propreté;** 3° **Livrets d'ordinaire :** 4° **Éclairage des chambres;** 5° **Balais pour le service de propreté;** 6° **Cirage pour l'entretien de la chaussure;** 7° **Graisse et huile pour le nettoyage et l'entretien des armes;** 8° **Ingrédients pour le nettoyage des effets d'habillement;** 9° **Ingrédients pour la marque des effets d'habillement et de linge et chaussure,** 10° **Ustensiles de cuisine,** sabots pour les cuisiniers (achat et réparation d');	Articles 76 et 170 de l'ordonnance du 2 novembre 1833. Circulaire ministérielle du 25 juillet 1833 (*Journal militaire,* 2ᵉ semestre 1833, p.101). Circulaires ministérielles manuscrites des 26 mai 1841 et 8 avril 1850.

Retenues à exercer sur leur solde, au profit de l'ordinaire, par jour :

	fr. c.
Caporal-tambour. .	0,30
Caporal d'élite. .	0,28
Soldat d'élite. . . .	0,12
Tambour ou clairon d'élite.	0,17
Caporal du centre.	0,28
Soldat du centre. .	0,07
Tambour du centre.	0,12

Art. 287 de l'ordonnance du 2 novembre 1833, expliqué par la décision ministérielle manuscrite du 12 juin 1850, d'après laquelle les caporaux-tambours ou clairons, punis de prison ou de cachot, subissent, au profit de l'ordinaire, une retenue de la moitié de l'accroissement de solde de 10 centimes qui leur est attribué, soit 5 centimes par jour.

A Paris, et dans toutes les positions où un supplément de solde est accordé, les caporaux ou soldats punis de prison ou de cachot versent à l'ordinaire, comme partout ailleurs, *l'intégralité de leurs deniers de poche,* sauf les 5 centimes affectés à la masse individuelle des caporaux-tambours, des tambours et des clairons, pour l'entretien des objets particuliers à leur emploi.

7° **Hommes absents au dernier jour du prêt;** les deniers de poche qui leur reviennent sont acquis à l'ordinaire. (Art. 69 de l'ordonnance du 2 novembre 1833.)

8° **Vente des os de cuisine et des eaux grasses;**
9° **Échange de la monnaie de billon.** — Instruction pour les inspections administratives.

11° **Frais de réparation et de remplacement des balances dites romaines,** servant à contrôler le poids des denrées destinées aux ordinaires. — Décision ministérielle du 8 juin 1851 (*Journal militaire,* 1ᵉʳ semest. 1851, page 268.)

Les dépenses ci-dessus énumérées étant les seules qu'il soit permis de faire supporter par les fonds de l'ordinaire, il est expressément interdit de leur en imputer d'autres, telles que :

Scie et hache. Elles sont achetées, entretenues et renouvelées au compte de la masse générale d'entretien. (Instruction du 30 juin 1840, *Consigne pour le service des cuisines.*)

Chevalet. Il est fourni par les soins du génie. (Même instruction.)
Cire jaune pour les tables et les bancs. Il est défendu d'en employer.
Transport d'effets. Ils sont effectués par les convois militaires ou par le service des transports généraux pour les troupes en marche; par des hommes de corvée ou par les équipages militaires, s'il y a lieu, dans l'intérieur des places.
Cruches pour les prisons. Le prix en est imputable sur le fonds mis à la disposition des chefs de corps pour dépenses éventuelles.
Ustensiles d'infirmerie. Doivent être achetés sur le fonds de la masse générale d'entretien.
Dégradations à la literie et au casernement. Sont invariablement remboursables par la masse individuelle des hommes. — Note ministérielle du 22 juillet 1850. (*Journal militaire,* 2ᵉ semest. 1850, page 25.)

Le seul moyen de constater, d'une manière prompte et sûre, si l'ordinaire reçoit exactement tous les deniers auxquels il a droit pour les militaires qui y mangent, est fourni par la comparaison du chiffre de ces hommes inscrit au tableau des recettes du livret d'ordinaire, avec le chiffre que présente, pour les journées correspondantes, le chapitre III du livre de détail, vulgairement appelé *Main-courante.* On a introduit dans la première partie du modèle de livret annexé à l'ordonnance du 2 novembre 1833, des modifications qui ont pour objet de faciliter cette comparaison, et d'expliquer les différences qu'elle peut amener à remarquer.

Les parties prenantes, toujours payées comptant

par le caporal d'ordinaire, et en présence des hommes de corvée, donnent quittance sur le livret d'ordinaire même, des sommes qui leur sont dues pour prix de leurs fournitures. Ce mode d'opérer accélère les vérifications, et rend désormais inutile le cahier des quittances, dont l'ordonnance précitée a prescrit la tenue sans en indiquer le modèle.

Comme nous l'avons déjà dit, et en conformité du deuxième paragraphe de l'article 173 de l'ordonnance du 2 novembre 1833, les soldats, dont le chef d'ordinaire est accompagné pour effectuer les achats, ont la faculté de *débattre les prix et d'aller à d'autres marchands.* D'un autre côté, le troisième paragraphe du même article porte que *toute remise, tout arrangement illicite entre les fournisseurs et le chef d'ordinaire sont absolument interdits et entraînent le changement immédiat du premier.* Il suit de là, qu'en

principe, les ordinaires ont des fournisseurs attitrés.

Enfin, l'officier chargé de la direction de l'ordinaire doit, aux termes du deuxième paragraphe de l'article 89 de la même ordonnance, *exiger que les fournisseurs soient payés comptant et que le boucher, le boulanger et l'épicier donnent quittance;* de plus, l'article 147 du règlement précité ordonne au sergent de semaine de *s'informer souvent chez les marchands s'il ne leur est rien dû;* il est ainsi indispensable : 1° que les fournisseurs ne puissent jamais exciper de leur ignorance de la défense faite aux chefs d'ordinaires d'acheter à crédit ; 2° que les adresses du boucher, du boulanger et de l'épicier soient toujours connues.

Les deux tableaux ci-après seront, en conséquence, tenus à jour par les soins du chef d'ordinaire :

^e RÉGIMENT D'INFANTERIE DE LIGNE.

^e BATAILLON.　　^e COMPAGNIE.

Nous Fournisseurs de ladite compagnie, soussignés, déclarons que, conformément aux articles 89 et 173 de l'ordonnance du 2 novembre 1833, dont nous avons connaissance, nous nous engageons à ne jamais livrer de comestibles au chef d'ordinaire sans être payés sur-le-champ, sachant que tout arangement illicite lui est interdit, ainsi qu'à nous; nous nous engageons, en outre, à ne jamais faire aucune réclamation pour ce motif.

SIGNATURES.

DATES.	BOUCHER.		DATES.	BOULANGER.		DATES.	ÉPICIER.	
1er avril.	Le Mari.	N.	1er avril.	Le Mari.	N.	1er avril.	Le Mari.	N.
D°.	La Femme.	N.	D°.	La Femme.	N.	D°.	La Femme.	N.
15 juin.	Le Mari.	N.	10 mai.	Le Mari.	N.	17 avril.	Le Mari.	N.
D°.	La Femme.	N.	D°.	La Femme.	N.	D°.	La Femme.	N.

NOMS ET DOMICILES DES FOURNISSEURS.

DATES.	BOUCHER. Nom et domicile.	DATES.	BOULANGER. Nom et domicile.	DATES.	ÉPICIER. Nom et domicile

Modèle **G** modifié.
Art. 139 de l'ordonnance
du 2 novembre 1833.

ᵉ *Régiment d'Infanterie de Ligne*

ᵉ **BATAILLON**   ᵉ **COMPAGNIE**

Livret d'Ordinaire

Commencé le

Fini le

NOTA. La première partie (Recettes) est entièrement écrite jour par jour par le sergent-major ou par le fourrier; il indique le nombre d'hommes qui ont mangé à l'ordinaire, et les sommes qu'ils y ont versées; il décompte, à la fin de chaque prêt, l'indemnité d'eau-de-vie, etc., quand elle est allouée, et il totalise et porte en augmentation aux recettes les produits additionnels.

Le sergent-major inscrit chaque jour les à-comptes remis au chef d'ordinaire.

La deuxième partie (Dépenses) est remplie jour par jour par un chef d'ordinaire ou un homme de l'ordinaire, ou même par le fournisseur, en présence de l'homme ou des hommes de corvée.

A l'expiration de chaque prêt, le sergent-major fait la balance de la recette et de la dépense.

DÉTAIL au 1er jour du prêt.	Vivant à l'ordinaire.	N'y vivant pas.	TOTAL.	OBSERVATIONS.	RECETTES.
Sous-officiers.	1 (¹)	5	6	(¹) Davonne, sergent.	
Soldats......	63	2 (²)	65	(²) Jean et Louis, fusiliers.	PRÊT du 26 au 30 juin inclus 1853.
Subsistants...	1 (³)	»	1	(³) Granger, fusilier à la 5e compᵉ du 3e bat.	
Totaux...	65	7	72		

	DATES.	NOMBRE D'HOMMES.	MUTATIONS qui, d'après le livre de détail, ont donné lieu aux augmentations ou aux diminutions.	NOMBRE de JOURNÉES.	PRIX.	MONTANT en ARGENT.
					fr. c.	fr. c.
Il revient	26	65	....	65	0 33	21 45
à l'ordinaire	27	65	....	65	0 33	21 45
pour les hommes	28	64	Rivat, fusilier, entré à l'hôpital le 28.....	64	0 33	21 12
qui y ont mangé	29	63	Remy, caporal, parti en permission le 29..	63	0 33	20 79
	30	65	Jourdain, caporal, et Sinet, fusilier, sortis de l'hôpital le 30.................	65	0 33	21 45
			Total........	322		

PRODUITS ADDITIONNELS.

NUMÉROS matricules des hommes punis, des travailleurs, etc.	NOMS.	GRADES	MOTIFS DES PRODUITS.	NOMBRE de journées.	PRIX.	DÉCOMPTE en argent.
					fr. c.	fr. c.
			Indemnité en remplacement d'eau-de-vie.	322	0 03	9 66
			Indemnité extraordinaire en rassemblement	322	0 05	16 10
877	Davonne...	Sergent..	A mangé à l'ordinaire les 26, 27, 28, 29 et 30.	5	0 05	0 25
1,032	Hullonet...	Caporal.	Au cachot, les 26, 27, 28 et 29..........	4	0 23	0 92
2,235	Fischer....	Fusilier.	En prison, les 26, 27, 28, 29 et 30......	5	0 07	0 35
1,517	Mézin.....	Idem...	Travailleur pendant tout le mois de juin	30	5 fr. par mois.	5 00
—	Idem.....	....	A mangé à l'ordinaire, comme travailleur, les 26, 27, 28, 29 et 30.............	5	0 05	0 25
2,005	Helson....	Fusilier.	Travailleur les 27, 28 et 29.	3	5 fr. par mois, 0,16 ⅔ p. jour.	0 50
—	Idem.....	....	A mangé à l'ordinaire, comme travailleur, les 27, 28 et 29.....................	3	0 05	0 15
			Échange de 20 pièces de 5 fr. à raison de 5 centimes par pièce.................	»	»	1 00
			Vente des os de cuisine et des eaux grasses.	»	»	4 50
			Total..............		38 68	38 68

COMPTE du commandant de la compagnie avec le chef d'ordinaire.

	fr. c.
Le total des Recettes s'élève à........	144 94
A-comptes remis par le capitaine. { Le 25...............	25 00
Le 26...............	25 00
Le 27...............	30 00
Le 28...............	25 00
Le 29...............	30 00
Le 30, solde de compte	9 94
Total....	144 94 égal au crédit.

	fr. c.
Total des Recettes....	144 94
A ajouter l'excédant de recette du prêt précédent	34 17
Total général de la Recette...	179 11
Les dépenses pendant les 5 jours s'élèvent à..	139 48
Partant, il y a excédant de { Recette.....	39 63
Dépense	» »

Le Sergent-Major,
N.

Lorsque les à-comptes du capitaine excèdent les produits du prêt, il retient le montant de la différence, de la main à la main, sur le premier à-compte du prêt suivant.

Vérifié par l'officier chargé de la direction de l'ordinaire et arrêté l'excédant de recette à trente-neuf francs soixante-trois centimes.
N.

Le Chef d'ordinaire,
N.

DATES	NOMS des hommes de corvée.	FOURNISSEURS.	DÉTAIL DES DÉPENSES.	QUANTITÉ.	PRIX.	MONTANT.	TOTAL par fourniss.	TOTAL par jour.	ACQUIT DES FOURNISSEURS.
			Excédant de dépense sur le prêt précédent.	....	....	....	....	fr. c.	
		Boucher, r. des Changes, 10.	Bœuf..................	k. gr. 22,000	fr. c. 0 60	fr. c. 13 20	fr. c. 13 20		Le Boucher. N.
		Boulanger,	r. des Marais, 20. Pain blanc	17,000	0 30	5 10	5 10		Le Boulanger. N.
			Légumes verts pour la soupe	....	....	0 95			
26 Jeudi.	LANG et MACÉ.		Sel..................	1,500	0 20	0 30		24 18	
			Épices................	....	....	1 08			
		Épicier, rue Neuve, 55.	Eau-de-vie............	2 lit. 50 c.	0 80	2 00			L'Épicier. N.
			Ognons................	....	....	0 10	5 88		
			Chandelles............	0k,500	1 10	0 55			
			Huile et graisse pour les armes.	....	....	0 35			
			Balais................	4	0 05	0 20			
			Cirage pour la chaussure..	....	....	0 35			
		Boucher, r. des Changes, 10.	Bœuf..................	11k,500	0 60	6 90	15 30		Le Boucher, N.
			Mouton................	14,000	0 60	8 40			
	RODY et JAMET.	Boulanger,	r. des Marais, 20. Pain blanc	8,000	0 30	2 40	2 40		Le Boulanger. N.
27 Vend.			Légumes verts pour la soupe	....	....	0 55		22 80	
			Sel..................	1,000	0 20	0 20			
		Épicier, rue Neuve, 55.	Eau-de-vie............	2 lit. 50 c.	0 80	2 00			L'Épicier. N.
			Pommes de terre........	35k,000	0 05	1 75	5 10		
			Ognons................	....	....	0 45			
			Blanc pour les buffleteries de tambour............	....	....	0 15			
		Boucher, r. Porte-Enseigne, 22.	Bœuf..................	11k,500	0 60	6 90	16 70		Le Boucher. N.
	LANDEZ et ROGUIN.		Veau.................	14,000	0 70	9 80			
28 Sam.		Boulanger,	r. des Postes, 19. Pain blanc	8,000	0 30	2 40	2 40	23 40	Le Boulanger. N.
			Légumes verts pour la soupe	....	....	0 50			
		Épicier, r. des Granges, 25.	Sel..................	1,000	0 20	0 20			L'Épicier. N.
			Eau-de-vie............	2 lit. 50 c.	0 80	2 00	4 30		
			Pommes de terre........	32k,000	0 05	1 60			
		Boucher, r. Porte-Enseigne, 22.	Bœuf..................	11k,000	0 60	6 60	6 60		Le Boucher. N.
	MIROY et GASNER.	Boulanger,	r. des Postes, 19. Pain blanc	8,000	0 30	2 40	2 40		Le Boulanger. N.
29 Dim.			Légumes verts pour la soupe	....	....	0 50		23 60	
		Épicier, r. des Granges, 25.	Sel..................	1,500	0 20	0 30			L'Épicier. N.
			Eau-de-vie............	2 lit. 50 c.	0 80	2 00	5 80		
			Riz..................	10k,000	0 30	3 00			
		Charcutier,	rue Marchande, 25. Lard..	8 ,000	1 10	8 80	8 80		Le Charcutier. N.
		Boucher, rue des Bons-Enfants, 22.	Bœuf..................	11k,000	0 60	6 60	6 60		Le Boucher. N.
		Boulanger,	r. des Postes, 19. Pain blanc	8,500	0 30	2 55	2 55		Le Boulanger. N.
			Légumes verts pour la soupe	....	....	0 75			
	MENDEZ et ANDRÉ.	Épicier, r. des Granges, 25.	Sel..................	1,000	0 20	0 20			L'Épicier. N.
30 Lundi.			Eau-de-vie............	2 litres.	0 80	1 60	6 45	45 50	
			Salade avec huile et vinaigre	....	....	3 00			
			Graisse...............	0k,500	1 80	0 90			
		Marchands Divers.	Md de vin, r. Mercière, 25.	32 lit. 50 c.	0 20	6 50	6 50		Le Md de Vin. N.
			Oies achetées au marché..	10k	1 70	17 00	17 00		Le Md de Volaille. N.
		Perruquier.	Pour 52 hommes........	....	0 10	5 20	5 20		Le perruquier. N.
			Payé à 12 hommes qui se rasent eux-mêmes	....	0 10	1 20	1 20		
			Total 64 hommes (1).						
			Case réservée pour le dernier prêt du mois de 31 jours.						

TOTAL DES DÉPENSES...... 139 48

(1) Total des journées des 6 prêts du mois de juin : 1920 divisées par 30 = 64. — Ce modèle, établi pour une compagnie d'infanterie de ligne, est applicable, comme les instructions dont il est précédé, à un escadron, à une batterie, en un mot à toute portion de corps appelée à former un ordinaire.

LE MAJOR Paul ROQUES.

OREILLE (physiologie). = Organe de l'ouïe, que les anatomistes divisent en trois parties distinctes ; l'oreille externe, l'oreille moyenne et l'oreille interne ou labyrinthe.

L'oreille externe se compose de deux parties distinctes : le pavillon et le conduit auditif externe. Le pavillon est cette partie saillante que l'on désigne vulgairement sous le nom d'oreille ; il présente en dehors trois éminences et autant d'enfoncements, lesquels ont pour usage de diriger parfaitement les rayons sonores vers le conduit auditif ; la portion molle qui le termine en bas a reçu le nom de lobule. Le conduit auditif s'étend du pavillon de l'oreille à la membrane du tympan, ou, si l'on veut, au repli membraneux qui est situé de champ entre la terminaison du conduit auditif et le commencement de l'oreille moyenne. C'est un canal plus large à ses extrémités qu'à sa partie moyenne, long de dix à douze lignes et courbé dans sa longueur ; il est évidemment destiné à recevoir les ondulations sonores, et à les transmettre dans leur intégrité au nerf qui doit effectuer la sensation. Ce conduit est tapissé d'une membrane muqueuse, où l'on remarque les orifices des glandes qui sécrètent une humeur jaunâtre, destinée à modérer l'impression trop irritante de l'air et à empêcher les insectes de s'introduire dans l'organe de l'ouïe.

L'oreille moyenne est cette seconde partie de l'oreille, que l'on désigne encore sous le nom de caisse du tympan ou du tambour, située entre la membrane du tympan et l'oreille interne. La membrane du tympan est concave à sa surface externe et convexe à l'interne, qui répond au tympan. On remarque dans l'intérieur de l'oreille moyenne plusieurs parties, dont les principales sont : la fenêtre ovale, ouverture qui établit une communication avec l'oreille interne, et qui est en partie fermée par l'étrier ; la fenêtre ronde, ouverture faisant également communiquer le tympan avec une autre partie de l'oreille interne ; l'orifice triangulaire d'un canal très-court, situé au-dessus d'une partie nommée l'enclume, s'ouvrant dans les cellules mastoïdiennes, cavités nombreuses qui communiquent entre elles ; enfin l'ouverture de la trompe d'Eustache, conduit long d'environ cinq centimètres, étendu depuis la caisse du tympan jusqu'à la partie supérieure du pharynx, où son orifice évasé et renflé est situé derrière l'ouverture postérieure de la fosse nasale correspondante. Dans l'intérieur de l'oreille moyenne sont encore contenus quatre petits os, dits osselets de l'ouïe, lesquels ont pour usage d'imprimer certains mouvements à la membrane du tympan, quand les rayons sonores viennent à la frapper.

L'oreille interne porte aussi le nom de labyrinthe, à cause des nombreux détours que présentent les différentes cavités et conduits dont elle est composée ou avec lesquels elle communique : dans cette partie de l'organe de l'audition se trouve logé le nerf acoustique, qui effectue la sensation. Le labyrinthe comprend : une cavité osseuse contournée en spirale qui porte le nom de limaçon ; trois cavités

cylindroïdes, courbées en demi-cercle ; des canaux demi-circulaires ; enfin une cavité centrale à laquelle aboutissent toutes les autres, et que pour cette raison on a appelée vestibule, communiquant avec l'oreille moyenne, la fenêtre ovale.

ORÉGON (géographie). — Contrée de l'Amérique septentrionale, qui, dans ces derniers temps, a acquis une grande importance historique. Elle se compose de la partie du territoire de la côte nord-ouest comprise entre les possessions russes et le Mexique. Ce pays forme, des montagnes Rocheuses aux Cordilières, un plateau qui va s'abaissant successivement par terrasses, se prolongeant, avec les Cordilières, jusqu'à l'océan Pacifique, interrompu à un seul endroit, entre 45° et 53° latitude, par une crête qui unit les Alpes maritimes aux montagnes Rocheuses. Le climat de ce plateau, à l'est des Alpes maritimes, consiste en deux saisons excessivement tranchées : l'une pendant laquelle il vient de grandes pluies qui, jusqu'aux froids, couvrent les plaines élevées d'une luxuriante végétation, tandis qu'en été la sécheresse amène une extrême aridité. Ce n'est que dans les vallées, à l'embouchure des fleuves, que les terres peuvent être mises en culture ; mais elles ne forment que la dixième partie de la superficie totale. Le sol est tout différent à la côte ; à partir du 47° latitude, elle offre de bons ports, notamment celui qui est fermé par le détroit de Puget, au fond de la baie de l'Amirauté, tandis qu'en face on trouve une multitude de récifs et de grandes îles, dont les plus importantes sont celles de la Reine-Charlotte et de Vancower. Au sud, jusqu'à San-Francisco, il n'y a pas un seul bon port. Les fleuves prennent leurs sources dans les montagnes Rocheuses, parcourent le plateau en suivant des vallées étroites, et se jettent dans l'océan Pacifique ; ils sont rarement navigables à cause de leurs nombreuses cataractes. Le plus important est le Columbia ou Orégon, qui prend sa source par 50° latitude nord, et 118° 50' longitude occidentale, et se jette dans l'Océan par 46° 19' latitude nord, et 126° 14' longitude ouest, après un cours de deux mille kilomètres. Son embouchure est obstruée par une barre, et il y règne de grandes rafales pendant huit mois de l'année. Ces cours d'eau sont très-poissonneux, et le nord abonde en animaux à fourrures. On rencontre au sud-est de nombreux troupeaux de buffles et d'autres animaux.

L'Orégon n'a pas une grande importance relativement à ses produits, mais au point de vue politique et commercial, sa position assure la domination et le commerce de l'océan Pacifique et celui de la Chine ; aussi ce pays a-t-il été l'objet de bien des contestations entre l'Angleterre, les États-Unis et l'Espagne. Des traités et des réclamations à ce sujet ont eu lieu dès l'année 1789, et ce sont renouvelés en 1792, 1811, 1814, 1824, 1825, 1826, 1845. Le *Moniteur* du 3 novembre 1858 donne les détails suivants sur une campagne entreprise par les troupes des États-Unis dans l'Orégon.

Les conditions dans lesquelles on fait la guerre contre les Indiens à l'ouest de Columbia, en deçà des Cascades, dans les territoires de l'Orégon et de Washington, sont d'une nature à part. C'est une entreprise fort sérieuse. Elle présente des difficultés de terrain, d'accès, d'approvisionnements, dont les autres luttes avec les Indiens donnent à peine l'idée. Elle place, en outre, les troupes des États-Unis en face d'ennemis réellement redoutables à raison de leur énergie, de la résolution bien prise de se défendre jusqu'à la dernière extrémité, de leur courage et de l'état de leur armement.

Les tribus indiennes de ces contrées ne sont cependant pas toutes disposées au combat. Les Ouhi et les Qualchim ont décidé de se joindre aux Spokans dans la lutte, mais les Cothautes et les Choshoscans avec leurs familles sont pour la paix. Toutefois, le plus grand nombre des tribus sont hostiles et ne seront réduites qu'avec de grandes difficultés.

La marche des troupes a dû être lente. Du fort Dalles à la jonction des deux bras de la rivière Snake, où les troupes ont établi un camp retranché, la distance à parcourir est d'environ 200 milles. C'est au mois de juillet qu'une partie des troupes a franchi ce trajet. Un officier écrit à ce sujet :

« Quel pays pour la poussière! Elle était quelquefois si dense, qu'il était impossible de rien distinguer à quelques pas de nous. Figurez-vous des hommes marchant près les uns des autres, escortant nos pièces d'artillerie ou des chariots, ayant sur le dos un poids de 18 à 20 livres, par une chaleur de plus de 100 degrés à l'ombre (là où il y a de l'ombre), enveloppés d'une poussière impalpable, sous le rayonnement suffocant d'un soleil sans pitié, manquant d'eau et ayant en perspective une marche de 25 milles par jour sur du sable dans ces conditions, vous pourrez alors concevoir l'idée des félicités dont jouissent ceux qui font faire la chasse aux Siwaches du territoire de Washington. »

Le petit corps d'armée dont il est ici question, était, le 7 août, sur les bords de la rivière Snake, où il attendait des renforts. Plusieurs fois il s'était trouvé à portée des Spakes ou Shoshones, mais sans les inquiéter. L'ennemi contre lequel se réservait son ardeur se composait des tribus Spokans, Pelouse, Cœur-d'Alène et de leurs alliés, comprenant la plus grande partie des tribus du territoire, à l'exception des Caynse et des Walla-Walla. Un traité a été conclu avec les Nez-Percés. Ces derniers ont fourni trente jeunes guerriers qui marchent avec les troupes fédérales contre l'ennemi commun et obéissent à des chefs renommés : Spotted, Eagle et le capitaine John. Ces Indiens portent l'uniforme des troupes d'infanterie, mesure jugée nécessaire pour les distinguer des autres Indiens. Ils sont fiers de porter ce costume, et c'est plaisir de voir combien un tel honneur les grandit à leurs propres yeux.

On considérait la saison comme déjà bien avancée pour commencer une campagne décisive cette année. Les Indiens ont pour tactique de laisser s'avancer l'ennemi, de mettre le feu aux herbes desséchées qui les séparent de lui, puis de battre en retraite. Ils

ne livrent le combat qu'autant qu'ils sont bien sûrs des avantages de la situation. Ceux contre lesquels est dirigée l'expédition sont résolus à une lutte à outrance; ils ont repoussé les ouvertures que leur a fait faire le général Clarke. Ce ne sont pas des ennemis à mépriser. Ils ne ressemblent en rien aux sauvages du Sud. Ils sont réellement braves, bien armés, bien pourvus de munitions de guerre, qu'ils tiennent, dit-on (la preuve est loin d'en être faite), des agents de la compagnie d'Hudson-Bay, et sont de très-bons tirailleurs. Ils sont au nombre de 1,000 ou 1,500 guerriers. Ils combattent pour leurs pénates, leur *home*! La rivière Snake a dû être passée le 23 août. Une fois sur l'autre rive, la guerre devait commencer. Les Indiens ont déclaré aux troupes que si elles traversaient la rivière, elles ne la repasseraient plus.

L'ensemble des forces disponibles était alors composé de six compagnies d'artillerie, sous le commandement du capitaine Keyes, et de six compagnies d'infanterie, commandées par le major Grier et le capitaine Dent. Tout le corps (formant 600 hommes) obéissait aux ordres du colonel G. Wright.

En même temps que ce détachement devait agir dans la direction de Walla-Walla, au fort Colville, le major Garnett, commandant une autre colonne, avait mission de se porter sur une ligne de Simcoe à Colville, du côté de l'Est. Leurs mouvements sont combinés de manière à ce qu'ils puissent se prêter un mutuel appui, en pourchassant vigoureusement les Indiens dans tout l'est des Cascades. Du fort Simcoe, un fort détachement devait éclairer la voie vers le fort Okanagan, direction que suivent les mineurs entre l'Orégon et les nouvelles mines du Nord.

GOSSART.

ORFÉVRERIE. — Profession de l'orfévre. Ce mot vient de fèvre ou fabre (en latin *faber*) et du mot or. L'orfévre s'appelait, chez les Romains, *aurifex*. Un arc de triomphe fut érigé à Rome en l'honneur de Septime Sévère par la corporation des *aurifices*. Des inscriptions antiques portent : *Aurifex Aug.*, *Aurifex Augustæ*, *Aurifex Tib.*, *Cæsaris*, *Aurificis*, *Liviæ*, etc.

Il résulte de ces inscriptions que depuis Auguste et Livie l'orfévrerie fut pratiquée par les Romains, surtout pour le service des empereurs et impératrices.

L'orfévrerie se distingue de la bijouterie en ce qu'elle ne s'applique qu'à l'ornementation des églises ou monuments publics, aux appartements et à la vaisselle, tandis que cette dernière n'est généralement qu'à l'usage de la toilette; cependant plus d'un objet d'orfévrerie peut être considéré comme bijou par la délicatesse et le fini de son travail, mais il ne reste pas moins dans le domaine qui lui appartient à cause de son usage.

L'orfévrerie s'enrichit souvent par la bijouterie, c'est-à-dire que toute la petite ornementation d'une pièce d'orfévrerie peut être représentée par la bijouterie ou la joaillerie; c'est, du reste, l'alliance souvent obligatoire de ces deux métiers et leur fabrication analogue qui les fit unir ensemble par plus d'un orfévre ancien et moderne.

L'orfévrerie se fait avec différents métaux; mais la partie la plus considérable est en cuivre, puis viennent ensuite l'argent, l'or, quelquefois l'étain, l'acier, et depuis peu l'aluminium.

Il est un fait intéressant, que nous devons mentionner à propos du dernier métal que nous venons de citer. Les inventions se produisent et se perfectionnent bien vite par ce temps de progrès! Tout récemment dans cet ouvrage (Voy. *Ciselure*), nous regrettions que l'aluminium, ce nouveau métal, n'eût point sa soudure ainsi que tous les métaux; mais voici que M. Mourey, artiste industriel et plein de génie, annonce qu'il a découvert, non-seulement le moyen de dorer ce nouveau produit, mais encore de le souder. Ce résultat, dont l'avantage est incalculable pour l'avenir de l'aluminium, appelle pour son auteur l'application de cette devise: Il a bien mérité de l'art et de l'industrie!

Comme la bijouterie, l'orfévrerie fut aux temps primitifs la première industrie qui prit naissance, d'abord à cause des ustensiles, tels que tasses, écuelles ou pots, qui étaient de première nécessité, et pour remplacer ceux qui furent d'abord en bois, soit par l'extrême facilité de se procurer le métal d'or que les rivières roulaient sur le sable, en perles brillantes, ou que le sol offrait à sa surface; le fer ne sortit de sa mine que longtemps après que l'or s'était déjà transformé en armes, en vases, en parures et amulettes. L'orfévre peut donc s'enorgueillir de son droit primordial à l'initiation des arts et de l'industrie.

Si, maintenant, de ces premières périodes dont nous concevons l'histoire par les vestiges, les monuments et les probabilités, mais dont nous n'avons aucune donnée précise, nous passons à l'histoire des époques plus rapprochées, telles qu'aux temps florissants de l'Égypte, de la Grèce et de Rome, nous voyons alors cette industrie portée à une grande perfection. C'est de Rome que vinrent dans les Gaules, soumises à sa domination, les premiers orfévres ayant quelque talent.

Il y eut deux espèces d'orfévrerie aux temps du paganisme et de l'ère chrétienne: ce furent l'orfévrerie religieuse et l'orfévrerie profane; la première, spécialement consacrée aux églises, couvents et monastères, fut pratiquée notamment par des moines; la seconde, consacrée au faste des rois et des nobles, était entreprise par des laïques. C'est à dater du commencement de l'ère chrétienne que l'orfévrerie prit une grande extension; ce fut alors, dans d'énormes proportions et avec d'immenses richesses, que les premiers ouvriers façonnèrent ces myriades d'accessoires pour le culte chrétien qui grandissait chaque jour; ainsi Anastase le Bibliothécaire, dans son histoire des papes, intitulée: *Liber Pontificalis*, nous apprend « que Constantin le Grand fit mettre en œuvre trois ou quatre mille livres d'or et trenet ou quarante mille livres d'argent, qu'il distribua en présents aux basiliques de Rome. C'était, par exemple, un baldaquin d'argent battu, pesant 2,025 li-livres, qui supportait dix-huit figures, hautes de

cinq pieds, en argent massif, savoir: le Sauveur assis, pesant 120 livres; les douze apôtres, pesant chacun 90 livres, Jésus-Christ sur son trône, pesant 120 livres, et quatre anges crucigères, avec des pierres précieuses en genre d'yeux, pesant chacun 120 livres. Il y avait, seulement pour Saint-Jean-de Latran, une grande lampe d'or, ornée de cinquante dauphins pesant, avec sa chaîne, 25 livres; quatre couronnes d'or, pesant chacune 15 livres; sept plats d'or, pesant chacun 30 livres; sept coupes d'or de 10 livres chacune; deux vases d'or, pesant chacun 50 livres; cinquante calices d'or, pesant 1 livre chacun, sans compter une infinité de candélabres d'autels, de fioles, de bassins et d'objets divers en argent. Il faut lire dans Anastase le Bibliothécaire, l'interminable énumération de ces œuvres d'orfévrerie qui nous font supposer que les orfévres de ce temps-là formaient la communauté la plus riche et la plus nombreuse des arts et métiers. » (*Paul Lacroix* et *Ferdinand Seré*.)

Byzance se distingua aussi par son orfévrerie, surtout lorsque Constantin quitta Rome pour y transporter son siége; il fut si grand protecteur de cet art, qu'on lui fit, lors de sa mort, un cercueil d'or, dans lequel on l'exposa, entouré d'une grande quantité de chandeliers d'or.

L'exemple de Constantin fut bientôt suivi dans les Gaules. Limoges devint le centre de l'orfévrerie, et à un si haut degré de luxe et de perfection, qu'il envahit bientôt toutes les provinces. C'est alors que saint Jean Chrysostome s'écriait avec douleur: « Toute notre admiration est aujourd'hui réservée pour les orfévres. »

Depuis l'époque la plus reculée, les montagnes du Limousin et de l'Auvergne fournissaient aux *aurifices* les matières d'or et d'argent. Limoges possédait, bien avant la conquête de Jules-César, des orfévres habiles; ils eurent bientôt copié et dépassé les modèles qui leur arrivaient de Rome ou de Byzance.

Un seul nom de ce temps a été conservé: celui de Maubuinus, orfévre gallo-romain, au cinquième siècle; le testament de Perpétuus, évêque de Tours, mort en 474, le cite en ces termes: « A toi, frère et évêque, très-cher Eufronius, je donne et lègue mon reliquaire d'argent, j'entends celui que j'avais coutume de porter sur moi; car le reliquaire d'or qui est dans mon trésor, les deux calices d'or et la croix d'or fabriquée par Maubuinus, je les donne et les lègue à mon église. »

Quelques rares pièces d'orfévrerie de cette époque nous sont parvenues; elles sont au musée de la Bibliothèque impériale de Paris; elles consistent en un vase d'or avec son plateau d'or, un fourreau d'épée et quelques abeilles d'or; ces objets furent trouvés, les deux premiers à Gourdon, près de Châlon-sur-Saône, en 1846, et les derniers dans le tombeau du roi Childéric, à Tournay.

Malgré l'importance emphatique donnée à l'orfévrerie et que l'on rencontre dans l'histoire de ce temps, nous hésitons à nous prononcer sur son exacte valeur d'après ces quelques échantillons, et, cependant, nous y serions autorisés, car ces orfévreries furent exécutées pour la mémoire du roi Childéric ; nous devons donc penser que tous les soins ne manquèrent pas à l'exécution ; néanmoins , sans vouloir abaisser le mérite de ces ancêtres, qui serait au contraire plus grand que le nôtre à nos yeux, en ce qu'ils eurent l'initiative et toutes les fatigues du défrichement, nous voulons seulement constater quels ont pu être les progrès obtenus jusqu'à ce jour. Ce fut à cette époque l'enfance de l'art, mais l'enfance pleine de séve et d'amour ; elle créa des géants qui composèrent des travaux à leur taille, et les siècles qui suivirent partirent de ces souches collatérales en racines vigoureuses, pour consolider le sol et l'avenir de l'art.

Sitôt que cette industrie prit quelque importance, elle se forma en corporation ; elle eut pour premier patron saint Martial , évêque de Limoges , apôtre de l'Aquitaine, et Sainte-Valère ; puis saint Éloi, ministre du roi Dagobert ; ce dernier, né vers l'an 588, à Catalac, en Limousin, avait reçu le nom d'Éligius (choisi par Dieu). Après avoir appris son métier chez l'orfévre Abbon , à Limoges, il fut ensuite employé au monnayage de cette ville. « Il avait un grand génie pour toute chose, » dit son biographe saint Ouen. En ce moment, donc, le roi, ayant à faire fabriquer un fauteuil d'or incrusté de pierreries et ne sachant à qui le confier, entendit parler d'Éloi, comme étant le seul qui pût l'entreprendre ; il le fit venir et l'en chargea ; il s'en acquitta si bien et avec tant d'économie (Il rapporta deux fauteuils au lieu d'un, avec la quantité d'or qui lui avait été donnée), qu'il acquit l'affection du monarque jusqu'à sa fin. « Il faisait, pour l'usage du roi, dit la chronique, un grand nombre de vases d'or enrichis de pierres précieuses, et il travaillait sans se fatiguer , étant assis et ayant à ses côtés son serviteur (apprenti ou compagnon) Thillou, d'origine saxonne , qui suivait les traces de son maître. » Ses bienfaits , sa charité et ses fondations religieuses lui firent décerner, par le roi Dagobert, les titres de conseiller, ministre et monétaire. Il fut évêque de Noyon. Il mourut à Soissons en 659. La reine Bathilde, femme de Clovis II, voulut faire enlever le corps du saint pour le transporter à l'abbaye de Chelles qu'elle avait fondée ; mais il devint si lourd qu'on ne put le lever malgré tous les efforts ; on pensa que saint Éloi préférait cette sépulture, et on abandonna ce projet ; la reine alors ordonna qu'on lui élèverait un tombeau d'or et d'argent, en disant : « Ce bienheureux a fait les tombeaux d'un grand nombre de saints ; pour moi, je décorerai le sien aussi magnifiquement que je le pourrai et comme il en est digne. »

Saint Éloi fit pendant sa vie un grand nombre d'objets d'orfévrerie consistant en ornements sacerdotaux, chàsses, décorations d'églises et de monastères. Il orna surtout d'une manière splendide l'abbaye de Saint-Denis. « Il fit de la basilique de Saint-Denis le plus bel ornement des Gaules. »

Les noms de Dagobert et de saint Éloi vivront éternellement ensemble, par la chanson populaire du bon vieux temps. Nous n'avons à apprécier ce célèbre artiste que comme orfévre, et nous renvoyons nos lecteurs à l'excellent ouvrage de MM. Paul Lacroix et Ferdinand Seré, duquel nous extrayons nos notes.

Le règne de Charlemagne se fit encore remarquer par la continuation de cette splendeur ; on y déploya les richesses de l'orfévrerie avec plus d'abondance. Nous n'en finirions pas si nous voulions rapporter ici la multitude d'objets qui furent donnés en présents aux églises par le pape Léon III et par le monarque lui-même ; mais la plupart de ces œuvres furent dispersées pendant le seizième siècle, dans la guerre que les protestants firent aux reliques et aux images, et enfin la révolution de 89 engloutit les derniers vestiges qui avaient survécu à tous les autres siècles.

Le moine Tancho est le seul dont l'histoire ait conservé le nom ; et encore il n'était peut-être qu'un ciseleur en bronze, dit le moine de Saint-Gall.

Sitôt après la mort de Charlemagne cette prospérité s'éteint, l'or et l'argent deviennent rares, les orfévres se familiarisent forcément avec le cuivre et l'étain, dont ils savent tirer encore un bon parti. Qu'est-il donc survenu ? C'est que l'an 1000 doit amener la fin du monde sous les auspices de l'Antechrist. Le monde, alors épouvanté, attend dans l'inertie ce cataclysme dont on croit voir des signes dans le ciel et sur la terre. Cette année tant redoutée se passa comme les autres, et ce fut grand triomphe parmi les fidèles ; on apporta de toutes parts des offrandes au clergé, pour remercier le ciel de n'avoir point déchaîné l'ange exterminateur ; les métaux précieux reparurent, et le onzième siècle vit s'ouvrir une nouvelle ère pour les arts et l'orfévrerie.

C'est ici que commence la renaissance. L'orfévre et l'architecte créent de concert, l'un avec les métaux précieux, l'autre avec la pierre, le style gothique que nous voyons s'épurer jusqu'aux treizième et quatorzième siècles.

L'orfévrerie eut au onzième siècle son historien. Le moine Théophile fut peintre de manuscrits, peintre verrier et orfévre émailleur. Son traité : *Diversarum artium schedula* (Essai sur divers arts) donne tout au long et d'une manière technique, le moyen de confectionner les outils, les fourneaux à émail et à or, la composition des creusets, la manière de nieller, l'alliage des soudures, la dorure et l'argenture, etc.

Il énumère entre autres les différentes espèces d'or que l'on employait savoir : l'or d'Hévilath ou oriental, l'or d'Arabie, l'or espagnol et l'or de sable. « L'or espagnol est, selon Théophile, un mélange de cuivre rouge, de poudre de basilic, de sang humain et de vinaigre. Les Gentils ou Sarrazins étaient fort habiles dans la préparation de cet or, particulièrement propre à tous les ouvrages d'orfévrerie.

Dans un caveau dallé et revêtu de pierre dure, on enfermait deux coqs de douze à quinze ans, et on les engraissait dans l'obscurité jusqu'à ce qu'ils finissent par s'accoupler ; de cet étrange accouplement il résultait des œufs qu'on faisait couver par des crapauds ; ces œufs produisaient des basilics ou poussins à queues de serpent; on mettait ces basilics dans des vases d'airain que l'on tenait enfouis en terre pendant six mois; après quoi on plaçait les vases devant un grand feu, on en broyait le contenu, avec un tiers de sang d'homme roux, et l'on détrempait le tout dans du vinaigre; puis, de ce mélange, on enduisait des lames de cuivre que l'on chauffait à blanc, jusqu'à ce que cuivre prît le poids et la couleur de l'or. Cette singulière recette nous apprend que l'art de l'orfévre n'était point exempt de ces bizarres et monstrueuses pratiques empruntées aux sorciers et inventées pour frapper l'imagination du vulgaire. »

C'est au onzième siècle que l'orfévrerie laïque prit place dans l'industrie parisienne; c'est à dater aussi de cette époque que les corporations prirent un caractère bien marqué; le treizième siècle les réglementa, en donnant à leurs statuts une existence légale et authentique. Voici le texte de ces statuts traduit d'après celui qui est écrit dans la vieille langue du temps:

» Est orfévre qui veut à Paris, et qui sait son métier, pourvu qu'il travaille selon les us et coutumes du métier qui sont tels:

» Nul orfévre ne peut, à Paris, travailler de l'or qui ne soit à l'étalon de Paris ou meilleur, lequel étalon surpasse tous les ors qu'on travaille dans tous les pays du monde.

» Nul orfévre ne peut, à Paris, travailler de l'argent qui ne soit aussi bon que celui des esterlins (d'Angleterre), ou meilleur.

» Nul orfévre ne peut avoir qu'un apprenti étranger; mais de sa famille ou de celle de sa femme, à quelque degré de parenté que ce soit, il peut en avoir autant qu'il lui plaît.

» Nul orfévre ne peut avoir apprenti étranger ou de sa famille pour moins de dix ans, si cet apprenti n'est pas capable de gagner cent sols par an et la dépense de sa nourriture.

» Nul orfévre ne peut travailler la nuit, si ce n'est aux ouvrages commandés par le roi, la reine, leurs enfants, leurs frères et l'évêque de Paris.

» Nul orfévre ne doit péage ni aucun droit sur tout ce qu'il achète ou vend appartenant à son métier.

» Nul orfévre ne peut ouvrir sa forge le jour de la fête d'un des douze apôtres, si cette fête ne tombe pas le samedi, à l'exception de la boutique que chacun ouvre à son tour ces fêtes-là et le dimanche; et tout ce que gagne celui qui a boutique ouverte ces jours-là; il le met dans le tronc de la confrérie des orfévres, dans lequel tronc on met les aumônes que font les orfévres, à mesure qu'ils vendent ou achètent des marchandises de leur métier; et, avec l'argent que renferme ce tronc, chaque année, le jour de Pâques, on donne à dîner aux pauvres de l'Hôtel-Dieu de Paris.

» Les orfévres ont juré de tenir et garder bien et loyalement tous les réglements susdits; et si quelque orfévre étranger vient à Paris, il jure aussi de tenir tous ces règlements.

» Les orfévres de Paris sont quittes du guet; mais

ils doivent les autres redevances que les autres bourgeois doivent au roi.

» Et il est à savoir que les anciens du métier élisent deux ou trois anciens pour la garde du métier, bien et loyalement selon les us et coutumes devants dits ; et quand ces anciens ont fini leur service, les maîtres du métier ne peuvent pas les contraindre à garder le métier avant trois ans, à moins qu'ils ne veuillent de bonne volonté accepter cette charge.

« Et si les trois anciens trouvent un homme qui travaille de mauvais or ou de mauvais argent, et qui ne veuille pas s'amender, les trois anciens amènent cet homme devant le prévôt de Paris, et le prévôt le punit en le bannissant pour quatre ou six ans, suivant ce qu'il a mérité. »

Ces statuts étaient suivis d'un règlement formant la matière d'un volume; nous nous bornerons à n'en citer que les titres :

Tit. 1er. Du corps en général et de ses principaux priviléges. (Il contient 15 articles.)

Tit. 2. Des apprentis. (12 articles.)

Tit. 3. Des compagnons. (8 articles.)

Tit. 4. Des aspirants à la maîtrise. (8 articles.)

Tit. 5. De la réception. (7 articles.)

Tit. 6. Des devoirs des maîtres et marchands orfévres-joyailliers dans la profession de leur art. (18 articles.)

Tit. 7. Des devoirs des maîtres et marchands orfévres-joyailliers dans l'exercice de leur commerce. (10 articles.)

Tit. 8. Du privilége et des devoirs des veuves de maîtres et marchands orfévres-joyailliers. (3 articles.)

Tit. 9. De l'élection des maîtres et gardes de l'orféverie, et de leur serment à la police. (7 articles.)

Tit. 10. Du serment des maîtres et gardes à la cour des monnoyes, et de ce qui concerne les nouveaux poinçons de contre-marque. (7 articles.)

Tit. 11. Des essais et de la contre-marque des ouvrages d'or et d'argent, par les gardes de la maison commune. (8 articles.)

Tit. 12. De la visite et inspection des maîtres et gardes de l'orfévrerie-joyaillerie de Paris. (5 articles.)

Tit. 13. Des règlements de l'orfévrerie à l'égard de ceux qui ne sont point orfévres. (20 articles.)

Tit. 14. Des aides à gardes et de leurs fonctions et devoirs (7 articles).

Tit. 15. Des rapports faits en justice par les maîtres et gardes de l'orfévrerie (3 articles).

Tit. 16 et dernier. Du compte annuel des gardes sortant de charge (1 article).

Ces statuts et règlements se modifiaient presque à chaque règne nouveau. Les orfévres perdaient ou regagnaient leurs droits et priviléges, selon qu'ils servaient les intérêts du roi. Ils réclamèrent plus d'une fois devant les parlements ou les chambres de justice, s'appuyant sur les décrets et ordonnances des rois prédécesseurs; mais le plus souvent il ne leur était fait droit qu'au prix de nouvelles charges qui leur étaient imposées.

Quant aux corporations elles présentèrent, à cette époque, un imposant spectacle d'ordre et de confra-

ternité que nous voudrions voir dans notre dix-neuvième siècle; il va sans dire que nous en rejetons
tout ce qui a pu entraver l'indépendance de l'ouvrier
et la liberté dans le travail; mais aussi nous regrettons le côté organisateur et la sévérité qu'apportaient
ces vieux praticiens dans la confection et la qualité
de l'œuvre. — Voy. *Corporation.*

Ce fut en 1313 que Philippe le Bel soumit l'or
ainsi que l'argent façonné au poinçon des orfévres.
Son origine et son usage ne datent que de ce règne;
les orfévres, en demandant cette mesure, voulurent
ainsi sauvegarder leur industrie, compromise alors
par le roi lui-même (histoire de Philippe le Bel. Altérations des monnaies). Il fut institué aussi pour
que le titre fût garanti et que la contrefaçon ne pût
se produire. L'exigence de cette marque, en effet,
dut embarrasser ceux qui se livraient clandestine-
ment au commerce de l'orfévrerie, c'est-à-dire ceux
qui n'avaient point été admis officiellement par la
corporation, après avoir présenté et offert toutes les
garanties du talent et de la probité, ainsi que l'exigeaient les règlements de la communauté.

Philippe de Valois conféra aux orfévres le premier
rang dans les six corps des marchands de Paris, et
les ennoblit en leur accordant des armes parlantes
pour leur bannière. « Les armoiries étaient de
gueules, ou rouge héraldique à la croix dentelée
d'or, accompagnée de deux coupes et de deux couronnes d'or, au chef d'azur semé de fleurs de lis
d'or sans nombre, avec cette devise : *In sacrâ inque
coronas* (dans les vases sacrés et les couronnes).
Deux anges ailés servaient de support à l'écusson,
surmonté d'une couronne en baldaquin. La présence
des fleurs de lis dans cet écusson témoigne assez
qu'il était de concession royale, dûment enregistré
au parlement. Ces armoiries, données aux orfévres
par Philippe de Valois dans un siècle où la noblesse
féodale se montrait si jalouse de ses droits, prouvent
assez que l'orfévrerie était considérée comme un
art noble, qui, loin de faire déchoir le gentilhomme,
ennoblissait le roturier. Ce fut dès lors un axiome
reçu par toute la France : « Orfévre ne déroge
pas. »

Après avoir habité le pont au Change jusqu'en 1281,
date de son écroulement, les orfévres se dispersèrent
dans différents quartiers, et surtout auprès de quelques églises, où ils avaient sans doute des chapelles
relevant de leur confrérie; ils habitaient notamment dans le quartier Saint-Martin-des-Champs,
rues Neuve-Saint-Merry, Bourg-l'Abbé, Quincam-
poix, rue des Deux-Portes, qui devint la rue des
Orfévres quand ils eurent fondé leur chapelle et
bâti la maison commune de l'orfévrerie.

Au quatorzième siècle, tandis que l'orfévrerie
progressait à Paris, d'autres villes en France établies pareillement, suivant les lois et coutumes, ri-
valisaient de goût avec la capitale. Limoges, le
Puy-en-Velay, Troyes, Rouen, Bourges, Amiens,
Nancy et Metz étaient les principaux centres de fabrication pour l'orfévrerie et la joaillerie. Ces professions comptaient aussi des artistes éminents en
Belgique, à Gand, Bruges, Tournai, Liége, Arras
Bruxelles. Les orfévres de ce pays étaient aussi formés en corporations; ils avaient emprunté leurs
armoiries à celles de Paris; comme dans la corporation parisienne, chaque membre exerçait une surveillance active sur les méfaits ou tromperies de ses
confrères, et, à cet égard, ils étaient encore plus sévères. « L'orfévre convaincu d'avoir fabriqué de l'or
faux où de l'argent faux était conduit nu-tête à la place
du marché, et là, on lui clouait l'oreille à un pilier, où
il restait ainsi attaché jusqu'à ce qu'il se fût délivré
de lui-même en déchirant son oreille. »

L'orfévrerie au quinzième siècle eut à souffrir des
dissensions qui divisèrent la France sous Charles VI.
Néanmoins, quelques orfévres notables se firent en-
encore remarquer; ce sont : Jean Delut, orfévre de
Marie de Clèves, duchesse d'Orléans; Pierre de La-
dehors, Jean-Nicolas de Gonesse, Jean Mellier, Jullien
Gaultier, Simon Leroy, etc., qui furent élus gardes
de leur communauté. Nous ne devons omettre dans
ce siècle le fameux Jacques Cœur, conseiller et argentier de Charles VII, fils d'un orfévre de Bourges. Ce malheureux, après avoir mis au service de
sa patrie et de son roi les sommes considérables
qu'il avait su acquérir par son habileté artistique et
commerciale, fut accusé de concussion, de trahison,
d'empoisonnement sur la personne de la demoiselle
de Fromenteau, Agnès Sorel, la maîtresse du roi, et
condamné à mort. Il s'échappa, et mourut dans
l'exil.

La cour de Louis XI ne fut guère profitable aux
orfévres; la rapacité de ce roi fit tomber un instant
cette industrie artistique dans les métaux inférieurs.

Louis XI ne mangeait et buvait le plus souvent
que dans l'étain.

On lit dans les comptes des dépenses de son
hôtel en 1469 : « A Pierre Baston, orfévre du roi,
notre sire, pour ses peines, *sallaires*, d'avoir *rebruny*
douze tasses martelées. » — « Il donna pourtant des
châsses d'or aux reliques de quelques saints, malgré
son avarice, et envoya souvent des présents à Notre-
Dame de Cléry. Sa plus grande dépense pour son
usage personnel consistait dans les images ou enseignes, qu'il attachait à son chapeau; et encore
ces images bénites étaient-elles parfois en plomb. »

L'usage des pierres fausses était sévèrement puni.
Deux orfévres de Paris, Jehan Poussepain et Guillaume
de Verdet, furent « condamnés chacun à cent sols
parisis d'amende envers le roi, pour avoir mis en
œuvre une pierre fausse teinte de sang de dragon et
montée en un anneau, qui fut confisqué et vendu
au profit du roi à raison de quatre livres seize sols
parisis. »

Nous avons hâte de sortir de ce siècle de malheurs, de crimes et d'ingratitude, où nous voyons
les princes et seigneurs vendre leur vaisselle et
joyaux pour se racheter des mains des Anglais, et
ne rien tenter pour sauver celle qui délivra la
France et rassit Charles VII sur son trône : nous
avons nommé Jeanne d'Arc !

L'orfévrerie au seizième siècle brille dans tout

son éclat, et acquiert une telle perfection, que les rares spécimens que nous pouvons admirer dans nos musées, se dressent constamment devant nous, comme pour nous défier de les surpasser.

Il n'est pas, en effet, d'artiste aujourd'hui qui puisse se vanter d'apporter plus de goût, de style et de fini dans ce travail que son siècle y apporta. Nous ajouterons qu'il lui faut (au corps de l'orfévrerie) toute son énergie, au dix-neuvième siècle, pour ne point décroître ; aussi tiendrons-nous compte des sacrifices, des talents et de l'intelligence de nos quelques célébrités en cette profession qui auront su conserver encore un art pour le léguer à nos successeurs.

Ce siècle d'art, que nous prenons encore pour modèle, produisit partout à la fois une multitude de génies ; la France et l'Italie en virent surgir à profusion. Il est des heures où la nature fait éclore des essaims régénérateurs, et jette comme un engrais fertilisant, des pépinières d'intelligences qui ravivent et fécondent l'avenir pendant de certaines périodes.

Léonard de Vinci, le Primatice, Benvenuto Cellini, Jean Cousin, Jean Goujon, Philibert Delorme, Germain Pilon, Androuet Ducerceau, Pierre Voeiriot, Etienne Delaulne, Claude Delahaye, Bernard Palissy, Pierre Courtet, Charles Lafosse, Lebrun, Claude Ballin, le Poussin ; et un siècle plus tard, les Mignard, Mansard, Marot, Girardon, Pujet, Sarrazin, Bain l'émailleur, Pierre Germain, Thomas Germain et une foule d'autres. Voilà ces hommes, plus soucieux de la gloire de leur patrie que des vanités orgueilleuses ; les uns ne craignant pas de compromettre leur talent en l'associant à l'industrie ; les s'élevant jusqu'aux beaux-arts par le contact de ces groupes d'élite.

Benvenuto Cellini, d'origine italienne, fut celui qui domina dans l'art de l'orfévrerie ; la cause en est due plutôt à la protection et à l'amitié toute particulière du roi François Ier pour sa personne, que par ses travaux, quoiqu'ils soient des chefs-d'œuvre. Car il faut qu'on sache que cet artiste ne resta en France que cinq années ; que l'orfévrerie française n'avait pas attendu qu'il se produisît pour se distinguer dans son exécution ; de plus, qu'un assez grand nombre de pièces fort remarquables, et qui sont dans nos musées, sont attribuées à Benvenuto Cellini, sans qu'aucune preuve vienne à l'appui, et que nous devons croire bien plutôt dues à cette immense phalange qui, comme nous l'avons dit, eut autant de goût et de talents à sa disposition que l'artiste Florentin pouvait en posséder à lui seul. Cela, néanmoins, ne nous empêche pas de reconnaître et admirer ce qui est de lui et reconnu authentique. Il s'adonna spécialement aux objets de grandes dimensions ; l'art du moulage lui était familier, il l'implanta à Paris. Il fit des statuettes en or et en argent, de grandes figures en bronze : une que l'on peut apprécier dans une des salles de la renaissance au Louvre, et celle de Persée à Florence.

Pendant qu'en France cet art progressait, l'Italie,

d'où il nous venait à cette époque, l'élevait à sa plus haute expression. Les portes de Ghiberti, à Florence, sont des modèles de la ciselure et du modelé. Ces portes, que Michel-Ange appelait les *Portes du Paradis*, coûtèrent à la ville 40,000 florins et vingt années de travail à l'auteur ; lors du projet, elles furent mises au concours ; une commission, composée de trente-quatre membres, choisis parmi les orfévres, les peintres, les architectes et les autres personnes exerçant des arts libéraux, fut chargée d'examiner le concours, dont le sujet était le Sacrifice d'Abraham. Ghiberti, sculpteur-orfévre, fut nommé et fit un chef-d'œuvre.

Le métier d'orfévre y était en honneur, le fait suivant le prouve :

« Le Tintoret connaissait un vieil orfévre à Venise, sous les galeries des Procuratie, il s'appelait Toldi ; il lui répétait souvent que toute profession où il fallait du goût devenait un art, et qu'au lieu de suivre aveuglément la mode, un orfévre de talent devait la diriger. Tous les arts sont frères, et qui peut plus peut moins. Si vous aviez appris le dessin, vous sauriez mettre sur le papier des projets de votre invention, au lieu d'imiter les trouvailles des autres, et si vous vous étiez exercé à manier la terre glaise, le bronze ou le marbre, vous verriez que l'or et l'argent vous obéiraient mieux. Vous pourriez alors prétendre au titre d'artiste, et peut-être un jour l'orfévrerie de Venise deviendrait la rivale de celle de Florence. »

Le fils de cet orfévre, Paoli Toldi, devint un grand ciseleur avec les leçons du Tintoret, et ce grand peintre lui donna sa fille Marietta en mariage.

Depuis, en passant sous les règnes de Louis XIII, Louis XIV et Louis XV, l'orfévrerie changea son grand caractère contre des formes infiniment plus petites, et ce fut la joaillerie qui eut son tour et vint établir son domaine, qui, lui aussi, s'agrandit et se perfectionna.

Il est à remarquer que les autres arts et l'orfévrerie se ressemblèrent et se suivirent, aussi bien dans la forme que dans la perfection. On vit, dans ce même temps, la peinture changer ses dimensions et la miniature remplaça les grandes toiles.

L'orfévrerie décrut sensiblement jusqu'au jour où la révolution française lui porta le dernier coup, en roulant dans son torrent les corporations et ses lois. Le nombre des orfévres s'élevait alors à trois cents.

On ne voit guère ressusciter cette industrie qu'au commencement de notre siècle ; quelques services furent exécutés pour Napoléon Ier, mais l'orfévrerie dite d'art ne se dessina qu'à l'exposition de 1834. Fauconnier, orfévre, expose le premier un vase représentant les quatre parties du monde ; ce premier élan fut bientôt suivi par quelques rares et courageuses intelligences, que nous devons citer pour l'honneur de notre époque. Fossin fut un de ceux qui dirigèrent le mouvement, tant par amour pour son art que pour la gloire de son pays ; il sut habilement choisir ses aides dans les frères Marrel : ces jeunes artistes élevèrent bientôt cette profession à sa hauteur, qui, depuis, s'est conservée, mais n'a pas été dépassée ; Mention et Wagner, Froment Meurice,

Morel, Duponchel, Bachelet (ce dernier pour l'orfévrerie religieuse), sont ceux qui forment aujourd'hui l'élite de cette nouvelle phalange. Nous ne devons pas oublier non plus quelques marchands, qui, par leur goût, stimulent souvent la plupart de nos fabricants, dont l'ineptie est évidente en matière d'art, et maintiennent, par là, la conservation et l'élégance dans cette industrie ; nous placerons en première ligne : Bassot, Mellerio, Barbary, Fraumont, Marret et Tixier. Une assez grande quantité d'orfévres (huit cents environ) fabriquent journellement une quantité plus grande encore d'orfévrerie de toute sorte, que nous ne pouvons faire entrer dans la catégorie artistique ; cette orfévrerie, dite de commerce, meuble maintenant la chambre du bourgeois, aussi bien que la boutique du restaurant, et c'est surtout pour celle-ci que nous réclamons l'alliance de l'art dans ce qui va suivre.

L'orfévrerie peut être considérée comme une sœur de la sculpture et de la peinture. C'est surtout par cet auxiliaire que ces deux grands arts doivent façonner le goût du public, par la voie de l'industrie ; c'est par ces petits meubles de l'ornementation intérieure, ces ustensiles de la table qui s'offrent constamment à la vue, que le goût des formes artistiques s'implante sans efforts par l'attrait qu'ils présentent dans leurs variations et leur délicatesse.

Une quantité d'œuvres exécutées à l'époque de la renaissance, sans compter celles de l'antiquité, pourraient lutter sans pâlir contre nos sculptures modernes ; cela ne peut nous étonner, quand nous avons vu que la plupart de ces grands ouvriers étaient eux-mêmes de fameux artistes, s'associant de plus les peintres et dessinateurs les plus renommés. Tous ces génies ne dédaignaient pas de prêter leur ébauchoir ou crayon, à ces immenses ruches qu'on appelait corporations, et dont les travaux grandioses, vrais chefs-d'œuvre, représentaient et résumaient dans leur aspect, toute la puissance artistique de leur époque.

L'orfévrerie concourut aussi aux progrès des beaux-arts, en maintenant le goût, soit par son aspect, ou soit par les dons que la corporation faisait aux églises ou aux monastères, avec ses propres deniers ; pendant toute la période du moyen âge, presque toutes les statues ou tableaux qui furent consacrés au culte religieux émanèrent de la confrérie des orfévres. Tandis que les rois barbares, fainéants ou égoïstes, moins occupés du progrès civilisateur que de l'altération des monnaies, ou de la conservation de leur trône, laissaient à l'avenir le soin d'allumer le flambeau, la fourmilière industrieuse qui marche sans cesse, en laissant de côté ce qui ne bouge et lui fait obstacle, rêvait pour des horizons futurs, le développement de l'art et de la science dont le germe est mis par Dieu dans chaque sein ; c'est ainsi que ces habiles et intelligents ancêtres soutinrent par leur goût et leur vocation, les beaux-arts, en soutenant leur industrie. Les plus grands peintres du dix-septième siècle furent employés tous les ans à la décoration des églises, par la confrérie des orfévres ; c'était tantôt à titre d'offrande pour la cathédrale,

au mai de chaque année, ou bien pour fêter à leur chapelle particulière, le grand saint Éloi ; Lallemand, maître du Poussin, Jean Jouvenet, Michel Corneille, Louis Boullongne, Simon Vouet, Sébastien Bourdon, Eustache Lesueur, L. de la Hire, Marot, Parocel, Noël Coypel, Jacques Blanchard, et beaucoup d'autres concoururent à ces travaux, dont quelques-uns figurent encore dans les églises, et dont la plupart garnissent nos musées. « Il n'y avait pas, au dix-septième siècle, d'autre musée public à Paris, que celui de Notre-Dame, dû à la munificence des orfévres et à leur zèle intelligent pour les arts. » En 1685, Isaac Trouvé, orfévre, publia le *Recueil de pièces touchant l'origine du tableau votif que les orfévres ou joailliers de Paris présentent tous les ans, le 1er mai, à la Sainte-Vierge, dont la confrérie des orfévres, la châsse de saint Marcel, et l'éloge de l'orfévrerie*, etc.

Il est regrettable qu'aucune orfévrerie ou objet d'art provenant de la chapelle des orfévres, dite *chapelle de Saint-Éloi*, ne nous soient parvenus ; nous devons penser que le corps entier s'associa d'une façon toute spéciale pour la décoration de ce qui lui était propre, nous aurions pu apprécier alors de vrais échantillons de leur art ; disons aussi, en passant, que c'est ainsi que les églises, à cette époque, tenaient lieu d'exposition.

Le galbe de l'orfévrerie moderne est plus correct, plus précis qu'il ne l'était anciennement ; cette perfection est due aux moyens mécaniques employés à notre époque, tels que la *retreinte* au tour, et l'*estampage* ; nous ne regrettons pas cette netteté de la forme, mais cependant nous aimons revoir souvent ces anciennes pièces, quoique imparfaites sous ce rapport, car elles ont ce parfum d'époque qu'on ne saurait retrouver ailleurs, et puis, il y a tant de parties qui rachètent cela : pureté de style, modelé puissant, richesse d'émaux dans les tons et la transparence, délicatesse dans le travail ; cette réunion de qualités si difficiles à trouver de nos jours, les font encore préférer à nos œuvres qui brillent plus souvent par la forme que par le fond.

Du reste, nous pensons que cette cause vient non-seulement du fabricant, qui ne cherche, en aucune façon, à former le goût de l'acheteur, mais encore du public, qui semble n'apprécier que les choses uniformes, régulières, précises, polies, c'est-à-dire sans aspérités ; d'où il suit qu'ils ne trouvent aucun attrait pour celles qui sont rigoureusement traitées et qui souvent même sont restées à l'état d'ébauches. Cette exigence pour tout ce qui est correct influe plus qu'on ne pense sur la fabrication ; c'est ainsi que, la plupart du temps, des objets dits artistiques, couverts d'ornements ou de figures informes (résultat du grattage), flattent certain public par leur régularité mécanique.

C'est pourquoi encore, ce même public exige qu'un bronze soit râclé sur toutes ses parties, sans respecter le modelé de l'artiste. Si l'art s'élevait en raison de cette pureté des formes, oh ! alors, nous marcherions vers la perfection, et nous ne nous plaindrions pas ; mais il n'en est pas ainsi.

L'orfévrerie des siècles passés se faisait au marteau, sur l'enclume ; la forme et souvent les principaux ornements s'obtenaient par ce moyen, aussi est-ce à cause de cette extrême difficulté de fabrication qu'on estime ces anciens travaux. La forme elle-même, sans compter la décoration, était déjà une œuvre d'art, tandis qu'aujourd'hui l'une et l'autre, à quelques exceptions près, sont presque toujours peu de chose ; cependant, malgré ces imperfections, elle a encore le pas sur les autres nations, et nous voyons avec plaisir apparaître une nouvelle ère pour l'alliance de l'art et de l'industrie. Nos artistes comprennent que, désormais, leur avenir est lié étroitement à la progression de cette reine du monde, et que c'est en formant le goût du public, par la vue de meilleures productions, où règneraient la pureté du dessin et du style, que les beaux-arts eux-mêmes deviendraient florissants.   E. PAUL, *Statuaire-orfèvre.*

ORGANE (physiologie). — Toute partie d'un corps organisé qui exécute une action particulière. Le plus souvent, le mot organe est employé pour désigner une partie isolée d'un certain volume, d'une structure complexe, et dont l'action particulière est évidente ; tels sont l'œil, l'oreille, le foie, etc. (Voy. ces mots.) Quand plusieurs organes tendent par leur action vers un but commun, on nomme leur ensemble appareil. — Voy. *Appareil*

ORGASME (médecine) [du grec *orgasmos*, fait d'*orgao*, désirer avec ardeur]. — Mouvement impétueux des humeurs excrémentielles et superflues dans le corps humain qui cherchent à s'évacuer. Ce mouvement se fait particulièrement remarquer dans certains animaux femelles, dans des temps marqués de l'année.

ORGE (botanique). — Genre de plantes de la famille des graminées, dont les semences contiennent beaucoup de fécule amylacée et une certaine quantité de mucilage : aussi sont-elles tout à la fois nutritives et adoucissantes, lorsqu'on a eu soin de les dépouiller de leur écorce ou première pellicule. C'est en effet avec cette dernière partie que les décoctions préparées avec l'orge entière doivent leur saveur légèrement âcre et amère. Privée de cette pellicule au moyen d'une meule courante, qui ne fait que rouler le grain, l'orge prend le nom d'*orge mondé* ; celle qui est tout à fait nue, arrondie et polie au moyen de procédés particuliers, est l'*orge perlé*. Les semences des diverses espèces d'orge sont employées indistinctement.

ORGELET ou **ORGEOLET**. — Petite tumeur inflammatoire, de la nature du furoncle, qui se développe près du bord libre des paupières, particulièrement vers l'angle interne de l'œil. L'orgeolet cause des douleurs plus ou moins vives, suivant que sa marche est plus ou moins aiguë : ses symptômes et sa terminaison sont d'ailleurs les mêmes que ceux d'un petit furoncle. Ce traitement consiste en applications émollientes ou maturatives selon l'intensité de l'inflammation.

ORGUE (*musique*) [du grec *organon*, instrument]. — Instrument de musique à vent et à touches, de la plus grande dimension, composé 1° de tuyaux de

différentes grandeurs, 2° d'un ou plusieurs claviers, et 3° de soufflets qui fournissent du vent.

» Suivant la tradition la plus répandue, l'invention de l'orgue daterait seulement du septième siècle : le premier instrument de ce genre aurait été envoyé en 757 à Pépin le Bref par l'empereur grec Constantin Copronyme, et placé dans l'église de Saint-Corneille, à Compiègne. Mais il est certain aujourd'hui que cet instrument remonte à une époque beaucoup plus reculée. Dans le principe, l'air était chassé dans les tuyaux par la force de l'eau (*orgue hydraulique*) ; quant à l'orgue pneumatique, c'est-à-dire avec soufflets, qui est l'orgue proprement dit, il ne paraît pas qu'il ait été en usage avant le cinquième siècle. Son emploi dans les églises fut solennement consacré en l'année 660 par un décret du pape Vitalien.

ORME ou **ORMEAU**, **ORME DES CHAMPS**, **ORME BLANC** ou **VULGAIRE** (botanique) [*ulmus campestris*.] — Arbre originaire du midi de l'Europe, et que l'on cultive jusque bien avant dans le nord. Il est commun dans le voisinage des habitations, le long des grands chemins et dans les promenades publiques. Il étend fort au loin ses racines dans la terre, et s'élève à une très-grande hauteur. Son tronc est droit, bien proportionné, et revêtu d'une écorce dure, crevassée, brune, rougeâtre, ou de couleur cendrée à l'extérieur, blanchâtre et souple en dedans. Son bois est robuste, compacte et d'une teinte jaunâtre tirant un peu sur le rouge. Ce bel arbre se divise en rameaux nombreux et étalés, présentant une cime ample, touffue et bien garnie de feuilles qui varient dans leur grandeur ; elles sont alternes, simples, entières, communément rudes à leur surface, deux fois dentées sur leurs bords, pointues à leur sommet, arrondies à leur base, ayant un des côtés plus court et plus étroit que l'autre. Ce dernier caractère est propre à l'orme, et sert à le distinguer de plusieurs autres arbres qui s'en rapprochent. On voit aussi ses jeunes tiges ou ses feuilles souvent chargées de grosses vessies produites par des pucerons qui les habitent. Ce sont de *fausses galles*.

Les fleurs de l'orme naissent avant les feuilles. Elles sont groupées au sommet des rameaux et soutenues chacune par un très-court pédoncule. Leur couleur est herbacée et un peu rougeâtre. Leur calice ou (corolle) est formé d'une seule pièce, fait en cloche, et découpé sur ses bords en cinq parties droites, vertes en dessous, colorées intérieurement et persistantes. Ces fleurs ont cinq étamines plus longues que le calice, et un ovaire aplati, surmonté de deux styles à stigmates velus. Le fruit est un péricarpe elliptique, nommé *samare*, comprimé, échancré, bordé d'une membrane, renfermant une semence lenticulaire, blanche et douce au goût.

Le genre de l'orme fait partie de la pentendrie digynie et de la famille des amentacées de Jussieu (de celle de son nom suivant quelques botanistes).

L'orme est d'une fécondité merveilleuse ; il vit jusque cent cinquante ans, et peut rapporter chaque année de vingt-cinq à trente mille graines ; ainsi, à la fin de sa vie, il en a donné quatre millions et demi, provenues d'une seule. Si on ajoute à ce nombre la postérité existante de chacune de ces graines avant les cent cinquante ans révolus, que de milliards ne faudrait-il pas compter pour exprimer un tel produit ! *O altitudo !*

La croissance de l'orme est assez rapide ; il réussit presque partout, et se multiplie avec la plus grande facilité, de semences de marcotes ou de rejetons enracinés. On peut le transplanter depuis un an jusqu'à vingt ans. Toutes ses parties sont reproductives ; on a vu des arbres sortir de quelques copeaux qu'un charron avait jetés sur son jardin.

La graine de l'orme est mûre et tombe dans le mois de mai. Il faut la semer sur-le-champ, mais sans la recouvrir. En la répandant sur un terrain bien meuble, et l'arrosant ensuite pour l'y fixer contre le vent, elle lèvera à souhait. C'est, de toutes les semences d'arbres, celle qui se développe le plus tôt. Elle lève cinq à six jours après qu'elle a touché la terre, et pousse une tige de 30 cent. de haut avant le mois de novembre. Une voie très-courte pour multiplier cet arbre, est celle des rejetons qui sortent de ses racines, soit lorsqu'il est en pépinière, soit lorsque dans un âge avancé on la coupe exprès par le pied. Mais les ormeaux ainsi élevés ne sont jamais aussi beaux que ceux venus de brins, c'est-à-dire par le semis.

Ce sont les semis qui ont donné naissance à un si grand nombre de variétés d'ormes. Les auteurs sont peu d'accord sur les noms de celles qu'ils décrivent ; Il ne faut pas en être surpris. En semant de la graine du même arbre, on en obtient à larges feuilles et à petites feuilles, de tardifs et de hâtifs, à écorce lisse et raboteuse ; dans quelques arbres, les feuilles sont très-rudes ; dans d'autres, très-glabres et luisantes.

L'orme a dû subir ces changements. On le cultive de temps immémorial en Europe : c'était l'arbre favori de nos aïeux. Ils en bordaient les grands chemins et les promenades ; ils le plaçaient autour de leur demeure pour leur servir de point de vue ou d'abri. On sait que le ministre Sully ordonna d'en planter à la porte de toutes les églises paroissiales séparées des habitations. Il existait encore, avant la révolution, plusieurs de ces arbres auxquels, par reconnaissance, on avait donné dans quelques endroits le nom de *Rosny.* Il n'était pas rare d'en trouver dont le tronc avait quinze ou dix-huit pieds de circonférence, et qui étaient de la plus grande hauteur. En Italie, on se plaît à marier l'orme avec la vigne, c'est ce que les Latins nommaient *ulmus marita.* La tige de l'arbre soutient la plante sarmenteuse, et ses rameaux sont entrelacés de pampres verts chargés de fruits.

Il existe un grand nombre de variétés d'orme champêtre ; les principales sont : l'orme à feuilles ou orme tilleul, que l'on préfère pour les avenues ; l'orme à feuilles étroites, que l'on choisit pour les lisières et les palissades ; l'orme tortillard ou à moyeux (*ulmus tortuosa*), dont le bois a beaucoup de ténacité ; l'orme liége (*ulmus suberosa*), dont l'écorce épaisse a tous les caractères du liége, etc.

ORNITHOLOGIE [du grec *ornis, ornithos,* oi-

seau, et *logos,* discours, traité].—Partie de la zoologie qui traite des oiseaux. — Voyez ce mot.

ORPHELINAT DU PRINCE IMPÉRIAL. — Les souscriptions volontaires et spontanées recueillies dans le département de la Seine, en 1857, à raison de 25 centimes au plus par personne, ayant produit une somme de plus de 80,000 francs, LL. MM. l'Empereur et l'Impératrice acceptèrent cette touchante manifestation si rapidement recueillie, éloquent témoignage des sentiments d'affection de la population de Paris et de la banlieue ; mais S. M. l'Impératrice, tout en remerciant, tant en son nom qu'en celui de son fils, voulut, quant aux sommes produites par la souscription, en faire comme des 600,000 francs votés lors du mariage, par le conseil municipal de la ville de Paris, une œuvre de bienfaisance pour les enfants du peuple. Patronne des sociétés de charité maternelle et des salles d'asile, elle désire placer, sous le patronage de son fils, les pauvres orphelins ; elle veut que le malheureux ouvrier, enlevé prématurément à sa famille, emporte du moins, en mourant, la consolante pensée que la bienveillance impériale veillera sur ses enfants. Mais il ne s'agit pas seulement de leur assurer la ressource ordinaire d'une maison de refuge ; l'Impératrice a puisé dans son cœur une idée plus touchante : sous le patronage du Prince impérial, une commission permanente et gratuite, présidée par le ministre de l'intérieur, et les orphelins, et les honnêtes ménages d'ouvriers qui, moyennant une subvention annuelle, voudront prendre chez eux ces pauvres enfants, les élever, leur donner une nouvelle famille et l'apprentissage d'un état. Cette œuvre, sans autres frais que ceux de l'allocation même, qui, pour chaque enfant, devra toujours être largement calculée, profitera presque autant à la famille adoptive qu'à l'orphelin qui lui sera confié, et l'Impératrice aura ainsi réalisé la pieuse et délicate pensée de donner à ces pauvres petits êtres, que la mort a privés de leur soutien, non pas l'abri d'un hospice, mais l'appui, l'affection, les soins d'une nouvelle famille.

Au revenu, produit annuellement par le montant de la souscription placée en rentes sur l'État, l'Empereur, chaque année, et jusqu'à ce que son fils puisse le faire lui-même, ajoutera, sur sa cassette, les 30,000 francs nécessaires pour que cent orphelins, au moins, soient toujours ainsi patronnés.

Suivant arrêté de S. Exc. le ministre de l'intérieur, l'Orphelinat du Prince impérial est régi par une commission supérieure et des comités d'arrondissement.

ORPIMENT [de *aurum,* or, et *pigmentum,* fard ; mot à mot, *fard d'or* ou *or fardé.*] — Sulfure jaune d'arsenic naturel. C'est un poison corrosif surtout par l'oxyde d'arsenic qu'il renferme presque toujours. Il entre dans le baume vert de Metz et dans plusieurs dépilatoires. On l'appelle aussi *orpin.*

ORPIN (botanique). — Genre de plante de la famille des joubarbes, dont trois espèces sont quelquefois employées en médecine : les feuilles de l'orpin com-

mun (joubarbe des vignes, reprise), sont très-mucalgineuses. Écrasées, elles forment un topique émollient qu'on applique particulièrement sur les tumeurs hémorrhoïdales. On a regardé aussi l'orpin comme propre à hâter la cicatrisation des plaies récentes; et de là ses noms de *reprise*, d'*herbe à la coupure*, d'*herbe aux charpentiers*. Ses feuilles entrent dans l'onguent populéum, ainsi que celles du sédon blanc, qui a des propriétés analogues. L'orpin âcre contient un suc très-âcre, qui, à la dose d'une demi-once à une once, est fortement émétique et purgatif, mais peut causer en même temps l'inflammation de la muqueuse gastrique.

ORSEILLE. — Pâte d'un rouge violet employée en teinture et préparée en Auvergne avec divers lichens. C'est en laissant ces plantes en contact avec la chaux et l'urine, qu'on obtient, par la fermentation et après des manipulations compliquées, ce produit.

ORTHOGRAPHE (grammaire) [du grec *orthos*, droit, *graphô*, j'écris].—L'orthographe est l'art d'écrire correctement les mots d'une langue, selon l'usage établi.

Les Grecs et les Latins appelaient cette partie de la grammaire *orthographia*, dont nous avons fait *orthographe*. La terminaison du mot français a été vivement critiquée par Girault-Duvivier, et l'on peut en effet se demander avec lui pourquoi, pour désigner cette partie de la grammaire, nous ne disons pas plutôt *orthographie*, qui a été en usage dans l'ancien français, comme nous disons, pour nommer un art ou une science, *calligraphie*, *lithographie*, etc., plutôt que de dire, comme nous le faisons, *orthographe*, qui, par analogie avec les termes *calligraphe*, *lithographe*, *géographe*, etc., désignant chacun un artiste ou un savant qui fait profession d'approfondir la connaissance dont il s'agit. La seule réponse que l'on fasse à cette question l'élude plutôt qu'elle ne la résout. Cette raison est que, dans bien d'autres mots, tels que *autographe*, *épigraphe*, *paragraphe*, cette terminaison s'applique, comme dans le cas actuel, au nom d'une chose et à celui d'un individu, et qu'en outre l'expression d'*orthographie* existe déjà dans notre langue avec un autre sens; elle désigne le dessin sans perspective de la façade d'un édifice. A ces raisons de M. Vaïsse, j'ajouterai l'observation suivante de Vanier : « Mes confrères (Boinvilliers et Boniface), partisans du mot proposé, n'ont pas réfléchi sans doute que *géographe*, *calligraphe*, sont les dénominations données aux professeurs de ces branches d'instruction, et qu'en adoptant *orthographie* pour le nom de l'art, *orthographe* deviendrait le nom de l'artiste. Or, nous avons *orthographiste*, pour le désigner, et de plus le verbe *orthographier*, tandis que nous n'avons ni le verbe *calligraphier*, ni le verbe *géographier*. Ce serait tout bouleverser. Restons donc comme nous sommes. » C'est ce qui a eu lieu en effet.

On admet ordinairement deux espèces d'orthographe, *l'orthographe grammaticale* ou *de principes*, et *l'orthographe usuelle* ou *orthographe d'usage*.

L'orthographe de principes est ainsi appelée parce qu'elle est fondée principalement sur les règles de

la grammaire; c'est cette partie de l'orthographe qui enseigne la manière d'écrire le singulier et le pluriel des substantifs, des adjectifs, des pronoms; le féminin des adjectifs, les diverses terminaisons des temps des verbes, etc. Malgré les nombreuses exceptions des règles établies, c'est la partie de l'orthographe la moins difficile et la moins arbitraire, parce qu'elle est fondée sur des principes généralement admis.

L'orthographe d'usage, au contraire, n'a pas de bases certaines; tantôt on suit l'étymologie, tantôt la prononciation; d'autres fois on n'a de guide qu'un usage souvent fort contesté. C'est un véritable chaos; aussi, dans tous les siècles, s'est-il élevé des plaintes nombreuses contre tout ce fatras d'absurdités et d'extravagances; mais jusqu'à ce jour la routine l'a emporté.

Les différentes réformes proposées dans cette partie de la grammaire méritant un examen assez approfondi, j'ai cru devoir en faire un article spécial. Je m'en occuperai au mot *Réforme orthographique*.

Orthographe s'emploie quelquefois pour désigner une manière quelconque d'écrire les mots. *Bonne orthographe*, *mauvaise orthographe*, *orthographe vicieuse*, *orthographe passable*, *orthographe détestable*.

Ce mot désigne aussi les divers systèmes proposés ou adoptés pour réformer l'orthographe ordinaire. *Orthographe de Meygret*, *orthographe de Dumarsais*, *orthographe de Duclos*, *orthographe de Voltaire*, *orthographe de Marle*.

On cite souvent comme type d'une mauvaise orthographe *l'orthographe des cuisinières*. Ce qui rend cette orthographe si risible, c'est que les personnes qui en font usage ne connaissant pas la valeur des lettres, leur en donnent une tout à fait différente de celle que leur a attribuée l'usage; quelquefois, elles se conforment à la véritable prononciation, mais le plus souvent elles suivent pour guide la prononciation de leur province; d'autres fois se rappelant, par hasard, l'orthographe étymologique de quelques mots ou seulement de quelques syllabes, elles s'y conforment. C'est cet amas incohérent de tous les systèmes qui est cause de toutes les plaisanteries dont elle est l'objet. Quelque ridicule, quelque grotesque qu'elle soit, elle ne l'est pas cependant plus que notre orthographe prétendue savante; elle est aussi dénuée de principes que l'orthographe académique. C'est donc avec la plus insigne mauvaise foi, ou par suite de la plus crasse ignorance que l'on stigmatise de ce nom l'orthographe réformée: c'est ce que je montrerai au mot *Réforme*.

On appelle, figurément en plaisantant, *fautes d'orthographe*, des erreurs, des sottises quelconques. *Tu sais bien que nous sommes pleins de fidélité, en dépit de toutes les* FAUTES D'ORTHOGRAPHE. (MARIVAUX.)

On dit aussi *faire une faute d'orthographe*, dans le sens d'avoir un tort de conduite.

Enfin, on dit familièrement d'un vêtement, d'un meuble, ou d'une autre chose qui est déchirée, endommagée, *qu'elle a une faute d'orthographe*.

J. B. PRODHOMME,
Correcteur à l'Imprimerie Impériale.

ORTHOPTÈRES (zoologie) [du grec *orthos*, droit, et *ptéron*, aile]. — Ordre de la classe des insectes, caractérisé par ses quatre ailes, dont les deux supérieures sont courtes, ordinairement en forme d'élytres, et dont les inférieures sont membraneuses, et plissées sur leur longueur en droite ligne : yeux lisses, antennes ayant le plus souvent plus de onze articles ; bouche composée d'organes propres à la mastication.

ORTIE (botanique) [de *urere*, brûler, à cause de la sensation que produit sa piqûre].— Genre de plantes qui a donné son nom à la famille des urticées, ou des orties. Les espèces *urtica dioica*, *urtica urens* et *urtica pilulifera*, sont munies de poils creux très-fins, piquants, à la base desquels est une vésicule oblongue remplie d'une liqueur âcre qui s'introduit sous l'épiderme, lorsque l'on touche quelque partie de ces plantes, et qui détermine un prurit insupportable et une ardeur vive. On a cherché à tirer parti de ce moyen d'irritation, et les orties ont été employées pour produire la rubéfaction. La semence de l'*urtica pilulifera* (ortie romaine) a été préconisée dans diverses affections de poitrine. Elle est inerte et abandonnée.— L'ortie blanche, *lamium album*, L., plante de la famille des labiées, a été préconisée comme astringente, et surtout comme antileucorrhéique. Les orties (urticées, *urticeæ*) constituent un ordre de la classe des *diclines irrégulières* de la méthode de Jussieu. Leurs caractères sont: fleurs petites, monoïques ou dioïques, rarement hermaphrodites ; calice monophylle, étamines définies, opposées aux divisions du calice ; ovaire supère ; un ou deux styles ; une graine nue, recouverte d'une coque ou renfermée dans le calice, qui devient une baie. (*Nysten*).

ORTOLAN (zoologie). — Oiseau de passage, du genre Bruant, commun dans le midi de la France, où il arrive d'Italie avec les hirondelles ; il est très-recherché des gourmets. On le chasse surtout pendant les mois d'août et de septembre, parce qu'il est alors extrêmement gras. On engraisse ceux que l'on prend au piége en les enfermant dans un endroit obscur et en les nourrissant de millet et d'avoine.

ORVIÉTAN [de l'italien *orvietano*, d'Orviète). — Électuaire très-composé, ainsi appelé parce qu'il a été distribué par un charlatan venu d'Orviète. Il a été regardé comme un antidote précieux. Il était composé de vieille thériaque, de vipères sèches, de romarin, de genièvre, de cannelle et d'une foule de substances stimulantes et aromatiques.

OS (anatomie). — Parties solides et dures qui forment la charpente du corps des animaux des classes supérieures, et dont l'assemblage constitue le squelette. — Voy. *Anatomie*.

OSEILLE (botanique). — Nom donné à deux plantes différentes, du genre *patience* : l'une est l'*oseille ordinaire*, l'autre est l'*oseille ronde*. Les feuilles de ces deux espèces, qui sont alimentaires et avec lesquelles on prépare des bouillons laxatifs, doivent leur acidité à l'oxalate acide de potasse qu'elles contiennent (*sel d'oseille*). Ce sel, ainsi appelé parce qu'on le retirait autrefois de l'oseille, est retiré aujourd'hui de l'alléluia, qui en contient davantage.

OSMAZOME (chimie). — Thénard a proposé de donner ce nom à une matière extractive contenue dans la chair musculaire et dans le sang des animaux, et qu'il croit être d'une nature particulière. Cette substance, d'une odeur et d'une saveur agréables, entre pour un huitième dans la composition des bouillons de bœuf, et leur donne beaucoup de sapidité. C'est un produit complexe, formé de substances azotées, de lactate de soude, d'acide lactique et surtout d'une matière solide nacrée, cristallisable, insipide, azotée, qui a été nommée *créatine*. On administre quelquefois l'osmazôme aux malades, soit en boisson, soit en lavement. On peut l'obtenir de la manière suivante : « On prend de la chair musculaire de bœuf, on la traite par l'eau tiède, à plusieurs reprises, on passe, on coagule les liqueurs réunies, puis on filtre de nouveau. Lorsque tout a été évaporé en consistance d'extrait, on le met en contact avec l'alcool à trente-huit degrés. La partie alcoolique, distillée au bain-marie, fournit, après la concentration, une matière brunâtre très-sapide, hygrométrique, qui est l'osmazôme. » On a annoncé aussi cette substance dans plusieurs matières végétales, telles que les champignons : il est douteux, néanmoins, qu'elle soit de la même nature. L'osmazôme n'est pas nutritive; elle agit seulement comme excitante.

OSMIUM (chimie) [du grec *osmé*, odeur].— Corps simple, métallique (découvert dans la mine de platine, par Tennant, en 1803), de couleur blanche, qu'on rencontre dans certains minerais de platine, le plus souvent en combinaison avec l'iridium ou le ruthénium. Il se combine aussi avec l'oxygène et forme un acide particulier (*acide osmique*), dont la vapeur est délétère, et qui se fait remarquer par son odeur de raifort, d'où le nom d'osmium.

OSTÉITE (pathologie) [du grec *ostéon*, os]. — Inflammation du tissu osseux. Les pathologistes modernes distinguent l'*ostéite raréfiante*, dans laquelle le tissu élémentaire de l'os a diminué, l'*ostéite hypertrophique*, dans laquelle ce tissu est au contraire augmenté, et l'*ostéite ulcéreuse* ou *carie*. Cette maladie est plus fréquente chez les enfants que chez les adultes ; elle attaque plus particulièrement les os spongieux, le corps des vertèbres, les extrémités articulaires des os longs; elle se manifeste à la suite de plaies, de contusions, etc. , ou bien par des causes internes (affection scrofuleuse, rhumatismale, épuisement produit par les excès de tout genre, etc.). La maladie peut se terminer par résolution , par induration, par suppuration ou par gangrène. Si l'inflammation est vive, on emploie les antiphlogistiques, puis les mercuriaux, la ciguë, les bains alcalins, les vésicatoires, les cautères ou les sétons pratiqués près du siége du mal, etc.

OSTÉOGÉNIE [*osteon*, os, et *génésis*, génération]. — Développement naturel et normal du système osseux, développement qui présente trois états distincts ; l'état muqueux (c'est celui où se trouvent les os dans l'embryon), l'état cartilagineux (c'est l'état des os dans les premiers temps de la vie) , et l'état calcaire, qui caractérise cette partie de l'organisme dans les animaux qui occupent le faîte de la grande échelle des êtres. Le travail de l'ossification se manifeste, chez le fœtus, vers la fin du premier mois. La clavicule et les mâchoires se montrent ordinairement en premier lieu; puis, successivement et à quelques jours d'intervalle, l'humérus et le fémur, les os de la jambe et ceux de l'avant-bras, les côtes, les vertèbres, les os du crâne, etc. Le sternum, la rotule, les os du carpe, sont les derniers à s'ossifier. Lorsqu'un cartilage se convertit en os, des conduits vasculaires s'y développent : d'abord incolores et irrégulièrement disposés, ils se ramifient ensuite à la manière des artères; la couleur du sang s'y manifeste par degrés, et cependant il paraît douteux qu'ils contiennent du sang directement. Le développement du point osseux, qui n'est d'abord qu'une réunion de filaments très-ténus, suit de près celui des vaisseaux, et ceux-ci s'effacent à mesure que l'ossification fait des progrès. L'action des vaisseaux est par conséquent augmentée dans les cartilages; et les matériaux de l'ossification sont apportés par les artères, qui les versent, soit par des extrémités exhalantes (Bichat), soit par des porosités latérales (Walter). Mais les cartilages n'éprouvent-ils pas d'autres changements d'ins leur tissu que celui qui résulte de la déposition d'une substance terreuse; ou la matière organique est-elle aussi renouvelée? c'est un point encore douteux. L'accroissement en longueur des os longs se fait près de leurs extrémités; leur partie moyenne n'y est pour rien; il ne cesse que quand les épiphyses sont soudées au corps de l'os, ce qui n'arrive, pour quelques-uns, que vers l'époque de vingt-un ans. Dans les os plats, dans ceux du crâne, par exemple, les points osseux sont d'abord disséminés dans la substance muqueuse épaissie qui représente primitivement l'os. Ils se réunissent ensuite et prennent la forme de réseaux irréguliers; ce n'est que plus tard qu'ils ont celle de rayons osseux, encore recouverts de substances muqueuses sur leurs deux surfaces. Ces rayons disparaissent et se transforment en tissu celluleux, quand se forment les deux lames compactes. Les trois espèces d'os croissent en épaisseur bien au delà du terme de leur accroissement en longueur : de nouvelles couches s'ajoutent à leur surface par une sorte de juxtaposition. En même temps, dans les os longs, les cavités intérieures s'agrandissent, en sorte que les parois osseuses du canal médullaire restent à peu près dans la même proportion d'épaisseur. Mais, chez le vieillard, l'accroissement en épaisseur a cessé et la dilatation intérieure continue ; il en résulte un amincissement extrême dans les parois de la cavité médulaire, ce qui explique la grande fragilité des os à cet âge. Chez le vieillard aussi, les os longs paraissent éprouver un raccourcissement réel ; les os larges diminuent d'épaisseur : leur tissu celluleux disparait, les deux lames du tissu compacte se trouvent adossées. Dans les os courts, la substance compacte extérieure di-

minue, et les aréoles du tissu spongieux sont, au contraire, plus marquées. *(Nysten.)*

OSTRACISME (*Histoire d'Athènes*) [du grec *ostrakismos*, dérivé d'*ostrakon* , coquille]. — Sorte de jugement, à Athènes, par lequel on bannissait pour dix ans les citoyens que leur puissance, leur mérite trop éclatant ou leurs services rendaient suspects à la jalousie républicaine.

Les suffrages se donnaient par bulletins, et ces bulletins avaient originairement été des coquilles.

OTITE [de *ous*, *ôtos*, oreille]. — Inflammation de l'intérieur de l'oreille. Elle occupe l'oreille externe ou l'oreille interne. Nous allons l'étudier dans ces deux formes en commençant par la première.

A. L'otite externe ne dépasse pas la membrane du tympan. A l'état aigu, elle se manifeste par un sentiment de gêne et de douleur, par une tuméfaction plus ou moins prononcée des parois du canal auditif, avec sensation de corps étranger dans l'oreille. Le malade entend du bruit, du sifflement, éprouve une douleur plus ou moins vive, et même de la fièvre. Il se fait par l'oreille un écoulement séreux ou muqueux plus ou moins jaunâtre et épais, dû à l'exhalation morbide de la muqueuse qui tapisse l'intérieur de l'organe. Quelquefois cet écoulement manque, mais la matière cérumineuse s'accumule et se concrète, ce qui cause une dureté de l'ouïe. Quoique douloureuse, cette maladie n'a rien de grave tant qu'elle reste bornée à l'oreille externe. Mais il se peut que la phlegmasie s'étende à la membrane du tympan, la détruise et se propage à la caisse. — Voy. *Otite interne*.

B. L'otite externe se montre quelquefois chronique. Elle produit une sensation de gêne et de gonflement avec ou sans écoulement muqueux ou séreux, et il y a tantôt exhalation cérumineuse, tantôt, au contraire, sécheresse dans le conduit. Dans le premier cas (*catarrhe chronique*, *otorrhée*), l'écoulement est plus ou moins abondant, jaunâtre ou verdâtre et fétide, résultant soit d'une simple exhalation morbide, soit de désordres plus graves et plus profonds, c'est-à-dire d'une suppuration de l'oreille interne, due à la carie des osselets ou des os du rocher, ainsi que nous le verrons dans l'otite interne chronique. Dans le second cas (*otite sèche*, *dartreuse*), le conduit auditif externe offre un aspect rosé, et donne lieu à de petites écailles qui se renouvellent sans cesse, comme dans les affections dartreuses.

C. L'inflammation du conduit externe peut aller jusqu'au degré phlegmoneux. Dans ce cas, l'examen du méat montre une tumeur saillante arrondie, rouge, qui cause de la fièvre et de vives douleurs, et qui se termine bientôt par suppuration.

D. L'otite externe, quoique d'un pronostic généralement favorable, se montre souvent très-rebelle. Elle produit la surdité lorsqu'elle s'étend à l'oreille interne et qu'elle désorganise les parties délicates qui s'y trouvent; elle peut même causer la mort, soit par les progrès de la carie, qui détruit les os jusque dans l'intérieur du crâne, soit par la suppression subite de l'écoulement, opérée sous l'influence du froid ou d'un traitement répercussif et suivie d'inflammation cérébrale. La forme sèche est bien moins sérieuse.

E. « L'otite affecte surtout les enfants et les jeunes gens. On dit que les scrofuleux y sont plus prédisposés; mais les nombreux écoulements d'oreille qu'on observe chez eux ne dépendent pas toujours d'un travail inflammatoire; ils sont plus souvent l'effet d'une simple sécrétion morbide, d'un catarrhe, ou bien ils dépendent d'une altération semblable à celle qu'on observe dans plusieurs autres parties du corps et à laquelle l'inflammation est tout à fait étrangère. Il est plusieurs maladies vers le déclin desquelles l'otite survient très-fréquemment: ce sont surtout la variole, la rougeole, la fièvre typhoïde et la phthisie pulmonaire. Dans la plupart des cas, l'otite survient d'une manière spontanée ou sous l'influence de causes toutes locales, telles que l'impression d'un courant d'air froid reçu sur l'oreille, l'accumulation du cérumen, l'introduction d'un corps étranger, certaines opérations pour détruire des végétations et des polypes. »

Traitement. — On oppose à l'inflammation modérée de l'oreille externe les applications émollientes et les injections adoucissantes et calmantes. Dans les cas où il y a des symptômes inflammatoires prononcés, il faut recourir aux sangsues et même à la saignée; et si la douleur est vive, il est indiqué d'injecter dans le conduit auditif une solution d'opium (25 centigr. pour 60 grammes d'eau). Il importe d'éviter que le mal gagne l'intérieur de l'oreille. Ces moyens sont aidés dans leur action par les laxatifs, les pédiluves irritants et les boissons douces, etc.

Dans le catarrhe chronique de l'oreille externe, on insistera sur les injections, que l'on fera d'abord émollientes, puis légèrement excitantes avec l'eau de Baréges, l'infusion de feuilles de noyer, l'eau de savon légère, souvent astringentes (eau de rose, 300 gramm., acétate de plomb, 50 centigr.); quelquefois caustiques avec la solution de nitrate d'argent. On placera du coton dans l'oreille, qu'on préservera de l'impression du froid, pour éviter la répercussion de l'écoulement. Les vésicatoires, le séton à la nuque, seront très-utiles dans les cas rebelles. Les dépuratifs à l'intérieur, les toniques ou les sulfureux suivant que la constitution du malade est scrofuleuse ou dartreuse, seront nécessaires pour combattre l'état général.

Otite interne. — L'inflammation de l'oreille interne est souvent la complication ou l'effet de la maladie précédente. Elle reconnaît d'ailleurs les mêmes causes. Ce qui prédomine dans cette phlegmasie, lorsqu'elle est aiguë, ce sont les douleurs qui sont excessives, atroces, par la raison que les parties enflammées sont très-pourvues de nerfs et que l'inflammation est comme emprisonnée dans une cavité osseuse tout à fait inextensible. Il y a des phénomènes d'une réaction générale intense, de l'agitation, des nausées, souvent même du délire. L'inflammation se termine ordinairement par suppuration. Si la membrane du tympan résiste, le pus est lui-même emprisonné, et sa présence augmente les désordres matériels et les douleurs. Il finit cependant par se frayer un passage, soit du côté du conduit auditif externe en détruisant le tympan, soit par la trompe d'Eustache, ce qui est plus rare. Quand c'est ainsi, l'ouïe est perdue sans retour, les osselets, les parois osseuses de la caisse étant en suppuration ou cariés.

A. La maladie passe à l'état chronique. Un écoulement de pus grisâtre, sanieux, fétide, mêlé à des fragments d'os, se fait par l'oreille; si le rocher est profondément carié, on voit se déclarer des symptômes cérébraux, une réaction fébrile qui supprime l'écoulement, ce qui cause de graves accidents, la mort même. Le malade peut guérir dans les cas peu graves; mais recouvrer la faculté auditive, jamais. Traversant les cavités où siégent les désordres, le nerf facial est quelquefois compromis, ce qui explique la paralysie de la face qu'on observe quelquefois dans les maux d'oreille.

B. Cependant la caisse peut être le siége d'une inflammation catarrhale légère, d'un simple engouement. Cette affection est même très-commune chez les sujets lymphatiques à l'excès et les scrofuleux. Elle est primitive ou la conséquence du catarrhe de la trompe d'Eustache. Elle ne cause pas de douleurs mais une sensation de plénitude, d'embarras dans l'oreille; l'ouïe est dure, il y a des bourdonnements; mais ces altérations de l'audition ne sont pas permanentes, elles sont plus prononcées dans les temps humides, et si elles disparaissent sous l'influence du traitement, la récidive est facile.

Traitement. — Il doit être essentiellement antiphlogistique au début. Sangsues en grand nombre, saignées, purgatifs, dérivatifs, injections narcotiques et cataplasmes : il ne faut rien négliger, car il importe de faire avorter l'inflammation qui détruit si tôt les osselets et l'ouïe en même temps. Si on n'a pu s'opposer à la suppuration, on donnera issue à son produit en perforant la membrane du tympan, et puis on favorisera son écoulement par la position et les injections émollientes tièdes.

A. Dans l'otorrhée chronique purulente, ce sera le même traitement que celui déjà indiqué dans l'otite externe. S'il y a carie des os, on essayera l'usage des eaux minérales, alcalines et sulfureuses à l'intérieur et à l'extérieur, en bains, injections et douches. On combattra l'état général de la constitution; mais il ne faut pas oublier qu'on devra attendre beaucoup du temps et des efforts de la nature.

B. On traite l'engouement de la caisse par les gargarismes émollients ou astringents, par les purgatifs et les vomitifs, les vésicatoires, les injections faites par la trompe, enfin par les moyens qu'on oppose aux affections catarrhales et aux scrofuleuses.   Dr Bossu.

OUIE [*auditus*]. — Celui des cinq sens par lequel nous percevons les sons, et dont l'oreille est l'organe. L'ouïe a son siége immédiat dans la cavité la plus profonde de l'oreille, dit Nysten. Le son apporté par l'air à l'oreille externe est dirigé par la conque vers le conduit auditif, et augmente de force en se condensant dans cet espace étroit. Parvenu à la membrane du tympan, il l'ébranle, et les vibrations qu'il détermine sont transmises par cette membrane à la cavité de la caisse et aux cellules mastoïdiennes ; elles en agitent l'air ; elles ébranlent le manche du marteau, selon Béranger de Carpi, et la secousse imprimée à cet os se répète sur l'enclume et se communique aux autres osselets : l'étrier transmet l'impression sonore dans le vestibule par la fenêtre ovale; l'humeur aqueuse la propage dans le limaçon et les canaux demi-circulaires; enfin cette impression parvient à la pulpe du nerf auditif, et là s'opère la sensation. Il faut avouer, au reste, que rien n'est plus douteux que le rôle assigné aux diverses parties de l'oreille interne. — L'ouïe s'exerce activement ou passivement, et ces deux modes sont exprimés par les deux mots écouter et entendre.—Les ouïes des poissons sont leurs organes respiratoires.—Voy. Branchies.

OUISTITI (zoologie). — Jacchus, — genre de singes américains, de l'ordre des quadrumanes et de la famille des sagouins, lesquels ne sont guère plus gros que l'écureuil; leurs narines sont écartées, leurs fesses sans callosités, leur queue non prenante, velue, médiocrement longue, les oreilles assez grandes, les yeux volumineux ; les membres postérieurs sont pourvus de véritables mains. Ces animaux, que l'on élève assez bien, sont, en général, remarquables par leur gentillesse et par la vivacité de leurs mouvements.

OURS (zoologie). — Genre de mammifères carnassiers plantigrades, qui se reconnaissent à leur corps trapu, à la largeur de la plante de leurs pieds, à leur queue courte et à leur museau allongé et mobile. Tout leur extérieur concourt à inspirer la crainte ; leur taille élevée, leurs formes trapues, leur tête énorme, leurs yeux petits et étincelants, leurs oreilles mobiles, la grosseur de leurs dents et la force de leurs griffes.

Cependant, malgré ces dehors terribles et ces armes formidables, les ours sont plutôt timides qu'audacieux; ils ne se plaisent que dans les forêts épaisses et sur les montagnes désertes, où ils peuvent errer au gré de leur caprice ou se reposer quand ils veulent, sans crainte de visite importune. C'est là qu'ils mènent leur vie solitaire et paisible, tantôt couchés dans quelque tronc d'arbre creux ou au milieu d'un épais fourré, tantôt occupés à chercher leur nourriture. Ils sont tellement indolents, qu'ils passent la plus grande partie de la journée dans l'assoupissement. Bien loin de se nourrir exclusivement de proie vivante, ils ne mangent guère de chair que par nécessité, et ils lui préfèrent en général les racines succulentes et les fruits tendres et sucrés; c'est ce qu'indique, au reste, suffisamment leur système dentaire, qui se compose d'un nombre plus ou moins considérable de fausses molaires, d'une carnassière peu tranchante, et de trois tuberculeuses fort grosses.

On distingue une douzaine d'espèces de ce genre,

dont les principales sont l'ours brun et l'ours blanc.

Le premier se reconnaît à son front convexe et à son pelage uniforme, laineux dans les premiers temps, soyeux dans l'âge adulte. Sa couleur varie du brun foncé au gris en jaunâtre. On le trouve sur toutes les hautes montagnes et dans toutes les grandes forêts de l'Europe et d'une grande partie de l'Asie, mais en petit nombre. Malgré sa force et son aspect féroce, cet animal est loin d'être aussi redoutable qu'on le croit vulgairement. Sa défiance est telle, qu'il se tient toujours dans les fourrés les plus épais; et, bien loin d'être sanguinaire, il n'aime pas la chair et n'en mange que par nécessité. Le miel surtout est son mets favori.

Quand il découvre un nid d'abeilles sauvages, il le déchire avec ses griffes, malgré les piqûres dont ces insectes le criblent, pour ravir le trésor qu'il recèle et dont il est passionné. Les chasseurs, profitant de son goût effréné pour cette substance, lui tendent ordinairement un piége dans lequel il ne manque jamais de donner; ils mêlent une certaine quantité de miel avec de l'eau-de-vie, et placent ce mélange à la portée de l'ours. Celui-ci en boit avec avidité, jusqu'à ce qu'il tombe dans un état d'ivresse complète; on peut alors le tuer sans danger ou l'emmener vivant. Il y a encore plusieurs autres espèces de chasses usitées contre les ours; dans les unes on les attaque à force ouverte, dans les autres on leur tend des piéges. Mais les premières sont dangereuses, car quoique ces animaux ne soient pas naturellement cruels, ils deviennent furieux quand ils se sentent blessés; et fondant sur leur ennemi, sans s'inquiéter des dangers auxquels ils s'exposent, ils cherchent à le saisir et à l'étouffer dans leurs bras pour le dévorer ensuite. Quant aux secondes, elles sont souvent infructueuses, par suite du naturel défiant de l'ours, qui s'éloigne de tout ce que lui paraît inconnu et extraordinaire. Dans tous les cas, le but des chasseurs est le même; ils cherchent à s'emparer de ces animaux pour leur ravir leur fourrure, dont on se sert pour faire des bonnets, des couvertures, des tapis, etc. On emploie aussi leur graisse comme cosmétique, et leur chair est assez bonne à manger; les pattes de devant surtout passent pour un mets délicat.

L'ours blanc est plus redoutable, quoique les voyageurs aient beaucoup exagéré sa férocité; il ne vit que de proie vivante, et poursuit surtout les phoques et les autres animaux marins.   (Salacroux.)

OURSIN (zoologie) [echinus]. — Genre de mollusque de l'ordre des échinodermes, renfermant des animaux au corps régulièrement circulaire ou ovale, composé de vingt séries radiaires de plaques polygonales hérissées d'épines. Il comprend un grand nombre d'espèces répandues dans toutes les mers. Leur couleur est verdâtre ou violacée. Ils vivent près du rivage, cachés entre les rochers, sous les pierres et parmi les algues; ils se nourrissent exclusivement d'herbes marines. — On trouve dans les terrains secondaires et tertiaires un grand nombre d'espèces d'oursins fossiles.

OUTARDES (zoologie). — Genre d'échassiers pressirostres qui ont beaucoup de rapports avec les gallinacés par leur port massif, par la forme voûtée de leur bec et par leur régime granivore ; mais elles s'en distinguent par leur cou allongé, par leurs tarses élevés, et surtout par la nudité du bas de leurs jambes, caractères qui les rapprochent des échassiers, auxquels elles tiennent également par la plupart des détails de leur anatomie et par le goût de leur chair. Elles diffèrent des autres pressirostres par leur bec voûté et terminé en pointe mousse, par le défaut de pouce et par la brièveté de leurs ailes. Cette dernière circonstance, jointe à la pesanteur de leur corps, rend leur vol lourd et pénible et les empêche de s'élever au-dessus du sol. Aussi ne volent-elles qu'à rase terre, et la plupart du temps elles ne se servent de leurs ailes que pour rendre leur course plus agile.

Les outardes sont des oiseaux farouches, qui vivent dans les blés ou dans les campagnes couvertes de broussailles, d'où elles élèvent de temps en temps la tête autour d'elles, pour voir si elles n'ont rien à craindre. Quand elles aperçoivent quelque chose qui leur fait ombrage, elles prennent promptement la fuite, en rasant la terre d'un vol rapide, ou en courant de toute la vitesse de leurs jambes, selon que le danger est plus ou moins pressant. Par suite de leur naturel sauvage ou défiant et de leur régime granivore, ces oiseaux fuient les contrées montueuses couvertes de bois, pour venir s'établir dans les pays de plaines ; ils fréquentent surtout les champs découverts de la Beauce et de l'Allemagne ; mais ils n'y sont qu'en passant et à l'époque de la maturité des blés. Leur nourriture est très-variée ; ils se nourrissent d'insectes, de grains, d'herbes, etc. Ils nichent à terre, et le mâle ne s'occupe aucunement de l'incubation des œufs, ni de l'éducation des petits. Ces soins reposent tous sur la femelle seule, comme chez les gallinacés.

Nous avons en France deux espèces qui appartiennent à ce genre : l'outarde commune, qui est beaucoup plus grosse qu'un dindon, et la cannepetière ou petite outarde, qui est moitié moindre. Elles sont de passage en été, et font leur ponte parmi les blés et les seigles déjà mûrs ; leurs petits courent dès leur naissance. On leur fait la chasse comme à un gibier recherché ; mais il paraît que la rareté entre pour beaucoup dans le cas qu'on en fait pour la table. Le houbara est une espèce africaine, qui passe quelquefois en Espagne. Elle a le bec déprimé à sa base et une huppe de plumes effilées sur la tête. (*Salacroux.*)

OVAIRE [*ovarium*, de *ovum*, œuf]. — On appelle ovaires les organes où se forment les œufs chez les animaux ovipares. Par analogie, on a donné le nom d'ovaires aux organes que les anciens appelaient les testicules de la femme. « Ce sont deux corps oblongs, légèrement aplatis d'avant en arrière, rugueux et ridés à leur surface, ayant le volume et presque la forme d'une amande ou d'une grosse fève de marais, placés un de chaque côté de l'utérus, entre la trompe de Fallope et le ligament rond, dans l'épaisseur du ligament large. Leur extrémité externe donne attache à une languette du pavillon de la trompe, et l'interne est fixée à l'utérus par un petit cordon ligamenteux (ligament de l'ovaire). Les ovaires sont composés d'un parenchyme gris-rougeâtre, formé de lamelles et de filaments entre-croisés, et de petites vésicules transparentes, au nombre de douze à vingt, de la grosseur d'un grain de millet, formées par une pellicule très-fine, qui contient un liquide visqueux rougeâtre ou jaunâtre. Ces vésicules sont les ovules ou germes (voyez *Œuf humain*). La membrane forte, épaisse et très-solide, qui sert de coque à l'ovaire, n'est autre chose que le ligament de l'ovaire lui-même. Ce ligament, long d'un à deux pouces, épais d'une à deux lignes, est formé par un faisceau fibreux du plan transversal de la matrice : arrivées à la pointe de l'ovaire, ses fibres s'écartent pour envelopper cet organe. — Les oiseaux n'ont pas, comme la plupart des autres animaux supérieurs, deux ovaires : il n'en existe qu'un. fixé dans la cavité abdominale au-devant de la colonne vertébrale, par un repli du péritoine. Il consiste en un paquet de petits sacs membraneux, plus ou moins développés et réunis en groupes, dans l'intérieur desquels se forment les ovules. »

OVARISTES. — Physiologistes qui pensent que les phénomènes de la génération, dans l'espèce humaine et dans toutes les espèces d'animaux, résultent du développement des œufs ou ovules de la femelle fécondés par le mâle. — Voyez *Génération*.

OVIPARES [du latin *ovum*, œuf, et *pario*, enfanter].—Nom commun à tous les animaux qui pondent des œufs : tels sont les oiseaux, les reptiles, les poissons, la plus grande partie des mollusques et des insectes.

OVOLOGIE [d'*ovum* et du grec *logos*, discours].— Partie de l'histoire naturelle qui traite de la formation et de la production des œufs (voyez *Œuf*). « Le principe fondamental de l'ovologie est que tous les animaux naissent d'un œuf. Ce principe exclut l'hypothèse des générations spontanées. »

OVOVIVIPARES. — Nom donné par les naturalistes aux animaux chez lesquels l'œuf éclot dans le sein même de la mère, pendant son trajet à travers les voies utérines. Tels sont, chez les mammifères, les ornithorynques, les kangaroos ; chez les reptiles, la vipère.

OXACIDES (chimie).—Nom donné aux acides qui sont formés d'oxygène et d'un corps simple : l'acide azotique, l'acide sulfurique, l'acide phosphorique, etc.

OXALATES (chimie).—Sels formés par la combinaison de l'acide oxalique avec une base. Les plus importants sont : l'oxalate de chaux, sel insoluble dans l'eau, qui se produit toutes les fois que l'acide oxalique rencontre la chaux en dissolution. Il constitue souvent les calculs urinaires chez l'homme. On le trouve dans une foule de racines et d'écorces, racines de rhubarbe, de réglisse, de curcuma, de patience, de gentiane ; les écorces de cannelle, de chêne, de frêne, d'orme, de sureau, etc. Il entre pour une grande part dans la composition des lichens qui couvrent les flancs des rochers.—L'oxalate acide de potasse ou bioxalate de potasse est connu sous le nom de sel d'oseille. — L'oxalate de soude existe dans toutes les plantes qui viennent sur les bords de la mer ou des lacs salés : barille d'Espagne, arroches, amarantes.

OXALIQUE (acide).—Combinaison formée de carbone, d'oxygène et d'hydrogène en cristaux, incolores, très-acides, sans odeur et très-solubles dans l'eau. Cet acide se retire, soit du sel d'oseille, en le précipitant par l'acétate de plomb et décomposant le précipité par l'acide sulfhydrique, soit en faisant bouillir du sucre, du bois ou de la fécule avec de l'acide azotique, et abandonnant le produit à la cristallisation. Très-employé dans les fabriques d'indiennes, comme moyen de détruire le mordant sur les parties où l'on veut que la couleur ne prenne pas. L'eau de cuivre n'est qu'une solution d'acide oxalique ou de sel d'oseille.

OXAMIDE (chimie).—Substance blanche, insoluble dans l'eau, qui renferme les éléments de l'oxalate d'ammoniaque, moins ceux de l'eau. Elle a été découverte par M. Dumas, et représente le type des corps de la classe des amides.

OXYCHLORURE (chimie). — Combinaison d'une chlorure avec un oxyde métallique. Les chlorures de calcium, de bismuth, d'antimoine, de cuivre, de plomb et de mercure sont susceptibles de former les oxychlorures.

OXYCRAT, *oxycratum* [du grec *oxys*, acide, et *kérannumi*,mélanger].—Boisson rafraîchissante, composée d'eau et de vinaigre, dans les proportions de cinq parties d'eau contre une de vinaigre, et quelquefois édulcorée avec un peu de sucre, de sirop ou de miel. On en fait usage dans les hôpitaux et les ambulances militaires pendant les grandes chaleurs, et dans les affections inflammatoires.

OXYDATION (oxygénation). — Ces deux mots se confondent souvent dans l'usage. Ils diffèrent toutefois en ce que l'oxygénation comprend tous les cas dans lesquels l'oxygène se combine avec un corps quelconque, quel que soit d'ailleurs le produit qui en résulte, et que l'oxydation est proprement l'acte chimique par lequel les corps simples se combinent avec l'oxygène en proportions déterminées, de manière à produire des oxydes. L'oxydation a lieu sous l'influence de la chaleur, de l'air humide, de l'électricité, par l'immersion des métaux dans les solutions alcalines, etc.

OXYDES (*oxybases*).— On donne ce nom aux combinaisons de l'oxygène avec un autre corps simple (voyez *Nomenclature*). Ces combinaisons peuvent être ou *acides, basiques,* ou *indifférentes*. C'est à tort qu'on a dit que toute base est un oxyde, et tout sel la combinaison d'un acide (oxacide) avec une oxybase; car le soufre, le chlore, le brôme, etc., ont sous ce rapport la même propriété que l'oxygène : ils forment des composés, soit acides, soit basiques, soit indifférents. Tous les sulfures ne sont pas des sulfures indifférents; il y en a qui jouent le rôle

d'acide (*sulfacides*) vis-à-vis d'autres sulfures qui jouent le rôle de base (*sulfobases*), et c'est de leur combinaison que résultent les *sulfosels* (sulfures doubles).

Plus la quantité d'oxygène augmente dans un oxyde basique, plus celui-ci tend à devenir acide. Exemples : Le protoxyde de manganèse, en devenant péroxyde, perd sa propriété de base, et en se combinant avec une plus forte proportion d'oxygène, il donne naissance à des acides (acides manganique et permanganique). Les oxydes d'antimoine, de chrome, d'urane, d'étain sont dans le même cas. Les oxydes les plus oxygénés sont presque toujours acides, tandis que les moins oxygénés sont généralement basiques. Ce que nous disons de l'oxygène est également applicable au soufre, au sélénium, au chlore, etc.

Il est impossible de donner des caractères bien généraux sur les oxydes. Les alcalis, qu'on croyait autrefois des corps simples, sont des oxydes très-solubles; les oxydes métalliques, que les anciens appelaient *chaux*, sont solides, et généralement insolubles dans l'eau; aussi les obtient-on en grande partie par voie de précipitation. (D[r] *Hœfer*.)

OXYGÈNE [de *oxus*, acide, et *ginomai*, je deviens]. — Synonymes : *air vital, gaz nitro-aérien*. L'oxygène est un gaz incolore, inodore, insipide. Un litre de ce gaz, à la température de 0°, et à la pression de 0 m. 76, pèse 1 gr. 4318. Sa densité est de 1,1026, celle de l'air étant prise pour unité. Une forte pression (100 atmosphères) et un abaissement de température considérable (— 80°) ne l'amènent point à l'état liquide, ni, à plus forte raison, à l'état solide. Comprimé dans le briquet pneumatique, il dégage de la lumière qui, d'après Thénard, serait due à un peu de vapeur huileuse provenant de la matière grasse dont le piston du briquet est imprégné. L'oxygène réfracte faiblement la lumière. Son pouvoir réfringent est 0,924, celui de l'air étant 1 (Dulong). Soumis à l'action de l'électricité, il se rend au pôle électro-positif de la pile; il est donc électronégatif de sa nature. La chaleur ne fait que le dilater. Sa solubilité dans l'eau n'est pas très-grande; elle est de 0,042; c'est-à-dire que 100 volumes d'eau dissolvent un peu plus de 4 volumes de ce gaz.

L'oxygène est susceptible de se combiner avec tous les corps simples connus. Beaucoup de ces composés sont éminemment stables, et résistent à une température élevée. Les alcalis (potasse, soude, lithine, chaux), baryte, strontiane), les terres (alumine, magnésie, glucyne, zircone), et la plupart des bases (oxydes) métalliques, sont dans ce cas. Combiné avec le carbone, l'hydrogène, l'azote, et dans quelques cas avec le soufre et le phosphore, l'oxygène constitue presque tous les corps du règne végétal et du règne animal. La combustion de l'oxygène avec un autre corps peut se faire par voie directe ou par voie indirecte. Ainsi l'oxygène se combine directement, au moyen de la chaleur, avec le carbone, pour donner naissance à de l'acide carbonique ou à de l'oxyde de carbone; avec l'hydrogène, pour former de l'eau; avec le fer, le plomb, le cuivre, le zinc et beaucoup d'autres métaux, pour donner naissance à des oxydes. L'oxygène se combine indirectement avec le chlore, le brôme, l'iode, l'azote, etc., pour former des composés acides ou neutres.

Une allumette éteinte, et présentant un point en ignition, se rallume avec un certain bruit quand on la plonge dans une cloche remplie d'oxygène. Un fil de fer brûle dans l'oxygène en jetant de vives étincelles. La température qui se produit est si élevée, que l'oxyde de fer, en fondant, pénètre profondément dans la substance du verre. Le phosphore y brûle avec un éclat que l'œil peut à peine supporter. Le soufre y brûle avec une flamme beaucoup plus pâle. Le protoxyde d'azote (gaz hilarant) possède également la propriété de rallumer les corps en ignition. Mais ce dernier asphyxie, tandis que l'oxygène entretient la respiration. Mêlé avec l'hydrogène dans les proportions convenables (pourvu que la proportion ne dépasse pas 1 à 9), l'oxygène forme un mélange explosif, c'est-à-dire un mélange gazeux, qui, au moyen de la chaleur ou de l'électricité, disparaît avec détonation, en donnant naissance à de l'eau. Les carbures d'hydrogène, les vapeurs d'huiles essentielles, d'éthers, etc., mêlés avec de l'oxygène, forment également des mélanges explosifs, à cause de l'hydrogène qui s'y trouve. Enfin, de tous les gaz, l'oxygène est le seul qui, à l'état de pureté, puisse être respiré sans danger pour la vie, et qui soit destiné à entretenir la respiration.

L'oxygène a été pris pour unité dans l'évaluation des équivalents ou des poids atomiques. —Voy. *Équivalents.*

On rencontre l'oxygène à l'état de liberté ou de mélange, et à l'état de combinaison. Dans le premier état, il existe dans l'air, où il est congénère de l'azote (21 vol. d'oxyg. + 79 vol. d'azote sur 100 vol. d'air). Les végétaux fournissent une grande quantité d'oxygène, en décomposant, sous l'influence de la lumière, le gaz acide carbonique. L'air dissous dans l'eau est plus riche en oxygène que l'air atmosphérique. A l'état de combinaison, l'oxygène se trouve le plus universellement répandu. Presque tous les corps en contiennent. L'eau est une combinaison d'oxygène et d'hydrogène. Les oxydes des métaux (rouilles, chaux des métaux) sont des combinaisons d'oxygène avec un métal. Les acides du phosphore, du soufre, du carbone, contiennent de l'oxygène en différentes proportions. Enfin, toutes les substances végétales et animales contiennent de l'oxygène à l'état de combinaison.

L'oxygène s'obtient le plus communément par voie sèche, c'est-à-dire par l'application de la chaleur à un corps riche en oxygène, et qui cède ce gaz en peu de temps et à peu de frais. Les corps suivants sont les plus propres à l'extraction de l'oxygène : chlorate de potasse, peroxyde de manganèse minium, azotate de potasse, etc.

L'oxygène est le seul gaz qui entretienne la respiration des animaux. Il entretient de même la combustion ; c'est lui qui fait que la bougie brûle, et que

le bois de la cheminée nous procure la flamme qui nous chauffe. L'oxygène joue un des rôles les plus importants dans les phénomènes chimiques qui se passent, soit en petit dans nos laboratoires, soit en grand à la surface et dans l'intérieur même du globe.

L'oxygène fut découvert en 1774, presque simultanément par Lavoisier en France, par Scheele en Suède, et par Priestley en Angleterre. (Dr *Hœfer.*)

OXYMEL [de ὀξός, vinaigre, et *melt*, miel : mélange de miel et de vinaigre].—On distingue, en pharmacie, l'oxymel simple, que l'on fait en mettant cuire ensemble, à 31° bouillant, deux parties de miel et une de vinaigre ; l'oxymel de colchique, et l'oxymel scillitique, que l'on prépare avec du vinaigre scillitique ou colchique. L'oxymel simple est employé comme rafraîchissant, et pour exciter la muqueuse pulmonaire. On le donne en gargarisme dans les angines. L'oxymel scillitique excite plus fortement la muqueuse bronchique : il est aussi diurétique. L'oxymel colchique est peu employé.

OXYURE [de ὀξύς, aigu, et οὐρά, queue]. —Nom donné par Rudolphi à un ascaride qui a pour caractère une queue extrêmement ténue. — Voy. *Entozoaires.*

OZÈNE [de ὀζεῖν, sentir mauvais.]—Ulcère de la membrane pituitaire qui donne lieu à une odeur infecte, comparée, mal à propos, à celle d'une punaise écrasée : de là le nom de *punais* par lequel on désigne les individus affectés d'ozène. « Le siége et la nature précise de cette affection ne sont pas encore bien déterminés, au moins dans beaucoup de cas. Quelques praticiens, ayant observé que cette infirmité est fréquente chez les individus dont le nez est naturellement écrasé, l'attribuent à la rétention du mucus nasal dans les anfractuosités où il est sécrété. Quelquefois l'ozène existe chez des individus sains en apparence ; mais le plus ordinairement il est de nature syphilitique, et dépend d'une syphilide papuleuse développée dans les cavités nasales. Les papules ulcérées sont quelquefois suivies d'une carie des os du nez, des cornets ou du vomer, qui ajoute encore à la fétidité. La marche de la maladie est lente, et les douleurs sont peu vives. » Il faut, d'une part, attaquer la maladie qui donne lieu à l'ozène, et, de l'autre, panser les ulcérations avec de la charpie enduite de cérat opiacé, cautériser superficiellement avec le nitrate d'argent les papules, et même les ulcérations qui ne sont pas trop irritées.

OZONE (chimie) [du grec ὀζώ, sentir mauvais].— Oxygène électrisé positivement. En 1856, M. J. Cloquet, de l'Académie des Sciences, a communiqué au nom de M. Scoutetten une note concernant la découverte des sources de l'ozone atmosphérique.

Les recherches de M. Schœbein, celles de MM. Marignac et de la Rive, et surtout l'important mémoire de MM. E. Fremy et Edm. Becquerel, ont constaté que l'oxygène peut être électrisé positivement et constituer le corps nommé *ozone* par le premier de de ces auteurs. Un grand nombre d'observateurs ont constaté la présence fréquente de l'ozone atmosphérique; mais la divergence de leurs opinions, l'absence de toute corrélation entre l'existence de l'ozone atmosphérique et d'autres phénomènes de la nature ont rendu les recherches stériles et ont faiblement attiré l'attention des savants. C'est qu'en effet on s'était borné à signaler un fait sans en indiquer la cause, sans en préciser l'importance.

Nous espérons avoir été plus heureux, dit l'auteur, en découvrant que l'ozone est formé :

1° Par l'électrisation de l'oxygène secrété par les végétaux;

2° Par l'électrisation de l'oxygène qui s'échappe de l'eau;

3° Par l'électrisation de l'oxygène dégagé dans les actions chimiques;

4° Par des phénomènes électriques réagissant sur l'oxygène atmosphérique.

Une série d'expériences variées et fréquemment répétées nous ont permis de constater :

1° Que les végétaux, ainsi que l'eau, fournissent constamment à l'atmosphère de l'ozone pendant le jour;

2° Que ce phénomène cesse pendant la nuit;

3° Qu'on le suspend pendant le jour en soustrayant l'eau ou les plantes à l'action de la lumière directe; qu'il suffit pour cela de mettre un morceau de linge ou une feuille de papier sur la cloche; qu'on le suspend encore en se bornant à mettre l'eau ou les plantes dans un appartement où elles ne recevraient que la lumière diffuse;

4° Que l'ozone ne se produit pas lorsqu'on se sert d'eau distillée bouillie; qu'il en est de même lorsqu'on y met des plantes introduites dans une cloche remplie de cette eau bouillie; qu'on peut même se dispenser d'eau distillée, l'expérience réussissant également avec l'eau ordinaire bouillie et sur laquelle on jette ensuite une couche d'huile pour empêcher l'absorption de l'air atmosphérique;

5° Que la formation de l'ozone a également lieu lorsque l'eau ou les plantes sont enfermées dans un ballon en verre, qu'on suspend loin du sol avec une corde en soie.

En ce qui touche les actions chimiques, nous sommes parvenus à démontrer, par des expériences rigoureuses, que l'oxygène naissant est de l'ozone, et que c'est aux propriétés que l'oxygène acquiert par l'électrisation positives qu'il doit de former des combinaisons impossibles avec l'oxygène pur. Enfin l'ozone se forme dans l'air atmosphérique sous l'influence de courants électriques continus et invisibles, ou par succession d'étincelles plus ou moins fortes. Mais ces derniers faits avaient déjà été entrevus par plusieurs observateurs. Il découle de ces expériences des aperçus nouveaux, tout à fait inattendus, éclairant tout à coup des actes nombreux de la physiologie végétale et animale, expliquant un grand nombre de phénomènes météorologiques restés obscurs, ainsi que les réactions chimiques où l'oxygène joue le principal rôle.

FIN DE LA LETTRE **O.**

P

P, seizième lettre de l'alphabet français, et la douzième des consonnes. Employé comme signe numérique, P signifiait 5 dans la manière primitive de compter des Grecs. Chez les Romains, on trouve quelquefois P employé avec la valeur de 400; P̄ avec celle de 400,000. Dans les abréviations anciennes, P signifiait *Publius, Paulus, populus, plebs* (le peuple); S. P. Q. R., *senatus populusque Romanus* (le sénat et

PACA (zoologie) [*cœlogenus*]. — Genre de mammifères de l'ordre des rongeurs, séparé de celui des *cavia* de Linné par Frédéric Cuvier, parce que les animaux qu'il renferme offrent des caractères différents dans la forme des dents molaires, et dans le nombre des doigts de leurs pieds.

Les pacas ont deux fortes dents incisives à chaque mâchoire : les supérieures étant aplaties en devant, et

Fig. 50. — Le Paca.

le peuple romain); P. C., *patres conscripti* (pères conscrits, sénateurs); P. K. ou Kal., *pridie kalendas* (la veille des calendes); P. II. (ou P. X. ou P. C.) S. L., *pondo duarum* (ou *decem* ou *centum*) *semis librarum*, poids de deux (ou de 10 ou de 100) demi-livres. — Au bas des lettres, P. S. signifie *postscriptum*. — Dans le commerce, P signifie *protesté*; p. 0/0, *pour cent*. — Sur les monnaies, P indiquait la monnaie frappée à Dijon. — En chimie, P signifie *phosphore*; Pl, *plomb*; Pt, *platine*.

tronquées obliquement en biseau; les inférieures étant légèrement comprimées latéralement, et arrondies sur leur face antérieure. Comme tous les vrais rongeurs, ils n'ont point de canines, et un espace vide ou barre sépare les incisives des molaires; celles-ci sont au nombre de huit à chaque mâchoire, et assez semblables à celles des agoutis, c'est-à-dire composées de rubans émailleux qui forment divers replis dans leur intérieur, et qui sont apparents sur la couronne, qui est aplatie. Le corps de ces animaux est, en géné-

17

ral, assez semblable, pour ses formes, à celui des cochons d'Inde, mais d'une taille considérable, puisqu'elle dépasse celle d'un fort cochon de lait. La tête est grosse, le museau épais, la lèvre supérieure fendue ; les joues pourvues d'espèces de fausses abajoues sans usage, formées par un repli de la peau, ayant son issue extérieure et dirigée par en bas ; les arcades zygomatiques sont très-saillantes, et c'est sous elles que sont situées ces cavités buccales ; les oreilles sont médiocres, ovales, etc. Les pieds sont tous à cinq doigts, armés d'ongles robustes ; le pouce antérieur est notablement plus court que les autres doigts, et il en est de même du pouce et du doigt externe du pied de derrière ; la queue est à peine apparente ; les mamelles sont au nombre de quatre, savoir : deux pectorales, et deux inguinales.

Les animaux de ce genre ont particulièrement des rapports avec les cabiais proprement dits, les agoutis et les cobayes ; mais les cabiais, les cobayes et les agoutis, ont quatre doigts devant et trois derrière. Les cobayes, d'ailleurs, ont les molaires beaucoup moins composées, puisqu'elles présentent chacune qu'une lame simple et une fourchue, en dehors dans les supérieures, en dedans dans les inférieures ; et les agoutis les ont à couronne plate irrégulièrement sillonnée, à contour arrondi, échancré intérieurement dans celles de la mâchoire d'en haut, et extérieurement dans celles de la mâchoire d'en bas.

Les pacas habitent l'Amérique méridionale et sont herbivores.   (Desmarets.)

PACHYDERMES (zoologie) [du grec *pakhys*, épais, et *derma*, peau, cuir]. — Ordre de mammifères, ainsi nommés par Cuvier à cause de l'épaisseur de leur cuir.

Les mammifères se divisent naturellement en plusieurs groupes principaux, d'après l'organisation des parties qui servent au mouvement. Les uns, tels que l'homme et les singes, ont la faculté de saisir avec une seule main, en opposant le pouce, qui est séparé, à tous les autres doigts, et peuvent ainsi former la pince et saisir les objets les plus délicats ; le dessus de chacun de leurs doigts est armé d'un ongle plat et sans force, qui ne sert qu'à donner un peu plus de fermeté à l'extrémité de ces doigts. D'autres mammifères, et c'est le plus grand nombre, ont les doigts presque réunis en un seul paquet, et n'ont pas par conséquent la faculté de les opposer les uns aux autres. Les ongles sont forts et crochus dans ceux qui se nourrissent exclusivement de chair, et ils sont plus ou moins obtus, mais non moins forts dans ceux qui vivent de substances végétales. Il est enfin des animaux qui ont les extrémités des doigts enveloppées par une substance cornée, plus ou moins épaisse, que l'on nomme *sabot*. Ceux-ci ne se servent point du tout de leurs extrémités pour porter la nourriture à la bouche, ainsi que peuvent le faire d'une seule main, ou plutôt à l'aide d'un seul membre, les hommes et les singes, ou à l'aide des deux extrémités antérieures à la fois, ainsi que le font les espèces de carnassiers et de rongeurs qui sont pourvus de clavicules ; ils ne peuvent, au contraire, se procurer leurs aliments (qui consistent nécessairement en substances végétales), qu'en les prenant immédiatement avec la bouche ; ce qui détermine le plus souvent une longueur telle dans le cou, que l'animal peut couper l'herbe à ses pieds sans être obligé de se coucher, ou l'existence d'une nouvelle espèce de main, telle que la trompe de l'éléphant, à l'aide de laquelle il peut ramasser les objets qui conviennent à sa subsistance.

Ces animaux ont reçu le nom de *mammifères ongulés* ou à *sabots*. Parmi eux se présente d'abord un groupe bien caractérisé, celui des ruminants. Ce sont, de tous les quadrupèdes, ceux qui sont le plus éminemment constitués pour vivre de substances végétales. Leur système dentaire est approprié à ce genre de nourriture, et leur estomac est divisé en plusieurs poches, qui sont autant d'estomacs séparés et qui diffèrent entre eux par la nature, l'épaisseur et la forme des replis intérieurs de leurs parois. Chez eux la digestion se fait en deux temps, ce qui constitue l'acte de la *rumination*.

Mais il est encore des animaux ongulés qui ne ruminent pas, et qui par cela sont intermédiaires aux ongulés herbivores et aux ongulés ruminants ; ces animaux sont les pachydermes. Réunis d'abord en un seul ordre par Linné, sous le nom de *belluæ*, ils avaient depuis été partagés en pachydermes et en solipèdes, et on plaçait entre ces deux divisions l'ordre entier des ruminants ou *pecora*. Cuvier, dans son dernier ouvrage (*le Règne animal, distribué selon son organisation*), a senti la nécessité de revenir à la division proposée par Linné, et a compris de nouveau sous le nom général de *pachydermes*, tous les *belluæ* de ce célèbre naturaliste.

Il les subdivise en trois familles, savoir :

Les *pachydermes proboscidiens*, ou à *trompe et à défenses*, qui ont tous cinq doigts complets ; dont les incisives et les canines manquent, mais dont les os incisifs sont munis de deux grandes défenses qui sortent de la bouche et prennent souvent un accroissement très-considérable ; le cou court et le nez prodigieusement allongé et mobile, formant une trompe propre à saisir les aliments et à les porter à la bouche. Le seul genre des *éléphants*, parmi les mammifères vivants, appartient à cette famille ; mais il faut encore y joindre le genre *mastodonte*, formé d'animaux fossiles, très-analogues aux éléphants par toutes les parties de leur squelette, si ce n'est par la forme de leurs dents molaires.

Les *pachydermes* ordinaires, qui ont quatre, trois ou deux doigts à leurs pieds. Cuvier a fait à leur sujet la remarque très-importante, que ceux chez lesquels les doigts sont en nombre pair, et qui ont par conséquent le pied en quelque sorte fourchu, se rapprochent à plusieurs égards des ruminants par le squelette et par la complication de l'estomac. Les genres de cette famille sont ceux : 1° des *hippopotames*, 2° des *cochons*, en y comprenant ceux des *pécaris* et des *phascochœres* ; 3° des *rhinocéros* ; 4° des *tapirs* ; 5° des *damans*, parmi les animaux vivants ; 6° ceux des *anaplatériums* ; et 7° des *paléothériums*, parmi les fossiles.

Les *pachydermes solipèdes*, qui n'ont qu'un seul

doigt apparent et un seul sabot à chaque pied, quoi-qu'ils portent sous la peau, de chaque côté de leur métatarse et de leur métacarpe des stylets qui représentent deux doigts latéraux. Cette famille ne comprend que le seul genre *cheval*.

L'ordre des pachydermes renferme les plus gros animaux terrestres connus, et aussi de très-singuliers tent latéralement de la bouche, et ces énormes verrues nues et couleur de sang qui cachent presque entièrement ses yeux.

Tous ces pachydermes sont dépourvus des formes élégantes et sveltes qui font admirer les cerfs, les antilopes et quelques autres quadrupèdes dans l'ordre des ruminants. Leur tête est en général grosse, leur

Fig. 51. — Pachyderme, Hippopotame d'Abyssinie.

dans leurs formes : l'éléphant, avec sa longue trompe et ses fortes défenses; l'hippopotame, dont le corps est si difforme et la bouche garnie de dents si anomales par leur figure et leur distribution; les rhinocéros, dont le front est armé d'une ou deux cornes formées de poils agglutinés; le daman, si semblable aux quadrupèdes rongeurs par son extérieur, mais si voisin des rhinocéros par son organisation interne; le tapir, qui a quatre doigts aux pieds de devant et trois seulement à ceux de derrière, et dont le nez, prolongé en trompe, a quelque rapport avec celui de l'éléphant; les anoplothériums (dont on ne connaît que des débris, formant le passage des ruminants au pachydermes; et le genre des palæothériums (également perdus), formant le passage des tapirs aux rhinocéros. Le genre des cochons est le seul qui renferme des animaux propres à notre pays; et si, par l'habitude que nous avons de les voir, leurs traits nous paraissent moins remarquables que ceux des mammifères que nous venons de citer, parmi les espèces étrangères qui s'en rapprochent le plus, nous trouvons souvent une conformation très-bizarre. Ainsi, ce n'est que dans le pécari qu'on observe une glande sur les lombes, ayant une issue au dehors pour la sortie de la matière fétide qu'elle distille continuellement; ce n'est aussi que dans le babiroussa que nous trouvons des canines diversement allongées et recourbées pour former quatre espèces de cornes, sortant de la bouche pour orner le front; enfin, le seul phascochœre nous présente cette large tête, munie de défenses qui sor-

corps trapu et bas sur jambes; leur peau, souvent nue et comme fendillée ou couverte de poils grossiers, est presque toujours si épaisse, qu'elle ne laisse deviner aucune forme musculaire; c'est même cette épaisseur extrême des téguments qui a valu à ces animaux le nom qu'ils portent. Leurs doigts sont enveloppés par la peau jusqu'à la racine des ongles, et ces parties seulement sont apparentes au dehors.

Le cheval fait seul exception à ce que nous venons de dire des formes générales des pachydermes; les belles proportions du corps de cet animal sont au contraire, depuis un temps immémorial, un objet d'admiration pour l'homme. (*Voy.* CHEVAL.)

          (*Blainville.*)

PAGURE (zoologie) [du grec *pagouros*, nom d'une espèce de crabe] — Genre de crustacés décapodes, caractérisés par leur queue plus courte que dans les autres macroures, leur longue carapace, leurs pattes antérieures terminées en pinces, et la mollesse de leurs téguments. Ces animaux ont l'habitude de s'introduire dans les coquilles abandonnées des mollusques et d'y vivre enfermés; ce qui leur a valu les noms de *Bernard l'Ermite*, de *Diogène*, etc. Comme leur corps prend sans cesse de l'accroissement, ils sont obligés chaque année de changer d'habitation.

PAILLE (agriculture). — Les *chaumes* des céréales portent ce nom après leur dessiccation et l'extraction du grain que renfermait leur épi. Par un abus, on le donne quelquefois au chaume même.

L'agriculture, l'économie domestique et les arts

tirent un si avantageux parti de la paille, que dans quelques lieux elle est d'un aussi bon débit que le grain.

1° On l'emploie pour la nourriture des bestiaux, quoiqu'elle contienne fort peu de principes nutritifs, par la considération que l'estomac des animaux,

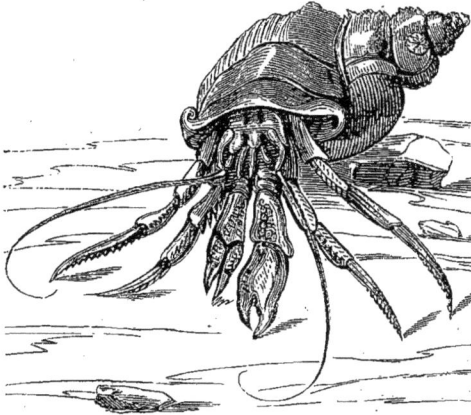

Fig. 52. — Pagure.

comme celui de l'homme, a aussi besoin d'être lesté qu'alimenté.

2° Elle est la base de la *litière* qu'on donne à ces bestiaux, et par suite des *fumiers*.

3° C'est elle qui sert de liens pour la vigne, les espaliers, les gerbes, et c'est avec elle qu'on couvre les chaumières, qu'on construit les paillassons, les nattes, les brise-vents, les ruches, les chapeaux de leur nom, etc., qu'on rembourre les paillasses, les chaises.

La qualité de la paille dépend et de l'espèce ou de la variété qui la fournit, et de l'année ou du terrain où elle a été récoltée.

Celle récoltée dans une année pluvieuse ou dans un terrain humide est inférieure à celle récoltée dans des circonstances contraires.

Chaque sorte de paille est plus propre que d'autres à certains usages. Par exemple, on préfère, pour la nourriture des bestiaux, la paille d'avoine (non javelée), puis celle de froment, qui devient supérieure lorsqu'elle n'a pas été battue, le blé étant extrêmement nourrissant. Par exemple, la paille de seigle est bien préférable à celle du froment, pour les liens de toutes sortes, pour les paillassons et autres objets analogues, parce qu'elle est moins cassante et moins disposée à la pourriture; pour les chapeaux, les chaises, etc., parce qu'elle est plus luisante. (Cependant les chapeaux de paille d'Italie, qui se vendent jusqu'à cinq cents francs pièce, sont fabriqués avec la paille d'une variété de froment cultivé dans un terrain sablonneux.)

Un fait reconnu de tout temps, mais expliqué depuis peu, c'est que la paille est un des plus mauvais conducteurs de la chaleur; de là vient que les mai-

sons couvertes en chaume sont plus fraîches que celles couvertes en tuiles; de là vient que les chapeaux de paille préservent si bien des coups de soleil. Je ne conçois pas pourquoi tous les cultivateurs, et surtout leurs femmes et leurs filles, ne substituent pas, vu cet avantage, à leurs mauvais chapeaux de feutre, leurs ridicules bonnets de toile, des chapeaux de paille si légers, si élégants, si économiques, puisqu'ils peuvent tous les fabriquer eux-mêmes, à l'imitation de ceux des environs de Lyon.

La paille d'orge ne peut être utilisée que comme litière, à raison de sa rigidité et de son peu de longueur.

Pour avoir de la belle paille de seigle et de froment, on bat les gerbes sans les délier. Dans le midi de la France, où on dépique le grain en le faisant piétiner par des mules ou des bœufs, on ne peut en avoir de telle.

La paille brisée est préférable, pour la nourriture des bestiaux, à celle qui est entière; mais celle hachée n'exigeant qu'une mastication incomplète, doit être d'une digestion plus difficile.

De bonne paille se reconnaît à sa couleur jaune clair, à son odeur suave, à sa saveur sucrée.

Les céréales coupées avant leur complète maturité en fournissent de meilleure, parce que le principe sucré y est resté en plus grande quantité.

On conserve la paille, soit dans des greniers ou des granges, soit en meules à l'air libre. L'important est qu'elle ne soit pas atteinte par les eaux des pluies, qui altèrent sa saveur et sa solidité.   (Bosc.)

PAIN (économie domestique). — L'aliment qui mérite réellement de porter le nom de *pain* présente à l'extérieur un composé de deux substances: la première, une mie spongieuse, élastique, parsemée de trous plus ou moins grands, d'une forme inégale, ayant une légère odeur de levain; la seconde offre une croûte sèche, cassante, plus ou moins colorée et sapide; voilà pour l'aspect du *pain*. Ses propriétés physiques sont de se ramollir à l'humidité; de se dessécher au contraire dans un lieu chaud; de se conserver un certain temps sans se moisir; de se gonfler considérablement, trempé dans un fluide quelconque; de se broyer aisément dans la bouche, d'obéir sans peine à l'action de l'estomac et des autres viscères, pour former la matière la plus pure de la nutrition.

L'art de préparer le pain a eu des commencements fort grossiers. Les degrés qu'on pourrait marquer entre du froment entier et cru et de la pâte levée et cuite sont infinis. Il n'y a pas autant de distance du *moût* au *vin* que de la *farine* au *pain*, parce que le grain est privé de toute humidité nécessaire pour entrer en fermentation, tandis que le raisin en a plus qu'il ne lui en faut. Une autre différence encore, c'est que le suc de ces baies nourrit moins qu'avant d'avoir subi la fermentation, par la raison que, dans cette opération, la matière muqueuse sucrée change en partie de nature et de propriétés; au lieu d'être nutritive et relâchante, elle devient tonique et enivrante. C'est le contraire pour le grain dont la viscosité est également détruite; mais dans son passage à la panification, la substance amilacée n'a éprouvé d'autres changements que ceux de la combinaison de la cuisson et un plus grand développement dans ses effets alimentaires.

La farine mêlée simplement avec de l'eau, réunie en masse et exposée aussitôt au four ou sous la cendre, ne présente ensuite qu'une galette lourde, serrée et visqueuse, mais la panification la change entièrement; un pétrissage bien exécuté introduit dans la pâte une grande quantité d'eau et d'air, atténue et divise les parties constituantes, les pénètre jusqu'aux plus petites parcelles. Une fermentation douce et graduée leur fait occuper plus de volume. Une cuisson les combine au point de ne plus offrir qu'un tout homogène, savoureux et dissoluble.

Ce n'est que dans le huitième siècle de la république romaine que l'art de faire du pain fut apporté de la Grèce en Italie. Les recherches pour découvrir la date où l'on a commencé à en faire usage, les expériences d'après lesquelles on a conclu qu'il y avait des farineux qu'il fallait consommer nécessairement sous la forme de bouillie, en sont une preuve suffisante; mais il n'en est pas moins vrai que dans l'état présent des choses, le pain ne nous soit d'une nécessité indispensable, nécessité fondée sur la nature et les produits du sol, fortifiée par une habitude extrêmement ancienne. D'ailleurs, rien ne parle mieux en faveur du pain que de voir jusqu'à quel point il réunit tous les suffrages même de ceux qui y suppléent par des pâtes et des bouillies qu'ils auront vainement tenté de convertir en pain; car il est démontré que si toutes les semences farineuses, depuis le froment jusqu'au riz, pouvaient se prêter au mouvement de la fermentation panaire, l'aliment dont il s'agit serait la nourriture de tous les climats et de tous les peuples.

Je demande toujours à ceux auxquels il est arrivé de faire la critique des farineux sous forme panaire, s'il existe un aliment qu'on fabrique avec autant de facilité, qui soit moins coûteux et plus commode, qu'un seul ouvrier puisse préparer dans l'espace de deux heures en quantité suffisante pour les besoins journaliers de quatre cents personnes, qu'on peut porter partout, confondre avec tout, manger quand et où l'on veut sans courir les risques d'être incommodé. Le riz, dont la plupart des nations font la base de leur nourriture, serait supérieur au froment s'il était possible d'en faire du *pain* ou du *biscuit*, parce que son extrême sécheresse, son état corné, le mettent sans frais à l'abri de toute altération et le rendent susceptible d'être transporté au loin. Mais quelle différence entre les deux aliments que ces grains fournissent, soumis à la même préparation!

Un Européen se propose-t-il de faire un voyage de peu de durée, il achète son pain, le met dans sa poche, et sa provision ne l'incommode que par sa masse et par son poids. S'il se dessèche, s'il devient insipide à la longue, il ne perd nullement de ses propriétés nutritives; le voyageur consomme sa provision en quelque endroit que ce soit, fût-ce même dans un bois éloigné de toute habitation.

Le consommateur de riz, au contraire, ne peut subsister de cette manière; quand son grain serait même réduit en farine, il est obligé de le faire cuire pour le manger et de l'avaler aussitôt qu'il est crevé, par la raison qu'en été, peu de temps après la cuisson, il s'aigrit et acquiert une saveur que le palais répugne : le voilà donc forcé d'emporter avec lui un appareil convenable, de l'eau, du feu, et de renouveler la cuisson chaque fois qu'il se détermine à prendre un repas.

Mais le pain n'est pas seulement l'aliment le plus facile à fabriquer, le plus commode à transporter et le plus économique dans son usage, il est encore le plus propre à l'estomac de l'homme; il renferme les différentes parties qui constituent essentiellement la matière alimentaire; pendant la mastication, il se pénètre des sucs salivaires, nettoie les dents et les gencives, acquiert dans la bouche une modification qui le dispose à une bonne et facile digestion. Le pain, en un mot, est une production de l'art d'autant plus parfaite, qu'elle est plus homogène et plus analogue à la conformation de nos organes, suivant l'observation de Geoffroy, qui en a fait l'analyse; suivant Buchan, qui recommande de le donner sec aux enfants et d'en préparer quelques mets; enfin, suivant Cassini de Thury, qui a remarqué en Allemagne que des enfants qui en avaient été nourris étaient plus robustes que les autres.

Cependant, pour que le pain réunisse toutes les qualités que nous venons d'énoncer, il faut que les grains qu'on y emploie soient en bon état, qu'ils ne contiennent aucune semence pernicieuse, qu'on ne fasse pas entrer dans sa composition des matières non farineuses, qui, en grossissant la masse, diminuent de son volume et affaiblissent ses propriétés panaires et nutritives.

On a beau s'appuyer sur quelques exemples, en disant que certains peuples préparent du pain avec des écorces d'arbres, et en font la base de leur nourriture; nous déclarons que, s'il est vrai que les Lapons subsistent d'un pareil pain, il faut nécessairement qu'ils y ajoutent de la farine, sans laquelle il leur serait impossible de panifier l'écorce des jeunes branches de sapin et de tilleul ; et peut-être n'ont-ils recours à un pareil aliment que dans des cas extrêmes, comme il est arrivé à quelques habitants de nos montagnes accablés de misère et pressés par la faim, de faire entrer dans leur pain la racine de fougère desséchée et pulvérisée : s'en suit-il que cette racine soit propre à la panification? Jamais, non; jamais l'homme affamé n'a été conduit vers des matières plus éloignées de l'objet qu'il avait en vue, et ce serait s'engager dans une immense nomenclature que de nommer ici les végétaux ou leurs parties que, dans le désordre de ses facultés irritées par un grand besoin, il a essayés pour remplacer les aliments qui lui manquaient.

On ne connaît guère d'aliment pour lequel il ne faille quelques précautions avant d'en faire usage. La première attention que demande l'école de Salerne pour le pain, c'est qu'il ne soit pas mangé au sortir du four; car, dans cet état, il est collant, pâteux, peut occasionner des gonflements, des maux d'estomac et d'autres indispositions; rien n'est même plus préjudiciable pour les dents que le pain chaud : c'est le moyen dont se servent les ouvriers pour ramollir l'i-voire. On ne saurait donc trop blâmer cette habitude de manger des tartines au beurre toutes brûlantes.

Les semences des légumineuses proposées pour remplacer les céréales sous forme de pain éprouvent au moulin et dans la boulangerie des obstacles infinis : d'abord, quel que soit leur degré de sécheresse, ces semences ne peuvent passer sous les meules sans une dessiccation préalable au four, celle du soleil étant insuffisante; on ne parvient ensuite à enlever le goût de verdeur qui les caractérise que par une longue cuisson et à grande eau. Aussi, toutes les recettes de pain dans lesquelles on fait entrer de la vesce, des lentilles, des haricots et des pois, ne présentent-elles que des résultats fort mauvais, parce que l'eau nécessaire pour donner à la farine la consistance d'une pâte, ne peut lui ôter ce goût désagréable, que la fermentation développe encore davantage.

Il n'en est pas de même des farines des autres céréales qui ne sont pas susceptibles d'être panifiées seules comme celles du maïs et du riz. On peut en faire entrer sans inconvénient jusqu'au delà de la moitié dans la composition du pain de froment, et d'un tiers ou d'un quart dans celle des pains de seigle, d'orge et d'avoine. J'en dirai autant des pommes de terre, soit cuites préalablement, soit desséchées et réduites en poudre.

Les Français, amateurs nés du pain et de tout ce qui en porte le caractère extérieur, veulent donner cette forme à tout ce qu'ils ont sous la main. Plusieurs sont même dans l'opinion qu'il est le seul aliment digne de nos hommages et de nos soins; c'est lutter réellement contre la nature des choses, nous ne saurions assez le répéter, que de s'obstiner à soumettre les farineux indistinctement à la même préparation; choisissons celle qui leur convient le mieux, tâchons, s'il se peut, de la perfectionner, et si nous nous déterminons à réduire sous la forme de pain les substances qui en sont les plus éloignées, que ce ne soit que dans les cas de disette, puisque souvent il est indispensable pour une classe de consommateurs, que l'aliment ait sa figure accoutumée; mais sans cette détresse, jouissons des bienfaits de la châtaigne, du riz, des semences légumineuses, des fruits pulpeux et des racines charnues, apprêtés conformément à leur constitution respective, et ne les dénaturons pas à grands frais pour n'en faire qu'une nourriture défectueuse et souvent malsaine. (Voy. PANIFICATION.)
(Parmentier.)

PAL (du latin palum, pieu). — Pieu aiguisé par un bout, destiné à servir de supplice. « L'empalement consiste à enfoncer dans le fondement du supplicié un pal qui traverse ses entrailles, à le planter ensuite en terre, et à laisser la victime mourir dans les souffrances de l'agonie. Le poids du corps faisant toujours entrer le pal davantage, il finit quelquefois par sortir par la poitrine, l'aisselle ou la gorge. Ce supplice abominable est d'origine orientale. En Turquie, il est réservé aux assassins et aux blasphémateurs. On le pratique aussi en Perse et dans le royaume de Siam. Jusqu'au siècle dernier, l'empalement fut usité en Russie : on y empalait par le côté. Il fut supprimé par l'impératrice Élisabeth. »

PALÉOGRAPHIE. — Art de déchiffrer les écritures anciennes; science des inscriptions. Il est impossible d'assigner, dit un auteur, l'époque où les hommes ont commencé à consigner par écrit leurs pensées. Tous les auteurs conviennent que la première écriture a dû être en images; qu'elle a donné naissance à l'écriture hiéroglyphique ou symbolique. Les peuples inventèrent ensuite successivement différents signes propres à représenter les discours, à exprimer la pensée, et c'est aux recherches et aux tentatives multipliées qu'ils ont faites pour y parvenir en différents temps, que nous devons l'art d'écrire proprement dit. Il est de même impossible de fixer avec précision l'époque à laquelle on doit rapporter l'invention des caractères alphabétiques : on sait seulement qu'ils étaient connus dans la plus haute antiquité : les Arabes en faisaient usage dès le temps de Job; il en parle d'une manière très-claire et très-positive. Différentes nations se sont disputé la gloire d'avoir inventé ces caractères; mais nous ne voyons que deux peuples dans l'antiquité auxquels on puisse raisonnablement attribuer cette invention, les Assyriens et les Égyptiens. Plusieurs auteurs cependant regardent l'hébreu comme la langue mère et la source de presque toutes les langues, du phénicien, du samaritain, de l'égyptien, du syriaque, de l'Arabe, etc. Cadmus passe pour l'inventeur de l'écriture chez les Grecs. Quelques auteurs prétendent qu'il avait rapporté cet art de l'Égypte ou de la Phénicie.

PALÉONTOLOGIE [du grec palaios, ancien, ôn, ontos, être, et logos, discours, étude]. — Science qui traite des animaux et des végétaux fossiles et dont G. Cuvier a jeté les fondements dans ses Recherches sur les Ossements fossiles. (Voyez FOSSILES et PÉTRIFICATION.)

PALÉOSAURE (paléontologie) [du grec palaios, ancien, et sauros, lézard]. Genre de reptiles fossiles établis dans l'ordre des sauriens pour des espèces terrestres aujourd'hui perdues. « Ces reptiles, analogues aux crocodiles, avaient les dents implantées dans des alvéoles, et dentelées à leurs bords antérieurs et postérieurs; les vertèbres offrent à l'intérieur des cavités qui donnent à supposer que la moelle épinière offrait une suite de renflements correspondant au milieu de chaque vertèbre; le fémur est deux fois plus long que l'humérus, etc. On distingue le paléosaure platyodon et le P. cylindrodon. »

PALÉOTHÉRIUM (paléontologie) [du grec palaios, ancien, et thérion, bête sauvage]. — Genre de mammifères fossiles de l'ordre des pachydermes, renfermant des animaux voisins des tapirs et des rhinocéros. Ils portaient une courte trompe charnue, et vivaient sur le bord des lacs et dans les marais. On en compte environ douze espèces, dont les principales sont : le grand paléothérium, de la taille d'un cheval ou d'un rhinocéros; le P. moyen, qui était un tapir de la taille d'un cochon. Ces animaux fossiles ont été découverts en France, en Allemagne et dans plusieurs autres contrées.

PALINGÉNÉSIE. — Ce mot, qui signifie *reproduction* ou *régénération*, a été employé par des amateurs du merveilleux, qui prétendaient qu'on pouvait, par des moyens chimiques, faire reparaître dans leur premier état des corps organisés qui avaient été décomposés par le feu ou autrement; mais une opinion aussi contraire aux principes d'une saine physique, n'est admise aujourd'hui par aucun homme éclairé.

Je sais qu'un écrivain célèbre, le sage Bonnet, regarde, au moins comme probable, que la mort des *animaux* n'entraîne point la destruction de leur *individu*. « Quelle difficulté y aurait-il, dit ce philosophe, à concevoir que le véritable siége de l'*âme des bêtes* est à peu près de même nature que celui que la suite de mes méditations m'a porté à attribuer à *notre âme?* Si l'on veut bien, ajoute-t-il, admettre cette supposition unique, l'on aura le fondement physique d'un *état futur réservé aux animaux.* Le petit *corps organique et indestructible,* vrai siége de l'âme, et logé, dès le commencement, dans le corps grossier et *destructible,* conservera l'animal et la *personnalité de l'animal.* » (*Palingén philos.,* part. I.)

On voit qu'il n'est ici question que d'une *palingénésie* purement *métaphysique,* qui n'a nul rapport avec celle qui ferait reparaître dans son premier état la partie matérielle des corps organisés, après qu'ils auraient été décomposés : système que Bonnet était, certes, bien loin d'admettre.

Quelques naturalistes modernes semblent avoir voulu transporter dans le règne minéral cette dernière espèce de *palingénésie* : ils ont supposé que les *laves,* qui ont de la ressemblance avec le *granite,* le *trapp* et le *porphyre,* ont été formées par ces roches elles-mêmes, qui, après avoir éprouvé dans le sein de la terre une fusion complète (puisqu'elles ont coulé comme un métal fondu), ont repris ensuite une contexture parfaitement semblable à celle qu'elles avaient eue d'abord. Mais par une contradiction tout à fait évidente, ils ont en même temps soutenu que les cristaux de *pyroxène,* de *hornblende,* de *feldspath,* de *mica,* etc., n'avaient pas reçu la plus légère atteinte de l'action du feu qui avait mis en fusion la masse totale, et que ceux qu'on y voit aujourd'hui, sont les mêmes qui existaient dans les roches primitives. J'ai fait voir ailleurs l'invraisemblance de ces suppositions. (*Voyez* LAVE.)

La prétendue *palingénésie minérale,* qui rendrait aux laves la contexture des roches dont on les suppose formées, est d'autant moins admissible, que Dolomieu, ainsi que tous les lithologistes les plus éclairés, reconnaissent que la plupart des roches primitives sont composées des mêmes parties élémentaires, quelquefois même dans des proportions très-peu différentes. Le *trapp,* par exemple, n'est, suivant Dolomieu, qu'un *granite* à très-petits grains; ainsi des roches de *trapp* formeraient tout aussi bien des laves granitiques que des laves trappéennes. D'ailleurs, n'est-il pas évident qu'aussitôt que les parties constituantes d'une roche auraient été désunies par l'action du feu, elles formeraient des combinaisons nouvelles, suivant les différentes proportions dans lesquelles elles se retrouveraient fortuitement réunies par les ballottements multipliés qu'elles éprouveraient après leur fusion; et ne verrait-on pas surtout les parties similaires se réunir en parties plus ou moins considérables, au lieu de demeurer disséminées d'une manière aussi égale qu'elles le sont dans les laves granitiques?

Ainsi donc la ressemblance parfaite qu'on observe entre les laves et les roches primitives, bien loin de prouver que les unes proviennent de la fusion des autres, démontre au contraire que les unes et les autres ont été formées de la même manière, c'est-à-dire par la combinaison chimique de divers fluides aériformes. (*Voyez* GÉOLOGIE, LAVES et VOLCANS.) (*Patrin.*)

En citant cet article de Patrin, nous sommes loin de partager ses opinions, bien que nous pensions avec lui que les laves ne sont point une reproduction d'une roche analogue à celles que nous connaissons; c'est ce qui est prouvé maintenant et ce qui fut ignoré jusqu'à Dolomieu, et même longtemps après la mort de Patrin. L'on sait que les laves sont composées de très-petits éléments de feldspath, de pyroxène et de fer titané, accidentellement réunis à d'autres substances, comme le péridot, l'amphigène ou leucite, etc. Les expériences entreprises par de Drée ont démontré que les roches peuvent être amenées, par une application particulière de la chaleur, à un état de mollesse qui établit une fluidité pâteuse, laquelle leur permet de changer de couleur sans passer à l'état de verre, ni sans perdre la structure lithoïde, bien que les autres caractères puissent être altérés. Dans cette opération, l'on voit qu'il n'y a pas de *palingénésie* réelle, et encore moins une raison de croire à la formation des roches et des laves, par la combinaison chimique des fluides aériformes, base d'un système qui séduisit toujours Patrin, et qui n'est étayé par aucun fait.

(*Léman.*)

PALISSANDRE (botanique). — Espèce de bois violet, veiné, dur et odorant, propre au tour et à la marqueterie. Il vient des Indes par la voie du commerce des Hollandais; il est en grosses bûches. On en fait des meubles, des instruments de musique. Cet arbre nous vient aussi de la Guyane.

PALMIERS (botanique). — Famille de plantes dont la plupart croissent entre les tropiques, et sont d'une importance majeure pour les habitants de ces contrées, auxquels elles offrent la nourriture, l'habillement, le logement, et plusieurs autres commodités et utilités, presque sans aucune autre peine que celle de l'exploitation. Cette famille tient en conséquence un des premiers rangs parmi les productions végétales, et mérite, plus que beaucoup d'autres, d'exciter l'intérêt des scrutateurs de la nature; mais c'est malheureusement une de celles qui ont été le moins observées par les voyageurs, soit à cause de la difficulté de trouver les plantes qu'elle renferme en même temps en fleurs et en fruits, soit par la hauteur des individus, qui ne permet pas d'y atteindre aisément; d'où il résulte que dans toutes les collections on conserve des fruits, sans connaître les fleurs des individus auxquels ils appartiennent, ou des fleurs dont le fruit est inconnu.

Les palmiers sont remarquables par la hauteur à laquelle ils s'élèvent, par le feuillage toujours vert dont leur cime est ornée, et par l'abondance de leurs fruits. Leur tige est simple et frutiqueuse. Elle est revêtue d'une écorce composée de plusieurs feuillets, formés par la base des feuilles. Le sommet est couronné de feuilles vivaces, rangées circulairement et par étages, engaînantes à leur base. Ces feuilles s'échappent d'un gros bourgeon qui termine la tige.

La tige des palmiers n'augmente pas, comme celle des autres arbres, par l'addition de couches annuelles. Daubenton a ainsi expliqué ce phénomène. Chaque feuille du dattier, que ce naturaliste a pris pour exemple, est, dit-il, formée par un prolongement des filets ligneux, et de la substance cellulaire, qui sont

Fig. 53. — Le Palmier.

dans le tronc de l'arbre. On les voit dans le pétiole, et ils sont très-apparents dans les restes de ce pétiole qui tiennent au tronc. L'accroissement de ce tronc est donc produit par les feuilles qui en sortent chaque année. Comme les filets ligneux et la substance cellulaire, dont les nouvelles feuilles sont un prolongement, partent toujours du centre, ils forcent toujours les feuilles précédentes à se rejeter en dehors : c'est pourquoi la substance du tronc a d'autant plus de compacité, qu'elle se trouve plus près de la circonférence, et qu'à un certain point de densité elle ne peut plus céder à l'effet des parties intérieures du tronc, et se porter au dehors ; aussi, il paraîtrait que l'arbre, parvenu à ce point, ne grossit plus.

Desfontaines, dans un excellent mémoire sur l'organisation des *monocotylédons*, inséré dans le premier volume des *Mémoires de l'Institut*, observe que la tige des palmiers n'a pas cependant toujours exactement la même grosseur. Il paraît que ces irrégularités arrivent toutes les fois que la plante reçoit une plus grande ou une plus petite quantité de nourriture. Si, par exemple, on transplante un jeune palmier d'un sol aride dans un terrain fertile, les fibres de la nouvelle pousse prendront un volume plus considérable que les anciennes, et celui de la tige augmentera dans cette partie, tandis que l'inférieure conservera exactement la grosseur qu'elle avait auparavant. Si, par un accident contraire, la force de la végétation se rallentit, les nouvelles pousses seront plus grêles que les anciennes.

L'enveloppe extérieure des palmiers, ajoute ce savant observateur, est fort différente de celle des autres arbres ; elle n'est évidemment qu'une expansion des fibres de la base des pétioles, qui, se portant à droite et à gauche, forment autant de réseaux dont les mailles sont plus ou moins larges, et diversement configurées dans chaque espèce de palmier. Ces réseaux sont imbriqués, c'est-à-dire qu'ils se recouvrent comme les tuiles de nos toits. Ils n'adhèrent point ensemble, et on peut les séparer avec la plus grande facilité. Chacun est composé de trois plans de fibres très-distincts ; les deux plans extérieurs suivent une direction transversale et parallèle ; l'intermédiaire, que l'on peut comparer à la trame d'une étoffe, les coupe obliquement du haut en bas. Les fibres ne sont point entrelacées, mais seulement unies par des filaments capillaires qui vont s'attacher de l'une à l'autre ; enfin l'enveloppe des palmiers se détruit avec le temps, de sorte qu'on ne doit pas la regarder comme une véritable écorce.

Les feuilles des palmiers sont de deux sortes : les unes ressemblent à des éventails ; les autres sont composées de plusieurs folioles placées sur un pétiole commun. Leur nombre reste presque toujours le même sur chaque individu, parce qu'il en renaît de nouvelles à mesure que les anciennes se dessèchent et tombent. Les folioles sont pliées en deux dans toute leur longueur, appliquées contre le pétiole qui est redressé, et leurs nervures sont longitudinales ou parallèles à la côte du milieu, comme dans les graminées et la plupart des plantes monocotylédones.

Ces feuilles, sortant toujours du centre de l'arbre, doivent avoir sur la tige une autre disposition que dans les autres arbres. Cette disposition, déjà observée, et depuis longtemps, par Rumphius, est presque la même que celle des fougères avec lesquelles les palmiers ont beaucoup de rapport.

Ainsi, on peut dire que les palmiers n'ont point de véritable tige ; que la partie à laquelle on donne communément ce nom, et qui s'élève souvent à plus de cent pieds, n'est qu'un prolongement du collet des racines ; et, par suite, que les feuilles ne sont réellement que des feuilles radicales. Cette opinion qu'on ne peut s'empêcher de déduire des observations de Desfontaines, est encore confirmée par l'organisation si simple de la prétendue tige des palmiers, qui, à une seule espèce près, le *doume*, ne prend jamais de branches, se bifurque rarement, et meurt dès qu'on coupe le bouquet de feuilles qui la termine.

Les fleurs des palmiers sont en général assez petites, jaunâtres ou verdâtres, et n'ont que peu ou point d'éclat. Elles ne sont jamais pourvues de pédoncules partiels, mais on les trouve ramassées en grand nombre sur des pédoncules communs, simples et nus à leur base, plus ou moins ramifiés ou paniculés dans leur partie supérieure. C'est à l'assemblage de ces pédoncules communs qu'a été donné le nom de *régime* ou *spadix*. Ces régimes naissent dans les aisselles des feuilles. Ils sont renfermés avant la floraison dans des spathes membraneuses, coriaces, souvent très-épaisses, monophylles ou diphylles, et susceptibles de se déchirer en deux ou plusieurs pièces. C'est ce qu'on appelle *empondre* à l'île de Bourbon, où on les emploie à beaucoup de petits usages domestiques, même à cuire le riz. La spathe de l'*arec à crin*, qui croît dans cette île, est couverte de poils qui la font ressembler à la peau du blaireau. Outre cette spathe universelle, qui n'existe pas dans plusieurs genres, on en remarque quelquefois de moins considérables placées sous chacune des subdivisions du régime qu'elles enveloppent séparément.

Très-peu de palmiers portent des fleurs hermaphrodites, et la disposition des sexes varie de trois manières dans la plupart des autres; leurs fleurs sont ou dioïques ou monoïques. Dans ce dernier cas, l'un et l'autre sexe sont tantôt mêlés sur le même régime, tantôt placés sur des régimes différents. On remarque ordinairement dans chaque sexe les rudiments du sexe qui lui manque; ce qui fait soupçonner qu'en général les palmiers ne sont monoïques ou dioïques que par avortement. L'*avoira* et le *maripa* sont des exemples frappants de ce que nous avançons. Les régimes mâles sont ordinairement d'un seul sexe, mais les rameaux des régimes femelles sont souvent terminés par des fleurs mâles. Cette anomalie, ou plutôt cette organisation extraordinaire, se retrouve dans plusieurs espèces du genre *laiche* de Linné, dont les épis femelles se terminent par des fleurs mâles. Il est plus rare de voir les épis mâles porter en même temps et inférieurement des fleurs femelles; mais il est digne de remarque que dans l'un et l'autre cas les fleurs femelles sont généralement inférieures.

Fourcroy a donné, dans le sixième cahier des *Annales du Muséum d'histoire naturelle de Paris*, une analyse du *pollen*, ou poussière fécondante du dattier, d'où il résulte qu'il contient une assez grande quantité d'acide malique tout formé, et qui peut être séparé par l'eau froide; des phosphates de chaux et de magnésie, dont la plus grande partie est enlevée par les lavages en même temps que l'acide malique qui les rend dissolubles; une matière animale qui se dissout dans l'eau à l'aide de l'acide, et qui, étant précipitée par l'infusion de noix de galle, s'annonce comme une sorte de gélatine; une substance pulvérulente que les corps précédents semblent recouvrir, qui est insoluble dans l'eau, susceptible de donner de l'ammoniaque, de se convertir en un savon ammoniacal par la putréfaction, par les alcalis fixes, et qui, en raison de ses propriétés, paraît être analogue à une matière glutineuse ou albumineuse sèche.

Ainsi ce pollen a de grands rapports de composition avec les substances animales, et encore plus avec la liqueur séminale; fait qui avait déjà été indiqué par l'odeur des fleurs du *vinetier* et du *châtaignier*, et qui peut devenir un jour d'une très-grande importance physiologique.

Bory de Saint-Vincent, que ses expériences sur la chaleur des étamines des aroïdes, déjà indiquées par M. de Lamarck, ont conduit à examiner les fleurs des *baquois*, qui forment une famille très-voisine des palmiers, a aussi remarqué qu'au moment de la floraison, les anthères des palmiers devaient avoir un certain degré de chaleur supérieur à celui de l'atmosphère, pour cela il a placé de petites parcelles de beurre de cacao sur les côtes de l'étamine, dont l'échauffement, ayant fait fondre la surface en contact, y a imprimé sa forme. On pourrait étendre cette observation, et la répéter sur les anthères de toutes les plantes. Le fruit est un drupe sec, nommé *akène*. Les semences contiennent dans le centre une liqueur agréable.

Plusieurs espèces de palmiers, de ceux surtout qui croissent entre les tropiques, peuvent seules fournir à tous les besoins de la vie; aussi sont-ils regardés par tous les peuples comme un des plus grands bienfaits de la Providence. On se sert de presque toutes leurs parties. Les couches les plus extérieures du tronc de certaines espèces fournissent un bois dont la pesanteur, la dureté et la durée sont comparables à celles du fer, et qui lui est en effet substitué par plusieurs hordes de sauvages de l'Inde et de l'Amérique. Ils en font des pointes de flèches qui, étant amincies, percent sans casser, comme si elles étaient du fer le plus dur. Dans quelques autres, les spathes, ces sortes de coffres qui renferment les régimes, acquièrent une consistance et une épaisseur telles, qu'elles peuvent contenir les liquides les plus ténus; et on en fait en divers endroits des vases qui, soutenant assez bien la chaleur du feu, deviennent, jusqu'à un certain point, susceptibles de remplacer les nôtres, et servent à peu près aux mêmes usages. Il faut ajouter que les troncs des plus gros palmiers peuvent se fendre, s'aplatir et servir de planches avec lesquelles on construit des maisons inaltérables aux influences de l'air et inattaquables par les insectes. On voyait encore à Saint-Domingue des cases, maisons très-anciennes, construites du temps des flibustiers, avec des planches de tronc de chou-palmiste (*areca oleracea*), dont le bois était aussi sain que le premier jour qu'il avait été employé. Enfin les feuilles de palmier dans l'état naturel servent à couvrir ces maisons, et, transformées en nattes, en paniers, en jalousies, etc., elles concourent à les orner intérieurement.

Rhéede, dans l'*Hortus malabaricus*, nous apprend que les feuilles du *corypha umbraculifera* peuvent mettre six hommes à l'abri de la pluie et du soleil. On voit une de ces feuilles (encore jeune), dans une des salles du Muséum d'histoire naturelle.

Le péricarpe fibreux d'un grand nombre d'espèces, les feuilles et leur pétiole dans plusieurs, le tissu filamenteux qui recouvre le tronc dans presque toutes, fournissent une sorte de fil ou filasse qui sert à faire des habillements, des filets, des cordes, à calfater les vaisseaux, etc., etc.

Outre ces avantages principaux, on en tire encore de secondaires dignes d'attention. On fait avec leurs feuilles des éventails, des parasols et des chapeaux; on écrit sur plusieurs, comme nous écrivons sur le papier par le moyen d'un stylet de métal; on compose des fleurs artificielles avec la moelle de quelques-uns; on se procure avec les tiges des rotangs, des cannes souples et légères, et avec le fruit des cocos et autres, des tasses très-solides et même agréables, que le luxe le plus recherché ne dédaigne pas.

Mais, c'est dans les besoins de première nécessité, c'est comme objet de nourriture, que les palmiers sont principalement précieux. Presque aucune espèce ne possède de propriétés nuisibles, et plusieurs en ont de très-bienfaisantes. Ainsi, on trouve dans la chair douce et pulpeuse de quelques-uns, dans le périsperme des semences de plusieurs, dans le bourgeon terminal de la plupart, un aliment sain et savoureux, qu'on apprête de plusieurs manières. La liqueur qui coule du tronc ou des spathes encore vertes, dont on a retranché une portion, celle qui se trouve dans la vaste cavité du périsperme, offrent une boisson abondante et salutaire, dont on peut extraire, par l'évaporation, un sucre de très-bonne qualité. Ces liqueurs, connues sous les dénominations de palme dans une partie de l'Afrique, le bourdon à Oware et à Benin, se convertissent, en passant par divers degrés de fermentation, en un vin plus ou moins délicat, qui fournit par la distillation un alcool très-violent, ou qui se change en un vinaigre très-actif. Il suffit d'exprimer tantôt le péricarpe, tantôt la semence, souvent l'un et l'autre, de quelques espèces, pour obtenir une huile douce, communément assez épaisse, une sorte de beurre végétal, qui ne le cède pas au nôtre pour le goût. Il suffit de fendre le tronc de quelques autres pour trouver une fécule abondante qui se conserve de longues années, qui nourrit beaucoup sous un petit volume, et qui est si facile à digérer, qu'en Europe même on la recommande, sous le nom de sagou, aux valétudinaires dont l'estomac est délabré.

Il ne croit naturellement en Europe que deux espèces de palmier, la palmette (chamærops, Linné), et le dattier (phœnix, Linné). Lorsqu'on veut cultiver les autres dans les serres, il faut les tenir perpétuellement dans une couche de tan. En général, elles sont très-difficiles à faire fructifier dans nos climats, et leurs fruits n'y sont jamais de bonne qualité. (Bosc.)

PALLADIUM (chimie) [du nom de la planète Pallas]. — Corps simple métallique, qui a presque l'éclat et la couleur de l'argent, et partage avec le platine un grand nombre des propriétés de ce métal. Il est malléable, très-ductile; sa densité n'est que d'environ 11,8; il ne fond qu'à la flamme du chalumeau.

Il se rencontre dans les minerais de platine de l'Oural; on en trouve aussi dans les sables aurifères du Brésil : ce corps simple a été découvert en 1803 par Wollaston.

PALMIPÈDES (zoologie) [du latin palma, paume, et pes, pied]. — Sixième ordre de la classe des oiseaux, renfermant des oiseaux aquatiques qui ont les doigts palmés et les pieds implantés à l'arrière du corps, ce qui leur permet de nager avec facilité. Le plumage des palmipèdes est en général ferme, lustré et imbibé d'un suc huileux qui le rend imperméable à l'eau.

Cet ordre se divise en quatre familles : les plongeurs (plongeon, pingouin, etc.); les longipennes (pétrel, albatros, etc.); les totipalmes (pélican, cormoran, etc.); et les lamellirostres (cygne, oie, canard, etc)

PALPITATIONS DE CŒUR (pathologie) [cardiopalmie]. — Mouvements violents, tumultueux, fréquents et déréglés du cœur. Les palpitations continues dépendent souvent d'une lésion physique du cœur; celles qui sont intermittentes tiennent soit à une affection nerveuse, soit à l'anémie ou à quelque autre cause organique, souvent difficile à apprécier; elles sont très-fréquentes dans la chlorose. Le traitement diffère selon la cause. Y a-t-il palpitations nerveuses? exercice modéré, distractions, régime doux, bains, lavements d'assa-fœtida, digitale, bains de pieds sinapisés. Y a-t-il palpitations anémiques? régime analeptique. Combiner les toniques, les ferrugineux et les antispasmodiques. Les battements du cœur sont-ils dus à une cause organique? diète, repos, saignées, sangsues à l'anus ou à la vulve, bains tièdes prolongés, digitale.　　　　　(B L.)

PANAIS (botanique) [pastinaca]. — Genre de plantes de la famille des ombellifères, renfermant une dizaine d'espèces herbacées, qui croissent naturellement dans les régions de la Méditerranée, et qui ont pour caractères : calice entier, pétales courbés, fruits comprimés, elliptiques, à trois nervures saillantes, avec un petit rebord membraneux. L'espèce la plus intéressante est le panais cultivé ou pastenade, plante indigène bisannuelle, employée comme assaisonnement.

PANARIS (pathologie). — Inflammation phlegmoneuse des doigts, produite quelquefois par un coup, par une piqûre ou par l'arrachement de ces pellicules appelées envie.

Le panaris, qui est caractérisé par une douleur profonde, par des élancements insupportables, par des symptômes inflammatoires intenses, doit être traité par les saignées locales, les cataplasmes émollients opiacés. Malgré ces moyens, cette affection amène le plus souvent, au milieu d'angoisses atroces, des suppurations profondes, des caries ou des nécroses des phalanges, si l'on ne se hâte de pratiquer une incision longitudinale sur la face palmaire du doigt, où la cautérisation. Après l'incision et la cautérisation, on emploie les lotions, les bains locaux, les cataplasmes émollients, narcotiques, etc. S'il y a réaction fébrile, on recourt à la diète, aux saignées, aux boissons rafraîchissantes, etc.

PANCRÉAS (anatomie) [de pan, tout, et creas,

chair]. — Glande profondément située dans l'abdomen, au niveau de la douzième vertèbre dorsale, au milieu des courbures du duodénum. Le pancréas présente à sa partie droite un prolongement appelé par quelques anatomistes *petit pancréas* ou *pancréas d'Aselli*. Son extrémité droite est appelée sa *tête*, et son extrémité gauche sa *queue*. Cette glande a un parenchyme blanc grisâtre et granuleux, d'où naît, par une infinité de radicules déliées, le *canal pancréatique*, ou de *Winsungius*, parce que cet anatomiste l'a démontré le premier. Ce canal sort du pancréas derrière la deuxième portion du duodénum, et va s'ouvrir dans le canal cholédoque, ou s'accoler à ce canal pour entrer avec lui dans le duodénum.

PANGOLIN (zoologie) [*manis*]. — Genre de mammifères de l'ordre des édentés et de la famille des édentés proprement dits.

Les pangolins, par leur organisation interne, se rapprochent des *fourmiliers* (Voy. ce mot); mais ils avec leurs ongles les habitations des termes et des fourmis, pour se procurer ces insectes, dont ils font leur unique nourriture. Ils les engluent avec leur langue, afin de les avaler.

Les pangolins sont particuliers à l'ancien continent, tandis que les fourmiliers sont propres aux contrées méridionales du nouveau.

On ne connaît que quatre espèces vivantes de pangolins : le *pangolin proprement dit* ou *grand lézard écaillé* (*manis macroura* ou *myrmecophaga pentadactyla*), des grandes Indes; le *pangolin à queue courte*, de l'Inde continentale; le *pangolin de Java*, et le *phatagin*, d'Afrique.

PANIFICATION, conversion des matières farineuses en pain.

Le *pain blanc* est fait avec la fleur de la farine de froment; le *pain bis*, avec des farines de qualité inférieure : sa couleur jaunâtre vient de ce que le son n'y est pas suffisamment séparé de la farine.

Fig. 54. — Le Pangolin.

diffèrent beaucoup de ces animaux par leurs caractères extérieurs. Ils ont le corps allongé, très-bas sur pattes, la tête pointue, la queue fort grosse à la base et plus ou moins longue; toutes les parties supérieures revêtues de fortes écailles cornées, triangulaires, tranchantes et imbriquées, ce qui les fait ressembler, au premier aspect, à des reptiles sauriens.

Leur museau, assez prolongé, est terminé par une bouche assez petite; leurs mâchoires n'ont de dents d'aucune sorte; leur langue est fort longue, ronde et susceptible d'extension, comme celle des fourmiliers, mais à un moindre degré; leur tête n'est point séparée du corps par un cou distinct; ils n'ont point de conques auriculaires; tous leurs pieds sont à cinq doigts, munis d'ongles longs et très-robustes; leurs organes génitaux sont séparés de l'anus; leur estomac est légèrement divisé dans le milieu; ils manquent de cœcum.

La manière de vivre de ces animaux est la même que celle des fourmiliers, c'est-à-dire qu'ils déchirent Le *pain de munition*, consacré à la nourriture du soldat, a fréquemment varié dans sa composition : il est aujourd'hui de pur froment bluté à vingt pour cent d'extraction de son. Les *pains de luxe* sont fabriqués avec de la farine de *gruau*. « Les diverses opérations qu'exige la fabrication du pain constituent l'art du *boulanger*. Voici comment la panification s'opère : le levain ayant été délayé et pétri avec une certaine quantité de farine, on le laisse reposer un certain temps dans un coin du pétrin (*mise en fontaine*); on renouvelle cette opération une deuxième et une troisième fois, en surajoutant de la farine (*premier levain, levain de deuxième, levain de tous points*); après quoi on mêle à la pâte un peu de sel et de la levûre de bière pour favoriser la fermentation. On divise alors la masse en *pâtons* plus ou moins gros, qu'on place dans des *bannetons*, paniers d'osier doublés de toile, dans lesquels la pâte se gonfle (*lève*) plus ou moins. Le four étant chauffé, l'ouvrier enfourne les pâtons après y avoir fait des entailles pour donner issue aux gaz qu'ils renferment et empêcher ainsi le pain de se boursoufler. Dans le four, une partie de l'eau se vaporise, et la cuisson développe les propriétés nutritives du pain, tout en lui enlevant son aigreur.» (*Voy.* PAIN.)

PANORAMA (beaux-arts). — Exposition d'une peinture disposée circulairement sur le côté intérieur d'une rotonde, au milieu de laquelle le spectateur est placé sur une élévation, de manière à y jouir dans toutes les directions de la vue d'une contrée ou d'une scène de la nature, dont l'étendue n'est bornée que par l'horizon. « Chaque lieu élevé, du sommet duquel on découvre une vaste contrée, mérite donc, sous ce rapport, le nom d'un panorama naturel. Pour que le panorama artificiel produise le plus grand effet possible, il faut que l'artiste qui l'exécute observe avec beaucoup de soin la perspective et le clair-obscur, afin que l'illusion optique des spectateurs soit telle, qu'ils se croient dans une plaine à perte de vue. Ceux-ci, placés sur une élévation qui forme pour ainsi dire une île, ne peuvent approcher de la peinture que jusqu'à une distance qui ne détruit point l'illusion ; la partie supérieure est couverte de manière que le spectateur n'aperçoit point l'ouverture du sommet de la rotonde par laquelle entre la lumière, ouverture que l'on couvre encore d'une toile blanche bien fine. Il ne voit non plus aucune autre ouverture latérale ; mais il se trouve dans une demi-ombre très-favorable et même nécessaire à l'illusion optique qu'on veut produire. La partie inférieure du local et du tableau est de même voilée, de manière à ne pas laisser voir le sol ou plancher de la rotonde, afin que l'illusion ne soit pas détruite. »

premier cas, le monde n'est qu'un ensemble de phénomènes ou de modes de Dieu, sans existence substantielle et distincte ; dans le second, c'est Dieu qui cesse d'être un être à part, pour n'être plus qu'une force générale, répandue dans la nature et qui se confond avec elle : cette dernière espèce de panthéisme, qu'on appelle aussi le *naturalisme*, ne diffère pas sensiblement des doctrines matérialistes et athées. Le panthéisme absorbant toutes les existences dans la substance divine, il suffit, pour le réfuter, sous l'une comme sous l'autre de ses formes, de lui opposer la conscience que nous avons tous de notre personnalité et de notre liberté, qui se trouvent supprimées dans ce système. En outre, le panthéisme détruit toute religion, tout culte, puisqu'il nie toute distinction entre le Créateur et la créature.

PANTHÈRE (zoologie) [du grec *panther*, qui a la même signification, et qui est formé lui-même de *pan*, tout, entièrement, et *thér*, bête féroce ; — *pardalis*]. Mammifère carnassier du genre chat, plus petit que le tigre, et qui offre beaucoup de ressemblance avec le léopard.

La *panthère* et le *léopard* forment en effet deux espèces à peu près semblables par la taille, la couleur et les habitudes. La seule différence qui les distingue, c'est que les *panthères* ont six ou sept rangs de taches, formées chacun de cinq ou six points noirs, tandis que les *léopards* ont dix rangs de taches plus petites. Leur longueur, inférieure à celle des deux espèces précédentes, est de 1 mèt. 30 cent. environ : leur peau est *tigrée* ou marquée de taches noires sur un fond de couleur fauve, à peu près comme celle du tigre : aussi, dans le commerce des pelleteries, dont

Fig. 55. — La Panthère.

PANTHÉISME (philosophie) [du grec *pan*, tout, et *théos*, Dieu]. — Opinion de ceux qui identifient Dieu et le monde. Il y a deux manières, dit Bouillet, de concevoir le panthéisme, suivant qu'on absorbe l'univers en Dieu, en disant que *Dieu est tout ;* ou Dieu dans l'univers, en disant que *tout est Dieu*. Dans le

elles font un article important, leur donne-t-on ordinairement le nom de ce dernier animal. Les habitudes de ces carnassiers sont tout à fait semblables ; également féroces et robustes, ils attaquent les plus grands mammifères, et se rendent surtout très-redoutables aux antilopes et aux singes.

PANTOMIME (art dramatique) [du grec *pan*, tout, et de *miméomai*, imiter, contrefaire : ce qui imite tout]. — Le langage de l'action, l'art de parler aux yeux, l'expression muette du visage et des gestes.

Il se dit aussi, au masculin, de l'action ou du personnage qui représente, qui exprime toutes sortes de choses par des gestes, par des attitudes et sans parler.

Ce ne fut que dans le siècle d'Auguste que l'art de la *pantomime* fut porté à sa perfection ; ce n'est pas que les danses des Grecs n'eussent des mouvements expressifs ; mais les Romains furent les premiers qui rendirent, par les seuls gestes, le sens et toute la conduite d'une fable régulière, et d'une certaine étendue.

Après la mort d'Auguste, l'art de la *pantomime* reçut encore de nouvelles perfections ; mais les débauches scandaleuses des acteurs, leur hardiesse, produisirent un grand nombre d'événements qui portèrent les empereurs à traiter sévèrement d'abord, puis à bannir enfin de Rome les pantomimes. Leur règne se termine à celui de Trajan.

PAON (zoologie). — Genre d'oiseaux de l'ordre des gallinacés, originaire de l'Asie centrale. Voici la description du paon donnée par Mauduyt ; les autres descriptions de Buffon, Gueneau de Montbéliard et Brisson étant connues de tout le monde.

Vu dans son ensemble, le paon est le plus beau des oiseaux : il réunit la grandeur, l'élégance dans les formes, l'éclat du plumage ; c'est principalement au paon qu'on peut appliquer ce qui a été dit aussi des *oiseaux-mouches* et des *colibris*, qu'il semble que la nature ait broyé en leur faveur les pierres précieuses pour en former des couleurs qui servissent à peindre leur plumage. Aussi richement paré que ces brillants volatiles, il les efface par sa taille, et il semble que ce soit pour lui que la nature ait chargé sa palette, tandis qu'elle n'emploie que le surabondant pour embellir les oiseaux qui partagent la magnificence de son vêtement.

Le paon est de la grosseur d'un *dindon* de moyenne taille : sa longueur est de trois pieds huit pouces ; ses ailes pliées dépassent de cinq pouces l'origine de la queue ; la tête, la gorge, le cou et la poitrine, sont d'un vert changeant en bleu et à reflets dorés ; l'œil est placé entre deux bandes blanches transversales, l'une supérieure, plus longue et plus étroite, l'autre plus courte et plus large ; l'aigrette qui orne le dessus de la tête est composée de vingt-quatre plumes ; leurs tuyaux sont garnis dans leur longueur de barbes rares, très-courtes, noirâtres, et ils sont couronnés par de plus longues barbes du même vert doré que le dessus de la tête ; le dos et le croupion sont couverts de plumes d'un vert doré à reflets couleur de cuivre de rosette : un cercle d'un noir de velours termine et borde ces plumes : elles imitent, par leur position, l'arrangement des écailles de poisson ; les couvertures du dessus de la queue sont très-nombreuses, fort longues et partagées en plusieurs rangs placés au-dessus les uns des autres ; les plus longues de chaque rang en occupent le milieu, et les latérales vont en diminuant par degrés ; les plus grandes de ces plumes ont jusqu'à quatre pieds et quelques pouces ; toutes ont

la tige blanche, garnie dans toute sa longueur et des deux côtés de longues barbes, désunies, d'un vert doré à reflets de couleur de cuivre de rosette ; à l'extrémité des plumes les barbes se réunissent ; elles forment un épanouissement entouré des mêmes barbes qui accompagnent le tuyau dans sa longueur ; sur le centre de cet épanouissement est une tache que sa forme a fait comparer à un œil ; elle est d'un noir violet ; elle a le moelleux du velours ; un cercle changeant en bleu et en violet l'entoure ; il est lui-même enfermé entre deux cercles couleur d'or, mais d'un or changeant et à reflets : les plumes du dernier plan des couvertures ne sont point marquées des taches que je viens de décrire ; elles se terminent par un épanouissement d'une couleur sombre, et dont le bout est comme coupé carrément ; le ventre et les côtés sont d'un vert foncé noirâtre et mêlé de quelques légères nuances dorées ; les jambes d'un fauve clair ; les couvertures du dessous de la queue et ses pennes sont d'un gris brun ; elle est légèrement étagée du centre sur les bords ; les petites couvertures du dessus des ailes et les plumes scapulaires sont variées de fauve et de noirâtre, et d'une légère teinte de vert doré sur les petites couvertures seulement ; les moyennes sont d'un bleu foncé, changeant en vert doré, et les grandes, les plus éloignées du corps, sont roussâtres ; l'aile est composée de vingt-quatre pennes, dont les dix premières ou les dix plus extérieures, sont rousses, et les autres sont noirâtres, très-légèrement embellies de vert doré du côté extérieur ; le bec est blanchâtre, les pieds et les ongles sont gris ; le mâle a un ergot à chaque pied.

La femelle est plus petite que le mâle ; elle en diffère surtout en ce que les couvertures du dessus de la queue sont dénuées de cette belle tache en forme d'œil, et si courtes qu'elles sont dépassées par les pennes de la queue ; tout son plumage sur le dessus du corps est d'un brun cendré ; l'aigrette posée sur le sommet de la tête est de cette même couleur avec quelques points de vert doré ; la gorge est blanche ; les plumes du cou et de la poitrine sont vertes, et celles qui couvrent la poitrine sont, de plus, terminées de blanc.

A cette belle description ajoutons quelques autres détails donnés par Sonnini.

Cet oiseau passe pour vivre vingt-cinq années ; ce n'est qu'à la seconde que le mâle se pare de l'opulente variété de couleur dont la nature l'a décoré ; il n'est fécond qu'à trois ans. Il ressent très-vivement les feux de l'amour. La femelle, dit-on, l'emporte encore sur lui à cet égard ; peu de temps après avoir été fécondée, elle pond de trois à quatre jours l'un, cinq à six œufs de la grosseur des œufs de dinde, et tachés de brun sur un fond blanc. Elle ne fait dans nos climats qu'une seule ponte par an, et l'incubation dure environ trente jours. La fécondité de cette espèce est plus grande dans les pays qui lui sont naturels, et des voyageurs assurent que la ponte y est de vingt à trente œufs.

Si le paon se fait admirer par l'éclat et le jeu de sa magnifique parure, il cesse de paraître aimable dès qu'on l'entend; sa voix est forte, et son cri blesse l'oreille. Ce cri souvent répété est un présage de pluie.

Bien des gens redoutent le voisinage du paon, à cause de cette espèce de gémissement très-bruyant. L'on a comparé proverbialement sa voix désagréable à celle du diable. Mais on l'a bientôt oubliée lorsqu'on jette les yeux sur le manteau *d'ange* dont il est revêtu.

Le cri déplaisant du paon ne laisse pas d'être de quelque utilité dans les campagnes. C'est un son d'alarme que l'oiseau, perché de nuit auprès de la maison, ne manque pas de rendre si quelqu'un approche ou rôde dans les environs. Indépendamment de ce cri, il fait entendre souvent un bruit sourd, un murmure intérieur.

Chez les Grecs et les Romains, la chair du paon fournissait un mets très-estimé; nos ancêtres en faisaient aussi le plus grand cas. « C'est, dit Olivier de Serres, le roi de la volaille terrestre, comme la primauté de l'aquatique est due au *cygne*... Le paon a deux excellentes qualités, il plaît à la vue et au goût. Car que pouvez-vous regarder de plus agréable que le manteau du paon, ni quelle plus exquise chair pouvez-vous manger que la sienne? » De nos jours, c'est un aliment peu estimé. L'on sert pourtant encore sur nos tables le jeune paon, qu'on appelle communément *paonneau*. Aussi l'éducation des paons n'est plus guère qu'un objet de curiosité. On les élève de la même manière que les dindons.

PAPE. — Chef de l'Église catholique romaine.

Anciennement tous les prélats distingués avaient la qualité de *pape;* mais depuis le synode tenu à Rome en 1073, sous Grégoire VII, elle ne se donne plus qu'au chef de l'Église.

Les empereurs, le clergé et tout le peuple firent l'élection des *papes*, jusqu'au huitième siècle. Étienne X l'ôta aux empereurs, et Innocent II en exclut le clergé et le peuple de Rome.

Néanmoins ce changement ne fut entièrement affermi que sous Alexandre III, qui donna aux cardinaux seuls le droit d'élire le vicaire de Jésus-Christ.

L'origine de la grandeur temporelle du *pape* doit être rapportée au pontificat de Grégoire III, qui excita, en 740, Charles Martel à se soustraire à la domination de l'empereur, et lui proposa de le déclarer consul de Rome.

PAPIER [du grec *papuros*, *papyrus*, petit arbrisseau d'Égypte, dont l'écorce intérieure servait autrefois à faire le papier]. — Quoique l'on entende par ce mot tout ce qui sert à recevoir par écrit les pensées des hommes, cependant on l'applique plus particulièrement au *papyrus*, ou papier d'Égypte, aux *pellicules*, à l'*écorce*, au *liber* des arbres, au *parchemin*, au *papier* de coton, au papier de chiffons, etc.

Le *papyrus*, le plus ancien de tous les papiers, était fait avec une espèce de jonc, nommé *papyrus*, qui croissait sur les bords du Nil. On ne sait pas quand il a été découvert, mais voici comme on le fabriquait :

Après avoir retranché les racines et le sommet du *papyrus*, il restait une tige que l'on coupait exactement en deux : on séparait légèrement les enveloppes dont elle était vêtue, et qui ne passait pas le nombre de vingt. Plus ces tuniques approchaient du centre et plus elles avaient de finesse et de blancheur. On étendait une enveloppe coupée régulièrement sur cette première feuille ainsi préparée, on en posait une autre à contre-fibre, et on les couvrait d'eau trouble du Nil, qui, en Égypte, tenait lieu de la colle qu'on employait ailleurs. En continuant ainsi d'ouvrir plusieurs feuilles ensemble, on en formait une pièce qu'on mettait à la presse, qu'on faisait sécher, qu'on frappait avec le marteau, et que l'on polissait par le moyen de l'ivoire ou de la coquille : lorsqu'on voulait le transmettre à la postérité, on le frottait d'huile de cèdre, qui lui communiquait l'incorruptibilité de ce bois.

La longueur du papier d'Égypte n'avait rien de fixe, mais elle n'excédait jamais 65 centimètres.

Ce qu'on regardait le plus dans le papier, c'était la finesse, le corps, la blancheur et le poli.

On trouve, en France et en Italie, des diplômes en papier d'Égypte de toutes les qualités.

On croit que le *papyrus* a cessé d'être en usage dans le onzième ou douzième siècle.

Le *papier de coton* a été découvert, suivant Montfaucon, vers la fin du neuvième siècle, ou au commencement du dixième. On pourrait croire qu'il a remplacé le *papyrus*. Il est infiniment meilleur, plus propre à écrire, et peut se conserver plus longtemps. On l'appelle *charta bombycina* ou *papier bombycien*.

Le *papier de coton* prit naissance chez les Orientaux, et s'y multiplia beaucoup, surtout depuis le commencement du douzième siècle; mais l'usage n'en devint général que depuis le commencement du treizième siècle.

Le *papier d'écorce* est très-ancien; mais on n'en connaît pas l'origine. Les bois les plus propres à fournir les pellicules dont on fabriquait ce papier, étaient l'*érable*, le *plane*, le *hêtre*, l'*orme*, et surtout le *tilleul*. Passé le onzième siècle on ne voit plus d'actes sur papier d'écorce.

Le *papier de Chine* est très-beau, plus doux, plus uni que celui d'Europe, et d'une grandeur à laquelle toute l'industrie européenne n'a encore pu atteindre.

Chaque province de la Chine a son papier; celui de Se-Chewen est fait de chanvre; celui de Fo-Kien est fait de jeune bambou; celui dont on se sert dans les provinces septentrionales, est fait d'écorce de mûrier; celui de la province de Che-Kiang est fait de paille de blé ou de riz; celui de la province de Kian-Nam est d'une peau qu'on trouve dans les coques de vers à soie; enfin, celui de la province de Hu-Quang est fait de la peau intérieure de l'écorce de l'arbre nommé *cha*, ou *ko-chu* ou *chu-chu*.

On fabrique aussi du papier de soie à la Chine; mais le plus beau papier de soie qui se fabrique dans toute l'Asie, est celui qui se fait à Samarcande, principale ville de la Grande-Tartarie.

Le *papier du Japon* se fait avec l'écorce du *morus papyrifera sativa*, ou véritable arbre à papier, que les Japonais appellent *kaadsi*. La préparation de cette écorce est très-longue pour la réduire en pâte propre à faire le papier.

On fait du *papier* avec différentes matières; mais, jusqu'à présent, ce *papier* est plutôt un objet de curiosité que d'utilité. On a fait, en Angleterre, du papier avec des orties, des navets, des panais, des feuilles de choux, du lin en herbe, et plusieurs autres végétaux fibreux; on en a fait avec de la laine blanche, qui n'était pas propre à écrire, mais qui pouvait servir dans le commerce. Le marquis de Salisbury, en Angleterre; et, en France, feu Anisson-Duperron, ont fabriqué du papier de paille : on en a fait avec de la guimauve, avec des orties, des roseaux, du chiendent, de la mousse, du fusain, du outan, etc.

On peut rendre une infinité de matières propres à faire du papier; mais la difficulté est d'en faire qui coûte moins que le papier fait avec des chiffons.

PAPILLON (zoologie). — Genre d'insectes de l'ordre des lépidoptères, renfermant ces charmants animaux connus de tout le monde.

Les papillons ont le corps allongé, toujours velu ou couvert d'écailles, la tête arrondie, comprimée en devant, plus large que longue, plus étroite que le corselet, portant deux antennes ordinairement plus courtes que le corps, composées d'un grand nombre d'articles peu distincts, à tige cylindrique et terminée par un bouton ou un renflement plus ou moins allongé; les deux palpes extérieurs ou les inférieurs cylindriques ou coniques, couverts d'écailles ou très-velus, de trois articles, dont le dernier très-petit ou presque nul dans plusieurs; une langue filiforme, roulée en spirale et entre les palpes, dans l'inaction, composée de deux pièces s'engrenant l'une dans l'autre, et formant un tuyau où passe la liqueur mielleuse des fleurs qui y monte et parvient jusqu'à l'œsophage, au moyen du rapprochement partiel et successif des parois intérieures du canal, et de la contraction successive de la trompe entière; deux yeux ovales à réseau, grands; le corselet ovale, de trois segments intimement unis, et dont l'antérieur très-court, transversal, en forme de collier; l'abdomen ovale-allongé ou presque cylindrique, souvent comprimé latéralement, toujours mou; quatre grandes ailes farineuses ou couvertes de petites écailles disposées sur le fond membraneux de l'aile; ces ailes sont triangulaires dans les uns, oblongues ou ovales dans les autres; l'insecte, lorsqu'il est en repos, les élève presque toujours dans une situation perpendiculaire; leur bord postérieur, dans ceux qui les ont en triangle curviligne, offre souvent beaucoup d'inégalités, comme des dentelures de diverses figures, des espèces de queues; les ailes supérieures se couchent sur une bonne partie des inférieures; celles-ci ont le côté interne soit concave, soit plissé longitudinalement, formant même par ses plis, dans quelques espèces exotiques, celles de notre genre papillon proprement dit, une poche très-veloutée à l'intérieur; l'abdomen du mâle est profondément divisé, à son extrémité postérieure, en deux lobes ou valvules presque ovales, en forme de pinces ou de cuillers, ayant

à leur face interne et concave un appendice écailleux et denté; au point supérieur de réunion de ces deux lobes, et dans leur entre-deux, est une autre pièce de la même consistance, avancée, linéaire, arrondie, et un peu courbée au bout; le pénis, ou l'organe sexuel proprement dit, est intérieur et renfermé entre deux autres parties pareillement cornées, comprimées, anguleuses ou un peu dentées à leur bord supérieur, et faisant, à ce qu'il paraît, l'office de pinces; elles occupent, avec le pénis, le milieu de la cavité intérieure, comprise entre les valvules terminales. Il est très-essentiel de connaître les sexes de ces insectes, les ailes des deux sortes d'individus étant souvent différemment colorées. Les pattes sont au nombre de six; les jambes n'ont souvent que deux éperons ou deux épines plus longues, et situées à leur extrémité; les postérieures des *hespérides* en ont encore deux autres placées vers le milieu du côté interne; les tarses ont cinq articles; le dernier est terminé par deux crochets dont la forme varie. Les pattes antérieures sont, dans un très-grand nombre, inutiles pour l'action de marcher; tantôt elles ressemblent essentiellement aux autres, mais elles sont très-petites et cachées; tantôt, quoique toujours plus courtes, elles sont mutiques, plus apparentes, beaucoup plus velues que les autres, presque repliées sur elles-mêmes, de chaque côté du cou, en manière de cordon ou de pendant de palatine, ce qui les a fait nommer *pattes en palatine*. Si les six pattes sont semblables et à peu près également propres au mouvement, le papillon est hexapode; si les deux pattes de devant sont ou très-petites ou en palatine, il est tétrapode; c'est-à-dire que l'insecte a six pieds dans le premier cas, et quatre dans le second.

Les papillons ont probablement été dans la classe des insectes les premiers objets qu'on ait observés, et ils ont fourni les premiers matériaux de l'entomologie. Est-il quelqu'un parmi nous qui, dans sa tendre enfance, n'ait fait un jouet, un amusement de ces charmants petits animaux ? Si tout ce qui nous présente des couleurs vives, variées et brillantes, fixe de préférence nos regards, le papillon, dont les ailes étalent une pompe de couleurs difficile à concevoir, des dessins d'une beauté inimitable, doit s'offrir d'abord à notre vue. Dans le nombre de ses productions, la nature en a-t-elle orné d'autres avec plus de soin ? Si l'on envisage cet animal sous les rapports de ces ornements et de la facilité du vol, n'est-on pas tenté de croire que cette nature a voulu lui accorder, à cet égard, une sorte de suprématie sur les autres insectes ? une telle idée n'a sans doute pas dirigé Degéer et Olivier, dans leurs distributions méthodiques des insectes; mais il n'en est pas moins vrai qu'ils ont mis les papillons à la tête de la classe des insectes. Il semble que la nature ait eu l'intention de reproduire ici les *colibris* et les *oiseaux-mouches* qui, par la richesse, l'éclat et la variété de leurs couleurs, surpassent les autres animaux de la classe dont ils font partie, celle des oiseaux. L'imitation se retrouve jusque dans les organes qui leur servent à prendre leur nourriture; ils sont aussi en forme de trompe, et pareillement destinés à pomper le suc mielleux des fleurs. Dans la plupart des autres insectes, les ailes n'ont exactement que l'étendue nécessaire à l'exécution de leurs mouvements ; celles qui sont membraneuses ou semblables à du talc sont peu et rarement colorées. Dans les insectes à étuis, ou les coléoptères, les teintes de ces écailles sont produites par une espèce de tissu muqueux et intérieur, qui fait l'office de vernis. Mais à l'égard des lépidoptères et des papillons surtout, la nature a modifié son plan. Elle s'est plu à augmenter la surface des ailes et à les façonner de mille manières différentes. Comme si elle s'était proposé de jouer ici le rôle de peintre, elle a donné plus d'étendue aux corps sur lesquels elle devait exercer son pinceau ; et pour rendre les tableaux plus agréables, elle a même voulu en varier les formes. Elle a employé pour ces insectes un nouveau genre de peinture, celui que l'on désigne sous le nom de *mosaïque*. Des écailles en nombre infini, diversement colorées, implantées sur les deux surfaces des ailes, disposées, par imbrication, comme les tuiles d'un toit, et avec une harmonie admirable, composent, par leur réunion, ces dessins si élégants et si diversifiés qui surprennent et charment nos regards. Il était inutile que les parties cachées ou qui sont habituellement recouvertes par d'autres, fussent parées ; c'est ainsi, par exemple, que dans les coléoptères, le dessous de leurs élytres, lors même qu'elles sont très-ornées en dessus, est ordinairement d'une teinte uniforme, et souvent même obscure ; mais comme dans les papillons les ailes forment en volume la portion la plus considérable de leur corps, et que, par leur position naturelle, elles présentent leurs deux surfaces, ces organes, plus ou moins colorés de part et d'autre, peuvent nous offrir, dans la même espèce, quatre tableaux différents ; quelquefois ceux des faces inférieures sont plus élégants et plus riches que ceux des faces opposées. Enfin la nature, à l'égard des papillons, a été si prodigue, en quelque sorte, de ce genre d'ornements, que, contre son habitude, elle a voulu que ces animaux les eussent jusque dans leur enfance, ou sous la forme de chenilles, et souvent encore sous celle de chrysalides. La fleur, sans doute, a le droit, par sa beauté, de recevoir aussi les premiers hommages de notre admiration, mais sa conquête n'est point pénible ; fixée au sol qui la vit naître, elle est toujours sous notre main ; elle est toujours prête à succomber sans la moindre résistance à un simple coup de ciseau ; mais le papillon, en cherchant à se dérober à notre poursuite, irrite nos désirs ; pour nous en rendre maître, il faut être quelques instants volage comme lui ; et quel plaisir, quel agréable exercice ne procure pas à cet enfant une chasse aussi amusante et aussi paisible ! Cet exercice développe ses facultés physiques, les fortifie, le rend plus adroit ; car il faut des doigts délicats pour ne pas détruire, ou altérer du moins, la riche et éclatante parure du très-frêle papillon. Vous êtes frappé de l'éclat du coloris de cette fleur ; vous vous extasiez à sa vue ; mais pendant que vous l'admirez, ses charmes commencent déjà à s'affaiblir ; sa fraîcheur et son

éclat s'éteignent ; son existence éphémère est terminée. Il n'en est pas ainsi du papillon. Sa beauté lui survivra ; et, longtemps après sa mort, il vous ravira d'admiration, et fera l'ornement de ce cabinet où vous avez rassemblé les productions de la nature. Sorti des jeux de l'enfance, adolescent ou homme mûr, l'étude des insectes, des papillons surtout, vous sera encore utile. A tous ces faux plaisirs qui absorbent la vie, vous substituerez ces jouissances pures et délicieuses attachées à la contemplation des œuvres du Créateur. L'ennui ne vous tourmentera jamais ; et comment pourrait-il vous atteindre, puisque vous conversez sans cesse avec la nature ? Vos moments de loisir seront agréablement remplis ; les instructions que vous acquerrez tourneront encore, sous un autre rapport, à votre avantage. Vous apprendrez, en suivant les métamorphoses des papillons, à connaître les ennemis des richesses végétales, spécialement de celles de vos jardins et de vos vergers. Vous détruirez ces chenilles dévastatrices ; vous éteindrez les germes de la postérité de ces papillons qui vous sont nuisibles dans leur premier âge.

Oh ! combien est surprenant et digne de fixer notre attention, ce plan que la nature a suivi en créant ces aimables habitants de l'air ! Qui pourrait s'imaginer qu'un insecte aussi léger, aussi délicat, aussi brillant, aussi recherché dans les substances dont il se nourrit, doive son origine à un animal se traînant lourdement à terre, incapable de s'élever étant privé d'ailes, presque toujours de couleurs sombres ou peu éclatantes, broutant les parties grossières des végétaux, un animal hideux, qui nous repousse autant que le papillon nous plaît, une chenille en un mot ? et cependant rien de plus vrai. Nous avons dit que le papillon, au sortir de sa coque, est entièrement formé ; il n'a plus rien de son premier état ; figure, industrie, mœurs, tout est changé de manière à ne plus le reconnaître. En effet, ce n'est plus cet animal vil, pesant et proscrit, qui n'avait que des inclinations terrestres, condamné au travail, réduit à ramper et à brouter avec avidité la nourriture la plus grossière, sujet à des maladies continuelles et périodiques, n'offrant enfin à la vue qu'un extérieur hideux et dégoûtant ; le papillon a, au contraire, l'agilité même ; il ne tient plus à la terre, il semble même la dédaigner ; orné des plus magnifiques parures et couvert des plus belles couleurs, il ne vit plus que de miel et de rosée ; au sortir de sa coque, et dès l'instant où il est suffisamment affermi, surpris agréablement de se voir rendu au jour, il ne s'occupe que de sa nouvelle existence, et semble se plaire à reconnaître les lieux qu'il a habités dans son enfance ; il agite ses ailes avec un doux frémissement ; il doit maintenant, et tout le reste de sa vie, soutenir l'éclat de la lumière et la vivacité de l'air ; bientôt il prend l'essor, et d'un vol sinueux parcourt les plaines, les vergers, les prairies émaillées de fleurs, plonge sa trompe dans leur calice nectarifère ; la douce liqueur dont il s'enivre semble lui donner plus de gaieté, plus de feu, plus d'action, plus d'agilité ; heureux dans ses amours, il ne se repose que pour jouir, et il jouit sans réserve et sans contrainte; ses ailes légères le transportent de plaisir en plaisir; dès qu'il en a cueilli la fleur, il s'élance et va goûter ailleurs les douceurs apparentes de l'inconstance et de la nouveauté. »

Le papillon femelle, devenu fécond par sa réunion avec un individu de la même espèce et d'un sexe différent, pond des œufs; de ces œufs naissent des chenilles qui, après quelques temps de croissance, quelques changements de peau, prennent une nouvelle forme, ou deviennent chrysalides, état où le papillon est emmaillotté sous une peau nue, hérissée de pointes saillantes, souvent parsemée de points d'or et d'argent, ce qui distingue ces chrysalides de celles des autres lépidoptères; tantôt ces chrysalides sont suspendues verticalement et fixées par l'extrémité postérieure de leur corps, au moyen d'un petit monticule de soie; tantôt elles sont attachées, en outre, par un lien de la même matière qui, en forme d'anse ou de boucle, les retient dans une situation horizontale. De cette chrysalide, enfin, sort le papillon. Swammerdam parvint, le grand-duc de Toscane étant présent, à tirer d'une chenille, avec une dextérité vraiment incroyable, le papillon qu'elle renfermait, et à développer ses membres si cachés et si ingénieusement repliés sur eux-mêmes. Avec quel art, quelle finesse, la trompe et les ailes sont roulées dans la chenille!

Le papillon dépose ses œufs sur les végétaux propres à nourrir les chenilles qui doivent en sortir; mais il paraît qu'il se contente de les y agglutiner. Nous ne voyons pas ici des exemples de cette prévoyance extraordinaire que nous admirons dans quelques bombyx femelles. Les œufs des papillons nous offrent d'ailleurs, à leur surface, les cannelures, les lignes, les tubercules, disposés symétriquement, que nous découvrons dans la généralité des œufs de lépidoptères.

Les chenilles des papillons ont essentiellement la même organisation que celles des autres genres de *lépidoptères*; même conformité dans la structure générale de la tête, dans le nombre des anneaux du corps, dans celui des stigmates, dans la figure des pattes écailleuses et des pattes membraneuses; les modifications accidentelles ont ici pour sujet la forme générale du corps et ses téguments. Quoique nous ayons lieu d'admirer dans les chenilles, des papillons comme dans celle des autres *lépidoptères*, cette variété si surprenante, cette bizarrerie grotesque de manière d'être, qui en impose à nos yeux, il faut cependant convenir que le nombre de ces combinaisons de formes n'est pas aussi considérable que dans d'autres genres de cet ordre, ceux des *bombyx*, des *noctuelles* et des *phalènes*. Le nombre des pattes des chenilles des papillons est invariablement de seize, dont six écailleuses, terminées par un crochet, et placées aux anneaux antérieurs du corps, et dix membraneuses.

(LATREILLE.)

PAPULES (pathologie). — Petits boutons rouges, élevures cutanées, ne contenant pas de pus comme les pustules ni de sérosité comme les phlyctènes, et se terminant le plus souvent par une légère desquamation.

PAPYRUS (botanique) [*cyperus papyrus*]. — Arbuste de la famille des cypéracées, qui croît dans les marécages, au-dessus desquels il élève ses hampes simples, très-droites, feuillées seulement à leur base et formées de plusieurs pellicules concentriques : au rapport de Théophraste, ce sont ces pellicules que l'on enlevait au *papyrus* sur lequel les anciens écrivaient. « On les étendait sur une table dans toute leur longueur et on collait dessus en travers d'autres pellicules de la même espèce. Ainsi disposées, ces membranes étaient propres à recevoir

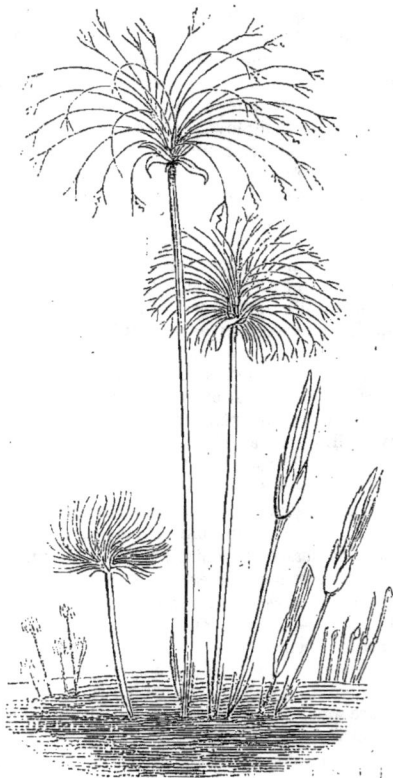

Fig. 56. — Papyrus.

l'encre. Pline nous a laissé de curieux détails sur le papyrus et sur la manière dont les anciens le préparaient. On distinguait plusieurs sortes de papyrus : l'*hiératique* ou *sacré*, fait avec le centre de la moelle, et ainsi appelé parce qu'on le réservait pour les livres qui traitaient du culte; le *livien*, qui avait douze pouces romains de largeur, et auquel Livie, femme d'Auguste, avait donné son nom; l'*emporétique*, ou celui du commerce ordinaire, qui n'avait que six pouces de large; le *fanniaque*, qui était de dix pouces; l'*amphitriatique*, le *saïtique*, enfin le *lénéotique,* qui était le plus grossier et qu'on tirait de l'écorce extérieure. L'usage du papyrus ne commença à devenir universel qu'à l'époque d'Alexandre le Grand; il diminua avec le cinquième siècle de notre ère et finit par disparaître complétement au onzième. Les fouilles d'Herculanum, de Pompéi, et l'expédition française en Égypte ont fait découvrir un grand nombre de manuscrits sur papyrus. »

Le *papyrus des anciens* ne croissait originairement qu'en Égypte : il ne se rencontre plus guère qu'en Abyssinie, dans quelques lieux marécageux de la Syrie et aux environs de Syracuse (en Sicile). Dans nos climats, on ne peut l'élever qu'en serre chaude. Les anciens, dit un auteur, ne s'en servaient pas seulement pour la fabrication du papier : ils employaient ses racines comme combustible ou pour fabriquer différents vases à leur usage; les tiges entrelacées, puis recouvertes d'un enduit de goudron, formaient des barques très-légères : la partie inférieure et succulente de la tige fournissait une substance alimentaire aromatique et sucrée, tandis que la portion intérieure de cette même tige, moelleuse et spongieuse, servait à faire des mèches pour les flambeaux.

PARACENTÈSE (chirurgie) [de *para*, à travers, et *kentéo,* piquer]. — Quelques auteurs emploient ce mot pour désigner toute opération par laquelle on fait une ouverture à une partie quelconque du corps, pour évacuer un liquide épanché. Néanmoins on appelle plus particulièrement ainsi la ponction que l'on fait à l'abdomen des hydropiques pour évacuer la sérosité qui s'y trouve accumulée. Lorsqu'une ascite, devenue trop volumineuse, rend la paracentèse indispensable, on pratique cette opération avec un trois-quarts de 14 à 16 centim. de longueur, que l'on enduit préalablement de cérat. Les chirurgiens varient sur le point des parois abdominales où l'on doit plonger l'instrument; mais, sauf les cas particuliers, on choisit le plus ordinairement le milieu d'une ligne qui s'étendrait de l'ombilic à l'épine iliaque antérieure-supérieure. On tend les téguments avec le pouce et le doigt indicateur de la main gauche, et l'on enfonce doucement le trois-quarts, en le tenant de manière que le manche appuie contre la paume de la main droite, et que la tige soit soutenue par les trois premiers doigts. Lorsque l'instrument a pénétré dans la collection aqueuse, ce que l'on connaît par le sentiment d'une résistance vaincue, on prend la canule avec le pouce et l'index de la main gauche, et l'on enfonce un peu plus, pendant que, de l'autre main, on retire le poinçon, La sérosité s'écoule dans le vase destiné à la recevoir, et l'on favorise cet écoulement en exerçant une douce pression sur l'abdomen, en même temps que l'on soutient la canule, dont on incline successivement l'extrémité en tous les sens. On la retire ensuite doucement avec la main droite, et l'on recouvre la piqûre avec un morceau de diachylon gommé. On garnit alors le ventre de servielles soutenues par un bandage de corps suffisamment serré, qu'on resserre encore lorsqu'il se relâche, et dont il est bon de conti-

nuer pendant longtemps encore l'usage. (*Nysten.*)

PARACHUTE. — Voyez *Aérostat.*

PARAGUAY (géographie). — Contrée de l'Amérique méridionale, découverte en 1526; elle forme un État indépendant, de 90 myriamètres de longueur et 26 de largeur, limité à l'est au sud par le Parana, capitale l'Assomption (latitude 25°, longitude 60°), ville de 12,000 habitants, sur la rive gauche du Paraguay, rivière dont le parcours est de 170 myriamètres : la population du Paraguay est de 560,000 habitants.

Les jésuites espagnols en avaient fait un état théocratique en 1656, mais ils ont été expulsés en 1767. Il fut converti en gouvernement despotique en 1809, par le docteur Francia, qui s'affranchit de la domination espagnole : les blancs forment la plus grande partie de la population, les indigènes en font un dixième et les métis le reste. La langue usuelle est le Guarani.

L'agriculture est encore dans l'enfance au Paraguay. L'industrie locale y est non-seulement stationnaire, mais elle semble même rétrograder; il ne faut s'en prendre cependant ni à la qualité du sol ni à un défaut d'éléments convenables. Peu de pays ont été plus richement dotés par la nature de produits agricoles et de matières premières propres à la production industrielle. Excepté le blé, toutes les céréales et toutes sortes de plantes alimentaires viennent admirablement au Paraguay : les graines oléagineuses, les matières textiles et tinctoriales s'y trouvent en abondance et de la meilleure qualité, à côté des bois précieux, du tabac et de la *yerba,* ces deux grandes à peu près uniques branches de l'exportation actuelle.

La facilité relative de la culture et de la récolte du tabac, qui exigent moins de force que de soin, et les prix prodigieusement élevés que ce produit a atteints pendant ces dernières années, ont tourné de ce côté presque tous les bras disponibles. Par suite, tous les autres produits agricoles ont été négligés; ils sont devenus plus chers à proportion de leur rareté.

Il n'existe aucun commerce direct entre le Paraguay et les pays d'outre-mer, Buenos-Ayres, éloigné de 1,050 kilomètres, étant le débouché obligé de toutes les exportations de l'Assomption et l'entrepôt, également obligé, des importations que reçoit ce dernier port.

Les frais et les risques d'une navigation lente et pénible, la nécessité du transbordement en rivière de toutes les marchandises venues d'outre-mer, l'extrême difficulté, pour ne pas dire l'impossibilité, de calculer avec quelque précision, à d'aussi grandes distances et d'aussi longs délais, le genre d'expédition le plus convenable, l'incertitude qui en résulte pour le placement des cargaisons et l'achat des retours, enfin la longue durée des crédits à ouvrir, telles paraissent être les principales causes de l'abandon de tout commerce direct entre le Paraguay et les contrées situées en dehors du plateau de la Plata.

Dans l'état actuel des choses, les marchandises expédiées de France pour le Paraguay ne peuvent être rendues à destination en moins de quatre mois, savoir : soixante jours pour la traversée de France à Buenos-Ayres, et soixante autres jours pour le tranbordement à effectuer dans ce port et le trajet fluvial jusqu'à l'Assomption. Encore ce calcul suppose-t-il les conditions les plus favorables, c'est-à-dire :

Que les marchandises sont expédiées par la voie rapide des clippers réguliers du Havre, ce qui n'arrive pas toujours ;

Qu'elles trouvent, à leur arrivée à Buenos-Ayres, des navires en charge pour le Paraguay, et que, dès lors, l'opération du transbordement n'exige pas plus de trois semaines ;

Enfin, que la traversée jusqu'à l'Assomption n'excède pas trente-cinq jours. Or, ce chiffre est un minimum qui, le plus souvent, est dépassé : on peut donc compter, sans crainte de se tromper, sur une moyenne de six mois pour le transport de France à l'Assomption.

Il ne faut pas non plus perdre de vue qu'au Paraguay on a affaire à un pays pauvre qui ne peut mettre que des prix très-bas aux produits venus du dehors. Si donc nous y envoyons des cargaisons riches, dans lesquelles nous ayons généralement la supériorité sur les autres nations, elles ne trouveront pas d'écoulement.

L'incertitude des retours, on le répète, est au moins aussi grande, car, excepté les tabacs qui, jusqu'à présent, ont été peu goûtés en France, le Paraguay, dans son état économique actuel, ne fournit pas de produits qui conviennent à une intercourse directe. Ceux qui pourraient l'alimenter, comme les cuirs tannés et les bois d'ébénisterie, sont en effet l'objet du monopole du gouvernement. Il en est de même de la *yerba* ou thé du Paraguay, et, quant à ce dernier article, le plus important de tous avec le tabac, il ne trouve de débit que dans l'Amérique du Sud, et ne pourrait entrer dans notre commerce que par échange, à Buenos-Ayres, contre des produits de cette dernière place.

Si aux chances et aux délais du transport et du placement des marchandises d'importation on ajoute la durée des termes ordinaires de crédit, qui sont de huit mois et reculent, dès lors, à quinze ou dix-huit mois l'époque à laquelle les expéditeurs peuvent compter sur la rentrée de leurs avances, on comprend que des relations directes avec le Paraguay offrent fort peu d'attrait à nos commerçants. Aussi n'y existe-t-il pas encore une maison française.

Tout le commerce d'exportation et d'importation du Paraguay est entre les mains du gouvernement, de quelques négociants indigènes et des maisons anglaises de Buenos-Ayres. Ces dernières jettent à très-bas prix, parfois à perte, sur le marché de l'Assomption, le rebut de leurs magasins, dans l'espérance de se récupérer sur le bénéfice aléatoire que leur procurent, à Buenos-Ayres, les produits paraguayens qu'ils reçoivent en payement.

Prenant, toutefois, le commerce de l'Assomption pour ce qu'il est, c'est-à-dire pour un commerce in-

direct s'effectuant au moyen de l'entrepôt de Buenos-Ayres, on trouve qu'avec tous ces inconvénients et malgré les entraves arbitraires qui lui sont imposées, il suit une progression ascendante. Les relevés de 1857 accusent une valeur totale (entrées et sorties réunies) de 14,051,715 fr., et donnent sur l'année 1856 une augmentation de 2,667,065 fr. pour l'exportation, et de 2,513,400 fr. pour l'importation. Ce développement ressort d'une manière encore plus saillante du tableau récapitulatif du commerce de l'Assomption pendant les six dernières années. Alors qu'en 1852, époque à partir de laquelle des documents statistiques ont commencé à être publiés, le mouvement du commerce s'élevait, exportations et importations réunies, à la somme de 5,073,245 fr., il a atteint, en 1857, comme on vient de le dire, celle de 14,051,715 fr. Le mouvement total de ces six années donne une moyenne annuelle de 7,967,410 fr.

En ce qui concerne l'exportation de 1857, excepté les bois, qui ont diminué des deux tiers, les autres articles présentent des différences considérables en plus, notamment les tabacs, qui ont augmenté des deux tiers, et la *yerba* qui a doublé. A l'importation, les augmentations les plus sensibles se produisent sur les farines, les tissus de coton et de laine, les modes et les soieries. Ce dernier objet, d'origine presque entièrement française, et, dès lors, spécialement intéressant pour nous, offre une différence en plus de près de 350,000 fr.

Les articles les plus considérables de l'importation, tels que les tissus de laine, de fil et de coton, les fers bruts et ouvrés, sont d'origine anglaise, et l'on peut calculer que le commerce britannique fournit les trois quarts des importations du Paraguay. Le dernier quart se partage entre la France, les États-Unis, l'Espagne et le Portugal. Notre part, qui se compose de soieries, de modes, de quelques cotonnades et de chapeaux d'homme, représente environ le douzième des importations. Les États-Unis envoient des farines, l'Espagne des vins et quelques rubans de ses fabriques de Catalogne, le Portugal fournit du sel des îles du cap Vert et du vin de Porto en petite quantité.

C'est dans le port de l'Assomption que se concentre toute la navigation du Paraguay. Celui du Pilar a perdu toute son importance. Les autres petits ports (San-Antonio, Oliva, Villeta et Villa-Franca), situés au-dessous de l'Assomption, et où des barques viennent seulement charger des oranges pour l'exportation, dépendent de la douane de la capitale.

Il résulte de la comparaison des trois dernières années qu'une moyenne annuelle de 328 bâtiments et d'environ 26,000 tonneaux effectuent les transports de l'Assomption.

Le mouvement des ports intermédiaires situés sur le Parana est à peu près insignifiant, ainsi que le démontre le relevé ci-après des bâtiments entrés et sortis avec des cargaisons en 1856 et 1857 :

En 1856.... 171 entrés, dont 141 de Buenos-Ayres.
Id.   190 sortis, dont 174 pour Buenos-Ayres.

En 1857.... 115 entrés, dont 107 de Buenos-Ayres.
Id. 149 sortis, dont 140 pour Buenos-Ayres.

Presque tous les navires employés à la navigation entre l'Assomption et Buenos-Ayres portent le pavillon paraguayen ou argentin, c'est-à-dire le pavillon du pays de provenance ou celui de destination, les bâtiments de Buenos-Ayres naviguant comme ceux de la confédération sous les couleurs argentines. Par le fait, cette navigation est presque entièrement dans les mains des Sardes, qui forment la majorité des patrons propriétaires et des équipages.

On va entrer dans quelques détails sur le second point, qui est de beaucoup le plus important.

Le Parana et le Rio-Paraguay constituent incontestablement une des plus belles communications intérieures qu'on puisse imaginer; mais ils ne sont point accessibles en toutes saisons à des navires calant 3 mètres. Ce tirant d'eau, qui est le minimum des bâtiments d'outre-mer, est beaucoup trop élevé pour l'époque des basses eaux. L'expérience a démontré que, pour obtenir des traversées exemptes d'accidents et de retards, on doit employer des navires calant 2 mètres au plus. D'un autre côté, les crues du Parana et du Paraguay, bien que périodiques, ne sont pas tellement régulières qu'un bâtiment expédié de France, par exemple, de manière à arriver à l'époque présumée des hautes eaux, ne puisse être retenu par une baisse prolongée. De là suit l'impérieuse nécessité d'un transbordement, soit à Buenos-Ayres, soit au Rosario, qui paraît être le point extrême où doit s'arrêter forcément la navigation d'outre-mer, sur des embarcations adaptées à la navigation des fleuves. En outre, la force des courants et celle des vents qui, étant presque toujours au nord, sont contraires pour remonter, rendent le trajet fort lent pour des navires à voiles. Enfin, les changements considérables que subissent incessamment les bancs du Parana ajoutent, en l'absence d'un bon service de pilotes, aux difficultés de son parcours pour les navires qui ne s'y présentent qu'accidentellement ou à de longs intervalles. Des vapeurs d'un faible tirant d'eau, construits sur le modèle de ceux qui sillonnent les grands fleuves des États-Unis, et faisant à des époques rapprochées des voyages à peu près réguliers, seraient donc le moyen de transport le plus convenable.   Gossart.

PARALLAXE (astronomie). — Angle formé, au centre d'une étoile, par deux lignes, dont l'une est tirée du centre de la terre, et l'autre d'un point quelconque de sa surface. On appelle parallaxe d'un astre la différence entre le lieu où paraît cet astre, vu de la surface de la terre, et le lieu où il paraîtrait si on était au centre. La parallaxe est une des principales difficultés qui s'opposent à l'exactitude des observations des astres. La parallaxe du soleil est celle qui serait la plus intéressante à connaître : elle nous apprendrait quelle est la vraie distance du soleil à la terre, et en conséquence quelles sont les distances de toutes les autres planètes au soleil et à la terre; mais on ne la connaît pas avec une parfaite

exactitude. Les étoiles fixes n'ont point de parallaxe sensible, à cause de leur excessive distance, par rapport à laquelle le diamètre de la terre n'est qu'un point.

PARALYSIE (pathologie) [du grec *paralyein*, relâcher]. — Diminution plus ou moins marquée ou abolition du mouvement volontaire, par le défaut de contractilité de certains muscles. Les parties affectées peuvent être dans un état de relâchement, de tremblement ou de contraction ; tantôt la sensibilité y est perdue, tantôt elle y est conservée, quelquefois même augmentée : cette affection peut avoir lieu dans tout un côté du corps (*hémiplégie*) ; dans sa partie inférieure (*paraplégie*) ; ou se borner à quelques muscles comme, par exemple, à ceux de la face, des bras, etc ; ou même à un seul, comme lorsque le sterno-cléido-mastoïdien (muscle du cou), d'un côté devenant paralysé, la tête est inclinée sur l'épaule opposée par le relâchement de ce muscle et la contraction de son antagoniste. La *débilité* ou l'*atonie musculaire* est fréquemment le premier degré de la paralysie ; cette débilité se manifeste le plus souvent par le tremblement.

Les causes les plus ordinaires de la paralysie sont : un état de pléthore, le refroidissement subit, l'interruption d'une hémorrhagie habituelle, d'un émonctoire quelconque, d'un ulcère, de la sueur; les narcotiques, l'habitude de l'ivresse; des coups sur la tête; des travaux excessifs ; des courses à cheval ; une terreur, surtout pendant la menstruation; des chagrins profonds ; un emportement de colère; la tristesse; les travaux dans les mines de plomb et de mercure, l'usage excessif de ces deux métaux; des évacuations abondantes; l'inanition; le défaut de sommeil ; la vieillesse , un état de convalescence; la suppression des rhumatismes, de la goutte, des dartres ou de quelque autre éruption cutanée.

Le traitement des paralysies consiste le plus ordinairement dans l'emploi des excitants locaux et généraux, tels que des frictions avec des pommades irritantes, le massage, les moxas, les cautères, les bains d'eau de mer, les douches d'eaux minérales, l'électricité, etc.   B. L.

PARASITES (histoire naturelle) [du grec *para*, près, auprès, et *sitos*, blé, vivres]. — On donne ce nom aux animaux et aux plantes qui vivent aux dépens d'autres espèces. Chez l'homme, comme chez les animaux bien organisés, on distingue 1° les *parasites vrais*, qui naissent dans les animaux mêmes et se développent aux dépens de leurs propres substances : tels sont les *vers intestinaux* ou entozoaires (voyez Vers) ; 2° les *parasites mixtes* ou épizoaires qui vivent sur la peau des animaux, tels sont les *poux*, les *puces*, les *acarus*, etc. — Voyez ces mots.

PARATONNERRE (physique). — Tige métallique à pointe aiguë, fixée à un conducteur communiquant, sans solution de continuité, avec le sol. La tige d'un paratonnerre a environ neuf mètres de longueur; elle se compose ordinairement de trois pièces ajoutées bout à bout, savoir : une barre de fer de huit mètres soixante centimètres, une baguette de laiton de soixante centimètres; une aiguille de platine de cinq centimètres. Leur ensemble forme un cône qui s'amincit régulièrement jusqu'au sommet, et dont la base a cinq centimètres de diamètre. La baguette de laiton se joint à la barre de fer au moyen d'un goujon, qui entre à vis dans toutes deux. Pour ajouter la tige au-dessus du bâtiment, on perce le toit, et on la fixe avec des brides soit contre un poinçon, soit contre le faîtage. Le conducteur est une barre de fer carrée, ou un câble en fil de fer ou de cuivre d'une longueur convenable, assujetti de distance en distance, et aboutissant au sol ou dans un réservoir aqueux, tel qu'un puits.

Pour comprendre la théorie du paratonnerre, il faut se rappeler que l'orage est un phénomène essentiellement électrique, qui se passe soit entre les nuages seuls, soit le plus souvent entre les nuages et le sol. On conçoit donc qu'un nuage chargé, par exemple, d'électricité négative, doit attirer l'électricité positive des corps (arbres, maisons, etc.) au-dessus desquels il se trouve; dans ce cas, le fluide naturel de ces corps est décomposé : l'électricité négative est refoulée dans les profondeurs du sol, tandis que l'électricité opposée s'accumule à la partie la plus saillante de leur surface. Dans cette tension électrique, il arrive de deux choses l'une : ou le nuage chargé d'électricité négative reçoit l'influence de l'électricité positive neutralisante d'un nuage voisin, et l'attraction électrique, accompagnée des phénomènes de l'éclair et du tonnerre, a exclusivement lieu dans l'atmosphère; ou cette même attraction se fait entre le nuage et le corps le plus voisin du sol. Dans le premier cas, l'électricité positive, cessant de s'accumuler à la surface, va brusquement se combiner avec l'électricité négative refoulée dans le sol, et le corps est foudroyé par le *choc du retour*. Dans le second cas, l'électricité positive du sol se combine avec l'électricité négative du nuage, et les corps sont foudroyés directement; on dit alors vulgairement que la foudre tombe. L'éclair et le tonnerre sont simultanés : seulement, à distance, en raison de la propagation infiniment plus lente du son, on entend le tonnerre plus ou moins longtemps après qu'on a vu l'éclair. Autant il s'écoule de secondes ou de battements du pouls entre l'apparition de l'éclair et la première impression du bruit, autant de fois il y a trois cent quarante mètres de distance entre l'observateur et le point de la trace de l'éclair le plus voisin.

La pointe du paratonnerre désarme le nuage, en lui enlevant ou en lui rendant l'électricité dont il a besoin pour rétablir le fluide naturel, et que, sans cette précaution, il aurait pu emprunter au sol, et occasionner des effets désastreux. Lorsque, pendant un orage, on approche le doigt du conducteur du paratonnerre, on en voit jaillir des étincelles plus ou moins fortes, dues à l'écoulement du fluide électrique. Plus la foudre est imminente, plus la puissance neutralisante du paratonnerre devient énergique. Mais l'effet protecteur ne s'étend qu'à un rayon déterminé; ainsi, une tige de neuf à dix mètres ne fait

sentir son influence que dans un cercle de vingt mètres de rayon.

Franklin eut, en juin 1752, le premier, l'heureuse idée de la construction des paratonnerres. Il y avait été conduit par ses expériences au cerf-volant, entreprises pour constater les effets électriques des orages.

(D^r Hœfer.)

PARC, PARCAGE (économie rurale).—Les parcs, ou vastes étendues de bois qui entourent les châteaux, sont destinés à donner de l'ombre et de la fraîcheur à ces demeures, et pour offrir une belle chasse et une promenade agréable à ses habitants. En France, on admire les parcs qui environnent les châteaux qu'habitaient nos rois, tels que ceux de Versailles, Saint-Germain, Fontainebleau, Compiègne, Saint-Cloud, etc. On cite des châteaux appartenant à de riches particuliers, qui sont aussi entourés de parcs magnifiques, souvenir de la splendeur des anciennes familles du pays. Mais ces parcs-là sont peu faits pour notre usage et celui de nos lecteurs. Parlons d'autres parcs qui les intéressent plus directement.

Parc à moutons, à bœufs. C'est un carré qu'on choisit dans un champ et qu'on entoure d'une clôture mobile, pour y faire pâturer les bestiaux. Ces clôtures consistent en claies maintenues droites par des piquets solidement fichés en terre. On fait pâturer successivement un carré, puis un autre, en ayant soin que l'herbe s'épuise. C'est ce qu'on nomme le *parcage*.

Le parcage a de grands avantages sur le pâturage libre : 1° il fournit aux animaux une nourriture choisie et économique; 2° il fume les terres au moyen des déjections qu'ils laissent en suffisante quantité sur le sol de chaque carré. Un champ qui a été pâturé par ce procédé est suffisamment fumé pour une emblavure.

Le *parcage au piquet* consiste à attacher un animal à un piquet solidement fiché en terre au moyen d'une corde plus ou moins longue, suivant l'espace qu'on lui donne à brouter, puis à changer d'emplacement à mesure que l'herbe s'épuise. Ce mode de parcage est encore beaucoup plus avantageux et plus économique que la libre pâture, où les animaux gaspillent et foulent aux pieds une grande quantité d'herbe. Mais le parcage au piquet n'est praticable que pour un animal isolé. Les parcs en clôture sont seuls possibles pour un troupeau, si peu nombreux qu'il soit.

Le parcage, soit au piquet, soit en carrés clos, permet de nourrir, sur un espace de terrain donné, trois fois plus d'animaux que la libre pâture.

(L. Hervé.)

PARCHEMIN. — Peau de chèvre, de bélier, de brebis, de mouton, d'agneau ou de veau préparée pour recevoir l'écriture ou servir d'enveloppe pour les objets que le papier ne pourrait conserver. La parcheminerie tient aux mêmes procédés que la chamoiserie, la mégisserie; ce n'est que dans les derniers apprêts qu'elle en diffère. On emploie en France, pour cet objet, principalement les peaux de mouton les plus faibles, en réservant les autres pour être travaillées en basane, en blanc, en chamois, pour différents usages.

Le parchemin, proprement dit, est une peau trempée, lavée, mise en chaux, surtondue, pelée, unie dans les plains, et alternativement en retraite, lavée de chaux, etc. Toutes ces opérations sont communes à la chamoiserie et à la mégisserie. Mais la peau destinée au parchemin est en outre brochée sur la herse, écharnée, raturée, poncée, etc. Ces derniers procédés sont particuliers au parchemin.

Mais le vélin se fait de peau de veau qui sert pour le dessus des tambours, des timballes et autres grandes pièces. Ce qu'on appelle parchemin vierge provient des peaux des agneaux ou petits chevreaux morts-nés ou avortés. On connaît le beau vélin blanc, fin, soyeux, dont se servaient les copistes des quatorzième et quinzième siècles pour leurs manuscrits et pour quelques imprimés du quinzième siècle.

La fabrication du parchemin est considérablement diminuée ; on n'en fait presque plus d'usage pour la reliure des livres, et le nombre des arts pour lesquels on l'employait est réduit à peu de chose.

Les parchemins ne sont point fabriqués à Paris, qui tire les peaux du département du Cher, de Troyes, d'Étampes, de Pont-Saint-Maxence, pour leur donner la dernière main-d'œuvre. Il y a aussi des parchemineries dans les départements de la Vienne, du Nord, du Haut et Bas-Rhin. Il se fabriquait autrefois en France plus de 100,000 bottes de parchemins. La seule ville de Troyes en fournissait plus de 1,500 bottes, année moyenne. Le parchemin se débite, à Paris, à la botte ou au cent en compte. La botte ne parchemin non écarrée, ou dont les bords n'ont point été coupés sous la règle, est composée de 36 peaux.

Cette botte de parchemin en cahiers contient 18 cahiers de 4 feuilles chacun ; ce qui fait, en tout, 72 feuilles. Les demi-peaux et les carrés, pour les différentes expéditions des notaires et les greffes, se vendent au cent en compte. Le parchemin d'Augsbourg a une grande réputation, mais il est démontré que celui qui a été paré à Paris ne lui cède en rien pour la beauté et la qualité. (*Montbrison.*)

PARÉLIE ou **PARHÉLIE** (astronomie). — Météore représentant une ou plusieurs images du soleil. Ce météore est donc un faux soleil, sous la forme d'une clarté brillante, qui paraît à côté du soleil, et qui est formée, à ce qu'on présume, par la réflexion des rayons de cet astre sur un nuage qui lui est opposé d'une certaine manière. Les parélies sont ordinairement accompagnées de couronnes ou cercles lumineux : leurs couleurs sont semblables à celles de l'arc-en-ciel. Néanmoins on voit quelquefois des cercles entiers sans aucune parélie, et des parélies sans cercles. La parélie la plus complète a été observée à Dantzick le 20 février 1661 ; Huygens en a donné une explication complète, en admettant dans l'air un grand nombre de petits cylindres formés d'un noyau opaque et d'une partie extérieure transparente.

PARENCHYME (anatomie) [en grec *paregkhyma,* de *paragkhéô,* épancher, les anciens anatomistes ayant cru longtemps que ce tissu était formé par du sang épanché ou coagulé.]— Tissu propre aux organes glanduleux, composé de grains agglomérés, unis par du tissu cellulaire, et se déchirant avec plus ou moins de facilité. Le *foie,* la *rate,* les *reins,* sont des organes parenchymateux. Le *cerveau,* le *poumon,* qui ne sont point granuleux comme les précédents, sont néanmoins considérés comme parenchymateux.

En botanique, on appelle *parenchyme* le tissu cellaire mou, spongieux, verdâtre, qui remplit, dans les feuilles, dans les jeunes tiges, ou dans les fruits, les intervalles des faisceaux fibreux.

PARFUM [*odor*]. — Ce mot a deux acceptions. Tantôt il exprime l'odeur aromatique, agréable, plus ou moins forte, plus ou moins subtile et suave, qui s'exhale d'une substance quelconque, particulièrement des fleurs. C'est dans ce sens qu'on dit le *parfum de la rose,* le *parfum de l'encens.* Tantôt il désigne les corps mêmes d'où s'exhalent les différentes odeurs qui excitent en nous une sensation de plaisir. On dit l'entendre ce sens quand on parle des parfums de l'Orient et de tous les parfums simples ou composés. Lorsqu'on dit qu'on aime l'odeur des parfums, on emploie alors le mot dont il s'agit dans sa double acception.

Les anciens Grecs regardaient les parfums non-seulement comme un hommage qu'on devait aux dieux, mais encore comme un signe de leur présence. Les dieux, suivant la théologie des poëtes, ne se manifestaient jamais sans annoncer leur apparition par une odeur d'ambroisie.

À quel degré les Romains n'ont-ils pas poussé leur luxe dans les odeurs, soit pour l'usage des sacrifices, soit pour donner une marque de leur respect envers les hommes constitués en dignités? On s'en servait encore aux spectacles et dans les bains; les roses y étaient prodiguées, et la profusion des parfums devint si excessive dans la célébration des funérailles, que l'usage en fut défendu par la loi des Douze Tables.

Une telle défense n'eut jamais lieu chez les Orientaux, bien plus avides encore des parfums que les Romains. De tous les peuples du monde, ils sont ceux qui en ont fait dans tous les temps, et qui en font encore aujourd'hui le plus grand usage. Cela doit être : la nature les leur a prodigués, et ils vivent sous un climat dont la douce température invite à la propreté, compagne inséparable du plaisir.

En général, dans les pays chauds, les nerfs sont plus délicats, les sensations plus vives, et les hommes plus habituellement disposés à la volupté. L'odorat est l'organe favori des sens; il est rare qu'ils ne soient pas éveillés par lui; presque toujours une odeur forte et suave, en ébranlant le cerveau et les nerfs, produit en nous une sensation favorable à l'amour. Les femmes ne l'ignorent pas. C'est sans doute une des raisons pour lesquelles elles aiment tant les odeurs. Non contentes de parfumer leurs cheveux et leurs vêtements, elles font usage d'élixirs et de sa-

^vons odoriférants, de pâtes et d'eaux de senteur de toute espèce pour blanchir leurs mains et leurs dents, rendre leur teint plus frais, leur haleine plus douce, et donner à leurs lèvres le parfum et la couleur vermeille de la rose. Quelquefois ces apprêts font mentir la nature, en imprimant sur les sillons de l'âge mûr un vernis de fraîcheur qui trompe l'œil. On jouit un moment des hommages rendus à la jeunesse ; mais l'heure vient où il faut déposer sur sa toilette cette beauté d'emprunt ; la nuit achève de détruire l'effet de l'art, et la rose de la veille n'est souvent le lendemain qu'une triste fleur presque entièrement desséchée, et que le papillon du jour daigne à peine regarder.

Les parfums de l'Inde et de l'Arabie ont toujours été les plus estimés ; ils méritent la célébrité dont ils jouissent. Cependant ceux d'Europe, quoique moins renommés, ne sont pas moins agréables. On les compose avec tout ce qu'il y a dans ce pays de fleurs les plus odoriférantes et de plantes les plus aromatiques. Telles sont les fleurs d'*orange*, de *rose* d'*œillet*, de *jasmin*, de *jonquille*, de *tubéreuse*, les feuilles et les fleurs de *thym*, de *lavande*, de *sauge*, de *romarin*, de *marjolaine*, les écorces de *citron*, les racines d'*iris*, etc. Tantôt on emploie en nature les parties odorantes de ces plantes ; on les dessèche, on les mêle avec goût, et on en remplit des sachets, des sultans, des cassolettes qui embaument le linge et tous les corps qui en sont touchés et environnés. Tantôt on en fait des pots-pourris ou des pâtes, ou des pastilles de toutes les formes, qui, étant brûlées, parfument l'air des appartements. Le plus souvent on enlève aux fleurs leur huile essentielle ou arome, que l'on conserve sous les noms d'essences et d'eaux de senteur, ou bien qu'on mêle aux poudres, aux pommades et aux vinaigres de propreté qui entrent dans la toilette. Ainsi ce principe odorant des plantes qui, dissous dans l'air, vient frapper agréablement nos organes et s'évapore aussitôt, cet esprit fugace et léger, cet arome invisible et subtil des végétaux, est rendu fixe par la main de l'homme. Notre industrie s'en empare au moment où il allait s'échapper du sein des corps qui le recèlent. Pour en jouir plus longtemps, nous l'emprisonnons dans tous les corps employés à notre usage. Non-seulement nos vins, nos liqueurs, nos aliments en sont parfumés, mais nos meubles, nos habits, les lieux où nous demeurons et que nous fréquentons en sont pleins ; tout ce qui est sur nous, auprès ou autour de nous, exhale l'esprit des fleurs qui n'existent plus, et, au sein même de l'hiver, nous respirons leur parfum délicieux, comme si nous étions encore aux plus beaux jours du printemps et de l'été.

C'est principalement à l'art du distillateur que nous devons ces jouissances. En ceci, comme en tout, l'homme a imité la nature. Voyant tous les jours les vapeurs de la terre et des mers s'élever dans l'atmosphère, s'y condenser et se résoudre en rosée et en pluie, il a imaginé un appareil ou instrument, à l'aide duquel il pût opérer en petit un effet peu près semblable. Cet instrument est un alambic,

et l'opération à laquelle il sert se nomme distillation. Par elle on sépare et on recueille, au moyen de la chaleur, les principes fluides des corps qui sont volatils à différents degrés. On met ces corps dans un vase de terre ou de verre surmonté d'un chapiteau. Le vase est échauffé, soit au bain-marie, soit à un feu plus ou moins fort, selon la matière qu'on se propose de distiller. La chaleur en détache les parties volatiles. Dégagées des substances lourdes et terreuses qui les tenaient captives, ces parties s'élèvent au haut du chapiteau, s'y condensent par le moyen d'un réfrigérant, et tombent, par un canal appelé *serpentin*, dans le vase destiné à les recevoir.

On peut diviser les parfums en parfums de l'Arabie, de l'Inde et de l'Europe. Les uns et les autres sont simples ou composés, secs ou liquides. Les parfums simples sont ceux dont la nature nous fait présent dans un état tel qu'on peut les employer et les conserver sans y rien changer ni ajouter, comme l'encens, les baumes, etc. Les parfums composés sont un mélange de plusieurs parfums simples réunis. Les parfums secs sont friables, et peuvent être facilement réduits en poudre, comme toutes les résines odorantes. On donne, en général, le nom de parfums liquides aux esprits et aux essences de plantes très-odorantes. (*Bosc.*)

PARLEMENT (histoire) [du latin barbare *parliamentum*, pourparler]. —Les assemblées de la nation, auxquelles les historiens ont donné dans la suite le nom de *parlements généraux*, furent d'abord composées de tous les Francs ou personnes libres ; mais vers la fin de la seconde race on n'y admit que les principaux seigneurs ou barons du royaume. Les évêques y assistèrent pour la première fois au mois de mai 751.

C'était là qu'on traitait de la paix et de la guerre, des alliances et de toutes les affaires de l'État. On y faisait les lois et les règlements convenables pour remédier aux désordres passés, et prévenir ceux qui pourraient arriver. On y jugeait les différends les plus graves entre les sujets, etc.

Avant que le *parlement* eût été rendu sédentaire à Paris, le roi envoyait presque tous les ans dans les provinces des commissaires appelés *missi dominici*, lesquels rendaient la justice, et rapportaient au roi les affaires qui leur paraissaient le mériter.

Ces *missi dominici* se rassemblaient en certains temps pour les affaires majeures auprès du roi, avec ceux qui étaient demeurés près de sa personne, et cette réunion formait ce qu'on appelait alors la cour plénière, ou le plein *parlement*.

Le parlement commença à être sédentaire en 1305 ; d'autres disent en 1294.

A l'époque de la Révolution, les *parlements* étaient, en France, des compagnies supérieures de juges qui connaissaient en dernier ressort des affaires litigieuses, et par appel des bailliages, sénéchaussées, etc., qui ressortissaient immédiatement au parlement.

PAROISSE [ce mot vient du latin *parochia*, dérivé du grec *paroikia*, et qui signifie, proprement, demeure voisine, réunion de maisons voisines, de *para*, proche, et *oikos*, maison, habitation.] — C'est le territoire dont les habitants sont soumis, pour le spirituel, à la conduite d'un curé.

Dans l'origine une paroisse était un groupe de maisons dans une ville.

Ce fut dans les villes que s'établirent d'abord les paroisses. Alexandrie en Égypte fut, dit-on, la première qui fut divisée en paroisses. Sous le pape Corneille, qui succéda, l'an 521, au pape Fabien, la ville de Rome était déjà partagée en quarante-six paroisses. Les paroisses ne commencèrent dans les campagnes que vers le quatrième siècle, et il y en avait dans notre patrie dès le temps de l'invasion des Francs, car Eusèbe cite les paroisses de la Gaule. Alors, par les dons volontaires des chrétiens, par les libéralités des rois et des seigneurs, s'élevèrent partout des églises pour recueillir les fidèles qui venaient y assister à la célébration des saints mystères, et y entendre les exhortations du prêtre auquel était confiée la direction spirituelle de chaque petite localité : alors il y eut partout un centre commun, un lieu de réunion ; le prêtre, qui était, pour ainsi dire, l'âme, la vie de chaque agrégation locale, fut nommé *parochus* et plus souvent *curio*, parce qu'il était chargé du soin des âmes. Si le fier seigneur était une puissance pour opprimer, le curé était une puissance pour protéger, consoler, sanctifier ; nulle institution ne fut plus immédiatement utile. En effet, par cette institution pleine de bienveillance, de charité et d'œuvres efficaces, le christianisme s'étendit depuis le plus haut baron jusqu'à l'obscur vilain, jusqu'à l'humble serf ; il entra dans le sein de la famille ; lui seul alors enregistra ses titres et ses transmutations, en consignant dans le livre de la paroisse les trois principaux actes de la vie du chrétien : la naissance, le mariage et la mort. La génération passait, le curé la suivait dans la tombe ; mais l'institution ne mourait pas, et incontinent un successeur venait bénir dans le temple où le devancier avait béni, instruire dans la chaire où il avait instruit, visiter l'humble chaumière où il avait porté des consolations et souvent des secours. Le curé était aussi un guide temporel pour le troupeau dont il avait la garde ; il donnait des conseils pour bien réussir ; il détournait des mauvaises entreprises. Ses remontrances arrêtaient les écarts, calmaient les haines, les animosités. Ses exhortations ramenaient la paix dans les ménages troublés. Sa sollicitude veillait sur les mœurs. Le seigneur, occupé de la guerre, des tournois, des joutes, de la chasse et des festins, ne portait son attention sur ces populations asservies que pour exiger le fruit de leurs durs travaux, et ne laissait tomber sur elles que des regards de dédain ou de courroux. Le curé, qui ne guerroyait, ni ne joutait, ni ne chassait (1), était

---

(1) La chasse était défendue aux ecclésiastiques par les capitulaires de Charlemagne. Plus tard, les clercs s'étant livrés à cet exercice avec non moins d'ardeur que les laïques, un concile tenu à Pont-Audemer, en 1276, le leur défendit de la manière la plus formelle.

Avant le 4 août 1789, la noblesse seule avait le droit de

toujours tout à tous ; c'était la providence visible du village. Il osait quelquefois faire des représentations au noble et peu traitable baron ; il parlait au nom du ciel, et le baron l'écoutait, parce que, malgré sa dureté, il avait la foi et qu'il craignait d'outrager l'homme de Dieu.

La conséquence de cet ascendant était le soulagement des serfs, qui, au moins, goûtaient le repos du dimanche et de ces fêtes religieuses dont le retour fréquent a excité tant de critiques de la part de ceux qui ne réfléchissent point que, comme alors, ni les vilains, ni les manants n'étaient propriétaires, une intention bienveillante multiplia en leur faveur ces fêtes, qu'il fut raisonnable de supprimer quand, dans les masses, chaque individu commença à travailler pour son compte.

Dans le huitième siècle, en France, des cures furent réunies à des monastères et à des chapitres.

Le douzième canon du concile assemblé à Mérida, en Espagne, en 666, porte que « l'évêque pourra » tirer des paroisses les prêtres et les diacres qu'il » jugera propres à le soulager en les attachant à sa » cathédrale ; mais à condition qu'ils ne cesseront » pas d'avoir inspection sur les églises dont ils au- » ront été tirés, et d'en recevoir les revenus en don- » nant des pensions aux prêtres mis à leur place » avec le choix de l'évêque. » Voilà pourquoi tant de paroisses relevaient des chapitres et des monastères.

Un mot sur quelques habits sacerdotaux.

« La *chasuble*, dit Fleury, était un habit vulgaire » du temps de saint Augustin ; la *dalmatique* était » en usage dès le temps de Valérien ; l'*étole* était un » manteau, commun même aux femmes, et dont » on n'a conservé que la bordure ; le *manipule*, en » latin *mappula*, n'était qu'une serviette sous le bras » pour servir à la sainte table ; l'*aube*, c'est-à-dire la » robe blanche de laine ou de lin, n'était pas, dans » le principe, un habit particulier aux clercs, puis- » que l'empereur Aurélien fit au peuple des lar- » gesses de ces sortes de tuniques. » Ces habits devinrent particuliers aux ecclésiastiques après les invasions des Barbares, parce que les clercs gardèrent l'habit romain.

chasser. Elle tenait essentiellement à ce monopole, dont elle usait de la manière la plus désastreuse pour la propriété des *vilains*, qui étaient cruellement punis quand ils avaient l'audace de faire la guerre, même sur leurs propres champs, au gibier qui les dévastaient. Sous le règne de saint Louis, Enguerrand de Coucy fit pendre trois jeunes gens dont le seul crime était d'avoir chassé dans ses bois. A la vérité, le saint roi fut loin d'approuver cette cruauté. Par son ordre, le sire de Coucy fut arrêté, jugé et condamné, non pas à mort, comme il l'eût mérité, mais à une peine sévère. Tous les grands se joignirent à lui pour réclamer contre cette sentence ; Louis IX la maintint. Mais c'est là un de ces faits exceptionnels qui attestent la supériorité de ce grand prince sur ses contemporains. Les lois sur la chasse étaient des plus dures : Henri IV lui-même porta la peine de mort contre tout braconnier qui aurait été arrêté plusieurs fois chassant la grosse bête dans les forêts royales.

L'usage de la soutane est bien plus récent, et voici ce que dit Sainte-Foix dans ses essais historiques : « Il périt plus de quatre cent mille Français » aux croisades; mais nous en rapportâmes des » modes, entre autres celle de se vêtir de longs » habits; dans les douzième, treizième, quatorzième » et quinzième siècles, on portait une soutane qui » descendait jusqu'aux pieds. Les nobles imaginè- » rent qu'en y faisant faire une longue queue, ils » auraient un prétexte pour avoir à leur suite un » homme chargé de la porter, et que l'avilissement » de cet homme donnerait un relief et un air de » distinction au maître. »

Il n'y a guère plus de deux siècles que la soutane est l'habit exclusif des ecclésiastiques. Avant ce temps les gens de justice, les médecins et les professeurs étaient en soutane même chez eux.

L'usage qu'ont les prêtres de porter des calottes est tout à fait nouveau, surtout en France, où le cardinal de Richelieu fut le premier qui en eut une. Il y avait à peine cinquante ans que cette coiffure était en usage en Italie.

Ce ne fut aussi qu'au temps du cardinal de Richelieu que les titres de *monseigneur* et *votre grandeur* furent donnés aux évêques. Dans les premiers temps du christianisme, on les qualifiait de *très-saints* et *bienheureux*; puis on les appela *révérends pères en Dieu* ou *messires*.

Louis XIII accorda aux évêques de France la croix pectorale; c'est la croix qu'ils portent sur la poitrine. Le bonnet rouge des cardinaux et leur titre d'*éminence* datent à peu près du même temps.

La paroisse, avons-nous dit au commencement de notre article, était un lieu de réunion. En effet, l'église, au moyen âge, était le principal théâtre de l'activité populaire. Ce n'était pas seulement alors un lieu consacré à la prière. Les actes de vente, d'achat, de donation se passaient dans les temples et y étaient conservés. Là étaient les archives véritables de la cité. On y gardait quelquefois les foins et les blés. Théodulfe, évêque d'Orléans, à l'époque de Charlemagne, le défend expressément. « Souvent, dit-il, nous voyons entasser dans les églises les blés et les foins; nous recommandons, et on doit observer avec soin, de n'y garder que les vêtements ecclésiastiques, les vases sacrés et les livres. »

C'était dans l'église que se rendait l'accusé assisté des douze *conjurantes* ou conjurateurs, qui venaient attester qu'il n'avait pu commettre le crime qu'on lui imputait; il prononçait sur l'autel le serment par lequel il attestait son innocence. Les *épreuves judiciaires* étaient accompagnées de cérémonies religieuses et avaient quelquefois pour théâtre l'église ou le parvis qui y conduisait. L'ordalie ou jugement de Dieu se manifestait, d'après les croyances du moyen âge, à la suite des *épreuves* appelées *ordalie* ou *ordéal*. L'ordalie par excellence était le duel judiciaire où les armes variaient suivant les classes. Les écuyers n'avaient que l'épée et l'écu ou bouclier long; ils combattaient à pied. Les serfs et les vilains avaient pour armes un couteau et un bâton, et por-

taient un bouclier de cuir nommé *canevas*. Le vaincu était regardé comme condamné par le *jugement de Dieu*, et, s'il ne périssait pas sous les coups de son adversaire, une mort ignominieuse l'attendait; il était traîné sur une claie au lieu du supplice. Cependant les lois ecclésiastiques condamnaient déjà le duel à une époque où les lois civiles l'autorisaient.

On cite quelques exemples de combats décernés entre des hommes et des animaux. Dans la pensée de ceux qui regardaient le duel comme le *jugement de Dieu*, la volonté divine pouvait se manifester par la victoire d'un animal aussi bien que par celle d'un homme.

Il y avait encore l'épreuve de l'*eau froide* et de l'*eau bouillante*, de la *croix*, du *feu*, du *fer chaud*, etc. L'*épreuve de la croix* consistait à tenir les bras étendus le plus longtemps possible pendant le service divin. Celui qui restait le plus longtemps immobile dans cette posture, l'emportait sur son adversaire. Charlemagne ordonna, dans son testament, qu'on eût recours au *jugement de la croix* pour terminer les différends qui naîtraient du partage qu'il faisait de ses États entre ses enfants. Mais son fils, Louis-le-Débonnaire, s'y opposa, « de peur, disait-il, que l'instrument glorifié par la passion du Sauveur ne fût profané par la témérité de quelqu'un. »

L'épreuve au *fer chaud* consistait à prendre avec la main nue un fer rougi au feu, ou marcher pieds nus sur du fer brûlant. L'épreuve du feu était une des plus solennelles. On élevait deux bûchers, dont les flammes se touchaient. L'accusé, l'hostie à la main, traversait rapidement les flammes, et, s'il n'en recevait pas d'atteinte, il était réputé innocent.

L'épreuve du *fer chaud* ou *gantelet* était en usage chez les nobles, les prêtres et les gens de condition libre.

On conservait soigneusement dans quelques églises une barre de fer ou un gantelet béni; si l'épreuve devait avoir lieu par la barre, l'accusé la soulevait deux ou trois fois, toute rouge qu'elle était; si c'était par le gantelet, il y enfonçait la main; après quoi cette main était enveloppée dans un sac, sur lequel le juge et la partie adverse apposaient leurs sceaux qu'on levait au bout de trois jours; si la main n'avait aucun signe d'altération, l'accusé était renvoyé absous; si, au contraire, elle portait des marques de brûlure, il était déclaré coupable.

Les épreuves de l'*eau bouillante* et de l'*eau froide* étaient pour les gens du bas peuple: on faisait plonger à l'accusé une main dans une cuve d'eau bouillante, au fond de laquelle il devait prendre un anneau béni, et il était déclaré innocent ou coupable selon qu'il retirait cet anneau avec ou sans lésion apparente à la main. Pour l'épreuve de l'*eau froide*, on récitait quelques oraisons sur le patient; on lui liait les pieds et les mains, puis on le jetait dans une grande cuve ou bassin plein d'eau; s'il surnageait, il était réputé coupable, parce que, disait-on, l'eau ne voulait retenir rien d'impur dans son sein; si, au contraire, il restait au fond, il était jugé innocent.

Les épreuves, fondées sur cette croyance que Dieu

doit toujours manifester par un miracle l'innocence de l'accusé, furent abandonnées au treizième siècle, lorsque saint Louis, supérieur aux préjugés de son temps, déclara que *combat n'était pas voie de droit*, et substitua les preuves testimoniales aux épreuves ou *ordalie*. Cependant, on trouve encore au seizième siècle des traces de cette institution. Le fameux combat entre Jarnac et la Chataigneraye, en 1547, ne fut pas, comme on l'a souvent répété, le dernier exemple de combat judiciaire, ce moyen barbare et meurtrier, où l'adresse d'un champion décidait sur une question qui ne devait être portée qu'au tribunal de la justice et de la raison.

La politique se mêlait parfois aux cérémonies religieuses. Gontram s'adresse au peuple réuni dans l'église, et, après la lecture de l'Évangile, le conjure de ne pas l'égorger comme ses frères, et de lui laisser au moins le temps d'élever ses neveux. L'Église n'était pas toujours à l'abri des violences, si fréquentes aux époques barbares et féodales. Prétextat, archevêque de Rouen, fut égorgé au pied des autels par ordre de Frédégonde. Le grand nombre de dispositions que les capitulaires contiennent contre ceux qui commettent des meurtres dans les églises, attestent suffisamment la fréquence de ces meurtres.

Les malades et les infirmes se faisaient transporter à l'église, et souvent y restaient plusieurs mois, livrés à diverses sortes de pratiques dont ils attendaient leur guérison; ils y passaient même les nuits.

Quelquefois on célébrait des festins dans l'église. A Rouen, les jours de grande fête, les fidèles prenaient part, dans l'église même, à un repas donné par l'archevêque. Un concile d'Auxerre, tenu en 585, défendait les danses, les festins et les chants profanes dans les églises. Longtemps après cette époque, on y célébrait encore des mystères ou représentations dramatiques, où le sacré se mêlait au profane, et était souvent travesti. Jusqu'au quinzième siècle, certaines fêtes changeaient l'église en théâtre, et il fallut l'effort réitéré des conciles pour détruire ces usages.

L'église était donc, au moyen âge, le lieu où l'activité du peuple se manifestait dans toute son énergie. Théâtre et tribunal, lieu de prière et de plaisir, dépôt des archives et des actes de la vie publique et privée, asile pour le malheureux, et quelquefois pour le crime (1), elle avait et devait avoir une immense popularité.

(1) Le droit d'asile remonte à l'empire romain; d'après une loi de Théodose le Jeune (23 mars 431), il comprenait non-seulement l'intérieur du temple, mais encore toute l'enceinte du lieu sacré, où étaient situés les maisons, les galeries, les jardins, les bains et les cours qui en dépendaient.

Les conciles tenus sous les rois francs, et, entre autres, le concile d'Orléans sous Clovis, en 511, consacrèrent le droit d'asile. Les voleurs, les adultères, les homicides même, qui se réfugiaient dans l'église, ne pouvaient en être arrachés. L'asile était rarement violé : le peuple le respectait, la loi le protégeait. On ne pouvait livrer le criminel qui s'y était réfugié que dans le cas où ceux qui le poursuivaient juraient sur l'Évangile de ne lui faire subir

Sous la terrible féodalité, institution forte, souvent brillante, parce qu'elle avait à sa tête des hommes de cœur et d'action, parce qu'elle s'appuyait, si ce n'est sur la justice, du moins sur une vigoureuse organisation, la foi religieuse, mais une foi mal définie et encore plus mal comprise, entre profondément dans les âmes. Les passions humaines y versent bien des abus. Mais, peu à peu, et grâce aux efforts d'un clergé de plus en plus instruit, le mysticisme et l'idéalisme écoutent la voix de la raison. La lumière met en fuite les ténèbres de l'ignorance. Le catholicisme se dégage d'une foule de pratiques superstitieuses que les conciles avaient condamnées. L'Évangile, ce code divin apporté du ciel, fut dès lors enseigné, compris, comme il l'est aujourd'hui, dans toute sa vérité, dans toute sa pureté.

Le major PAUL ROQUES.

PAROTIDE (anatomie) [du grec *para*, auprès, et *ous*, *ôtos*, oreille). — La plus considérable des glandes salivaires, ainsi appelée parce qu'elle est située en partie au-dessous de l'oreille. La parotide occupe l'excavation qui se trouve entre le bord postérieur de l'os maxillaire inférieur, le conduit auditif externe et l'apophyse mastoïde du temporal. Son tissu est résistant, d'un blanc grisâtre, composé de granulations réunies en lobes et lobules irréguliers, séparés par du tissu cellulaire, et donnant naissance à des

ni la mort ni la mutilation. L'esclave, même accusé d'un crime atroce, était affranchi de toute peine corporelle lorsqu'il s'était placé sous la protection d'un asile. Il n'était rendu à son maître que si celui-ci faisait serment de lui pardonner.

Les Capitulaires de Charlemagne maintinrent le droit d'asile : « Si quelqu'un ose arracher un suppliant des portiques, des parvis, des jardins, des bains et autres lieux attenant à l'église, qu'il soit puni de mort. » Cependant d'autres capitulaires, notamment un capitulaire de 779, commencent à porter atteinte au droit d'asile en défendant de donner de la nourriture au criminel qui s'était réfugié dans une église. « Dans ces temps barbares, dit M. Guérard (préface du Cartulaire de Notre-Dame de Paris), où l'offensé se faisait lui-même justice, où souvent une vengeance terrible et prompte suivait un tort assez léger, où la force était la loi de tous, et les sentiments d'humanité affaiblis et même éteints dans le cœur du plus grand nombre, il était bien que l'église pût accueillir et mettre en sûreté chez elle le malheureux qui venait lui demander un refuge, afin de donner à la colère le temps de se calmer, ou de soustraire le pauvre et le faible à la colère de l'homme puissant. »

Cependant l'asile ne pouvait abriter indéfiniment les coupables ; les clercs demandaient, au bout d'un certain temps (ordinairement le neuvième jour), à celui qui s'y était réfugié, s'il voulait comparaître devant les tribunaux laïques ou ecclésiastiques. S'il préférait s'exiler, on lui laissait quarante jours pour s'éloigner du royaume.

Au seizième siècle, lorsque la société commença à se constituer sur des bases plus solides, le droit d'asile ne servit plus qu'à protéger le coupable contre la vindicte des lois. Cet abus devint intolérable, et l'ordonnance de Villers-Cotterets, rendue par François Ier (1539), déclara qu'à l'avenir on pourrait arrêter un criminel partout, même dans les asiles, sauf à l'y réintégrer s'il y avait lieu.

ramuscules excréteurs qui se réunissent pour former le *conduit parotidien* ou *canal de Stenon*. Ce conduit, après s'être avancé horizontalement dans l'épaisseur de la joue, vient s'ouvrir dans la bouche, au niveau de la seconde dent molaire supérieure. La parotide est sujette à une inflammation appelée *Parotidite*. — Voyez *Oreillon*.

PARRICIDE (droit) [du latin *parricidium*]. — Meurtre des père ou mère légitimes, naturels ou adoptifs, ou de tout autre ascendant légitime. Tout coupable de parricide est puni de mort. Il est conduit sur le lieu de l'exécution en chemise, nu-pieds et la tête couverte d'un voile noir. Il est exposé sur l'échafaud pendant qu'un huissier fait au peuple la lecture de l'arrêt de condamnation, puis il est immédiatement exécuté à mort (Code pénal, art. 13 et 302). Jusqu'en 1832, on lui coupait le poignet droit avant l'exécution. — L'attentat contre la vie ou la personne du souverain est regardé comme un parricide et puni de la même peine (Code pénal, art. 86). — « Les anciens Égyptiens enfonçaient des roseaux » pointus dans toutes les parties du corps d'un par- » ricide, et le jetaient en cet état sur un monceau » d'épines où l'on mettait le feu. A Athènes, Solon » n'avait point fait de loi contre le parricide, ne » croyant point, disait-il, que ce crime fût possible. » A Rome, la loi des Douze Tables condamnait le » parricide à être préalablement fouetté jusqu'au » sang, et puis enfermé dans un sac de cuir avec » un chien, un singe, un coq et une vipère, et jeté » ainsi dans la mer ; plus tard, on se contenta de le » brûler vif, ou de l'exposer aux bêtes. Autrefois, » en France, les parricides étaient condamnés à la » question ordinaire ou extraordinaire, à avoir le » poing droit coupé, à faire amende honorable, et » à être rompus vifs sur la roue; on brûlait ensuite » leurs corps et on en jetait les cendres au vent. »

PARTAGE (droit). — L'action de faire des parts, de diviser entre des personnes une chose qui leur appartient en commun, à quelque titre que ce soit.

La loi, à l'article 815 du Code civil, pose cette règle générale en matière de partages :

« Nul ne peut être contraint de demeurer dans » l'indivision, et le partage peut toujours être provo- » qué, nonobstant prohibitions et conventions con- » traires. »

Il est cependant des choses qui ne peuvent donner lieu à une action en partage : ce sont celles qui sont indivisibles, ou qui ne peuvent se diviser sans dommage.

Entre copropriétaires, les partages de biens meubles ou immeubles, à quelque titre que ce soit, pourvu qu'il en soit justifié, sont sujets au droit fixe de 5 francs. (Art. 45 de la loi du 28 avril 1816.)

Les partages des biens entre l'État et des particuliers sont enregistrables gratis. (Art. 70 de la loi du 22 frimaire an vii.)

— D'ASCENDANTS. — La loi a accordé aux père et mère ou autres ascendants, le droit de partager eux-mêmes leurs biens entre leurs enfants et descendants. (C. civ., art. 1075.) En cela elle a eu pour

objet de leur donner le moyen de prévenir les querelles et les contestations que le partage de leurs biens pourrait faire naître après leur mort entre leurs enfants.

Bien que la loi n'ait parlé que des père, mère et ascendants, il ne faut pas en conclure que d'autres personnes ne pourraient pas faire le partage de leurs biens entre leurs héritiers. En effet, affranchis même de l'obligation de laisser une réserve, ils pourraient dépouiller leurs héritiers de tous leurs biens ; ils peuvent, à plus forte raison, les partager entre eux comme il leur plaît.

L'ascendant ne peut valablement donner ses immeubles à un de ses enfants et une somme d'argent à l'autre ; ce serait violer les règles de l'égalité qui sont de l'essence des partages. (C. civ., art. 826 et 832, C. cass., 16 août 1826 ; S., 27, 1, 26 ; 11 mai 1847 ; S., 47, 1, 515.)

Les partages d'ascendants peuvent être faits par actes entre vifs, ou testamentaires, avec les formalités, conditions et règles prescrites pour les donations entre vifs et testaments. Les partages faits par acte entre vifs ne peuvent avoir pour objet que les biens présents. (C. civ., art. 1076.)

Un acte par lequel un père cède des biens à ses enfants peut, sans que les règles concernant l'interprétation des actes soient violées, être considéré comme un partage anticipé, assujetti aux formes de donations entre vifs ou des testaments, quoique cet acte porte le nom de vente et de bail, et qu'il énonce un prix stipulé. (C. cass., 14 nov. 1816.)

Les enfants entre lesquels un père a fait, par acte entre vifs, le partage anticipé de tous ses biens, ne sont tenus des dettes du donateur, qu'autant qu'il est établi que ces dettes existaient au moment de la donation. (Cour d'Agen, 14 novembre 1842; S., 43, 2, 164.)

Les père et mère ne pourraient faire le partage de leurs biens respectifs par le même testament. (C. civ., art. 968.) Mais ils le pourraient par le même acte entre vifs.

Si tous les biens que l'ascendant laissera au jour de son décès n'ont pas été compris dans le partage, ceux de ces biens qui n'y auront pas été compris seront partagés conformément à la loi. (C. civ., art. 1077.)

Si l'un des enfants meurt sans postérité avant l'ascendant qui a fait par testament le partage de ses biens, la disposition de sa portion est caduque en ce sens qu'elle est restée dans la main de l'ascendant et que si, à son décès, elle se trouve dans ses biens, elle donne lieu à un supplément de partage, sans qu'il soit nécessaire de refaire les autres lots. Cela rentre dans le cas où une portion des biens n'a pas été comprise dans le partage. (*Répertoire* de Favard, t. 4 p. 113.)

Si le partage n'est pas fait entre tous les enfants qui existeront à l'époque du décès et les descendants de ceux prédécédés, le partage sera nul pour le tout. Il en pourra être provoqué un nouveau dans la forme légale, soit par les enfants ou descendants qui n'y auront reçu aucune part, soit même par ceux entre qui le partage aura été fait. (C. civ., art. 1078.)

Le partage fait par l'ascendant pourra être attaqué pour cause de lésion de plus du quart; il pourra l'être aussi dans le cas où il résulterait du partage et des dispositions faites par préciput, que l'un des copartagés aurait un avantage plus grand que la loi ne le permet. (C. civ., art. 887 et 1079.)

Quoique l'on puisse l'attaquer, un partage fait par un père, entre ses enfants, contenant lésion de plus du quart n'est pas nul : il est seulement réductible à la quotité disponible. (Cour de Riom, du 25 avril 1818.)

Les enfants qui ont concouru au partage que leur ascendant a fait entre eux de ses biens, sont recevables à attaquer le partage pour cause de lésion, nonobstant la disposition de l'article 918 du Code civil, qui interdit aux susceptibles qui ont consenti aux aliénations faites à rente viagère ou à fonds perdu par le père de famille au profit d'un autre cas successible, le droit de réclamer l'imputation de ces aliénations sur la quotité disponible, et le rapport de l'excédant. (Cour de Toulouse, 5 décembre 1844; S., 45, 2, 247.)

L'enfant qui, pour une des causes exprimées en l'article 1079, attaquera le partage fait par l'ascendant, devra faire l'avance des frais de l'estimation et il les supportera en définitive, ainsi que les dépens de la contestation, si sa réclamation n'est pas fondée. (C. civ., art. 1080.)

Un acte de partage d'ascendants peut contenir en même temps une libéralité ou un don fait par préciput à l'un des enfants. (Toullier, t. 5, n° 810.)

PARTICIPE (grammaire). — Ce mot est ainsi appelé, parce qu'il tient à la fois de la nature du verbe et de celle de l'adjectif : il tient du verbe, en ce qu'il exprime comme lui les attributs d'existence, d'action et de temps; il tient de l'adjectif, en ce qu'il exprime une qualité ou une manière d'être et s'accorde, en genre et en nombre, avec le substantif.

Le participe figure ordinairement au nombre des parties du discours, quoiqu'il ne soit qu'un adjectif d'une nature particulière. On le fait, en outre, figurer dans la conjugaison, et on en fait même un des modes du verbe.

Il y a plusieurs espèces de participes : *le participe présent, le participe passé, le participe futur*, etc.

Le participe suit ordinairement les règles de l'adjectif : il est susceptible, comme lui, de genre, de nombre et de cas, dans les langues à déclinaisons. Il est invariable dans les langues qui, comme l'anglais, n'admettent pas la variabilité des adjectifs. Il sert, dans les verbes, à former les temps composés au moyen des auxiliaires *avoir, être*, etc.

Dans la plupart des langues, il ne présente aucune difficulté; il est variable ou invariable, comme les autres mots de sa classe, mais il n'en est pas de même en français. C'est l'épouvantail des élèves, quoique certaines règles de grammaire , moins mal notées, soient plus compliquées. Aussi, quand on comprend la règle des participes , on passe pour phénix

en grammaire. Les auteurs de traités de grammaire donnent à cette partie de plus grands développements qu'à toute autre, et , en outre , de nombreux écrivains ont publié des traités spéciaux du participe ; l'un d'eux, M. Bescher, a même écrit, sur ce sujet, un volume de près de 500 pages ; c'est le plus étendue et peut-être le moins clair que l'on ait publié sur la matière.

Les participes présents sont toujours terminés en *ant*.

Autrefois, ils étaient toujours variables, comme en latin. *Les corsaires du continent s'approchèrent et vinrent côtoyer notre navire*, TENANTS *le gué*. (AMYOT.)

> Ces enfants bienheureux, créatures parfaites,
> *Ayants* Dieu dans le cœur, ne le peuvent louer.
> (MALHERBE.)

Quelques écrivains s'écartèrent de cette règle , suivie généralement. Ramus les justifia. « Quand on exprime la qualité , dit-il , c'est l'adjectif; mais, quand on exprime l'action, c'est le verbe : plus d'accord ; *servante*, c'est la qualité ; *servant ses maîtres*, c'est l'action. » Cette règle fut sanctionnée par l'Académie, le 3 juillet 1679, et les écrivains s'y sont toujours conformés depuis. Les poëtes du dix–septième siècle et du dix-huitième s'en sont seuls écartés quelquefois pour les besoins de la rime ou de la mesure ; mais, depuis longtemps, les poëtes eux-mêmes s'y sont soumis. Cette construction serait aujourd'hui considérée comme une licence poétique.

Les participes présents ne présenteraient aucune difficulté, s'ils n'avaient pas une grande ressemblance, pour le sens, avec des adjectifs verbaux , en *ant*. Ils s'en distinguent en ce qu'ils expriment une action, tandis que les adjectifs en *ant* expriment un état. Si je dis : *J'ai vu cette mère* CARESSANT *son enfant, caressant* exprime l'action, car ces caresses ont une fin. Quand je dis, au contraire : *Cette femme est* CARESSANTE, j'exprime une qualité , une disposition de cette femme à caresser, lors même qu'elle ne caresse pas.

Bescher permet aux poëtes contemporains de faire varier, comme autrefois, les participes présents précédés de leur régime. Son opinion , qui n'est admise par aucun autre grammairien, n'a pas été suivie.

Quelquefois le mot en *ant* peut varier ou non, suivant le sens que l'on veut exprimer. Racine fait dire à Hermione :

Pleurante après son char , voulez-vous qu'on me voie?

Hermione aurait pu dire :

Pleurant après son char, voulez-vous qu'on me voie?

Les deux manières sont bonnes ; mais la première a plus de force, parce que l'adjectif *pleurante* indique l'état continu d'une femme en pleurs, d'une femme abattue par une longue tristesse ; tandis que *pleurant*, participe, ne marquerait que l'action présente et momentanée d'Hermione qui pleurerait , et dont les larmes pourraient n'avoir pour cause que la honte d'être traînée derrière le char, et pour durée, que l'espace de temps qu'elle serait à la suite du char.

Cette observation peut s'appliquer à beaucoup d'autres mots de cette nature. Si je dis, par exemple : *Voyez-vous ces débris flottants sur la côte?* je ferai varier *flottants*, parce que *sur la côte* indique une action dont on ne voit pas la fin, et par conséquent un état. Mais j'écrirai, sans faire varier le participe : *Voyez-vous ces débris* FLOTTANT *vers la côte*, parce que *vers la côte* indique le terme de l'action.

Il y a quelques participes que l'on fait varier, par un reste de l'ancien usage, contraire à l'analogie. Mais, comme d'autres auteurs ont suivi la règle générale, il vaut mieux suivre l'exemple de ces derniers.

Quelques participes présents ont pour correspondants des adjectifs dont l'orthographe est différente et avec lesquels il faut bien prendre garde de les confondre, tels sont : *extravaguant, fabriquant, vaquant, affluant, différant, excellant, précédant, résidant, violant, intriguant, fatiguant, adhérant, coïncidant, équivalant, négligeant, présidant, expédiant*, dont les adjectifs correspondants sont : *extravagant, fabricant, vacant, affluent, différent, excellent, précédent, résident, violent, intrigant, fatigant, adhérent, coïncident, équivalent négligent, expédient.*

L'adjectif en *ant* peut devenir substantif ou être employé substantivement, et alors il varie toujours pour le genre et pour le nombre :

On élève sur les débris du mort, la gloire du VIVANT. (MASSILLON.)

Les morts et les VIVANTS *se succèdent continuellement.* (MASSILLON.)

Il peut aussi s'employer d'une manière elliptique pour modifier un verbe, à la manière des adverbes :

Mais pour mieux parvenir à la leur faire entendre, Offrez de les payer *comptant*, et sans attendre.
(ANDRIEUX.)

Quelquefois même on exprime les mots qui sont ordinairement ellipsés : *J'aurais assez d'adresse pour faire accroire à votre père, que ce serait une personne riche de cent mille écus, en argent* COMPTANT. (MOLIÈRE.)

Le mot en *ant* est toujours participe, lorsqu'il est précédé de la préposition *en*, mais quelquefois il en a la signification sans en être précédé. Il y a des circonstances où il serait presque indifférent d'employer la préposition *en* devant le participe, et d'autres où l'on n'a pas à choisir. C'est là ce qui en fait la difficulté.

La préposition *en*, mise avant le participe présent, sert principalement à indiquer que le participe se rapporte au sujet du verbe, dans le cas où, sans cette préposition, il pourrait se rapporter au sujet ou au régime. Par exemple : *je l'ai rencontré* ALLANT *à la campagne*, *allant* peut se rapporter au sujet ou au régime, et le sens peut être : *Je l'ai rencontré* LORSQUE *j'allais à la campagne*, ou : *Je l'ai rencontré* QUI *allait à la campagne*. Mais on ôte l'équivoque en mettant la préposition *en* avant le parti-

cipe, parce que cette préposition détermine le participe à se rapporter au sujet.

Les participes présents peuvent être précédés de deux sortes de *en* : l'une préposition, l'autre pronom. Dans l'exemple suivant, *en* est préposition :

Vous êtes le vrai maître *en étant* le plus fort.
(VOLTAIRE.)

Mais il est pronom, dans ces vers de La Fontaine :

Un vieux renard, mais des plus fins,
Fut enfin au piége attrapé;
Par grand hasard *en étant* échappé,
Non pas franc, car pour gage il y laissa sa queue.

Ce dernier *en* signifie *de lui, d'elle, d'eux, d'elles.*

Quoique l'on recommande d'éviter de placer les deux sortes *en* devant un participe présent, on en trouve quelques exemples dans de bons auteurs.

Dans quelques grammaires élémentaires, on indique comme moyen de reconnaître si un mot en *ant* est participe, de le changer en un temps du verbe précédé de *qui*; rien n'est plus inutile, car on admettra d'autant plus facilement la même décomposition dans les deux cas, que les dictionnaires définissent le participe présent et l'adjectif verbal de la même façon. Ainsi, au lieu de dire que *aimant*, participe, signifie qui aime ou qui aimait, et que *aimant*, adjectif verbal, signifie qui a une tendance à aimer, ils donnent la même définition pour l'un que pour l'autre, et les expliquent comme s'ils exprimaient tous deux des actions. Puisque des lexicographes commettent cette bévue, comment voulez-vous que des enfants ne s'y trompent pas.

Si, au lieu de s'occuper de semblables niaiseries, on s'occupait à exercer le jugement, cela serait infiniment préférable. On pourrait leur faire remarquer, par exemple, que le participe présent exprime toujours une action et l'adjectif verbal un état; que le mot en *ant* est toujours participe, lorsqu'il est suivi d'un complément direct, qu'il est précédé de la préposition *en*, qu'il faut bien distinguer du pronom; ou qu'enfin il est accompagné de quelques circonstances qui indiquent une action. J'en ai donné des exemples plus haut.

Puisque le mot en *ant* est toujours participe, quand il a complément direct, c'est donc bien à tort que l'Académie écrit des *ayants cause*, des *ayants droit.*

Le *participe passé* ou *participe passif* a différentes terminaisons, comme *aimé, suivi, lu, souffert*, etc.

Comme notre langue est calquée sur la langue latine on a été porté à faire varier nos participes, comme le faisaient les Latins.

Nos anciens écrivains ne faisaient jamais autrement, quelle que fût la place qu'occupât le participe et quel que fût l'auxiliaire qui l'accompagnât.

Nous avons ADMIRÉE *la vertu.* (SYLVAIN.) *Il avait, par commandement, presque* ENTERRÉE *toute vive la plus belle personne du monde.* (ANGOT.)

Et Chrémès qui m'avait *promise*
Sa fille, et puis s'en était dédit.
(*Anc. Trad. de Térence.*)

Cependant, la règle latine n'avait pas été suivie exactement ; car si nous disons, comme les Latins, *amatus sum*, j'ai été aimé ; *amata sum*, j'ai été aimée, etc. ; nous nous en écartons quand nous disons : *la femme que j'ai aimée*, car les Latins aurait exprimé le verbe en un seul mot *amavi*, analogue à *j'aimai*, que nous employons aussi, mais pour exprimer une autre manière d'être.

L'ancienne règle des participes a subsisté jusque sous Henri III. Alors, on décida que le participe passé seul, ou accompagné de l'auxiliaire *être*, varierait comme en latin, mais qu'il serait invariable lorsqu'il serait accompagné de l'auxiliaire *avoir*, de l'auxiliaire *être* employé pour *avoir*,·et sans régime ou suivi de son régime, et qu'il varierait dès qu'il serait précédé de son régime. Quelque futile que soit cette distinction, elle existe depuis si longtemps, et elle est consacrée par un si grand nombre d'exemples, qu'il ne semble guère possible de changer cette règle, et que les nombreuses critiques que l'on en a faites n'ont nullement contribué à l'ébranler ; aussi, en désespoir de cause, vais-je me contenter de développer cette règle, dont j'ai exposé la base plus haut.

Lorsque le participe passé est sans auxiliaire, il s'accorde toujours en genre et en nombre avec le nom auquel il se rapporte, que ce nom le précède ou le suive : NOURRIS *à la campagne, dans toute la rusticité champêtre, vos enfants y prendront une voix plus sonore.* (J. J. ROUSSEAU.)

Comme une lampe d'or, dans l'azur *suspendue*,
La lune se balance aux bords de l'horizon.
(LAMARTINE.)

Le participe passé, précédé du verbe *être*, doit toujours prendre le genre et le nombre du nom avec lequel il est en relation : *Il semble que la vie et la beauté ne nous aient été données que pour aimer.* (AIMÉ MARTIN.)

Du luxe des cités l'indigence est nourrie.
(MICHAUD.)

Tout participe passé, accompagné d'un verbe autre que *être* ou *avoir*, subit toutes les variations du genre et du nombre que lui impose le nom qu'il qualifie, que ce nom précède ou suive : *L'oiseau-mouche, cet amant des fleurs, vit à leurs dépens sans les flétrir, il ne fait que pomper le miel, et c'est à cet usage que sa langue paraît uniquement* DESTINÉE. (BUFFON.)

Ainsi, sans votre appui, les élèves de Flore
Tomberaient *abattus* à leur première aurore.
(CASTEL.)

Construit avec le verbe *avoir*, le participe passé est toujours invariable quad le complément le suit : *Quand on a ainsi distingué l'éloquence du barreau de la fonction d'avocat, et l'éloquence de la chaire du ministère du prédicateur, on voit qu'il est plus aisé de prêcher que de plaider.* (LA BRUYÈRE.) *Vous serez plus heureux avec Antiope, pour avoir moins cherché la beauté que la sagesse et la vertu.* (FÉNÉLON.)

Il est variable, au contraire, lorsque le régime le précède : *Les meilleures harangues sont celles* QUE

le cœur a DICTÉES. (MARMONTEL.) *Si Dieu* NOUS *a* DISTINGUÉS *des autres animaux, c'est surtout par le don de la parole.* (QUINTILIEN.)

Le régime direct placé avant le participe passé est, ordinairement, un substantif joint aux mots : *quel, que de, combien de* ou représenté par *me, te, se, nous, vous, le, la, les, que.* QUELS *obstacles a jamais* TROUVÉS *là-dessus la volonté de ceux qui tiennent en leurs mains la fortune publique?* (MASSILLON.) QUE DE *miracles les historiens ont* PRODIGUÉS, *et contre les Turcs, et contre les hérétiques.* (VOLTAIRE.)

Aux filles de cent rois je *vous ai* préférée.
(RACINE.)

Une construction aussi singulière, aussi irrégulière que celle du participe passé, demandait une justification, ou du moins quelque chose qui y ressemblât. Voici ce qu'en dit M. Bescherelle : « La concordance du participe avec le régime suppose que celui-ci est énoncé ; car, s'il ne l'est pas, il est inconnu, au moins de ceux à qui on parle, et bien souvent de celui qui parle. Elle a aimé. Qui? quoi? L'on n'y est point encore. C'est peut-être le jeu, les parures, la gloire, ou ses plaisirs ou son devoir, qu'elle a aimé. Ce rapport est donc indécis ; et, dans l'incertitude et du genre et du nombre que le nom régi doit avoir, le participe reste invariable. Quel langage , me direz-vous, où l'on manque de prévoyance, au point qu'on ne sait pas, en prononçant un mot , quel est le mot qui va le suivre ! Je vous réponds que c'est le langage ordinaire, et telle est dans le monde la légèreté de la parole, que le plus souvent elle échappe, sans donner à la pensée un instant pour la prévenir. On sait vaguement et en somme ce qu'on va dire ; mais de prévoir quel est précisément le genre, quel est le nombre qu'on va donner au régime du verbe, c'est de quoi bien peu de personnes sont habituellement capables. Or, c'est sur le langage habituel que l'usage établit ses règles. Mais lorsque le régime du participe le précède, leur rapport est connu d'avance, et l'on sait avec quoi le participe doit s'accorder. » Autant ne rien dire que de tenter la défense impossible d'un adjectif ou d'un participe s'accordant avec son complément. De cette règle il résulte des conséquences tout à fait singulières : *Ma montre* QUE J'AI PERDUE, c'est-à-dire *que je possède perdue.*

Il n'y avait que deux partis raisonnables à prendre en cette circonstance : ou considérer toujours le participe comme adjectif, et le faire accorder toujours avec son sujet, quelle que fût la nature du verbe, comme cela a lieu pour tous les autres adjectifs. Dans ce système , un homme aurait dit : *J'ai* ÉCRIT *une lettre* ; une femme : *j'ai* ÉCRITE *une lettre*, et au pluriel : *nous avons* ÉCRITS, *nous avons* ÉCRITES.

Ou bien considérer le participe comme partie essentielle du verbe, et toujours invariable comme les autres temps. *J'ai écrit* serait considéré comme ne formant qu'un tout, comme *j'écrivis.*

Mais tout cela est trop simple, on aime tout ce qui est compliqué, obscur et inintelligible.

Pour diminuer la difficulté , un grammairien a

proposé de faire la question : *Que présente-t-on, sous l'idée d'être ? Je* L'*ai* VUE. Que présente-t-on sans l'idée d'être vue? La femme, représentée par *la*, régime direct, placé avant le participe : accord. Mais si l'on dit : *J'ai* ÉCRIT ou *j'ai* ÉCRIT *une lettre*, et que l'on demande : *Que présente-t-on sous l'idée d'être écrit ?* Dans le premier cas, on n'aura pas de réponse; puisqu'il n'y a de régime d'aucune sorte, pas d'accord ; et dans le second , *la lettre* étant placée après le participe, l'accord n'a pas lieu davantage.

Les poëtes plaçaient autrefois le nom en régime direct entre l'auxiliaire *avoir* et le participe , qu'ils mettaient, au moyen de cette inversion, au même genre et au même nombre que le substantif :

> Vous y verriez la douce frénésie,
> Dont vous avez ma *volonté saisie.*
> (THÉOPHILE.)

> J'ai beau solliciter la muse,
> Qui m'avait ses *trésors ouverts.*
> (RACAN.)

> O Dieu ! dont les bontés, de nos larmes touchées,
> Ont, aux vaines fureurs, les *armes arrachées.*
> (MALHERBE.)

Cet usage a subsisté longtemps parmi les poëtes; mais ils y ont renoncé depuis longtemps, malgré la facilité que la poésie en retirait. Cette inversion n'a été conservée que dans le style marotique, imitation de Marot.

Le participe passé, suivi d'un adjectif ou d'un autre participe, doit toujours être conforme en genre et en nombre au nom qu'il modifie, toutes les fois que le complément direct précède. *Les Perses, leurs ennemis, adorateurs du soleil, ne souffraient point les idoles ni les rois qu'on avait* FAITS *dieux.* (BOSSUET.) *Dieu, en créant les individus de chaque espèce d'animal et de végétal, a non-seulement donné la forme à la poussière de la terre, mais il l'a* RENDUE *vivante et animée.* (BUFFON.)

On accordait cependant aux poëtes la faculté de faire ou de ne pas faire accorder avec son complément direct le participe passé suivi d'un sujet ou d'un adjectif.

> Jouissez des félicités
> Qu'ont *mérité* pour vous mes bontés secourables
> (J. B. ROUSSEAU.)

Lorsque le participe est précédé de deux régimes, l'un de ces compléments est direct, l'autre est indirect ; car un participe ne peut être précédé de deux compléments différents. Pour connaître quel doit être l'accord du participe, il suffit de savoir lequel des deux compléments est en rapport: *Aurai-je le bonheur de vous recevoir dans mon palais, et de vous payer des soins que vous m'avez donné dans ma jeunesse.* (BARTHÉLEMY.) *Elle me parut comme vous* ME L'*aviez* DÉPEINTE. (Mᵐᵉ DE SÉVIGNÉ.)

Lorsque le participe passé, accompagné du verbe *avoir*, n'est suivi ni précédé d'aucun complément, il est toujours invariable.

> Où la mouche a *passé*, le moucheron demeure.
> (LA FONTAINE.)
> Son visage a *changé*, son teint s'est éclairci.
> (MOLIÈRE.)

Dans les verbes pronominaux, quel que soit le sens de la phrase, le complément qui les précède doit être regardé comme direct toutes les fois qu'il ne peut prendre une tournure différente.

Lorsque les mots *mes, tes, ses, nous, vous*, remplissent dans la phrase la fonction de compléments directs, le participe doit en prendre l'accord. *La vie pastorale, qui s'est* CONSERVÉE *dans plus d'une contrée de l'Asie, n'est pas sans opulence.* (VOLTAIRE.) *Il n'est pas un point de théologie sur lequel les hommes ne se soient* DIVISÉS. (VOLTAIRE.)

S'est conservée, c'est-à-dire *a conservé elle; se soient divisés*, c'est-à-dire *aient divisé eux.*

Si, au contraire, ils sont employés comme compléments indirects, le participe reste invariable. *Il est vrai qu'elle et moi nous* NOUS *sommes* PARLÉ *des yeux.* (MOLIÈRE.) *C'est par son désintéressement que M. de Lamoignon s'était* RÉSERVÉ *cette liberté d'esprit si nécessaire dans la place qu'il occupait.* (FLÉCHIER.)

Nous nous sommes parlé, c'est-à-dire *nous avons parlé à nous; s'était réservé*, c'est-à-dire *avait réservé à lui.*

Dans quelque sens qu'ils soient pris, au propre comme au figuré, les participes *coûté, pesé* et *valu*, s'accordent toujours avec le complément, lorsque ce complément les précède. Cette règle a été fort controversée; on prétendait que l'étymologie latine ne permettait pas de leur donner l'accord. Cette opinion est encore partagée par quelques grammairiens; mais aujourd'hui on n'a plus égard à l'étymologie, et on les soumet à bon droit à la règle générale.

Que, complément direct, précédant le participe, demande toujours l'accord.

Mais si *que, les, combien*, sont employés pour ellipse de *pendant*, le participe est invariable. *Tous les jours* QU'*il a* PLEURÉ, c'est-à-dire *pendant lesquels il a pleuré.*

Les participes passés des verbes unipersonnels sont toujours invariables.

Cependant M. Bescherelle pense qu'on devrait les faire varier comme les autres, et que c'est par un aveugle usage qu'on les a exceptés de la règle générale.

Quand deux substantifs sont joints par les expressions comparatives *comme, ainsi que, de même que, aussi bien que, autant que, non moins que, non plus que*, le participe ne s'accorde ordinairement qu'avec le sujet de la proposition principale. *C'est moins son* INTÉRÊT *que votre* FÉLICITÉ *qu'il a* EU *en vue.* (BESCHER.)

Lorsqu'au contraire les substantifs sont liés par *mais* ou *non-seulement*, le participe passé prend l'accord du dernier. *Non-seulement toutes ses* RICHESSES *et ses* HONNEURS, *mais toute sa* VERTU *s'est* ÉVANOUIE. (VAUGELAS.)

Quand un participe passé est précédé de deux substantifs unis par la préposition *de*, il faut chercher, pour l'accord, celui qui est le plus en rapport d'idées avec lui. *On voit qu'ils eurent dans leur langue un mélange harmonieux de* CONSONNES *douces et de* VOYELLES *qu'aucun peuple de l'Asie n'a jamais* CON-NUES. (VOLTAIRE.)

Cette règle s'applique également au participe précédé des mots *peu de. Je ne crois pas que j'eusse besoin de cette liberté d'Euripide pour justifier le* PEU *de* LIBERTÉ *que j'ai* PRISE. (RACINE.)

Il en est de même d'un participe précédé d'un adverbe de quantité, ou de *un de, un des.*

Toutes les fois que le pronom *en* n'est pas précédé d'un régime direct, le participe qui suit est invariable. *Tout le monde m'a offert des services, et personne ne m'*EN *a* RENDU. (Mme DE MAINTENON.)

Le participe, au contraire, est variable, si le pronom *en* est précédé d'un régime direct. *Il y remarqua beaucoup d'impies hypocrites qui, faisant semblant d'aimer la religion,* S'EN *étaient* SERVIS *comme d'un beau prétexte.* (FÉNELON.)

Toutes les fois qu'un participe passé, accompagné du pronom *en* est suivi d'un adverbe de quantité, il est invariable.

> Le glaive a tué bien des hommes,
> La langue en a tué bien plus.
> (FRANÇOIS DE NEUFCHATEAU.)

Le participe passé varie, au contraire, si cet adverbe le précède.

> Combien en a-t-on *vus* jusqu'au pied des autels
> Porter un cœur pétri de penchants criminels.
> (VOLTAIRE.)

Quelquefois le complément est représenté par un adverbe de quantité tenant lieu d'un collectif ; et alors si le substantif se rapportant au pronom *en* désigne des êtres distincts, le participe varie: *Son supplice fit plus de prosélytes en un jour, que les livres et les prédications n'*EN *avaient* FAITS *en plusieurs années.* (VOLTAIRE.)

Si le pronom *en* est relatif à un substantif singulier pris dans un sens générique, l'adverbe de quantité se présente fractionnément, et, dès lors, il ne peut imposer ni genre ni nombre au participe. *Par son analyse, il a fait faire plus de progrès à la géométrie, qu'elle n'*EN *avait* FAIT *depuis la création du monde.* (THOMAS.)

Quand le participe passé est précédé d'un complément et immédiatement suivi d'un infinitif, pour savoir si l'accord doit avoir lieu, il faut examiner si le nom qui le précède est le régime du verbe *avoir* ou celui de l'infinitif. On reconnaît mécaniquement que le nom ou pronom qui précède le participe est le complément du verbe *avoir*, et non de l'infinitif, lorsque ce dernier peut se changer en participe présent. On reconnaît que le nom ou le pronom est le régime de l'infinitif, lorsque ce changement ne peut avoir lieu. Ainsi, dans ces phrases, *les personnes* QUE *j'ai* ENTEN-DUES CHANTER; *les enfants* QUE *j'ai* VUS DESSINER, on peut dire: *les personnes que j'ai entendues chantant, les enfants que j'ai vus dessinant ;* mais on ne pourrait pas dire d'une romance, *je l'ai entendu chantant*, car la romance ne chante pas, elle est chantée. Les

phrases suivantes: *Les enfants* QUE *j'ai* VUS JOUER, *la femme* QUE *j'ai* VUE PEINDRE, équivalent pour le sens à celles-ci : *Les enfants que j'ai vus (en train de) jouer, la femme que j'ai vue (occupée à) peindre.*

Si le nom qui précède le participe est le complément du verbe *avoir*, l'accord a lieu. *Ainsi des temples furent élevés, avec le temps, à tous ceux* QU'on *avait* SUPPOSÉS ÊTRE *nés du commerce surnaturel de la divinité avec une mortelle.* (VOLTAIRE.)

Si le nom qui précède le participe est le complément de l'infinitif, le participe reste invariable. *Pour être sûr de la vérité, il faut* L'*avoir* ENTENDU ANNONCER *d'une manière claire et précise.* (J. J. ROUSSEAU.)

Quelquefois entre le participe et l'infinitif, il y a un mot sous-entendu, comme dans ces phrases : *Je* LES *ai* ENVOYÉS CUEILLIR *des fruits,* PUISER *de l'eau,* COUPER *du bois,* CHERCHER *des nids,* etc., qui sont pour : *J'ai* EUX ENVOYÉS *pour cueillir des fruits,* etc. L'accord a lieu en ce cas.

Le participe *laissé* a donné lieu à de longues controverses entre les grammairiens, bien qu'il ne présente pas plus de difficultés que les autres participes.

Le participe *fait*, suivi immédiatement d'un infinitif est toujours invariable, parce qu'il forme avec l'infinitif une espèce d'expression inséparable. *Je les ai* FAIT SORTIR.

Lorsque le participe passé est suivi d'un infinitif et précédé de deux compléments, il varie si l'un des compléments est le complément direct du verbe *avoir. Voilà, mon fils, le sujet des larmes* QUE *tu m'as* VUES VERSER. (FLORIAN.)

Si le complément est le complément de l'infinitif, le participe est invariable. *Il faut qu'ils me chantent une certaine scène d'une petite comédie* QUE *je leur ai* VU ESSAYER. (MOLIÈRE.)

Si le participe passé est suivi d'une préposition et d'un infinitif, il faut voir si le complément direct qui précède le participe est celui du verbe *avoir* ou bien celui de l'infinitif.

Lorsque le complément appartient au verbe *avoir*, le participe varie. *La plante mise en liberté garde l'inclination qu'on* L'*a* FORCÉE *à prendre.* (J. J. ROUSSEAU.)

Lorsque le complément appartient à l'infinitif, le participe est invariable. *Partout les rayons perçants de la vérité vont venger la vérité* QU'il *a* NÉGLIGÉ DE SUIVRE. (FÉNELON.)

Lorsque le participe passé est à un autre mode que l'infinitif, le participe est toujours invariable. *Je me suis laissé enlever de l'hôtellerie, au grand déplaisir de l'hôte, qui se voyait par là privé de la dépense* QU'il *avait* COMPTÉ QUE JE FERAIS *chez lui.* (LE SAGE.)

Si le participe était immédiatement suivi de *qui*, il varierait. *Voilà les malheurs* QUE *j'ai* PRÉVUS QUI *nous arriveraient.*

Après les participes des verbes *vouloir, pouvoir, devoir, permettre,* on sous-entend quelquefois l'infinitif; dans ce cas, le participe reste invariable, parce que ce mot est le complément des mots ellipsés. *J'ai lu mon épître très-posément, jetant dans mes lectures*

toute la force et tout l'agrément QUE *j'ai* PU. (BOILEAU.)
Lorsque le participe passé est précédé de *l'* se rapportant à un nom précédemment exprimé, le participe s'accorde avec le pronom. *Je* L'*ai* VUE *à la fin, cette grande cité.* (J. J. ROUSSEAU.)

S'*il* signifie *cela,* le participe reste invariable. *Cette querelle fut, comme nous l'avons vu, l'unique cause de la mort de Henri IV.* (VOLTAIRE.)

Les mots *passé, excepté, ci-joint, ci-inclus, né, supposé* et *y compris,* sont invariables lorsqu'ils précèdent le substantif. EXCEPTÉ *la cour qui s'élève quelquefois au-dessus des préjugés vulgaires, il n'y a point un Égyptien qui voulût manger dans un plat dont un étranger se serait servi.* (VOLTAIRE.)

Ils varient lorsqu'ils suivent le substantif. *Le dessin de ce couguar m'a été envoyé d'Angleterre, par M. Collinson, avec la description ci-jointe.* (BUFFON.)

Le participe *été* ne varie jamais.

En traitant la règle des participes, on est exposé à deux écueils : ou l'on n'admet qu'une seule règle, qu'il faut, dit-on, appliquer avec discernement; c'est à chacun à user de son intelligence pour s'assurer si le régime direct précède ou suit réellement. Ce procédé est scientifique et philosophique, mais est-il le meilleur? N'est-on pas exposé à n'être pas compris? Ou pour éviter cet excès, on publie de gros volumes sur la matière, et les élèves se perdent dans la foule des détails. J'ai cru tenir un juste milieu, en prenant pour guide M. Bescherelle, dont j'ai été un des principaux collaborateurs pour le *Dictionnaire national.*

Plusieurs langues étrangères ont un plus grand nombre de participes qu'en français. Ainsi les Latins ont un participe futur en *urus, lecturus, moniturus.* Ils ont, au passif, un participe futur en *andus* ou *endus, amandus, monendus.*

Les participes, dans la langue grecque, correspondent à tous les temps du verbe, excepté l'imparfait et le plus-que-parfait. Ainsi l'on a, à l'actif et au passif, les participes présent, futur, aoriste, parfait, et futur second, aoriste second, parfait second.

En sanscrit, les participes se forment à l'aide de suffixes.   J. B. PRODHOMME,
                    Correcteur à l'Imprimerie impériale.

PARTICULE (grammaire) [du latin *particula,* petite partie]. — Les grammairiens ont donné ce nom à de petits mots du discours, qui sont invariables et ordinairement d'une seule syllabe, tels que la plupart des prépositions et interjections; c'est ainsi qu'ils admettent des *particules conjonctives, adversatives, copulatives, disjonctives,* etc.; *et, en, ni, mais, si, quand, que,* etc., figurent au rang des particules. C'est à tort, dit M. Bescherelle, que l'on a donné ce nom à tous ces mots à cause de la brièveté : ce n'est ni le matériel du mot ni sa longueur qui constitue son essence, c'est son usage dans le discours. »

Quelques grammairiens, comme l'abbé Gaultier, donnent le nom de *particule* à tous les mots invariables : adverbes, prépositions, conjonctions, inter-

jections. « Il n'y aurait pas grand mal à cette dénomination, dit Laveaux, si, en effet, elle ne désignait que les espèces dont le caractère commun est l'invariabilité, mais, par un abus presque général chez les grammairiens, on a appelé *particules* non-seulement les mots invariables, mais encore de petits mots extraits des espèces variables. Il n'est pas rare de trouver dans les livres la particule *se,* les particules *son, se, ses* ou *leur,* et on sait que la particule *on* y joue un rôle très-important. C'est un abus réel, parce qu'il n'est plus permis d'assigner un caractère qui soit commun à tous ces mots, et qui puisse fonder la dénomination commune par laquelle on les énumère. »

Beauzée ne regarde avec raison comme particule que les parties élémentaires qui entrent dans la composition de certains mots, pour ajouter à l'idée primitive du mot simple auquel on les adapte une idée accessoire dont ces éléments sont les signes.

Les *particules prépositives* ou *préfixes* sont celles qui se placent devant le radical qu'elles doivent modifier; elles sont assez nombreuses; tels sont dans les mots *interrompre, entreprendre, pourvoir,* les mots *inter, entre, pour.*

Les *particules prépositives* ou *suffixes* sont celles qui se placent à la fin des mots; tels sont, en français, les mots *çà* et *là,* dans *cet homme-ci, cet homme-là.* On pourrait y ajouter les terminaisons des mots.

On appelle *particule inséparable* celle qui n'a de sens que dans la composition.

On donne le nom de *particule séparable* à celle qui peut s'employer seule ou en composition.

Particule nobiliaire. — On appelle ainsi une préposition ou une syllabe que les nobles placent devant leur nom. La particule nobiliaire est, chez les Français, *de*; chez les Allemands, *von*; chez les Flamands et les Hollandais, *van*; chez les Scots d'Écosse et d'Irlande, *mac*; chez les Irlandais, *O'*; chez les Espagnols, *don*; chez les Portugais, *dom,* etc. Le plus souvent cette particule est pour *seigneur de,* et implique une idée de domaine.

Les particules prépositives tantôt se joignent aux mots qu'elles précèdent et ne font qu'un tout avec eux, tantôt elles en sont séparées par un trait d'union, mais tout cela se fait arbitrairement ; aussi le même mot se trouve-t-il écrit tantôt avec un trait d'union, tantôt sans. C'est un de ces mille et un abus orthographiques qu'on devrait bien réformer.

Puisque les mots invariables ont été classés parmi les particules, je profiterai de cette confusion pour parler ici de l'*interjection,* qui a été omise à son ordre alphabétique.

INTERJECTION [du latin *interjectio,* fait de *inter,* entre, au milieu; *jacere,* jeter].—Les interjections sont des mots qui n'ont pas de place fixe dans le discours, et c'est de là que vient leur nom. Elles figurent selon que le sentiment qui les produit se manifeste à l'extérieur. La seule attention qu'il faille avoir, c'est de ne jamais les placer entre deux mots que l'usage a rendus inséparables entre le sujet et le verbe, entre l'adjectif et le substantif qu'il modifie. Cependant

dant, lorsque les interjections tiennent à une phrase, elles se placent ordinairement à la tête, et y font l'emploi d'un adjoint. Aïe, *vous me faites mal,* Fi! *cela est vilain.*

L'interjection a pour objet d'exprimer une exclamation, de peindre d'un seul trait les affections subites de l'âme; elle équivaut à une phrase entière. Lorsque nous éprouvons une émotion vive, imprévue, notre âme est trop fortement impressionnée, trop brusquement saisie, pour nous permettre d'exprimer notre sentiment par plusieurs mots. Un cri s'échappe de notre bouche, et peint avec vérité la vivacité du sentiment qui vient de nous surprendre, tels sont : *ah! hélas! oh!*

Les interjections et les exclamations, qui sont le langage de la passion, furent les premiers éléments du langage. Ces par ces cris expressifs, accompagnés de gestes que, dans l'origine, les hommes s'efforçaient de se communiquer leurs sensations.

Indépendamment des interjections proprement dites, l'homme, agité d'une émotion violente, pénétré d'une idée vive, a eu recours à des signes du langage analytique, qu'il a un peu détournés de leur signification primitive pour les rendre propres à exprimer ses affections avec rapidité et concision. Les expressions interjectives sont, en général, des membres de propositions elliptiques. En voici quelques exemples : *Miséricorde!* c'est-à-dire j'implore miséricorde. *Patience!* prenez patience. *Silence!* faites silence.

> Qui frappe l'air, *bon Dieu!* de ces lugubres cris?
> (Boileau.)

Il est une foule de mots qui, prononcés dans certains mouvements subits de l'âme, ont la force de l'interjection. C'est le ton, plutôt que le mot, qui produit ce résultat. C'est à cette classe de mots que l'on rattache les jurons : *Par mon chef! par saint Janvier! jour de Dieu! mort de ma vie!*

On classe aussi parmi les interjections la plupart des *mimologismes,* c'est-à-dire les mots par lesquels on imite certaines actions. Tels sont : *hi! hi!* pour exprimer le rire; *tchi-et-tcha,* pour exprimer l'éternument; *ta, ta, ta, ta,* pour se moquer de celui qui parle trop vite ou qui se perd en divagations, etc.

Les Latins classaient les interjections parmi les adverbes.

Quelques grammairiens ont critiqué le nom d'*interjection,* qui est mal fait; on devrait dire *interjectif.* On se sert quelquefois du mot *exclamation* pour désigner cette espèce de mots; on devrait dire, par la même raison, *exclamatif.*

De ce que l'interjection tient lieu d'une proposition, il s'est trouvé des grammairiens qui, en analysant une phrase, ont voulu y trouver toutes les parties de la préposition et, laissant de côté l'interjection, ont analysé les mots qu'ils lui substituent; ce n'est pas là de l'analyse, c'est de l'escamotage. Quand on trouve de ces mots dans le discours, il n'y a pas autre chose à faire que de dire : *ah!* interjection. D'ailleurs, chacun interpréterait ces mots à sa façon, et quelquefois ces décompositions seraient bien loin

d'être justes. Telle est l'inconcevable analyse que Darbois a donnée de *bah! Mon étonnement est bas.*

Si l'on ne doit pas analyser les interjections, il n'en est pas de même des expressions interjectives, telles que *courage, patience, paix,* etc. On peut fort bien, dans ce cas, suppléer les mots ellipsés.

J. B. Prodhomme,
Correcteur à l'Imprimerie impériale.

PARTIE CIVILE. — On appelle partie civile, en matières criminelles, celui qui, ayant porté plainte en justice à l'occasion d'un crime ou d'un délit par lequel il se prétend lésé, déclare formellement par la plainte ou par un acte subséquent, vouloir figurer au procès en cette qualité, et qui réclame des dommages-intérêts contre l'auteur du crime ou du délit.

PASSE-PORT. — Acte de l'autorité publique portant permission à celui qui en est porteur d'aller et de venir librement d'un lieu dans un autre, et par lequel il est enjoint aux autorités de lui prêter assistance en cas de besoin.

Nul ne peut quitter le canton de son domicile sans être muni d'un passe-port délivré par la municipalité si c'est pour l'intérieur, ou par le préfet du département si c'est pour l'étranger (à Paris, et, dans tous les cas, par le préfet de police). — L. du 10 vendém. an IV; 20 oct. 1795, art. 1 et 2; arrêtés du 12 mess. an VIII; 1er juillet 1800, art 3, et 3 brum. an IX). — Le prix des passe-ports est fixé à 2 francs pour l'intérieur et à 10 francs pour l'étranger. (Déc. du 18 sept. 1809, art. 9.)

Le fonctionnaire qui délivre le passe-port doit, si le requérant ne lui est pas parfaitement connu, exiger l'assistance de deux témoins connus et domiciliés, dont les noms sont désignés dans le passe-port. (L. du 17 vent. an IV; 7 mars 1796, art. 1er.)

Tout individu voyageant sans passe-port est arrêté et détenu jusqu'à justification de son domicile, et réclamation par des citoyens connus et domiciliés, et jusqu'à ce qu'il se soit mis en règle. A défaut de pouvoir remplir ces formalités, il est réputé vagabond et poursuivi comme tel. (L. du 10 vendém. an IV, t. III, art. 6 et 7.)

Tout individu né Français, qui se trouve en France avec un passe-port étranger, ne peut y continuer son séjour sans une permission expresse du ministre de l'intérieur, à peine d'être arrêté. (Arrêté du gouvernement du 25 therm. an VIII, 13 août 1800.)

Tout étranger arrivé en France, dans un port de mer ou dans une ville frontière dépose son passe-port à la préfecture, sous-préfecture ou municipalité, d'où il est envoyé de suite au ministre de l'intérieur. En échange de ce passe-port, il lui est donné une passe ou carte de sûreté provisoire. (L. du 23 messidor an III, art. 9; arrêté du 4 nivôse an V; instr. minist. du 20 août 1816.)

Il est accordé *gratuitement* des passe-ports aux personnes indigentes et hors d'état d'en acquitter le prix. (Avis du cons. d'État du 22 déc. 1811.)

Le Code pénal prononce la peine de l'emprisonnement pendant un an au moins, cinq ans au plus, contre quiconque fabrique un faux passe-port ou en falsifie un originairement véritable, ou qui fait usage d'un passe-port fabriqué ou falsifié ;

Celle d'un emprisonnement de trois mois à un an, contre l'individu qui aurait pris un nom supposé dans un passe-port, contre ceux qui auraient concouru comme témoins à le faire délivrer sous le nom supposé;

Celle d'un emprisonnement d'un mois à six mois contre l'officier public qui aurait délivré un passe-port à quelqu'un qu'il ne connaissait pas individuellement, et dont il ne se serait pas fait attester les noms et qualités par deux citoyens connus de lui ;

Et celle du bannissement contre l'officier public qui, instruit de la supposition du nom, aurait néanmoins délivré le passe-port sous le nom supposé. (C. pén., art. 153, 154 et 155.)

PASSEREAUX (zoologie).— Ordre d'oiseaux, qui embrasse tous les oiseaux qui ne sont ni nageurs, ni échassiers, ni grimpeurs, ni rapaces, ni gallinacés. « Les passereaux sont, en général, de petite et de moyenne taille, de formes sveltes; leurs ailes et leurs jambes sont de moyenne grandeur; leurs doigts, ordinairement faibles, munis d'ongles grêles : leur doigt externe, au lieu d'être porté en arrière, est uni par sa base à celui du milieu. Leur bec est fort variable. » Les diverses modifications de cet organe ont donné lieu aux subdivisions que Cuvier a établies dans cet ordre. — Voyez *Oiseaux*.

PASSIONS (philosophie médicale).—Les passions remuent le monde et agitent aussi les individus. Le premier point de vue appartient à la philosophie générale, le second rentre plus directement dans la médecine.

Dans son étymologie, passion signifie souffrance, cependant toutes les passions ne s'accompagnent pas de tourments; il en est de riantes et de satisfaites auxquelles l'homme est redevable du plus haut degré de contentement qu'il puisse atteindre. Le transport, le ravissement, l'enthousiasme, l'extase sont l'expression saillante de ces états, plus ou moins rapides, de délicieuses satisfactions. Quoi qu'il en soit de l'étymologie, on doit entendre par passion tout sentiment violent, toute affection excessive, toute préoccupation vive et opiniâtre du cœur ou de l'esprit. On a dit que les passions étaient les maladies de l'âme. Rien de plus vrai que cette antique assertion. Il est évident que toutes les fois que la raison, éclairée par la conscience, ne peut pas ce qu'elle veut dans le gouvernement du moral, il y a désordre, anarchie dans les facultés de l'âme; or, qui ignore que la volonté est impuissante contre les passions pénibles dont on voudrait se débarrasser?

L'influence des passions sur la santé dépend à la fois de leur degré, de leur espèce et de la constitution physique des sujets passionnés. Le degré des passions est d'une appréciation difficile, et, dans les juge que nous portons sur leur point de départ, leur gradation et leur apogée, nous sommes considérablement influencés par notre propre manière de sentir, qui est pour chacun si variable. C'est ainsi que les caractères de la passion se produisent partout aux

yeux du sujet apathique, tandis que celui qui est passionné voit partout de l'apathie. Quoi qu'il en soit, l'ébranlement et le trouble que les passions apportent dans l'organisation, sont proportionnés à leur violence. Elles tiennent le système nerveux dans un état de tension qui l'use, et la fatigue de ce grand ressort finit par faire éclater des désordres sur tous les points de l'économie ; la sensibilité s'exalte, le sommeil s'enfuit, toutes les fonctions qui concourent à la nutrition s'altèrent; il en résulte de l'amaigrissement, et il est de notoriété publique que les passions abrègent l'existence. Toutefois le genre ou l'espèce de passion ne mérite pas moins d'attention que son intensité même. Fort anciennement on a divisé les passions en deux grandes catégories qui, très-distinctes sous certains rapports, se confondent sous beaucoup d'autres. On a distingué des passions agréables, gaies, expansives excitantes, et des passions tristes, douloureuses, concentrées, dépressives. Cette distinction de la philosophie mérite d'être conservée dans l'hygiène. Nul doute que la manière d'agir et le résultat de l'action des passions de l'une ou de l'autre catégorie ne soient fort dissemblables. Les passions mêlées de plaisir ne peuvent nuire que par leur excès, souvent elles sont salutaires, elles sont un indice de santé et contribuent à la maintenir. Cependant leur excès, avons-nous dit, est à craindre; en effet, elles développent trop la sensibilité, et les sujets trop sensibles ne sont pas, comme on sait, les plus heureux ; de plus, elles peuvent conduire à l'aménomanie qui est une espèce d'aliénation mentale. Les passions mêlées de peine, de douleur, qu'on appelle tristes, par opposition aux autres qu'on dit gaies, celles-là sont toujours nuisibles. Indépendamment des maladies nerveuses, la mélancolie, l'hypocondrie, l'hystérie dont elles sont la source ordinaire, elles altèrent profondément la nutrition, elles conduisent à la fièvre hectique, au marasme, et il a été prouvé qu'elles avaient encore une part très-grande à la production des lésions organiques telles que le cancer, les tubercules, les anévrismes. Faut-il maintenant faire figurer nominativement chaque passion de l'un ou de l'autre genre? Mais celui qui les éprouve ne risque pas de se méprendre sur leur nature, il sait mieux que le philosophe qui les classe, si elles sont tristes ou gaies. D'ailleurs, à moins de prendre les effets variables et accidentels au lieu des causes, il est impossible d'établir ces classification avec rigueur. La même passion pourra figurer dans les deux classes, selon qu'elle sera contrariée ou satisfaite. Dans quelle catégorie placera-t-on l'amour, par exemple ? On pourra en faire la plus heureuse ou la plus malheureuse des passions. Si l'on ne veut prendre que les symptômes et non l'objet des passions, la confusion sera moins à craindre, ainsi nous trouverons, pour celles qui sont gaies, le zèle, l'activité, l'espérance, la joie, l'admiration, l'enthousiasme, le ravissement, l'extase, etc. Nous remarquerons dans le cortége des passions tristes et dépressives, l'abattement, le découragement, le désespoir, le dégoût, l'inquiétude, le chagrin, la douleur, la crainte, la frayeur, l'horreur, etc. La meilleure pierre de touche des passions, quant à leur nature gaie ou triste, c'est la conscience. Toute passion qui tend vers le bien est accompagnée de contentement, et si elle rencontre des contrariétés, des revers, il reste de la force et du courage pour réagir. Les passions mauvaises, au contraire, celles qui tendent essentiellement vers la ruine des mœurs et de la santé, la jalousie, la haine, la colère, la vengeance, l'orgueil, la cupidité, l'avarice, le jeu, la boisson, etc., celles-là sont par essence de nature triste; elles ne peuvent procurer que des satisfactions fugitives; le chagrin, la honte, le remords, et souvent les maladies les suivent de près.

Nous avons dit que l'influence des passions dépendait encore de la constitution physique et morale des individus. Cette observation est d'une évidence presque naïve; d'une part, il faut que la constitution se prête à la passion, puisqu'il est des sujets qui n'en sauraient avoir; de l'autre, il est aisé de concevoir qu'un tempérament vigoureux ou débile s'opposeront pas la même résistance à la violence, d'ailleurs égale, d'une préoccupation de cœur ou d'esprit. Les tempéraments mélancoliques, nerveux et bilieux prédisposent le plus aux passions; le sanguin vient après, l'athlétique et surtout le lymphatique sont presque des antidotes. Les passions sont rares dans l'enfance, elles commencent dans la jeunesse, se fortifient dans l'âge mûr et déclinent dans la vieillesse. En même temps que les âges, elles subissent l'influence des sexes, des climats et des saisons. Le régime n'est même pas étranger à certaines d'elles. Du coté du moral, la prédominance du sentiment et de l'imagination révèle la prédisposition la plus marquée aux passions. Mais c'est assez de leur physiologie, revenons à leur hygiène.

Il est reconnu de tous les observateurs que, autant les passions agrandissent le mouvement social, favorisent le progrès des sciences, des lettres, des arts, du commerce, de l'industrie, autant elles sont redoutables aux sociétés et plus encore aux individus qui les éprouvent. En animant l'existence, elles en abrégent la durée, semblables en cela au souffle rapide qui avive et consume la matière ignée. Laissant à part l'éclat qu'elles peuvent jeter sur la civilisation, et qui ne laisse pas d'être terni par d'horribles taches, ne considérant que leur action sur l'homme qu'elles dominent, les passions, prises en masse, font beaucoup plus de mal que de bien. Il importe donc à chacun, pour son bien-être personnel, d'éloigner leur tyrannie, de rester maître de soi, et de fortifier suffisamment la raison pour qu'elle puisse toujours équilibrer l'imagination et le sentiment qui tendrait vers l'exagération. Mais ce n'est pas chose aisée que de prévenir, de modérer, de diriger, de dompter les passions. Toutefois, à part les circonstances extérieures qui les provoquent, elles ne peuvent provenir que de deux sources, les dispositions organiques et l'éducation intellectuelle et morale. Sans doute on ne peut disconvenir que le tempérament ou l'organisation cérébrale, comme diraient les phrénologistes

modernes, ne soit une base fondamentale de la disposition positive ou négative aux passions. Mais qu'on se garde bien d'exagérer ce principe, il conduirait à un fatalisme désespérant. Cependant, sans vouloir dépouiller l'âme de la liberté morale qui est sa plus belle prérogative, il est parfois très-utile de l'aider en agissant directement sur le corps. Nous aurions à donner ici des préceptes pour modérer la sensibilité, l'impressionnabilité presque toujours exaltée dans les passions, pour dompter l'impétuosité des sens, etc., mais ces divers objets ont été traités à d'autres articles.

Après avoir modifié le corps par des moyens qui doivent varier selon la nature des passions et le tempérament des sujets passionnés (il n'y a que la gymnastique et les distractions qui conviennent alors, autrement il faut affaiblir les uns, fortifier les autres, etc.), il convient de recourir aux remèdes de l'âme, c'est-à-dire à une bonne éducation intellectuelle, morale et mieux encore religieuse. C'est déplorable de voir combien, en cherchant à développer l'esprit, on s'occupe peu de perfectionner le moral, de former le caractère, et surtout cet empire sur soi-même, sans lequel on ne sait ni ce qu'on est ni ce qu'on deviendra. Sans réflexion dans les entreprises, sans volonté dans les décisions, sans conscience dans l'exécution, l'homme sans principes, en qui la raison ne domine pas, devient l'esclave et le misérable jouet des circonstances qui l'entourent. Nous le répétons, l'empire sur soi-même qui n'est pas si difficile à acquérir qu'on le croit; quand on s'y exerce de bonne heure avec discernement et persévérance, cet empire est le préservatif et le remède par excellence des passions. Aussi ne faut-il pas s'étonner si la secte stoïcienne, qui en avait fait sa maxime fondamentale, a produit des hommes dont le caractère a étonné la postérité, et desquels un fameux poëte romain a pu dire : *Quando fractus illabatur orbis, impavidum ferient ruinæ.*

Cette grande image poétique qui peint si admirablement l'impassibilité d'une âme forte et courageuse, nous conduit à parler des épreuves morales soudaines, ou des émotions contre lesquelles il convient d'être prémuni; car elles frappent et ne donnent pas, comme les passions, le temps de raisonner. L'influence du moral sur le physique, remarquable de tant de façons, est prouvé par les émotions, de la manière la plus manifeste. Elles portent immédiatement le trouble dans toute l'organisation. La circulation, la respiration, les forces musculaires, ressentent particulièrement une atteinte subite, dont le retentissement s'étend aussi loin que les dernières ramifications de l'arbre nerveux, par conséquent, à tous les organes. Les effets de l'émotion varient sensiblement d'ailleurs selon sa nature. C'est ainsi que la surprise, la frayeur, l'attendrissement, la douleur, l'humiliation, la honte, l'indignation, la colère, l'admiration, la joie, le ravissement, etc., ne se trahissent pas par les mêmes signes. Mais toutes ces émotions dépressives ou expansives ont cela de commun qu'elles agitent profondément l'organisation. Les viscères surtout, le cœur, les poumons, l'estomac, le foie, etc., ressentent vivement leur influence, et c'est ce qui avait fait croire aux physiologistes grecs, et même à plusieurs modernes, que les viscères étaient la source et le siége des émotions et des passions. Mais il paraît bien évident aujourd'hui que c'est du cerveau que part la puissance émouvante, propagée et communiquée aux autres viscères par les cordons nerveux. Quoi qu'il en soit, des mouvements plus ou moins tumultueux succèdent inévitablement à toute émotion forte, et, si l'expression dissimulée du visage ne la trahit point, elle a son thermomètre sincère et infaillible dans l'état soudainement changé de la circulation et de la respiration. Le trouble des émotions peut aller jusqu'à causer la mort, et les exemples de pareils accidents existent en nombre. Nous ne serions embarrassés que du choix pour citer les malheurs de ce genre, occasionnés par la frayeur, la colère, la douleur, la joie, etc. Les émotions sont encore la cause assez fréquente de maladies nerveuses, de l'épilepsie, de la danse de Saint-Wyth, de l'aliénation mentale et d'une foule d'autres affections. Il est surtout des époques où les émotions sont plus à craindre, pendant les maladies et les convalescences, chez les femmes, pendant les couches et la menstruation.

Quant aux moyens préventifs et curatifs des émotions, il faut les chercher dans une bonne éducation physique et morale qui diminue d'une part l'impressionnabilité, et qui apprenne de l'autre à réagir contre les impressions reçues. (Dr *Lagasquie*.)

PASTEL (botanique). — Plante bisannuelle, à tige rameuse, qui s'élève à trois pieds, et qui fournit un excellent fourrage en hiver; mais c'est moins comme fourrage qu'on la cultive que comme plante tinctoriale : elle croît naturellement en Europe sur les bords de la mer Baltique, en Normandie; on en cultive en grand, dans la Calabre, la Bavière et le Languedoc, où on lui a donné particulièrement le nom de pastel d'Alby. On en peut faire quatre ou cinq récoltes par an. On fait de cette plante une pâte grossière qui conserve, dans le commerce, le nom de pastel.

Le pastel qui, de quelque part qu'il provienne, se nomme, comme nous avons dit, pastel d'Alby, se trouve dans le commerce en pains, ayant la forme d'un cône tronqué, du poids de soixante grammes environ, d'une couleur vert-grisâtre en dehors, d'une cassure grossière et d'un intérieur plus foncé que la surface. Les pelotes de bonne qualité sont plus lourdes, ont une couleur violette d'indigo que l'on reconnaît par le frottement, et l'odeur qui en est assez agréable; le pastel vieux est le meilleur, il peut se garder pendant huit à dix ans. Quoique le pastel se cultive en plusieurs endroits de l'Europe, on a toujours donné la préférence à celui du Languedoc, surtout du pays de Lauragais. Le grand débit qu'on en faisait autrefois enrichissait ce pays, mais le commerce en est bien déchu, et depuis l'usage de l'indigo, le pastel, quoique donnant une teinte très-solide, est beaucoup moins employé, parce qu'il ne donne pas une couleur bleue aussi brillante. (*Montbrion*.)

PASTÈQUE (botanique). — Voy. *Melon*.

PATATE (botanique). — Voy. *Liseron*.

PATELLE (zoologie) [du latin *patella*, écuelle].— Genre de mollusques gastéropodes, caractérisé par la « disposition des branches lamellaires en série tout autour du corps, sous le rebord du manteau, avec les orifices anal et génital au côté droit antérieur et une coquille en cône surbaissé recouvrant entièrement le corps comme une écuelle. Ce genre renferme une soixantaine d'espèces vivantes, dont deux existent sur les côtes de France, qui sont : la patelle bleue et la patelle ponctuée. Ces mollusques adhèrent avec force aux rochers; leur chair est coriace.

PATHOGÉNIE [du grec *pathos*, affection, et *gennaô*, engendrer). — Partie de la médecine qui a pour objet la formation et le développement des maladies.

PATHOGNOMONIQUES (SIGNES) [du grec *pathos* affection, et *gnômón*, indicateur]. — Signes caractéristiques d'une maladie. Par exemple : une douleur pongitive au côté, la toux, la difficulté de respirer, sont les signes pathognomoniques de la pleurésie.

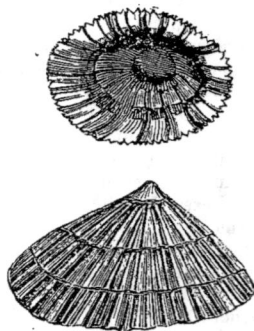

Fig. 57. — Patelle.

PATHOLOGIE [du grec *pathos*, affection, et *logos*, discours]. — Science qui traite de tous les désordres survenus soit dans la disposition matérielle des organes, soit dans les fonctions qu'ils sont appelés à remplir. Elle se divise en pathologie générale, qui traite des symptômes communs aux maladies, et en pathologie spéciale, qui comprend la chirurgie et la médecine. La pathologie, soit générale, soit spéciale, se subdivise, en outre, en trois parties : l'étiologie, qui traite des causes des maladies; la symptomatologie, qui traite de leurs symptômes, et la thérapeutique, qui comprend l'étude des moyens propres à les guérir.

PATIENCE (matière médicale). —Genre de plantes de la famille des polygonées, dont les racines et les feuilles, légèrement toniques et sudorifiques, sont usitées dans les maladies de la peau, la jaunisse, les obstructions des viscères abdominaux, l'hydropisie, le rhumatisme, la syphilis et les affections atoniques du canal digestif.

La dose en décoction, pour tisane, est de quinze à trente grammes pour un litre d'eau.

PATOIS (grammaire). — On a donné plusieurs étymologies de ce mot : les uns le tirent du latin *patria* (patrie), ou *patrius sermo* (langage qu'on tient de ses pères), et cherchent à justifier cette étymologie en assurant qu'on a dit autrefois *patrois* pour *patois*; d'autres veulent le faire venir du latin *pagus* (bourg, canton), étymologie moins probable. Quelques-uns ont voulu rapprocher, sans motifs valables, ce mot de la *patavinité*, altération que les habitants de Padoue faisaient subir au latin; enfin les partisans des étymologies nationales lui ont donné pour racines l'ancien substantif français *paë* ou *pa* (pays), et l'ancien adjectif *thivis*, signifiant tudesque. La première de ces étymologies est la plus généralement adoptée.

Le patois est le langage du peuple et des paysans, particulier à chaque province. C'est dans les patois que se conservent les derniers vestiges, relativement primitifs, ayant concouru à la formation de chacune des langues qui se sont répandues sur un territoire de quelque étendue.

Dès qu'une d'elles parvient à prévaloir, grâce à des circonstances heureuses, elle s'enrichit des dépouilles de chacun des dialectes locaux qui cessent dès lors d'être cultivés, et descendent au rang de patois abandonnés au peuple. Ces langages, perdant alors toute espèce d'importance politique et littéraire, sont à leur tour forcés de se compléter par des emprunts plus ou moins déguisés faits à la langue cultivée, et finissent par disparaître au bout d'un temps plus ou moins long, après avoir vu leurs éléments graduellement absorbés dans ceux de l'idiome national.

Il n'est peut-être pas de contrées qui n'ait eu des patois plus ou moins nombreux; je ne m'occuperai ici que des patois français. La diversité de langage dans l'ancienne Gaule est attestée par Jules César, mais l'origine de nos patois ne remonte pas aussi haut. Les invasions étrangères qui eurent lieu dans notre pays multiplièrent les langues qui s'y parlaient. La féodalité perpétua la multiplicité des dialectes français, les limites des fiefs séparant aussi bien les langues que les juridictions, et chaque cour princière ou seulement seigneuriale donnant aux vassaux du ressort le type du langage comme celui du costume. Mais ce n'est pas encore à cette époque qu'il faut placer l'origine des patois, c'est à l'époque où cessa le morcellement de la France, et où le langage de la capitale fut, par la volonté du souverain ou l'influence officielle, imposé aux provinces.

La France se divisait autrefois, sous le rapport du langage, en deux parties : les pays où l'on parlait la *langue d'oc*, et ceux où l'on parlait la *langue d'oïl*; ces deux contrées étaient séparées par le cours de la Loire. La *langue d'oc* (langue dans laquelle *oc* signifiait *oui*) était parlée dans le midi de la France, et la *langue d'oïl* (langue dans laquelle *oïl* signifiait *oui*) était parlée dans le nord. C'est cette dernière qui est devenue la langue française.

A chacun de ces langages principaux se rattachaient des dialectes particuliers devenus aujourd'hui des patois.

Les principaux patois de la langue d'oïl sont : le *wallon* ou *rouchi*, parlé sur les limites de la France et de la Belgique, dans le voisinage de quelques cantons où l'on parle le *flamand*, dialecte germanique; le *lorrain, messin* ou *austrasien*, dont le triple titre indique suffisamment le domaine plus ou moins étendu, selon le terme qu'on emploie, et dont quelques cantons des Vosges présentent des variétés intéressantes; le *champenois*, le *franc-comtois* et le *bourguignon*, qui se rapprochent beaucoup l'un de l'autre, mais desquels on détache, sous le nom de *jurassien* ou *bressan*, celui qui est en usage dans le département de l'Ain, ainsi que dans une partie de ceux de Saône-et-Loire et du Jura; le *picard*, qui n'est guère que le français du moyen âge; le *normand*, remarquable surtout par son accent traînant; le *gallot*, patois de la haute Bretagne, dans lequel se perpétuent les expressions de nos auteurs du quinzième siècle et du seizième; le *poitevin*, dont le *saintongeois* peut être remarqué comme une variété; le *berrichon*, l'*angevin* et le *manceau*, qui n'ont qu'un petit nombre d'expressions particulières.

A la langue d'oc se rattachent l'*auvergnat*, avec sa prononciation rude et ses lourdes terminaisons; le *dauphinois* et le *lyonnais*, qui ont quelque chose de lourd et de monotone; le *provençal* qui, il y a cinq siècles, fut une langue riche et gracieuse; le *languedocien*, si brillant autrefois à Toulouse, et parlé encore avec tant de douceur dans l'Aude et l'Hérault, et avec tant de pureté dans les Cévennes; le *limousin*, aux formes un peu lourdes; le *périgourdin*, à la libre allure; le *gascon*, à l'accent vif et saccadé, qui, pour les Français du nord est le type de tous les patois du midi; le *béarnais* est la variété principale de ce patois.

Il y a, ainsi qu'on vient de le voir, non-seulement des patois, mais des sous-patois, ou des variétés du patois principal.

Dans quelques parties de la France, telles que l'Orléanais, la Touraine, l'Ile-de-France, il n'y a pas de patois proprement dit, mais cependant le peuple s'y sert souvent d'expressions qui n'appartiennent pas à la langue actuelle, ou de mots plus ou moins altérés par la prononciation.

Il ne faut pas compter au rang des patois français ni le bas-breton, qui est un débris fort imparfait du celtique, ni le basque, qui appartient à une famille de langues tout à fait différentes du français, ni l'allemand de l'Alsace et de la Lorraine, ni le flamand parlé dans quelques cantons voisins de la Belgique, ni l'italien que l'on parle en Corse.

Les patois ont été dédaignés pendant longtemps; on les considérait comme des langages tout à fait indignes d'attirer l'attention des hommes éclairés; ce n'est que de nos jours que l'on en a fait une étude sérieuse, et l'on s'est aperçu alors qu'ils ne méritent pas le mépris que l'on avait pour eux. Quelquefois ils sont plus réguliers, plus énergiques que la langue littéraire. Joseph de Maistre les considérait comme des ruines presque intactes, et dont il est possible de tirer de grandes richesses historiques et philosophiques. Nodier se demande si le dictionnaire concordant des patois d'une langue ne serait pas un des plus beaux monuments qu'on pût élever à la lexicologie. « Je connais, ajoute-t-il, tels de ces singuliers langages qui offrirait à l'explorateur habile plus de curiosités et de richesses que cinquante de nos glossaires. » Enfin, dans son respect pour ces vivantes reliques de l'esprit de nos pères, cet auteur va jusqu'à dire que « si les patois n'existaient plus, il faudrait créer des académies pour les retrouver. » On peut dire d'un grand nombre d'entre eux ce que Montaigne a dit d'un seul : « Où le français ne peut arriver, le gascon y arrive sans peine. » Beaucoup de mots, autrefois d'un usage général et souvent fort regrettables, ont été rejetés de la langue et ne se trouvent plus que dans les patois.

Des écrivains modernes n'ont pas dédaigné d'exprimer leurs pensées dans ces idiomes vulgaires. Despourrins, Goudouli, Jasmin, ont tiré un grand parti des patois béarnais, bourguignon, gascon, et leurs ouvrages offrent des beautés auxquelles il ne manque, pour être mises en parallèle avec celles de nos meilleurs poëtes, que d'être accessibles à un plus grand nombre de lecteurs.

L'étude des patois a révélé plusieurs faits curieux. C'est ainsi que, dans le nord-est de la France, nous voyons, par suite des anciens rapports politiques, les paysans du voisinage de Nancy et ceux des environs de Bouillon parler un patois presque identique, quoique ces deux villes soient à quarante lieues de distance, tandis que Metz, éloigné seulement de quelques lieues de Nancy, possède un patois fort différent. Dans le Midi, il n'est pas rare de voir deux villages voisins avoir chacun un patois distinct. Dans la Marne, le bourg de Courtisols, près de Châlons, est remarquable par les points de ressemblance qu'offre son patois particulier avec certains dialectes populaires de la Suisse rhénane. Dans la Gironde, le petit pays connu sous le nom de Govacherie, et enclavé dans les arrondissements de Libourne et de la Réole, conserve encore le langage des colons saintongeois qui sont venus s'y établir au quinzième siècle et au seizième.

Les formes vulgaires conservent souvent plus fidèlement la trace de l'étymologie que celles qu'on leur a substituées dans la langue prétendue correcte. Tels sont *corporal* et *coronel*, employés pour *caporal* et *colonel*. Aussi les patois présentent-ils fréquemment de précieuses lumières pour l'étymologie, et donnent-ils le mot de beaucoup d'énigmes comme il s'en trouve dans la recherche de nos origines celtiques, romanes et tudesques. Et ce n'est pas seulement en français, mais c'est aussi en anglais, en allemand, en italien, en espagnol, en un mot, dans toutes les langues devenues littéraires, que les anciens auteurs sont pleins de mots qui ne s'expliquent plus qu'à l'aide des dialectes vulgaires et des patois.

Cependant, malgré l'intérêt que peuvent présenter certains patois, comme la communauté de langage est un lien nécessaire entre les hommes, on conçoit les efforts tentés par les gouvernants pour remplacer les divers patois d'un pays par une langue officielle, la même pour tous ses habitants. C'est pour cela que le 16 prairial an II, le député Grégoire présentait au conseil d'instruction publique un rapport sur la nécessité et les moyens d'anéantir les patois. Ce résultat paraissait au rapporteur nécessaire pour obtenir la consolidation de l'unité nationale, car les idiomes provinciaux fractionnent la population d'un même État, et rendent des populations voisines étrangères les unes aux autres; et cet inconvénient était encore plus sensible à l'époque où Grégoire faisait cette proposition, car il y avait alors six millions de Français qui ne parlaient pas d'autre langage. Mais, depuis ce temps, la conscription et la centralisation administrative ont sensiblement diminué l'effet politique des patois. Cependant ils sont encore aujourd'hui un obstacle à la vulgarisation des connaissances parmi le peuple.

Au point de vue linguistique, l'anéantissement des patois peut être regrettable, mais au point de vue de la civilisation, il est tout à fait désirable, car tant que les patois subsisteront, il y aura une infinité de Français qui ne comprendront pas les lois de leur pays, qui seront étrangers à tout ce qui s'y passera. Dans les pays où l'on parle le patois, le français est regardé comme un objet de luxe; aussi dit-on aux enfants : « Parlez la langue de vos pères, vous n'avez pas besoin de parler comme des bourgeois. »

Mais, avant que les patois aient entièrement disparu, il est important de recueillir toutes les richesses qu'ils peuvent avoir, richesses trop dédaignées par la langue littéraire. Déjà, en 1808, le ministre de l'instruction publique adressa à tous les préfets une circulaire où il leur recommandait de faire traduire la parabole de l'Enfant prodigue dans le patois de leurs départements. Ces traductions furent réunies et imprimées dans les *Mémoires de la Société des Antiquaires de France*. Depuis, on a publié de nombreux écrits sur les patois, des grammaires, des dictionnaires; beaucoup de sociétés savantes s'en sont occupées activement ; des savants de premier ordre s'y sont consacrés ; cependant il reste encore beaucoup à faire.

L'*Encyclopédie catholique* désirerait que l'on entreprît un grand travail où l'on grouperait, à côté de chaque mot français, toutes les variantes des patois, et où l'on réunirait toutes les notions que ce rapprochement fournirait pour l'histoire, la philosophie, et même pour les arts et les sciences. Ce travail aurait également une utilité toute pratique e nationale. En effet, les noms des plantes, des fruits, des grains, des instruments ruraux, et, en général, toute la nomenclature agricole, sans parler des autres arts, varient d'un village à l'autre. Dans quelques contrées méridionales de la France, le même cep de vigne a trente noms différents; il en résulte que les livres les plus usuels sont inintelligibles pour certains habitants des campagnes.

Tous les patois ne présentent pas le même intérêt

quelques-uns semblent n'être qu'un français corrompu et déformé autant par une mauvaise habitude de prononciation que par le contact des anciens idiomes dont celui-ci a été vainqueur. Cependant il y a une riche moisson à faire dans tous ces langages. Il serait à désirer que des littérateurs, hommes de goût, employassent toute leur influence pour introduire dans le français beaucoup de termes très-pittoresques du patois. Nous pourrions, par leur secours peindre des nuances d'idées que nous ne pouvons rendre exactement sans de languissantes périphrases.

On pourrait aussi, par ce moyen, combler les lacunes qui existent dans notre langue, sans recourir aux monstrueux barbarismes dont notre langue est défigurée depuis si longtemps. Les mots auraient au moins l'avantage d'avoir une physionomie nationale, d'être intelligibles pour tout le monde, tandis que les expressions étrangères, lors même qu'elles n'ont pas d'équivalent dans notre langue, sont la plupart cacophoniques, et hurlent d'effroi de se voir accouplées avec nos expressions françaises.

Le mot *patois* s'emploie quelquefois pour désigner les langues étrangères que l'on ne comprend pas. *J'ai dîné avec des Allemands, mais ils ont toujours parlé en leur* PATOIS, *je n'ai pu rien y comprendre.*

Il se dit, par extension, de certaines façons de parler qui échappent aux gens de la province. *Cet homme parle encore* PATOIS.

La Fontaine l'a dit des animaux. *L'âne se plaint en son* PATOIS.

Brantôme a dit *sentir son patois*, pour signifier paraître novice, paraître n'être jamais sorti de son pays natal.   J. B. PRODHOMME,
Correcteur à l'Imprimerie impériale.

PAUPÉRISME [du latin *pauper*, pauvre.] — Mot emprunté aux Anglais pour désigner, non pas la gêne ou la misère accidentelle d'un individu, mais l'état permanent d'une classe, plus ou moins nombreuse dans les sociétés modernes, et composée d'indigents qui, ne pouvant trouver dans le travail des ressources suffisantes, sont soutenus ou entretenus soit par la charité, soit par des secours publics.

Telle est la définition, assez généralement donnée, du paupérisme. Elle n'est pas d'une rigoureuse exactitude. En effet, s'il est des malheureux qui ne peuvent demander au travail les moyens de pourvoir à leur subsistance, il en est une foule d'autres qui refusent de travailler, laissant à la dégradante mendicité le soin de les nourrir, de les vêtir, de les loger.

La question du paupérisme est des plus complexes, des plus difficiles à résoudre. Nous n'avons pas la prétention de la traiter *ex-professo*. Notre cadre, d'ailleurs, ne nous le permettrait pas : dans une encyclopédie, il faut à chaque sujet important son article, mais un article nécessairement très-limité. Toutefois s'il nous est impossible d'entrer dans de longs développements sur le paupérisme, nous tâcherons, dans notre rapide résumé, d'embrasser les généralités. Il faudrait des volumes pour retracer les institutions qui, dans le but de guérir cette cruelle plaie, ont été créées par la charité chrétienne, et qu'elle ne cesse de multiplier avec une fécondité inépuisable.

I. Le droit est la première nécessité de tout ordre social. L'homme n'a jamais existé sans en avoir la notion, sans en sentir la révélation intérieure. Le droit tire donc son principe de la conscience de l'homme où le Créateur a écrit les règles du juste et de l'injuste, règles dont les unes sont restées dans le for intérieur, tandis que les autres, en plus grand nombre, se sont manifestées à l'extérieur, pour répondre à la fois aux besoins de la société nouvellement sortie du chaos, et à l'intime, à l'incontestable vocation de l'humanité, qui appelle, qui veut l'ordre, la justice.

Appliqué au paupérisme, le droit naturel invite à secourir l'indigence. La législation, qui n'est pas le droit, qui ne le constitue pas, mais qui lui sert d'expression, de formule, a déterminé le mode de pourvoir à la subsistance du malheureux. Nous allons esquisser les principales mesures édictées à ce sujet depuis les premiers siècles de notre ère.

L'empire romain tombe : cette chute amène l'agonie et la mort de la vieille société romaine. Les lumières s'éteignent ; vont-elles emporter avec elles les sentiments de bienveillance, d'humanité qu'il est de leur essence de réveiller dans les cœurs ? L'affirmative ne serait pas douteuse, si à la loi païenne n'eût succédé la divine loi du Christ ; si le catholicisme n'eût communiqué aux hommes le cachet de sa grandeur ; s'il n'eût créé dans la société renouvelée des sentiments, des rapports inconnus de l'antique Rome, qui croyait avoir assez fait pour les esclaves vieux et infirmes, en les exposant dans l'île d'Esculape.

Les anciens avaient sans doute une louable coutume, celle d'accueillir l'étranger, coutume bienveillante nommée hospitalité.

L'hospitalité fut, de temps immémorial, dans les mœurs des Orientaux : vous la trouvez jusque sous la tente de l'Arabe vagabond, du Bedouin pillard, assassin. Ouvrez la Bible ; ouvrez l'Iliade, l'Odyssée ; vous y verrez le voyageur accueilli, d'abord sur le seuil de la maison ou de la tente, puis introduit dans la famille dont les membres s'offrent, s'empressent à le servir. On lui lave les pieds ; ce qu'on a de meilleur est à sa disposition. Il reste tant qu'il veut dans la maison ; quand il la quitte, il part accompagné des vœux de tous pour le succès de son voyage.

Chez les Grecs, chez les Romains, l'hospitalité, également en honneur, également exercée, établissait entre celui qui la donnait et celui qui la recevait, une liaison ou échange mutuel de bons services, qui durait ordinairement toute la vie.

La loi naturelle inspirait l'hospitalité des Orientaux ; celle des Grecs et des Romains étaient un des produits de la civilisation. Mais l'une et l'autre n'accueillaient guère, par le fait, que le riche voyageur pour son plaisir ou pour son instruction ; car le pauvre ne voyage pas ou voyage peu. Cette hospitalité, tant prônée, et, d'ailleurs, toujours facultative de la part de chacun, ne saurait donc être considérée comme une haute institution de bienfaisance. Chez les Romains, surtout, elle ne constituait qu'une espèce de patronage de la part du citoyen membre du peuple-roi en faveur de l'habitant de la contrée qu'il parcourait, ou du sujet de la république qui avait été assez heureux pour loger chez lui. Cicéron se plaît à faire valoir, en faveur d'un personnage qu'il recommande, l'hospitalité qu'il a reçue chez lui ou qu'il lui a donnée.

L'heureuse, la philanthropique idée d'ouvrir, au nom d'un Dieu de miséricorde et de bienfaisance, des asiles au malheur, à la souffrance, aux infirmités, ne vint jamais aux philosophes discoureurs du paganisme. Un égoïsme sec, hautain, et une vaniteuse arrogance laissaient toujours sans fruits le sophistique et prétentieux étalage d'une philosophie rêveuse, purement spéculative.

Tel ne devait pas être le catholicisme assis sur des bases fixes, inébranlables, comme son divin auteur, dont la doctrine, qui a créé la civilisation des Occidentaux, se prête merveilleusement à tous les progrès humanitaires. Aux yeux du christianisme, comme à ceux de l'État avec lequel il s'identifie, l'ignorance est la pire ennemie de la vérité, qui a tout à gagner de la science, de la lumière. « Aimez votre prochain comme vous-même. » Que de progrès cet admirable précepte n'a-t-il pas accumulés pour le soulagement de l'humanité, pour son instruction, pour son bien-être!

« Chaque fois que vous vêtirez, que vous nourrirez ce pauvre, ce sera comme si vous me revêtiez et me nourrissiez moi-même ; un verre d'eau donné en mon nom vous sera compté. » La voix créatrice qui a proféré ces paroles, a enfanté une vertu que la sagesse antique n'avait ni devinée, ni entrevue, ni soupçonnée ; et cette vertu, fille pure, aimante, compatissante de la vraie religion, de la religion de Jésus-Christ, s'est personnifiée ; elle s'est écriée dans les ineffables transports de son amour pour l'humanité : « Si le monde veut les jouissances sensuelles, le faste, les superbes dédains, à moi les misères de l'humanité ; à moi les indigents à nourrir et à vêtir, les infirmes à soigner, les plaies hideuses à guérir, et enfin les souffrances physiques et les souffrances morales à adoucir. » Tel est le langage de la charité.

La charité, cette vertu toute chrétienne, chasse l'esprit d'égoïsme, entre profondément dans les mœurs, est commandée d'une manière à la fois si persuasive, si impérieuse, qu'après tant de siècles, elle brille encore d'un vif éclat même dans les cœurs où la religion n'exerce pas toute son héroïque influence. Pour la première fois on voit la loi écrire dans ses codes l'ordre de s'occuper du pauvre, de l'orphelin, de cette masse d'infortunés poursuivis par la faim, décimés par la maladie. Les dons des particuliers s'unissent à la munificence des princes. Partout on élève des asiles au malheur, le clergé les dirige, les administre, les soutient par la prédication, par les quêtes. Ses efforts ne connaissent aucun obstacle pour élever les ressources au niveau des be-

soins. Il se montre, en tous lieux, à la hauteur de sa noble mission de paix, de consolation. Pouvoir législateur dans les conciles, il prend ou défend l'intérêt du pauvre, consolide les fondations dues à la générosité des souverains et des particuliers. C'est ainsi qu'en 549, le cinquième concile d'Orléans établit pour l'administration des hospices de sages dispositions dont l'esprit ne s'est, depuis, jamais perdu.

Assis sur les ruines du monde ancien, le christianisme reconstitue un monde nouveau. Croyance, mœurs, droits, principes, intérêts, tout change à cette mémorable époque, tout, comme la physionomie du genre humain.

Une institution grandiose, tout à fait nouvelle, vient opérer une véritable révolution dans le caractère de la bienfaisance publique : près d'un demi-siècle après la mort de Clovis, la loi met les pauvres à la charge des communes. Ce principe est reconnu, admis encore aujourd'hui dans presque tous les États de l'Europe. « Que chaque cité, dit le deuxième concile de Tours, en 567, nourrisse d'aliments convenables les pauvres qui y sont domiciliés, suivant l'étendue de ses ressources; que les prêtres et les autres citoyens y contribuent, afin que les pauvres ne se rendent pas dans les autres localités. »

Grand est le dévouement du clergé ; mais, dans les choses humaines, l'abus suit inévitablement l'usage : dès le quatorzième siècle, l'administration des institutions charitables, jusqu'alors confiées exclusivement aux prêtres, provoqua des plaintes. « Dans le relâchement de la discipline, dit Fleury (*Institution au Droit ecclésiastique*, deuxième partie, chap. XXX), la plupart des clercs qui avaient l'administration des hôpitaux, l'avaient tournée en titres de bénéfices, dont ils ne rendaient point de compte. Ainsi plusieurs appliquaient à leur profit la plus grande partie du revenu, laissaient périr les bâtiments et dissiper les biens, en sorte que les intentions des fondateurs étaient frustrées. C'est pourquoi le concile de Vienne (1311) défendit, à la honte du clergé, de donner les hôpitaux en titre de bénéfices à des clercs séculiers, et ordonna que l'administration en fût confiée à des laïques, gens de bien, capables et solvables, qui prêteraient serment comme des tuteurs, feraient inventaire des biens et rendraient compte tous les ans par-devant les ordinaires (les évêques). Ce décret a eu son exécution, et a été confirmé par le concile de Trente. »

La sécularisation des hôpitaux n'a jamais été révoquée.

Sous Clovis II, en 658, le concile de Nantes prescrit aux ecclésiastiques de partager avec les pauvres les dîmes et les offrandes qu'ils recevaient des fidèles.

« Les canons sacrés, dit cet ordre, ont ainsi réglé le mode de disposer des dîmes et des offrandes: un quart est destiné aux fabriques des églises; un autre quart appartient aux pauvres....., etc. »

Les richesses du clergé devinrent immenses comme ses bienfaits. Dès le temps de Clovis, l'église de Reims possédait de vastes domaines ; celui d'Épernay avait coûté à saint Remy cinq mille livres d'argent, soit plus de trois millions de notre monnaie actuelle, d'après M. Guérard (*Cartulaire de Notre-Dame de Paris*, Introduction, page xxxvii).

Le concile d'Aix-la-Chapelle, tenu en 816, divisait les églises en trois classes. Les unes avaient de trois mille à huit mille menses et au delà; elles formaient la première classe. La seconde classe comprenait celles qui possédaient moins de trois mille menses, mais mille au moins. A la troisième classe se rattachaient celles qui avaient moins de mille menses, mais pas moins de deux cents. Évalués par M. Guérard, d'après le *Polyptyque d'Irminon,* ces produits donnent en moyenne près de huit cent mille francs de revenu foncier pour la première classe, plus de deux cent mille pour la seconde et plus de trente-cinq mille pour la troisième. Les revenus de chaque église étaient divisés en quatre parts : la première pour l'évêque; la seconde pour son clergé; la troisième pour les pauvres, comme nous l'avons déjà dit, et la quatrième pour les édifices consacrés au culte.

La charité du clergé ne connaissait d'autres bornes que ses ressources. Il prenait à sa charge, et pour ainsi dire chez lui, les veuves, les orphelins, tous les malheureux. Au lieu d'être humilié ou embarrassé de leur cortége, il s'en faisait honneur, et proclamait que les pauvres étaient ses trésors.

Charlemagne monte sur le trône des Francs. Tous les actes de son règne révèlent l'immense étendue de ce génie resplendissant comme un phare solitaire dans la profonde nuit de ces temps barbares. Ses capitulaires sont le plus haut témoignage de sa sollicitude attentive, éclairée pour les pauvres. Rien ne ralentit l'essor de son zèle. Sa vigilance s'étend partout et sur tout. En 779, il enjoint aux évêques, abbés et abbesses de nourrir plusieurs pauvres jusqu'à la moisson. En 789, il ordonne de faire porter et soigner dans les églises les infortunés qui, sans pain, sans asile, gisent sur les places publiques.

Par son ordre, les malheureux, les voyageurs, les étrangers sont régulièrement secourus.

En 806, les prescriptions du concile d'Orléans de 549 sont renouvelées : chaque paroisse est tenue de nourrir ses indigents.

Nos lois actuelles sont toutes empreintes du philanthropique esprit des admirables dispositions des capitulaires de Charlemagne.

Ce grand prince meurt; la faiblesse, l'ignorance, l'incapacité lui succèdent. L'autorité est partout impuissante. Près de quatre siècles de déchirements perpétuels changent l'aspect de la France. On ne fait presque plus rien pour les souffrances du pauvre. Quelques sages ordonnances de Louis le Pieux et tous les efforts des conciles, ne peuvent lutter contre les malheurs publics. Le sort du pauvre est horrible. Le clergé lui-même subvient difficilement à ses propres besoins; il gémit de ne pouvoir appaiser la faim de l'indigence. Les maladies contagieuses, les famines désolent la capitale et les provinces. La charité publique est paralysée; les lois charitables sont muettes ou violées.

Louis IX, ce saint que l'univers révère, et qui fut un des plus grands rois de la terre, Louis IX monte sur le trône, saisit d'une main vigoureuse les rênes du gouvernement, fait refleurir la législation générale et, en particulier, celle qui regarde les pauvres. On recherche encore aujourd'hui, avec un vif intérêt, dans ses *Établissements,* tout ce qui se rattache à ces malheureux. Saint Louis n'eut pas à prescrire la charité ; il se contenta de la recommander par son exemple, et cet exemple admirable fut suivi avec le plus merveilleux entraînement. Il n'eut donc qu'à réprimer les abus de la mendicité, plante parasite qui détourne à son profit les généreux dons d'une imprudente charité. Dans ses *Établissements,* publiés en 1270, il ordonne que: « Tout fainéant qui, n'ayant rien et ne gagnant rien, fréquente les tavernes, soit arrêté, interrogé sur ses facultés, banni de la ville, s'il est surpris en mensonge, convaincu de mauvaise foi. » Cet ordre est évidemment dirigé non contre le pauvre, mais contre le mendiant qui, alors comme aujourd'hui, s'efforçait de se substituer au pauvre. Saint Louis fit, il est vrai, des lois sévères; mais ce fut par amour pour la justice ; il la voulait *bonne et raide,* suivant son expression: le pauvre devait y être soumis comme le riche.

Sous Philippe le Bel, les communes affranchies, nouvellement sorties de tutelle, manquent de ressources pour venir au secours des pauvres. Plusieurs ordonnances, — entre autres celle de 1308, — cherchent, mais sans succès, à soulager les misères publiques.

En 1344, Philippe VI fait aussi d'inutiles efforts pour apporter un remède efficace à des maux profondément enracinés.

Les pauvres s'arment, se soulèvent contre les riches. On arrive bientôt à la Jacquerie, cette guerre des paysans contre leurs seigneurs, qui met en péril la société tout entière, et force enfin ceux-ci, placés sous les ordres du roi de Navarre et du Captal de Buch à les poursuivre à outrance, à les exterminer. Il en périt huit mille dans un seul combat. En présence d'un tel état de choses, la législation ne pouvait s'arrêter à des demi-mesures. Le roi Jean II proscrit, d'une manière absolue, l'oisiveté et la mendicité son inséparable compagne. « Voulant, dit-il, » dans son ordonnance de 1350, que les gens sains » de corps s'exposent à faire besogne de labeur en » quoy ils peuvent gaigner leur vie ou vuident la » ville de Paris.... dedans trois jours après ce cry, » et si, après lesdits trois jours, ils sont trouvés oi- » seux ou jouant aux dez ou mendiant, ils seront » pris et mis en prison au pain et à l'eau, et ainsi » tenus l'espace de quatre jours, et, quand ils seront » délivrés de ladite prison, s'ils sont trouvés oiseux, » ils seront mis au pilory, et, la tierce fois, signés au » front d'un fer chaud. »

Voilà de la sévérité ou plutôt de la cruauté. Il ne suffisait pas de défendre l'oisiveté; il fallait fournir à l'oisif, qui l'était involontairement, le moyen de cesser de l'être.

La même ordonnance contient une autre disposition très-remarquable pour le temps. Elle défend « de faire l'aumône manuellement aux gens sains » de corps, ni aux gens qui pussent besogne faire ; » mais à gens aveugles, malhaignes ou impotents. » C'est la première fois que cette défense paraît dans notre législation. Toujours renouvelée depuis, mais aussi toujours violée, elle semble, malgré sa sagesse, répugner aux élans les plus nobles, les plus doux de l'âme chrétienne.

En 1364, Charles V rappelle aux avocats et aux procureurs le devoir de donner gratuitement leurs soins « aux pauvres et misérables personnes qu'ils » doivent *ouir diligemment et délivrer briefment.* » Son règlement de 1370 pour la communauté des chirurgiens de Paris, leur prescrit de panser gratuitement les pauvres, qui ne seraient pas reçus dans les hôpitaux.

François Ier amène un nombreux et solide contingent à la législation charitable. C'est le vrai fondateur des bureaux de bienfaisance. C'est lui qui, par son ordonnance de 1536, a, le premier, prescrit les secours à domicile. « Les paroisses devaient nourrir » et entretenir les pauvres invalides qui ont cham-» bres, logements ou lieux de retraite. »

A la même époque paraît une ordonnance qui, réglementant la communauté des pauvres de la ville de Paris, prescrit aux évêques, aux notaires, d'engager les pénitents et les mourants à faire des legs à cette communauté, disposition conservée, étendue par Louis XIV, dans la célèbre ordonnance de l'Hôpital Général auquel on l'appliqua. Elle indique aux curés le mode à suivre pour enlever à ces libéralités tout caractère occulte ; elle rend le travail obligatoire pour les mendiants valides.

En 1544, François Ier crée un bureau général des pauvres, dont l'administration est confiée à quatre conseillers au parlement et à treize bourgeois. Ce bureau avait le droit de lever, chaque année, une *taxe* d'aumônes sur les princes, les seigneurs, les ecclésiastiques, les communautés, les bourgeois, les propriétaires. L'année suivante, le même monarque fait enregistrer au Parlement une déclaration ordonnant au prévôt des marchands et aux échevins de la ville de Paris d'ouvrir des ateliers de travail pour les mendiants valides sans distinction de sexe, « qui sont tenus de se rendre sans délai au lieu indiqué pour être employés à cesdites œuvres, aux taux et salaires qui leur seraient arbitrés, et ce, sous peine du fouet, s'ils étaient trouvés mendiant après lesdites œuvres commencées. »

Cette ordonnance portait, en outre, « que les mendiants valides seraient contraints de travailler pour gagner leur vie ; que chacun pourrait saisir ceux qui s'y refuseraient, et les conduire à la justice la plus voisine, où ils seraient, sur la déclaration de deux témoins seulement, punis publiquement des verges, et en outre bannis du pays à temps ou à perpétuité. »

Le 9 juillet 1547, un édit de Henri II fait payer par chaque habitant de Paris un impôt spécial pour subvenir aux besoins des pauvres, dont le nombre ne cesse de s'accroître, malgré toutes les mesures arrê-tées pour le diminuer. Des travaux publics sont de nouveau imposés aux pauvres valides, qui y sont conduits de force, et avec menace des peines les plus sévères contre ceux qui tenteraient de s'y soustraire.

En 1551, la taxe des pauvres, qui avait reçu un commencement d'exécution en 1544, est établie par un édit de Henri II, d'abord à Paris, puis dans tout le royaume. Le Parlement désigne, en vertu de cet édit, des commissaires chargés de rechercher ce que chacun voudra libéralement donner par semaine pour payer les frais de nourriture et d'entretien des pauvres. Le principe nouveau de la mutualité s'introduit dans les statuts des confréries, des corporations des arts et métiers : chacune d'elles s'oblige à soigner ses malades, à secourir ses pauvres.

L'édit de 1561, rédigé par le chancelier Michel de l'Hôpital, cet homme en qui se réunissaient un si grande intelligence, une âme si belle, un si noble cœur, contient le germe heureux de la comptabilité-matières, prescrit par l'ordonnance de 1831, et destiné à rendre à peu près impossible toute espèce de déprédation.

L'ordonnance de Moulins, de 1566, renouvelle aux villes, aux bourgs, aux villages, l'ordre de secourir leurs pauvres : défense à ceux-ci de demander l'aumône hors des lieux de leur domicile. « Et à ces fins, seront les habitants tenus de contribuer à la nourriture desdits pauvres, selon leurs facultés, à la diligence des maires, échevins, consuls et marguilliers des paroisses. »

Cette ordonnance est le digne complément de l'ensemble de la législation charitable léguée à notre pays par l'éminent chancelier, l'un des plus grands hommes d'État, l'une des gloires les plus pures dont la France s'honore.

Les guerres civiles qui désolèrent la France dans la seconde moitié du seizième siècle, y ayant multiplié les mendiants, deux arrêts du parlement de Paris, en date du 29 août et du 24 octobre 1596, portaient « injonction très-expresse à tous vagabonds, gens sans maître et sans aveu, et à tous pauvres valides qui n'étaient de Paris, d'en sortir dans vingt-quatre heures, à peine d'être pendus et étranglés sans forme ni figure de procès, et, afin qu'ils fussent reconnus, ils devaient être rasés. Deux archers placés à chacune des portes de la ville étaient chargés de leur en interdire l'entrée. » Ces dispositions furent à peu près reproduites dans un arrêt du parlement de Normandie, du 16 novembre 1622. La présence de nombreux mendiants dans les villes devenant de plus en plus dangereuse, tout fut mis en œuvre pour les en éloigner.

Dans l'assemblée des notables de 1627, on décide qu'il y aura, dans chaque parlement, une commission spéciale nommée pour s'entendre avec l'évêque diocésain à l'effet de délivrer les villes des mendiants et des vagabonds ; et, comme à cette époque on fonda plusieurs colonies, on parvint à y employer un grand nombre de ces gueux choisis parmi les plus valides. On ouvrit aussi plusieurs ateliers de dépôt de mendicité. En même temps, on porta des peines rigoureuses contre les mendiants oisifs. Il leur fut ordonné, en 1638, de « vider Paris avant un délai assez court, sous peine d'être envoyés aux galères. »

Pendant la minorité de Louis XIII, la régente Marie de Médicis rend, en 1612, un édit dont les dispositions sont loin de respirer la justice, la bienveillance. Aux termes de cet édit, les pauvres, renfermés dans les hôpitaux, doivent y être *traités et nourris le plus austèrement possible*. Afin de ne plus les entretenir dans leur oisiveté, ils y seront employés à moudre le blé dans des moulins à bras, à scier des ais, à brasser la bière, à battre du ciment, à faire d'autres ouvrages *pénibles*. Ils remettront, le soir, le travail de chaque jour; autrement ils seront châtiés *à la discrétion des maîtres*.

Ces remèdes violents n'attaquent pas, ne détruisent pas le mal dans sa racine. Dix-huit ans plus tard, les mendiants formaient à Paris une véritable armée : ils étaient environ quarante mille ; dans une seule année, ils y excitèrent huit émeutes. La société en péril s'en émut. En 1656, Louis XIV rend un édit en 83 articles, qui, malgré ses imperfections, est le premier code hospitalier donné à la France. Dans le préambule, le roi déclare que l'édit de 1612 n'a pas rempli son objet... que « le libertinage des mendiants est venu jusqu'à l'excès par un malheureux abandon à toutes sortes de crimes... qu'ils vivent dans l'habitude de tous les vices... » Défense rigoureuse est faite de mendier *«ni en secret ni en public,»* sous peine du *fouet* pour la première fois, et des *galères* pour la seconde. — Les pauvres étaient divisés en deux catégories. La première était composée des indigents honteux, assistés par les paroisses, et auxquels *on devait accorder des secours à domicile*. Tous les autres, classés dans la seconde catégorie, étaient renfermés dans l'Hôpital Général et occupés à des travaux manuels suivant leur âge, leur force ou leur sexe. Pour stimuler leur paresse, *le tiers du produit de leur travail* devait leur appartenir : les deux autres tiers revenaient à l'hôpital. Cette disposition, tout à la fois humaine et sage, est restée dans nos lois.

Des ordonnances de 1764, 1767 et 1777, prononcent contre les mendiants valides la peine des galères, et celle de la réclusion à l'égard des femmes, des enfants, des infirmes et des vieillards.

La révolution de 1789 améliora beaucoup le sort des malheureux. En vertu d'un décret du 30 mai 1790, on ouvrit pour les pauvres valides des ateliers de travaux qui prirent plus tard le nom de dépôts de mendicité. Un décret impérial du 5 juillet 1808 ordonna de former un établissement de cette nature dans chaque département. Cette mesure fut exécutée presque partout avec une grande rapidité ; mais on négligea l'entretien de ces dépôts sous les gouvernements qui succédèrent à l'empire.

Sept ans avant ce décret, le Grand Homme, qui déjà avait rendu de gigantesques services à la France, comme général en chef, par ses éclatantes victoires, et, comme premier consul, par les savantes mesures législatives ou administratives dues à son génie, avait donné, en 1801, aux établissements de charité, l'or-

ganisation qui les régit aujourd'hui, et qui a opéré une immense amélioration dans la manière d'être des pauvres, sous le triple rapport des aliments, de la salubrité et de l'art médical.

Les progrès toujours croissants du paupérisme firent sentir, en 1840, au gouvernement de juillet, l'urgence d'adopter des mesures générales à l'effet de l'attaquer avec force, de lui porter des coups hardis, vigoureux. Mais le vice originel de cet impopulaire pouvoir frappait de stérilité jusqu'à ses meilleures aspirations. On visa au but, le but fut manqué ; on voulut terrasser le paupérisme, le paupérisme resta debout. Il était réservé au digne héritier du fondateur d'une dynastie éminemment française de chasser la misère de ses hideux repaires, en augmentant, par la confiance, par de sages lois, la richesse publique, en faisant jaillir mille sources de prospérité au milieu des masses dirigées vers le bien, éclairées sur leurs propres intérêts. Et sans parler de l'Asile impérial de Vincennes, de l'Orphelinat du Prince Impérial, de la caisse des retraites pour la vieillesse, de l'asile impérial du château de Saverne, que d'institutions de bienfaisance créées ou améliorées depuis 1851 ! Veiller à la subsistance du pauvre est pour notre gouvernement un soin non moins sacré que celui de veiller à la conservation de la propriété du riche.

Sa Majesté Napoléon III a introduit beaucoup d'améliorations dans l'assistance publique; toutes les grandes pensées que nous ont léguées les siècles passés sont, de nos jours, réalisées, fécondées. La charité publique s'exerce de toutes parts avec un admirable entrain. Dans les hôpitaux, les malades, les vieillards sont entourés des meilleurs soins : d'excellents médecins s'attachent à les guérir ou à les soulager. Des *sœurs grises* les servent, les entourent de mille attentions délicates. D'autres religieuses du même ordre, de cet ordre essentiellement humanitaire créé par saint Vincent de Paul, président à l'instruction, à l'éducation de l'enfance. Saintes filles, dont les cinq parties du monde admirent l'angélique bonté, et que l'armée, surtout, aime et vénère comme un fils aime et vénère sa mère! Ne sont-elles pas les pieuses héroïnes de la charité! Aussi Napoléon Iᵉʳ plaça-t-il la croix de la Légion d'honneur sur plusieurs de ces nobles poitrines de femmes courageuses, enflammées du feu sacré de la religion, de la vertu portée aux dernières limites du possible.

Et Napoléon III ne fixa-t-il pas aussi cette magique croix d'honneur sur la sainte poitrine de la sœur Rosalie (1), cette providence du faubourg Saint-

(1) Jeanne Marie Rendu, en religion sœur Rosalie, née le 8 septembre 1787, au hameau de Comfort, commune de Lancrans (Ain), est morte à Paris le 7 février 1856, supérieure de la maison des religieuses de Saint-Vincent de Paul située rue de l'Epée-de-Bois, dans le douzième arrondissement de Paris. La vie des plus grands saints ne fut pas mieux remplie que la sienne. Ses glorieux états de charitables services rempliraient autant de pages que ceux des plus illustres chefs d'armées. On lui connaissait

Marceau, à laquelle tant de notabilités s'honoraient de porter leurs respectueux hommages, et que notre Empereur, accompagné de l'impératrice Eugénie, voulut aussi visiter, le 18 mars 1854 ?

Aux yeux de la patrie, aux yeux du Dieu des Armées, est-il de plus sublime dévouement que celui du soldat prodiguant son sang pour son pays ? — que celui de la fille de Saint-Vincent de Paul soignant les blessures du brave, et versant sur tous les genres d'infortunes les trésors d'une inépuisable charité ? S'il est un dévouement qui puisse être comparé à celui du soldat, à celui de la sœur de charité, c'est le dévouement du ministre des autels qui porte les consolations de la religion sur les champs de bataille, dans les camps, au milieu des flottes, dans l'immensité des mers ; c'est le dévouement à toute épreuve de nos évêques, de nos prêtres des paroisses des villes, des champs qui, vivant en contact intime avec leur siècle, avec leur pays, en étudient les besoins religieux et moraux, pour les satisfaire avec une apostolique ardeur ; — qui s'attachent à tout pénétrer du sublime esprit de l'Évangile ; — qui nous prêchent la charité et la pratiquent sous nos yeux ; — qui, joignant au précepte l'exemple de toutes les vertus civiles et chrétiennes si intimement liées les unes aux autres, nous les font à la fois respecter et chérir ! Pour être juste, au dévouement de l'infatigable pasteur, du zélé médecin de l'âme, nous devons associer le dévouement du médecin du corps, du philanthrope par excellence, du savant praticien que nul obstacle n'arrête ; — qui, pour l'accomplissement d'un sacerdoce d'un autre ordre, court, à toute heure, la nuit comme le jour, au secours du pauvre qui l'appelle, qui ne le paye pas, qui ne peut pas le payer, et à qui souvent il ouvre sa propre bourse.

toutes les vertus et pas un défaut. Sur la tombe de la sainte on plaça une pierre surmontée d'une croix avec cette inscription :

A SŒUR ROSALIE

SES AMIS RECONNAISSANTS,

LES RICHES ET LES PAUVRES.

Le discours prononcé, le 9 février 1856, aux obsèques de la sœur Rosalie, par M. le sénateur de Saint-Arnaud, maire du douzième arrondissement, exprima avec bonheur les sentiments d'une assistance où tous les rangs de la société avaient de très-nombreux représentants. Contentons-nous de citer deux paragraphes de ce pathétique discours :

. . . .

. . . .

Si le nom et les œuvres de sœur Rosalie appartiennent au monde chrétien, si la France entière les revendique, si Paris en est fier, c'est au douzième arrondissement qu'elle s'était dévouée, c'est au milieu de nous, dans le quartier le plus pauvre, au sein des plus profondes misères, que, durant près de soixante ans, elle a mis son bonheur et trouvé sa gloire à nous secourir, à nous soulager.

. . . .

On peut dire que le nom de sœur Rosalie restera lié à la reconnaissance publique tant qu'il plaira à Dieu de laisser sur la terre le tribut de la souffrance et le culte de la charité.

Nous avons parlé des religieuses de Saint-Vincent de Paul, mais qu'était-ce que cet homme sacré qui conçut, exécuta ou fit exécuter l'idée de tant d'innovations de la charité chrétienne ? C'était un enfant du peuple, né de parents obscurs ; il fut pâtre dans ses jeunes années, et, plus tard, le héros de la plus infatigable bienfaisance, de la plus tendre commisération pour les souffrances humaines. Pendant une vie de 85 ans, remplie de bonnes œuvres, ce vénérable prêtre répandit, sans avoir rien en propre à lui, pour plus de vingt millions d'aumônes. Captif à Tunis, sous trois différents maîtres, il convertit le dernier, avec lequel il se sauva. Il obtint depuis la délivrance d'un galérien chargé d'une nombreuse famille plongée dans la misère, en prenant à sa place des fers dont le saint ecclésiastique eut les pieds enflés le reste de sa vie.

Directeur de Louise de Marillac, riche veuve d'un secrétaire des commandements de la reine Anne d'Autriche, il s'associe cette femme pieuse et fonde avec elle, en 1635, pour le soulagement des malades, une communauté de filles à la tête desquelles elle se mit. Les revenus de Louise de Marillac étaient employés à acheter des maisons pour des établissements et à fonder de nouvelles communautés. Les sœurs grises se répandirent dans toutes les paroisses de Paris, aux Invalides, dans les prisons, partout où il y avait des souffrances à soulager. Toutes les villes de France en eurent bientôt, et, après la France, les autres pays de l'Europe, et même de l'Amérique.

Saint Vincent de Paul fonda, en outre, des établissements pour les enfants trouvés, qui, avant lui, étaient vendus, terme moyen, vingt sous chacun à Paris, dans la rue Saint-Landry(1) ! ! ! Les femmes malades

(1) Plusieurs peuples, dans l'antiquité, donnaient au père droit de vie et de mort sur ses enfants, et, chez aucune nation, les enfants délaissés par leurs parents n'étaient recueillis. Le christianisme s'empressa d'élever en leur faveur les premiers asiles ; partout le clergé catholique s'efforça de faire cesser un honteux, un coupable abandon. Plusieurs établissements spéciaux furent créés par ses soins ; et il pourvut toujours à leur entretien selon la mesure de ses ressources ; mais le mal s'accrut tellement, que les ressources des prêtres devinrent insuffisantes ; les progrès toujours croissants de l'immoralité de l'ancien régime portèrent à un chiffre excessif les frais d'entretien du fruit de son dévergondage. Le sort des enfants trouvés était des plus déplorables. Beaucoup restaient abandonnés sur la voie publique et y périssaient misérablement ; ceux qui étaient enlevés par le premier venu, ou vendus, étaient ou pouvaient passer pour être moins malheureux. En 1636, une veuve charitable fonda une maison de couches ; mais, après sa mort, les enfants qu'on y portait étaient souvent vendus à des vagabonds. Le zèle religieux de saint Vincent de Paul mit, en 1638, un terme à ces horreurs, en fondant, pour les faire cesser, une association qui prit les plus vastes développements dans toutes les parties de la France. La révolution s'occupa aussi du sort des enfants trouvés. Une loi de la Convention des 28 juin-8 juillet 1793 organisa les secours pour les indigents, les vieillards et les enfants abandonnés. Une autre loi du 17 décembre 1796 (27 frimaire an V) prescrivit de recevoir et d'élever gratuitement ces enfants dans les hospices. Un décret im-

s'en servaient aussi pour se faire sucer le lait cor- rompu, qui altérait la santé de ces malheureux pe- tits êtres !

Voilà l'infâme métier que faisaient ou souffraient nos ancêtres ! Et l'on a le front de nous les offrir pour modèles ! Et, suivant certains énergumènes, nous se- rions inférieurs en religion, en foi, en morale, aux générations qui ont précédé la sublime nuit du 4 août 1789, ce tombeau de la féodalité, c'est-à-dire de quatorze siècles d'abrutissement, d'ignominie, d'op- pression, de turpitudes, de crimes près desquels pâ- lissent les sanglantes horreurs, les abominables sa- turnales, les nombreux forfaits, les juridiques assas- sinats des mauvais jours, des mauvaises années de la révolution !

Sans doute, la féodalité a écrit bien des pages de gloire militaire et chrétienne dans l'histoire de notre pays; sans doute elle fit de grandes choses; sans doute elle compta dans ses rangs beaucoup d'illus- trations de tout genre, et sa valeur brilla du plus vif éclat en présence des ennemis de la France. Mais la Convention eut, elle aussi, ses grands hommes, ses nationales créations, son patriotisme poussé jusqu'au délire, ses immortelles armées, qui surpassèrent les hauts faits de la féodalité, et dont la mâle vertu se fit tellement admirer du monde entier, que, partout, on proclama que l'honneur français s'était réfugié dans nos camps ! Eh bien ! malgré ces titres qui sem- bleraient devoir faire admettre des circonstances at- ténuantes en faveur de la Convention, nous n'en di- rons pas moins qu'elle mérite, comme la féodalité, toute l'exécration de la postérité !

Honte donc aux stupides calomniateurs de notre siècle qu'on ne saurait plus dominer, comme autre- fois, par la force, l'astuce, la violence; — de ce dix- neuvième siècle que les siècles futurs appelleront le grand siècle, le premier siècle des Napoléons, parce que ce siècle a vu, dès son début, Dieu et le peuple élever sur le premier trône de l'univers le premier des héros, le plus grand des mortels, le chef de cette dynastie napoléonienne qui, s'appuyant sur la divine doctrine du Christ, sur la raison, sur le cœur des Français, devait nous conduire si vite aux plus subli- mes destinées ! — Arrière ces hommes piteux qui nient le progrès religieux et social (1), c'est-à-dire

périal du 19 janvier 1811 et un règlement du 6 février 1823 ont beaucoup amélioré, en les complétant, les sages dis- positions de la loi de 1796.

(1) Nos prêtres, c'est-à-dire les pasteurs qui, placés au milieu de leur troupeau, s'occupent sans cesse de lui, le dirigent dans la voie du bien, l'abreuvent aux sources limpides, abondantes de l'Evangile, ont été, de tout temps, admirables d'abnégation, d'humilité, de dévouement aux multiples devoirs de leur ministère sacré. Aujourd'hui, plus que jamais, cette triple qualité se fait éminemment remarquer dans notre clergé séculier. S'il est des excep- tions, — et nous n'en connaissons pas une seule, et l'ex- ception, d'ailleurs, confirme la règle, — ces exceptions doivent être très-rares; elles l'étaient un peu moins avant 89. Citons-en une du vieux régime, prenons-la dans l'histoire des dernières années de ce triste régime :

l'évidence même ! — Est-ce qu'aujourd'hui nous lais- serions vendre des enfants comme de vils pourceaux? Est-ce que l'indignation des hommes de cœur de toutes les croyances ne poursuivrait pas de son fouet vengeur, la vente publique de jeunes, d'innocentes créatures humaines ?

Et s'ils nous mentent impudemment, quand ils viennent nous vanter la prétendue prééminence des croyances, des pratiques religieuses des malheureux sujets de l'ancien régime, ces partisans intéressés de

« Sieyès, avant la révolution, était, dit Napoléon Ier(1), aumônier d'une princesse. Un jour qu'il disait la messe, un accident obligea la princesse à se retirer. Son exemple fut suivi par ses dames de cour, par toute la noblesse, les officiers et les autres personnes qui y assistaient plus par complaisance que par un véritable sentiment de reli- gion. Sieyès était très-occupé à lire son missel, et pendant quelque temps il ne s'aperçut pas qu'il était resté seul. Ce- pendant en levant les yeux de dessus son livre, il remarqua alors que la princesse, les grands et tous les gens dits comme il faut, avaient disparu. Avec un air de méconn- tentement et de mépris, il ferma son livre et quitta l'au- tel en s'écriant : Je ne dis pas la messe pour la canaille, et sortit de la chapelle laissant le service à l'endroit où il se trouvait. »

Ce prêtre, sans conviction religieuse, mais profond et hardi penseur, fut un des premiers de son ordre à jeter le froc aux orties. Il rendit de grands services à la cause populaire. « Sieyès, dit Napoléon (2), m'a toujours été attaché; je n'ai jamais eu à m'en plaindre. Il a pu être fâché de me trouver dans le chemin de ses idées méta- physiques; mais il en revenait à sentir la nécessité que quelqu'un gouvernât, et me préférait à un autre. — Sieyès, après tout, était probe, honnête et surtout fort habile; la révolution lui doit beaucoup. » — Napoléon le fit sénateur et comte de l'Empire.

Si l'abbé Sieyès, dont la conduite privée fut, du reste, toujours irréprochable, était loin d'être un prêtre selon l'Evangile, il sut, du moins, comme citoyen, servir la cause de la nation, et porter les plus rudes coups à l'affreux pau- périsme du vieux temps, en contribuant de tous les efforts de sa vaste intelligence à broyer les infernaux privilèges de la féodalité.

Le ministre Necker ayant invité les écrivains à publier leurs opinions sur la manière de convoquer les états géné- raux, l'abbé Sieyès fit aussitôt paraître sa fameuse brochure intitulée : Qu'est-ce que le Tiers État? Ce pamphlet fut à la fois le texte et le programme de la Révolution. « Nous avons, dit l'auteur dès le début, trois questions à nous faire : — 1° Qu'est-ce que le tiers état? Tout! — 2° Qu'a- t-il été jusqu'à présent dans l'ordre politique? Rien! — Que demande-t-il? A devenir quelque chose ! »

Il démontre que le tiers état est à lui seul une nation complète; que s'il remplit, à la vérité, les neuf-vingtièmes des emplois, on le charge de tout ce qu'il y a de réellement pénible, de tout ce que la noblesse refuse. Les places lu- cratives et honorifiques seules y sont, s'écrie-t-il, occupées par les membres du corps privilégié. Lui en ferons-nous un mérite? Il faudrait pour cela que le tiers refusât de remplir ces places ou qu'il fût moins en état d'en exercer les fonctions. On sait ce qu'il en est. Cependant on a osé frapper le tiers d'interdiction! On lui a dit : Quels que

(1) Napoléon dans l'exil, ou l'Écho de Sainte-Hélène; par Barry E. O'Méara; 1822, II, page 199.
(2) Mémorial de Sainte-Hélène, par le comte de Las Cases; VI, pages 383 et 384.

l'obscurantisme sont-ils mieux fondés à vouloir nous faire extasier, comme eux, devant la piété des rois de la monarchie de Capet? Et l'histoire, révérends histrions de vertu, l'histoire que vous connaissez fort bien, et que vous voudriez escamoter à votre profit, l'inexorable histoire n'est-elle pas là pour étaler toute l'ampleur de vos odieux mensonges, pour vous infliger le plus humiliant démenti, pour souffleter votre imposture? — Nous pourrions vous citer, par milliers, des faits antichrétiens, des meilleurs de vos

soient tes services, quels que soient tes talents, tu iras jusque-là, tu ne passeras pas outre. Il n'est pas bon que tu sois honoré. — Quelques rares exceptions, senties comme elles doivent l'être, ne sont qu'une dérision, et les discours qu'on se permet dans ces occasions rares, une insulte de plus. Qui donc oserait dire que le tiers état n'a pas en lui tout ce qu'il faut pour former une nation complète ? Il est l'homme fort et robuste, dont le bras est encore enchaîné. Si l'on ôtait l'ordre privilégié, la nation ne serait pas quelque chose de moins, mais quelque chose de plus. Ainsi, qu'est-ce que le tiers? Tout, mais un tout entravé et opprimé. Que serait-il sans l'ordre privilégié ? Tout, mais un tout libre et florissant. Rien ne peut aller sans lui ; tout irait infiniment mieux sans l'autre.

. Plus loin, il ajoute : « On n'est pas libre par des *privilèges*, mais par les *droits de citoyen* qui appartiennent à tous. Que si les aristocrates entreprennent de retenir le peuple dans l'oppression, il osera demander à quel titre ; si l'on répond à titre de conquête, il faut en convenir, ce sera vouloir remonter un peu haut. Mais le tiers ne doit pas craindre de remonter dans les temps passés. Il se reportera à l'année qui a précédé la conquête ; et puisqu'il est aujourd'hui assez fort pour ne pas se laisser conquérir, sa résistance sans doute sera plus efficace. Pourquoi ne renverrait-il pas dans les forêts de la Franconie toutes ces familles qui conservent la folle prétention d'être issues de la race de ces conquérants, et d'avoir succédé à leurs droits? La nation, alors épurée, pourra se consoler, je pense, d'être réduite à ne se plus croire composée que des descendants des Gaulois et des Romains. En vérité, si l'on tient à distinguer naissance et naissance, ne pourrait-on pas révéler à nos pauvres concitoyens que celle qu'on tire des Gaulois et des Romains vaut au moins autant que celle qui viendrait des Sicambres, des Welches (1) et autres sauvages sortis des bois et des étangs de l'ancienne Germanie? Oui, dira-t-on ; mais la conquête a dérangé tous les rapports, et la noblesse a passé du côté des conquérants. Eh bien, il faut la faire repasser de l'autre côté : le tiers redeviendra noble en devenant conquérant à son tour. »

Déjà, aux précédents états généraux convoqués en 1614, le peuple avait fait entendre sa voix ; mais on avait trouvé moyen de lui imposer silence. La cour réussit à diviser la représentation nationale pour la dominer. Le tiers soutint vivement ses droits contre la noblesse. Aux prétentions hautaines des privilégiés, il répondit que, s'ils étaient les aînés de la France, les députés du tiers étaient leurs frères cadets. On composa alors ce quatrain en l'honneur des vrais défenseurs des intérêts nationaux :

> O noblesse, ô clergé, les aînés de la France !
> Puisque l'honneur des rois si mal vous défendez,
> Puisque le tiers état en ce point vous devance,
> Il faut que vos cadets deviennent vos aînés.

(1) Les *Welches* sont ici de trop : le sens donné à ce mot durant tout le dix-huitième siècle, notamment par Voltaire, manquait de justesse : Welches est le nom même des Gaulois.

rois de prédilection, sans même en excepter l'infortuné Louis XVI. Ses prédécesseurs, dont le peuple n'eut, du reste, presque jamais à se louer, élevaient de temps en temps, au grade d'officier, ceux de ces *vilains* dont les services militaires avaient acquis un lustre des plus remarquables. Louis XVI, dont on a un peu trop exagéré l'esprit de bienveillance éclairée, fait fi de précédents qui avaient créé des droits, foule aux pieds la justice humaine, l'égalité chrétienne, ne veut, dans aucun cas, et quelle que soit la distinction de leurs services, admettre des sous-officiers de la roture à l'honneur de porter l'épaulette de sous-lieutenant ! Telles sont les dispositions formelles, trois fois renouvelées, de ses révoltantes ordonnances des 22 mai et 10 août 1781 et du 1er janvier 1786.

Louis XIV, dont vous vous plaisez à nous exalter les sentiments religieux, est loin de mériter vos éloges à cet endroit. Que nous importe la stérile, la ridicule bigoterie que lui faisait grimacer son adroite Maintenon, aidée de roués tartufes, et toute fière de l'honneur de succéder, dans la couche fleurdelisée, à une foule de favorites, de coquines titrées ? L'église catholique, apostolique et romaine veut des actes méritoires, des actes sérieux de chrétien, et non d'abjectes momeries. Elle veut que nous respections, que nous honorions ses ministres ; — nous devons, — le simple bon sens le commande, — nous devons être justes envers eux comme envers les autres membres de la famille humaine : Louis XIV le fut-il? Voyons :

Vers la fin du dix-septième siècle, en 1687, les ambassadeurs catholiques à Rome, ayant étendu le droit d'asile affecté avec raison à leur hôtel, jusqu'à leur quartier tout entier, la moitié de la ville était devenue un asile pour tous les criminels. Et l'on sait que les criminels sont nombreux dans une cité fondée par un chef de brigands, par Romulus, le Caïn de Rémus son frère. Innocent XI voulut détruire cet abus. Il en obtint sans peine le consentement de tous les rois, moins le roi de l'orgueil, Louis XIV, qui répondit « qu'il ne s'était jamais réglé sur l'exemple d'autrui, et que c'était à lui de servir d'exemple. » Ce monarque envoya le marquis de Lavardin avec huit cents gentilshommes armés, pour se maintenir dans la possession d'un monstrueux privilège. Le pape excommunia l'ambassadeur. Le roi fit saisir le comtat d'Avignon qui alors faisait partie des États de Sa Sainteté, et il ne s'en fût pas tenu là, si Innocent XI n'avait cédé.

Comment trouvez-vous cette conduite du fils aîné de l'Église envers la plus tendre des mères ? — d'un souverain qui, sans nul doute, fut grand à tant de titres, mais dont vous ne parviendrez jamais à excuser le plus coupable attentat contre le droit des gens, contre notre premier pontife?

Si, au lieu de n'avoir à opposer à Louis XIV, que les foudres du Vatican, le pape avait pu mettre en ligne une centaine de mille d'intrépides soldats, *son fils aîné* eût été le plus humble, le plus soumis de ses enfants, au lieu d'en être le plus rebelle !

N'oublions pas les petites sœurs des pauvres, saintes comme les saintes filles de Saint-Vincent-de-Paul, et spécialement consacrées au service des vieillards. Leur ordre, fondé sous Napoléon III, a été approuvé dar le saint-siége en 1854.

Les bureaux de bienfaisance, désignés aussi sous le nom de bureaux de charité, distribuent des secours aux indigents; il en est de même des *Assemblées de charité* qui, à Paris surtout, se réunissant sous la présidence de MM. les curés, contribuent de leurs dons à soulager des misères que les membres de ces assemblées visitent, consolent, assistent par l'intermédiaire des incomparables filles de Saint-Vincent-de-Paul. A ces institutions de bienfaisance publique il faudrait ajouter un grand nombre d'autres créations dues à la charité. Nous en citerons quelques-unes. Les *crèches*, dont les deux premières ont été fondées en 1844 et 1845, par M. Marbeau, dans le premier arrondissement de Paris, reçoivent les enfants de parents pauvres. Cette utile institution, promptement répandue dans la plupart des villes importantes, soulage les mères de famille qui, forcées de vivre de leur travail, ne peuvent veiller assidûment sur leurs enfants. Les *salles d'asile*, appelées aussi *écoles maternelles*, sont le complément des crèches. Elles reçoivent l'enfant au sortir de la crèche, et l'élèvent jusqu'à l'âge de six ans, où il peut être admis à l'école primaire. Les salles d'asile, dont plusieurs sont devenues des institutions publiques confiées à des directrices, initient les enfants aux premières notions de l'instruction religieuse, de la lecture, de l'écriture, du calcul verbal, etc.

Il est encore une foule d'autres établissements créés par la charité, tels que les *lavoirs publics*, les *chauffoirs*, les *ouvroirs*, etc. Ils donnent la mesure de la sollicitude du gouvernement et de la société tout entière pour le sort des classes pauvres.

A Paris, comme dans la plupart des autres villes de France, il s'est formé des sociétés de bienfaisance pour le placement des jeunes orphelins et des jeunes apprentis, pour la moralisation des jeunes détenus, pour le patronage des jeunes libérés. La *société d'adoption* se charge des enfants trouvés, des enfants pauvres, et en forme des colonies agricoles. La *société de Saint-François-Régis* a pour but de changer en mariages réguliers les unions illégitimes. Les *sociétés de charité maternelle de France*, placées sous la protection et la présidence de Sa Majesté l'Impératrice Eugénie, secourent les femmes en couches et fournissent à leurs besoins. D'autres *sociétés de bienfaisance* distribuent à domicile des secours aux familles pauvres; celle de Saint-Vincent-de-Paul est en première ligne. Qui ne connaît les innombrables services qu'elle rend journellement au malheur?

Les *sociétés de secours mutuels* assurent, moyennant une faible cotisation, des secours en cas de maladie, à ceux qui en font partie. Elles ont pris de vastes développements dans presque toute la France. Le gouvernement leur accorde un appui bien mérité.

Mais si, dans notre heureuse France, sous notre glorieux empire, le paupérisme honnête a perdu ses innombrables légions, en est-il de même du paupé

risme fainéant et fripon? Ce dernier s'est-il résigné à passer sous les fourches caudines du travail? Pas encore. Il est là, toujours debout, toujours rapace, toujours ennemi du travail, toujours prêt à dévorer la substance du travailleur. Et que lui importe, à lui, dont une extrême paresse compose toute l'essence, que lui importe d'être conduit dans un dépôt de mendicité? Il n'y fait rien ou pas grand'chose; et il y mange, et il y est logé, et il y est habillé! Il n'en demande pas davantage; c'est assez pour lui; mais est-ce assez pour la justice, pour la morale? La société doit-elle le pain à qui ne le gagne pas quand il le peut? évidemment non.

II. Oui, la fainéantise indigente vit toujours, et elle vivra, sans doute, comme le vol lui-même dont elle est une des variétés. Comment la réprimer? comment détruire cette autre hydre de Lerne, dont les têtes renaissent à mesure qu'on les coupe? Pour atteindre le résultat désiré, plusieurs systèmes ont été développés avec talent par divers publicistes. Nous aussi, nous avons mûrement étudié cette question si importante, si ardue. Nous avons examiné tous les faits qui s'y rattachent, et qui semblent de nature à mettre sur la voie des moyens les plus sûrs de combattre le monstre, de le vaincre, de l'anéantir. Si, comme le veut la loi, les communes se conformaient avec une religieuse ponctualité à l'obligation expresse de nourrir chacune ses pauvres, on serait bien près de surmonter toutes les autres difficultés. On n'aurait plus à s'occuper que de la répression d'un petit nombre d'êtres vils, dégradés, qui, étrangers à tout sentiment d'honneur, endossent la livrée de la misère, pour vivre tantôt de rapines, tantôt d'aumônes trop souvent arrachées par la peur. Ces infâmes coquins inspirent, en effet, dans nos villages et surtout dans les habitations isolées, les craintes les mieux fondées. Imprudent serait qui provoquerait leur colère; il aurait beau se tenir en garde contre leur vengeance, elle l'atteindrait tôt ou tard, soit dans sa personne, soit dans ses propriétés!

Le mal, dont le repoussant spectacle afflige journellement nos regards, est des plus invétérés; mais, s'il est à peu près incurable, ne pourrait-on pas, du moins, en atténuer la gravité et le réduire à sa plus minime, à sa plus insensible expression? Le doute ne saurait être permis à cet égard.

Aux grands maux les grands remèdes. Au nombre de ces remèdes dont la recherche appelle toute la sollicitude des amis de l'humanité, doivent figurer en première ligne les mesures capables d'arracher au paupérisme honnête les nombreuses victimes de l'infortune qui, forcées par le malheur d'implorer la charité publique, sont dignes de tout notre intérêt, de toutes nos sympathies. Elles n'ont pas, comme le vagabondage, pactisé avec le vice. Leur triste position ne dérive point de l'inconduite; il faut donc les prendre en pitié, les secourir avec empressement.

La mendicité ne doit pas être tolérée; mais il est de toute nécessité, de toute justice, d'ôter, d'abord, aux malheureux qui s'y livrent, tout prétexte d'exercer cette humiliante, cette abrutissante

industrie. L'autorité municipale de chaque commune a le droit et le devoir d'aviser aux moyens de pourvoir à la subsistance du pauvre que des circonstances indépendantes de sa volonté viennent priver de pain, de vêtements. Certes, quand un individu, quand une famille, recommandable par son amour du travail et de l'ordre, tombe dans un dénûment immérité, il y aurait barbarie à lui interdire la mendicité, si des secours, préparés à l'avance, ne nous mettaient en position de venir promptement à son aide.

La défense de mendier implique donc la nécessité de satisfaire aux besoins pressants de l'indigence, quand ils sont le résultat du manque de travail ou de l'impossibilité physique de travailler.

La mendicité n'est un délit que pour celui qui la préfère au travail.

Le principe une fois admis, les conséquences viennent vite se faire jour. Les maires doivent réunir les éléments nécessaires pour fixer l'opinion des conseils municipaux sur le nombre des indigents de leur commune, et sur la quotité des secours que l'on présumera devoir leur être attribués pendant un laps de temps déterminé. Si les revenus communaux ordinaires sont insuffisants pour cet objet, rien n'empêche de parer à cette insuffisance au moyen d'un vote de centimes additionnels provoqué dans les formes légales.

De cette mesure bien comprise, bien exécutée, résulterait la certitude de voir les mendiants disparaître à jamais des communes. Si l'on y en rencontrait, ils ne pourraient prétexter des besoins dont rien ne légitimerait l'existence. On serait dès lors en droit de les considérer comme des malfaiteurs dont il faudrait se garer, et qu'il y aurait urgence à mettre au plus tôt dans l'impossibilité de nuire.

Voici les dispositions du Code pénal applicables aux vauriens de cette espèce :

Art. 269. Le vagabondage est interdit.

Art. 270. Les vagabonds ou gens sans aveu sont ceux qui n'ont ni domicile certain ni moyen de subsistance, et qui n'exercent habituellement ni métier ni profession.

Art. 271. Les vagabonds ou gens sans aveu qui auront été légalement déclarés tels seront, pour ce seul cas, punis de trois à six mois d'emprisonnement. Ils seront renvoyés, après avoir subi leur peine, sous la surveillance de la haute police pendant cinq ans au moins et dix ans au plus. — Néanmoins les vagabonds âgés de moins de seize ans ne pourront être condamnés à la peine d'emprisonnement ; mais, sur la preuve des faits de vagabondage, ils seront renvoyés sous la surveillance de la haute police jusqu'à l'âge de vingt ans accomplis, à moins qu'avant cet âge ils n'aient contracté un engagement régulier dans les armées de terre ou de mer.

Art. 272. Les individus déclarés vagabonds par jugement pourront, s'ils sont étrangers, être conduits, par les ordres du gouvernement, hors du territoire de l'Empire.

Art. 273. Les vagabonds nés en France pourront, après un jugement même passé en force de chose

jugée, être réclamés par délibération du conseil municipal de la commune où ils sont nés, ou cautionnés par un citoyen solvable. — Si le gouvernement accueille la réclamation ou agrée la caution, les individus ainsi réclamés ou cautionnés seront, par ses ordres, renvoyés ou conduits dans la commune qui les a réclamés, ou dans celle qui leur sera assignée pour résidence, sur la demande de la caution.

Art. 274. Toute personne qui aura été trouvée mendiant dans un lieu pour lequel il existera un établissement public, organisé afin d'obvier à la mendicité, sera punie de trois à six mois d'emprisonnement, et sera, après l'expiration de sa peine, conduite au dépôt de mendicité.

Art. 275. Dans les lieux où il n'existe point encore de tels établissements, les mendiants d'habitude valides seront punis d'un mois à trois mois d'emprisonnement. — S'ils ont été arrêtés hors du canton de leur résidence, ils seront punis d'un emprisonnement de six mois à deux ans.

Art. 276. Tous mendiants, même invalides, qui auront usé de menaces, ou seront entrés, sans permission du propriétaire ou des personnes de sa maison, soit dans une habitation, soit dans un enclos en dépendant, — ou qui feindront des plaies ou infirmités, — ou qui mendieront en réunion, à moins que ce ne soient le mari et la femme, le père ou la mère ou leurs jeunes enfants, l'aveugle et son conducteur, — seront punis d'un emprisonnement de six mois à deux ans.

Art. 277. Tout mendiant ou vagabond qui aura été saisi travesti d'une manière quelconque, — ou porteur d'armes, bien qu'il n'en ait usé ni menacé, — ou muni de limes, crochets ou autres instruments propres soit à commettre des vols ou d'autres délits, soit à lui procurer les moyens de pénétrer dans les maisons, — sera puni de deux à cinq ans d'emprisonnement.

Art. 278. Tout mendiant ou vagabond qui sera trouvé porteur d'un ou de plusieurs effets d'une valeur supérieure à cent francs, et qui ne justifiera point d'où ils lui proviennent, sera puni de la peine portée en l'article 276.

Art. 279. Tout mendiant ou vagabond qui aura exercé quelque acte de violence que ce soit envers les personnes, sera puni de la réclusion, sans préjudice de peines plus fortes, s'il y a lieu, à raison du genre et des circonstances de la violence.

Art. 281. Les peines établies par le présent Code contre les individus porteurs de faux certificats, faux passeports ou fausses feuilles de route, seront toujours, dans leur espèce, portées au *maximum* quand elles seront appliquées à des vagabonds ou des mendiants.

Art. 282. Les mendiants qui auront été condamnés aux peines portées par les articles précédents seront renvoyés, après l'expiration de leur peine, sous la surveillance de la haute police pour cinq ans au moins et dix ans au plus.

III. Les dépôts de mendicité sont loin de remplir leur objet. Les mendiants valides qui y sont envoyés n'en sortent presque jamais corrigés de leurs vices. Il serait, selon nous, préférable de les occuper presque exclusivement aux travaux des champs.

D'après la statistique agricole officielle, nous avons en France plusieurs millions d'hectares de terres incultes qui appartiennent soit au gouvernement, soit aux communes, soit à des particuliers. Ces landes, ces bruyères, ces pâtis, ne donnent pas même, en moyenne, un revenu de douze francs par hectare. Que le défrichement de ces terres soit confié aux bras des vagabonds, des mendiants, et ces bras et ces terres cesseront de chômer, et ces deux capitaux improductifs renaîtront à la vie l'un par l'autre. Astreints à une discipline sévère, instruits de leurs devoirs par la religion, ces malheureux retremperaient en plein air leur cœur, leur esprit et leur corps. Ceux d'entre eux — et il y en aurait beaucoup — qui, à force de labeur, parviendraient à réaliser un pécule sur la partie du salaire qui leur serait réservée à titre de masse, seraient admis à devenir acquéreurs d'une parcelle plus ou moins considérable du terrain qu'ils auraient défriché ; et cela au faible prix d'estimation de ce terrain avant sa mise en culture. Ce serait les relever à leurs propres yeux par la position, si recherchée, de propriétaires. La noble ambition d'obtenir cette qualité ferait sortir de leur abjection une foule de ces êtres jusque-là dégradés. Voulez-vous améliorer les hommes? Offrez-leur un but à atteindre, un but honorable, honoré, accessible à leur intelligence, à leurs efforts. Et le but que poursuivraient les indigents arrachés au despotisme de la fainéantise ne réunirait-il pas toutes les conditions capables d'entraîner leur volonté vers le travail? Quoi de plus séduisant, pour quiconque n'a rien, que la perspective certaine, prochaine, d'arriver à la propriété d'une portion du sol dont on devient maître absolu, dont rien ne peut déposséder, à moins que ce ne soit pour cause d'utilité publique? et, dans ce cas, on reçoit une juste indemnité. N'est-ce pas de la propriété que NAPOLÉON Ier lui-même disait à son conseil d'État, dans la séance du 18 novembre 1809 : « La propriété est inviolable. NAPOLÉON, avec les nombreuses armées qui sont à sa disposition, ne pourrait néanmoins s'emparer d'un champ. »

Une telle institution serait on ne peut plus en harmonie avec l'esprit démocratique et chrétien du siècle. Rien n'empêcherait d'y recevoir, sur leur demande, les individus sans ouvrage, dont les travaux seraient payés suivant un mode défini par un règlement sur l'administration des pénitenciers, ou mieux des colonies agricoles. Ce ne sont pas les terres à défricher qui manqueraient aux bras, ce sont plutôt les bras qui manqueraient aux terres.

Le système que nous préconisons aurait pour effet certain de moraliser une classe d'individus qui cesseraient ainsi d'être un fléau pour la société. En outre, l'agriculture acquerrait un degré d'activité de plus. Son amélioration augmenterait la somme du travail et le chiffre de la consommation. La conséquence de ce double résultat serait un accroissement de la

richesse publique. Le travail crée l'aisance; l'aisance consomme : voilà les véritables bases de la prospérité d'un peuple. Le travail, et nous appliquons surtout ce mot au travail des champs, à l'agriculture, est de l'or le plus pur, de l'or cent fois préférable à tout l'or réuni de la Californie, de l'Australie, de l'univers entiers. Cristophe-Colomb découvre l'Amérique. L'Espagne était alors riche, populeuse, parce qu'elle travaillait ; les mines du nouveau monde l'inondent de leurs trésors, et ces métalliques trésors lui amènent la pauvreté, parce qu'ils lui font négliger le travail. Sa population diminue; la fière et courageuse Ibérie déchoit, et se fait rayer du nombre des premières puissances de l'Europe.

Il y a des milliards du meilleur or enfouis dans nos huit à neuf millions d'hectares de terres incultes.

Répétons ce que dit du laboureur et de ses enfants notre grand fabuliste la Fontaine :

> Travaillez, prenez de la peine :
> C'est le fonds qui manque le moins.
> Un riche laboureur, sentant sa mort prochaine,
> Fit venir ses enfants, leur parla sans témoins.
> Gardez-vous, leur dit-il, de vendre l'héritage
> Que nous ont laissé nos parents,
> Un trésor est caché dedans.
> Je ne sais pas l'endroit, mais un peu de courage
> Vous le fera trouver; vous en viendrez à bout.
> Remuez votre champ dès qu'on aura fait l'oût(1) :
> Creusez, fouillez, bêchez, ne laissez nulle place
> Où la main ne passe et repasse.
> Le père mort, les fils vous retournent le champ
> Deçà, delà, partout; si bien qu'au bout de l'an
> Il en rapporta davantage.
> D'argent, point de caché; mais le père fut sage
> De leur montrer, avant sa mort,
> Que le travail est un trésor.

IV. **Résumons-nous.** Le pauvre incapable de se donner du pain par le travail a droit à tous les bienfaits de la charité, cette vertu céleste que Dieu a placée, dit Chateaubriand; comme un puits d'abondance dans les déserts de la vie. Que cette fraternelle, que cette divine charité revête partout les formes les plus propres à ne jamais blesser la dignité humaine. A ce sujet, citons en exemple une commune du département des Ardennes, Brieulles-sur-Bar, où, par les soins du maire, M. Hannotin, notaire et conseiller d'arrondissement, les ouvriers, même ceux peu valides, reçoivent non des secours gratuits, non des aumônes, mais des salaires qui, accordés au travail, quelque minime qu'il soit, n'en sont pas moins payés à titre de rémunération.

Grâce au zèle de M. le maire Hannotin, le produit, jadis insignifiant, des biens communaux est monté à un chiffre assez élevé pour donner du travail aux ouvriers qui en manquent, et pour permettre de consacrer les excédants de recette à fonder d'utiles établissements dont plus d'une petite ville s'applaudirait d'être dotée.

Quant aux vagabonds, aux mendiants VALIDES(2), ils devraient — nous l'avons déjà dit — former des

(1) *Pour* qu'on aura moissonné,

(2) La peine de la transportation aux colonies avait été prononcée, par une loi de l'an II, contre tout mendiant repris pour la troisième fois en récidive.

colonies agricoles où le travail leur serait rigoureusement imposé. Il y aurait, sans nul doute, des
récalcitrants. Pour les dompter, on n'aurait pas recours au fer chaud de Jean II, ni aux verges de
François Ier, ni au fouet de Louis XIV; mais on leur
dirait une fois pour toutes :

ICI MANGENT CEUX-LÀ SEULS QUI TRAVAILLENT :

PAS DE TRAVAIL, PAS DE PAIN.

Et chez ces hommes, où le cœur serait flétri, où
l'âme sommeillerait, l'estomac, vaincu par cet irrésistible argument, aurait toujours raison de la paresse.   Le major PAUL ROQUES.

PAUPIÈRES (anatomie) [*palpebra*].—Voiles mobiles qui, par leur écartement, permettent à l'œil de
recevoir l'impression de la lumière, ou, par leur
occlusion plus ou moins complète, le mettent à l'abri
d'une clarté trop vive ou de l'action des corps étrangers.

PAVOT (botanique et matière médicale).— Genre
de plantes de la famille des papavéracées, dont les
fleurs, les fruits et les graines (capsules) sont émollients et un peu narcotiques. Tout le monde connaît
son usage en décoction pour tisane (15 à 60 grammes
pour 1,000 d'eau) ou lavements, injections, etc.
Mais l'*opium*, suc concret qui découle d'incisions
faites aux capsules des pavots blancs, avant leur maturité, constitue l'un des médicaments les plus importants; il doit surtout son efficacité à des alcalis,
tels que la *morphine*, la *codéine*, la *narcotine*, la
méconine, qui s'y trouvent en combinaison avec de
l'acide sulfurique et de l'acide méconique. Il est le
meilleur des calmants et des débilitants du système
nerveux.

L'opium, ses préparations, ses produits, sont uti-
lisés fréquemment dans l'insomnie, les névralgies,
le rhumatisme, la sciatique, la plupart des névroses,
l'hystérie, l'épilepsie, les convulsions, la diarrhée,
le choléra, etc. Il est peu de maladies aiguës ou
chroniques où ce précieux médicament ne rende de
grands services, soit en calmant la douleur, en
émoussant l'excès de sensibilité ou en diminuant
l'éréthisme nerveux.

PEAU (anatomie comparée). — Enveloppe universelle, extérieure, et même intérieure ou intesti-
nale pour tous les corps organisés. Toute plante,
depuis la moisissure jusqu'au chêne, a une sorte de
peau, d'écorce ou d'épiderme qui varie dans chaque
espèce. Ainsi que les végétaux, tous les animaux
sont recouverts d'une robe ou d'un tissu plus dense
que la plupart de leurs parties intérieures. Il est
bien vrai que l'épiderme est peu visible dans les
zoophytes et les radiaires (*méduses, actinies, hydres*, etc.). Cependant l'analogie en indique l'existence, et la transparence de ces animaux est probablement la cause du peu d'apparence de cet organe.
Le toucher est d'ailleurs très-parfait dans cette classe
d'êtres, ce qui fournit un nouvel indice de l'existence d'une peau délicate et nerveuse.

Mais dans les espèces plus parfaites, c'est-à-dire

plus compliquées, la peau est composée de quatre
substances qui ont une organisation fort différente
entre elles. La première, qui est la plus extérieure,
s'appelle *épiderme*, c'est-à-dire *surpeau*; la seconde
est le *tissu muqueux* ou *réticulaire*; la troisième,
plus profonde, est le *corps papillaire* ou *nerveux*; et
enfin la dernière, qui est, à proprement parler, la
peau, est le *cuir*, le *chorion* ou le *derme*, qui est sous
les précédentes. Cependant ces couches successives
sont plus ou moins fines, minces, et ne se trouvent
pas toutes dans chaque classe des animaux.

L'épiderme paraît être la partie superficielle des
êtres organisés qui est la plus générale, et qui se
dément le moins de son organisation dans les diverses classes de la nature. On le trouve sur l'écorce
des arbres, sur la tige des herbes, sur les pétales des
fleurs, sur la pellicule des fruits, de même qu'à la
surface de tous les animaux. La mue des êtres vivants n'est que la chute de leur épiderme. Elle
est si générale qu'on retrouve même dans les dépouilles des serpents et des lézards la portion de
leur épiderme qui recouvrait leurs yeux.

Dans tous les animaux à sang rouge, à deux ordres de nerfs et à squelette articulé, l'épiderme s'enfonce même dans les replis de la peau qui tapissent
l'intérieur du nez, de la bouche, de l'anus, et de
tout le canal intestinal, de la vulve, de l'oreille, etc.
Cette pellicule est transparente; elle n'est pas sensible; au contraire, elle empêche le contact immédiat des corps extérieurs avec les nerfs de l'animal;
contact qui serait douloureux, parce que la sensibilité serait trop vive.

Dans les animaux qui vivent à l'air, l'épiderme
est sec; il est muqueux et ramolli chez les espèces
aquatiques. Son épaisseur est plus considérable dans
les parties qui éprouvent un frottement perpétuel,
comme sous la plante des pieds, etc.; il se durcit
même comme la corne, et forme des callosités ou
durillons dans les mains des hommes de peine, les
manœuvres, forgerons, la queue des mammifères
qui s'en servent pour s'attacher, comme les sapa-
jous, etc. Il s'épaissit également en tubercules dans
l'estomac des ruminants, dans le gésier interne des
oiseaux, dans celui des crustacés, etc.

Dans les autres endroits de la peau qui ne sont jamais exposés aux mêmes frottements, il est très-
mince, et particulièrement lorsque la peau est recouverte de poils très-serrés, comme chez les mammifères bien fourrés, et chez les oiseaux, etc. Il
est écailleux sur les queues du castor et des rats;
dense et hérissé de lamelles dans le rhinocéros,
l'éléphant, l'hippopotame, le tapir, etc.; très-lisse,
oléagineux et gluant sur les cétacés. Sur les pattes
des oiseaux, l'épiderme se montre en plaques cornées; il recouvre aussi les écailles des lézards et des
serpents. Celui des grenouilles, des salamandres,
des poissons chondroptérygiens et des poissons épineux, ressemble à une membrane visqueuse. En général, l'épiderme de ces animaux se renouvelle chaque année, et celui de l'année précédente se détache
par écailles, soit en détail comme chez l'homme, les

mammifères, les cétacés et les oiseaux, soit par lambeaux et en une seule fois, comme dans les animaux à sang rouge et froid, ou les reptiles et les poissons.

Les animaux dépourvus de squelette, et nommés improprement *à sang blanc*, on aussi un épiderme qui est mou et visqueux chez les mollusques, qui recouvre aussi la coquille des espèces univalves et bivalves, sous la forme d'une pellicule, unie le plus souvent, quelquefois raboteuse et velue; c'est ce qu'on nomme le drap marin; ainsi leur coquille est placée sous l'épiderme.

L'épiderme des crustacés, des insectes se durcit et se sèche de manière qu'il n'est plus capable de s'étendre en raison de l'accroissement graduel de l'animal; aussi tombe-t-il, non-seulement chaque année, mais encore l'animal est forcé de muer fort souvent, selon la grandeur qu'il acquiert. On sait que la plupart des chenilles qui produisent des papillons et des phalènes renouvellent six à sept fois leur peau avant de s'enfermer sous l'état de chrysalide; on prétend même que la *bombyx caja* (Linnée), ou *écaille martre*, perd encore un plus grand nombre de peaux successives. Il ne paraît pas que cette mue soit aussi fréquente dans les autres ordres d'animaux. D'ailleurs, la pellicule qui recouvre les zoophytes ou animaux formés en rayons est très-délicate et même transparente; son tissu muqueux se décompose facilement, et il n'est pas facile de reconnaître la mue de ces animaux.

Sous l'épiderme règne une matière muqueuse et réticulaire, qui donne communément la couleur à l'épiderme. C'est elle qui est noire dans le nègre, blanche dans l'Européen, cendrée et livide dans le Siamois, etc.; épaisse et brune sur le dos du dauphin, noire sur les pieds des cygnes, des corbeaux, cendrée dans ceux des gallinacés, jaune dans l'aigle, rouge dans la cigogne et l'ibis; de diverses nuances sous l'épiderme des grenouilles, des lézards, d'un éclat métallique fort brillant sous celui des poissons, etc.; c'est la matière nacrée qu'on peut retirer de l'ablette et d'autres poissons blancs et argentés; cette même substance colore leurs écailles, tout comme le tissu muqueux des autres animaux donne la couleur à leurs poils, plumes et aux coquilles, etc.

La peau qui revêt la base du bec de plusieurs oiseaux a un tissu muqueux coloré en blanc dans l'ara bleu, vert chez l'épervier, jaune chez les faucons, rouge dans la crête des coqs, etc. Les couleurs de l'écaille de la tortue, des anneaux cornés des serpents, sont aussi dus au tissu muqueux. C'est encore lui qui brille sur les coquillages et les insectes; mais il est mélangé avec la substance crétacée des premiers et cornée des seconds.

Il est essentiel de remarquer que la diverse coloration du tissu muqueux est principalement produite par l'action de la lumière solaire; car les parties du corps de tous les animaux sur lesquels le soleil donne rarement sont toujours pâles et ternes, tandis que les teintes les plus vives, les couleurs les plus éclatantes resplendissent sur les corps vivants bien exposés aux rayons du jour. Les oiseaux de la torride sont ornés des plus riches nuances; les fleurs brillent des plus riches peintures à l'aspect de l'astre du jour; mais les sombres demeures, les asiles ténébreux où sa lumière ne porte jamais la vie et la beauté, ne recèlent que de tristes et livides teintes. Ainsi, dans toutes les espèces, les parties supérieures du corps sont toujours plus vivement colorées que les parties inférieures. De même, dans l'homme, les organes toujours à découvert sont moins blancs que les régions du corps toujours cachées par l'habillement.

Sous le tissu muqueux, on observe des fibrilles nerveuses, des houppes nombreuses en mamelons coniques, qui y sont comme cachées mollement, pour empêcher le contact trop rude et douloureux des corps extérieurs qui viennent ébranler ces rameaux nerveux. Ces papilles forment des spires, des mamelons rangés en lignes, comme nous l'apercevons sur la peau de nos mains. Ces fibrilles nerveuses se voient aussi sous les pattes des oiseaux et des quadrupèdes ovipares; mais elles ne sont pas visibles chez les autres animaux. Elles sont plus ou moins développées en éminences spongieuses avec un réseau vasculaire sanguin; on sait, par l'exemple de celles qui tapissent la langue et le gland de quelques animaux, qu'elles sont très-susceptibles d'entrer en érection, ou de se gonfler, pour sentir avec plus d'intensité.

Enfin, sous ces couches successives, on rencontre le derme ou cuir, le chorion proprement dit. C'est une sorte de tissu feutré de fibres blanches, formées de gélatine concrète, qui peut se dissoudre en colle dans l'eau bouillante. Ces fibres sont mêlées en tout sens, de sorte qu'elles peuvent s'étendre par tous les côtés, se mouler à la surface de l'individu, et permettre l'accroissement des membres.

Le derme ou cuir est très-extensible, comme on le remarque chez les hydropiques et les individus très-gras, ou dans le scrotum, etc.

Sous la peau repose une couche mollette de tissu cellulaire plus ou moins abondant en graisse; c'est ce qu'on nomme la *pannicule graisseuse*; on sait qu'il est très-abondant chez les cétacés et les cochons, dans lesquels il forme un matelas de lard, qui empêche ces animaux d'avoir une sensibilité vive.

En outre, la peau de tous les mammifères est immédiatement soutenue par un tissu fibreux placé sous elle comme un tapis, mais destiné à la mouvoir. Aussi, quand un insecte pique la peau du cheval ou du chien en une partie, cette peau se fronce et s'ébranle à la volonté de l'animal, au moyen du large muscle peaussier qui la double en dessous; c'est ce qu'on désigne sous le nom de *pannicule charnue*. L'homme n'en a pas une aussi complète ou étendue que les autres mammifères; cependant le muscle occipito-frontal, au moyen duquel nous opérons la corrugation du front et le mouvement de tout le cuir chevelu de la tête, est analogue au peaussier de tous les autres animaux, ainsi que le peaussier du cou, les sourciliers, et d'autres muscles de la face, le palmaire cutané à la main, le crémaster même au scrotum, etc. Ce muscle peaussier est grand et général chez les hérissons, les porcs-épics ; et c'est par son moyen que ces animaux hérissent leurs épines et se roulent en boule pour se défendre de leurs ennemis. La tunique charnue qui suit toute la longueur des intestins ou du tube digestif chez l'homme et les animaux, est encore le représentant du muscle peaussier, par rapport à la peau interne qui compose les parois intestinales.

La peau est comme le terrain général dans lequel sont plantés et nourris une foule d'appendices divers; tels sont les poils, les plumes, les écailles, les ongles, les aiguillons, les griffes, les piquants, les durillons, les dents mêmes, etc. Toutes ces productions paraissent être des modifications de l'épiderme, que la nature a travaillées selon les besoins de l'animal et les destinations qu'elle lui attribuait dans le monde.

Mais, indépendamment de ces moyens de protection générale, soit contre les intempéries de l'atmosphère ou les chocs et les blessures, soit des diverses armes offensives ou défensives qui en résultent pour les animaux et les plantes piquantes, etc., la peau est, en outre, très-importante par ses fonctions; elle est l'organe universel du tact chez tous les animaux, quoique avec divers degrés d'énergie.

Les peaux des oiseaux sont minces, de même que celles des poissons à larges écailles. Celles des lézards, serpents, grenouilles, sont très-dures et tenaces, mais peu épaisses. En général, la peau est plus épaisse sur le dos que sur le ventre des animaux. Les rhinocéros, l'éléphant, l'hippopotame, le tapir, ont des peaux d'une épaisseur et d'une dureté très-considérables. La peau du chamois sert pour les baudriers, etc. Les espèces d'animaux à sang blanc n'ont pas de véritables peaux, excepté les sèches et les poulpes. — Consultez les articles des animaux dont les peaux sont d'usage dans le commerce et les arts.

Beaucoup de causes influent sur la couleur, la consistance, la solidité et l'épaisseur des peaux, parce qu'étant placées à l'extérieur du corps, elles sont plus exposées à en éprouver toutes les vicissitudes. D'ailleurs, les tempéraments changent aussi les couleurs de la peau. Par exemple, les hommes bilieux sont plus bruns, les flegmatiques plus blancs, les sanguins plus rougeâtres que les autres individus. Dans les pays froids, la couleur de la peau humaine est plus blanche que dans les climats brunis par une lumière éternelle. Cependant le froid extrême noircit la peau des Lapons, des Samoïèdes, des Koriakes, des Jakutes et des Kamtschadales. On connaît la peau noire et brunâtre des Nègres, la teinte olivâtre des Abyssins, des Malais, la couleur de marron cuivré des naturels d'Amérique, etc.

Dans presque tous les animaux, la peau a plus d'épaisseur sur le dos que sur le ventre; elle est très-fine sur les lèvres, le mamelon et le gland; son épiderme se durcit, devient épais, écailleux, plein de durillons, de tubercules dans les endroits du corps qu'on fatigue par beaucoup d'exercices, ou qui éprou-

vent des froissements continuels, comme la peau du dedans des mains et de la semelle du pied ; néanmoins, cette peau est déjà plus épaisse et plus dure dès la naissance que dans les autres parties du corps, comme si la nature avait prévu la nécessité de rendre la peau plus épaisse dans ces endroits. (*Virey.*)

PEAU (technologie). — Pour ce qui concerne l'industrie qui s'occupe de la préparation des peaux, on la divise en différentes branches, suivant les différentes manières de les apprêter, et aussi suivant les diverses sortes de peaux provenant de différentes espèces d'animaux : c'est ainsi qu'il y a les professions de tanneurs, corroyeurs, hongroyeurs, mégissiers, chamoiseurs, maroquiniers, parcheminiers, pelletiers, gantiers, etc.

Les peaux se distinguent en général par les différentes espèces d'animaux qui les fournissent et qui toutes font l'objet d'un commerce plus ou moins considérable, suivant leurs différents usages. Il y a des peaux de bœuf, de vache, de veau, de mouton, de chèvre, de daim, de chamois, d'agneau, de chevreau, de cheval. Quant à la pelleterie, elle ne comprend que les peaux des animaux qui fournissent des fourrures, qui sont l'objet d'un commerce très-important; mais nous en parlerons dans l'article *Pelleterie* pour ne pas les confondre avec les peaux en général.

Les peaux sont brutes ou apprêtées; les peaux brutes, surtout celles de bœuf, dont le commerce est le plus considérable, lorsqu'elles viennent de pays éloignés, comme de l'Amérique du sud, de Buénos-Ayres, qui en fournissent une immense quantité, sont en poil et séchées, ou salées ; c'est ce qu'on appelle dans le commerce cuir en poils, qui se vendent au nombre. Ces cuirs reçoivent leur nom des différents apprêts qu'on leur a donnés; ainsi les peaux de maroquin sont des peaux de chèvre apprêtées de cette manière; il en est de même des basanes provenant des peaux de mouton passées au tan ou en rédon, et quelquefois en mégie pour la ganterie. Le parchemin se fabrique d'ordinaire avec des peaux, soit de béliers, soit de moutons ou de brebis. Le vélin est aussi une espèce de parchemin fait de la peau d'un veau mort-né ou d'un veaudelin. Le chamois se fabrique de la peau de chamois, comme celle de daim de la peau du daim. Quant aux fourrures qui comprennent la pelleterie en général, elles proviennent des peaux de tous les animaux revêtus de poils plus ou moins longs, plus ou moins lisses, et de différentes couleurs et qualités, dont on fait un grand usage dans les pays du Nord, pour se garantir du froid de l'hiver, et aussi dans quelques autres contrées plus tempérées, comme en Turquie, où les pelisses sont une marque de quelque dignité ou de quelque honneur qu'on reçoit.

Tous les pays fournissent des peaux en plus ou moins grande quantité, de différentes sortes, suivant les animaux qui en sont revêtus. Ainsi, les pays du Midi ne livrent que les peaux des animaux qui conviennent à leur climat; il en est de même des pays du Nord, où les animaux à fourrure ont leur domaine. Comme les arts font une grande consommation de peaux, elles sont généralement importées dans les pays où l'industrie est la plus florissante par le commerce. Aussi la France et l'Angleterre en reçoivent-elles des quantités considérables des pays où l'industrie n'est pas aussi développée. (*Montbrion.*)

PÉCARI (zoologie). — Genre de mammifères de l'ordre des pachydermes, et de la famille des pachydermes proprement dits. Les pécaris sont très-voisins des cochons par leurs formes générales; cependant ils s'en distinguent facilement, 1° par le nombre des doigts aux pieds de derrière: 2° par la présence, sur la région des lombes, d'un organe singulier, qu'on ne retrouve dans aucun autre mammifère connu; 3° par le manque de queue, etc.

Ils ont quatre incisives à la mâchoire supérieure, et six à l'inférieure; des canines triangulaires peu prononcées, dirigées à peu près comme celles des sangliers, mais ne sortant pas de la bouche; elles sont creuses à leur base, et paraissent pousser, pendant toute la vie de l'animal, comme cela est pour toutes les dents sans véritables racines. Les molaires sont au nombre de six de chaque côté, tant en haut qu'en bas, et tuberculeuses. La tête es longue,

Fig. 58. — Pécari.

pointue; le chanfrein droit, le museau terminé par un groin, soutenu par un os du boutoir. Le corps est trapu, raccourci, et couvert de soies très-fortes et très-roides. Sur la région des lombes est une ouverture glanduleuse, qui laisse continuellement couler une humeur fétide. Les pieds de devant ont quatre doigts distincts, dont les deux intermédiaires les plus grands, comme dans les cochons; ceux de derrière n'en ont que trois, parce que l'externe manque : du reste, il n'y en a que deux qui posent à terre, et l'interne est beaucoup plus petit et relevé; la queue est rudimentaire.

Le genre pécari comprend deux petites espèces, qui habitent en grandes troupes les forêts de l'Amérique méridionale. Leur chair est excellente. Le pécari à collier, de la grosseur d'un chien ordinaire, a l'aspect d'un jeune sanglier : son pelage est tiqueté noir et blanc, et il a un collier blanchâtre autour du cou; le pécari tajassu, qui est plus grand que le précédent, est ordinairement noir.

PÊCHER (zoologie) [*amygdalus persica*]. — Espèce d'arbre du genre *amandier*, qu'on croit originaire de Perse, et qui s'est acclimaté en Europe, où on le cultive dans les jardins et même dans les champs. Il varie suivant la culture. Sa tige est naturellement droite, son écorce blanchâtre et son bois dur. Il se garnit de feuilles alternes, simples, entières, longues, terminées en pointe, dentelées, à leurs bords et portées sur de courts pétioles. Les fleurs sont solitaires, presque sessiles et distribuées le long des jeunes tiges. Leur couleur est colombine (on appelle ainsi une couleur qui tient du rouge et du violet). Chacune d'elles est composée d'un calice à cinq divisions, qui tombe aussitôt que le fruit est noué; d'une corolle à quatre pétales; d'environ trente étamines, et d'un pistil auquel succède un drupe ou fruit à noyau, connu sous le nom de pêche. Ce fruit varie beaucoup; il est communément obrond, velu, marqué d'un sillon longitudinal; sa chair est succulente, et il renferme un noyau ligneux, creusé, sillonné, rustiqué à sa surface, dans lequel se trouve une amande à deux lobes ayant une légère amertume. Le pédoncule du fruit est très-court, et s'implante dans une cavité plus ou moins profonde suivant la variété.

La pêche est un des meilleurs fruits de nos vergers; elle est agréable à la vue, au toucher, à l'odorat et au goût. Sa grosseur présente depuis un pouce jusqu'à quatre pouces de diamètre. Sa peau est fine ou épaisse, velue ou lisse, blanche, jaune, violette, rouge ou marbrée, souvent de deux couleurs fondues ensemble, l'une plus intense que l'autre du côté où le soleil a frappé. Sa chair est plus ou moins succulente et fondante, de couleur blanche, rouge ou jaune, ordinairement plus foncée près du noyau, tantôt y adhérant, tantôt s'en séparant facilement.

Le pêcher aime les sols légers, profonds, de bonne qualité : « il ne réussit pas dans les terrains compactes, argileux ou humides. On le place plus ordinairement en espalier, à une bonne exposition, abritée du nord; quelquefois aussi on le tient en plein vent. On greffe le pêcher en écusson sur prunier dans les terres qui ont peu de profondeur, et sur amandier dans les terres profondes. Ces greffes se font au commencement de septembre et en juillet. »

Il y a en France une foule de variétés de pêches qui sont l'objet, dans certains pays, d'une culture importante.

« Les fleurs, les feuilles du pêcher, ainsi que les amandes des noyaux, ont une saveur extrêmement amère : cette amertume, qui a quelque chose d'aromatique, est due à l'acide cyanhydrique qu'elles renferment. On prépare avec les fleurs un sirop qui est légèrement purgatif; l'eau de noyau de pêches est stomachique, carminative et fort agréable; la gomme des pêchers est astringente et bonne contre la dyssenterie. On prépare avec les noyaux un très-beau noir dont on se sert en peinture sous le nom de *noir de pêche*. Enfin le bois de pêcher, surtout celui des pêchers en plein vent, est dur, de bonne qualité, et employé pour les ouvrages d'ébénisterie et de marqueterie. »

PECTORILOGIE. — Voy. *Auscultation*.

PÉDAGOGIE [du grec *païs*, *paidos*, enfant, et *agôgé*, conduite]. — Science de l'éducation, c'est-à-dire du développement des facultés physiques, morales et intellectuelles de l'homme. Comme toute science, elle comprend les principes et l'art; en d'autres termes, la théorie et la pratique. Lorsque la pédagogie pose des principes, c'est une science; lorsqu'elle indique des moyens d'éducation, c'est un art.

Dans notre définition, nous avons dit que la science de l'éducation comprend le développement des facultés intellectuelles : cette partie de l'éducation, qui communique à l'homme des connaissances positives, est l'instruction, si essentielle pour remplir les devoirs que nous impose la société.

Néanmoins, il y a toujours une éducation intellectuelle, attendu que l'étude des principales facultés, la sensibilité, l'intelligence, l'attention, le jugement, la mémoire, l'imagination, est du domaine de cette éducation.

La pédagogie comprend donc l'instruction et l'éducation physique, morale et intellectuelle.

Chacune des branches de l'éducation doit comprendre deux moyens : la théorie et la pratique.

Dans l'éducation physique, la théorie comprendra : 1° des notions d'anatomie, qui initieront les élèves à la connaissance de la structure des êtres organisés, et en particulier de l'homme; 2° des notions de physiologie, qui leur feront connaître le jeu des organes; 3° enfin, des notions d'hygiène, qui leur enseigneront l'art si précieux de conserver la santé et d'éviter les maladies. La pratique s'occupera de la gymnastique, dont le but est de communiquer aux organes la souplesse et l'agilité dont ils sont susceptibles.

Dans l'éducation morale, la théorie comprend l'étude des principales facultés, et la pratique l'application de ces facultés.

Enfin, dans l'éducation intellectuelle, la théorie comprend l'étude générale des principales facultés, et la pratique, l'application de ces facultés aux diverses branches des connaissances humaines.

Voici un tableau synoptique des divisions et subdivisions de la science de l'éducation. Aucun ouvrage, aucune encyclopédie n'avait, jusqu'à ce jour, fixé l'étendue du domaine de cette science :

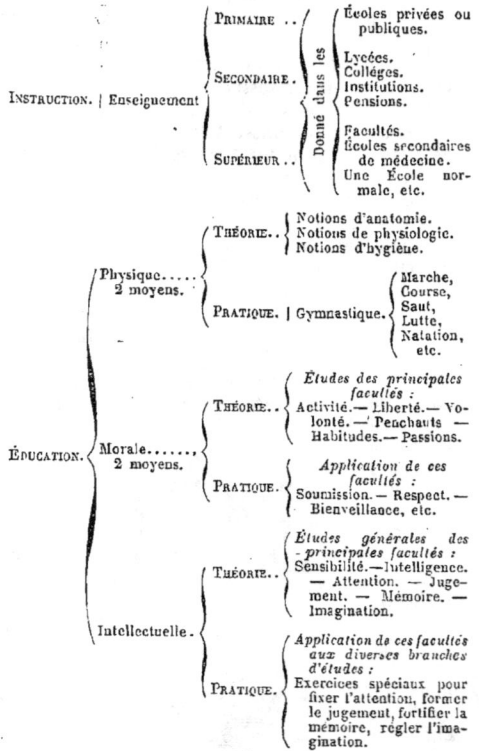

INSTRUCTION. Enseignement		
PRIMAIRE ..	Écoles privées ou publiques.	
SECONDAIRE.	*Donné dans les* : Lycées. Collèges. Institutions. Pensions.	
SUPÉRIEUR ..	Facultés. Écoles secondaires de médecine. Une École normale, etc.	

ÉDUCATION.		
Physique.... 2 moyens.	THÉORIE..	Notions d'anatomie. Notions de physiologie. Notions d'hygiène.
	PRATIQUE. Gymnastique.	Marche, Course, Saut, Lutte, Natation, etc.
Morale...., 2 moyens.	THÉORIE..	*Études des principales facultés :* Activité.—Liberté.—Volonté.—Penchants.—Habitudes.—Passions.
	PRATIQUE.	*Application de ces facultés :* Soumission.—Respect.—Bienveillance, etc.
Intellectuelle.	THÉORIE..	*Études générales des principales facultés :* Sensibilité.—Intelligence.—Attention.—Jugement.—Mémoire.—Imagination.
	PRATIQUE.	*Application de ces facultés aux diverses branches d'études :* Exercices spéciaux pour fixer l'attention, former le jugement, fortifier la mémoire, régler l'imagination.

On trouve le germe de la science pédagogique dans les écrits de Quintilien, de Plutarque; elle a surtout été cultivée par les modernes : Æneas Sylvius, Érasme, Sadolet, aux quinzième et seizième siècles; Fénelon, Locke, au dix-septième; Rollin, J. J. Rousseau, Basedow, Pestalozzi, au dix-huitième; et de nos jours, Niemeyer en Allemagne, le P. Girard en Suisse, monseigneur Dupanloup, de Gérando, Salmon, Barrau, M. L. F. Gauthey, etc., en France, ont fait des ouvrages remarquables en ce genre.

B. LUNEL.

PÉDILUVE (thérapeutique) [du latin, *pes*, *pedis*, pieds, et *luere*, laver, bain de pied]. — Les pédiluves peuvent être chauds, tièdes ou froids; leurs effets diffèrent suivant la température de l'eau. « Les *pédiluves chauds* sont fréquemment prescrits comme révulsifs, particulièrement dans les cas de maux de tête, d'éblouissements , de tintements d'oreilles, d'ophthalmie, d'angine, etc.; en un mot, chaque fois qu'on veut opérer une prompte dérivation. Il faut que l'eau soit aussi chaude qu'on peut l'endurer, et l'immersion ne doit pas durer plus de huit à dix minutes. Le plus souvent on ajoute à l'eau chaude

50 ou 60 grammes de sel commun ou de farine de moutarde. Les *pédiluves tièdes* déterminent la dilatation des vaisseaux et l'afflux du sang dans leur intérieur ; aussi en fait-on usage immédiatement avant la saignée du pied, et y replonge-t-on ensuite le membre pour entretenir l'écoulement du sang. Les *pédiluves froids* conviennent pour empêcher le développement d'une inflammation, particulièrement à la suite d'une entorse, d'une brûlure, etc., ou au début d'un panaris. Il faut que les parties restent plongées dans l'eau pendant plusieurs heures, et que le liquide soit renouvelé assez souvent pour que sa température n'ait pas le temps de s'élever. Sans ces précautions, il s'établit une réaction dans la partie malade, l'effet répercussif du bain devient nul, et l'inflammation ne s'en développe qu'avec plus d'énergie.»

PEINTURE (beaux-arts). — La peinture est l'art de représenter toutes les formes qui existent dans la nature, au moyen du dessin et de la couleur. Pour y arriver, on se sert du crayon et du pinceau.

Par ce moyen, on obtient des représentations sur une surface plane, qui peuvent donner des reliefs ou le modelé des formes et objets, par l'art du clair-obscur et du coloris.

Un tableau fait dans ces conditions s'appelle *peinture.*

Il existe encore différentes sortes de peinture : la peinture à fresque, en détrempe, à la gouache, en miniature, au pastel, à la cire, en mosaïque, en pierres de rapport ou marqueterie, en tapisserie, sur le verre, en émail et sur la porcelaine.

La peinture à l'huile, celle dont nous nous occuperons le plus, est celle que l'on emploie dans les beaux-arts. On en attribue l'invention à Jean Van-Eyck, plus connu sous le nom de Jean de Bruges.

Cette peinture a un grand avantage sur les autres, en ce qu'une fois sèche, elle ne peut se dissoudre que très-difficilement, ce qui donne au peintre la possibilité de toucher ou changer sa composition sans effacer complétement ce qui est déjà peint.

Cinq grandes conditions sont nécessaires pour la peinture : la composition, le dessin, le clair-obscur, le coloris, la touche. Leur résultat doit offrir la vérité et la beauté réunies.

Les recherches les plus exactes sur l'origine de la peinture n'ont produit que des incertitudes. On ne sait ni les lieux où elle a pris naissance, ni ceux à qui on en est redevable ; les uns prétendent qu'elle commença à Sycione, et d'autres à Corinthe. Les Égyptiens prétendent qu'on s'y est exercé chez eux six mille ans avant qu'on s'en occupât en Grèce. Il est vrai que le goût de la peinture se produisit en Égypte sous toutes les formes, car les colonnes de différents temples sont coloriées ainsi que d'anciens objets.

Cette incertitude nous autorise à croire que, dès les premiers âges du monde, la faculté du dessin, sinon la peinture, fut mise à l'épreuve, sitôt qu'un commencement de civilisation le lui permit, et qu'alors le coloris ou la peinture lui succéda bientôt.

Voici ce qui nous a été transmis à cet égard :

Avant le siége de Troie, la peinture grecque n'était autre que l'art de représenter la figure d'un héros sur une surface égale et unie, et comme cette méthode du contour extérieur ne marquait point les traits du visage, il s'ensuivait que la personne était méconnaissable ; et pour y remédier, l'artiste avait le soin d'écrire sous l'œuvre le nom de l'individu représenté.

Cléophante de Corinthe fut le premier, dit-on, qui inventa la peinture proprement dite, la peinture coloriée, en employant sur un fond de terre cuite et broyée, la couleur rouge, comme la plus approchante de la carnation.

Bulasckus, contemporain de Candaule, introduisit l'usage de plusieurs couleurs dans un seul ouvrage de peinture, ce qui amena bientôt la connaissance des lumières et des ombres. Panœmus peignit la bataille de Marathon avec la figure ressemblante des principaux chefs des deux armées. Peu après cet artiste, Polygnotte de Thasos, qui, le premier donna des draperies légères à ses figures de femmes, quitta quelquefois le pinceau pour peindre en encaustique.

Enfin, à la quatre-vingt-quatorzième olympiade, Apollodore d'Athènes ouvrit une nouvelle carrière et fit naître le beau siècle de la peinture. Il fut suivi par Thimante, Eupompe, Apelles, Parrhasius et Zeuxis.

Suivant le témoignage de Pline, les Romains honorèrent de bonne heure la peinture. Il y eut d'excellents peintres.

Auguste orna les temples de Rome et les places publiques de ce que les anciens peintres de la Grèce avaient fait de plus précieux et de plus rare. Lucius, qu'on voit sous cet empereur, rétablit l'usage de la peinture à fresque.

La mort d'Auguste fut bientôt suivie de la décadence des arts. Celui de la peinture, après avoir été longtemps enseveli en Occident sous les ruines de l'empire romain, se réfugia, faible et languissant, chez les Orientaux, et naquit enfin vers l'an 1240, à Florence, sous le pinceau de Cimabué. Cependant on ne peignit qu'à fresque et en détrempe jusqu'au quatorzième siècle, que Jean Van-Eik, natif de Maseyk, trouva, à Bruges, le secret de peindre à l'huile. Plusieurs peintres se rendirent célèbres dans les deux siècles suivants ; mais aucun n'excella dans son art.

A la fin du quinzième siècle, la peinture marcha tout à coup à pas de géant ; et cet art commença à orner plusieurs édifices, dont les derniers embellissements sont les chefs-d'œuvre de Raphaël et de ses contemporains. Le prodige qui arrivait à Rome, se faisait remarquer en même temps à Venise, à Florence et dans d'autres villes d'Italie. On vit paraître presque en même temps des hommes à jamais illustres dans leurs professions, des hommes sans précurseurs, et qui étaient les élèves de leur propre génie.

Le Nord reçut quelques rayons de l'heureuse influence qui se répandait alors sur la peinture. Albert

Durer, Holbein et Lucas de Leyde, peignirent infiniment mieux qu'on ne l'avait encore fait dans leur pays.

Cependant, dans le même climat où la nature avait produit libéralement les peintres fameux du siècle de Léon X, les encouragements, la protection des souverains, ne purent donner une postérité à ces grands artistes, nés sans ancêtres.

L'école de Venise et celle de Florence dégénérèrent en soixante ou quatre-vingts ans; et si la peinture se maintint à Rome en splendeur durant un plus grand nombre d'années, ce fut à des étrangers, tels que le Poussin et les élèves des Carraches, qui vinrent faire valoir à Rome les talents de l'école de Boulogne et de Palerme, qu'elle en eut l'obligation.

La peinture, qui avait commencé à naître en Flandre sous le pinceau de Jean Van-Eik, y resta dans un état de médiocrité jusqu'au temps de Rubens, qui, sur la fin du seizième siècle, en releva la gloire par ses talents et par ses ouvrages. Si Rubens laissa des élèves comme Van-Dyck, Jordaens, Dispenleeck, Vanhelder, qui font honneur à sa réputation, ces élèves n'ont pas laissé de disciples qui les aient remplacés; et l'école de Rubens a eu le sort des autres écoles.

Il semblait que la peinture, qui a passé en France plus tard qu'ailleurs, voulait y fixer un empire plus durable. François 1er n'épargna rien pour la faire fleurir : néanmoins ce n'est proprement que sous Louis XIV qu'elle a commencé à paraître dans ce pays avec le Poussin. La France a eu, pendant ce long règne, des peintres excellents en tout genre.

Lesueur n'eut d'autre maître que lui-même ; Lebrun égala les Italiens dans le dessin et la composition; Lemoine ne leur est guère inférieur; vingt autres artistes français ont laissé des morceaux dignes d'être recherchés de tous les connaisseurs.

A l'égard de la peinture des habitants du Nord, on n'en peut rien dire, sinon que cet art ne s'est pas approché du pôle plus près que la Hollande.

Depuis plus de deux siècles, les Anglais aiment la peinture, mais, jusqu'à ces derniers temps, ils ont été réduits à payer très-cher les ouvrages des peintres étrangers, et à récompenser magnifiquement ceux qui se sont établis chez eux; mais enfin, la Grande-Bretagne peut se vanter aujourd'hui de posséder une école nationale qui mérite d'occuper une place dans l'histoire et dans les époques de l'art.

L'école anglaise, dont Josué Reynolds est le fondateur, paraît s'être formée sur les grands maîtres de l'école italienne et sur les peintres d'effets que la Flandre a produits, et la Mort du général Wolf, le Départ de Régulus retournant à Carthage, l'Arrivée d'Agripine à Brindes, et quelques autres sujets, sont des preuves que les peintres de cette nation ont connu la grandeur du style, les fortes expressions et l'art d'ordonner les plus nombreuses compositions. Il ne leur manque, pour soutenir des commencements si beaux, qu'une plus grande sévérité dans les formes, et moins d'ambition pour les effets piquants.

« Aux temps primitifs du christianisme (dit Paillot de Montabert), l'initiation aux beaux-arts était considérée comme étant de nature divine; cette initiation était confiée au sacerdoce; les monastères comptaient beaucoup d'initiés. Les abbés, ministres des autels, surveillaient l'architecture, la peinture, la sculpture, la musique, la mimique de la chaire évangélique et des saintes images, la gymnastique sacrée, et enfin la poésie sacrée; mais aucune institution publique n'était fondée pour l'enseignement artistique, nécessaire dans l'éducation des peuples.

» Privé d'institution publique, l'art primitif moderne fut abandonné à lui-même, et bientôt à l'unité du principe religieux et divin fut substitué le principe de la fascination dominatrice, et les énigmes artistiques des mystères; l'art, enfin, délaissant le principe social institué par le Christ, fondateur de la doctrine de charité, fut employé à servir les différents pouvoirs, les dynasties; il célébra les conquêtes; mais jamais on ne vit institué socialement par des écoles complètes; on ne lui prescrivit plus de servir la vertu.

» Les beaux-arts, comme l'a dit Aristote, sont destinés à purger les passions, mais dans certains temps on voudrait, en faussant leur enseignement, les rendre excitateurs de certaines passions.

» Les beaux-arts nous ont été accordés, non pour notre vanité, non pour notre récréation, mais pour notre enseignement et pour notre amélioration. »

La peinture, en effet, doit tendre constamment vers la moralisation, par toutes les voies possibles, mais ce but n'exclut point une foule de scènes ou de vues pittoresques qui n'ont pas moins de valeur, et concourent, soit par l'aspect de la nature ou de grandes pages populaires, à émouvoir, charmer et élever l'âme.

Les partisans d'une école unique et basée sur les mêmes principes auront beau faire, ils n'astreindront jamais tous ceux qui s'adonnent à cet art à s'emboîter dans le même compartiment. Il y a au-dessus d'eux une formidable opposition, Dieu lui-même! Dieu, qui a créé les êtres avec une infinité de nuances différentes soit dans les passions, les sentiments, ou l'intelligence; comment alors obtenir des œuvres de même nature conçues avec le même esprit, les mêmes tendances, quand les créatures sont parfois si opposées? C'est ainsi que s'explique chaque école, dont chacune a ses qualités et ses défauts; telle est coloriste, mais inférieure en dessin, telle autre, remarquable par le dessin, mais point par la couleur, ou telle encore par l'imagination, la composition, mais ridicule ou exagérée dans les formes, etc. De là enfin la division du genre : peinture historique, peinture de genre, comprenant une foule de sous-divisions, peinture de portraits, peinture de paysages, etc.

Cela explique encore, jusqu'à un certain point, comment on en vient à admirer des œuvres incomplètes, c'est-à-dire passer sous silence d'énormes défauts pour une grande qualité, et cela chez la plupart des plus grands talents; c'est qu'en effet un enfemble est rarement satisfaisant sous tous les rapports, et est presque impossible.

Cependant, malgré ces dangers qu'il faut admettre, nous espérons que l'art s'idéalisera de plus en plus jusqu'à la perfection complète, car nous croyons que l'humanité progressera.

Nous ne pouvons donner des preuves plus palpables de ce qui précède sur le goût et la valeur des écoles qu'en rapportant ici le jugement des maîtres entre eux : On sait que Michel-Ange n'était guère goûté du modeste et naïf Raphaël. « Raphaël se disait que le grand maître Michel-Ange était le génie de la fascination artistique, génie effrayant de science barbare et de hardies corruptions ; le grand maître Rubens disait de Raphaël qu'il était un peintre endormi ; le grand maître Mignard appelait Rubens décorateur chamarré et extravagant ; enfin, le célèbre peintre David, ce peintre ami sévère des anciens, disait du grand maître Mignard qu'il ne savait qu'arrondir et polir des chairs désossées. Voilà des grands maîtres qui, par leur singulière contradiction, nous laissent bien dans l'embarras ; ceci revient à dire : N'imitez pas la manière des maîtres ; comprenez bien l'art, il vous apprendra à choisir, et n'imitez que la nature. »

La peinture, pour être belle, exige surtout un dessin exact et pur dans ses formes ; le choix des modèles est donc important ; cette condition principale est cependant difficile à obtenir la plupart du temps ; l'artiste est presque toujours forcé d'y remédier par l'imagination, l'*idéalité*, qu'il s'est représentée dans sa composition, et d'appeler à lui tous ses souvenirs du beau qu'il aura observé et admiré dans sa vie. Cependant ce moyen dans le travail est souvent dangereux, et est souvent cause d'anomalies dans la structure et le modelé.

Ainsi le modèle, cette partie qui devrait être essentielle, est souvent secondaire, par l'impossibilité absolue de s'en procurer de convenables.

Il n'en était pas ainsi en Grèce, pays de l'art par excellence ; l'enthousiasme était tel chez les habitants de Crotone, qu'ils ordonnèrent, par un décret public, aux cinq plus belles vierges de la ville, de poser pour la figure d'Hélène devant le peintre Zeuxis.

La mission de la peinture n'est pas seulement de se produire comme tableaux pour former les musées, que quelques-uns seulement peuvent apprécier, mais bien encore d'orner et de décorer tout ce qui se présente à nos yeux constamment, soit monuments ou industrie, et former ainsi le goût du public, qui tend à se corrompre. Il est de l'intérêt de la peinture et des beaux-arts en général de se produire et de se vulgariser sous toutes les formes, car, s'il n'en était point ainsi, il serait à craindre qu'une population indifférente alors, faute de connaissances, n'amenât dans son indifférence la chute de l'art.

La Grèce et l'Italie sont des exemples ; ce qui a fait leur grandeur et formé de si grands maîtres, n'était-ce point par la profusion et l'application de

leurs œuvres ? N'a-t-on pas vu Giorgione et le Titien couvrir les palais, les entrepôts et les maisons de leurs magnifiques peintures ? Raphaël faisait de vastes compositions dans le même but à Rome, d'accord avec une pléiade d'artistes, qui, depuis Mantegne jusqu'à Polydore de Caravage, se sont appliqués à ces travaux. Toutes les villes d'Italie sont des musées en plein soleil. C'est ainsi que des générations douées de bon goût peuvent faire naître l'amour de l'art et créer de grands artistes.   E. Paul.

PÉLICAN (zoologie) [du grec *pélékan*, même signification].—*Pelecanus* et *onocrotalus*.—Genre d'oiseaux de l'ordre des palmipèdes totipalmes qui se

Fig. 39. — Pélican.

reconnaissent aux parties nues qu'ils ont à la tête, à la face et sur la gorge, à leur queue arrondie, à leur bec énormément long, et surtout à la vaste poche membraneuse qu'ils ont entre les deux branches de la mandibule inférieure. Cette poche est un réservoir dans lequel ils accumulent, au moment de la pêche, une ample provision de poissons, qu'ils vont ensuite digérer à leur aise sur quelque arbre voisin des fleuves, des lacs ou des mers qu'ils fréquentent. On prétend que cette poche est assez grande pour contenir trente livres de poissons, et quand elle est distendue, elle est assez vaste pour envelopper la tête d'un homme.

Les pélicans étaient autrefois fort célèbres par leur prétendue tendresse pour leur progéniture, qu'ils nourrissaient, disait-on, de leur propre sang à défaut d'autres aliments. D'après ce préjugé, ces oiseaux étaient l'emblème de la tendresse maternelle; mais cette opinion était d'autant plus fausse, que les pélicans se montrent, au contraire, très-indifférents à l'égard de leurs petits, et qu'ils ne cherchent pas même à les défendre quand ils se les voient ravir.

La manière dont les pélicans pêchent mérite d'être remarquée. Quand ils sont seuls, ils attrapent le poisson comme les goëlands et les sternes, c'est-à-dire en planant à la surface de l'eau; mais quand ils sont plusieurs ensemble, ils se placent en ligne, et nagent de compagnie en formant un grand cercle, qu'ils resserrent peu à peu pour y renfermer leur proie, qui ne peut ainsi leur échapper.

Il paraît qu'on peut apprivoiser le pélican, et même en tirer parti pour la pêche. En lui attachant au cou un anneau qui lui empêche d'avaler le poisson, il s'en remplit la poche qu'il a sous le bec et le rapporte à son maître. C'est surtout en Chine qu'on l'emploie à cet usage.

On compte trois ou quatre espèces de ce genre, qui toutes sont de forte taille et des contrées orientales ou méridionales. Nous en avons une qui est assez commune sur les grands fleuves d'Allemagne; c'est le pélican ordinaire ou onocrotalus. Cet oiseau est de la taille d'un fort cygne et atteint quelquefois jusqu'à six pieds de long: tout son plumage est d'un beau blanc légèrement nuancé de rose, excepté les rémiges, qui sont noires. Les jeunes ont les couleurs plus foncées. Le pélican niche à terre, dans un enfoncement situé dans le voisinage des eaux. La femelle pond ordinairement trois œufs d'un blanc pur, qui sont également gros aux deux bouts. (*Salacroux.*)

PELLETERIE (technologie).—Le terme pelleterie désigne d'une manière générale les peaux d'animaux garnies de poil, et qui servent de fourrure; on la distingue en pelleterie fine et en pelleterie commune, ou des pays froids et des pays chauds. Cependant la beauté des fourrures ne tient pas si essentiellement au climat que sa température indépendamment des latitudes n'y influe beaucoup; en sorte qu'il peut arriver qu'une fourrure des Alpes ou des Pyrénées sera mieux fournie et plus belle que la fourrure d'un même animal des contrées de Moscou, de Pétersbourg ou d'Archangel.

Il n'y a pas un si grand nombre de diverses espèces d'animaux qu'on pourrait le croire, soit dans les différents climats de la zone tempérée, soit près ou au delà du cercle polaire. Ce sont partout des ours, des loups, des renards, des blaireaux, des chats, des rats, des belettes, des putois, des fouines, des martres, des écureuils, des lièvres, des lapins, des moutons, des agneaux, des chèvres, des chiens même. Mais il y a des variétés dans la forme, dans la grosseur; il y en a de plus grandes dans l'habitude, et de même aussi dans les couleurs; enfin de très-grandes dans la fourrure, quant à la hauteur, à la finesse et au doux du poil. L'ours et le sanglier sont assez communs dans les montagnes; leur usage en pelleterie et chamoiserie est assez connu; le chamois est très-commun dans les montagnes du Dauphiné. Les chamoiseurs de Grenoble vont acheter les peaux à la foire du bourg d'Oisans. Le chevreuil y est plus rare; le loup et le renard y sont très-communs et fournissent une grande quantité de peaux à la pelleterie. On trouve assez communément des chatscerviers: cet animal destructeur du gibier n'habite que les bois et les broussailles; il fournit de très-belles peaux à la pelleterie. La peau du blaireau s'habille avec le poil; on ne s'en sert que pour couvrir les malles ou les chevaux des voitures. Les lapins sont assez rares dans les montagnes du Dauphiné; le lièvre préfère les coteaux et les hautes montagnes; sa peau est une excellente fourrure. Il ne paraît pas que la peau des marmottes entre dans le commerce; peut-être a-t-on négligé d'en tirer parti dans la chamoiserie. La fouine n'est pas si rare que la martre; cette dernière ne se trouve que dans certaines forêts et auprès des villages. La peau n'est pas fine, mais elle est préférable à celle de la fouine, qui multiplie davantage et fournit beaucoup de peaux à la pelleterie. Il existe dans nos forêts des écureuils: on en distingue de trois espèces: gris, rouges et noirs; leur peau est recherchée, ainsi que celle de la belette et de la taupe. On trouve beaucoup de loutres dans le Dauphiné; leur peau se vend fort cher.

Nous terminerons ici cette énumération des animaux propres aux fourrures en France. On distingue trois espèces et aussi quatre sortes de commerce de pelleteries, suivant les différentes contrées qui les produisent. Ainsi, il y a: 1° le commerce des pelleteries du Canada dans l'Amérique du Nord; 2° celui des pelleteries au nord-ouest; 3° celui des pelleteries du Kamtchatka en Sibérie, et 4° celui des pelleteries en France.   LARIVIÈRE.

PENDULE (physique). — Corps pesant, attaché à un fil inextensible. Un tel corps ne peut être en équilibre lorsque son centre de gravité se trouve sur le prolongement de la verticale du point de la suspension; si l'on écarte le corps de cette position, il tendra à y revenir par la seule force de sa pesanteur, et il s'en rapprochera en augmentant toujours de vitesse jusqu'à ce qu'il y soit arrivé. On distingue deux sortes de pendules: le simple et le composé. Le pendule simple serait celui dont le fil de suspension n'aurait aucune pesanteur, ou dont le corps lourd ne poserait que sur un seul point, comme si, par exemple, toute sa pesanteur résidait au centre. Le pendule composé est celui qui pèse par plusieurs points; et c'est le cas le plus ordinaire, puisque la verge de suspension est ordinairement en métal; et, quand elle serait de bois ou de quelque autre matière, ce serait le même cas, car elle ne serait pas sans pesanteur.

Voici les autres lois applicables au pendule. «*La durée du temps des oscillations est proportionnelle à la durée du temps de la chute par le diamètre.* Or, la durée de la chute d'un corps est proportionnelle à la racine carrée de la longueur de cette chute ou de l'espace parcouru. Par exemple, « si un corps tombe pendant une seconde et parcourt un espace = 1, en tombant pendant 2 secondes il parcourra un espace = 4. Ainsi, l'espace = 1, parcouru en une seconde, n'est que le quart de l'espace = 4, parcouru en 2 secondes; et les oscillations étant proportionnelles aux temps des chutes, un pendule quatre fois plus court oscillera deux fois plus vite. »

Les oscillations des pendules se font dans des temps proportionnés aux racines carrées des longueurs. Mais l'attraction (pesanteur) venant à varier, *la durée des oscillations est en raison inverse de la racine carrée de l'intensité de la pesanteur*. De là, *l'intensité de la pesanteur est comme le carré du nombre des oscillations dans un temps donné*. Par exemple, « si dans un lieu de la terre un pendule d'une longueur donnée exécutait 60 oscillations par minute, et que dans un autre lieu il en exécutât 70, on en conclurait que, dans ces deux localités, les intensités de la pesanteur sont comme le carré de 60 est au carré de 70, ou comme 3600 est à 4900. La formule, $T = \pi \sqrt{\dfrac{l}{g}}$ résume ces lois. Dans cette formule, T représente le temps d'une oscillation, π le rapport du diamètre à la circonférence, l la longueur du pendule, et g la gravité (pesanteur). »

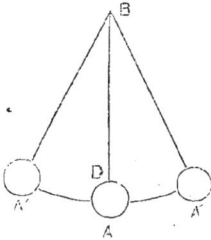

Fig. 60. — Pendule.

Les lois du pendule ont servi à faire connaître la figure exacte du globe, son aplatissement aux pôles et son renflement à l'équateur. Galilée et Huyghens ont appliqué le pendule à la mesure du temps. Dans ce cas, la seconde ou la 86400ᵉ partie du jour est prise pour unité. A Paris, un pendule qui bat les secondes doit avoir 0 m., 99389, ou 3 pieds 8 lignes 6/10 de ligne de longueur.

En 1851, M. Léon Foucault a démontré le mouvement de rotation de la terre à l'aide du pendule. Voici le résultat de cette démonstration : Un pendule de 10 à 12 mètres étant mis en mouvement dans une direction quelconque, on observe au bout de quelques instants que le plan d'oscillation a dévié et que la boule s'est sensiblement portée vers la gauche; on remarque, en outre, que l'écartement du plan d'oscillation avec la direction primitive forme un angle égal à l'arc parcouru dans le même temps

par la terre, dans son mouvement de rotation. Cette expérience a été faite en grand sous la coupole du Panthéon, avec un pendule égal en longueur à la hauteur de l'édifice et portant un poids de 28 kilogrammes : le pendule a donné, dans une oscillation double, de 16ᵉ de durée, un écartement de 0ᵐ, 0025.

L'action du froid qui contracte les métaux, et celle de la chaleur qui les dilate, diminuant la justesse du pendule, engagèrent Julien Leroi, Ellicor et Graham à créer les *pendules compensateurs,* composés de plusieurs métaux inégalement dilatables. Le plus ingénieux est le *pendule à gril,* inventé par le célèbre Harrison, mécanicien anglais : il est formé de plusieurs tiges de différents métaux, dont la réunion laisse au pendule sa longueur exacte, quelle que soit la température de l'atmosphère.   B. L.

PENDULE (horlogerie). — Horloge à poids ou à ressorts à laquelle on joint un *pendule,* dont les vibrations servent à régler les mouvements. Afin de connaître tous les battements ou vibrations du *pendule,* on a imaginé un *compteur,* placé auprès de ce *pendule* : une roue dentée, portant une aiguille, en opère l'effet en entourant l'axe de cette roue d'une corde à laquelle on suspend un poids. Cette roue, entraînée par le poids, communique avec une pièce portant deux bras, qui est attachée au *pendule;* de sorte qu'à chaque vibration, la roue avance d'une dent, et restitue en même temps au *pendule* la force que la résistance de l'air et la suspension lui font perdre à chaque vibration; c'est ce qui forme l'échappement de la machine dont le *pendule* est le régulateur, le poids, le *moteur* ou *agent,* et la roue le *compteur,* parce que son axe porte une aiguille qui marque les parties du temps sur un cercle gradué.

PÉNOMBRE (astronomie). — Espèce d'ombre affaiblie, et qui tient un milieu entre la vraie ombre et une lumière éclatante dans une éclipse, de sorte qu'il est très-difficile de déterminer le moment où l'ombre commence et où la lumière finit; de même que de déterminer ensuite celui où l'ombre finit et où la lumière commence. «La pénombre est principalement sensible dans les éclipses de lune, car on voit cette planète s'obscurcir par degré, à mesure qu'elle avance vers la partie la plus épaisse de l'ombre de la terre; au contraire, il n'y a point, à proprement parler, de pénombre dans les éclipses de soleil, car les parties du soleil qui se cachent à nos yeux se cachent et s'obscurcissent tout à coup sans dégradation. Cependant on peut dire que les endroits de la terre où une éclipse de soleil n'est pas totale, ont la pénombre, parce qu'ils sont en effet dans l'ombre par rapport à la partie du soleil qui leur est cachée. »

PENSÉE (philosophie, morale). — Tout ce que l'âme éprouve soit des impressions étrangères, soit par l'usage qu'elle fait de sa réflexion; l'expression est la représentation de la pensée par la parole. Dans son application la plus étendue, dit un écrivain, le mot *pensée* comprend toutes les facultés de l'entendement et toutes celles de la volonté. La pensée n'est pas justiciable de l'homme; elle est indépendante et ne connaît d'autre maître que Dieu même. Il existe une grande analogie entre les pensées et les sentiments, dont le plus souvent elles ne sont que la reproduction. Chacun sait que la vue d'un objet rappelle souvent à notre pensée des situations, des sentiments qui l'ont affectée autrefois : les maisons, les campagnes, les rivières, sont marquées par le souvenir des pensées qui nous occupaient en les voyant; aussi l'influence des objets sensibles pour rappeler les pensées et les sentiments est-elle particulièrement remarquable. Quand le temps a effacé, autant qu'il peut effacer, l'impression produite sur nous par la mort d'un ami, si nous entrons pour la première fois dans la maison qu'il habitait, comme cette impression se renouvelle tout à coup! avec quelle force elle vient révolutionner notre cœur! Tout ce que nous voyons nous rappelle l'image chérie de celui dont la perte nous a coûté tant de larmes. Nous éprouvons quelque chose de semblable à la vue des lieux auxquels nous sommes accoutumés d'associer de grands noms et de grands événements : la vue de ces lieux éveille bien plus vivement l'imagination que ne peut le faire la simple pensée. C'est de là que naît le plaisir que nous prenons à visiter les terres classiques, les retraites qui ont inspiré le génie des écrivains dont nous admirons les ouvrages, ou les champs qui ont servi de théâtre à des actions héroïques.

PENSÉE (littérature). —La pensée, c'est la présentation de quelque chose dans l'esprit, et l'expression est la représentation de la pensée par la parole. Sous le point de vue oratoire, les pensées sont de deux sortes: les unes qu'on appelle *logiques*; les autres, que je nommerai *pensées de goût*. Les premières sont dictées par la raison et le bons sens ; le goût décide des secondes. Selon l'expression du chevalier de Jaucourt, celles-là sont la substance du discours, celles-ci l'assaisonnement.

La première qualité logique d'une pensée, c'est qu'elle soit *vraie*, c'est-à-dire qu'elle représente la chose telle qu'elle est.

A cette première qualité tient la *justesse*, puisqu'une pensée parfaitement vraie est nécessairement juste. Cependant l'usage met quelque différence entre la vérité et la justesse de la pensée. La *vérité* signifie plus précisément la *conformité de la pensée avec l'objet*, la justesse marque plus expressément l'*étendue*. La pensée est donc vraie quand elle représente l'objet, et elle est juste lorsqu'elle n'a ni plus ni moins d'étendue que lui.

La seconde qualité est la *clarté*. Et ici, notre embarras est grand, car, selon nous, la clarté serait peut-être la première. En effet, une pensée qui n'est pas claire peut-elle être proprement une pensée? Non, sans doute, puisque la clarté rend seule la pensée nette, et qu'on distingue alors l'objet dont on parle, séparé de tous les autres objets qui l'environnent.

Dès qu'un sujet est proposé à l'esprit, dit le grammairien Laveaux, la face sous laquelle il s'annonce produit sur-le-champ quelques idées. Si l'on en considère une autre face, ce sont encore d'autres idées ; si l'on pénètre dans l'intérieur, ce sont toujours de nouveaux biens; chaque mouvement de l'esprit fait éclore de nouveaux germes, et voilà la terre couverte d'une riche moisson. Mais, dans cette foule de productions, tout n'est pas le bon grain. Il y a des pensées qui ne sont que des lueurs fausses, qui n'ont rien de réel sur quoi elles s'appuient; il y en a d'inutiles qui n'ont nul trait à l'objet qu'on se propose de rendre. Il y en a de triviales, aussi claires que l'eau et aussi insipides. Il y en a de basses, qui sont au-dessous de la dignité du sujet. Il y en a de gigantesques, qui sont au-dessus.

Il y a les pensées communes, qui se présentent à tout homme de sens droit. Enfin viennent des pensées qui portent en soi quelque agrément, comme la vivacité, la force, la hardiesse, le brillant, etc. B. L.

PENSÉE (botanique) [*viola tricolor*]. — Jolie fleur à trois couleurs (violet, jaune et blanc) et à cinq pétales, qui appartient au genre violette (voy. ce mot): elle est surtout remarquable par la couleur veloutée de ses deux pétales supérieurs, qui sont d'un beau violet, et par le jaune-citron, mêlé de blanc, des trois autres ; quelquefois elle n'a que deux couleurs, le violet ou le blanc et le jaune. Cette fleur est très-abondante dans tous les jardins ; sa tige est presque traçante ; ses feuilles oblongues et incisées. Son odeur est faible. On la multiplie par graines et surtout par éclats. « La pensée à grandes fleurs ou pensée vivace, originaire de Sibérie, mérite, comme plante d'ornement, la préférence sur la pensée commune ; on en a obtenu par la culture des variétés inombrables. La pensée sauvage, vulgaire, petite jacée, n'est qu'une variété du viola tricolor. On emploie les pensées en décoction contre les maladies cutanées; la racine est émétique. On a fait de cette fleur l'emblème de la Trinité, à cause de ses trois couleurs, ou de ses pétales étalés, offrant par leur disposition l'apparence d'un triangle : de là son nom vulgaire d'*herbe de la Trinité*. Dans le langage des fleurs, elle est le symbole du souvenir. »

PENSION ALIMENTAIRE (droit). — Une pension alimentaire est celle qui est donnée pour aliments.

Les pères, les mères, les enfants, les gendres, les belles-filles, les époux, l'adoptant, l'adopté, se doivent réciproquement des aliments lorsqu'ils sont dans le besoin. (C. civ., art. 204, 205, 349, 364, 367.)

Les condamnés morts civilement peuvent recevoir des libéralités par donation ou par testament, à titre d'aliments. (C. civ., art. 25.)

Les aliments sont une des charges de la jouissance des biens des mineurs. (C. civ., art. 385.)

Les enfants adultérins et incestueux n'ont droit qu'à des aliments sur les biens de leurs père et mère. (C. civ., art. 762.)

Les aliments des époux font partie de la dette de la communauté. (C. civ., art. 1409.)

Ils ne peuvent être un objet de compensation. (C. civ., art. 1293.)

Ils sont insaisissables, si ce n'est pour dette ayant

elle-même des aliments pour cause. (C. proc. civ., art. 581, 582.)

Une pension alimentaire peut être constituée au profit d'étrangers, c'est-à-dire d'autres que des parents ou un époux. Elle est alors soumise aux règles des *donations entre vifs* ou *testamentaires*.

PEPSINE (chimie) [du grec *pepsis*, coction, digestion]. — Substance que Schwann croit avoir découverte dans le suc gastrique, mais dont l'existence n'est point parfaitement démontrée. Suivant ce physiologiste « la pepsine est contenue dans les cellules qui revêtent les parois des glandes gastriques. On l'obtient en faisant digérer la membrane muqueuse de l'estomac dans de l'eau distillée, à une chaleur de 30° centigr., précipitant par l'acétate de plomb basique, lavant le précipité, le décomposant par l'acide sulfhydrique, évaporant la liqueur jusqu'en consistance de sirop, y ajoutant de l'alcool, recueillant et faisant sécher les flocons que celui-ci en sépare. »

PERCHE (zoologie) [*perca*]. — Genre de poissons

à frayer vers trois ans ; elles pondent jusqu'à 300,000 œufs à la fois.

PERCOÏDES (zoologie). — Quatrième famille de l'ordre des poissons acanthoptérygiens dans la méthode de Cuvier, qui ont le corps oblong, plus ou moins comprimé, et couvert d'écailles généralement dures ; la bouche grande et armée de dents ; les opercules dentelés ou épineux ; les nageoires toujours au nombre de 7 ou de 8. Ces poissons sont en général ornés de belles couleurs, et leur chair est d'un goût agréable. La perche commune est le type de cette famille. — Voy. *Perche*.

PERCUSSION [du latin *percutere*, frapper]. — Méthode d'exploration au moyen de laquelle on peut, en frappant sur une des cavités du corps, reconnaître, par le son qu'elle rend, l'état de maladie ou d'intégrité des organes qu'elle renferme. C'est surtout dans les maladies de la poitrine ou de l'abdomen qu'elle est employée. « La percussion a permis d'apporter une très-grande précision dans le diag-

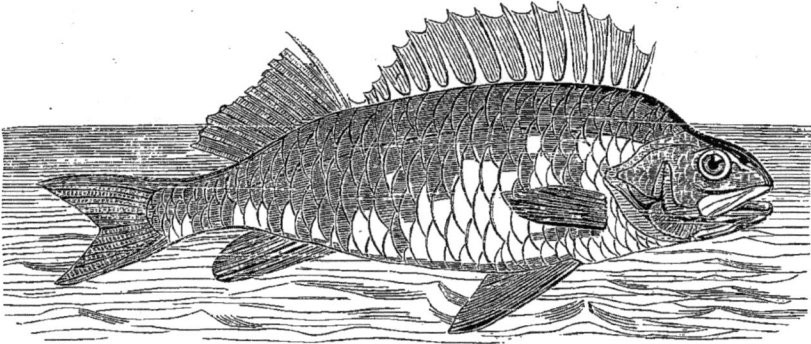

Fig. 61. — Perche.

d'eau douce, de l'ordre des acanthoptérygiens thoraciques, type de la famille des percoïdes, dont les caractères principaux sont : présence de dentelures au préopercule ; pointes qui terminent l'opercule à son angle postérieur, sorte de crête épineuse très-piquante placée sur le dos ; nageoires épineuses. L'espèce principale est la perche commune (*perche fluviatilis*), reconnaissable aux bandes transversales qu'elle porte sur le dos, et à la couleur rouge de ses nageoires ventrales et anales. Elle a sur le dos deux nageoires : la première de 15 rayons épineux, la seconde 14 ; sa nageoire anale a 10 rayons, dont les 2 antérieurs seulement sont épineux ; ses dents sont petites, sa langue lisse. Cette espèce est très-commune dans toutes les eaux douces de l'Europe. La perche est un des meilleurs poissons que l'on serve sur nos tables : la chair est blanche et ferme ; elle atteint quelquefois jusqu'à 70 centim., mais sa taille habituelle est de 40 à 50 centim. Les perches sont très-voraces, croissent rapidement, et commencent

nostic de presque toutes les affections organiques la moindre altération dans la densité des poumons, tout changement survenu dans le volume ou la forme du cœur, du foie, de la rate, des reins, un épanchement de sérosité dans les plèvres, le péricarde ou l'abdomen, sont, à l'aide de la percussion et surtout de la plessimétrie, révélés au médecin avec exactitude. » — Voy. *Plessimétrisme*.

PERDRIX (zoologie). — Voir *Tétras*.

PÉRICARDITE (pathologie) [de *pericardium*, le péricarde (enveloppe du cœur), avec la désinence *ite*, commune à toutes les phlegmasies.] — Inflammation du péricarde, reconnaissant pour cause des coups, des chutes sur la région du cœur. Les signes locaux de la péricardite sont « une douleur plus ou moins vive au-dessous du mamelon ou vers l'extrémité inférieure du sternum, augmentant par la percussion, la toux et les mouvements respiratoires ; des battements de cœur plus forts, plus fréquents, souvent tumultueux ; quelquefois une voussure de la région précordiale. Auscultée à l'aide du stéthoscope, la région précordiale laisse entendre divers bruits que l'on a comparés à ceux du cuir neuf, d'un soufflet, d'une râpe ou d'une scie, et qui paraissent dus au frottement réciproque de deux feuillets opposés du péricarde revêtus de fausses membranes, ou bien au gonflement des valvules auriculo-ventriculaires. Le traitement consiste, en général, dans les émissions sanguines copieuses et réitérées plusieurs fois dans les quatre ou cinq premiers jours, et dans l'emploi de tous les moyens antiphlogistiques et révulsifs. »

PÉRIGÉE (astronomie). — Point de l'orbite d'un astre dans lequel il se trouve dans la plus petite distance de la terre. Toutes les planètes, tant du premier que du second ordre, se meuvent dans des courbes elliptiques, dont leur astre principal occupe l'un des foyers, d'où il suit que les planètes ne sont pas toujours à égale distance de leur astre central. Les astres qui font leur révolution autour de la terre, comme la lune, et même celui autour duquel la terre fait sa révolution, comme le soleil, sont donc tantôt plus et tantôt moins éloignés de la terre. Le point de l'ellipse où la lune est le plus près de la terre se nomme périgée, et celui où elle est le plus loin, apogée.

PÉRIOSTE (anatomie) [du grec peri, autour, et osteon, os]. — Membrane fibreuse, blanche, résistante, qui revêt les os de toutes parts, excepté dans les endroits où ils sont encroûtés de cartilages. L'union du périoste aux os sous-jacents a lieu au moyen de petits prolongements fibreux et d'une multitude de ramuscules vasculaires. Il contribue à leur accroissement en fournissant, par sa face interne, une exsudation albumineuse, qui passe ensuite à l'état cartilagineux et finit par s'ossifier. L'inflammation du périoste constitue le périostite, que l'on combat par les antiphlogistiques, les frictions mercurielles, etc.; sa tuméfaction (périostase) s'accompagne souvent de nécrose des lames superficielles de l'os.

PÉRIPNEUMONIE (pathologie) [du grec péri, autour, et pneumón, poumon].—Inflammation de la plèvre ou enveloppe du poumon : ce mot est le plus souvent employé comme synonyme de pneumonie, et désigne alors l'inflammation du parenchyme pulmonaire. — Voy. Pneumonie.

PERLE (histoire naturelle) [selon Pline, de perna, nom d'une coquille qui fournit de la nacre, ou, selon d'autres, de perula, petite besace, ou enfin de pirula, diminutif de pirus, poire, à cause d'une ressemblance de forme]. — Substance globuleuse, d'un blanc nacré, argentin, mat et chatoyant, et d'une grande dureté, qui se forme dans l'intérieur de plusieurs espèces de coquillages.

Les perles se trouvent toujours dans les coquilles bivalves, et ne diffèrent point, quant à leur composition, de la substance même de la coquille. Elles ne sont donc composées que de terre calcaire unie à une certaine portion de gluten animal.

Dans les temps où l'on cherchait à expliquer la nature sans l'étudier, on a enfanté des systèmes plus absurdes les uns que les autres pour rendre raison de la formation des perles. Il est inutile de rappeler les erreurs de nos pères à ce sujet. Aujourd'hui on sait, par expérience, qu'elles ne sont qu'une extravasation contre nature du suc contenu dans les organes de l'animal et filtré par ses glandes; que ce sont des globules formés par couches peu épaisses, concentriques, avec plus ou moins de régularité. Aussi, pour une perle que l'on trouve parfaitement ronde et libre entre les membranes du manteau de l'animal, on en rencontre mille d'irrégulières, semblables à des verrues attachées à la nacre. Elles deviennent quelquefois si grosses et si nombreuses, que l'animal ne peut plus fermer sa coquille et périt. Les plus petites s'appellent semence de perle.

Toutes les coquilles bivalves dont l'intérieur est nacré peuvent donc produire et produisent en effet des perles; mais celles qui en fournissent le plus communément sont, dans l'ordre de leur importance, l'avicule perlière, l'avicule hironde, et autres espèces de ce genre; la pinne marine et la mulette margaritifère.

La couleur des perles dépend absolument des sucs qui les ont formées. Elles sont en conséquence d'un blanc argentin brillant dans les avicules perlières, brunâtres dans les pinnes, verdâtres dans les mulettes; mais il arrive quelquefois qu'elles sont jaunes, enfumées, et même noires. Ces dernières, comme plus rares, se vendent beaucoup plus cher, quoique réellement moins belles que les communes.

Réaumur a donné, dans les Mémoires de l'Académie des Sciences, année 1717, la théorie de la formation des perles, appuyée d'expériences qui laissent peu de chose à désirer à cet égard.

Les perles se trouvent dans toutes les mers et dans les eaux douces; mais les plus belles se pêchent dans les parties les plus chaudes de l'Inde et de l'Amérique, lieux qu'habite exclusivement l'avicule perlière, mytilus margaritiferus de Linné. Quant à la pêche de cette même coquille sur les côtes de l'Amérique, on ne la connaît que de nom; personne ne l'a décrite.

Les anciens croyaient, et les Arabes croient encore, que plus il pleut, plus la récolte des perles est abondante. Il paraît constant, au rapport de Morier, Voyage en Perse, que les environs de l'île de Bahrein, dans le golfe Persique, offrent le banc d'huîtres à perles le plus abondant du monde. Au rapport de Kempfer, l'avicule, dont on retire les perles au Japon, est plus petite et moins épaisse que celle du golfe Persique, et cependant les perles qu'elle fournit sont plus grosses. Aujourd'hui, c'est autour de l'île de Ceylan que se font les plus importantes pêches de perles. Mais comme elles ne sont retirées de la coquille que lorsque l'animal est pourri, elles sont sujettes à s'écailler; celles provenant du golfe Persique n'ont pas cet inconvénient. Toutes perdent, jusqu'à cinquante ans, et de leur couleur et de leur poids, les perles de Ceylan plus que celles du golfe Persique; après quoi elles restent stationnaires.

Plus les huîtres à perles sont pêchées à une grande profondeur, plus elles sont grosses; ce qui s'explique parce qu'elles sont plus vieilles. Les plongeurs craignent les dangers de leur pêche à plus de cinq à six brasses.

Il a été dit plus haut qu'on trouvait fréquemment des perles dans la mulette margaritifère ; mais ces perles sont presque toujours adhérentes à la coquille. Linnée, qui avait remarqué que l'animal formait ces tubercules pour mettre obstacle à la perforation de sa coquille par les vers qui vivent aux dépens de sa chair, avait imaginé, pour leur en faire produire à volonté, de les percer avec une tarière. Ce moyen, dont le gouvernement de Suède a fait longtemps un secret, a réussi jusqu'à un certain point ; mais le nombre de perles marchandes qu'il fournissait était si peu considérable, que la dépense l'emportait sur la recette ; et le projet a été abandonné.

Pour qu'une perle soit d'une grande valeur, il faut qu'à une grosseur considérable et une rondeur parfaite elle joigne un poli fin, une blancheur éclatante, et un luisant qui la fasse paraître transparente sans l'être. Quand elle réunit ces qualités, on dit qu'elle est d'une belle eau, qu'elle a un bel orient.

On appelle loupe ou coque de perle un tubercule nacré, composé de plusieurs autres. Les perles irrégulières sont appelées baroques, et les très-grosses parangonnes.

Les perles les plus grosses qu'on ait remarquées sont : celle qui fut présentée à Philippe II, en 1579 ; elle était de la grosseur d'un œuf de pigeon, et venait de Panama. Sa forme était celle d'une poire. On l'estimait à cette époque 100,000 francs, ce qui équivaudrait aujourd'hui à près d'un million. Tavernier a vu, en 1633, entre les mains de l'empereur de Perse, une perle qui avait été achetée, dit-il, 110,400 livres sterling, somme si énorme, qu'on n'ose la croire vraie. Pline évalue la fameuse perle que Cléopâtre but par vanité, après l'avoir fait dissoudre dans du vinaigre, à un repas qu'elle donnait à Antoine, à une somme encore plus exagérée, puisqu'elle se porte à 250,000 livres sterling, ce qui ferait 5 millions 500,000 livres de notre monnaie.

Les perles se montent en pendants d'oreilles. On les perce pour en faire des colliers, des bracelets, et autres ornements de parure recherchés par les femmes. Les plus petites servent à broder des robes, des bonnets, etc. Il est vrai de dire qu'elles parent beaucoup mieux la beauté que les pierreries, qui, par leur éclat, lui nuisent presque toujours. L'art du joaillier sait tirer parti des plus difformes et des plus petites.

On se sert des plus petites perles en médecine. Je dis on se sert, mais j'aurais dû dire on se servait, car le progrès des lumières a appris qu'elles n'avaient pas plus de vertu que la craie la plus commune, c'est-à-dire qu'elles ne sont qu'absorbantes.

On les employait aussi autrefois à faire du fard ; aujourd'hui on leur substitue la craie de Briançon et autres substances terreuses moins chères, et aussi appropriées à cet objet. (Bost.)

Perles fausses ou artificielles. Ce fut dans le seizième siècle que l'on inventa à Venise un procédé d'imiter les perles par des globules de verre, auxquels on donna une couleur et un vernis qui les a beaucoup fait ressembler à de véritables perles : ou a perfectionné cette imitation en leur substituant des petits globules de cire recouverts d'un émail ressemblant aux perles ; mais ces globules ne peuvent résister longtemps à l'humidité qui ternit l'émail, ce qui les endommage promptement.

Ce ne fut qu'en 1656 que Jaquin, émailleur sur verre de Bourgogne, employa ce qu'on appelle essence d'Orient, qui n'est autre chose que l'ablette. On incorpore cette substance avec un peu de colle de poisson ou de gélatine, dont on garnit avec précaution les parois internes de globules de verre très-mince ayant la forme des perles. Cet enduit étant bien sec, on introduit dans l'intérieur de la cire blanche fondue, pour donner à ces globules la solidité et le poids requis. Ce genre d'industrie s'est propagé en Italie, à Naples et jusqu'en Turquie. On fait dans cette dernière contrée un grand commerce de perles roses, provenant, suivant Marcel de Serres, d'une pâte de roses fraîches que l'on fait sécher, et que l'on enduit d'huile de rose pour augmenter leur bonne odeur. Par ce procédé, la pâte prend une couleur noire. Ces perles sont très-recherchées, et se répandent dans le reste de l'Europe par l'Autriche.

Les perles artificielles ont été portées à une grande perfection à Paris, qui est le principal siège de cette fabrication et de ce commerce, en sorte qu'on peut à peine les distinguer des véritables perles, et il s'en exporte annuellement pour une somme considérable aux colonies.   Larivière.

PERMÉABILITÉ (physique). — Propriété qu'ont certaines matières de se laisser pénétrer par d'autres. « Toutes les matières, si l'on en excepte le feu, qui est absolument imperméable à toute autre substance, mais qui les pénètre toutes, sont perméables à quelque autre matière. La perméabilité peut donc être regardée comme une propriété presque générale à tous les corps, quoiqu'elle ne leur appartienne pas dans le sens le plus étendu, car on ne reconnaît point de corps qui se laisse pénétrer par tout autre. Par exemple, le verre est perméable à la lumière, il ne l'est point à l'air ; le marbre est perméable à l'esprit de vin, à l'huile essentielle de térébenthine, et il ne l'est point à l'eau, etc. »

PÉRORAISON. — Voy. Discours.

PERROQUET (zoologie) [dérivé, selon Roquefort, de Perrot, diminutif de Pierre, nom donné à cet oiseau comme celui Pierrot au moineau]. — Psittacus. — Genre d'oiseaux de l'ordre des grimpeurs, remarquables par la beauté de leur plumage, et surtout par la facilité avec laquelle ils imitent la voix humaine et les cris de certains animaux. Leurs principaux caractères sont : « un bec gros, dur, arrondi de toutes parts et garni à sa base d'une cire molle où sont percées les narines ; une langue épaisse, charnue et arrondie ; des pieds courts et forts, armés d'ongles crochus ; des ailes courtes et un corps un peu fort. »

Quoique les perroquets soient propres aux contrées méridionales des deux continents, ils sont extrêmement communs en Europe, par le soin qu'on a d'y en apporter continuellement, et par la facilité avec laquelle ils s'y élèvent, quoique on ne puisse pas les y faire nicher ni pondre. On recherche ces oiseaux à cause de la beauté de leur plumage, dont le fond est ordinairement d'un vert tendre, et surtout pour la faculté qu'ils ont d'imiter la voix humaine et celle de la plupart des animaux domestiques, ainsi que les divers bruits qu'ils entendent. Ils rient, pleurent et sanglotent comme les enfants, miaulent comme les chats, aboient comme les chiens, etc.; mais ce n'est que par l'éducation qu'on peut leur apprendre à imiter ces différents sons; leur voix naturelle est dure, criarde et très-désagréable.

A l'état de liberté on trouve ces oiseaux dans les forêts, dont les arbres les plus élevés sont couverts de leurs bandes nombreuses. Grimpeurs par excellence, on les voit sans cesse occupés à passer de branche en branche, en s'aidant de leurs pattes et de leur bec pour s'accrocher. Ils cherchent ainsi les fruits tendres, dont ils sont extrêmement friands, et ceux à noyaux dont ils cassent la coque pour en retirer l'amande. Leur bec est si fort, qu'il est peu de noyaux qu'ils ne parviennent à briser. Ils nichent dans les trous d'arbres et pondent deux œufs dont les deux sexes se partagent l'incubation. En domesticité ils mangent de tout ce que l'homme mange, mais ils aiment surtout les substances sucrées et farineuses. La longueur de leurs intestins indique en effet qu'ils doivent préférer les substances végétales aux matières animales.

On divise ce genre nombreux en plusieurs sous-genres, d'après la forme de la queue, la longueur des tarses, etc. ; 1° les aras (*ara*) sont plus grands, ont la queue étagée et autour des yeux un large espace couvert d'une peau ridée et sans plumes; tels sont l'ara macao, l'ara tricolor et l'ara hyacinthe ; ils sont tous d'Amérique; 2° les perruches (*conurus*) ont aussi la queue étagée, mais le tour des yeux emplumé; on en trouve dans les deux principaux; telles sont la perruche commune, la perruche à collier, etc.; 3° les cacatoès (*plyctolophus*) ont la queue ronde et une huppe sur la tête; ils sont géralement blancs ou violets, et viennent de l'Archipel des Moluques et autres îles voisines; tels sont le cacatoès à crête, le cacatoès soufré, le cacatoès violet, etc. ; 4° les perroquets ordinaires ont la queue arrondie, la tête sans huppe et le fond du plumage gris ou vert; tels sont le jaco, l'amazone, etc. Les loris ne diffèrent des perroquets ordinaires que par le fond de leur plumage qui est rouge; ils viennent des Indes-Orientales; 5° sous le nom de psittacules (*psittaculus*) on désigne toutes les espèces dont la queue est arrondie et la taille petite, comme celle d'un moineau. On les appelle vulgairement perruches; tels sont le psittacule moineau, le psittacule inséparable, le psittacule à collier, etc.; 6° les perroquets à trompe (*macroglossus*) ont la queue carrée des perroquets ordinaires, les joues nues des aras et la huppe des cacatoès. Mais ils se distinguent les uns des autres par leur bec, dont la mandibule supérieure est énorme, tandis que l'inférieure est très-courte; par leur langue cylindrique terminée par un petit gland corné et susceptible d'un allongement considérable, enfin par leurs tarses courts et plats sur lesquels ils s'appuient souvent en marchant. On n'en connaît que deux espèces des Indes orientales: le macroglossus géant ou goliath et le macroglossus gris; 7° les pezopores (*pezoporus*) ou perruches ingambes ont le bec faible, les tarses longs et les ongles presque droits, ce qui fait qu'ils peuvent marcher à terre mieux qu'aucune autre espèce de ce genre; tels sont le pezopore gentil, le pezopore de la Nouvelle-Hollande et le pezopore cornu.

PERRUCHE (zoologie). — Voyez *Perroquet*.

PERSE ou **IRAN** [*Persis, Media, Suziana*, etc.]. — Grand royaume d'Asie, qui a eu 500 lieues de long sur 400 de large. Borné au nord par la Turquie d'Asie et le golfe Persique, à l'est par l'Hindoustan. En général son territoire est sablonneux et stérile. La vingtième partie à peine cultivée, produit froment, riz dans le nord; orge, millet, fruits délicieux, lin, chanvre, sésame, tabac, etc.; drogues de médecine, excellent vin et mûriers; d'où à soie. Le bois y manque; mines de pierres précieuses et de métaux; chevaux les plus beaux de l'Orient, fort bonnes mules et beaucoup de chameaux; fabriques de belles toiles de coton, étoffes de soie et tapis renommés; tanneries de cuirs, chagrin et maroquin; manufactures de belle porcelaine, savon de graisse de mouton et de cendres d'herbes fortes. Les Persans sont de taille médiocre, maigres, robustes, très-propres, ont l'esprit vif et le jugement bon; sont très-propres aux arts et aux sciences, fort inventifs, et plus tolérants que les Turcs. Femmes jolies et spirituelles. Mahométans et de la secte d'Ali; fort ennemis des Turcs. La mesure ordinaire des étoffes s'y nomme *gueuze*, dont 125 trois quarts équivalent à 100 mètres de France. Les comptes s'y font en abassy de 100 mamoudys, valant 1 fr. 60 c.; ou en tomans de 50 abassys à 100 mamoudys, valant 82 fr. 42 c. L'anarchie qui a existé depuis 1722 jusque vers la fin du dernier siècle a ruiné ce beau royaume. La Perse contient 14 provinces : Daghestan, Schirvan, Arménie persane, Aderbijan, Ghilan, Irak-Ajémi, Mazanderan, Kousistan, Farsistan, Laristan, Kerman, Mekran, et les îles de Baharem et d'Ormuz. Le Koraçan et le Ségestan dépendent maintenant du roi de Caboul ou du Candahar. 12,000,000 habitants. Téhéran, capitale; jadis c'était Ispahan.

PERSIL (botanique). — Plante de la famille des ombellifères, dont la racine, simple, grosse comme le doigt, blanche, aromatique, est une des cinq racines apéritives. Les feuilles, qui fournissent un assaisonnement très-usité, sont employées en médecine comme résolutives. La semence, qui est très-aromatique, et qui contient une huile essentielle très-concrescible, est une des quatre semences chaudes mineures. Il importe de bien distinguer le persil de la *ciguë*. — Voyez ce mot.

PERTURBATIONS (astronomie). — Troubles et dérangements que les planètes se causent réciproquement par leur attraction en tous sens : si chaque planète, en tournant autour d'un centre, n'éprouvait d'autre force que celle qui la porte vers ce centre, elle décrirait un cercle ou une ellipse, dont les aires seraient proportionnelles aux temps; mais, chaque planète étant attirée par toutes les autres dans des directions différentes, et avec des forces qui varient sans cesse, il en résulte des inégalités et des perturbations continuelles.

PERSPECTIVE (beaux-arts). — Science qui enseigne à disposer les lignes et à employer les couleurs, de manière à représenter, sur une surface plane, l'image parfaite de tous les objets tels qu'on les voit dans la nature. « Non-seulement nous ne percevons les objets que par les images peintes sur la rétine de notre œil, mais encore ces images varient dans leurs dimensions, selon l'angle de vision sous lequel nous les percevons, et l'expérience seule nous apprend à juger de leurs dimensions véritables et de leurs distances. De deux objets de grandeur égale, le plus rapproché est vu sous un angle plus ouvert que le plus éloigné, et par conséquent l'image du premier est plus grande sur la rétine que l'image du second, dont les rayons visuels forment des angles plus aigus. Les distances inégales apportent des différences non-seulement dans les dimensions apparentes d'un corps comparé à un autre, mais aussi dans les dimensions des diverses parties d'un même corps, régulier ou irrégulier. Il en résulte une déformation apparente dans les lignes, de manière que les carrés, par exemple, ne sont plus carrés, et que les cercles deviennent ovales. Ce phénomène de la perspective, aussi universel, aussi constant que le phénomène de la vision, n'est nullement remarqué par la foule, qui se sert de ses yeux pour voir, comme de ses jambes pour marcher, sans faire attention à leur mécanisme. Il est pourtant vrai que l'on ne peut ouvrir les yeux sans recevoir, par les objets environnants, une leçon de perspective, et qu'aucun corps ne vous paraît dans ses dimensions ou ses formes véritables. Cette déformation apparente dépend de la position du spectateur, et varie selon qu'il est plus ou moins éloigné, plus ou moins élevé, et placé plus à droite ou à gauche de l'objet qu'il regarde. Chaque fois qu'il change de position, les lignes changent de direction, et, par conséquent, l'objet semble prendre une autre forme. L'étude ces phénomènes a fait reconnaître qu'ils s'opèrent, de même que tous ceux de la nature, selon des lois fixes et positives. La connaissance de ces lois qui, pour le physicien, se bornent à la théorie, est d'une indispensable nécessité pour les dessinateurs et les peintres. » — La science de la perspective est une des plus essentielles pour un artiste. Elle s'étend non-seulement sur des objets réguliers, qui sont l'ouvrage de l'art, mais sur tout ce qui existe dans la nature. Les nuages, les montagnes, les arbres, les terrains, etc., offrent tous une perspective, dont il faut connaître les proportions, afin de ne jamais se tromper dans la manière de les re-

présenter. Il n'est pas rare de voir des artistes, d'ailleurs très-célèbres, pécher contre les règles de la perspective, et s'exposer ainsi à commettre dans leurs ouvrages des fautes extrêmement graves.

PERVENCHE (botanique) [*pervinca*]. — Genre de plantes de la famille des apocynées, renfermant un petit nombre d'espèces, dont deux sont cultivées en France. 1º La pervenche mineure ou violette des sorciers, à tiges rampantes et sarmenteuses, et dont les fleurs, d'un beau bleu d'azur, commencent à s'épanouir en mars pour ne finir qu'en juillet. Cette plante est très-commune dans les bois, au pied des coteaux rocailleux. La culture a obtenu des pervenches doubles, violettes, blanches ou roses ; 2º la pervenche majeure, qui ne diffère guère de la précédente que par sa grandeur. Les feuilles de la pervenche agissent comme toniques et astringentes. A forte dose, elles sont légèrement purgatives et diaphorétiques.

On a fait de cette plante le symbole de l'amitié éternelle, du bonheur durable. En divers pays, la fleur est le symbole de la virginité.

PESANTEUR (physique). — Plus exactement (1) le *poids d'un corps* est la puissance, la force en vertu de laquelle il tend à se rapprocher du centre de la terre.

Tout corps par sa masse comme par les plus petites molécules qui entrent dans sa composition, est soumis à une loi qui l'oblige à se porter vers un autre corps. Cette loi, dont le principe est inconnu, prend le nom de loi de la pesanteur. La réalisation de sa puissance se révèle par les effets qui, désignés sous les noms d'affinité, d'attraction, se manifestent dans les combinaisons chimiques, en produisant la solidité des corps, leur cristallisation, et, en général, tous les phénomènes physiques que présente la constitution matérielle des corps de la nature.

La pesanteur, résultat général de l'attraction, prend trois noms différents, selon qu'on la considère relativement à son action sur les corps célestes, les corps terrestres et les parties les plus petites des corps ; dans le premier cas on l'appelle gravité ; dans le second, pesanteur ; dans le troisième, affinité.

Avant d'exposer ce que nous aurons à dire de la gravité et des effets si merveilleux de son influence sur les corps célestes, nous devons commencer par parler de la pesanteur ou de la gravitation en général de tous les corps occupant une partie quelconque de l'espace compris dans la sphère d'attraction de la terre.

Les expériences faites par Lacondamine, répétées par le docteur Ybaskeline, sur une montagne d'Écosse, et vérifiées par Cavendisch, à l'aide de la balance de torsion de Coulomb, ont prouvé que la perpendicularité de la direction que suivent les corps aban-

(1) La pesanteur ou le poids de la masse d'un corps étant, en effet, proportionnée au nombre des molécules dont se compose ce corps, sa gravité, la vitesse de sa chute et sa masse ne sont, aux yeux du physicien, que des noms différents de la puissance de son poids.

donnés à eux-mêmes, est subordonnée à la condition que leur chute ait lieu sur la surface de la mer, ou au milieu d'une plaine ; tandis que, si elle a lieu dans un pays de montagnes, sa direction est plus ou moins oblique à la verticale , parce qu'alors le corps abandonné est soumis à l'action de la pesanteur exercée par les corps environnants, ou, encore, parce que la surface des eaux tranquilles, suivant partout la convexité du globe, il en résulte, selon M. Biot, que la direction de la pesanteur, s'inclinant avec elle, doit être différente d'un lieu dans un autre.

Cette propriété générale de la matière de tendre vers un centre commun d'attraction, — admise dans l'antiquité par Démocrite, Épicure, Anaxagore, et, plus tard, par Copernic, Képler, Bacon, Galilée, l'immortel auteur de la découverte des satellites de Jupiter, qui, ayant le premier examiné la vitesse de la chute des corps de diverse densité, trouva que cette différence était due à la résistance de l'air,—fut déterminée d'une manière plus positive par Newton, redevable en cela d'une partie de sa gloire à Galilée, au génie duquel est due la découverte suivant laquelle les graves parcourent dans leur chute des espaces proportionnels aux carrés des temps.

La première épreuve de cette loi faite à l'aide du plan incliné de Galilée, a été renouvelée depuis avec l'appareil dit machine d'Atwood (1).

Cette figure représente une grande roue A B, deux autres roues D, E portent l'axe dont le frottement, diminué par la grande mobilité des deux roues, est rendu presque insensible. Deux disques H, I se font équilibre aux extrémités d'un fil de soie très-léger, FBAG, placé sur cette roue. Sur le côté gauche de la machine et parallèlement à son support, est une règle verticale KL divisée en parties égales. Deux cercles indiqués par N, M, et placés à distance l'un de l'autre, sont fixés sur cette règle au moyen de deux vis. Le premier représente un anneau donnant passage à un disque ; le second, un plan qui reçoit le corps tombant ; un pendule OP qui bat les secondes, et est destiné à mesurer le temps, est fixé sur le support de la machine.

A l'aide de corps diversement pesants, placés sur les plateaux HI, on apprécie la différence de vitesse des corps par celle des espaces parcourus indiquée sur la règle, tandis que de son côté le pendule donne la mesure du temps employé à les parcourir.

Cette machine sert à vérifier la loi de l'accélération de la chute des corps, d'après laquelle les espaces parcourus sont entre eux comme les carrés des temps.

On parvient sans peine à démontrer par l'un des côtés d'un triangle analytique des espaces parcou-

(1) J. H. Hassenfratz auteur de la *Physique céleste*, auquel nous empruntons cette figure, renvoie, pour avoir la théorie complète de la machine d'Atwood, aux § 266 à 270 du plan raisonné de la partie de l'enseignement de l'École polytechnique, qui a pour objet l'équilibre et le mouvement des corps.

rus pendant des temps représentés par des divisions correspondantes de l'autre côté de cette figure, qu'un corps qui, tombant sur la terre pendant un mètre, en parcourra 4 pendant 2 secondes, 9 pendant 3 secondes, 16 pendant 4, etc., et cela, par la raison que l'expérience prouve que les divers espaces parcourus pendant des temps différents par les corps dans leur chute, sont entre eux comme les nombres impairs 1, 3, 5, 7, et qu'en additionnant

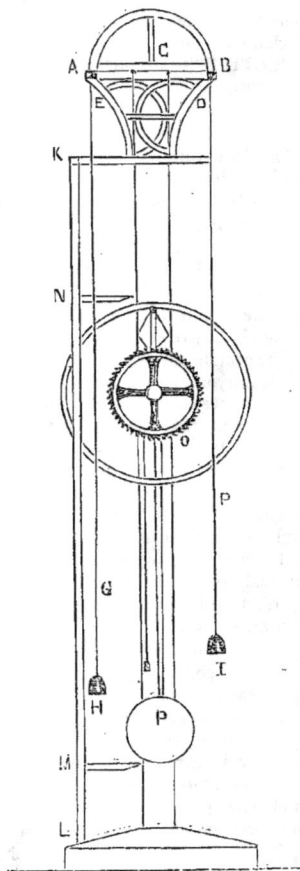

Fig. 62. — Machine d'Atwood.

successivement ces nombres, on a les carrés naturels des divers temps de la chute.

Ce que nous venons de dire de l'accroissement de la vitesse des corps qui tombent d'une hauteur quelconque, nous le dirons, en sens inverse de la vitesse qui diminue comme les nombres 7, 5, 3, 1, lorsque le corps est lancé de bas en haut.

Lorsqu'on jette une pierre en l'air, on lui imprime une impulsion qui, après l'avoir soumise, durant tout le temps de sa course ascensionnelle, à la résistance uniforme du poids de sa masse, l'abandonne à l'accélération également uniforme du même poids. Ces deux mouvements de la pierre en sens contraire sont ce qu'on appelle, le premier, le mouvement uniformément retardé; le second, le mouvement uniformément accéléré. Arrivée au terme de sa course, la pierre reprend, en sens opposé de celui de son impulsion, une vitesse égale à celle qu'elle avait lorsqu'elle a été lancée.

La vitesse des corps augmente comme le carré des espaces parcourus. Soit la figure suivante, qui va nous servir à le démontrer d'une manière évidente :

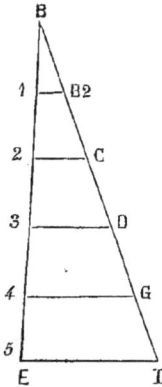

Fig. 63. — Plan incliné de Galilée.

En admettant qu'un corps tombe d'une hauteur de B en B2, et que sa vitesse, en tombant de B jusqu'à 1 soit représentée par le triangle B1B2; lorsqu'il sera arrivé en 2, sa vitesse sera représentée par le triangle B2C; or, il résulte de la similitude des deux triangles B1B2 et B2C que leurs surfaces sont entre elles comme les carrés de leurs côtés homologues, ou comme B1 multiplié par B1 est à B2 multiplié par B2.

Si l'on représente B1 par 1 et B2 par 2, on aura le triangle B1B2 est au triangle B2C comme 1 est à 4. Arrivé en 4, ce corps aura une vitesse représentée par 16, etc.

De l'application ainsi faite du mode de progression d'accroissement de la vitesse des corps dans leur chute, résulte la démonstration la plus claire de la raison des rapports numériques des espaces parcourus par les corps avec les différences des temps de leur chute.

Les rapports des espaces parcourus aux différents temps de la chute des corps sont tels, ainsi que nous l'avons dit précédemment, que les nombres impairs dont la série représente les différents espaces parcourus, étant ajoutés les uns aux autres, donnent les carrés naturels des temps de la chute.

Ainsi, en supposant que dans la première seconde un corps tombant parcourt un mètre, dans la seconde il en parcourra 4, par la raison que 1, nombre impair indicatif du premier espace parcouru, devenant pour la deuxième seconde trois, suivan l'ordre de série des nombres impairs, trois ajouté à un, selon ce que nous avons dit plus haut, donnera 4, carré naturel de 2, chiffre de la deuxième seconde de temps de la chute.

Il résulte de là que chacun des espaces parcourus par un corps dont la chute est supposée être de cinq mètres pour la première seconde, sera comme la série des nombres multipliés par 5, d'où la conséquence que, pour déterminer les espaces parcourus pendant chacun des temps successifs, il suffit de retrancher de l'espace parcouru en 2 secondes l'espace parcouru dans la première, etc.

Application.

Temps	Espaces parcourus.
1............5............	1
2......... .20 —	5 = 15 = 3 × 5
3.......... 45 — 20 =	25 = 5 × 5

Les espaces parcourus étant comme le produit de la première seconde par le carré des temps, on obtiendrait le même résultat en divisant chaque espace parcouru par le chiffre du carré de son temps. Dans le cas du mouvement uniforme, c'est-à-dire de celui par lequel un point matériel parcourt des espaces égaux dans des temps égaux, la vitesse s'obtient en divisant l'espace par le temps.

Du mouvement curviligne. — Indépendamment du mouvement rectiligne imprimé aux corps obéissant à leur propre poids, ils peuvent être soumis aux lois du mouvement curviligne, soit lorsqu'ils obéissent à deux forces agissant perpendiculairement l'une sur l'autre, cas de la pierre lancée avec un fronde, et des planètes qui tournent autour du soleil, soit lorsqu'ils suivent l'impulsion des deux forces formant entre elles deux angles en agissant sur un point matériel; c'est le cas de la balle décrivant une courbe qui, d'abord peu arrondie, s'allonge progressivement de manière à faire ce qu'on appelle une parabole.

Du mouvement propre et du relatif. — Le mouvement propre est celui qui indique le cas d'un homme lançant une pierre, alors qu'il est lui-même en repos, c'est-à-dire dans un lieu immobile. Le mouvement relatif est celui du même homme placé dans une voiture ou dans un vaisseau. Dans le deuxième cas comme dans le premier, la pierre atteindra son but, sans éprouver le moindre changement, ce qui s'explique par la raison que la pierre lancée par l'homme placé dant la voiture ou le vaisseau (ce qu'il importe de remarquer comme étant un signe de distinction du mouvement propre et du mouvement relatif), n'en a pas moins décrit une courbe indiquée par la manière dont elle retombe en s'éloignant de la perpendiculaire qu'elle eût suivie à l'état de repos.

En effet, un corps dans un vaisseau, lancé verticalement est soumis à deux forces; la première, celle de sa direction verticale, la seconde, celle de la direction horizontale. Par la première seule il retomberait à son point de départ, par la seconde il arriverait à ce même point dans le temps de son ascension et dans celui de sa chute; or, c'est en obéissant à ces mouvements combinés qu'il doit de retomber au point primitif.

La conséquence de ce qui précède est que le projectile qui, vu du vaisseau, semble décrire une ligne droite, décrit en réalité une parabole.

Comparaison faite de la vitesse des corps sur la surface de la terre, on a trouvé que cette force agit en raison directe des masses et en raison inverse du carré des distances au centre de la terre (1); l'accélération de la chute des graves doit donc augmenter ou diminuer suivant la différence de latitude ou d'élévation du pôle au-dessus de l'horizon des lieux où la chute a lieu. Il suit de là que, comme le prouve la différence d'étendue des degrés qui croissent graduellement de la ligne équinoxiale au pôle, et l'expérience du pendule dont les oscillations sont moins nombreuses à l'équateur qu'aux pôles, la terre étant un sphéroïde renflé à son milieu et aplati à ses extrémités, la chute des corps sublunaires a moins de vitesse (2) à l'équateur qu'aux pôles. Un corps parcourt à l'équateur dans la première seconde de sa chute 3m, 017.

A Paris, un corps tombant librement parcourt, dans la première seconde de sa chute, 4m, 9. Si donc on voulait savoir de quelle hauteur serait tombé un corps dont la chute aurait duré 5 secondes,

Il suffirait de chercher le 4e terme de la proportion suivante: 1 (carré de 1), est à 25 (carré de 5) :: 4m9, espace parcouru dans la première seconde : x (espace parcouru en 5 secondes), ce qui donnerait 122m5. On pourrait de même, au moyen de cette observation du mouvement dit uniformément accéléré d'un corps tombant librement, calculer la profondeur d'un puits, en y laissant tomber une pierre, et en observant le temps de sa chute.

Ce que nous avons dit des expériences de Galilée et de Newton, qui ont également servi à prouver que, dans le vide, tous les corps tombent avec des vitesses égales, et que la différence apparente de ces vitesses est due à celle de la densité des milieux dans lesquels se fait leur chute, se rapporte, en quelque sorte, plus particulièrement à la pesanteur absolue, qu'on dis-

(1) C'est-à-dire qu'un corps éloigné de la terre de deux rayons terrestres, ou de trois mille lieues, tomberait quatre fois moins vite que s'il n'était éloigné que d'un rayon terrestre, ou de quinze cents lieues. Cela, parce que la gravité étant la même chose que la force centripète, elle est soumise, comme cette dernière, aux lois de l'attraction, qui est la cause de la gravité des corps.
(2) Cela vient de ce que la vitesse du mouvement circulaire étant beaucoup plus grande à l'équateur, où les corps parcourent tous les jours l'équateur terrestre, qu'aux pôles où ils ne décrivent qu'un cercle encore plus petit qu'un des cercles polaires, la force centrifuge y est proportionnellement aussi beaucoup plus considérable.

tingue de la pesanteur relative et de la pesanteur spécifique, bien qu'à vrai dire, il n'y ait point de pesanteur absolue, attendu qu'on ne peut s'en faire qu'une idée comparative en en prenant une autre pour terme de comparaison. Nous ajouterons donc, à ce qui vient d'être dit de la pesanteur envisagée dans quelques-unes de ses applications générales, les quelques mots suivants sur les deux autres parties de sa division naturelle.

De la pesanteur relative. — La pesanteur relative est la différence du poids de deux corps comparés l'un à l'autre. On l'obtient, suivant la différence de nature des corps dont on veut avoir la pesanteur relative, à l'aide de divers instruments appelés étalon, levier, balances, ballon de verre, peson, baromètre, etc.

L'étalon est le poids d'un centimètre cube d'eau distillée à la température de son maximum de densité et pesée dans le vide. Il est l'unité de comparaison qui sert à déterminer la pesanteur des corps.

De la pesanteur spécifique. — La pesanteur spécifique est le rapport de densité ou de plus ou moins de matière pesante que contiennent des corps différents sous le même volume.

Le poids absolu des corps étant proportionnel à leur masse, c'est-à-dire à la quantité de matière qu'ils contiennent, sans avoir égard à leur volume, il s'ensuit que les densités peuvent être exprimées par des pesanteurs spécifiques. On obtient la pesanteur spécifique des corps solides, liquides ou gazeux (1) en prenant la masse de l'un d'eux pour unité, ou, ce qui est la même chose, en comparant, quant aux solides, le poids d'un volume égal quelconque d'eau, et celui d'un autre corps. Sachant, en effet, qu'un gramme d'eau pris pour unité a pour volume un centimètre cubique à la température du maximum de condensation de ce liquide distillé et choisi de préférence, comme étant la substance qui se prête le plus facilement partout à cette opération, il ne s'agit plus que de lui comparer le poids d'un volume égal de la substance dont on veut avoir la pesanteur relative ou spécifique à pareil volume. Ce poids sera, par exemple, de deux ou trois grammes pour chaque centimètre cube de la prétendue substance.

De la pesanteur spécifique des gaz. —Pour avoir le poids comparatif de deux gaz, on procède à la suite d'une expérimentation ayant pour but d'obtenir l'égalité de volume de chacun d'eux, à la constatation de la différence de leur poids sous le même volume.

La pesanteur spécifique de l'un d'eux, de l'air atmosphérique, par exemple, comme présentant le caractère d'invariabilité d'identité de nature dans tous les climats et dans toutes les saisons, étant prise pour terme de comparaison, servira à déterminer celle de tout autre gaz qu'on voudra lui comparer.

C'est ainsi qu'à l'aide de différents procédés d'opérations, qu'il serait trop long d'exposer ici, on par-

(1) Voyez à l'article *Air* ce que nous avons dit de sa pesanteur et des moyens de la prouver.

vient à dresser des tableaux comparatifs, tels que les suivants :

Pesanteur spécifique de quelques substances.

Eau distillée........	1,00	Grès de paveurs.....	2,41
Or pur fondu........	19,25	Porcelaine de Sèvres.	2,14
Argent pur fondu.....	10,47	Suif...............	0,94
Cuivre pur fondu,...	7,78	Chêne sec.........	1,67
Cuivre passé à la filière.	8,87	Chêne frais........	0,93
Plomb fondu..	11,35	Hêtre.............	0,85
Fer fondu..........	7,20	Prunier...........	0,78
Fer forgé...........	8,77	Liége	0,24
Acier trempé.......	7,81	Mercure...........	13,58
Etain..............	7,29	Huile d'olive.......	0,91
Zinc..............	7,19	Esprit-de-vin......	0,83

Tableau de la pesanteur des gaz et de quelques vapeurs, comparée à celle de l'air, prise pour unité. (BIOT.)

SUBSTANCES.	DENSITÉ DÉTERMINÉE par l'expérience.	DENSITÉ CALCULÉE d'après la proportion des éléments et la contraction du volume.
Air atmosph. . .	1,00000	
Gaz oxygène. . .	1,10350	
Gaz azote.....	0,96913	
Gaz hydrog.. . .	0,07321 } Biot et Arago.	
Gaz acide carb..	1,51961	
Gaz ammon....	0,59669	} .... 0,59438 { 3 hyd. et 1 az. cont. 1/2 du vol. total des composants.
Gaz hydrochl...	1,24740	
Chlore.	2,470. Gay et Thénard.	2,421 { sup. que 1 de chl. et 1 d'hyd. font 2 gaz hydrochlor.
Gaz ox. de carb.	0,9569 Cruikshanks. .	0,96782 { Supp. que 1 d'acid. carb. moins 1/2 ox. font 1 de ce gaz.
Protox. d'azote..	1,5204 Colin.....	1,52092 { Contr. égale au volume de l'oxygène.
Deutox. d'azote.	1,0388 Bérard....	1,03636 Contr. nulle.
Gaz hyd. sulfuré.	1,1912 } Gay et Thén.	
Gaz acide sulfur.	2,1204	
Gaz oléfiant. . .	0,07804 C. de Saussure.	
Gaz fluoborique.	2,3709 } John Davy.	
Gaz fluosilicique.	5,5757	
Gaz chloro-carb.	....	3,388 D'apr. J. Davy.
Gaz cochlorine..	....	2,3782 { Suppos. 4 de chl. et 2 d'ox. cond. de 1/4.
Gaz hydriodique.	4,445 Gay.	4,288.
d'eau... .	0,62349	0,624 { Suppos. que 2 d'hyd. et 2 d'ox. donn. 2 de vap.
d'alcool absolu...	1,6133	
d'éth. sulfurique. . .	2,5860	
d'éth. hydriodique. .	5,4749 } Gay.	
d'essence de térébenth.	5,0130	
de carbure de soufre..	2,6447	
de soufre d'iode..	....	8,6195.
d'éther hydrochlor. .	2,219 Thénard.	

Tableau des poids absolus de quelques-uns de ces gaz supposés complétement desséchés.

NATURE DES GAZ.	POIDS D'UN CENTIMÈTRE CUBE EN GRAMMES, à la température de la glace fondante, et la pression 0m76, observée à la latitude de 45°.
Air atmosphérique..	0.001299075
Oxygène.	0.001433530
Azote.	0.001258972
Hydrogène.	0.000951053
Gaz acide carbonique. . . .	0.001974088
Gaz hydrochlorique.	0.001619943
Gaz ammoniaque.	0.000775145
Vapeur d'eau.	0.000810249

De la pesanteur spécifique des liquides. — La pesanteur spécifique des liquides s'obtient, comme celle des autres corps, à l'aide d'une pesée de deux volumes égaux d'eau et de liquide, dont les poids doivent être réduits en les soumettant au vide à la température du maximum de condensation de l'eau, pour être ensuite divisés l'un par l'autre.

La masse des corps étant proportionnelle au poids absolu, et la densité étant le rapport des masses sous des volumes égaux, il s'ensuit que les densités peuvent être exprimées par les pesanteurs spécifiques et réciproquement.

« Pour obtenir l'égalité des volumes, on se sert d'un flacon bouché à l'émeri, et on le remplit successivement d'eau et de liquide. On commence par déterminer exactement le poids du flacon vide, par la méthode des doubles pesées, ensuite on le pèse de même plein d'eau distillée, prise à une température connue, et, retranchant le premier poids du second, on a le poids apparent E de l'eau que le flacon contient à cette température. On détermine de la même manière le poids apparent L du volume de ce liquide qui est renfermé dans le flacon. Avec ces données et les lois de la dilatation on peut calculer son poids spécifique (1). »

Nous allons maintenant parler de la gravité, ou, en d'autres termes, de la pesanteur envisagée sous le point de vue particulier de quelques-uns des principaux effets dus à l'exercice de son action sur les corps célestes. La gravité ou la gravitation est la force à laquelle obéissent les astres, les planètes et leurs satellites en décrivant leur courbe autour du centre de leur mouvement. La loi de gravitation, force universelle qui paraît suivre une marche constante, agit, ainsi que nous l'avons vu, en raison directe des masses, et en raison inverse du carré des distances. Il résulte de l'invariabilité même de cette loi générale que l'on a pu parvenir à découvrir la nature de l'action réciproque des corps planétaires les uns sur les autres; et que l'immortel Képler, après avoir déterminé les lois générales du mouvement des planètes, dont l'appréciation a conduit le grand et illustre Newton à la découverte de l'attraction qui les a depuis confirmées, a pu justement, au rapport de Mme de Stael, page 67 du 3e volume de son ouvrage intitulé: *De l'Allemagne*, s'écrier, en exprimant sa joie: « Enfin, après dix-huit mois, une première lueur m'a éclairé; j'ai senti les purs rayons des vérités sublimes; rien à présent ne me retient; j'écris mon livre, etc.; je puis bien attendre un lecteur pendant un siècle, puisque Dieu lui-même a manqué pendant six mille ans d'un contemplateur tel que moi. » C'est, en effet, en partant de l'admission de cette tendance générale de la matière vers des centres communs, tendance qui rend raison de la forme ronde de la terre, que Képler, d'un génie supérieur à celui de ses prédécesseurs, devançait, dans la profonde sagesse de ses prévisions, la confirmation

(1) Biot, *Précis élémentaire de Physique expérimentale* tom. I, ch. 19.

de la loi de Newton, en affirmant que l'attraction du soleil ne s'étendait pas seulement jusqu'à la terre, mais qu'elle était générale et réciproque entre les planètes.

On sait de quelle manière est venue à Newton la pensée qui lui fit, en réalisant les prévisions de Képler, comparer la force que la terre exerce sur les corps avec celle qui la retient dans son orbite, ou qui l'empêche de s'éloigner en ligne droite par la force centrifuge. A l'aide de cette comparaison, qui lui apprit que l'orbite de la lune, planète soixante fois plus éloignée que nous du centre de la terre, et soumise à une force d'attraction terrestre qui agit en raison inverse du carré de sa distance, ne se courbe que d'un deux cent quarantième de pied dans l'intervalle d'une seconde, temps égal à celui pendant lequel les corps célestes parcourent quinze pieds en tombant sur la terre ; il conclut de la loi de la diminution de la force attractive proportionnelle à l'accroissement du carré de la distance, la raison de la persévérance de la lune à décrire son orbite autour du centre d'attraction de la terre.

A la vue du mystère incompréhensible des admirables effets de cette puissance si merveilleuse qui, de quelque manière qu'on l'envisage dans son accomplissement, semblerait devoir se contredire dans l'incompréhensibilité de la possibilité réalisable des faits résultant de l'observation, pourtant si régulière et si constante, de ses lois d'accord et d'harmonie, que penser de la folie de certains savants de nos jours, qui ont la prétention de demander l'explication de la raison des choses à l'impuissante investigation des faits observés à l'aide de la prétendue toute-puissante matérialité de leur sens inductif !

Hélas ! au lieu de leur mériter la qualification de sublimes ignorants qu'ils ont, du moins, la bonne foi de donner à leurs antagonistes, qui ont la sage modestie de s'en contenter, elle ne saurait leur valoir d'autre privilége que celui de la cécité de la taupe aveugle, dont l'œil, de la grosseur d'un grain de millet, n'y voit clair qu'à l'aide d'une paupière sans ouverture.

Les forces centrifuges et centripètes, étant égales, détruiraient le mouvement céleste ; étant inégales, elles produiraient le chaos. Il faut, selon celui des philosophes dont Voltaire lui-même disait que, s'ils étaient tous réunis, lui seul conduirait la bande, il faut avoir recours à un Dieu.

C'est que, en effet, il ne saurait appartenir qu'à la toute-puissance de conception du mystérieux secret de la suprême intelligence, qui en a conçu l'inexplicable énigme, de résoudre le grand problème signalé par le génie philosophique du plus profond et du plus sublime des géomètres et des penseurs.

« *Num quid nosti latitudinem? Ubi eras quando ponebam fundamenta ejus? Vel quid tetendit super eam lineam, cum ponerem nubem vestimentum ejus, et caligine quasi pennis infantiæ absolverem?*

» Est-ce toi qui connais l'étendue de la terre ? Où étais-tu quand je posais ses fondements ? Est-ce toi qui as posé sur elle ton niveau, quand je lui donnais les nuages pour vêtement, et que je l'enveloppais de brouillards comme un enfant de ses langes ? »

Ces paroles du livre de Job, le plus ancien des livres bibliques, doivent s'adresser de nos jours aux écrivains orgueilleux qui, ne suivant que les inspirations de leur présomption, font, selon l'expression de lord Byron, de la science l'arbre maudit par Caïn, l'arbre menteur qui promet, au prix même de la mort, ce qu'il n'accorde pas.

Tel est, en effet, le rôle de tout auteur dont la pensée se borne à s'efforcer d'éblouir ses lecteurs par le faux brillant d'un langage risque-tout, qui n'a n'autre mérite que celui de cacher à leurs yeux la fausseté et la stérilité de ses doctrines, comme, à l'aide d'une habile préparation, ou d'un séduisant artifice de langage, on dissimule la trivialité des objets les plus humbles, et le vide des idées les plus fausses ; ou encore, suivant un habile historien, les cavités d'un terrain en le remplissant de feuillage. Toute science incapable de justifier de la grandeur et de la pureté de son origine par la révélation de l'auteur de toute vérité, n'aboutit qu'au mensonge ridicule et grossier d'une étude folle et misérable.

Quant à nous, qui ne connaissons nulle vérité plus solidement établie que celle dont nous puisons l'évidence de démonstration dans l'appréciation approfondie de ce qui précède, nous saisissons, avec le plus légitime empressement, l'occasion qui nous est offerte d'appeler l'attention du lecteur sur la toute-puissance d'évidence de cette démonstration particulière de l'existence divine par celle des êtres de l'univers, au sein même de l'impasse auquel aboutissent les aveugles déductions des fausses prétentions de la science.

Heureusement, ainsi terminé, notre article se trouvera naturellement et inévitablement scellé du sceau de cette conclusion que, telle est la condition *sine quâ non* de la réalisation des promesses de toute science qui a la prétention d'être vraie, qu'elle doit nécessairement conduire à la démonstration rigoureuse de l'existence de Dieu, qui se révèle inévitablement au sein même de la mystérieuse profondeur de son infinie toute-puissance.

J. BÉCHERAND.

PESSAIRE (chirurgie). — Instrument sphérique ovoïde, ovale, allongé, etc., qu'on place dans le vagin pour maintenir la matrice dans sa situation naturelle, dans le cas de chute ou de relâchement de cet organe, de hernie vaginale, etc. Il doit être relevé au moins une ou plusieurs fois par mois pour être nettoyé. Ce moyen, utile dans quelques cas, ne réussit pas dans beaucoup d'autres à remédier aux divers déplacements de l'utérus.

PESSIMISME [du latin *pessimus*, le plus mauvais]. — Opinion de ceux qui croient que tout va au plus mal dans ce monde : c'est le contraire de l'optimisme. — Voy. ce mot.

PESTE (pathologie). — Maladie endémique dans le Levant ; souvent épidémique, qui enlève plus des deux tiers des individus qu'elle atteint, dont les causes, la nature et le traitement sont encore à peu près ignorés. Elle consiste, selon Pinel, en un état ataxique avec affection simultanée des ganglions lymphatiques, pétéchies, fièvre aiguë, charbons, etc. Ses miasmes s'attachent aux divers tissus organiques, à la laine, aux vêtements, et peuvent ainsi porter au loin le principe de la maladie. Desgenettes distingue dans la peste trois degrés. — Premier degré : fièvre légère sans délire, bubons : presque tous les malades guérissent promptement et facilement. — Deuxième degré : fièvre, délire, bubons qui se manifestent aux aines, aux aisselles, et plus rarement à l'angle des mâchoires; le délire s'apaise vers le cinquième jour, et se termine, ainsi que la fièvre, vers le septième ; plusieurs malades guérissent. — Troisième degré : fièvre et délire considérables, bubons, charbons ou pétéchies, soit simultanément, soit isolément. Des anthrax ont leur siége dans les parties charnues non recouvertes de poils, telles que les joues, le cou, la poitrine, le dos et les membres. Les symptômes fébriles sont ceux des fièvres ataxiques, mais plus intenses. Rémission ou mort du troisième au sixième jour.

Il est peu de maladies aussi meurtrières que la peste. « Sans rappeler les pestes de l'antiquité, notamment celle qui désola Athènes au temps de Périclès, épidémies auxquelles on refuse aujourd'hui le nom de peste, ce fléau a, dans les temps modernes, du sixième au dix-huitième siècle, décimé successivement presque toutes les populations des divers États de l'ancien continent. La première des grandes pestes connues éclata en 542, sous Justinien. Tout le monde sait quels ravages la peste exerça dans l'armée des Croisés devant Tunis, et que saint Louis en mourut (1270). L'Italie fut ravagée par ce fléau jusqu'à quinze fois dans le quinzième siècle; Londres fut décimé en 1665, la Provence en 1720, la Russie en 1771. En 1798, elle fit de nombreuses victimes dans notre armée d'Égypte. La dernière épidémie a sévi en Egypte et à Constantinople en 1834 et 1835. Le traitement de la peste a été presque nul dans les temps d'ignorance, et il est encore bien peu avancé aujourd'hui. On a beaucoup vanté l'usage des boissons stimulantes, aromatiques ou spiritueuses, au début du mal; ce moyen, assez souvent efficace, n'est pas toujours sans inconvénient. Tout ce que l'on sait, c'est qu'il n'existe ni spécifique ni méthode unique contre la peste. Les essais tentés dans ces derniers temps ont montré qu'il n'y avait à employer qu'un traitement symptomatique, dans lequel domine l'emploi des antiphlogistiques. L'émétique et le phosphore ont été essayés sans succès; l'application du cautère actuel a quelquefois réussi. Les causes de la peste ont été l'objet de discussions très-vives. Qu'elle soit ou non contagieuse, elle paraît être originairement produite par un empoisonnement miasmatique, provenant lui-même de l'accumulation de matières infectes qui a lieu dans les pays chauds, où l'on ne prend aucune des précautions que prescrit l'hygiène. Constamment elle a sévi dans les contrées où régnait la barbarie, tandis qu'elle s'est affaiblie et a fini par disparaître partout où la civilisation a fait des progrès. »

PÉTREL (zoologie) [*procellaria*]. — Genre d'oiseaux palmipèdes de la famille des longipennes ou grands voiliers, qui se distinguent des autres longipennes par leur bec crochu, par le défaut de pouce, qui est remplacé par un ongle simple implanté dans le talon, et surtout par la forme de leurs narines tubuleuses et placées sur le dos du bec.

De tous les oiseaux qui fréquentent la haute mer ces oiseaux sont les plus marins; du moins ils paraissent être les plus étrangers à la terre, les plus hardis à s'éloigner des côtes, à s'écarter et même à s'égarer sur le vaste Océan. Quelque loin que les navigateurs se soient portés, quelque avant qu'ils aient pénétré, soit du côté des pôles, soit dans les autres zones, ils ont toujours trouvé les pétrels, qui semblaient les attendre et même les devancer dans les parages les plus lointains et les plus orageux; partout ils les ont vus se jouer avec sécurité, et même avec gaieté, sur cet élément terrible dans sa fureur, et devant lequel l'homme le plus intrépide est forcé de pâlir.

Pourvus de longues ailes, munis de pieds palmés, ces oiseaux ajoutent à l'aisance, à la légèreté du vol, et à la facilité de nager, la singulière faculté de courir et de marcher sur l'eau, en effleurant les ondes par le mouvement d'un transport rapide; c'est de cette marche sur l'eau que vient le nom de pétrel, formé de l'anglais *peter* ou *petrill* (Pierre), que les matelots anglais ont imposé à ces oiseaux, en les voyant courir sur l'eau comme l'apôtre saint Pierre y marchait.

Mais, malgré leur audace à braver la furie des vagues, les pétrels sont souvent forcés, quand ils sont surpris par un violent orage, à chercher un refuge sur les vaisseaux qu'ils rencontrent en mer; et cette circonstance leur a fait donner le nom d'oiseaux de tempête, sous lequel les marins français les désignent ordinairement.

Toutes les espèces de ce genre sont à demi nocturnes et ne pêchent que le matin et le soir. Leur nourriture consiste en vers, mollusques, et surtout en chair de cétacés et de phoques, dont ils trouvent les cadavres flottants à la surface des ondes.

Le jour ils se cachent dans les fentes des rochers, dans les cavernes ou dans les trous abandonnés par les lapins et autres animaux terriers. Ils nichent par bandes sur les écueils, au milieu des rochers les plus escarpés, où il est d'autant plus difficile d'aller les dénicher que, lorsqu'ils se voient surpris dans leur retraite, ils dégorgent aux yeux de l'observateur imprudent, une huile abondante qu'ils tiennent toujours en réserve dans leur estomac, et qui l'aveugle momentanément. (*Salacroux*.)

Les principales espèces sont : le pétrel tempête, qui habite les mers d'Europe : plumage généralement noir, avec les parties inférieures blanches; le pétrel océanique, des mers australes, très-noir, avec croupion blanc; le pétrel géant, blanc et brun; le pétrel damier, à plumage tacheté de blanc, etc.

PÉTRIFICATION (paléontologie). — Ce mot a reçu deux acceptions différentes. Selon la première, c'est le changement d'un corps organisé en matière

Pierreuse; suivant la seconde, c'est le corps pétrifié lui-même.

Dans le second cas, le nom de pétrification a été donné par les anciens oryctographes, non-seulement aux corps dont la substance a changé de nature, tout en conservant son organisation interne; mais encore aux moules ou contre-moules, aux simples empreintes ou vestiges que les animaux ou les végétaux ont laissées au milieu des couches terrestres où on les rencontre aujourd'hui (1). Cette acception du mot pétrification est encore la plus généralement adoptée.

Nous croyons néanmoins devoir la restreindre aux corps animaux ou végétaux, qui présentent des traces de leur organisation interne. Ce sont, en effet, les seuls que l'on puisse considérer comme existant encore en partie, et seulement modifiés par les substances pétrifiantes, tandis que les moules, les empreintes, etc., ne nous offrent que des représentations de formes, et aucune trace des matières propres aux êtres dont ils révèlent l'antique existence.

Le mot de fossiles est celui qui nous paraît mériter l'acception très-générale donnée jusqu'ici à celui de pétrifications, parce qu'il apprend simplement que les corps ou les vestiges quelconques de corps auxquels on l'applique, ont été rencontrés enfouis dans le sein de la terre, et qu'il ne donne aucune notion sur la nature de ces corps ou de ces empreintes.

Ainsi, les bois changés à l'état de silice ou de chaux carbonatée; les ossements de mammifères, d'oiseaux, de reptiles, de poissons, le test des crustacés, les madrépores et autres produits marins, compris dans les couches de la terre, seront pour nous des corps pétrifiés, toutes les fois que ces matières conserveront leur structure interne.

Parmi les corps pétrifiés, les uns offrent à l'analyse quelques produits que l'on retrouve dans les corps vivants, tels que le carbone, la gélatine, etc., en petite quantité, il est vrai; mais le plus grand nombre n'en offre pas de traces.

Nous nous occuperons ici de la première acception du mot pétrification, celle qui indique le changement d'un corps organisé en matière pierreuse.

Ce point a été longtemps médité par les anciens naturalistes, et même par les théologiens, parce qu'il se lie avec l'histoire de la création du monde, et conséquemment avec les traditions qui forment la base de nos religions; une foule d'auteurs ont divagué, à qui mieux mieux, sur ce sujet; les uns ont prétendu que les fossiles étaient de simples jeux de la nature, qu'ils résultaient de la corruption des pierres; d'autres qu'ils étaient produits par les astres, et notamment par les rayons de la lune qui mangeaient les pierres, etc. Ces erreurs, longtemps accréditées, se sont propagées jusqu'au milieu du siècle dernier, qui néanmoins nous fournit encore

(1) On a aussi appelé, mais très-improprement, pétrifications, les incrustations de chaux carbonatée, de chaux sulfatée, de tuf, etc., qui se font actuellement dans certaines eaux tenant ces matières en suspension ou en dissolution.

des explications fort singulières relativement à la formation des fossiles et à leur dépôt. Mais les sciences physiques prenant un essor rapide, ont bientôt écarté toutes ces rêveries, et la saine observation a bientôt prouvé que les débris enfouis ou pétrifiés l'avaient été par suite d'un nombre plus ou moins considérable de révolutions du globe, les unes en apparence générales ou presque générales, puisque des débris marins ont été déposés à une hauteur de plus de deux mille quatre cents mètres perpendiculaires au-dessus du niveau actuel de l'Océan; les autres partielles, telles que celles qui ont donné lieu aux fossiles appelés d'eau douce; enfin, d'autres qui résultaient des éruptions de volcans, dont les laves avaient recouvert des espaces considérables de terrains où se trouvaient des corps organisés végétaux ou animaux.

Une question s'est élevée dans ces derniers temps : « Se forme-t-il de nos jours de nouveaux fossiles? » Si l'on met à part l'observation de le Royer de la Sauvagère, qui, assisté de ses vassaux et de ses voisins, avait vu deux fois, en quatre-vingts ans, une partie du sol des environs de sa terre de Desplaces, en Touraine, auprès de Chinon, métamorphosée en un lit de pierre tendre; les coquilles renaissant d'abord si petites, qu'il fallait un microscope pour les apercevoir, et croissant avec la pierre, jusqu'à prendre insensiblement dix lignes d'épaisseur; si, disons-nous, on met à part cette observation, et si l'on a égard à celles des naturalistes plus exercés que le Royer de la Sauvagère, on peut dire qu'aucun fait positif n'établit qu'il se forme maintenant des pétrifications, du moins dans l'intérieur de la terre, et que la simple raison doit porter à croire qu'il ne peut s'en former. Il peut néanmoins s'en opérer dans le sein des eaux; car il semble que l'immersion des corps dans un fluide, dissolvant de la matière qui pétrifie, soit une condition nécessaire pour que la pétrification ait lieu.

PÉTROLE (minéralogie) [du latin *petra*, pierre, et *oleum*, huile, nommée aussi *huile de pierre*]. — Sorte de naphte coloré en brun ou en noir, par des matières goudronneuses, de consistance visqueuse, et qui brûle en répandant beaucoup d'odeur et de fumée : on en extrait par la distillation le naphte pur, *huile de pétrole*. La seule source de pétrole connue en France est celle de Gabian (Hérault). On trouve encore cette substance en Angleterre, en Allemagne, etc.

PEUPLIER. — Tous les peupliers sont originaires des pays tempérés de l'Europe, de l'Asie et de l'Amérique septentrionale; ils croissent avec une grande rapidité, et réussissent principalement dans les lieux humides et marécageux, dans les terres grasses et fraîches, mais croissent presque partout.

« Le bois des peupliers est plus ou moins tendre, sert à la menuiserie et à plusieurs usages économiques. Leurs feuilles peuvent généralement être cueillies, surtout à la fin de l'été, pour être données aux bestiaux pendant l'hiver. Leurs semences sont surmontées d'une aigrette ou d'un duvet très-abondant, qui pourrait être employé comme la ouate. Les bourgeons du peuplier noir, et surtout ceux du peuplier liard et du peuplier baumier, fournissent une gomme résine d'une odeur forte, assez agréable, et qu'on regarde comme un spécifique pour les plaies et les blessures. Elle entre dans la composition du baume connu sous le nom de *populeum*. Dambourney dit que le jaune fourni par le peuplier d'Italie, réunit à l'économie, l'éclat, la solidité, la facilité de son extraction, et l'aptitude pour entrer dans toutes les couleurs composées. »

Ainsi, les peupliers présentent, comme on le voit, plusieurs avantages relativement aux arts, sans compter l'agrément et la fraîcheur qu'ils procurent lorsqu'ils sont disposés en allées, et l'effet pittoresque qu'ils produisent quand on les mêle avec goût à d'autres arbres dans de grandes masses de verdure. (*Dutour*.)

Les principales espèces de ce genre sont le peuplier blanc, commun dans les bois et le long des chemins ; le peuplier tremble, dont l'aspect est sauvage : il vient sur les hauteurs, dans les fentes de rocher et même dans nos forêts ; le peuplier noir, dont les feuilles sont d'un vert foncé, etc.

Chez les anciens, le peuplier était consacré au Temps, parce que les feuilles de cet arbre sont dans une agitation continuelle, et que, brunes d'un côté et blanches de l'autre, elles peignent l'alternative des jours et des nuits. Cet arbre, consacré aussi à Hercule, était le symbole du courage. De nos jours, le peuplier est devenu, par l'effet d'un pur jeu de mots, l'emblème de la démocratie.

PHALANGER (zoologie) [*phalangista*]. — Mammifères de l'ordre des carnassiers et de la famille des marsupiaux.

Tous les animaux compris dans ce genre appartiennent au continent de la Nouvelle-Hollande ou aux îles de l'archipel Indien. Avant l'établissement des Anglais au port Jackson, on n'en connaissait que deux espèces, qui avait été mal distinguées des sarigues ou des didelphes : savoir le coëscoës d'Amboine, décrit et figuré par Valentyn et par Séba ; et le phalanger de Cook, trouvé par ce voyageur dans son dernier voyage. Depuis, on en a reconnu plusieurs autres bien distinctes.

Sous le rapport de la forme et du nombre des dents, les phalangers forment une sorte de passage des dasyures et des didelphes aux kanguroos. Ces animaux sont tout au plus de la taille du chat, et une de leurs espèces est à peine de celle de la souris. Leur tête est allongée, mais moins que celle des didelphes, des daysures, et leur gueule est moins fendue ; leurs oreilles sont moyennes et arrondies ; leurs pieds pentadactyles, dont les antérieurs ont tous les doigts armés d'ongles forts et crochus, non rétractiles, les postérieurs ont un grand pouce sans ongle, fort distinct des autres doigts, dont les deux internes, plus courts que le troisième et le quatrième, à peu près égaux entre eux, sont réunis par la peau jusqu'à la base de l'ongle ; leur queue est tantôt nue, tantôt couverte de poil, plus ou moins prenante, et pres-

que toujours aussi longue que le corps ; les flancs n'ont point d'expansion de la peau, comme dans les pétauristes ; le pelage est souvent laineux et très-doux. Les femelles ont une poche assez ample sous le ventre. Les mâles ont un scrotum pendant, et ne tenant au corps que par un filet.

Le nom de phalanger a été donné à ces mammifères par Buffon, à cause de la réunion des deux doigts de derrière, ce qui présentait un caractère fort remarquable à l'époque où il l'appliqua à la seule espèce dont il eût connaissance : mais depuis on l'a retrouvé dans de nouveaux genres ; tels sont ceux des kanguroos, des péramèles, des potoroos et des isoodons.

Ces animaux se tiennent presque constamment sur les arbres, où ils vivent de fruits et d'insectes. Ils n'ont pas les mouvements forts vifs, et il est assez facile de les saisir ; on dit même qu'il suffit de les regarder pendant longtemps, pour les faire tomber de lassitude, parce que lorsqu'ils aperçoivent un homme, ils se suspendent par la queue, et restent sans remuer dans cette position forcée. Ils ont des glandes près de l'anus, qui sécrètent une humeur fort odorante, ce qui néanmoins n'empêche pas de manger leur chair. (*Desmarets*.)

PHALÈNES (zoologie). — Voy. *Papillon*.

PHANÉROGAMES (botanique) [du grec *phanéros*, évident, et *gamos*, mariage]. — Les botanistes désignent par le mot *phanérogames*, par opposition à *cryptogames*, des végétaux pourvus d'organes sexuels apparents, et qui se reproduisent par suite de la fécondation des ovules. Ils se divisent aujourd'hui en deux grandes classes appelées *monocotylédons* et *dicotylédons*.

PHARE ou **FANAL** (marine). — Feu entretenu pendant la nuit sur une haute tour pour éclairer la route que doivent suivre les vaisseaux à l'entrée des ports et des embouchures des fleuves qu'ils doivent souvent remonter pour se rendre à leur destination. Ils servent aussi à désigner les écueils et les passages les plus dangereux, afin que, dans leur navigation nocturne, les navires puissent les éviter et ne risquent pas de faire naufrage.

Anciennement, que l'art de l'éclairage n'était pas aussi perfectionné qu'aujourd'hui, et que la navigation n'avait pas pris un si grand développement, dès le seizième siècle, on avait substitué, comme il est arrivé au phare de Cordouan, à l'embouchure de la Gironde, on avait substitué, disons-nous, au son du cor, des feux destinés à servir de signal aux navires. Lorsqu'en 1727 on s'aperçut que ces feux calcinaient le sommet de la tour, on les remplaça par un fanal ou phare qui a reçu depuis plusieurs perfectionnements. Ce phare, le plus beau qui existe en France et peut-être en Europe, est situé à 3 lieues de Royan (Charente-Inférieure) et à 22 N.-O. de Bordeaux. Il se compose d'une tour de forme pyramidale construite sur un massif de rochers, reste d'une langue de terre que les eaux de la mer ont submergée. Sa hauteur est de 73 mètres : le diamètre de la partie inférieure, qui sert de soubassement, est de

42 mètres: l'intérieur se compose de plusieurs pièces et d'une chapelle; quatre gardiens y séjournent continuellement pour veiller à l'entretien du foyer du phare, composé de feux tournants pouvant être aperçus à plus de 10 lieues en mer par un temps calme. Il existe encore d'autres phares non moins importants sur le littoral de différents pays, tels que celui d'Eddystom, en face de la rade de Plymouth, celui de Bell-Rock, en Écosse, etc.

PHARMACIE (sciences médicales).—Art de connaître, de recueillir, de conserver les drogues simples, et de préparer les médicaments composés. «La pharmacie comprend, outre la connaissance de l'histoire naturelle pharmaceutique, la collection des substances médicamenteuses, la préparation des médicaments, et leur conservation ou reposition : 1o par collection, on entend l'approvisionnement que doit en faire le pharmacien, leur choix, leur dessiccation; 2° par préparation, on entend les modifications que l'on fait éprouver aux drogues simples, leurs mélanges, leurs combinaisons pour arriver à l'état de médicaments; 3o enfin, par reposition, on entend toutes les précautions nécessaires pour préserver les médicaments des altérations ou détériorations qu'ils sont susceptibles d'éprouver.

PHARMACIEN.—Celui qui exerce la pharmacie. Pour beaucoup de personnes, celui qui prépare les médicaments est apte à discerner les maladies où il convient de les employer; aussi le pharmacien est-il consulté plus souvent que le médecin. Sans méconnaître les études aussi pénibles que profondes exigées du pharmacien, il manque de cette instruction pratique qui caractérise la profession de médecin; il ne peut, en bonne conscience, se substituer à ce dernier. Le pharmacien, au lieu d'encourager cette erreur, qui est toujours au détriment de la bourse et quelquefois de la santé du malade, devrait se renfermer dans l'exercice de son art, que nous trouvons d'ailleurs assez important pour lui procurer toute la satisfaction qu'il est en droit d'en attendre.
B. L.

PHARYNX [du grec *pharynx*, arrière-bouche, gosier]. — Canal musculo-membraneux, irrégulièrement infundibuliforme, situé au-devant de la colonne vertébrale, séparé de la bouche par le voile du palais, et se continuant inférieurement avec l'œsophage.

PHILOSOPHIE (droit). — Science qui règle les mœurs et nous instruit à vivre. Dans le langage usuel, presque toujours remarquable par sa justesse, on appelle philosophes les hommes qui se plaisent à cultiver la morale. « Le langage vulgaire se concilie facilement sur ce point avec le langage scientifique. Les esprits éclairés, qui d'abord définissent la philosophie d'une manière si générale et si fastueuse, la considèrent ensuite sous des rapports plus convenables à notre faiblesse et à nos moyens. Cicéron dit qu'elle est *l'art de vivre*, et Sénèque voit en elle *la règle de la vie*. Chez les modernes, la métaphysique reçoit fréquemment le nom de philosophie. »
L'étude de la philosophie, dit un auteur, inspire

l'amour de la sagesse; et, comme la sagesse mène seule au bonheur, la philosophie renferme l'art de nous rendre heureux. Le premier devoir qu'elle nous inspire, c'est de nous connaître et de nous corriger de nos défauts. Elle nous ordonne aussi de chercher la vérité, de nous soumettre à notre destin, de jouir des plaisirs avec modération, de souffrir patiemment les maux attachés à la condition humaine, et de préférer la vertu à tous les biens.

Il y a, dit La Bruyère, une philosophie qui nous élève au-dessus de l'ambition et de la fortune ; qui nous égale, que dis-je ? qui nous place plus haut que les riches, que les grands et que les puissants; qui nous fait négliger les postes et ceux qui les procurent; qui nous exempte de désirer, de demander, de prier, de solliciter, d'importuner, et qui nous sauve même l'émotion et l'excessive joie d'être exaucés. Il y a une autre philosophie qui nous soumet et nous assujettit à toutes ces choses en faveur de nos proches et de nos amis : c'est la meilleure.

PHLÉBITE [du grec *phlebs, phlébos*, veine]. — Inflammation de la membrane interne des veines. Elle produit la coagulation du sang avec adhérence aux vaisseaux, la stagnation du sang veineux et de la sérosité, et un gonflement douloureux, accompagné d'un cordon dur qui suit le trajet de la veine.

Le plus grand nombre des phlébites abandonnées à elles-mêmes ne dépassent pas le degré d'inflammation qui a pour résultat la coagulation du sang avec adhérence aux parois des vaisseaux : or ces phlébites adhésives sont aussi fréquentes que les solutions de continuité des veines : point d'accouchement sans phlébite adhésive des veines utérines qui répondent au placenta; point d'amputation, de plaie, de ligature du cordon ombilical sans phlébite adhésive des veines divisées. Cette phlébite adhésive n'a ordinairement quelque gravité que lorsqu'elle occupe une certaine étendue : cependant il arrive quelquefois, sous l'influence de circonstances miasmatiques ou individuelles, que la phlébite, d'adhésive qu'elle était, devient suppurative. Dans ce cas, c'est au centre même des caillots adhérents constituant la phlébite adhésive, que se dépose le pus, d'abord de couleur lie de vin et sanieux, puis blanc, opaque et phlegmoneux; et la maladie se propageant le long du vaisseau, mais avec divers degrés d'intensité, la phlébite, adhésive dans un point, est quelquefois suppurative dans un autre. A ces phénomènes locaux de la phlébite parvenue au plus haut degré de gravité se joignent des symptômes typhoïdes, le développement de nombreux foyers purulents dans des régions plus ou moins éloignées, et tous les accidents attribués jusqu'à ce jour aux résorptions du pus.

La thérapeutique de cette maladie est encore fort incertaine. On arrête en général les phlébites adhésives externes, suite d'une saignée, par l'application de sangsues en grand nombre sur le trajet du vaisseau enflammé; de même, on peut arrêter sans doute les phlébites adhésives internes, par les évacuations sanguines générales, et surtout par des saignées locales pratiquées à temps et en quantité suffisante.

Mais passé la première période, aussitôt que les symptômes généraux commencent à se manifester, les saignées n'ont plus aucun résultat avantageux : il faut recourir aux stimulants diffusibles et aux toniques (acétate d'ammoniaque, quinquina), aux applications extérieures chaudes, aux purgatifs et surtout aux vomitifs (tartre stibié à hautes doses), au calomélas, aux diurétiques énergiques. Malgré les moyens les plus actifs, la médecine est presque toujours impuissante lorsque le pus est en circulation avec le sang. (Nysten.)

PHLÉBOTOMIE [du grec *phlebs, phlébos*, veine, et *tomé* section]. — Ouverture qu'on fait à une veine pour en tirer du sang. — Voyez *Saignée*.

PHLEGMASIE [du grec *phlegmasia,* dérivé de *phlégô*, brûler]. Synonyme d'inflammation (voyez ce mot), se dit surtout des inflammations chroniques internes.

'PHLEGMASIA ALBA DOLENS (pathologie). — Maladie phlegmoneuse qui se déclare spécialement aux membres inférieurs chez les nouvelles accouchées et se manifeste par un gonflement œdémateux et douloureux sans changement de couleur à la peau.

La phlegmasia abda dolens est une maladie rare. Lorsqu'elle survient, voici ce qui a lieu : du cinquième au quinzième jour après l'accouchement, un sentiment de pesanteur et de douleur se manifeste à l'une des aines et dans la cuisse correspondante, puis du gonflement survient. Ce gonflement s'étend de haut en bas; le membre est lourd, incapable de mouvement, et devient le siége de douleurs vives; la peau est lisse, tendue, luisante, et d'un blanc laiteux. Quelquefois, cependant, une ligne rouge souscutanée apparaît, elle suit la direction des vaisseaux cruraux ou de la cuisse, dont elle accuse l'inflammation. Dans tous les cas, il y a fièvre, soif, perte d'appétit, sueurs abondantes et urines rares. Comme l'on voit, la maladie offre les caractères réunis de l'œdème et du phlegmon. Les mamelles gonflées par le lait s'affaissent. Cette disparition du lait coïncidant avec l'engorgement dont il vient d'être parlé, a fait supposer qu'il s'agissait d'une métastase, d'un dépôt laiteux. Mais on a pris l'effet pour la cause, car nous savons qu'une irritation pathologique en fait cesser une physiologique, et qu'il n'existe pas de maladies laiteuses dans le sens d'un lait répandu.

La phlegmasie blanche se termine par résolution, suppuration ou l'état chronique. La résolution est annoncée par la diminution graduelle des douleurs, du gonflement et de la fièvre ; mais elle est lente, et quelquefois elle n'est pas complète au bout de deux mois. Dans d'autres cas il survient de la suppuration, de vastes abcès qui dénudent la peau et les muscles du membre. (Voyez *Phlegmon*.) Des complications peuvent survenir aussi, telles sont les inflammations des articulations du bassin, la péritonite et surtout la phlébite, qui rendent l'affection dangereuse. Notons enfin qu'après avoir cessé dans un membre, la singulière maladie dont nous parlons peut envahir l'autre et y acquérir une nouvelle intensité.

Les causes de la phlegmasia alba dolens sont peu connues. Nous dirons cependant que la fatigue et l'irritation éprouvées par les parties molles et dures du bassin pendant la grossesse et l'accouchement, sont de puissantes prédispositions à cette affection, dont la cause déterminante serait le plus souvent une imprudence, un refroidissement. Quant à sa nature, il n'est point exact de dire que c'est un phlegmon, encore moins un œdème. En effet, il n'y a ni le gonflement, ni la rougeur, ni la fixité de l'inflammation phlegmoneuse, et on ne trouve pas les caractères de l'œdème simple, qui sont l'empâtement indolent, la possibilité de marquer l'impression du doigt, la tuméfaction marchant de bas en haut, tandis que c'est le contraire pour la phlegmasia. L'inflammation paraît débuter par les vaisseaux cruraux et s'étendre au tissu cellulaire ; mais il faut le reconnaître, elle a quelque chose de spécial qui tient à l'état particulier des humeurs chez la femme qui a porté dans son sein un fœtus et qui est actuellement sous l'influence d'un travail nouveau, la sécrétion laiteuse et l'évacuation des lochies.

Traitement. — « L'œdème douloureux des femmes en couches réclame l'emploi des antiphlogistiques; la saignée générale est indiquée si le pouls offre de la force ; les sangsues sur les membres malades, spécialement aux aines et au jarret, calment assez bien les douleurs. Les malades seront en outre plongées dans un bain tiède, dont on prolongera le plus possible la durée ; les membres seront enveloppés de fomentations émollientes et narcotiques. A l'intérieur, on administrera des boissons sudorifiques, diurétiques ou laxatives, afin de favoriser le travail de résolution. Enfin lorsque, toute inflammation ayant cessé, la tuméfaction seule du membre persiste encore, on exercera une compression méthodique à l'aide d'un bandage roulé. » Au début, lorsqu'il y a embarras gastrique, un vomitif par l'ipécacuanha est très-utile. On parle de l'émétique à dose contro-stimulante pendant la période la plus aiguë, comme d'un bon moyen. Si l'inflammation devient décidément phlegmoneuse, c'est au traitement du phlegmon diffus qu'il faut recourir. Dr Bossu.

PHLEGMON (chirurgie).—Inflammation du tissu cellulaire sous-cutané et inter-musculaire. Cette inflammation est prise pour type, parce que ses caractères essentiels, douleur, rougeur, chaleur, gonflement, sont très-prononcés ; sa marche est régulière et franche, parce qu'elle parcourt rapidement ses périodes et qu'elle donne lieu à un pus de bonne qualité, également pris pour type du pus louable. Il est bien entendu que nous faisons abstraction des cas où le phlegmon est l'effet ou l'accompagnement d'une altération des humeurs par un agent septique ou miasmatique, comme dans le charbon, la morve, la peste par exemple.

Les causes du phlegmon sont celles de l'inflammation en général, à l'étude de laquelle nous renvoyons préalablement le lecteur. Ce sont les coups, chutes, piqûres et l'action des agents chimiques ; pour le phlegmon de mauvaise nature, ce sont les virus et les miasmes, qui occasionnent des bubons, des abcès, des fusées purulentes, consécutivement à la détérioration des liquides de l'économie, comme nous le verrons aux mots *Charbon, Morve,* etc.

Les symptômes du phlegmon sont locaux et généraux. Les premiers sont évidents dans le phlegmon qui se montre à l'extérieur, qui fait le sujet spécial de cet article. Ils consistent dans une tuméfaction circonscrite, dure, douloureuse, pulsative, avec rougeur de la peau plus ou moins prononcée suivant la profondeur de l'inflammation. Cette tuméfaction est plus ou moins circonscrite; elle s'accompagne de douleur et de chaleur qui vont en augmentant. Bientôt à ces phénomènes de réaction locale, à ces symptômes primitifs se joignent la céphalalgie, la soif, l'état fébrile, qui indiquent une réaction générale.

Si l'inflammation est vigoureusement combattue dès le début, le phlegmon peut avorter. Mais si elle est infructueusement ou mal traitée, il est presque certain qu'au bout de cinq à six jours la suppuration sera établie. Dans ce cas, les symptômes persistent ou même augmentent d'intensité; de pulsative qu'elle était, la douleur devient gravative, c'est-à-dire s'accompagne d'un sentiment de pesanteur; puis la tumeur s'amollit, devient fluctuante à son sommet, parce que le pus s'y forme d'abord; la peau s'amincit peu à peu, devient d'un rouge livide et s'ouvre pour donner issue au liquide purulent.

Dans certains cas, au lieu d'une tuméfaction circonscrite, c'est un gonflement moins apparent, mais plus étendu, qui existe. Il s'agit alors du phlegmon diffus, c'est-à-dire d'une inflammation des couches profondes du tissu cellulaire, lesquelles sont favorables à son extension. Cette forme du phlegmon ne donne pas toujours lieu à des symptômes de réaction très-intenses, et cependant elle est infiniment plus grave que la précédente. Pourquoi? Parce que, occupant la région sous-aponévrotique des membres, l'inflammation se trouve comprimée par l'aponévrose d'enveloppe commune; qu'alors elle s'étend le long des vaisseaux et des nerfs, dans les interstices musculaires, partout enfin où elle rencontre des traînées de tissu cellulaire; que par conséquent la suppuration comprend une grande étendue, décolle les tissus, la peau et les muscles, et exige de larges et profondes ouvertures et incisions pour en vider les foyers.

Dans le phlegmon diffus, comme dans le circonscrit d'ailleurs, l'inflammation et la suppuration tendent à se propager, à s'étaler autour du foyer primitif. Elles se dirigent naturellement vers les parties déclives; mis la disposition des parties, l'arrangement des aponévroses, la texture serrée du tissu cellulaire, s'opposent à cette pérégrination, elles remontent alors, vont à droite et à gauche, selon que la laxité des tissus leur est plus favorable. Les abcès n'ont pas encore assez été étudiés sous le rapport des fusées purulentes, dont l'origine est quelquefois très-éloignée, et un travail complet qui exposerait leur marche dans chaque partie du corps serait extrêmement important; ce travail manque dans la science.

Il importe de reconnaître le phlegmon diffus, car, comme la suppuration s'établit dès le troisième ou le quatrième jour, on ne comptera pas trop sur les moyens abortifs. Cette suppuration est encore plus prompte quand l'économie est sous l'influence d'une cause morbifique générale. Plus la phlegmasie est étendue et profonde, plus la réaction est prononcée, à moins que l'organisme soit incapable de résister longtemps à la cause toxique, comme dans la morve, la pustule maligne, d'autres états qui s'accompagnent ordinairement de grandes suppurations intermusculaires.

Traitement. — Si le type de l'inflammation se rencontre dans le phlegmon circonscrit et de bon aloi, c'est là qu'on doit employer aussi le type du traitement antiphlogistique. Attaquée à son début, une inflammation phlegmoneuse, de moyenne intensité, peut être enrayée dans sa marche par une forte application de sangsues et des cataplasmes émollients. Il est souvent nécessaire de revenir aux sangsues et même à la saignée du bras. On emploie concurremment les onctions mercurielles, qui agissent comme contro-stimulantes. Si la suppuration n'a pu être évitée, on ouvre l'abcès aussitôt qu'il est formé : il vaut toujours mieux recourir de bonne heure au bistouri que d'attendre l'ouverture spontanée, qui s'effectue tard et qui laisse au pus le temps de faire des dégâts. M. Velpeau conseille de faire une ponction au sommet de la tumeur, même avant qu'il y ait abcès, prétendant que cela débride et favorise la résolution. Nous l'avons vu plusieurs fois recourir avec succès aux incisions prématurées. Quelque avantageuse qu'elle soit, cette manière de faire se généralisera difficilement, parce que le chirurgien hésite à employer le bistouri et le malade à en sentir le tranchant. Les débridements sont conseillés par tous les chirurgiens, mais seulement dans des cas bien déterminés, tandis que le chirurgien de la Charité voudrait les généraliser.

Le phlegmon diffus doit être attaqué avec une grande énergie par la saignée, les sangsues et les frictions mercurielles. Malgré cela, nous répétons qu'il y a peu de chance de prévenir la suppuration; et, comme elle tend à s'étaler, il importe surtout de lui donner issue. L'ouverture de l'abcès est souvent délicate, parce qu'il faut enfoncer le bistouri profondément et qu'il importe d'éviter les vaisseaux volumineux. M. Velpeau emploie quelquefois, dès le début, un très-large vésicatoire pour décider soit la résolution, soit la suppuration.

Dans tous les cas, il faut continuer les applications des cataplasmes jusqu'à la détersion de l'abcès. On pratique des contre-ouvertures, si cela est nécessaire (voy. *Abcès*), et la compression au moyen d'un bandage roulé pour faciliter le recollement des tissus. Bien faite dès le début, la compression uniforme pourrait arrêter le développement et l'extension de la phlegmasie; mais ce moyen, comme le large vésicatoire, doit être employé à propos et convenablement. Inutile d'ajouter que pendant le traitement on prescrira le repos, la diète, des boissons délayantes, un ou deux laxatifs, etc.

Dr Bossu.

PHLOGISTIQUE (chimie) [du grec *phlogistos*, brûlé, enflammé, formé de *phlogizô*, brûler, enflammer, dont la racine est *phlégo*, brûler.] — Les anciens chimistes avaient adopté, d'après Stahl, un feu fixé dans le corps, qu'ils avaient nommé *phlogistique*, ou principe inflammable. Toutes les fois qu'une substance combustible brûlait, on disait qu'elle perdait son phlogistique.

Quand les métaux, par exemple, étaient brûlés et réduits en chaux, l'on disait qu'ils avaient perdu leur principe inflammable; et quand on les ramenait à l'état métallique, avec des matières grasses ou du charbon, l'on disait que dans cette opération on leur avait rendu le phlogistique, ou le principe inflammable qu'ils avaient perdu.

En attribuant aux acides la propriété d'enlever ce principe aux combustibles, les anciens chimistes expliquaient une foule de phénomènes, dont les chimistes qui ont embrassé la doctrine pneumatique rendent maintenant compte par l'attraction des corps pour l'oxygène; mais par un raisonnement absolument contraire, d'après l'ancienne doctrine, un corps en brûlant perdait un principe essentiel, le phlogistique; cette perte devait nécessairement diminuer sa pesanteur; cependant, on voit que tous les corps qui brûlent augmentent de pesanteur. Un métal oxydé est plus lourd qu'il ne l'était avant son oxydation ou sa combustion. Loin d'avoir perdu, il a acquis un principe d'oxygène; et lorsqu'on réduit cet oxyde, par le charbon ou par un autre combustible, on ne lui rend point un de ses composants; on lui enlève l'oxygène.

PHOLADE (zoologie) [du grec *pholas*, qui habite dans les trous]. — Genre de mollusques acéphales, caractérisés par un corps, peu allongé, conique, dont le manteau forme en dessus un lobe qui déborde et dont l'ouverture antérieure laisse passer deux tubes qui sont le plus souvent réunis et entourés d'une peau commune.

Les pholades n'ont pas besoin du concours d'un autre individu pour se reproduire; elles sont hermaphrodites. Les petits, jetés sur le rocher où vit leur mère, y creusent un trou qu'ils agrandissent journellement, et dont ils ne sortent plus que par l'effet d'une puissance extérieure. Le trou communique toujours avec l'eau, et c'est par l'ouverture que l'animal fait sortir son double siphon.

Les anciens ont beaucoup disserté sur les instruments que la pholade employait pour creuser son trou. Réaumur, par quelques observations faites avec sa sagacité ordinaire, a prouvé qu'elle n'employait d'autre moyen que le mouvement de rotation des deux grandes valves qui font l'office de râpes et usent continuellement le rocher qui les entoure.

Les pholades percent les pierres calcaires les plus dures, les autres coquilles, les madrépores, les argiles endurcies et le bois. Mais c'est principalement dans la craie qu'elles se plaisent. Les côtes de Normandie en nourrissent des quantités prodigieuses. On voit, aux environs de Dieppe, des bandes nombreuses de femmes et d'enfants, armés chacun d'un pic, briser les rochers et en tirer les pholades, soit pour les porter au marché, soit pour les employer comme appât à la pêche des poissons qui mordent à la ligne. Les pêcheurs appellent mâles celles qui peuvent entièrement se renfermer dans les grandes valves, et femelles celles qui sont trop grosses pour cela; mais il est probable que cette différence n'est produite que par l'état de maigreur ou d'embonpoint auquel elles sont sans doute sujettes. Elles se confient dans le vinaigre, lorsqu'on veut les envoyer au loin.

On en trouve dans toutes les mers où il y a des rochers susceptibles de les recevoir, et de fossiles dans plusieurs contrées de l'Europe. (De *Blainville*.)

On connaît une douzaine d'espèces de pholades, parmi lesquelles la *pholade conoïde*, qui existe aux environs de Paris.

PHOQUE (zoologie) [*phoca*]. — Genre de mammifères carnassiers, de la tribu des amphibies, caractérisés par un museau plus ou moins conique et par l'absence de défenses. « La tête des phoques ressemble à celle du chien; ils ont les oreilles peu ou point saillantes; la langue douce, échancrée au bout, le crâne vaste, les lèvres garnies de fortes moustaches. Antérieurement, leur corps ressemble à celui d'un quadrupède: postérieurement, il se termine en pointe comme celui des poissons. Leurs pieds de derrière, étendus dans la direction de l'abdomen, représentent une sorte de nageoire horizontale fendue, au milieu de laquelle est la queue. Ces animaux viennent fréquemment sur le rivage de la mer, soit pour y respirer à l'aise, soit pour dormir, soit pour allaiter leurs petits. Leur marche est embarrassée, leurs pieds étant comme enveloppés dans un gant; mais ils sont excellents nageurs. Ils se nourrissent surtout de poissons. »

Les phoques, dit Salacroux, s'apprivoisent avec beaucoup de facilité et parviennent, en peu de temps, à reconnaître leur maître, à la voix duquel ils s'empressent d'accourir. Ils s'attachent tellement aux personnes qui les soignent, que, dès qu'ils les aperçoivent, ils se précipitent vers le rivage, sur lequel ils se traînent péniblement, pour leur lécher les pieds et leur témoigner, par les signes les plus expressifs, leur joie et leur reconnaissance. La forme des phoques se rapporte assez bien à ce que la mythologie dit des tritons, des sirènes et autres monstres marins moitié quadrupèdes, moitié poissons, pour qu'il soit impossible de douter que ces animaux lui aient servi de modèle dans ses descriptions. Leur partie antérieure ressemble à celle d'un chien, et même à celle de l'homme, quand elle est dépeinte par une imagination exagérée, tandis que l'extrémité postérieure rappelle grossièrement celle d'un poisson. On trouve de ces animaux dans presque toutes les mers, du côté du pôle comme vers l'équateur; et ils sont assez abondants, quoique la femelle ne produise que deux petits, et qu'on leur fasse partout une guerre d'extermination pour leur huile, qui sert au tannage et à l'éclairage, et pour leur peau dont on fait des fourrures grossières, des outres, des couvertures de malles, etc.

Les différentes espèces de phoques ont été nommées vulgairement : *veau marin, lion marin, ours marin, éléphant marin,* etc.

PHOSPHATES (chimie). — Sels résultant de la combinaison de l'acide phosphorique avec les bases. On rencontre dans la nature un grand nombre de phosphates, notamment : le phosphate de chaux, dit aussi sous-phosphate ou phosphate de chaux basique; le phosphate de plomb, qui se rencontre dans les mines de galène, etc.

PHOSPHÈNE (chimie) [du grec *phós*, lumière, et *phainó*, faire voir, montrer]. — Nom donné depuis quelques années aux phénomènes lumineux qu'on peut provoquer dans l'intérieur de l'œil en comprimant cet organe avec la main, lorsque les paupières sont abaissées : ce sont, le plus souvent, des points brillants ou des cercles lumineux qui tantôt s'élargissent, tantôt se rétrécissent. En 1853, M. Serre d'Uzès s'est livré à des recherches sur les phosphènes, et a adressé à l'Académie des sciences un intéressant mémoire sur ce sujet.

PHOSPHITES (chimie). — Sels qui résultent de la combinaison de l'acide phosphoreux avec les bases. Ils diffèrent des phospates en ce que, chauffés fortement dans une cornue, ils dégagent une petite quantité de phosphore.

PHOSPHORE (chimie) [du grec *phós*, lumière, et *phéró*, porter, parce qu'il luit dans l'obscurité]. — Corps simple non métallique, jaunâtre et de l'aspect de la cire, d'une densité de 1,22. Il fond dès 43° et bout vers 300°. A la température ordinaire, le phosphore répand dans l'air des vapeurs blanches d'odeur alliacée, qui, dans l'obscurité, jettent une lueur blafarde; ce phénomène est dû à une combustion lente dont le produit consiste en acide phosphoreux. Très-inflammable, le phosphore prend feu par le simple frottement; les brûlures qu'il fait sont fort difficiles à guérir. Il répand, en brûlant avec flamme, des vapeurs blanches d'acide phosphorique.

« Le phosphore existe en combinaison dans l'urine, dans la matière du cerveau des mammifères, dans l'albumine et la fibrine du sang, dans la laitance des poissons et dans plusieurs minéraux. Il est surtout abondant à l'état de phosphate de chaux dans les os des animaux : on l'extrait de ce phosphate en transformant ce composé en phosphate de chaux acide, au moyen de l'acide sulfurique, et en distillant ensuite le phosphate acide avec du charbon. »

PHOSPHORE ROUGE (chimie). — Nouvelle variété de phosphore obtenue par M. Schrotter en portant à une haute température le phosphore ordinaire. L'importance de la substitution de ce phosphore dans les usages domestiques au phosphore ordinaire, si vénéneux et si facilement combustible, a été démontrée par M. Louis Figuier, auquel nous empruntons les détails qui suivent :

L'arsenic a été, jusqu'à ces derniers temps, le poison le plus connu et le plus généralement adopté. Ce n'est qu'à de rares exceptions et parmi les empoisonneurs de haute volée que ce toxique vulgaire fut quelquefois dédaigné : on lui préféra la morphine, la nicotine. Néanmoins, on peut dire que, jusque dans ces derniers temps, l'arsenic, employé comme toxique, régnait presque exclusivement.

Il n'en est plus ainsi depuis quelques années, et l'arsenic est sur le point de perdre son antique et redoutable privilège. Ce poison présente, en effet, à l'encontre des criminels, un inconvénient fort grave : il laisse après lui des traces que la chimie parvient sans la moindre peine à retrouver. C'est un jeu pour la science moderne que de découvrir un composé arsenical au sein des organes d'une personne empoisonnée. Un appareil de Marsh suffit pour retrouver dans les viscères les plus faibles traces de ce poison. Mais, par suite de la publicité qui a été donnée à ce fait dans le cours de divers procès célèbres, tout le monde connaît aujourd'hui la singulière facilité avec laquelle l'arsenic peut être retrouvé dans une expertise toxicologique. C'est depuis cette époque que l'arsenic a cessé de devenir l'agent exclusif des empoisonnements criminels.

La matière toxique qui tend aujourd'hui à remplacer l'arsenic, c'est le phosphore. Les propriétés vénéneuses de ce corps sont connues aujourd'hui par de nombreux exemples, par des événements accidentels ou criminels, qui ont promptement répandu dans le public la connaissance de ce fait.

L'acide arsénieux laisse des traces que la chimie parvient à retrouver sans peine. En effet, dans l'économie, à l'état normal, il n'existe pas d'arsenic. Si donc un expert vient à reconnaître, dans les organes soumis à son examen, la présence d'un composé arsenical, le fait de l'empoisonnement est par cela même établi. Mais il n'en est pas de même pour le phosphore. A l'état normal, il existe du phosphore dans l'économie humaine; on l'y rencontre à l'état d'acide phosphorique et formant divers phosphates, tels que les phosphates de chaux, de soude et de potasse. D'après cela, si, dans un examen chimico-légal, un expert trouve du phosphore dans les organes qu'il analyse, il est toujours bien difficile qu'il puisse tirer de la présence de ce corps une conclusion assurée. Le doute s'empare de son esprit, et il fait sagement de ne point conclure. L'empoisonnement par le phosphore présente donc de grandes difficultés à la science toxicologique.

Enfin, le poison se trouve entre les mains de tout le monde; c'est là l'une des circonstances les plus graves de cette question. En effet, l'acide arsénieux, ou toute autre substance toxique, telle que les sels de mercure ou d'antimoine, sont des poisons qu'une main coupable ne peut se procurer sans se dénoncer elle-même. L'ordonnance du 29 octobre 1846, en rangeant l'arsenic et les préparations qui en dérivent parmi les substances vénéneuses, exige l'inscription sur un registre *ad hoc* des noms, professions, etc., de l'acheteur, ou bien l'autorisation écrite et signée d'un médecin. Mais le nom du phosphore ne figure point sur la liste des substances réputées vénéneuses. Chacun a donc la facilité de se le procurer. Il est toujours, d'ailleurs, à la portée de tous; pour qu'il en fût autrement, il faudrait supprimer les allumettes chimiques, dont l'emploi est aujourd'hui devenu universel.

Ces considérations montrent suffisamment combien il est urgent de remédier au dangereux état de choses. C'est ce que M. Caussé, d'Albi, comprit l'un des premiers. Le 24 janvier 1854, le docteur Caussé présentait à l'Académie de médecine un mémoire dans lequel il appelait l'attention de ce corps savant sur l'intoxication par les allumettes chimiques, et sur la difficulté qu'éprouve l'expert, dans un cas d'empoisonnement, à constater dans les organes la présence de ce toxique. En même temps qu'il signalait le mal, l'auteur de ce travail essayait d'en indiquer le remède. Il proposait, pour rendre plus facile, dans un cas d'expertise, la recherche du phosphore, d'ajouter à la pâte phosphorée qui sert à confectionner les allumettes chimiques, un composé qui, par sa présence, vînt en aide au chimiste et lui permît d'être plus affirmatif dans ses conclusions.

La substance que M. le docteur Caussé proposait d'ajouter à la pâte phosphorée des allumettes, c'était le tartrate de potasse et d'antimoine, c'est-à-dire l'émétique. En entrant dans la composition de la pâte phosphorée, l'émétique eût présenté, outre l'avantage spécial de seconder les recherches de l'expert, celui de provoquer le vomissement chez la personne empoisonnée. En prenant le poison, on eût, en même temps, pris le remède, et le seul remède connu contre ses redoutables effets.

L'Académie de médecine chargea M. le professeur Chevallier de faire un rapport sur le mémoire du docteur Caussé.

Après mûr examen, M. Chevallier partagea l'opinion du docteur Caussé. Il espéra que l'on pourrait éviter une partie des dangers d'intoxication que présentent les allumettes chimiques, si l'on ajoutait une petite quantité d'émétique à la pâte phosphorée qui sert à leur préparation. Seulement, M. Chevallier proposait d'ajouter aussi à la pâte phosphorée une substance susceptible de lui communiquer une amertume considérable et une couleur intense, de manière à prévenir, par ce goût extraordinaire, la personne à laquelle on tenterait d'administrer le dangereux toxique. M. Chevallier songea, pour ce dernier objet, à l'aloès et à la poudre de coloquinte. Des expériences faites avec ces matières réussirent : la poudre de coloquinte et l'aloès n'empêchaient aucunement la combustion des allumettes, et donnaient au mélange l'amertume requise comme moyen d'avertissement.

Mais M. Chevallier abandonna bientôt sa première pensée. On venait de lui remettre une certaine quantité de phosphore rouge ou amorphe, récemment découvert par un chimiste de Vienne, M. Schrotter; ce produit, en raison des propriétés spéciales qu'il présente, devait jouer dans la question un rôle des plus importants.

Le phosphore ordinaire est incolore ou jaune, flexible, translucide, fusible dans l'eau à la température de 44 degrés au-dessus de 0, et volatil à 290 degrés. Si on l'expose à l'air, il exhale des vapeurs blanches d'une odeur alliacée, et il répand dans l'obscurité une assez vive lumière.

La variété de phosphore découverte par M. Schrotter, et que l'on désigne sous le nom *phosphore rouge*, est d'une couleur de brique; il est sans odeur, très-peu altérable à l'air et ne répand aucune lumière dans l'obscurité. Projeté sur des charbons ardents, il s'enflamme, mais il brûle plus lentement que le phosphore ordinaire et sans donner d'odeur. M. Schrotter obtint cette variété physique du phosphore en portant à une température de 240 à 250 degrés du phosphore ordinaire, placé dans un tube de verre fermé. Par la simple action de la chaleur, le phosphore subit une modification moléculaire, qui lui donne des propriétés tout autres que celles qu'il possédait.

Les caractères du phosphore rouge, si différents de ceux du phosphore ordinaire, firent penser à M. Chevallier qu'on pourrait avantageusement l'employer, en remplacement du phosphore ordinaire, dans les allumettes chimiques. Le peu d'hésitation qu'il éprouvait cessa lorsqu'il apprit qu'en 1850, M. Bussy, expérimentant sur un chien le phosphore nouveau, avait reconnu que son action toxique est complètement nulle ; 2 grammes de phosphore rouge avaient été, en effet, administrés par M. Bussy à un chien, sans que l'animal en ressentît aucun effet. Or, 1 ou 2 grammes seulement de phosphore ordinaire suffisent pour donner la mort.

M. Chevallier s'adressa alors à MM. Lassaigne et Reynal, d'Alfort, qu'il pria de répéter l'expérience de M. Bussy. C'est ce qu'ils firent sur une chienne de Terre-Neuve, qui put prendre impunément jusqu'à 3 grammes de phosphore rouge. Des oiseaux, à qui les mêmes expérimentateurs administrèrent 3 centigrammes de la même substance, n'en éprouvèrent aucun accident. Les phosphore ordinaire, administré à un chien à la dose de 3 grammes, et à des oiseaux à la dose de 3 centigrammes, faisait, au contraire, périr très-promptement ces animaux.

Ainsi, l'innocuité du phosphore rouge était constatée. Il ne restait plus qu'à savoir si elle ne disparaîtrait pas quand le phosphore rouge se trouverait uni au chlorate de potasse, qui, mélangé au phosphore, sert à la fabrication des allumettes chimiques.

Pour s'en assurer, M. Chevallier remit à M. Lassaigne des allumettes préparées avec du phosphore rouge et du chlorate de potasse. M. Lassaigne administra à un chien une pâte composée de chlorate de potasse, de phosphore rouge et de gomme, pâte qui avait été détachée de 133 allumettes chimiques et pesait 1 gramme 53 centigrammes. L'animal n'en éprouva aucun dérangement dans sa santé.

A la suite de ces expériences concluantes, M. Chevallier présenta à l'Académie de médecine son rapport sur le mémoire de M. Caussé. Il déclara dans ce rapport que le travail du médecin d'Albi devait attirer, avec raison, l'attention de l'autorité.

PHRÉNOLOGIE. — Le mot phrénologie est un terme générique embrassant trois branches d'études distinctes, savoir : le cerveau et ses fonctions, la boîte osseuse qui le recouvre, et la philosophie mentale. La première de ces branches fut appelée par Gall physiologie du cerveau ; la seconde cranioscopie ; et la troisième il ne l'admet que comme corollaire de la première. Ce furent certains partisans anglais qui pensèrent qu'une plus profonde analyse métaphysique des facultés mentales devenait un complément nécessaire à la physiologie du cerveau, et qui, par suite, introduisirent le nom de phrénologie comme comprenant toute l'étendue et les applications de cette découverte.

Gall, à qui l'on doit cette science, naquit à Fieffenbrunn, dans le grand-duché de Bade, en 1758, et mourut à Paris, en 1828, à l'âge de soixante-dix ans. Il fut d'abord médecin, et conçut sa doctrine par l'esprit d'observation qu'il possédait au plus haut degré. Ce fut à Vienne qu'il émit ses premières idées ; mais il n'y put rester à cause de l'intolérance de la censure.

Il vint alors en France, où il fut reçu avec empressement par les savants. Cuvier, partisan zélé, était du nombre ; il fut chargé avec d'autres de présenter à l'Académie un rapport sur cette science. La chronique de cette époque prétendit que l'opinion de Cuvier, d'abord favorable, changea ensuite subitement par des causes inappréciables, en dehors de la science, et que son rapport fut contraire à ses idées.

D'un côté, soutenu par des enthousiastes et quelques rares savants ; d'un autre côté, la phrénologie, répudiée par la science officielle : telle était sa position au commencement de notre siècle ; du reste, rien de nouveau en principe pour la physiologie ; elle affirmait simplement que l'esprit se servait du cerveau pour ses manifestations, ou, en d'autres termes, que le cerveau était l'instrument matériel des forces instinctives et intellectuelles de l'homme et des animaux, et que les parties distinctes du cerveau servaient comme organes spéciaux de chaque force de l'âme reconnue primitive ; ensuite, que ces différentes divisions sont reconnaissables par la conformation extérieure du crâne ; aussi, pour le plus grand nombre de naturalistes et de physiologistes, ce fut moins le principe de la physiologie du cerveau de Gall qu'on attaqua, que sa prétention de localiser les facultés mentales et les instincts dans telle ou telle circonvolution. On admit aussi le progrès que fit Gall dans l'anatomie spéciale du cerveau et du système nerveux ; on adopta généralement sa méthode de dissection. Il avait donc peu de difficultés d'établir sa supériorité comme antagoniste ; mais sa nouvelle doctrine de la divisibilité du cerveau en organes, et la possibilité de reconnaître ces divisions par la conformation extérieure du crâne, furent considérées par beaucoup de monde comme un plagiat.

On sait en effet que, chez les anciens peuples, certaines idées furent émises dans ce sens ; Aristote, plus tard, considéra le cerveau comme étant l'organe de cette partie de l'âme qu'on appela anciennement ra-tionnel ; il est notoire qu'Albert le Grand, archevêque de Ratisbonne au XIIIe siècle, divisa le crâne en dix ou douze compartiments, dont chacun indiquait une tendance primitive de l'homme.

Au XVe siècle, des tentatives de même nature furent faites par Pierre de Montagna, Ludovico Dolci en Italie, et le docteur Gordon en Écosse ; enfin Charles Bonnet, ce savant si fécond, alla bien plus loin, puisqu'il considéra chaque fibre cérébrale comme affectée à une fonction particulière.

On voit que de tout temps les hommes s'aperçurent des rapports qui pouvaient exister entre les facultés intellectuelles d'un individu et la configuration de sa tête. Les artistes surtout, par l'étude des formes, avaient observé que le développement de certaines facultés ne se produisait qu'au détriment de certaines régions du cerveau. Cette remarque avait été formulée en règle par eux, soit dans les œuvres d'imagination, ou dans les portraits, les plans du crâne sont observés d'après les différences de caractères connus de ces sujets ; et cela est tellement juste que, d'après une tête seule, on pourrait décider, sans crainte de se tromper, qu'elle a dû appartenir à la statue d'un athlète, d'un philosophe, d'un héros ou d'un dieu.

L'étudiant impartial ne verra, entre les travaux de Gall et ceux de ses prédécesseurs, que quelques rapports de l'observation empirique ; en somme, on avait remarqué avant lui que la diversité du caractère et de l'intelligence correspondait avec les différences de la conformation de la tête ; mais il lui fut réservé de rapprocher cette conformation à l'épanouissement particulier des circonvolutions du cerveau, et surtout d'avoir établi, par des observations et des études analogues entre l'homme et les animaux, une localisation plus détaillée des facultés, et, selon la prétention de ses partisans, d'avoir rectifié les tâtonnements de tous ses devanciers.

Nous croyons que le système de Gall consiste moins dans le résultat de ses observations, que dans l'analyse qu'il a faite des phénomènes mentaux de l'homme et leur nomenclature : il faut peu étudier la partie philosophique de son système, pour ne pas voir qu'il regardait trop comme fonction primitive de l'âme des phénomènes qui n'en étaient que des manifestations indirectes ; c'est ainsi qu'il a établi l'organe de la métaphysique ou du sens philosophique, de la religiosité, du *vol*, du *meurtre*, de l'*homicide*, etc. ; et, pour ne citer qu'une preuve entre toutes à l'appui de ce que nous avançons, quand Gall admit l'organe de la peinture, il oublia sans doute que pour être peintre il faut nécessairement un concours de facultés, et qu'une seule est insuffisante : ne faut-il point, par exemple, toutes les facultés perceptives fortement développées, telles que la *couleur* en particulier, la *configuration*, l'*étendue* (ou perspective), l'*individualité* ; puis, d'un ordre plus élevé, l'*imitation* (facilité d'interprétation), l'*idéalité* (appréciation du beau, imagination), et, enfin, l'intelligence et l'observation, pour composer une œuvre avec justesse. On comprend ainsi qu'une qualité ne se produit pas isolément, mais qu'elle est bien la production de plusieurs puissances, réunies. C'est là qu'est le danger du système de Gall.

Spurzheim, et d'autres phrénologues qui l'ont suivi, changèrent sa nomenclature et y apportèrent une plus juste analyse des facultés, tout en conservant son organologie qu'ils reconnaissaient et supposaient inattaquable.

Spurzheim fut élève et collaborateur de Gall, puis, vers la fin de sa vie, il s'en sépara pour aller prêcher la phrénologie en Angleterre et en Amérique. Il y établit des écoles. Pendant dix-huit ans, une société et un journal propagèrent cette science avec ardeur. Le siége principal fut à Édimbourg, en Écosse. Aujourd'hui M. Georges Combès, doyen des phrénologues en Angleterre, est, sans contredit, le plus savant par ses études consciencieuses. En France, parmi les adhérents les plus distingués, on remarque le docteur Fossati (Vincent), célèbre par ses études de la phrénologie comparée, et, enfin, le savant Broussais.

Une société et un organe se fondèrent à Paris et furent aussi florissants; mais, après la mort de Gall, la phrénologie fut délaissée, tant en France qu'en Europe, malgré les efforts de ses adeptes. Partout un grand nombre de sociétés cessèrent de fonctionner faute de l'appui du public, et malgré la vogue que le génie et la réputation de l'immortel Broussais avaient donnée à cette science.

Nous sommes ici devant un fait fort remarquable : un système fondé et basé de toute évidence sur la au public pour une série de conférences qu'il offrait, à l'Athénée impérial, où il fut reçu professeur pour traiter spécialement la science phrénologique. Ces conférences furent suivies, dès la première soirée, par bon nombre de partisans de l'école de Gall; il s'y adjoignit ensuite une telle part de notre public d'élite, que l'encombrement nécessita bientôt un endroit plus vaste. La presse d'alors annonça victorieusement que la phrénologie était ressuscitée, et, comme le phénix, s'était revivifiée. Depuis, des cours eurent lieu à sa résidence, et l'œuvre de propagande est secondé par de nombreux élèves, parmi lesquels on peut remarquer des célébrités médicales, gens du monde, publicistes, savants, journalistes, etc. Un nouvel organe de phrénologie s'établit, il y a environ un an, sous la rédaction de M. Pierre Béraud. A quoi donc devons-nous attribuer cette réapparition de la phrénologie, et cette nouvelle faveur du public pour elle? Est-ce bien, en effet, à la phrénologie seule qu'il faut être redevable de ce revirement de l'opinion?

Hâtons-nous de dire que non. C'est à l'alliance de la psychologie à la phrénologie, que cette dernière a pris une si haute importance.

Plusieurs sont d'accord avec nous à cet égard; M. Adolphe Garnier, notamment, pense qu'il n'y a pas de vitalité possible pour l'organologie de Gall, en dehors d'une psychologie scientifique.

Dans son enseignement, le docteur Castle commence par traiter l'esprit de l'homme par la méthode

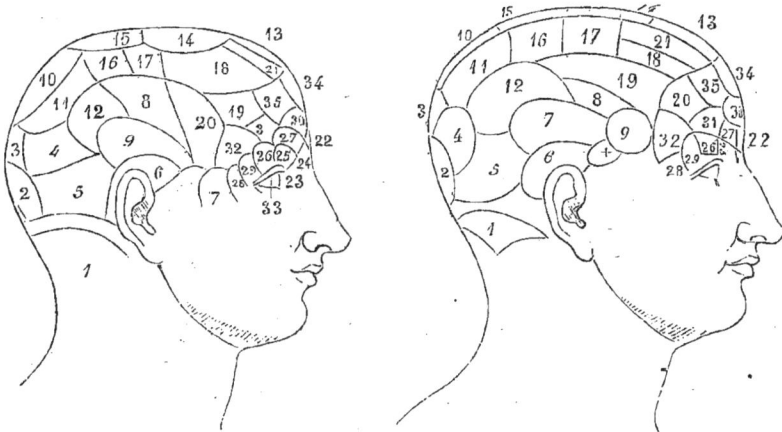

Fig. 61. — Système de phrénologie du docteur Castle, vu de profil.

vérité, soutenu par les travaux longs et remarquables de ses fondateurs, hommes éminents de toutes les nations, est tombé en désuétude presque partout où il fut cultivé avec enthousiasme, mais attirant toujours de temps à autre l'attention du public; cette science, depuis quelques années, reparaît avec une nouvelle vigueur dans ce Paris qui la croyait ensevelie pour toujours!

En 1853, le docteur Castle, Anglais, fit un appel subjective, et après avoir établi *à priori* la nécessité de l'existence des forces qu'il reconnaît facultés primitives, il cherche à démontrer leur correspondance avec les différentes parties du cerveau, et ce n'est qu'ici alors qu'il devient phrénologue proprement dit.

Nous extrayons, des notes que nous avons prises à ses cours, quelques passages à l'appui de cette nouvelle doctrine :

« Il importe de bien connaître la loi selon laquelle se combinent les instincts avec les facultés morales et intellectives; or, la connaissance de cette loi d'*association* constitue l'objet de sa psychologie. »

La physiologie du cerveau ne comprend que les effets et les fonctions primitives des organes considérés isolément. Mais analyser ces fonctions et les réunir en une chaîne de combinaisons multiformes, constater les influences de toute espèce exercées sur ces facultés par les circonstances extérieures, et, — tantôt induisant, tantôt déduisant, — traiter les effets innombrables qui conduisent au plein développement des facultés intellectuelles et sensibles d'un individu, tant dans sa vie écoulée que dans la présente, les-

Enfin, déterminer le but des différentes tendances de cette organisation, ainsi que la direction combinée et prédominante de leur ensemble.

Avant de pouvoir faire cette dernière appréciation, il faut découvrir, évaluer et pondérer le nombre considérable des éléments et celui de leurs modifications si compliquées, et c'est là surtout ce qui rend si difficile la tâche du phrénologue.

Jusque-là son travail consiste dans un long enchaînement d'inductions basées sur une observation minutieuse et attentive.

Cela posé, il doit tenir compte encore de la hiérarchie des facultés, examiner quelles sont les dominantes, consulter leurs modes d'association, apprécier

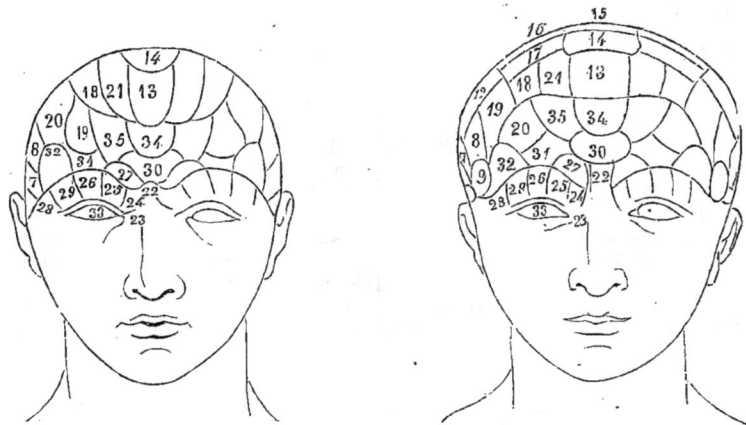

Fig. 62. — Système du docteur Castle, vu de face.

quelles, réunies, permettent d'augurer les changements que ses facultés subiront dans l'avenir, est du ressort de la psychologie.

Les fonctions primitives, objet principal de la physiologie, ne sont donc à la loi d'association, objet principal de la psychologie, que dans le rapport d'un alphabet à la combinaison des phrases qui varient indéfiniment, ce que sont les chiffres numériques au calcul infinitésimal, tant sont mobiles et nuancées les particularités qui constituent le caractère d'un homme.

Trois opérations sont surtout importantes, si l'on veut arriver à un jugement phrénologique exact et complet sur un caractère donné.

D'abord, évaluer le degré de puissance et d'extension de chaque organe, ce qui ne pourra se faire d'une manière rigoureusement précise que lorsqu'on aura découvert des règles fixes pour mesurer les organes cérébraux.

Ensuite, apprécier le degré de vigueur et d'activité de l'ensemble des facultés dans cette organisation donnée.

le degré auquel, simples ou composées, ces facultés jouissent de leur libre manifestation, de leur essor normal, c'est-à-dire à quel point elles sont entravées ou favorisées par les circonstances extérieures.

Cette dernière partie de son étude lui fournit la preuve que les circonstances extérieures sont encore, pour la plupart, d'une nature plus ou moins contraire à la nature primitive de l'homme, et qu'elles tendent presque constamment à produire des manifestations subversives de ses facultés.

Le phrénologue doit par conséquent s'être muni :

1° D'une connaissance aussi exacte que possible du milieu extérieur actuel, afin de distinguer en quoi ce milieu pourrait être favorable au développement des tendances ou facultés primitives de l'individu soumis à son analyse;

2° D'une appréciation juste de la trempe, du titre, ou de la puissance du caractère dont il veut esquisser la monographie, afin de décider jusqu'à quel point l'individu a pu s'affranchir de la pression des circonstances extérieures; car cette pression diffère selon la nature des caractères.

PRINCIPES PSYCHOLOGIQUES SERVANT DE BASE A LA
PHRÉNOLOGIE.

I.

Le nombre des passions constitutives du caractère humain doit être fixe et en juste proportion avec les besoins de l'homme considéré comme créature terrestre; ou, plus brièvement, les passions humaines sont proportionnelles à la destinée de l'homme.

II.

Il y a dans les passions une différence hiérarchique de grade et de valeur : les passions humaines doivent donc former entre elles une série graduée ascendante du degré le plus infime au sommet de l'échelle.

III.

Grâce à ces rapports d'infériorité et de supériorité entre les passions, leur développement intégral et harmonique doit être possible, et, par conséquent, leur entière justification devra résulter du salutaire effet produit par leur harmonie.

IV.

Les passions n'ont pas leur siége exclusif dans les capacités innées de l'homme, non plus que dans les objets extérieurs qui sollicitent l'action de ces facultés internes; mais elles doivent être regardées comme résultant de l'action simultanée de ces deux agents contrastés.

V.

Le moyen le plus sûr de reconnaître une passion originaire et essentielle, c'est de voir si elle est d'une évidente utilité au bien-être de l'homme.

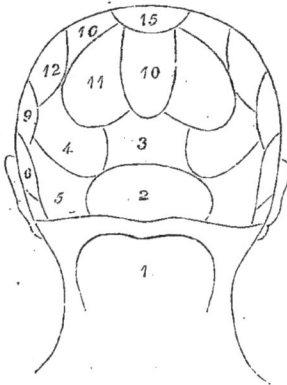

VIII.

L'harmonie et l'équilibre des passions réalisées en chaque individu, auront pour conséquence indubitable l'harmonie en société, qui est le vrai destin de l'humanité sur la terre.

IX.

Le caractère naturel de l'homme doit nécessairement se trouver sujet à de continuelles modifications, provenant de l'influence des circonstances extérieures

X.

Une grande partie de l'étude psychologique consiste dans l'investigation de ces circonstances extérieures qui influent sur les capacités innées de l'homme.

XI.

Toute passion, par ce même motif, est susceptible d'une manifestation harmonique, productive du bien, — ou d'une manifestation subversive, productrice du mal, — selon la qualité harmonique ou anarchique de la condition sociale au sein de laquelle cette passion se développe, c'est-à-dire selon que ces moteurs externes favorisent ou entravent le développement normal des passions.

XII.

Ces circonstances extérieures, et surtout la condition sociale, étant l'œuvre des hommes, l'activité humaine peut les changer; d'où il résulte que le *bien* et le *mal* en ce monde doivent être attribués principalement à l'humanité même, car elle a reçu de la Providence assez d'intelligence pour discerner et appliquer les lois régulatrices de son activité, lois dont

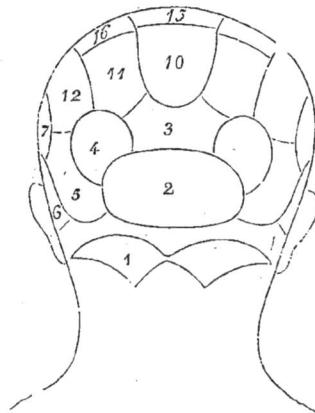

Fig. 63. — Système du docteur Castle, vu par la face postérieure du crâne.

VI.

Ce bien ne sera pas complet, s'il ne contribue pas simultanément au bonheur de l'individu et à celui de cette partie de la société embrassée dans la sphère active de cette passion.

VII.

Le but le plus élevé de cette passion doit être l'harmonie entre tous.

l'observation engendre le bien et l'inobservation le mal.

Grâce à cette théorie vaste, la pratique de la phrénologie est restée transmise aux élèves avec une exactitude d'application difficile à admettre et à comprendre par tous ceux qui ne connaissent que l'ancienne école. M. Castle imprima, en 1843, un ouvrage allemand, en 3 volumes, intitulé : *Théorie et pratique de la Phrénologie*, où, pour la première fois dans l'histoire de cette science, les lois régulières de l'association des instincts et des facultés intellectuelles furent établies. La connaissance de ces lois d'association constituent principalement l'objet de la phrénologie.

Cette méthode, basée sur les lois universelles, consiste à en saisir les analogies, à en déduire les conséquences, et à l'appliquer à la créature humaine, qui est un reflet vivant de l'univers, considérée dans ses moindres détails physiques et moraux.

Il fallait un philosophe, un penseur qui eût longtemps médité sur l'âme, sur les facultés, les instincts, les passions, sur le génie des diverses nations, et qui, après avoir réuni des documents innombrables, pût créer une base solide et établir une science positive que l'on pût interroger avec certitude.

Cette science ainsi conçue permet à l'avenir des résultats immenses; un vaste champ est ouvert aux imaginations ardentes, le filon est trouvé par cet éminent chercheur; avec l'aide des hommes sérieux, nul doute qu'on arrive aux trésors inépuisables qu'il renferme et qui nous donneront la clef des grandes lois physiques et morales qui régissent l'espèce humaine.

Voici maintenant l'explication des six figures présentes dans cet article.

Légende des planches :

1. Amativité : Attraction bissexuelle.
2. Philogéniture : Instinct de paternité, attraction vers les enfants.
3. Concentrativité : Pouvoir de concentrer une ou plusieurs facultés et sentiments sur un sujet déterminé.
4. Adhésivité : Instinct d'attachement, d'amitié, d'affection.
5. Combativité : Instinct de la résistance.
6. Destructivité : Instinct d'énergie physique, tendance à détruire, élément essentiel du courage animal offensif.
7. Sécrétivité : Instinct de retenue, de réserve, tendance à voiler les sentiments et les idées.
8. Acquisivité : L'instinct d'acquérir et de conserver ce qu'on possède.
9. Constructivité : L'instinct mécanique, tendance et aptitude à construire.
10. Estime de soi : Sentiment de sa propre valeur, dignité personnelle, respect de soi-même, confiance en soi.
11. L'approbativité : Désir de l'approbation d'autrui, d'honneur et de gloire.
12. Circonspection : Instinct de prudence, de précaution, d'appréhension.
13. Bienveillance : Sentiment de bonté, de charité, de philanthropie.
14. Vénération : Sentiment de déférence, de respect, de piété, élément essentiel du sentiment religieux.
15. Fermeté : Instinct de volonté, de persévérance, d'inflexibilité.
16. Consciencosité : Sentiment d'équité, de justice, instinct du devoir.
17. Espérance : Sentiment qui relie le présent à l'avenir, en laissant pressentir l'accomplissement de nos vœux.
18. Merveillosité : Instinct de croyance ou foi instinctive, élément essentiel du sentiment religieux.
19. Idéalité : Appréciation du beau, aspiration vers la perfection, élément essentiel de l'imagination.
20. Esprit de saillie : Perception des contrastes, des antithèses.
21. Imitation : Instinct d'imiter, facilité d'interprétation générale.
22. Individualité : Perception des entités, mémoire des individualités.
23. Configuration : Perception et mémoire des contours.
24. Étendue : Appréciation des distances, des dimensions.
25. Pesanteur : Instinct de gravitation, d'équilibre ; évaluation de la pression et de la résistance ou densité d'une masse.
26. Couleurs : Perception des nuances du coloris.
27. Localité : Perception des rapports de situation dans l'espace, mémoire des lieux, faculté de s'orienter.

28. Nombres : Appréciation des rapports numériques, instinct d'arithmétique, mémoire des chiffres, disposition au calcul.
29. Ordre : disposition au coordonnement symétrique, instinct de l'arrangement matériel.
30. Éventualité : Mémoire directe des événements et des faits.
31. Temps : Appréciation des rapports de succession dans le temps, perception de la durée, de la mesure, des intervalles rhythmiques.
32. Sons : Appréciation du rapport des sons musicaux, perception et mémoire de la mélodie.
33. Langage : Perception des rapports des sons articulés, mémoire des mots, facilité d'élocution.
34. Comparaison : Perception des analogies.
35. Causalité : Perception de la relation des causes et des effets, faculté de raisonnement par analyse, d'induction et de déduction.

E. PAUL.

PHTHISIE PULMONAIRE (pathologie) [en grec, *phthiô*, je sèche]. — Cette affection, caractérisée par de la toux, des crachats abondants, de la fièvre et un dépérissement progressif, est presque toujours due à la production, et au développement de tubercules dans les poumons. Ces tubercules, au début de leur évolution, ressemblent, pour la forme et le volume, à un grain de millet (première période) ; bientôt ils grossissent et prennent les proportions d'une amande (deuxième période) ; parvenus à une sorte de maturité, ils se fondent (troisième période), sont expulsés avec le tissu pulmonaire qui les environne, et laissent, après leur évacuation, des ulcères plus ou moins étendus que l'on nomme *cavernes*. La mort, quand elle survient, est occasionnée par l'abondance de la suppuration, de la diarrhée, des sueurs, par l'intensité de la fièvre et le défaut d'appétit.

Il y a peu de maladies qui soient plus complètement sous la dépendance de l'hérédité que la phthisie pulmonaire. Celle qui est d'origine héréditaire, directe ou collatérale, peut se développer spontanément, ou bien rester à l'état d'incubation, jusqu'à ce qu'elle éclate par l'effet d'une cause provocatrice quelconque.

Après l'hérédité, l'influence la plus propre à favoriser la production et le développement des tubercules, c'est l'instabilité habituelle des qualités de l'atmosphère : voilà pourquoi cette affection est comparativement rare dans les climats extrêmes. Ainsi, en Suède et en Norvége, dans la Russie septentrionale, on rencontre fort peu de phthisiques, si ce n'est parmi les individus qui ont adopté le costume et les usages des climats plus doux de l'Europe.

Nous sommes nés pour la vie sociale, mais non pour l'encombrement. L'espace, le soleil, la lumière, le mouvement, sont pour la santé des conditions de premier ordre. Les poitrinaires, si rares chez les habitants de la campagne, se comptent, au contraire, en grand nombre parmi les citadins, hommes de professions sédentaires ou artisans reclus. Le danger pèse généralement sur les agglomérations d'adultes. C'est que, dans les grandes cités comme Paris, les logements sont construits et distribués, non d'après les préceptes de l'hygiène, mais suivant les vues et les intérêts de la spéculation. Le tout est divisé en compartiments étroits comme ceux d'un nécessaire de voyage ; là, les poumons ne s'alimentent que d'air vicié ; les populations s'étiolent, se dégradent par l'effet d'infections réciproques. Les déchets par phthisie ne se compensent que par des recrutements de provenance extérieure. Voilà pourquoi il faut, à Paris, des hommes tout faits et des arbres tout venus.

La phthisie succède fréquemment aux rhumes invétérés, à la suppression de la sueur ou des dartres ; elle est favorisée, en outre, par le tempérament lymphatique, ou la constitution scrofuleuse. Cette maladie ne procède pas seulement d'agents matériels ; elle a aussi ses causes dérivant de l'ordre psychique. Il est démontré, en effet, que les peines morales, les passions dépressives, les préoccupations lugubres engendrent aussi souvent les tubercules que la mélancolie.

En général, on désespère trop facilement du sort des poitrinaires ; si le traitement pharmaceutique ne leur est pas toujours praticable, l'action climatérique employée à propos offre, au contraire, de grandes chances de salut. Ce n'est pas pure présomption que cette influence sur l'issue de la phthisie ; l'expérience nous oblige à l'admettre en faveur des cas où les tubercules sont probables, ou naissants, ou peu nombreux, tenant à des états morbides momentanés ou susceptibles d'être écartés du poumon ; enfin, lorsque les sujets sont très-jeunes et exempts de toute prédisposition héréditaire.

Lors donc que les individus atteints ou simplement menacés de phthisie sont mobilisables, il convient de les tenir à distance des localités à ciel variable, des grandes villes surtout, alors même que celles-ci seraient le plus avantageusement douées sous le rapport climatérique de l'air pur : un climat doux et constant, des distractions et de l'exercice dans une certaine mesure, voilà ce qu'il faut avant tout pour l'amendement ou la guérison des phthisiques.

C'est une erreur de croire qu'une station quelconque, par cela seul qu'elle fait partie d'un système de climats chauds, convient à tous les poitrinaires ; on sait, depuis longtemps, qu'il suffit d'une courte distance pour changer le mérite hygiénique des localités comprises sous une même latitude. Et d'ailleurs, il y a des poitrinaires de plusieurs espèces ; il importe de choisir, pour chacun d'eux, la résidence la mieux appropriée à son état.

On rencontre, de Venise à Hyères, un certain nombre de villes distribuées pour ainsi dire, par étape, sur le littoral de la Méditerranée ; toutes ces stations ont un caractère commun, en ce qu'elles sont situées au voisinage de la mer, et qu'elles font partie de la même zone climatérique ; le mérite de chacune d'elles reste subordonné à la configuration et à la structure géologique du pays. C'est un usage fort ancien que celui qui consiste à diriger les poitrinaires du nord de l'Europe vers les contrées méridionales de la France et de l'Italie, pour y passer l'hiver. Parmi les refuges hantés par ces malades, Nice jouit d'une réputation séculaire : il est donc naturel de croire que cette faveur, pour se maintenir, se justifie par le succès. Le témoignage des praticiens les plus compétents sous ce rapport, de même que la statistique obituaire, tendent à démontrer, au contraire, que cette résidence

devient habituellement funeste aux tuberculeux qui en ont fait choix ; qu'elle est par conséquent au-dessous de la réputation que la renommée lui a faite, et que le vulgaire lui conserve malgré de nombreuses déceptions.

En effet, le jeu périodique des vents de terre et de mer, les contrastes incessants du thermomètre dans le cours d'une même journée, les brouillards fumeux qui s'élèvent des bords du Var et du Paillon, rendent la ville de Nice le jouet de tous les caprices du ciel. Pendant le jour, le soleil est brûlant ; dès quatre heures du soir, les vents du nord, qui débouchent des vallées, apportent avec eux un froid vif pénétrant et souvent humide. Ces alternatives de température et d'hygrométrie n'affectent point une régularité ponctuelle dans leur apparition, car, souvent, elles font invasion en plein midi. Aussi, les indigènes, instruits par l'expérience, ne sortent-ils jamais de leur demeure sans se munir d'un manteau. Les étrangers, au contraire, séduits par l'éclat du soleil, confiants dans la douce influence du ciel méridional et dans la stabilité de sa chaleur, négligent naturellement cette précaution, et s'exposent ainsi à de funestes réfrigérations. Les malades qui restent séquestrés dans leurs appartements ne s'y trouvent pas, pour cela, protégés contre ces bises glaciales. Que les vents soufflent avec modération ou avec impétuosité, il s'élève des rues macadamisées des tourbillons de poussière qui offensent les yeux et irritent les organes de la respiration. Autant vaut-il donc, pour les poitrinaires, passer l'hiver à Paris ou à Londres, que d'aller s'établir, pour cette saison, dans la *ville* de Nice. Mais il n'en est plus de même du séjour et de la salutaire exposition des nombreuses villes qui couvrent l'espace compris entre la cité proprement dite, et l'escarpement des collines environnantes. Ces délicieuses retraites orientées vers le midi, garanties contre les rafales du nord et de l'est, abritées contre l'humidité, la brise, et les fougueuses invasions du mistral peuvent convenir aux individus débiles ou hypocondriaques, à ceux qui ont la poitrine délicate, ou qui sont atteints de phthisie scrofuleuse, de catarrhe pulmonaire. Malheureusement, la plupart des phthisiques répugnent à la vie solitaire de ces vallées ; ils préfèrent la ville avec ses distractions, et c'est là que l'intempérie les saisit ; et que la mort les frappe.

On rencontre bien rarement une vallée plus belle que celle qui s'étend de Menton à Monaco : les nombreuses plantations qui s'y pressent en font un délicieux jardin. Une chaîne de collines et de montagnes qui se doublent en plusieurs points fortifie Menton contre le vent du nord-est ; le nord trouve devant lui l'insurmontable rempart que lui opposent les Alpes. Les nombreuses inégalités de terrain qui couvrent la direction de l'ouest neutralisent, en partie, l'effet des vents occidentaux. Le bassin de Menton, ouvert seulement au sud, ne reçoit donc que le vent qui souffle de cette partie de l'horizon. Voilà ce qui explique la clémence habituelle de son climat : on ne trouve, en effet, dans aucune contrée de l'Europe, des hivers plus doux. Ce qui constitue le mérite principal de de cette station, c'est que le froid et la chaleur y sont modérés pendant les saisons qui leur sont propres. Aux charmes du site, se joint l'influence d'un ciel chaud, tempéré, et dont les variations thermométriques sont si rares et si faibles, qu'elles n'impriment aucune secousse fâcheuse aux constitutions débiles ou irritables. La modération et l'égalité permanentes de la température, même pendant les saisons transitoires, permettent aux phthisiques d'habiter Menton toute l'année.

Florence, prônée jadis par la routine, se fait, depuis quelque temps, un fâcheux renom parmi les poitrinaires; c'est que son climat leur est presque aussi nuisible que celui de Nice ou de Gènes. L'ancienne capitale de l'Étrurie se trouve assise au milieu d'un admirable jardin arrosé par l'Arno et cernée au sud, à l'est et au nord par des collines qu'ombragent de nombreux arbres fruitiers. Une magnifique plaine se développe devant elle dans la direction de l'ouest. Malheureusement le froid y est vif et sec en hiver, la chaleur extrêmement intense en été, les transitions de température s'y montrent assez communes en toute saison. La grande mobilité des qualités de l'atmosphère, à Florence, fait de cette ville une résidence dangereuse pour quelques variétés de la phthisie; mais elle convient parfaitement aux tempéraments lymphatiques menacés de scrofules ou de tuberculisation pulmonaire. En effet, à Florence le soleil est beau, le ciel brillant, l'air agité, la campagne ravissante; les monuments, les promenades, les excursions excitent la curiosité, et invitent au mouvement. Il n'en faut pas davantage souvent pour réprimer les tendances morbides qu'impriment au poumon certains climats brumeux ou les professions sédentaires; mais ce lieu de délices serait une tentation funeste aux poitrines susceptibles ou déjà compromises.

Nice a été comparée à une serre chaude, où l'on est admirablement pour vivre à l'abri de toutes les intempéries. Nulle part, on n'est mieux pour végéter; car le pays est triste et monotone. Il y a peu de stations médicales en Italie pourtant qui aient une réputation plus ancienne que celle de Nice, et cette renommée n'est point un legs banal de la tradition, car la ville, placée sous les vents de la mer, exposée aux chaudes influences du midi, se trouve à couvert de celles qui soufflent des régions boréales, ainsi que du nord-ouest. Le ciel est en harmonie avec le caractère paisible de cette cité : dépourvu de l'éclat habituel des atmosphères méridionales, voilé sans être sombre, le ciel est imprégné des vapeurs aqueuses condensées qui deviennent une source permanente d'humidité.

L'hiver est pluvieux à Pise, et les pluies ne s'apaisent qu'au milieu ou même vers la fin du printemps; il y a aussi quelques jours de température austère durant cette saison. Toutefois, les malades trouvent, sur le quai demi-circulaire de la ville, une ligne de défense contre les vents froids, et là, ils bénéficient des influences méridionales qui s'y font sentir avec les qualités les plus essentielles. Le climat de Pise, étant chaud et humide, convient beaucoup dans les

cas de phthisie, avec tendance aux inflammations du poumon; mais il n'a que des inconvénients pour les tempéraments lymphatiques ou scrofuleux. On a noté de plus que les qualités du ciel pisan, si efficaces contre les phthisiques du premier degré, hâtent généralement les progrès de la maladie parvenue à une période plus avancée : les crachements de sang y sont très-communs pendant les fortes chaleurs de l'été. C'est une raison pour interdire cette résidence aux sujets qui ont déjà éprouvé cet accident ou qui en sont menacés.

Le mouvement de la ville a son siége sur la rive gauche de l'Arno orientée vers le nord; les malades en occupent la rive droite, et y vivent dans une solitude presque complète. Ce calme perpétuel contrarie souvent les bons effets du climat, en portant à la mélancolie certains poitrinaires qui ne sont que déjà trop enclins au découragement.

De même qu'Athènes, Rome a pour ainsi dire changé de lit : tout dans la cité moderne diffère de la Rome antique, la physionomie générale, la disposition du terrain, et jusqu'aux qualités du climat. Aujourd'hui que la ville, en quittant ses collines historiques, est descendue en grande partie au Champ de Mars, elle est devenue facilement accessible aux vents septentrionaux, de même qu'à ceux du sud-est. La succession qui s'établit surtout en hiver et au printemps, entre les vents du sud et ceux du nord, procède en général par transitions brusques. Ces modifications atmosphériques, qui se font remarquer par leur fréquence, impriment au climat romain ce caractère d'inconstance qu'on lui reproche avec raison. L'humidité y est à peu près permanente; elle provient tout à la fois du voisinage de la mer, des débordements du Tibre, des réservoirs, des bassins, des fontaines qui se comptent en si grand nombre dans la ville, et aussi de l'arrosage continuel des rues. Le ciel y contribue pour une moyenne annuelle de 114 jours pluvieux.

Bien qu'à Rome la chaleur du jour soit excessive pendant l'été, le froid s'y montre assez rigoureux dès que le soleil se cache. L'hiver est aussi froid, aussi humide, aussi désagréable qu'à Paris, notamment pendant les mois de décembre, janvier et février. Le printemps est habituellement précoce : les mois de mars et d'avril, malgré quelques retours offensifs des influences boréales, sont extrêmement agréables. Le mois de mai, qui participe déjà de l'été, annonce la saison des chaleurs. Le mois d'octobre coïncide avec la période décroissante de la température : c'est le mois favori des Romains.

La phthisie est une maladie très-commune à Rome; elle résulte de l'extrême mobilité des actions climatériques, de sorte que les poitrinaires qui adoptent cette résidence pour l'hiver, dans l'espoir de s'y améliorer ou de s'y rétablir, poursuivent tout bonnement une chimère. En somme, le climat romain ne peut être secourable dans les affections chroniques de la poitrine que pendant les mois de mars, d'avril et d'octobre.

Ce que les touristes, pris du vertige de l'admiration, racontent des merveilles de Naples, y attire chaque année bon nombre de tuberculeux, venant principalement de la Russie et des provinces Danubiennes. Les caps, les découpures du rivage, l'azur des flots, la double cime du volcan, l'île d'Ischia dans le lointain, l'immense cordon de villas, d'édifices publics, entourés d'une riche végétation, un ciel éclatant, tout cela forme un ravissant panorama qui n'a d'égal que celui de Constantinople. Il est impossible que l'hypocondriaque, dont il faut décentraliser l'attention vicieusement fixée sur de fâcheuses impressions, ne revienne pas au monde et à l'expansion morale en présence de tant d'aspects si magiques et si variés. Mais, que les malades, qui ont des nerfs et des poumons excitables, ne se laissent pas séduire par toutes ces magnificences, car l'atmosphère napolitaine est sujette aux brusques changements d'état les plus redoutables.

Tous les vents ont un succès facile sur le territoire de Naples : leur variation continuelle amoindrit singulièrement les avantages du climat. La nature du sol et l'orientation de cette partie de la Campanie favorisent la pluie, les orages, le dégagement du fluide électrique, et son accumulation dans les régions supérieures de l'atmosphère. Il n'y a guère de secs et de paisibles que les mois de juin, juillet et août.

Naples est peut-être de toutes les résidences de l'Italie la plus funeste aux poitrinaires, car, sur trois morts, on en compte un par phthisie. Le froid, constamment humide, supprime tout à coup la transpiration, produit ou ravive les affections de poitrine. L'excessive chaleur du *sirocco*, imprégné des vapeurs de la mer ou de la pluie, anéantit l'action musculaire, provoque des flots de sueur qui épuisent les malades, et détermine quelquefois des crachements de sang mortels dans les cas de phthisie avancée.

Venise est, comme on l'a dit, une singularité et une merveille. Reine de l'Adriatique, elle trône au-dessus des lagunes; c'est la ville des fascinations et des surprises. Le climat de Venise doit son caractère spécial à deux conditions météorologiques de première importance : la douceur et l'égalité de sa température. Là, tout concourt en effet à cette espèce de neutralité, la permanence de l'humidité et de la chaleur, comme le balancement qui se maintient pendant la plus grande partie de l'année entre les vents de provenance opposée. La température moyenne de l'année est de 13 à 14 degrés centigrades; il n'y a d'écarts sensibles que de l'automne à l'hiver, et de l'hiver au printemps. Mais, les mouvements thermométriques affectent, dans toutes les saisons, une marche graduelle.

Si on en juge par l'odeur spéciale qu'elles fournissent, les eaux de la lagune seraient chargées d'émanations d'iode et de brôme, circonstance favorable aux poitrinaires scrofuleux.

Comme à Pise, le silence règne dans Venise : le sol y manque aux chevaux et aux voitures. Sur les canaux qui remplacent les rues, glissent des milliers de gondoles gracieuses et légères, comme les caïques du Bosphore : de loin, et quand on n'aperçoit pas le lit qui les porte, on dirait qu'elles vo-

guent sur des prairies. En général, la sérénité de l'âme est en harmonie avec la sérénité du ciel. Sous le climat vénitien, les journées à teintes funèbres sont rares; il n'y a ni secousses, ni orages pour les sens.

Plongé dans l'atmosphère lumineuse de la Vénitie, tout poitrinaire lymphatique change bientôt de constitution. L'eau de mer en bains et en boisson, les décoctions d'algues, l'eau ferrugineuse de Récoaro, viennent en aide à cette transformation organique, et contribuent, dans une certaine mesure, à l'amélioration de la phthisie.

La douceur constante et uniforme de l'atmosphère, légèrement humide, éteint promptement les foyers d'irritation qui consume les poitrinaires. Le catarrhe des bronches, si opiniâtre sous des latitudes moins favorisées, se résout là en quelques semaines. Pendant l'hiver, le vent d'est fait monter le thermomètre; pendant l'été, il produit un mouvement contraire en soufflant la fraîcheur. Venise n'ayant point en quelque sorte de température extrème, les phthisiques peuvent y résider beaucoup plus longtemps, et y sont plus en sécurité que dans tout autre parage de la péninsule. Aussi cette station peut-elle recevoir les tubercules du nord depuis le mois d'octobre jusqu'au mois de mai, privilège qu'elle doit à son climat exceptionnel.

Dire que les poitrinaires meurent à Pau, comme ailleurs, cela est vrai pour quelques-uns, mais non pour tous. Tout individu qu'une vie trop sédentaire, un tempérament lymphatique, l'extrème mobilité de l'atmosphère ou de lugubres préoccupations menacent d'une dégénérescence tuberculeuse, trouvera un précieux correctif à cette imminence morbide dans l'air pur, la sécheresse du sol, la tiédeur du ciel, et l'enchantement des impressions variées qui caractérisent le climat de Pau. Les affections catarrhales, la phthisie du premier degré compliquée de scrofule, s'y améliorent notablement, surtout pendant l'hiver. Toutefois, les mois de février et mars y sont très-humides et très-froids.

Tels sont les avantages et les inconvénients de cette résidence; il ne faut ni les méconnaître ni les exagérer.

La ville d'Hyères occupe la corne occidentale du golfe de Gènes; largement découverte au midi, elle est en même temps garantie contre les vents du nord par la colline escarpée contre laquelle elle s'adosse. Sur un plan plus éloigné, une chaîne de montagnes complète sa défense dans cette direction. Mais une large brèche donne, au contraire, un facile accès au vent du nord-ouest (*mistral*). Les vents du sud et du sud-ouest chassent devant eux d'épais nuages qui, en octobre et novembre surtout, se résolvent en pluies torrentielles. En hiver, les vents qui viennent des Alpes ou du continent éteignent souvent la tiédeur de l'atmosphère. Durant cette saison, le mistral se déchaîne quelquefois inopinément et avec une grande violence sur la ville.

La pluie qui ne tombe guère que pendant l'automne sur le bassin d'Hyères, y permet une succession de belles journées pendant l'hiver et le printemps.

Voilà ce qui explique la sécheresse habituelle de l'atmosphère dans cette localité. En toutes saisons, les époques de la journée qui correspondent au plus grand froid sont le matin et le soir; c'est alors, en effet, que soufflent les vents continentaux qui précèdent ou suivent les brises maritimes.

Au dire de quelques écrivains, le ciel d'Hyères serait toujours pur, la terre embaumée et rafraîchie par le zéphyr : les autres vents craindraient de troubler un instant cette sérénité classique de l'atmosphère : les neiges et les frimas seraient inconnus des habitants de la contrée. On ne sait vraiment pourquoi ses exagérations puériles ont été dites et répétées.

Le climat d'Hyères se recommande par une température douce et modérée; il est le plus sec de toutes les stations septentrionales de la Méditerranée; mais il devient changeant, et même redoutable, sous l'influence du mistral qui, en un seul jour, peut compromettre le sort des phthisiques. Il est bien entendu que ces malades ne se mettront en route pour cette résidence qu'après la saison des pluies, et que leur séjour ne s'y prolongera pas au delà du mois de mai, époque à laquelle s'annoncent les précoces chaleurs de l'été.

Située dans une position charmante, éparpillée dans les anfractuosités d'une petite baie, Cannes est garantie contre les vents du nord et de l'est, par les monts Esterel; un chaînon des Alpes parallèle au cours du Var, la couvre du côté du nord-ouest et de l'ouest. Les influences australes règnent donc à peu près seules sur la ville. La température y est assez douce et assez constante pendant l'hiver : l'été y est moins chaud qu'à Paris, parce que la brise de mer, qui souffle depuis dix heures du matin jusqu'à trois ou quatre heures du soir, modère la chaleur du jour. L'atmosphère du bassin de Cannes est pure, sèche, mais sa tension électrique tourmente souvent les individus nerveux. On parvient toutefois à calmer cet agacement en même temps que l'on réussit à corriger la prédominance lymphatique, en faisant prendre aux malades des bains de sable chaud sur la plage.

En raison des qualités spéciales de son climat, Cannes est une des stations les plus avantageuses pour les poitrinaires scrofuleux.

Madère partage avec Nice la faveur des poitrinaires anglais : en toutes saisons, le climat de cette île se montre uniforme et tempéré. L'hiver y est de vingt degrés et l'été de sept degrés seulement plus chaud qu'à Londres. La chaleur, dans sa marche progressive ou décroissante d'un mois vers un autre mois, s'effectue d'une manière lente, régulière et presque insensible. Les jours pluvieux sont assez rares, mais la pluie tombe régulièrement pendant l'automne. En dehors de cette phase humide, l'atmosphère est habituellement claire, sèche et rafraîchie par les vents, soit du nord, soit de l'est. Malgré les avantages exceptionnels que présente l'île de Madère, son climat n'exclut pas néanmoins la production de la phthisie chez les indigènes.

Il existe sur le continent européen beaucoup d'autres localités également favorables aux tuberculeux; mais il suffit de faire ressortir les avantages et les dangers que présentent les stations les plus connues et les plus fréquentées, pour établir sur ces données la distribution suivante des gîtes, d'après les formes les plus communes de la maladie.

1o *Poitrine faible, disposition héréditaire à la phthisie :* Pau (*les mois de février et mars exceptés*), Cannes, la campagne de Nice, Menton, Madère (*moins l'automne*), Rome (*en octobre, mars et avril*).

2o *Phthisie chez les sujets lymphatiques ou scrofuleux :* Venise, Cannes, Menton, Hyères (*octobre et novembre exceptés*), Naples.

3o *Phthisie avec toux nerveuse, poumons irritables :* Venise, Madère, Pise, Menton.

4o *Phthisie catarrhale :* Pau, Madère, Cannes, Menton, Hyères.

5o *Phthisie chez les sujets nerveux :* Pise, Menton, Venise, Madère.

6o *Phthisie avec crachements de sang :* toutes les stations méridionales (*Pise, Naples et Rome exceptées*).

7o *Phthisie avec diarrhée et sueurs abondantes :* Pau, Hyères, Cannes, Madère.

Il n'y a point de médicament spécifique contre la phthisie : quoique douées d'une efficacité incontestable, les eaux sulfureuses thermales ne méritent pourtant pas le nom d'agent spécifique. Leur utilité ne dépend que d'une action générale sur l'économie humaine. Suivant leur composition, elles peuvent prévenir ou arrêter le développement de la phthisie par la résorption de l'élément organisé des tubercules, par la cicatrisation des cavernes et des ulcères du larynx, par l'extinction des catarrhes. La restauration des forces digestives est encore un des résultats qu'on ne saurait leur contester.

Lorsque la phthisie est produite ou aggravée par la suppression des sueurs, par la disparition d'une dartre, l'extinction d'une plaie ou d'un visicatoire, la suppression complète d'un écoulement sanguin (règles ou hémorrhoïdes), l'emploi des eaux sulfureuses en bains et en boisson a pour effet, dans ces cas, de réprimer la direction des congestions vers le poumon, et de déterminer, dans la marche de la phthisie, une halte plus ou moins longue. C'est avoir obtenu beaucoup, que de réussir à défendre un organe menacé de graves désordres.

S'il est hors de doute que les eaux sulfureuses ont de précieux avantages dans le traitement de la phthisie, elles ont aussi leurs dangers. Leur qualité stimulante ne ferait que précipiter le dénoûment fatal de la maladie, lorsque celle-ci se complique de fièvre, de chaleur et de transpiration pendant la nuit, d'anévrisme du cœur et de crachements de sang.

La phthisie a ses causes, ses formes, ses nuances individuelles, ses complications, ses chances diverses de curabilité; on aurait donc tort de conclure d'une manière absolue de l'identité du nom de l'affection à l'identité du traitement. Ces considérations déterminent naturellement un choix entre les sources dont la renommée s'est établie d'après leurs effets particuliers. C'est pour cela qu'il est utile et convenable de diriger les poitrinaires scrofuleux vers les sources qui contiennent, comme celles de *Gazost*, outre les composés sulfureux, une certaine proportion de brôme ou d'iode.

Les eaux tout à la fois sulfureuses et ferrugineuses, comme celles de Bagnères-de-Bigorre et du Mont-d'Or, se recommandent particulièrement aux poitrinaires lymphatiques ou décolorés.

Barréges, Bagnères-de-Luchon, Couterets, Amélie-les-Bains, c'est-à-dire les sources les plus riches en sulfure, ont une efficacité spéciale contre la phthisie qui a pour origine ou complication, la rétrocession d'une dartre.

Enfin, lorsque les malades sont très-irritables, il faut opter pour Amélie-les-Bains, Eaux-Bonnes ou Saint-Sauveur.

Chaque source a donc, pour ainsi dire, son lot de malades : l'issue du traitement dépend, en grande partie, de cette répartition calculée avec sagacité, car, une erreur dans le diagnostic ou dans le choix des thermes, peut amener une prompte catastrophe.

Toute chose doit avoir sa raison d'être. En général, la phthisie s'amende d'elle-même sous notre latitude, pendant l'été : elle s'aggrave ou récidive pendant l'automne et l'hiver, par le seul effet du froid humide. Il y aurait donc un avantage certain à faire, pour le traitement de cette affection, le contraire de ce qu'on a fait jusqu'ici, c'est-à-dire qu'il faudrait s'efforcer de guérir par le régime des eaux la phthisie dans la saison qui lui est le plus défavorable, de manière que la convalescence coïncide avec les conditions atmosphériques les plus propres à consolider la cure, et à prévenir des rechutes toujours graves par des temps vigoureux.

La nature n'a pas tout fait pour les poitrinaires, en leur prodiguant les eaux minérales sulfureuses; celles-ci, en effet, prennent jour, pour la plupart, dans le sein de vallées profondes, sans horizon, véritables prisons déplaisantes et malsaines : le brouillard y rampe quelquefois jusqu'à terre, enveloppe les maisons, éteint le jour déjà rembruni par les montagnes; les malades impotents s'y ennuient, les tuberculeux en particulier y pâtissent de la fréquence de la brume, de la pluie ou des changements de la température.

Tel est le côté fâcheux et absolument irrémédiable de tous les établissements dans les Pyrénées.

Amélie-les-Bains est, dans ces contrées, sa seule résidence ouverte et accessible en hiver aux phthisiques, qui y trouvent tout à la fois des eaux sulfureuses et un merveilleux climat.

En quelque lieu qu'ils émigrent, à quel que source qu'ils se rendent, les poitrinaires doivent rester souvent soumis à l'huile de foie de morue *brune*. A l'état brut, telle que la nature nous la fournit, elle a partout d'incontestables succès. Certains chimistes, sous prétexte d'amélioration, ont cherché à remplacer cette substance par l'un de ses principes constitutifs qu'ils considèrent comme l'élément le plus efficace de son action : l'expérience n'a point sanctionné cette tentative indiscrète de l'enfant qui, non content de la lumière, veut absolument savoir ce qu'il y a dans la lampe, au risque de l'éteindre.   Dʳ CHAMPOUILLON,
Professeur à l'École impériale du Val-de-Grâce.

PHTHISIOPHOBIE (pathologie) [du grec *phthiô*, je sèche, et *phobos*, crainte; crainte de la phthisie].

Depuis 1854, M. B. Lunel a reconnu, dans l'ensemble des phénomènes que présentent les individus qui se croient atteints de phthisie pulmonaire, les caractères d'une maladie déterminée, à laquelle il assigne des causes, des symptômes et un traitement particuliers, et qu'il nomme *phthisiophobie*. Voici la définition qu'il en donne : « *Affection de la nature des névroses cérébrales, consistant dans la crainte affecté de p'thisie pulmonaire.* » Il n'est pas de médecin observateur qui n'ait rencontré en effet un certain nombre d'individus poursuivis sans relâche par cette crainte que fait naître et qu'augmente la plus légère douleur des parois thoraciques, la toux la moins suspecte, le dévoiement sujet à récidive, etc.; mais personne n'avait songé à tracer l'histoire propre de cette variété d'hypocondrie, et à lui donner une place dans le cadre nosologique.

Les causes de la phthisiophobie consistent principalement dans une exaltation de la sensibilité, une inquiétude exagérée relativement à la santé, la lecture des ouvrages de médecine, la perte d'une personne aimée atteinte de phthisie. Le sexe masculin y serait infiniment plus prédisposé que le féminin, car sur 13 cas M. Lunel n'a constaté la maladie que chez une seule femme.

Pour symptômes, on trouve ceux d'une laryngite chronique légère ou d'une bronchite si peu marquée, qu'elle mérite à peine le nom de rhume. Il y a absence de fièvre, d'expectoration, de sueurs le matin. Quelquefois le prétendu malade éprouve de petites douleurs qui sont comme des espèces de points sensibles dans la région sous-scapulaire. Le dévoiement n'est qu'exceptionnel, mais il a le triste privilége de causer non moins d'inquiétude que la toux. La faiblesse peut exister, et on doit la rattacher à la disposition énervante du moral. Dans la phthisiophobie pure, l'auscultation et la percussion ne fournissent aucun signe pathologique. La marche de l'affection est lente, marquée par des alternatives de quiétude, de gaieté et d'idées tristes et mélancoliques, suivant la cessation ou le retour des mêmes phénomènes trompeurs. Mais elle cesse après quelques années de craintes puériles.

Tel est l'esquisse du tableau que nous a tracé M. B. Lunel de la phthisiophobie, et qui, nous devons le dire, a le mérite d'avoir fixé d'une manière plus spéciale et moins vague l'attention des médecins sur une série de troubles fonctionnels négatifs qu'il fallait désigner par un nom spécifique. Quant au traitement, il est naturellement plus moral que médicamenteux. Sur les 13 cas que M. Lunel a observés avec soin, cinq ont guéri par le raisonnement seul. Néanmoins, il convient de calmer la toux, le dévoiement, les douleurs vagues de poitrine par l'emploi des moyens que l'expérience enseigne.

Dʳ A. BOSSU,
Médecin de l'infirmerie Marie-Thérèse.

PHYSIOGNOMONIE [du grec *physis*, nature, et *gnomon*, indicateur]. — Prétendue science qui apprend à connaître le caractère des hommes d'après leurs apparences extérieures. C'est un préjugé d'autant plus difficile à déraciner que celui d'établir des jugements absolus d'après les traits du visage, la conformation de la tête, du nez, la couleur de la chevelure et des yeux, qu'il s'est propagé sous l'influence d'un grand nom, celui de Lavater. — Malheureusement, il manquait à ce génie les connaissances qui sont la base de toute étude sur l'homme, l'anatomie et la physiologie ; et le système de Lavater s'est écroulé sous la base fuyante des exceptions. Au type remarquable de Cuvier, on peut opposer la tête idiote de La Fontaine ; au nez de Chateaubriand, celui de Socrate. Les cheveux roux ne sont pas tous des Judas Iscariote, pas plus que les frisés des Ajax et des Murat. Enfin, pour ne réfuter ici que le principe tiré de la disposition des cheveux, nous dirons que Napoléon, le plus grand capitaine des temps modernes, avait les cheveux plats de la poltronnerie et de la pusillanimité.   B. L.

PHYSIOLOGIE [du grec *physis*, nature, et *logos*, discours]. — Science qui traite de la vie et des fonctions par lesquelles elle se manifeste. La physiologie comprend l'étude des fonctions *vitales* (mobilité, sensibilité, etc.), des fonctions de *relation* (locomotion, sens), des fonctions de *nutrition* et de *reproduction*. Elle diffère essentiellement de l'anatomie, qui ne traite que de la structure des organes, abstraction faite du jeu de l'organisme.

La physiologie se divise en *physiologie végétale* et *physiologie animale*, selon qu'on étudie seulement la vie dans les végétaux ou dans les animaux. On a encore appelé : 1° *physiologie comparée*, la science qui étudie la vie dans toute la série des êtres vivants ; 2° *physiologie générale*, celle qui traite d'une manière philosophique et abstraite des phénomènes de la vie ; 3° *physiologie spéciale*, celle qui, prenant pour sujet d'étude un ordre distinct, décrit le mécanisme de la vie dans les êtres de cet ordre ; 4° *physiologie humaine*, celle qui s'occupe spécialement de la vie dans l'homme.

« Les ouvrages d'Hippocrate, d'Aristote, et surtout de Galien (*de Usu partium*), présentent les premières données sur les fonctions de la vie. Chez les modernes, Vésale, Fallope, et la plupart des premiers anatomistes traitent de cette partie de la science, en même temps que des organes qu'ils décrivent ; Harvey lui a fait faire un grand pas en découvrant la circulation du sang ; mais elle ne fut réellement constituée comme science qu'au dernier siècle, par Haller : c'est même lui qui le premier lui appliqua le nom de *physiologie*. Depuis, elle a fait de nouveaux progrès entre les mains de Vicq-d'Azyr, de Bichat, de J. Hunter, des frères Bell, de Müller, de MM. Magendie, P. Bérard, de Cl. Bernard, etc. Les physiologistes se divisent en deux camps : les uns expliquent tout par le mécanisme ou par les actions chimiques : tels sont Borelli, Baglivi, Boerhaave ; les autres admettent, pour expliquer la vie, un principe immatériel, qui est l'*âme*, selon Stahl et ses disciples, qui prennent de là le nom d'*animistes* ; ou bien le *prin-*

cipe vital, selon Barthez, Bordeu, et les docteurs de l'école de Montpellier, qui sont, pour ce motif, appelés *vitalistes*. »

PHYSIQUE [de *physis*, nature]. — Science qui a pour objet l'étude des corps impondérables (calorique, lumière, électricité, magnétisme) et des corps pondérables, soumis à des lois naturelles (pesanteur, attraction, etc.). La physique s'occupe des propriétés extérieures, appréciables, des corps pondérables, sans pénétrer, comme le fait la chimie, dans l'intérieur de leur constitution moléculaire.

L'étude des corps peut être faite sous un grand nombre d'aspects différents. Le naturaliste voit principalement en eux les caractères qui peuvent servir à les distinguer et à les classer. Le chimiste s'occupe principalement de leur aptitude à produire telle ou telle action intime et réciproque ; tous deux particularisent beaucoup leurs études, et s'occupent particulièrement des espèces. Le physiologiste s'attache principalement à observer les êtres organisés à bien connaître leur structure intérieure, d'où dépendent essentiellement leurs fonctions. Quant au physicien, il étudie plutôt la matière en général que les corps en particulier, parce que tous les corps ont pour lui des propriétés communes importantes : il ne distingue ces corps qu'en un certain nombre de grandes classes, dont les propriétés diffèrent sensiblement.

Les phénomènes physiques s'enchaînent les uns aux autres, se renouvellent avec constance et régularité dans des circonstances semblables, et dès lors on a pu les attribuer à ce qu'on a nommé des lois. Ces lois se sont trouvées en petit nombre, et tellement constantes, qu'en les admettant, on a pu soumettre au calcul tous les phénomènes physiques, et par conséquent les prévoir avec certitude dans des circonstances données. L'observation des phénomènes est donc beaucoup plus simple et plus facile pour le physicien que pour ceux qui cultivent les autres branches des connaissances naturelles. Cette facilité directe des phénomènes a donné lieu à l'invention d'un grand nombre d'instruments destinés à les reproduire à volonté ou même à les mesurer, et l'usage de ces instruments a donné naissance à une sorte de physique spéciale, qui a été nommée *physique expérimentale*. L'emploi de ces instruments a pour avantage spécial d'isoler les phénomènes, et de les présenter dans des cas simples, où il devient facile d'en apprécier la cause et d'en suivre les lois.

Division de la physique particulière, ou physique proprement dite.

CORPS PONDÉRABLES.

Étendue.	Inertie, Repos.
Porosité.	Force motrice.
Compressibilité.	⎧ Pendule.
Divisibilité.	Mouvement ⎨ Clepsydre.
Dureté, Ductilité.	⎩ Chronomètre.
Attraction.	Équilibre, Balance.
Pesanteur.	Centre de gravité.
Gravitation.	Élasticité.
Frottement.	

CORPS SOLIDES.

Densité, ou Pesanteur spé- Dilatation des solides. —
cifique des solides. Pyromètre.

CORPS LIQUIDES.

Densité des liquides. — Thermomètre.
Aréomètre. Ébullition, Vapeurs.
Dilatation des liquides. —

CORPS FLUIDES OU GAZEUX.

Air. — Pesanteur de l'air. Élasticité et compression
Gaz. — Hygromètre. de l'air.
Dilatation des fluides aéri- Machine pneumatique. —
formes. Syphon.
Pression de l'air. — Baro- Aérostats.
mètre.

CORPS IMPONDÉRABLES.

ÉLECTRICITÉ.

Électrophores. Paratonnerre.
Machine électrique. Galvanisme.
Bouteille de Leyde. Pile galvanique.
Pile de Volta. Magnétisme. { Aimant.
Orage. { Boussole.
Foudre.

LUMIÈRE.

Vitesse de la lumière. Optique. { Catoptrique.
Réflexion de la lumière. { Dioptrique.
Miroirs, Glaces. { Perspective.
Réfraction de la lumière. Microscope.
Lentilles, Prismes. Télescope.
Mirage. Lunettes.
Arc-en-ciel. Chambre noire, Camera
Coloration. lucida.
Spectre solaire.

CALORIQUE.

Chaleur. Combustion, Feu, Flam-
Conductibilité, Dilatation. mes.

L'origine de la physique est aussi ancienne que les
nations policées. L'étude de cette science a dû éprouver dans sa marche les mêmes difficultés que la véritable civilisation des peuples. Elle a eu dans tous les
temps à lutter contre des obstacles nombreux, tels
que le bouleversement des empires, les guerres civiles, les déluges partiels, les préjugés dominants, etc.

Ce n'est point en se renfermant dans les bornes
étroites d'une histoire de quatre à cinq mille ans
qu'on peut juger de l'origine et de la marche, tantôt
progressive, tantôt rétrograde des sciences physiques.
L'histoire de quelques nations, telle qu'on s'efforce
de nous la représenter, n'est réellement qu'un point
sur la route éternelle du temps; c'est moins qu'une
heure par rapport à la sublime antiquité des premières nations du globe; et quand on examine atten-
tivement les roches énormes qui, par leurs couches
successives, ont formé les hautes montagnes qui,
en s'affaissant, ont produit les vallées et les bassins
nombreux qu'on rencontre à la croûte de notre planète, on est forcé de reconnaître que l'origine de la
terre est incalculable et incompréhensible.

Parmi les nations de l'Asie, qui ont le plus cultivé les sciences physiques et la philosophie, il faut
placer au premier rang les Chaldéens, les Babylo-

niens, les Assyriens, les Perses et les Égyptiens, colonie venue autrefois de l'Inde. Les savants, les
mages et les prêtres, instruits de ces différentes notions, communiquaient facilement leurs connaissances et leurs préjugés à tous les étrangers studieux
qui allaient les visiter pour s'instruire, et instruire
ensuite les autres.

Les deux plus célèbres physiciens de la Grèce, qui
voyagèrent dans l'Inde, la Perse et l'Égypte, furent
Thalès et Pythagore. Ces deux illustres voyageurs
firent une abondante moisson de connaissances, et
fondèrent, après leur retour, deux écoles publiques
d'où sortirent ensuite toutes les sciences qui ont
rendu la Grèce si célèbre et qui se sont répandues
depuis dans les diverses nations de l'Europe et de
l'Amérique.

Trois cents ans avant l'arrivée d'Alexandre à Baby-
lone, tous les grands peuples de l'Asie vantaient leur
haute antiquité. Les uns la faisaient remonter à plus
de vingt mille ans, et les autres à plus de quarante.
Tous s'en rapportaient à des histoires écrites sur des
traditions vagues. Le reste du globe était alors inconnu aux nations orientales. Elles se regardaient
comme les premiers enfants de la création, et leur
patrie était pour elles le centre de la terre, et celle-ci
le centre de l'univers.

Environ 520 ans avant le Christ, le célèbre Thalès
fonda son école à Milet, en Ionie, sur les côtes de
l'Asie Mineure, qui était alors une province grecque.
Il eut un grand nombre de disciples et de successeurs.
Les plus illustres furent Anaximandre, Anaximène,
Anaxagore, Archilaüs, etc. Ce dernier transporta
l'école de Milet à Athènes, où elle prit le nom d'Académie, parce que les leçons se donnaient dans le
jardin d'un riche Athénien nommé Académus. C'est
dans cette académie que se distinguèrent Socrate,
Platon son disciple, Aristote, précepteur d'Alexandre,
Straton, Théophraste, Chrysippe, etc.

Pythagore, contemporain de Thalès, fonda de son
côté une école à Crotone, ville d'Italie. Il exigeait de
ses auditeurs un silence de cinq ans, afin de ne pas
être interrompu par des questions prématurées et
souvent inopportunes. Les plus célèbres disciples et
successeurs de ce grand physicien furent Xénophon,
Héraclite, Parménide, Leucippe, Empédocle, Démocrite, Zénon, père du stoïcisme ou de la vertu austère, Philolaus, Hippocrate, Épicure, Alcméon, etc.

Le plus grand nombre de ces physiciens ou naturalistes fut alors décoré du beau nom de philosophe.
On appelle encore de nos jours philosophes ceux qui,
par leurs connaissances profondes, cherchent à instruire, à éclairer les hommes, et à les bien diriger
dans l'étude sérieuse des hautes sciences naturelles.

Deux siècles et demi après Thalès et Pythagore, il
s'établit une troisième école de savants à Alexandrie,
ville d'Égypte, qui fut bâtie après la mort du conquérant macédonien. Cette école, encouragée par le premier des Ptolémées, roi d'Égypte et beau-frère
d'Alexandre, produisit dans la suite des hommes célèbres, tels qu'Euclide, Archimède, Aristarque,
Hipparque, Héron, Philon, Cléomède, Origène, Por-

phyre, a Ptolémée l'astronome, Théon et Hypatia, sa fille, et femme du philosophe Isidore.

Cette école, fondée sous le règne heureux des Ptolémées, fut détruite plus de 800 ans après par les fanatiques soldats du calife Omar, qui brûlèrent la ville; et tous les livres manuscrits que les rois Ptolémées avaient rassemblés au nombre de plus de 700,000 dans le temple Sérapion devinrent la proie des flammes. Les savants furent massacrés ou dispersés et réduits au silence. Alors l'ignorance, les préjugés et la barbarie prévalurent de tous côtés.

Les Romains avaient heureusement attiré dans leur capitale quelques savants de la Grèce après l'avoir soumise. Mais il s'en trouva peu qui étudiassent la physique ou l'histoire naturelle. La plupart étaient des orateurs, des poëtes ou des médecins compilateurs. Parmi ces derniers cependant, quelques-uns se rendirent illustres; tels furent les Asclépiades de Pruse, ami de Cicéron, les Galien de Pergame, médecin orné d'un génie brillant, les Thémison, les Musa, archiatre d'Auguste, les Cornelius Celse, surnommé le Cicéron des médecins, et les Pline, naturaliste célèbre, qui embrassa le cercle entier des connaissances de son temps.

Après ce petit nombre de médecins et de naturalistes, auquel il faut encore ajouter le célèbre Lucrèce, ce ne fut plus qu'ignorance par toute l'Europe. Quelques savants peu illustres désertèrent Rome et allèrent à Constantinople auprès de Constantin, vers l'an 300 de notre ère. Depuis cette époque jusqu'à la prise de cette ville par les mahométans, en 1500, l'ignorance la plus profonde couvrit, comme une nuit affreuse, le monde intellectuel au moral.

Cette nuit ne fut interrompue que par de courts intervalles à peine sensibles. Les Arabes, sentant plus tard la faute qu'ils avaient commise en brûlant la bibliothèque d'Alexandrie, fondèrent à Bagdad, sur l'Euphrate, un collége que le studieux Almanzor et son successeur Harron comblèrent de bienfaits. Ce fut dans le collége fondé par deux califes que se distinguèrent Thasès et Avicenne. Dans les autres contrées soumises à l'Alcoran, les gouvernants croyaient que la profession des armes devait suffire au bonheur des hommes. Aussi, depuis le huitième siècle jusqu'au seizième, toutes les branches de la physique restèrent incultes en Asie et en Europe. La théologie, le spiritualisme, les préjugés de tous les genres occupèrent les têtes pensantes, et parmi les peuples ignorants ce ne fut plus que processions et couvents de toutes couleurs.

De toutes les nations de l'Asie connue et de l'Europe, l'Espagne fut la seule contrée dans laquelle les sciences et les arts ne furent pas entièrement négligés. Elle dut cet avantage aux rois maures, qui la rendirent florissante et heureuse. Au milieu des superstitions et des idolâtries nombreuses qui débordaient de toutes parts sur la terre, on vit cependant paraître au treizième siècle le célèbre Roger Bacon, moine et physicien anglais, et au seizième l'immortel Copernic, moine et astronome prussien. Dans le dix-septième siècle, parurent plusieurs physiciens qui se

distinguèrent en Europe, pendant que le reste de la terre était encore enseveli dans la plus profonde ignorance et au milieu des superstitions. Les plus célèbres de ces physiciens sont : Ticho Brahé, Galilée, Képler, le chancelier Bacon, Hobbes, Descartes, Hervei, etc. La découverte de la grande circulation du sang par ce dernier anatomiste anglais, imprima un nouvel essor aux sciences naturelles, et fut le signal de nombreuses recherches sur le phénomène de la vie.

Dans le dix-huitième siècle, la physique, la poésie, l'éloquence, l'industrie et tous les beaux-arts firent des progrès rapides. Les lumières brillèrent à Paris et à Londres, et se réfléchirent bientôt dans toutes les autres capitales de l'Europe. Ce fut le siècle des Corneille, des Racine, des Voltaire, etc.; il fut en quelque sorte pour la France ce que celui de Périclès avait été pour la Grèce, cent vingt ans avant les conquêtes d'Alexandre. Les naturalistes les plus remarquables du dix-huitième siècle furent, en France, les Pascal, les Fontenelle, les Tournefort, les Vaillant, les Bernard de Jussieu, les Lamark, les Buffon, les Daubenton, les Vicq-d'Azyr, les Lavoisier, les Guiton-Morveau, les Darcet, les Fourcroy, les Lalande, les Condorcet, les Cabanis, les Chaptal, etc. En Angleterre parurent les Halley, les Newton, les Boile, les Locke, les Scheele, etc. En Allemagne vinrent les Bernouilli, les Leibnitz, les Haller, etc. En Italie, les Ramazzini, les Borelli, les Baglivi, les Spallanzani, etc. A la fin de ce siècle, les États-Unis conquirent la liberté avec l'émancipation intellectuelle. La France, au milieu d'une sanglante révolution, secoua le joug des préjugés de dix-huit cents ans, et se donna de nouvelles institutions qui contribuèrent puissamment au progrès de la science.

Le commencement du dix-neuvième siècle fut aussi très-fécond en savants physiciens. L'étude des propriétés générales des corps a été l'objet de nouvelles recherches : les lois en ont été mieux connues, et les théories établies sur des bases plus solides. Les hommes dont le nom est aujourd'hui inséparable de la physique sont Savary, Ampère, Poncelet, Robert, Chladni, Œrsted, Savart, Young, Fresnel, Malus, Wollaston, Brewster, Biot, Arago, Fourier, Dulong, Petit, Dalton, Gay-Lussac, Melloni, Despretz, Becquerel, Foraday, Jacobi, de La Rive, Matteucci, etc.

(Dr *Mercier de Manneville*.)

Voyez MÉCANIQUE, CHALEUR, OPTIQUE, ACOUSTIQUE, ÉLECTRICITÉ, etc.

PIE (zoologie) [*pica*]. — Genre de passereaux conirostres, connu pour son babil, son penchant à voler et à cacher tous les corps polis et luisants, et pour son instinct de prévoyance qui lui fait entasser en automne des provisions pour l'hiver, comme pois, fèves, larves, insectes, souris, mulots, etc. Comme le corbeau, la pie est susceptible de retenir et de répéter certains mots; elle construit son nid avec art et solidité, et y pond de 7 ou 8 œufs deux ou trois fois l'an.

Ce genre renferme un assez grand nombre d'espèces, répandues dans toutes les parties du globe.

PIGEON (zoologie) [*columba*]. — Famille d'oiseaux que forme le passage des gallinacés aux passereaux, et dont les principaux caractères sont : bec long et grêle, ailes longues et pointues, tarses courts. On en trouve des espèces dans toutes les parties du monde : la France en nourrit quatre qui se rencontrent également dans presque toutes les régions tempérées de l'ancien continent, mais qui ne s'avancent jamais du côté du nord au delà du cercle polaire, ni du côté du midi au delà du tropique.

La première de ces espèces est le *ramier*, qui est de la taille d'une forte perdrix, dont le plumage est d'un bleu cendré avec une tache blanche de chaque côté du cou et sur le bord des ailes, et un plastron de couleur vineuse avec reflets sur la poitrine et le devant du ventre. Cette espèce remonte très-haut vers le nord, mais est plus commune dans le midi ; elle niche sur les arbres et pond deux œufs blancs.

Notre seconde espèce de pigeons est le *colombin*, ou *petit-ramier*, qui est d'un gris bleuâtre comme la précédente ; mais, outre qu'elle est d'un quart moindre, elle a les côtés du cou d'un vert chatoyant, et son plastron est couleur lie de vin. Du reste, l'une et l'autre ont les mêmes habitudes, fréquentent les mêmes lieux, vivent, nichent et pondent de même.

La troisième espèce, ou le *biset*, est un peu plus petit que le colombin ; du reste, c'est encore le cendré bleuâtre qui domine dans son plumage. Ce qui le caractérise, c'est la couleur blanche de son croupion, le vert chatoyant de son cou, les taches noires qu'il a sur les pennes alaires et caudales. Cette espèce est moins sauvage que les trois autres, car elle a été presque entièrement réduite à l'état domestique. Néanmoins, on en trouve des troupes qui vivent entièrement libres dans les contrées rocailleuses ; elle fait son nid et ses deux œufs à terre, dans les fentes des rochers.

La dernière des espèces européennes est la *tourterelle*, qui est la plus petite des quatre. Son plumage est cendré vineux, excepté au cou, qui est bleuâtre, avec deux taches latérales mêlées de noir et de blanc. Elle se trouve dans la plupart des pays tempérés de l'Europe, mais seulement pendant certaines saisons de l'année. Elle niche dans les arbres et les buissons.

C'est du biset que proviennent toutes les variétés de pigeons, que nous élevons dans nos colombiers et dans nos volières. Chacun sait combien sont différentes les couleurs et même les formes dans les diverses races. Nous ne citerons que quelques-unes des principales : le *P. de colombier*, le *P. mondain*, dont on distingue une douzaine de sous-variétés ; le *P. grosse gorge*, le *P. culbutant*, le *P. tournant*, le *P. trembleur* ou *paon*, le *P. hirondelle*, le *P. glouglou*, le *P. nonnain*, le *P. à cravate*, le *P. polonais*, le *P. romain*, le *P. turc*, le *P. bagadais*.

Parmi les espèces étrangères du genre pigeon, nous citerons la *tourterelle à collier*, le *P. magnifique*, le *P. lumachelle*, le *zamiret* de Cayenne, le *founingo*, etc.

(Salacroux.)

PIERRES (minéralogie). — Matières solides plus ou moins compactes, suivant leur formation, et qui constituent, pour ainsi dire, la charpente du globe, comme les os des animaux forment la partie solide de leur corps. Les pierres sont généralement des corps durs à divers degrés, indissolubles dans l'eau, et par cela même insipides et incombustibles. On remarque dans les pierres trois sortes de caractères qui servent à les faire reconnaître et aussi à les faire distinguer les unes des autres :

1° Les caractères physiques, qui comprennent huit propriétés distinctes, savoir : la pesanteur spécifique, la directe, l'opacité ou transparence, la réfraction ou simple ou double, l'électricité, le magnétisme, la couleur, la saveur ou l'odeur ;

2° Les caractères géométriques comprennent quatre modifications : la forme extérieure, la forme intérieure, la forme des molécules, la cassure ;

3° Les caractères chimiques que l'on reconnaît par les procédés de la chimie, qui dénature la forme et la combinaison des pierres, soit par l'action du calorique par le chalumeau, soit par l'action du chalumeau réunie à des fondants.

La dureté dans les pierres est une des principales qualités qu'on se plaît à y rencontrer ; aussi, dans ce qui concerne la construction, le granite tient-il le premier rang, comme le diamant dans l'ornementation.

Nous renvoyons, pour l'historique de chaque sorte de pierre, au mot qui la désigne particulièrement.

PIERRES PRÉCIEUSES. — On comprend sous cette dénomination généralement adoptée, non-seulement les cristaux terrestres ou volcaniques, possédant la dureté, la couleur, l'éclat, la transparence, mais encore toutes les substances végétales ou même animales employées en parures. La valeur de ces produits naturels est toujours en raison de leur rareté, et parfois de la mode. Les pierres les plus précieuses issues du règne minéral sont : le diamant, le rubis, le saphir, l'émeraude, la topaze, l'opale, la turquoise orientale, l'améthyste, le grenat, l'hyacinthe, etc.

Le règne végétal fournit l'ambre, le jais, etc., et le règne animal la perle, le corail et la turquoise de nouvelle roche.

De tous les temps, les pierres précieuses ont été estimées ; et, à cet égard, les peuples anciens nous surpassaient certainement, et les prix fabuleux atteints par certaines pierres extraordinaires, montrent jusqu'où peut aller l'engouement.

Les pierres précieuses sont naturellement et habituellement désignées par les noms d'orientales et d'occidentales ; la première qualification comprend la supériorité en dureté, couleur et éclat. Les corindons hyalins les constituent généralement. Un de nos collaborateurs, M. Charles Barbot, a publié un traité sur cette matière, le seul qui existe en ce genre, et qui a valu à l'auteur les lettres les plus flatteuses des hommes compétents.

PIERRE PHILOSOPHALE (alchimie). — Les alchimistes croyaient que l'or était un composé ou un corps susceptible de plus ou de moins de perfection. Quelques-uns d'entre eux regardaient tous les métaux blancs comme une seule et même substance, à différents degrés de maturité, et les métaux jaunes comme une matière identique plus ou moins pure. D'autres croyaient à la transmutation des métaux ou à la conversion des terres en substances métalliques. Quelques réductions d'oxyde, quelques propriétés de certains alliages, ont donné naissance à ces rêveries, et les enthousiastes ou les fripons en ont profité pour assurer qu'ils avaient le talent de faire de l'or. Ils ont appelé cette prétendue découverte *la pierre philosophale*. Consultez, pour les supercheries employées par les alchimistes pour tromper leurs dupes sur la transmutation des métaux, l'ouvrage publié par Geoffroy l'aîné, en 1722.

PIERRES GRAVÉES. Pour avoir des pierres gravées exquises en travail, il faut remonter jusqu'au temps des Grecs. Ce sont eux qui ont excellé en ce genre, dans la composition, dans la correction du dessin, dans l'expression, dans l'imitation, dans la draperie, en un mot, dans toutes les parties de l'art; mais la plus belle pierre gravée sortie de leurs mains, et qui nous soit restée, est la cornaline, connue sous le nom de *cachet de Michel-Ange*.

PILE GALVANIQUE (physique). — Appareil au moyen duquel on produit des effets prononcés qui servent à démontrer les propriétés de l'électricité galvanique, ou à produire des effets chimiques d'autant plus importants que la puissance électrique paraît toujours l'emporter sur les autres causes d'affinités. — Voir au mot ÉLECTRICITÉ la description des différentes piles.

PIMENT (botanique). — Fruit desséché avant sa maturité, du *myrtus pimenta*, cultivé principalement à la Jamaïque, à Tabago et au Mexique.

Piment de la Jamaïque. — C'est une baie presque ronde de 2 à 3 millimètres de diamètre, tenant par un pédicule mince à l'arbre qui le produit. Ce fruit est formé d'une coque d'un brun rougeâtre renfermant deux petites graines séparées par une légère membrane qui forme deux loges, d'un goût âcre et piquant, mais moins fort que celui de la coque dans laquelle réside principalement l'arome.

Piment de Tabago. — Il ressemble beaucoup au piment de la Jamaïque, avec cette différence qu'il est plus léger, moins odorant, moins piquant, moins aromatique, et que la couleur extérieure est d'un brun cendré, souvent terne.

Piment couronné. — Ce piment diffère des précédents, dont il réunit, au reste, tous les autres caractères, en ce qu'il est de forme plus allongée, et porte au côté opposé ou pédicule une petite couronne à la place de l'ombelle qui se remarque sur les deux premiers.

Il y en a encore d'autres espèces, tant en Amérique qu'en Europe : celui d'Amérique sert d'épices aux nègres; c'est ce qui lui a fait aussi donner le nom de poivre de Guinée. On cultive aussi le piment en Espagne et en Languedoc, ainsi qu'en Provence : ce piment est d'un rouge de corail. Il sert à l'assaisonnement des mets, et on le confit au sucre et au vinaigre; mais la consommation n'en est plus aussi considérable qu'autrefois.

PIN (botanique) [*pinus*]. — Genre de plantes de la famille des conifères, qui comprend les arbres rési-

neux, toujours verts, indigènes de l'Europe, de l'Asie et de l'Amérique, la plupart très-élevés, et presque tous de la plus grande utilité par l'emploi qu'on fait de leur résine et de leur bois dans la marine et dans les arts.

Le *pin* a de grands rapports avec le *sapin* et le *mélèze;* c'est sans doute ce qui avait porté Linné à réunir ces genres. Dans le *pin,* les cônes sont toujours terminaux, et les chatons rassemblés en une grappe également terminale. Les fruits ou cônes du sapin et du mélèze sont composés d'écailles minces au sommet et concaves; ceux du pin sont formés d'écailles élargies au sommet, et taillées en pointe de diamant. Enfin, le pin a les feuilles réunies, par la base, au nombre de deux à cinq dans une même gaîne courte et cylindrique, tandis que celles du sapin sont solitaires, et celles du mélèze rassemblées en grand nombre et par houppes sur un tubercule de l'écorce. A ces différences près, les caractères génériques du pin sont les mêmes que ceux du sapin et du mélèze.

Les pins ne sont pas tout à fait aussi élevés que les sapins et les mélèzes; pour s'élancer, ils ont besoin d'être serrés. Livrés à eux-mêmes, ils étendent leurs branches à droite et à gauche, en forme de candélabre. Ces branches sont disposées par étage autour de la tige, qui se dirige perpendiculairement vers le ciel. Les inférieures sèchent et tombent à mesure que l'arbre avance en âge. C'est toujours à l'extrémité des branches que viennent les fleurs mâles des pins; elles forment, par leur réunion, des grappes rouges, blanches ou jaunâtres. Lorsque ces fleurs s'épanouissent, ce qui a ordinairement lieu au printemps, il s'en échappe quelquefois une si grande quantité de poussière prolifique, qu'elle couvre non-seulement l'arbre auquel elle appartient, mais les corps voisins. Il arrive même que cette poussière, qui est composée de globules infiniment petits et comme soufrés, étant emportée par les vents, tombe dans des lieux assez éloignés de ceux où sont plantés les pins. Ce phénomène, qui est naturel, devient alors un sujet d'inquiétude pour le peuple. J'ai vu celui de Bordeaux alarmé d'une pluie de cette espèce qui était tombée en assez grande abondance aux portes de la ville et sur la ville même. La prenant pour du soufre, il en tirait un mauvais présage, et ce n'était que la poussière des étamines des pins innombrables qui couvrent d'immenses landes dans le voisinage de Bordeaux. Les fleurs femelles du pin sont placées tantôt à côté des fleurs mâles, tantôt ailleurs, mais toujours sur le même arbre et vers l'extrémité des jeunes branches. Elles sont réunies plusieurs ensemble, et présentent dans beaucoup d'espèces une très-belle couleur. Chaque fleur a une écaille intérieure oblongue, en massue, dilatée, inégale, anguleuse à son sommet, ombiliquée en dehors; sous cette écaille et à sa base paraissent deux ovaires; qui, après leur fécondation, sont changés en deux noyaux ovales, renfermant chacun une semence, et munis chacun d'une membrane propre qui le déborde en forme d'aile. Ce sont ces petites noix recouvertes de leurs écailles qui composent, par leur assemblage, ce qu'on appelle les *cônes* ou *pommes de pin*. Ces fruits varient de forme et de grosseur selon les espèces ; les uns sont en pyramide, les autres ronds et obtus, d'autres longs et terminés en pointe. Il y en a de droits et de renversés. Ils restent au moins deux ans sur les arbres avant d'être parvenus à leur entière maturité. Les feuilles de tous les pins sont étroites, linéaires, et plus ou moins longues, plus ou moins déliées et pointues. Leur nombre est prodigieux. Comme elles sont en même temps très-fines, elles présentent, dans leur ensemble, à l'air et au soleil, une plus grande surface que les feuilles de la plupart des autres arbres, et conséquemment elles pompent dans un temps donné, une plus grande quantité des vapeurs fécondantes de l'atmosphère ; par la même raison, elles réfléchissent aussi plus de chaleur. On s'en aperçoit aisément en traversant, en été, les *pignadas* des environs de Bordeaux : c'est le nom qu'on donne, dans ce pays, aux grandes plantations en pins.

Les pins réunissent et offrent une foule d'avantages. Ils viennent dans plusieurs milieux ; ils croissent dans les terrains arides, dans le sable quartzeux, dans les sables gras et un peu humides, dans les montagnes, sur les côtes escarpées, calcaires, et qui, sans leur présence, seraient totalement stériles. Leur croissance est très-accélérée ; car, selon les observations de Fenille, ils grossissent d'un pouce à peu près par an. Leur existence est fort longue. Le *pin sylvestre* vit jusqu'à trois et quatre siècles. Quand on coupe ces arbres, ils ne repoussent jamais ; mais ils se renouvellent ou se multiplient abondamment dans les forêts par leurs semences. Les jeunes pins croissent au pied des vieux, et, protégés par leur ombre, non-seulement réussissent à merveille, mais s'étendent de proche en proche dans tout le voisinage.

Le suc résineux qui découle de ces arbres donne le goudron, le brai sec, la résine jaune, l'encens commun. Ce suc est une espèce de térébenthine, ou plutôt il en fournit une dont les Provençaux tirent l'huile essentielle qu'ils appellent *eau de rase*, et qui est employée dans les peintures communes. La tige des pins est particulièrement consacrée aux mâtures dans les constructions navales. Ce sont ces arbres qui donnent ces beaux mâts de Riga, que nous allons chercher dans la mer Baltique, et que nous payons si chèrement. Le bois de quelques espèces de pins, du *pin sylvestre* surtout, se conserve dans l'eau et sous terre. Après celui du mélèze et du cyprès, c'est le plus convenable et le meilleur de tous pour les corps de pompe, pour la conduite souterraine des eaux, pour servir d'étai et de charpente dans les mines ; on peut l'employer au pilotis. On fait usage des troncs des jeunes pins pour conduire l'eau au dehors ; on les fore alors dans le sens de leur longueur ; mais ces aqueducs sont, dit-on, de courte durée. Il n'y a pas de doute, selon Fenille, que le bois de pin ne soit excellent pour la charpente. Dans le Nord, on en construit des maisons. S'il est moins recherché que le sapin pour la menuiserie, c'est sans doute à cause de l'odeur forte et pénétrante qu'il conserve pendant

longtemps. Son écorce extérieure remplace le liége pour quelques usages, comme celui de faire flotter les filets des pêcheurs. L'intérieure, préparée, sert d'aliment dans le Nord ; elle recèle un principe muqueux nutritif. En Suède, on la pulvérise et on la mêle avec la farine de seigle pour en faire du pain. Le bois de pin sert aussi au chauffage : dans la Norvége, en Allemagne, en Pologne, il est d'une grande ressource pour alimenter le feu des cheminées et des poêles. Il brûle rapidement et laisse fort peu de cendres. Son charbon est recherché pour les fonderies. Les copeaux de ce bois, surtout ceux qui contiennent le plus de parties résineuses, sont très-propres à éclairer pendant la nuit. On s'en sert habituellement pour cet objet dans les pays de montagnes. Les Provençaux en font usage comme de brandons, et les nomment *tæda*, du même mot latin qui signifie *torche*. Dans les environs de Bordeaux et dans les provinces voisines, on emploie en échalas, pour le soutien des vignes, les tiges des jeunes pins qu'on supprime, lesquelles ont deux à trois pouces de diamètre. Les Canadiens préparent une bière agréable et saine avec les petites branches d'un pin qui croît chez eux. On met des branches de *pin d'Écosse* dans les eaux-de-vie de grain en place de genièvre ; elles peuvent servir aussi de fourrage pour les bêtes à cornes dans un temps de disette extraordinaire, composer leur litière et procurer un excellent fumier. Le fruit du *pin cultivé* contient une amande agréable, émulsive, qui donne une huile douce. Cette amande se mange fraîche, sèche, en dragée ; on en fait le *pignolet*, espèce de confiture. Les pignons ou amandes du *pin cembro* sont également nutritives ; elles fournissent une grande quantité d'huile par expression, cinq onces par livre. Du même pin, on retire une huile essentielle appelée *baume des Carpathes*, qui est vulnéraire et détersive. La résine très-odorante qui coule perpétuellement du *pin mugho*, recueillie avec soin, imite le baume du Pérou ; triturée avec du sucre, elle peut suppléer les baumes étrangers dans le traitement des maladies contre lesquelles on emploie ces derniers.

On connaît plus de quarante espèces de pin, dont neuf croissent naturellement en France : le pin sylvestre, le pin rouge, le pin maritime, etc.

(*Dutour*).

PINGOUIN (zoologie) [*alca*]. — Genre d'oiseaux palmipèdes, qui ont le bec le plus singulier que l'on connaisse ; il est extrêmement comprimé latéralement, tranchant sur le dos et presque semblable à une lame de couteau. Ils manquent de pouce, ont les pattes placées tout à fait à l'arrière du corps, de sorte qu'ils sont dans une position verticale quand ils marchent ou qu'ils se reposent à terre ; enfin ils ont les doigts complétement palmés. Les pingouins n'habitent que les régions voisines du cercle arctique, et ne se montrent à terre qu'à l'époque de la ponte, ou lorsque le mouvement des flots les y lance malgré eux. Ils nichent par bandes dans les fentes des rochers, et ne pondent qu'un seul œuf.

On divise ce genre en deux sous-genres : 1° Les MACAREUX (*fratercula*), qui ont le bec plus court que

la tête et aussi haut que long ; 2° les pingouins propres, qui ont le bec plus long et moins large proportionnellement.

PINNE (zoologie) [du latin *pinna*, nageoire]. — Genre de mollusques, de la famille des mytilacés, renfermant des espèces acéphales à corps triangulaire, allongé, souvent épais, et enveloppé dans un manteau fermé en dessus, ouvert en dessous, et surtout en arrière. Les pinnes se fixent aux rochers au moyen d'un *byssus*, composé de filaments soyeux, dont on a fait des tissus remarquables par leur souplesse et leur chaleur. L'animal contenu dans la coquille est bon à manger. Parmi les principales espèces, on distingue la *pinne rouge*, qui atteint un demi-mètre ; sa couleur est d'un gris rougeâtre ; la *pinne écailleuse*, qui dépasse 60 centimètres de longueur.

PINNOTHÈRE (zoologie) [du grec *pinna*, pinne, et *ther*, animal]. — Genre de crustacés décapodes, renfermant de très-petits animaux semblables aux crabes, qui passent la plus grande partie de l'année dans la mer, et se retirent pendant l'automne dans diverses coquilles bivalves, surtout dans celles des

on en trouve dans ce dernier pays qui vivent à l'état sauvage. En Europe, les *pintades* sont moins communes, soit que le climat leur soit moins favorable, soit que l'état de gêne où on les tient les empêche de s'y multiplier, car on remarque qu'il est rare que leur ponte réussisse bien : la femelle abandonne souvent ses petits ou ses œufs ; c'est du reste un bien petit dommage : leur chair, quoique agréable, n'est pas supérieure en qualité à celle du poulet, et leur voix est tellement criarde, qu'elle devient insupportable. Plusieurs amateurs d'oiseaux domestiques ont été obligés de renoncer au plaisir d'en élever dans leurs basses-cours, à cause de cette dernière circonstance. Et comme si elles cherchaient à faire entendre leur voix à une plus grande distance, elles montent presque toujours, lorsqu'elles veulent crier, sur les toits des maisons, d'où elles étourdissent tous les habitants du logis et même du voisinage. On connaît plusieurs espèces de ce genre, entres autres la pintade *commune*, la pintade *mitrée* et la pintade *à crête.* »

PIPA (zoologie). — Genre de reptiles de l'ordre des batraciens anoures, renfermant des animaux singu-

Fig. 64. — Pintade.

pinnes marines et des moules. On attribue à tort à leur présence les accidents qu'éprouvent quelquefois les personnes qui mangent des moules (*Voy.* MOULES).

PINTADE (zoologie) [*numida*]. — Genre d'oiseaux de l'ordre des gallinacés, qui ont la tête nue et surmontée d'un casque osseux ou d'une espèce de panache, avec des barbillons pendants au bas des joues. Leur taille est trapue, leur dos arrondi et la queue courte ; leur port a beaucoup de rapports avec celui de la perdrix. « Ce sont des oiseaux d'Afrique, qui vont par bandes nombreuses sous les buissons et dans les taillis, où ils recherchent les baies, les insectes et les vers dont ils se nourrissent. Transportés en Europe et en Amérique, ils s'y sont très-bien acclimatés ; car

liers de l'Amérique méridionale, longs de 15 à 20 centimètres, et larges de 10 à 12. Les caractères sont : tête large, plate, triangulaire ; gueule très-fendue ; yeux petits, écartés ; pattes postérieures de la longueur du corps seulement ; doigts armés d'ongles ; pas de queue ; couleur olivâtre sombre, parsemée de très-petits tubercules roussâtres. Le pipa a un singulier mode de reproduction : « Après la ponte, le mâle étale les œufs sur le dos de la femelle et les féconde ; il se produit chez celle-ci une sorte d'inflammation de la peau du dos ; chaque œuf se creuse une espèce d'alvéole, où il reste jusqu'au moment de l'éclosion. »

PIQUET (jeu de). — Voici la théorie de ce jeu, qui se joue ordinairement à deux personnes et avec 32 cartes : « L'*as* est la plus forte carte et vaut 11 points; les figures valent 10 et les autres cartes le nombre de points qu'elles portent. La partie se joue le plus souvent en 100 points : chaque joueur reçoit 12 cartes, sur lesquelles le premier en cartes peut en écarter 5 et le second 3. L'écart fait, celui qui a le plus fort *point* compte autant de points qu'il a de cartes au point; on annonce ensuite les *séquences :* la tierce vaut 3 points; la quarte, 4; la quinte, 15 ; la sixième 16, etc; enfin, on compte les *quatorze* (on nomme ainsi 4 as, 4 rois, 4 dames, 4 valets ou 4 dix réunis, parce qu'ils valent 14 points); si chacun des deux adversaires a un *quatorze*, celui qui a les cartes supérieures l'emporte. Tous ces points étant comptés, le premier en cartes joue et compte un point pour chaque levée; l'autre commence à compter quand il prend, et ainsi de suite : la dernière levée vaut 2 points. Celui qui a fait plus de six levées compte 10 points ; celui qui fait capot en compte 40. Si le premier en cartes arrive à 30 points, en jouant les cartes avant que le second en ait un, il compte 60 au lieu de 30 : c'est ce qui s'appelle faire *pic;* s'il arrive à 30 sans jouer et en comptant seulement les points qu'il a en main, il compte 90 au lieu de 30 et fait *repic.* »

PIRATE, piraterie. — La piraterie ne saurait être punie trop sévèrement pour la sûreté de la navigation et du commerce maritime. Il en est de même de la baraterie, qui n'est pas moins préjudiciable, mais qui fort heureusement est devenue fort rare, grâce aux mœurs et aux coutumes commerciales et maritimes, qui deviennent une garantie aussi forte que les lois pour la sûreté du commerce sur mer.

Il y a cette différence entre un pirate et un corsaire, que celui-ci se livre à la course contre les bâtiments de l'ennemi, avec l'autorisation de son gouvernement, qu'on appelle *lettre de marque,* et qui le soumet aux lois qui doivent être observées entre les nations belligérantes; tandis que le pirate, qu'on appelle aussi forban, ne suit d'autre loi que celle du pillage et de son avidité, et même de sa cruauté à sacrifier les victimes qu'il a dépouillées, pour rester inconnu et effacer les traces de son brigandage.

PISCICULTURE. — *Voy.* POISSONS.

PISTACHE. — Fruit du pistachier, espèce de térébinthe, consistant en une petite amande de la grosseur d'une aveline, dont on fait usage en confitures et en glaces, et aussi en pâtisserie. On fait confire la coquille de la pistache lorsqu'elle est encore verte, et l'on estime fort cette confiture. On en fait aussi des dragées qui sont fort délicates. L'amande se trouve entre deux coques; la première est tendre, de couleur verdâtre mêlée de rouge; la seconde est dure, ligneuse, blanche, et renferme une amande d'un vert pâle, huileuse, assez agréable au goût, et couverte d'une pellicule roussâtre.

Le pistachier croît dans la Perse, dont on le dit originaire, dans l'Arabie, la Syrie et les Indes. On recueille aussi des pistaches en Italie, en Provence et en Sicile, mais elles ne sont pas autant estimées que celles de Perse ou de Syrie, d'où on les tire par la voie de Marseille. Il en vient aussi de Tunis, d'Alexandrie

et d'Alep. Celles de Tunis ont l'avantage d'être plus petites, et c'est une qualité que les confiseurs préfèrent.

PISTOLET (*Art milit.*) [de *Pistoie,* ville d'Italie].

— Arme à feu beaucoup plus courte que toutes les autres, et qu'on porte ordinairement à l'arçon de la selle, et quelquefois à la ceinture; ces armes furent appelées pistoies, *pistoiers* et *pistoies,* et ensuite *pistolets,* parce que les premiers furent faits à *Pistoie* en Toscane. Les Allemands s'en servirent en France avant les Français; et les reîtres, qui le portèrent du temps de Henri II, étaient appelés pistoliers. Il en est fait mention sous le règne de François Ier.

PISTOLETS DE VOLTA (physique). — On appelle ainsi un vase ordinairement de métal, garni d'une tige recourbée, aussi de métal, qui enfile un tuyau de verre mastiqué dans le couvercle du vase, afin de l'isoler, et au goulot duquel est adapté un petit canon capable de recevoir une balle.

On fait passer dans le vase deux parties d'air atmosphérique et une partie de gaz hydrogène. Après avoir placé au goulot le petit canon chargé de sa balle, de manière que le tout soit bien bouché, on présente à un corps actuellement électrisé la petite boule de métal. Il s'excite une étincelle électrique entre cette boule et le corps électrisé; il s'en excite une seconde entre cette boule et le bord du vase. C'est cette seconde étincelle qui enflamme le gaz. La détonation est très-violente, et la balle est chassée avec assez de force pour, à la distance de vingt-cinq pas, percer une planche de chêne de vingt-sept millimètres d'épaisseur. La détonation serait considérablement plus violente si, au lieu d'air atmosphérique, on mettait dans le vase une partie d'air pur et deux parties de gaz hydrogène.

PLAGIAIRE (jurisprudence) [du lat. *plagiarius,* fait de *plaga,* plaie, coup]. — Chez les Romains, on appelait *plagiaires* ceux qui vendaient un esclave qui ne leur appartenait pas, ou qui retenaient, comme esclave, un homme libre, qui l'achetaient ou le vendaient. Ils étaient ainsi nommés, parce que, par la loi *Flavia,* ceux qui s'étaient rendus coupables de ce crime étaient condamnés au fouet, *ad plagas damnabantur.* La loi même s'appelait *plagiaria,* et le crime *plagium.*

C'est par analogie qu'on a donné le nom de *plagiaires* aux auteurs qui pillent les ouvrages des autres, pour se les attribuer.

Le *plagiat* est une sorte de crime littéraire, pour lequel les envieux n'ont jamais manqué de faire le procès aux écrivains célèbres. Lorsque Corneille, en donnant *le Cid,* étonna tout son siècle et consterna tous ses rivaux, ceux-ci lui reprochèrent les larcins qu'il avait faits au poëte espagnol ; mais le public, naïvement sensible et amoureux des belles choses, n'y attacha aucune importance.

Je prends mon bien où je le trouve, disait Molière, et il appelait son bien tout ce qui appartenait à la comédie. Dans les découvertes importantes, le vol est sérieux, parce que la découverte apporte de la gloire, quelquefois de l'utilité à son auteur, et que l'un et l'autre est un bien : encore dans cette partie, celui qui profite des conjectures pour arriver à la certitude, a-t-il la gloire de la découverte ; et Fontenelle a très-bien dit qu'*une vérité n'appartient pas à celui qui la trouve, mais à celui qui la nomme.*

PLAIN-CHANT. *Voy.* MUSIQUE.

PLANÈTES (astronomie). — Corps célestes qui empruntent leur lumière du soleil, centre de leur mouvement. Elles tournent autour de cet astre en un temps plus ou moins considérable, et en décrivant des circonférences elliptiques plus ou moins étendues ; leur volume varie aussi beaucoup : ainsi, les unes sont plus petites que la terre, les autres sont beaucoup plus grosses. La plupart ont, comme la lune, des phases sensibles, que l'on reconnaît dans Vénus à la vue simple. Toutes ont un double mouvement d'occident en orient, dans leur orbite et sur elles-mêmes.

Les planètes sont facilement distinguées des étoiles fixes : 1º parce qu'elles ne s'écartent jamais de l'écliptique ; 2º parce qu'elles ont un mouvement de progression très-sensible qui change chaque jour leur rapport de situation avec les étoiles fixes ; 3º parce qu'elles n'ont point ou qu'elles n'ont que peu de scintillation. — *Voy.* ASTRONOMIE.

PLATINE (minéralogie). — Ce métal, découvert en 1755 par don Antonin de Ulloa, a longtemps été connu sous le nom d'or blanc et rejeté jusqu'à ce que, les Espagnols en ayant fabriqué quelques objets d'ornement et de curiosité, il reçut le nom qu'il porte aujourd'hui, formé par diminutif du mot espagnol *plata*, argent, que sa couleur blanchâtre lui a fait donner. Depuis cette époque, il a été reconnu dans la plupart des dépôts aurifères de l'Amérique septentrionale, où il se trouve en très-petits grains ; et quoiqu'on en ait rencontré quelques pépites qui pesaient plusieurs onces, il présente rarement des grains de la grosseur d'un pois. Ce métal a été également reconnu dans les mines d'argent de Guadalcanal, en Espagne ; on a aussi signalé sa présence en petites proportions dans les sables aurifères du Rhin.

Ce n'est que depuis 1822, époque de sa découverte dans l'Oural, que son exploitation a présenté quelque importance : auparavant, on l'avait souvent rejeté pour éviter les fraudes qu'on aurait pu faire en l'alliant à l'or ; et la Russie vient de l'adopter pour battre monnaie. On a essayé de l'employer en bijouterie ; on en a fait des chaînes, mais son peu d'éclat et sa grande pesanteur empêchent de s'en servir pour cet objet. A l'état d'oxyde, on l'applique sur la porcelaine, soit pour ornements, soit comme vernis ; il lui donne un brillant métallique inaltérable qui a tout à fait l'apparence de l'argent ; on l'emploie avec avantage en physique pour la construction des miroirs, des télescopes à réflexion, à cause de l'inaltérabilité du métal, dont le poli résiste très-bien aux influences météorologiques. On a essayé aussi avec succès de le substituer à l'étain pour l'étamage du cuivre, et il fournit un très-bon plaqué ; il convient, enfin, pour la construction des instruments de précision, et on s'en est servi pour faire des règles à étalons, parce qu'il est peu dilatable.

Le platine est d'un gris d'acier qui tient le milieu entre le blanc de plomb et le blanc d'argent ; il est tendre, très-malléable et flexible. C'est le plus pesant des métaux connus, et lorsqu'il est forgé, sa pesanteur spécifique est de 20,35 ; elle est de 22,06 lorsqu'il est laminé. Il a pour propriété de résister au feu le plus ardent sans se fondre et d'être inattaquable par les acides, circonstances qui en rendent l'usage précieux dans les arts où l'on s'en sert, malgré son prix élevé, pour faire des bassines évaporatoires, des alambics pour les fabriques d'acide sulfurique ; on en fait aussi des cornues, des creusets, des capsules, des tubes et autres objets qui servent dans les laboratoires de chimie.

Ce métal serait très-précieux dans un grand nombre de cas, si l'on pouvait se le procurer à bon marché. Cependant, quoiqu'il ne soit pas très-rare dans la nature, il s'est longtemps maintenu dans le commerce à un prix très-élevé, aussi élevé, et même plus élevé que celui de l'or, ce qui tenait principalement à la grande difficulté de le purifier, car il n'existe pas à l'état de pureté. Aujourd'hui, qu'on a trouvé le moyen de le traiter économiquement par la voie humide, il a beaucoup diminué de prix, et le platine de Russie a baissé de 30 à 15 ou 16 fr. l'once ; celui d'Amérique, de la mine de Choco, qui est plus pur et aussi plus recherché, se vend toujours un peu plus cher ; il était le seul qui fût employé dans les arts avant la découverte de ce métal dans les monts Ourals.

Le platine s'allie facilement avec un grand nombre de métaux, avec le mercure, le plomb, l'étain, le zinc, l'antimoine ; il forme des alliages cassants, tandis qu'allié avec l'argent, l'or et le cuivre, il forme des alliages ductiles. On a soumis à l'Académie des sciences un nouvel alliage de platine, d'argent et de cuivre pour remplacer les pièces de montre dans lesquelles tournent les pivots qui s'altèrent sous l'influence de l'huile. La nouvelle composition n'éprouve, au contraire, aucune action de la part de ce liquide.

(*Montbrion.*)

PLÂTRE (minéralogie). — Pierre fossile qui sert à plusieurs usages. C'est une chaux de la pierre appelée gypse, que l'on réduit en poudre, et qui, étant mêlée avec une certaine quantité d'eau, forme un mortier qui sert à bâtir. On distingue deux sortes de plâtres, le plâtre crû, que les chimistes appellent sulfate de chaux hydrate, et le plâtre cuit, qui est celui que le plâtrier ou chaufournier a mis au feu, calciné dans un four, qu'il a ensuite battu et réduit en poudre. (*Voy.* GYPSE.)

PLÉONASME (grammaire). — Répétition souvent vicieuse, quelquefois énergique, d'un mot ou d'une idée, comme dans s'*entr'aider mutuellement, je l'ai vu de mes yeux.*

PLESSIMÉTRISME [du grec, *plessó*, je frappe, et *métron*, mesure]. — Système complet d'indications fournies par un emploi méthodique de la percussion.

Aucune découverte n'a contribué, plus que la percussion, au progrès de la médecine anatomique et physiologique, la seule au niveau de notre époque positive,

La percussion est cependant loin d'être assez étudiée; elle n'est pas suffisamment vulgarisée. Beaucoup la méconnaissent faute d'être au courant des travaux et des perfectionnements successifs qui ont amené cet admirable moyen de diagnostic au point où nous le voyons aujourd'hui.

La cause du plessimétrisme est scientifiquement gagnée : il reste à mettre tout le monde à même d'en tirer profit; malades et médecins y sont également intéressés. Le plessimétrisme, d'ailleurs, n'a aucun mystère : son plus beau titre est sa simplicité.

Notre siècle s'est occupé avec ardeur des moyens d'investigation physique. Laënnec ouvrit la voie, en inventant le stéthoscope; M. le professeur Piorry, en créant le plessimètre, n'a fait qu'étendre l'horizon entrevu par son illustre prédécesseur.

Un historique rapide nous permettra d'assister à la progression suivie par l'esprit humain dans cette découverte toute moderne de la percussion, appliquée dans toute la rigueur des règles les plus rationnelles et les plus précises.

En 1761, un médecin de Vienne, en Autriche, Auenbrugger, publia un petit livre intitulé : *Nouvelle méthode pour reconnaître les maladies internes de la poitrine, par la percussion de cette cavité.*

Avant de livrer sa découverte au public, Auenbrugger l'avait, pendant sept années, expérimentée sur le cadavre et sur le vivant : il en pressentait toute la portée ; pourtant elle ne fit pas grand bruit, même dans son pays.

En 1770, un docteur de Montpellier, Rozière de La Chassagne, publia, à la suite de son Manuel des pulmoniques, la première traduction française du livre d'Auenbrugger. Il ne montre, dans son œuvre, que l'impartialité d'un indifférent : en pareilles mains, la percussion ne pouvait briller d'un bien grand éclat.

Il fallut qu'un demi-siècle plus tard, en 1808, Corvisart rapportât d'Allemagne la découverte d'Auenbrugger. En comprenant toute son importance, il l'a vulgarisa en France par une bonne traduction, rehaussée de notes excellentes. Sous ses auspices, la percussion fit un pas de plus : il l'appliqua au diagnostic des maladies du cœur.

La percussion, ainsi établie, n'était encore qu'*immédiate*. On frappait le thorax directement avec l'extrémité des doigts rapprochés les uns des autres et allongés. Il était recommandé de tenir la chemise soigneusement tendue sur la peau. Corvisart joignait à cette pratique si simple la percussion avec le plat de la main. Déjà l'on avait égard aux positions variées du malade suivant les cas divers.

En principe, la percussion était trouvée; mais elle était loin encore de pouvoir entrer en ligne avec l'auscultation. Une révolution fondamentale devait lui imprimer une direction nouvelle, et assurer irrévocablement son avenir.

Convaincu de l'insuffisance de la percussion immédiate, M. Piorry fut le premier à s'apercevoir que la base d'application devait être changée. La percussion *médiate* fut par lui inventée et successivement agrandie : à lui se rapportent tous ses progrès ultérieurs.

La découverte fut sanctionnée en 1828, lorsque fut publié le *Traité de percussion médiate*, qui valut à son auteur, M. Piorry, un des prix Montyon.

L'intermédiaire adopté par l'inventeur entre le doigt percuteur et la partie percutée reçut un nom spécial, le *plessimètre* : tout le système déroula de ce point de départ.

On se servit primitivement du doigt de la main gauche, sur lequel frappaient ceux de la main droite. L'idée vint à l'inventeur de construire un plessimètre allongé, recouvert de baudruche, figurant un doigt artificiel. On ne pouvait s'arrêter à cette impasse : le plessimètre chercha la forme propre; il fallut bien des tâtonnements pour la lui assigner définitivement.

M. Piorry recourut à un plessimètre, en forme de petite palette, taillé dans le sapin dont se servent les luthiers; il l'orna d'un manche recourbé pour qu'il fût aisé de le saisir. Cette annexe, des plus disgracieuses, rendait l'instrument peu portatif; la substance était d'ailleurs trop peu résistante. Ce n'était donc là qu'un essai. Le professeur Récamier, à l'Hôtel-Dieu, en prenant une palette de sapin large et plus épaisse à manche droit et parallèle à la surface, retombait dans le même inconvénient. Laënnec conseillait une petite boîte creuse à la place d'une plaque solide : c'était là un écho de stéthoscope; on s'éloignait ainsi de la solution.

Après des tentatives nombreuses, M. Piorry, épuisant toutes les ressources du génie d'invention, arriva à donner à l'instrument son attitude particulière. Le plessimètre se réduisit à une plaque d'ivoire de trois centimètres de largeur sur cinq de longueur. Il était muni d'auricules faciles à saisir; grâce à une graduation en centimètres et millimètres, toute mesure pouvait être prise sans cause d'erreur possible.

Des esprits plus zélés qu'habiles voulurent substituer au marteau la main percutante, c'était se priver de l'importance majeure de la sensation tactile; nous n'insisterons pas sur les essais nombreux qui furent tentés dans cette direction.

Un point était réglé, le plessimètre le plus convenable était acquis à la pratique; mais pour que le plessimétrisme pût atteindre à la hauteur qui lui était promise, il lui fallait un auxiliaire.

La mesure exacte des organes pendant la vie, l'*organo-graphisme*, en un mot, telle était la perspective de son ambition louable; pour cela, un mode d'écrire les résultats de l'investigation plessimétrique était indispensable. Ce n'était pas petite affaire : on s'en convaincra par l'exposé rapide des efforts qui durent être tentés à cette occasion.

On songea d'abord à l'encre, mais elle salit tout, ne sèche pas assez vite : on y renonça. L'azotate d'argent noircit le linge, marque assez mal et ne disparaît pas à volonté; il est excellent pour obtenir des marques permanentes, son emploi journalier aurait des inconvénients.

Un jeune élève, M. Butin, avait proposé des petits tubes de verre effilé, et qui, contenant des dissolutions colorantes, laissaient sur la peau des traces assez tenaces. Ce petit appareil fragile et embarrassant n'était guère applicable à la pratique quotidienne.

M. Piorry fit fabriquer des crayons avec de la poussière de charbon et des corps gras consistants; mais ces corps, ainsi que le liége brûlé, ne savent donner que des marques trop larges, impropres à la limitation précise des organes. Aujourd'hui, le crayon est des plus simples : il se compose d'un pastel tendre, bleu d'un côté, rouge de l'autre, contenu dans un bois de crayon ordinaire. Il fournit des lignes précises sur le linge et sur la peau, s'efface à volonté, et peut se tailler aussi fin que possible.

Ainsi armé, le praticien initié aux procédés du plessimétrisme peut rechercher l'état de tous les organes.

Nous croyons utile de donner brièvement la mesure moyenne des organes à l'état normal.

Le foie a de 12 à 14 centimètres de haut en bas; il dépasse la ligne médiane de 4 centimètres.

Le cœur a de 11 à 12 centimètres, suivant la ligne horizontale.

La rate présente de 5 à 5 centimètres 1/2, dans le diamètre vertical. Le rein a de 8 à 9 dans ses dimensions verticales, et 4 centimètres horizontalement.

Ces renseignements sont loin de suffire. Le plus important est de tenir compte des rapports généraux, et des changements particuliers suivant les états divers de plénitude ou de vacuité pour le ventre, la vessie, l'utérus, etc.

Quant au procédé de percussion médiate, il faut en connaître les propriétés : nous ne pouvons, à cet égard, mieux faire que d'emprunter à M. de Piorry ses propres expressions :

« Pour pratiquer cette méthode, de manière à avoir
« une mesure tout à fait exacte des organes, il faut
« placer l'un des bords du plessimètre exactement sur
« le point où l'on trouve la limitation de la partie
« explorée, puis percuter très-attentivement sur ce
« point, de façon à bien constater le son que donne
« cette partie. On porte ensuite un autre bord de l'in-
« strument au delà de cette même limitation, et l'on
« constate encore avec un soin extrême les sons et
« les impressions tactiles, en rapport avec cette nou-
« velle position du plessimètre. En procédant ainsi
« et en réitérant les expérimentations, on parvient de
« la manière la plus positive à tracer la circonscription
« des organes. »

Ce n'est là encore que le manuel; les descriptions les plus minutieuses ne suffiront pas pourtant pour faire un praticien; c'est par une application sur le cadavre, et au lit du malade, qu'on acquiert la dextérité de la main et la juste appréciation des sonorités multiples.

Dans son atlas de plessimétrisme, dans son traité pratique, M. le professeur Piorry s'est longuement étendu sur les lignes diverses qu'il est opportun de suivre, sur les dispositions variables auxquelles on doit avoir égard; nous ne pouvons que renvoyer à ces importants ouvrages ceux qui voudront approfondir cette vaste matière.

Le plessimétrisme ne se borne pas à la percussion simple d'un organe, il s'occupe par-dessus tout de la relation des organes entre eux par rapport à la constitution d'un malade. De là, des considérations multiples de diagnostic et de traitement. Lorsque tous les organes augmentent ou diminuent à la fois, on est en présence d'un état général.

Il y a des organes reliés entre eux par des relations directes, le foie et le cœur par exemple, au point de vue de leur volume normal, de la répartition du sang dans leur intérieur. La relation intime de ces deux organes dans leur volume, par rapport au jeu des poumons, permet de les faire varier sous l'influence de l'aspiration et de l'expiration prolongée. Il y a là de belles applications de la dynamique animale; le plessimétrisme seul a pu en assurer le bénéfice à l'art de guérir, et son domaine est loin d'avoir atteint ses dernières limites. Nous ne saurions trop engager les hommes dévoués à la pratique médicale à se pénétrer de toutes ces vérités, désormais acquises à la science; ils y trouveront honneur et profit.

Ce n'est pas chose minime, que le plessimétrisme suivi dans toute son ampleur. Diagnose, pronostic, traitement, cause même, peuvent résulter de sa méthodique application. Grâce à son intervention, les familles pourront être admises à comprendre les pratiques des médecins traitant; elles assisteront à la diminution sensible d'un épanchement, mesuré la veille, d'une rate dont on aura exactement signalé la grosseur.

Qu'on ne s'effraye pas des difficultés de la méthode : nous avons pu, dans des conférences pratiques données à l'hôpital de la Charité aux élèves de M. le professeur Piorry, nous convaincre que la génération nouvelle reconnaît tous les avantages du plessimétrisme. Bientôt ce mode d'investigation sera devenu classique; le public et les médecins s'accorderont parfaitement sur son emploi.

Docteur Henri FAVRE.

PLEURÉSIE (pathologie), *fausse fluxion de poitrine*. — Inflammation de la plèvre (membrane qui recouvre les côtes), reconnaissant pour cause le froid, l'ingestion d'une boisson froide après un exercice violent, le rhumatisme articulaire, etc. La maladie est *aiguë* ou *chronique*.

Les symptômes à l'état aigu sont : « douleur pongitive dans un des côtés de la poitrine, augmentant durant l'inspiration, par les efforts de la toux et par la pression; respiration difficile; inspiration courte et fréquente, toux sèche avec un peu d'expectoration; il est impossible de se tenir couché sur le côté douloureux; le pouls est fébrile, tantôt dur et développé, tantôt petit et concentré; il y a un paroxysme le soir. Lorsqu'il s'est fait un épanchement dans la cavité des plèvres, on observe de l'égophonie (voix de chèvre) et de la matité. Cette maladie dure de quinze à vingt jours; elle se termine soit par résolution, soit par un épanchement de sérosité ou de pus. »

A l'état chronique, la pleurésie peut s'établir lentement ou succéder à l'état aigu de la même affection. Elle est alors caractérisée par des douleurs vagues dans la poitrine, une petite toux sèche, de l'oppression par intervalles, des frissons, des mouvements fébriles irréguliers, avec dureté du pouls. Elle se termine tantôt par un épanchement séreux purulent, tantôt par la phthisie pulmonaire. Cette maladie a, le plus souvent, une issue funeste; mais sa durée est quelquefois très-longue.

Traitement. — Il n'y a pas de maladie, dit le docteur Bossu, qui réclame plus impérieusement les émissions sanguines que la pleurésie aiguë. On doit saigner une, deux, trois fois même dans les vingt-quatre heures les sujets jeunes et robustes dont le pouls est plein, dur et fréquent; le lendemain on recommence si cela est nécessaire. En même temps on applique, sur le siége de la douleur, quinze, vingt-cinq, trente sangsues, dont on couvre les piqûres de cataplasmes. On administre un laxatif (calomel, huile de ricin) pour combattre la constipation : tout cela, aidé par le repos, la diète et des boissons adoucissantes. Lorsque la période aiguë est passée, que la fièvre est tombée, il convient d'activer les sécrétions pour hâter la résorption du liquide épanché; on a recours particulièrement aux diurétiques (digitale en poudre ou en infusion, chiendent nitré, acétate de potasse), et aux purgatifs (calomel, eau de Sedlitz). Il est d'usage aussi d'appliquer un large vésicatoire sur le côté malade. — Dans la pleurésie *chronique*, il est rarement nécessaire de tirer du sang. Cependant les ventouses scarifiées ou une petite saignée révulsive sont souvent indiquées. C'est aux exutoires sur la poitrine (vésicatoires, cautères, moxas), aux diurétiques et aux purgatifs comme ci-dessus, qu'on doit recourir. Il faut soutenir le malade par une alimentation légère, douce et analeptique, et le placer dans des conditions hygiéniques convenables. Quand, dans la pleurésie aiguë ou chronique, l'épanchement, loin de diminuer, continue de faire des progrès et menace le malade d'asphyxie ou de suffocation, on donne issue au pus au moyen de l'*empyème*, c'est-à-dire d'une ponction faite avec le trocart à travers les parois pectorales. Cette opération est rarement suivie de succès, parce que la piqûre vient aggraver l'état de la plèvre, et surtout parce que le poumon, bridé par les adhérences, comprimé et ratatiné depuis longtemps, ne peut plus se laisser pénétrer par l'air.

PLEURODYNIE (pathologie) [du grec *pleura*, côté, et *odynè*, douleur]. — *Fausse pleurésie, pleurésie rhumatismale.* — Douleur rhumatismale qui a son siége dans les muscles intercostaux, qui augmente par la respiration, la toux, les efforts, et qui est ordinairement sans fièvre. Les toniques chauds et émollients et les sangsues composent le traitement de cette affection douloureuse, mais ordinairement de peu de durée; si elle persiste, un vésicatoire volant en triomphe généralement.

PLOMB (minéralogie). — Le plomb est connu de toute ancienneté. Il est du nombre des sept métaux sur lesquels les alchimistes ont travaillé. Il occupait le dernier rang, et fut appelé par eux Saturne, par rapport à l'or représenté par le Soleil, et dont il s'éloignait le plus, comme la planète de Saturne était alors la planète connue la plus éloignée du Soleil. Le plomb ne brille pas dans son état ordinaire ; il est terne et d'un gris bleuâtre; mais lorsqu'il vient d'être fondu ou qu'on le coupe, il a un éclat métallique blanc-bleuâtre très-vif, qui se perd bientôt par son exposition à l'air.

Quoique solide, il est très-mou, au point de se laisser rayer par l'ongle, et même de laisser une trace sur le papier; il n'a point d'élasticité, et, lorsqu'on le frappe, il est privé de la propriété d'être sonore.

Le plomb est le plus ductile et le plus malléable des métaux; cependant on ne peut le réduire en feuilles minces sans qu'il se gerce ou se déchire, et les fils les plus fins qu'on puisse obtenir ont toujours près d'une ligne de diamètre. Sa ténacité est bien peu de chose; car un fil de plomb de 236 millimètres, ne peut supporter qu'un poids de quinze kilogrammes.

Sa densité est très-forte; aussi dit-on communément que le plomb est lourd et pesant, bien que sa pesanteur spécifique ne soit que de 11,352, c'est-à-dire inférieure à celle de l'or, du mercure et d'autres métaux, et qu'elle se rapproche de celle de l'argent.

Comme ce métal n'a presque aucune élasticité, il n'est susceptible d'aucune compression, et il diffère en cela de tous les autres métaux ductiles qui diminuent de volume, et augmentent, par conséquent, de densité sous le marteau et le laminoir. Le plomb, au contraire, a la même pesanteur spécifique, lorsqu'il est simplement fondu, que lorsqu'il a été battu et laminé.

Le plomb est, après le bismuth et l'étain, le plus fusible des métaux ductiles : une chaleur de 260 degrés centigrades suffit pour le mettre en fusion. Lorsqu'on le mêle avec l'étain et le bismuth, cette fusibilité est encore augmentée d'une manière bien surprenante, puisque la chaleur de l'eau bouillante suffit pour mettre en fusion parfaite cet alliage métallique. *Voyez* BISMUTH. Le plomb reste longtemps fondu avant de rougir.

Le plomb est, après le mercure et le zinc, le moins dilatable des métaux. Il n'est pas sensiblement volatil.

Lorsqu'on frotte le plomb entre les doigts, il leur communique une odeur particulière désagréable; mais il n'a pas de saveur déterminée. Sa structure ou son tissu est compacte; il cristallise, par le refroidissement, en octaèdres réguliers, groupés les uns sur les autres, en forme de pyramides quadrangulaires articulées et branchues. Le plomb s'allie très-bien avec les autres métaux.

Les usages du plomb, dit Salacroux, sont extrêmement variés; mais comme il s'altère facilement à l'air, on ne peut l'employer à la confection d'aucun objet délicat. En revanche, il est très-utile pour fabriquer des tuyaux, pour doubler les réservoirs d'eau, pour couvrir les toits, les terrasses, etc. On s'en sert également pour faire les balles et le menu plomb. Uni à l'oxygène, soit naturellement, soit par des procédés chimiques, il constitue, suivant la quantité de gaz avec lequel il est allié, le blanc de plomb ou céruse, le massicot, la litharge, le minium, toutes substances employées dans les arts et surtout en peinture; mais il faut user de précaution en les préparant, car elles dégagent des vapeurs qui produisent

cette cruelle maladie si connue sous le nom de co-
lique des peintres ou de plomb. La médecine emploie
aussi quelques préparations de plomb, entre autres la
litharge et l'extrait de Saturne. Le plomb se trouve
très-rarement à l'état de pureté dans la nature; le
plus souvent il est uni au soufre, combinaison que
les chimistes nomment sulfure de plomb, et que les
mineurs appellent galène. Autant le plomb pur est
rare, autant celle-ci est commune; la France seule
en possède huit mines très-abondantes, et on en
trouve pas moins en Allemagne, en Angleterre, en
Espagne, etc. Cette substance est très-employée par
les potiers sous le nom d'alquifoux. Après l'avoir
réduite en poudre, ils la délayent dans l'eau, et plongent ensuite leurs vases dans ce mélange, qui s'attache à leur surface et qui prend par la cuisson un
aspect vitreux et une teinte jaunâtre. Mais le principal usage de la galène est de fournir le plomb du
commerce; pour cela on la grille plusieurs fois, soit
seule, soit avec du charbon; le soufre s'échappe en
vapeur et laisse le plomb seul ou uni à une petite
quantité d'argent.

PLOMBAGINE (minéralogie). — Mine de fer dans
l'état de carbure. On a pris longtemps cette mine de
fer pour du molybdène; mais cette substance est aujourd'hui beaucoup mieux connue sous le nom de
carbure de fer.

Cette plombagine sert à faire trois espèces de
crayons : les crayons communs, les crayons dits toujours pointus et les crayons de charpentier. La dernière espèce est composée de un tiers de sulfure d'antimoine et deux tiers de plombagine. Les crayons
toujours pointus sont d'abord coupés en lames minces,
puis en pièces carrées, au moyen d'une scie d'acier.

PLUIE (physique) [du latin *pluvia*]. — Eau qui se
détache des nuages, et qui tombe en forme de gouttes.

Comme la *pluie* n'est autre chose que les vapeurs
qui se sont élevées dans l'atmosphère, et qui, en se
condensant ensuite, se réunissent et tombent en forme
de gouttes, elle doit être d'autant plus fréquente
qu'il s'élève une plus grande quantité de ces vapeurs.
Il s'en élève davantage au-dessus des mers et des
grands lacs qu'au-dessus des terres, qui fournissent
moins à l'évaporation. Voilà pourquoi les pluies,
toutes choses égales d'ailleurs, sont beaucoup plus
fréquentes dans les voisinages des côtes, qu'elles ne le
sont dans le milieu des continents et des grandes
îles. C'est encore la raison pour laquelle le vent
d'ouest et le vent de sud nous donnent souvent de la
pluie; car le vent d'ouest nous apporte les nuages
formés par l'Océan, et le vent de sud nous amène
ceux qui ont été formés sur la Méditerranée.

PNEUMONIE (pathologie), *fluxion de poitrine.* —
Inflammation du parenchyme du poumon, dont la
cause déterminante est le plus souvent un refroidissement partiel ou général du corps, quoiqu'elle puisse
se développer spontanément chez l'individu placé en
apparence dans les meilleures conditions, ou bien
consécutivement à une bronchite, ou dans le cours
d'autres maladies. Elle se déclare souvent au printemps et à l'automne (VARIATIONS DE TEMPÉRATURE).

Symptômes. — Frisson suivi de chaleur, pouls fréquemment dur, sentiment d'ardeur dans la poitrine,
douleur profonde, pongitive, mais n'augmentant pas
par une forte inspiration, comme dans la pleurésie;
difficulté de respirer, toux, expectoration de matières
muqueuses, toujours visqueuses, souvent sanguinolentes, d'une couleur de jus de pruneaux ou purulentes; vive rougeur de la pommette du côté du poumon affecté; décubitus pénible, surtout sur le côté
sain; matité à la percussion, râle sous-crépitant; perception du souffle bronchique et de bronchophonie à
l'auscultation. Il y a exacerbation vers le soir.

La maladie dure de un à trois septenaires, et se termine le plus fréquemment par résolution, rarement
par gangrène, ou bien par suppuration. Le pronostic
est en général favorable.

Traitement. — Il n'est point de maladie dans laquelle l'expérience se soit prononcée d'une manière
plus formelle en faveur de la saignée que dans la
fluxion de poitrine. La maladie est-elle légère? deux
ou trois saignées l'arrêtent ordinairement. Est-elle,
au contraire, violente? les crachats sont-ils abondamment teints de sang? on est quelquefois obligé de
revenir à la saignée; on seconde l'effet des émissions
sanguines par des boissons émollientes. Si la maladie
ne cède pas, on recourt à l'emploi de l'émétique à
hautes doses. Quant aux vésicatoires appliqués sur la
poitrine, ils ne sont réellement avantageux que quand
la période aiguë est passée, ou chez les sujets faibles
ou trop âgés pour supporter impunément de copieuses saignées.

Lorsqu'on craint que la maladie ne passe à l'état
chronique, on place fréquemment sur les parties voisines du siége du mal des cataplasmes sinapisés, des
vésicatoires volants; le malade doit parler peu, marcher lentement, se garantir du froid et surtout de
l'humidité, et porter des vêtements de flanelle sur la
peau, se nourrir de laitage, et porter un cautère au
bras.

POÉSIE (s. f.) [vient plus particulièrement du
latin *poesis*, employé par Cicéron et Horace; *poesis*
dérive du grec sans altération]. — Nous ferons ici
cette remarque, qu'aucun mot qui date de la formation de la langue française ne vient du grec, parce
que, dans les Gaules, et même en France, la langue
latine, plus ou moins barbare, comme la romane,
était la langue usuelle.

Les mots qui dérivent du grec sont tous des mots
nouveaux.

Si l'on en croit certains rhéteurs, la poésie a ses
règles, et cet art sublime s'apprend par le moyen de
quelques principes fort simples, tous mécaniques,
que l'on peut inculquer dans l'esprit le plus rétif en
moins d'une heure.

Ainsi, lorsque vous pouvez faire la différence entre
une rime féminine et une rime masculine; lorsque
vous savez ce que c'est que l'hémistiche, et que tel
genre de vers doit avoir tant de syllabes alignées,
vous pouvez vous dire vous-même : *Ego sum poeta!*
Je suis poëte!

Vous pouvez dire cela avec d'autant plus de raison

que le rhéteur vous apprendra que *poesis* vient d'un verbe grec, *poiéó*, qui veut dire, ni plus ni moins, faire fabriquer, tout aussi bien composer un poëme, que faire de la toile sur un métier : ce qui alors vous réduit souvent à n'être qu'un faiseur de vers, un versificateur.

Dans ce cas, il est fort à craindre que vous n'encouriez l'application de ce proverbe grec :

Οἴει τὸν πώγωνα φρενῶν ποιητικὸν εἶναι ;

que l'on peut traduire par ces mots :

« Penses-tu que c'est la barbe qui fait le sage? »

La graine de ces poëtes est aussi commune que les étoiles au firmament.

Ainsi, quand on crie, après la décadence de la poésie en France, ne vous laissez pas effrayer par la crainte que la poésie est près de s'éteindre et qu'elle est menacée d'éclipse, parce que chez certains faiseurs les rayons poétiques pâlissent et sont sans force et sans chaleur.

Constamment la France, comme la reine des abeilles, aussi féconde qu'elle, accouche, bon an, mal an, de trois mille poëtes au moins. Il est donc impossible, avec une famille aussi nombreuse, de voir jamais la race s'éteindre.

Il en éclora toujours, parce que l'homme est naturellement sensible à l'harmonie, et que la poésie, qui vit toute d'harmonie, a des charmes qui le séduisent et l'entraînent à son insu.

Ainsi, nous pouvons nous tranquilliser sur le sort de la poésie, malgré les prédictions des alarmistes.

Il est vrai que beaucoup, dans ce grand nombre, n'arrivent pas à se distinguer, à attirer sur soi les regards, parce qu'il n'a pas été donné également à chacun d'avoir cet instinct, ce goût exquis qui porte à faire un choix des fleurs pour y puiser sa nourriture dans le suc qui seul fait ce miel si doux que les abeilles produisent, tandis que les frelons n'en savent rien tirer.

Il y a plus de frelons que d'abeilles.

La poésie est une inspiration. C'est pourquoi Platon, et Horace, et Boileau, et ceux qui, comme eux, ont eu le sentiment de toutes les beautés qu'elle enfante, n'ont pas hésité à la faire descendre du ciel et à la regarder comme un don du Créateur de la nature.

Mais ceux sur qui Dieu a répandu de si grands bienfaits, en tous les temps, même dans les siècles les plus féconds, ont été rares.

On ne s'est pas contenté de les regarder comme inspirés du ciel, mais dans l'antiquité on les a qualifiés de fils des dieux.

On a été plus loin, on les a déifiés, et plusieurs ont eu des autels et des temples.

Si tous les poëtes eussent mérité des autels, que d'encens brûlé en leur honneur! Combien ne croient-ils pas en mériter, et énormément!

Ils furent la plupart ministres des dieux, grands prêtres. Ils ont précédé les sibylles, et comme celles-ci ne rendaient les oracles qu'en vers, elles les empruntaient aux œuvres de ces poëtes, lesquelles consistaient généralement en hymnes à la Divinité.

Ces hymnes célébraient le commencement du monde, la création, l'origine de toutes choses, les révolutions des astres, le concert sublime que la nature présente dans son admirable ensemble, la magnificence des œuvres de Dieu, et rendaient grâce à leur auteur de tant de bienfaits.

C'est ainsi que ces poëtes furent considérés eux-mêmes comme de véritables prophètes, et reçurent le nom de poëtes sibyllins.

Dans toutes les occasions de la vie, les hommes consultaient les oracles.

Sous d'autres formes, ils n'ont pas cessé encore de les consulter. Jadis c'étaient les dieux, aujourd'hui ce sont des sibylles d'une nouvelle espèce, autrement dit des tireuses de cartes. Quelle chute! quelle décadence! Elles n'en ont pas moins d'empire sur les esprits. Quelle faiblesse! quel avilissement de l'espèce humaine!

Lorsque les oracles firent défaut, on vit les hommes, que la superstition n'abandonna jamais, consulter les œuvres mêmes des poëtes.

Voici comment ils s'y prenaient :

Si on avait à consulter la Divinité sur un projet quelconque, sur une expédition, un voyage, un désir, on prenait un livre, on désignait la ligne qui devait porter la sentence, on l'ouvrait, non sans trembler, on lisait, on commentait les mots qui composaient la ligne, la pensée qu'ils contenaient ; Dieu sait ce que l'imagination y trouvait et l'explication qu'on croyait y rencontrer!

Cet usage passa des Grecs aux Romains, et les fameux livres sibyllins qui furent offerts à Tarquin, roi de Rome, n'étaient pas autre chose qu'un recueil de vers présentant des prophéties, que l'on consultait principalement dans les calamités publiques, probablement à la manière que nous venons d'indiquer ci-dessus ; ils furent brûlés dans un incendie du Capitole.

Cette coutume n'a pas été seulement suivie par les païens, on l'a vue se produire en France vers la fin de la première race et au commencement de la seconde. Mais au lieu de l'exercer sur les œuvres des poëtes grecs et latins, que l'on ne connaissait guère à cette époque d'ignorance, ce fut la Bible que l'on consulta.

Les rois, dont l'existence à cette époque était si précaire, dans les vicissitudes de leur vie agitée, consultaient souvent la Bible, toujours de la manière précitée, et y cherchaient des remèdes à leurs maux, ou le moyen de reconquérir la couronne perdue, ou la prédiction de la mort prochaine de l'usurpateur. Ce qui n'empêcha pas Pépin le Bref de monter sur le trône, après avoir jeté Childéric, le dernier des Mérovingiens, dans un cloître, et de fonder la dynastie des Carlovingiens, parce qu'il avait eu le talent de faire interpréter la Bible par le pape Zacharie lui-même.

Cet usage a enfin disparu, probablement parce que, d'un côté comme de l'autre, il n'y a plus de grands sorciers.

C'est dire que la poésie est fort ancienne, et nous osons dire même qu'elle est plus ancienne que la prose. Ceci n'est point un paradoxe.

Non, ce n'est point à nos yeux parler que de demander du pain ou à boire, et exprimer certains besoins de la vie animale : c'est bégayer. Tout ce que dit l'homme avant que son entendement soit développé, c'est bégayer. Tout ce qui ne s'adresse pas à l'imagination de l'homme, c'est bégayer.

Nous demandons pardon aux réalistes qui pensent que la poésie n'est pas chose naturelle et qui prétendent que c'est la prose seule qui convient à l'expression de tous nos sentiments. Mais ils ne nous disent pas quelle prose; si c'est la prose de Fénelon ou de Bossuet, ou celle de Lucas ou de Georgette. Si, dans le cas d'une cérémonie funèbre d'un vigneron, il faut prononcer sur sa tombe une oraison dans le genre de celle sur la mort du grand Condé pour être dans le vrai réalisme, attendu que tous les Jourdains se servent de la prose comme Bossuet.

Si la nature se refusait au langage de la poésie et se montrait rebelle à cette faculté si commune chez l'homme, pourquoi nous étonnerait-elle par le don d'improvisation qu'elle fait tant de fois à des hommes privilégiés, et pourquoi la poésie serait-elle cultivée depuis le commencement du monde par tous les peuples, même les plus ignorants et les plus sauvages?

Nous appelons parler, lorsqu'on s'adresse aux hommes pour leur révéler quelque secret qui les intéresse arraché à la nature, ou découvert dans les cieux ou dans les entrailles de la terre, pour leur transmettre les traditions qui doivent les frapper d'admiration, élever leur âme et les porter au bien, pour orner leur mémoire des faits historiques des peuples, pour les instruire, pour les initier dans les mystères de la religion qui leur apprennent à s'aimer entre eux, pour consacrer les traits de vertu et d'héroïsme, pour graver dans leur cœur l'histoire des actions qui ont illustré les grands hommes, l'honneur de la patrie !

Nous appelons parler, surtout, lorsque l'on s'adresse à Dieu.

Le langage employé par les premiers hommes sortis de ses mains pour demander à Dieu le pain quotidien, fut une prière, un hymne.

La première action de grâce faite à Dieu pour le remercier de ses bienfaits, fut une prière, un hymne.

Le premier sentiment qui prit naissance dans le cœur de l'homme et qui vint sur ses lèvres pour glorifier Dieu de ses œuvres, fut une prière, un hymne, où éclataient toutes les beautés de la poésie.

Oui, c'est à la poésie que les hommes doivent les premiers principes de la civilisation; c'est elle qui les a tirés de leur état sauvage; c'est elle qui a adouci leurs mœurs, leur a inspiré la vertu dès les premiers âges, leur a donné des lois pour les maintenir en société. Toutes les traditions des peuples ont été conservées d'âge en âge par la poésie, avant la connaissance des signes qui ont servi depuis à les consigner sur le papyrus ou sur des tablettes enduites de cire.

Tant de raisons ont entouré la poésie, dans tous les temps, de respect et d'amour, en la considérant comme sacrée, comme divine.

Que de merveilles ne lui a-t-on pas attribuées,

lorsque, s'associant l'harmonie, elle entreprend de réunir les hommes dispersés dans les forêts, où ils vivaient comme des bêtes féroces! Tels étaient les tigres, qui accouraient entendre ces mélodieux accords qui les apprivoisaient.

C'est Amphion qui chante, et qui voit les hommes accourir aux accents de sa voix; rendus sensibles, il leur dicte des lois, les unit par un lien commun de fraternité, et les fait travailler à élever les murailles d'une ville.

C'est Orphée, qui réunit en lui le pontife sacré, le sage, le législateur, le poète divin, le chantre des dieux.

Sa présence au milieu de ses concitoyens était comme le sanctuaire d'un dieu. Elle était si puissante, qu'elle inspirait la vénération; elle purifiait les criminels, guérissait les malades, fléchissait la colère des dieux vengeurs, annonçait aux hommes bons et vertueux une félicité sans bornes. Il reconnaissait un Dieu unique; Socrate s'inspira de sa doctrine ; Platon de celle de Socrate.

Toutes ces merveilles sont l'ouvrage de la poésie.

Aussi ces génies éminents furent-ils distingués par un nom particulier : on les appelait *vates*, ou devins. *Mens divinior.... Sic honor et nomen divinis vatibus*, a dit d'eux Horace.

Nous avons des poëtes qui nous charment, mais aucun que nous consultions comme des oracles. Nous avons des poëtes, et non plus des devins : *poetæ*, et non *vates*.

De tous les dons que la nature se plait à faire à l'homme, la poésie est assurément le plus beau, le plus aimable, le plus magnifique, car la poésie est formée de tout ce qu'il y a de plus délicat, de plus élevé, de plus agréable, pour peindre les idées qui frappent vivement l'imagination, les passions qui agitent l'âme, et les sentiments divers qui animent les cœurs.

« *Ut pictura poesis erit*, » a dit Horace. D'autres ont dit : *La poésie est la peinture qui parle*; d'autres : *La poésie est un langage qui peint*. Expressions charmantes, expressions ingénieuses, mais timides, et qui ne disent pas la vérité tout entière; on en avait le sentiment, mais on a craint d'en dire trop. Nous n'aurons pas cette timidité, parce que notre conviction est plus profonde et notre enthousiasme sans restriction.

Oui, la poésie est plus que tout cela : c'est la vie, c'est l'action, c'est le mouvement; c'est tout l'enfantement de la création dans un mot; c'est le soleil qui, de ses rayons bienfaisants, dore les moissons; c'est la terre qui revêt sa robe éclatante et embaumée; c'est la fleur qui ouvre son calice et qui étale sa couronne éblouissante de mille couleurs; c'est elle qui porte vers Dieu nos vœux, nos prières, nos remerciements; c'est elle qui apaise la colère du ciel dans les calamités qui affligent les peuples; c'est elle qui, descendant dans les replis de l'âme, en sonde toute la profondeur, nous en fait connaître les secrets les plus mystérieux, les motifs qui la portent à l'envie, à la colère, à l'amour, à la haine, à la fureur; qui, en la fouillant, nous la montre parcourant, avec mille nuances, tous les différents degrés des passions qui l'agitent. Dans ces nombreuses variétés, la poésie la suit, la devance; elle est tendre, sensible, véhémente, calme, jalouse, terrible, pleure, rit avec elle. La poésie, comme Protée, change continuellement de forme, prend l'air, la tournure, le masque du personnage qu'elle fait parler; comme le caméléon, elle prend toutes les nuances. Elle a des couleurs pour tous les rôles dans la comédie du monde.

Ce n'est pas tout : et, comme Dieu, elle se crée des mondes, se forme des substances tantôt matérielles, tantôt éthérées; elle va de la terre au ciel, y prend, comme Prométhée, le feu sacré pour façonner des âmes à sa manière, invente; et, dans une fantasmagorie séduisante, fait passer et repasser devant nos yeux éblouis une suite de tableaux, une série d'images qui charment et enchantent.

Nous le savons, mais nous ne saurions nous incliner devant un jugement frivole, et qui accuse plus d'impuissance que de raison; nous le savons, et le langage que nous tenons, aux yeux de la littérature infime et placée au dernier échelon des connaissances humaines, est un langage qualifié du nom trivial et injurieux de rococo. Mais nous n'en persisterons pas moins, avec les esprits éclairés, à consacrer ce langage, le seul noble et sublime, jusqu'à ce qu'un nouveau Linus, un nouvel Orphée, un nouvel Amphion, nous trace une autre route, plus parsemée de fleurs et plus resplendissante de lumière dont l'éclat nous conduise au trône de Dieu.

Qu'est-ce que la peinture auprès de la poésie, pour la représentation d'une vertu, d'une voix, d'une passion quelconque ?

Écoutez : entendez un seul mot de Talma sortir de sa bouche contractée, avec l'accent terrible qui vibre à votre oreille, accompagné d'un geste menaçant et d'un regard foudroyant, porter l'épouvante dans l'âme du spectateur, lui donner le frisson et lui arracher un cri de pitié, d'horreur, d'admiration !

Entendez Rachel vous dire, avec sa parole stridente, coupée, cadencée, un seul vers où résonne l'accent de la colère, de l'ironie, de la haine, prononcer la mort de son amant qui la dédaigne, et se retourner contre le bourreau qu'elle voue aux dieux infernaux, faire frémir une salle entière à sa puissante voix !

Qui nous peindra, qui nous représentera, avec son pinceau et ses plus belles couleurs, ces deux figures si fières, si nobles, si expressives dans leurs attitudes, sur cette scène qui tremble sous leurs pas et devant cette assemblée magnétisée à leur aspect?

Dix Apelle, dix Raphaël ne suffiraient pas, malgré leur immense talent, à nous représenter, dans dix tableaux, un vers, un seul mot d'un grand poëte.

Et cependant la poésie, cette fille du ciel qui fait tant de miracles, a trouvé des détracteurs.

Qu'il se rencontre des individus à qui la poésie est indifférente et dont les charmes n'ont pas su trouver le chemin de leur âme, cela se conçoit. Il est des organisations imparfaites à qui la nature a refusé tout sentiment : ce sont des êtres incomplets.

Mais qu'il s'en trouve qui, froidement, raisonnant sur la poésie, veulent lui enlever tous ses attraits et la dépouiller de ses plus beaux ornements, comme chose futile et inutile, c'est une observation d'esprit, une originalité qu'il est difficile de concevoir et que nous mettons au rang des monomanies.

Nous ne rappellerons pas ici la fameuse polémique à laquelle a donné lieu la guerre déclarée à la poésie par Lamothe. Ce fut plutôt une bizarrerie d'esprit qu'une conviction de vouloir faire de la poésie sans rime et des tragédies en prose; ce paradoxe nous paraîtrait un effet du désespoir.

En effet, quoique ennemi déclaré de la poésie, Lamothe a fait beaucoup d'ouvrages en vers, des odes, des églogues, des tragédies même. Mais sa poésie, généralement, est dure, un peu obscure, quelquefois embarrassée; ce qui ferait supposer que les exigences de la poésie lui devaient imposer une certaine gêne dont il aurait voulu s'affranchir. Il devait le sentir lui-même, car sa prose est aisée, coulante et quelquefois élégante. Dans la grande question qu'il avait soulevée, il y était donc intéressé, et il pouvait bien combattre pour ses propres foyers.

Il y a de la poésie un antagoniste plus sérieux, c'est-à-dire un antagoniste que l'imagination de certains auteurs, qui n'ont pas approfondi suffisamment la source de l'accusation, ont créé de leur bon plaisir. Cet antagoniste imaginaire, c'est Platon.

Platon passe pour être l'ennemi de la poésie, par la raison, dit-on communément, qu'il la bannit de sa République.

Cette idée, accréditée par des esprits superficiels, est devenue presque générale, et beaucoup de bons et grands esprits s'y sont laissé prendre.

Ceci a besoin d'être éclairci et en vaut la peine; car il s'agit de l'opinion d'une grande autorité dont il faut désabuser bien des esprits, et doit surtout servir au triomphe de la cause que nous défendons : nos armes doivent être courtoises.

Chose singulière, Platon est l'homme le plus enthousiaste de la poésie. C'est d'elle qu'il a dit : ἐπῳδή τις : divine enchanteresse des âmes!

C'est le philosophe qui l'a le mieux définie, le mieux étudiée et le mieux appréciée.

Il faut prouver ce que nous avançons.

Ce que nous allons dire ressort des différents ouvrages ou dialogues de Platon :

Le Phèdre, l'Ion, le Gorgias, la République et les Lois.

D'abord, dans le Phèdre, Platon s'exprime ainsi sur la poésie :

« Le délire qui est inspiré par les Muses, quand il s'empare d'une âme simple et vierge, qu'il la transporte et l'excite à chanter des hymnes ou d'autres poèmes, et à embellir des charmes de la poésie les nombreux hauts faits des anciens héros, contribue puissamment à l'instruction des races futures. Mais sans cette poétique fureur, quiconque frappe à la porte des Muses, s'imaginant, à force d'art, se faire poëte, reste toujours loin du terme où il aspire, et sa poésie, froidement raisonnable, s'éclipse devant les ouvrages inspirés. »

A la rigueur, nous pourrions borner là nos citations, mais comme la même pensée est souvent reproduite dans les dialogues de Platon, nous allons voir rapidement combien ce philosophe, après avoir signalé l'influence de la poésie sur les cœurs, s'en fait son panégyriste et son défenseur, à cause de l'ascendant moral qu'elle peut exercer sur les esprits.

Dans l'Ion, l'enthousiasme de Platon prend une autre forme. C'est la comparaison de l'inspiration poétique qui se communique de la Muse au poëte, du poëte au rapsode, du rapsode à la multitude, avec l'attraction de la pierre magnétique qui, non-seulement attire les anneaux de fer, mais leur communique la vertu de produire le même effet et d'attirer d'autres anneaux.

Il ne connait pas de poésie sans le délire inspiré par les Muses. « Non-seulement, dit-il, il n'y a pas de poésie sans inspiration, mais la poésie n'est rien qu'une inspiration divine. Les poëtes ne sont rien que les interprètes des dieux.

Dans le Gorgias, la poésie n'occupe qu'une faible place, et tout y est, en grande partie, consacré à la rhétorique. »

Nous arrivons à la République. Mais disons en passant que le mot est impropre. Nous le relevons, parce qu'il a donné l'idée d'une infinité de systèmes extravagants par l'application fausse de son titre. Dans cet ouvrage, il n'est question ni de république, ni de monarchie, pas plus que de démocratie.

N'importe en quelles mains l'autorité se trouve, c'est de l'État, c'est du gouvernement dont Platon entend tracer un plan. Barthélemy, dans son Voyage d'Anacharsis en Grèce, l'a parfaitement compris ainsi.

Nous sommes déjà loin de l'idée qu'on s'est formée de Platon dans cet ouvrage.

Nous sommes encore bien plus loin de celle qu'on lui prête sur la poésie.

Platon a horreur du mensonge; Platon repousse toute fiction où les dieux apparaissent avec les mêmes passions qui font agir les hommes; Platon rejette les peintures efféminées qui dégradent la majesté divine et donnent aux hommes une fausse idée des dieux, et trompent leur âme qu'il faut accoutumer à la vertu, à la justice, à la vérité.

Il bannit de son gouvernement tous les poëtes qui, dans leurs œuvres, offrent ces images trompeuses. Il bannit Homère, il bannit Pindare, il bannit Hésiode, etc. En un mot, il se déclare contre la poésie imitative.

Mais la poésie grave, la poésie sévère, la poésie religieuse, qui chante les dieux, qui loue les grands hommes, bienfaiteurs de l'humanité, Platon l'approuve et la regarde comme une des plus nobles expressions du grand, du beau, du sublime.

Il autorise les hymnes, les éloges de la vertu, les chants lyriques mâles et religieux.

Il en est de même de l'harmonie. Il bannit et les accents plaintifs de l'harmonie lydienne et la mollesse de l'harmonie ionienne, comme pouvant énerver le caractère de l'homme et le rendre incapable de défendre la patrie avec énergie. Mais il conserve l'harmonie dorienne, dont l'expression mâle soutient le courage du guerrier, et l'harmonie phrygienne, dont le mode religieux s'adresse aux dieux.

Ainsi, il pourrait admettre les poëtes qui, comme Linus, Orphée, Olen, Stésichore, etc., ont chanté les dieux, et Tyrtée, dont les chants pleins d'âme et d'élévation conduisaient les guerriers aux combats et leur faisaient mépriser la mort. C'est lui qui disait aux Spartiates allant au combat, en montrant leur bouclier : « Reviens à Sparte ou dessous, ou dessus »

Le dernier ouvrage de Platon, le dialogue des Lois, est une consécration des principes émis sur la poésie dans le dialogue précédent.

Telle est la pensée de Platon sur la poésie.

On a dit que la poésie se proposait de plaire et d'amuser et que son but était le plaisir.

Cette réflexion a peu de gravité et manque de philosophie.

Telle ne doit pas être exclusivement la mission de la poésie.

Dans le principe, la poésie fut toute religieuse et philosophique. C'est ce caractère qu'il faut principalement lui réserver.

Si la poésie vient du ciel, efforçons-nous de lui conserver son origine.

Si elle n'avait pas été forcée à peindre des sujets trop vulgaires dans le but de plaire et d'amuser, et si elle n'eût pas dégénéré jusqu'à descendre à chanter le vice, la morale des peuples s'en fût mieux trouvée.

Sans les condamner absolument dans les sujets légers, tendres, mais toujours convenables et décents, nous donnerons la préférence à la poésie, qui apprend quelque chose aux hommes, qui les fait réfléchir en occupant leur esprit, qui les instruit, les initie dans les secrets de la nature, les rend bons et humains, et qui, en portant la paix dans leur âme, peut leur faire goûter le bonheur sur la terre et leur préparer celui que le ciel réserve aux âmes vertueuses. Toutes ces pensées peuvent aussi bien s'exprimer dans un style simple que dans un style élevé, pour les faibles comme pour les grandes intelligences.

Nous n'appelons pas poésie les flonflons, les flaflas; nous n'appelons pas poésie tous ces petits vers à Iris et à Chloris; nous n'appelons pas poésie tous ces petits compliments sur la beauté et les grâces, sur Vénus et l'Amour; nous n'appelons pas poésie ces petits tableaux sur le clair de lune, sur le ruisseau qui murmure et ses bords fleuris; nous n'appelons pas poésie ces petits roucoulements sur la tourterelle, ou les hirondelles, ou les brebis, ou la bergerette à la houlette ornée de rubans roses; nous n'appelons pas poésie ces pièces de vers où la liberté et la licence font rougir une âme honnête et candide; nous n'appelons pas poésie des pointes en madrigal ou en épigrammes dont ne se sont pas assez préservés les auteurs les plus recommandables, et qu'on regrette de rencontrer à la fin des œuvres les plus sublimes. On devrait se montrer plus jaloux de la gloire des grands hommes en cachant leurs infirmités. Nous n'appelons pas poésie ces petits récits de ruelles, où l'on n'apprend rien, ces petits voyages qui ne signalent aucune découverte;

nous n'appelons pas poésie la plupart de ces chants dont la France est inondée, et que l'échoppe et le carrefour produisent avec une abondance merveilleuse et malheureuse.

Tout cela est de la versification. Nous ne prétendons pas dire qu'elle ne soit pas quelquefois gracieuse, spirituelle, charmante, et même d'un grand mérite ; mais elle ne demande pas, comme dit Voltaire, des connaissances bien approfondies et un grand effort d'imagination. C'est ce que nul ne nous contestera.

Si, dans le nombre de ces auteurs, il en est que nous devons bannir de notre république sans autre forme de procès, il en est qui méritent toute notre sympathie : à ceux-là nous leur accordons une place dans notre république des lettres : nous ne voulons pas faire une république de capucins. Loin d'imiter Platon, qui voulait qu'on répandît des parfums sur leur tête et qu'on les congédie, nous les retiendrons avec des guirlandes de fleurs, et nous attacherons volontiers à leur boutonnière une branche de lilas ou de myrte, ou un bouton de rose. Nous appelons poésie, non celle qui bégaye, mais celle qui parle. — Voyez ce que nous appelons parler aux hommes et à Dieu.

Nous réservons la couronne aux poëtes.

Le versificateur est enfant de la terre ; le poëte est fils du ciel.

Nous ferons une seule recommandation au poëte qui se sent capable de peindre les nobles sentiments qui portent l'âme à l'enthousiasme de la vertu, de la justice, de la gloire, et qu'un feu sacré convie à remplir parmi les hommes un véritable sacerdoce.

Ainsi que le chrétien, lorsque le jour paraît et que le soleil commence à se montrer sur l'horizon, dans un sentiment d'admiration, fait sa prière à Dieu pour lui demander qu'il l'inspire de sa sagesse ; de même le poëte, à la brise du matin, avant de se mettre à l'œuvre, pour s'inspirer des beautés de la poésie, lira, dans un profond recueillement, quelques pages de nos grands poëtes.

Telles sont les règles que nous imposons aux poëtes.

REDAREZ SAINT-RÉMY.

POIDS-ET MESURES. — *Voy.* MESURES.

POILS [*pili.*] — Ce sont des appendices, ou plutôt des productions de la peau chez un grand nombre d'animaux terrestres principalement, car ils se remarquent bien moins fréquemment chez les espèces aquatiques. Il en existe également chez les plantes ; et les plus velues sont celles des lieux élevés, secs, montagneux et venteux.

Les *poils*, plus ou moins longs (ceux-ci portent les noms de *crins, soies,* etc.; *voy.* aussi CHEVEUX), se composent d'un bulbe formant une petite vésicule implantée dans le tissu graisseux, placé sous la peau; ce bulbe est humecté d'une lymphe gélatineuse qui le nourrit. Le poil qui s'en élève est composé de plusieurs filaments, de trois à six, pour l'ordinaire, à leur racine, mais réunis en une gaîne ou tronc, lequel perce la peau et l'épiderme, dont il emprunte une enveloppe pour apparaître au dehors. La tige du poil ou cheveu, ainsi composée de divers filaments intérieurs, sous leur commune gaîne, recèle, à l'intérieur, une sorte de cavité médullaire, d'une extrême ténuité, mais suffisante pour qu'une matière animale oléagineuse y pénètre et le nourrisse. Il paraît que de très-fins rameaux vasculaires et même nerveux, viennent fournir la vie à la racine ou l'oignon du poil ; mais leur tige est parfaitement insensible, et même destinée à isoler le corps qu'ils recouvrent et protégent des contacts immédiats.

Les poils, en s'allongeant, considérés au microscope, paraissent une suite de tubes, se tirant les uns des autres, comme les tuyaux d'une lunette d'approche ; c'est pourquoi ils ont des cannelures et des aspérités apercevables, lorsqu'on les frotte de leur extrémité à leur racine : c'est par l'effet du soulèvement de leurs diverses tuniques qu'ils ont la propriété de se feutrer et de s'entrelacer, surtout lorsqu'on les crispe au moyen d'une dissolution de nitrate de mercure, connue sous le nom d'*apprêt* ou *secret* dans la chapellerie.

Suivant Withof, qui a composé un volume in-4° sur les *poils*, ceux-ci reçoivent leur coloration de la substance oléagineuse que contient le réseau muqueux de Malpighi, placé sous l'épiderme, et qui imprime sa couleur aux différents individus nègres, bruns, blonds, etc. (*V.* NÈGRE et PEAU). Les poils sont revêtus de l'enveloppe de l'épiderme, laquelle est de nature insoluble et incorruptible. Quand le froid vif empêche la matière colorante du réseau muqueux de pénétrer dans les tubes capillaires des poils, cheveux, plumes, etc., ces productions restent blanches ou privées de teinture. C'est ce qui se remarque chez les animaux des régions du nord, l'hermine, le lièvre variable, etc., qui deviennent blancs dans les grands froids et sont colorés en été, temps qui rend la matière colorante sous-épidermoïde plus abondante et plus fluide. Par la même cause, la vieillesse froide et inerte laisse grisonner, blanchir, dessécher les poils et les cheveux, faute de leur nourriture.

La matière composant l'enveloppe du poil est donc celle de l'épiderme ; elle en a l'indissolubilité, l'incorruptibilité ; l'intérieur se composant de divers filaments ou couches, peut être développé plus ou moins, selon les divers besoins que la nature avait de protéger l'animal. Ainsi, les échimys ont des poils aplatis en petites lamelles épineuses; mais chez les hérissons et les porcs-épics, ces poils deviennent bien plus gros et plus épineux, plus raides que les soies et les crins, chez les cochons, les pachydermes, les solipèdes, etc. La corne du nez du rhinocéros est un composé de poils soudés ensemble, comme les fanons des mâchoires des baleines franches se composent aussi de poils fibreux, réunis en grandes lames.

Chez les pangolins, les poils ont pris un tel aplatissement et une largeur telle, que ces animaux sont recouverts d'écailles analogues à celles qui enveloppent la fleur de l'artichaud. Chez les tatous, la substance pileuse, au lieu d'être allongée en cylindre, se dispose en plaques et en compartiments divers pour recouvrir le corps.

On peut dire que la plume n'est qu'un poil composé chez les oiseaux ; et l'on en voit la preuve chez les espèces aquatiques, telles que les manchots et les pingouins, dont le plumage imparfait, comme les membres de ces oiseaux, se compose d'un tuyau court, se terminant en un pinceau de poils très-fins, ou de duvet grisâtre.

Les écailles des reptiles, ou les plaques même de la carapace des tortues, les tubercules des crocodiles, peuvent être considérés jusqu'à un certain point comme des productions de l'épiderme, analogues à des poils aplatis et volumineux : il en sera de même des écailles des poissons, des boucliers des esturgeons, etc.; tous ces appendices de la peau fournissent, en effet, à peu près les mêmes principes à l'analyse chimique : une matière muqueuse, épaissie en plaques insolubles, une substance colorante, oléagineuse, et du phosphate calcaire, durcissant ou solidifiant plus ou moins ces parties.

D'ailleurs, non-seulement les poils se colorent et se nourrissent du tissu ou réseau muqueux sous-épidermoïde; mais il en est de même des plumes, des écailles et plaques. On y peut voir aux mots COQUILLE et MOLLUSQUE, que la coloration et la production de ces couvertures, ou défenses d'animaux, s'opèrent à peu près de la même manière. Le test osseux qui enveloppe les crustacés ou écrevisses, l'étui corné qui sert de cuirasse aux insectes, et en particulier aux coléoptères, est pareillement l'endurcissement de leur épiderme.

On sait que les mammifères ont des poils plus abondants et plus forts au dos, qu'il était nécessaire de protéger, et moins au ventre. Chez l'homme, au contraire, la peau est plus nue; elle a plus de productions villeuses, outre la tête, au pubis, aux aisselles, à la poitrine. Divers animaux, les carnivores principalement, portent des moustaches ou longs poils roides autour de la bouche ; car il y a des poils vers tous les orifices de la peau, comme la barbe autour de la bouche, des poils au pubis et près de l'anus; il en est aux oreilles, aux narines, autour des yeux pour les cils, tous moyens de précaution et d'avertissement de ce qui approche ces lieux délicats. Les poils manquent, au contraire, aux parties où le tact doit être exquis, aux paumes des mains, aux plantes des pieds, aux lèvres et aux extrémités des parties génitales, etc. (Voyez ONGLES, CORNES, ARMES.) Beaucoup de poils des végétaux leur servent de conduits excréteurs, selon Guettard. Ceux des orties, des malpighia brûlantes aussi, contiennent à leur base une vésicule de liquide très-irritant, qui s'écoule dans les parties piquées par le moyen d'un canal très-fin qui traverse ces poils, ainsi que le venin des dents creuses des serpents.

Les nuances des poils des animaux varient suivant la nature du tissu muqueux de la peau. Les hommes très-blancs ont les poils blonds; les basanés les ont plus noirs. Le crin, les barbes de chat, les soies de sanglier, les piquants des hérissons et des porcs-épics, sont de gros poils. Les poils de la queue de l'hippopotame, de l'éléphant, sont aplatis. Les couleurs des poils varient même dans chaque espèce; leur forme est tantôt droite et roide, tantôt entortillée et laineuse, ou soyeuse.

C'est sur la qualité des poils de plusieurs animaux que l'industrie sociale appelle l'attention. Par exemple, les animaux du nord de la Sibérie ont un poil rude et grossier ; mais, dans les climats où règne une douce chaleur, les espèces ont des poils plus beaux, plus soyeux.

Ainsi, dans l'Amérique méridionale, on trouve la vigogne, dont les poils sont si recherchés pour les châles. C'est avec les poils d'une espèce de chèvre qui vit sur le plateau de la haute chaîne de l'Immaüs ou de l'Himalaya, et au Kerman, en Perse, au royaume de Caboul, suivant Strachey et Elphinstone, que se fabriquent ces beaux shauls (nommés schalls), tirés de Kasmyr, et connus sous le nom de cachemires. On les fabrique par milliers à Dléapa; on les transporte par caravanes en Perse, d'où ils passent en Turquie et en Europe. Les chameaux ont un poil très-fin, surtout dans leur jeune âge. On fait aussi des schauls, en Perse, avec leur laine douce et soyeuse.

En Syrie, en Espagne, à Angora, la plupart des animaux domestiques ont les plus beaux poils, les plus soyeux et les plus fins. On connaît les moutons mérinos d'Espagne, les chèvres de Syrie, les chats, les lapins d'Angora, les chiens bichons de Malte, qui tous sont pourvus de très-beaux poils. Ces animaux pourraient bien s'acclimater dans nos contrées méridionales.

L'excès de la chaleur fait tomber les poils à quelques animaux, comme aux moutons d'Afrique, aux chiens de Guinée, nommés mal à propos chiens turcs.

Dans les pays froids, les poils des animaux sont plus fins et plus serrés; c'est pourquoi l'on recherche les fourrures des martes, des zibelines, des hermines, des renards, des isatis, des gloutons, des blaireaux, des ours, des lièvres, etc.

L'un des principaux usages des poils, c'est de les feutrer, c'est-à-dire d'en former un tissu épais et compacte, en les entremêlant. C'est ainsi qu'on fait les chapeaux. On emploie surtout à cet usage les poils de lièvre et d'autres animaux dont le pelage est assez fin. Ceux de castor, de blaireau, sont estimés.

Nous ne parlons point des fils de la soie, de l'araignée, de la pinne marine, dont on a fait de belles étoffes, ni d'un grand nombre d'autres filaments tirés du règne animal, mais qui sont de peu d'utilité et n'ont d'autre but que celui de satisfaire une indiscrète et vaine curiosité.   VIREY.

POIRIER (botanique) [pyrus]. — Genre de plantes de la famille des rosacées, dont l'espèce la plus importante est le poirier commun, qui croît naturellement dans les régions tempérées de l'ancien continent. «Sa hauteur atteint 10 et 12 mètres, et il se termine par une belle tête; mais, dans les jardins potagers, on étale ses branches en espalier, ou bien on le fait pousser en quenouille et on lui donne une forme pyramidale. Le tronc des vieux poiriers est recouvert d'une écorce rugueuse et gercée, et leurs jeunes pousses d'une peau lisse d'un brun verdâtre; souvent ces jeunes rameaux se terminent par une épine. Les feuilles sont ovales, un peu coriaces, d'un vert luisant en dessus et un peu cotonneuses en dessous. Les fleurs sont blanches, réunies par bouquets le long des rameaux. Les fruits, très-petits et très-âpres à l'état sauvage, ont été considérablement améliorés par la culture. C'est par eux que l'on distingue les nombreuses variétés de ce genre, qui s'élèvent aujourd'hui à près de 600. » Les plus estimées parmi les poires à manger, sont : 1° les *P. fondantes*, telles que les *beurrés*, les *doyennés*, les *bergamotes*, les *muscats*, la *mouille-bouche*, le *Saint-Germain*, le *sucré vert*, le *blanquet*, etc.; 2° les *P. cassantes (bons-chrétiens)*, les *P. oranges*, le *messire-Jean*, remarquables par leur volume, et qui ne se mangent que cuites, etc.

On élève le poirier franc en pépinière pour y greffer les autres poiriers ; les poiriers destinés à former des espaliers se greffent sur des cognassiers. (*Voy.* ce mot.)

POISON (toxicologie, médecine légale). — Nom générique de toutes les substances qui, introduites dans l'économie animale, soit par l'absorption cutanée, soit par la respiration, soit par les voies digestives, agissent d'une manière nuisible sur les propriétés vitales ou sur le tissu de nos organes. Il existe des *poisons* dans les trois règnes : mais ceux qui proviennent des animaux sont spécialement désignés sous le nom de *venins*, lorsqu'ils existent indépendamment de toute espèce de maladie (tel est le venin de la vipère); ou celui de *virus*, lorsqu'ils se développent dans une maladie particulière ou qu'ils constituent cette maladie (tels sont les virus rabique, syphilitique, etc.) Ainsi, on réserve le nom de *poisons* aux substances délétères minérales ou végétales. M. Orfila divise les poisons en quatre classes : — I. *Poisons âcres, irritants* ou *corrosifs* : 1° minéraux (acides et alcalis concentrés, composés mercuriels, arsenicaux, cuivreux, antimoniaux, etc.); 2° végétaux (bryone, euphorbe, coloquinte, garou, renoncule, sabine, etc.); 3° animaux (cantharides). — II. *Poisons narcotiques :* ce sont ceux qui agissent spécialement sur le cerveau (opium, laudanum, morphine, acide hydrocyanique, jusquiame), sans enflammer les organes avec lesquels ils sont mis en contact. — III. *Poisons narcotico-âcres :* ceux qui agissent sur le cerveau, mais qui en même temps enflamment les parties sur lesquelles ils sont appliqués (1° aconit, noix vomique, belladone, digitale, ellébore, colchique, ciguë, aristoloche, rue, etc.; 2° noix vomique, fève de Saint-Ignace, strychnine ; 3° coque du Levant, camphre, picrotoxine; 4° champignons ; 5° alcool et tout liquide spiritueux ; 6° seigle ergoté, ivraie ; 7° émanations des fleurs et d'autres parties des plantes ; 8° gaz acide carbonique, oxyde de carbone, hydrogène carburé, vapeur du charbon).— IV. *Poisons septiques* ou *putréfiants* : gaz hydrosulfurique, gaz des fosses d'aisances, matières putréfiées, virus rabique, venin des serpents et de certains insectes, liquides morbifiques dont le contact développe la pustule maligne. — Comme les poisons, introduits en très-petite quantité dans l'économie animale, ne font que modifier les propriétés vitales sans leur porter une atteinte funeste, on tire parti de quelques-uns dans le traitement des maladies, et ils deviennent, à petites doses, de très-bons médicaments. Souvent aussi des

substances vénéneuses introduites dans l'économie, par accident, par méprise, ou dans des vues criminelles, compromettent la santé ou déterminent une mort plus ou moins prompte. Le médecin et le chimiste sont toujours appelés, en pareil cas, à décider : 1° *s'il n'y a pas eu empoisonnement ;* 2° *par quelle substance ;* et quelque fortes que puissent être les présomptions tirées des symptômes et de l'autopsie cadavérique, quelques probabilités qui résultent des altérations, érosions ou perforations observées dans les voies intestinales, on ne doit pas en conclure qu'il y a eu empoisonnement, si l'analyse chimique ne démontre clairement l'existence et la nature du poison. Or, cette analyse exige des précautions excessivement minutieuses, et la conviction ne doit se former que d'après un ensemble d'épreuves bien positives : aussi ne peut-elle être confiée qu'à des mains habiles et exercées ; et l'opérateur ne doit jamais perdre de vue que la moindre négligence dans la netteté des instruments et dans la pureté des réactifs, ou la moindre omission dans les procédés, peuvent changer complètement les résultats. Nous ne pouvons donner ici qu'un aperçu extrêmement succinct des moyens à employer pour arriver à la découverte des substances vénéneuses, en nous bornant à celles qui sont d'un usage plus fréquent, et renvoyant pour les détails que comporte un si vaste sujet aux *Traités de médecine légale*, de M. Orfila et de M. Devergie, ou au *Manuel de médecine légale* de M. Briand, dans lequel toutes les considérations médico-légales relatives à l'empoisonnement sont traitées avec autant de clarté que de précision. — Pour qu'il soit possible de découvrir une substance vénéneuse que l'on suppose avoir été introduite dans l'économie, il faut que le poison n'ait pas été complètement absorbé, et qu'il soit resté dans l'estomac ou dans les intestins des matières liquides ou solides capables d'en receler encore quelques traces. On commence presque toujours, lorsque le poison est de nature organique, par décolorer, avec le chlore ou le charbon animal, les substances sur lesquelles on doit opérer ; puis on isole autant que possible ces substances à l'aide de véhicules acides, alcalins, éthérés ou alcooliques ; et, ces opérations préliminaires étant achevées, il faut concentrer sous le plus petit volume possible la partie où l'on suppose le poison, pour juger plus facilement des effets produits par les réactifs. — Si le poison est l'*acide sulfurique*, l'alcool ou l'éther mis en contact avec la substance soumise à l'examen, évaporé à une douce chaleur, donne un liquide très-acide, qui, saturé avec soin par la potasse ou la soude, fournit, après calcination convenable, un sel formant par la baryte un précipité insoluble dans les acides, et avec les solutions de plomb, un dépôt blanc à peine soluble. — Si c'est l'*acide nitrique*, les parties sont jaunes; l'alcool, devenu très-acide et saturé par la potasse, donne un sel capable de fuser sur les charbons, ou produisant à l'air des vapeurs rutilantes, par son mélange avec le cuivre et l'acide sulfurique. — Si le poison est l'*acide hydrochlorique*, il donne, par les sels d'argent, un chlorure très-reconnaissable, — Pour l'*acide hydrosulfurique*, il est souvent difficile d'établir s'il a été introduit dans l'économie comme poison, ou s'il est le résultat de décompositions internes spontanées ; cependant les indices tirés des symptômes ou de l'état des organes sont corroborés par l'odeur extrêmement fétide des liquides, et leur précipitation en noir par le plomb, le cuivre ou l'argent. Le *chlore* se comporte comme l'acide hydrochlorique, puisque, par son contact avec les matières organiques, il donne ordinairement lieu à ce composé. — Si le poison est l'*iode*, l'alcool, mis en ébullition avec les liquides concentrés ou même avec une portion des viscères, précipite en bleu l'amidon, et en jaune les sels de plomb, etc. — Enfin, dans les empoisonnements par les alcalis, l'alcool, mis en contact comme il vient d'être dit, devient très-alcalin aux liqueurs de violettes et de mauves; ou bien les liqueurs acides y font naître une effervescence plus ou moins prononcée en perdant leurs propriétés acides. Avec la potasse, le sulfate obtenu fait un dépôt jaune par le chlore de platine; avec la soude, il y a seulement une couleur rouge foncée : on peut utiliser aussi les propriétés de l'oxychlorate de baryte. (*Voyez* ACIDE OXYCHLORIQUE.) — Souvent le poison est un métal ou une combinaison métallique; et il en est peu qui soient aussi fréquemment employés que les substances arsenicales, et particulièrement l'acide arsénieux. Pour procéder à la recherche de ce poison, on peut recueillir d'abord les matières contenues dans l'estomac, et prendre à part ce viscère lui-même, coupé en morceaux : on opère séparément sur l'un et sur les autres; on fait bouillir dans l'eau les matières que l'on veut éprouver; puis, la liqueur aiguisée convenablement par l'acide hydrochlorique, est traitée par l'acide hydrosulfurique en léger excès. Si elle jaunit, on laisse le dépôt se former ; on le recueille avec soin; on le mélange avec la potasse et le flux noir, puis l'on introduit le tout dans une petite ampoule de verre terminée par un tube effilé très-étroit. L'ampoule étant chauffée à la lampe, il se dégage un corps qui vient se condenser dans la partie effilée, et qui y forme un enduit d'un aspect grisâtre, métallique, miroitant, s'il existe de l'arsenic. Cet enduit recueilli doit donner au feu une odeur alliacée ; si on le chauffe à l'air, dans un verre de montre, sa vapeur, recueillie sur la partie interne d'un entonnoir de verre, y forme une couche blanchâtre pulvérulente, qui, humectée d'eau tiède, donne un liquide dont chaque gouttelette, exposée à la vapeur de l'hydrogène sulfuré, prend une teinte jaune intense, que l'ammoniaque fait disparaître, et qui reparaît après la volatilisation de ce composé. Le liquide peut aussi produire un précipité vert par un soluté de sulfate de cuivre ammoniacal. — Pour les autres métaux (l'antimoine, l'argent, le cuivre, le zinc, etc.), on peut, après avoir séparé les viscères (estomac et intestins) et les parties liquides, les traiter ou par l'acide hydrochloronitrique (eau régale), ou par l'acide nitrique, et concentrer ensuite le tout. On ajoute alors dans la liqueur, tantôt un léger excès de potasse ou de souscarbonate, tantôt (pour les empoisonnements par l'argent) un soluté de chlorure de sodium. Les précipités d'oxyde, de carbonate ou de chlorure métallique, recueillis avec grand soin, et chauffés à la lampe dans un tube très-étroit, sont réduits à l'état métallique, à l'aide d'un courant de gaz hydrogène *pur*. On traite alors les métaux par l'acide nitrique pur ou l'eau régale, en formant des solutions aussi concentrées que possible. 1º Les dissolutions d'antimoine ou d'étain dans l'*acide hydrochloronitrique* donnent, la première, un précipité blanc par l'addition de l'eau, précipité qui devient jaune orangé au moyen de l'hydrogène sulfuré, et que l'ammoniaque ne peut dissoudre; la seconde, un précipité brun, chocolat ou jaune, par l'acide hydrosulfurique, un dépôt noir d'étain à l'aide d'une tige de zinc, et un précipité pourpre par le chlorure d'or; 2º les dissolutions d'argent, de cuivre, de plomb, de mercure, de zinc, dans l'*acide nitrique*, produisent : celle d'*argent* un précipité blanc et caillebotté avec les solutions de chlorure, précipité soluble dans l'ammoniaque, insoluble dans les acides; celle de *cuivre* une liqueur devenant d'un bleu céleste très-beau par un excès d'ammoniaque, formant un précipité vert par l'acide arsénieux, et un dépôt brun marron avec le ferrocyanate de potasse ou prussiate de potasse ferrugineux. (Il faut, lorsqu'on analyse des matières que l'on soupçonne contenir du cuivre, faire bien attention que, d'après M. Sarzeau, il en existe naturellement dans beaucoup de substances organiques, telles que les muscles, etc.) La dissolution de *plomb*, étendue d'eau, précipite en jaune par l'iodure de potassium, en blanc par le sulfate de soude, et en noir par l'hydrogène sulfuré. Celle de *mercure*, également étendue, donne un précipité noir au moyen d'un peu de sulfure, un précipité jaune par la potasse, ou rouge par l'iodure de potassium (si l'on a employé un excès d'acide nitrique); mise en contact avec une lame de cuivre, elle y produit une tache blanche que la chaleur peut faire disparaître à cause de la volatilité du mercure. Il faut condenser à l'extrémité d'un tube le métal réduit. La dissolution de *zinc*, étendue d'eau, précipite en blanc par un sulfhydrate, avec dégagement d'hydrogène sulfuré; elle précipite également en blanc par la potasse, et le précipité est soluble dans un excès de cette base; le ferrocyanate de potasse *jaune* y fait naître aussi un dépôt blanc, et le rouge un dépôt orangé, etc. — La présence ou la nature des poisons appartenant au règne organique est encore plus difficile à constater, à cause de leur prompte altérabilité, et de la facilité avec laquelle ils sont absorbés. Lorsqu'un empoisonnement est dû à l'*acide hydrocyanique*, il n'est pas rare de sentir, à l'ouverture du corps, une odeur prussique des plus prononcées; les liquides, ainsi que les viscères, traités par une eau légèrement alcaline, et soumis à la distillation dans un vase convenable, avec un faible excès d'acide hydrochlorique, fournissent un produit gazeux qui, recueilli dans un soluté de nitrate d'argent, y fait naître un précipité caillebotté. Ce précipité (s'il est du cyanure d'argent), réuni et lavé, donne une odeur vive d'amandes amères, quand on le traite par l'acide hydrochlorique, et devient bleuâtre par le muriate de fer peroxydé.

POISSONS (zoologie) [*Pisces*]. — Quatrième classe de vertébrés, renfermant des animaux aquatiques à circulation double, et dont la respiration s'accomplit pendant toute la durée de la vie au moyen de *bran-chies*.

Sans avoir la même variété d'habitudes que les espèces des classes précédentes, les *poissons* ne méritent pas moins qu'eux l'intérêt du naturaliste, non-seulement par la différence de leur organisation et par les services qu'ils peuvent rendre à l'homme, mais plus encore par le rôle important qu'ils jouent dans l'économie générale de l'univers.

Seuls de tous les vertébrés que le Créateur a formés pour habiter la profondeur des fleuves et des mers, les *poissons* sont aussi les seuls de tous ces êtres qui puissent débarrasser les eaux de cette multitude immense de corps organisés qu'elles engloutissent journellement dans leur sein. Aussi voraces qu'indifférents sur le choix de leur nourriture, ils avalent indistinctement tout ce qui se trouve à leur portée, et, l'empêchant ainsi de se putréfier, ils préviennent la corruption des eaux, dont les résultats seraient si dangereux pour tous les animaux, et qui seraient la suite infaillible de l'accumulation de tant de cadavres divers dans leur sein.

Destinés à vivre dans un élément tout différent de celui qui forme l'atmosphère, il fallait aux *poissons* une organisation appropriée à leur genre de vie; aussi tous leurs organes ont-ils éprouvé des modifications importantes, soit dans leurs formes, soit dans leur structure.

Leur corps est généralement allongé et toujours fusiforme, sans cou distinct, nu ou couvert d'écailles, constamment enduit d'une humeur visqueuse et pourvu de nageoires, soit paires et latérales, soit impaires et médianes. Toutes ces particularités sont nécessitées par le genre de vie des animaux dont nous parlons : leur forme est celle d'un vaisseau, dont la tête forme la proue, et dont la queue imite la poupe avec le gouvernail ; l'enduit muqueux qui les recouvre a pour double résultat de préserver l'animal de l'influence de l'humidité, et de rendre son corps plus glissant pour fendre les eaux; enfin les nageoires sont destinées à diriger ses mouvements et à les rendre plus rapides.

Leur *squelette* présente aussi des modifications remarquables : leurs os, composés de matière calcaire et d'albumine, au lieu de gélatine, sont généralement plus mous, plus flexibles et plus élastiques que ceux des mammifères et des oiseaux.

La classification généralement adoptée est celle de Cuvier. Il divise les poissons en deux classes : *poissons osseux* et *poissons cartilagineux*, ou *chondroptérygiens*. La première renferme six ordres : *acanthoptérygiens*, *malacoptérygiens abdominaux, malacoptérygiens subbra-chiens, malacoptérygiens apodes, lophobranches* et *plec-tognates*. La deuxième classe renferme deux ordres : les *chondroptérygiens à branchies libres* et les *chondro-ptérygiens à branchies fixes*. — L'intelligence des poissons est à peu près nulle; leur vue est très-bornée; mais, en revanche, leur odorat et leurs appétits vo-races sont très-développés. Leur fécondité est prodi-gieuse.

On a désigné récemment, par le mot *pisciculture*, l'art de multiplier les poissons au moyen d'une fécondation artificielle. « Vers 1758, le comte de Girolstein découvrit le moyen de féconder artificiellement les œufs de poissons en imitant ce qui se passe dans la nature : il remarqua qu'en pressant légèrement l'abdomen des femelles prêtes à pondre on obtient tous leurs œufs, et qu'ensuite on peut, par une opération analogue, se procurer la laitance des mâles, qui, versée dans l'eau où l'on a déposé les œufs, les féconde plus sûrement que ne le feraient les animaux eux-mêmes. Mais cette découverte ne fut guère connue d'abord que des savants, et c'est seulement de nos jours que l'on songea à convertir la fécondation artificielle en une véritable culture des espèces utiles. En 1842, MM. Gehin et Rémy fondèrent au village de la Bresse (Vosges) un établissement pour la multiplication des truites ; en 1848, M. de Quatrefages appela l'attention de l'Académie sur ce sujet important, et bientôt, sur les rapports de MM. Coste et Milne-Edwartz, le gouvernement fit les avances nécessaires pour l'application en grand d'une industrie qui promet de repeupler nos fleuves et nos côtes. Un établissement modèle fut fondé dans ce but près d'Huningue en 1851, aux frais de l'État, par MM. Berthot et Detzem : en moins de deux ans, il en est sorti 600,000 saumons ou truites destinés à l'ensemencement du Rhône. »

POIVRIER (botanique) [*piper*]. — Genre type de la famille des pipéracées. C'est un arbrisseau sarmenteux, qui rampe à terre lorsqu'on ne lui donne pas de points d'appui pour s'élever : tiges souples, lisses, spongieuses et articulées; feuilles ovales, épaisses, portant 5 nervures; fleurs disposées en chatons ou en espèces de grappes simples, terminales ou opposées aux feuilles ; fruits charnus et simples, de forme ronde, petits, d'abord verts, puis rouges et bruns. Les espèces du poivrier sont extrêmement nombreuses : les contrées méridionales de l'Asie et le midi de l'Amérique en produisent plus de 150, toutes remarquables par leurs fruits et leurs tiges minces et flexibles. Les principales sont le *poivrier commun* ou *aromatique* (*piper nigrum*), qui produit le poivre noir et le poivre blanc, employés comme condiments; le *macropiper*, *piper longum*, propre aux îles de l'océan Pacifique, qui donne un poivre en épis connu sous le nom de *poivre long*, employé aussi comme condiment; le *piper methysticum*, avec le fruit duquel les Océaniens font une boisson enivrante qu'ils appellent *kava* ou *ava*; le *poivre cubèbe* (*piper cubeba*), dont on fait un grand usage en médecine; et le *poivre betel* (*chavica betle*), dont les Malais mâchent les feuilles. On a donné encore le nom de *poivre* à certaines graines qui, par leur saveur brûlante, rappellent le poivre : le *P. d'eau* est le *polygonum hydropiper*; le *P. de Guinée*, qu'on appelle aussi, mais improprement, *P. long*, est un piment à saveur très-piquante; le *P. de la Jamaïque* est le *myrtus pimenta*; le *P. de muraille*, l'orpin brûlant, *sedum acre*; le *petit poivre* ou *poivre sauvage* est le gattilier, etc.

PHOTOGRAPHIE [de *phós*, lumière, et *graphó*, je trace: Synonyme : *daguerréotypie*.] (1) — On a donné ce nom à l'action combinée de la lumière et de certaines substances chimiques (sels d'argent), ayant pour résultats les dessins exacts des images qui frappent une couche métallique (plaquée) enduite de chlorure ou de bromure d'argent, et d'une mince couche de vapeur mercurielle. Ce fut en 1840 que M. Daguerre, auquel le gouvernement français a décerné une récompense nationale, découvrit les images photographiques. Cette découverte, qui fit beaucoup de bruit, est due au hasard plutôt qu'à la science guidée par la théorie. On a jusqu'à présent vainement essayé de donner une explication rigoureusement scientifique du procédé daguerrien, que MM. Belfield et L. Foucault ont ainsi modifié: « Ayant fait choix d'une surface d'argent dont la planimétrie et la continuité soient suffisamment parfaites, on la polit superficiellement à l'aide d'une poudre de ponce lavigée et desséchée avec le plus grand soin, et quelques gouttes d'essence de térébenthine du commerce, non rectifiée. La partie volatile de l'essence s'évapore pendant l'opération du polissage, et il reste à la surface de la plaque une couche pulvérulente grisâtre dont elle se dépouille avec une facilité extrême, et au-dessous de laquelle elle apparaît nette, noire et brillante. Il ne reste plus qu'à atténuer l'épaisseur de la couche résineuse, soit en dissolvant une portion à l'aide de l'alcool de 45° rectifié à la potasse et à la chaux, soit en l'usant mécaniquement au moyen des poudres sèches. Les personnes qui ont coutume d'examiner à l'aide du souffle condensé l'état des surfaces métalliques sauront facilement reconnaître les moindres défauts dans la continuité et l'uniformité de la couche résineuse.

» Exposée à la vapeur de l'iode, la plaque ainsi vernie se comporte exactement comme une plaque préparée et desséchée avec le plus grand soin par les procédés ordinaires. Les teintes se succèdent avec la même rapidité, dans le même ordre, et les nuances ont la même valeur. D'ailleurs les tons seront d'autant plus chauds et plus francs, la série sera d'autant plus nette et plus tranchée, que la couche résineuse sera plus mince et plus exempte de toute trace d'humidité.

» Soumise à l'action de la lumière dans la chambre noire, la couche impressionnable ainsi préparée se comporte encore comme la couche iodurée obtenue par les méthodes usuelles. L'image s'y forme de la même manière et dans le même temps.

» Mais l'exposition de la couche iodurée ainsi préparée à la vapeur du brôme présente cette particularité remarquable, qu'un léger excès dans la quantité de vapeur absorbée ne donne plus naissance au phénomène désigné sous le nom du *voile de brôme*. Un faible excès de brôme ne s'annonce que par l'aspect de grisaille que prend l'image à la vapeur du mercure, aspect qui devient de plus en plus prononcé jusqu'à ce que l'image disparaisse presque entièrement sous une cendrée blanchâtre. Toutefois, une exposition prolongée à un grand excès de brôme désorganise entièrement la couche impressionnable, et la vapeur du mercure n'y fait plus apparaître alors que de larges taches d'un brun rougeâtre et à bords déchiquetés. »

De l'ensemble de leurs expériences, MM. Belfied et L. Foucault ont conclu :

1° Que l'image daguerrienne se forme dans l'épaisseur d'une couche de matière organique étendue par l'opération du polissage à la surface de l'argent ;

2° Que l'opération du polissage ne doit plus avoir pour but de décaper la surface métallique, mais bien d'y étendre uniformément une couche continue et mince de vernis ;

3° Que ce vernis, suffisamment épais et convenablement choisi, a pour résultat de prévenir la formation du voile de brôme, et permet ainsi d'atteindre toujours au maximum de sensibilité de la couche impressionnable.

Le procédé daguerrien a reçu depuis lors de nombreux perfectionnements, dans le détail desquels nous ne pouvons pas entrer ici. Ceux qui sont parvenus à obtenir les images les plus nettes en ont fait, sauf quelques exceptions, une branche d'industrie plus ou moins lucrativement exploitée.

On a jusqu'à présent vainement essayé de fixer les images des objets avec leurs couleurs naturelles. Cette découverte serait plus belle encore que la première.   HÉRICARD.

POLARISATION (physique).—Ce mot, dit Hoefer, s'applique à une modification particulière de la lumière, et même du calorique. On appelle polarisée la lumière qui, une fois réfléchie ou réfractée, est devenue incapable d'être réfléchie ou réfractée sous certains angles. En général, un rayon de lumière réfléchi d'une plaque de verre ou de toute autre surface polie, est susceptible d'être une seconde fois réfléchi d'une autre surface polie, et de traverser ainsi librement des substances transparentes. Mais lorsqu'un rayon de lumière est réfléchi d'une plaque de verre, sous un angle de 57°, il est rendu complétement impropre à se réfléchir sur la surface d'une autre plaque maintenue dans des positions déterminées; mais il peut être réfléchi sur une seconde plaque maintenue dans d'autres positions. Il perd également la propriété de traverser des corps transparents dans des positions particulières, tandis qu'il les traverse librement dans d'autres. Ainsi, la lumière modifiée de façon à ne pouvoir être réfléchie et transmise dans certaines directions, s'appelle *polarisée*. Ce nom, emprunté à une analogie imaginaire de l'arrangement des molécules lumineuses avec les pôles d'un aimant, a été conservé dans la théorie des ondulations.

Les beaux travaux de Fresnel et d'Arago ont particulièrement éclairci les phénomènes de polarisation et l'action mutuelle des rayons polarisés. Voici comment Fresnel a lui-même rendu compte de ces recherches :

(1) Ce mot devait précéder le mot *Phrénologie;* c'est par erreur qu'il se trouve transposé.

En étudiant les interférences des rayons polarisés, nous avons trouvé, M. Arago et moi, qu'ils n'exercent plus d'influence les uns sur les autres quand leurs plans de polarisation sont perpendiculaires entre eux, c'est-à-dire qu'ils ne peuvent plus alors produire de franges, quoique toutes les conditions nécessaires à leur apparition, dans le cas ordinaire, soient d'ailleurs scrupuleusement remplies. Je citerai les trois principales expériences qui nous ont servi à établir ce fait, en commençant par celle qui appartient à M. Arago. Elle consiste à faire traverser, aux deux faisceaux émanant du même point lumineux et introduits par deux fentes parallèles, deux piles de lames transparentes très-minces, telles que celles de mica ou de verre soufflé, qu'on incline assez l'une et l'autre pour polariser complètement chacun des deux faisceaux, en ayant soin que les deux plans suivant lesquels on les incline soient perpendiculaires entre eux : alors on ne peut plus apercevoir de franges, quelque soin que l'on prenne d'ailleurs à compenser les différences de marche en faisant varier très-lentement l'inclinaison d'une des piles, tandis que lorsque les plans d'incidence des piles ne sont plus perpendiculaires entre eux, on parvient toujours à faire paraître les franges ; à mesure que ces plans s'éloignent du parallélisme, les franges s'affaiblissent, et elles disparaissent tout à fait quand ils sont rectangulaires, si la polarisation des deux faisceaux a été assez complète. Il résulte de cette expérience que les rayons polarisés suivant le même plan s'influencent mutuellement, comme les rayons de lumière non modifiée ; mais que cette influence diminue à mesure que les plans de polarisation s'écartent l'un de l'autre, et deviennent nuls quand ils sont rectangulaires.

Voici une autre expérience qui conduit aux mêmes conséquences. On prend une lame de sulfate de chaux ou de cristal de roche parallèle à l'axe, et d'une épaisseur bien uniforme ; on la coupe en deux, et l'on place chacune des moitiés sur une des fentes de l'écran. Je suppose qu'on ait tourné les deux moitiés de manière que les bords, qui étaient contigus dans la lame avant sa division, soient restés parallèles ; les axes le seront aussi. Or, dans ce cas, on n'aperçoit qu'un seul groupe de franges au milieu de l'espace éclairé, comme avant la division de la lame. Mais si l'on fait tourner l'une de ses moitiés dans son plan, en dérangeant ainsi le parallélisme de leurs axes, on fait naître deux autres groupes de franges plus faibles, situés l'un à droite et l'autre à gauche du groupe du milieu, et qui en sont complètement séparés dans la lumière blanche, lorsque les lames de cristal de roche ou de sulfate de chaux dont on se sert ont seulement un millimètre d'épaisseur. Il est à remarquer que le nombre de largeur des franges comprises entre le milieu d'un de ses groupes et celui du groupe central est proportionnel à l'épaisseur des lames pour des cristaux de même nature, ou dont la double réfraction a la même énergie, comme le cristal de roche et la sulfate de chaux. A mesure que l'angle des deux axes augmente, ces nouveaux

groupes de franges deviennent de plus en plus prononcés, et atteignent enfin leur maximum d'intensité quand les deux axes des deux lames sont perpendiculaires entre eux ; alors le groupe central, qui s'était affaibli graduellement, a tout à fait disparu, et est remplacé par une lumière uniforme. Il faut en conclure que les rayons qui les produisaient par leur interférence ne sont plus capables de s'influencer mutuellement. Il est aisé de voir, d'après la position de ces franges, qu'elles résultaient de l'interférence des rayons qui ont subi le même mode de réfraction dans les deux lames, puisque, les ayant parcourues avec des vitesses égales, ils doivent arriver simultanément dans le milieu de l'espace éclairé qui répond à des chemins égaux, si d'ailleurs les deux lames sont de même épaisseur et restent toujours l'une et l'autre perpendiculaires aux rayons, comme nous le supposons ici. Ainsi, les franges du groupe central étaient formées par la superposition de celles qui résultaient : 1° de l'interférence des rayons ordinaires de la lame de gauche avec les rayons ordinaires de la lame de droite ; 2° de l'interférence des rayons extraordinaires de la première lame avec les rayons extraordinaires de la seconde. Les deux groupes excentriques, au contraire, résultent de l'interférence des rayons qui ont subi des réfractions différentes dans les deux lames, et comme ce sont les rayons ordinaires qui marchent le plus vite dans le cristal de roche ou le sulfate de chaux, on voit que si l'on emploie une de ces espèces de cristaux, le groupe de gauche doit être formé par la réunion des rayons extraordinaires de la lame de gauche avec les rayons ordinaires de la lame de droite, et le groupe de droite par la réunion des rayons extraordinaires de la lame de droite avec les rayons ordinaires de la lame de gauche. Cela posé, il s'agit de déterminer maintenant le sens de polarisation de chacun des faisceaux qui interfèrent, pour en conclure quelles sont les directions relatives des plans de polarisation qui favorisent ou empêchent leur influence mutuelle. L'analogie indique que le mode de polarisation de la lumière doit être, dans les lames minces, le même que dans les cristaux assez épais pour la diviser en deux faisceaux distincts. Mais comme cette hypothèse peut être l'objet d'une discussion, et contredit même une théorie ingénieuse d'un de nos plus célèbres physiciens, nous ne la présenterons pas d'abord comme un principe certain, et nous avons recours à une expérience directe pour déterminer les plans de polarisation des rayons ordinaires et extraordinaires qui sortent de ces lames, auxquelles nous avons supposé un ou deux millimètres d'épaisseur. Cette épaisseur suffit pour qu'on puisse tailler un de leurs bords en biseau, et obtenir par cette forme prismatique la séparation des rayons ordinaires et extraordinaires ; alors on reconnaît qu'ils sont effectivement polarisés, les premiers suivant la section principale, et les autres dans un sens perpendiculaire. Si l'on ne regardait pas encore cela comme une preuve suffisante que tel est aussi leur mode de polarisation au sortir de chaque lame quand ses deux surfaces sont parallèles, on en trouverait une nouvelle démonstration dans les faits que nous venons de décrire, en partant des principes établis par l'expérience de M. Arago, et qui sont d'ailleurs confirmés par celle dont nous allons bientôt parler. Si, au contraire, on ne met plus en question le sens de polarisation des rayons ordinaires et extraordinaires, l'expérience actuelle devient une seconde démonstration de ces principes. En effet, lorsque les axes des deux lames étaient parallèles, les rayons qui avaient éprouvé les mêmes réfractions dans ces deux cristaux se trouvaient polarisés suivant la même direction, et ceux des noms contraires suivant des directions rectangulaires : voilà pourquoi le groupe des franges du milieu, qui provient de l'interférence des rayons de même nom, était à son maximum d'intensité, et les deux autres, qui résultent de l'interférence des rayons de noms contraires, ne paraissaient pas encore. Mais quand les axes des deux lames formaient entre eux un angle oblique, de 45° par exemple, les rayons de noms contraires et ceux de même nom pouvaient agir à la fois les uns sur les autres, puisque leurs plans de polarisation n'étaient plus rectangulaires, et les trois groupes de franges étaient produits. Lorsque enfin les axes deviennent perpendiculaires entre eux, les rayons de même nom se trouvent polarisés suivant des directions rectangulaires, et le groupe central, auquel ils donnaient naissance, s'évanouit, tandis que les rayons ordinaires de la lame de gauche sont alors polarisés parallèlement aux rayons extraordinaires de la lame de droite, ce qui fait que le groupe de droite qu'ils produisent atteint son maximum d'intensité. Il en est de même du groupe de gauche, résultant de l'interférence des rayons ordinaires de la lame de droite avec les rayons extraordinaires de la lame de gauche.

Voici une troisième expérience qui confirme encore les conséquences que nous avons tirées de la première. Ayant fait polir un rhomboïde de spath calcaire sur deux faces opposées, dressées avec soin et bien parallèles, je le sciai perpendiculairement à ces faces, et j'obtins de cette manière deux rhomboïdes d'égale épaisseur, et dans lesquels la marche des rayons ordinaires et extraordinaires devait être exactement pareille sous la même incidence. Je les plaçai l'un devant l'autre, de manière que les rayons partis du point lumineux qui avaient traversé le premier rhomboïde parcourussent ensuite le second, en ayant soin que leurs faces fussent perpendiculaires à la direction des rayons incidents ; de plus, la section principale du second rhomboïde était perpendiculaire à celle du premier, de sorte que les quatre faisceaux qu'ils produisent en général étaient réduits à deux; le faisceau ordinaire du premier rhomboïde était réfracté extraordinairement dans le second, et le faisceau extraordinaire de celui-là était réfracté ordinairement dans celui-ci. Il résultait de cette disposition que les différences de marche provenant de la différence de vitesse des rayons ordinaires et extraordinaires se trouvaient compensées pour les deux faisceaux sortants; ils se croisaient

d'ailleurs sous un angle très-petit, et tel que les franges devaient avoir une largeur beaucoup plus que suffisante pour être aperçues : et cependant, quoique toutes les conditions nécessaires à la production des franges, pour les circonstances ordinaires, eussent été soigneusement observées, je ne pus jamais parvenir à les faire paraître. Pendant que je les cherchais avec soin, en tenant une loupe devant mon œil, je faisais varier lentement la direction d'un des rhomboïdes, en le déviant tantôt à droite, tantôt à gauche, afin de compenser l'effet résultant de quelque différence d'épaisseur, s'il s'en trouvait encore ; mais, malgré ce tâtonnement, réitéré un grand nombre de fois, je n'aperçus point de franges; et cela ne doit plus surprendre, d'après ce que les autres expériences nous ont appris, puisque les deux faisceaux sortants se trouvaient polarisés à angle droit. Ce qui prouvait bien, d'ailleurs, que l'absence des franges ne tenait point à la difficulté d'arriver par le tâtonnement à une compensation exacte, c'est que je parvenais aisément à les faire paraître en employant de la lumière qui avait été polarisée avant son entrée dans les rhomboïdes, et en lui faisant éprouver une nouvelle polarisation après sa sortie.

Il est donc complétement démontré, par les expériences que je viens de rapporter, que les rayons polarisés à angle droit ne peuvent exercer aucune influence sensible l'un sur l'autre, ou, en d'autres termes, que leur réunion produit toujours la même intensité de lumière, quelles que soient les différences de marche des deux systèmes d'ondes qui interfèrent.

Un autre fait remarquable, c'est qu'une fois qu'ils ont été polarisés suivant des directions rectangulaires, il ne suffit plus qu'ils soient ramenés à un plan commun de polarisation pour qu'ils puissent donner des signes apparents de leur influence mutuelle. En effet, si dans l'expérience de M. Arago, ou dans celle que j'ai décrite ensuite, on fait passer les rayons sortis de deux fentes, qui sont polarisés à angle droit, au travers d'une pile de glaces inclinées, on n'aperçoit pas de franges dans quelque direction qu'on tourne son plan d'incidence. Au lieu d'une pile, on peut employer un rhomboïde de spath calcaire : si l'on incline sa section principale de 45° sur les plans de polarisation des faisceaux incidents, de manière qu'elle divise en deux parties égales l'angle qu'ils font entre eux, chaque image contiendra la moitié de chaque faisceau; et ces deux moitiés, ayant le même plan de polarisation dans la même image, devraient y produire des franges, s'il suffisait de ramener les rayons à un plan commun de polarisation pour rétablir les effets apparents de leur influence mutuelle. Mais on ne peut jamais obtenir de franges par ce moyen, tant que les rayons n'ont pas été polarisés suivant un même plan, avant d'être divisés en deux faisceaux polarisés à angle droit.

Lorsque la lumière a éprouvé cette polarisation préalable, au contraire, l'interposition du rhomboïde fait reparaître les franges. La direction la plus avantageuse à donner au plan primitif de polarisation est celle qui divise en deux parties égales l'angle des plans rectangulaires suivant lesquels les deux faisceaux sont polarisés en second lieu, parce qu'alors la lumière incidente se partage également entre eux. Supposons, pour fixer les idées, que le plan de la polarisation primitive soit horizontal : il faudra que les plans de la polarisation suivante, imprimée à chacun des deux faisceaux, soient inclinés de 45° sur le plan horizontal, l'un en dessus, l'autre en dessous, de sorte qu'ils restent perpendiculaires entre eux. On peut obtenir cette polarisation rectangulaire, soit à l'aide des deux petites piles employées dans l'expérience de M. Arago, soit avec deux lames dont les axes sont disposés rectangulairement, soit enfin avec une seule lame cristallisée. Nous ne considérons que ce dernier cas, les deux autres présentant des phénomènes absolument analogues.

Pour diviser la lumière en deux faisceaux qui se croisent sous un petit angle et qui puissent ainsi faire naître des franges, l'appareil des deux miroirs est généralement préférable à l'écran percé de deux fentes, parce qu'il produit des franges plus brillantes; il a d'ailleurs ici l'avantage de donner immédiatement aux deux faisceaux la polarisation préalable nécessaire à notre expérience : il suffit pour cela que les deux miroirs soient de verre non étamé, et inclinés de 35° environ sur les rayons incidents; il faut avoir soin de les noircir par derrière, pour détruire la seconde réflexion. On place près d'eux, dans le trajet des rayons réfléchis et perpendiculairement à leur direction, une lame de sulfate de chaux ou de cristal de roche, parallèle à l'axe, d'un ou deux millimètres d'épaisseur, en inclinant sa section principale de 45° sur le plan de la polarisation primitive, que nous avons supposé horizontal. L'appareil étant ainsi disposé, on ne verra qu'un seul groupe de franges au travers de la lame, comme avant son interposition, et il occupera la même position. Mais si l'on met devant la loupe une pile de glaces inclinées dans un sens horizontal ou vertical, on découvrira de chaque côté du groupe central un autre groupe de franges, qui en sera d'autant plus éloigné que la lame cristallisée sera plus épaisse. Remplace-t-on la pile de glaces par un rhomboïde de spath calcaire, dont la section principale est dirigée horizontalement ou verticalement, l'on voit, dans chacune des deux images qu'il produit, les deux systèmes de franges additionnelles que l'interposition de la pile de glaces avait fait naître; et il est à remarquer que ces deux images sont complémentaires l'une de l'autre, c'est-à-dire que les bandes obscures de l'une répondent aux bandes brillantes de l'autre.

Nous voyons dans cette expérience une nouvelle confirmation des principes démontrés par les précédentes. Les rayons qui ont éprouvé des réfractions de noms contraires ne peuvent s'influencer, parce que, sortant de la mince lame dans le cas que nous considérons maintenant, ils se trouvent polarisés suivant des directions rectangulaires : en conséquence, les groupes de droite et de gauche ne peuvent exister, à moins qu'on ne rétablisse l'influence mutuelle de ces rayons en les ramenant à un plan commun de polarisation; c'est ce que fait l'interposition de la pile de glaces ou du rhomboïde. Les franges ainsi produites sont d'autant plus prononcées que les deux faisceaux de noms contraires qui concourent à leur formation sont plus égaux en intensité; et voilà pourquoi la direction de la section principale du rhomboïde, qui fait un angle de 45° avec l'axe de la lame, est la plus favorable à l'apparition des franges. Quand la section principale du rhomboïde est parallèle ou perpendiculaire à celle de la lame, les rayons réfractés ordinairement par la lame passent en entier dans une image au lieu de se partager entre les deux, et tous les rayons extraordinaires passent dans l'autre image, en sorte qu'il ne peut plus y avoir d'interférence entre eux, et les groupes additionnels disparaissent : chaque image ne présente plus que les franges qui résultent de l'interférence des rayons de même nom, c'est-à-dire celles qui composent le groupe central.

Ces deux groupes de franges additionnelles que présentait la lumière polarisée dans la première position de rhomboïde, fournissent un des moyens les plus précis de procurer la double réfraction et d'en étudier la loi. En effet, leur position excentrique tient à la différence de marche des rayons ordinaires et extraordinaires qui sont sortis de la lame, et l'on peut juger du nombre d'ondulations dont les rayons extraordinaires du faisceau de droite sont restés en arrière des rayons ordinaires de gauche, par le nombre de largeur de franges comprises entre le milieu du groupe de droite et celui du groupe central. On détermine encore mieux cette différence de marche, en mesurant l'intervalle compris entre les milieux des deux groupes extrêmes, qui est le double de leur distance au milieu du groupe central. C'est la lumière blanche qu'il est le plus commode d'employer dans ces sortes d'observations; d'abord, parce qu'elle est plus vive; et, en second lieu, parce qu'elle rend la bande centrale de chaque groupe plus facile à reconnaître. Comparant ensuite l'épaisseur de la lame à la différence de marche observée, on en conclut le rapport des vitesses des rayons ordinaires et extraordinaires.

La *polarisation circulaire* a été observée d'abord par M. Arago, puis particulièrement étudiée par Biot, qui est arrivé à formuler, sous ce rapport, les lois suivantes : 1° Pour toutes les plaques tirées d'un même cristal, la rotation du plan de polarisation est proportionnelle à l'épaisseur; 2° soit qu'un cristal tourne à droite ou à gauche, la même épaisseur donne à peu près la même rotation; 3° dans les diverses couleurs, la rotation augmente avec la réfrangibilité.

« Le cristal de roche est la seule substance solide dans laquelle on ait observé la polarisation circulaire. M. Biot l'a découverte dans différents fluides. C'est ainsi qu'il a reconnu que les matières qui dévient le rayon de droite à gauche sont : la térébenthine, l'essence de laurier, la gomme arabique et l'inuline. Celles qui le devient de gauche à droite sont :

l'essence de citron, le sirop de sucre, la solution alcoolique de camphre, la dextrine et l'acide tartrique. La chaleur, comme la lumière, est susceptible d'être polarisée. M. Melloni, qui a fait à ce sujet de nombreuses recherches, a trouvé qu'en général la proportion de chaleur polarisée augmente avec l'obliquité.

» Enfin on a donné le nom de *polarisation électrique* à certains phénomènes que présentent les métaux quand ils ont servi d'électrodes pour décomposer l'eau ou tout autre substance. »

POLDERS. — Nom donné en Hollande et en Flandre à des terres d'alluvion formées par les atterrissements qui ont lieu au bord de la mer ou aux embouchures des grandes rivières, surtout de l'Escaut. Défendues par des digues, ces terres sont très-propres à la culture, notamment à celle de la garance.

POLES [du grec *polos*, dérivé de *polein*, tourner]. — Les deux extrémités de l'axe immobile sur lequel tourne un corps sphérique. — Ce mot a plusieurs acceptions ; ainsi on appelle : 1° *pôles de la terre*, les points de la surface terrestre que rencontre la ligne imaginaire (axe) autour de laquelle on suppose que la terre tourne. Il y a deux pôles : le pôle nord boréal ou arctique, et le pôle sud, austral ou antarctique. Si l'on suppose cette ligne prolongée jusqu'à la voûte céleste, les deux points où elle la rencontera seront les pôles du monde ou pôles célestes. La hauteur, ou élévation du pôle, est l'arc de méridien compris entre le pôle et l'horizon ;

2° *Pôles magnétiques*, les deux points opposés d'un aimant, dans lesquels est concentrée la vertu magnétique, et qui jouissent de la propriété de se tourner toujours vers les pôles du globe lorsque leurs mouvements sont libres ;

3° *Pôle mathématique*, un point idéal conçu dans l'intérieur de l'aimant : ce point est celui auquel est appliquée la résultante de toutes les attractions magnétiques qui s'exercent d'un même côté de la ligne neutre ;

4° *Pôles d'une pile*, les deux points opposés de cette pile, qui manifestent des actions contraires. — Voy. *Électricité*. Larivière.

POLICE [du grec *politéia*, administration de la cité]. — Partie de l'administration qui a pour objet d'assurer la tranquillité de l'État, le respect des propriétés, la sûreté et le bien-être des particuliers.

La police politique veille spécialement à la sûreté de l'État : elle a dans ses attributions la surveillance des relations avec l'étranger, l'esprit public, les journaux, la recherche des complots.

La police municipale, exercée à Paris par un préfet de police, et, dans les principales localités, par des commissaires de police, ou par les maires, secondés par la gendarmerie et par des agents de divers degrés, s'occupe des subsistances et des approvisionnements, de la propreté et de la salubrité publiques, de l'éclairage, de la voirie, des poids et mesures, des établissements dangereux, insalubres et incommodes, du maintien de l'ordre dans les fêtes et cérémonies publiques, de la surveillance et de la recherche des malfaiteurs, des prisons, etc.

Dans tous les pays et dans tous les temps, la police a été considérée comme une des branches les plus importantes de l'administration. Chez les Grecs, elle était déjà fort bien organisée ; à Rome, elle était pour la plus grande partie dans les attributions des édiles. En France, on peut la faire remonter jusqu'à Charlemagne ; mais, pendant tout le moyen âge, les règlements de police furent presque toujours éludés ou mal exécutés. A mesure que l'autorité royale s'agrandit, la police fut mise sur un meilleur pied. A partir de Louis XIV, son administration fut confiée à des lieutenants généraux et à des lieutenants particuliers. Parmi les plus célèbres lieutenants généraux de la police on cite de La Reynie, premier lieutenant général ; le marquis d'Argenson (1697-1718), fondateur de la police secrète ; Sartines (1762-74) et Lenoir (1774-84). Sous la République, dès 1795, et sous l'Empire, la direction de la police fut confiée à un ministre de la police, qui, en 1818, fut remplacé par un directeur général ; depuis, ces fonctions furent remplies par un directeur de la police générale, et, pour Paris, par le préfet de police. Un décret du 22 janvier 1852 rétablit le ministère de la police générale ; mais ce ministère put être supprimé dès l'année suivante (décret du 21 juin 1853.) (*N. Bouillet.*)

POLLEN (botanique) [de *pollere*, pouvoir, avoir de l'efficatité]. — Poussière très-fine renfermée dans les loges des anthères avant la fécondation, et dont chaque grain est une utricule membraneuse contenant des granules fécondants extrêmement ténus. Tantôt, dit un auteur, la membrane utriculaire est couverte d'aspérités ou de petites bosselures rangées d'une manière symétrique (ex : les malvacées, les cucurbitacées) ; tantôt, et plus généralement, elle est lisse. Dans le premier cas, elle présente un enduit visqueux, qui manque dans le second cas : de là, deux espèces bien distinctes de pollens pulvérulents, les uns visqueux, les autres non visqueux. Quelquefois aussi le pollen est solide (les orchidées). Le pollen brûle sur les charbons avec une vive lumière, à la manière des huiles essentielles. Dans beaucoup de végétaux, il exhale, à l'époque de la fécondation, une odeur analogue à celle du fluide spermatique animal (épine-vinette, châtaignier), et sa composition chimique confirme cette singulière analogie, car on y trouve des corpuscules doués de mouvements rapides, que l'on a considérés comme des animalcules analogues à ceux du sperme humain. On a parlé de l'existence dans le pollen d'une sorte de substance résineuse qui a été appelée *pollénine*.

POLYÈDRE (géométrie) [du grec *polus*, plusieurs, et *édra*, base]. — Corps solide à plusieurs faces. Les polyèdres sont dits *réguliers* lorsque toutes leurs faces sont des polygones réguliers égaux et que tous leurs angles solides sont égaux entre eux : il n'y a que cinq polyèdres réguliers : le *tétraèdre*, l'*hexaèdre* ou cube, l'*octaèdre*, le *dodécaèdre* et l'*icosaèdre*.

POLYGALA DE VIRGINIE (botanique). — Plante vivace et herbacée d'Amérique, appartenant à la famille des polygalées.

La racine du polygala est grosse environ comme

un tuyau de plume, contournée, présentant quelques éminences, et terminée par un corps tubéreux. Sa couleur extérieure est gris jaunâtre, son écorce assez épaisse, son intérieur blanc, son odeur peu sensible : sa saveur, d'abord faible, devient âcre et piquante.

Le polygala s'emploie en médecine comme expectorant, à la dose de 8 à 10 grammes pour 1 litre d'eau.

La famille des polygalées, qui a été détachée de celle des personnées, renferme une dizaine de genres, dont le seul important est le genre type.

POLYPES et **POLYPIERS** (zoologie). — Animaux rayonnés aquatiques, presque tous marins, mais alors agrégés et soudés en partie, et vivant d'une vie commune.

Les polypes sont les animaux les plus simples de la nature, ceux qui ont le moins de facultés; et cependant ils présentent des phénomènes de la plus grande importance dans la physiologie animale. On ne trouve en eux ni cerveau, ni moelle longitudinale, ni organes particuliers pour la respiration, ni vaisseaux destinés à la circulation des fluides. Tous leurs viscères se réduisent à un simple canal alimentaire, rarement replié sur lui-même, qui n'a qu'une seule ouverture, servant à la fois de bouche et d'anus. Tous les points de leur corps paraissent se nourrir par la succion et l'absorption, autour du canal alimentaire, des matières qui s'y trouvent digérées. Enfin, tous les points de leur corps ont, sans doute en eux-mêmes, cette modification de la faculté de sentir qui constitue l'irritabilité.

Qui croirait, s'écrie Lamarck, que ce sont ces petits êtres qui, en individus, sont les plus nombreux dans la nature? Qui croirait que c'est parmi eux que se trouvent les animaux qui ont le plus d'influence pour constituer la croûte extérieure du globe terrestre dans l'état où nous la voyons? Enfin, qui croirait que tout se réunit pour prouver que ces mêmes animaux sont les plus anciens du monde?

En effet, il est prouvé que les montagnes calcaires sont en plus grande partie composées des dépouilles des madrépores accumulées pendant des millions d'années, et que, encore actuellement, ils forment journellement et très-rapidement de nouvelles îles, sous les latitudes intertropicales. Il suffit de lire les voyages des navigateurs modernes, ceux de Cook principalement, pour être convaincu de cette vérité. — Voyez *Madrépore*.

Les anciens naturalistes regardaient les demeures des polypes coraligènes comme des végétaux pierreux, ou comme des pierres végétantes, et ont imaginé un grand nombre de systèmes pour en expliquer l'accroissement. L'animalité de ces productions de la mer, qui avait été entrevue par Impérati, en 1699, fut prouvée, en 1727, par Peyssonel, et confirmée, en 1740, par les étonnantes observations de Trembley, sur un genre de polypes nus, sur des hydres.

Depuis cette époque, nos connaissances sur les polypes se sont considérablement accrues. Ellis surtout, consacra sa vie à les observer. Marsigli, Baster, Donati, Boccone, Degéer, Réaumur, Jussieu, Cavo-

lini, avant ou après, ont concouru aussi à nous donner des notions saines à leur égard. Mais aucun de ces savants n'a donné de systèmes complets, n'a établi d'une manière précise les caractères de leurs genres. Là, comme dans les autres classes de l'histoire naturelle, on trouve Linnée en première ligne. C'est lui qui a fait connaître les principes d'après lesquels on doit étudier les zoophytes; c'est lui qui les a coordonnés, qui en a fixé les caractères et décrit le plus grand nombre d'espèces. Pallas, Bruguières et Lamarck, en perfectionnant son travail, en ont conservé les bases, parce que ces bases sont dans la nature, et que la nature ne change point.

Dans les pays froids, aux environs de Paris, par exemple, les polypes, les hydres surtout, périssent pendant l'hiver; mais avant, ils ont accumulé une grande quantité de bourgeons qui se dispersent dans les eaux sous formes de petits grains, qui peuvent même se détacher et être emportés au loin sans nuire à leur vitalité; car ils se développent au printemps comme s'ils n'avaient pas quitté leur mère.

Si les polypes se multiplient avec rapidité, ils se détruisent de même. Ils ont des millions d'ennemis dans les poissons, les vers, les insectes, etc. Ils se mangent réciproquement; mais ceux de la même espèce ne se digèrent pas, des causes générales agissent aussi sur eux. Ceux d'eau douce périssent quelquefois tous par l'effet de la corruption de l'eau, d'un orage, etc. On n'a, au reste, que des notions assez peu précises sur cela.

La nourriture des polypes est tout animale. Elle est composée principalement d'animalcules infusoires pour les petites espèces; mais les grandes avalent quelquefois des animaux aussi gros et beaucoup plus forts qu'elles. On trouve dans le sac des actinies de petits poissons, des crustacés, des vers marins de plusieurs genres, qui paraissent devoir les dévorer. Des hydres mangent des daphnies, des cypris, des naïs, qui semblent avoir de nombreux moyens de défense. (*Bosc.*)

Les progrès de la science ont souvent fait varier la classification des polypes. Cuvier, et après lui Lamarck, les avaient partagés en deux ordres : les polypes nus ou gymnopolypes, qui vivent sans polypier, et les polypes à polypier ou sympolypes. Le premier ordre se divisait en deux familles : les actiniens (genre actinie) et les hydroïdes (genre hydre, vorticelle, etc.); le deuxième formait aussi deux familles : les tubipores (genre tubipore, coraline, etc.) et les corticifères (genres corail, madrépore, pentule, éponge, etc.). Les travaux de MM. Blainville, Ehrenberg, et Milne-Edwards ont fait modifier ces divisions. D'après M. Milne-Edwards, les polypes forment deux ordres : les tuniciens ou bryozoaires et les parenchymateux ou anthozoaires. Le premier ordre comprend deux sections : les tuniciens ciliés (vorticelle) et les tuniciens tentaculés (plumatelliens, eschariens, myriaporiens, tubuliporiens, vésiculariens); le second comprend trois familles : les sertulariens, les zoanthaires et les alcyoniens.

POLYPE (pathologie). — Excroissances charnues, fongueuses, fibreuses, carcinomateuses, etc., qui peuvent se développer sur toutes les membranes muqueuses, mais qu'on observe le plus souvent dans les fosses nasales, l'utérus ou le vagin. On appelle aussi polypes des tumeurs formées dans le tissu cellulaire sous-muqueux, des productions fibreuses, etc. Les anciennes descriptions, dit Nysten, se rapportent presque toutes aux polypes du nez, qui ont été les premiers connus. Ce nom de polypes vient, dit Paul d'Ægine, de ce que le polype du nez envoie de nombreuses racines dans toutes les anfractuosités des fosses nasales, et gêne la respiration, de même que le polype de mer étreint les pêcheurs avec ses longs bras. Selon Palucci, l'origine de ce nom vient de ce que les excroissances polypeuses ont la faculté de se reproduire après avoir été extirpées, de même que les polypes ont la faculté de reproduire les parties qu'ils ont perdues. Mais Levret a judicieusement observé que les excroissances polypeuses n'ont qu'une seule racine, et que les prolongements qui entourent leur pédicule ou leur base ne sont que des fausses membranes, des vaisseaux nourriciers de la tumeur, ou d'autres polypes moins volumineux. On n'a admis pendant longtemps que deux espèces de polypes : les muqueux ou vésiculeux et les sarcomateux. Aujourd'hui on en admet cinq : les vésiculeux, les sarcomateux, les granuleux, les fongueux et les fibreux : 1° les polypes vésiculeux se composent d'un tissu mou, homogène, contenant un liquide qui s'écoule quand on déchire ses végétations; ils sont hygrométriques, se développent rapidement, mais ne s'enflamment que difficilement ; 2° les polypes sarcomateux appartiennent surtout aux fosses nasales, aux gencives, à l'utérus, au col de cet organe, à la vessie, au rectum; ils se ramollissent, s'ulcèrent et donnent du pus ichoreux; ils ne se bornent pas à la membrane muqueuse, mais s'étendent aux parties molles environnantes, aux cartilages, aux os, etc.; 3° les polypes granuleux se développent surtout dans l'utérus et la vessie. Peu volumineux, ils occupent une grande surface, et paraissent sous la forme de grains blanchâtres, jaunes ou légèrement rosés; et lorsqu'ils sont nombreux ou confluents, ils ont quelque analogie avec les végétations vénériennes appelées choux-fleurs. Ils se détachent facilement de la surface à laquelle ils tiennent; ils croissent lentement et sont peu douloureux, mais ils finissent par dégénérer en cancer, surtout s'ils sont traités par les irritants ou les caustiques; 4° les polypes fongueux diffèrent peu des polypes sarcomateux ulcérés, on les observe sur les membranes muqueuses; 5° les polypes fibreux sont étrangers aux membranes muqueuses, comme leur nom l'indique; ils ne sont qu'un développement ou une hypertrophie du tissu albuginé : tels sont le plus souvent les polypes du nez. Les membranes muqueuses par lesquelles ces polypes fibreux sont recouverts, ne sont, pour ainsi dire, que des enveloppes d'emprunt. Ils dégénèrent rarement, et les accidents qu'ils causent sont dus à leur action mécanique plutôt qu'à une altération de tissu. Ils déplacent ou usent tout ce qui gêne leur accroissement; mais ils n'exposent guère aux hémorrhagies ni aux suppurations ichoreuses. On obtient la guérison des polypes par l'arrachement, l'excision, la ligature ou la cautérisation. On emploie de préférence l'arrachement pour ceux du nez. Mais pour les polypes utérins, les seuls modes opératoires qui puissent convenir, sont la ligature et la résection. On a quelquefois donné le nom de polypes à des concrétions sanguines formées sur la membrane interne du cœur ou des gros vaisseaux, concrétions attribuées par quelques auteurs à une inflammation de cette membrane, qui, à raison de cet état inflammatoire, agirait sur le sang et le coagulerait; et par d'autres à l'inflammation du sang lui-même. Laënnec les a appelées, avec plus de raison, concrétions polypiformes.

POLYTECHNIQUE (école) [du grec polus, plusieurs, et tekhné, art]. — L'École polytechnique, établie à Paris, est destinée à former des élèves pour l'artillerie, le génie, les ponts et chaussées, les mines, le corps d'état-major, la marine, le corps des ingénieurs-hydrographes, les poudres et salpêtres, les lignes télégraphiques et l'administration des tabacs.

L'admission à cette école a lieu chaque année à la suite de concours publics. Pour être admis à concourir, les candidats doivent justifier : 1° qu'ils sont Français ou naturalisés; 2° qu'ils sont âgés de seize ans au moins et de vingt ans au plus au 1er janvier de l'année du concours; 3° qu'ils sont pourvus du diplôme de bachelier ès sciences. Les militaires des corps de l'armée sont admis à concourir jusqu'à l'âge de vingt-cinq ans, en justifiant de deux ans de service effectif sous les drapeaux, déduction faite des congés obtenus.

Les candidats doivent se faire inscrire avant le 15 mai à la préfecture du département où ils étudient. Les candidats non militaires, déjà pourvus du diplôme de bachelier ès sciences, ont la faculté de se faire examiner, soit dans la circonscription d'examen où le domicile de leur famille est établi, soit dans celle où ils ont achevé leur instruction. Les candidats non pourvus du diplôme de bachelier, qui doivent se présenter au baccalauréat à la session de juillet, subissent les épreuves dans celui des centres d'examen, désignés pour ces épreuves, qui est affecté à la ville où ils doivent se rendre. Les candidats militaires présents au corps subissent les épreuves dans le centre d'examen assigné au département où ils se trouvent.

Les pièces à produire pour l'inscription sont : 1° l'acte de naissance du candidat; 2° une déclaration dûment légalisée d'un docteur en médecine ou en chirurgie attaché à un hôpital civil ou militaire, constatant que le candidat a eu la petite vérole ou qu'il a été vacciné ou inoculé, et qu'il n'a ni maladie contagieuse ni infirmité qui le rendrait impropre aux services publics; 3° une copie du diplôme de bachelier ès sciences ou de la pièce constatant les droit au diplôme; 4° une déclaration écrite du lieu d'examen choisi par le candidat ou par sa famille. Les examens d'admission consistent en compositions écrites et en examens oraux.

Il y a deux degrés d'examens oraux. Les examens du premier degré servent à constater si les candidats ont une instruction suffisante pour être admis aux examens du deuxième degré; les examens du deuxième degré, a déterminer le classement, par ordre de mérite, des candidats admis à ces derniers examens.

Les examens portent sur la géométrie, l'algèbre, la trigonométrie, la géométrie analytique, la géométrie descriptive, la mécanique, la physique et la chimie, et les langues française et allemande, conformément au programme officiel adopté par le ministre.

Les compositions écrites servent, au début des épreuves, à confirmer ou à rectifier les résultats de l'examen du premier degré, et, lors du classement final, à compléter, pour les candidats admis à toutes les épreuves, les éléments de classement fournis par l'examen du deuxième degré.

Les compositions précèdent les examens oraux du premier degré. Elles peuvent s'appliquer à toutes les divisions du programme des connaissances scientifiques exigées, et comprennent, en outre, une composition française, un thème allemand, une épure de géométrie descriptive, un lavis et un dessin au crayon.

Les compositions commencent à Paris le 20 juillet, et les examens oraux le 25 du même mois; ils ont lieu à la suite dans les principales villes des départements, aux époques fixées par le ministre.

Au début des examens, chaque candidat remet aux examinateurs les feuilles de calcul, épures, lavis et dessins exécutés par lui pendant l'année scolaire précédente, d'après les spécifications portées au programme des connaissances exigées.

La durée du cours d'études est de deux années. L'école est soumise au régime militaire. Le prix de la pension est de 1000 francs, et celui du trousseau de 500 à 600 francs.

Des bourses ou des demi-bourses peuvent être accordées aux jeunes gens dénués de fortune. L'insuffisance des ressources de leur famille pour leur entretien dans l'école doit être constatée par une délibération du conseil municipal approuvée par le préfet. Il peut être accordé de plus à chaque boursier ou demi-boursier un trousseau ou demi-trousseau à son entrée à l'école. La demande de bourse doit être faite au préfet au moment de l'inscription.

Les élèves de l'école polytechnique sont exempts du service militaire, en s'engageant à passer, soit dans ladite école, soit dans les services publics, un temps égal à celui fixé par la loi pour le service militaire. L'école polytechnique fut créée par un décret de la Convention du 7 vendémiaire an III (28 sept. 1794), sur la proposition de Monge et de Fourcroy, et porta d'abord le titre d'*École centrale des travaux publics*. La loi du 1er septembre 1795 la réorganisa

et lui donna le nom qu'elle porte aujourd'hui. Son organisation a été modifiée successivement par diverses lois et ordonnances, notamment par celles de 1830 et 1832, qui l'ont mise dans les attributions du ministre de la guerre, et enfin par le décret du 1er novembre 1852, auquel elle est soumise actuellement.

POMME DE TERRE (botanique). Une des espèces de plantes les plus intéressantes du genre morelle, de la famille des solanées, parmi les variétés de laquelle nous citerons : 1° la grosse blanche, qui donne trente fois et plus sa semence, elle est excellente pour les bestiaux ; 2° la grosse jaune, très-farineuse et de bon goût; 3° la rouge longue, dont la chair est ferme et qui ne s'écrase point en cuisant. De ces types sont provenues : la Rohan, très-grosse et très-blanche; la royale d'Irlande, jaune et très-farineuse; la petite naine hâtive, jaune ; la hollande jaune; la violette de Hollande, dont la peau est d'un violet foncé, et dont la chair est d'un beau jaune; la Descroizille, rose, allongée, excellente ; la vitelotte, rouge et fort estimée, la rouge plate de Hollande, qui est ovale et comprimée.

« Tout le monde connaît l'utilité de la pomme de terre, non-seulement pour la nourriture propre de l'homme, mais aussi pour celle des animaux domestiques. En outre, on en retire de la fécule, soit pour la livrer aux arts en nature, soit pour la convertir en un sirop destiné à améliorer les vins pendant qu'ils cuvent encore; ou bien on la fait fermenter pour retirer l'alcool qu'elle contient ; cet alcool ne donne qu'une eau-de-vie d'une qualité inférieure ; on s'en sert surtout pour préparer de l'eau de Cologne, des vernis, des liqueurs, etc. Pour récolter le plus de pommes de terre possible, il faut planter les plus gros tubercules si l'on a peu de terrain ; si l'on en a beaucoup, il faut planter de gros tubercules coupés en quartiers ou les plus petits tubercules. La plante peut encore se reproduire par les *yeux* et même par les pelures. Le terrain qui convient le mieux à ce tubercule est celui qui est à la fois léger, non pierreux et substantiel. Dans presque toute la France, on plante la pomme de terre immédiatement après les gelées, dans les terres qu'on a labourées en hiver et qu'on a couvertes de fumier au printemps. Dès que les jeunes plants ont douze ou quinze centimètres de haut, il faut les sarcler; plus tard, on les bine, en relevant la terre tout autour de leurs pieds. Dans les premiers jours d'octobre et jusqu'à la fin de novembre, on fait la récolte des pommes de terre. Pour éviter qu'elles ne germent trop tôt, il faut, après les gelées, les monter au grenier. »

La pomme de terre a été apportée de l'Amérique méridionale vers le milieu du seizième siècle.

Cette plante précieuse s'est naturalisée si parfaitement parmi nous, et dans tous les cantons où elle a été cultivée, qu'on la croirait appartenir à l'univers entier; elle est propre à la plupart des terrains, et convient à tous les aspects. C'est principalement dans les fonds légers, qu'elle paraît moins assujettie aux accidents qui souvent affectent les autres végétaux.

Si la gelée et la grêle nuisent à la quantité de son produit, ces fléaux des moissons ne l'anéantissent pas tout à fait. Elle nettoie pour plusieurs années le champ infesté de mauvaises herbes, détruit les chiendents, si abondants dans les vieilles luzernières, donne, sans engrais, dans les prairies artificielles, de riches récoltes, dispose à recevoir favorablement les grains qui lui succèdent, et devient un moyen puissant de tirer parti des terrains les plus ingrats. Sa culture ne contrarie en rien les travaux ordinaires de la campagne ; elle se plante après toutes les semailles, et sa récolte termine toutes les moissons. Enfin, c'est bien, de toutes les productions des deux Indes, celle dont l'Europe doit bénir le plus l'acquisition, puisqu'elle n'a coûté ni crimes ni larmes à l'humanité.

Depuis une quinzaine d'années, la pomme de terre est atteinte d'une maladie qui en altère ou en détruit la fécule. « L'invasion du mal est subite : les feuilles jaunissent et sont semées de points bruns ; un duvet blanchâtre recouvre leurs stomates. Deux ou trois jours après, les tubercules sont envahis. L'intérieur du tubercule offre alors un aspect marbré dû à une matière colorante rousse qui, après être descendue par la tige, a suivi les vaisseaux entre la partie corticale et les cellules féculentes, puis a gagné la partie médullaire. » Les savants ne sont pas d'accord sur les causes de cette maladie : « on l'a attribuée à une putréfaction de la pomme de terre, à une dégénérescence de l'espèce, à la présence d'un champignon microscopique du genre botrytis ou d'un insecte fungicole. Il paraît résulter d'expériences nombreuses que le mal n'est point héréditaire ; que le fumier de basse-cour prédispose à la maladie ; que les cendres sont, au contraire, un puissant agent de conservation ; que les moyens les plus sûrs de conjurer le mal sont de varier les cultures sur un même sol et de cultiver de préférence les espèces hâtives. »

Malgré l'utilité reconnue des pommes de terre, elles n'ont pu se dérober à la critique. De tous les reproches qui leur ont été faits, je n'en releverai qu'un seul ; c'est celui qui les inculpe d'effriter le sol, et de nuire par conséquent à l'abondance des autres productions qui leur succèdent. Il est bien certain que si le champ sur lequel on les cultive est bien labouré et suffisamment fumé, le froment qu'on y sème ensuite réussira constamment ; mais si au contraire ces tubercules sont plantés dans un terrain léger, et qu'on y fasse succéder le même grain, on doit peu compter sur le produit ; tandis que si c'est le seigle qu'on emploie de préférence, il viendra de la plus grande beauté.   H.

POMMIER (botanique) [*malus*]. — Genre de plantes de la famille des rosacées, croissant partout, surtout dans les lieux tempérés ou même humides. Le pommier est rare dans le milieu de l'Italie et de la Provence, à cause de la chaleur du climat. Il est cultivé avec soin et fort célèbre dans la Normandie, pour la boisson qu'on en tire dans ce pays, et qui y tient lieu de vin.

On distingue un grand nombre d'espèces de pom-

miers, dont plusieurs ne sont que des variétés. Les fleurs des pommiers sont de la plus grande beauté, blanchâtres et mêlées d'une teinte purpurine ; elles sont disposées en rose et paraissent au mois de mai : aux fleurs succèdent les pommes qui varient de figure, de couleur, de saveur, de grosseur, suivant les espèces ; mais toutes les pommes sont presque rondes et concaves à l'insertion de la queue. Entre les pommiers, les uns forment de grands arbres, les autres ne sont que de petits arbrisseaux. En général, ces arbres sont fort rameux et s'étendent plus qu'ils ne s'élèvent ; leur tige est courte, et l'écorce se renouvelle et tombe par lambeaux ; les racines sont rampantes. Les feuilles des pommiers sont entières, molles, ovales, ordinairement un peu velues, surtout par dessous, dentelées et comme ondées par les bords, posées alternativement sur les branches ; le dessous est relevé d'arêtes ou nervures saillantes, et le dessus creusé en sillons.

Le pommier est un des arbres à fruit dont l'industrie humaine, portée jusqu'à la recherche, a obtenu un plus grand nombre de variétés : le fruit varie pour la grosseur, la couleur et le goût, selon la différence des espèces, et la pomme ne s'est rendue agréable et multipliée que par la culture.

Les pommiers sauvages (*malus sylvestris*) croissent naturellement dans les forêts, où ils forment des arbres de moyenne grandeur : on se sert de leurs rejetons pour greffer les pommiers qu'on veut élever en plein vent. Lorsqu'on veut tenir ces arbres en buissons, on les greffe sur une espèce que l'on nomme doucin ou fichet, dont les fleurs sont pâles ; il ne pousse pas beaucoup en bois, néanmoins si le terrain lui plaît, il devient fort grand, et est longtemps à donner du fruit. Mais quand on veut avoir des pommiers nains et en jouir tout de suite, on greffe sur le pommier nain, dit de paradis, qui n'est presque qu'un arbrisseau et pousse peu en bois. Les pommiers à fleurs doubles et le pommier de Virginie à fleurs odorantes, font un très-bel effet dans les bosquets printaniers.

Nous allons parler ici seulement des pommes les plus estimées. Les reinettes sont, sans contredit, les premières. La reinette blanche (*malus sativa*) est tendre ; elle n'a pas l'eau si relevée que les autres. La reinette grise a l'eau sucrée et relevée, c'est la meilleure de toutes. La reinette franche (*poma renetia*) est grosse ; elle jaunit en mûrissant ; elle est tiquetée de points noirs, son eau est sucrée ; on en fait des compotes, et une gelée qui forme une excellente confiture. La reinette verte est la meilleure de toutes les espèces, soit crue, soit cuite, elle porte son sucre avec elle ; on devrait la cultiver par préférence ; cependant elle est beaucoup plus rare et moins connue que les autres espèces de reinettes.

Les pommes de rambour sont grosses, rondes ; elles ne sont bonnes qu'en compote. La pomme de calville rouge a un goût vineux, et la blanche à côtes de melon a un goût relevé ; elle est plus estimée que la rouge.

La reinette d'Angleterre est plus longue que ronde,

et tiquetée de points rouges; son eau est sucrée.

Le fenouillet, d'un fond violet, couvert d'un gris roussâtre, a la chair fine et l'eau sucrée; son goût approche du fenouil. La pomme violette, espèce de gros fenouillet, est grosse, presque ronde, mêlée de rouge du côté du soleil; sa chair est blanche, son eau est douce et sucrée.

Le bardin paraît préférable au fenouillet : ils ont beaucoup de ressemblance; cependant le premier a un fumet plus relevé et son eau plus sucrée : c'est la meilleure de toutes les pommes pour cuire.

La pomme d'api (*malus apiana*) est des plus jolies; sa couleur de rose, souvent rouge, se détache sur son fond blanc; elle est recherchée à cause de sa beauté et de son eau délicieuse, qui rafraîchit la bouche et appaise la soif. On en distingue de deux espèces, les grandes et les petites.

Il y a une espèce de pommier que l'on nomme pomme figue, parce que sa fleur dure si peu qu'il ne paraît point en avoir; aussi a-t-il été nommé *malus fructifera, flore fugaci*.

Les médecins ordonnent les pommes coupées par tranches dans les tisanes pour calmer la toux; mais comme les pommes ont des goûts différents, elles ont aussi des propriétés différentes. Les pommes douces sont laxatives, les pommes âcres sont astringentes. Il n'y a guère que les pommes reinettes et celles qui sont aigres, qu'on doive convenablement ordonner en médecine; celles-ci sont très-bonnes dans les fièvres ardentes, bilieuses et putrides.

Il y a quantité de pommes qui servent à faire du cidre ou pommé, appelé des Latins *pomaceum* (1). C'est une liqueur qui tient lieu de vin dans les pays où le raisin est rare, et où il ne mûrit guère qu'en espalier.

En France, la Normandie est pour le cidre ce que sont la Bourgogne et la Champagne pour le vin; de même que tous les cantons de ces provinces ne donnent pas du vin de la même qualité, de même dans tous les cantons de la Normandie le cidre n'est pas également bon. Il s'en fait en abondance et d'excellent dans les environs d'Isigny. Les pommes à cou-

(1) Le cidre est une boisson très-ancienne : les Hébreux l'appelaient *sichar*, que saint Jérôme a traduit par *sicera*, d'où nous avons fait *cidre*. Les nations postérieures l'ont connu. Les Grecs et les Romains ont fait du vin de pomme. Parmi nous il est très-commun, surtout dans les provinces où l'on manque de celui du raisin. M. Huet, évêque d'Avranches, soutenait que le cidre ou vin de pommes était en usage à Caen dès le treizième siècle, et qu'il était beaucoup plus ancien en France; il avance qu'au rapport d'Ammien Marcellin, les enfants de Constantin reprochaient aux Gaulois d'aimer le vin et les autres liqueurs qui lui ressemblaient; que les Capitulaires de Charlemagne mettent au nombre des métiers ordinaires, celui de *sicerator*, ou *faiseur de cidre*; que c'est des Basques que les Normands ont appris à le faire, dans le commerce de la pêche qui leur était commun; que les premiers tenaient cet art des Africains, desquels cette liqueur était autrefois fort connue; et que dans les coutumes de Bayonne et du pays de Labour il y a plusieurs articles concernant le cidre. (*Encyclopédie Méthodique.*)

teau n'y valent rien, ou si avec les pommes douces on faisait du cidre, il ne serait pas de garde. Le cidre se tire donc des pommes rustiques de plusieurs espèces, dont il faut bien connaître les sucs afin de les combiner convenablement et de corriger les unes par les autres. Il y a peut-être plus de trente sortes de pommes à cidre, qu'on cueille à mesure qu'elles paraissent mûres. L'on n'en doit faire la récolte que dans un temps sec, l'humidité leur est nuisible; la saison est vers la fin de septembre ou le commencement d'octobre; les fruits portés au grenier et mis en tas, s'y échauffent, suent et y achèvent de se mûrir; alors les pommes exhalent une odeur particulière; on les écrase dans une auge circulaire, à l'aide d'une ou deux meules qui sont posées verticalement, et que fait mouvoir un cheval; étant convenablement écrasées pour pouvoir en tirer le jus, on les porte sur un plancher de bois à rebord; on en forme plusieurs lits carrés, les uns sur les autres, séparés par des couches de longue paille, et à l'aide d'une vis on fait agir un bâtis qui fait l'office de la presse. Le suc exprimé des pommes brassées et ainsi disposées, coule et est reçu dans une cuve; il est en premier lieu muscide et doux, puis on l'entonne, en observant que le tonneau conserve au moins quatre pouces de vide à cause de la fermentation qui succède; elle est même violente, et il faut avoir soin de laisser pendant ce temps le trou de la bonde ouvert. Le cidre en fermentant se clarifie, une partie de la lie est précipitée, une autre est portée à la surface; celle-ci s'appelle le chapeau. Si l'on veut avoir du cidre fort, on le laisse reposer sur la lie et recouvert de son chapeau; si on le veut doux, agréable et délicat, il faut le tirer au clair, lorsqu'il commence à gratter doucement le palais; ce cidre s'appelle cidre paré, il est d'une couleur ambrée; il y en a qui se conserve jusqu'à quatre ans, et c'est le cidre qu'on boit ordinairement dans les bonnes tables. Lorsqu'on laisse aller plus loin la fermentation, il devient acide et tient lieu de vinaigre. On retire du cidre par la distillation un esprit ardent qu'on nomme eau-de-vie de cidre. L'esprit de cidre n'est pas recherché, cependant on dit qu'il fortifie le cœur et convient aux affections mélancoliques. L'ivresse causée par le cidre dure plus longtemps que celle du vin. Lémery dit que l'on voit des paysans en Normandie demeurer trois jours ivres, après avoir fait débauche du cidre, et qu'ils s'endorment sur la fin de l'ivresse. On fait aussi un sirop ou un rob de cidre, en faisant réduire par évaporation dix litres de cette liqueur à un ou environ : cet extrait liquide est bon pour la poitrine. Le marc des pommes sert au chauffage des pauvres, comme celui des poires : il sert d'engrais aux arbres et de nourriture aux cochons.

Lorsqu'on a bien enlevé l'humidité extérieure des pommes crues, on peut les conserver jusqu'au printemps dans des tonneaux, en disposant alternativement un lit de paille et un lit de pommes; on nous en apporte tous les ans une grande quantité d'Auvergne, conservées de cette façon. Les pommes douces séchées au four peuvent se conserver plusieurs années dans leur bonté dans un endroit bien sec. Lorsque les pommes ont été gelées dans la fruiterie, comme cela arrive souvent pendant les hivers rigoureux, on ne doit point les toucher jusqu'à ce qu'elles soient dégelées insensiblement par le changement de température de l'air : elles se conservent également comme si elles n'avaient point souffert la gelée : on a même observé qu'elles en deviennent beaucoup plus douces et qu'elles exigent moins de sucre lorsqu'on les cuit. Enfin on les gâte si on les dégèle auprès du feu; mais en les jetant dans de l'eau très-froide, il se forme des glaçons à la superficie, la pomme se dégèle doucement aussi, et son organisation n'est point détruite. La même chose arrive aux œufs qui sont gelés, ainsi qu'à toutes les parties du corps humain. La pomme ne se cuit point par la friture dans les beignets : on doit en estimer les qualités dans cette préparation sur le pied de pommes crues.

Le bois des pommiers est léger, moins dur que celui des poiriers. Il est recherché par les menuisiers, les tourneurs, les ébénistes : il est uni, coloré, propre à recevoir un beau poli. L'écorce peut servir à teindre en jaune. Ces arbres se perpétuent de graines, de drageons et de greffes.

Le pommier de la Chine (*malus spectabilis*) se cultive comme arbre d'ornement : il se couvre en avril de fleurs doubles d'un rose vif, un peu odorantes et d'assez longue durée; le pommier à bouquets (*malus coronaria*), originaire de l'Amérique du Nord, et le pommier à feuilles de prunier (*malus prunifolia*), de la Sibérie, se cultivent également dans les jardins.

POMPE (hydraulique).— Machine qui sert à élever l'eau, et dans laquelle la pression de l'atmosphère est un des principaux agents.

Il y en a trois espèces principales :

La pompe aspirante, la pompe foulante, et la pompe qui est tout à la fois aspirante et foulante.

Les pompes en général sont composées de cylindres creux, intérieurement bien alaisés, et d'un diamètre égal dans toute leur longueur, que l'on appelle corps de pompe; dans ce cylindre, on fait glisser un piston, que l'on met en jeu par le moyen d'une tige de métal, à l'extrémité de laquelle on adapte le moteur, ou immédiatement, ou bien à l'aide d'un levier du premier genre, ou du second, ou de quelque autre machine : à cela on joint des tuyaux montants, pour conduire l'eau à la hauteur qu'on désire.

Pompe foulante; c'est celle qui élève l'eau seulement en la foulant, soit que la colonne d'eau qu'on élève repose sur le piston que l'on tire, soit qu'elle résiste au piston que l'on pousse.

Pompe aspirante; c'est celle qui élève l'eau seulement en l'aspirant.

Comme c'est la pression de l'air qui fait monter l'eau dans la pompe aspirante, et que cette pression ne peut soutenir une colonne d'eau que d'environ 10 mètres $\frac{1}{2}$ (32 pieds), il est clair que le tuyau d'aspiration ne doit pas avoir plus de longueur; et, dans l'usage ordinaire, on ne lui donne pas même plus de 7 mètres $\frac{1}{2}$ (23 ou 24 pieds), parce que, pour soutenir l'eau à 10 mètres $\frac{1}{2}$ (32 pieds), la pompe aspirante n'est jamais faite avec une exactitude suffisante, parce qu'elle n'est pas toujours placée au niveau de la mer, et parce que la pression de l'air n'est pas toujours la même.

Si l'on a à élever l'eau à une plus grande hauteur, il faut se servir de la pompe foulante; mais comme son usage est sujet à des inconvénients, ce qu'il y a à faire de mieux, c'est de rendre la pompe tout à la fois foulante et aspirante.

Pompe d'incendie; c'est une pompe qui est à la fois aspirante et foulante, mais dont le jet est continu, quoiqu'elle n'ait qu'un corps.

La continuité du jet est nécessaire dans les incendies. On l'obtient en employant le ressort de l'air dans le moment où l'on soulève le piston. Il faut seulement une force double pour faire jouer la pompe; savoir : une force capable de pousser la colonne d'eau, et une force pareille pour comprimer l'air.

Pompe à feu; c'est une machine à vapeur propre à élever une grande quantité d'eau à une grande hauteur, et mise en jeu par l'action du feu.

La plus belle découverte des modernes en mécanique, est sans contredit la machine à vapeur. La première idée de cette machine est venue du marquis de Worcester, vers le milieu du dix-septième siècle; ce n'est qu'au commencement du dix-huitième que Savary songea à appliquer cette invention à quelque objet d'utilité, en proposant son usage pour élever l'eau des mines. Newcomen et Cowlez ont imaginé le balancier et le mécanisme, au moyen desquels l'action indirecte de la vapeur, moins forte que l'atmosphère, ou plutôt l'action directe de l'atmosphère agit avec certitude et effet contre la plus grande résistance.

Watt de Glasgow et Bolton de Birmingham ont fait de nombreuses améliorations à la machine de Newcomen; les plus remarquables sont d'avoir employé l'élasticité de la vapeur comme puissance active, et de l'avoir condensée hors du cylindre.

La pompe à feu de Watt n'était pas sans défauts, le vide était imparfait, le frottement trop grand, le mécanisme trop compliqué. Cartwright a travaillé à corriger ces imperfections, et particulièrement à obtenir un vide aussi parfait qu'il est possible.

M. Murdock a introduit dans la construction du cylindre un autre amélioration à la machine de Watt, en coulant d'une seule pièce une enveloppe dans laquelle travaille le piston de la pompe à feu.

Sadler est parvenu, de son côté, à combiner l'action directe de la vapeur et la pression de l'atmosphère, et obtenir des effets plus puissants que ceux qu'on avait obtenus jusqu'alors. Le plus grand avantage de sa nouvelle machine, est la suppression du balancier, dont il fallait continuellement vaincre l'inertie.

Il est une infinité d'autres améliorations qui ont été introduites dans les machines à vapeur, et dont on peut voir la description dans la nouvelle architecture hydraulique de M. Prony; il suffit de dire ici qu'il n'y a point d'instrument dans la mécanique qui ait rendu autant de services.

C'est avec le secours des machines à vapeur qu'on exploite les mines à d'immenses profondeurs, qu'on fait mouvoir les filatures, les machines à navettes volantes, les machines à carder, à peigner, les moutures économiques, et qu'on est parvenu à établir avec une grande économie une infinité de manufactures et d'usines pour lesquelles on a besoin d'une grande force motrice.

Les machines à vapeur sont aujourd'hui si communes en Angleterre, qu'on peut s'en procurer depuis la force d'un cheval, en ne consommant qu'un boisseau de charbon par jour, jusqu'à la force de cent vingt chevaux, et qui brûle onze milliers de charbon en vingt-quatre heures.

Ce sont ces machines qui ont peuplé de filatures les rochers arides de l'Écosse; ce sont elles qui ont donné aux Anglais les moyens d'offrir les productions de leurs fabriques à meilleur marché que les autres nations de l'Europe.

Pompes funèbres. — Le service des inhumations et pompes funèbres, en France, se fait à l'entreprise et d'après des tarifs approuvés par l'autorité, conformément aux règles établies par le décret du 18 août 1811 et l'ordonnance du 2 septembre 1842. « Il existe à Paris deux administrations des pompes funèbres : le service général des inhumations et pompes funèbres de Paris, et l'entreprise des Pompes générales (pour les départements): toutes deux possèdent un matériel considérable en corbillards, tentures, catafalques, candélabres, berlines de deuil, etc. Tout ce qui concerne le service funèbre dans les églises est réglé par les fabriques. On distingue six classes de services, ayant chacune leur tarif. Pour prix du monopole qui lui est concédé, l'entrepreneur des pompes funèbres fait à la ville des remises considérables qui sont mises à la disposition des fabriques et consistoires. En outre, il doit inhumer gratuitement les indigents. »

PONTS ET CHAUSSÉES (corps des). — Corps d'ingénieurs spécialement chargés de la direction et de la surveillance de tous les travaux qui se rapportent aux voies de communication. « Chaque département possède un ingénieur en chef de 1re ou de 2e classe, ayant sous ses ordres un nombre variable d'ingénieurs ordinaires de 1re, de 2e ou de 3e classe. Ceux-ci ont sous leurs ordres des agents nommés conducteurs et piqueurs. Le corps des ingénieurs se se recrute partie parmi les élèves ingénieurs sortant de l'école des ponts et chaussées, partie parmi les conducteurs (loi du 30 novembre 1850). Les travaux sont inspectés par des inspecteurs généraux, qui se divisent en inspecteurs de 1re et inspecteurs de 2e classe (dits précédemment inspecteurs généraux et inspecteurs divisionnaires), qui parcourent tous les deux ans une des 16 circonscriptions dans lesquelles la France est divisée pour ce service. Un certain nombre de ces inspecteurs forme le conseil général des ponts et chaussées. »

Ponts et chaussées (école des). — Cette école, qui

est située à Paris et qui ressortit au ministère de l'agriculture, du commerce et des travaux publics, a pour but de former des ingénieurs pour les services de l'État : elle se recrute parmi les élèves de l'école polytechnique. Il peut être reçu aussi des élèves externes.

L'enseignement de l'école a pour objet spécial la construction des routes, ponts, chemins de fer, canaux, ports maritimes; l'amélioration des rivières, l'architecture civile, la mécanique appliquée, l'hydraulique, etc.

Les candidats qui se présentent pour être admis comme élèves externes doivent être nés en France, être âgés de dix-huit ans au moins et de vingt-cinq ans au plus. Ils doivent prouver, par un certificat des autorités du lieu de leur résidence, qu'ils sont de bonnes vie et mœurs. Ce certificat et leur acte de naissance sont joints à la demande que les candidats doivent adresser, avant le 15 août, au ministre, à l'effet d'être autorisés à subir les épreuves du concours. Ces épreuves ont lieu, à Paris, du 1er au 15 octobre.

Ces épreuves consistent en composition écrites, en exécution de dessins et en examens oraux.

La première épreuve est une composition écrite sur un ou plusieurs sujets pris dans le programme des connaissances exigées publié par l'administration. La seconde est l'exécution d'un dessin de géométrie descriptive et d'un lavis d'architecture. Sur le vu de ces travaux préliminaires, le jury d'examen décide s'il y a lieu d'admettre les candidats aux examens oraux. La troisième épreuve consiste en deux examens oraux sur le programme des connaissances exigées, qui porte l'arithmétique, l'algèbre, la géométrie élémentaire, la trigonométrie rectiligne, la géométrie analytique et descriptive, le calcul différentiel et intégral, la mécanique, l'architecture, la physique et la chimie.

Sont dispensés de ces épreuves, les élèves de l'école polytechnique qui ont été déclarés admissibles dans un service public et qui ont obtenu un certificat de capacité.

Le cours complet des études a une durée de trois années. Les cours et les études de l'intérieur de l'école durent du 1er novembre au 30 avril. Du 1er mai au 31 octobre, les élèves sont envoyés en mission dans les départements.

POPULATION [de *populus*, peuple]. — Le nombre d'habitants d'une contrée quelconque, abstraction faite de la grandeur du terrain sur lequel ils sont répandus. La population absolue du globe terrestre varie de 640 à 736 et même à 930 millions d'habitants, ainsi répartis entre les cinq parties du monde : Europe, 222; Asie, 534, Afrique, 106; Amérique, 38; Océanie, 30. La population s'accroît presque partout, de nos jours; aux États-Unis, l'accroissement est plus rapide.

En France, il a été annuellement, de 1817 à 1850; de un deux cent onzième de la population moyenne, de sorte que le nombre des habitants pourra doubler en 147 ans. Voici le mouvement de la population de la France depuis 1790 :

1790	26,363,000	1835	32,569,223
1798	28,810,694	1841	34,240,178
1801	27,349,000	1846	35,400,486
1820	30,451,187	1851	35,781,628
1831	30,560,934	1856	38,000,000

PORC (zoologie). Voyez Cochon. — Nous allons compléter cet article en présentant des considérations remarquables publiées en 1859 par le savant Richard (du Cantal) sur l'espèce porcine.

« Si chaque animal domestique était classé suivant la quantité de produits alimentaires qu'il fournit d'une part, et de l'autre suivant les dépenses relatives qu'exigent son élevage et son entretien pour nous les procurer, le porc serait classé au premier rang. Cependant il est loin de l'occuper dans l'opinion générale. Objet d'aversion pour les uns; considéré comme un animal immonde par les autres; proscrit par les religions israélite et mahométane, qui défendent de consommer sa chair, on ne lui a pas rendu la justice qu'il mérite. Si la nature ne l'a pas doué de qualités séduisantes; si elle ne l'a pas favorisé par le côté qui aurait pu nous le rendre agréable, elle l'a largement dédommagé par le côté qui le rend utile, et on aurait dû lui en tenir compte. Buffon l'a trop maltraité; on peut dire même que ce grand peintre de la nature a exagéré outre mesure le tableau qu'il en fait, ce qui n'a pas peu contribué à accréditer l'opinion qu'on a de ce mammifère précieux :

« De tous les quadrupèdes, dit le grand naturaliste, le cochon paraît être l'animal le plus brut. » Les imperfections de la forme semblent influer sur » le naturel. Toutes ses habitudes sont grossières, » tous ses goûts sont immondes, toutes ses sensa-» tions se réduisent à une luxure furieuse; à une » gourmandise brutale qui lui fait dévorer indistinc-» tement tout ce qui se présente, et même sa progé-» niture au moment qu'elle vient de naître. Sa vo-» racité dépend apparemment du besoin continuel » qu'il a de remplir la grande capacité de son esto-» mac; et la grossièreté de ses appétits, l'hébétation » des sens du goût et du toucher, la rudesse du poil, » la dureté de la peau, l'épaisseur de la graisse, » rendent cet animal peu sensible aux coups... »

» Eh bien! malgré tous ces prétendus vices, il faut que le cochon ait de bien grandes qualités sous d'autres points de vue, puisqu'il s'impose, quand même, malgré le dénigrement dont il est victime et l'aversion qui le fait repousser par certains esprits spéculatifs qui n'ont pas assez tenu compte du côté pratique de la question.

» Les naturalistes ont classé le porc dans l'ordre des pachydermes, qui comprend l'éléphant, l'hippopotame, le rhinocéros, le tapir, le pécari, le sanglier, ainsi que le cheval. On ne se douterait guère que le cochon, dont on a dit tant de mal, est placé dans le même groupe que le cheval, dont on a tant fait l'éloge. Son type sauvage est incontestablement le sanglier. Il n'y a pas de dissidence à ce sujet. Du reste, le sanglier, si farouche à l'état sauvage, est si facile à apprivoiser et à domestiquer, que, de tous les animaux soumis à la domination de l'homme, le porc a dû être le plus facile à réduire. Nous avons eu occasion d'élever nous-même un jeune marcassin pris dans les forêts, et cet animal devint si familier, si attaché à ceux qui le soignaient, qu'il finissait par en être importun. Il n'y avait aucune différence à établir, au point de vue de la domestication, entre ce type pris à l'état sauvage, et un cochon d'origine domestique.

» Comme tous les autres animaux, le porc a subi l'influence de la domesticité, celle de l'action de l'homme, qui l'a transformé de diverses manières. Ainsi, les combinaisons d'un élevage habile ont fait d'un animal agile, d'une grande puissance musculaire, un type représenté par un amas de graisse. Certains cochons que les Anglais ont obtenus avec des croisements de types chinois et des accouplements bien raisonnés, représentent un cylindre de graisse supporté par de petits membres frêles et courts qui ne ressemblent presque plus à des organes de locomotion. On les dirait atrophiés, tant ils sont disproportionnés avec la masse du corps à supporter. La petite tête de ces animaux, encadrée dans un bourrelet graisseux formé par l'encolure, est réduite aux plus minimes proportions, et les yeux, petits et noyés dans la graisse, ne sont presque plus perceptibles. Enfin ce porc arrive à un état d'obésité tel que les voies de la respiration finissent par être obstruées par le tissu graisseux; les poumons reçoivent à peine l'air nécessaire à une vie végétative, et l'on est obligé d'égorger le sujet arrivé à un état d'engraissement extraordinaire, si on ne veut pas le voir périr asphyxié.

» Le porc est omnivore dans toute l'acception du mot. Toute substance mangeable, végétale ou animale, cuite ou crue, lui est bonne; les débris des cuisines, des féculeries, des amidonneries, des fromageries, des boucheries, des équarrissages; les eaux de vaisselle, les épluchures de légumes et de fruits, il ne refuse rien, il consomme tout, il transforme tout en graisse ou en viande. L'homme aurait voulu inventer un appareil de chimie propre à extraire de tout ce qui serait mis au rebut et perdu les éléments d'un produit utile, qu'il n'aurait certainement pas aussi bien réussi que l'a fait la nature au moyen du porc domestique. Cet animal peut donc être considéré dans une ferme comme le laboratoire de chimie préposé à la transformation de tout ce qui est refusé par les autres animaux, en produits les plus utiles, pour les populations rurales surtout. Le porc, en effet, est seul animal de boucherie de l'immense majorité de nos villages, surtout dans les pays pauvres. Les petits ménages de laboureurs égorgent, vers la Noël, le cochon, quand d'ailleurs ils ont les moyens de l'élever; ils le salent. Sa graisse sert à faire la soupe et à préparer les légumes pendant toute l'année; sa viande est consommée le dimanche par la famille, après avoir servi à faire la soupe aux légumes, tels que choux, parmentières, raves, navets, etc.

» Rien de ce que donne le porc n'est perdu; il ne fait point de débris : son sang sert à faire du boudin, au lieu d'être rejeté comme celui des autres animaux; ses intestins sont employés à faire des andouillettes, si estimées dans certains pays; ses jambons sont un mets de luxe, et ses pieds, admirablement préparés par l'art culinaire, font quelquefois les délices des gourmets.

» Dans certains pays, le jour où l'on égorge le cochon est un véritable jour de fête et de joie. Les voisins se réunissent, les paris s'ouvrent sur la quantité de saindoux qu'aura la victime; on pèse ce saindoux, on mesure l'épaisseur du lard, et le tout finit par un petit repas où le boudin tient la première place. On mange peu du reste, parce qu'il faut songer à la provision de l'année. Le boudin seul ne se sale pas; le foie et les poumons sont aussi consommés frais; tous les autres morceaux sont salés et soigneusement conservés, parce que la famille du travailleur n'a le plus souvent d'autre produit animal pour ses subsistances que celui de son cochon.

» Le porc est d'une grande rusticité au point de vue de l'acclimatation. Comme le sanglier, son type sauvage, il vit sous toutes les latitudes, dans les climats tempérés comme dans ceux des températures extrêmes. Aussi le retrouve-t-on répandu chez tous les peuples dont la religion ne défend pas l'usage de ses produits alimentaires. Tantôt il y est élevé à l'état sauvage, dans les forêts, où il se nourrit, comme le sanglier, de racines, d'herbes, de glands, de châtaignes, de faînes ou autres fruits d'arbres forestiers; d'autres fois, c'est à la ferme, à la maison du petit propriétaire, de l'artisan, qu'il est nourri isolément des résidus du ménage, et c'est ordinairement la ménagère qui est chargée des soins à lui donner. Elle le lave, le nettoie souvent, parce qu'elle a remarqué que, contrairement à l'opinion admise, le porc aime la propreté, et que cette condition hygiénique est non-seulement avantageuse à la santé de cet animal, mais qu'elle favorise son engraissement. Il n'est pas une ménagère de campagne qui ne soit convaincue de cette vérité.

» De ce que le porc se vautre quelquefois dans la fange, on a conclu qu'il aimait la malpropreté. On se trompe. On oublie que cet animal est un pachyderme dont la peau sèche et dure a besoin d'être humectée. L'hippopotame, qui est aussi un pachyderme, et dont la conformité du corps en général a de l'analogie avec celle du corps du cochon, vit dans l'eau. L'éléphant se plonge dans l'eau aussi pour assouplir sa peau. Si le porc avait à sa disposition un réservoir d'eau claire, il s'y plongerait quand il en sentirait la nécessité, au lieu de se rouler dans la fange.

» Ainsi donc, c'est par nécessité de sa nature de pachyderme que le porc, à défaut d'eau claire, se vautre dans la boue, et non par goût pour la malpropreté; dans sa loge, on voit au contraire cet animal rechercher la place la plus proche, la plus sèche, pour se coucher, et il se garde bien d'y faire ses ordures, précaution de propreté que beaucoup d'autres animaux sont loin d'avoir comme lui.

» L'accusera-t-on de malpropreté parce qu'il mange des ordures? mais s'il les mange, c'est pour les transformer en produits alimentaires dont nous faisons notre profit. Le canard, la poule, le dindon, la pintade, le faisan, ne mangent-ils pas aussi des ordures du même ordre? ils vivent sur les fumiers, et cependant leur viande en est-elle moins savoureuse, moins recherchée pour les tables opulentes? Le porc est omnivore; il mange tout, le propre comme le reste : c'est là sa nature, et c'est cette nature qui rend l'élevage de cet animal si utile, si avantageux partout, pour les subsistances de l'homme.

» On n'a pas eu raison non plus de considérer le porc comme manquant d'intelligence. Ceux qui ont observé ses habitudes ne sauraient partager cet avis. Cet animal, en effet, prouve dans quelques circonstances que, sous ce rapport, il est même supérieur à beaucoup d'autres mammifères. C'est ainsi que, quand il manque de litière dans sa loge, il sait aller chercher de la paille pour se faire un bon lit. Nous avons souvent observé ce fait de précaution de sa part. Lorsqu'il est en liberté et qu'il va marauder dans un champ de blé ou de parmentières, dans lesquels il a été pris et châtié antérieurement, il sait très-bien qu'il est en contravention; et, au moindre bruit, à la vue d'une personne, il prend la fuite pour se soustraire aux corrections qu'il n'ignore pas avoir méritées. Les ruses qu'il emploie dans diverses autres circonstances prouvent que son intelligence n'est pas au-dessous de celle de la majorité des autres animaux.

» Nous avons en France diverses races de porcs plus ou moins estimées, suivant la facilité d'engraissement. On conçoit en effet que, puisqu'on ne demande à ces animaux que de la graisse et de la viande, les sujets qui en donnent le plus, avec la même quantité de nourriture consommée, sont ceux qui doivent être préférés. Pour le cheval, le bœuf, le mouton, la chèvre, on a égard au travail, à la quantité de lait donnée, à la nature de la laine; pour le porc seul, la viande et la graisse sont en cause et font décider de ses qualités. On n'a donc pas à s'occuper d'autres conditions dans son élevage.

» Envisagé au point de vue des produits alimentaires et des subsistances, le porc est de tous les mammifères domestiques le plus économiquement produit. Si nous en étions privés, les deux tiers, et peut-être plus, de nos populations rurales, seraient obligés de s'alimenter avec de maigres substances végétales. L'alimentation animale leur serait interdite par force majeure. Point de graisse pour préparer les légumes, point de viande pour faire la soupe grasse le dimanche. Au point de vue hygiénique, à celui de la force de constitution des travailleurs agricoles, ce serait un déficit que rien ne saurait remplacer dans l'état actuel de notre production animale. Les pauvres seraient ceux qui en souffriraient le plus, et, à ce titre, le porc, qui ne doit être considéré que comme un appareil chimique vivant destiné à transformer en graisse et en viande des matières premières dont la majeure partie serait souvent perdue sans lui, doit être classé au rang qu'il mérite par son utilité, par les services qu'il rend partout aux populations nécessiteuses, dans nos campagnes surtout.   Richard (du Cantal). »

PORCELAINE.—Variété de poterie la plus précieuse, à pâte fine, blanche, demi-transparente, assez dure pour ne pas se laisser entamer par l'acier. On distingue la *porcelaine dure* et la *porcelaine tendre*. Cette dernière qualification n'est que relative, car la porcelaine tendre est également très-dure.

La porcelaine est connue en Chine depuis un temps immémorial ; ses annales rapportent qu'on en fabriquait déjà à une époque correspondant au cinquième siècle de l'ère chrétienne. Ce n'est que depuis un peu plus d'un siècle que le baron de Bœticher, chimiste à la cour de Saxe, découvrit le mélange auquel il reconnut les propriétés de la porcelaine de Chine. On tira parti de cette découverte, qui fut perfectionnée dans la fabrique de Meissen. Au commencement du dix-huitième siècle, on établit en France quelques fabriques de porcelaine tendre ; mais ce n'est qu'en 1768, après la découverte des gisements de kaolin à Saint-Yriex, que la manufacture de Sèvres commença la fabrication de la porcelaine dure. Cette fabrique, placée d'abord sous la protection du Roi, devint dès lors tout à fait manufacture royale.

Toutes les fabriques de l'Europe appartenaient à cette époque, ou appartiennent encore aux souverains des pays où elles se trouvent. Peut-être ce patronage royal a-t-il hâté la création de la fabrication de la porcelaine en Europe, mais il appartenait à l'industrie privée seule de lui donner de l'essor ; aussi, est-elle restée presque stationnaire en Allemagne, tandis qu'en France elle a pris, depuis cinquante ans, un développement prodigieux, que nous voyons encore s'accroître d'année en année.

Porcelaine dure. — Elle est assez généralement composée d'un tiers de kaolin et deux tiers de feldspath. Par suite de la richesse de ses gisements de kaolin, que possède seul le département de la Haute-Vienne, la France a abandonné aujourd'hui presque complètement la fabrication de la porcelaine tendre. Les exploitants des carrières se sont organisés pour le broyage et la préparation des pâtes par des moulins à eau, de sorte que les fabricants de porcelaine en reçoivent les pâtes toutes préparées.

La plus grande partie des fabricants se sont établis à proximité de ces usines à kaolin. Limoges et ses environs possèdent un grand nombre de manufactures ; quelques-unes cependant, et ce ne sont pas les moins importantes, se sont un peu éloignées du kaolin pour se trouver dans une position plus avantageuse sous le rapport du combustible. Les départements du Cher, de l'Allier, de la Nièvre, de l'Indre et de la Marne, possèdent des fabriques de porcelaine. Ces causes n'ont pu agir que sur les fabriques établies sur une grande échelle, produisant des pièces d'une valeur relativement peu considérable, et dans le prix de revient desquelles la matière première et la cuisson entrent pour une forte proportion. Les fabriques, au contraire, produisant des objets d'art et de fantaisie sont venues se grouper aux environs et même dans l'intérieur de Paris.

Procédés de fabrication. — La pâte est mise, toute préparée, dans les mains de l'ouvrier qui n'a plus qu'à la battre pour la mettre en état d'être employée. Il y a trois manières bien distinctes de façonner la pâte : le tournage, le moulage et le coulage. Ce dernier procédé, en porcelaine dure, est peu employé, et seulement pour des pièces de petite dimension. C'est de cette manière que l'on obtient, principalement à la manufacture de Sèvres, ces belles tasses et ces jolis cabarets, dont la finesse et la légèreté les font rivaliser avec ce que la Chine et le Japon produisent de plus beau.

Par le tournage, on obtient les pièces unies jusqu'aux plus grandes dimensions ; l'ouvrier ébauche sa pièce sur un tour horizontal, c'est-à-dire qu'il lui donne grossièrement avec les mains la forme et les dimensions qu'elle doit avoir, et c'est seulement lorsque cette pièce est séchée qu'il la finit avec l'outil sur le tour anglais, qu'il fait mouvoir dans le sens vertical. Dans beaucoup de fabriques, on finit sur le tour horizontal, mais ce n'est que par suite d'une routine qui ne tardera pas à disparaître, car il est reconnu que le tour anglais est infiniment plus productif. Lorsque les pièces sont de très-grandes dimensions, on les fait en plusieurs morceaux que l'on rapporte ensuite les uns aux autres, et qui se collent parfaitement au four. Les pièces tournées, et principalement les vases, sont souvent employées tout unies ; lorsqu'on veut y ajouter des garnitures, ces dernières sont moulées à part et collées aux pièces avec de la pâte délayée, dite barbotine.

Le moulage est actuellement le procédé le plus répandu dans la fabrication de la porcelaine, à cause de la variété infinie de modèles que la mode a imposée aux fabricants depuis quelques années. Cette opération est plus compliquée que le tournage, parce que, pour celle-ci un simple dessin suffit pour indiquer à l'ouvrier la forme et la dimension de la pièce que l'on veut obtenir ; tandis que pour le moulage, il faut d'abord un modèle en cire ou en terre glaise ; sur ce modèle, on coule les moules en plâtre, et c'est dans ces moules que la pâte se façonne. Il faut qu'une pièce soit d'une simplicité extrême pour qu'elle se fasse dans un seul moule ; pour peu qu'elle ait des complications, elle se moule en plusieurs morceaux que l'on recolle ensuite avant de les passer au four. Ainsi, pour une statuette, le corps, la tête et les membres se moulent séparément.

Les pièces finies et séchées, subissent, à une température peu élevée, une première cuisson, nommée dégourdie, et forment alors ce qu'on appelle improprement biscuit. On les recouvre ordinairement d'un vernis ou émail dont le feldspath forme la base, et on leur fait subir une dernière cuisson à une température très-élevée, et dont la durée varie de vingt à trente-six heures selon la disposition des fours. L'action du feu fait éprouver à la pâte un mouvement appelé *retrait*, et qui la réduit d'environ un dixième, de sorte que les pièces sont beaucoup moins volumineuses en sortant du four qu'en y entrant. Ce retrait, qui se fait quelquefois d'une manière inégale, est la cause de la plus grande partie des défectuosités qui font mettre tant de porcelaines au rebut. Malgré le bas prix des porcelaines ordinaires, on arriverait encore à les diminuer d'une manière sensible, si on pouvait éviter ce mouvement, et on obtiendrait une bien plus grande perfection dans l'exécution de certaines pièces.

Porcelaine tendre. — La fabrication en est à peu près abandonnée aujourd'hui en France. Elle diffère de la précédente par sa pâte plus abondante en feldspath, et par conséquent plus fusible, et par son émail dans lequel il entre de l'oxyde de plomb.

Tout ce que nous avons dit, jusqu'à présent n'a rapport qu'à la fabrication de la porcelaine blanche, qui n'est guère employée qu'à l'état de vaisselle pour l'usage journalier. Les porcelaines de luxe sont ordinairement recouvertes de dorures et de décorations qui nécessitent des opérations formant une industrie à part. Les limites dans lesquelles nous devons nous renfermer ici ne nous permettant point d'entrer dans tous les détails que mérite un sujet aussi intéressant, nous nous contenterons de donner un aperçu général des procédés employés.

On se sert, pour la peinture sur porcelaine, de couleurs minérales. Tout le monde connaît les beaux résultats que l'on obtient. Indépendamment des belles peintures que l'on voit au musée de la manufacture de Sèvres, et qui sont des chefs-d'œuvre d'art, on trouve dans le commerce des pièces très-brillantes d'exécution. On a pu admirer, dans le courant de 1855, à l'exposition universelle, les produits de tous les pays qui possèdent des manufactures de porcelaine. Pour donner à la peinture un degré de solidité convenable, il est nécessaire de faire cuire, à une température assez élevée pour faire entrer l'émail, de la porcelaine en fusion. Il y a quelques années, on dissolvait à la couperose l'or destiné à être appliqué sur la porcelaine; maintenant cette dissolution se fait au mercure, et l'or peut s'étendre en couches beaucoup plus minces. C'est ce qui explique la grande diminution de prix qu'a subie la porcelaine dorée. On obtient bien par ce moyen le même résultat comme coup d'œil, mais il est évident que plus la couche d'or est épaisse, plus elle doit présenter de solidité. L'or au pinceau, à l'état de pâte liquide de couleur brune, se dégage par la cuisson des matières étrangères qui ont servi à sa dissolution, et en sortant du four il se présente sous un aspect mat et terreux, il n'obtient le brillant qu'au moyen du brunissage. Cette opération, confiée ordinairement aux mains des femmes, consiste à frotter toutes les parties dorées avec une agate; elle entre souvent pour une assez forte proportion dans le prix de revient des porcelaines dorées. Depuis longtemps déjà les chimistes ont fait des recherches pour trouver un

moyen de faire sortir l'or tout brillant du four, et faire ainsi l'économie du brunissage. Depuis quatre à cinq ans on y est parvenu, mais d'une manière trop peu satisfaisante pour faire abandonner l'ancien procédé. Nous devons cependant à la vérité de dire que MM. Dutertre frères, possesseurs d'un brevet d'invention pour un procédé de dorure brillante, ont obtenu des résultats dépassant même leurs prévisions. Il ne leur reste plus qu'à donner à leur dorure un degré de solidité suffisante, et nous ne désespérons pas de les voir arriver à la perfection, car leurs efforts constants et infatigables leur font faire tous les jours de nouveaux progrès. En attendant, ils emploient très-avantageusement leur système, en l'appliquant à des pièces dont la délicatesse ne leur permettrait pas de supporter l'opération du brunissage. Nous avons dit plus haut que la dissolution de l'or par le mercure permettait de l'étendre beaucoup plus que par la couperose; nous n'avons pas assez approfondi le système de MM. Dutertre, mais nous savons positivement qu'il leur permet d'étendre l'or en couches beaucoup plus minces que par le procédé ordinaire. C'est à cette cause que nous croyons devoir attribuer son peu de solidité, et nous sommes persuadés qu'il résisterait suffisamment si l'on en était moins économe.   J. BOURDON.

PORCELAINE (zoologie) [du latin *porcellina* ou *porcellana*, surnoms de Vénus impudique]. — Genre de mollusques, rapporté par Cuvier à la famille des buccinoïdes, remarquables par leurs coquilles brillantes, à surface lisse et polie. Les porcelaines sont de forme ovale, convexes, presque entièrement involvées, à spire tout à fait postérieure, fort petite; à ouverture longitudinale très-étroite, à bords rentrés, ordinairement dentés, et échancrée aux deux bouts. Les porcelaines habitent sur les côtes et dans les excavations des rochers: leurs mœurs sont peu connues, les espèces les plus communes sur nos côtes sont la porcelaine coccinelle (*porcellana costata*), à stries transverses et de couleur grisâtre, fauve ou rosée, avec ou sans taches, et la porcelaine argus, ainsi nommée à cause de ses taches nombreuses: on en fait des tabatières. Parmi les espèces exotiques, on remarque la porcelaine cauris (*cypria moneta*), qui sert de monnaie dans quelques pays (voy. *Cauris*); la porcelaine australe de la Nouvelle-Hollande; la porcelaine grenue (*cypria nucleus*), dont les femmes hindoues se font des colliers: elle est violâtre.

PORPHYRE (minéralogie). — Pierre composée qui paraît parsemée de taches de différentes dimensions, que l'on attribue à des molécules pierreuses de plusieurs espèces qui s'y trouvent interposées. Il existe des porphyres de diverses couleurs; le noir se rencontre dans les Pyrénées, au mont de Breda; le rouge est une roche cornéenne dure, avec du feldspath granuliforme, et souvent des parcelles d'amphibole. Le porphyre est susceptible d'un très-beau poli; on en fait des tables, des mortiers, des vases, des pierres à broyer: il a l'avantage d'être inattaquable aux acides et de ne pouvoir être taché par aucun liquide, comme le marbre en est susceptible.

Aussi s'en est-il formé plusieurs manufactures ; une, établie dans les Vosges, n'a pas eu un grand succès. Il en existe une en Suède (à Elfredalen) qui confectionne des manches de couteaux, des vases, des chandeliers, des salières et autres objets. Cette pierre est scintillante, et donne au chalumeau un vert coloré.

PORRECTION (liturgie) [du latin *porrectio*, fait de *porrigere*, présenter]. — Cérémonie en usage dans l'église catholique lorsque l'on confère les ordres mineurs. Elle consiste à présenter ou simplement à faire toucher aux ordinants les instruments relatifs à leur ministère. Les ordres majeurs se confèrent par la porrection des choses qui en désignent les fonctions.

PORRIGO (pathologie). — *Teigne vraie, teigne jaune.* — Affection cutanée contagieuse, caractérisée par le développement sur le cuir chevelu, et quelquefois sur d'autres parties du corps, de pustules faveuses qui se convertissent rapidement en croûtes jaunes, déprimées en godets, répandant une odeur nauséabonde, urineuse, et tendant à laisser après elles une alopécie permanente. Le traitement de cette affection consiste dans l'emploi des amers, des sudorifiques, des préparations arsénicales, de la pommade des frères Mahon.

PORT (marine). — Localité destinée à recevoir les vaisseaux pour garantir des flots de la mer et des tempêtes, et où ils doivent opérer leur chargement et déchargement des marchandises dont ils ont fait ou doivent faire le transport.

Le capitaine est tenu d'être en personne à bord de son navire à l'entrée et la sortie des ports (art. 227).

Le contrat d'assurance désigne le port d'où le navire a dû ou doit partir, les ports dans lesquels il doit charger ou décharger, ceux dans lesquels il doit entrer (art. 332).

Si le capitaine a la liberté d'entrer dans différents ports pour compléter ou échanger son chargement, l'assureur ne court les risques des effets assurés que lorsqu'ils sont à bord, s'il n'y a convention contraire (art. 362).

PORTS DE MER. — Les ports de mer sont les centres des revirements du commerce d'un État et les points de communication avec toutes les parties du monde : ce sont des espèces d'entrepôts de marchandises où les commerçants de tous pays peuvent faire transporter les produits des divers peuples, pour leur échange mutuel.

Si nous ne considérions que la force numérique de la population, nous trouverions que le Havre est inférieur aux ports de Bordeaux, de Nantes, de Brest, de Boulogne, et l'emporte à peine sur Dunkerque ; mais ce qui caractérise cette ville, c'est que le commerce maritime est l'objet de son industrie presque exclusive. Ainsi le Havre l'emporte aujourd'hui de beaucoup par la grandeur et l'activité des opérations mercantiles sur Rouen, sur Nantes et même sur Bordeaux.

PORTE-VOIX (physique, acoustique) [du latin *porto*, porter, et de *vox*, voix]. — Instrument en forme de trompette, à l'aide duquel on augmente beaucoup l'intensité du son, et on le porte à une grande distance.

On dit qu'Alexandre le Grand se servait d'un porte-voix pour rassembler ses troupes et rallier son armée, quelque nombreuse et quelque dispersée qu'elle pût être, et qu'il se faisait entendre de tous ses soldats comme s'il eût parlé à chacun en particulier.

Le porte-voix est composé d'une substance élastique, telle que du ferblanc ou du laiton.

Le chevalier Morland et quelques autres, ont semblé attribuer l'augmentation du son dans le porte-voix à la seule direction des rayons ; aussi Hase, professeur à Wirtemberg, veut-il que le porte-voix soit formé de deux parties, l'une elliptique et l'autre parabolique, combinées de façon qu'un des foyers de l'ellipse se trouve à l'embouchure, précisément à l'endroit où l'on parle, et que l'autre foyer de l'ellipse soit en même temps le foyer de la parabole. Mais il y a une autre cause que la direction des rayons qui augmente le son dans le porte-voix, et cette cause est sans doute que, dans cet instrument, le mouvement est imprimé à une masse d'air appuyée sur des parois élastiques capables de le transmettre au dehors. C'est pour cette raison qu'on entend mieux un homme qui parle dans une rue que s'il parlait en rase campagne ; on l'entend encore mieux s'il parle dans une chambre fermée de toutes parts, et dont les parois soient dures et élastiques. — Voy. *Son.*

PORTUGAL (géographie). — Royaume d'Europe, enclavé dans l'Espagne, dont il fut, à diverses reprises, une province, et dont il occupe la bande de l'ouest, pour la plus grande partie, le long de la mer Atlantique, sur une étendue de 140 lieues du nord au sud, et 45 de l'est à l'ouest. Longitude occidentale 9° 20'— 12° 20'; latitude 37° — 42°. Ce ne fut point un état séparé de l'Espagne sous les rois goths, ni sous les rois maures, et ce n'est que de la fin du onzième siècle qu'il eut ses rois particuliers. Ses principales rivières sont le Tage, le Douro, la Guadiana. La religion catholique y est seule reconnue ; il y a cependant beaucoup de juifs. Il y a trois archevêchés et dix évêchés. Le principal ordre de chevalerie est l'ordre de Christ. La population du Portugal est de 3,500,000 habitants, y compris les colonies. Ses forces de terre consistent en 30,000 hommes, tant infanterie que cavalerie, et sa marine militaire en vingt vaisseaux de guerre, tant vaisseaux de ligne que frégates. Quant à sa marine marchande, elle est tellement négligée, que tout le commerce du Portugal est entre les mains des Anglais. Les Portugais n'en rendirent pas moins leur nom fameux dans les annales du monde, comme navigateurs. Ce sont eux qui, dans le quinzième siècle, en vue de se frayer une route aux Indes-Orientales, dans leurs tentatives pour contourner l'Afrique, dont on ignorait le prolongement, firent la découverte du Cap de Bonne-Espérance, qu'ils doublèrent les premiers entre toutes les nations commerçantes de l'Europe. On leur doit d'ailleurs la découverte de beaucoup d'îles, de côtes et de pays inconnus jusque-là aux Européens.

Le Portugal est montueux; le sol, ainsi que celui de l'Espagne, est léger, et les fruits y sont d'une qualité exquise, les huiles délicieuses : on sait combien ses oranges sont recherchées. Ses vins le sont aussi, ceux surtout de Porto, qui passent en Angleterre en très-grande quantité. Ses laines sont fines, ses salines des plus abondantes, et on y élève beaucoup de chevaux, de bestiaux et de vers à soie. Les figues, les amandes, les citrons, les cédrats, les grenadiers y abondent, ainsi que les châtaignes. En général, le sol en est des plus fertiles, mais il pourrait être mieux cultivé; aussi les Portugais sont-ils obligés de tirer de l'étranger une partie du blé nécessaire à leur consommation.

Il s'y trouve quelques mines d'or, d'argent et de pierres précieuses, des carrières de beaux marbres, de l'émeril, de l'antimoine, de l'arsenic, du mercure, du charbon fossile, des mines de cuivre, de plomb, d'étain, d'alun et de salpêtre. On en tire du coton, des fruits secs, du liége, du tabac. Il y a des fabriques de draps de toiles, de futaines, de mousselinettes, de linge damassé. L'orfévrerie, la verrerie, la chapellerie, les glaces, les galons d'or et d'argent y sont d'autres branches d'industrie. Quant à la température du climat, c'est en dire assez que de faire connaître que les cheminées n'y sont en usage que pour les cuisines; elles sont inconnues dans les appartements.

Lors de la rédaction des lois qui régissent le Portugal, après de longs débats, il passa, qu'à défaut d'enfants mâles, si le roi a une fille, elle sera reine après la mort du roi, pourvu qu'elle se marie avec un seigneur portugais, qui ne portera le nom de roi que quand il aura un enfant mâle de la reine, et qu'en sa compagnie, il marchera à sa gauche, ne mettra point sur sa tête la couronne royale, et n'aura que le titre de prince régent.

Cette même couronne, à défaut d'enfants légitimes, passe aux enfants naturels. Le gouvernement de l'État est monarchique, mais le roi ne peut asseoir de nouvelles impositions sans le consentement des trois ordres de l'État : le clergé, la noblesse et le tiers état. Le fils aîné des rois porte le titre de prince de Brésil.

Tel était l'état des choses, lorsque en 1806, l'armée qu'envoyait Bonaparte, s'avançant pour subjuguer le Portugal, le roi avec toute la famille royale, ses ministres et tous ceux qui étaient attachés à sa personne ou à son gouvernement fit voile pour aborder dans ses États d'Amérique, emmenant ses trésors, ses effets les plus précieux et en même temps la plus grande partie de sa flotte, composée de huit vaisseaux de ligne, quatre frégates et cinq bricks de guerre; mais en 1807, les légions combinées des Anglais et des Portugais forcèrent l'armée française à évacuer le royaume.

POSITIVISME (philosophie). — On désigne sous cette appellation générale, une doctrine embrassant l'ensemble des notions, des sentiments et des aspirations de l'homme considéré comme partie intégrante de l'humanité.

Conçu par Auguste Comte, son fondateur, le positivisme prit corps dans un ouvrage capital en six volumes : *Traité de philosophie positive.*

C'est à cette source originelle que les adeptes puisèrent les premiers éléments de leur conviction, qui, pour beaucoup, est devenue une foi nouvelle.

Depuis 1825, époque où furent jetés les linéaments de cette construction hardie et puissante, jusqu'à sa mort arrivée le 5 septembre, 1857, à l'âge de 63 ans, Auguste Comte s'est voué tout entier à son œuvre immense. Non content de mettre en ordre les vastes archives du savoir humain, ce génie créateur s'élança dans les larges perspectives de l'avenir : science, politique, religion, morale, tout reçut l'empreinte de son souffle vivifiant. L'homme dans tous ses états, la femme dans toutes ses espérances, l'humanité dans sa gigantesque grandeur, lui apparurent dans la suite des âges, et l'entraînèrent dans la suite des temps. La mort le trouva prêt, sans remords, sans faiblesse. Le seul regret de laisser l'œuvre incomplète assombrit la sérénité de sa fin trop prochaine ; il léguait toute sa pensée à ses successeurs.

Les hommes d'élite avaient répondu à son appel. Une doctrine peut se présenter au grand jour quand elle a su conquérir des adhérents comme MM. Littré et Charles Robin, en France, comme le célèbre économiste Mill, en Angleterre.

Repris sous ses faces multiples, le positivisme a suscité des vulgarisateurs à l'exposition claire et facile. On consultera avec fruit les ouvrages de MM. de Blignières et de Lombrail, tous deux anciens élèves de l'École polytechnique. Une femme même, Miss Martineau, a publié sur ce sujet deux volumes écrits en anglais, et du plus haut intérêt.

Les classes populaires, invitées par le fondateur à s'associer au grand mouvement de réformation morale inaugurée par la doctrine nouvelle, sont loin d'être restées indifférentes. Se rendre un compte exact des appréciations de l'école positiviste sur les principaux problèmes de la destinée humaine, est de la plus immédiate actualité.

Les bornes restreintes d'un article ne permettent pas d'approfondir toutes ces questions de premier ordre. En poser les bases principales, indiquer la marche suivie dans leur étude, en signaler les tendances supérieures, est, à la rigueur, possible; notre désir ne va pas au delà.

Nommer la philosophie positive est loin de faire savoir ce qu'elle est, et partant ce qu'elle comporte. Le nom est connu, la chose l'est peu.

Le positivisme n'est pas une invention individuelle, c'est une découverte sociale; Auguste Comte n'en fut que le révélateur. Né de l'ensemble du passé, dit M. de Lombrail, réclamé par le présent, c'est l'héritage des morts recueilli par un philosophe au nom des vivants. Dernier degré de l'échelle historique, et terme suprême de la loi de continuité qu'il consacre, il n'a pas été le fruit d'une invention sublime, mais il a répondu à l'appel d'un profond penseur, évocateur de l'humanité.

Aucune tradition n'est méconnue, la solidarité est le lien le plus fort de la doctrine; sa raison d'être pivotale. L'insuffisance des conceptions antérieures légitime sa venue. Réunir des notions éparses dans un faisceau infrangible, tel est son droit de se poser en souveraine ; porter partout le flambeau d'une gradation nette et inattaquable comme la réalité, tel est son devoir.

Le positivisme, en apparaissant au sommet de la gnose humaine ne change rien à l'ordre réel des choses. Loin de là, il constate les lois strictes de toute chose, il intronise le règne de la conscience par là science.

Pour apprécier sainement sa situation véritable, il est indispensable de réfléchir aux conditions qui ont rendu son éclosion nécessaire. On ne saurait mieux dire à cet égard que l'honorable M. Littré, aussi lui laisserons-nous la parole.

« Il est, à l'égard des idées philosophiques, un état des esprits, singulier et spécial à notre époque. Les uns, tenant plus aux notions positives qu'aux notions générales, et ne trouvant dans aucune des philosophies actuelles un point stable, abandonnent de désespoir un terrain qui leur semble toujours mouvant, et se jettent dans les études particulières ; les autres, plus attachés aux notions générales qu'aux notions positives, font bon marché des difficultés inhérentes aux philosophies actuelles, et tiennent pour suffisant le secours qu'elles leur fournissent. Il existe ainsi une lacune dans le système de nos connaissances ; les études positives ne sont pas assez générales, les études générales ne sont pas assez positives.

» Il ne faut que prêter un moment l'oreille aux échos de la société européenne pour percevoir les discordances qui y éclatent de toutes parts. Les religions, (elles sont à un certain point de vue une philosophie véritable, car elles donnent une conception générale de l'ensemble des choses) les religions n'ont point de symbole qui puisse rallier tous les esprits : le catholicisme, le protestantisme et ses sectes innombrables, le mosaïsme, comptent des hommes très-éclairés, inhabiles cependant à se convaincre réciproquement, et chacune de ces communions a des limites qu'elle s'efforce en vain de franchir. Il en est de même pour la philosophie proprement dite. En France, l'école éclectique a pris un accroissement considérable, mais la doctrine de Condillac n'est nullement éteinte, non plus que celles qu'a enfantées le dix-huitième siècle, et tout récemment des hommes éminents ont essayé d'autres voies métaphysiques. En Allemagne, Kant, Fichte, Schellinh, Hégel, pour ne nommer que les plus célèbres, se partagent le domaine de la pensée. En Angleterre, ce qu'il y a de philosophie se rattache essentiellement à l'école écossaise. En Italie, la métaphysique a aussi des représentants qui ne sont pas sans renom, et qui jettent une diversité de plus au milieu de toutes ces diversités.

» Tel est donc l'état des choses : religions contre religions, philosophies contre philosophies, et d'un autre côté, religions et philosophies aux prises les unes avec les autres.

» Ce n'est pas tout. Depuis longtemps les écoles théologiques et métaphysiques ont renoncé à placer dans leur domaine les sciences physiques et naturelles. Celles-ci se développent d'une façon tout indépendante et à l'aide de procédés opposés. Elles ne traitent que les questions relatives et s'abstiennent des questions absolues ; elles s'occupent, non de l'essence, mais des propriétés des choses. De là, le caractère positif qui leur est inhérent ; de là, l'ascendant qu'elles prennent sur les esprits, et la continuité non interrompue de leurs progrès. Mais cela est justement le contraire des méthodes théologiques et métaphysiques : une incompatibilité radicale existe entre ces deux manières de procéder, qui de jour en jour deviennent plus étrangères l'une à l'autre.

» Ce n'est pas tout encore. Les sciences physiques et naturelles, dont la méthode est si puissante, n'ont, elles, aucune efficacité philosophique. L'unité leur manque. Elles ne forment pas un tout, un ensemble lié par une doctrine commune ; et surtout, elles laissent en dehors le phénomène complexe et immense des sociétés humaines.

» Plus on reconnaît nettement la portée des sciences plus on s'aperçoit que telles qu'elles sont, il leur est interdit d'aborder un pareil problème.

» Voilà donc aujourd'hui le tableau réel des spéculations les plus hautes : idées générales qui, valables sur le terrain social, cessent d'être sur le terrain scientifique ; idées générales, livrées elles-mêmes à des divisions sans terme ; enfin, sciences particulières dont l'impuissance à former une philosophie, dans l'état actuel, est manifeste à tous les yeux.

» Ainsi, le domaine spéculatif se trouve partagé en deux compartiments profondément isolés : l'un appartenant aux religions et à la métaphysique, l'autre aux sciences positives. Les choses sont placées entre une philosophie tant théologique que métaphysique, laquelle n'a pas conservé ses positions, et une philosophie rudimentaire qui n'a encore que des éléments et point de doctrine. »

Ainsi parle l'éminent disciple. On reconnaît aussitôt l'impasse infranchissable où restait fourvoyé l'esprit humain. Mais la science ayant usé l'obstacle, un coup vigoureux le fit voler en éclats. La sociologie venant couronner l'édifice scientifique, il put émaner des sciences une philosophie positive comme elles. De ce jour le positivisme naquit.

Oublier le mirage trompeur de l'*absolu*, inaugurer l'étude approfondie et consciente du *relatif*, telle est son assise fondamentale.

Renonçant à la théologie qui peuple l'univers de personnalités surnaturelles, chargées de conduire le monde au gré de leur caprice ou de leur volonté ; rejetant la métaphysique qui s'agite dans la sarabande d'entités chimériques, appelées à rendre compte des phénomènes tout en leur restant extérieures, le positivisme cherche à toute chose sa raison d'être réelle, en tant toutefois que les facultés humaines la puissent atteindre. Son rang se trouve ainsi nettement indiqué.

La philosophie positive est expérimentale, car elle provient des sciences qui n'ont d'autre guide que l'expérience, aidée de l'induction et de la déduction. Elle se compose de notions relatives, non absolues; car elle ne peut élaborer que les questions apportées par les affluents qui l'ont formée. Enfin, elle est une philosophie, car elle opère sur l'ensemble des phénomènes; ensemble qui est complet du moment qu'aux sciences déjà existantes on ajoute la science sociale.

Tel est le degré décisif auquel Auguste Comte a élevé le genre humain. Avant lui, rien de semblable ne fut conçu; après lui, le temps fera jaillir les résultats nombreux que recèle cette grandiose conception.

La première conséquence heureuse de l'affirmation positiviste, c'est la naissance graduelle et successive des sciences particulières, d'où la possibilité de saisir l'harmonique hiérarchie qui préside à leur exposition.

Les sciences ont été classées par Auguste Comte dans l'ordre suivant : mathématiques, astronomie, physique, chimie, biologie, sociologie. Cet ordre ressortant de la nature même des choses ne saurait être interverti.

Au premier rang sont placées les mathématiques, à cause de la simplicité plus grande qui leur appartient; à l'aide d'un très-petit nombre d'axiomes, suggérés immédiatement par l'expérience, elles arrivent par la voie de la déduction à des développements prodigieux. De toutes les sciences, c'est elle qui emprunte le moins aux données expérimentales, c'est elle dans laquelle le travail interne de l'esprit humain intervient le plus. Les mathématiques marchent sans le secours des sciences subséquentes; elles sont plus générales qu'aucune autre. Cette double considération d'indépendance et de généralité leur assigne la première place dans la hiérarchie scientifique, où elles représentent les notions d'étendue et de mouvement.

L'astronomie suit immédiatement. Elle doit bien plus que les mathématiques à l'expérience, à l'observation. Ses résultats sont le prix de l'étude patiente et minutieuse des apparences célestes. A ce titre elle est plus compliquée que les mathématiques. Mais sans celles-ci elle ne peut rien. La géométrie et la mécanique lui donnent les moyens de spéculer sur les observations qui lui sont propres, et d'en tirer la forme des orbites et la loi des mouvements.

La physique arrive au troisième rang. Appuyée sur les mathématiques, elle pénètre profondément dans la règle des choses. Elle se lie à l'astronomie par la pesanteur, cas particulier de la gravitation céleste. Mais déjà apparaît en elle le manque de cette perfection rigide qui satisfait tant l'esprit absorbé dans les mathématiques ou plongé dans l'astronomie. C'est qu'ici, il y a moins de généralité, plus de dépendance. Les données de l'expérience interviennent en bien plus grand nombre, les recherches en sont singulièrement compliquées. Heureux quand le phénomène réel peut passer sous l'élaboration directe de l'instrument mathématique. Malgré ses difficultés propres, la physique n'en n'a pas moins révélé les propriétés de la matière considérée en masse; elle conduisait droit à la chimie.

La chimie s'occupe, en effet, de phénomènes plus particuliers encore. En quatrième ligne, elle comprend un domaine spécial, celui des éléments matériels dans leur action moléculaire. Elle emprunte aux connaissances physiques ses agents les plus directs : calorique, lumière, électricité. En elle expire l'influence mathématique, qui, prépondérante en astronomie, grande encore en physique, ne prêterait ici qu'un secours illusoire. En chimie, l'expérimentation domine, les phénomènes offrent les aspects les plus variés. La généralité diminue, la dépendance augmente, la loi, comme on voit, ne fait jamais défaut.

La biologie, cette vaste science des êtres vivants, serait plongée dans l'obscurité la plus profonde si la chimie ne la précédait de son lumineux flambeau. De la chimie seule elle apprend que les tissus organisés sont composés des éléments inorganiques disséminés dans le reste de la nature; que les matériaux s'échangent incessamment entre eux dans le sein des corps animés, et que la nutrition, qui est, avec la reproduction, la vie entière dans le végétal et la base de tout le reste dans l'animalité, n'est à vrai dire, qu'un immense travail de composition et de décomposition chimique. Nul doute, donc, qu'à la biologie appartienne le cinquième rang dans la coordination positive des sciences.

Enfin, au sixième rang apparaît la science sociale, subordonnée par sa base même à l'étude préalable de la biologie. L'homme individuel, fondement de la création sociale, relève de la connaissance des lois organiques auxquelles il est soumis. De ce piedestal la sociologie ne saurait être renversée. Son domaine propre a pour limite le passé humanitaire, en avant s'étend le vaste horizon de l'avenir. Grâce à la notion de ce qui précède dans le champ scientifique, le positivisme n'a plus d'hésitation, il va droit où le progrès l'excite à marcher : pour lui, avoir vu, c'est avoir prévu.

Les sciences donc, sont subordonnées les unes aux autres par la nature même des objets successifs qu'elles embrassent; l'ordre historique de leur développement en est la contre-épreuve indiscutable. C'est là une vérité de l'affirmation positiviste devenue déjà un lieu commun; on ne saurait pourtant la faire trop ressortir pour la rapporter justement à qui de droit.

La coordination des sciences apparaît clairement, fondée sur l'indépendance de la science supérieure à l'égard de l'inférieure, sur la dépendance de celle-ci à l'égard de celle-là; sur les objets de moins en moins généraux dont elles s'occupent respectivement: l'étendue et le mouvement, le système céleste, les agents physiques, les phénomènes chimiques, la vie, la société, enfin, sur le développement historique qui n'a laissé éclore les sciences que une à une, et au fur et à mesure de leur complication. Dans ce panorama magnifique, on saisit tous les phénomènes, on embrasse toutes les lois : ainsi se mesure tout le domaine qui appartienne en propre à l'esprit humain.

Etabli sur cette assise solide, le positivisme brisait irrévocablement avec des croyances inconciliables avec l'observation réelle, il annulait les décisions de systèmes ontologiques contredits par une méthodique expérimentation. Théologie et métaphysique rentraient dès lors dans le cercle du développement sociologique effectué par une élaboration séculaire. La tâche du positivisme devenait spéciale. Il ne suffisait pas de souder la sociologie à l'ensemble de la coordination scientifique. C'était là par le fait une science nouvelle, il fallait en sonder les lois.

Auguste Comte entra hardiment dans cette voie semée de difficultés sans nombre. Une fois éteint le flambeau théologique, une fois écartée la lampe métaphysique, le labyrinthe devenait d'une obscurité alarmante. Le maître ne s'effraya pas, il saisit le fil sauveur de la continuité; *ordre et progrès,* telle était la devise gravée sur sa boussole oscillante mais sûre, il ne se laissa pas dévoyer.

La nature de l'homme étant donnée, nous dit-il, et les actions destructives n'agissant pas autrement qu'elles n'ont agi dans l'histoire connue, la masse générale des choses est nécessaire; la filiation des opinions humaines et partant des formes sociales, n'a pu être dans son ensemble autre qu'elle n'a été. Signaler ainsi une succession nécessaire, serait simplement reconnaître un fait; le problème ne serait pas résolu ; il faut aller plus loin, et indiquer le sens de cette succession, c'est-à-dire la loi qui la détermine.

Étant établi en fait, par la simple considération de l'histoire, que les sociétés changent et se transforment, Auguste Comte a formulé la loi de ce changement de la manière suivante : Toutes nos conceptions et par conséquent les conceptions sociales, celles qui dirigent les sociétés, passent par trois états successifs dont l'ordre est déterminé : 1° *Théologique,* 2° *métaphysique,* 3° *positif.*

Dans l'état théologique, l'homme transportant l'idée qu'il a de lui-même dans le monde extérieur, suppose les objets mus par des volontés essentiellement analogues à la sienne.

Dans l'état métaphysique, l'homme substitue des entités aux conceptions concrètes du système théologique.

Dans l'état positif, l'homme reconnaissant enfin sa vraie position au sein de l'ordre dont il fait partie, comprend que l'ensemble des phénomènes est déterminé par les propriétés des choses, d'où résultent des lois immuables.

L'origine des sociétés, comme toutes les autres origines, est inaccessible aux investigations de l'esprit humain. Quant aux degrés successifs des préparations sociales, les phases s'en apprécient très-facilement. Des populations nombreuses les représentent encore aujourd'hui.

Auguste Comte établit trois états transitoires précédant l'époque où le positivisme a enserré l'ensemble sociologique dans le cadre d'une satisfaisante fixité.

Dans la première phase domine le fétichisme. Alors tout n'est qu'ébauche. Les hommes livrés aux expéditions guerrières dans un but tout instinctif de pillage et de vengeance, ne songent point à pratiquer des conquêtes régulières. Les notions religieuses sont bornées à l'adoration des fétiches, arbres, fontaines, montagnes, animaux. Dans le second degré, ou le polythéisme, les divinités déjà plus abstraites et cessant d'être l'objet le plus voisin, sont chargées chacune d'un département étendu. Alors apparaissent les castes, l'établissement régulier de l'esclavage, un certain développement des sciences ; l'industrie est précaire encore, mais les beaux-arts jettent un vif éclat.

L'esprit militaire domine. Mais son application suivant une marche plus rationnelle, organise des conquêtes durables amenant dans les personnes et dans les choses une certaine stabilité. Il y a confusion du spirituel et du temporel, dont la phase suivante déterminera la séparation.

Le monothéisme, troisième degré de préparation sociale, élève les intelligences au-dessus de la force réduite au rôle subalterne. Les deux pouvoirs restent distincts tout en se mêlant par mille points. L'esprit militaire, quoiqu'énergique encore, tend de plus en plus à devenir défensif; les grandes luttes n'ont que secondairement pour but la conquête. Les idées dominent les chocs du champ de bataille. Croisades, guerres religieuses, politiques, commerciales apparaissent sous le souffle d'un esprit nouveau.

L'esclavage tombe, les communes s'élèvent, l'industrie prend un essor inouï jusque-là. Les sciences étendent leur domaine, la navigation trouve tout un monde. Mais l'esprit est insatiable, l'unité religieuse est brisée, la marée du libre examen menace de tout engloutir. Rien ne périt pourtant, que la croyance à une immobilité inaltérable : la réforme et la révolution sont de cette grande vérité les plus formidable arguments.

Les pouvoirs qui ont régi la société dans la suite des temps, essentiellement théologiques et militaires, ont subi de graves modifications dans ce long trajet. La guerre perpétuelle dans les premiers âges, puis régularisée, puis atténuée dans sa prépondérance, est en face du positivisme, en présence de la lutte héroïque de l'industrie contre la nature : son importance ne peut donc que baisser.

Après des propositions si nettes, Auguste Comte eût dû clore le cercle de ses recherches : le besoin logique le poussa plus loin. Il avait embrassé les grandes lois de la continuité progressive, il voulut en faire l'application aux problèmes posés par notre époque, et mieux que tout autre il crut pouvoir en donner la solution. De là sont nées ses élaborations politiques, ses conceptions religieuses.

Cette troisième partie de son œuvre ouvre le champ aux interprétations du sentiment, aux objections de la pratique. Elle n'altère en rien la rigueur de la coordination scientifique, l'ampleur des importantes constatations faites dans le domaine de la sociologie. Il importe seulement de bien distinguer ces trois points principaux de la doctrine telle que la conçut le fondateur. Ce qu'il y a de défectueux tombera sous la condamnation du temps, le positivisme est assez vigoureux pour s'exécuter lui-même. Stimuler les esprits à une aspiration morale supérieure, exciter les cœurs à une convergence plus étroite vers le grand être qui nous contient tous et que nous créons chaque jour par cette convergence même, n'a rien de contraire au magnifique préambule scientifique qui sert de portique au temple vivant de l'humanité.

Le positivisme est inattaquable comme science ; les aspirations de son fondateur, les croyances de ses adeptes n'ont rien de condamnable en soi.

L'instruction encyclopédique ressort donc d'abord de la doctrine. La sanctification du travail, la moralisation de l'industrie y sont largement invoquées.

C'est la transformation mentale par l'étude et par le culte des sentiments élevés, qui amènera chacun à rompre avec les anxiétés du doute, avec les angoisses des contradictions nombreuses que les siècles passés ont semées dans notre atmosphère. A ce titre, le positivisme offre à tous un refuge, à beaucoup un espoir. Seulement il faut se métamorphoser soi-même ; les axiomes les plus clairs ne peuvent suppléer au travail et à la bonne volonté.

On a fait au positivisme trois objections principales : on l'a accusé de matérialisme, de fatalisme et d'optimisme. Le fondateur a répondu victorieusement à ces fins de non recevoir. Basées sur des apparences logiques, ces accusations tombent d'elles-mêmes devant la réalité.

Le matérialisme est une condition de toute expérimentation réelle ; mais il disparaît au *summum* de l'investigation sociologique, où l'homme moral reprend forcément son empire.

Le fatalisme est déterminé par la subordination des phénomènes à leurs lois ; l'homme n'arriverait jamais à la science, si la fixité était nulle ; son intervention n'en est pas moins réelle et efficace : maître des lois, il y plie les phénomènes, et la fatalité devient ainsi la source de notre grandeur.

Quant à l'optimisme, qui ne serait que la fatalité scientifique transportée dans le domaine sociologique, il paraît par la même raison. Le libre développement de l'homme est soumis à des lois propres, mais ces lois l'homme les saisit comme toutes les autres, et, par une juste prévoyance, il les tourne à son profit.

Telle est l'idée sommaire que l'on peut prendre du positivisme : né en France, il s'étend à l'humanité toute entière. Le connaître est indispensable pour le pratiquer comme pour le combattre. Quant à la doctrine, elle ne saurait périr, liée qu'elle est avec le passé et l'avenir de l'esprit humain.

Le Docteur Henri Favre.

POSTES (économie politique) [du latin *positio*, disposition, placement, action de placer.] — Établissements de chevaux, placés de distance en distance, pour le service des personnes qui veulent voyager diligemment.

Hérodote nous apprend que les courses publiques, que nous appelons postes, furent inventées par les Perses. Xénophon nous enseigne que ce fut Cyrus, qui, pour en rendre l'usage facile, établit des stations sur les grands chemins, assez vastes pour contenir un certain nombre d'hommes et de chevaux.

Il n'est pas facile de fixer l'établissement des postes chez les Romains. Selon quelques-uns, il y avait, sous la république, des postes, appelées *stationes*, et des porteurs de paquets, nommés *statores*.

Les empereurs, dit Procope, avaient établi des postes sur les grands chemins, à raison de cinq et quelquefois huit par journée.

Les postes de France étaient bien peu de chose avant le règne de Louis XI. Ce prince, naturellement inquiet et défiant, les établit pour être plus tôt et plus sûrement instruit de ce qui se passait dans son royaume et dans les États voisins. Il fixa en divers endroits des gîtes, des stations, *stationes positas*, d'où est venu le nom de postes, où des chevaux étaient entretenus. Deux cent trente courriers à ses gages portaient ses ordres incessamment.

Louis Horniek dit que ce fut le comte de Taxis qui établit le premier les postes en Allemagne, à ses dépens, et que, pour récompense, l'empereur Mathias, l'an 1616, lui donna en fief la charge de général des postes, pour lui et pour ses descendants.

Du service des postes. — L'institution des postes, en France, remonte au règne de Louis XI. Elles furent créées par un édit du 19 juin 1464, qui établit, sur les grands chemins du royaume, de quatre en quatre lieues, des maîtres-coureurs, qui durent prêter serment de bien et loyalement servir le roi, et qui furent obligés d'entretenir constamment des chevaux, en nombre suffisant, pour la bonne exécution du service. Les maîtres-coureurs furent d'abord affectés exclusivement au service du roi, mais bientôt les particuliers furent admis à faire transporter leurs dépêches par les estaffettes qui parcouraient la France dans toutes les directions. A cette époque, les courriers n'étaient expédiés que lorsque les besoins du service de la cour l'exigeaient, et les particuliers ne pouvaient jamais compter sur des départs réguliers. Aussi, le transport des correspondances n'occasionnait, par le fait, que fort peu de frais aux maîtres coureurs, qui se contentaient du prix qu'il plaisait aux envoyeurs de fixer et d'inscrire sur l'enveloppe de leurs dépêches, pour être payés par les destinataires.

Plus tard, vers l'année 1622, un progrès notable fut accompli ; il fut décidé que les courriers devraient partir périodiquement à jours et heures fixes. Le nombre des correspondances échangées entre les particuliers s'accrut alors rapidement, et devint, pour les maîtres-coureurs, une cause d'augmentation de dépenses, tandis que, d'un autre côté, les particuliers qui recevaient des lettres plus fréquemment, et qui avaient conservé l'habitude de les taxer eux-mêmes, se montraient de plus en plus parcimonieux. Ce fut là une cause de contestations et de réclamations multipliées, auxquelles il fut mis un terme par un règlement de M. d'Almeras, général des postes, qui porte la date du 10 octobre 1627. Ce règlement fixe la taxe des lettres; il interdit au public d'y insérer de l'or, de l'argent, ou d'autres objets précieux, et il porte, en même temps, création du service des articles d'argent.

Pendant longtemps, les postes ne rapportèrent à l'État que le produit de la vente des emplois aux agents, qui percevaient la taxe des lettres à leur profit. Ce régime avait l'inconvénient d'attribuer uniquement aux titulaires des emplois tous les bénéfices résultant du développement continuel des correspondances; il cessa en 1672, époque à laquelle les postes furent mises en ferme.

Depuis 1672 jusqu'en 1790, elles furent exploitées successivement par divers fermiers généraux, de telle sorte qu'à l'expiration de chaque bail, l'État pouvait élever le prix du fermage proportionnellement à l'augmentation des produits.

Par décret du 12 juin 1790, le dernier bail des fermiers généraux fut résilié. Depuis, jusqu'en 1804, l'organisation des postes fut plusieurs fois modifiée; mais, ce qu'il y a de particulier durant cette période, c'est que toujours, dans les divers modes de régie qui se sont succédé, le soin de la direction supérieure du service fut confié à un conseil composé de plusieurs membres. Ce système des administrations collectives, introduit par la Révolution, obligeait plusieurs administrateurs à se réunir pour délibérer et statuer sur chaque affaire de détail; il en résultait forcément des lenteurs et des embarras pour la marche régulière du service, dont personne, en définitive, ne se trouvait directement responsable.

L'organisation actuelle, qui place à la tête de l'administration un directeur général, président du conseil, fut établie par le décret du 19 mars 1804.

En vertu de la loi, l'administration des postes a le privilége exclusif du transport des lettres et de certaines catégories d'imprimés et de papiers d'affaires.

Indépendamment du monopole qui lui est attribué, la poste se charge du transport des imprimés de toute nature, des échantillons et des valeurs cotées; elle délivre, sur le dépôt de la somme, et moyennant un droit de 2 p. 100, des mandats payables dans les différents bureaux de poste de l'Empire; enfin, elle reçoit, tant des fonctionnaires publics que des particuliers, le prix des abonnements au *Bulletin des Lois*, au *Moniteur des Communes*, et au *Bulletin des Arrêts de la Cour de cassation*, ainsi que le prix des séries, volumes et numéros détachés de ces publications.

Toute contravention au privilége de la poste est punie d'une amende qui varie d'importance suivant les cas. Une loi, en date du 22 juin 1854, contient de nouvelles dispositions répressives, et elle a, de plus, étendu à tous les agents assermentés de l'administration des postes, le droit de constater les contraventions, d'opérer les saisies et d'en dresser procès verbal.

En 1847, la taxe des lettres était encore perçue en raison des distances à parcourir (loi du 15 mars 1827). Ce mode fut remplacé, en 1848 (décret de l'Assem-

blée nationale du 24 août), à partir du 1er janvier 1849, par une taxe fixe et uniforme de 20 centimes pour chaque lettre simple du poids de 7 gram. 1/2, circulant à l'intérieur, de bureau à bureau, et quelle que fût la distance.

Le même décret supprima le décime perçu jusqu'alors pour port de voie de mer, sur les lettres de France pour l'Algérie et la Corse, et réciproquement.

L'affranchissement préalable resta facultatif pour les lettres circulant à l'intérieur, et obligatoire pour les journaux et imprimés.

C'est aussi de cette époque que date, en France, la création des timbres-poste.

Plus tard, le 18 mai 1850, une loi de finances éleva à 25 centimes, à partir du 1er juillet suivant, la taxe des lettres simples, circulant à l'intérieur, de bureau à bureau.

Enfin, dans le but de rendre au public les avantages dont il avait joui sous l'empire du décret du 24 août 1848, et de favoriser en même temps l'affranchissement des correspondances, une loi du 20 mai 1854 réduisit la taxe des lettres du poids de 7 grammes 1/2 et au-dessous, circulant de bureau à bureau, à 20 centimes pour les lettres affranchies; mais elle éleva à 30 centimes la taxe des lettres non affranchies.

Dès l'année précédente, une mesure de même nature avait été prise, à titre d'essai, en ce qui concerne les lettres de Paris pour Paris, dont la taxe est fixée, par la loi du 7 mai 1853, à 10 centimes et à 15 centimes, suivant que ces lettres sont ou ne sont pas affranchies.

L'établissement d'une taxe différentielle ayant pour résultat d'augmenter, dans une proportion notable, le nombre des lettres affranchies, l'administration a pris des mesures spéciales à l'effet d'en faire surveiller plus rigoureusement la remise à domicile.

Dans les départements, les lettres dont le poids n'excède pas 7 grammes 1/2, circulant dans la circonscription d'un bureau de poste, et les lettres de la ville pour la ville, dont le poids n'excède pas 15 grammes, payent une taxe fixe de 10 centimes.

La différence de taxe qui existe entre les lettres de bureau à bureau, et les lettres qui circulent dans la circonscription d'un même bureau, a souvent donné lieu à des mécomptes, dont il est utile que le public soit prévenu.

Il est arrivé que des localités après avoir obtenu la création d'un bureau de poste qu'elles avaient sollicitée, en ont éprouvé des regrets, parce que leurs lettres pour la ville voisine, dans la circonscription postale de laquelle elles se trouvaient précédemment, et dont elles ont été séparées sur leur demande, ont dû être taxées à 20 ou 30 centimes, comme circulant de bureau à bureau, et ont perdu ainsi le bénéfice de la taxe à 10 centimes.

Il est donc nécessaire de prendre cette circonstance en considération, lorsqu'il s'agit d'établir de nouveaux bureaux de poste. L'administration s'en préoccupe toujours, et elle a soin, autant que possible, de ne pas placer dans des circonscriptions postales différentes, des localités voisines, qui sont liées entre elles par de fréquentes relations d'affaires.

Il est des cas cependant où cette règle n'a pu être suivie.

Ainsi les faubourgs d'un certain nombre de grandes villes ayant pris des développements considérables, il est devenu indispensable d'établir des bureaux de poste au centre de ces agglomérations de population. Mais il en est résulté le fait que nous indiquions plus haut : la correspondance entre les villes et leurs faubourgs s'est trouvée chargée d'un surcroît de taxe très-dommageable. Les populations ont réclamé pendant longtemps; elles faisaient valoir que les habitants des faubourgs et ceux de la ville voisine ne formaient qu'une seule et même population, liée par les mêmes intérêts et les mêmes relations d'affaires.

Cette considération a fini par prévaloir. Le 3 juin 1854, le ministre des finances a décidé que les faubourgs de Paris et de dix-neuf autres villes seraient annexés à la circonscription postale de la ville près de laquelle ils s'étaient élevés; et, qu'en conséquence, les lettres réciproquement échangées ne seraient soumises dorénavant qu'à la taxe des lettres de la ville pour la ville, c'est-à-dire à une taxe de 10 centimes dans les départements, et à Paris, de 10 centimes pour les lettres affranchies, et de 15 centimes pour les lettres non affranchies.

De nouvelles réformes furent également apportées dans le service pendant le cours des années 1855 et 1856.

La loi du 2 mai 1855 a fixé à 10 centimes le port des avis en conciliation émanant des juges de paix, et adressés dans les limites de la circonscription cantonale de la justice de paix. Le transport de ces avis est exclusivement réservé à l'administration des postes, et leur affranchissement est obligatoire.

Le décret du 18 juin 1811 avait compris dans les frais de justice criminelle « le port des lettres et paquets pour l'instruction criminelle. »

Cette disposition, qui avait pour objet d'assurer au Trésor le recouvrement des avances faites par l'État dans la poursuite des crimes et délits, ne recevait aucune exécution.

La loi du 5 mai 1855, en déterminant le mode de perception du port des lettres et paquets dont il s'agit, a donné au décret de 1811 une force exécutoire qui doit faire rentrer dans les caisses du Trésor plusieurs centaines de mille francs dus par les condamnés en matière criminelle.

Depuis longtemps, la confusion qui existait dans la législation relative au transport des journaux et des imprimés soulevait de nombreuses réclamations, et rendait difficile l'exécution d'un bon service. Les échantillons, qui circulaient autrefois en grand nombre par la poste, avaient complétement disparu depuis la loi du 24 août les avait privés de la modération de la taxe dont ils jouissaient antérieurement, en les soumettant au tarif des lettres. Les papiers d'affaires ou de commerce, dont le transport est exclusivement attribué à l'État, n'ayant jamais été soumis à un tarif spécial, devaient également

supporter la même taxe que les lettres, taxe évidemment trop élevée, qui avait pour effet de faire transporter frauduleusement, en dehors du service, la presque totalité des objets de cette nature.

La loi du 25 juin 1856, exécutoire à partir du 1er août suivant, est venue remédier à tous les inconvénients qui viennent d'être signalés; elle fixe, moyennant un tarif réduit, le prix de transport des journaux et des imprimés, celui des échantillons et les papiers de commerce circulant en France, en Corse et en Algérie. Des traités contractés avec les puissances étrangères donnent les mêmes avantages à une partie notable des imprimés de toute nature à destination de l'étranger. Pour tous, des réductions importantes dans les tarifs procurent de nouvelles facilités au public, sans nuire aux intérêts du Trésor.

La loi du 25 juin 1856 devant avoir pour effet d'augmenter le nombre des imprimés confiés à la poste, ainsi que celui des échantillons et des papiers d'affaires, l'administration a pris les mesures nécessaires pour que ces objets soient toujours distribués avec la même régularité que les lettres.

Il était à craindre que, dans les bureaux de l'administration centrale, où les correspondances arrivent chaque jour en nombre plus considérable, la réunion des lettres et des imprimés ne produisît une certaine confusion. Afin d'obvier à cet inconvénient, le nombre des facteurs de Paris a été augmenté de 40, par décision ministérielle du 22 juillet 1856, et il a été a été admis en principe que la distribution des lettres se ferait séparément de celle des imprimés, des échantillons et des papiers d'affaires. Cette mesure utile a déjà reçu son exécution dans les arrondissements qui reçoivent le plus de correspondances. Elle a permis de faire comprendre, dans la première distribution, les imprimés de toute nature dont la remise aux destinataires était ajournée à la deuxième.

Les diverses dispositions que nous venons de rappeler apportèrent de nombreuses modifications dans les opérations postales. L'adoption de la taxe différentielle et la création des timbres-poste ont eu notamment pour effet d'amener le public à contracter de plus en plus l'habitude d'affranchir ses correspondances.

POTASSE (chimie) [alcali fixe végétal, kaly, hydrate de potassium ou protoxyde de potassium hydraté].— Alcali qu'on obtient en faisant bouillir convenablement, dans beaucoup d'eau, la potasse du commerce avec de la chaux non carbonatée, filtrant à travers une toile, faisant évaporer à siccité, puis fondant le résidu, qui est de la potasse à la chaux, ou pierre à cautère; versant sur cette pierre de l'alcool à 40°, qui ne dissout que la potasse pure, et évaporant la dissolution alcoolique dans des vaisseaux clos. « La potasse pure est blanche, inodore, solide, d'une saveur âcre et caustique; elle absorbe avec avidité l'humidité de l'air et son acide carbonique; elle verdit fortement les couleurs bleues végétales, et rétablit la couleur bleue du papier de tournesol rougi par un acide; elle fait avec l'acide oxychlorique un sel insoluble dans l'alcool ; un sel jaune à peine soluble, avec le chlorure de platine; elle se dissout dans l'eau, les huiles fixes, les graisses et l'alcool, et detruit avec rapidité la plupart des tissus animaux : c'est en vertu de cette dernière propriété qu'elle est employée comme caustique, à l'état de pierre à cautère. » — La potasse du commerce, s'obtient en incinérant une grande masse de végétaux sur un endroit du sol abrité des vents, lessivant la cendre, faisant évaporer, les liquides à siccité, et calcinant le résidu dans un fourneau à réverbère.

La potasse forme avec les acides un grand nombre de sels remarquables par leur solubilité dans l'eau; les plus connus sont le carbonate ou potasse ordinaire, le nitrate ou salpêtre, le silicate, qui se trouve dans le verre et dans un grand nombre de minéraux, le tartrate ou tartre, le sulfate (sel de duobus), et le chlorate. Ces sels se distinguent des sels de soude, avec lesquels ils ont la plus grande analogie, en ce qu'ils donnent un précipité blanc et cristallin de crème de tartre (bitartrate de potasse), quand on y ajoute un excès d'acide tartrique.

POTASSIUM (chimie).—Corps simple métallique, extrait de la potasse, obtenu pour la première fois par Davy, en 1807, au moyen de la pile voltaïque. Le potassium est de la couleur de l'argent, mou comme de la cire, plus léger que l'eau, volatil, et s'oxyde immédiatement au contact de l'air, en se changeant en potasse. Cette rapide transformation oblige de conserver le potassium dans l'huile de naphte. Si on le jette sur l'eau, il la décompose et s'empare de l'oxygène, en produisant une belle flamme violacée, et en se transformant lui-même en potasse qui se dissout. On obtient le potassium en chauffant au rouge blanc, dans un vase distillatoire, un mélange de charbon et de carbonate de potasse.

POTERIE (arts céramiques) [du latin *potum*, vase à boire].— Toute espèce de vaisselle de terre.

Quatre choses peuvent influer sur la qualité des poteries.

1° La nature ou la composition de la matière; 2° la préparation qu'on lui fait subir; 3° les dimensions qu'on donne aux vases; 4° la cuisson qu'on fait subir à ceux-ci.

La silice, ou quartz fait toujours les deux tiers ou les trois quarts de la plupart des poteries. L'alumine, depuis un cinquième jusqu'à un tiers; la chaux, depuis $\frac{8}{100}$ jusqu'à $\frac{20}{100}$; et le fer, depuis 0 jusqu'à $\frac{12}{100}$.

La silice donne de la dureté, de l'infusibilité et de l'inaltérabilité.

L'alumine communique du liant à la pâte, et donne la facilité de la pétrir, de la mouler, et de la tourner à volonté.

Jusqu'ici l'expérience n'a pas prouvé que la chaux fût nécessaire à la composition des poteries; et si on y en rencontre souvent des traces, c'est qu'elle s'y trouve mêlée aux autres terres, dont les lavages et autres préparations ne l'ont pas séparée.

L'oxyde de fer, outre l'inconvénient de colorer en rouge, ou en brun, suivant le degré de cuisson, les vases dans lesquels il entre, a la propriété de les rendre très-fusibles, et même plus que la chaux.

Poteries communes.—Autant on peut concevoir de mixtes terreux, autant on peut inventer d'espèces de poteries de terre.

Le tissu des poteries communes est plus ou moins grossier; ces poteries sont presque toujours trop peu cuites; elles soutiennent passablement les alternatives du chaud au froid; mais elles ne sont ni propres, ni solides, et elles ont le défaut de donner une mauvaise odeur et un mauvais goût aux aliments qu'on prépare.

Poterie de grès.—On appelle ainsi une poterie plus ou moins grossière, dont la densité est ordinairement telle qu'elle fait feu avec l'acier.

Ces poteries sont impénétrables aux graisses et aux acides, mais elles ne peuvent supporter les alternatives du chaud et du froid.—Voir *Faïence, Porcelaine, Hygiocerames.*

Poteries blanches, ou terres anglaises.—Ces poteries ne sont qu'une variété un peu recherchée des poteries communes. Le vernis en est composé dans les mêmes principes; elles sont minces et d'un prix très-modique; elles manquent de solidité; elles ne peuvent soutenir une grande chaleur. Leur durée est courte, parce que la prompte décomposition de leur vernis enlève l'éclat qui en fait le seul mérite.

Poteries fines à pâtes de couleur.—Les Anglais font un commerce assez considérable de différentes espèces de terres cuites en grès, et dont la pâte est colorée en bleu céleste, en noir, en jaune, en vert et en violet; tous les objets travaillés avec ces pâtes, sont remarquables par un fini précieux, et sont ordinairement décorés avec des bas-reliefs en pâte blanche, qui produisent un grand effet. Depuis longtemps, la manufacture de Sèvres avait réussi à imiter les pâtes bleues anglaises; mais ce n'est qu'en l'an X qu'elle a tenté les premiers essais en terre noire; et aujourd'hui elle fabrique des vases qui ne le cèdent en rien à la plus belle terre noire d'Angleterre.

La terre noire de Sèvres, comme celle d'Angleterre, est dure comme du grès, et fait feu au briquet. Sa composition donne lieu d'espérer qu'elle ne peut jamais devenir chère : elle est composée d'argile d'Arcueil, et de fer *oxydulé*, c'est-à-dire, de fer qui n'est pas au dernier degré d'oxydation, et qui est encore attirable à l'aimant, d'argile de Montereau, ou autre analogue, d'oxyde de manganèse, et de fer oxydé rouge.

L'opinion des Anglais est que le thé est meilleur dans une théière de terre noire que dans toute autre. Que ce soit un préjugé ou non, il est certain que la terre noire, quoique cuite en grès, supporte bien les passages subits du froid au chaud; que, quoiqu'elle ne soit pas enduite d'un vernis vitreux, elle ne communique point de mauvais goût aux aliments qu'on y conserve, et qu'elle est d'un excellent usage.

La poterie a fait dans ces derniers temps d'immenses progrès en France, ainsi que la faïence et la porcelaine; elles peuvent maintenant rivaliser non-seulement avec celles de la Saxe et d'Angleterre, mais même avec celles de la Chine, jadis si renommées. Elle pourrait même, aux yeux des amateurs des beaux-arts, obtenir la préférence par la beauté des dessins, le coloris et les formes élégantes qui distinguent plus particulièrement les ouvrages de la poterie française. Nous ne croyons pas qu'il y ait rien de comparable, non-seulement en Europe, et nous pourrions dire dans le monde entier, aux magnifiques porcelaines de la manufacture impériale de Sèvres, près Paris.

POU (zoologie) [*pediculus*].—Genre d'insectes aptères parasites, dont trois espèces se rencontrent fréquemment chez l'homme : le *pou de tête*, le *pou de corps* et le *pou du pubis*. Le pou de tête est cendré, avec les lobes ou découpures de l'abdomen arrondis; le pou de corps est d'un blanc sans taches, avec les découpures de l'abdomen moins saillantes que celles du pou de tête. Le pou du pubis (vulgairement *morpion*) a le corps arrondi et large, le corselet très-court, se confondant avec l'abdomen, les quatre pieds postérieurs très-forts. La bouche des poux est tubulaire et située à l'extrémité antérieure de la tête, et renfermant un suçoir. Leurs tarses sont composés d'un gros article se repliant contre la jambe et remplissant ainsi les fonctions d'une pince. Il paraît que l'extrémité de l'abdomen du mâle est armée d'une espèce d'aiguillon. Les œufs (*lentes*) éclosent au bout de cinq à dix jours, et les petits arrivent en huit à dix jours à l'âge adulte; ils se multiplient avec une telle rapidité, que deux individus suffisent pour en produire 18,000 en moins de deux mois. Pour détruire les poux de la tête les soins de propreté sont la première indication à remplir. On peut aussi faire quelques lotions avec une décoction de petite centaurée, ou une solution alcaline dans laquelle on a fait infuser une petite quantité de semence de staphisaire. Quelquefois on fait de légères frictions avec un peu d'onguent mercuriel. Pour se débarrasser des poux du corps, les bains sulfureux ou les fumigations sulfureuses sont utiles. On détruit le pou du pubis par des frictions mercurielles sur les parties où ils sont développés.

POUDRE.— Mélange très-inflammable de salpêtre, de charbon et de soufre, destiné à lancer des projectiles à une certaine distance par l'effet de la force expansive du gaz qu'il développe en s'enflammant. On distingue deux espèces de poudres : « 1o la poudre de guerre, et 2o la poudre de chasse. La première a pour composition : 75 de nitre, 12 1/2 de charbon, 12 1/2 de soufre. Cette poudre laisse, après sa combustion, un sulfure de potassium qui crasse les armes et nécessite de fréquents nettoyages. La poudre de chasse se fabrique avec 78 à 80 de nitre, 14 de charbon, 9 à 10 de soufre. Si la poudre est grossière, elle ne s'enflamme que successivement de proche en proche, et le projectile est lancé à peu de distance; si la poudre est, au contraire, plus fine, et que le mélange soit plus intime, le projectile est lancé beaucoup plus loin, parce que tous les grains de la poudre s'enflamment à peu près simultanément. Un litre de poudre donne 450 litres de gaz qui représentent une force de 450 atmosphères; et la chaleur qui se produit en même temps porte cette

force, par la dilatation des gaz, à plus de 3,000 atmosphères. »

La poudre à canon est mentionnée pour la première fois dans un ouvrage arabe sur les machines de guerre, écrit à l'époque de la croisade de saint Louis en Afrique. « De ce pays elle passa en Espagne, où on la voit figurer en 1257 au siége de Niébla. Roger Bacon et Albert le Grand la connaissaient déjà; mais la préparation en resta secrète. Plusieurs auteurs ont attribuée par erreur à un moine allemand du quatorzième siècle, nommé Berthold Schwarz, l'invention de la poudre à canon.

Voici le tableau des différentes espèces de poudre :

POUDRE			SALPÊTRE.	SOUFRE.	CHARBON.
France...	de guerre {	....	0,750	0,125	0,125
		....	0,750	0,130	0,130
	de chasse {	des Pilons..	0,780	0,100	0,120
		du Bouchet..	0,800	0,100	0,140
		d'Esquerdes.	0,760	0,100	0,140
			0,769	0,096	0,135
	de mine. {	de Champy..	0,620	0,200	0,180
		ordinaire...	0,650	0,200	0,150
	de traite.	....	0,620	0,200	0,180
Angleterre {	de guerre	....	0,750	0,100	0,150
		de Dartfort..	0,797	0,078	0,125
	de chasse {	de Tumbridge	0,750	0,080	0,170
		de Honslov..	0,760	0,095	0,145
			0,780	0,080	0,140
Suisse.... {	de chasse	de Bâle et de Berne.....	0,760	0,100	0,140
	de mine.	de Berne....	0,620	0,160	0,180
Prusse...	de guerre	....	0,750	0,115	0,135
Autriche.. {	de guerre	....	0,750	0,100	0,150
	de chasse	....	0,700	0,200	0,170
Russie...	de guerre	....	0,750	0,100	0,150
Suède....	de guerre	....	0,750	0,090	0,160
Hollande..	de guerre	....	0,750	0,095	0,155
Chine....	de guerre	....	0,757	0,099	0,144
Belgique.. {	de guerre	....	0,750	0,125	0.125
	de chasse	....	0,780	0,100	0,120
	de mine.	....	0,650	0,150	0,200

POULE (zoologie). — Femelle du *coq*.— Voyez ce mot.

POULS (pathologie générale) [de *pulsare*, frapper].— Mouvement de dilatation imprimé à tout le système artériel par l'*ondée* de sang qu'y fait pénétrer chaque contraction du cœur, dilatation que l'on désigne sous le nom de *diastole*, et à laquelle succède la *systole*, qui n'est que le retour du vaisseau sur lui-même. Dans l'état normal, le nombre des pulsations dans un temps donné diminue progressivement depuis la naissance jusqu'à la décrépitude. Dans les premières années de la vie, il y a, par minute, 120 à 140 pulsations; vers l'âge de cinq à six ans, 100 à 106; à sept ans, 90 à 95; à la puberté, environ 80; dans l'âge adulte, de 65 à 75; à soixante ans, 60; dans une vieillesse plus avancée quelquefois moins, souvent plus. Au caractère tiré du nombre des pulsations, le pouls naturel joint les suivants : il n'est ni dur ni mou; il est modérément développé, d'une force moyenne et d'une égalité parfaite, tant dans ses pulsations que dans leurs intervalles. Il s'éloigne plus ou moins de ces conditions dans les maladies, et les différences qu'il présente alors contribuent essentiellement à éclairer la connaissance des maladies. On peut explorer le pouls sur différentes artères, particulièrement sur la temporale, la carotide, la crurale, la brachiale; mais on choisit ordinairement la radiale.

Avant Hippocrate, le pouls était confondu avec les autres mouvements du cœur et des artères, auxquels on avait donné le nom de palpitation.

Hérophile, qui vivait près de deux cents ans après lui, fut le premier qui s'adonna à l'étude du pouls. Galien en réduisit la connaissance en méthode au commencement du dix-septième siècle; dom Solano, de Lucques, ayant vu dans quelques modifications du pouls, des signes inconnus jusqu'alors, qui annonçaient des crises prochaines, et faisaient connaître d'avance le couloir par lequel devait se faire l'excrétion critique, recueillit et publia des observations très-intéressantes à ce sujet, et depuis, Bordeu a confirmé et considérablement étendu la découverte de Solano. C'est à ces époques que doit être rapporté tout ce qui a été dit sur la doctrine du pouls.

Les historiens qui ont voyagé à la Chine, assurent que les médecins chinois ont, sur le pouls, des connaissances particulières, bien éloignées de ce qu'en ont écrit les médecins des autres pays, anciens et modernes.

POULPE (zoologie).—Nom spécifique d'un mollusque du genre des *sèches*, que Lamarck a donné pour type à un genre nouveau, dont les caractères sont : un corps charnu, obtus inférieurement, et contenu dans un sac dépourvu d'ailes; un osselet dorsal nul ou très-petit; une bouche terminale, entourée de huit bras égaux, munis de ventouses sessiles et sans griffes.

L'espèce la plus connue de ce genre est le *polype* d'Aristote (*sepia octopedia*). Cuvier a proposé d'en faire le type d'un sous-genre, sous la considération que les ventouses de leurs bras alternent sur deux rangées.

POUMONS (anatomie).— Voy. *Respiration et circulation.*—La nécessité de l'introduction de l'air dans les humeurs des corps organisés, dit Virey, est prouvée par l'universalité de la respiration dans tous les êtres; car les animaux ne sont pas les seuls êtres qui en aient besoin; les plantes respirent aussi, elles ont des pores, des petits orifices dans lesquels l'air pénètre au milieu de leur propre substance. Les feuilles sont des espèces de poumons pour les végétaux; elles absorbent de l'air et elles en exhalent. Les animaux aquatiques et ceux qui habitent sous la terre, ont aussi leur respiration. Les poissons séparent de l'eau l'air qu'elle a dissous; les surfaces de leurs branchies (ouïes) l'absorbent et le font passer dans le sang. L'air qui se trouve dans les interstices de la terre,

suffit aux animaux qui s'y enfoncent. Sans doute, les truffes et les autres plantes souterraines respirent aussi la petite quantité d'air qu'elles trouvent à leur portée. Tout ce qui est vivant paraît donc respirer plus ou moins, et l'on pourrait regarder cette fonction comme essentielle à l'organisation de tous les corps animaux et végétaux.

POURPRE (zoologie). — C'est au hasard seul, suivant la tradition de toute l'antiquité, qu'on doit la découverte de cette belle couleur. Cassiodore, Achille Tatius et Palæphatus rapportent qu'un chien de berger, pressé par la faim, ayant brisé un coquillage, le sang qui en sortit lui teignit la gueule couleur de pourpre, ce qui donna l'idée de l'employer à la teinture des étoffes. Palæphatus place cette découverte sous le règne de Phénix, deuxième roi de Tyr, dans le seizième siècle avant Jésus-Christ; Suidas, à l'époque où le premier Minos régnait en Crète, environ 1439 ans avant Jésus-Christ. Mais le plus grand nombre s'accorde à en faire honneur à l'Hercule tyrien, qui en présenta les premiers essais au roi de Phénicie. Ce prince fut, dit-on, si jaloux de la beauté de cette nouvelle couleur, qu'il en défendit l'usage à tous ses sujets, la réservant pour les rois et pour l'héritier présomptif de la couronne. Quelques auteurs font intervenir l'amour dans la découverte de la pourpre. Hercule, disent-ils, était épris des charmes d'une nymphe appelée Tyros : son chien ayant brisé un coquillage, se teignit la gueule en pourpre; la nymphe le remarqua et, charmée de l'éclat de cette nouvelle couleur, elle déclara à son amant qu'elle le quitterait, s'il ne lui donnait un habit teint d'une couleur semblable. Hercule y parvint en broyant un grand nombre de coquillages. Ces traditions paraissent fabuleuses, en considérant les détails et les soins minutieux qu'exigeait la préparation de cette couleur, suivant le rapport de quelques auteurs anciens.

Pourpre (zoologie) [*purpura*]. — Genre de mollusques gastéropodes pectinibranches marins, voisin des buccins, répandus en grand nombre sur les rivages de la plupart des mers, surtout dans celles du Midi. Lamarck les a ainsi nommés à cause de la liqueur rouge qu'ils sécrètent et dans laquelle il a cru retrouver la pourpre des anciens, qui appartient plus vraisemblablement à une espèce du genre murex. cette liqueur est contenue dans un réservoir particulier en forme de vessie, placé dans le voisinage de l'estomac.

POUZZOLANE (minéralogie). — Ciment naturel, provenant des scories et des laves pulvérulentes des volcans. Les Romains en faisaient un grand usage. Le Vésuve et tous les volcans éteints en renferment des amas considérables; ainsi de Pouzzole, qui lui a donné son nom. Cette terre, unie dans les proportions requises avec une chaux de bonne qualité, prend corps dans l'eau et y forme un mortier si adhérent, qu'il peut braver impunément l'action des flots sans éprouver la moindre altération; la pouzzolane sert aussi à construire des terrasses inattaquables à l'humidité.

La pouzzolane se trouve tantôt sous la forme de poussière, comme les cendres volcaniques de couleur grise ou noirâtre, tantôt sous la forme de grains bruns-rougeâtres ; c'est ce qu'on appelle la pouzzolane proprement dite. La pouzzolane poreuse, qui provient de celle de Pouzzole et de laves spongieuses, est noire, brune, rougeâtre ; elle est exploitée à Civita-Vecchia ; elle est la plus généralement recherchée et employée.

PRAGMATIQUE-SANCTION (histoire). — Nom que l'on donne à certaines ordonnances.

Dans les trois premiers siècles de la troisième race des rois de France, on ne connaissait pour véritables ordonnances que celles qu'on appelait pragmatiques-sanctions ; on entendait par là une constitution faite par le prince, de concert avec les grands de l'État ; comme encore en Allemagne, on n'admet pour pragmatique-sanction que les résolutions de la diète générale de l'empire.

On appelle absolument pragmatique-sanction, l'ordonnance faite à l'assemblée de Bourges, en 1438, par le roi Charles VII, pour recevoir ou modifier quelques décrets du concile de Bâle.

PRÉCESSION (astronomie) [du latin *præcedo, præcessum,* précéder, aller devant]. — Terme dont on se sert en astronomie, pour exprimer le mouvement insensible par lequel les équinoxes changent de place continuellement et se transportent d'orient en occident. Ce mouvement est indiqué par l'augmentation successive des longitudes des étoiles, qui croissent d'un degré en soixante-douze ans.

Newton a reconnu que ce phénomène était une suite de l'attraction du soleil et de la lune sur le sphéroïde applati de la terre, qui change la position de l'équateur et, par conséquent, celle des points équinoxiaux.

La précession des équinoxes fait que le temps qui s'écoule depuis un équinoxe de printemps et d'automne jusqu'à l'équinoxe suivant de printemps ou d'automne, est plus court de vingt minutes vingt-deux secondes, que le temps que la terre met à faire sa révolution dans son orbite.

PRESBYTIE. — Vue confuse quand on regarde les choses de près, et nette quand elle se porte sur des objets plus ou moins éloignés. On l'appelle aussi vulgairement vue longue. « La presbytie dépend souvent de l'aplatissement de la cornée ou du cristallin, d'où résulte la diminution de la convergence des rayons lumineux, qui arrivent par cela même à la rétine avant de se réunir. Aussi, remédie-t-on à ce vice de la vision par l'usage des verres convexes, qui rendent aux rayons lumineux le degré de convergence nécessaire. »

PRESCRIPTION (droit). — La prescription est établie dans l'intérêt général : elle est conséquemment de droit public ; on ne peut donc, d'avance, renoncer à la prescription, mais on peut renoncer à la prescription acquise. (C. civ., art. 2220.)

La renonciation à la prescription est expresse ou tacite. La renonciation tacite résulte d'un fait qui suppose l'abandon d'un droit acquis. (Code civ., art. 2221.)

Cependant, celui qui ne peut aliéner ne peut renoncer à la prescription acquise. (C. civ., art. 2222.) Ainsi, le mineur, l'interdit, la femme mariée, ne pourraient renoncer à la prescription acquise.

Les juges ne peuvent pas suppléer d'office le moyen résultant de la prescription. (C. civ., art. 2223.)

La prescription peut être opposée en tout état de cause, même devant la cour d'appel, à moins que la partie qui n'aurait pas opposé le moyen de la prescription ne doive, par les circonstances, être présumée y avoir renoncé. (C. civ., art. 2224.)

De ce que la prescription peut être proposée en tout état de cause, il s'ensuit qu'elle peut l'être en appel, même après la plaidoirie et la mise en délibéré. (C. cass., 7 nov. 1827.)

Les créanciers ou toute autre personne, ayant intérêt à ce que la prescription soit acquise, peuvent l'opposer, encore que le débiteur ou le propriétaire y renonce. (C. civ., art. 2225.)

On ne peut prescrire le domaine des choses qui ne sont point dans le commerce. (C. civ., art. 2226.)

Telles sont les chemins, rues, routes à la charge de l'État, les églises et chapelles consacrées au culte ; les cimetières, les bancs des églises, les promenades publiques, les murs des places de guerre, les francs-bords d'un canal de navigation, même lorsqu'ils appartiennent à des particuliers, parce que ces canaux sont destinés à un usage public.

L'État, les établissements publics et les communes sont soumis aux mêmes prescriptions que les particuliers, et peuvent également les opposer. (C. civ., art. 2227.)

PRESSE (mécanique). — Les machines à presser sont d'un usage extrêmement étendu et varié ; elles sont employées en grand nombre et sous diverses formes, suivant leur destination, dans une foule d'établissements industriels.

Dans leurs applications diverses, on n'en distingue pas moins de sept catégories, si on les classe par la transmission mécanique différente qui les met en mouvement :

1° Les presses à levier ; 2° les presses à vis ; 3° les presses à cylindres ; 4° les presses à excentriques ; 5° les presses à coins, 6° les presses à marquer ; 7° les presses hydrauliques. Nous croyons devoir placer dans une huitième catégorie, sous le nom de presses mixtes, celles qui réunissent plusieurs des systèmes précédents comme par exemple les presses monétaires et à estamper qui sont la combinaison de leviers et d'excentriques.

Les *presses à levier* sont des machines assez simples, dans lesquelles la résistance est placée entre le point d'appui et celui d'application de la puissance, mais qui occupent beaucoup de place ; elles ne sont guère usitées que dans les campagnes, comme pressoirs à cidre et à vin. Comme ces machines sont généralement très-défectueuses, qu'elles absorbent inutilement une grande partie de la force qui y est appliquée, nous croyons ne pas devoir en faire la description. Une encyclopédie est une œuvre de progrès, qui doit donner surtout les machines les plus perfectionnées. C'est à ce titre que nous donnerons, avec beaucoup de détails, la presse hydraulique de M. Koppelin, destinée à l'expression des jus de betterave et des fruits oléagineux, et aussi à la fabrication du vin, du cidre, etc.

Les qualités qui doivent distinguer un bon pressoir, sont la solidité, la facilité de construction et l'extraction la plus complète du jus contenu dans le marc. Loin d'être dans ces conditions, les pressoirs les plus communément en usage sont de volumineuses machines composées de charpentes énormes, et dans lesquelles, surtout vers la fin de l'opération, les frottements se multiplient jusqu'à refuser le mouvement; c'est en raison de ces frottements du bois sur bois, que ces appareils font entendre des craquements et des gémissements, que certains inventeurs sont parvenus à éviter en partie, aussi appellent-ils leurs machines *presses muettes*. La manœuvre de ces grands pressoirs nécessite ordinairement dix à douze hommes, et encore, comme nous venons de le dire, leurs efforts sont annulés, à un certain point de l'opération, par la résistance due aux frottements.

D'après le *Traité de Mécanique* de Barguis, en 1817, le nombre des systèmes des pressoirs existants à cette époque était réduit à quatre : les pressoirs à *tesson*, les pressoirs à *étuquet*, les pressoirs à *coffre* et les pressoirs à *deux vis*. Mais depuis, ce nombre est au moins doublé, d'après M. Armengaud. Depuis quatre années on a plus généralement employé la fonte et le fer dans leur construction, et pour les faire mouvoir on s'est successivement servi du *treuil*, de la *vis*, du *cric*, de la *manivelle*, de la *biéle*, de l'*excentrique*, des *coins*, des *moufles*, de la *vapeur* et de la *presse hydraulique*.

Un des premiers pressoirs perfectionnés est celui de M. Révillon de Mâcon. Le brevet porte la date du 26 août 1824, et est publié dans le quarantième volume des brevets expirés, et avec plus de détails dans le premier volume du recueil de Leblanc. Ce pressoir est horizontal, son coffre est de forme quadrangulaire de 0,75 centimètres de côté; les deux fonds sont deux plateaux mis en action par deux vis en bois dont les écrous prennent leur point d'appui sur le bâtis de la machine. On applique contre ces plateaux, pour faciliter la sortie du jus, des claies qui permettent au liquide de s'échapper avec plus d'abondance. Dans une des expériences faites par M. Perrochel, 37 hectolitres de pommes, soumises à l'action de ce pressoir, ont donné 1/6 en plus des produits obtenus avec les pressoirs ordinaires.

Vers cette époque, M. Ratton, gentilhomme portugais, mit à la disposition de la société d'encouragement une somme de 2,000 fr. pour un sujet de prix dont il a laissé le choix à la société; cette dernière, pour répondre aux désirs du fondateur, a proposé, comme prix, la substitution aux pressoirs ordinaires à vin et à huile de la presse hydraulique. Quatre concurrents se présentèrent au concours de 1826 ;

de ce nombre étaient M. Hallette fils, d'Arras, et M. Cordier, de Béziers ; le prix fut décerné à M. Hallette pour sa presse hydraulique horizontale à deux coffres mue par la même pompe d'injection. Elle est publiée dans le dix-huitième volume des brevets expirés. La date du brevet obtenu par N. Cordier est du 9 mars 1827. Plusieurs perfectionnements importants ont été apportés à ce genre de machine par M. Jeuffreins, de Tours, par MM. Suds, Barker, Adkins et Comp., de Rouen. Ces perfectionnements consistent à gagner de la vitesse dans le commencement de l'opération, au moment où la résistance est moins considérable, et de la ralentir vers la fin pour regagner de la force. Le brevet de M. Gathob. frim est du 6 août 1831, et celui de MM. Suds, Barker, Adkins et Comp. du 20 décembre 1833.

Nous trouvons encore un brevet de cinq ans à la date du 21 novembre 1840 et au nom de M. Révillon; ce pressoir est établi sur les idées de M. Gathob. Il a pour titre : *Perfectionnements apportés au pressoir cylindrique à chantepleure, propre à la pression de tous les liquides.*

Dans un brevet pris le 14 décembre 1842, M. Bernard a proposé un système de lenternes à rochet pour mettre en action les pressoirs à vin.

On pourra se faire une idée des nombreux perfectionnements dont ces utiles machines ont été l'objet, quand on saura que depuis le 7 janvier 1791 jusqu'à ce jour plus de cent brevets ont été délivrés pour des machines de ce genre. Mais nous devons faire observer que de 1791 à 1819 il n'a été demandé que deux brevets.

Le brevet de M. Kœppelin, chimiste à Colmar, pour application de la presse hydraulique à l'expression du jus du raisin, des pommes, etc., etc., porte la date du 14 octobre 1844.

Cette presse, qui est une des dernières applications de la presse hydraulique aux machines qui nous occupent, diffère essentiellement de tous les appareils antérieurs, même de ceux qui fonctionnent aussi par la presse hydraulique.

Le pressoir de M. Kœppelin, quoique d'un prix inférieur à celui des pressoirs ordinaires, produit, pendant le même temps, un travail double; il réunit sur ces derniers les avantages suivants :

1° La suppression complète de tous les frottements;

2° Une parfaite égalité de pression dans la matière;

3° Une facilité d'écoulement du jus exprimé, qui s'échappe sur une grande surface présentant peu d'épaisseur;

4° Cet appareil n'exige aucun outillage; la membrane flexible ne risque aucune rupture, car elle n'est tendue naturellement que quand elle est au repos;

5° Tous les dangers qui accompagnent d'ordinaire les machines dans lesquelles se font de grands efforts disparaissent; il ne peut y avoir ni rupture, ni déchirements violents;

6° Son service n'exige qu'un seul homme, soit

pour charger l'appareil, soit pour faire jouer la pompe d'injection. Enfin il occupe peu de place et il est d'un transport facile.

Avant de parler de cette ingénieuse application de la presse hydraulique, nous aurions dû donner la description de cette dernière.

La presse hydraulique, dont le principe fut découvert par Pascal, et qui se trouve expliqué ainsi dans son premier traité de l'*Équilibre des liqueurs*, composé en 1653, chap. 2.

« Si un vase plein d'eau, clos de toutes parts, a deux ouvertures, l'une centuple de l'autre, en mettant à chacune un piston qui lui soit juste, un homme poussant le petit piston égalera la force de cent autres qui pousseront celui qui est cent fois plus large et qui en surmontera quatre-vingt-dix-neuf. Et quelque proportion qu'aient ces ouvertures, si les forces qu'on mettra sur les pistons sont comme les ouvertures, elles seront en équilibre, d'où il paraît qu'un vaisseau plein d'eau est un nouveau principe de mécanique et une machine nouvelle pour multiplier les forces à tel degré qu'on voudra, puisqu'un homme, par ce moyen, pourra enlever tel fardeau qu'on lui proposera.

» Et l'on doit admirer qu'il se rencontre en cette machine nouvelle cet ordre constant qui se trouve dans toutes les anciennes, savoir : le levier, le treuil, la vis sans fin, etc., etc., c'est-à-dire que le chemin est augmenté en même proportion que la force ; car il est visible que comme l'une de ces ouvertures est centuple de l'autre, si l'homme qui pousse le petit piston l'enfonçait seulement d'un pouce, il ne repousserait l'autre que de la centième partie seulement : car comme cette impulsion se fait en raison de la continuité de l'eau qui communique de l'un des pistons à l'autre, il est visible que, quand le petit piston se meut d'un pouce, l'eau qu'il a poussée chassant l'autre piston, comme elle trouve son ouverture cent fois plus large, n'y occupe que la centième partie de la hauteur : *de sorte que le chemin est au chemin comme la force est à la force*, ce que l'on peut prendre pour la même cause de cet effet, étant clair que c'est la même chose de faire parcourir un pouce de chemin à cent livres d'eau, que cent livres ne puissent remuer un pouce qu'elles ne fassent remuer la livre de cent pouces, il faut qu'elles demeurent en équilibre, une livre ayant autant de force pour faire faire un pouce de chemin à cent livres, que cent livres pour faire faire cent pouces à une livre. »

D'après cette explication du moyen donné par Pascal, de multiplier les forces, il est facile de proportionner le diamètre des pistons, et de toutes les parties de la machine, suivant le degré de pression qu'il convient de lui faire exercer sur les matières soumises à son action pour en extraire l'huile, ou en exprimer le jus.

La construction des presses hydrauliques a reçu dans ces derniers temps de très-importants perfectionnements ; nous nous plaisons à citer la presse hydraulique à réservoir de force, par M. Falguière.

M. Séguin aîné, à qui l'industrie est redevable de tant de belles découvertes, a imaginé une presse hydraulique avec câbles en fil de fer. Précédemment M. Saulnier avait apporté de grandes améliorations à la presse hydraulique, afin de pouvoir l'appliquer à la fabrication des bougies stéariques : la principale consiste dans l'application d'un chauffage à la vapeur ; ce moyen facilite considérablement l'extraction de l'acide oléique, qui est liquide.

Dans cette machine ainsi que dans les presses à huile et autres, les sacs de laine qui contiennent la matière à presser sont séparés les uns des autres par des plaques en fer forgé préalablement chauffées, et entre lesquelles ils se trouvent fortement serrés. M. Broutir, de Grenelle, vient d'apporter un perfectionnement important à ces plaques ; il consiste à les faire creuser à faire passer un double jet de vapeur dans l'intérieur de chacune d'elles.

Nous devons parler aussi de la presse à vapeur de M. Bessemer, patentée en Angleterre. Elle est destinée à exprimer le jus de la canne à sucre.

M. Douay-Lesens exécute une nouvelle presse continue à cylindres concentriques, d'une grande puissance, et particulièrement applicable à la pulpe de betterave, au marc de raisin, de pomme, etc.

Pour ce qui est des presses typographiques et lithographiques, nous renvoyons nos lecteurs au mot *Imprimerie*. Celles de petite dimension sont généralement à vis, les puissantes sont à cylindres ; il faut ranger aussi dans cette dernière catégorie les laminoirs qui servent à la fabrication du fer.

Les machines à broyer les couleurs ainsi que celles qui sont destinées à faire le chocolat (voyez *Broyeuses*) ; les presses à cylindres sont encore employées par beaucoup d'autres industries, mais nous nous plaisons à citer, entre autres, une application très-heureuse due à M. Perrouse, mécanicien à Tournus (Saône-et-Loire).

L'emploi que l'on fait généralement dans ces presses de cylindres unis, présente l'inconvénient de ne pouvoir, malgré l'énergique pression qu'ils exercent, parvenir à en extraire entièrement le suc contenu dans la matière à presser, de sorte que l'on est obligé, si l'on veut obtenir tout ce suc, de soumettre les matières déjà pressées à d'autres systèmes de pressoirs.

M. Perrouse, qui s'est occupé assidûment de cette question, a cherché à perfectionner ces appareils, de manière qu'on pût, par leur moyen, opérer réellement avec avantage. Il s'est convaincu que le défaut des presses à cylindres provenait de ce que ceux-ci, étant unis et pleins, n'offrent pas un dégagement suffisant du suc, et conséquemment il a imaginé de se servir de cylindres percés d'une quantité de petits trous et enveloppés d'une toile métallique, faisant plusieurs tours sur eux, de manière à former une couche plus ou moins épaisse, et présentant une certaine élasticité.

Nous devons parler des presses à excentriques, qui sont peu usitées ; elles se composent de deux arbres : le premier, qui est l'arbre moteur, est animé d'un mouvement de rotation très-lent, et le communique au second arbre par l'intermédiaire d'une roue d'engrenage. Chacun de ces arbres porte deux excentriques qui agissent tous sur les plateaux mobiles de la presse, dirigés par des guides. De ce nombre sont les presses à antifriction (anti-friction-press), inventées par M. Deek, ingénieur à New-York.

Très-souvent des machines ont des combinaisons heureuses, et cependant elles ne répondent pas aux espérances qu'on en avait conçues tout d'abord, en raison des frottements considérables qu'on ne prévoit pas toujours, et qui diminuent de beaucoup leur puissance.

Mais il n'en est pas ainsi des anti-friction-press, dans lesquelles les frottements primitifs seraient tellement minimes, que leur accroissement est presque insensible lorsqu'on en fait usage pour de grandes pressions ou de grands efforts. Ces presses étaient, sans contredit en mécanique, une des choses les plus remarquables de l'exposition universelle de Londres.

Les presses à coins sont fort en usage dans les départements du nord de la France, pour l'extraction des graines oléagineuses.

Les presses à marquer sont de fortes mâchoires planes, employées dans la fabrication du fer, pour ébaucher et comprimer les loupes de fer à leur sortie des fours à pudler. Elles sont mises en mouvement soit par des excentriques, soit par des bielles reliées à des manivelles.

Presses à timbre sec et à timbre humide. — On fait usage dans les administrations publiques, à la banque, à la poste et dans les ministères, d'appareils pour timbrer les lettres ou les billets. Ces presses sont construites d'après différents systèmes ; il y en a qui ont la propriété d'encrer elles-mêmes le timbre ; telles sont celles de M. Guillaume, qui s'est acquis dans cette spécialité une juste célébrité. Nous placerons dans la même catégorie les presses à copier, qui sont généralement des presses à vis ; quelques-unes cependant sont à excentriques et d'autres à levier.

Les relieurs se servent des presses à vis, soit en bois, soit en fer.

On doit à MM. Monier et Knight une combinaison très-heureuse dite presse jumelle ; elle est à vis en fer, mue par une combinaison d'engrenage.

Presses monétaires. — Les presses monétaires le plus généralement employées sont celles que l'on doit au génie de M. Thonnelier. Elles doivent être classées dans la huitième catégorie, attendu qu'elles sont le résultat de la combinaison des leviers et d'excentriques ; leur puissance est considérable.

On se sert de machines construites sur le même principe pour l'estampage de différents objets en métal.

Terminons par quelques mots sur les machines.

Machines. — Une machine est un assemblage de pièces mécaniques destiné à recevoir l'action d'un moteur pour en transmettre ou en modifier la force. Les différentes pièces dont se compose une machine sont appelées organes mécaniques. Avant d'énumérer et de détailler les nombreux et différents systèmes

de machines dont l'ensemble est pour ainsi dire comme les bras de l'humanité, nous pensons pouvoir avancer, en nous appuyant sur la belle définition que M. de Bonald a donnée de l'homme, que notre corps est une machine. Ce profond penseur a dit, en effet : « *L'homme est une intelligence servie par des organes.*» Or, le principe vital, la volonté, l'âme enfin ! voilà le moteur ; le corps est la machine, dont la destination est d'exécuter toutes les conceptions de l'intelligence.

Quand rien n'est dans la tête, il n'en peut rien sortir,
La main n'est qu'une esclave et ne doit qu'obéir.

Nous classerons les machines en trois grandes divisions.

Dans la première, nous placerons tous les appareils qui ont rapport à l'agriculture. Nous avons plusieurs raisons pour les mettre au premier rang ; d'abord, parce que nous pensons que ce sont les plus anciennes, ensuite, parce que les services qu'elles rendent à l'homme paraissent naturellement leur assigner cette place. Hélas ! pourquoi sommes-nous forcés d'ajouter que l'état arriéré où se trouvent encore ces utiles instruments, semblerait donner un démenti à nos paroles qui ne sont cependant que l'expression de la vérité.

Par ancienneté, nous croyons être autorisés à placer au second rang les machines de guerre ; peut-être même pourrait-on les mettre au premier ; c'est une question que nous n'avons pas mission d'approfondir, mais nous ne pouvons nous empêcher d'exprimer un vœu qui est certainement celui de tous les hommes de cœur, c'est que ces instruments de mort soient les premiers mis au rebut et abandonnées.

Les machines industrielles ne sont venues que plus tard ; les hommes se sont servis du moulin à bras pendant bien longtemps avant de songer à s'affranchir de ce pénible labeur, en utilisant le souffle du vent ou le cours de l'eau. Un poëte que l'on a si justement appelé le premier après les premiers (Louis Racine), l'a dit avec beaucoup de grâce :

Un ruisseau par son cours, le vent par son haleine,
Peut à leurs faibles bras épargner tant de peines.
Mais ces heureux secours, si présents à nos yeux,
Quand ils les connaîtront, le monde sera vieux.

Il sera vieux surtout quand ils sauront tirer, à l'aide de ces différentes machines, la plus grande somme possible de l'effet utile du moteur, c'est-à-dire quand l'homme aura découvert les lois de la mécanique.

Les moteurs dont les machines sont appelées, comme nous l'avons dit, à transmettre ou à modifier la force, sont de deux espèces : les moteurs animés, comme les hommes et les animaux, et les moteurs inanimés, qui sont ; l'eau, le vent, la vapeur, l'électricité, etc. Les machines qui reçoivent directement l'action du moteur servent, pour ainsi dire, d'intermédiaire entre celui-ci et les machines travaillant, qui sont destinées à transformer une matière première quelconque en produits manufacturés ; ces dernières machines sont plus particulièrement appelées outils ou métiers. Les lois qui président à leur construction ne sont plus les mêmes que celles qui régissent l'établissement des machines motrices, et en effet, l'outil ou le métier reçoit une partie de la force du moteur, mais il n'a pas mission de la transmettre; pourvu qu'il n'en absorbe pas plus qu'il n'est nécessaire pour produire l'effet qu'on attend de lui, il est parfait.

La machine motrice, au contraire, *reçoit* une certaine quantité de force, et elle n'est parfaite que si elle *verse* dans l'usine la plus grande partie possible de cette force. Mais comment une machine peut-elle verser et distribuer à tous les métiers d'une fabrique la force qu'elle a reçue d'un moteur? c'est par le mouvement, et nous devons ajouter que les appareils qu'on désigne sous le nom de transmissions de mouvement servent à distribuer à chaque outil ou à chaque métier, la portion de force qui lui est nécessaire : ce sont aussi des machines.

Machines agricoles. — Quelle a été la première machine agricole? probablement le plantoir : encore faut-il supposer que la main de l'homme a été longtemps l'unique instrument qui a servi à placer grain par grain, dans le sein de la terre, cette manne universelle (le blé) que Dieu lui a donné pour en faire sa principale subsistance. L'homme, qui, dans le principe, n'avait des mains que pour les élever vers le ciel et bénir Dieu, comprit enfin qu'il fallait désormais les abaisser vers la terre pour en tirer une étroite et laborieuse subsistance; car, depuis que l'homme s'est montré rebelle à Dieu, par contre la terre est devenue rebelle à l'homme, et sa fécondité, d'absolue qu'elle était, a été relative; il a fallu lui donner une préparation suffisante, et la charrue primitive a dû alors être inventée.

L'Écriture nous apprend que « de trois frères, l'un, » Jabel, aura été père de ceux qui habitent sous la » tente et des pasteurs; un second, Jubal, le père » de ceux qui jouent de la guitare et de l'orgue (des » musiciens), un troisième, Tubalcain, sera forgeron » et fabricateur en toute œuvre de cuivre et de fer.» (*Genèse*, chap. 4, v. 20, 21 et 22.)

Les fils de Jabel ont donc inventé la charrue et aussi un instrument (le joug), que par extension on nous permettra d'appeler une machine; car, si d'après notre définition il ne reçoit pas la force pour la transmettre ou la transformer, au moins sert-il à la dompter.

Par extension aussi, nous appellerons machines les instruments de musique inventés par les enfants de Jabel, et en effet, à toutes chutes, à toutes douleurs il faut une consolation.

La musique est consolatrice par excellence. Les hommes inspirés qui la compose récèlent en eux une force que les instruments ne font que transmettre à ceux qui la reçoivent par audition.

On nous avouera qu'il serait difficile de nous accuser d'être sorti tout à fait de notre sujet, si la musique, au lieu d'exciter si souvent les hommes à s'entre-tuer sur les champs de batailles, n'avait jamais servi qu'à les charmer et à les distraire de leurs utiles travaux dans les champs rustiques.

Les fils de Tubalcain (le Vulcain des Grecs) ont sans doute été les constructeurs de ces utiles inventions, que ne s'en sont-ils tenus là ! Mais nous sommes bien obligés de leur attribuer, en propre, l'invention des premières machines de guerre dont nous parlerons plus loin.

La bêche et la houe ont sans doute précédé la charrue, mais après la charrue et la faucille, la meule, car, il faut bien le reconnaître, les premiers hommes ont dû se contenter pendant longtemps d'égrener les épis dans leurs mains ou sous leurs poids, et même de le faire faire par les chevaux, comme cela se pratique encore dans certains pays avant d'imaginer le fléau.

Telles sont les machines agricoles primitives auxquelles on n'a substitué que trop tardivement, les merveilleuses inventions que nous allons énumérer. Avant de commencer faisons des vœux pour que l'enseignement professionnel agricole soit de plus en plus sérieusement compris et pratiqué.

Les machines employées dans l'agriculture peuvent se classer de la manière suivante :

Les appareils de drainage;

Les bêches, les houes, les râteaux, etc., les charrues, les herses, les rouleaux, etc., les appareils employés pour la préparation du sol ;

Les appareils divers employés pour les semailles, les plantations, les distributions des engrais, etc. ;

Les instruments de récolte, tels que faux, serpes, faucilles, râteaux, faneuses, etc., les machines à faucher et à moissonner, etc. ;

Appareils préparant les produits sous les formes où ils sont vendus ou consommés, tels que fléaux, rouleaux de dépiquage, machines à battre et à égrener, vans, tarares, secoueurs de paille, etc., hache-paille, concasseurs, coupe-racines, etc., presses, pressoirs, écraseurs, etc.;

Appareils pour la conservation des produits ;

Systèmes de meules, greniers mobiles, etc.;

Appareils de transport;

Hottes, civières, brouettes, etc. ;

Moteurs à l'usage des machines agricoles;

Manéges, machines à vapeur locomobile, etc.

Telles sont les principales machines dont l'agriculture fait usage.

Pour ce qui est des machines de guerre, après avoir cité les machines des anciens, telles que béliers, catapultes, nous ne parlerons pas de celles qui sont employées de nos jours, parce qu'elles sont trop connues pour cela.

Les machines employées dans l'industrie sont innombrables, nous nous contenterons d'indiquer les groupes principaux sous lesquels on peut les classer. Nous suivrons pour cela l'ordre de classification adopté par la commission de l'exposition universelle :

1re section. — Appareils de pesage et de jaugeage;

2e section. — Organes de transmission et de mouvement ;

3e section. — Manéges et autres appareils pour

itilisation, par les machines, du travail développé par les animaux.

4e section. — Moulins à vent ;

5e section. — Machines hydrauliques ;

6e section. — Machines à vapeur et à gaz;

7e section. — Machines servant à la manœuvre des fardeaux ;

8e section. — Machines élévatoires ;

9e section. — Ventilateurs et soufflerie.

Cinquième classe. — Machines et matériel des chemins de fer et autres voies de transport.

Sixième classe. — Machines spéciales et matériel des ateliers industriels.

Septième classe. — Machines spéciales et matériel des manufactures de tissus.

Huitième classe. — Machines de précision, horlogerie, optique, instruments de physique.

Toutes ces machines seront traitées d'une manière spéciale dans notre ouvrage, et, si nous commençons aujourd'hui par la machine à vapeur, c'est parce que c'est la plus généralement employée dans l'industrie.

Disons, en terminant, qu'il y a des machines tout à fait immatérielles, et, en effet, en suivant la définition que nous avons donnée, on peut dire que le crédit, par exemple, est une machine destinée à recevoir la force des capitaux pour la transmettre et pour la verser dans les mains des producteurs. Ajoutons que c'est la machine la plus puissante et la plus indispensable ; si ses bienfaits se répandent promptement sur notre beau pays, il sera transfiguré. Nous ne craignons pas d'avancer que si les hommes riches, qui, depuis trente ans, ont dépensé des sommes considérables dans leurs terres, n'ont réussi pour la plupart qu'à faire de l'agriculture avec de l'argent, cela les a justement rebutés ; s'ils avaient prudemment, sagement, mis leurs capitaux, au moyen d'une bonne machine à crédit, à la disposition de ceux qui sont de temps immémorial habitués à faire de l'argent avec l'agriculture, il y aurait eu avantage pour le pays ; car le crédit est une machine fécondante.

VICTOR DENNIÉE.

PRESSE (économie politique). — Ce mot se dit de tous les produits de la presse ou de l'imprimerie, c'est-à-dire de tous les ouvrages imprimés. Sous le nom de presse périodique, on distingue les journaux et revues.

On entend par liberté de la presse le droit de mettre au jour, par la voie de l'impression, ses idées, ses opinions, sur toutes sortes de matières, sans être obligé de les soumettre à la censure et sans être inquiété. « La liberté de la presse, aujourd'hui reconnue en France et en Angleterre, est un droit pour lequel les nations les plus civilisées n'ont cessé de lutter. Cette liberté n'existait pas en France avant 1789, ou du moins elle était extrêmement limitée par la censure. Elle fut proclamée par l'Assemblée constituante et réglée par le décret du 14 septembre 1791. A la suite de plusieurs vicissitudes, elle fut reconnue par la Charte de Louis XVIII, et confirmée de nouveau par la Charte de 1830. Depuis,

il a été rendu de nombreuses lois qui ont eu principalement pour objet la presse politique et les journaux, tantôt étendant, tantôt restreignant leur liberté. Telles sont : la loi du 17 mai 1819, sur la répression des crimes et délits commis par la voie de la presse ; la loi du 26 mai 1819, relative à la poursuite de ces crimes et délits ; la loi du 9 juin 1819, relative à la publication des journaux ; la loi du 25 mars 1822, qui édictait de nouvelles mesures de répression ; la loi du 18 juillet 1828, qui fixa les conditions de la publication libre des journaux ; la loi du 8 octobre 1830, appliquant le jury aux délits de presse ; la loi du 9 septembre 1835, sur les crimes, délits et contraventions de la presse ; le décret du 6 mars 1848, abrogeant la loi précédente ; les lois des 27 juillet 1849 et 16 juillet 1850, contre les excès de la presse (cette dernière prescrit de signer les articles politiques) ; enfin le décret du 16 février 1852, qui régit aujourd'hui la matière. Ce décret soumet les journaux à l'obligation d'une autorisation préalable, fixe le tarif des cautionnements qu'ils doivent fournir, les rend justiciables des tribunaux de police correctionnelle, permet de les suspendre après deux avertissements motivés, et de les supprimer après deux condamnations judiciaires.

PRÉSURE. — Substance caséeuse et blanchâtre, que l'on trouve dans le quatrième ventricule des jeunes veaux qui tètent, et que l'on a tués avant que leur digestion soit faite. La présure est d'une saveur aigre, et d'une substance molle lorsqu'elle sort de l'estomac de l'animal. On la fait sécher pour la conserver ; plus elle est ancienne, plus elle a d'action sur le lait, qu'elle coagule en en pressant en quelque sorte les parties, ce qui lui a fait donner le nom de présure. On l'appelle aussi caillette, du nom du ventricule qui la contient. La présure sert aux laitières et crèmières pour faire leurs fromages, et s'en fait une grande consommation. Les pharmaciens en font usage pour faire du petit-lait.

PRINTEMPS (cosmographie) [du latin *primum tempus*, première saison. On a dit longtemps *prim* pour premier]. — L'une des quatre saisons de l'année. Il commence lorsque le soleil, s'approchant de plus en plus du zénith, a atteint une hauteur méridienne moyenne entre sa plus grande et sa plus petite, c'est-à-dire lorsqu'il est arrivé au point de l'écliptique qui coupe l'équateur, et il finit lorsque le soleil, continuant de s'approcher du zénith, a atteint sa plus grande hauteur méridienne, c'est-à-dire lorsqu'il est arrivé au point de l'écliptique qui coupe le colure des solstices. Le jour où le printemps commence est égal à la nuit ; c'est-à-dire que le soleil demeure aussi longtemps au-dessus qu'au-dessous de l'horizon.

PRINCIPES IMMÉDIATS (chimie). — Substances composées d'au moins trois éléments, que l'on retire des animaux et des végétaux, sans altération, par des procédés simples, et pour ainsi dire immédiatement. « Les principes immédiats des végétaux se multiplient tous les jours ; cependant il arrive aussi que quelques-uns de ceux qui étaient admis cessent d'appartenir à cette division des corps, parce qu'ils se trouvent eux-mêmes composés de deux ou trois principes : c'est ainsi que le gluten a été trouvé formé de zymome et de gliadine, que le picromel a été reconnu composé de plusieurs substances, etc. Il en est aussi dont on peut représenter la composition par celle de deux ou trois composés binaires : comme pour les éthers, par l'hydrogène bicarboné et l'eau, l'hydrogène bicarboné et un acide, etc.; ou pour le sucre, par les éléments de l'hydrogène bicarboné, de l'eau et de l'acide carbonique; et pour l'urée, par ceux de l'acide cyanique et de l'ammoniaque. Chaque jour, cette manière d'envisager la composition des produits organiques paraît jeter un jour plus satisfaisant sur cette branche de la chimie. » On peut ranger les principes immédiats en plusieurs groupes, soit d'après les rapports qui existent entre les éléments qui les composent, soit d'après l'arrangement relatif de tels ou tels composés binaires auxquels peuvent donner lieu les éléments primitifs : on aurait ainsi les corps formés de deux ou trois composés jouant entre eux les rôles électro-négatif et électro-positif. » On peut aussi en former des groupes d'après leurs propriétés physiques les plus distinctes : alors on aurait : 1° les substances neutres non azotées, où l'hydrogène et l'oxygène représentent à peu près de l'eau (gomme, sucre, fécule, mannite, ligneux); 2° les substances acides, celles qui rougissent plus ou moins le tournesol, et dans lesquelles, en général, l'oxygène prédomine, par rapport à l'hydrogène, pour former de l'eau; ce sont les acides organiques, que l'on a quelquefois envisagés comme produits par la combinaison d'un radical binaire ou ternaire avec un autre élément, tel que l'hydrogène; 3° les substances azotées, soit neutres, soit alcalines : les premières sans réaction distincte sur les couleurs bleues végétales (albumine, gélatine, asparagine, caféine, etc.); les secondes, ramenant au bleu les couleurs rougies par un acide (quinine, morphine, émétine, strychnine, etc.); 4° les substances très-combustibles hydrogénées ou carbonées (stéarine, cétine, etc.); les huiles volatiles et fixes, les éthers, les résines, les matières pyrogénées, etc. »

PRISME (géométrie) [du grec *prisma*, dérivé de *prizo*, scier, couper : ce qui est coupé, scié]. — Solide engendré par le mouvement d'une figure rectiligne, qui glisserait toujours parallèle à elle même le long d'une ligne droite.

Si la première figure décrivante est un triangle, le prisme s'appelle alors le prisme triangulaire; si la figure est un carré, le prisme s'appelle prisme quadrangulaire.

Par la génération du prisme, il est évident que ce solide a deux bases égales et parallèles, que son contour est composé d'autant de parallélogrammes qu'il y a de côtés dans la figure décrivante ou la base; qu'enfin toutes les sections du prisme parallèles à sa base sont égales.

Tous les prismes sont entre eux en raison composée de leurs bases et de leurs hauteurs. Les prismes dont les bases sont égales sont par conséquent entre

eux comme leurs hauteurs; si ceux dont les hauteurs sont égales sont entre eux comme leurs bases, les prismes semblables sont entre eux comme les cubes de leurs côtés homologues, et aussi comme les cubes de leurs hauteurs.

Prisme est aussi le nom d'un solide transparent, qui a la figure d'un prisme triangulaire; c'est-à-dire que ses deux extrémités sont deux triangles égaux, parallèles et semblablement situés, et les trois autres faces, qui en terminent le contour, sont des parallélogrammes très-polis, qui s'étendent d'une extrémité à l'autre.

Ce solide peut être de verre, d'eau, de glace, etc., pourvu que la matière dont il est formé soit transparente ; il sera propre aux usages auxquels il est destiné.

On se sert de prismes pour faire plusieurs expériences très-curieuses sur la lumière et sur les couleurs, et surtout pour démontrer que la lumière est un corps hétérogène, composé de plusieurs rayons colorés, tels que le rouge, l'orangé, le jaune, le vert, le bleu, l'indigo et le violet, avec toutes les couleurs intermédiaires.

PRISON [du bas latin *prisio*, corruption de *prehensio*, action d'arrêter]. — Lieu où l'on enferme les accusés, les criminels, les débiteurs, etc. La législation actuelle distingue :

1° Les maisons de police municipale, établies dans chaque canton pour recevoir les individus condamnés à l'emprisonnement par les tribunaux de simple police;

2° Les maisons d'arrêt, établies dans chaque arrondissement pour recevoir les inculpés, les prévenus et les condamnés à un emprisonnement qui ne dépasse pas un an;

3° Les maisons de justice, placées au chef-lieu judiciaire du département, et qui reçoivent surtout les individus qui se pourvoient en appel devant les tribunaux du chef-lieu et les cours impériales;

4° Les maisons de détention ou de force, dites aussi maisons centrales, où l'on enferme les individus condamnés à la réclusion ou à un emprisonnement de plus d'un an, ainsi que les femmes condamnées aux travaux forcés;

5° Les bagnes, aujourd'hui supprimés en grande partie, étaient destinés aux criminels condamnés aux travaux forcés à temps et à perpétuité;

6° Les maisons de correction pour les jeunes détenus, les prisons pour dettes, les prisons militaires, etc., pour les cas qui entraînent ces divers genres de peines.

« Le régime des prisons a varié fréquemment. Dans les temps anciens, et bien longtemps encore dans les temps modernes, la prison était considérée comme un lieu de supplice, comme un moyen de vengeance, bien plutôt que de correction. Les prisonniers, renfermés dans des espaces étroits, privés d'air et d'exercice, étaient soumis aux plus dures privations, exposés à la brutalité des geôliers et torturés à plaisir. C'est aux chrétiens qu'on doit les premières améliorations du sort des détenus : le concile de Nicée, en 325, établit des procureurs des pauvres, chargés de visiter les prisonniers, et de travailler à leur délivrance. Au seizième siècle, saint Charles Borromée, saint Vincent de Paul se consacrent au soulagement des captifs. Au dix-huitième siècle, J. Howard, Beccaria, Bentham travaillèrent, au nom de la philanthropie, à la réforme des prisons. Enfin cette réforme s'accomplit de nos jours en Angleterre, aux États-Unis et dans la plupart des États de l'Europe ; elle a été consommée en France par la loi du 18 mai 1845. Depuis l'adoption du système pénitentiaire, on a beaucoup varié sur le mode d'emprisonnement le plus convenable; le système cellulaire, essayé dans plusieurs établissements, a été définitivement abandonné en 1853. »

Dans un rapport adressé, en 1853, à M. le ministre de l'intérieur, par M. P. Perrot, inspecteur général des prisons, nous trouvons les chiffres suivants, commentés habilement par M. Louis Jourdan.

En 1835, nos maisons centrales, nous ne parlons pas des bagnes, renfermaient 14,000 condamnés des deux sexes; en 1854, elles en renfermaient 22,328, près de 60 0/0 d'augmentation en moins de vingt ans !

En 1837, on comptait 1,334 enfants des deux sexes détenus, soit dans les maisons centrales, soit dans les prisons départementales, soit dans les établissements privés. En 1854, ce nombre s'était élevé au chiffre effrayant de 9,364 !

Et maintenant voulez-vous savoir quels sont les pourvoyeurs habituels de ces enfers sombres et silencieux ouverts à l'expiation du crime?

L'ignorance d'abord ! Au 31 décembre 1853, il existait dans les prisons 20,643 individus. Sur ce nombre, 568 seulement avaient reçu une instruction supérieure à l'enseignement primaire. Parmi les autres, 10,874 étaient complètement illettrés ; 2,389 savaient tout au plus lire, le surplus savait lire et écrire ; mais que faut-il entendre par ces mots : savoir lire et écrire? Savoir tracer quelques caractères informes sans être en état de rendre sa pensée, fût-ce sous la forme la plus incorrecte et la plus grossière ; savoir épeler les caractères d'un livre et ne pas en comprendre le sens. Entre ceux qui savent lire et écrire ainsi et ceux qui sont complétement illettrés, il n'existe pour ainsi dire pas de différence.

Ainsi, sur 20,643 criminels, plus de 20,000 ignorants ! Vingt mille intelligences, vingt mille âmes qui, faute de culture première, restent en friche, sont absolument fermées à toutes notions du juste et de l'injuste, à toute idée, à tout principe de morale. Et cela est si vrai que les efforts tentés dans l'intérieur des prisons pour réparer ce mal irréparable, pour porter quelques faibles rayons de lumière dans ces ténèbres que la société a imprudemment laissées s'épaissir, ces efforts sont stériles. On parvient à grand'peine à apprendre à lire à quelques-uns, à écrire à quelques autres, mais l'immense majorité reste plongée dans son abrutissement primitif.

N'est-il pas évident que la société doit s'appliquer par-dessus toutes choses à dissiper cette nuit intel-

lectuelle à l'ombre de laquelle germent tant de vice et pullulent tant de corruptions? Chaque école que l'on fonde est une économie, en ce sens que 100 francs employés à répandre l'instruction, même élémentaire, épargneront plus tard 1,000 francs de frais de détention. Ce n'est pas un mince budget que celui dont les criminels grèvent la richesse publique. Les maisons centrales, les établissements de correction pour les jeunes détenus et les prisons départementales ne coûtent pas moins de 15,000,000 de francs chaque année, et dans cette somme ne sont pas comprises les dépenses des bagnes et les dépenses que le département de la Seine et l'État s'imposent pour le même objet. Que ne ferait-on pas avec ces 15 millions ! En comptant 2,000 francs pour la rétribution d'un instituteur, le loyer et les frais d'établissement, on fonderait 7,500 écoles, dans chacune desquelles on pourrait admettre vingt enfants au moins, et qui donneraient un total de 150,000 écoliers des deux sexes, 150,000 créatures du bon Dieu qui recevraient le pain de l'esprit, et qui, grâce à cette nourriture intellectuelle, deviendraient probablement de laborieux ouvriers, d'honnêtes mères de famille !

Mais l'ignorance n'est pas le seul recruteur de ces cohortes indisciplinées, sans cesse en révolte contre les lois, et dont la répression occupe la grande majorité de nos magistrats. La misère, la misère hideuse, la faim, cette mauvaise conseillère, vient en seconde ligne. Chez la plupart des condamnés, les mauvais instincts ont été engendrés par la misère et l'abandon des parents; l'ignorance est venue ensuite et les a développés dans d'effrayantes proportions. La statistique des prisons révèle à cet égard des faits accablants.

On se tromperait si l'on croyait que l'agglomération des grandes villes est le plus vaste foyer de corruption. Il est sans doute fâcheux de dissiper les illusions des philanthropes idylliques qui se pâment d'aise devant l'innocence de la vie champêtre, mais il faut bien leur apprendre que les professions agricoles fournissent à nos prisons centrales le plus large contingent. (L. Jourdan.)

PROBABILITÉ (mathématiques).— La probabilité est définie par Loke, la convenance ou la disconvenance apparente de deux idées, appuyée sur des preuves qui ne sont pas susceptibles de démonstration mathématique, mais qui en ont ordinairement toute la force.

Les géomètres modernes ont appliqué leur calcul à évaluer les degrés de probabilité, et pour cela ils ont regardé la certitude comme un tout, et les probabilités comme les parties de ce tout. En conséquence, le juste degré de probabilité d'une proposition leur a été exactement connu lorsqu'ils ont pu dire et prouver que cette probabilité valait un demi, un tiers, un quart de la certitude. Dans l'usage ordinaire, on appelle probable ce qui a plus d'une demi-certitude ; vraisemblable, ce qui la surpasse considérablement ; certaine, qui touche à la certitude entière. Au-dessous de la demi-certitude ou de l'incertain, se trouvent le soupçon et le doute, qui se terminent à la certitude de la fausseté d'une proposition.

Les sources de probabilités sont de deux espèces : 1° les probabilités tirées de la considération de la nature même, et du nombre des causes ou des raisons qui peuvent influer sur la vérité de la proposition dont il s'agit ; 2° les probabilités fondées sur l'expérience du passé, qui peut nous faire tirer avec confiance des conjectures pour l'avenir, lors dù moins que nous sommes assurés que les mêmes causes qui ont produit le passé existent encore, et sont prêtes à produire l'avenir.

A ces deux principes généraux de probabilité, on en peut joindre de plus particuliers, tels que l'égale possibilité de plusieurs événements, la connaissance des causes, le témoignage, l'analogie et les hypothèses.

Quand on est assuré qu'une certaine chose ne peut arriver qu'en un certain nombre déterminé de manières, et qu'on sait, ou qu'on suppose que toutes ces manières ont une égale possibilité, on peut dire avec assurance que la probabilité qu'elle arrivera d'une façon, vaut tant, ou est égale à autant de parties de la certitude. Lorsqu'on jette un dé au hasard, la possibilité est égale pour chacun des six points dont il est composé; il y a donc six probabilités égales, qui, toutes ensemble, font la certitude; ainsi, chacune est une sixième partie de cette certitude. Ce principe, tout simple qu'il paraît, est infiniment fécond; c'est sur lui que sont formés tous les calculs que l'on a faits et que l'on peut faire sur les jeux de hasard, sur les loteries, sur les assurances, et en général sur toutes les probabilités susceptibles de calcul. C'est sur ce principe, joint à l'expérience, que l'on détermine les probabilités de la vie humaine, ou du temps qu'une personne d'un certain âge peut probablement se flatter de vivre, ce qui fait le fondement du calcul des rentes viagères, des tontines, etc.

PROCÉDURE (droit). — Il y a la procédure en matière civile et criminelle, et la procédure en matière commerciale : c'est de celle-ci qu'il s'agit, et qu'il est souvent nécessaire de connaître pour l'instruction judiciaire d'un procès par devant le tribunal de commerce, où le ministère des avoués n'est pas admis. Il n'y a que les agréés qui sont des fondés de procuration pour faire valoir les droits des parties. La procédure par devant la juridiction consulaire est prompte et peu coûteuse ; elle se réduit à vingt-huit articles, formant tout le Code de procédure commerciale, depuis le jour de la demande jusqu'à la décision, dans un délai plus ou moins long, depuis une quinzaine jusqu'à trois mois au plus, et quelquefois ne dépasse pas huitaine.

PROCÈS-VERBAL (droit). — Les descentes des juges, les visites et rapports d'experts, appositions et levées de scellés, saisies-exécutions, saisies immobilières, et généralement tous les actes dressés et arrêtés par gens ayant serment en justice, et qui contiennent et établissent un fait, par quelque rapport, constata-

tions, comparutions ou absence des parties, se font par des procès-verbaux.

Les juges peuvent adresser une commission rogatoire au tribunal de commerce du lieu ou déléguer un juge de paix pour en prendre connaissance (des livres), dresser procès-verbal du contenu et l'envoyer au tribunal saisi de l'affaire (16).

Le procès-verbal de visite d'un navire est déposé au greffe du tribunal de commerce; il est délivré extrait au capitaine (225).

Le capitaine est tenu d'avoir à bord les procès-verbaux de visite (226).

En matière de faillite, le juge de paix adressera sans délai, au tribunal de commerce, le procès-verbal de l'apposition des scellés (453).

Le juge-commissaire tiendra procès-verbal de ce qui aura été dit et décidé dans l'assemblée des créanciers (518).

PROCURATION (droit).—C'est un acte par lequel on donne à quelqu'un le pouvoir d'agir pour une affaire quelconque, ou pour recevoir et donner quittance de quelque somme dans un autre lieu.

L'associé commanditaire ne peut faire aucun acte de gestion ni être employé pour les affaires de la société, même en vertu d'une procuration (27).

Si l'endossement d'une lettre de change n'est pas daté, s'il n'exprime pas la valeur fournie, s'il n'énonce pas le nom de celui à l'ordre de qui il est passé, il n'opère pas le transport, il n'est qu'une procuration (138).

PRODUCTIONS SPONTANÉES (physiologie). —Nous avons vu, au mot *Génération,* qu'on a donné le nom de *génération* ou *production spontanée* à la production fortuite d'êtres organisés qui n'auraient pas été engendrés par d'autres êtres pareils et antérieurs.

Cette grande question des générations spontanées est toujours poursuivie par la science. N'est-ce pas là, en effet, le plus grand problème de l'histoire naturelle, et le plus difficile à résoudre?

Y a-t-il réellement des êtres organisés, végétaux ou animaux, qui soient produits par les forces de la nature sans qu'ils aient un être vivant de même espèce pour générateur, et se forme-t-il des espèces nouvelles, de nouvelles créations? Oui, a répondu Buffon, et beaucoup d'autres avant et après lui. Non, ont dit, par un concert à peu près unanime, les savants du siècle présent, en répétant l'aphorisme de Harvey : *Tout vivant vient d'un œuf,* ou plutôt, en le modifiant comme il suit : *Tout vivant vient d'un vivant.* C'est encore ce qu'ont soutenu, dans un ouvrage récent, MM. Schultze et Schwann.

A la fin de 1858, devant l'Académie des sciences, M. Pouchet s'est élevé contre cette opinion, et pour preuve a présenté les expériences suivantes :

« 1° On remplit d'eau bouillante un flacon d'un litre; on le plonge dans une cuve à mercure où l'eau se refroidit sans qu'il entre de l'air. On le débouche sous le mercure; on y fait passer un demi-litre d'oxygène pur, puis 10 grammes de foin sortant d'une étuve chauffée à 100°; on bouche hermétiquement, toujours sous le mercure; et, au bout de huit jours, le foin se couvre d'un champignon qu'on dit nouveau, et qu'on appelle l'*aspergillus Pouchetii*, parce que c'est M. Pouchet qui en a déterminé la production. Point d'animalcules.

» 2° On opère comme la première fois; mais au lieu de ne donner à l'eau du flacon que de l'oxygène pur, on lui donne de l'oxygène et de l'azote dans les proportions voulues pour former de l'air artificiel. Au bout d'un mois, on trouve dans le flacon, non-seulement des cryptogames, mais des animalcules très-agiles de plusieurs espèces. »

Et l'auteur conclut de ces expériences, que ces champignons et ces infusoires se sont produits sans germes, parce que tout germe a dû être détruit par la chaleur à laquelle on a soumis les substances, et sans air atmosphérique, puisque, dans le premier cas, on n'a introduit que de l'oxygène, et, dans le second, seulement de l'air artificiel.

M. Milne-Edwards s'est élevé le premier contre les conclusions que M. Pouchet a déduites de ses expériences, et a pensé qu'il n'a point écarté par là les objections faites aux partisans de l'hétérogénie.

Suivant le savant académicien, en effet, l'expérience de M. Pouchet, consistant à introduire dans un vase plein d'oxygène pur du foin préalablement chauffé dans une étuve dont la température était portée à 100 degrés, n'est point concluante. Elle n'est point concluante, d'une part, parce qu'elle n'a pas été assez prolongée pour que la température ait pu s'équilibrer dans toutes les parties contenues dans le vase, et qu'on n'a pu avoir par conséquent la certitude que les germes d'infusoires contenus dans ces matières végétales ont été réellement élevés à la température de 100 degrés. D'autre part, en admettant même, par hypothèse, que ces conditions eussent été remplies, on ne pourrait pas en conclure légitimement, à ses yeux, que ces germes ont dû perdre leur viabilité et être inaptes à se développer. Voici pourquoi : s'il est vrai que, dans les circonstances ordinaires, on voit toujours la mort survenir chez les animaux dont le corps a éprouvé une élévation de température suffisante pour déterminer la coagulation de l'albumine hydratée contenue dans leurs tissus, on sait, d'un autre côté, qu'il n'en est pas de même chez ceux qui ont été préalablement desséchés, et que certains animalcules, tels que les tardigrades, par exemple, quand ils sont suffisamment desséchés, peuvent conserver la faculté de vivre, après un séjour de plusieurs heures dans une étuve dont la température est de beaucoup supérieure à celle où M. Pouchet a placé le flacon contenant le foin employé dans ses expériences. »

M. Milne-Edwards dit avoir vu des animalcules résister de la sorte à l'action très-prolongée de l'air d'une étuve dont la température marquait 120 degrés centigrades. Dans des recherches de M. Doyère, qui a le premier fait connaître ces faits, la chaleur du milieu ambiant a été portée jusqu'à 140 degrés, sans que la mort des animalcules préalablement

desséchés soit résultée de cette grande élévation de température. Rien, dans l'expérience de M. Pouchet, ne prouve donc que les animalcules observés par ce naturaliste n'aient pas dû leur origine au développement des germes qui préexistaient dans le foin dont il a été fait usage, et qui y seraient restés vivants, malgré le degré de température auquel ils ont été exposés. Ce qui affermit cette opinion, c'est le résultat négatif que M. Milne-Edwards a constaté toutes les fois qu'il a fait la même expérience, en enfermant les matières organiques chargées d'infusoires dans des vases hermétiquement clos, et exposés à une température assez élevée pour déterminer la coagulation des matières albuminoïdes contenues dans leur intérieur.

Jusqu'à plus ample informé, a dit M. Milne-Edwards, je continuerai donc à penser que, dans le règne animal, il n'y a point de génération spontanée; que tous les animaux, les petits comme les grands, sont soumis à la même loi, et qu'ils ne peuvent exister que lorsqu'ils ont été procréés par des êtres vivants.

Après M. Milne-Edwards, MM. Payen, de Quatrefages, Claude Bernard et Dumas ont successivement appuyé et confirmé l'opinion de leur collègue. M. Payen a ajouté la relation d'une expérience sur les sporules d'une végétation cryptogamique, dont les résultats sont, pour les végétaux rudimentaires, parfaitement conformes à ceux que M. Milne-Edwards a constatés pour les animalcules. M. de Quatrefages a cherché à démontrer, par un autre ordre d'expériences, l'existence au sein de l'atmosphère d'un nombre considérable de germes végétaux et animaux, toujours prêts à se développer aussitôt qu'ils se trouvent placés dans des conditions favorables, et donnant lieu à ces myriades d'animaux et de végétaux microscopiques qui se montrent dans les infusions au bout d'un temps parfois très-court; il a opposé en outre, aux partisans de la génération spontanée, les résultats des belles recherches récentes de MM. Van Bénéden et Küchenmeister, sur le mode de propagation des vers intestinaux, qui ruinent une partie des faits sur lesquels s'appuyait la doctrine de l'hétérogénie.

M. Claude Bernard a cité ensuite une expérience qui lui est propre, et qui n'est pas plus favorable à cette doctrine que les précédentes. Enfin, M. Dumas a rappelé qu'il y a trente ans, à l'occasion d'une publication dans laquelle on annonçait des résultats analogues à ceux de M. Pouchet, il fut provoqué à entreprendre quelques expériences qui lui montrèrent que des germes d'animalcules et de végétation avaient pu se développer après avoir été chauffés à 120 et même 130 degrés.

Il importait d'autant plus d'être fixé sur la valeur des expériences de M. Pouchet, qu'à la solution de ce problème fondamental est étroitement attachée celle des questions les plus hautes, les plus controversées de la physiologie et de la pathologie : la question du vitalisme. En effet, de quelque réserve qu'on s'entoure, dit le docteur Dechambre, si un être vivant peut naître d'une poussière morte, sans germes, sans spores, sans ovules, moyennant un peu de chaleur et d'humidité, il faut reconnaître que, dans certaines espèces au moins, la vie est un résultat, non une cause, et l'organisme le produit accidentel de combinaisons chimiques. Or, si cela était vrai des espèces inférieures, le point de vue vitaliste ne se trouverait-il pas entièrement changé à l'égard de toutes les espèces et de l'homme lui-même? Faudrait-il reconnaître à la vie, à ce qui se conçoit comme un et indivisible, deux origines distinctes? Faudrait-il se jeter dans les bras d'un matérialisme absolu?

En présence d'un faisceau aussi compacte de faits et d'opinions contraires, en face surtout de. l'autorité que ces faits et ces opinions empruntent aux savants que la spécialité de leurs travaux rend particulièrement compétents sur la matière, la doctrine *omne ovum ex ovo* a toujours pour elle l'expérience et l'induction.   B. LUNEL.

PROLOGUE (art dramatique) [du grec *pro*, avant, et de *légô*, dire : discours qui précède]. — Prologue se dit ordinairement d'un ouvrage qui sert de prélude à une pièce dramatique. Les anciens introduisaient dans leurs prologues quelquefois un seul acteur, quelquefois plusieurs interlocuteurs.

L'objet des prologues était d'apprendre aux spectateurs, ou aux lecteurs, le sujet de la pièce, ou de leur en faciliter l'intelligence, ou quelquefois de faire l'apologie de l'auteur. On appelait même prologue l'acteur qui le récitait. Le théâtre comique moderne fournit aussi quelques exemples de prologues, dont le plus ingénieux est le prologue de *l'Amphitryon* de Molière; mais l'opéra français s'en est fait, sous le règne de Louis XIV, un vestibule éclatant, dont le sujet est ordinairement élevé, merveilleux, ampoulé, et la musique harmonieuse et brillante. Dans les opéras français modernes, on a supprimé les prologues, parce qu'on a reconnu qu'ils nuisaient à l'intérêt de la pièce, et qu'ils ne faisaient qu'ennuyer et impatienter les spectateurs, qui ne les souffraient souvent que parce qu'ils n'osaient murmurer contre les fadeurs dont ils étaient pleins.

L'usage des prologues s'est introduit dans le poëme didactique et dans le poëme en récit : Lucrèce en a orné le frontispice de tous ses livres; l'Arioste en a égayé ses chants; la Fontaine joint très-souvent de petits prologues à ses contes.

PRONOSTIC (pathologie générale) [du grec *prognostikon*].—Jugement que le médecin porte d'avance sur les changements qui doivent survenir pendant le cours d'une maladie.

Le pronostic, nous disait un de nos anciens professeurs, ne consiste pas seulement à annoncer que telle maladie fera ou non succomber le malade, il conduit encore à reconnaître, parmi les affections qui ne doivent pas entraîner la mort, celles qui se termineront par le rétablissement complet de la santé, celles qui resteront stationnaires, celles qui diminueront ou augmenteront par degrés pendant tout le cours de la vie, à des époques qu'il est quel-

quefois possible de déterminer. Le pronostic s'étend aussi à la durée de la maladie; aux symptômes accidentels qui peuvent s'y joindre, tels que le délire, les convulsions; à l'époque à laquelle la terminaison aura lieu; quelquefois même aux phénomènes critiques et consécutifs; enfin, au retour de la maladie. — La réputation du médecin s'établissant souvent sur cette espèce de prédiction, on comprend avec quelle prudence il faut agir. Et cependant, combien de fois la nature, en donnant raison à des charlatans, les a fait passer pour grands docteurs !

PROPRIÉTÉ. — La propriété est le droit de jouir et de disposer des choses de la manière la plus absolue, pourvu qu'on n'en fasse pas un usage prohibé par les lois ou par les règlements.

Nul ne peut être contraint de céder sa propriété, si ce n'est pour cause d'utilité publique, et moyennant une juste et préalable indemnité.

La propriété d'une chose, soit mobilière ou immobilière, donne droit sur tout ce qu'elle produit, et sur ce qui s'y unit accessoirement, soit naturellement, soit artificiellement; ce droit s'appelle *droit d'accession*.

Ce droit se trouve décrit dans le titre II, de la propriété, et dans les chap. 1 et 2 du Code civil.

Les propriétés sont plus disséminées en France qu'en Angleterre, où l'on compte un grand nombre d'établissements industriels d'une valeur considérable, soit à Londres, soit dans les villes manufacturières et maritimes; telles sont les filatures de coton, les brasseries, les forges, usines, les mécaniques et bateaux à vapeur, les vaisseaux, dont le chiffre s'élève à environ 24,000, etc. Les autres pays possèdent aussi de pareils établissements, mais ils ne sont pas aussi nombreux ni d'une aussi grande valeur.

PROTÊT (droit). — Acte par lequel on constate le refus d'acceptation ou de payement d'une lettre de change ou d'un billet à ordre.

L'art. 162 du Code de commerce oblige le porteur d'une lettre de change à faire constater le refus de payement, le lendemain du jour de l'échéance, par un acte que l'on nomme *protêt faute de payement*. Si c'est un jour férié légal, le protêt est fait le jour suivant.

Lorsque le protêt a lieu en cas de non-acceptation d'une lettre de change par celui sur qui elle est tirée, le porteur n'est soumis à aucun délai de rigueur. Le porteur n'est dispensé du protêt faute de payement, ni par le protêt faute d'acceptation, ni par la mort ou faillite de celui sur qui la lettre de change est tirée. Dans le cas de faillite de l'accepteur avant l'échéance, le porteur peut faire protester, et exercer son recours. (Code de comm., art. 163.)

L'art. 173 du Code de commerce détermine la forme des protêts. Suivant cet article, les protêts faute d'acceptation ou de payement sont faits par deux notaires, ou par un notaire et deux témoins, ou par un huissier et deux témoins. Le protêt doit être fait au domicile de celui sur qui la lettre de change était payable, ou à son dernier domicile connu.

PROVIDENCE [de *videre pro*, voir d'avance]. —

Action perpétuelle de Dieu sur la création pour la conserver et la diriger à sa fin, selon l'ordre qu'il a établi en la créant; attribut de Dieu, ou Dieu lui-même, considéré en tant que gouvernant le monde. — Voy. *Dieu*.

PRUNIER (botanique, toxicologie) [*prunus*]. — Sous ce nom, Linnée comprend, outre le *prunier proprement dit*, l'*abricotier*, le *cerisier*, le *laurier-cerise*. A. L. de Jussieu, d'accord avec l'usage universel, en fait autant de genres distincts.

« Le *prunier proprement dit* est un genre important de la famille des rosacées, tribu des amygdalées; il se compose d'arbres et d'arbustes à feuilles alternes, entières, d'un vert très-foncé, dentées sur les bords; à fleurs blanches distribuées sur tous les rameaux, et particulièrement dans l'aisselle des anciennes feuilles; calice caduc, à 5 lobes; 5 pétales; étamines nombreuses; ovaire supérieur; style à stigmate simple. Le fruit est un drupe renfermant un noyau ovale oblong. Les pruniers ne parviennent jamais à une grande hauteur; leurs rameaux sont diffus, ne forment point une tête arrondie, et leur tronc, ainsi que leurs vieilles branches, porte une écorce rude, grisâtre ou brune. »

Toutes les espèces cultivées dérivent du *prunier domestique* (*prunus domestica*), qui est originaire de l'Orient.

De l'effet toxique des fleurs de prunier.

Nous allons présenter ici une des observations les plus curieuses de notre répertoire clinique : c'est celle d'un cas d'empoisonnement par les fleurs de prunier chez un individu atteint d'une névrose de l'estomac : nous l'extrayons de *l'Abeille Médicale*, tome XII, n° 22, année 1855 :

« Bernard Pile, apprenti compositeur typographe, âgé de dix-sept ans, est d'un tempérament nervo-bilieux et d'un appétit vraiment incroyable : peu difficile, d'ailleurs, sur la nature des aliments, il mange tout ce qui lui tombe sous la main : légumes crus, pain d'un mois de date, etc. Dans une seule après-midi, le 2 mars 1855, il a mangé les pelures d'environ trois cents pommes destinées à faire de la compote. Plus récemment, il a avalé les noyaux de deux à trois kilogrammes de cerises anglaises, dont une de ses parentes préparait des confitures...

» Enfin, le dimanche 8 juillet 1855, étant allé aux environs de Paris (à Romainville) faire une promenade de quelques heures, il mangea toute espèce de feuilles, de fleurs, principalement des fleurs de prunier.

» Peu d'instants après son retour à Paris, il se plaignit de céphalalgie, de vertiges, de chaleur brûlante à l'estomac; quelques convulsions épileptiformes ayant eu lieu, les parents du malade, effrayés, vinrent me chercher. J'avais à peine terminé d'adresser quelques questions à Bernard Pile, que d'abondants vomissements de racines entières de plantes, de noyaux de fruits et de fleurs de prunier survinrent : mon étonnement fut grand, comme on le pense, lorsque j'examinai ces matières évacuées, dont quelques-unes

étaient chargées d'écume. Revenu à l'examen de mon malade, voici les signes que j'observai : teint pâle, traits déformés, pupille très-large, refroidissement des extrémités, respiration stertoreuse, pouls petit et irrégulier; puis nouvelles convulsions. Plus de doute pour moi, j'avais affaire à un empoisonnement narcotique dû à l'acide cyanhydrique. En attendant que l'on préparât le contre-poison de Smith, dont voici la formule :

Sulfate ferreux.............. 55 grammes.
Sulfate ferrique............. 98 —
Mélangez. Ajoutez une dissolution de :
Sucre..................... 60 grammes.
Eau....................... 250 —
Précipitez ensuite par :
Carbonate de soude cristallisé. 260 —

je fis inspirer au malade du chlore liquide étendu d'eau, et j'ordonnai des affusions d'eau froide salée derrière la tête et sur tout le trajet de la colonne vertébrale (1). Enfin j'administrai le contre-poison, et, grâce à Dieu, les accidents cessèrent peu à peu. Je suis persuadé que dix minutes plus tard le malade eût expiré !

» J'ordonnai ensuite des lavements purgatifs; je combattis pendant deux jours quelques accidents consécutifs (céphalalgie, faiblesse, douleur épigastrique), et le 12 juillet Bernard Pile était rétabli et reprenait son travail.

» L'effet toxique des fleurs de prunier paraît donc aussi redoutable que celui de la plupart des autres arbres fruitiers de la famille des amygdalées (abricotier, pêcher, amandier, etc.); il s'explique, du reste, par l'action de l'acide cyanhydrique qui stupéfie le système nerveux et produit comme épiphénomène une stase veineuse qui causerait infailliblement la mort si elle se prolongeait.   B. LUNEL. »

PRUSSE (géographie). — Royaume d'Europe situé le long de la mer Baltique, et qui s'étend depuis les frontières de la Poméranie jusqu'à la Courlande; la Pologne le borne au midi. Cet état a 5,050 milles carrés d'Allemagne. L'air y est froid et humide, à cause du grand nombre de forêts et de lacs qui s'y rencontrent. Il est néanmoins assez peuplé. La plus grande partie de la Prusse consiste en plaines; le terroir y abonde en toutes sortes de grains; on y élève beaucoup de bestiaux; surtout le pays offre de vastes plantations de tabac et de houblon, de belles forêts, et les fabriques y ont une grande activité. On ramasse de l'ambre jaune sur ses côtes.

(1) « C'est le moyen employé par le docteur Robinson pour combattre un empoisonnement par l'acide cyanhydrique tenté volontairement sur deux lapins. L'eau employée par M. Robinson tenait en dissolution un mélange d'azotate de potasse et de chlorure de sodium. Sous l'influence de cette médication si simple, prolongée pendant quelques minutes, les lapins ne tardèrent pas à revenir à la vie et à courir comme s'il ne leur fût rien arrivé. MM. Louyat et Bouchardat répétèrent ces expériences avec succès, le premier sur des lapins, le second sur un petit chien. »

Il y a beaucoup de tanneries, et ses nombreux haras fournissent une grande quantité de beaux chevaux. La religion dominante est la luthérienne. L'ordre royal de Prusse est celui de l'Aigle-Noir, qui a pour marque une croix d'or émaillée en bleu, avec quatre aigles noirs éployés aux quatre angles inférieurs. Cette croix est suspendue à un large ruban orange.

La Prusse, de province de Pologne qu'elle était, a passé à l'état de royaume par la gradation dont voici le précis : des chevaliers teutons ou allemands, chassés de la Palestine, où, ainsi que les chevaliers de Malte, ils étaient établis pour protéger les lieux saints et exercer l'hospitalité, se trouvant à la tête de plus de 20,000 hommes, se portèrent dans les contrées maritimes de la Pologne, où ils se rendirent maîtres de la Prusse.

Bientôt après, la dureté de leur gouvernement aigrit les peuples, dont partie se jetèrent dans les bras des Polonais. Nouveau sujet de guerre, dont l'issue fut de relâcher aux Polonais la Prusse occidentale; les chevaliers teutons retinrent la Prusse orientale comme fief mouvant de la couronne de Pologne. Mais, en 1525, le grand-maître, Albert de Brandebourg, foulant aux pieds les droits de l'ordre, dans lequel il n'était que le premier entre ses égaux, aidé de Sigismond, roi de Pologne, dont il avait épousé la fille, s'attribua le domaine suprême du pays, dont les membres de l'ordre étaient cosouverains, sous la condition d'en faire hommage à la Pologne, dont il se reconnut vassal. Cet hommage cessa en 1657; et en 1701, l'empereur d'Allemagne, voulant se faire un parti en Europe pour faire casser le testament de Charles II, roi d'Espagne, jeta les yeux sur Frédéric, électeur de Brandebourg, et, de concert avec lui et par sa toute-puissance impériale, érigea en royaume la partie de la Prusse qu'il possédait à titre de duché.

Le démembrement de la Pologne fit depuis passer sous la domination de la maison de Brandebourg la Prusse occidentale, qui, en ayant été séparée par le traité de Tilsitt, en 1807, y a été réunie de nouveau en 1815, en vertu des stipulations du congrès de Vienne, avec le duché de Posen dans la Pologne; mais Culm et Dantzick y ont été déclarées villes libres.

Berlin est la capitale du royaume de Prusse, mais ce n'en est pas la ville la plus importante ni la plus considérable. Cet avantage appartient à celle de Dantzick, et elle le doit à sa liberté, à son port, à sa situation, à l'embouchure de la Vistule et à l'étendue de son riche commerce.

Enfin la maison de Brandebourg réunit aujourd'hui sous son sceptre le royaume de Prusse, le duché de Posen dans la Pologne, le marquisat de Brandebourg, le duché de Saxe, la Silésie presque entière, la Poméranie, le duché de Magdebourg, la principauté d'Halberstadt, la principauté de Minden, le comté de Lamarck, la partie du duché de Clèves située à la droite du Rhin, la haute et basse Lusace, la principauté de Camin, le comté de Glatz dans la Bohême, la portion de la Saxe située sur la rive droite de l'Elbe et le grand-duché du Bas-Rhin. Quant au comté de Neufchâtel, le roi de Prusse n'en est que prince titulaire : il forme un canton de la Suisse, libre et indépendant, et il n'y jouit que des droits seigneuriaux.

L'état prospère de la monarchie prussienne est l'œuvre du grand Frédéric, de Frédéric II, qui à son avénement au trône, en 1742, ne trouva dans ses Etats qu'une population de 2,300,000 habitants et une armée de 70,000 hommes. Ses finances étaient si sagement réglées que, malgré les guerres longues et dispendieuses qu'il soutint, malgré que ses armées fussent toujours au complet, en temps de paix comme en temps de guerre, et que le peuple fût moins chargé qu'en aucun autre Etat, elles lui fournissaient un large excédant employé à défricher des terres incultes, à joindre des rivières par des canaux, à élever des forteresses, à bâtir des casernes, à orner la capitale d'édifices magnifiques, à reconstruire des maisons qui déparaient certains quartiers; excédant qu'il employait à établir des fabriques, à fonder des hôpitaux, à donner des pensions aux veuves des officiers, des encouragements à toutes les connaissances usitées. Elles suffirent, ces épargnes, à assainir des terrains marécageux, à contenir les rivières par des digues, à favoriser dans ses États les colons étrangers, à la construction de 540, tant villages que hameaux, sur les terrains enlevés aux eaux stagnantes. Elles lui suffirent pour faire des avances aux gentilshommes et possesseurs de terre dans les différents pays de sa domination, pour les mettre en état de défricher et d'améliorer; sommes qu'il leur donnait en pur don, ou à raison de un ou de deux pour cent d'intérêt, dont le produit était employé à donner des secours aux maîtres d'école mal dotés, des dots aux filles de pauvres officiers.

Dans les pays de son obéissance, il y eut tolérance universelle en matière de religion; la justice fut débarrassée de ses entraves, administrée avec impartialité, et il y veilla. On n'y vit points d'enlèvements furtifs, d'emprisonnements clandestins. Le militaire fut tenu dans une exacte discipline; l'impôt réparti avec équité, et il put l'alléger en en simplifiant la perception. On ne connut point dans ses États ces fortunes colossales, cette énorme disproportion qui n'existe qu'aux dépens d'une immensité de victimes vouées à la détresse et à la pénurie.

Frédéric, né en 1712, a pendant quarante-six ans donné à l'univers le spectacle rare d'un guerrier, d'un législateur et d'un philosophe sur le trône. On le vit réunir sur sa tête les lauriers du héros, de l'homme d'État et du savant de premier ordre! Aussi ce prince donna-t-il autant de lustre et d'éclat à sa nation que d'autres en reçoivent de la leur; et la postérité, qui ne juge point par les succès que le hasard détermine, lui assignera parmi les plus grands hommes un rang que l'envie n'a pu lui disputer de son vivant!

On a publié sous son nom différents ouvrages de prose en langue française : ils ont une élégance, une force et même une pureté qu'on admirerait dans les productions d'un homme qui aurait reçu de la nature un excellent esprit, et qui aurait passé sa vie dans la capitale. Ses poésies, qu'on nous a données sous le titre d'*Œuvres du Philosophe de Sans-Souci*, sont pleines d'idées, de chaleur et de vérités grandes et fortes; et on pourrait assurer que si le monarque qui les écrivait, à près de 300 lieues de la France, s'était promené un an ou deux dans le faubourg Saint-Honoré ou le faubourg Saint-Germain, il serait un des premiers poëtes qui aient écrit dans notre langue. Ses lettres, mêlées de prose et de vers, sont pleines d'esprit, de légèreté, de délicatesse, sans le moindre vestige d'exotérisme. Voltaire, qu'il avait appelé à sa cour, en fit pendant douze ans l'ornement et les délices!...

Mais, chose inouïe dans les fastes du monde, une campagne, quelques mois seulement, décidèrent du sort de cette monarchie! Qu'un empire bien consolidé, ayant une armée formidable, des finances dans le meilleur ordre et pouvant suffire à plusieurs campagnes; un peuple électrisé, et par la puissance de ses souverains et par le souvenir et les exploits du grand Frédéric, ait été anéanti en un clin d'œil, une catastrophe aussi inattendue procéda peut-être d'une politique étroite, tortueuse, vacillante, froide et petitement intéressée; peut-être encore de certains choix équivoques dans la dispensation des commandants de place. Après la bataille d'Austerlitz, le comte de Haugwitz, dépêché de suite à Paris, en revint sans beaucoup de succès. On crut alors ne pouvoir conjurer l'orage que par une conduite passive et débonnaire. La principauté de Neufchâtel fut enlevée à la Prusse; Bonaparte s'empare sur elle de l'importante place de Wesel, puis du pays d'Hanovre, alors au roi de Prusse, puis encore de la province ou margraviat d'Anspach; tout cela successivement, en silence, et sans coup férir! Des dispositions se font bientôt après pour l'occupation de la province de Bareith. Les yeux se dessillèrent enfin dans le cabinet de Berlin; on s'aperçoit de l'erreur; on se met en mesure, on arme, on s'ébranle, on se met en campagne! Mais le moment était passé : les batailles d'Iéna et d'Eylau, gagnées coup sur coup par l'ennemi, de suite maître des places fortes, firent perdre au roi de Prusse la totalité de ses États, moins un petit district situé au delà et vers l'embouchure du Niémen. A l'ouverture de cette campagne de 1806, l'armée prussienne était composée de 177,000 hommes d'infanterie, de 40,000 hommes de superbe cavalerie, de 13,500 hommes d'artillerie et du génie, en tout 230,500 hommes de toutes armes. La paix de Tilsitt, puis le congrès de Vienne, ont rendu la Prusse à son premier degré de puissance; ils ont même ajouté quelques fleurons à sa couronne. La population actuelle des États prussiens est de 17 millions d'habitants.

PSORIASIS (pathologie). — Inflammation chronique de la peau, bornée à une partie du corps plus ou moins étendue, se présentant d'abord sous la forme d'élevures solides qui se transforment ensuite en plaques squameuses, comme nacrées, de dimensions variées, non déprimées à leur centre, et dont les bords, ordinairement irréguliers, sont très-peu proéminents. C'est une maladie très-commune, non contagieuse, mais héréditaire. Quelquefois le tissu de la peau finit par s'endurcir et se couvrir de squames sèches, dures, blanches, épaisses, qui ont fait comparer à l'écorce rugueuse des vieux arbres l'aspect que présente alors la surface du membre malade. Ces squames ont quelquefois deux millimètres d'épaisseur, et se produisent en si grande quantité que le lit et les vêtements du malade en sont remplis. La durée du psoriasis est toujours fort longue. Les médecins spéciaux conviennent de la difficulté que présente le diagnostic de cette affection, qu'on peut confondre surtout avec certaines plaques squameuses, avec la lèpre, etc. Les saignées d'abord, puis les bains simples, ou mieux encore les bains émollients à une température peu élevée, les douches, les bains sulfureux, font la base du traitement; on alterne ces moyens avec les purgatifs minoratifs. B. LUNEL.

FIN DU TOME SIXIÈME.

TABLE DES MATIÈRES DU TOME VI

Nota. — L'astérisque joint au mot indique les figures.

I

	Tom.	Pag.		Tom.	Pag.
Ipécacuanha (bot.)	VI.	1	Isomérie (chim.)	VI.	6
Iris (bot.)	VI.	1	Isomorphisme (chimie)	VI.	6
Irlande (géog.)	VI.	1	Italie (géog.)	VI.	6
Irrigations (agric.)	VI.	2	Ivoire (techn.)	VI.	7
Irritabilité (physiol.)	VI.	3	Ivraie (bot.)	VI.	7
Irritation (physiol.)	VI.	4	Ivresse (hygiène)	VI.	7

J

	Tom.	Pag.		Tom.	Pag.
J, 10ᵉ lettre de l'alphabet (ses divers usages).	VI.	8	Jonc (bot.)	VI.	11
Jachères (agric.)	VI.	8	Joncacées (bot.)	VI.	11
* Jacinthe (bot.)	VI.	8	Joailleries (techn.)	VI.	12
Jade (minér.)	VI.	8	Joubarde (bot.)	VI.	13
Jaguar (zool.), (voy. *Chat.*)	VI.	9	Jour (astron.)	VI.	13
Jais (minér.)	VI.	9	Journal, journalisme	VI.	14
Jalap (bot.)	VI.	9	Jubilé (culte cathol.)	VI.	15
Jambe (anat.)	VI.	9	Jugement (philos.)	VI.	15
Japon (géogr.)	VI.	9	Juillet (calendr.)	VI.	17
Janvier (calend.)	VI.	10	Juin (*id.*)	VI.	17
Jardin (hortic.)	VI.	10	Jujubier (bot.)	VI.	17
Jasmin (bot.)	VI.	11	Jurande	VI.	18
Jaspe (minér.)	VI.	11	Jurisprudence	VI.	18
Jaunisse (pathol.), (voy. *Ictère.*)	VI.	11	Jury (droit)	VI.	18
Jet d'eau	VI.	11	Jusquiane (bot.)	VI.	18
Jeu (philos. morale)	VI.	11	Justice (droit)	VI.	18

K

	Tom.	Pag.		Tom.	Pag.
Kaléidoscope (optique)	VI.	18	Kermès (zool.)	VI.	20
* Kanguroo (zool.)	VI.	20	Kino (gomme)	VI.	20
Kaolin (minér.)	VI.	20			

L

	Tom.	Pag.		Tom.	Pag.
L, 12ᵉ lettre de notre alphabet (ses divers usages)	VI.	21	Labour (agric.)	VI.	21
			Labre (zool.)	VI.	22
Labarum (hist. anc.)	VI.	21	Lecque (bot.)	VI.	22
Labiées (bot.)	VI.	21	Lactation (voy. *Allaitement*)	VI.	22

	Tom.	Pag.
Lagunes (cosmogr.)	VI.	22
Laine (hist. nat.)	VI.	22
Lait (chimie, etc.)	VI.	23
Lait répandu (erreurs et préjugés)	VI.	25
Literie (écon. rur.)	VI.	25
Laiton (techn.)	VI.	26
Laitue (bot.)	VI.	26
Lama (zool.)	VI.	27
* Lamantin (id.)	VI.	27
Laminoir (métall.)	VI.	27
Lampe	VI.	28
Lampe de sûreté	VI.	28
Lamproie (zool.)	VI.	29
Lampyre (zool.)	VI.	29
Lance (art milit.)	VI.	29
Lande	VI.	29
Langouste (zool.)	VI.	30
Lapidaire	VI.	30
Lapin (zool.)	VI.	30
Lapis-Lazuli (minér.)	VI.	31
Larve (zool.)	VI.	31
Larynx (anat.)	VI.	31
Laryngite (pathol.)	VI.	32
Latitude (astr.)	VI.	32
Laudanum (mat. méd.)	VI.	33
Laurier (bot.)	VI.	33
Lavande (bot.)	VI.	33
Lavement	VI.	34
Lecture	VI.	34
Légat (hist. rom.)	VI.	34
Légion (art milit.)	VI.	35
Législation	VI.	35
Légumineuses (bot.)	VI.	35
Lemuriens (zool.)	VI.	35
Lentille (bot.)	VI.	35
Léopard (zool.)	VI.	35
Lépidoptères (zool.)	VI.	35
Lépisme (zool.)	VI.	36
Lèpre (pathol.)	VI.	36
Lest (mar.)	VI.	36
Léthargie	VI.	36
Lettre de change	VI.	36
Levier (mécan.)	VI.	37
Levigation (chim.)	VI.	37
Levure	VI.	37
Lézard (zool.)	VI.	37
Libellule (zool.)	VI.	38
Liber (bot.	VI.	38
Liberté	VI.	38
Libraire	VI.	38
Lichen (botan.)	VI.	39
Licitation (droit)	VI.	39
Lie	VI.	39
Liége (bot.)	VI.	39
Lierre (bot.)	VI.	40
Lièvre (zool.)	VI.	40
Lilas (bot.)	VI.	40
Limace (zool.)	VI.	41
Limaçon	VI.	41
— Expériences sur la décollation des	VI.	41
Limonade	VI.	42
Lin (agric.)	VI.	42
Liniment (pharm.)	VI.	43
Linguistique	VI.	43
Lion (zool.)	VI.	43
Liquidation (droit)	VI.	44
Liquide (phys.)	VI.	44
Lis (bot.)	VI.	44
Liseron (bot.)	VI.	44
Lit, lit mécanique	VI.	45
Litharge (min.)	VI.	45
Lithine (chim.)	VI.	46
Lithium (id.)	VI.	46
Lithographie	VI.	46
Lithotritie (path.)	VI.	47
Littérature	VI.	48
Liturgie	VI.	48
Locomotive (voy. Machine, au mot Presse)..		
Logarithme (arit.)	VI.	48
Logique	VI.	49
Loi	VI.	49
Loi naturelle	VI.	52
Lombrics (zool.)	VI.	52
Longchamp (Hist. de Paris)	VI.	53
Longévité (physiol.)	VI.	53
Longitude	VI.	54
Loterie	VI.	55
Loup (zool.)	VI.	56
Loup-Garou	VI.	56
Loupe (chir.)	VI.	56
* Loutre (zool.)	VI.	57
Lumière (physiq.)	VI.	57
Lune (astr.)	VI.	59
Lunette (optiq.)	VI.	60
Lupin (bot.)	VI.	61
Luxation (chir.)	VI.	61
Luxe	VI.	61
Luzerne (bot.)	VI.	62
* Lycopode (id.)	VI.	63
Lymphe (physiol.)	VI.	63
Lynx (zool.)	VI.	63
Lyre	VI.	63

M

	Tom.	Pag.
M, 13e lettre de notre alphabet (ses divers usages)	VI.	64
Macération (pharm.)	VI.	64
Machines	VI.	64
* Macroures (zool.)	VI.	64
* Madrépores (id.)	VI.	65
Magie (sc. occultes)	VI.	65
Magistère (chimie)	VI.	66
Magnésie	VI.	
Magnétisme	VI.	66
— animal	VI.	66
Magnolier (bot.)	VI.	67
Mai (calendr.)	VI.	67
Maillechort	VI.	68
Main (anat.)	VI.	68
Makis (zool.)	VI.	68
Mal de mer	VI.	68
Malacoptérygiens (zool.)	VI.	69
Maladie	VI.	69
— simulées	VI.	69
Malate (chimie)	VI.	71
Malvacées (bot.)	VI.	71
Mamelle (anat.)	VI.	72
Mammifères (zool.)	VI.	72
* Mancenillier (bot.)	VI.	72
Manganèse (min.)	VI.	72
Manie	VI.	73
Manipulation	VI.	73
Manne (mat. méd.)	VI.	73
Manomètre (phys)	VI.	73
Manuluve (thérap.)	VI.	74
Manufacture	VI.	74
Manuscrit	VI.	74
Mappemonde (géogr.)	VI.	75
Maquereau (zool.)	VI.	75
Maraîcher (jard.)	VI.	75
Marais	VI.	75
— salants	VI.	76
Marasme (path. gén.)	VI.	76
Marbre (minér.)	VI.	76

	Tom.	Pag.
Marc	VI.	76
Marcotte (jard.)	VI.	76
Marée	VI.	77
Mariage	VI.	77
Marine	VI.	78
* Marmotte	VI.	78
Marne (minér.)	VI.	78
Marqueterie	VI.	79
Marquis	VI.	79
Marrube (bot.)	VI.	79
Marronnier	VI.	79
Mars (calendr.)	VI.	79
Marsupiaux (zool.)	VI.	79
* Martinets (zool.)	VI.	79
Masque	VI.	80
Massage (hyg.)	VI.	80
Matérialisme	VI.	80
Mathématiques	VI.	80
* Mastodonte	VI.	81
Matière (physiq.)	VI.	81
Matrice (anat.)	VI.	81
Mauve (bot.)	VI.	81
Mécanique	VI.	81
Méconium (anat.)	VI.	83
Médaille (numism.)	VI.	83
Médailler (numism.)	VI.	85
Médecine	VI.	85
— légale	VI.	86
Médicaments	VI.	86
Méduse (zool.)	VI.	87
Mégalanthropogénésie	VI.	87
Mégalosaure (zool.)	VI.	87
* Mégathérium (zool.)	VI.	87
Mélancolie	VI.	88
Mélanose (path.)	VI.	88
Mélasse	VI.	88
Mélèze (bot.)	VI.	88
Mélilot (bot.)	VI.	88
Mélisse (bot.)	VI.	88
Melon (bot.)	VI.	89
Mellifères (zool.)	VI.	89
Mélodie	VI.	89
Méloë (zool.)	VI.	89
Membranes (physiol.)	VI.	89
Mémoire	VI.	90
Mendicité (morale publiq.)	VI.	90
Méninges (anat.)	VI.	92
Méningite (pathol.)	VI.	92
Menstruation	VI.	92
Montagre (pathol.)	VI.	92
Menthe (zool.)	VI.	92
Mer	VI.	93
Mercure (minér.)	VI.	95
Mercuriales	VI.	95
Méridien (astron.)	VI.	96
Mérinos (zool.)	VI.	96
Merle (zool.)	VI.	97
Merluche (zool.)	VI.	97
Mésange (zool.)	VI.	97
Mesure (système des poids et)	VI.	97
Métal, métaux	VI.	100
Métalloïdes (chimie)	VI.	101
Métallurgie	VI.	101
Métaphysique	VI.	101
Métairie	VI.	102
Métastase	VI.	102
Métempsychose	VI.	102
Météorologie	VI.	102
Méthode	VI.	102
Mètre	VI.	102
Métronome (musiq.)	VI.	102

	Tom.	Pag.
Meule	VI.	102
Mexique (géog.)	VI.	103
Miasmes	VI.	104
Microcosme	VI.	105
Microscope	VI.	105
Miel	VI.	106
Migraine (pathol.)	VI.	106
Migrations	VI.	106
Milice (art milit.)	VI.	106
Mime (art dram.)	VI.	106
Mine	VI.	107
Minéralogie	VI.	107
Minéraux	VI.	107
Miniature	VI.	109
Mirage	VI.	109
Miroirs	VI.	110
Misanthropie	VI.	110
Mnémonique	VI.	110
Mobilité	VI.	110
Mode (gramm.)	VI.	111
Moelle (anat.)	VI.	111
Moineau (zool.)	VI.	111
Mois (calend.)	VI.	112
Moisson (agric.)	VI.	112
Molécules (Physiq.)	VI.	112
Mollusques (zool.)	VI.	112
Monarchie (polit.)	VI.	114
Monnaie (polit.)	VI.	114
Monnayage (polit.)	VI.	115
Monocotyledone (bot.)	VI.	116
Monomanie	VI.	116
* Monstre (tératologie)	VI.	117
Montagnes (géologie)	VI.	119
Morée (géogr.)	VI.	121
Morille (bot.)	VI.	138
Morphine (chimie)	VI.	139
Morse (zool.)	VI.	139
Mort (physiol.)	VI.	140
Morue (zool.)	VI.	141
Mosaïque (peint.)	VI.	141
Mot (gramm.)	VI.	142
* Mouche (zool.)	VI.	144
* Moufle (mét.)	VI.	144
Mouillage (mar.)	VI.	145
Moules (zool.)	VI.	145
— Recherches sur l'empoisonnement par les	VI.	145
Moulin	VI.	148
Mousquet	VI.	148
Mousse de Corse	VI.	148
Moutarde (bot.)	VI.	149
Mouvement (méc.)	VI.	149
Moxa (thérap.)	VI.	150
Muet	VI.	150
Muguet (pathol.)	VI.	153
Mulet (zool.)	VI.	153
Mulplication	VI.	153
Murène (zool.)	VI.	155
Mûrier (bot.)	VI.	155
Musaraigne (zool.)	VI.	156
Muse (thérap.)	VI.	156
Musée	VI.	158
Musique	VI.	158
Myélite (pathol.)	VI.	162
*Mygale (zool.)	VI.	162
Myopie (pathol.)	VI.	163
Myosotis (bot.)	VI.	163
Myriapodes	VI.	163
Myrrhe (bot.)	VI.	163
Myrte (bot.)	VI.	164
Mysticisme (philos.)	VI.	164
Mythologie	VI.	164

N

	Tom.	Pag.
N (lettre)	VI.	166
Naore	VI.	166
Naissance	VI.	166
Naphte	VI.	166
Narcisse (bot.)	VI.	168
Narcotiques (bot.)	VI.	168
Narval (zool.)	VI.	168
Natation	VI.	169
Naturalisation	VI.	169
Nature	VI.	169
Nautiésie (pathol.)	VI.	170
Nautiles (zool.)	VI.	173
Navet (bot.)	VI.	173
Navigation	VI.	173
Navire (mar.)	VI.	174
Nébuleuses (astron.)	VI.	174
Nécromancie	VI.	175
Nécrose (pathol.)	VI.	175
Néflier (bot.)	VI.	175
Neige (physiq.)	VI.	175
Nénuphar (bot.)	VI.	176
Néographie	VI.	176
Néologie	VI.	176
Nerfs (anat.)	VI.	179
Névroptères (zool.)	VI.	180
Névroses (path.)	VI.	180

	Tom.	Pag.
Nickel (min.)	VI.	181
Nicotiane (bot.)	VI.	181
Nicotine (chim.)	VI.	181
Nitrates (id.)	VI.	181
Nitre (id.)	VI.	181
Niveau (arp.)	VI.	181
Nivellement (id.)	VI.	181
Noblesse	VI.	182
Noix (bot.)	VI.	196
Noix de Galles	VI.	196
Noix vomique (bot.)	VI.	196
Nom (gramm.)	VI.	196
Nombre (arith.)	VI.	196
Nostalgie	VI.	197
Notaire	VI.	197
Nourrice	VI.	198
Novembre (calendr.)	VI.	198
Noyer (bot.)	VI.	198
Nuage (astr.)	VI.	199
Nuit (id.)	VI.	199
Numération	VI.	199
Numismatique	VI.	201
Nutrition (physiol.)	VI.	201
Nymphe (zool.)	VI.	201
Nymphomanie (path.)	VI.	201

O

	Tom.	Pag.
O, 4ᵐᵉ voyelle de notre alphabet	VI.	202
Obédience	VI.	202
Obélisques	VI.	202
Observatoire	VI.	203
Océan (géol.)	VI.	203
Océanie (géogr.)	VI.	204
Octave (musiq.)	VI.	205
Octobre (calendr.)	VI.	205
Odeur (physiq.)	VI.	205
Odorat (physiol.)	VI.	206
Œcuménique (concile)	VI.	206
Œdème (pathol.)	VI.	206
Œil (anat.)	VI.	206
Œillet (bot.)	VI.	207
Œnanthe (id)	VI.	207
Œsophage (anat.)	VI.	207
Œstre (zool.)	VI.	207
Œuf	VI.	208
Œuf humain (ovologie)	VI.	209
Oie (zool.)	VI.	209
Oignon (bot.)	VI.	209
Oiseaux (zool.)	VI.	209
Oléine (chim.)	VI.	214
Olivier (bot.)	VI.	214
Olympiade (chronol.)	VI.	214
Ombellifères (bot.)	VI.	215
Omnibus	VI.	215
Onanisme	VI.	215
Ongle incarné (path.)	VI.	216
Onguent (pharm.)	VI.	216
Onyxis (path.)	VI.	218
Opéra	VI.	218
Ophicléide (musiq.)	VI.	219
Ophidiens (zool.)	VI.	219
Ophthalmie (path.)	VI.	219
Opium (mat. méd.)	VI.	219
Optique (physiq.)	VI.	220
Or (minéral)	VI.	223
Ordinaire (armée)	VI.	224

	Tom.	Pag.
Oreille (anat.)	VI.	238
Orégon (géogr.)	VI.	238
Orfèvrerie	VI.	239
Organe (physiol.)	VI.	246
Orgasme (pathol.)	VI.	246
Orgelet (id.)	VI.	246
Orgue (musiq.)	VI.	246
Orme (bot.)	VI.	246
Orphelinat	VI.	246
Orpiment	VI.	247
Orpin	VI.	247
Orseille	VI.	248
Orthographe	VI.	248
Orthoptères (zool.)	VI.	249
Ortie (bot.)	VI.	249
Ortolan (zool.)	VI.	249
Orviétan	VI.	249
Os (anat.)	VI.	249
Oseille (bot.)	VI.	249
Osmazone (chim.)	VI.	249
Osmium (chim.)	VI.	249
Ostéite (path.)	VI.	249
Ostéogénie	VI.	249
Ostracisme	VI.	250
Olithe (path.)	VI.	250
Ouïe	VI.	251
Ouistiti (zool.)	VI.	252
Ours (zool.)	VI.	252
Oursin (id.)	VI.	252
Outarde (zool.)	VI.	253
Ovaires (anat.)	VI.	253
Ovaristes (physiol.)	VI.	253
Ovovipares (zool.)	VI.	253
Ovologie	VI.	253
Ovovivipares (zool.)	VI.	253
Oxacydes (chimie)	VI.	253
Oxalates	VI.	253
Oxalique (acide)	VI.	254
Oxamide (chimie)	VI.	254

	Tom.	Pag.
Oxychlorure (chimie)	VI.	254
Oxycrat	VI.	254
Oxydation (chimie)	VI.	254
Oxydes (chimie)	VI.	254
Oxygène (chimie)	VI.	254

	Tom.	Pag.
Oxymel	VI.	255
Oxyure (zool.)	VI.	255
Ozène (pathol.)	VI.	255
Ozone (chimie)	VI.	255

P

	Tom.	Pag.
P, 16e lettre de l'alphabet (ses divers usages)	VI.	257
* Paca (zool.)	VI.	257
* Pachydermes (zool.)	VI.	258
* Pagure (zool.)	VI.	259
Paille (agric.)	VI.	259
Pain (écon. domestique)	VI.	260
Pal	VI.	262
Paléographie	VI.	262
Paléontologie	VI.	262
Paléosaure (paléont.)	VI.	262
Paléotherium (paléont.)	VI.	262
Palingénésie	VI.	263
Palissandre	VI.	263
* Palmiers (bot.)	VI.	263
Palladium (chimie)	VI.	266
Palmipèdes (zool.)	VI.	266
Palpitations (pathol.)	VI.	266
Panais (bot.)	VI.	266
Panaris (path).	VI.	266
Pancréas (anat.)	VI.	266
* Pangolin (zool.)	VI.	267
Panification	VI.	267
Panorama	VI.	268
* Panthère (zool.)	VI.	268
Pantomime	VI.	269
Paon (zool.)	VI.	269
Papier	VI.	270
Papillon (zool.)	VI.	271
Papules	VI.	273
* Papyrus	VI.	273
Paracenthèse (chir.)	VI.	274
Parachute	VI.	274
Paraguay (géog.)	VI.	274
Parallaxe (astr.)	VI.	276
Paralysie (pathol.)	VI.	276
Parasite (zool.)	VI.	276
Paratonnerre	VI.	276
Parc, Pacage (écon. rur.)	VI.	277
Parchemin	VI.	277
Parélie (astr.)	VI.	278
Parenchyme (anat.)	VI.	278
Parfum	VI.	278
Parlement	VI.	279
Paroisse	VI.	279
Parotide (anat.)	VI.	282
Parricide (droit)	VI.	283
Partage (droit)	VI.	283
Participe (gramm.)	VI.	284
Particule (gramm.)	VI.	289
Partie civile	VI.	290
Passe-port	VI.	290
Passereaux (zool.)	VI.	291
Passions (philos. méd.)	VI.	291
Pastel (bot.)	VI.	293
Pastèque (bot.)	VI.	293
Patate (bot.)	VI.	293
Palette (zool.)	VI.	293
Pathogénie	VI.	293
Pathognomoniques (signes)	VI.	293
Pathologie	VI.	293
Patience	VI.	294
Patois (gramm.)	VI.	298
Paupérisme	VI.	298
Paupières (anat.)	VI.	307
Pavot (bot.)	VI.	307
Peau (anat. comp.)	VI.	307
*Pécari (zool.)	VI.	310

	Tom.	Pag.
Pêcher (bot.)	VI.	310
Pectoriloquie (pathol.)	VI.	311
Pédagogie	VI.	311
Pédiluve	VI.	311
Peinture	VI.	312
Pélican (zool.)	VI.	314
Pelleterie	VI.	315
Pendule (physiq)	VI.	315
Pénombre (astr.)	VI.	316
Pensée (phil. mor.)	VI.	317
Pension Alimentaire	VI.	317
Pepsine (chimie)	VI.	318
Perche (zool.)	VI.	318
Percoïde (zool.)	VI.	318
Percussion (pathol.)	VI.	318
Perdrix (zool.)	VI.	318
Péricardite	VI.	318
Périgée (astr.)	VI.	319
Périoste (anat.)	VI.	319
Péripneumonie (path.)	VI.	319
Perle (hist. nat.)	VI.	320
Perméabilité (phys.)	VI.	320
Péroraison	VI.	320
Perroquet (zool.)	VI.	320
Perruche (zool.)	VI.	321
Perse (géogr.)	VI.	321
Perturbation (astr.)	VI.	322
Perspective	VI.	322
Pervenche (bot.)	VI.	322
Pesanteur (phys.)	VI.	322
Pessaire (chir.)	VI.	327
Pessimisme	VI.	327
Peste (path.)	VI.	327
Pétrel (zool.)	VI.	328
Pétrifications	VI.	328
Pétrole (minér.)	VI.	329
Peuplier (bot.)	VI.	329
Phalanger (zool.)	VI.	330
Phalènes (zool.)	VI.	330
Phanérogames (bot.)	VI.	330
Phare (marine)	VI.	330
Pharmacie	VI.	331
Pharmacien	VI.	331
Pharynx (anat.)	VI.	331
Philosophie	VI.	331
Phlébite (pathol.)	VI.	331
Phlébotomie (chir.)	VI.	332
Phlegmasie (pathol.)	VI.	332
Phlegmon (idem)	VI.	332
Phlogistique (chim.)	VI.	334
Pholade (zool.)	VI.	334
Phoque (idem)	VI.	334
Phosphates (chimie)	VI.	335
Phosphènes (idem)	VI.	335
Phosphites (idem)	VI.	335
Phosphore (idem)	VI.	335
Photographie	VI.	369
* Phrénologie	VI.	337
Phthisie pulmonaire	VI.	341
Phthisiophobie (nouvelle maladie)	VI.	346
Physiognomonie	VI.	346
Physiologie	VI.	347
Physique	VI.	347
Pie (zool.)	VI.	349
Pigeon (idem)	VI.	349
Pierre (minér.)	VI.	350
Pierres précieuses	VI.	350

	Tom.	Pag.
Pierre philosophale	VI.	350
Pierres gravées	VI.	351
Pile galvanique	VI.	351
Piment (bot.)	VI.	351
Pin (idem)	VI.	351
Pingouin (zool.)	VI.	352
Pinne (zool.)	VI.	353
Pinsthère (zool.)	VI.	353
Pintade (zool.)	VI.	353
Pipa (zool.)	VI.	353
Piquet (jeu de)	VI.	353
Pirate	VI.	354
Pisciculture	VI.	354
Pistache (bot.)	VI.	354
Pistolet	VI.	354
Pistolet de Volta	VI.	354
Plagiaire (jurispr.)	VI.	354
Plain-chant (musiq.)	VI.	355
Planètes (astr.)	VI.	355
Platine (minér.)	VI.	355
Plâtre (minér.)	VI.	355
Pléonasme (gramm.)	VI.	355
Plessimétrisme	VI.	355
Pleurésie (pathol.)	VI.	357
Pleurodynie (pathol.)	VI.	358
Plomb (minér.)	VI.	358
Plombagine (minér.)	VI.	359
Pluie (physiq.)	VI.	359
Pneumonie (pathol.)	VI.	359
Poésie	VI.	359
Poids et mesures	VI.	364
Poils	VI.	364
Poirier (bot.)	VI.	365
Poison (toxicol)	VI.	366
Poisson (zool.)	VI.	368
Poivrier (bot.)	VI.	368
Polarisation (phys.)	VI.	369
Polders	VI.	373
Pôles (astron.)	VI.	373
Police	VI.	373
Pollen (bot.)	VI.	373
Polyèdre (géom.)	VI.	373
Polygala (bot.)	VI.	373
Polypes (zool.)	VI.	374
Polytechnique (École)	VI.	375
Pomme de terre	VI.	376
Pommier (bot.)	VI.	377

	Tom.	Pag.
Pompe (hydraul.)	VI.	379
Ponts-et-chaussées	VI.	380
Population	VI.	380
Porc	VI.	381
Porcelaine	VI.	383
Porosité (physiq.)	VI.	384
Porphyre	VI.	384
Porrection (liturgie)	VI.	385
Porrigo (pathol.)	VI.	385
Port (marine)	VI.	385
Porte-voix (idem)	VI.	385
Portugal (géogr.)	VI.	385
Positivisme (philos.)	VI.	386
Postes (administr.)	VI.	390
Potasse (chimie)	VI.	392
Poterie	VI.	393
Pou (zool.)	VI.	394
Poudre	VI.	394
Poule (zool.)	VI.	394
Pouls (pathol.)	VI.	394
Poulpe (zool.)	VI.	395
Poumons (anat.)	VI.	395
Pourpre (zool.)	VI.	395
Pouzzolane (minér)	VI.	395
Pragmatique-sanction	VI.	396
Précession (astr.)	VI.	396
Presbytie (pathol.)	VI.	396
Prescription (droit)	VI.	396
Presse et Machine	VI.	396
Presse (écon. politiq.)	VI.	401
Principes immédiats (chimie)	VI.	401
Prisme (géom.)	VI.	402
Prisons	VI.	402
Probabilité (mathém.)	VI.	403
Procédure (droit)	VI.	404
Procès-verbal (droit)	VI.	404
Procurations (droit)	VI.	404
Productions ou générations spontanées	VI.	404
Prologue (art dram.)	VI.	406
Pronostic (pathol.)	VI.	406
Propriété (droit)	VI.	406
Protêt (droit)	VI.	406
Providence (théol.)	VI.	406
Prunier (bot.)	VI.	407
Prusse (géogr.)	VI.	407
Psoriasis (pathol.)	VI.	409

FIN DE LA TABLE DU TOME VI.

Paris. — Typ. Morris et Cie, rue Amelot, 64.